Hoeren/Münker
GeschGehG
De Gruyter Kommentar

Hoeren/Münker

GeschGehG

Gesetz zum Schutz von Geschäftsgeheimnissen

DE GRUYTER

Professor Dr. **Thomas Hoeren**, Institut für Informations-, Telekommunikations- und Medienrecht an der Universität Münster.
Dr. **Reiner Münker** Geschäftsführendes Präsidiumsmitglied der Zentrale zur Bekämpfung unlauteren Wettbewerbs Frankfurt am Main e.V.

Sachregister: Christian Klie

ISBN 978-3-11-063128-9
e-ISBN (PDF) 978-3-11-063165-4
e-ISBN (EPUB) 978-3-11-063260-6

Dieses Werk beinhaltet einen kostenlosen Online-Zugang über juris.de, der die Inhalte des Buches um zahlreiche digitale Mehrwerte erweitert. Als Käufer sind Sie berechtigt, die folgenden digitalen Inhalte für bis zu 3 Nutzer freizuschalten:

Komplette digitale Fassung des Werks
Bundesrecht Wettbewerbs- und Immaterialgüterrecht
juris PraxisReport Wettbewerbs- und Immaterialgüterrecht inkl. Pushdienst
juris Nachrichten Wettbewerbs- und Immaterialgüterrecht
juris Newsletter Wettbewerbs- und Immaterialgüterrecht

Zur Freischaltung Ihres Zugangs müssen Sie unter www.juris.de/ggsg den folgenden Code eingeben:

kwZs56aB

Der Zugang ist ab Registrierung bis zum Erscheinen einer Neuauflage (längstens aber für drei Jahre) verfügbar. Für die Nutzung des Print-Online Bundles gelten die juris-AGB in ihrer jeweils gültigen Fassung (Abrufbar unter juris.de).

Library of Congress Control Number: 2020952693

Bibliografische Information der Deutschen Nationalbibliothek
Die Deutsche Nationalbibliothek verzeichnet diese Publikation in der Deutschen Nationalbibliografie; detaillierte bibliografische Daten sind im Internet über http://dnb.dnb.de abrufbar.

Datenkonvertierung und Satz: jürgen ullrich typosatz, Nördlingen
Druck: CPI books GmbH, Leck

MIX
Papier aus verantwortungsvollen Quellen
FSC® C083411

www.degruyter.com

Vorwort

Endlich ist der Bedeutung der Geschäftsgeheimnisse Rechnung getragen. Jahrzehnte dümpelte das Recht der Geschäftsgeheimnisse in deutschen UWG vor sich hin. Erst die Europäische Kommission konnte mit ihrer Richtlinie über den Schutz von Geschäftsgeheimnissen dieses verkümmerte Rechtsgebiet aus seinem Dornröschenschlaf erwecken. Und es gibt viel zu tun. Es mussten europaweit und deutschlandweit Strukturen für einen materiellrechtlichen Schutz von Geschäftsgeheimnissen ebenso wie ein besonderes Verfahren zu deren prozessualen Schutz geschaffen werden. Und natürlich haben die immaterialgüterrechtlichen HardlinerInnen die Chance genutzt, lobbyistisch alles dafür zu tun, das Geschäftsgeheimnis in das System ihres geliebten „geistigen Eigentums" zu integrieren. Dabei verkennen sie (durchaus bewusst), dass das materielle Recht der Geschäftsgeheimnisse historisch und dogmatisch einen Ausfluss des Lauterkeitsrechts einschließlich des Arbeitsrechts darstellt. Dieses Wissen soll mit dem vorliegenden Kommentar erhalten und gestärkt werden. Das Werk soll die lauterkeitsrechtlichen und vertragsrechtlichen Wurzeln des Geschäftsgeheimnisses aufzeigen und darüber hinaus deutlich machen, dass die alte Konstruktion ihre Ursprünge im allgemeinen Zivilrecht hat.

An der Kommentierung haben zahlreiche Experten aus dem Bereich der Anwaltschaft, der Wirtschaft und der Hochschule mitgewirkt. Wir danken diesem stets geduldigen und fleißigen Expertenteam für die glänzende Kooperation über Jahre hinweg, voran und exemplarisch Herrn Dr. Armin Strobel und Herrn Ralf-Peter Hayen. Gleichzeitig danken wir dem Verlag, voran Frau Claudia Löhr, für den engagierten Mut, dieses Werk zu veröffentlichen. Unser besonderer Dank gilt auch Frau Wiss. Mitarbeiterin Aurelia Merbecks, der gute Geist am ITM, bei der Organisation dieses Buchs.

Professor Dr. Thomas Hoeren
Dr. Reiner Münker

https://doi.org/10.1515/9783110631654-202

Inhaltsverzeichnis

Abkürzungsverzeichnis

a. A.	andere Ansicht
a. a. O.	am angegebenen Ort
ABGB	Allgemeines Bürgerliches Gesetzbuch v. 1.6.1811 (Österreich)
ABl.	Amtsblatt
abl.	ablehnend
ABl. EU	Amtsblatt der Europäischen Union
Abs.	Absatz
AcP	Archiv für die civilistische Praxis (Zeitschrift; zitiert nach Band und Seite; in Klammern Erscheinungsjahr des jeweiligen Bandes)
a. E.	am Ende
a. F.	alte Fassung
AfP	Archiv für Presserecht (Zeitschrift)
AG	Aktiengesellschaft, Amtsgericht
AGB	Allgemeine Geschäftsbedingungen
AGG	Allgemeines Gleichbehandlungsgesetz v. 14.8.2006 (BGBl. 2006 I S. 1897)
ähnl.	ähnlich
AktG	Aktiengesetz v. 6.9.1965 (BGBl. 1965 I S. 1089)
Alt.	Alternative
Amtl. Begr.	Amtliche Begründung
Anm.	Anmerkung
AO	Abgabenordnung v. 1.10.2002 (BGBl. I S. 3866, 2003 I S. 61)
AP	Arbeitsrechtliche Praxis, Nachschlagewerk des Bundesarbeitsgerichts
ArbG	Arbeitsgericht (mit Ortsnamen)
ArbGG	Arbeitsgerichtsgesetz v. 2.7.1979 (BGBl. 1979 I S. 853, berichtigt BGBl. 1979 I S. 1036)
Art.	Artikel
Aufl.	Auflage
AÜG	Gesetz zur Regelung der Arbeitnehmerüberlassung (Arbeitnehmerüberlassungsgesetz) v. 3.2.1995 (BGBl. 1995 I S. 158)
ausf.	ausführlich
Az.	Aktenzeichen
B.	Beschluss
BAG	Bundesarbeitsgericht
BAGE	Entscheidungen des Bundesarbeitsgerichts
BayObLG	Bayerisches Oberstes Landesgericht
BayObLGSt	Bayerisches Oberstes Landgericht in Strafsachen
BB	Betriebs-Berater (Zeitschrift)
BBankG	Gesetz über die Deutsche Bundesbank v. 22.10.1992 (BGBl. I S. 1782)
BDSG	Bundesdatenschutzgesetz v. 30.6.2017 (BGBl. 2017 I S. 2097), in Kraft ab 25.5.2018
BeckOK	Beck'scher Online-Kommentar
Begr.	Begründung
Beil.	Beilage
Bek.	Bekanntmachung
Bespr.	Besprechung
BetrVG	Betriebsverfassungsgesetz v. 25.9.2001 (BGBl. 2001 I S. 2518)
BGB	Bürgerliches Gesetzbuch v. 2.1.2002 (BGBl. 2002 I S. 42; berichtigt BGBl. 2002 I S. 2909; BGBl. 2003 I S. 738)

https://doi.org/10.1515/9783110631654-204

BGBl I, II, III	Bundesgesetzblatt Teil I, Teil II, Teil III
BGH	Bundesgerichtshof
BGHZ	Entscheidungen des Bundesgerichtshofs in Zivilsachen (Amtliche Sammlung)
BMJV	Bundesministerium der Justiz und für Verbraucherschutz
BR	Bundesrat
BR-Drucks.	Bundesrats-Drucksache
BRAO	Bundesrechtsanwaltsordnung v. 1.8.1959 (BGBl. 1959 I S. 565)
BReg.	Bundesregierung
Brüssel Ia-VO	Verordnung (EU) Nr. 1215/2012 des Europäischen Parlaments und des Rates über die gerichtliche Zuständigkeit und die Anerkennung und Vollstreckung von Entscheidungen in Zivil- und Handelssachen v. 12.12.2012 (ABl. EU 2012 L 351, 1)
Bsp.	Beispiel
bspw.	beispielsweise
BStatG	Bundesstatistikgesetz v. 20.10.2016 (BGBl I S. 2394)
BT	Besonderer Teil
BT-Drucks.	Drucksache des Deutschen Bundestages
BVerfG	Bundesverfassungsgericht
BVerfGE	Entscheidungen des Bundesverfassungsgerichts
BVerwG	Bundesverwaltungsgericht
bzgl.	bezüglich
bzw.	beziehungsweise
ca.	circa
CB	Compliance Berater (Zeitschrift)
CCZ	Corporate Compliance Zeitschrift
CR	Computer und Recht (Zeitschrift)
DB	Der Betrieb (Zeitschrift)
ders./dies.	derselbe/dieselbe
DesignG	Gesetz über den rechtlichen Schutz von Design (Designgesetz) v. 24.2.2014 (BGBl. 2014 I S. 122)
d.h.	das heißt
DiskE	Diskussionsentwurf
DS-GVO	Verordnung (EU) 2016/679 des Europäischen Parlaments und des Rates vom 27.4.2016 zum Schutz natürlicher Personen bei der Verarbeitung personenbezogener Daten, zum freien Datenverkehr und zur Aufhebung der Richtlinie 95/46/EG (Datenschutzgrundverordnung) (ABl. EU 2016 L 119, 1)
DVBl.	Deutsches Verwaltungsblatt (Zeitschrift)
Ed.	Edition
EG	Einführungsgesetz; Europäische Gemeinschaft (jetzt: Europäische Union)
EGV	Vertrag zur Gründung der Europäischen Gemeinschaften (EG-Vertrag) v. 2.10.1997 (ABl. EG 1997 C 340, 1) – siehe jetzt AEUV
EGBGB	Einführungsgesetz zum Bürgerlichen Gesetzbuche v. 21.9.1994 (BGBl. 1994 I S. 2494, berichtigt BGBl. 1997 I S. 1061)
EGMR	Europäischer Gerichtshof für Menschenrechte
Einf.	Einführung
Einl.	Einleitung
EMRK	Konvention zum Schutz der Menschenrechte und Grundfreiheiten v. 22.10.2010 (BGBl. 2010 II S. 1198)
EntgTranspG	Gesetz zur Förderung der Entgelttransparenz zwischen Frauen und Männern (Entgelttransparenzgesetz) v. 30.7.2017 (BGBl. 2017 I S. 2152)

Erg.	Ergebnis
ErwG	Erwägungsgrund
etc.	et cetera
EU	Europäische Union
EuGH	Gerichtshof der Europäischen Union
EuZW	Europäische Zeitschrift für Wirtschaftsrecht
evtl.	eventuell
EWG	Europäische Wirtschaftsgemeinschaft
f., ff.	folgend(e)
Fn.	Fußnote
FS	Festschrift
GeschGehG	Gesetz zum Schutz von Geschäftsgeheimnissen v. 18.4.2019 (BGBl. I S. 466, Nr. 13)
GewO	Gewerbeordnung v. 22.2.1999 (BGBl. 1999 I S. 202)
GG	Grundgesetz v. 23.5.1949 (BGBl. S. 1)
ggf.	gegebenenfalls
GKG	Gerichtskostengesetz v. 5.5.2004 (BGBl. 2004 I S. 718)
GmbH	Gesellschaft mit beschränkter Haftung
GrCh	Charta der Grundrechte der Europäischen Union v. 12.12.2007 (ABl. EU 2007 C 303, 1)
grds.	grundsätzlich
GRUR	Gewerblicher Rechtsschutz und Urheberrecht (Zeitschrift)
GRUR Ausl	Gewerblicher Rechtsschutz und Urheberrecht, Auslands- und internationaler Teil (Zeitschrift, 1952–1969)
GRUR Int	Gewerblicher Rechtsschutz und Urheberrecht, Internationaler Teil (Zeitschrift, 1970 ff.)
GRUR-Prax	Gewerblicher Rechtsschutz und Urheberrecht. Praxis im Immaterialgüter- und Wettbewerbsrecht (Zeitschrift)
GVG	Gerichtsverfassungsgesetz v. 9.5.1975 (BGBl. 1975 I S. 1077)
GWB	Gesetz gegen Wettbewerbsbeschränkungen v. 26.6.2013 (BGBl. 2013 I S. 1750, berichtigt BGBl. 2013 I S. 3245)
GwG	Gesetz über das Aufspüren von Gewinnen aus schweren Straftaten (Geldwäschegesetz) v. 23.6.2017 (BGBl. 2017 I S. 1822)
HdB	Handbuch
HGB	Handelsgesetzbuch v. 10.5.1897 (RGBl. 1897 S. 219)
hM	herrschende Meinung
Hrsg.; hrsg.	Herausgeber, herausgegeben
Hs.	Halbsatz
i. d. R.	in der Regel
i. E.	im Ergebnis; im Einzelnen
IHK	Industrie- und Handelskammer
insbes.	insbesondere
IPR	Internationales Privatrecht
IPRax	Praxis des internationalen Privat- und Verfahrensrechts (Zeitschrift)
iSd	im Sinne des, im Sinne der
iSv	im Sinne von
i. Ü.	im Übrigen
iVm	in Verbindung mit

JA	Juristische Arbeitsblätter (Zeitschrift)
JuS	Juristische Schulung (Zeitschrift)
JZ	Juristenzeitung (Zeitschrift)
Kap.	Kapitel
KG	Kammergericht; Kommanditgesellschaft
KSchG	Kündigungsschutzgesetz v. 25.8.1969 (BGBl. 1969 I S. 1317)
K&R	Kommunikation und Recht (Zeitschrift)
LAG	Landesarbeitsgericht
LAGE	Entscheidungssammlung der Landesarbeitsgerichte
LG	Landgericht
Lit.	Literatur
lit.	litera, Buchstabe
Ls.	Leitsatz
MAH	Münchener Anwaltshandbuch
MarkenG	Gesetz über den Schutz von Marken und sonstigen Kennzeichen (Markengesetz) v. 25.10.1994 (BGBl. 1994 I S. 3082, berichtigt BGBl. 1995 I S. 156)
MDR	Monatsschrift für Deutsches Recht (Zeitschrift)
MitbestG	Gesetz über die Mitbestimmung der Arbeitnehmer (Mitbestimmungsgesetz) v. 4.5.1976 (BGBl. 1976 I S. 1153)
Mitt.	Mitteilung(en)
MMR	Multi-Media und Recht (Zeitschrift)
mwN	mit weiteren Nachweisen
n. F.	neue Fassung
NJ	Neue Justiz (Zeitschrift)
NJOZ	Neue Juristische Online-Zeitschrift
NJW	Neue Juristische Wochenschrift (Zeitschrift)
NRW	Nordrhein-Westfalen
NStZ	Neue Zeitschrift für Strafrecht
NvwZ	Neue Zeitschrift für Verwaltungsrecht
NZA	Neue Zeitschrift für Arbeits- und Sozialrecht
NZG	Neue Zeitschrift für Gesellschaftsrecht
NZM	Neue Zeitschrift für Mietrecht
NZWiSt	Neue Zeitschrift für Wirtschafts-, Steuer- und Unternehmensstrafrecht
ÖBl	Österreichische Blätter für gewerblichen Rechtsschutz und Urheberrecht (Zeitschrift)
OGH	Oberster Gerichtshof (Österreich)
OLG	Oberlandesgericht
OLGZ	Rechtsprechung der Oberlandesgerichte in Zivilsachen, Amtliche Entscheidungssammlung
PAngV	Preisangabenverordnung v. 18.10.2002 (BGBl. 2002 I S. 4197)
PatG	Patentgesetz v. 16.12.1980 (BGBl. 1981 I S. 1)
ProdHaftG	Produkthaftungsgesetz v. 15.12.1989 (BGBl. I S. 2198)
RdA	Recht der Arbeit (Zeitschrift)
RefE	Referentenentwurf
RegE	Regierungsentwurf

RG	Reichsgericht
RGZ	Amtliche Sammlung von Entscheidungen des Reichsgerichts in Zivilsachen
RL	Richtlinie
Rn.	Randnummer
Rom II-VO	Verordnung (EG) Nr. 864/2007 des Europäischen Parlaments und des Rates v. 11.7.2007 über das auf außervertragliche Schuldverhältnisse anzuwendende Recht (ABl. EG 2007 L 199, 40, berichtigt ABl. EU 2012 L 310, 52)
Rs.	Rechtssache
Rspr.	Rechtsprechung
S.	Seite
s.	siehe
SAE	Sammlung arbeitsrechtlicher Entscheidungen (Zeitschrift)
SE	Societas Europaea, Europäische Aktiengesellschaft
SGB	Sozialgesetzbuch
sog.	sogenannt
StGB	Strafgesetzbuch v. 13.11.1998 (BGBl. 1998 I S. 3322)
str.	strittig, streitig
StraFo	Strafverteidiger Forum (Zeitschrift)
TKG	Telekommunikationsgesetz v. 22.6.2004 (BGBl. 2004 I S. 1190)
TöVD-BT-S	Tarifvertrag für den öffentlichen Dienst - Besonderer Teil Sparkassen
TRIPS	Übereinkommen über Handelsbeziehungen und Aspekte der Rechte des geistigen Eigentums (Agreement on Trade-Related Aspects of Intellectual Property Rights)
Tz.	Textziffer
TzBfG	Gesetz über Teilzeitarbeit und befristete Arbeitsverträge (Teilzeit- und Befristungsgesetz) v. 21.12.2000 (BGBl. 2000 I S. 1966)
UA	Unterabsatz
UKlaG	Gesetz über Unterlassungsklagen bei Verbraucherrechts- und anderen Verstößen (Unterlassungsklagengesetz) v. 27.8.2002 (BGBl. I 2002 S. 3422, berichtigt BGBl. 2002 I S. 4346)
UrhG	Gesetz über Urheberrecht und verwandte Schutzrechte (Urheberrechtsgesetz) v. 9.9.1965 (BGBl. 1965 I S. 1273)
usw.	und so weiter
UWG	Gesetz gegen den unlauteren Wettbewerb v. 3.3.2010 (BGBl. 2010 I S. 254)
v.	vom; von
Verf.	am Verfassung
vgl.	vergleiche
VO	Verordnung
Vorb.	Vorbemerkung
VuR	Verbraucher und Recht (Zeitschrift)
VwGO	Verwaltungsgerichtsordnung v. 19.3.1991 (BGBl. 1991 I S. 686)
VwVfG	Verwaltungsverfahrensgesetz v. 23.1.2003 (BGBl. 2003 I S. 102)
wistra	Zeitschrift für Wirtschafts- und Steuerstrafrecht
WM	Wertpapiermitteilungen, Zeitschrift für Wirtschaft und Bankrecht (Zeitschrift)
WpHG	Gesetz über den Wertpapierhandel (Wertpapierhandelsgesetz) v. 9.9.1998 (BGBl. 1998 I S. 2708)
WRP	Wettbewerb in Recht und Praxis (Zeitschrift)

ZESAR	Zeitschrift für europäisches Sozial- und Arbeitsrecht
ZEuP	Zeitschrift für Europäisches Privatrecht
ZfKE	Zeitschrift für KMU und Entrepreneurship
ZIP	Zeitschrift für Wirtschaftsrecht (bis 1982: Zeitschrift für Wirtschaftsrecht und Insolvenzpraxis)
zit.	zitiert
ZPO	Zivilprozessordnung v. 5.12.2005 (BGBl. 2005 I S. 3202, berichtigt BGBl. 2006 I S. 431 und BGBl. 2007 I S. 1781)
ZRP	Zeitschrift für Rechtspolitik
ZTR	Zeitschrift für Tarifrecht
ZVertriebsR	Zeitung für Vertriebsrecht
ZWeR	Zeitschrift für Wettbewerbsrecht
ZZP	ZZP

Ergänzend wird hingewiesen auf:

Kirchner, Abkürzungsverzeichnis der Rechtssprache, 9. Aufl. 2018.

Allgemeines Literaturverzeichnis

Ahlberg/Götting/Lauber-Rönsberg Beck'scher Online-Kommentar Urheberrecht, Stand 1.5.2021
Alexander Wettbewerbsrecht, 2. Auflage, Köln 2019
Ann/Looschelder/Grosch Praxishandbuch Know-how-Schutz, Köln 2010
Bamberger/Roth/Hau/Poseck Beck'scher Online-Kommentar BGB, Stand 1.5.2021
Benkard Patentgesetz, 11. Auflage, München 2015
Berger/Partsch/Roth/Scheel Informationsfreiheitsgesetz, 2. Auflage 2013
Binz/Dörndorfer/Zimmermann Gerichtskostengesetz, Kommentar, 5. Auflage, München, 2021
*Blanke/Hayen/Kunz/*Carlson Europäisches Betriebsräte-Gesetz. Arbeitnehmermitbestimmung in Europa, 3. Auflage, Baden-Baden 2019
Brammsen Lauterkeitsstrafrecht, Sonderband zum Münchener Kommentar Lauterkeitsrecht (§§ 16–20 UWG), München, 2020
Brudermüller/Ellenberger/Götz/Grüneberg u. a. Palandt, Bürgerliches Gesetzbuch, 80. Auflage, München, 2021
Busse/Keukenschrijver Patentgesetz, Berlin 2020
Büscher Gesetz gegen den unlauteren Wettbewerb: UWG, Köln 2019
Däubler/Klebe/Wedde BetrVG, 17. Auflage, Frankfurt am Main 2020
Dreier/Schulze UrhG, 6. Auflage, München, 2018
Düwell Handkommentar Betriebsverfassungsgesetz, 5. Auflage, Baden-Baden 2018
Ebers Rechtsbehelfe und Sanktionen im Unionsrecht, Tübingen, 2016
Eichmann/Jestaedt/Fink/Meiser Designgesetz, 6. Auflage, München 2019
Fezer Markenrecht, Beck'sche Kurzkommentare, München, 2009
Fezer/Büscher/Obergfell Lauterkeitsrecht: UWG, 3. Auflage, München 2016
Franzen/Gallner/Oetker Kommentar zum europäischen Arbeitsrecht, 3. Auflage, München 2020
Fritzner/Lutz/Bodewig Beck'scher Online Kommentar Patentrecht, Stand. 15.7.2020
Fritzsche/Münker/Stollwerck Beck'scher Online-Kommentar UWG, Stand 1.5.2021
Fuhlrott/Hiéramente Beck'scher Online-Kommentar GeschGehG, Stand 1.5.2021
Görg UWG Kommentar, Österreich, 2020
Gutzeit Staudingers Kommentar zum Bürgerlichen Gesetzbuch: Staudinger BGB – Buch 3: Sachenrecht, 2012
Harte-Bavendamm/Hennig-Bodewig UWG, Gesetz gegen den unlauteren Wettbewerb, 4. Auflage, München 2016
Harte-Bavendamm/Ohly/Kalbfuß GeschGehG: Gesetz zum Schutz von Geschäftsgeheimnissen, München 2020
Heermann/Schlingloff Münchener Kommentar zum Lauterkeitsrecht (UWG), 3. Auflage München 2020
Heermann/Kippel/Ohly/Sosnitza Geistiges Eigentum und Wettbewerbsrecht, Tübingen, 2018
Ingerl/Rohnke Markengesetz, Kommentar, 3. Auflage, München, 2010
Jarass Charta der Grundrechte der Europäischen Union, 3. Auflage, München 2016
Joecks/Miebach Münchener Kommentar zum Strafgesetzbuch: Band 7 Nebenstrafrecht II, 3. Auflage, München 2019
Köhler/Bornkamm/Feddersen Gesetz gegen den unlauteren Wettbewerb, 39. Auflage München 2021
Krüger/Rauscher Münchener Kommentar zur Zivilprozessordnung, 5. Auflage, München 2017
Loschelder/Danckwerts Handbuch des Wettbewerbsrechts, 5. Auflage München 2019
Mes Patentgesetz, Gebrauchsmustergesetz, Kommentar, 5. Auflage, München, 2020
Meyer/Hölscheidt Charta der Grundrechte der Europäischen Union, 5. Auflage, Baden-Baden 2019
Müller-Glöge/Preis/Schmidt Erfurter Kommentar zum Arbeitsrecht, 20. Auflage, München 2020
Nebel/Diedrich Kommentar zum Gesetz zum Schutz von Geschäftsgeheimnissen, Essen 2019
Ohly/Sosnitza Gesetz gegen den unlauteren Wettbewerb, 7. Auflage München 2016
Pfeifer UWG, Band 2: Einleitung; §§ 3a–7, Kommentar, 3. Auflage, Berlin, 2020
Reinfeld Das neue Gesetz zum Schutz von Geschäftsgeheimnissen, München 2019
Richardi Betriebsverfassungsgesetz, 16. Auflage, München 2018
Säcker/Rixecker/Oetker/Limperg Münchener Kommentar zum BGB, 8. Auflage München 2020
Schaub Arbeitsrecht-Handbuch, 18. Auflage, München 2018

https://doi.org/10.1515/9783110631654-205

Schricker/Loewenheim Urheberrecht, Kommentar, 6. Auflage, München, 2020

Schuster/Grützmacher IT-Recht, Kommentar, Köln, 2020

Ströbele/Hacker Markengesetz, Kommentar, 13. Auflage, Köln, 2020

Teplitzky/Bacher Wettbewerbsrechtliche Ansprüche und Verfahren, 12. Auflage 2019

Wiebe/Kodek Kommentar zum UWG, 2. Auflage, Wien, 2021

Wabnitz/Janovsky/Schmitt Handbuch Wirtschafts- und Steuerstrafrecht, 5. Auflage München 2020

Wiese/Kreutz/Oetker/Raab/Weber/Franzen/Gutzeit/Jacobs Gemeinschaftskommentar Betriebsverfassungsgesetz, 11. Auflage, Neuwied 2018

Bearbeiterverzeichnis

Dr. **Hannes Beyerbach**, Universität Mannheim

Dr. **Marta Böning**, Referatsleiterin Individualarbeitsrecht und angrenzende Rechtsgebiete, Deutscher Gewerkschaftsbund Bundesvorstand, Berlin

Dr. **Ingo Bott**, Rechtsanwalt in Düsseldorf

Dr. **Jochen Bühling**, Honorarprofessor und Lehrbeauftragter an der Universität Münster, Rechtsanwalt in Düsseldorf

Markus Deck (M.C.J.), Rechtsanwalt in Düsseldorf

Dr. **Maximilian Dorndorf**, Rechtsanwalt in Essen

Dr. **Burkhard Führmeyer** (LL.M.), Rechtsanwalt in Frankfurt am Main

Dr. **Nikolas Gregor** (LL.M.), Maître en droit, Rechtsanwalt in Hamburg

Dr. **Ronny Hauck**, Gastprofessor zur Lehrstuhlvertretung an der Humboldt-Universität zu Berlin, stellvertretender Direktor des Humboldt-Forschungsinstituts Eigentum und Urheberrecht in der Demokratie

Ralf-Peter Hayen, Referatsleiter Recht beim DGB Bundesvorstand a.D., Berlin/Falkensee

Dr. **Thomas Hoeren**, Universitätsprofessor an der Universität Münster, Direktor des Instituts für Informations-, Telekommunikations- und Medienrecht (ITM)

Dr. **Daniel Antonius Hötte**, Professor an der Fachhochschule Bielefeld, Of Counsel in Werne an der Lippe

Dr. **Fabian Klein**, Rechtsanwalt in Frankfurt am Main

Dr. **Maximilian Kohlhof**, Rechtsanwalt in Düsseldorf

Dr. **Kevin Kuta**, Rechtsanwalt in Düsseldorf

Dr. **Reiner Münker**, Geschäftsführendes Präsidiumsmitglied der Zentrale zur Bekämpfung unlauteren Wettbewerbs Frankfurt am Main e.V., Bad Homburg

Dr. **Christoph Partsch** (LL.M.), Rechtsanwalt in Berlin

Daniel Pohl (LL.M.), Rechtsanwalt in Münster

Dr. **Sarah Reinhardt-Kasperek**, Rechtsanwältin in München

Dr. **Armin Strobel**, Rechtsreferendar am Oberlandesgericht Düsseldorf, zuvor Institut für Informations-, Telekommunikations- und Medienrecht der Universität Münster

Dr. **Kai Tumbrägel** (LL.M.), Rechtsanwalt in Köln

Dr. **Philip Uecker**, Rechtsanwalt in Düsseldorf

https://doi.org/10.1515/9783110631654-206

ABSCHNITT 1
Allgemeines

Vorbemerkungen zu §§ 1 bis 2

Übersicht

A. Einleitung

Schrifttum

Ann Geheimnisschutz – Kernaufgabe des Informationsmanagements, GRUR **2014** 12; *Brammsen* Lauterkeitsstrafrecht, 2020; *Doepner* Anmerkung zum wettbewerbsrechtlichen Geheimnisschutz im Zivilprozess, Festschrift Tilmann (2003) 105; *Drescher* Industrie – und Wirtschaftsspionage in Deutschland, Diss. Heidelberg 2019; *Fezer/Büscher/Obergfell* Lauterkeitsrecht, 3. Aufl. 2006; *Harte-Bavendamm/Henning-Bodewig* Gesetz gegen den unlauteren Wettbewerb (UWG), 4. Aufl. 2016; *Herm* Die Phönizier, 1973; *Kalbfus* Know-how-Schutz in Deutschland zwischen Strafrecht und Zivilrecht – welcher Reformbedarf besteht? 2011; *Lauffer* Die Bergwerkssklaven von Laureion, 1979; *Müllmann* Auswirkungen der Industrie 4.0 auf den Schutz von Betriebs- und Geschäftsgeheimnissen, WRP **2018** 1177; *Nienaber* Bedeutung und Schutz von Geschäftsgeheimnissen im Mittelstand, 2019; *Ohly/Sosnitza* Gesetz gegen den unlauteren Wettbewerb, 7. Aufl. 2016; *Rody* Der Begriff und die Rechtsnatur von Geschäfts – und Betriebsgeheimnissen unter Berücksichtigung der Geheimnisschutz Richtlinien, Diss. Augsburg 2018; *Thomä* Kleinunternehmen und der Schutz von Innovationen – benachteiligt oder einfach anders? ZfKE **2009** 219; *Wagner* Know-how – Einordnung in das Zivilrecht, 2016.

Betriebliches Know-how hat im technischen, geschäftlichen und wissenschaftlichen Bereich einen hohen wirtschaftlichen Wert. Der Know-how-Schutz gehört regelmäßig zu den entscheidenden wertbildenden Vermögenspositionen eines Unternehmens.[1] Veranschaulichen lässt sich diese **wirtschaftliche Bedeutung eines Geschäftsgeheimnisses** am Beispiel der geheimen Coca-Cola-Rezeptur – bekannt als das am besten gehütete Industriegeheimnis.[2] 1

Historisch betrachtet haben Geschäftsgeheimnisse keineswegs erst seit der Einführung des UWG im Jahre 1896 wirtschaftliche Bedeutung – Fälle wirtschaftlich motivierter Geheimhaltung lassen sich bereits auf die vorchristliche Zeit datieren.[3] Als Beispiel der frühen Wirtschaftsspionage wird insbesondere von den Phöniziern berichtet, die den Ägyptern ein geheimes Verfahren der Glasherstellung entwendeten.[4] Die Relevanz des Schutzes 2

1 BGH 25.1.1955 GRUR **1955** 388, 390; BGH 16.10.1962 GRUR **1963** 207, 210; Ohly/Sosnitza/*Ohly* Vor. §§ 17–19 UWG Rn. 2; Köhler/Bornkamm/Feddersen/*Alexander* Vor. GeschGehG Rn. 38; *Doepner* Festschrift Tilmann (2003) 105.
2 *Rody* 17; *Doepner* Festschrift Tilmann (2003) 105.
3 Vgl. dazu: *Lauffer* 110 ff.; *Brammsen* Vor. §§ 17–19 UWG Rn. 1.
4 *Herm* 114 ff.; *Brammsen* Vor. §§ 17–19 UWG Rn. 1.

https://doi.org/10.1515/9783110631654-001

von Geschäftsgeheimnissen für die Wirtschaft lässt sich ausgehend von den Fällen der vorchristlichen Zeit durch die gesamte Historie bis heute erkennen.[5] Vor dem Hintergrund der fortschreitenden Entwicklung moderner wettbewerbsorientierter Staaten und dem damit verbundenen Anstieg von Wirtschaftsakteuren ist die **wachsende Bedeutung von Geschäftsgeheimnissen** nur eine logische Folge. Wettbewerbsfähiges unternehmerisches Handeln setzt voraus, vertrauliche Informationen zu neuen Produkten oder Verfahren vor anderen Wettbewerbern zu bewahren, um diese überraschen zu können. Hierzu ist es jedoch notwendig, dass Unberechtigten durch einen Schutz der Informationen verwehrt wird, auf diese Zugriff zu haben.[6] Effektiver Geheimnisschutz wird so zu einer unternehmerischen Kernaufgabe.[7]

3 Rechtspolitisch diskutiert wird, ob diese Aufgabe nicht im Wesentlichen von den Unternehmen selbst – etwa durch die Verwendung entsprechender Vertragsklauseln oder die Installation technischer Schutzmechanismen – zu übernehmen ist und, ob sich ein darüber hinausgehender rechtlicher Schutz von Geheimnissen als „eigenständiges, schutzwürdiges Rechtsgut" rechtfertigen lässt.[8] So ist ein einfaches Schwarz-Weiß-Denken in Bezug auf die Folgen der Verwendung fremden Know-Hows für die gesamtwirtschaftliche Entwicklung nicht ohne Weiteres möglich. Es muss bedacht werden, dass gerade im Austausch von Wissen das Potential für weitergehende Innovationen liegt. Über einen **rechtlichen Know-how-Schutz** wird hingegen eine Exklusivität bezüglich bestimmter Informationen erreicht, die dem Gedanken der grundsätzlichen Gemeinfreiheit von Informationen entgegenläuft. Die Konsequenzen eines solchen Schutzes können im Zweifelsfall das wettbewerbsschädliche Entstehen von Monopolen, divergierende Entwicklungschancen unter den Nationen oder Beeinträchtigungen der Arbeitnehmerfreiheit in Bezug auf die Wahl bzw. den Wechsel ihres Arbeitsplatzes sein.[9]

4 Es scheint jedoch gerade in Fällen der vorsätzlichen Industrie- bzw. Wirtschaftsspionage ein nicht hinnehmbares Unrecht, wenn dem Inhaber des Geschäftsgeheimnisses kein effektiver rechtlicher Schutz vor unbefugtem Ausnutzen fremder Investitionen und Ergebnisse gewährt würde. Begründet werden kann dieser jedoch nicht allein mit dem wirtschaftlichen Wert von Geheimnissen, da aus diesem nicht unmittelbar auf ihre Schutzwürdigkeit geschlossen werden kann.[10] Auch das Heranziehen der im Patentrecht entwickelten Rechtfertigungsgründe überzeugt nicht abschließend.[11] So können die Argumente der sog. Belohnungstheorie sowie der „Vertrags- und Offenbarungstheorie" auf Geschäftsgeheimnisse nicht übertragen werden, da es hier an der bei Patenten mit der Gewährung verbundenen Veröffentlichung des Wissens gerade fehlt. Auch der Begründungsansatz, nach welchem die durch eigene Geisteskraft hervorgebrachten Kenntnisse lediglich ihrem (Er-)Finder gebühren (sog. Eigentumstheorie), muss in der Konsequenz an der Verschiedenheit der jeweils geschützten Güter – technische Erfindung oder Wissen als solches – scheitern.[12] Stärker wiegt hingegen das Argument, der Schutz von Geheimnissen würde, wie auch bei Patenten, zu einem für den Wettbewerb notwendigen Anreiz durch eine gewisse Amortisierungsgarantie führen. Auch der EU-Gesetzgeber hat sich bei der Erarbeitung der Know-

---

5 Vgl. zur historischen Entwicklung: *Brammsen* Vor. §§ 17–19 UWG Rn. 1–6.
6 Köhler/Bornkamm/Feddersen/*Alexander* Vor. GeschGehG Rn. 39.
7 *Ann* GRUR **2014** 12, 14.
8 *Drescher* 253.
9 *Drescher* 253f.
10 Vgl. *Kalbfus* Rn. 66f.; *Drescher* 254f.
11 *Drescher* 256f.
12 *Drescher* 258.

How-Richtlinie auf diesen **Rechtfertigungsansatz** gestützt.[13] Im Ergebnis wird die Frage nach der eigenständigen Schutzwürdigkeit nur mit Blick auf ökonomische Überlegungen zu beantworten sein, wobei die Anknüpfung an den immaterialgüterrechtlichen Begründungsansatz vor dem Hintergrund der Annahme eines alternativen bzw. additiven, gerade nicht dem Immaterialgüterrecht zuzuordnenden, Geheimnisschutzes kritisch zu hinterfragen ist.

Besondere Bedeutung erlangt der Schutz von Know-how und Geschäftsgeheimnissen für **kleine und mittlere Unternehmen (KMU)**. Hier kommt es häufig zu einem Auseinanderfallen der Innovationskraft und der hinreichenden finanziellen Ausschöpfung der eigenen Innovationserfolge. So zeigt sich, dass KMU deutlich seltener auf die rechtlichen Schutzmöglichkeiten intellektueller Eigentumsrechte – wie etwa den Patentschutz – zurückgreifen. Als Ursache wird hier regelmäßig eine systemische Benachteiligung von KMU genannt, welche auf Kosten- bzw. Komplexitätsbarrieren zurückzuführen seien.[14] Umso bedeutender wird für Unternehmen dieser Größe somit das Instrument des Geheimnisschutzes, welches nicht nur als Flankierung, sondern auch als mögliche Alternative gegenüber dem Schutz des Immaterialgüterrechts dienen kann. Eine Effizienzsteigerung und Dekomplexisierung bezüglich der Rechte zum Schutz von Geschäftsgeheimnissen kommt daher – wie auch in den Erwägungsgründen 2 und 3 zur Know-how-Richtlinie betont – gerade den individuellen Innovationserträgen und der Positionierung von KMU im Wettbewerb zugute.[15] 5

Der wirtschaftliche Wert einer vertraulichen Information hängt maßgeblich von der **Ausschließlichkeit der Nutzung** dieser Information ab, sodass dessen Verletzung für ein Unternehmen mit gravierenden Folgen für den eigenen Erwerb verbunden sein kann.[16] Zu den Auswirkungen einer Verletzung von Geschäftsgeheimnissen auf die unternehmerische Tätigkeit führte auch das BVerfG aus: „Wird exklusives wettbewerbserhebliches Wissen den Konkurrenten zugänglich, mindert dies die Möglichkeit, die Berufsausübung unter Rückgriff auf dieses Wissen erfolgreich zu gestalten. So können unternehmerische Strategien durchkreuzt werden. Auch kann ein Anreiz zu innovativem unternehmerischen Handeln entfallen, weil die Investitionskosten nicht eingebracht werden können, während gleichzeitig Dritte unter Einsparung solcher Kosten das innovativ erzeugte Wissen zur Grundlage ihres eigenen beruflichen Erfolgs in Konkurrenz mit dem Geheimnisträger nutzen."[17] Der Wert einer vertraulichen Information steht und fällt somit mit einem effizienten Schutz von Betriebs- und Geschäftsgeheimnissen. 6

Der rasche technische Fortschritt im Rahmen der Digitalisierung verstärkt ferner die Bedeutung von **firmeneigenem Wissen**[18] – gleichzeitig wächst mit der Entwicklung hin zur „Informationsgesellschaft" und der damit einhergehenden Vernetzung aber auch die Bedrohung der Bewahrung von Geschäftsgeheimnissen[19]. Aus wirtschaftlicher Perspektive ist der effektive Schutz von Geschäftsgeheimnissen folglich unabdingbar. 7

---

13 Erwägungsgrund 4 zur RL 2016/943/EU v. 8.6.2016, ABl. 2016 L. 157, 3, abrufbar unter: http://eur-lex.europa.eu/legal-content/DE/TXT/?uri=CELEX%3A32016L0943 (zuletzt abgerufen im Mai 2021).
14 Vgl. dazu: *Thomä* ZfKE **2009** 219, 220 f.
15 Erwägungsgründe zur RL 2016/943/EU v. 8.6.2016, ABl. 2016 L. 157, 1–18, abrufbar unter: http://eur-lex.europa.eu/legal-content/DE/TXT/?uri=CELEX%3A32016L0943 (zuletzt abgerufen im Mai 2021).
16 Köhler/Bornkamm/Feddersen/*Alexander* Vor. GeschGehG Rn. 39.
17 BVerfG 7.11.2014 BVerfGE **147** 50, 141 f.
18 Harte-Bavendamm/Henning-Bodewig/*Harte-Bavendamm* Vor. §§ 17–19 UWG Rn. 1.
19 *Müllmann* WRP **2018** 1177, 1179.

B. Verhältnis zu anderen Rechtsgebieten

Brost/Wolsing Presserechtlicher Schutz vor der Veröffentlichung von Geschäftsgeheimnissen, ZUM **2019** 898; *Fuhlrott/Hiéramente* BeckOK GeschGehG, 4. Edition 2020; *Kalbfus* Zur Rechtsnatur von Geschäftsgeheimnissen: Bringt das Geschäftsgeheimnisgesetz Klarheit? Festschrift Harte-Bavendamm (2020); *Naber/Peukert/Seeger* Arbeitsrechtliche Aspekte des Geschäftsgeheimnisgesetzes, NZA **2019** 583; *Ohly* Der Geheimnisschutz im deutschen Recht: heutiger Stand und Perspektiven, GRUR **2014** 1; *Trebeck/Schulte-Wissermann* Die Geheimnisschutzrichtlinie und deren Anwendbarkeit, NZA **2018** 1175.

8 Mit der Schaffung des GeschGehG drängt sich auch die Frage auf, wie sich das neue Gesetz zu den Immaterialgüterrechten und weiteren Rechtsgebieten wie dem Kartellrecht, dem UWG, dem Arbeitsrecht, dem BGB und auch dem Grundgesetz verhält. Hierzu enthält die Richtlinie scheinbar klare Vorgaben. In Erwägungsgrund 39 heißt es, dass die Vorgaben der Richtlinie andere Rechtsvorschriften aus anderen Bereichen nicht berühren, einschließlich der Rechte des geistigen Eigentums und des Vertragsrechts. Dies spricht für ein klares **Nebeneinander von Immaterialgüterrecht und dem nunmehr normierten Geschäftsgeheimnisschutz**. Allerdings hat die Richtlinie in Art. 1 Abs. 1 die Möglichkeit weitergehender Schutzbestimmungen für Geschäftsgeheimnisse davon abhängig gemacht, dass die Schranken – etwa solche zum rechtmäßigen Erwerb aus Art. 3 oder die Ausnahmen zum Schutz der Rechtsordnung und spezieller Grundrechte in Art. 5 – unberührt bleiben. Insofern haben einzelne Vorschriften der Richtlinie besonderen Bindungscharakter für die Mitgliedstaaten. Die Ausstrahlungswirkung der Schrankenbestimmungen fließt somit zum Teil auch in das allgemeine Immaterialgüterrecht ein. Beispielhaft wäre hier etwa die in Art. 3 Abs. 1 lit. b) der Richtlinie normierte Zulässigkeit von Reverse Engineering erwähnt. Auch für die AGB-Kontrolle spielen einzelne Vorschriften des Gesetzes und der dahinterstehenden Richtlinie eine besondere Rolle (siehe unten). Insofern enthält die Richtlinie eben keine bloße Mindestharmonisierung, da „die in dieser Richtlinie ausdrücklich festgelegten Regelungen zum Schutz der Interessen anderer Parteien eingehalten“[20] werden müssen. Dementsprechend dürfte zum Beispiel die Durchsetzungsrichtlinie nicht anwendbar sein; deshalb bekräftigt Erwägungsgrund 39 der Durchsetzungsrichtlinie eine Spezialität des besonderen Rechtsfolgeregimes der Geschäftsgeheimnisrichtlinie.

9 Mit der Schaffung des GeschGehG wurden die Regelungen der §§ 17–19 UWG aufgehoben und durch eigene, im Wesentlichen inhaltsgleiche, Strafvorschriften in § 4 und § 23 ersetzt. Die einst überwiegend als Marktverhaltensregelungen i. S. d. § 3a UWG, bzw. § 4 Nr. 11 UWG a. F. angesehenen Vorschriften[21] bedürfen nun keines Schutzes über das UWG mehr, sondern erfahren vielmehr **eigenständigen Schutz** durch das neue GeschGehG. Zu beachten ist aber, dass das Geschäftsgeheimnisgesetz zumindest nach Inkrafttreten des Gesetzes eine stark lauterkeitsrechtliche Prägung aufweist.[22] Insofern verweist § 4 Abs. 1 auf die anständigen Marktgepflogenheiten. Wie unten nachgewiesen, ist das Geschäftsgeheimnis eine moderne Form des Besitzkonstrukts, eingekleidet in die Marktverhaltensregeln des UWG (siehe unten).

10 In **strafrechtlicher Hinsicht** bleibt § 203 StGB gem. § 1 Abs. 3 Nr. 1 ausdrücklich unberührt. Dieser Hinweis verdeutlicht, dass § 5 nicht für Berufsgeheimnisträger gilt.[23] Trotz

---

20 Erwägungsgrund 10 zur RL 2016/943/EU v. 8.6.2016, ABl. 2016 L. 157, 3, abrufbar unter: http://eur-lex.europa.eu/legal-content/DE/TXT/?uri=CELEX%3A32016L0943 (zuletzt abgerufen im Mai 2021).
21 *Ohly* GRUR **2014** 1, 7.
22 *Kalbfus* Festschrift Harte-Bavendamm (2020) 341, 346 ff.
23 BeckOK GeschGehG/*Hiéramente* § 1 GeschGehG Rn. 10.1.

des Fehlens eines ausdrücklichen Hinweises in § 1 Abs. 3 Nr. 1 ist davon auszugehen, dass die §§ 202a, 202b, 202d StGB ebenso anwendbar bleiben.[24] Unklar bleibt hingegen, ob neben den Regelungen des GeschGehG auch solche Regeln anwendbar bleiben, die nicht wie die §§ 202a, 202b und 202d StGB die rechtswidrige Erlangung von Daten sanktionieren, sondern das Weitertragen von Betriebsgeheimnissen. Insofern wird bisher davon ausgegangen, dass derartige Regelungen, wie sie etwa in § 85 Abs. 1 GmbHG zu finden sind, mangels ausdrücklicher Anordnung der Nichtanwendbarkeit daneben bestehen bleiben.[25]

Eine Einschränkung bestehender Rechte und Pflichten im Bereich des **Arbeitsrechts** 11
bezweckt das GeschGehG nicht.[26] Jedoch wirft insbesondere § 5 Fragen auf. So stellt sich hier vornehmlich die Frage, ob entgegen des scheinbar eindeutigen Wortlauts, die Ausnahmen möglicherweise auch über die Verbote des § 4 hinaus im Rahmen von Kündigungen oder ähnlichen arbeitsrechtlichen Sanktionsinstrumentarien Auswirkungen zeigen.[27] Diese über den Wortlaut hinausgehende Auslegung annehmend, würde § 5 einen umfassenden Schutz für Whistleblower statuieren, sodass kritisch zu hinterfragen ist, ob dies dem Willen des Gesetzgebers entspricht. Es kann nicht sein, dass § 5 Whistleblowing in Grenzen freizeichnet und diese Freizeichnung dann durch andere arbeitsrechtliche Vorgaben außer Kraft gesetzt wird. Das spricht für eine weite Auslegung der Schranken des § 5 im Arbeitsrecht. Hiergegen steht jedoch der klare Wortlaut des § 1 Abs. 3 Nr. 4, wonach von diesem Gesetz Rechte und Pflichten aus dem Arbeitsverhältnis unberührt bleiben (vgl. Kommentierung zu § 5 Nr. 2 Rn. 83).[28] Ähnliches gilt für die Freizeichnung etwa von Reverse Engineering in § 3 Abs. 1. In Erwägungsgrund 17 der Richtlinie wird zwar darauf verwiesen, dass die Richtlinie nicht zum Ziel habe, das Recht des unlauteren Wettbewerbs insgesamt zu reformieren oder zu harmonisieren. Gleichzeitig wird der Kommission die Aufgabe zugewiesen, sorgfältig zu prüfen, ob in diesem Bereich auf Unionsebene Handlungsbedarf bestehe. Allerdings hat die ausdrückliche Erlaubnis von Reverse Engineering Ausstrahlungswirkung auf andere Rechtsgebiete (vgl. Kommentierung zu § 3 Abs. 1 Nr. 2 Rn. 62). Insofern verweist Erwägungsgrund 16 allgemein darauf, dass die unabhängige Entdeckung von Know-how oder Informationen möglich bleiben soll.

Schwierig und nahezu umgekehrt ist das Verhältnis des Gesetzes zum **AGB-Recht** in 12
§§ 307 ff. BGB. In einzelnen Bestimmungen der Richtlinie wird ausdrücklich eine anderweitige vertragliche Regelung angesprochen (siehe zum Beispiel Art. 3 Abs. 1 lit. b). In Brüssel musste man aber nichts zu der Reichweite des typisch deutschen AGB-Rechts sagen. Man wird davon ausgehen müssen, dass das Geschäftsgeheimnis im wesentlichen AGB-fest ist und im Rahmen der Inhaltskontrolle nach § 307 Abs. 2 Nr. 1 BGB einfließt. Dies erweist sich als besonders wichtig für Versuche, den Griff der Geschäftsgeheimnisse in AGB auszuweiten und nach Möglichkeit alle Geschäftsinformationen unter den Schutz des Geschäftsgeheimnisses zu stellen. Solche Klauseln sind vor allem bei US-amerikanisch geprägten Geheimnisvereinbarungen beliebt. Hier erweist sich der besondere Schutz des Geschäftsgeheimnisgesetzes auch als Schutz vor zu weiten Geheimhaltungsvereinbarungen. Solche vertraglichen Vereinbarungen sind neben der Nichtigkeit nach § 307 Abs. 2 BGB auch keine angemessenen Geheimhaltungsmaßnahmen im Sinne von § 2 Nr. 1; sie begründen auch keine rechtmäßige Kontrolle über ein Geschäftsgeheimnis im Sinne von § 2 Nr. 2 des Gesetzes.

---

24 BeckOK GeschGehG/*Hiéramente* § 1 GeschGehG Rn. 22.
25 BeckOK GeschGehG/*Hiéramente* § 1 GeschGehG Rn. 23.
26 *Reinfeld* § 1 Rn. 80 f.
27 *Naber/Peukert/Seeger* NZA **2019** 583, 585.
28 Dazu auch EGMR 16.2.2021 BeckRS **2021** 1820.

13 Spannend stellt sich das **Verhältnis zum Grundgesetz** dar, insbesondere im Hinblick auf Meinungs- und Pressefreiheit aus Art. 5 Abs. 1 GG. Zunächst wird in § 1 Abs. 3 Nr. 2 klargestellt, dass die Ausübung des Rechts auf freie Meinungsäußerung und die Pluralität der Medien unberührt bleiben. Die ausdrückliche Erwähnung an dieser Stelle ist insbesondere dem Umstand geschuldet, dass einige Journalisten im Rahmen des Gesetzgebungsverfahrens Bedenken dahingehend äußerten, dass sich der Schutz des Geschäftsgeheimnisses negativ auf investigative Recherchetätigkeiten auswirken könnte.[29] Darüber hinaus gewährleistet auch § 5 weitgehend Schutz, indem dieser bestimmte Handlungen von den Verboten in § 4 ausnimmt. Dies erfolgt etwa durch die sog. „Whistleblower-Regelung" des § 5 Nr. 2.[30] Durch den Verweis auf die Grundrechtecharta, die in Art. 52 Abs. 3 GRCh auch auf Art. 10 EMRK Bezug nimmt, wird jedoch klargestellt, dass die Meinungsfreiheit hier keineswegs schrankenlos Vorrang haben soll.[31] Vielmehr muss stets ein verhältnismäßiger Ausgleich mit den Rechten des Geschäftsgeheimnisinhabers, welche insbesondere durch Art. 12 GG geschützt werden,[32] stattfinden.[33]

14 Probleme bestehen auch bei der Abgrenzung von Geschäftsgeheimnisschutz zum **Urheberrecht.** Nach Erwägungsgrund 39 der Richtlinie soll der Geheimnisschutz die Anwendung etwaiger sonstiger relevanter Rechtsvorschriften in anderen Bereichen, einschließlich der Rechte des geistigen Eigentums und des Vertrags weit unberührt lassen. Damit wäre eine Kollision zwischen Urheberrecht und Geheimnisschutz eigentlich ausgeschlossen. Allerdings mehren sich in den letzten Jahren die Fälle, in denen es wegen eines streitigen Geheimnisschutzes versucht wurde, das Urheberrecht als alternativen Weg des Geheimnisschutzes zu etablieren. Meist erfolgt dann eine Berufung auf den Werkcharakter und das Erstveröffentlichungsrecht.

15 Das Urheberrecht soll den Konflikt zwischen dem Interesse eines Urhebers an der Kontrolle seines Werkes und dem Interesse der Öffentlichkeit an der Nutzbarkeit des Werkes regeln. Oft ist schon fraglich, inwieweit ein solches, als geheim betiteltes Dokument, überhaupt ein Werk im Sinne des UrhG sein kann, wenn darin lediglich nach Muster zusammengefasste Informationen enthalten sind. Und selbst wenn es sich um ein Werk im Sinne des UrhG handelt, ist das Verhältnis zur Presse- und Meinungsfreiheit zumindest problematisch.[34]

16 Angefangen bei einem weniger bekannten Fall aus dem Jahr 2010, bei dem die Stadt Duisburg im Zuge der Ermittlungen zu der **Loveparade** eine einstweilige Verfügung gegen den Betreiber des lokalen Nachrichtenblogs Xtranews erwirkte, um die Veröffentlichung von, ihrer Meinung nach vom Urheberrecht geschützten und internen, Plänen für Zäune und weitere Unterlagen zu unterbinden. Die Stadt gab auf, nachdem sie feststellen musste, dass die Unterlagen nicht mehr aus dem Internet zu schaffen waren.[35]

17 Diese Frage stellt sich auch bei einem weiteren Fall aus dem Jahr 2014, bei dem die Plattform **FragdenStaat** über das IFG die Herausgabe eines internen Gutachtens über die Verfassungsmäßigkeit einer 2,5 %-Sperrklausel bei der Europawahl erzwingen wollte. Das BMI gab dieses auch heraus, verwies allerdings darauf, dass es sich hierbei um ein

---

29 Stellungnahme von BDZV, dju, DJV, Deutscher Presserat, VDZ v. 18.5.2018.
30 *Reinfeld* § 1 Rn. 77.
31 Dazu näher EGMR 16.2.2021 BeckRS **2021** 1820.
32 Vgl. OLG München 27.2.2020 WRP **2020** 653, 655.
33 *Brost/Wolsing* ZUM **2019** 898, 901; BTDrucks. 19/4724 S. 28 f.
34 BGH 30.4.2020 GRUR **2020** 853, 857 f.
35 https://www.tagesspiegel.de/gesellschaft/medien/heute-keine-xtranews/1906238.html (zuletzt abgerufen im Mai 2021).

Werk im Sinne des UrhG handeln würde und daher nicht verbreitet werden dürfe.[36] Anders als bei dem Fall aus Duisburg kam dieser Fall vor Gericht und das LG Berlin entschied, dass das juristische Gutachten kein Werk im Sinne des UrhG sei und daher nicht geschützt wäre.[37]

Ein weiterer bemerkenswerter Fall ist noch beim LG Köln anhängig. Es geht hierbei um ein geheimes **Gutachten über das Herbizid Glyphosat**, welches ebenfalls aufgrund des IFG herausgegeben wurde, aber aufgrund des UrhG nicht verbreitet werden dürfe. Auch hier ist fraglich, ob es sich dabei um ein Werk im Sinne des UrhG handelt.[38] Eine einstweilige Verfügung der Behörde wurde jedoch aufgrund von Formfehlern wieder aufgehoben, worauf die Behörde erneut Klage erhoben hat.[39] Einen vorläufigen Abschluss dieser Reihe von Fällen könnte das jüngst ergangene Urteil des BGH zu den Afghanistanpapieren bilden. Hier handelt es sich um militärische Lageberichte, welche von der Westdeutschen Allgemeinen Zeitung veröffentlicht wurden. Dies versuchte das Verteidigungsministerium mit Berufung auf das Urheberrecht zu unterbinden. Das LG Köln wie auch das OLG Köln gaben dem Begehren des BMVg statt.[40] Die Gerichte sahen in dem Lagebericht ein Werk im Sinne des UrhG und sahen die Schrankenbestimmungen des UrhG als nicht einschlägig an. Erst der BGH wandte sich mit Fragen über die Auslegung der Richtlinie 2001/29/EG an den EuGH. Der EuGH kam, anders als der BGH ursprünglich, zu dem Schluss, dass es sich hierbei durchaus um eine Berichterstattung über Tagesereignisse im Sinne von Art. 5 Abs. 3 lit. c) 2. Alt. der Richtlinie 2001/29/EG handeln könne und dass es auf eine Entscheidung im Einzelfall ankomme. Dabei seien die Ausnahmen auch als eigene Rechte der Nutzer zu verstehen, welche für sich die Grundfreiheiten der Nutzer schützen.[41] Zudem hatte er Zweifel daran geäußert, ob die Lageberichte überhaupt ein Werk im Sinne der Richtlinie sind.[42] Der BGH hat daraufhin die Frage, ob es sich bei dem Lagebericht überhaupt um ein Werk im Sinne des UrhG handelt, offengelassen und geurteilt, dass zumindest die Schranke des § 50 UrhG greife und dass die Veröffentlichung in ihrem Umfang gerechtfertigt sei.[43] Er schloss sich damit der Ansicht des EuGH an und gab bei der Abwägung den Interessen der Informationsgesellschaft den Vorrang. 18

Damit ist die Frage nach der Reichweite des **Erstveröffentlichungsrechts** noch nicht geklärt, das bei Vorliegen eines Werks ein Verbotsrecht für die Offenlegung geheimer Informationen sichern würde. Darüber hinaus ist auch noch nicht geklärt, wie die Schranken des Urheberrechts und die Schranken des Geheimnisschutzgesetzes zueinander passen. In einem Fall, in dem der Kläger sich nicht auf Urheberrecht, sondern auf den Geheimnisschutz beruft, würde das Schutzinteresse der Öffentlichkeit nicht über § 50 UrhG, sondern alternativ über § 5 Nr. 1 zur Anwendung kommen. Wenn die Klage jedoch auf das GeschGehG gestützt wird, ist der Kläger nicht daran gehindert, alternativ seine Klage auf ein bestehendes Urheberrecht zu stützen. In einem solchen Fall wären die Interessen des beklagten Nutzers etwa im Rahmen der Schranke nach § 3 Abs. 1 Nr. 2 geschützt, der aber keine Parallele im Urheberrecht findet. Die Schranken des Urheberrechts stehen daher **selbst-** 19

---

36 https://www.lto.de/recht/hintergruende/h/frag-den-staat-zensur-bundesinnenministerium-zensurheberrecht/ (zuletzt abgerufen im Mai 2021).
37 LG Berlin 11.2.2014 ZUM **2014** 972, 973.
38 LG Köln 19.3.2019 MMR **2019** 546, 547.
39 LG Köln 19.3.2019 MMR **2019** 546, 547; https://fragdenstaat.de/aktionen/zensurheberrecht-klage-2019/ (zuletzt abgerufen im Mai 2021).
40 LG Köln 2.10.2014 GRUR-RR **2015** 55 ff.; OLG Köln 12.6.2015 NJW-RR **2016** 165 ff.
41 EuGH 29.7.2019 GRUR **2019** 934, 939.
42 EuGH 29.7.2019 GRUR **2019** 934, 936.
43 BGH 30.4.2020 GRUR **2020** 853, 854.

ständig neben denen des Geschäftsgeheimnisgesetzes, werden jedoch zunehmend im Lichte der Wertungen des Geschäftsgeheimnisgesetzes interpretiert.

C. Kollisionsrecht

Budzikiewicz/Weller/Wurmnest beck-online Großkommentar – EGBGB, Stand: 1.2.2020; *Büscher* UWG, 2019; *Erman* BGB Kommentar, 16. Aufl. 2020; *Hauck* Geheimnisschutz im Zivilprozess – was bringt die neue EU-Richtlinie für das deutsche Recht? NJW **2016** 2218; *Herberger/Martinek/Rüßmann/Weth/Würdinger* jurisPK-BGB, 9. Aufl. 2020; *Kegel/Schurig* IPR, 9. Aufl. 2004; *Kiefer* Das Geschäftsgeheimnis nach dem Referentenentwurf zum Geschäftsgeheimnisgesetz: Ein Immaterialgüterrecht, WRP **2018** 910; *Klinkert* Wettbewerbsrechtliche Ansprüche mit Auslandsbezug vor inländischen Gerichten, WRP **2018** 1038; *Knaak/Kur/Hilty* Comments of the Max Planck Institute for Innovation and Competition of 3 June 2014 on the Proposal of the European Commission for a Directive on the Protection of Undisclosed Know-How and Business Information (Trade Secrets) Against Their Lawful Acquisition, Use and Disclosure of 28 November 2013 (COM 2013) 813 Final, IIC **2014** 953; *Köhler* Wettbewerbsstatut oder Deliktsstatut – Zur Auslegung des Art. 6 Rom II-VO, Festschrift Coester-Waltjen (2015) 501; *McGuire* Der Schutz von Know-how im System des Immaterialgüterrechts, GRUR **2016** 1000; *Münchener Kommentar* BGB Band 12 – Internationales Wirtschaftsrecht, 7. Aufl. 2018; *Ohly* Das auf die Verletzung von Geschäftsgeheimnissen anwendbare Recht, Festschrift Harte-Bavendamm (2020) 385; *Sack* Art. 6 Abs. 2 Rom II-VO und „bilaterales" unlauteres Wettbewerbsverhalten, GRURInt **2012** 601; *ders.* Internationales Lauterkeitsrecht, 2019; *Prütting/Wegen/Weinreich* BGB Kommentar, 15. Aufl. 2020; *v. Hoffmann/Thorn* IPR, 10. Aufl. 2020.

20 Mit dem Inkrafttreten des Gesetzes zum Schutz von Geschäftsgeheimnissen geht die Frage nach dem einschlägigen Kollisionsrecht einher. Aus den Erwägungsgründen der Richtlinie 2016/943/EU geht hervor, dass **andere unionsrechtliche Vorgaben verfassungs- oder kollisionsrechtlicher Art von der Richtlinie unberührt** bleiben sollen.[44] Erwägungsgrund 37 führt dazu aus: „Diese Richtlinie zielt nicht darauf ab, die Vorschriften im Bereich der justiziellen Zusammenarbeit, der gerichtlichen Zuständigkeit oder der Anerkennung und Vollstreckung von Urteilen in Zivil- und Handelssachen zu harmonisieren oder darauf, Fragen des anwendbaren Rechts zu behandeln. Andere Unionsinstrumente, durch die derartige Angelegenheiten ganz allgemein geregelt werden, sollten grundsätzlich weiterhin für den von dieser Richtlinie abgedeckten Bereich gelten."[45]

21 Während vor der Geltung der RL 2016/943/EU die Verletzung eines Geschäftsgeheimnisses nach h. M. als Fall des unlauteren Wettbewerbs i. S. d. Art. 6 Abs. 2 Rom II-VO vertreten wurde[46], ist die Beibehaltung dieser Einordnung unter Geltung der Richtlinie **fraglich**. Einigkeit bestand jedenfalls darüber, dass diese Bestimmung in Fällen des Ausspähens und der Offenbarung von Geschäftsgeheimnissen gelte; divergierende Ansichten zur Einordnung der Nutzung eines Geschäftsgeheimnisses werden zu Art. 6 Abs. 2 Rom II-VO oder unter Art. 6 Abs. 1 Rom II-VO vertreten.[47]

22 So wird vertreten, hinsichtlich des Anwendungsbereiches der Rom II-VO lasse sich eine Einordnung der Verletzung von Geschäftsgeheimnissen als Fall des Art. 6 Abs. 2 Rom II-VO seit Geltung der RL 2016/943/EU nicht mehr aufrechterhalten.[48] Während der

---

44 Köhler/Bornkamm/Feddersen/*Alexander* § 15 GeschGehG Rn. 6.

45 Erwägungsgründe zur RL 2016/943/EU v. 8.6.2016, ABl. 2016 L. 157, 1–18, abrufbar unter: http://eur-lex.europa.eu/legal-content/DE/TXT/?uri=CELEX%3A32016L0943 (zuletzt abgerufen im Mai 2021).

46 Köhler/Bornkamm/Feddersen/*Köhler* Einleitung Rn. 5.33a; *Köhler* 508 ff.; **a. A.** *Sack* GRUR Int **2012** 601, 606, der zwischen Beschaffung und Weitergabe einerseits und Vermarktung andererseits differenziert.

47 MüKo BGB/*Drexl* Int. Lauterkeitsrecht Rn. 184 f.

48 Köhler/Bornkamm/Feddersen/*Köhler* Einleitung Rn. 5.33a.

rechtswidrige Erwerb und die in Frage stehende rechtswidrige Nutzung auch weiterhin unerlaubte Handlungen i. S. d. Art. 4 Abs. 1 Rom II-VO darstellen, gehe damit nicht zwingend auch ein unerlaubtes Wettbewerbsverhalten i. S. d. Art. 6 Abs. 1 und Abs. 2 Rom II-VO einher, sodass die **Anwendbarkeit ausgeschlossen** sei.[49] Dies spreche für eine Anknüpfung an Art. 4 Rom II-VO und damit eine Anwendung der allgemeinen Regeln für unerlaubte Handlungen.

Daran schließt sich die Frage an, ob die Vorschriften zur **Verletzung des geistigen Eigentums nach Art. 8 Rom II-VO** herangezogen werden können.[50] Art. 8 Rom II-VO erklärt auf Schutzrechtsverletzungen das Recht des Staates für anwendbar, für den Schutz beansprucht wird. Entscheidend wäre also der Ort, an dem die Verletzung eines Betriebsgeheimnisses stattfindet. Dies setzt jedoch eine Einordnung von Geschäftsgeheimnissen als geistiges Eigentum voraus. Gegen ein solches Verständnis können die Erwägungsgründe 1, 2, 16 und 39 der RL 2016/943/EU ins Feld geführt werden, aus denen zwar die Einordnung als Immaterialgut, aber gerade nicht als Recht des geistigen Eigentums hervorgeht.[51] 23

Andere wollen die rechtswidrige Nutzung von Geschäftsgeheimnissen als Fall des **unlauteren Wettbewerbs nach Art. 6 Abs. 2 Rom II-VO** einstufen.[52] Zwar werden auch hier Bedenken insbesondere bezüglich der Einordnung indirekter Verletzungshandlungen nach Art. 4 Abs. 4 und Abs. 5 RL 2016/943/EU als bilaterales Wettbewerbsverhalten i. S. d. Art. 6 Abs. 2 Rom II-VO geäußert.[53] Für eine entsprechende Einordnung ließen sich insgesamt aber Einfachheit und Rechtsklarheit anführen, da alle Teilhandlungen, die das Geschäftsgeheimnis betreffen, einen einheitlichen Anknüpfungspunkt im Kollisionsrecht finden, wodurch vor allem mögliche Wertungswidersprüche vermieden werden.[54] 24

Den Versuch einer vermittelnden Lösung nimmt *Ohly* vor.[55] Er sieht den Geheimnisschutz als **hybride Konstruktion**, ähnlich einem Chamäleon, „was manchmal in der grünen Farbe des geistigen Eigentums, manchmal aber auch in den Farben des Lauterkeits- oder Vertragsrechts schimmert". Auf dieser Grundlage plädiert er im Hinblick auf die kollisionsrechtlichen Interessen für eine differenzierte Anwendung des Art. 4 Rom II-VO. Das OLG Düsseldorf[56] führte jüngst dazu aus, dass sich das anwendbare Recht bei dem Vorwurf der wettbewerbswidrigen Verwendung von Geschäftsgeheimnissen aus Art. 4 Abs. 1 i. V. m. Art. 6 Abs. 2 Rom II-VO grundsätzlich aber auch aus Art. 8 Rom II-VO ergeben könne. 25

Eine sachgerechte Klassifizierung kann sich nur mit klaren Regeln finden. Insbesondere der unklare Ansatz von *Ohly* hilft nicht weiter. Dieser Ansatz führt zu unterschiedlichen Anknüpfungsregeln bei der Verletzung eines Betriebsgeheimnisses im Vergleich zu den anwendbaren Schranken. Man muss darauf abstellen, dass das Betriebsgeheimnis in seiner historischen und dogmatischen Wurzel besitzrechtlicher Natur ist. Dann gilt die ***lex rei sitae* nach Art. 43 EGBGB**. Dieser in Art. 43 Abs. 1 EGBGB festgelegte Grundsatz bedeutet, dass das Recht des Ortes gilt, an dem sich die Sache physisch befindet. Sofern jedoch die Sache in ein anderes Land gelangt, können die bestehenden Rechte nicht aus- 26

49 Köhler/Bornkamm/Feddersen/*Köhler* Einleitung Rn. 5.33a.
50 So *Kiefer* WRP **2018** 910, 911ff.; *McGuire* GRUR **2016** 1000, 1003ff.; Büscher/*McGuire* Internationales Wettbewerbsrecht Rn. 296.
51 Köhler/Bornkamm/Feddersen/*Köhler* Einleitung Rn. 5.33a; *Köhler* 508; MüKo BGB/*Drexl* Int. Lauterkeitsrecht Rn. 184ff.; *Klinkert* WRP **2018** 1038, 1043.
52 MüKo BGB/*Drexl* Int. Lauterkeitsrecht Rn. 183f.; siehe Stellungnahme des MPI zur Richtlinie und deren Einordnung als Lauterkeitsrecht, *Knaak/Kur/Hilty* IIC **2014** 953, 955.
53 MüKo BGB/*Drexl* Int. Lauterkeitsrecht Rn. 184.
54 MüKo BGB/*Drexl* Int. Lauterkeitsrecht Rn. 186.
55 *Ohly* 385ff.
56 OLG Düsseldorf 21.11.2019 GRUR-RS **2019** 33225, das *OLG* zieht beide Ansätze heran, lässt die Frage nach dem anwendbaren Recht in seiner Entscheidung aber offen.

geübt werden, wenn ihre Ausübung im Widerspruch zur dortigen Rechtsordnung steht (schlichter Statutenwechsel), Art. 43 Abs. 2 EGBGB. Ist der Erwerb eines Rechts an einer Sache nicht abgeschlossen und wird sie dann in den Geltungsbereich einer anderen Rechtsordnung verlegt, sind alle Vorgänge nach dem dort geltenden Recht zu beurteilen (qualifizierter Statutenwechsel), Art. 43 Abs. 3 EGBGB.

27 Von diesen Grundsätzen weicht Art. 46 EGBGB ab. Als Ausnahmeregelung ist diese eng auszulegen.[57] Sie soll dazu dienen, Einzelfallgerechtigkeit herzustellen, allerdings ist sie als subsidiär zu betrachten, sofern durch die Anwendung (auch bei teleologischen und analogen Auslegungsmöglichkeiten) keine absolut sachfremden Regelungen angewendet werden müssen.[58] Um diesen Erwägungen gerecht zu werden, wird zum Teil vertreten, dass auf Fallgruppen zurückgegriffen werden soll.[59] Allerdings wird auch angemerkt, dass diese Fallgruppen nicht zu einer ausufernden Anwendung führen dürfen und Abwägungen im Einzelfall vorzunehmen sind.[60] Zwar ist der Besitz nach der Terminologie der deutschen materiellen *lex fori* an sich kein „Recht an einer Sache“, sondern eine primär tatsächliche Beziehung einer Person zu einer Sache. Dennoch besteht Einigkeit darüber, dass der Besitz *von* Art. 43 EGBGB *erfasst* sein muss.[61] Danach bedarf es für die Anwendbarkeit von Art. 43 EGBGB einer räumlichen Belegenheit an einem bestimmten Ort. Das Objekt muss unmittelbar sinnlich wahrnehmbar an einem Ort sein.[62] Hier sind die Vorgaben aus dem Geschäftsgeheimnisgesetz selbst hilfreich. Denn etwa § 4 Abs. 1 Satz 1 stellt auf den Zugang zu Dokumenten, Gegenständen, Materialien, Stoffen oder elektronischen Dateien ab, die das Geschäftsgeheimnis enthalten oder aus denen es sich ableiten lässt. Ähnlich verweist § 7 Nr. 1 auf Dokumente, Gegenstände, Materialien, Stoffe oder elektronische Dateien, die das Geschäftsgeheimnis enthalten oder verkörpern. Insofern bestehen regelmäßig **unmittelbar wahrnehmbare Dokumente oder Dateien**, die eine Anknüpfungsmöglichkeit nach Art. 43 EGBGB ermöglichen. Gleichzeitig ist damit eine einheitliche Anknüpfung an die Rechtsordnung der belegenen Sache möglich. Außerdem kann damit vermieden werden, dass für die Frage des anwendbaren Rechts jeweils unterschiedliche gesetzliche Bestimmungen je nach Sitz des Rechtsverletzers oder betroffenen Marktgebiets zur Anwendung kommen.

28 Eine Sonderanknüpfung über Art. 46 EGBGB bietet sich in besonderen Fällen bei unzumutbarer Rechtsordnung an. Um Art. 46 EGBGB überhaupt anwenden zu können, müssen folgende Voraussetzungen sorgfältig geprüft werden und vorliegen:

1. Es muss ein sachfernes Ergebnis gegeben sein.
2. Eine andere, wesentlich sachnähere Rechtsordnung muss in dem konkreten Einzelfall gegeben sein.
3. Abschließend muss eine Gesamtbewertung vorgenommen werden, die prüft, ob durch die Sonderzuweisung die Grundwertungen des internationalen Sachenrechts nicht unterlaufen werden. Das meint vor allem, dass der Verkehrsschutz nicht gefährdet werden darf, da dieser ein tragendes Prinzip des deutschen internationalen Sachenrechts ist.[63]

---

57 BeckOGK/*Prütting* Art. 46 EGBGB Rn. 1; MüKo BGB/*Wendehorst* Art. 46 EGBGB Rn. 2.
58 BeckOGK/*Prütting* Art. 46 EGBGB Rn. 2 m.w.N.
59 BeckOGK/*Prütting* Art. 46 EGBGB Rn. 1; MüKo BGB/*Wendehorst* Art. 46 EGBGB Rn. 6.
60 MüKo BGB/*Wendehorst* Art. 46 EGBGB Rn. 6; BeckOGK/*Prütting* Art. 46 EGBGB Rn. 3.
61 LG München I 30.4.1963 WM **1963** 1355f.; Erman/*Hohloch* Art. 43 EGBGB Rn. 15; *v. Hoffmann/Thorn* § 12 Rn. 16; *Kegel/Schurig* § 19 II; Prütting/Wegen/Weinreich/*Brinkmann* Art. 43 EGBGB Rn. 12.
62 MüKo BGB/*Wendehorst* Art. 43 EGBGB Rn. 16.
63 MüKo BGB/*Wendehorst* Art. 46 EGBGB Rn. 22.

29 Die Rechtsfolge ist nach herrschender Ansicht die **Sachnormverweisung** auf das zuvor als sachnäher festgestellte Recht.[64] Hier könnte sich anbieten, in einem konkreten Einzelfall ausnahmsweise die *lex rei sitae* außer Acht zu lassen und das Recht des jeweiligen Marktortes heranzuziehen. Auf diese Weise könnte man vor allem die Wertungen der §§ 3 und 5 etwa zugunsten eines Whistleblowers oder in einem Fall von Reverse Engineering miteinfließen lassen.

D. Zur zeitlichen Anwendbarkeit des GeschGehG

Hoppe/Oldekop Behandlung von Unterlassungsansprüchen für Altfälle nach dem Gesetz zum Schutz von Geschäftsgeheimnissen (GeschGehG), GRUR-Prax **2019** 324.

30 Das GeschGehG enthält weder Übergangsfristen noch -regelungen. Es stellt sich daher die Frage nach einer praxistauglichen Lösung für Unterlassungsansprüche in Bezug auf Altfälle. Nach alter Rechtslage (gestützt auf §§ 17–19 UWG) gab es einen Beseitigungs- bzw. Unterlassungsanspruch nach §§ 3 Abs. 1, 3a, 8 UWG bzw. § 1004 BGB.[65] Aus der Richtlinie 2016/943/EU ergibt sich, dass der durch §§ 17–19 UWG vermittelte Schutz grundsätzlich bestehen bleiben soll, es wurde aber eine ergänzende zivilrechtliche Umsetzung erforderlich.[66] Daher bestehen zunächst keine Bedenken gegen eine **Anwendung der zivilrechtlichen Regelungen auf Altfälle**. Eine Differenzierung ist notwendig, soweit es um die Auswirkungen auf Fallgestaltungen geht, in denen ein ehemals unzulässiges Verhalten nunmehr als zulässig zu beurteilen wäre.

31 Maßgeblich ist die Beurteilung der Sach- und Rechtslage im Zeitpunkt der letzten mündlichen Verhandlung in der Tatsacheninstanz. Folglich ist grundsätzlich das (neue) Recht heranzuziehen, das im Entscheidungszeitpunkt des in Frage stehenden zukunftsorientierten Anspruchs gilt.[67] **§ 6** ist daher selbst dann heranzuziehen, wenn sich der Unterlassungsanspruch auf eine Verletzungshandlung vor Inkrafttreten des GeschGehG stützt, die Rechtslage sich aber zum entscheidungserheblichen Zeitpunkt geändert hat.[68] Bezieht sich der Anspruch hingegen auf eine bereits abgeschlossene Verletzungshandlung, ist entscheidend, ob das GeschGehG bereits im Zeitpunkt der letzten Verletzungshandlung in Kraft getreten war.[69] § 6 setzt für einen Unterlassungsanspruch eine drohende Rechtsverletzung oder eine Wiederholungsgefahr bei einer vorausgegangenen Verletzung voraus. Es fragt sich jedoch, ob der Begriff der Rechtsverletzung nach § 6 in Altfällen dem Begriff des Verstoßes in §§ 17 ff. UWG gleichsteht bzw. welche Folgen die unterschiedlichen Anwendungsbereiche mit sich bringen. So entstünde ein Widerspruch zum Vertrauensschutz, wenn eine nach §§ 17 ff. UWG zulässige Handlung geeignet wäre, eine Wiederholungsgefahr zu begründen, da die Handlung nunmehr nach neuer Rechtslage eine Rechtsverletzung darstellt und die Voraussetzungen des Unterlassungsanspruchs somit gegeben wären.[70] Der Annahme einer Wiederholungsgefahr steht die Änderung der Rechtslage hingegen nicht entgegen, wenn ein Verstoß nach §§ 17 ff. UWG vorlag und auch nach dem GeschGehG eine Verletzungshandlung

---

64 BeckOGK/*Prütting* Art. 46 EGBGB Rn. 12 m. w. N.
65 Vgl. Ohly/Sosnitza/*Ohly* § 17 UWG Rn. 44 ff.
66 *Hoppe/Oldekop* GRUR-Prax **2019** 324.
67 *Hoppe/Oldekop* GRUR-Prax **2019** 324, 325; vgl. zum Lauterkeitsrecht BGH 9.7.2009 BGHZ **182** 24.
68 *Hoppe/Oldekop* GRUR-Prax **2019** 324, 325 mit Hinw. auf BGH 9.7.2009 EuZW **2009** 907, 908.
69 Köhler/Bornkamm/Feddersen/*Alexander* Vor. § 1 GeschGehG Rn. 98.
70 *Hoppe/Oldekop* GRUR-Prax **2019** 324, 325.

vorliegt.[71] War eine Handlung zum Begehungszeitpunkt nach §§ 17 ff. UWG verboten, so mag dies einen Erstverstoß auch unter Geltung des GeschGehG begründen. Im Fall, dass der Geheimnisinhaber bis zum Inkrafttreten des GeschGehG keine geeigneten Schutzmaßnahmen getroffen hat, sondern diese erst nach der Verletzungshandlung implementiert hat und deswegen die Handlung zwischenzeitlich nicht als rechtswidrig einzustufen war, hat ein feststellbarer Verstoß gegen § 17 UWG indizielle Wirkung für das Bestehen einer Erstbegehungsgefahr i. S. d. § 4.[72] Die Begründung einer Begehungsgefahr (Erstbegehungs- oder Wiederholungsgefahr) für andere Verletzungsformen im neuen Recht ist hingegen ausgeschlossen.[73] Neben Begehungsgefahren treten Konstellationen auf, in denen ein Unterlassungsanspruch auf ein unter §§ 17 UWG verbotenes Verhalten gestützt wurde, das nach neuer Rechtslage jedoch nicht mehr zu beanstanden ist. Als Beispiel lässt sich wieder das sog. Reverse Engineering anführen, das nach § 17 Abs. 2 Nr. 1 lit. a) UWG verboten war, durch § 3 Abs. 1 Nr. 2 nun aber grundsätzlich zulässig ist und damit keine taugliche Verletzungshandlung mehr darstellt. Jedenfalls fällt der Unterlassungsanspruch mit Inkrafttreten der neuen Rechtslage weg.[74] Es fragt sich jedoch, wie die Nutzung und Offenlegung von ehemals rechtswidrig (bspw. durch Reverse Engineering) erlangten Geschäftsgeheimnissen zu beurteilen ist. Das GeschGehG selbst trifft hierzu keine Regelungen (vgl. zur Nutzung und Offenlegung Kommentierung zu § 3 Abs. 2). Ob sich die Nutzungsbefugnis aus § 3 Abs. 2 ergibt ist jedenfalls fraglich, da der Erlangende neben dem ursprünglichen Inhaber ebenfalls Inhaber des Geheimnisses werden müsste. Eine Herleitung aus der bloßen Rechtsinhaberschaft ergibt sich jedenfalls bei Nichtanerkennung des Schutzrechtscharakters von Geschäftsgeheimnissen nicht eindeutig.[75]

32 Gegen die Zulässigkeit der Nutzung und Offenbarung von ehemals rechtswidrig und damit unlauter erlangten Geschäftsgeheimnissen spricht zudem, dass die Inhaber der Geheimnisse erst ab Geltung des GeschGehG Anlass zum Treffen von neuen veränderten Schutzvorkehrungen hatten und eine Legalisierung der verschiedenen Verwendungsmodalitäten ihren berechtigten Interessen daher zuwider laufen würde.[76]

E. Vorgeschichte zu §§ 17, 18 UWG inkl. TRIPS

Ann Know-How – Stiefkind des geistigen Eigentums? GRUR **2007** 39; *Brammsen* Lauterkeitsstrafrecht, 2020; *Fezer/Büscher/Obergfell* Lauterkeitsrecht, 3. Aufl. 2006; *Harte-Bavendamm/Henning-Bodewig* UWG, 4. Aufl. 2016; *McGuire* Know-How: Stiefkind, Störenfried oder Sorgenkind? Lücken und Regelungsalternativen vor dem Hintergrund des RL-Vorschlags, GRUR **2015** 424; *Ohly* Der Geheimnisschutz im deutschen Recht: heutiger Stand und Perspektiven, GRUR **2014** 1; *ders.* Das neue Geschäftsgeheimnisgesetz im Überblick, GRUR **2019** 441; *Rody* Der Begriff und die Rechtsnatur von Geschäfts- und Betriebsgeheimnissen unter Berücksichtigung der Geheimnisschutz-Richtlinien, Diss. Stuttgart 2019; *Wabnitz/Janovsky/Schmitt* Handbuch Wirtschafts- und Steuerstrafrecht, 5. Aufl. 2020.

33 Der Weg zum neuen Geschäftsgeheimnisgesetz ist lang und dauerte **einige Jahrhunderte**. Bereits in der vorchristlichen Zeit gab es Fälle wirtschaftlich motivierter

---

71 Köhler/Bornkamm/Feddersen/*Alexander* Vor. § 1 GeschGehG Rn. 99; st. Rspr. vgl. BGH 22.3.2018 GRUR **2018** 1063, 1064; BGH 18.10.2017 GRUR **2018** 324.
72 OLG Stuttgart 19.11.2020 WRP **2021** 242, 255.
73 Köhler/Bornkamm/Feddersen/*Alexander* Vor. § 1 GeschGehG Rn. 100; differenzierend: *Hoppe/Oldekop* GRUR-Prax **2019** 324, 325.
74 Köhler/Bornkamm/Feddersen/*Alexander* Vor. § 1 GeschGehG Rn. 98.
75 *Hoppe/Oldekop* GRUR-Prax **2019** 324, 325.
76 *Hoppe/Oldekop* GRUR-Prax **2019** 324, 325.

Geheimhaltung oder Spionage, z. B. verfeinerte Rezepte und Herstellungsverfahren der altägyptischen Pharaonenreiche. Auch mittelalterliche Rechtssatzungen der Zünfte sicherten Wirtschaftsgeheimnisse. Neuzeitlich-absolutistisch gab es insbesondere strafrechtlich ausgestaltete Verbote der erstarkten Kleinstaaten gegen die Offenbarung von Fertigungstechniken usw. an Auswärtige. Im nachfolgend eingeführten, staatenübergreifenden RStGB (1870/1871) war der Geheimnisschutz allerdings – unter lauter Kritik der Industrie – zeitweilig nicht geregelt.[77]

Erstmals wurde ein **deutscher Schutz** in § 9 des UWG aus dem Jahre **1896**[78] als Straf- **34**
vorschrift eingefügt. § 9 Abs. 1 UWG schützte vor dem Geheimnisverrat des innerbetrieblichen Personals; § 9 Abs. 2 UWG vor der unbefugten Weitergabe bzw. Verwertung gesetzes- oder sittenwidrig erlangter Wirtschaftsgeheimnisse. § 9 UWG wurde 1909[79] ohne inhaltliche Änderung in § 17 UWG umgewandelt und die „Vorlagenfreibeuterei" aus § 18 UWG wurde eingefügt.[80] Seitdem ist § 17 Abs. 1 UWG im Kern erhalten geblieben.[81] Bis zum Ende der 1920er Jahre kam es trotz spektakulärer Verratsfälle und vielfältiger Reformbestrebungen zu keinen Verbesserungen. So wurde vor allem der wiederkehrenden Forderung nach einer Legaldefinition des Geheimnisbegriffs das ablehnende Argument einer notwendigen Flexibilität der richterlichen Anwendung im konkreten Einzelfall entgegengebracht.[82] Die NotVO des Reichspräsidenten vom 9. März 1932[83] nahm dann allerdings Erweiterungen vor, und zwar Abs. 1 und Abs. 2 mit dem Titel „Strafbarkeit eigennütziger Geheimnisverletzungen". Abs. 3 der NotVO enthielt eine Strafschärfung für Auslandsverwertung und Abs. 4 der NotVO eine Regelung zur Strafbarkeit einer Bekanntgabe an Informierte bzw. Kenntnisnahmeberechtigte. Über 50 Jahre wurde das Gesetz inhaltlich nicht modifiziert. Erst durch das 2. WiKG 1986 (Zweites Gesetz zur Bekämpfung der Wirtschaftskriminalität)[84] wurde das Gesetz an die veränderten Rahmenbedingungen einer hochtechnischen und hochindustrialisierten (Informations-)Gesellschaft durch wesentliche Veränderungen der §§ 17, 18 UWG a. F. angepasst. § 17 Abs. 1 und Abs. 2 UWG a. F. wurde um das Merkmal des Handelns zugunsten Dritter ergänzt und im Wege der Vorverlagerung[85] wurde die Ausspähung als eigene Tatvariante (§ 17 Abs. 2 Nr. 1 UWG a. F.) und die Strafbarkeit des Versuchs (§ 17 UWG Abs. 3 a. F.) eingefügt. Bei der UWG-Gesamtreform 2004[86] wurden keine wesentlichen Änderungen vorgenommen[87], sondern nur Umgestaltungen kosmetischer Natur. So wurde der Täter des dienstnehmerschaftlichen Geheimnisverrats aus § 17 Abs. 1 UWG umbenannt („eine bei einem Unternehmen beschäftigte Person" statt „Angestellter, Arbeiter und Lehrling"). Auch wurden die Regelbeispiele um „gewerbsmäßiges Handeln" (§ 17 Abs. 4 Satz 2 Nr. 1 UWG) und in der Auslandsalternative um die Verweisung auf § 17 Abs. 2 Nr. 2 UWG (§ 17 Abs. 4 Satz 2 Nr. 3 UWG) erweitert. Die UWG-Novelle 2008 blieb folgenlos, sodass allgemein der Eindruck entstand, der Geheimnisschutz sei „Aschenputtel"[88] und „Stiefkind"[89] des geistigen Eigentums und Lauter-

---

77 *Rody* 21.
78 RGBl. 1896 I 145.
79 RGBl. 1909 I 499.
80 Harte-Bavendamm/Henning-Bodewig/*Harte-Bavendamm* Vor. §§ 17–19 Rn. 6.
81 Fezer/Büscher/Obergfell/*Rengier* § 17 Rn. 2.
82 *Rody* 22f.
83 RGBl. 1932 I 121.
84 BGBl. 1986 I 721–729.
85 Harte-Bavendamm/Henning-Bodewig/*Harte-Bavendamm* Vor. §§ 17–19 Rn. 7.
86 BGBl. 2004 I 1414–1421.
87 Harte-Bavendamm/Henning-Bodewig/*Harte-Bavendamm* Vor. §§ 17–19 Rn. 8.
88 *Ohly* GRUR **2014** 1, 1.
89 *Ann* GRUR **2007** 39, 39; *McGuire* GRUR **2015** 424, 425f.

keitsrechts. Die strafrechtliche Regelungstechnik der §§ 17, 18 UWG, die zum Teil noch auf dem ersten deutschen UWG beruhte, wurde als veraltet und lückenhaft abgelehnt.[90] Insgesamt blieb der Geheimnisschutz durch das unübersichtliche Nebeneinander von Strafrecht, Lauterkeitsrecht, geistigem Eigentum, Arbeits- und Vertragsrecht und die darauf beruhende Zuständigkeit verschiedener Gerichtszweige[91] sehr stark kritikwürdig.

35 Im **TRIPS-Übereinkommen** (15.4.1994)[92] sollte ein verbindlicher Mindeststandard für den Schutz des geistigen Eigentums[93] geschaffen werden. Erstmalig wurde ein allgemeiner Schutz für als „nicht offenbarte Informationen" qualifizierte Wirtschaftsgeheimnisse auf internationaler Ebene[94] eingeführt. Art. 39 TRIPS (Schutz nicht offenbarter Informationen) verpflichtet die Mitgliedstaaten zu bestimmten Schutzmaßnahmen u.a. gegen Geheimnisverrat, unautorisierte Benutzung und unlauteren Erwerb. Dieser Schutz ist gem. Art. 1 Abs. 1 Satz 1, Art. 3 Abs. 1 Satz 1 TRIPS personell begrenzt auf fremdländische Schutzberechtigte. Nach Art. 41 ff. TRIPS haben die Staaten auch eine Pflicht zur innerstaatlichen Bereitstellung verschiedener Rechtsbehelfe- bzw. Rechtsfolgeregelungen zur zivilprozessualen Durchsetzung der einschlägigen Inhaberrechte (der Ausländer). Art. 61 Satz 3 TRIPS sieht einen nur fakultativen Strafrechtsschutz[95] als bloße Anregung für Mitgliedstaaten vor, Straftatbestände gegen vorsätzlich-gewerbsmäßige geheimnisverletzende Angriffshandlungen zu erlassen. Für private Rechtspersonen begründet das TRIPS-Abkommen mangels hinreichender eigener (oder übertragener fremdländischer) materiell-demokratischer Legitimation weder Rechte noch Pflichten.[96] Aus diesen Gründen führte das TRIPS-Abkommen bisher zu **keiner einheitlichen Rechtslage**. Eine weitergehende Harmonisierungswirkung als Folge völkerrechtlicher Regelungen ist zudem zurzeit nicht absehbar.[97]

36 Die später folgende **GeschGehRL** der EU nahm ausdrücklich Bezug auf das TRIPS-Abkommen[98] und übernahm in Art. 2 Nr. 1 nahezu wortgleich die in Art. 39 des TRIPS-Übereinkommens enthaltene Definition eines Geschäftsgeheimnisses. Das TRIPS-Abkommen gibt zudem gewissermaßen die Grundstruktur für die GeschGehRL und das GeschGehG vor.[99]

F. Entwicklungsgeschichte hin zu der europäischen Richtlinie für den Schutz von Geschäftsgeheimnissen

Franzen/Gallner/Oetker Kommentar zum europäischen Arbeitsrecht, 3. Aufl. 2020; *Gärtner* Zum Richtlinienentwurf über den Schutz von Geschäftsgeheimnissen, NGZ **2014** 650; *Harte-Bavendamm/Henning-Bodewig* UWG, 4. Aufl. 2016; *Harte-Bavendamm* Reform des Geheimnisschutzes: naht Rettung aus Brüssel? Zum Richtlinienvorschlag zum Schutz von Geschäftsgeheimnissen, Festschrift Helmut Köhler (2014); *Max-Planck-Institut für Innovation und Wettbewerb* Stellungnahme zum Vorschlag der Europäischen Kommission für eine Richtlinie über den Schutz vertraulichen Know-hows und vertraulicher Geschäftsinformationen (Geschäftsgeheimnisse), GRUR Int. **2014** 554; Münchener Kommentar BGB, Internationales Wirtschaftsrecht

90 *Ohly* GRUR **2014** 1, 4 ff.
91 *Ohly* GRUR **2019** 441, 441.
92 Übereinkommen über handelsbezogene Aspekte der Rechte des geistigen Eigentums BGBl. 1994 II 1438 (1730–1748).
93 *Brammsen* Vor. §§ 17–19 Rn. 11.
94 *Brammsen* Vor. §§ 17–19 Rn. 10.
95 Wabnitz/Janovsky/Schmitt/*Möhrenschlager* 16. Kapitel Rn. 1.
96 *Brammsen* Vor. §§ 17–19 Rn. 11.
97 Fezer/Büscher/*Obergfell/Peifer* § 5 Rn. 65.
98 Erwägungsgründe 5 u. 6 zur RL 2016/943/EU v. 8.6.2016, ABl. 2016 L. 157, 3, abrufbar unter: http://eur-lex.europa.eu/legal-content/DE/TXT/?uri=CELEX%3A32016L0943 (zuletzt abgerufen im Mai 2021).
99 Köhler/Bornkamm/Feddersen/*Alexander* Vor. GeschGehG Rn. 37.

Band 12, 3. Aufl. 2020; Münchener Kommentar StGB, 3. Aufl. 2019; *Rody* Der Begriff und die Rechtsnatur von Geschäfts – und Betriebsgeheimnissen unter Berücksichtigung der Geheimnisschutz Richtlinien, 2019.

Die Europäische Union hat sich seit dem Jahr 2011 mit dem Schutz von Geschäftsgeheimnissen beschäftigt.[100] 2011 erschien die Mitteilung der Kommission an das Europäische Parlament, den Rat, den Europäischen Wirtschafts- und Sozialausschuss und den Ausschuss der Regionen „Ein Binnenmarkt für Rechte des geistigen Eigentums; Förderung von Kreativität und Innovation zur Gewährleistung von Wirtschaftswachstum, hochwertigen Arbeitsplätzen sowie erstklassigen Produkten und Dienstleistungen in Europa“[101]. Die Mitteilung enthielt die Ankündigung, einen echten Binnenmarkt für geistiges Eigentum zu schaffen.[102] Ferner wurden die **hohen Unterschiede im Schutzniveau von Geschäftsgeheimnissen** beschrieben, die zwischen den Mitgliedstaaten herrschten.[103] Die Mitteilung schloss mit einer Ankündigung, eine externe Studie zu den wirtschaftlichen und gesellschaftlichen Auswirkungen der Fragmentierung des Rechtsrahmens durchzuführen. 37

Die angekündigte Studie wurde im Juli 2013 veröffentlicht. Sie wurde von der Kommission beauftragt und von Hogan Lovels International LLP angefertigt[104] („Study on trade secrets and confidential business information in the internal market“[105]). Empfehlung dieser Studie war eine Gesetzesinitiative zur Regelung des Schutzes von Geschäftsgeheimnissen durch die Europäische Union.[106] In bestimmten Bereichen bringe ein Eingriff besondere Vorteile, um ein **ausgeglichenes Wirtschaftswachstum und eine Wettbewerbsfähigkeit für den gemeinschaftlichen Markt** zu erreichen.[107] 38

Im November 2013 stellte die Kommission ihren „Vorschlag für eine Richtlinie des Europäischen Parlaments und des Rates über den Schutz vertraulichen Know-hows und vertraulicher Geschäftsinformationen (Geschäftsgeheimnisse) vor rechtswidrigem Erwerb sowie rechtswidriger Nutzung und Offenlegung“[108] vor. Der Entwurf wurde vielfach **kritisiert**[109], unter anderem durch den Bundesrat.[110] Die Kritik entzündete sich an unbestimmten Rechtsbegriffen in Eingriffstatbeständen (Art. 3) und Schrankenregelungen (Art. 4).[111] Rechtspolitisch hielt man es für fragwürdig, ob den Rechten auf Meinungsfreiheit und Informationsfreiheit oder dem Geheimnisverrat durch einen Whistleblower stets Vorrang vor Geheimhaltungsinteressen eingeräumt werden sollte (Art. 4).[112] Bemängelt wurde auch die faktische Gleichstellung eines privilegierten Rechtsverletzers mit einem rechtmäßigen Nutzer in Art. 12 Abs. 3.[113] Mangels Beweislastumkehr sei die Durchsetzung von Ansprüchen wegen Geheimnisverrats schwierig.[114] Es werde nicht klargestellt, wann eine Person in 39

100 Harte-Bavendamm/Henning-Bodewig/*Harte-Bavendamm* Vor. §§ 17–19 Rn. 2a.
101 KOM (2011) 287 endgültig v. 24.5.2011.
102 KOM (2011) 287 endgültig v. 24.5.2011, 3.
103 KOM (2011) 287 endgültig v. 24.5.2011, 19.
104 Köhler/Bornkamm/Feddersen/*Alexander* Vor. GeschGehG Rn. 12.
105 Abrufbar unter: https://ec.europa.eu/growth/content/study-trade-secrets-and-confidential-business-information-internal-market-0_en (zuletzt abgerufen im Mai 2021).
106 Köhler/Bornkamm/Feddersen/*Alexander* Vor. GeschGehG Rn. 12.
107 Köhler/Bornkamm/Feddersen/*Alexander* Vor. GeschGehG Rn. 12.
108 COM (2013) 813 final v. 28.11.2013.
109 Köhler/Bornkamm/Feddersen/*Alexander* Vor. GeschGehG Rn. 13.
110 Beschluss des Bundesrats, Vorschlag für eine Richtlinie des Europäischen Parlaments und des Rates über den Schutz vertraulichen Know-hows und vertraulicher Geschäftsinformationen (Geschäftsgeheimnisse) vor rechtswidrigem Erwerb sowie rechtswidriger Nutzung und Offenlegung, BRDrucks. 786/13.
111 BRDrucks. 786/13 S. 3f.; *Gärtner* NZG **2014** 650, 651.
112 BRDrucks. 786/13 S. 4; *Gärtner* NZG **2014** 650, 651.
113 *Gärtner* NZG **2014** 650, 651.
114 *Gärtner* NZG **2014** 650, 652.

rechtswidriger Weise ein Geschäftsgeheimnis erlangt.[115] Es kam der Vorwurf auf, Fragen zur nachvertraglichen Verschwiegenheitspflicht von ehemaligen Angestellten seien nicht angesprochen worden.[116] Schließlich sollte der Tatbestand der rechtswidrigen Nutzung und Offenbarung nach Art. 3 Abs. 3 nicht von vorsätzlichem oder grob fahrlässigem Verhalten abhängig gemacht werden.[117]

40 Im Mai 2014 wurde die überarbeitete Fassung durch den Rat mit einigen Änderungen gegenüber dem ursprünglichen Vorschlag verabschiedet.[118] Angedacht war nun eine **Mindestharmonisierung**, die es den Mitgliedstaaten erlaubt, auch strengere Maßnahmen anzuwenden. Ferner fand sich im überarbeiteten Entwurf eine vereinfachte Darlegung der Fälle rechtswidrigen Verhaltens. Durch eine neue Formulierung der Wahrung der Vertraulichkeit des Gerichtsverfahrens sollte ein stärkerer Interessensausgleich stattfinden. Im Juni 2015 hat das Europäische Parlament seinen Bericht zu dem Kommissionsvorschlag für die Trilog-Verhandlungen veröffentlicht.[119] Am 14.4.2016 nahm das Europäische Parlament den Kompromissentwurf an, der aus den Trilog-Verhandlungen hervorging.[120] Die RL 2016/943/EU wurde am 8.6.2016 unterzeichnet und ist am 5.7.2016 in Kraft getreten.[121]

G. Umsetzung in den einzelnen Staaten

Dettermann/Schmaus/Tam Trade Secret Protection Measures and New Harmonized Laws. Computer Law Review International Band 17, Heft 6, 179; *Ghidini/V. Falce* Trade secrets as intellectual property rights: a disgraceful upgrading – Notes on an Italian ‚reform', in: R. C. Dreyfuss/K. J. Strandburg (Hrsg.), The Law and Theory of Trade Secrecy. A Handbook of Contemporary Research, 2011; *Levente Tattay* Protection of trade secrets in Hungary, Journal of Intellecutal Property Law & Practice, Volume 14, Issue 8, August **2019** 622; *Maaßen* „Angemessene Geheimhaltungsmaßnahmen" für Geschäftsgeheimnisse, GRUR **2019** 352; *Naber/Peukert/Seeger* Arbeitsrechtliche Aspekte des Geschäftsgeheimnisgesetzes, NZA **2019** 583; *Sandeen* The Limits of Trade Secret Law: Article 39 of TRIPS Agreement and the Uniform Trade Act on which it is based, in: R.C. Dreyfuss/K. J. Strandburg (Hrsg.) The Law and Theory of Trade Secrecy – A Handbook of Contemporary Research, 2011.

41 Die Studie „Trade Secrets and Confidential Business Information in the Internal Market" zeigt, dass Europa vor Erlass der Richtlinie einem **Flickenteppich** glich – von einem nicht existenten Schutz in Frankreich bis zu einem hohen Schutzniveau in Italien war alles vorhanden.[122] Für die Organe der Gesetzgebung bestand ein Spielraum. Möglich war der Erlass eines Spezialgesetzes (wie in Deutschland) oder aber die Schaffung eines umfassenden Regelwerks für Immaterialgüterrechte. Die Definition des Geschäftsgeheimnisses in

---

115 BRDrucks. 786/13 S. 2f.
116 *Max-Planck-Institut für Innovation und Wettbewerb* GRUR Int. **2014** 554, 555.
117 *Max-Planck-Institut für Innovation und Wettbewerb* GRUR Int. **2014** 554, 557.
118 Ratsdokument 9870/14 v. 19.5.2014, https://data.consilium.europa.eu/doc/document/ST-9870-2014-INIT/de/pdf, S. 6 (zuletzt abgerufen im Mai 2021).
119 Bericht über den Vorschlag für eine Richtlinie des Europäischen Parlaments und des Rates über den Schutz vertraulichen Know-hows und vertraulicher Geschäftsinformationen (Geschäftsgeheimnisse) vor rechtswidrigem Erwerb sowie rechtswidriger Nutzung und Offenlegung (COM(2013)0813 – C7-0431/2013 – 2013/0402(COD)), 22.6.2015, https://www.europarl.europa.eu/doceo/document/A-8-2015-0199_DE.pdf?redirect (zuletzt abgerufen im Mai 2021); Franzen/Gallner/Oetker/*Schubert* RL 2016/943/EU Art. 1 Rn. 1.
120 Franzen/Gallner/Oetker/*Schubert* Art. 1 RL 2016/943/EU Rn. 1.
121 Franzen/Gallner/Oetker/*Schubert* Art. 1 RL 2016/943/EU Rn. 1.
122 Weiterführende Hinweise: *Ghidini/V. Falce* 140ff.

Art. 2 Nr. 1 der GeschGehRL wurde aus Art. 39 des TRIPS-Übereinkommens übernommen, der letztlich seine Grundlage in Sec. 1 (4) des Uniform Trade Secrets Act findet.[123] Die Richtlinie 2016/943/EU war bis zum 9.6.2018 in den Unionsmitgliedsstaaten und Mitgliedsstaaten des EWR umzusetzen. Die Richtlinie definiert gem. Art. 1 Abs. 1 UAbs. 2, Erwägungsgrund 10 ein **Mindestschutzniveau.**[124]

Es folgt eine Übersicht über die Umsetzung in den einzelnen Mitgliedsstaaten:

USA

In den USA gibt es seit 1985 dem **Uniform Trade Secrets Act** ein Gesetzesmodell der Uniform Law Commission (ULC), welches von fast allen Staaten in eigenes Recht umgesetzt wurde. Seit 2006 gibt es daneben den **Defend Trade Secrets Act**, welcher einheitliche Standards auf Bundesebene setzt. Der Uniform Trade Secret Act und der Defend Trade Secrets Act ähneln sich in vielen Teilen.[125] **42**

Nach dem Defend Trade Secrets Act sind Geschäftsgeheimnisse alle Formen von geschäftlichen Informationen, welche aufgrund ihrer Geheimhaltung wertvoll sind und bei denen angemessene Maßnahmen zu deren Geheimhaltung ergriffen wurden.[126] Dieser Begriff deckt sich weitgehend mit dem der GeschGeh-RL und Art. 39 des TRIPS-Abkommens.[127] Die deutsche Definition weicht davon jedoch leicht ab und verlangt in § 2 Nr. 1 noch ein Geheimhaltungsinteresse. Die Anforderungen an die Geheimhaltungsmaßnahmen hängen von den jeweiligen Umständen des Einzelfalls ab.[128] Der Defend Trade Secrets Act definiert den Begriff des „owner" als die natürliche oder juristische Person, bei der das Geschäftsgeheimnis aufgrund eines „legal or equitable title" oder aufgrund einer Lizenz rechtmäßig aufbewahrt wird.[129] **43**

Als **Verletzungshandlung** wird im Defend Trade Secrets Act von Veruntreuung von Geschäftsgeheimnissen (trade secret misappropriation) gesprochen. Darunter ist zum einen der Erwerb mit unzulässigen Mitteln (improper means) zu verstehen. Des Weiteren fällt darunter auch die Offenlegung und Nutzung eines Geschäftsgeheimnisses, welches mit unzulässigen Mittel erworben wurde, bei der die Person von den unzulässigen Mitteln weiß oder hätte wissen müssen. Unzulässige Mittel sind unter anderem Diebstahl, Spionage oder das Veranlassen eines anderen zur Verletzung seiner Geheimhaltungspflicht.[130] Dies umfasst ausdrücklich nicht das Reverse Engineering.[131] **44**

Der Geheimnisinhaber hat folgende **Verteidigungsmöglichkeiten**: **45**

Seit dem Tarif Act von 1930 ist es für Inhaber von Geschäftsgeheimnissen möglich ihren Fall vor die ITC zu bringen. Diese kann den Import von Produkten verhindern, welche die Geschäftsgeheimnisse des Inhabers verletzen. Darüber hinaus hat der Inhaber eines

123 Weiterführende Hinweise: *S. K. Sandeen* 537 ff.
124 Eine Übersicht zur Umsetzung der Richtlinie in den Mitgliedstaaten abrufbar unter https://eur-lex.europa.eu/legal-content/EN/NIM/?uri=CELEX:32016L0943 (zuletzt abgerufen im Mai 2021); The Baseline of Trade Secrets Litigation in the EU Member States, EUIPO 2018, abrufbar unter https://euipo.europa.eu/tunnel-web/secure/webdav/guest/document_library/observatory/documents/reports/2018_Baseline_of_Trade_Secrets_Litigations_in_EU_Member_States/2018_Baseline_of_Trade_Secrets_Litigations_in_EU_Member_States_EN.pdf (zuletzt abgerufen im Mai 2021).
125 *Determann/Schmaus/Tam* 179, 180.
126 Vgl. 18 U.S.C. § 1839(3).
127 Vgl. Art. 2 GeschGeh-RL.
128 *Determann/Schmaus/Tam* 179, 181.
129 Vgl. 18 U.S.C. § 1839(4).
130 Vgl. 18 U.S.C. § 1839(6).
131 Vgl. 18 U.S.C. § 1839(6)(B).

Geschäftsgeheimnisses im Falle einer Verletzung seiner Rechte die Möglichkeit bei einem Bundesgericht folgende Rechtsmittel (remedies) einzulegen.

46 – Einstweilige Verfügung: Der Inhaber kann den Erlass einer einstweiligen Verfügung erwirken, wodurch beispielsweise auch ein Unterlassen erreicht werden kann.[132] Auch der Vertrieb oder die Produktion von Gütern, welche Geschäftsgeheimnisse beinhalten, kann damit unterbunden werden.[133] Von der Möglichkeit der einstweiligen Verfügung ist jedoch ausdrücklich ausgenommen, dass einer Person die Eingehung eines Arbeitsverhältnisses untersagt wird.[134]
– Angemessene Lizenzgebühr (reasonable royalty): Für den Fall, dass eine Unterlassungsklage unangemessen wäre (inequitable), steht dem Inhaber die Zahlung einer angemessenen Lizenzgebühr für den Zeitraum zu, in dem die Nutzung untersagt werden könnte.[135]
– Schadensersatz: Der Inhaber kann entweder Ersatz des tatsächlich entstandenen Schadens und die Herausgabe der unrechtmäßigen Bereicherung oder die Zahlung einer angemessenen Gebühr für die Nutzungen verlangen.[136] Das Gericht kann auch einen Strafschadensersatz (exemplary damages) bis zum doppelten des normalen Schadensersatzes verhängen.[137]
– Anwaltskosten: Im Unterschied zur üblichen Praxis in den USA, dass jede Partei ihre Anwaltskosten zu tragen hat, kann jeder Partei unter bestimmten Bedingungen das Recht zustehen, die angemessenen Anwaltskosten von der Gegenseite erstattet zu bekommen.[138]
– Beschlagnahme: Gegenstände können unter besonderen Bedingungen beschlagnahmt werden. Dies kann beispielsweise geschehen, um irreparable Schäden zu verhindern.[139]

47 Wie auch die europäische Richtlinie und deren deutsche Umsetzung, sieht auch der Defend Trade Secrets Act einen **Schutz von Whistleblowern** vor, welcher aber wesentlich enger ist. Die Ausnahme für Whistleblower gilt nur für Aussagen gegenüber Regierungsvertretern und Anwälten, zu dem Zweck Gesetzesverstöße zu melden sowie für Aussagen in einem Prozess.[140] Anders als bei der europäischen Richtlinie ist keine Ausnahme für die Verwirklichung der Meinungsfreiheit vorgesehen.[141]

48 Für **Arbeitgeber** ist wichtig, dass sie ihre Arbeitnehmer über die Ausnahme für Whistleblower in allen Verträgen und Vereinbarungen, welche die Handhabung von Geschäftsgeheimnissen betreffen, informieren. Andernfalls entfällt die Möglichkeit des Strafschadensersatzes und der Erstattung der Anwaltskosten.[142]

49 **Strafrechtliche Aspekte** wurden auf bundesstaatlicher Ebene bereits 1996 im Economic Espionage Act geregelt und finden sich in 18 U.S.C. §§ 1831, 1832.

---

132 Vgl. 18 U.S.C. § 1836(b)(3)(A)(i).
133 *Determann/Schmaus/Tam* 179, 184.
134 Vgl. 18 U.S.C. § 1836(b)(3)(A)(i)(I).
135 Vgl. 18 U.S.C. § 1836(b)(3)(A)(iii).
136 Vgl. 18 U.S.C. § 1836(b)(3)(B).
137 Vgl. 18 U.S.C. § 1836(b)(3)(C).
138 Vgl. 18 U.S.C. § 1836(b)(3)(D).
139 Vgl. 18 U.S.C. § 1836(b)(2).
140 Vgl. 18 U.S.C. § 1833(b)(1).
141 *Determann/Schmaus/Tam* 179, 185.
142 Vgl. 18 U.S.C. § 1833(b)(3)(C).

Der Schutz des Geschäftsgeheimnisses **entspricht** in weiten Teilen dem Schutz, den die GeschGeh-RL in Europa bietet. Insbesondere der Begriff des Geschäftsgeheimnisses, wie auch die Verletzungshandlungen sind ähnlich. Im Bereich der Rechtsmittel macht sich vor allem auch das unterschiedliche Prozessrecht bemerkbar, wobei die Regelungen letztendlich zu ähnlichen Ergebnissen kommen.[143] **50**

Japan

In Japan wird der Schutz von Geschäftsgeheimnissen im **Unfair Competition Prevention Act** (UCPA) geregelt und stellt damit einen Fall des unlauteren Wettbewerbs dar.[144] Nach zwei bedeutenden Fällen mit hohen Schadenssummen erschien eine Regelung als notwendig.[145] **51**

Ein Geschäftsgeheimnis i. S. d. Art. 2 Abs. 6 UCPA ist eine **Information über eine Technologie** oder ein Geschäft, die für die Herstellung, den Vertrieb oder sonstige Unternehmenstätigkeiten nützlich ist und geheim gehalten wird. Diese Definition ist vergleichbar mit dem Begriff des Geschäftsgeheimnisses in Art. 39 Abs. 2 a–c TRIPS. Für ein Geschäftsgeheimnis muss die Information zunächst als Geheimnis bewahrt werden. Das Geheimnis darf also nicht nur für den Inhaber ein solches sein, sondern es muss für die Arbeitnehmer klar sein, dass es sich bei der Information um ein Geheimnis handelt.[146] Dies könnte beispielsweise durch eine entsprechende Markierung der Unterlagen als „top secret" geschehen. Die Information muss für das Unternehmen des Weiteren auch zur Herstellung, zum Vertrieb oder zur sonstigen Unternehmenstätigkeit nützlich sein, indem es dem Betrieb, der Kosteneinsparung oder der Effizienz dient. Zuletzt darf die Information nur durch den Inhaber erlangt werden können und nicht für andere Personen allgemein bekannt oder frei zugänglich sein.[147] **52**

Den Arbeitnehmer trifft dabei zum einen eine Geheimhaltungspflicht als Nebenpflicht aus dem Arbeitsvertrag, welche vergleichbar ist mit der **Geheimhaltungspflicht des Arbeitnehmers** in Deutschland.[148] Zum anderen gilt, wie in Deutschland auch, in Japan für die Dauer des Arbeitsverhältnisses ein Wettbewerbsverbot für den Arbeitnehmer. Über ein Wettbewerbsverbot nach Beendigung des Arbeitsverhältnisses treffen Arbeitgeber und Arbeitnehmer besondere Vereinbarungen, welche jedoch aufgrund einer Kollision mit der verfassungsrechtlich gewährleisteten Berufsfreiheit und der freien Wahl des Arbeitsplatzes nicht immer gültig sind.[149] **53**

---

143 *Determann/Schmaus/Tam* 179, 184.

144 Unfair Competition Prevention Act, Gesetz Nr. 47, 1993, Stand: 7.1.2016, http://www.japaneselawtranslation.go.jp/law/detail/?id=2803&vm=04&re=2&new=1 (zuletzt abgerufen im Mai 2021). Besten Dank an Toshihiro Wada für wertvolle Hinweise zum japanischen Recht.

145 The Japan Times, Nippon Steel settles proprietary technology lawsuits with South Korean firm Posco, Stand: 30.9.2015, https://www.japantimes.co.jp/news/2015/09/30/business/corporate-business/nippon-steel-settles-proprietary-technology-lawsuits-with-south-korean-firm-posco/ (zuletzt abgerufen im Mai 2021); Toshiba, News Releases, Toshiba Brings Lawsuit Against SK Hynix Inc., Stand: 13.3.2014; https://www.toshiba.co.jp/about/press/2014_03/pr1302.htm (zuletzt abgerufen im Mai 2021).

146 Ministry of Economy, Trade and Industry Art. 2 Abs. 6 UCPA 43.

147 Ministry of Economy, Trade and Industry Art. 2 Abs. 6 UCPA 46.

148 Obergericht Tokio 18.2.1980 Shōwa 50 (Ne) 667 24, http://www.courts.go.jp/app/files/hanrei_jp/538/019538_hanrei.pdf (zuletzt abgerufen im Mai 2021); zum deutschen Recht BTDrucks. 19/4724 S. 27; BeckOK GeschGehG/*Hiéramente* § 4 GeschGehG Rn. 61; ErfK/*Preis* § 611a BGB Rn. 710.

149 The Constitution of Japan, 1946, Stand: 1.4.2009, http://www.japaneselawtranslation.go.jp/law/detail/?id=174&vm=04&re=2&new=1 (zuletzt abgerufen im Mai 2021); zum deutschen Recht: MüKo BGB/*Armbrüster* § 138 BGB Rn. 79; *Kunz* DB **1993** 2482, 2486.

54 Die verschiedenen Formen einer **Verletzung des Geschäftsgeheimnisses** sind in Art. 2 Abs. 1 Nr. 4 bis 10 UCPA aufgelistet, welche der Aufzählung in § 4 Abs. 1 bis 3 entsprechen. In der ersten Gruppe handelt es sich um den Fall, dass der Erwerber ein Geschäftsgeheimnis vom Inhaber nicht rechtmäßig erwirbt und dieses dann nutzt oder offenlegt (Art. 2 Abs. 1 Nr. 4 bis 6 UCPA). In der zweiten Gruppe wird der Fall behandelt, dass der Erwerber das Geschäftsgeheimnis vom Inhaber rechtmäßig erwirbt, der Erwerber jedoch die Absicht hat dieses zu nutzen oder offenzulegen, um für sich einen Gewinn zu erzielen, oder dem Inhaber zu schaden. Die dritte Gruppe befasst sich mit Sachen, welche durch die unrechtmäßige Nutzung eines Geschäftsgeheimnisses hergestellt wurden. Unlauter ist hier die Veräußerung einer solchen Sache, wie auch der Erwerb einer Sache, in Kenntnis oder grob fahrlässiger Unkenntnis der Umstände (Art. 2 Abs. 1 Nr. 10 UCPA). Eine Sache i.S.d. Art. 2 Abs. 1 Nr. 10 UCPA umfasst auch Programme.

55 Der UCPA enthält Ansprüche für denjenigen, dessen Geschäftsinteressen durch einen unlauteren Wettbewerb verletzt werden. Der **Begriff des Geschäfts** ist hier weit zu verstehen und lässt eine Gewinnorientierung statt einer Gewinnmaximierung ausreichen.[150] Demnach zählen zu den Geschäftsinteressen z.B. der Ertrag, der Ruf und der tatsächliche Vermögenswert.[151] Gegen den Arbeitnehmer kommen Ansprüche auf Unterlassen (Art. 3 Abs. 1 UCPA), auf Vernichtung der hergestellten Sache (Art. 3 Abs. 2 UCPA), wie auch auf Schadensersatz, wenn zumindest Fahrlässigkeit vorliegt, (Art. 4 Satz 1 UCPA) in Betracht. Diese Ansprüche sind mit den Rechtsbehelfen in den §§ 6, 7 Nr. 4 und 10 Abs. 1 vergleichbar.

56 Zusammenfassend schützen die japanischen Vorschriften die Geschäftsgeheimnisse auf ähnliche Art und Weise wie die deutschen Vorschriften. Dies ist gerade im Hinblick auf den internationalen Handel sehr hilfreich, da die Lage für ausländische Unternehmen einfacher zu überblicken ist. Lediglich der strafrechtliche Schutz im Arbeitsrecht fällt in den deutschen Regelungen schwächer aus als in den japanischen.[152]

China

57 Der Schutz von Geschäftsgeheimnissen wird in China, wie vormals auch in Deutschland, im **Lauterkeitsrecht** geregelt. Dieses stammt ursprünglich von 1993 und wurde 2017 umfassend novelliert. Im April 2019 wurden die Vorschriften zum Schutz von Geschäftsgeheimnissen ein weiteres Mal geändert.[153] Seit 2017 schon werden Geschäftsgeheimnisse in § 123 des Allgemeinen Teils des Zivilrechts als geistiges Eigentum geführt.

58 Das Geschäftsgeheimnis wird in § 9 des cUWG als **geschäftliche Information** definiert. Darunter fallen technische oder betriebliche Informationen, die der Öffentlichkeit unbekannt sind, einen wirtschaftlichen Wert haben und für die der Rechtsinhaber angemessene Schutzmaßnahmen ergriffen hat. In der Fassung von 2017 war die Definition noch auf lediglich technische und betriebliche Informationen beschränkt. Die aktuelle Definition geht daher deutlich weiter und lässt sich mit den Definitionen der europäischen Richtlinie und des amerikanischen Rechts vergleichen. Wo es früher noch unklar war, ob nur Wirtschaftsteilnehmer umfasst sind, so stellt die Reform von 2019 in § 9 cUWG klar, dass alle natürlichen und juristischen Personen Adressaten der Norm sind.

---

150 Ministry of Economy, Trade and Industry Art. 3 UCPA 160.
151 Ministry of Economy, Trade and Industry Art. 3 UCPA 160.
152 *Naber/Peukert/Seeger* NZA **2019** 583, 587f.
153 Im Folgenden wird das Gesetz als chinesisches Gesetz gegen unlauteren Wettbewerb (cUWG) bezeichnet.

Die **Verletzungshandlungen** werden ebenfalls in § 9 cUWG erläutert. Erfasst wird gem. § 9 Abs. 1 Nr. 1 cUWG zunächst das Verschaffen eines Geschäftsgeheimnisses durch unlautere Mittel, von denen Diebstahl, Bestechung, Betrug, Nötigung und Hacken ausdrücklich aufgelistet werden. Hacken wurde erst durch die Änderung von 2019 hinzugefügt. Des Weiteren ist es gem. § 9 Abs. 1 Nr. 2 cUWG untersagt, Geschäftsgeheimnisse, welche mit unlauteren Mitteln erworben wurden, zu veröffentlichen, zu nutzen oder zur Verfügung zu stellen. Gem. § 9 Abs. 1 Nr. 3 cUWG ist es explizit verboten, Geschäftsgeheimnisse zu veröffentlichen, zu nutzen oder zur Verfügung zu stellen, welche durch eine Verletzung der Geheimhaltungspflicht, oder durch die Verletzung der Geheimhaltungsmaßnahmen des Inhabers erworben wurden. Untersagt sind gem. § 9 Abs. 1 Nr. 4 cUWG auch das Anstiften, das Verleiten und die Beihilfe zu einer Verletzung der Geheimhaltungspflicht oder einer Verletzung der Geheimhaltungsmaßnahmen des Inhabers. Gem. § 9 Abs. 2 cUWG verstößt schlussendlich auch ein Dritter gegen das Gesetz, der ein Geschäftsgeheimnis erwirbt, veröffentlicht, nutzt oder zur Verfügung stellt, obwohl er weiß oder hätte wissen müssen, dass es auf einem der in Abs. 1 genannten Wege erworben wurde. **59**

Bemerkenswert ist vor allem die **Beweislastumkehr** in § 32 cUWG, welche 2019 eingeführt wurde. Der Kläger muss lediglich einen Beweis prima facie für das Bestehen eines Geschäftsgeheimnisses und für dessen Verletzung erbringen. Gelingt ihm das, obliegt es dem Beklagten dies zu wiederlegen. Dies wird es einem Verletzten wohl wesentlich einfacher machen seine Rechte durchzusetzen. **60**

Gem. § 17 cUWG kann der Geschädigte einer unlauteren Handlung Schadensersatz fordern. Dieser berechnet sich nach dem tatsächlichen Schaden des Geschädigten. Ist dieser nicht zu ermitteln, so wird der Schaden anhand dessen berechnet, was der Schädiger durch die Verletzung des Geschäftsgeheimnisses erlangt hat. Für das Verletzen von Geschäftsgeheimnissen gilt zudem, dass das Gericht, wenn die Ermittlung des Schadens oder des Gewinns des Schädigenden schwer zu ermitteln ist, dem Geschädigten einen Schadensersatz von bis zu 5 Millionen Yuan (Ca. € 600.000) zusprechen kann. Dies wurde durch die Änderung von 2019 von 3 Millionen Yuan auf 5 Millionen Yuan erhöht. Seit der Änderung von 2019 ist es nun auch möglich, dass das Gericht einen Strafschadensersatz verhängt, wodurch der Schadensersatz bis auf das Fünffache erhöht werden kann. Gem. § 21 cUGW ordnet die zuständige Behörde an, dass die schädigende Handlung einzustellen ist und beschlagnahmt des Weiteren alle rechtswidrigen Einkünfte. Zusätzlich verhängt sie eine Geldstrafe zwischen 100.00 und 1 Millionen Yuan. In schweren Fällen ordnet sie eine Geldstrafe zwischen 500.000 und 5 Millionen Yuan an. Eine solche Verwaltungsstrafe kann jedoch gemindert oder ganz weggelassen werden, wenn das Unternehmen sich selbst um die Beseitigung des Schadens bemüht oder wenn der Schaden nur geringfügig ist. Darüber hinaus wird gem. § 26 cUWG das Verhängen der Strafe in das Kreditprotokoll des Unternehmens eingetragen und veröffentlicht. Die Aufsichtsbehörde kann gem. § 28 cUWG Verfügungen und Geldstrafen erlassen, wenn eine Person oder ein Unternehmen versucht die Aufsichtsbehörde zu behindern. **61**

Das Verletzen von Geschäftsgeheimnissen ist gem. § 219 des Chinesischen Strafgesetzbuches **strafbar.** Die Tatbestandsvoraussetzungen decken sich dabei mit denen von § 9 cUWG. Das Gesetz sieht dabei in einfachen Fällen eine Freiheitsstrafe von bis zu drei Jahren und/oder eine Geldstrafe vor. Sind die Folgen der Tat schwer, so sieht das Gesetz eine Freiheitsstrafe von drei bis zu sieben Jahren mit Geldstrafe vor. **62**

So wie ursprünglich auch im deutschen Recht, ist der Schutz von Geschäftsgeheimnissen überwiegend im Lauterkeitsrecht geregelt. Hierbei sind die Regelungen in vielen Teilen mit denen des europäischen oder US-amerikanischen Rechts vergleichbar. Bemerkenswert ist die Ausweitung des Anwendungsbereichs durch die Änderungen von 2019, wodurch der Schutz von Geschäftsgeheimnissen erheblich erweitert wird. Dies gilt auch für die Ver- **63** schärfung der Geldstrafen. Auffällig ist hier jedoch unter anderem der verwaltungsrechtliche Einschlag, da eine Behörde den Gewinn abschöpft und das Unterlassen der Tathandlung verfügt.

Österreich

64 Österreich verfügt über eine weitestgehende Integration in das seit 1984 bestehende Bundesgesetz gegen den **unlauteren Wettbewerb** („UWG-Novelle 2018"). Bereits zuvor enthielt das österreichische UWG einen Schutz für Geschäftsgeheimnisse. Eine Begriffsbestimmung blieb aus. Im Vordergrund standen Einzelfallentscheidungen der Gerichte. Die Umsetzung der RL 2016/943/EU erfolgte durch Ergänzung des I. Abschnitts des UWG um den neuen 3. Unterabschnitt „Zivilrechtliche Sonderbestimmungen zum Schutz von Geschäftsgeheimnissen (§ 26a bis § 26j UWG). Der Begriff des Geschäftsgeheimnisses wird nunmehr in § 26b Abs. 1 UWG ausdrücklich definiert, wobei sich die Definition stark an Art. 2 Nr. 1 der RL 2016/943/EU orientiert. Die Umsetzung in Österreich erfolgt eng an der Richtlinie, wobei vereinzelt auch kleinere Modifikationen erkennbar sind. Abweichend von der Richtlinie, welche die fehlende Zustimmung als Voraussetzung der Rechtswidrigkeit in Art. 4 Abs. 2 und 3 definiert, erfasst die österreichische Fassung des UWG in § 26e Abs. 1 UWG etwa die erfolgte Zustimmung positiv als Fall der rechtmäßigen Nutzung.[154]

Frankreich

65 Das französische Loi n°2018–670 vom 30.7.2018, welches im **Handelsgesetzbuch** umgesetzt wurde (Artikel L151-1 ff. Code de commerce), enthält jetzt einen eigenen Abschnitt zum Schutz der Geschäftsgeheimnisse. Es ist erst durch Dekret n°2018–1126 vom 11.12.2018 in Kraft getreten.

66 Auffällig ist die starke Orientierung an der Richtlinie. Zuvor waren Geheimhaltungspflichten nahezu unbekannt. Die nun geltende Definition des Geschäftsgeheimnisses bezieht sich auf einen **kommerziellen Wert des Geheimnisses.** Ein Geheimnis kann potentieller oder tatsächlicher Natur sein; das Vorliegen eines berechtigten Interesses an der Geheimhaltung ist in der Definition nicht enthalten. Diese leichte Abweichung von der Richtlinie wird kritisiert, schafft sie doch Rechtsunsicherheit.

67 Unklar ist, welche angemessenen Geheimhaltungsmaßnahmen der Inhaber der Geheimnisse ergreifen muss, um den Schutz seiner Geschäftsgeheimnisse nach dem Gesetz zu sichern. Eingeführt wurde eine zivilrechtliche Geldbuße bei missbräuchlicher Schädigung i. H. v. 20 % des Betrags der Schadensersatzforderung. Die Verjährung beträgt laut Article L152-2 CCom fünf Jahre ab der Verletzungshandlung. Daran wird vor allem kritisiert, dass das Verstreichen der Verjährung zu Lasten der Person geht, deren Rechte verletzt wurden.

68 Zudem gibt es in Frankreich einen starken politischen Widerstand gegen das Gesetz. Kommunistische und sozialistische Parteien wie auch "La France Insoumise" haben Verfassungsbeschwerde wegen Verletzung der Meinungs- und Kommunikationsfreiheit, des Gleichheitsgrundsatzes und der unternehmerischen Freiheit eingereicht. Diese war jedoch vor dem Conseil Constitutionnel nicht erfolgreich.

---

154 Ministerialentwurf betreffend das Bundesgesetz zur Änderung des Bundesgesetzes über den unlauteren Wettbewerb 1984 – UWG (UWG-Novelle 2018) und die Zivilprozessordnung; 58/ME XXVI. GP – Ministerialentwurf – Erläuterungen S. 4, siehe https://www.parlament.gv.at/PAKT/VHG/XXVI/ME/ME_00058/imfname_698925.pdf (zuletzt abgerufen im Mai 2021).

Insgesamt hat sich der französische Gesetzgeber **zurückhaltend** bei der nationalen Umsetzung der europäischen Richtlinie verhalten. Um bestehende Gesetzeslücken zu schließen, sind weiterhin Vertraulichkeitsklauseln notwendig. **69**

Großbritannien

Großbritannien kannte schon vor der Richtlinie ein umfassendes System von Geheimhaltungspflichten. Die Richtlinie wurde durch die **„Trade Secrets Regulations 2018"** umgesetzt. Auch in Großbritannien ist das Vorliegen eines berechtigen Interesses an der Geheimhaltung nicht von der Definition des Begriffs Geschäftsgeheimnis umfasst. Allerdings hat der britische Gesetzgeber u.a. Art. 3 und 5 der Richtlinie nicht umgesetzt und entsprechende Beschränkungen zu Gunsten der Informationsfreiheit nicht eingeführt. Er hat stattdessen auf die Grundsätze des Common Law und der Equity verwiesen. Diese Grundsätze führten jedoch schon in früheren Fällen zu harten Urteilen zugunsten des Geheimnisinhabers. In diesem Sinne hat zum Beispiel der High Court zugunsten von Volkswagen eine einstweilige Verfügung erlassen und auf die Informationsfreiheit verwiesen.[155] Die Umsetzung in Großbritannien widerspricht in weiten Teilen den Vorgaben der Richtlinie und ist insofern **europarechtswidrig**. Man kann allenfalls bei der Auslegung der Regulation im Wege der europarechtskonformen Auslegung die Schranken des Art. 3 und Art. 5 in die nationale Rechtsordnung einlesen. **70**

Schweden

Vor der Richtlinie gab es das Spezialgesetz „Act on the Protection of Trade Secrets (1990)". Die Definition des Geschäftsgeheimnisses hat Schweden in § 2 Lag (2018:558) om företagshemligheter (übersetzt: § 2 des Gesetzes über Geschäftsgeheimnisse von 2018) leicht abgewandelt übernommen. **71**

Die wichtigsten Änderungen im neuen schwedischen Gesetz über Geschäftsgeheimnisse im Vergleich zum alten Gesetz sind, dass mehr Handlungen als illegal und verboten betrachtet werden. Außerdem kann jeder, der ein Betriebsgeheimnis unrechtmäßig nutzt, in mehr Situationen als bisher schadenersatzpflichtig werden. **72**

Früher galt die Treuepflicht nicht mehr, wenn das Arbeitsverhältnis beendet wurde. Betriebsgeheimnisse können jedoch weiterhin unter dem neuen Gesetz über Betriebsgeheimnisse geschützt werden. Das neue Gesetz verstärkt den Schutz für Unternehmen in Schweden weiter, aber es ermutigt die Inhaber von Betriebsgeheimnissen auch, aktive Maßnahmen zum Schutz ihrer Geheimnisse zu ergreifen. Es ist nicht erforderlich, die Informationen, die die Inhaber geschützt haben wollen, zu registrieren – dieser Schutz erfolgt automatisch. **73**

Italien

In Italien wird das Geschäftsgeheimnis in Art. 98 I Codice della proprietá industriale (übersetzt Art. 98 Abs. 1 des Gesetzbuches über geistiges Eigentum) geschützt. In Italien sind **Geschäftsgeheimnisse geistige Eigentumsrechte** („IPR") und werden sowohl zivilrechtlich (Art. 98, 99, 120, 124, 126, 128, 129, 131 des italienischen Gesetzbuches für gewerbliches Eigentum, „ICIP") als auch strafrechtlich (Art. 623, italienisches Strafgesetzbuch, „ICC") geschützt. **74**

---

155 Volkswagen AG v. Garcia, (2013) EWHC 1832 (Ch).

75 Dabei wurde die Definition des Geschäftsgeheimnisses im italienischen Recht vollkommen aus Art. 2 der GeschGehRL übernommen.[156] Der Schutz wird auch für Versuchsdaten oder andere vertrauliche Daten gewährt, deren Bearbeitung mit einem erheblichen Aufwand verbunden ist und deren Vorlage von der Zulassung chemischer, pharmazeutischer oder landwirtschaftlicher Erzeugnisse abhängig ist, die die Verwendung neuer chemischer Stoffe impliziert. Da Geschäftsgeheimnisse als geistiges Eigentum angesehen werden, ist es möglich gem. Art. 1376 des Bürgerlichen Gesetzbuchs eine Lizenz mit Zustimmung des Eigentümers zu erwerben.

76 Im Verfahren kann eine einstweilige Verfügung gegen die Herstellung, den Verkauf und die Verwendung, die endgültige Rücknahme vom Markt, die Vernichtung oder die Abtretung des Eigentums am Geschäftsgeheimnis verlangt werden. Daneben besteht auch die Möglichkeit Schadensersatz zu verlangen. Der Richter entscheidet darüber, ob sein Urteil veröffentlicht wird, je nachdem, ob der Wert des Geschäftsgeheimnisses und die Handlungen des Schädigers dies rechtfertigen.[157]

Belgien

77 Die Umsetzung der Richtlinie in Belgien erfolgte durch das Gesetz über den Schutz von Geschäftsgeheimnissen (*Loi relatif à la protection des secrets d'affaires*) vom 24.8.2018. Die Umsetzung führte zu Änderungen im Wirtschaftsgesetzbuch (*Code de droit économique*), im Gerichtsgesetzbuch (*Code judiciaire*) sowie im Arbeitsvertragsgesetz (*Loi relative aux contrats de travail*).

Irland

78 Die Richtlinie ist umgesetzt in den "S.I. No. 188/2018 – European Union (Protection of Trade Secrets) Regulations 2018".

Kroatien

79 Die Richtlinie ist umgesetzt im „Zakon o zaštiti neobjavljenih informacija s tržišnom vrijednosti“ (Geschäftsgeheimnisgesetz), das am 7.4.2018 in Kraft getreten ist. Die Definition des Geschäftsgeheimnisses wurde in Art. 3 (1) Nr. 5 vollständig übernommen. Gleiches gilt für die Schranken und die prozessualen Bestimmungen.

Lettland

80 Die Richtlinie wurde umgesetzt im „Komercnoslēpuma aizsardzības likums“ (Geschäftsgeheimnisgesetz). Dabei wurde die Definition des Geschäftsgeheimnisses in Art. 2 Abs. 1 übernommen, ähnlich wie auch weitere Bestimmungen der Richtlinie.

Luxemburg

81 Die EU-Vorgaben sind umgesetzt im Geschäftsgeheimnisgesetz vom 26.6.2019: „Loi sur la protection des savoir-faire et des informations commerciales non divulgués (secrets d'affaires) contre l'obtention, l'utilisation et la divulgation illicites“. Dabei ist die Defini-

---

156 *Costa/Cristofaro/Paschetta* Journal of the Licensing Executives Society Volume LIV No. 3 September, **2019** p. 199, abrufbar unter https://papers.ssrn.com/sol3/papers.cfm?abstract_id=3420363 (zuletzt abgerufen im Mai 2021).

157 *Costa/Cristofaro/Paschetta* Journal of the Licensing Executives Society Volume LIV No. 3 September, **2019** p. 200, abrufbar unter https://papers.ssrn.com/sol3/papers.cfm?abstract_id=3420363 (zuletzt abgerufen im Mai 2021).

tion des Geschäftsgeheimnisses in Art. 2 1° vollständig übernommen worden, ähnlich wie auch weitere Bestimmungen der Richtlinie.

Malta

82 Die EU-Vorgaben sind im Geschäftsgeheimnisgesetz vom 14.5.2019 “Act No. XXIX of 2018 – Trade Secrets Act, 2018” umgesetzt. Die Definition des Geschäftsgeheimnisses in Art. 2 wurde vollständig übernommen, ähnlich wie weitere Bestimmungen der Richtlinie. Damit von einem Geschäftsgeheimnis gesprochen werden kann, müssen **drei Kriterien** erfüllt werden:
- Die Information muss geheim in dem Sinne sein, dass sie als Gesamtheit oder in der genauen Ausgestaltung und Zusammenstellung den Personen in Kreisen, die sich normalerweise mit der betreffenden Art von Information befassen, nicht allgemein bekannt oder leicht zugänglich ist,
- die Information hat einen kommerziellen Wert in Anbetracht der Tatsache, dass die Information geheim ist; und
- die Information wurde von der Person, die rechtmäßig die Kontrolle über das Geheimnis hat, unter den gegebenen Umständen angemessenen Maßnahmen unterzogen, um die Information geheim zu halten.

83 Der Erwerb, die Nutzung oder die Offenbarung eines Geschäftsgeheimnisses gilt als unrechtmäßig, wenn eine Person wusste oder hätte wissen müssen, dass das Geschäftsgeheimnis unter den gegebenen Umständen direkt oder indirekt von einer anderen Person erlangt wurde, die das Geschäftsgeheimnis **unrechtmäßig** nutzt oder offenbart. Gleichermaßen gilt auch die Herstellung, das Anbieten oder das Inverkehrbringen von rechtsverletzenden Waren oder die Einfuhr, Ausfuhr oder Lagerung von rechtsverletzenden Waren zu diesen Zwecken als rechtswidrige Nutzung des Geschäftsgeheimnisses, wenn die Person, die die Tätigkeit ausübt, weiß oder wissen müsste, dass das Geschäftsgeheimnis rechtswidrig genutzt wurde. Entscheidend ist, dass der Schutz des Geschäftsgeheimnisses nur gegenüber internem Personal, wie z. B. Mitarbeitern oder Auftragnehmern, die mit dem Geschäftsgeheimnis in Berührung gekommen sind, besteht.

Niederlande

84 Die EU-Richtlinie über Geschäftsgeheimnisse wurde 2018 durch das Gesetz über den Schutz von Geschäftsgeheimnissen (**Wet bescherming bedrijfsgeheimen**) umgesetzt. Die Definition, Ausnahmen und Bestimmungen zum unrechtmäßigen Erwerb entsprechen denen aus der Richtlinie.

85 Die Umsetzung führte daneben zu umfassenden Änderungen des niederländischen Verfahrensrechts, einschließlich der Änderungen in Bezug auf Vertraulichkeitsclubs. So wird beispielsweise der Zugang zu angeblichen Geschäftsgeheimnissen, die in Verfahren eingeführt wurden, mindestens einer Person der gegnerischen Partei und deren Anwalt unter Vertraulichkeitsbeschränkungen gewährt. (Artikel 1019ib, niederländische Zivilprozessordnung). Je nach Art des Geschäftsgeheimnisses kann das Gericht jedoch anordnen, dass der Zugang zu bestimmten Dokumenten nur einem Rechtsanwalt oder einem anderen bevollmächtigten Vertreter, nicht aber einem Vertreter der Gegenpartei gewährt wird. (Artikel 22a Abs. 3, niederländische Zivilprozessordnung).

Polen

86 Die Richtlinie wurde durch Novellierung des Gesetzes über die Bekämpfung des unlauteren Wettbewerbs umgesetzt. Polen verfolgt einen klar **lauterkeitsrechtlichen Ansatz**. So findet sich eine Definition der unlauteren Wettbewerbshandlung in Art. 11 ACUC

(Act on Combatting Unfair Competition), der im Zuge der Umsetzung der Richtlinie weitreichenden Überarbeitungen unterzogen wurde. Darüber hinaus wurden zum 1. Juli 2020 eigene Gerichte, die sich speziell mit Streitigkeiten im Bereich des geistigen Eigentums und damit auch mit Verfahren wegen Verletzung von Geschäftsgeheimnissen beschäftigen, eingeführt.[158] Auch verfahrensrechtlich wurden verschiedene Instrumente geschaffen, die eine Verfolgung bei Verletzungen von Geschäftsgeheimnissen erleichtern sollen. Dazu zählen etwa verschiedene Beweissicherungsinstrumente und Ansprüche auf Offenbarung von Informationen.

Portugal

87 Die Vorgaben aus Brüssel wurden im „Decreto-Lei n.º 110/2018: Código da Propriedade Industrial“, was übersetzt Gesetz über industrielles Eigentum bedeutet, umgesetzt. Hier wurde eine Definition des Geschäftsgeheimnisses in Art. 313 Abs. 1 des Gesetzes übernommen. Der Wortlaut orientiert sich dabei stark an den Vorgaben der Richtlinie.

Rumänien

88 Die Richtlinie wurde transponiert durch die Notstandsverordnung Nr. 25/2019 „Ordonanța de urgență nr. 25/2019 privind protecția know-how-ului și a informațiilor de afaceri nedivulgate care constituie secrete comerciale împotriva dobândirii, utilizării și divulgării ilegale, precum și pentru modificarea și completarea unor acte normative“, die in Art. 2 a) für die Definition des Geschäftsgeheimnisses auf Art. 1 lit. d) des **rumänischen UWG** verweist.

Slowenien

89 Das in Umsetzung neu geschriebene Geschäftsgeheimnisgesetz „Zakon o poslovni skrivnosti“ ist in Kraft seit dem 20.4.2019. Dieses neue Gesetz definiert nicht genau, welche Informationen als Geschäftsgeheimnis gelten. Infolgedessen muss jedes Unternehmen noch **interne Gesetze** (Vorschriften) erlassen, um festzulegen, welche Informationen als Geschäftsgeheimnis gelten. Dies wird es den Unternehmen erleichtern, die Existenz von Geschäftsgeheimnissen zu beweisen, wenn sie ihre Rechte gegenüber illegalen Käufern geltend machen.

90 Zweck dieses Gesetzes ist es, den Bereich der Geschäftsgeheimnisse in einem einzigen Gesetz zu regeln, da die materiellen und verfahrensrechtlichen Bestimmungen über Geschäftsgeheimnisse derzeit in mehreren sektoralen Gesetzen enthalten sind. Neben den Artikeln, die eine klarere Unterscheidung zwischen rechtmäßigem und unrechtmäßigem Erwerb, Gebrauch oder Weitergabe von Geschäftsgeheimnissen treffen, regelt das Gesetz den gerichtlichen Schutz bei Verstößen (die möglichen Ansprüche werden im Einzelnen aufgeführt) sowie die Bedingungen und Umstände für den Erlass der einstweiligen Verfügungen genauer.

91 Darüber hinaus legt das Gesetz auch die Maßnahmen zum Schutz von Geschäftsgeheimnissen in Gerichtsverfahren fest, wonach die Parteien beantragen können, die Öffentlichkeit von der Hauptverhandlung auszuschließen und die Dokumente zu schützen. Da das Geschäftsgeheimnis nicht genau definiert ist und da diejenigen, die sich auf das Geschäftsgeheimnis berufen, dessen Existenz nachweisen müssen, ist es wichtig, dass Unter-

---

158 *Solyga-Zurek* Poland jurisdiction report: Poland welcomes new IP rules, world intellectual property review, https://www.worldipreview.com/contributed-article/poland-jurisdiction-report-poland-welcomes-new-ip-rules (zuletzt abgerufen Mai 2021).

nehmen interne Rechtsakte erlassen, die festlegen, welche Informationen als Geschäftsgeheimnis gelten.

Spanien

Spanien kannte vorher nur Regelungen im Strafgesetzbuch, dem Gesetz über unerlaubten Wettbewerb sowie durch Einbeziehung spezifischer Schutzklauseln in Verträgen bei vertraglichen Beziehungen im privatrechtlichen Bereich. Jetzt hat man in Spanien ein **eigenes Gesetz** („*Ley de Secretos Empresariales*“, Gesetz vom 20.2.2019) zur Umsetzung der Richtlinie erlassen. **92**

Ein interessantes Merkmal des spanischen Gesetzes ist, dass es Geschäftsgeheimnisse als **Gegenstand von Eigentumsrechten** gem. Kapitel III, Art. 4 bis 6 des TS-Gesetzes betrachtet: Art. 4 des TS-Gesetzes sieht vor, dass Geschäftsgeheimnisse übertragen werden können, wobei gegebenenfalls die EU-Vorschriften über die Anwendung von Kapitel 3 des Art. 101 des Vertrags über die Arbeitsweise der Europäischen Union zu beachten sind. Art. 5 des TS-Gesetzes sieht vor, dass ein Geschäftsgeheimnis mehreren Personen gemeinsam gehören kann. Dies ist besonders relevant für Franchise-Unternehmen, wo manchmal Innovationen von Franchisenehmern entwickelt werden. Diese Gemeinschaft wird durch die Vereinbarungen zwischen den Parteien, falls solche Vereinbarungen nicht bestehen, durch die Bestimmungen dieses Gesetzes und schließlich durch die zivilrechtlichen Vorschriften über das gemeinsame Eigentum geregelt. **93**

Jeder der Miteigentümer ist von sich aus dazu ermächtigt: **94**
- von dem Geschäftsgeheimnis nach vorheriger Benachrichtigung der anderen Miteigentümer Gebrauch zu machen.
- die erforderlichen Handlungen vorzunehmen, um das Geschäftsgeheimnis als Geheimnis zu wahren.
- zivil- und strafrechtliche Maßnahmen zur Verteidigung des Geschäftsgeheimnisses zu ergreifen, aber dies sollte den anderen Miteigentümern mitgeteilt werden, damit sie sich an den Maßnahmen beteiligen können, und in diesem Fall müssen sie sich an den Kosten beteiligen. In jedem Fall müssen sich alle Miteigentümer an der Zahlung dieser Kosten beteiligen, wenn sich das Gerichtsverfahren als nützlich erweist.

Die **Übertragung des Geschäftsgeheimnisses** oder die Erteilung einer Lizenz an einen Dritten sollte von allen Miteigentümern durchgeführt werden, es sei denn, ein Gerichtshof genehmigt aus Gründen der Fairness, die auf den Umständen des Falles beruhen, einem der Miteigentümer die Durchführung der Übertragung oder die Erteilung der Lizenz. **95**

Art. 6 des TS-Gesetzes enthält die **Regeln für die Lizenzierung von Geschäftsgeheimnissen**: **96**
- Ein Geschäftsgeheimnis kann Gegenstand einer Lizenz mit dem von den Parteien vereinbarten objektiven, materiellen, territorialen und zeitlichen Geltungsbereich sein. Sofern nicht anders vereinbart, ist der Lizenznehmer berechtigt, alle Handlungen zu entwickeln, die mit der Nutzung des Geschäftsgeheimnisses verbunden sind.
- Die Lizenz kann exklusiv oder nicht exklusiv sein. Es wird davon ausgegangen, dass die Lizenz nicht exklusiv ist und dass der Lizenzgeber berechtigt ist, andere Lizenzen zu erteilen und das Geschäftsgeheimnis selbst zu nutzen, sofern im Lizenzvertrag nichts anderes vereinbart wurde.
- Der Lizenznehmer kann die Lizenz weder an Dritte abtreten noch Unterlizenzen erteilen, es sei denn, im Lizenzvertrag ist etwas anderes vereinbart. Der Lizenznehmer oder Unterlizenznehmer ist verpflichtet, die erforderlichen Maßnahmen zu ergreifen, um die Verletzung des Geschäftsgeheimnisses zu vermeiden.

Ungarn

97 Die Richtlinie wurde umgesetzt im Juli 2018 durch das Gesetz Nr. LIV von 2018 über den Schutz von Geschäftsgeheimnissen, welches seit dem 8.8.2018 in Kraft ist.[159]

98 Die Definition des Geschäftsgeheimnisses wurde an diejenige aus der Richtlinie angepasst. Danach soll der Schutz eines Geschäftsgeheimnisses nur gelten, wenn angemessene Schritte unternommen wurden, das Geschäftsgeheimnis geheim zu halten. In Ungarn wird dem Geschäftsgeheimnis ein **ähnlicher Schutz wie den Rechten des geistigen Eigentums** gewährt. Der Schutz des Geschäftsgeheimnisses und von Know-how wurde daher aus dem Persönlichkeitsrecht aus dem Zivilgesetzbuch entfernt und wird nun eigenständig geschützt.

99 Es erfolgte eine einheitliche Regelung für die Verletzung des Geschäftsgeheimnisses. Neben der Feststellung und Beendigung der Verletzung kann der Inhaber des Geschäftsgeheimnisses Auskunft über die beteiligten Personen, die Rückerstattung der Bereicherung und die Veröffentlichung der Feststellung der Rechtsverletzung in einer nationalen Tageszeitung verlangen.

100 Eine Umsetzung erfolgte auch in Bulgarien, Dänemark, Estland, Finnland, Griechenland, Litauen, Slowakei und der Tschechischen Republik. Hier erfolgte die **Umsetzung jedoch durch eine Fülle an Gesetzen**. Das einzige Land, das die Richtlinie noch nicht umgesetzt hat, ist Zypern.[160]

H. Das neue deutsche Gesetz

Brammsen Lauterkeitsstrafrecht, 2020; *Dann/Markgraf* Das neue Gesetz zum Schutz von Geschäftsgeheimnissen, NJW **2019** 1774; *Lamy/Vollprecht* Das neue Geschäftsgeheimnisschutzgesetz – Erster Überblick und Handlungsbedarf, IR **2019** 201.

101 Am 26.4.2019 trat das Gesetz zum Schutz von Geschäftsgeheimnissen vom 18.4.2019 in Kraft.[161] Der deutsche Gesetzgeber setzt damit die EU-Geschäftsgeheimnisrichtlinie (GeschGeh-RL) 2016/943 vom 8.6.2016 um. Durch letztere soll auf Unionsebene in allen Mitgliedsstaaten ein einheitlicher zivilrechtlicher Mindestschutz von Geschäftsgeheimnissen entstehen.[162] An die Stelle der §§ 17–19 UWG tritt damit ein **Spezialgesetz**, das den Schutz von Geschäftsgeheimnissen im deutschen Recht grundlegend ändert. Eine wesentliche Änderung stellt bereits die Einführung einer Definition des Geschäftsgeheimnisses in § 2 Nr. 1 dar. Diese löst damit die nicht kodifizierte, in Rechtsprechung[163] und Literatur[164] aber allgemein anerkannte und verbreitete Definition des Geschäftsgeheimnisses i. S. d. § 17 a. F. UWG ab. Nach § 2 Nr. 1 ist ein Geschäftsgeheimnis eine Information, die weder insgesamt noch in der genauen Anordnung und Zusammensetzung ihrer Bestandteile den Personen in den Kreisen, die üblicherweise mit dieser Art von Informationen umgehen, allgemein bekannt oder ohne Weiteres zugänglich ist und daher von wirtschaftlichem Wert ist und die Gegenstand von den Umständen nach angemessenen Geheimhaltungsmaßnahmen

---

159 *Levente Tattay* 622 ff.
160 Nachtrag: Die Umsetzung der Republik Zypern erfolgte am 27.11.2021 durch Verkündung des nationalen Gesetzes im zypriotischen Amtsblatt, abrufbar unter: http://www.cylaw.org/nomoi/arith/2020_1_164.pdf (letzter Abruf Mai 2021).
161 BGBl. I 466.
162 RL (EU) 2016/943 v. 8.6.2016, Erwägungsgrund 10.
163 BGH 10.5.1995 BGHSt **41** 140, 142; BGH 16.11.2009 BGHZ **183** 153; RG 22.11.1935 RGZ **149** 329, 333.
164 Statt aller: *Brammsen* § 17 UWG Rn. 9 m. w. N.

durch ihren rechtmäßigen Inhaber ist und bei der ein berechtigtes Interesse an der Geheimhaltung besteht.[165]

I. Die Rechtsnatur von Betriebsgeheimnissen

Alexander Grundstrukturen des Schutzes von Geschäftsgeheimnissen durch das neue GeschGehG, WRP **2019** 673; *Bar* Gemeineuropäisches Sachenrecht, Band 1, 2015; *Beurskens* Privatrechtliche Selbsthilfe, 2017; *Beyerbach* Die geheime Unternehmensinformation, 2012; *Denga* Gemengelage privaten Datenrechts, NJW **2018** 1371; *Drescher* Industrie- und Wirtschaftsspionage in Deutschland: Phänomenologie – materielles Recht – prozessuale Durchsetzung: Bestandsaufnahme und Perspektiven, 2020; *Fuhlrott/Hiéramente* Beck-OK GeschGehG, 3. Edition, 2020; *Harte-Bavendamm* Reform des Geheimnisschutzes: naht Rettung aus Brüssel? Zum Richtlinienvorschlag zum Schutz von Geschäftsgeheimnissen, in: Festschrift Köhler 2014; *Heinzke* Richtlinie zum Schutz von Geschäftsgeheimnissen, CCZ **2016** 179; *Heitto* The Trade Secret Directive Proposal and the Narrow Path to Improving Trade Secret Protection in Europe. A comparison between intellectual property protection and trade secret protection, CRI **2015** 140; *Henkels* Die Betriebsgeheimnisse in § 21 GWB, Heidelberg 1967; *Hoeren* Information als Gegenstand des Rechtsverkehrs – Prolegomena zu einer Theorie des Informationsrechts, MMR-Beil. **1998** 6; *Jänich* Geistiges Eigentum – einen Komplementärerscheinung zum Sacheigentum?, 2002; *Kraßer* Grundlagen des zivilrechtlichen Schutzes von Geschäfts- und Betriebsgeheimnissen sowie von Know-how, GRUR **1977** 177; *Maass* Information und Geheimnis im Zivilrecht, 1970; *McGuire* Der Schutz von Know-how im System des Immaterialgüterrechts, GRUR **2016** 1000; *dies.* Know-how: Stiefkind, Störenfried oder Sorgenkind, GRUR **2015** 424; *Ohly* Das auf die Verletzung von Geschäftsgeheimnissen anwendbare Recht, in: Festschrift Harte-Bavendamm, 2020; *Paul* Der industrielle Lohnfertigungsvertrag über geschützte Gegenstände. Ein Beitrag zu seiner patent-, handels- und kartellrechtlichen Problematik, NJW **1963** 2249; *Pertot* Rechte an Daten, Tübingen 2020; *Pfister* Das technische Geheimnis „Know-How" als Vermögensrecht, 1974; *Rody* Der Begriff und die Rechtsnatur von Geschäfts – und Betriebsgeheimnissen unter Berücksichtigung der Geheimnisschutz Richtlinien, 2019; *Seligsohn* Geheimnis und Erfindungsbesitz, 1921; *Staudinger* Kommentar zum BGB, Buch 3, 2012; *Troller* Das technische Geheimnis im System des Immaterialgüterrechts, GRUR Ausl **1958** 385; *Wieacker* zum System des deutschen Vermögensrecht – Erwägungen und Vorschläge, Leipziger rechtswissenschaftliche Studien, Heft 126, 1941; *Wieacker* Sachbegriff, Sacheinheit und Sachzuordnung, AcP **1943** 57.

In Literatur und Rechtsprechung besteht seit jeher ein großer Streit darum, ob und wie **102** der Geheimnisschutz ein **kleines Immaterialgüterrecht** begründet. Viele der insbesondere der traditionellen Urheberrechtsszene zugehörenden Autoren halten an der Annahme einer immaterialgüterrechtlichen Wurzel fest[166], auch wenn gleichzeitig von einigen Autoren die Unterschiede zwischen Betriebsgeheimnissen und dem Schutz des geistigen Eigentums betont werden.[167] Wie der Verfasser mehrfach dargelegt hat, stammen diejenigen, die für eine bloße Lösung des Immaterialgüterrechts vom BGB plädieren, aus einer neueren Tradition, der es wissenschaftspolitisch vor allem um die Autonomie eines sogenannten Rechts des geistigen Eigentums geht. In der Präambel zur EU-Richtlinie wird diese Konstruktion ausdrücklich abgelehnt. Dort heißt es: „*[I]m Interesse von Innovation und Wettbewerbsförderung sollten die Bestimmungen dieser Richtlinie keine Exklusivrechte an als Geschäftsgeheimnis geschütztem Know-how oder als solchem geschützten Informationen begründen.*"[168] In Erwägungsgrund 1 wird ganz deutlich zwischen den Rechten des geisti-

165 Dazu näher OLG Stuttgart 19.11.2020 WRP **2021** 242.
166 *McGuire* GRUR **2016** 1000, 1008; *McGuire* GRUR **2015** 424, 426 f.; ähnlich *Heinzke* CCZ **2016** 179, 180; *Heitto* CRI **2015** 140 ff.
167 *Drescher* 272 ff., 439 ff.; *Ohly* Festschrift Harte-Bavendamm (2020) 394 ff.; *Harte-Bavendamm* Festschrift Köhler (2020) 238 f.; *Alexander* WRP **2019** 673, 676.
168 RL (EU) 2016/943 v. 8.6.2016, Erwägungsgrund 16.

gen Eigentums in Form von Patenten, Geschmacksmusterrechten oder Urheberrechten und dem davon separierten Schutz des Zugangs zu Wissen differenziert. Dementsprechend werden Betriebsgeheimnisse in Erwägungsgrund 2 als eine "*Ergänzung von oder auch eine Alternative zu Rechten des geistigen Eigentums*" beschrieben. Sie beziehen sich deshalb nur auf genauer bestimmte, konkrete Verletzungshandlungen nach Art. 4 der Richtlinie. In vielen Ländern wird das Geschäftsgeheimnis gleichwohl als kleines Recht des geistigen Eigentums angesehen (vgl. Kommentierung zu Vor §§ 1 bis 2 Rn. 42ff. insbesondere Italien, Rn. 74ff.).

103 Die folgende Kommentierung hält sich an die These des Geheimnisbesitzes von Julius Seligsohn. Seligsohn hat genau vor 100 Jahren in diesem Verlag ein grundlegendes Werk über Geheimnis und Erfindungsbesitz verfasst. Er vertritt darin die Auffassung, dass das Geheimnisrecht nur eine **besondere Ausprägung des allgemeinen Rechts des Sachbesitzes** ist. Nach dieser Auffassung erscheint der Geheimnisbesitz als tatsächliches Gewaltverhältnis einer Person zu einem Geheimnis. Das Vorliegen eines solchen bestimmt sich nach der allgemeinen Verkehrsauffassung. Fallen Sach- und Geheimnisbesitz unmittelbar zusammen (beispielsweise bei der tatsächlichen Gewalt über einen verschlossenen Brief) und hat der Geheimnisbesitzer noch keine Kenntnis über den Inhalt des Geheimnisses erlangt, so werden die Vorschriften der §§ 854ff. BGB unmittelbar angewandt. Doch auch wenn es sich um die vorliegende Kenntnis über den Inhalt des Geheimnisses selbst handelt, sind entsprechende Vorschriften anzuwenden, soweit der Besitzer einen Geheimhaltungswillen aufweist.[169] Zwar könne man die besonderen Regeln, die gerade das BGB über den Sachbesitz gibt, nicht ausnahmslos dem Verhältnis zwischen Person und Geheimnis aufzwingen, allgemein sei aber der Besitz desjenigen zu steuern, der nach der Verkehrsanschauung die tatsächliche Möglichkeit hat, das Rechtsgut zu genießen. Besitz sei Ausdruck des Lebens der mit Abwandlungen Eingang in alle Rechtsordnungen gefunden hat. Jede Rechtsordnung habe ihre Besitzlehre vorzugsweise für den Besitz an körperlichen Sachen entwickelt; deshalb könne man den allgemeinen Besitzbegriff auch für das Eigentum zugrunde legen.

104 Diese Auffassung bindet den Schutz von Betriebsgeheimnissen zurück an das BGB als solches. Dahinter steckt die Vorstellung, dass sich die Strukturen des Immaterialgüterrechts aus dem BGB herleiten lassen und das Immaterialgüterrecht insofern besonderes Zivilrecht ist. Der Begriff der **tatsächlichen Gewalt in § 855 Abs. 1 BGB** entspricht der Vorstellung von angemessenen Geheimhaltungsmaßnahmen in § 2 Nr. 1 b) und die rechtmäßige Kontrolle in § 2 Nr. 2. Es geht darum, dass für alle Formen des Besitzes ein Machtbereich vorausgesetzt wird, innerhalb dessen der Inhaber des Besitzes die Kontrolle über Informationen verfügt. Entscheidend ist allein ein **tatsächliches Verhältnis einer Person zur Information**, das durch einen tatsächlichen Vorgang begründet wird (wie beim Besitzerwerb) oder auch wieder verloren geht (wie beim Besitzverlust). Davon zu trennen ist die Frage, ob die tatsächliche Sachherrschaft rechtmäßig oder unrechtmäßig ausgeführt wird. Entscheidend ist allein die tatsächliche Herrschaft, nicht das Recht zum Besitz, sowie die Möglichkeit, auf die Sache einzuwirken und andere davon auszuschließen.

105 Parallelen zeigen sich schon bei dem Begriff „**Inhaber**“: Besitzer ist, wer die tatsächliche Gewalt über die Sache ausübt, § 854 Abs. 1 BGB. Inhaber eines Geschäftsgeheimnisses ist jede natürliche oder juristische Person, die die rechtmäßige Kontrolle über ein Geschäftsgeheimnis hat, § 2 Nr. 2 (evtl. vergleichbar mit berechtigtem Besitz). Angeknüpft

---

169 *Seligsohn* 24f.

wird folglich bei beiden an einen tatsächlichen Charakter, das heißt an ein tatsächliches Kriterium der „tatsächlichen Gewalt" und der „Kontrolle".

Geschäftsgeheimnisse sind nach der Definition in § 2 Nr. 1 ihrem Wesen nach „Informationen"[170] und keine „Sachen" i.S.d. § 90 BGB, die eben Schutzgegenstand von § 854 Abs. 1 BGB sind. Daher ist eine direkte Anwendung der besitzrechtlichen Vorschriften nicht möglich.[171] Allerdings ist das Sachenrecht nicht auf körperliche Gegenstände begrenzt. Schon früh wurde überlegt, ein allgemeines Vermögensrecht in das BGB zu integrieren.[172] In mehreren ausländischen Rechtsordnungen gibt es auch schon übergreifende Regeln für alle Vermögensrechte, unabhängig davon, ob sich diese auf körperliche Gegenstände beziehen.[173] Auch wird im Urheberrecht überlegt, wie weit das Immaterialgüterrecht an allgemeinen Prinzipien des Sachenrechts teilhat.[174] Gerade das Institut des Besitzes ist offen für andere Gegenstände als Sachen, etwa in der Form des Rechtsbesitzes. Dies wurde im mittelalterlichen Gemeinrecht bereits stark zur Begründung von Besitzansprüchen an Hoheitsrechten, Zinsrechnungen oder Pfründen anerkannt; restlos dann im preußischen ALR und im ABGB. Dem BGB ist die Vorstellung eines Rechtsbesitzes nicht fremd, wie sich aus den ausdrücklichen Regelungen in §§ 1029, 1090 Abs. 2 BGB ergibt.[175] Insofern bestehen keine Bedenken dagegen, das **GeschGehG als besonderes Besitzrecht** zu verstehen. **106**

Eine weitere Parallele gibt es bei den **Ansprüchen für Rechtsverletzungen**. Gem. § 6 kann der Inhaber eines Geschäftsgeheimnisses Beseitigung der Beeinträchtigung und Unterlassung verlangen. Der Anspruch aus § 6 ersetzt die Funktion des § 1004 BGB analog für den berechtigten Besitz, wie sich aus dem identischen Inhalt ergibt. §§ 7–9 beziehen sich hingegen spezifisch auf Ansprüche, die nur bei Geschäftsgeheimnissen in Betracht kommen (abgesehen von der Möglichkeit der Herausgabe in § 7 Nr. 1 (vergleichbar mit § 1007 BGB)). § 10 (Haftung des Rechtsverletzers) geht insoweit über die Haftung des § 823 Abs. 1 BGB hinaus, als dass keine konkrete Rechtsgutverletzung, sondern nur ein Schaden verlangt wird. Er geht auch über § 826 BGB hinaus, da § 10 die Schadensersatzpflicht auch an eine fahrlässige Verletzung eines Geschäftsgeheimnisses anknüpft. Mithin besteht durch § 10 ein weitergehender Schutz, die alte Rechtslage erfüllte nicht die Anforderungen der RL 2016/943.[176] **107**

Problematisch erscheint die **Publizitätsfunktion**, die dem Besitz zukommt. Auf Geschäftsgeheimnisse lässt sich diese aber gerade nicht übertragen. Allerdings ist die Publizitätsfunktion im Besitzrecht ebenfalls nicht absolut, was beispielsweise an dem mittelbaren Besitz nach § 868 BGB oder § 857 BGB im Falle des Todes erkennbar ist. **108**

Der Rekurs auf das Besitzrecht kommt vor allem zum Tragen bei der Auslegung des neuen Gesetzes, insbesondere bei Lücken oder unbestimmten Rechtsbegriffen. Wichtig ist das vor allem bei der Frage der Inhaberschaft von Geheimnissen, aber auch bei den kollisionsrechtlichen Anknüpfungen (vgl. Kommentierung zu Vor §§ 1 und 2 Rn. 20ff.). Das Betriebsgeheimnis lässt sich insofern aus dem allgemeinen Rechtsinstitut des Besitzes ableiten. Dies entspricht auch zunehmenden Stimmen in der Literatur. So diskutiert Beurskens in „Privatrechtliche Selbsthilfe" die rechtliche Zuordnung von Geschäftsgeheimnissen als absolutes Recht und vergleicht die Geschäftsgeheimnisse zum einen mit dem Urheberrecht **109**

---

170 BeckOK GeschGehG/*Hieraménte* § 2 GeschGehG Rn. 2.
171 *Denga* NJW **2018** 1371, 1372.
172 *Wieacker* 23; ähnlich *derselbe* AcP 148 H. 1 **1943** 57, 58, 65.
173 Ausführlicher dazu *Bar* § 1 Rn. 2 Fn. 12.
174 So etwa bei *Jänich* 187ff.
175 Siehe dazu Staudinger/*Gutzeit* Vor. §§ 854–872 Rn. 45ff.
176 BT-Drucks. 19/4724 S. 19.

und dem berechtigten unmittelbaren Besitz. Er sieht Gemeinsamkeit in der primär faktisch geschützten Rechtsposition.[177] Ähnlich greift Beyerbach in seiner Schrift „Die geheime Unternehmensinformation" die entsprechende Anwendung der Besitzschutzvorschriften (§§ 858ff.) auf Geschäftsgeheimnisse auf. Der „faktische" Besitz der Geschäftsgeheimnisse sei dabei mit dem tatsächlichen Besitz an körperlichen Gegenständen rechtlich gleichgestellt.[178] Vergleichbar befürwortet Pfister in der Abhandlung „Das technische Geheimnis „Know-How" als Vermögensrecht" den Gedanken Seligsohns vom Geheimnisbesitz und hält diesen für einen „durchaus folgerichtigen Schritt: ‚Die tatsächliche Innehabung wird jeweils geschützt gegen Angriffe'"[179]. In diese Richtung denkt auch Krasser[180], der annimmt, dass sich zivilrechtlicher Geheimnisschutz auf § 823 Abs. 1 BGB stützen kann. Geheimnisverletzungen seien als Eingriff in ein „sonstiges Recht" neben Rechtsverletzungen, die bloßer Begleitumstand des Geheimnismissbrauchs sind, wie Diebstahl von Unterlagen, Proben u.a. oder Verletzungen von Immaterialgüterrechten, zu qualifizieren.[181] Auch Troller[182] beschäftigt sich mit dieser Frage und bejaht insbesondere die Anwendbarkeit der Regeln über den Besitzschutz, und zwar auch dann, wenn nur der alleinige Besitz der geistigen Kenntnis gestört oder entzogen wird. Die Wegnahme (z.B. auch durch Abschreiben von Rezeptbüchern) greift nicht nur in den Besitz am Papier als Mitteilungsträger ein (diese haben als körperliche Sache keine eigene Bedeutung, sondern das in ihnen materialisierte und durch die Wegnahme herausgerissene Geheimnis), sondern in die funktionelle unternehmensmäßige Bedeutung des Eingriffs. Gegen die Besitzstörung seien dem Besitzer des Geheimnisses alle Rechtsmittel zur Verfügung zu stellen, die auch dem Besitzer körperlicher Sachen zustünden. Besitzschutz gewährleiste auch den ausschließlichen Besitz am Geheimnis. Die Bestimmung des ausschließlichen Besitzes am Geheimnis kann jedoch regelmäßig zu Schwierigkeiten führen. Die geheime Kenntnis stellt ein Immaterialgut dar und kann somit von einer unbeschränkten Anzahl von Personen erkannt und mithin geistig besessen werden. Anders als bei körperlichen Sachen, wo nur der Alleinbesitz gem. § 854 Abs. 1 BGB die tatsächliche Gewalt verbürgt, erlangt bei der geheimen Kenntnis daher jede dieser Personen die volle faktische Verfügungsgewalt über das Wissen des Geheimnisses.

110 Für ein korrektes Verständnis der Rechtsnatur von Betriebsgeheimnissen ist aber auch zu bedenken, dass der Besitzschutz für geheime Informationen nicht alleine steht. Nicht ohne Grund war der Betriebsgeheimnisschutz schon immer ein integraler Bestandteil des Lauterkeitsrechts. Hier gilt es, die Besonderheiten von Betriebsgeheimnissen mit dem allgemeinen Informationsrecht in Einklang zu bringen. Das Informationsrecht lebt vom Credo, dass Informationen grundsätzlich niemandem gehören.[183] Information wants to be free. Eine exklusive Zuordnung von Informationen an einen Rechtsträger bedarf daher einer ganz besonderen Rechtfertigung. Ansonsten droht das Verdikt der Verfassungswidrigkeit, wenn zu viele Informationen ohne besondere Rechtfertigung zu Verbotsrechten umgeformt werden. Die Tatsache alleine, dass eine Information nicht allgemein zugänglich ist, kann daher nicht als Rechtfertigung für Sonderrechte einer Information ausreichen. Im Sinne der Rechtstheorie von Immanuel Kant kann nicht einfach aus einem Sein ein Sollen

---

177 *Beurskens* 276ff.
178 *Beyerbach* 209; *Pfister* 146ff.
179 *Pfister* 37.
180 *Krasser* GRUR **1977** 177, 178.
181 *Pfister* 85ff.; *Henkels* 42ff.; *Paul* NJW **1963** 2249, 2251; gegen die Annahme eines subjektiven Rechts am Geheimnis mit eingehender Begründung *Maass* 110ff.
182 *Troller* GRUR Ausl. **1958** 385, 389f.
183 *Hoeren* MMR-Beil. **1998** 6.

abgeleitet werden. Die Legitimation eines Besitzrechts an geheimen Informationen ergibt sich aus der besonderen Verknüpfung mit dem Lauterkeitsrecht. Nur innerhalb einer lauterkeitsrechtlich sensiblen Situation kann ausnahmsweise ein Betriebsgeheimnis geschützt werden. Insofern knüpft § 4 für den Schutz von Geschäftsgeheimnissen an besondere Umstände an, die erst die Unlauterkeit und entsprechende Verbote begründen. Dies kann zum einen die Tatsache sein, dass sich jemand ausdrücklich verpflichtet hat, ein Geschäftsgeheimnis zu beachten (§ 4 Abs. 2 Nummer 2 und 3); zum anderen kann – allerdings viel zu allgemein formuliert – jeder Verstoß gegen eine „anständige Marktgepflogenheit" ein Verbot nach § 4 Abs. 1 Nummer 2) begründen. Letztendlich führt der Hinweis auf die anständigen Marktgepflogenheiten als Obersatz auf die Rückbindung des gesamten Geschäftsgeheimnisgesetzes auf die allgemeinen Vorgaben des UWG zurück. Das Geschäftsgeheimnis ist ungeachtet seiner besitzrechtlichen Wurzeln ein **besonderer Teil des UWG**. Geschäftsgeheimnisse sind auf keinen Fall Immaterialgüterrechte oder gar Ausschließlichkeitsrechte des „geistigen Eigentums".

Auf dieser **Verbindung von Besitzrecht und Lauterkeitsrecht** basierend erklären 111
sich dann auch die zahlreichen Beschränkungen von den Verboten in § 5 und § 3. Damit das informationsrechtliche Gleichgewicht von Verbotsrecht und Informationsfreiheit gewährleistet wird, muss dem weiten Verbot des § 4 eine ebenso signifikante Armada von Beschränkungen (§§ 3, 5) entgegengesetzt werden. Diese Beschränkungen geben der Allgemeinheit die Möglichkeiten zum freien Zugang zu Informationen zurück, die ihr verfassungsgemäß grundsätzlich zustehen. Dann sind diese Schranken aber nicht Ausnahmen im klassischen Sinne, wie die Überschrift zu § 5 fälschlicherweise anführt. Denn Ausnahmen wären eng auszulegen, während die Schranken im Informationsrecht im Sinne praktischer Konkordanz verfassungskonform auszulegen sind.

§ 1
Anwendungsbereich

(1) Dieses Gesetz dient dem Schutz von Geschäftsgeheimnissen vor unerlaubter Erlangung, Nutzung und Offenlegung.

(2) Öffentlich-rechtliche Vorschriften zur Geheimhaltung, Erlangung, Nutzung oder Offenlegung von Geschäftsgeheimnissen gehen vor.

(3) Es bleiben unberührt:

1. **der berufs- und strafrechtliche Schutz von Geschäftsgeheimnissen, deren unbefugte Offenbarung von § 203 des Strafgesetzbuches erfasst wird,**
2. **die Ausübung des Rechts der freien Meinungsäußerung und der Informationsfreiheit nach der Charta der Grundrechte der Europäischen Union (ABl. C 202 vom 7.6.2016, S. 389), einschließlich der Achtung der Freiheit und der Pluralität der Medien,**
3. **die Autonomie der Sozialpartner und ihr Recht, Kollektivverträge nach den bestehenden europäischen und nationalen Vorschriften abzuschließen,**
4. **die Rechte und Pflichten aus dem Arbeitsverhältnis und die Rechte der Arbeitnehmervertretungen.**

Übersicht

§ 1 Abs. 1, 2 und 3 Nr. 1 und 2 Anwendungsbereich des Gesetzes

Schrifttum

Alexander Geheimnisschutz nach dem GeschGehGE und investigativer Journalismus, AfP **2019** 1ff.; *Alexander* Wettbewerbsrecht, 2016; *Ann* EU-Richtlinie zum Schutz vertraulichen Know-hows – Wann kommt das neue deutsche Recht, wie sieht es aus, was ist noch offen? GRUR-Prax **2016** 465; *Berger/Partsch/Roth/Scheel* Informationsfreiheitsgesetz, 2. Aufl. 2013; *Brost/Wolsning* Presserechtlicher Schutz vor der Veröffentlichung von Geschäftsgeheimnissen, ZUM **2019** 898ff.; *Drescher* Industrie- und Wirtschaftsspionage in Deutschland, 2019; *Guckelberger* Rechtsbehelf zur Durchsetzung des Umweltinformationsanspruchs, UPR **2006** 89ff.; *Ingold/Battis* Der Umweltinformationsanspruch im Planfeststellungsverfahren – zugleich Anmerkung zu VGH Kassel, Beschl. v. 4. Januar 2006, Az: 12 Q 2828/05, DVBl. **2006** 735ff.; *Joecks/Miebach* Münchener Kommentar zum StGB, Band 4 4. Aufl. 2021; *Kalbfus* Die EU-Geschäftsgeheimnis-Richtlinie, Welcher Umsetzungsbedarf besteht in Deutschland? GRUR **2016** 1009ff.; *Kalbfus/Harte-Bavendamm* Protokoll der Sitzung des Fachausschusses für Wettbewerbs- und Markenrecht zum Richtlinienvorschlag über den Schutz von Geschäftsgeheimnis, GRUR **2014** 453; *Këllezi/Kilpatrick/Kobel* Abuse of Dominant Position and Globalization & Protection and Disclosure of Trade Secrets and Know-How in LIDC Contributions on Antitrust Law, Intellectual Property and Unfair Competition, 2017; *Koós* Die europäische Geschäftsgeheimnis-Richtlinie – ein gelungener Wurf? – Schutz von Know-how und Geschäftsinformationen – Änderungen im deutschen Wettbewerbsrecht, MMR **2016** 224ff.; *Kopp/Ramsauer* Verwaltungsverfahrensgesetz, 20. Aufl. 2019; *McGuire* Der Schutz von Know-how im System des Immaterialgüterrechts, GRUR **2016** 1000ff.; *Müller*

https://doi.org/10.1515/9783110631654-002

Die Verschwiegenheitspflicht im öffentlichen Dienst, öAT **2012** 102ff.; *Naber/Peukert/Seeger* Arbeitsrechtliche Aspekte des Geschäftsgeheimnisgesetzes, NZA **2019** 583ff.; *Nebel/Diedrich* Gesetz zum Schutz von Geschäftsgeheimnissen, 2019; *Obermayer/Funke-Kaiser* Verwaltungsverfahrensgesetz, 5. Aufl. 2018; *Pützenbacher/Sailer* Der Zugang zu Umweltinformationen bei Kommunen und Landesbehörden nach der Neufassung des Umweltinformationsgesetzes (UIG), NVwZ **2006** 1257ff.; *Richter* Das Geschäftsgeheimnisgesetz und dessen Ausstrahlung in das Arbeitsrecht, ArbRAktuell **2019** 375ff.; *Rody* Der Begriff und die Rechtsnatur von Geschäfts- und Betriebsgeheimnissen unter Berücksichtigung der Geheimnisschutz-Richtlinie, Diss. Stuttgart 2019; *Schmidt* Staatsorganisationsrecht, 20. Aufl. 2019; *Stelkens/Bonk/Sachs* Verwaltungsverfahrensgesetz, 9. Aufl. 2018; *Wasielewski/Näckel* Das neue Recht auf Zugang zu Umweltinformationen, DVBl. **2015** 1351; *Werner* Auskunftsansprüche der Öffentlichkeit gegenüber Aktiengesellschaften unter Beteiligung der öffentlichen Hand, NVwZ **2019** 449ff.

Übersicht

A. Überblick

I. Inhalt

§ 1 leitet den ersten Abschnitt des Gesetzes mit den **allgemeinen Regelungen** ein. Dabei wird zum einen der Regelungszweck festgelegt und zum anderen sowohl das Außenverhältnis zu anderen Regelungsbereichen als auch das Innenverhältnis der Normen des GeschGehG zueinander definiert.[1] **1**

II. Zweck des Gesetzes (Absatz 1)

Das GeschGehG dient nach § 1 Abs. 1 der Verhinderung und Vorbeugung der Verbreitung von Geschäftsgeheimnissen in drei Formen: Erlangung, Nutzung und Offenlegung.[2] Das GeschGehG schützt somit geheime Informationen gegen unberechtigten Zugriff. Dabei dient es der Umsetzung der europäischen RL 2016/943/EU, die den Ge- **2**

1 Köhler/Bornkamm/Feddersen/*Alexander* § 1 GeschGehG Rn. 1f.
2 BeckOK GeschGehG/*Hiéramente* § 1 GeschGehG Rn. 1ff.; *Reinfeld* § 1 Rn. 3.

heimnisschutz im Wege der Mindestharmonisierung auf ein einheitliches Schutzniveau zu heben versucht.[3]

III. Verhältnis zu anderen Regelungsbereichen (§ 1 Abs. 2, 3)

3 **1. Öffentlich-rechtliche Regelungen.** § 1 Abs. 2 stellt klar, dass die folgenden Regelungen nicht für das Bedürfnis des öffentlichen Rechts gelten. Vielmehr soll das Gesetz rein privatrechtliche Konflikte lösen und für einen entsprechenden Interessenausgleich sorgen.[4] Gegenüber Normenkomplexen, die das Verhältnis zwischen Privaten und öffentlichen Stellen regeln, ist das GeschGehG subsidiär.[5] Dabei erlangt die Frage, was unter der öffentlichen Stelle im Sinne dieses Gesetzes zu verstehen ist, erhebliche Bedeutung, insbesondere auch inwiefern Stellen der Länder, des Bundes und der Europäischen Union betroffen sind.[6]

4 **2. Andere Regelungsbereiche.** In § 1 Abs. 3 werden die genannten Regelungsbereiche für unberührt vom GeschGehG erklärt.[7] Nr. 1 betrifft den berufsrechtlichen und strafrechtlichen Schutz, Nr. 2 die Meinungs-, Informations- und Pressefreiheit, Nr. 3 die Autonomie der Sozialpartner und Nr. 4 die Pflichten aus dem Arbeitsverhältnis. Hierbei soll verhindert werden, dass andere Bereiche, die den Geschäftsgeheimnisschutz im Interesse der Allgemeinheit oder im Interesse der persönlichkeitsrechtlichen Belange des Einzelnen regeln, durch das GeschGehG **sachfremd modifiziert** werden.[8]

B. Grundlagen

I. Schutzzweck des GeschGehG (§ 1 Abs. 1)

5 Es gibt viele Wege, auf denen wertvolles Wissen aus einem Unternehmen entweichen kann. Hierzu zählen u.a. Mitarbeiter mit Spezialwissen, die das Unternehmen verlassen, Cyberattacken oder die Preisgabe von Geheimnissen durch Mitarbeiter. Aber auch E-Mails können abgefangen und mitgelesen werden. Der geschätzte Schaden durch Wirtschaftsspionage betrug in Deutschland im Jahr 2019 rund 102,9 Milliarden Euro.[9] International haben die Industriestaaten durch Art. 39 Abs. 2 des TRIPS-Abkommens Vorsorge getroffen, wonach eine **Verpflichtung zum Schutz von Geschäftsgeheimnissen** besteht (vgl. Kommentierung zu Vor §§ 1 bis 2 Rn. 35).[10] Als Mindeststandard haben sich die Mitgliedstaaten von TRIPS verpflichtet, Informationen gegen den unberechtigten Abgang zu schützen, solange diese Informationen geheim sind, d.h.

---

3 RL 2016/943/EU v. 8.6.2016, ABl. L 157/1 v. 15.6.2016, abrufbar unter: http://eur-lex.europa.eu/legal-content/DE/TXT/?uri=CELEX%3A32016L0943 (letzter Abruf Mai 2021).
4 BeckOK GeschGehG/*Hieraménte* § 1 GeschGehG Rn. 6.
5 Nebel/Diedrich/*Nebel* § 1 GeschGehG Rn. 4.
6 BTDrucks. 19/4724 S. 17.
7 Köhler/Bornkamm/Feddersen/*Alexander* § 1 GeschGehG Rn. 32.
8 Köhler/Bornkamm/Feddersen/*Alexander* § 1 GeschGehG Rn. 35; BTDrucks. 19/4724 S. 23.
9 https://www.verfassungsschutz.de/SharedDocs/publikationen/DE/2020/verfassungsschutzbericht-2019.pdf?__blob=publicationFile&v=10 (letzter Abruf Mai 2021).
10 *Alexander* § 17 Rn. 1250; *Rody* 25f.

- in der Zusammenstellung in üblichen Geschäftskreisen nicht allgemein bekannt oder zugänglich sind,
- einen wirtschaftlichen Wert haben, weil sie geheim sind und
- Gegenstand von angemessenen Geheimhaltungsmaßnahmen darstellen.

II. Entwicklungsgeschichte

In Deutschland bestand ein besonderer Schutz für Geschäftsgeheimnisse durch die 6
traditionell strafrechtlichen Vorschriften in §§ 17 bis 19 UWG a. F. Die Straftatbestände wurden über Transfernormen auch zivilrechtlich sanktioniert (§ 3 UWG, §§ 823 Abs. 2, 826, 1004 BGB).[11] Diese waren bereits existent, als es das TRIPS-Abkommen noch nicht gab. Dementsprechend waren die Regelungsziele von TRIPS und §§ 17 bis 19 UWG a. F. nicht identisch. Neu waren vor allem besondere Nachweisproblematiken für den Geheimnischarakter der Information und die Nachweispflichten für angemessene Geheimhaltungsvereinbarungen. Im europäischen Vergleich lag Deutschland damit im Mittelfeld des Schutzniveaus von Geheimnissen. Während Großbritannien über ein wohldurchdachtes System von Geheimhaltungspflichten verfügte, waren in Staaten wie Frankreich oder Malta Geheimhaltungsvereinbarungen nahezu unbekannt. Dies hat die Kommission schon im November 2011 und April 2013 dazu bewogen, zwei Studien zum Schutz von Geschäftsgeheimnissen im europäischen Vergleich in Auftrag zu geben. Die Studien kamen naturgemäß zu der Feststellung, dass der Geheimnisschutz in Europa einem Flickenteppich ähnelte.[12] Die Kommission verabschiedete daraufhin im November 2013 einen ersten Entwurf für eine **Harmonisierungsrichtlinie.**[13] Im Mai 2014 folgte der gemeinsame Text, verabschiedet vom Ministerrat.[14] Ein Jahr später – im Juni 2015 – legte das Parlament seinen Bericht zum Richtlinienentwurf vor,[15] auf dessen Grundlage die Europäische Kommission, der Rat und das Parlament im Rahmen (inoffizieller) Trilog-Verhandlungen einen Kompromissvorschlag erarbeiteten, der im Dezember 2015 veröffentlicht wurde.[16] Im Juni 2016 konnte

---

11 *Alexander* § 17 Rn. 1287 ff.; Nebel/Diedrich/*Nebel* Einleitung Rn. 1.

12 Study on Trade Secrets and Confidential Business Information in the Internal Market, MARKT/2011/128/D (April 2013), 12 f., 23 f., abrufbar unter: https://ec.europa.eu/docsroom/documents/14838/attachments/1/translations/en/renditions/pdf (letzter Abruf Mai 2021).

13 Vorschlag für eine Richtlinie des Europäischen Parlaments und des Rates über den Schutz vertraulichen Know-hows und vertraulicher Geschäftsinformationen (Geschäftsgeheimnisse) vor rechtswidrigem Erwerb sowie rechtswidriger Nutzung und Offenlegung, COM/2013/0813 final – 2013/0402 (COD), abrufbar unter: http://eur-lex.europa.eu/legal-content/de/TXT/?uri=CELEX%3A52013PC0813 (letzter Abruf Mai 2021).

14 Proposal for a Directive of the European Parliament and of the Council on the protection of undisclosed know-how and business information (trade secrets) against their unlawful acquisition, use and disclosure – General Approach, abrufbar unter: https://eur-lex.europa.eu/legal-content/EN/TXT/PDF/?uri=CELEX:52013PC0813&from=EN (letzter Abruf Mai 2021).

15 Bericht über den Vorschlag für eine Richtlinie des Europäischen Parlaments und des Rates über den Schutz vertraulichen Know-hows und vertraulicher Geschäftsinformationen (Geschäftsgeheimnisse) vor rechtswidrigem Erwerb sowie rechtswidriger Nutzung und Offenlegung, abrufbar unter: http://www.europarl.europa.eu/sides/getDoc.do?pubRef=-//EP//TEXT+REPORT+A8-2015-0199+0+DOC+XML+V0//DE (letzter Abruf Mai 2021).

16 Proposal for a Directive of the European Parliament and of the Council on the protection of undisclosed know-how and business information (trade secrets) against their unlawful acquisition, use and disclosure – Analysis of the final compromise text with a view to agreement, abrufbar unter: http://data.consilium.europa.eu/doc/document/ST-15382-2015-REV-1/en/pdf (letzter Abruf Mai 2021).

schließlich die Richtlinie verabschiedet werden,[17] die anschließend bis Juni 2018 in das nationale Recht umzusetzen war.[18]

III. Unionsrechtliche Harmonisierungsbestrebungen

7 Auf nationaler Ebene wurde daraufhin darüber gestritten, ob der Schutz von Betriebsgeheimnissen in ein umfassendes eigenes Regelwerk für Immaterialgüterrechte aufzunehmen ist[19] oder zumindest ein Spezialgesetz die Thematik regeln sollte.[20] In Deutschland hatte die Unterbrechung durch die Bundestagswahl zur Diskontinuität eventueller Vorentwürfe der alten Koalition geführt. Jedenfalls musste das Bundesjustizministerium (BMJV) von Neuem einen Entwurf in die parlamentarische Diskussion einbringen. Die Umsetzungsfrist bis Juni 2018 konnte nicht eingehalten werden. Die Richtlinie sollte, nach dem ursprünglichen Vorhaben des Ministeriums, durch ein Spezialgesetz umgesetzt werden, wodurch der § 17 UWG a. F. unangetastet bleiben sollte.[21] Nach einem internen Entwurf des BMJV unter Mitwirkung des Arbeits- und Wirtschaftsministeriums war eine direkte Umsetzung der Richtlinie in nationales Recht mit der Möglichkeit vorgesehen, bei Bedarf weitere Elemente zu ergänzen.

8 Die Richtlinie beabsichtigt, die existierenden verschiedenen nationalen Regelungen zu harmonisieren.[22] Angedacht ist die Einordnung als ergänzende oder alternative Maßnahme zu Immaterialgüterrechten (Erwägungsgrund 2). Das Verhältnis zum UWG wird generell offengelassen und einer späteren Prüfung durch die Kommission anheimgegeben (Erwägungsgrund 10). Im Übrigen beinhaltet die Richtlinie in aktueller Form nur eine Mindestharmonisierung (Art. 1 Abs. 1).[23] Auch zu berücksichtigen ist, dass der EU keine Gesetzgebungszuständigkeit für das Strafrecht zukommt[24] und sie außerdem nicht in Anspruch nimmt, eine Regelung zum Betriebsverfassungsrecht oder Presserecht vorzunehmen (Art. 1 Abs. 2). Verblüffend ist, dass die Richtlinie keine Regelung zum Internationalen Privatrecht (IPR) enthält. Angeknüpft werden könnte an das Strafrecht, das Immaterialgüterrecht oder das UWG. Letztendlich rächt sich hier, dass die **Rechtsnatur** des neu geschaffenen Systems unklar ist. Ordnet man das System immaterialgüterrechtlich ein, greift die Richtlinie schon bei jeder Benutzungshandlung mit Bezug zur EU. Nach dem UWG wäre stattdessen nach dem finalen Markteingriff oder der bestimmungsgemäßen Benutzung zu fragen.

---

17 RL 2016/943/EU v. 08.06.2016, ABl. L 157/1 v. 15.06.2016, abrufbar unter: http://eur-lex.europa.eu/legal-content/DE/TXT/?uri=CELEX%3A32016L0943 (letzter Abruf Mai 2021).

18 *Ann* GRUR-Prax **2016** 465; *Reinfeld* § 1 Rn. 46.

19 So *McGuire* GRUR **2016** 1000, 1008 mit Verweis auf Italien und Portugal.

20 So etwa in Schweden: Act on the Protection of Trade Secrets (1990), abrufbar unter: http://www.wipo.int/wipolex/en/text.jsp?file_id=241716 (letzter Abruf Mai 2021); vgl. auch AIPPI Report Q 215 (2010); Këllezi/Kilpatrick/Kobel/*Tonell* 541ff.

21 Anders allerdings *McGuire* GRUR **2016** 1000, 1008, die selbstverständlich davon ausgeht, dass § 17 UWG aufgehoben oder geändert werden muss. *Kalbfus* GRUR **2016** 1009, 1016 plädiert für ein Stammgesetz und das Strafrecht für besonders eklatante, insbesondere vorsätzliche Verletzungsformen in dieses Stammgesetz zu integrieren. Auch *Alexander* § 17 Rn. 1251 hält eine Trennung des Schutzes von Geschäftsgeheimnissen von dem UWG für systematisch überzeugend.

22 *Ann* GRUR-Prax 2016 465, 466; *Koós* MMR 2016 224, 227f.

23 Anders noch der Kommissionsentwurf, COM/2013/0813 final – 2013/0402 (COD), vergleiche dazu *Kalbfus/Harte-Bavendamm* GRUR **2014** 453, 454.

24 Nebel/Diedrich/*Nebel* § 1 GeschGehG Rn. 9.

Verschärft wird diese Unsicherheit über die Rechtsnatur noch durch die Gesetzesbegründung.[25] Diese spricht zunächst von einer Unmöglichkeit der eindeutigen Zuordnung zum UWG oder Immaterialgüterrecht, sodann aber auch von Geschäftsgeheimnissen als Immaterialgüterrechte „in gewisser Weise".[26] **9**

Derartige Mischformen treten mit zunehmender Vernetzung und Entwicklung der Wirtschaft immer häufiger auf.[27] **10**

Letztlich führt die Unsicherheit der rechtlichen Einordnung jedoch nicht zu beachtlichen Konkurrenzverhältnissen, vielmehr stehen die jeweiligen Systeme in ihrer Anwendung nebeneinander. **11**

IV. Nationale Umsetzung

Der deutsche Gesetzgeber hat sich letztlich für eine Umsetzung der Richtlinie in ein **Stammgesetz** entschieden. Das entsprechende Gesetz zum Schutz von Geschäftsgeheimnissen ist am 26.4.2019 in Kraft getreten. Abweichend von ersten, internen Entwürfen des BMJV erfolgte jedoch parallel eine Änderung im UWG durch die Aufhebung der §§ 17 bis 19 UWG a. F. Diese sind in § 23 überführt worden. Zwar sei eine Umsetzung der RL (EU) 2016/943 im UWG grundsätzlich denkbar gewesen, allerdings sehe die Richtlinie differenzierte Vorschriften zur rechtswidrigen Erlangung, Nutzung und Offenlegung sowie zu den daraus resultierenden Rechtsfolgen vor, die unabhängig von einem Wettbewerbsverhältnis bestehen, was nicht zu den Marktverhaltensregelungen des UWG passe. Daher hielt der Gesetzgeber die Umsetzung in einem neuen Gesetz für eine sachgerechtere Lösung.[28] **12**

V. Vorrang öffentlich-rechtlicher Vorschriften (Absatz 2)

Das Gesetz ist subsidiär gegenüber öffentlich-rechtlichen Vorschriften zum Schutz von Geschäftsgeheimnissen.[29] Entsprechende Regelungen fanden sich bereits im Referentenentwurf und Regierungsentwurf und waren Teil der Diskussion im Bundestag. Allerdings steht die Regelung im gewissen Widerspruch zur Geheimnisschutzrichtlinie. In Erwägungsgrund 11 wird darauf verwiesen, dass die Richtlinie die Offenlegung von Geschäftsgeheimnissen gegenüber öffentlichen Stellen nicht regeln will, wenn unionsweite oder nationale Regelungen eine **Offenbarungspflicht Privater** begründen. Gemeint ist also nur ein Vorrang für den Fall, dass private Daten an den Staat abgegeben werden müssen und der Staat dann seinerseits verpflichtet ist, diese Daten offenzulegen. Im deutschen Gesetz wird stattdessen ganz allgemein und wenig konturiert von öffentlich-rechtlichen Vorschriften gesprochen, ohne Einschränkung auf staatliche Stellen oder die vorherige Offenlegung der Daten durch Private. **13**

1. Begriff der öffentlich-rechtlichen Vorschrift. Fraglich ist, was unter öffentlich-rechtlichen Vorschriften verstanden wird. Der Regierungsentwurf verweist in der Begründung sehr weitgehend und allgemein gehalten auf Geschäftsgeheimnisse und darauf, dass **14**

25 BTDrucks. 19/4724 S. 20.
26 BTDrucks. 19/4724 S. 26.
27 *Ohly* Festschrift für Harte-Bavendamm (2020) 395.
28 BTDrucks. 19/4724 S. 20.
29 Nebel/Diedrich/*Nebel* § 1 GeschGehG Rn. 2ff.

deren Schutz im Verhältnis zwischen Privaten und „öffentlichen Stellen" durch das Gesetz nicht geregelt wird.[30] Der Begriff der öffentlichen Stelle entspricht aufgrund des Regelungskontextes dem **funktionellen Behördenbegriff** des § 1 Abs. 4 VwVfG. Er umfasst alle Stellen, die Aufgaben der öffentlichen Verwaltung wahrnehmen. Zu bedenken ist auch der deklaratorische Hinweis in Satz 2 des § 1 Abs. 1 IFG, wonach das IFG auch für „sonstige Bundesorgane und -einrichtungen gilt [...], soweit sie öffentlich-rechtliche Verwaltungsaufgaben wahrnehmen". Der Behördenbegriff entspricht dem des Art. 15 Abs. 3 AEUV und Art. 42 GRCh.

15 Insofern stellt sich die Frage, ob der gewählte Begriff der **„öffentlichen Stelle"** in der Gesetzesbegründung nur Bundesbehörden umfasst oder weitergehend auch Landesbehörden miteinbezieht. Legt man zunächst den Begriff der „öffentlichen Stelle" im verfahrensrechtlichen Sinne aus, so gilt, dass Behörden im Sinne des § 1 Abs. 4 VwVfG alle unmittelbaren und mittelbaren Bundes-, Landes- oder Kommunalbehörden sein können.[31] Auch die Richtlinie selbst operiert in Erwägungsgrund 11 und Art. 1 Abs. 2 lit. c) allgemein mit den weiten Begriffen der öffentlichen Stelle bzw. der nationalen Behörde. Die Umsetzungspflichten der Richtlinie treffen den Bund, und zwar unabhängig davon, ob dieser für die Umsetzung über die erforderliche Gesetzgebungskompetenz verfügt. Dabei erwächst ihm keine Gesetzgebungskompetenz über die nach dem Grundgesetz bestehenden Kompetenzen hinaus, sondern er ist innerstaatlich nur befugt, diejenigen Vorgaben der Richtlinien in nationales Recht umzusetzen, für die er nach der Kompetenzordnung des Grundgesetzes die Gesetzgebungskompetenz hat; im Übrigen sind die Länder zur Umsetzung berufen.[32] Ob eine Gesetzgebungskompetenz besteht, ist danach von dem materiellen Regelungsgehalt der Norm abhängig.[33] Die Gesetzgebungskompetenzen für die Regelungen des Stammgesetzes ergeben sich neben der ausschließlichen Gesetzgebungskompetenz des Bundes nach Art. 73 Abs. 1 Nr. 9 GG (gewerblicher Rechtsschutz) auch aus der konkurrierenden Gesetzgebungskompetenz nach Art. 74 Abs. 1 Nr. 1 GG (Strafrecht und Gerichtsverfassung, gerichtliches Verfahren).[34] Für die Regelung des § 1 Abs. 2 ist in diesem Zusammenhang jedoch zu beachten, dass es sich beim materiellen Regelungsgehalt der Norm um eine negative Anwendungsbegrenzung handelt. Der Bund verpflichtet durch den Erlass der Regelung nicht die Landesbehörden, sondern stellt vielmehr klar, dass die öffentlich-rechtlichen Vorschriften des Geheimnisschutzes auch im Bereich der Landesverwaltung diesem Gesetz vorgehen. Legt man mithin das Verständnis zugrunde, dass auch die Landesbehörden unter den Begriff der öffentlichen Stelle fallen, so ist die Gefahr, dass der Bundesgesetzgeber in die Gesetzgebungskompetenz der Länder eingreift, gerade nicht gegeben. Vielmehr ist durch den Anwendungsausschluss die Kompetenzverteilung gewahrt.

16 **2. Sonderfälle.** Fraglich ist zudem, ob Gerichte als **Organe der Judikative** ebenfalls als Behörde anzusehen sind. Legt man den funktionellen Behördenbegriff des § 1 Abs. 4 VwVfG zugrunde, so fallen Gerichte regelmäßig unter diesen Begriff, soweit sie Verwaltungsmaßnahmen treffen. Andernfalls, also sofern diese als unabhängige Spruchkörper agieren, werden sie mangels Ausübung einer öffentlich-rechtlichen Verwaltungstätigkeit

---

30 BTDrucks. 19/4724 S. 23.
31 Stelkens/Bonk/Sachs/*Schmitz* § 1 VwVfG Rn. 236.
32 Kopp/Ramsauer/*Ramsauer* Einf. II Rn. 29.
33 *Schmidt* Rn. 791.
34 BTDrucks. 19/4724 S. 20.

im Sinne des VwVfG nicht als Behörde angesehen.[35] Ein solches Verständnis kommt auch dem Willen des Gesetzgebers zugute, der in seiner Gesetzesbegründung allgemein von „öffentlichen Stellen“ anstatt spezifischer von Behörden spricht. Als Beispiel führt dieser unter anderem an, dass das Gesetz unanwendbar auf Informationsansprüche gegen staatliche Stellen ist.[36] Ein solcher Informationsanspruch ergibt sich unterdessen auch aus dem IFG[37], der in § 1 Abs. 1 Satz 2 IFG auch Bundesorgane in den Anwendungsbereich des Gesetzes miteinbezieht, soweit sie öffentlich-rechtliche Verwaltungsaufgaben wahrnehmen. Bezweckt der Gesetzgeber mit dieser Regelung, dass auch die Informationsansprüche gegen den Staat unberührt bleiben, so sollte der Adressat gleich definiert werden.

Weiterhin stellt sich die Frage, ob der Vorrang auch für die **Organe und Einrichtungen der Europäischen Union** gelten soll. Eine solche Annahme liegt der österreichischen Umsetzung zugrunde. Im Rahmen der Festlegung der Anwendungsbereichsausnahme der RL (EU) 2016/943 nennt diese in Erwägungsgrund 11 und in Art. 1 Abs. 2 lit. c) die Organe der Europäischen Union neben den nationalen Behörden. Auch der deutsche Gesetzgeber hat in seiner Gesetzesbegründung darauf verwiesen, dass die Regelung unter anderem der Umsetzung des Art. 1 Abs. 2 lit. c) RL (EU) 2016/943 dient.[38] Es ist daher billig, die in der Regelung genannten „öffentlich-rechtlichen Vorschriften“ in diesem Kontext zu verstehen und die in der Gesetzesbegründung genannte „staatliche Stelle“ auch im europarechtlichen Sinne zu verstehen. 17

Das Gesetz gilt ferner nicht für öffentlich-rechtliche Vorschriften zur Geheimhaltung von Geschäftsgeheimnissen.[39] 18

Ferner findet es keine Anwendung für Verschwiegenheitspflichten, die für Angehörige des öffentlichen Dienstes gelten.[40] **Gesetzliche Verschwiegenheitspflichten** für den öffentlichen Bereich enthalten z. B.: 19

- § 30 VwVfG – Verfahrensgeheimnis
- § 35 SGB I – Sozialgeheimnis
- § 30 AO – Steuergeheimnis
- §§ 12, 16 BStatG – Statistikgeheimnis
- Art. 10 GG – Briefgeheimnis, Post- und Fernmeldegeheimnis
- § 203 StGB – Verletzung von Privatgeheimnissen (z. B. bei Amtsgeheimnis, ärztliche Verschwiegenheitspflicht)
- § 353b StGB – Verletzung des Dienstgeheimnisses und einer besonderen Geheimhaltungspflicht
- § 79 BetrVG – Geheimhaltungspflicht von Betriebsratsmitgliedern
- § 32 BBankG – Schweigepflicht der Bundesbank
- § 46 TöVD-BT-S – Bankgeheimnis

Soweit eine solche gesetzliche Regelung besteht, bedarf es keiner zusätzlichen Anordnung oder Weisung des Arbeitgebers. Die Verschwiegenheitspflicht folgt hier unmittelbar 20

35 Obermayer/Funke-Kaiser/*Funke-Kaiser* § 1 VwVfG Rn. 7, 88 f.
36 BTDrucks. 19/4724 S. 23.
37 Kritisch über derartige Auskunftsrechte äußert sich *Drescher* 119 f., der eine zweckentfremdete Nutzung durch Konkurrenzunternehmen problematisiert.
38 BTDrucks. 19/4724 S. 23.
39 BTDrucks. 19/4724 S. 23.
40 BTDrucks. 19/4724 S. 23.

aus dem Gesetz. Dem Beschäftigten ist es jedoch im Rahmen seiner dienstlichen Tätigkeit bei Vorliegen bestimmter Voraussetzungen gestattet, Dienstgeheimnisse zu offenbaren. Dafür muss die Weitergabe in seinen Zuständigkeitsbereich fallen und für die Erfüllung seiner dienstlichen Pflichten erforderlich sein. Das betrifft auch den Fall, dass Informationen und Unterlagen im Rahmen der **Amtshilfe** an andere Dienststellen und Behörden weitergegeben werden (§§ 4 ff. VwVfG, Art. 35 GG).[41]

21 Die Verschwiegenheit kann außerdem durch den Arbeitgeber angeordnet werden. Dabei kann sich die **Anordnung** auf jedes dienstliche Interesse erstrecken.[42] Solche dienstrechtlichen Vorgänge fallen aber nicht unter eine „öffentlich-rechtliche Vorschrift" im Sinne von § 1 Abs. 2.

22 Schließlich gelten die Vorschriften nicht für Verschwiegenheitspflichten der **Notare** aufgrund der Qualifizierung der Notartätigkeit als öffentliches Amt.[43]

23 Problematisch ist hingegen die Frage zu werten, ob bei **öffentlich beherrschten Unternehmen**, wie etwa der Deutschen Bahn AG, die Vorrangregelung gilt oder diese aufgrund ihres privatwirtschaftlichen Einschlags nicht eher unter den Anwendungsbereich des Gesetzes fallen. Im Grundsatz kann die öffentliche Hand frei darüber entscheiden, ob sie ihre Aufgaben in öffentlich- oder privatrechtlicher Form erfüllt. Entscheidet sie sich für die privatrechtliche Form, so ist sie dann aber an die Vorgaben des Privatrechts und beispielsweise des Gesellschaftsrechts gebunden. Dies gilt insbesondere für die Entscheidung eine Aktiengesellschaft zu gründen, denn das AktG regelt die Rechtsstellung der Aktionäre abschließend und räumt dem öffentlichen Interesse grundsätzlich keinen Vorrang ein.[44] Nach der Privatisierung der Deutschen Bundesbahn und der damit verbundenen Ausgliederung der Unternehmensbereiche Personenverkehr, Güterverkehr und Eisenbahninfrastruktur des ehemaligen Sondervermögens Deutsche Bundesbahn auf die Deutsche Bahn AG handelt diese als juristische Person des Privatrechts und damit grundsätzlich privatwirtschaftlich. Das gilt auch für diejenigen Bereiche, in denen ehemals schlicht hoheitliche Verwaltungsaufgaben der Bundesbahn, Reichsbahn und des Bundeseisenbahnvermögens weitergeführt werden. Die Deutsche Bahn AG ist aufgrund des Fehlens einer allgemeinen Beleihung auch nicht Anspruchsgegner des Informationsanspruches nach dem IFG.[45] Allerdings führt die Privatisierung von Verwaltungsaufgaben grundsätzlich nicht dazu, dass der Staat sich seiner Verantwortung für die Verwaltungsaufgaben entziehen darf. Vielmehr bleibt er Garant dafür, dass die privatisierten Aufgaben in der gebotenen Weise weiterhin erfüllt werden.[46] Das BVerfG hat in seinem Urteil vom 7.11.2017[47] eine umfassende Auskunftspflicht der Bundesregierung im Hinblick auf Beteiligungsunternehmen des Bundes gegenüber dem Bundestag bejaht.

24 Demnach sei von einem Informationsanspruch alles erfasst, was sich im Verantwortungsbereich der Regierung befinde. Erfasst seien damit auch solche Unternehmen privatrechtlicher Form, die sich **mehrheitlich in der Hand des Bundes** befinden. Dabei sei die Verantwortlichkeit der Regierung nicht auf die ihr durch Gesetz eingeräumten Einwirkungs- und Kontrollrechte beschränkt. Es sei vielmehr ihre Pflicht, sich die notwendigen Einwirkungsrechte auf das Unternehmen vorzubehalten. Eine Verweigerung von Auskünf-

---

41 *Müller* öAT **2012** 102, 103.
42 *Müller* öAT **2012** 102, 103.
43 BTDrucks. 19/4724 S. 23; *Reinfeld* § 1 Rn. 73.
44 *Werner* NVwZ **2019** 449.
45 Berger/Partsch/Roth/Scheel/*Scheel* § 1 IFG Rn. 48; **a. A.** *Werner* NVwZ **2019** 449, 454.
46 Kopp/Ramsauer/*Ramsauer* Einf. I Rn. 96.
47 BVerfG 7.11.2017 NVwZ **2018** 51.

ten könne auch nicht durch die Berufung auf die Grundrechte der betroffenen juristischen Personen gerechtfertigt werden. Wird ein Unternehmen nämlich vollständig durch den Staat beherrscht, diene die Berufung auf Grundrechte nicht mehr der Ausübung individueller Freiheiten Einzelner. In diesem Fall handele es sich, auch wenn sich der Staat privater Rechtsformen bediene, nur um eine besondere Erscheinungsform der einheitlichen Staatsgewalt.[48] Legt man einen solchen funktionell-teleologischen Behördenbegriff zu Grunde, umfasse dieser auch juristische Personen des Privatrechts, die von der öffentlichen Hand beherrscht und zur Erfüllung öffentlicher Aufgaben namentlich im Bereich der Daseinsvorsorge eingesetzt würden.[49] Daher muss der Anwendungsvorrang der öffentlich-rechtlichen Vorschriften des § 1 Abs. 2 auch bei öffentlich beherrschten Unternehmen Geltung erfahren.

Der Anwendungsbereich des Gesetzes ist nicht nur für den Geheimnisschutz durch staatliche Stellen ausgeschlossen, sondern auch für die Offenlegung von Informationen durch staatliche Stellen. Damit gilt das Gesetz im Anwendungsbereich der Umweltinformationsvorschriften nicht.[50] In Vollzug des Aarhus-Übereinkommens (AK) ist für den Umweltschutz abschließend geregelt, wann und wie ein Zugang zu **Umweltinformationen** zu gewährleisten ist. Einen solchen Anspruch auf freien Zugang zu Umweltinformationen hat der nationale Gesetzgeber bereits geregelt (§ 3 Abs. 1 UIG). 25

Insofern ist klar, dass das Gesetz auch zurücktritt, wenn der Bürger durch öffentlich-rechtliche Vorschriften zur Offenlegung verpflichtet ist, wie in Art. 1 Abs. 2 lit. b) RL (EU) 2016/943 statuiert ist, denn aus Sicht des Gesetzes handelt es sich um öffentlich-rechtliche Vorschriften, die den Bürger als Adressaten staatlicher Gebote verpflichten. Insofern haben alle **informationsrechtlichen Regelungen** auch zu Gunsten des Staates Vorrang gegenüber diesem Gesetz. 26

Erwägungsgrund 11 der RL (EU) 2016/943 erwähnt als besondere Beispiele die VO (EG) Nr. 1049/2001[51], die VO (EG) Nr. 1367/2006[52] und die RL 2003/4/EG.[53] 27

Damit gilt generell, dass nicht nur die **Informationsfreiheitsgesetze** der europäischen Institutionen, sondern auch die von Bund und Ländern Vorrang haben. 28

VI. Sonstiges

Nach Art. 9 Abs. 3 AK stellt jede Vertragspartei sicher, dass Mitglieder der Öffentlichkeit, sofern sie etwaige in ihrem innerstaatlichen Recht festgelegte Kriterien erfüllen, Zugang zu **verwaltungsbehördlichen oder gerichtlichen Verfahren** haben, um u.a. die von Behörden vorgenommenen Handlungen anzufechten, die gegen umweltbezogene Bestimmungen ihres innerstaatlichen Rechts verstoßen. Der EuGH hat in seinem Urteil vom 29

48 BVerfG 7.11.2017 NVwZ **2018** 51, 58; *Werner* NVwZ **2019** 449, 450.

49 BGH 16.3.2017 NJW **2017** 3153, Rn. 18f.; *Werner* NVwZ **2019** 449, 453; Nebel/Diedrich/*Nebel* § 1 GeschGehG Rn. 6.

50 BTDrucks. 19/4724 S. 23; Nebel/Diedrich/*Nebel* § 1 GeschGehG Rn. 5.

51 VO (EG) Nr. 1049/2001 des Europäischen Parlaments und des Rates vom 30.5.2001 über den Zugang der Öffentlichkeit zu Dokumenten des Europäischen Parlaments, des Rates und der Kommission, L 145/43.

52 VO (EG) Nr. 1367/2006 des Europäischen Parlaments und des Rates vom 6.9.2006 über die Anwendung der Bestimmungen des Übereinkommens von Århus über den Zugang zu Informationen, die Öffentlichkeitsbeteiligung an Entscheidungsverfahren und den Zugang zu Gerichten in Umweltangelegenheiten auf Organe und Einrichtungen der Gemeinschaft, L 264/13.

53 RL 2003/4/EG des Europäischen Parlaments und des Rates vom 28.1.2003 über den Zugang der Öffentlichkeit zu Umweltinformationen und zur Aufhebung der RL 90/313/EWG des Rates, L 41.

8.3.2011[54] festgestellt, dass die Bestimmungen von Art. 9 Abs. 3 AK keine klare und präzise Verpflichtung enthalten, die die rechtliche Situation Einzelner unmittelbar regeln könnte, und ihnen daher keine unmittelbare Wirkung zukommt.

30 In Umsetzung der RL 2003/4/EG hat die Bundesrepublik Deutschland das **Umweltinformationsgesetz** verabschiedet. § 3 UIG gewährt jedermann – ohne eine besondere Betroffenheit oder ein laufendes Verwaltungsverfahren zu fordern – einen selbstständigen Anspruch auf *Erteilung von* Umweltinformationen, wobei lediglich die Bestimmung der Art des Informationszuganges im behördlichen Ermessen steht. Die jetzige Fassung des UIG ist – anders als das UIG a.F. – in seinem Anwendungsbereich auf *informationspflichtige Stellen des Bundes* und der bundesunmittelbaren juristischen Personen des öffentlichen Rechts beschränkt. Eine informationspflichtige Stelle öffentlicher Verwaltung kann sowohl eine Stelle sein, die öffentlich-rechtlich (hoheitlich oder schlicht hoheitlich) handelt, als auch eine solche, die privatrechtlich (verwaltungsprivatrechtlich oder fiskalisch) handelt. Die Beschränkung des UIG auf den Bereich des Bundes führt dazu, dass es für die *Länder* nunmehr auch landesrechtlicher Umweltinformationsgesetze bedarf. Entsprechende Ländergesetze gibt es nur in Rheinland-Pfalz, Hamburg, Bremen, Sachsen-Anhalt, Baden-Württemberg, Sachsen und Mecklenburg-Vorpommern. In den anderen Bundesländern besteht ein *Zugangsanspruch* direkt aus der (nicht fristgerecht umgesetzten) unmittelbar anwendbaren *RL* 2003/4/EG. Ob auch die Ablehnungsgründe der Richtlinie anwendbar sind oder ob bei Fehlen einer landesrechtlichen Regelung der Anspruch insoweit nicht eingeschränkt ist, wird kontrovers beurteilt.[55] Auch die Frage nach dem Verhältnis zu anderen Informationsansprüchen wirft Schwierigkeiten auf.[56]

VII. Berufs- und strafrechtlicher Schutz (§ 1 Abs. 3 Nr. 1)

31 Der § 1 Abs. 3 Nr. 1 sorgt dafür, dass der berufs- und strafrechtliche Schutz von Geschäftsgeheimnissen, welcher von § 203 StGB erfasst wird und vor unbefugten Offenbarungen schützt, unberührt bleibt. Überschneidungen mit dem § 203 StGB können auftreten, weil der strafrechtliche Geheimnisschutz ausdrücklich auch „Betriebs- und Geschäftsgeheimnisse" einschließt.[57] Nach § 203 StGB besteht ein strafrechtlicher Schutz bei Geheimnisverrat durch Personen aus heilenden Berufen und solchen, die rechtsberatend tätig werden, wenn diese anvertraute Geheimnisse offenbaren[58], die sie in der beruflichen Eigenschaft erfahren haben.[59] Auch der berufsrechtliche Schutz bleibt unberührt, wenn die Handlung gleichzeitig unter Strafe nach § 203 StGB gestellt ist, sodass bei der Verletzung von berufsrechtlichen Verschwiegenheitspflichten neben einer Strafe auch berufsständische Konsequenzen in Betracht kommen.[60] Die Regelung soll vor einer Einschränkung oder Modifizierung durch das GeschGehG bezüglich solcher Verpflichtungen schützen, die beispielsweise aus dem Schutz der Geheimsphäre des Einzelnen und dem be-

54 EuGH 8.3.2011 NVwZ **2011** 673, 674.
55 Gegen die Anwendung von Ablehnungsgründen aus der Richtlinie: VG Stuttgart 12.12.2005 NVwZ-RR **2006** 392, 393; VG Frankfurt a.M 10.5.2006 NVwZ **2006** 1321, 1325; *Pützenbacher/Sailer* NVwZ **2006** 1257, 1258; **a.A.** HessVGH 16.3.2006 NVwZ **2006** 951, 952; HessVGH 4.1.2006 NVwZ **2006** 1081, 1082.
56 Vgl. dazu VG Minden 25.5.2005 UPR **2006** 397; *Battis/Ingold* DVBl **2006** 735, 737; *Guckelberger* UPR **2006** 89, 95; *Näckel/Wasiliewski* DVBl **2005** 1351, 1356 f.
57 *Alexander* § 17 Rn. 1261 f.; Köhler/Bornkamm/Feddersen/*Alexander* § 1 GeschGehG Rn. 35.
58 BeckOK GeschGehG/*Hiéramente* § 1 GeschGehG Rn. 13.
59 MüKo StGB/*Chierniak/Niehaus* § 203 StGB Rn. 42.
60 BeckOK GeschGehG/*Hiéramente* § 1 GeschGehG Rn. 18 f.

sonderen Interesse der Allgemeinheit an der Verschwiegenheit der in Heilberufen oder in rechtsberatenden Berufen Tätigen herrühren.[61]

Dadurch finden die Regeln des GeschGehG und die zu dem strafrechtlichen Geheimnisschutz nebeneinander Anwendung.[62] Daneben treten berufsrechtliche Sanktionsmöglichkeiten, beispielsweise durch das Anwaltsgericht bei einem Verstoß gegen §§ 43a Abs. 2, 43e BRAO und § 2 BORA.[63] Überdies können Handlungen, die insbesondere im Zusammenhang mit der Erlangung von Geschäftsgeheimnissen stehen, weitere Straftatbestände verwirklichen:[64] 32

- § 202 a StGB Ausspähen von Daten
- § 202 b StGB Abfangen von Daten
- § 202 d StGB Datenhehlerei
- § 242 StGB Diebstahl des Datenträgers
- §§ 204, 355 Abs. 1 Satz 1 Nr. 1 StGB und § 85 Abs. 2 GmbHG, § 404 Abs. 2 AktG bei Verwertung von erlangten Geschäftsgeheimnissen.

Auch ohne ausdrückliche Nennung neben § 203 StGB sind diese Normen nicht vom 33 GeschGehG erfasst.[65]

VIII. Verhältnis zur freien Ausübung der Meinungs-, Informations-, und Medienfreiheit nach der GRCh (§ 1 Abs. 3 Nr. 2)

Der § 1 Abs. 3 Nr. 2 setzt den Art. 1 Abs. 2 lit. a) RL (EU) 2016/943 um.[66] Die Vorschrift 34 wird ergänzt durch den § 5 Nr. 1 sowie § 23 Abs. 6[67] und ist der elementaren Bedeutung von Kommunikationsgrundrechten in der Gesellschaft geschuldet.[68] Dabei soll nicht nur Art. 11 GRCh erfasst werden, mithin die Meinungsäußerungs- und Informationsfreiheit, sondern die GRCh insgesamt, d.h. auch ihre Schrankenbestimmungen.[69] Über Art. 52 Abs. 3 GRCh und der dort vorgesehenen Kohärenz zur EMRK ist zudem Art. 10 EMRK zu beachten.[70] Dabei schreibt weder das GeschGehG noch die GRCh einem Rechtsgut einen Abwägungsvorrang zu. Dies wurde bereits im Gesetzgebungsverfahren deutlich, in dem die Journalistenverbände vor einer einfachen Möglichkeit warnten, Ermittlungen gegen investigativ arbeitende Journalisten einzuleiten, indem man den Geschäftsgeheimnisschutz vorschiebt.[71] Durch den fehlenden Vorrang ist daher eine Abwägung im Einzelfall vorzunehmen, um das Spannungsverhältnis zwischen dem Schutz der Geschäftsgeheimnisse und der Medienfreiheit zu lösen. Daher kann der Norm lediglich ein interpretationsleitender Charakter zugewiesen werden.[72]

---

61 Köhler/Bornkamm/Feddersen/*Alexander* § 1 GeschGehG Rn. 35; BTDrucks. 19/4724 S. 23.
62 Köhler/Bornkamm/Feddersen/*Alexander* § 1 GeschGehG Rn. 35.
63 BeckOK GeschGehG/*Hiéramente* § 1 GeschGehG Rn. 18f.
64 BeckOK GeschGehG/*Hiéramente* § 1 GeschGehG Rn. 21ff.
65 *Drescher* 283.
66 Köhler/Bornkamm/Feddersen/*Alexander* § 1 GeschGehG Rn. 36.
67 BeckOK GeschGeh/*Hiéramente* § 1 GeschGehG Rn. 26; *Reinfeld* § 1 Rn. 77.
68 Köhler/Bornkamm/Feddersen/*Alexander* § 1 GeschGehG Rn. 36.
69 BeckOK GeschGehG/*Hiéramente* § 1 GeschGehG Rn. 26f.
70 Köhler/Bornkamm/Feddersen/*Alexander* § 1 GeschGehG Rn. 37.
71 Stellungnahme von BDZV, dju, DJV, Deutscher Presserat, VDZ 18.05.2018, abrufbar unter: https://www.bmjv.de/SharedDocs/Gesetzgebungsverfahren/Stellungnahmen/2018/Downloads/05182018_Stellungnahme_DJV_GeschGehG.pdf?__blob=publicationFile&v=1, S. 10 (zuletzt abgerufen im Mai 2021).
72 *Alexander* AfP **2019** 1, 4.

§ 1 Abs. 3 Nr. 3 und 4
Ausnahmen für Sozialpartner und das Arbeitsrecht

[...]

(3) Es bleiben unberührt:

[...]

3. die Autonomie der Sozialpartner und ihr Recht, Kollektivverträge nach den bestehenden europäischen und nationalen Vorschriften abzuschließen,

4. die Rechte und Pflichten aus dem Arbeitsverhältnis und die Rechte der Arbeitnehmervertretungen.

Schrifttum

Bissels/Ziegelmayer/Schroeders Arbeitsrechtliche Auswirkungen der Geheimnisschutzrichtlinie, DB **2016** 2295; *Böning/Heidfeld* Gesetz zum Schutz von Geschäftsgeheimnissen: Maulkorb zu Lasten der Beschäftigten und ihrer Interessenvertretungen, AuR **2018** 550; *Buschmann* Geschäftsgeheimnisse oder Whistleblower – Woran denkt Europa? AuR **2016** 177; *Dann/Markgraf* Das neue Gesetz zum Schutz von Geschäftsgeheimnissen, NJW **2019** 1774; *Däubler/Klebe/Wedde* (Hrsg.) BetrVG, 17. Aufl. 2020 (zit. DKW/*Verfasser*); *Deinert/Heuschmid/Zwanziger* (Hrsg.) Arbeitsrecht. Handbuch für die Praxis, 10. Aufl. 2019 (zit. Deinert/Heuschmid/Zwanziger/*Verfasser*); *Fitting/Engels/Schmidt/Trebinger/Linsenmaier* (Hrsg.) Betriebsverfassungsgesetz, 30. Aufl. 2020 (zit. Fitting/*Verfasser*); *Franzen/Gallner/Oetker* (Hrsg.) Kommentar zum europäischen Arbeitsrecht, 3. Aufl. 2020 (zit.: EUArbRK/*Verfasser*); *Fritzsche/Münker/Stollwerck* (Hrsg.) Beck'scher Online-Kommentar UWG, 9. Edition 2020 (zit.: BeckOK UWG/*Verfasser*); *Fuhlrott* Geschäftsgeheimnisschutz durch arbeitsrechtliche Sicherungsmaßnahmen, ArbRAktuell **2020** 79; *Fuhlrott/Héramente* (Hrsg.) Beck'scher Online-Kommentar GeschGehG, 4. Edition 2020 (zit.: BeckOK GeschGehG/*Verfasser*); *Fuhlrott/Hiéramente* Arbeitsrechtlicher Handlungsbedarf durch das Geschäftsgeheimnisgesetz, DB **2019** 967; *Grabitz/Hilf/Nettesheim* Das Recht der Europäischen Union: EUV/AEUV, 70. Aufl. 2020 (zit.: Grabitz/Hilf/Nettesheim/*Verfasser* AEUV); *Hauck* Grenzen des Geheimnisschutzes, WRP **2018** 1032; *Hoeren/Münker* Die EU-Richtlinie für den Schutz von Geschäftsgeheimnissen und ihre Umsetzung – unter besonderer Berücksichtigung der Produzentenhaftung, WRP **2018** 150; *Hoffmann* Neue Regeln zum Geheimnisschutz – Maulkorb für Beschäftigte, NZA 09/**2018;** *Holthausen* Die arbeitsvertragliche Verschwiegenheit, NZA **2019** 1377; *Jarass* Charta der Grundrechte der Europäischen Union (GRCh), 3. Aufl. 2016 (zit.: *Jarass* GRCh); *Kalbfus* Angemessene Geheimhaltungsmaßnahmen nach der Geschäftsgeheimnis-Richtlinie, GRUR-Prax **2017** 391; *Karthaus* Omertá in der Betriebsverfassung, NZA **2018** 1180; *Köhler/Bornkamm/Feddersen (Hrsg.)* Gesetz gegen den unlauteren Wettbewerb: UWG mit GeschGehG, PAngV, UKlaG, DL-InfoV, München, 38. Aufl. 2020 (zit: Köhler/Bornkamm/Feddersen/*Verfasser*); *Leister* „Angemessene Geheimhaltungsmaßnahmen" – Handlungsbedarf in der Praxis durch Neudefinition des Geschäftsgeheimnisbegriffs, GRUR-Prax **2019** 75; *ders.* Unternehmen müssen ihre „Geheimnisschutz-Compliance" sicherstellen, GRUR-Prax **2020** 145; *Meyer/Hölscheidt* (Hrsg.) Charta der Grundrechte der Europäischen Union, 5. Aufl. 2019; *Müller-Glöge/Preis/Schmidt* (Hrsg.) Erfurter Kommentar zum Arbeitsrecht, 20. Aufl. 2020 (zit.: ErfK/*Verfasser*); *Naber/Peukert/Seeger* Arbeitsrechtliche Aspekte des Geschäftsgeheimnisgesetzes, NZA **2019** 583; *Oetker* Neujustierung des arbeitsrechtlichen Schutzes von Geschäftsgeheimnissen vor Offenbarung durch das Unionsrecht, Zeitschrift für europäisches Sozial- und Arbeitsrecht (ZESAR) **2017** 257; *Ohly* Das neue Geschäftsgeheimnisgesetz im Überblick, GRUR **2019** 441; *Partsch/Rump* Auslegung der „angemessenen Geheimhaltungsmaßnahme" im Geschäftsgeheimnis-Schutzgesetz, NJW **2020** 118; *Preis/Reinfeld* Schweigepflicht und Anzeigerecht im Arbeitsverhältnis, AuR **1989** 361; *Preis/Seiwerth* Geheimnisschutz im Arbeitsrecht nach dem Geschäftsgeheimnisgesetz, RdA **2019** 351; *Richardi* (Hrsg.) Betriebsverfassungsgesetz, 16. Aufl. 2018 (zit.: Richardi/*Verfasser* BetrVG); *Richter* Das Geschäftsgeheimnisgesetz und dessen Ausstrahlung in das Arbeitsrecht, ArbRAktuell **2019** 375; *Schaub* (Hrsg.) Arbeitsrechts-Handbuch, 18. Aufl. 2019 (zit.: Schaub/*Verfasser*); *Schnabel* Rechtswidrige Praktiken als Betriebs- und Geschäftsgeheimnisse? CR **2016** 342.

Übersicht

A. Zum Verständnis der Regelung „unberührt bleiben“ in Abs. 3

Abs. 3 umfasst vier unterschiedliche Regelungsbereiche, die von den Regelungen des GeschGehG unberührt bleiben. **Das Verhältnis der Regelungen des GeschGehG zum jeweiligen Regelungsbereich** der Nr. 1 bis 4 lässt sich anhand der Formulierung „unberührt bleiben“ nicht eindeutig bestimmen. Aus rechtstechnischer Sicht kann damit ein klarstellender Hinweis auf die mögliche Anwendung anderer Rechtsnormen gemeint sein, wobei sich die Geltungsbereiche beider Regelungen nicht überschneiden. Es kann sich aber auch um ein Vorrangverhältnis[73] oder ein Konkurrenzverhältnis des GeschGehG zu anderen als den in Abs. 2 genannten öffentlich-rechtlichen Vorschriften handeln.[74] Die vier Ziffern weisen weder inhaltliche noch systematische Gemeinsamkeiten auf, im verschiedenen Umfang sind sie auf die mit dem GeschGehG umgesetzte EU-Richtlinie 2016/943 zurückzuführen. Während Nr. 2 und Nr. 3 beinahe wörtlich die Formulierung des Art. 1 Abs. 2 lit. a) und lit. d) der Richtlinie übernehmen, hat Nr. 1 keine Entsprechung in den Vorgaben der Richtlinie. Die Nr. 4 ist wiederum auf die Vorgaben der Richtlinie zwar sinngemäß aber nicht wortlautgetreu zurückzuführen (vgl. dazu Rn. 45ff.). Der genaue Aussagegehalt jeder der vier Ziffern erschließt sich daher erst im jeweiligen Regelungskontext.[75] **35**

73 BMJV, Handbuch der Rechtsförmlichkeit, abrufbar unter hdr.bmj.de, Teil B, Rn. 87 (zuletzt abgerufen im Mai 2021); Köhler/Bornkamm/Feddersen/*Alexander* § 1 GeschGehG Rn. 34; unklar bei *Preis/Seiwerth* RdA **2019** 351, 353.
74 BeckOK UWG/*Hohn-Hein*/*Barth* § 1 GeschGehG Rn. 22.
75 Köhler/Bornkamm/Feddersen/*Alexander* § 1 GeschGehG Rn. 34.

B. Nr. 3: Autonomie der Sozialpartner

I. Unionsrechtlicher Hintergrund

36 Gemäß Nr. 3 bleibt die Autonomie der Sozialpartner und ihr Recht, Kollektivverträge nach den bestehenden europäischen und nationalen Vorschriften abzuschließen, unberührt. Die Vorschrift setzt Art. 1 Abs. 2 lit. d) der Richtlinie (EU) 2016/943 um. Ein weitergehender Regelungszweck lässt sich der Gesetzesbegründung nicht entnehmen.[76] Die Vorschrift übernimmt weitgehend den Wortlaut des Art. 1 Abs. 2 lit. d) der Richtlinie, der regelt:

> *Diese Richtlinie berührt nicht die Autonomie der Sozialpartner und ihr Recht, Kollektivverträge gemäß dem Unionsrecht sowie gemäß den Gepflogenheiten und den Rechtsvorschriften der Mitgliedstaaten einzugehen.*

37 Für die Bestimmung des Regelungsgehalts des Art. 1 Abs. 2 lit d) ist der Erwägungsgrund 12 der Richtlinie ausschlaggebend:

> *Diese Richtlinie sollte das Recht der Sozialpartner, — falls nach dem Arbeitsrecht vorgesehen — Kollektivverträge einzugehen, hinsichtlich der Verpflichtung zur Nichtoffenlegung von Geschäftsgeheimnissen oder zur Beschränkung ihrer Nutzung und hinsichtlich der Konsequenzen eines Verstoßes gegen diese Verpflichtung durch die Partei, die ihnen unterworfen ist, nicht berühren. Dies sollte an die Bedingung geknüpft sein, dass ein derartiger Kollektivvertrag nicht die in dieser Richtlinie enthaltenen Ausnahmen einschränkt, wenn ein Antrag auf in dieser Richtlinie vorgesehene Maßnahmen, Verfahren oder Rechtsbehelfe wegen des angeblichen Erwerbs oder der angeblichen Nutzung und Offenlegung von Geschäftsgeheimnissen zurückzuweisen ist.*

38 Der Erwägungsgrund 12 konkretisiert somit die **Gestaltungskompetenz der Sozialpartner** in Bezug auf die Regelungen der Geheimhaltungspflichten inklusive der Nutzungsbeschränkungen und Rechtsfolgen bei Verstößen. Die in der Richtlinie enthaltenen Ausnahmen dürfen durch die Kollektivverträge nicht unterlaufen werden. Gemeint sind die in Art. 5 der Richtlinie geregelten Ausnahmen.[77]

39 Die Tatsache, dass die Richtlinie die Gestaltungsautonomie der Sozialpartner nicht tangieren darf, folgt aber auch bereits aus deren **Ermächtigungsgrundlage in Art. 114 AEUV**. Auf diese Regelung dürfen Bestimmungen über die Rechte und Interessen der Arbeitnehmer nicht gestützt werden (Art. 114 Abs. 2 AEUV). Eine Beschränkung der Rechte der Arbeitnehmer ist somit auf Grundlage der ausschließlich der Binnenmarktharmonisierung dienenden Richtlinie nicht zulässig.[78]

40 Nach dem unionsrechtlichen Verständnis sind **Sozialpartner** in erster Linie verschiedene Akteure des sozialen Dialogs nach Art. 154 AEUV.[79] Dazu gehören neben den Gewerkschaften und Arbeitgeberverbänden auch zahlreiche industriepolitische Interessenvertretungen, deren Verbandszweck nicht auf die klassische Regelung der Arbeitsbedingungen

---

76 BTDrucks. 19/4724 S. 23.

77 Köhler/Bornkamm/Feddersen/*Alexander* § 1 GeschGehG Rn. 41; BeckOK UWG/*Hohn-Hein/Barth* § 1 GeschGehG Rn. 25.

78 DKW/*Buschmann* § 79 BetrVG Rn. 6.

79 EUArbRK/*Franzen* Art. 154 AEUV, Rn. 3ff.

ihrer Mitglieder beschränkt ist.[80] Der EuGH hat, soweit erkennbar, bislang nur in einer Entscheidung ausdrücklich Betriebsräte als Sozialpartner bezeichnet.[81]

Der Begriff der **Kollektivverträge** erfasst nach dem Unionsrechtsverständnis verbindliche Übereinkünfte über Arbeitsverhältnisse im Rahmen eines gesetzlich ausgestalteten Systems der Kollektivverhandlungen.[82] Entsprechend weit gefasst ist das unionsrechtliche Grundrecht auf Kollektivverhandlungen und Kollektivmaßnahmen (Art. 28 GRCh), unter welches auch der Abschluss von Betriebsvereinbarungen fällt.[83] 41

II. Inhalt und Zweck

Der **Anwendungsbereich der Norm** ist aufgrund der verwendeten Begriffe „Sozialpartner" und „Kollektivverträge" dem Wortlaut nicht eindeutig zu entnehmen. Die Bedeutung, die die Begriffe im Unionsrecht haben (vgl. Rn. 40 und 41), ist nicht allein ausschlaggebend. Vielmehr ist mangels anderweitiger Hinweise sowohl des nationalen als auch des Unionsgesetzgebers der Anwendungsbereich nach dem deutschen Rechtsverständnis zu ermitteln. 42

„Sozialpartner" ist allerdings kein festgelegter Begriff des deutschen Rechts und wird in bundesgesetzlichen Regelungen – anders als in den Vorschriften des Unionsrechts – selten verwendet[84]. Bundesgesetzliche Regelungen, in denen von Sozialpartnern die Rede ist, adressieren aber stets Gewerkschaften oder deren Spitzenverbände sowie Arbeitgeberverbände, nicht jedoch die betrieblichen Akteure.[85] Das entspricht auch dem allgemeinen Sprachgebrauch, wonach als Sozialpartner Interessenverbände zu verstehen sind, die die Interessen der Arbeitnehmer und Arbeitgeber vertreten und miteinander Tarifverhandlungen führen, somit **Gewerkschaften und Arbeitgeberverbände.**[86] „Autonomie der Sozialpartner", auf die sich die Nr. 3 bezieht, manifestiert sich in Deutschland in Gestalt der in Art. 9 Abs. 3 GG verankerten Tarifautonomie als das Recht der Koalitionen, d.h. der Gewerkschaften und Arbeitgeberverbände bzw. einzelner Arbeitgeber, Vereinbarungen über Arbeits- und Wirtschaftsbedingungen frei von staatlichen Eingriffen abzuschließen.[87] Hiergegen besteht die Gestaltungsbefugnis der Betriebsparteien nur in den Schranken von § 77 Abs. 3 BetrVG i.V.m. § 87 Abs. 1 2. HS BetrVG. Die Betriebsparteien verfügen gerade über keine generelle Autonomie, Kollektivverträge abzuschließen. 43

Gesetzliche Regelungen, die ausschließlich tarifvertragliche Regelungsspielräume schaffen, verwenden zwar üblicherweise den Begriff der Tarifvertragsparteien in einer klaren Abgrenzung zu den Betriebsparteien.[88] Es ist allerdings nicht erkennbar, dass der Gesetzgeber den weiten Begriff der Sozialpartner bewusst gewählt hat, um den Anwendungsbereich der Nr. 3 auf die Betriebsparteien zu erstrecken. Vielmehr ist die ungewöhnliche Formulierung auf die wörtliche Übernahme des Art. 1 Abs. 2 lit. d) (vgl. oben Rn. 36) zurückzuführen. 44

---

80 Grabitz/Hilf/Nettesheim/*Benecke* Art. 154 AEUV Rn. 7.
81 EuGH 6.12.2012, C-152/11 – Rs. Odar NJW **2013** 587 m. Anm. *Arnold*.
82 Groeben, von der/Schwarze/*Lembke* Art. 28 GRCh Rn. 10.
83 EuGH 6.12.2012, C-152/11 – Rs. Odar NJW **2013** 587 Rn. 53; Callies/Ruffert/*Krebber* Art. 28 GRCh Rn. 5; *Jarass* Art. 28 GRCh Rn. 6; **a. A.** EUArbRK/*Schubert* Art. 28 GRCh Rn. 34.
84 § 1 Abs. 2 BinSchArbZV; § 23 Abs. 3 EntgTranspG; § 17 Abs. 5 ERegG; § 16i Abs. 9 SGB II.
85 § 1 Abs. 2 BinSchArbZV; § 23 Abs. 3 EntgTranspG; § 17 Abs. 5 ERegG; § 16i Abs. 9 SGB II.
86 Glossar des BMAS, abrufbar unter: https://www.bmas.de/DE/Themen/Arbeitsrecht/Mindestlohn/Glossar/T/Tarifpartner.html (zuletzt abgerufen im Mai 2021).
87 St. Rspr. BVerfG 27.4.1999 BVerfGE **100** 271; BVerfG 1.3.1979 BVerfGE **50** 290, BVerfGE 26.6.1991 BVerfGE **84** 212.
88 U.a. § 7 Abs. 1 ArbZG, § 8 Abs. 2 AÜG, § 9a Abs. 6 TzBfG, § 12 Abs. 6 TzBfG.

45 Die Nr. 3 räumt den Sozialpartnern die Kompetenz ein, Kollektivverträge nach den bestehenden *europäischen* und *nationalen* Vorschriften abzuschließen (vgl. Rn. 36). Freilich ist damit nicht gemeint, dass der Begriff der Kollektivverträge anhand des Unionsrechts zu bestimmen ist.[89] Die Formulierung stellt vielmehr klar, dass die **Befugnis der nationalen Sozialpartner** zum Abschluss von Kollektivvereinbarungen mit Bezug zu Geschäftsgeheimnissen sowohl **aus den Vorgaben des nationalen wie des europäischen Rechts** folgen kann. Tatsächlich begründet insbesondere die EU-Datenschutz-Grundverordnung 2016/679 (DSGVO) eine unmittelbare Regelungskompetenz der Kollektivvertragsparteien für den Bereich des Beschäftigtendatenschutzes (vgl. Art. 88 DSGVO i.V.m. Erwägungsgrund 155). Die Ausgestaltung des Datenschutzes mittels Kollektivvereinbarungen kann auf den Umfang des Geheimnisschutzes Einfluss haben.[90] Im Übrigen verwendet die DSGVO in Art. 88 zwar ebenfalls den Begriff der Kollektivvereinbarungen, stellt aber zugleich ausdrücklich klar, dass dieser Begriff für die Zwecke der DSGVO auch Betriebsvereinbarungen umfasst.[91] Eine solche Klarstellung ist dem Art. 1 Abs. 2 lit. d) der Richtlinie und deren Erwägungsgrund 12 hingegen nicht zu entnehmen. Stattdessen enthält sowohl die Richtlinie wie auch das GeschGehG in sonstigen Vorschriften explizite Vorgaben mit Bezug zu den betrieblichen Interessenvertretungen.[92]

46 Nach zutreffender Auffassung gilt daher der **weit gefasste Gestaltungsspielraum der Nr. 3 für Tarifvertragsparteien.**[93] Die das GeschGehG konkretisierende betriebliche Regelungen sind in den Grenzen der §§ 77 Abs. 3, 87 Abs. 1 2. HS BetrVG bzw. der tariflichen Öffnungsklauseln möglich.

47 Die Nr. 3 bestätigt eine **umfangreiche Kompetenz der Tarifvertragsparteien**, kollektive Regelungen der Geheimhaltungspflichten inklusive der Vorgaben zur Beschränkung der Nutzung bestimmter Informationen und Rechtsfolgen bei Verstößen gegen die Geheimhaltungspflichten zu treffen. Diesen weiten Gestaltungsspielraum sieht die Begründung der Richtlinie ausdrücklich vor (vgl. oben Rn. 37). Er steht zudem im Einklang mit den vom BVerfG entwickelten Vorgaben zum Verhältnis zwischen der Normsetzungskompetenz der Tarifvertragsparteien und des Staates.[94] Das BVerfG geht von einer **grundsätzlichen Normsetzungsprärogative der Tarifvertragsparteien** vor dem staatlichen Gesetzgeber in dem durch Art. 9 Abs. 3 GG definierten Zuständigkeitsbereich aus.[95]

48 Aus der Nr. 3 resultiert daher nicht nur eine Befugnis der Tarifvertragsparteien, die Vorgaben des GeschGehG auszufüllen oder Regelungen zum Umgang mit vertraulichen Informationen nach Beendigung des Arbeitsverhältnisses zu treffen[96]. Es handelt sich vielmehr um eine **konkrete,** auf sämtliche Regeln zum Umgang mit Geschäftsgeheimnissen in Arbeitsbeziehungen bezogene **Normsetzungsprärogative** der Tarifvertragsparteien. Die

---

89 So aber im Ergebnis: Köhler/Bornkamm/Feddersen/*Alexander* § 1 GeschGehG Rn. 40; *Naber/Peukert/Seeger* NZA **2019** 583, 588; *Richter* ArbRAktuell **2019** 375, 376.

90 LAG Rheinland-Pfalz 24.1.2019 LAGE § 26 BDSG Nr. 1.

91 Vgl. Erwägungsgrund 155 der EU-Verordnung 2016/679: *Im Recht der Mitgliedstaaten oder in Kollektivvereinbarungen (einschließlich 'Betriebsvereinbarungen') können spezifische Vorschriften für die Verarbeitung personenbezogener Beschäftigtendaten im Beschäftigungskontext vorgesehen werden (...).*

92 Vgl. § 1 Abs. 3 Nr. 4 GeschGehG, § 3 Abs. 2 Nr. 3 GeschGehG und § 5 Nr. 3 GeschGehG.

93 So auch: BeckOK GeschGehG/*Fuhlrott* § 1 GeschGehG Rn. 28; BeckOK UWG/*Hohn-Hein*/*Barth* § 1 GeschGehG Rn. 25; *Karthaus* NZA **2018** 1180, 1181.

94 BVerfG 24.5.1977, BVerfGE **44** 322.

95 BVerfG 24.5.1977, BVerfGE **44** 322; zu den Schranken vgl. BVerfG 24.4.1996 BVerfGE **94** 268; dazu ausführlich: Deinert/Heuschmid/Zwanziger/*Deinert* § 11 Rn. 193ff.

96 So aber: BeckOK GeschGehG/*Fuhlrott* § 1 GeschGehG Rn. 29 und 29.1.

Tarifvertragsparteien können von den Regelungen des GeschGehG abweichen[97]; das gilt auch für den Begriff des Geschäftsgeheimnisses[98]. Sie dürfen allerdings nicht die in § 5 geregelten Ausnahmen, etwa zur Zulässigkeit von Whistleblowing (vgl. Kommentierung zu § 5 Nr. 2 Rn. 63 ff.) oder zur Offenlegung von Geschäftsgeheimnissen durch Arbeitnehmer gegenüber ihren Interessenvertretern (vgl. Kommentierung zu § 5 Nr. 3 Rn. 100 ff.) einschränken.[99]

III. Praktische Auswirkungen

Im Rahmen ihrer weiten Regelungskompetenz ist es den Tarifvertragsparteien nach dem Inkrafttreten des GeschGehG unbenommen, **eigenständige Regeln zum Umgang mit Geschäftsgeheimnissen** zu schaffen. Denkbar sind beispielsweise Regelungen, welche die gesetzlichen Vorgaben zu den Erlaubnistatbeständen (§ 3), der verbotenen Handlungen (§ 4) oder zu den Ansprüchen bei Rechtsverletzungen (Kapitel II) konkret ausgestalten oder diese modifizieren. In Tarifverträgen können auch **branchenspezifische Vereinbarungen** zum Umfang der Geheimhaltungspflicht, der Nutzungseinschränkungen für bestimmte Informationen oder der Rechtsfolgen bei der Verletzung der Nutzungsbeschränkungen getroffen werden. Denkbar sind Regelungen, die eine Nutzung von bestimmten Erfahrungen und Kenntnissen gegen eine Entschädigungszahlung zeitweise einschränken.[100] Möglich sind schließlich tarifvertragliche Regelungen der nachvertraglichen Wettbewerbsverbote, etwa zu dessen Umfang, der Entschädigungspflicht und -höhe, der Voraussetzungen der Wirksamkeit und der Dauer sowie zu den Rechtsfolgen bei Verstößen[101]. 49

C. Nr. 4: Rechte und Pflichten aus dem Arbeitsverhältnis und Rechte der Arbeitnehmervertretungen

I. Allgemeines

1. Unionsrechtlicher Hintergrund. Ihre unionsrechtliche Begründung hat die Nr. 4 in Art. 1 Abs. 3 sowie in Art. 3 Abs. 2 RL (EU) 2016/943 in Verbindung mit dem Erwägungsgrund 18 der Richtlinie.[102] Zu beachten ist dabei, dass die Richtlinie auf der Ermächtigungsgrundlage des Art. 114 AEUV gestützt ist, welche keine arbeitsrechtlichen Verpflichtungen der Arbeitnehmer oder ihrer Interessenvertreter begründen kann (Art. 114 Abs. 2 AEUV, vgl. oben Rn. 39).[103] 50

---

97 *Richter* ArbRAktuell **2019** 375, 376 mwN; *Naber/Peukert/Seeger* NZA **2019** 583, 588; BeckOK UWG/*Hohn-Hein/Barth* § 1 GeschGehG Rn. 25; **a. A.** BeckOK GeschGehG/*Fuhlrott* § 1 GeschGehG Rn. 29.
98 *Richter* ArbRAktuell **2019** 375, 376 mwN; *Naber/Peukert/Seeger* NZA **2019** 583, 588; BeckOK UWG/*Barth/Hohn-Hein* § 1 GeschGehG Rn. 25; **a. A.** BeckOK GeschGehG/*Fuhlrott* § 1 GeschGehG Rn. 29.
99 Vgl. Erwägungsgrund 12 der RL 2016/943/EU v. 8.6.2016; so auch: Köhler/Bornkamm/Feddersen/*Alexander* § 1 GeschGehG Rn. 41.
100 Vgl. § 7 MTV für akademisch gebildete Angestellte in der chemischen Industrie vom 2.5.2000, abgeschlossen zwischen BAVC, VAA, Marburger Bund und IGBCE.
101 Vgl. § 6 MTV für akademisch gebildete Angestellte in der chemischen Industrie vom 2.5.2000, abgeschlossen zwischen BAVC, VAA, Marburger Bund und IGBCE.
102 Vgl. auch BTDrucks. 19/8300 S. 13.
103 DKW/*Buschmann* § 79 BetrVG Rn. 6; für Individualarbeitsrecht: EuArbRK/*Schubert* Art. 1 RL 2016/943/EU Rn. 15.

51 Die Ausnahme für „Rechte und Pflichten aus dem Arbeitsverhältnis" ist in Art. 1 Abs. 3 der Richtlinie begründet. Diese Vorschrift sieht vor, dass die Richtlinie nicht zu einer Verschärfung der mitgliedstaatlichen Anforderungen an den Umgang mit vertraulichen Informationen im Zusammenhang mit der beruflichen Mobilität der Arbeitnehmer, insbesondere beim Arbeitsplatzwechsel, führen darf:

> *Keine Bestimmung dieser Richtlinie darf so ausgelegt werden, dass sie eine Grundlage dafür bietet, die Mobilität der Arbeitnehmer zu beschränken. Was die Ausübung dieser Mobilität anbelangt, so bietet diese Richtlinie insbesondere keinerlei Grund für*
> *a) die Beschränkung der Nutzung von Informationen, die kein Geschäftsgeheimnis im Sinne des Artikels 2 Nummer 1 darstellen, durch die Arbeitnehmer;*
> *b) die Beschränkung der Nutzung von Erfahrungen und Fähigkeiten, die Arbeitnehmer im normalen Verlauf ihrer Tätigkeit ehrlich erworben haben;*
> *c) die Auferlegung zusätzlicher Beschränkungen für Arbeitnehmer in ihren Arbeitsverträgen, die nicht gemäß dem Unionsrecht oder dem nationalen Recht auferlegt werden.*

52 Die Richtlinie untersagt es, aus Anlass ihrer Umsetzung die bereits zuvor bestehenden Rechte der Arbeitnehmer hinsichtlich der Nutzung von Informationen, die kein Geschäftsgeheimnis darstellen (Abs. 3 lit. a) oder hinsichtlich der Nutzung von beruflichen Erfahrungen und Fähigkeiten (Abs. 3 lit. b) zu beschränken. Zusätzliche Einschränkungen dürfen auch nicht über arbeitsvertragliche Vereinbarungen eingeführt werden (Abs. 3 lit. c).

53 Bezogen auf „Rechte der Arbeitnehmervertretungen" sieht die Richtlinie an mehreren Stellen Vorgaben zum Schutz der Arbeitnehmermitbestimmung vor. Als rechtmäßig gilt der Erwerb (nicht aber: Nutzung oder Offenlegung!) von Geschäftsgeheimnissen im Rahmen der Inanspruchnahme des Rechts der Arbeitnehmer oder Arbeitnehmervertreter auf Information und Anhörung (Art. 3 Abs. 1 lit. c) der Richtlinie). Ebenso ist eine Offenlegung von Geschäftsgeheimnissen durch Arbeitnehmer gegenüber ihren Interessenvertretern zulässig (Art. 5 lit. c) der Richtlinie). Zudem ist in Art. 3 Abs. 2 der Richtlinie allgemein geregelt, dass rechtlich vorgeschriebener oder erlaubter Erwerb, Nutzung und Offenlegung als rechtmäßig im Sinne der Richtlinie gelten. Konkretisiert wird diese Vorgabe speziell für die Mitbestimmung im Erwägungsgrund 18 der Richtlinie (EU) 2016/943[104]:

> *Ferner sollten Erwerb, Nutzung oder Offenlegung von Geschäftsgeheimnissen immer dann, wenn sie rechtlich vorgeschrieben oder zulässig sind, als rechtmäßig im Sinne dieser Richtlinie gelten. Das betrifft insbesondere den Erwerb und die Offenlegung von Geschäftsgeheimnissen im Rahmen der Inanspruchnahme des Rechts der Arbeitnehmervertreter auf Information, Anhörung und Mitwirkung gemäß dem Unionsrecht und dem Recht oder den Gepflogenheiten der Mitgliedstaaten sowie im Rahmen der kollektiven Vertretung der Interessen der Arbeitnehmer und der Arbeitgeber einschließlich der Mitbestimmung.*

54 **2. Entstehungsgeschichte.** § 1 Abs. 3 ist um die Nr. 4 in der parlamentarischen Phase des Gesetzgebungsverfahrens ergänzt worden. Der Regierungsentwurf des Gesetzes sah diese Regelung noch nicht vor.[105] Die Regelung geht auf die Empfehlung des Ausschusses für Recht und Verbraucherschutz des Bundestages vom 13.3.2019 zurück.[106]

---

104 BTDrucks. 19/8300 S. 13.
105 BTDrucks. 19/4724 S. 8.
106 BTDrucks. 19/8300 S. 4.

Während des parlamentarischen Gesetzgebungsverfahrens, insbesondere im Rahmen **55** der öffentlichen Anhörung im Bundestagsausschuss für Recht und Verbraucherschutz, erfuhr der Regierungsentwurf deutliche Kritik.[107] Die Gewerkschaften warnten in der Anhörung[108] aber auch schon zuvor[109] vor den Risiken des geplanten Gesetzes für die individuellen und kollektiven Arbeitsbeziehungen. Unter Zugrundelegung des ursprünglich geplanten Begriffs des Geschäftsgeheimnisses, der ohne das – aus arbeitsrechtlicher Sicht zwingende – Kriterium des berechtigten Interesses formuliert war[110], bestand insbesondere die Sorge, dass Fachkenntnisse und berufliche Erfahrungen sowie Informationen zu bevorstehenden Umstrukturierungsvorgängen in Betrieben und Unternehmen zu Geschäftsgeheimnissen erklärt werden könnten.[111] Da die Zusicherungen der Richtlinie für die individuellen und kollektiven Arbeitnehmerrechte – insbesondere Art. 1 Abs. 3 der Richtlinie sowie Art. 3 Abs. 2 i.V.m. dem Erwägungsgrund 18 – in der bis dahin vorliegenden Fassung des Gesetzesentwurfs nicht umgesetzt waren, befürchteten die Gewerkschaften, dass das neue Geheimnisschutzrecht zu einer massiven Einschränkung der beruflichen Mobilität der Beschäftigen sowie zu einer Behinderung von Mitbestimmung in Betrieben und Unternehmen genutzt werden könnte.[112] Die Gewerkschaften forderten daher eine Regelung, die die bisher geltenden Regeln zum Umgang mit vertraulichen Informationen in Arbeitsbeziehungen inklusive der dazu entwickelten Rechtsprechung aufrechterhält.[113]

3. Inhalt und Zweck der Regelung. Die Regelung der Nr. 4 bezweckt eine richtlini- **56** enkonforme (vgl. Rn. 50ff.) Klarstellung, dass der rechtliche Status quo, d.h. der **bestehende arbeitsrechtliche Pflichten- und insbesondere Rechtekanon** zum Umgang mit vertraulichen Informationen, durch die Einführung des GeschGehG **nicht verändert wird.**[114] Die Formulierung „unberührt bleiben" lässt zwar nicht zweifelsfrei auf eine **vorrangige Anwendung arbeitsrechtlicher Bestimmungen** vor dem GeschGehG schließen. Die Gesetzesbegründung ist jedoch eindeutig. Dort heißt es:

> *Durch den neuen § 1 Absatz 3 Nummer 4 wird der **spezielle Vorrang** rechtsgeschäftlicher Vereinbarungen in Arbeitsverträgen sowie spezialgesetzlicher arbeitsrechtlicher Regelungen im Bereich der Mitbestimmung klargestellt. (...) Die Einfügung eines **speziellen arbeitsrechtlichen Vorrangs** (...) nimmt Bezug auf die Auslegungsregel*

---

107 Vgl. Protokoll des Ausschusses für Recht und Verbraucherschutz 30. Sitzung am 12. Dezember 2018, Protokoll-Nr. 19/30, Stellungnahmen der Sachverständigen *Böning*, *Partsch*, *Pfab* und *Semsrott*, S. 13f., 16f., 17f. und 18f. sowie deren Antworten ab S. 22ff., insbes. 27ff.

108 Vgl. Protokoll des Ausschusses für Recht und Verbraucherschutz 30. Sitzung am 12. Dezember 2018, Protokoll-Nr. 19/30, S. 13f.

109 *Karthaus* NZA **2018** 1180; *Hoffmann* NZA 09/**2018** Editorial; *Böning/Heidfeld* AuR **2018** 555.

110 Vgl. BTDrucks. 19/4724 S. 9.

111 Vgl. Protokoll des Ausschusses für Recht und Verbraucherschutz 30. Sitzung am 12. Dezember 2018, Protokoll-Nr. 19/30, S. 13f., *Karthaus* NZA **2018**, 1180, 1184; *Hoffmann* NZA 09/**2018** Editorial; *Böning/Heidfeld* AuR **2018** 555, 557ff.

112 Vgl. Protokoll des Ausschusses für Recht und Verbraucherschutz 30. Sitzung am 12. Dezember 2018, Protokoll-Nr. 19/30, S. 13f., und 47ff.; *Karthaus* NZA **2018** 1180, 1184f.; *Hoffmann*, NZA 09/**2018** Editorial; *Böning/Heidfeld*, AuR **2018** 555, 557ff.

113 Vgl. Protokoll des Ausschusses für Recht und Verbraucherschutz 30. Sitzung am 12. Dezember 2018, Protokoll-Nr. 19/30, S. 13f. und 47ff.; *Karthaus* NZA **2018** 1180, 1185; *Hoffmann*, NZA 09/**2018** Editorial; *Böning/Heidfeld* AuR **2018** 555, 559.

114 EuArbRK/*Schubert* RL 2016/943/EU Art. 1 Rn. 15; ErfK/*Preis* § 611a Rn. 710; DKKW/*Buschmann* § 79 BetrVG Rn. 6 und 6b; BeckOK GeschGehG/*Fuhlrott* § 1 GeschGehG Rn. 33; ausf. *Preis/Seiwerth* RdA **2019** 351.

zur Gewährleistung der beruflichen Mobilität der Arbeitnehmerinnen und Arbeitnehmer in Artikel 1 Absatz 3 der Richtlinie (...).[115]

57 Nach dem Willen des Gesetzgebers **gehen die in Arbeitsverhältnissen geltende Regeln** im Sinne von *lex specialis derogat legis generalis* den Vorgaben des GeschGehG vor.[116] Neben der historischen Auslegung sprechen auch systematische Erwägungen für dieses Verständnis: Die umzusetzende Richtlinie berührt zwar arbeitsrechtliche Sachverhalte[117], sie greift jedoch nicht in die bestehende Rechtsstellung der Arbeitnehmer und deren Vertreter ein.[118] Selbiges gilt für das Umsetzungsgesetz.

58 **4. Zum arbeitsrechtlichen Verständnis des Geschäftsgeheimnisses.** Für den Geheimnisschutz in den Bereichen der Nr. 4, für die weiterhin die bisherigen arbeitsrechtlichen Maßstäbe gelten, kommt der **arbeitsrechtliche Begriff des Geschäftsgeheimnisses**[119] zur Anwendung. In § 2 Abs. 1 ist der Geschäftsgeheimnisbegriff *im Sinne dieses Gesetzes* kodifiziert worden und erstreckt sich somit nicht automatisch auf die Bereiche, die von dem Gesetz nicht geregelt worden sind.[120] Im Wesentlichen unterscheidet sich der Begriff des Geschäftsgeheimnisses nach Art. 2 Abs. 1 der Richtlinie von dem arbeitsrechtlichen Begriffsverständnis[121] in zweierlei Hinsicht: die Richtlinie verzichtet auf das Kriterium des berechtigten Geheimhaltungsinteresses innerhalb der Legaldefinition[122] des Art. 2 Abs. 1 und sie schreibt angemessene Geheimhaltungsmaßnahmen vor.

59 Das Vorliegen eines **berechtigten Interesses** des Arbeitgebers an der Geheimhaltung einer Information ist im Arbeitsrecht eine **unverzichtbare Voraussetzung** des Geheimnisschutzes[123]. Das berechtigte Interesse wird unter Abwägung gegenläufiger Interessen und Rechtspositionen der Arbeitgeber- und Arbeitnehmerseite konkretisiert.[124] Wettbewerbsverstöße, Straftaten, rechtswidriges Verhalten oder Vertragsbrüche des Arbeitgebers[125] sowie rechtlich zulässige Vorgänge im Betrieb und Unternehmen, an deren Geheimhaltung der Arbeitgeber kein berechtigtes Interesse hat[126], können im arbeitsrechtlichen Sinne keine Geheimhaltungspflichten begründen. Mit der Ergänzung der Definition des Geschäftsgeheimnisses im GeschGehG um die Voraussetzung des berechtigten Geheimhaltungsinteresses in § 2 Abs. 1 lit. d) gilt der Maßstab entsprechend auch für das GeschGehG.[127]

---

115 BTDrucks. 19/8300 S. 13.
116 BeckOK UWG/Hohn-Hein/Barth/*Hohn-Hein* § 1 GeschGehG Rn. 26.
117 Vgl. Art. 1 Abs. 3, Art. 3 Abs. 1 lit. c) und Art. 5 lit. c) der RL 2016/943/EU v. 8.6.2016.
118 DKW/*Buschmann* § 79 BetrVG Rn. 6; EUArbRK/*Schubert* RL 2016/943/EU Art. 2 Rn. 14f. und 21; *Bissels/Ziegelmayer/Schroeders* DB **2016** 2295, 2299; im Erg. auch BeckOK GeschGehG/*Fuhlrott* § 1 GeschGehG Rn. 33.
119 BAG 10.3.2009 BAGE **129** 364 Rn. 25; BAG 13.2.2007 BAGE **121** 139 Rn. 32; ErfK/*Preis* § 611a BGB Rn. 711; MüKo BGB/*Spinner* § 611a BGB Rn. 1007.
120 Für das Arbeitsrecht insofern unzutreffend: *Holthausen* NZA **2019** 1377, 1377.
121 S. dazu BAG 10.3.2009 BAGE **129** 364 Rn. 25; BAG 13.2.2007 BAGE **121** 139 Rn. 32.
122 Beachte aber Erwägungsgrund 14 der RL 2016/943/EU v. 8.6.2016, so auch: *Hauck* WRP **2018** 1032, 1034; *Karthaus* NZA **2018** 1180, 1182f.; *Böning/Heidfeld* AuR **2018** 555, 556; *Schnabel* CR **2016** 342, 347f.
123 BAG 10.3.2009 BAGE **129** 364 Rn. 25; BAG 13.2.2007 BAGE **121** 139 Rn. 32; ErfK/*Preis* § 611a BGB Rn. 711; MüKo BGB/*Spinner* § 611a BGB Rn. 1007.
124 LAG Rheinland-Pfalz 21.2.2013 ZD **2013** 460, 461; LAG Hessen 20.3.2017 AuR **2017** 413 Rn. 18; ErfK/*Preis* § 611a Rn. 713; Schaub/*Linck* § 53 Rn. 51.
125 ErfK/*Preis* § 611a BGB Rn. 713.
126 LAG Rheinland-Pfalz 21.2.2013 ZD **2013** 460, 461; LAG Hessen 20.3.2017 AuR **2017** 413 Rn. 18.
127 Zur Unionsrechtskonformität der so ergänzten Definition: EuArbRK/*Schubert* Art. 2 RL 2016/943/EU Rn. 8–12, 20; ErfK/*Preis* § 611a Rn. 713; *Hauck* WRP **2018** 1032, 1034f.; *Böning/Heidfeld* AuR **2018** 555, 556; *Schnabel* CR **2016** 342, 345; **a. A.** *Oetker* ZESAR **2017** 257, 259ff.

Nach dem bisher geltenden arbeitsrechtlichen Maßstab genügte der nach außen manifestierte **Geheimhaltungswille** des Informationsinhabers, das Ergreifen objektiv vorliegender angemessener Geheimhaltungsmaßnahmen (vgl. § 2 Abs. 1 lit. b)) war dagegen im Arbeitsrecht bisher nicht notwendig. Zwar wurde das Ergreifen tatsächlicher Sicherheitsvorkehrungen oder vertraglicher Maßnahmen als nach außen manifestierter Geheimhaltungswille verstanden.[128] Umgekehrt musste aber der auf den Schutz bestimmter Informationen ausgerichtete Wille nicht zwingend in konkreten Maßnahmen zum Ausdruck gebracht werden[129], sondern konnte sich auch bereits aus der Natur der geheim zu haltenden Tatsache ergeben.[130] Im Gegensatz dazu kann ein Informationsinhaber nach dem Verständnis des GeschGehG ohne konstitutive, angemessene Sicherungsmaßnahmen, die er im Streitfall darzulegen und zu beweisen hat, keinen Rechtsschutz nach dem GeschGehG für sich in Anspruch nehmen.[131] 60

Dies hat **Auswirkungen auch im Arbeitsrecht.** Das bisherige Verständnis des Geschäftsgeheimnisses wird **um die Anforderung der angemessenen Geheimhaltungsmaßnahmen** im Wege der Rechtsfortbildung **erweitert.**[132] Die Übernahme des neuen Merkmals in die Bewertung arbeitsrechtlicher Sachverhalte ist aufgrund des Gleichheitsgrundsatzes des Art. 3 Abs. 1 GG geboten. Es ist kein sachlicher Grund erkennbar, warum Arbeitnehmer und deren Interessenvertretungen zum Geheimnisschutz bereits auf Grundlage eines subjektiven Geheimhaltungswillens des Inhabers verpflichtet werden sollten, während dies für die sonstigen Rechtsverkehrsteilnehmer erst bei hinreichenden objektiven Geheimhaltungsvorkehrungen des Informationsinhabers gilt.[133] Auch in Arbeitsbeziehungen ist daher nach dem Inkrafttreten des GeschGehG eine Information nur dann als Geschäftsgeheimnis zu bewerten, wenn sie Gegenstand von den Umständen angemessenen Geheimhaltungsmaßnahmen des Arbeitgebers ist. Abzulehnen ist hingegen die Auffassung, wonach es im Arbeitsverhältnis keiner expliziten Geheimhaltungsmaßnahmen bedarf, da die Vertraulichkeitsverpflichtung unmittelbar aus der Rücksichtnahme- und Loyalitätspflicht des Arbeitnehmers ohne gesonderte Vereinbarung resultiert.[134] Diese Ansicht verkennt, dass der Arbeitnehmer, um seiner Loyalität- und Rücksichtnahmepflicht nachzukommen, eine bestimmte Information als Geschäftsgeheimnis erkennen muss. Welche konkreten Vorkehrungen der Informationsinhaber zur Umsetzung der angemessenen Geheimhaltungsmaßnahmen im Einzelfall zu treffen hat, wird zurecht intensiv und kontrovers diskutiert.[135] Denkbar sind mehrere Instrumente wie eine ausdrückliche Kennzeichnung, entsprechend abgestufte Zugriffsrechte und sonstige Berechtigungskonzepte.[136] 61

---

128 *Reinfeld* Rn. 152.
129 *Holthausen* NZA **2019** 1377, 1378f.; *Naber/Peukert/Seeger* NZA **2019** 583, 584; *Fuhlrott/Hiéramente* DB **2019** 967, 968; vgl. *Ohly* GRUR **2019** 441, 443; *Leister* GRUR-Prax **2019** 75, 75; *Kalbfus* GRUR-Prax **2017** 391, 391.
130 BGH 27.4.2006 NJW **2006** 3424, 3426; BGH 10.5.1995 BGHSt **41** 140; *Dann/Markgraf* NJW **2019** 1774, 1775; *Kalbfus* GRUR-Prax **2017** 391, 391.
131 *Holthausen* NZA **2019** 1377, 1378; *Naber/Peukert/Seeger* NZA **2019** 583, 584; *Fuhlrott/Hiéramente* DB **2019** 967, 967.
132 ErfK/*Preis* 611a BGB Rn. 711; ErfK/*Kania* § 79 BetrVG Rn. 2; DKW/*Buschmann* § 79 BetrVG Rn. 12.
133 ErfK/*Preis* § 611a Rn. 711; ErfK/*Kania*, § 79 BetrVG. Rn. 2; *Preis/Seiwerth* RdA **2019** 351, 353.
134 *Preis/Seiwerth* RdA **2019** 351, 352 unter Verweis auf BTDrucks. 19/4724 S. 28: *Unter eine Vertraulichkeitsvereinbarung fällt auch die Verpflichtung von Arbeitnehmern im Arbeitsverhältnis zu Geheimhaltung und Loyalität*; vgl. *Fuhlrott* ArbRAktuell **2020** 79, 80.
135 Zum Diskussionstand: *Partsch/Rump* NJW **2020** 118, 119ff.; *Holthausen* NZA **2019** 1377, 1378f.; *Leister* GRUR-Prax **2020** 145, 147; *ders.* GRUR-Prax **2019** 75, 75ff.; *Ohly* GRUR **2019** 441, 443f.; *Kalbfus* GRUR-Prax **2017** 391; *Fuhlrott/Hiéramente* DB **2019** 967.
136 *Holthausen* NZA **2019** 1377, 1378.

Mit dem bloßen Abschluss eines Arbeitsvertrages ist die Vorgabe, angemessene Geheimhaltungsmaßnahmen zu ergreifen, jedenfalls nicht erfüllt.[137]

II. Rechte und Pflichten aus dem Arbeitsverhältnis

62 **1. Zum Verständnis der ersten Variante der Nr. 4.** Die erste Variante der Nr. 4 betrifft **Rechte und Pflichten aus dem Arbeitsverhältnis**. „Unberührt" bedeutet entsprechend der Intention des Gesetzgebers (vgl. Rn. 56, 57), dass für die Sachverhalte des individuellen Arbeitsrechts **sämtliche bisher geltende individualrechtliche Grundsätze** zum Umgang mit vertraulichen Informationen **unverändert fortgelten.** Die Gesetzesbegründung benennt hier ausdrücklich „rechtsgeschäftliche Vereinbarungen in Arbeitsverträgen" sowie „Anforderungen der bestehenden arbeitsgerichtlichen Rechtsprechung an die Vereinbarung von Karenzzeiten".[138] Diese Aufzählung („insbesondere") ist nicht abschließend. Die Regelung dient laut deren Begründung zudem der Umsetzung der Garantie der beruflichen Mobilität von Arbeitnehmern in Art. 1 Abs. 3 der Richtlinie (EU) 2016/943 (vgl. Rn. 56).[139]

63 Unverändert gelten somit insbesondere die durch die Rechtsprechung entwickelten Grenzen arbeitsvertraglicher **Verschwiegenheitspflichten** (Rn. 64, 65), einzelvertraglicher **Verschwiegenheitsklauseln** (Rn. 66–68), nachvertraglicher **Wettbewerbsverbote** (Rn. 69, 70) sowie sämtliche gesetzlich begründeten **Informationsrechte** der einzelnen Arbeitnehmer (Rn. 71).

64 **2. Verschwiegenheitspflichten und Verschwiegenheitsklauseln.** Die Verpflichtung der Arbeitnehmer zur Wahrung von Geschäftsgeheimnissen im bestehenden Arbeitsverhältnis ist – auch ohne gesonderte Vereinbarung – **Bestand der arbeitsvertraglichen Nebenpflicht** gem. §§ 241 Abs. 2, 242 BGB[140]. Der Arbeitnehmer hat seine Pflichten aus dem Arbeitsverhältnis so zu erfüllen und die im Zusammenhang mit dem Arbeitsverhältnis stehenden Interessen des Arbeitgebers so zu wahren, wie dies von ihm unter Berücksichtigung seiner Stellung und Tätigkeit im Betrieb, seiner eigenen Interessen und der Interessen der anderen Arbeitnehmer des Betriebs nach Treu und Glauben verlangt werden kann.[141]

65 **Nach der Beendigung des Arbeitsverhältnisses** besteht die nachvertragliche Verschwiegenheitspflicht nur soweit sie den Arbeitnehmer nicht in seiner Berufsausübung einschränkt.[142] Insbesondere endet mit dem Ende des Arbeitsverhältnisses die Pflicht des Arbeitnehmers zur Wettbewerbsenthaltung.[143] Das durch Art. 12 Abs. 1 GG geschützte Interesse des Arbeitnehmers, über sein berufliches Fortkommen selbst zu bestimmen, ist dem wirtschaftlichen Interesse des Arbeitgebers, sich vor Nachteilen einer Konkurrenztätigkeit

---

137 Im Ergebnis auch: *Fuhlrott* ArbRAktuell **2020** 79, 80; *Holthausen* NZA **2019** 1377, 1380.

138 BTDrucks. 19/8300 S. 13.

139 BTDrucks. 19/8300 S. 13.

140 BAG 23.10.2008 NZA **2009** 855, 858; BAG 3.7.2003 BAGE **107** 36, unter II 3 b) bb) der Gründe; ErfK/*Preis* § 611a BGB Rn. 710.

141 BAG 8.5.2014 NZA **2014** 1258, 1260; BAG 28.10.2010 NZA **2011** 345, 346 f.; BAG 10.9.2009 BAGE **132** 72 Rn. 20.

142 BAG 19.5.1998 AP Nr. 11 zu § 611 BGB Treuepflicht; BAG 15.12.1987 NZA **1988** 502, 504; BAG 15.6.1993 NZA **1994** 502, 504.

143 BAG 19.5.1998 AP Nr. 11 zu § 611 BGB Treuepflicht m. w. N.

zu schützen, übergeordnet.[144] Einem ausgeschiedenen Arbeitnehmer ist weder aufgrund der nachvertraglichen Treuepflicht noch aufgrund einer allgemeinen nachvertraglichen Verschwiegenheitspflicht verwehrt, nach Beendigung des Arbeitsverhältnisses eine **konkurrierende Tätigkeit** aufzunehmen. Im Rahmen dieser Tätigkeit kann er sein zuvor erworbenes Erfahrungswissen einschließlich der Kenntnis von Betriebs- oder Geschäftsgeheimnissen einsetzen, um in den Kundenkreis des bisherigen Arbeitgebers einzudringen.[145] Der Arbeitgeber kann seinen Schutz vor einer nachvertraglichen konkurrierenden Tätigkeit des Arbeitnehmers nur durch die Vereinbarung eines Wettbewerbsverbots nach §§ 74 ff. HGB erreichen.[146] Ansprüche auf Unterlassung von Wettbewerbshandlungen stehen dem Arbeitgeber beim Fehlen einer rechtswirksamen Wettbewerbsabrede nicht zu.[147]

Unberührt bleiben die durch die arbeitsgerichtliche Rechtsprechung entwickelten 66
Grundsätze zur **Erweiterung der Geheimhaltungspflicht mittels Vertraulichkeitsklauseln**. Unzulässig sind Verschwiegenheitsvereinbarungen, die den Arbeitnehmer im Arbeitsverhältnis oder nach seiner Beendigung verpflichten, unterschiedslos die ihm bekannt gewordenen geschäftlichen bzw. betrieblichen Tatsachen zu wahren[148] oder die ihm die Verwertung erworbener Kenntnisse im Rahmen einer anschließenden Berufstätigkeit verwehren (sog. **all-Klauseln**).[149] Solche Verschwiegenheitsvereinbarungen führen zu einer unangemessenen Benachteiligung des Arbeitnehmers und zu einer sittenwidrigen Vertragsbindung und sind deshalb unwirksam.[150] Eine Prüfung der Zulässigkeit von Verschwiegenheitsklauseln dahingehend, ob und in welchem Umfang sie den Arbeitnehmer konkret bei seiner beruflichen Tätigkeit behindern, ist nicht erforderlich: Auf die **„Spürbarkeit"** der Behinderung der Berufstätigkeit des betroffenen Arbeitnehmers kommt es nicht an.[151]

Unwirksam sind Verschwiegenheitsklauseln, die sich auf Tatsachen beziehen, an de- 67
ren Schutz der Arbeitgeber erkennbar kein berechtigtes betriebliches Interesse haben kann, beispielsweise bei **illegalen Handlungen**.[152] Verschwiegenheitsklauseln, die den Inhalt des Arbeitsvertrags inklusive der Entgelthöhe betreffen, können rechtswirksam sein, wenn die Offenbarung der Inhalte die Wettbewerbsfähigkeit des Arbeitgebers beeinträchtigen würde.[153] Sie dürfen jedoch nicht dazu führen, dass der Arbeitnehmer durch die Vereinbarung daran gehindert wird, **Verstöße gegen seine Rechte** einschließlich des **Gleichbehandlungsgrundsatzes** geltend zu machen oder Offenlegungspflichten gegenüber den Behörden nachzukommen.[154]

Zulässig sind hingegen nachvertragliche Verschwiegenheitsvereinbarungen, die dem 68
Arbeitnehmer untersagen, für seine eigene berufliche Tätigkeit ein **bestimmtes Geschäftsgeheimnis** des Arbeitgebers zu nutzen.[155]

---

144 BAG 15.6.1993NZA **1994** 502, 504.
145 BAG 19.5.1998 AP Nr. 11 zu § 611 BGB Treuepflicht; BAG 15.6.1993 NZA **1994** 502, 504; BAG 16.3.1982 AP Nr. 1 zu § 611 Betriebsgeheimnis.
146 BAG 19.5.1998 AP Nr. 11 zu § 611 BGB Treuepflicht Rn. 51 m. zustimmender Anm. *Diller*
147 BAG v. 19.5.1998 AP Nr. 11 zu § 611 BGB Treuepflicht; BAG 15.6.1993 NZA **1994** 502, 504.
148 LAG Hamm 5.10.1988 BeckRS **1988** 06934.
149 BAG 19.5.1998 AP Nr. 11 zu § 611 BGB Treuepflicht; LAG Hamm 5.10.1988 BeckRS **1988** 06934; *Holthausen* NZA **2019** 1377, 1379 f.
150 LAG Hamm 5.10.1988 BeckRS **1988** 06934; ErfK/*Preis* § 611a BGB Rn. 715; *Preis/Reinfeld* AuR **1989** 361, 364.
151 *Diller* Anm, zu BAG 19.5.1998 AP Nr. 11 zu § 611 BGB Treuepflicht.
152 LAG Rheinland-Pfalz 21.2.2013 ZD **2013** 460, 461; *Holthausen* NZA **2019** 1377, 1380.
153 BAG 26.2.1987, AP Nr. 2 zu § 79 BetrVG.
154 Vgl. LAG Mecklenburg-Vorpommern 21.10.2009 BeckRS **2011** 65298; ErfK/*Preis*, § 611a BGB Rn. 714.
155 BAG 19.5.1998 AP Nr. 11 zu § 611 BGB Treuepflicht; BAG 16.3.1982 BAGE **41** 21 Rn. 38.

69 **3. Nachvertragliches Wettbewerbsverbot.** Ein nachvertragliches Wettbewerbsverbot kann rechtswirksam nur vereinbart werden, wenn der Arbeitgeber ein **berechtigtes Interesse** an dessen Vereinbarung hat (§ 74a Abs. 1 Satz 1 HGB). Ein solches ist dann zu bejahen, wenn das Verbot dem Schutz von Geschäftsgeheimnissen dient oder es den Einbruch in den Kunden- oder Lieferantenkreis verhindern soll.[156] Das bloße Interesse des Arbeitgebers an der Bindung des Arbeitnehmers an den Betrieb oder der Verhinderung der Abwerbung durch Konkurrenten reicht hingegen nicht aus, wenn keine Gefahr der Weitergabe von Geschäftsgeheimnissen besteht.[157]

70 Gültigkeit behält die Rechtsprechung des BAG zur Bestimmung der **Höhe der Karenzentschädigung**, wonach diese mindestens die Hälfte der zuletzt bezogenen vertragsmäßigen Leistungen des Arbeitnehmers betragen muss.[158] Unterschreitet die Vereinbarung diese Höhe, bleibt das Wettbewerbsverbot nach der Rechtsprechung des BAG für den Arbeitnehmer unverbindlich.[159] Die **inhaltlichen**[160] und **formellen**[161] **Anforderungen**, die das BAG an die Vereinbarung der Karrenzentschädigung stellt, gelten fort. Ebenso bleibt es dabei, dass ein Wettbewerbsverbot, das die nach § 74a Abs. 1 Satz 3 HGB maximal zugelassene Laufzeit von zwei Jahren überschreitet, für den Arbeitnehmer keine Rechtsbindung entfaltet.[162]

71 **4. Informationsrechte der Arbeitnehmer.** Zu den „Rechten und Pflichten aus dem Arbeitsverhältnis“, die den Bestimmungen des GeschGehG vorgehen, zählen schließlich auch sämtliche gesetzlich begründete oder durch die Rechtsprechung entwickelte Informations- oder Auskunftsrechte der Arbeitnehmer. Der Arbeitgeber kann daher beispielweise nicht unter Verweis auf das Vorliegen eines Geschäftsgeheimnisses etwa die **Auskunft** nach **Art. 15 DSGVO** über die von ihm verarbeiteten personenbezogenen Daten des betroffenen Arbeitnehmers grundsätzlich verweigern.[163] Auch weitere Auskunftsrechte, gerichtet beispielsweise auf die Überprüfung der Einhaltung des Entgeltgleichheitsgebots nach **§ 10 EntgTranspG**, der Gründe einer außerordentlichen Kündigung gemäß **§ 626 Abs. 2 Satz 3 BGB**[164], der Begründung der Sozialauswahl im Rahmen einer betriebsbedingten Kündigung nach **§ 1 Abs. 3 KSchG**[165], auf die Auflistung und Vorlage der beim Arbeitgeber geltenden Kollektivregelungen[166] oder auf die Ermittlung von Grundlagen zur Berechnung der geschuldeten Vergütung und deren Bestandteile (z. B. im Rahmen der Umsatzbeteiligung)[167] dürfen nicht mit Verweis auf das GeschGehG beschnitten werden.

---

156 BAG 7.7.2015 BeckRS **2015** 72033 Rn. 23; BAG 1.8.1995 NZA **1996** 310, 310.
157 BAG 7.7.2015 BeckRS **2015** 72033 Rn. 23; BAG 1.8.1995 NZA **1996** 310, 310; ErfK/*Oetker* § 74a HGB Rn. 2.
158 BAG 22.10.2008 AP Nr 83 zu § 74 HGB Rn. 17; BAG 9.1.1990 BAGE **64** 1; BAG 16.11.1973 BAGE **25** 385; ErfK/*Oetker* § 74 HGB Rn. 15.
159 BAG 7.7.2015 BAGE **152** 99 Rn. 23; BAG 18.1.2000, 9 AZR 929/98 (juris) Rn. 12; BAG 13.9.1969 BAGE **22** 125; vgl. auch ArbG Berlin 20.1.2017 28 Ca 12331/16 (juris).
160 BAG 22.3.2017 BAGE **158** 329 Rn. 34; BAG 7.7.2015 BAGE **152** 99 Rn. 20; BAG 15.1.2014 BAGE **147** 128 Rn. 21.
161 BAG 19.12.2018 AP Nr. 90 zu § 74 HGB, Rn. 28; BAG 15.1.2014 BAGE **147** 128 Rn. 20; BAG 14.7.2010 BAGE **135** 116 Rn. 30.
162 BAG 13.9.1969 AP Nr. 24 zu BGB § 611 Konkurrenzklausel.
163 BeckOK GeschGehG/*Fuhlrott* § 1 GeschGehG Rn. 45.
164 ErfK/*Niemann* § 626 BGB Rn. 242 ff; MüKo BGB/*Henssler* § 626 BGB Rn. 30 f.
165 ErfK/*Oetker* § 1 KSchG Rn. 339 ff. m. w. N.
166 LAG 27.6.2013, 11 Sa 55/13 (juris).
167 BAG 21.11.2000 BAGE **96** 274; BAG 1.12.2004 BAGE **113** 55; BAG 27.7.2010 AP Nr. 212 zu § 242 BGB Gleichbehandlung.

III. Rechte und Pflichten der Arbeitnehmervertretungen

1. Allgemeines. Die zweite Variante der Nr. 4 betrifft die Rechte der Arbeitnehmervertretungen. **Spezialgesetzliche Regelungen im Bereich der Mitbestimmung gehen dem GeschGehG vor.** Die Vorschrift flankiert laut ihrer Begründung den in § 3 Abs. 2 angeordneten generellen Vorrang von rechtsgeschäftlichen und spezialgesetzlichen Sonderregelungen zum Schutz von Geschäftsgeheimnissen. Außerdem trägt sie dem Erwägungsgrund 18 der Richtlinie (EU) 2016/943 Rechnung, der die Rechtmäßigkeit der Offenlegung von Geschäftsgeheimnissen insbesondere im Rahmen der betrieblichen Mitbestimmung hervorhebt.[168] Damit wird die Unsicherheit im Hinblick auf die Aufrechterhaltung sämtlicher bisheriger Regeln der Mitbestimmung (vgl. Rn. 57) ausgeräumt. 72

Die Vorrangregelung ist weit zu verstehen[169]. „Sie umfasst **sämtliche** den Arbeitnehmervertretern zustehende **Rechte** insbesondere auf Basis des Betriebsverfassungsgesetzes oder der Regelungen zur Mitbestimmung auf Unternehmensebene sowie die dazu ergangene **bisherige und künftige Rechtsprechung.**“[170] Der Vorrang kollektivrechtlicher Regelungen ist somit **dynamisch** zu verstehen. Die Fortentwicklung der arbeitsrechtlichen Rechtsprechung in diesem Bereich ist damit ausdrücklich nicht an die Vorgaben des GeschGehG und dessen künftig zu erwartender Auslegung durch die ordentlichen Gerichte gebunden. Arbeitsgerichte werden in ihrer Rechtsfortbildung des Geheimnisschutzes im Bereich der Mitbestimmung nicht beschränkt. 73

2. Geheimhaltungspflichten der Interessenvertretungen. Für Mandats- und Amtsträger im Rahmen der weit verstandenen Interessenvertretung **gelten unverändert** die durch die Rechtsprechung der Arbeitsgerichte zur Auslegung gesetzlicher Vertraulichkeitsvorschriften[171] entwickelten Vorgaben **fort.** Das hat beispielsweise Auswirkungen auf den Informations- und Meinungsaustausch zwischen der Interessenvertretung und der Belegschaft, etwa bezogen auf einen geplanten Personalabbau oder eine Umstrukturierung. So verstößt ein Betriebsrat nicht gegen seine Verschwiegenheitspflicht gemäß § 79 BetrVG, wenn er in Wahrnehmung seiner Aufgaben nach §§ 111ff. BetrVG i.V.m. § 80 Abs. 1 Nr. 1 und Nr. 8 BetrVG die Belegschaft über einen bevorstehenden Personalabbau unterrichtet.[172] Ein gegenüber dem Betriebsrat mitgeteilter, interessenausgleichspflichtiger Personalabbau darf nicht pauschal zu einem Betriebs- und Geschäftsgeheimnis erklärt werden, da an deren Geheimhaltung gegenüber der Belegschaft der Arbeitgeber kein schützenswertes, berechtigtes Interesse hat.[173] 74

3. Informations- und Auskunftsansprüche. Sämtliche **Informationsansprüche** und **Auskunftsrechte** der Arbeitnehmervertretungen gelten unverändert fort. Sie dürfen nicht unter Verweis auf die Vorgaben des GeschGehG eingeschränkt werden.[174] Das gilt für 75

168 BTDrucks. 19/8300 S. 13.
169 BTDrucks. 19/8300 S. 13.
170 BTDrucks. 19/8300 S. 13.
171 § 79 BetrVG, § 29 SprAuG, § 10 BPersVG, Personalvertretungsgesetze der Länder, § 39 Abs. 2 EBRG, § 41 SEBG, §§ 93, 116 AktG, § 116 AktG iVm § 25 MitbestG, § 1 Abs. 1 Nr. 3 DrittelbG und § 3 Abs. 2 MontanMitBestG.
172 LAG Hessen 20.3.2017 LAGE § 79 BetrVG 2001 Nr. 3 = AuR **2017** 413 Anm. *Buschmann*; grds. zum Verhältnis zwischen Geheimhaltungspflichten und Informationsrechten bereits BGH 5.6.1975 BGHZ **64** 325.
173 LAG Hessen 20.3.2017 LAGE § 79 BetrVG 2001 Nr. 3 = AuR **2017** 413 Anm. *Buschmann*; LAG Schleswig-Holstein 20.5.2015 DB **2015** 2339.
174 BeckOK GeschGehG/*Fuhlrott* § 1 GeschGehG Rn. 48.

eine Vielzahl von Unterrichtungs- und Auskunftsansprüchen, bei deren Erfüllung der Arbeitgeber vertrauliche Informationen gegenüber dem Betriebsrat offenlegt.[175] Auch beim Vorliegen eines Geschäftsgeheimnisses muss der Arbeitgeber seinen Auskunftspflichten gegenüber der Interessenvertretung uneingeschränkt nachkommen.[176] Unverändert gelten beispielsweise die inhaltlichen Vorgaben zum Umfang der Informationspflicht gegenüber dem Wirtschaftsausschuss nach § 106 Abs. 2 BetrVG[177] sowie die Kriterien zur Bestimmung einer drohenden Gefährdung von Betriebs- und Geschäftsgeheimnissen nach § 106 Abs. 2 Satz 1 2. HS BetrVG.[178] Primär zuständig für Entscheidungen von Streitigkeiten zum Umfang der Unterrichtungspflicht nach § 106 Abs. 2 BetrVG inklusive der Frage, ob überhaupt ein Geschäftsgeheimnis vorliegt, bleibt weiterhin die **Einigungsstelle**.[179]

76 Im bisherigen Umfang bleiben auch Informationsrechte der Interessenvertretungen auf Grundlage sonstiger Gesetze uneingeschränkt bestehen. So gilt beispielsweise für die Unterrichtungspflicht nach § 17 Abs. 2 und 3 KSchG, die gegenüber dem Betriebsrat, dem Personalrat sowie der Schwerbehindertenvertretung[180] bei anzeigepflichtigen Massenentlassungen besteht, die Maßgabe, dass neben der Gründe für die beabsichtigte Massenentlassung auch alle zweckdienlichen Auskünfte erteilt werden müssen, die die Interessenvertretung benötigt, um nach § 17 Abs. 2 Satz 2 KSchG konstruktive Vorschläge zur Vermeidung oder Einschränkung der Entlassungen und deren Folgenmilderung machen zu können.[181] Unverändert bestehen blieben Informationsrechte des Betriebsrats bezogen auf den Einsatz von Leiharbeitnehmern im Betrieb (§ 14 Abs. 3 AÜG) oder nach § 13 Abs. 3 EntgTranspG hinsichtlich des Einblicks in die Listen über die Bruttolöhne und -gehälter der Beschäftigten.[182]

---

175 Z. B. § 80 Abs. 2 S. 1, § 85 Abs. 3, § 89 Abs. 5, § 90 Abs. 1, § 92 Abs. 1, § 99 Abs. 1 Satz 1, § 100 Abs. 1 Satz 2, § 102 Abs. 1 Satz 2, § 105, § 111 Abs. 1 Satz 1 BetrVG.

176 BetrVG/*Oetker* § 111 BetrVG Rn. 198; Richardi/*Annuß* § 111 BetrVG Rn. 152; ErfK/*Kania* § 111 BetrVG Rn. 23.

177 BAG 8.8.1989 AP BetrVG 1972 § 106 Nr. 6.

178 DKW/*Däubler* § 106 Rn. 62; BetrVG/*Fitting* 106 BetrVG Rn. 45 m. w. N.

179 BAG 12.2.2019 AP BetrVG 1972 § 106 Nr. 20; Schaub/*Koch* § 234 Rn. 37; HWK/*Willemsen*/*Lembke* § 106 BetrVG Rn. 49.

180 LAG Berlin-Brandenburg 11.7.2019 NZA-RR **2019** 640.

181 EuGH 21.12.2016 – C-201/15 [AGET Iraklis] Rn. 39; EuGH 10.9.2009 – C-44/08 [Keskusliitto] Rn. 53 zu Art. 2 Abs. 3 der Massenentlassungsrichtlinie 1998/95/EG sowie BAG 20.09.2012 BAGE **143** 150 Rn. 60; LAG Berlin-Brandenburg 11.7.2019 NZA-RR **2019** 640.

182 BeckOK GeschGehG/*Fuhlrott* § 1 GeschGehG Rn. 48.

§ 2
Begriffsbestimmungen

Im Sinne dieses Gesetzes ist

1. **Geschäftsgeheimnis eine Information**
   a) **die weder insgesamt noch in der genauen Anordnung und Zusammensetzung ihrer Bestandteile den Personen in den Kreisen, die üblicherweise mit dieser Art von Informationen umgehen, allgemein bekannt oder ohne Weiteres zugänglich ist und daher von wirtschaftlichem Wert ist und**
   b) **die Gegenstand von den Umständen nach angemessenen Geheimhaltungsmaßnahmen durch ihren rechtmäßigen Inhaber ist und**
   c) **bei der ein berechtigtes Interesse an der Geheimhaltung besteht;**
2. **Inhaber eines Geschäftsgeheimnisses jede natürliche oder juristische Person, die die rechtmäßige Kontrolle über ein Geschäftsgeheimnis hat;**
3. **Rechtsverletzer jede natürliche oder juristische Person, die entgegen § 4 ein Geschäftsgeheimnis rechtswidrig erlangt, nutzt oder offenlegt; Rechtsverletzer ist nicht, wer sich auf eine Ausnahme nach § 5 berufen kann;**
4. **rechtsverletzendes Produkt ein Produkt, dessen Konzeption, Merkmale, Funktionsweise, Herstellungsprozess oder Marketing in erheblichem Umfang auf einem rechtswidrig erlangten, genutzten oder offengelegten Geschäftsgeheimnis beruht.**

Schrifttum

Alexander Gegenstand, Inhalt und Umfang des Schutzes von Geschäftsgeheimnissen nach der Richtlinie (EU) 2016/943, WRP **2017** 1034; *Baranowski/Glaßl* Anforderungen an den Geheimnisschutz nach der neuen EU-Richtlinie, BB **2016** 2563; *Bissels/Schroeders/Ziegelmayer* Arbeitsrechtliche Auswirkungen der Geheimnisschutzrichtlinie, DB **2016** 2295; *Brammsen* Lauterkeitsstrafrecht, Sonderband zum Münchener Kommentar Lauterkeitsrecht (§§ 16–20 UWG), 3. Aufl. 2020; *Freckmann/Schmoll* Geheimnisschutzrichtlinie: Neuer Standard für Vertraulichkeitsvereinbarungen und arbeitsvertragliche Verschwiegenheitsklauseln, BB **2017** 1780; *Fuhlrott/Hiéramente* BeckOK GeschGehG, 4. Ed. vom 15.6.2020; *Harte-Bavendamm/Henning-Bodewig* Gesetz gegen den unlauteren Wettbewerb (UWG), 4. Aufl. 2016; *Hauck* Was lange währt ... – Das Gesetz zum Schutz von Geschäftsgeheimnissen (GeschGehG) ist in Kraft, GRUR Prax **2019** 223; *Kalbfus* Die EU-Geschäftsgeheimnis-Richtlinie, GRUR **2016** 1009; *Klein/Wegener* Wem gehören Geschäftsgeheimnisse? GRUR Prax **2017** 394; *Leitner/Rosenau* Wirtschafts- und Steuerstrafrecht, 2017; *McGuire* Begriff und Rechtsnatur des Geschäftsgeheimnisses – Über ungeschriebene Unterschiede zwischen altem und neuem Recht, in: Festschrift Harte-Bavendamm; *dies.* Der Schutz von Know-how im System des Immaterialgüterrechts – Perspektiven für die Umsetzung der Richtlinie über Geschäftsgeheimnisse, GRUR **2016** 1000; *Nebel/Diedrich* Kommentar zum Gesetz zum Schutz von Geschäftsgeheimnissen, 2019; *Redeker/Pres/Gittinger* Die Entwürfe zur Know-how-Richtlinie, deren Konsequenzen für das innerbetriebliche Vertragsmanagement (Teil 1) und die erforderlichen Auswirkungen auf den Zivilprozess (Teil 2), WRP **2015** 681; *Rody* Der Begriff und die Rechtsnatur von Geschäfts- und Betriebsgeheimnissen unter Berücksichtigung der Geheimnisschutz-Richtlinie, Diss. Augsburg 2017; *Strobel* Reverse Engineering im Spannungsfeld der Sonderschutzrechte, Diss. Münster im Erscheinen; *Wiese* Die EU-Richtlinie über den Schutz vertraulichen Know-hows und vertraulicher Geschäftsinformationen, Diss. Münster 2018.

Übersicht

https://doi.org/10.1515/9783110631654-003

A. Allgemeines

1 Die Begriffsbestimmungen beginnen mit der zentralen Definition des Begriffs „Geschäftsgeheimnis". Schon hier zeigt sich die besondere Tücke des Gesetzes. Das Gesetz will sowohl Zivilrecht als auch Strafrecht regieren. Die Definition des Geschäftsgeheimnisses muss daher für den zivilrechtlichen Teil (§ 1–21) wie auch für den strafrechtlichen Teil (§ 23) taugen. Daher gilt es, schon bei der Definition des Geschäftsgeheimnisses in § 2 dem Bestimmtheitsgrundsatz zu genügen und das Analogieverbot zu beachten.

2 Nach der **Gesetzesbegründung** entspricht der Begriff des Geschäftsgeheimnisses weitestgehend dem von der Rechtsprechung entwickelten Begriff des § 17 UWG a. F.[1] Allerdings scheint der neue Begriff erheblich von der entwickelten Definition zu § 17 UWG a. F. abzuweichen. Wie im Folgenden zu zeigen sein wird, besteht eine solche erhebliche Abweichung jedoch nur auf den ersten Blick.[2] Eine detaillierte Betrachtung führt zur Feststellung einer Nähe zwischen den beiden Begrifflichkeiten, sodass auch die Wertungen aus der Rechtsprechung zu § 17 UWG a. F. in Teilen zur Auslegung herangezogen werden können.[3]

3 Ebenso wird man die auch in der Gesetzesbegründung angenommene Nähe zu Art. 39 Abs. 2 des Übereinkommens über handelsbezogene Aspekte der Rechte des geistigen Eigentums (TRIPS) bejahen können.[4]

B. Geschäftsgeheimnis, § 2 Nr. 1

4 Die Definition des Geschäftsgeheimnisses in § 2 Nr. 1 setzt sich aus **drei Elementen** zusammen, die kumulativ vorliegen müssen.

I. § 2 Nr. 1 lit. a)

5 Zunächst nennt § 2 Nr. 1 lit. a) als Voraussetzung, dass 1. eine **Information** 2. weder insgesamt noch in der genauen Anordnung und Zusammensetzung ihrer Bestandteile den Personen in den Kreisen, die üblicherweise mit dieser Art von Informationen umgehen, **allgemein bekannt** oder ohne Weiteres zugänglich ist 3. und daher von **wirtschaftlichem Wert** ist.

---

1 BTDrucks. 19/4724 S. 24.
2 So auch *Strobel* 77.
3 Ausführlich hierzu *Strobel* 63 ff.
4 BTDrucks. 19/4724 S. 24; Harte-Bavendamm/Ohly/Kalbfus/*Harte-Bavendamm* § 2 GeschGehG Rn. 3.

1. Informationen. Anders als das alte Publizitätsgesetz stellt § 2 Nr. 1 lit. a) auf Informationen und nicht auf Tatsachen ab. Der Begriff der Information, der der Definition des Geschäftsgeheimnisses zugrunde liegt, wird seinerseits nicht weiter legaldefiniert und kann sich aus einer **Abgrenzung zum Begriff der *Daten*** ergeben.[5] Unterscheidet man zwischen Informationen und Daten, bezeichnet der Begriff *Daten* den Speicherbereich bestimmter Zeichen auf einem Trägermedium ohne eigenen Aussagegehalt.[6] Demgegenüber sind Informationen durch einen bestimmten semantischen Bezug gekennzeichnet. Der Aussagegehalt der *Information* ist weiter zu verstehen. Er bezeichnet alle sinnlich wahrnehmbaren Ereignisse oder Zustände in der Vergangenheit oder Gegenwart.[7] Als relevantes Abgrenzungskriterium dient die Frage, ob die sinnlich wahrnehmbaren, konkreten äußeren oder inneren Geschehnisse, Verhältnisse oder Zustände der Vergangenheit oder Gegenwart, die einem objektiven Beweis zugänglich sind, nach außen hin existent geworden sind, etwa durch schriftliche Niederlegung oder Mitteilung an andere Personen. Schwierigkeiten bereitet die Abgrenzung zwischen potenziell geschützten Informationen und reinen Daten, insbesondere bei Algorithmen. So kann nach Auffassung des OLG München auch die Funktionsweise eines Algorithmus', der nach bestimmten, geheimen Kriterien nicht valide bzw. beeinflusste Bewertungen in einem Bewertungsportal aufspüren soll, welche infolgedessen nach entsprechender Überprüfung gelöscht werden, ein geschütztes Geschäftsgeheimnis darstellen.[8] Der Gesetzgeber selbst gibt an, dass zu den Informationen im Sinne der Norm etwa „Herstellungsverfahren, Kunden- und Lieferantenlisten, Kosteninformationen, Geschäftsstrategien, Unternehmensdaten, Marktanalysen, Prototypen, Formeln und Rezepte“[9] zählen. Demnach erfasst der Begriff des Geschäftsgeheimnisses nicht nur kaufmännische, sondern auch (betriebs-)technische Informationen, wie z.B. auch Prüfunterlagen eines Bauartzulassungsverfahrens.[10] Auch private Aufzeichnungen eines Arbeitnehmers über Kundenbesuche und -daten können solche Informationen darstellen.[11] Nicht als Geschäftsgeheimnis werden hingegen solche Informationen geschützt, die lediglich privat und nicht im Geschäftsverkehr nutzbar sind.[12] Welche Informationen ein Geschäftsgeheimnis ausmachen, ist auch insofern entscheidend, als dass das Geschäftsgeheimnis bereits im Klageantrag konkret bezeichnet werden muss.[13] 6

Im neuen Geschäftsgeheimnisgesetz wird erstaunlicherweise auf das Merkmal der **Geschäftsbezogenheit der Information**, das nach altem Recht noch Teil der Definition war, **verzichtet**. Die geheime Information scheint nicht mehr einen Bezug zu einem Geschäftsbetrieb oder einer geschäftlichen Tätigkeit aufweisen zu müssen. Allerdings stellt das Gesetz stark auf das Wettbewerbsgeschehen ab, etwa in § 4 Abs. 1, wo auf die anständigen Marktgepflogenheiten als Maßstab Bezug genommen wird. Insofern spricht auch der Sinn und Zweck des Gesetzes für eine Beschränkung von Geschäftsgeheimnissen auf Unternehmen als Geheimnisträger. 7

Vereinzelt wird daher angenommen, das Merkmal des **Unternehmensbezugs** ergebe sich bereits aus der Semantik des Wortes „Geschäftsgeheimnis“ sowie des Erwägungsgrunds 14 zur Richtlinie über den Schutz vertraulichen Know-hows und vertraulicher 8

5 Nebel/Diedrich/*Diedrich* § 2 GeschGehG Rn. 9.
6 Nebel/Diedrich/*Diedrich* § 2 GeschGehG Rn. 9.
7 BeckOK GeschGehG/*Hiéramente* § 2 GeschGehG Rn. 2.
8 OLG München 27.2.2020 WRP **2020** 653, 655.
9 BTDrucks. 19/4724 S. 24.
10 BVerwG 5.3.2020 NVwZ **2020** 715 Rn. 12.
11 LAG Düsseldorf 3.6.2020, 12 SaGa 4/20 (juris).
12 BTDrucks. 19/4724 S. 24.
13 OLG Frankfurt 27.11.2020 WRP **2021** 356, 357.

Geschäftsinformationen.[14] Darin wird das Erfordernis einer einheitlichen Definition des Begriffs Geschäftsgeheimnis statuiert, die „Know-how, Geschäftsinformationen und technologische Informationen abdeckt [...]". Diese Schutzgüter seien demnach schon Ausdruck eines Unternehmensbezugs.[15] Auch die Kritik ein Verzicht auf das Merkmal des Unternehmensbezugs führe zu einer unabsehbaren Erweiterung des Schutzbereichs mit der Folge Informationen würden ausufernd als eigene beansprucht werden können, was in der Folge zu Einschränkungen im Wirtschaftsverkehr führen könnte, greift angesichts des Ziels des GeschGehG zu kurz.[16] Schließlich zeigt der Gesetzgeber mit den §§ 10, 17 und 23, dass er das **Schutzniveau** insgesamt deutlich erweitern wollte und vor diesem Hintergrund auch den Verzicht auf das Erfordernis der Unternehmensbezogenheit bewusst vornimmt. Etwaigen Bedenken einer überschießenden Regelung lässt sich zudem durch § 5 begegnen, also die Ausnahme vom Verbot bei Verfolgung legitimer Interessen, aufgeführt in Regelbeispieltechnik, um den Gerichten die Möglichkeit zu geben nachzujustieren. Außerdem ermöglicht § 14 (Missbrauchsverbot) eine wertende Gesamtbetrachtung, die der Rechtsprechung wiederum die Möglichkeit gibt, das Schutzniveau den Bedürfnissen des Marktes und seiner aktuellen Entwicklung anzupassen. Allerdings zeichnet Erwägungsgrund 2 der zugrunde liegenden Richtlinie ein anderes Bild: Hier geht es gerade um *„[...] den Schutz eines derart breiten Spektrums von Know-how und Geschäftsinformationen[...]"* der *„[...]von außerordentlicher Bedeutung für die Wettbewerbsfähigkeit der Unternehmen [ist]"*.[17] Die Richtlinie ist in dieser Frage also entschieden für einen Unternehmensbezug und auch bei der Umsetzung im GeschGehG stellt die Entscheidung des nationalen Gesetzgebers zivilrechtliche und strafrechtliche Vorschriften gemeinsam zu regeln angesichts des Bestimmtheitsgrundsatzes ein Problem für eine Ausweitung des Tatbestands der geheimen Information dar.

9 **2. Nicht allgemein bekannt oder ohne Weiteres zugänglich.** Eine geschützte Information darf nach dem Gesetz **nicht allgemein bekannt** oder **ohne Weiteres zugänglich** sein.[18] Unklar ist, wie sich das Merkmal der allgemeinen Bekanntheit zum Fall der ohne Weiteres zugänglichen Information verhält. Meines Erachtens stellt die allgemein bekannte Information den Unterfall einer ohne Weiteres zugänglichen Information dar und ist mithin spezieller.

10 Dies ändert nichts an der Tatsache, dass die Frage der **Zugänglichkeit** der Information zu schwierigen Zirkelschlüssen führen kann. Eine Information ist logischerweise nicht allgemein bekannt, wenn sie nicht ohne Weiteres zugänglich ist. Der Referenzausfall tritt aber nur ein, wenn die Information ohne Weiteres zugänglich wird. Insofern muss zwischen zwei unterschiedlichen zeitlichen Stufen unterschieden werden. Die Information ist nur nach dem Gesetz geschützt, wenn sie zuvor nicht ohne Weiteres zugänglich war. Wird die Information nachträglich zugänglich, erstreckt sich der Schutz auf den Fall, dass sie nicht allgemein bekannt ist.

11 Nach dem Wortlaut des Gesetzes ist bezüglich des **maßgeblichen Verkehrskreises** auf diejenigen Personenkreise abzustellen, die üblicherweise mit dieser Art von Informationen umgehen. Da eine Information zwar für Experten nicht jedoch für Laien allgemein zugänglich sein kann, gibt es keinen absoluten Schutz von Geheimnissen. Ein und diesel-

14 *Strobel* 69 ff.
15 So etwa *Wiese* 48 ff.; *Strobel* 69 f.; *Redeker/Pres/Gittinger* WRP **2015** 681, 683.
16 So auch *Strobel* 70.
17 Erwägungsgrund 2 der RL 2016/943/EU v. 15.6.2016, EU ABl. L 157, 1–18.
18 Harte-Bavendamm/Ohly/Kalbfus/*Harte-Bavendamm* § 2 GeschGehG Rn. 30.

be Information kann im Einzelfall für Experten und Fachpersonal allgemein zugänglich sein, während es bei einer anderen Zielgruppe eine geheime Information darstellt und so einen Schutz als Geschäftsgeheimnis genießt. Manche plädieren in der Literatur für einen großzügigen Anwendungsbereich des Geschäftsgeheimnisses.[19] Eine solche großzügige Auslegung steht jedoch im Widerspruch zu den massiven Sanktionen, die an ein Geschäftsgeheimnis geknüpft sind. Darüber hinaus entspricht diese Auslegung auch nicht den strafrechtlichen Anforderungen an das Bestimmtheitsgebot. Als Korrektiv kann allenfalls das Wort „üblich" dienen.

Eine vertretene Auffassung zu § 17 UWG a.F. stellte darauf ab, ob das Geheimnis **für** 12
jeden Interessierten zugänglich ist. Sofern jedermann unter Einsatz normal lauterer Mittel und ohne erhebliche Mühe eine Information in Erfahrung bringen konnte, lag kein Schutz nach § 17 UWG a.F. vor.[20] Entscheidend war also, ob eine Information auf normalem Wege einem beliebigen Interessentenkreis jederzeit zugängig war.[21] Dafür wurde in § 17 UWG a.F. der Begriff der Offenkundigkeit eingelesen. Eine Information bleibt danach ein Geheimnis, auch wenn eigenes Personal das Geheimnis kennt.[22] Ebenso bleiben Informationen auch im Rahmen interner Ermittlungen, innerhalb von Outsourcing- oder Lizenzverträgen geheim.[23] Eine Entwicklungskooperation kann jedoch zu einem Entfallen der Geheimheit führen.[24]

Denkbar ist die Absicherung der Geheimarbeit durch **technische Zugangssperren.** 13
Genannt werden in der Literatur hierzu Unlock-Codes, SIM-Locks und Pay-TV-Codes.[25] Der Verkauf von Waren, die ein Geheimnis beinhalten, ändert nichts an der Geheimheit der Information, solange dessen gewöhnlicher bestimmungs- und vereinbarungsgemäßer Gebrauch keine Möglichkeit zur Kenntnisnahme eröffnet.[26] Als Schranke der Geheimheit wird die Freiheit des sogenannten Reverse-Engineerings (vgl. Kommentierung zu § 3 Abs. 1 Nr. 2 Rn. 30) angeführt, bei welchem aus bestehenden Endprodukten oder -systemen durch Untersuchungen die einzelnen Bestandteile dieser extrahiert werden können.[27] Dies setzt den weiter bestehenden Geheimnischarakter der Information begrifflich voraus. Offenkundig und damit geheimheitsvernichtend ist zum Beispiel der Anbau von Organismen im Freiland, da die Wahrnehmung und Kenntnis von Geschehnissen auf einem solch öffentlichen Raum nicht nur einer begrenzten Zahl von Personen möglich, sondern allgemein zugänglich ist.[28] Ferner wird eine Information auch durch deren Publikation in öffentlichen Medien offenkundig, weil die Information auch dadurch regelmäßig allgemein zugänglich wird.[29] Aus dem gleichen Grund führt auch die unbeschränkte Verbreitung von Informationen im Internet zum Untergang des Geheimnischarakters.[30] Dies gilt auch für die Patentierung einer Erfindung, da damit regelmäßig eine Offenlegung verbunden ist.[31] Ähnliches gilt für das Gebrauchsmustergesetz und das Geschmacksmustergesetz sowie ausländische Patentordnungen. Eine Weitergabe an Behörden ohne Vertraulichkeitsver-

---

19 Nebel/Diedrich/*Diedrich* § 2 GeschGehG Rn. 15.
20 *Brammsen* § 17 UWG Rn. 15; Harte-Bavendamm/Henning-Bodevig/*Harte-Bavendamm* § 17 UWG Rn. 3.
21 *Strobel* 67.
22 BGH 10.5.1995 BGHSt **41** 140, 143; Leitner/Rosenau/*Reinbacher* § 17 UWG Rn. 13.
23 *Brammsen* § 17 UWG Rn. 16 m.w.N.
24 *Brammsen* § 17 UWG Rn. 16.
25 *Brammsen* § 17 UWG Rn. 17.
26 *Brammsen* § 17 UWG Rn. 17.
27 *Brammsen* § 17 UWG Rn. 17; *Strobel* 67.
28 BVerfG 24.11.2010 BVerfGE **128** 1, 56f.
29 BGH 23.2.2012 GRUR **2012** 1048, 1049; *Brammsen* § 17 UWG Rn. 18.
30 So auch BVerfG 24.11.2010 NVwZ **2011** 94, 104; **a. A.** *Brammsen* § 17 UWG Rn. 18.
31 *Brammsen* § 17 UWG Rn. 18.

einbarung kann auch zum Verlust der Geheimarbeit führen, wenn nicht ersichtlich ist, dass die Behörde die Information als Geheimnis behandeln soll.[32]

14 **3. Wirtschaftlicher Wert.** Das dritte Merkmal – der wirtschaftliche Wert – tritt im Grunde an die Stelle des von der Rechtsprechung[33] entwickelten Merkmals des **Geheimhaltungsinteresses** des § 17 UWG a. F. Statt subjektiv zu fragen, ob ein Geheimhaltungsinteresse besteht, muss nunmehr jedoch die Werthaltigkeit der Information im Rahmen des wirtschaftlichen Handelns nachgewiesen werden, wodurch der Geheimnisschutz eine gewisse Objektivierung erfahren hat.[34]

15 Eine Information besitzt **wirtschaftlichen Wert**, wenn ihre Erlangung, Nutzung oder Offenlegung ohne Zustimmung des Inhabers dessen wissenschaftliches oder technisches Potenzial, geschäftliche oder finanzielle Interessen, strategische Position oder Wettbewerbsfähigkeit negativ beeinflussen.[35] Trotz Verabschiedung des GeschGehG hält die Diskussion, ob Informationen über rechtswidrige Vorgänge im Betrieb schützenswert sind, weiterhin an.[36] So wird einerseits vertreten, dass Informationen über rechtswidrige Vorgänge „unproduktiv" seien und es ihnen somit eines „wirtschaftlichen Wertes" fehle.[37] Zumindest liege jedoch kein berechtigtes Interesse vor, da Erwägungsgrund 14 der Richtlinie von einem „legitimen" Interesse spricht.[38] Dem wird entgegengebracht, dass solche Informationen faktisch sehr wohl einen wirtschaftlichen Wert haben können.[39] Dies zeigt sich beispielsweise in einer bevorstehenden Zahlungsunfähigkeit.[40] Nimmt man eine Schutzfähigkeit zunächst an, können Wertungswidersprüche sodann im Rahmen des § 5 Nr. 2 behoben werden.[41]

II. § 2 Nr. 1 lit. b)

16 Das zweite Element des § 2 Nr. 1 lit. b) setzt voraus, dass der rechtmäßige Inhaber des Geschäftsgeheimnisses nach § 2 Nr. 2 den Umständen nach angemessene Geheimhaltungsmaßnahmen trifft. Ein erkennbarer, bloß subjektiver Geheimhaltungswille, der sich in objektiven Umständen wie nach der Definition des Geschäftsgeheimnisses zu § 17 UWG a. F. manifestiert,[42] genügt dafür gerade nicht mehr. Vielmehr stellt § 2 Nr. 1 lit. b) eine objektive Voraussetzung dar.[43] Den Inhaber trifft also eine Obliegenheit, entsprechende Geheimhaltungsmaßnahmen zu treffen, da er ansonsten seinen Geheimnisschutz verlöre. Das Abstellen auf das objektive Vorliegen angemessener Maßnahmen stellt die wohl we-

---

32 BGH 17.12.1981 BGHZ **82** 369, 373.
33 BGH 15.3.1955 GRUR **1955** 424, 425 f.; Köhler/Bornkamm/Feddersen/*Alexander* § 2 GeschGehG Rn. 16 m. w. N.
34 BeckOK GeschGehG/*Hiéramente* § 2 GeschGehG Rn. 14.
35 BVerwG 5.3.2020 NVwZ **2020** 715 Rn. 11 f.; vgl. OLG München 27.2.2020 WRP **2020** 653, 655; vgl. Erwägungsgrund 14 der RL 2016/943/EU 8.6.2016, EU ABl. L 157, 1–18.
36 Eingehend Harte-Bavendamm/Ohly/Kalbfus/*Harte-Bavendamm* § 2 GeschGehG Rn. 39.
37 *Reinfeld* § 3 Rn. 23; *Hauck* WRP **2018** 1032, 1034 ff.; *Kalbfus* GRUR **2016** 1009, 1011; *Alexander* WRP **2017** 1034, 1039; *McGuire* Festschrift Harte-Bavendamm (2020) 367, 377 ff.
38 Köhler/Bornkamm/Feddersen/*Alexander* § 2 GeschGehG Rn. 78; Harte-Bavendamm/Ohly/Kalbfus/*Harte-Bavendamm* § 2 GeschGehG Rn. 39.
39 Harte-Bavendamm/Ohly/Kalbfus/*Harte-Bavendamm* § 2 GeschGehG Rn. 39; *Ohly* GRUR **2019** 441, 443.
40 *Ohly* GRUR **2019** 441, 443.
41 Harte-Bavendamm/Ohly/Kalbfus/*Harte-Bavendamm* § 2 GeschGehG Rn. 39; *Ohly* GRUR **2019** 441, 443.
42 Ohly/Sosnitza/*Ohly/Sosnitza* § 17 UWG Rn 11; *Strobel* 71 f.
43 BTDrucks. 19/4724 S. 24.

sentlichste Abweichung von der Rechtsprechung zu § 17 UWG a. F. dar.[44] Zwar war es auch nach der alten Rechtslage Unternehmen zu empfehlen, Maßnahmen zum Schutz der Informationen zu treffen, aufgrund derer auf das Vorliegen eines Geheimhaltungswillens geschlossen werden konnte, jedoch waren solche nicht zwingend erforderlich, da bereits das Vorliegen eines Geheimhaltungsinteresses auch einen Geheimhaltungswillen indizierte und so der Verletzende Gegenteiliges beweisen musste.[45] Zur Darlegung eines Geschäftsgeheimnisses nach § 2 Nr. 1 wird der Geheimnisinhaber hingegen mittels objektiv beweisbarer Tatsachen belegen müssen, dass er angemessene Maßnahmen getroffen hat, die einen Schutz des Geheimnisses ermöglichen.[46] Das OLG Stuttgart hat darin kein Erreichen einer extremen Sicherheit, sondern vielmehr das Treffen von sinnvollen und effizienten Maßnahmen zum Informationsschutz im Vorfeld gesehen.[47] Daher kann auch die bisherige Rechtsprechung nur in begrenztem Umfang bei der Feststellung des Ergreifens angemessener Geheimhaltungsmaßnahmen dienen.[48]

Das OLG Hamm befasst sich im September 2020 erstmals ausführlich mit der Frage, **17** welche Anforderungen an die Angemessenheit von Geheimhaltungsmaßnahmen zu stellen sind.[49] Bei der Angemessenheit handle sich es um ein flexibles und offenes Tatbestandsmerkmal, dem ein relativer und dynamischer Maßstab zugrunde liege.[50] Das Ergreifen optimaler Schutzvorkehrungen sei zwar nicht erforderlich; ein Minimum an Schutzvorkehrungen könne umgekehrt jedoch nicht zur Wahrung der Angemessenheit genügen.[51]

Mögliche Schutzmaßnahmen können z. B. physische Zugangsbeschränkungen oder **18** aber auch vertragliche Sicherungsmechanismen sein.[52] Darunter fallen insbesondere auch technische Zugangshürden wie etwa Zugangssperren, Passwörter oder IT-Sicherheitsmaßnahmen.[53] Das LAG Düsseldorf, welches sich im Juni 2020 als eines der ersten Gerichte mit dem Thema auseinandersetzte, führte aus, dass solch ein tatsächlicher Schutz jedoch nicht zwingend erforderlich sei. So sollen auch rein vertragliche Vereinbarungen angemessene Geheimhaltungsmaßnahmen darstellen können. Nicht ausreichend seien jedoch vertragliche Vereinbarungen, die sämtliche Angelegenheiten der Geheimhaltung unterwerfen und dabei auch Vorgänge einbeziehen, die eigentlich keine Geschäftsgeheimnisse betreffen.[54] Welche Maßnahmen im konkreten Fall angemessen sind, hängt von der Art des Geschäftsgeheimnisses im Einzelnen und den konkreten Umständen der Nutzung ab.[55] Dabei können insbesondere

- der Wert des Geschäftsgeheimnisses und dessen Entwicklungskosten,[56]
- die Natur der Informationen, die Bedeutung für das Unternehmen,
- die Größe des Unternehmens,

---

44 BeckOK GeschGehG/*Fuhlrott* § 2 GeschGehG Rn. 19; Köhler/Bornkamm/Feddersen/*Alexander* § 2 GeschGehG Rn. 20.
45 *Kalbfus* GRUR **2016** 1009, 1011; *Reinfeld* § 1 Rn. 110 f.; *Rody* 129 f.
46 *Redeker/Pres/Gittinger* WRP **2015** 681, 683; *Strobel* 72 f.
47 OLG Stuttgart 19.11.2020 WRP **2021** 242.
48 Köhler/Bornkamm/Feddersen/*Alexander* § 2 GeschGehG Rn. 20.
49 OLG Hamm 15.9.2020 WRP **2021** 223, 236 f.
50 OLG Hamm 15.9.2020 WRP **2021** 223, 236 f.
51 So auch OLG Stuttgart 19.11.2020 WRP **2021** 242, 256; OLG Hamm 15.9.2020 WRP **2021** 223, 236 f.
52 BTDrucks. 19/4724 S. 24.
53 BeckOK GeschGehG/*Fuhlrott* § 2 GeschGehG Rn. 35.
54 LAG Düsseldorf 3.6.2020, 12 SaGa 4/20 (juris).
55 BTDrucks. 19/4724 S. 24 f.; OLG Hamm 15.9.2020 WRP **2021** 223, 237.
56 OLG Hamm 15.9.2020 WRP **2021** 223, 237.

- die üblichen Geheimhaltungsmaßnahmen in dem Unternehmen oder der Branche,[57]
- die Art der Kennzeichnung der Informationen und
- die vertraglich vereinbarten Regelungen mit Arbeitnehmern und Geschäftspartnern

in die Ermittlung des Schutzniveaus einfließen.[58]

19 Diese in der Gesetzesbegründung genannten Kriterien sind nicht abschließend, sodass darüber hinaus auch andere Gesichtspunkte wie etwa das branchentypische Gefährdungspotential eine Rolle spielen können.[59] Es muss jedoch nicht jede Information isoliert gekennzeichnet werden, sondern es genügt, wenn Schutzmaßnahmen hinsichtlich bestimmter Kategorien von Informationen getroffen werden.[60] Die Obliegenheit, angemessene Schutzmechanismen zu errichten, trifft als potenziellen Inhaber eines Geschäftsgeheimnisses auch den Lizenznehmer.[61]

20 Da es sich bei § 2 Nr. 2 lit. b) um eine objektive Tatbestandsvoraussetzung handelt, trägt der Inhaber des Geschäftsgeheimnisses im Streitfall die Darlegungs- und Beweislast.[62]

III. § 2 Nr. 1 lit. c)

21 Als drittes Element muss bei der Information gem. § 2 Nr. 1 lit. c) ein **berechtigtes Interesse an der Geheimhaltung** bestehen. Noch in den ersten Entwürfen des Gesetzes fehlte das Kriterium des berechtigten Interesses und auch in der Richtlinie (EU) 2016/943 über den Schutz vertraulichen Know-hows und vertraulicher Geschäftsinformation vor rechtswidrigem Erwerb sowie rechtswidriger Nutzung und Offenlegung (Richtlinie) findet es sich nicht. Erst im Bundestag kam das berechtigte Interesse hinzu und stellt damit ein deutsches Spezifikum dar.[63] Die Änderung wurde damit begründet, dass nach Erwägungsgrund 14 der Richtlinie die Definition des Geschäftsgeheimnisses so beschaffen sein soll, dass Informationen abgedeckt werden, bei denen u. a. ein „legitimes Interesse" an ihrer Geheimhaltung besteht.[64] Darüber hinaus soll damit die bislang als Korrektiv fungierende Rechtsprechung des *BVerfG*, die für die Annahme eines Betriebs- oder Geschäftsgeheimnisses gleichfalls ein berechtigtes Interesse an der Nichtverbreitung voraussetzt,[65] normativ verankert werden.[66]

22 Es stellt sich jedoch die Frage, welche Bedeutung das zusätzliche Element des berechtigten Interesses hat. Im Gesetz gibt es viele Stellen, an denen der Gesetzgeber berechtigte Interessen positiv kodifiziert hat. Die dort vorhandene komplizierte Logik von Tatbestands-

---

57 OLG Hamm 15.9.2020 WRP **2021** 223, 237.
58 BTDrucks. 19/4724 S. 25.
59 BeckOK GeschGehG/*Fuhlrott* § 2 GeschGehG Rn. 34; OLG Hamm 15.9.2020 WRP **2021** 223, 237.
60 BTDrucks. 19/4724 S. 24; dazu näher OLG Hamm 15.9.2020 WRP **2021** 223, 237.
61 BTDrucks. 19/4724 S. 25.
62 BTDrucks. 19/4724 S. 24; BeckOK GeschGehG/*Fuhlrott* § 2 GeschGehG Rn. 66 ff.; Harte-Bavendamm/Ohly/Kalbfus/*Harte-Bavendamm* § 2 GeschGehG Rn. 40; *Redeker/Pres/Gittinger* WRP **2015** 681, 683; *McGuire* GRUR **2016** 1000, 1006; *Strobel* 73.
63 Harte-Bavendamm/Ohly/Kalbfus/*Harte-Bavendamm* § 2 GeschGehG Rn. 68 ff.; siehe zur Vereinbarkeit mit dem Unionsrecht: Köhler/Bornkamm/Feddersen/*Alexander* § 2 GeschGehG Rn. 74 ff.; *Ohly* GRUR **2019** 441, 444.
64 BTDrucks. 19/8300 S. 13 f.; Erwägungsgrund 14 der Richtlinie 2016/943/EU v. 8.6.2016 EU ABl. L 157, 1–18; dazu auch *Strobel* 74.
65 BVerfG 14.3.2006 BVerfGE **115** 205, 230.
66 BTDrucks. 19/8300 S. 14.

elementen und Rechtfertigungsgründen wird aber im Definitionstal über Bord geworfen. Gerade auf einen sittenwidrigen oder rechtswidrigen Inhalt der Information kann es nicht ankommen, da auch an solchen ein Geheimhaltungsinteresse bestehen kann.[67] Dies gilt auch, wenn man das Kriterium des berechtigten Interesses nicht als Bestandteil der Definition, sondern als Rechtfertigungsgrund sieht. Denn so ist die Vorschrift nicht konzipiert. Insofern ist der Zusatz zur Definition mit dem Verweis auf das berechtigte Interesse im Hinblick auf den Bestimmtheitsgrundsatz **verfassungsrechtlich bedenklich**, wenn es um die Anwendung völkerstrafrechtlicher Zwecke geht.

Nach der Gesetzesbegründung[68] entspricht die Definition des Geschäftsgeheimnisses der des **Art. 39 Abs. 2 TRIPS.**[69] Dieser lässt jedoch das Kriterium des berechtigten Interesses vermissen. Laut Gesetzesbegründung entspricht sie außerdem im Wesentlichen der von der Rechtsprechung zu § 17 UWG a. F. entwickelten Definition des Geschäftsgeheimnisses.[70] § 17 UWG a. F. selbst enthält jedoch gerade keine Definition des Geschäftsgeheimnisses. Nach der Rechtsprechung ist als Geschäftsgeheimnis i. S. d. § 17 UWG a. F. jede im Zusammenhang mit einem Betrieb stehende Tatsache anzusehen, die nicht offenkundig, sondern nur einem eng begrenzten Personenkreis bekannt ist und nach dem bekundeten, auf wirtschaftlichen Interessen beruhenden Willen des Betriebsinhabers geheim gehalten werden soll.[71] 23

Die Vorschrift wird nicht mehr normativ auf rechtmäßige Geheimnisse eingeschränkt. Es wird also nicht mehr nach dem schutzwürdigen Interesse an der Geheimhaltung oder wettbewerbsfunktionalem Verhalten gefragt.[72] Die **Ausnahmen für Journalisten und Whistleblower** in § 5 Nr. 1 und § 5 Nr. 2 sprechen dafür, dass rechtswidriges Vorverhalten zum Gegenstand von gesetzlich gedeckten Offenlegungspflichten gemacht wurde. 24

Es ist wichtig, eine **homogene Definition** des Begriffs „Geschäftsgeheimnis" festzulegen, ohne den vor widerrechtlicher Aneignung zu schützenden Bereich einzuengen. Eine solche Definition sollte daher so beschaffen sein, dass sie Know-how, Geschäftsinformationen und technologische Informationen abdeckt, bei denen sowohl ein legitimes Interesse an ihrer Geheimhaltung besteht, als auch die legitime Erwartung, dass diese Vertraulichkeit gewahrt wird. Darüber hinaus sollten solches Know-how oder solche Informationen einen – realen oder potenziellen – Handelswert verkörpern, z. B. wenn ihr unbefugter Erwerb oder ihre unbefugte Nutzung oder Offenlegung die Interessen der Person, die rechtmäßig die Kontrolle über sie ausübt, aller Voraussicht nach dadurch schädigt, dass das wissenschaftliche oder technische Potenzial, die geschäftlichen oder finanziellen Interessen, die strategische Position oder die Wettbewerbsfähigkeit dieser Person untergraben werden.[73] Die Definition eines Geschäftsgeheimnisses schließt belanglose Informationen und die Erfahrungen und Qualifikationen, die Beschäftigte im Zuge der Ausübung ihrer üblichen Tätigkeiten erwerben, sowie Informationen aus, die den Personenkreisen, die üblicherweise mit derartigen Informationen umgehen, generell bekannt sind bzw. für sie leicht zugänglich sind. 25

67 Nebel/Diedrich/*Diedrich* § 2 GeschGehG Rn. 42.
68 BTDrucks. 19/4724 S. 24.
69 BTDrucks. 19/4724 S. 24.
70 BTDrucks. 19/4724 S. 24.
71 BGH 15.3.1955 GRUR **1955** 424, 425; BGH 26.2.2009 GRUR **2009** 603, 604.
72 Ähnlich BVerfG 2.7.2001 NJW **2001** 3474, 3475; OLG München 18.6.1997 NJW-RR **1998** 1495, 1496; OLG München 20.1.2005 ZUM **2005** 399, 405.
73 BVerwG 5.3.2020 NVwZ **2020** 715 Rn. 11 f.; vgl. OLG München 27.2.2020 WRP **2020** 653, 655.

C. Inhaber des Geschäftsgeheimnisses, § 2 Nr. 2

26 Nach § 2 Nr. 2 ist **Inhaber** eines Geschäftsgeheimnisses jede natürliche oder juristische Person, die die rechtmäßige Kontrolle über ein Geschäftsgeheimnis hat. Zu klären ist hier zunächst die **Funktion**, die der Begriff des Inhabers einnimmt.[74] Es handelt sich bei der Bezeichnung um das Schutzsubjekt des Geheimnisschutzgesetzes. Geschäftsgeheimnisse sollen nicht für sich alleine Schutzgegenstand des Gesetzes sein, sondern sind nur **in Verbindung mit einem Rechtsträger** geschützt. Der Inhaber des Geschäftsgeheimnisses ist Gläubiger der Ansprüche aus §§ 6ff. Er ist auch als Verletzter ausschließlich berechtigt, den zur Strafverfolgung erforderlichen Strafantrag gem. § 23 Abs. 8 und § 77 Abs. 1 StGB zu stellen. Über den Begriff des Verletzten in § 77 Abs. 1 StGB lässt sich auch einiges für die Frage des Inhabers des Geschäftsgeheimnisses nach neuem Recht ermitteln. Schon früher sprach man in diesem Zusammenhang von den Geheimnisherren und bezog diesen auf den Eigner des Geheimnisses.

27 Historisch ist die Formulierung in § 2 Nr. 2 eine nahezu unveränderte Umsetzung von Art. 2 Nr. 2 der Richtlinie.[75] Der Begriff der Person entspricht dem **allgemeinen Zivilrecht**. Eine Person muss nach nationaler Rechtsordnung Träger von Rechten und Pflichten sein können. Es kann sich um eine natürliche Person im Sinne von § 1 BGB handeln oder auch um eine juristische Person. Der Begriff der juristischen Person ist unionsrechtlich zu verstehen und daher entsprechend auszulegen. Das deutsche Recht ist in der Begrifflichkeit nicht kongruent mit dem Begriffsverständnis im unionsrechtlichen Sinne. Unionsrechtlich muss die juristische Person eine wirtschaftlich-organisatorische Einheit darstellen, die als selbstständiges Rechtssubjekt im Rechtsverkehr in Erscheinung treten kann. Einbezogen sind sowohl juristische Personen des Privatrechts als auch des öffentlichen Rechts. Der Begriff umfasst aber auch Personenhandelsgesellschaften.[76]

28 Die Person müsste eine **rechtmäßige Kontrolle** über ein Geschäftsgeheimnis haben. Dabei ist zwischen originärem und derivativem Erwerb zu unterscheiden.[77] In beiden Fällen bemisst sich die Inhaberschaft nach tatsächlichen und rechtlichen Kriterien. Beim originären Erwerb muss eine Person tatsächlich imstande sein, den Zugriff auf das Geschäftsgeheimnis zu bestimmen, einzuschränken oder auszuschließen.[78] Abzustellen ist hier auf die Nähe des Geschäftsgeheimnisses zum Rechtsinstitut des **Besitzers** (vgl. Kommentierung zu Vor §§ 1 bis 2).[79] Ähnlich wie bei dem Besitz an Sachen muss die Person die tatsächliche Herrschaft innehaben. Dies kann – ähnlich dem Besitzrecht – einerseits durch unmittelbaren Besitz und andererseits durch mittelbaren Besitz begründet sein. Dazu reicht z.B. das Bestimmungsrecht über den beschränkten Personenkreis der Zugriffsberechtigten aus.[80] Auch externe auf Drittservern gespeicherte Daten schließen eine tatsächliche Herrschaft nicht aus, solange die Kontrolle durch Vereinbarung mit dem Provider eine hinreichende Kontrollmöglichkeit absichert. Entscheidend für den tatsächlichen originären Inhaber ist die Angemessenheit der Geheimhaltungsmaßnahmen nach § 2 Nr. 1. Sie begründen nicht nur die Existenz eines Betriebsgeheimnisses, sondern sorgen auch für die Zuordnung der Inhaberschaft an einem Geschäftsgeheimnis.

---

74 Dazu auch Harte-Bavendamm/Ohly/Kalbfus/*Harte-Bavendamm* § 2 GeschGehG Rn. 72.
75 Köhler/Bornkamm/Feddersen/*Alexander* § 2 GeschGehG Rn. 92.
76 Köhler/Bornkamm/Feddersen/*Alexander* § 2 GeschGehG Rn. 96.
77 Harte-Bavendamm/Ohly/Kalbfus/*Harte-Bavendamm* § 2 GeschGehG Rn. 74f.
78 *Baranowski*/*Glaßl* BB **2016** 2563, 2564; MüKo UWG/*Namysłowska* RL (EU) 2016/943 Art. 2 Rn. 20.
79 Köhler/Bornkamm/Feddersen/*Alexander* § 2 GeschGehG Rn. 98.
80 *Baranowski*/*Glaßl* WB **2016** 2563, 2564.

29 Fraglich ist, ob eine Inhaberschaft des Unternehmensinhabers auch besteht, wenn dieser **keine Kenntnis vom Geschäftsgeheimnis** hat. Teilweise wird hierzu auf Wertungen des Sonderrechtsschutzes, etwa §§ 43, 69 lit. b) UrhG, § 7 Abs. 2 DesignG und §§ 17, 24 ArbErfG, abgestellt.[81] Diese Meinung wird aber vor allem von der Rechtsprechung[82] abgelehnt, die den Geheimnisschutz nicht als kleines Schutzrecht, sondern als eigenständige Rechtsposition ansieht. Auch hier hilft die Nähe zum Besitz. Das Rechtsinstitut des Besitzes kennt den generellen Herrschaftswillen und lässt diesen ausreichen. Es kommt also nur darauf an, dass der Unternehmensinhaber den Generalwillen hat, Geschäftsgeheimnisse wahrzunehmen.

30 Der für das Geheimnis notwendige Bereich der **Kontrolle** entfällt daher noch nicht mit dem Verlust des Informationsträgers oder der Kenntniserlangung Dritter von Geschäftsgeheimnissen. Ansonsten würde das Gesetz in einem logischen Zirkelkreis laufen, indem die Zugriffsmöglichkeiten Dritter immer stets die Inhaberschaft eines Geheimnisses ausschließen. Es gilt hier § 856 Abs. 2 BGB. Eine bloß vorübergehende Verhinderung bewirkt danach noch keinen Besitzverlust, wenn und solange die Möglichkeit zu einer Wiedererlangung besteht. Rechtlich muss die tatsächlich ausgeübte Kontrolle legitimiert sein. Die Person muss berechtigt sein, die vertraulichen Informationen wirtschaftlich zu nutzen. Näheres dazu findet sich weder in der Richtlinie noch im Gesetz. Abzustellen ist dabei nicht auf das Eigentum an Datenträgern.[83] Ansonsten wäre im Fall eines Eigentumsvorbehalts an Datenträgern der Geheimnisschutz tot. Dieses Element wurde nur deshalb in das Gesetz aufgenommen, weil man ein Korrektiv für die Weite des rein tatsächlichen Kontrollelementes ähnlich wie beim Besitz haben wollte. Ähnlich wie beim Besitz fungiert hier das Merkmal der Berechtigung als Einschränkung der Inhaberschaft bezogen auf die Felder, in denen der Kontrolleur ein Recht zum Besitz innehat. Insofern ist der Inhaber mit dem berechtigten Besitzer gleichzusetzen, der im Rahmen des BGB über § 823 Abs. 1 BGB geschützt ist und dessen berechtigter Besitz als „Etwas" im Sinne von bereicherungsrechtlichen Rückabwicklungsvorschriften gilt.

31 Neben den originären Erwerb tritt auch die Möglichkeit zum **derivativen Erwerb**. Hierzu muss der Inhaber seine originäre Kontrollposition aufgeben. Insofern reicht eine rechtlich eingeschränkte Kontrolle nicht aus. Auch die Existenz eines Werkvertrages begründet noch keinen derivativen Erwerb.[84] Mit dem Werkvertrag müssen vielmehr zusätzlich auch die Voraussetzungen für die Übernahme der tatsächlichen Kontrolle geregelt werden.

32 Daneben besteht auch die Möglichkeit zur Einräumung eines mittelbaren oder unmittelbaren Besitzes nach Maßgabe von § 868 BGB. Ein solches **Besitzmittlungsverhältnis** besteht z. B. bei dinglichen oder schuldrechtlichen Nutzungsrechten an der geheimen Information. Die Gesetzesbegründung spricht lapidar davon, dass unter die Inhaber auch „Lizenzinhaber" fallen können.[85] Auch mehrere Inhaber kommen in Betracht. Dies ähnelt dann der Einräumung von Mitbesitz. Solche Fälle gibt es etwa bei der Erhebung und Speicherung von Rohdaten[86] oder der gemeinschaftlichen Erhebung von Daten aus dem Ticketverkauf.[87] Bei einem Nutzungsrecht mehrerer Personen kommt es auf den Umfang des Nutzungsrechts an. Mehrere können auch nebeneinander Inhaber sein, z. B. aufgrund ei-

81 *Hauck* GRUR-Prax **2019** 223, 224; *Klein/Wegener* GRUR-Prax **2017** 394, 395.
82 BGH 18.2.1977 GRUR **1977** 539, 540.
83 Köhler/Bornkamm/Feddersen/*Alexander* § 2 GeschGehG Rn. 99.
84 Entgegen Köhler/Bornkamm/Feddersen/*Alexander* § 2 GeschGehG Rn. 101.
85 BTDrucks. 19/4724, S. 25.
86 *Ohly* GRUR **2019** 441, 445.
87 OGH 25.10.2016 ÖBl **2017** 136, 138.

ner geschäftlichen Verbindung. Falls keine Regelungen getroffen werden, dürfte § 866 BGB der Interessenlage am ehesten entsprechen. Hieraus ergibt sich ein besonderes Rücksichtnahmegebot auf die Belange anderer Mitbesitzer. Wahrscheinlich kann man den Mitbesitz nicht als qualifiziert in dem Sinne ansehen, dass die Ausübung der tatsächlichen Kontrolle nur gemeinsam möglich ist. Deshalb hat jeder Mitinhaber unbeschränkte Ansprüche gegen Dritte. Die Einräumung von alleinigen Besitzrechten kann er entsprechend § 869 Satz 2 BGB nur verlangen, soweit die übrigen Mitbesitzer den Mitbesitz nicht mehr übernehmen wollen oder können.[88]

33 Für **Treuhandverhältnisse** ist die Entscheidung des OLG Düsseldorf vom 21. November 2019[89] zu beachten: Danach ist in derartigen Fällen darauf abzustellen, ob der „Treugeber" die rechtmäßige Kontrolle über das Geschäftsgeheimnis besitzt.[90] Das kann prinzipiell auch der Fall sein, wenn der betreffende Gegenstand von dem „Treunehmer" erst erstellt wurde und dieser nach den Absprachen der Beteiligten dem „Treugeber" zustehen soll.

D. Rechtsverletzer, § 2 Nr. 3

34 Nach § 2 Nr. 3 ist **Rechtsverletzer** jede natürliche oder juristische Person, die entgegen § 4 ein Geschäftsgeheimnis rechtswidrig erlangt, nutzt oder offenlegt, sofern sie sich nicht auf eine Ausnahme nach § 5 berufen kann. Der Begriff funktioniert nur als Kehrbild des Begriffs des Inhabers des Geschäftsgeheimnisses nach § 2 Nr. 2, insofern ist die Passivlegitimation in § 2 Nr. 3 am Vorbild des Inhabers positiv definiert. § 2 Nr. 3 entspricht Art. 2 Nr. 3 der Richtlinie. Genauer als die Richtlinie präzisiert das deutsche Gesetz die Rechtsverletzung mittels eines Verweises auf § 4 und § 5.

35 Zu eng spricht das Gesetz nur von einer natürlichen oder juristischen Person als Rechtsverletzer. Dabei ist die **Rechtsstellung von Personenhandelsgesellschaften** nicht ausdrücklich angesprochen.[91]

36 Durch den Verweis auf § 4 ist das ganze **Spektrum der Verletzungshandlungen** angesprochen, seien es unmittelbare Verletzungshandlungen oder mittelbare Verletzungshandlungen. Bezogen werden diese auf das rechtswidrige Erlernen, das rechtswidrige Nutzen und das rechtswidrige Offenlegen eines Geschäftsgeheimnisses. Der Inhaber eines Unternehmens ist nicht ipso iure Rechtsverletzer. Dennoch ist er aber gemäß § 12 gleichsam zu behandeln.[92] Ansonsten kommen als Rechtsverletzer alle Personen in Betracht, die zu selbstständigen erwerbswirtschaftlichen Zwecken handeln. Das Merkmal einer geschäftlichen Handlung im Sinne des UWG ist nicht erforderlich. Die Rechtsverletzung kann auch als Vorbereitungshandlung für die Aufnahme einer geschäftlichen Tätigkeit oder nach der Entstehung eines Unternehmens erfolgen. Insofern ist auch die rechtsverletzende Handlung zu privaten Zwecken vom Gesetz umfasst. Auch Journalisten können im Rahmen ihrer beruflichen Tätigkeit als Rechtsverletzer in Anspruch genommen werden. Gleiches gilt für Hilfspersonen wie Anstifter und Gehilfen.

37 Ausdrücklich ausgenommen sind durch § 2 Nr. 3 HS. 2 Handlungen nach § 5. Der ursprüngliche Plan im Regierungsentwurf war, diese **Ausnahmetatbestände** noch als

88 OLG Düsseldorf 15.11.2001 NZM **2002** 192, 192.
89 OLG Düsseldorf 21.11.2019 GRUR-Prax **2020** 290.
90 BeckOK UWG/*Kalbfus* § 18 UWG Rn. 17.
91 Köhler/Bornkamm/Feddersen/*Alexander* § 2 GeschGehG Rn. 96.
92 Nebel/Diedrich/*Diedrich* § 2 GeschGehG Rn. 53.

Rechtfertigungsgründe zu formulieren. Insbesondere wegen der Kritik journalistischer Fachverbände wurde die Regelung dahingehend verändert, dass es sich nunmehr um tatbestandsausschließende Ausnahmen handelt. Insofern greift der Auskunftsanspruch nach § 8 Abs. 1 Nr. 4 nicht gegenüber Journalisten.

Bei der rechtswidrigen Erlangung geht es um die **Rechtmäßigkeit der Informationsherrschaft**. Hierbei muss regelmäßig ein Unternehmensbezug hergestellt werden.[93] Dieser Unternehmensbezug kann durch 38
- eigene Generierung der Information[94]
- Stellung als Rechtsnachfolger[95]
- Lizenzinhaberschaft[96]

entstehen. Sofern dann Unternehmensidentität vorliegt, ist von der Rechtmäßigkeit auszugehen.

E. Rechtsverletzendes Produkt, § 2 Nr. 4

§ 2 Nr. 4 definiert den Begriff des **rechtsverletzenden Produktes**. Dieses spielt an mehreren Stellen im Gesetz eine Rolle. Er ist ein Schlüsselbegriff für die Vernichtungsansprüche aus § 7. Insofern taucht er in § 7 Nr. 2, Nr. 3, Nr. 4 und Nr. 5 auf. Ebenso findet er sich in § 8 Abs. 1 Nr. 1 und Nr. 2. 39

Die Gefahr eines rechtswidrig erlangten Geschäftsgeheimnisses manifestiert sich häufig erst in der **Herstellung eines Produkts nach den geheimen Vorgaben**.[97] Erst so wird das Geschäftsgeheimnis einem breiten Publikum zugänglich gemacht. Die Definition in der deutschen Fassung entspricht einer singulären Form der Richtlinienvorgabe.[98] Hierbei ist die Definition des Produkts aus Art. 2 lit. c) UGP-RL zu ziehen. Ein Produkt ist danach jede Ware oder Dienstleistung, einschließlich Immobilien, Rechten und Verpflichtungen. Dabei reicht es für eine Rechtsverletzung nach § 2 Nr. 4 bereits aus, wenn das Produkt nur partiell oder nur in geringem Maße auf dem Geschäftsgeheimnis beruht.[99] 40

Teils wird jedoch das Überschreiten einer **Erheblichkeitsschwelle** bezüglich des Umfangs der Bedeutung des Geschäftsgeheimnisses für das neue Produkt gefordert, um unverhältnismäßige Verletzungsansprüche bei der Nutzung von Geschäftsgeheimnissen in geringem Umfang zu unterbinden.[100] Hierbei ist das Überschreiten dieser Schwelle unter Berücksichtigung der Art des Produkts und des Geschäftsgeheimnisses wertend zu ermitteln, bei der maßgeblich qualitative, aber auch quantitative Gesichtspunkte zu berücksichtigen sind.[101] Die hierbei vorzunehmenden Wertungen können der Beurteilung ähneln, ob 41

93 *Kalbfus* GRUR **2016** 1009, 1011.
94 *Ohly* GRUR **2019** 441, 445.
95 *Ohly* GRUR **2019** 441, 445.
96 BTDrucks. 19/4724, S. 25.
97 Köhler/Bornkamm/Feddersen/*Alexander* § 2 GeschGehG Rn. 122.
98 Köhler/Bornkamm/Feddersen/*Alexander* § 2 GeschGehG Rn. 126; Harte-Bavendamm/Ohly/Kalbfus/*Harte-Bavendamm* § 2 GeschGehG Rn. 1.
99 Köhler/Bornkamm/Feddersen/*Alexander* § 2 GeschGehG Rn. 128; Harte-Bavendamm/Ohly/Kalbfus/*Harte-Bavendamm* § 2 GeschGehG Rn. 103f.
100 BTDrucks. 19/4724, S. 25; Köhler/Bornkamm/Feddersen/*Alexander* § 2 GeschGehG Rn. 141; BeckOK GeschGehG/*Hiéramente* § 2 GeschGehG Rn. 97.
101 Köhler/Bornkamm/Feddersen/*Alexander* § 2 GeschGehG Rn. 142; Harte-Bavendamm/Ohly/Kalbfus/*Harte-Bavendamm* § 2 GeschGehG Rn. 113.

die für ein Geschäftsgeheimnis erforderlichen angemessenen Geheimhaltungsmaßnahmen vorliegen.[102] Gegen das Erfordernis einer Erheblichkeitsschwelle wird jedoch angeführt, dass die mangelnde Trennschärfe bei der Abgrenzung zu Ungenauigkeiten und Abwägungen im Einzelfall führen würde.[103] Helfen soll im Gegensatz hierzu der Vorschlag, **Fallgruppen** des Einsatzes solcher Produkte zu bilden, beispielsweise bestimmte übernommene Produkteigenschaften oder bestimmte Vermarktungsarten.[104]

42 Nach der Rechtsprechung zu § 17 UWG a.F. sollte ein Produkt kein Recht verletzen, wenn die verwendeten Kenntnisse wirtschaftlich und technisch bedeutungslos für das neue Produkt waren.[105] Ob zur Feststellung der **Erheblichkeit** ähnliche Kriterien wie bei der Bedeutungslosigkeit anzuwenden sind, muss durch die Rechtsprechung entschieden werden.[106]

43 Inwieweit ein rechtsverletzendes Produkt verwendet wird, muss durch den betroffenen Geschäftsgeheimnisträger bewiesen werden. Ihn trifft die übliche Beweislast.[107]

F. Besonderheiten für die Praxis

44 Die weite Definition des Geschäftsgeheimnisses in § 2 führt dazu, dass auf alle Unternehmen **gesteigerte Compliance Pflichten** zukommen. Für Unternehmen ist es wichtig, die eigenen Sorgfaltspflichten für den Umgang mit Geheimnisträgern genauestens zu bestimmen und in die Praxis umzusetzen.

I. Festlegung des status quo

45 Dies setzt zunächst eine Festlegung des status quo voraus. Es bedarf zunächst einer Form der **Klassifizierung von Geheimnissen** als riskant und besonders geheimnisträchtig. In diese permanent zu aktualisierende Liste gehören Kundendaten, Fabrikationspläne, Konstruktionszeichnungen, der Source Code nebst interner Dokumentation des Programmierers und die Verzeichnisse mit den internen Zulieferern. Es ist unerlässlich für das Unternehmen, genau zu wissen, wer Geheimnisträger ist und mit welchen Geheimnissen diese Person umgeht. Dazu kommt eine Analyse der Datenströme, was die Verteilung eines Geheimnisses angeht. Im Grunde ähnelt dieser Pflichtenkatalog insoweit dem Datenschutzrecht und dem dort angesiedelten Verfahrensverzeichnis. Allerdings weiß man auch aus dem Datenschutzrecht, wie viel Arbeit, Kosten und Mühen in einem gelungenen und vollständigen **Verfahrensverzeichnis** liegen kann. Außerdem muss dieses Verzeichnis kontinuierlich weitergepflegt werden, was bei Unternehmen ab gewissen Größenordnungen und flexiblem Einsatzfeld schwierig sein dürfte. Letztendlich kann man dies nur mithilfe eines eigenen Geheimnisschutzbeauftragten und eventuell einem dazugehörigen Team realisieren. Außerdem setzt ein solches Verfahren ein entsprechendes Klassifizierungssystem für geheimnisträchtige Dokumente voraus, mit dem diese Dokumente abhängig von Risikoklassen eingestuft werden. Zu bestimmen ist auch, in welchen Organi-

---

102 *Reinfeld* § 1 Rn. 222.
103 Nebel/Diedrich/*Diedrich* § 2 GeschGehG Rn. 60.
104 Köhler/Bornkamm/Feddersen/*Alexander* § 2 GeschGehG Rn. 129.
105 BGH 19.12.1984 GRUR **1985** 294, 296; BGH 3.5.2001 GRUR **2002** 91, 94; Nebel/Diedrich/*Diedrich* § 2 GeschGehG Rn. 60.
106 Nebel/Diedrich/*Diedrich* § 2 GeschGehG Rn. 60.
107 Nebel/Diedrich/*Diedrich* § 2 GeschGehG Rn. 61.

sationseinheiten des Unternehmens der Geheimnisschutz eine besondere Rolle spielt. Datensensible Bereiche können insbesondere der Bereich Forschung und Entwicklung wie auch M&A sein. Gefährdet ist auch die Vertriebsabteilung wegen der Kundendaten. In der Matrix gilt es auch zu bestimmen, welche Mitarbeiter anfällig für Geheimnisverrat sind.

Genauere Identifizierungsmöglichkeiten bietet auch die digitale Klassifizierung der Herkunft von Datenträgern und Dateien. Es bieten sich **Digital-Rights-Managementsysteme** oder die Kennzeichnung von Dokumenten über **Metadaten** an. USB-Sticks oder DVDs sollten als eindeutig vom Unternehmen stammend bezeichnet werden. Wichtig ist auch, dass die allgemein anerkannten Standards der Datensicherheit und Informationssicherheit eingehalten werden. Besondere Blicke sollten dabei auf die Versendung verschlüsselter E-Mails gerichtet werden. Ähnlich sensibel ist die Nutzung privater Gerätschaften für die Speicherung und Weitergabe von Unternehmensdaten. Insofern ist die Diskussion um Geheimnisschutz auch eine allgemeine Kontroverse zur **Sensibilisierung** für den Schutz von Information gegen unbefugte Nutzung etwa durch Hacker oder mittels Viren. Die im Arbeitsvertrag zu regelnden Geheimhaltungspflichten sind nicht nur zu sanktionieren, sondern auch als Anreiz für die Motivation von Arbeitnehmern zu verstehen. Es bedarf einer Unternehmenskultur des Geheimnisses, welche auch Anreize für die Arbeitnehmer zur Einhaltung der Geheimnisschutzbestimmungen gibt. Es geht hier um die Sensibilisierung der Arbeitnehmer bei ihrer täglichen Nutzung der Daten und die Entwicklung eines Gespürs im Unternehmen. Hier sollte auch über die Rechtsabteilung oder die Compliance-Abteilung ein Ansprechpartner für Zweifel an der Rechtmäßigkeit benannt werden. Dieser Beauftragte hat die Mitarbeiter entsprechend aktuell zu schulen und die Regelwerke und Richtlinien entsprechend laufend aktuell zu halten. 46

II. Der neue Mitarbeiter und der Input in das Unternehmen

Dann bedarf es über den status quo hinaus auch einer Kanalisierung, was den Input in das Unternehmen angeht. Wenn ein Arbeitnehmer wechselt, muss das neue Unternehmen als Basisprinzip den neuen Beschäftigten ausdrücklich darauf **hinweisen**, dass dieser keine Dokumente und Dateien vom alten Arbeitgeber in das neue Beschäftigungsverhältnis mitnehmen darf. Hinzuweisen ist auch auf denkbare Folgen einer solchen Mitnahme und Einbringung bis hin zur Kündigung des neuen Arbeitnehmers. Gern gesehen sind ausgeschiedene Mitarbeiter, weil sie ihre aus der früheren Anstellung erhaltenen Erfahrungen auch später beim neuen Arbeitgeber einsetzen dürfen. Dem Mitarbeiter ist aber verwehrt, auf Unterlagen zurückzugreifen, die er während der Beschäftigungszeit verfasst hat. Es bedarf daher besonderer Richtlinien und Verhaltenskodizes für neu eingestellte Mitarbeiter. 47

III. Der Output und der ausgeschiedene Arbeitnehmer

Das Gleiche gilt für den Output. Hier muss festgelegt werden, dass der **ausscheidende Arbeitnehmer** alle Dateien und Texte zu löschen hat. Zu löschen sind auch alle alten E-Mails, zumindest was den Zugriff des alten Arbeitnehmers betrifft. Sieht der Unternehmer, dass der Arbeitnehmer wechseln will, muss spätestens nach diesem Zeitpunkt eine Kontrolle des Arbeitsplatzes möglich sein, mit einem Verbot der Verwendung von USB-Sticks und unter Ausschluss der Nutzung externer IT-Strukturen. 48

49 Es bedarf auch in einem Arbeitsvertrag von vornherein der Regelung von **nachvertraglichen Geheimhaltungspflichten**, wobei auf eine möglichst einfache Beschreibung der Strafbarkeitsrisiken kombiniert mit einfachen Fällen und Verhaltenshinweisen geachtet werden sollte.[108] Bei den nachvertraglichen Pflichten können die Pflichten im Arbeitsvertrag konkret benannt werden oder sich allgemein aus dem Arbeitsvertrag ergeben. Die Wirksamkeit von nachvertraglichen Geheimhaltungspflichten scheitert in der Regel am Grundsatz der Wissensfreiheit beim Arbeitgeberwechsel.

50 Besondere Umstände[109], die ausnahmsweise eine Geheimhaltungsvereinbarung auch **ohne ausdrückliche Regelung** zulassen, sind

- die Stellung des Arbeitnehmers im Unternehmen,
- dessen langjährige Betriebszugehörigkeit,
- die Herkunft der Informationen (Hat der Arbeitnehmer diese selbst generiert oder nur kopiert?).

51 Zu bedenken ist auch, dass unter Umständen der Arbeitnehmer seine eigene Kündigung provoziert hat, um sein Wissen möglichst effizient an anderer Stelle wieder einsetzen zu können. In der Entscheidung des BGH zu Industrieböden[110] wurde anerkannt, dass ausnahmsweise auch eine *Nachwirkung* dienstvertraglicher Pflichten, insbesondere der **Pflicht zur Verschwiegenheit**, in Betracht kommt. Auch das Bundesarbeitsgericht[111] geht davon aus, dass der ausscheidende Beschäftigte auch ohne entsprechende Geheimhaltungsvereinbarung aufgrund einer **nachwirkenden Treuepflicht** arbeitsrechtlich zur Verschwiegenheit über Geschäfts- und Betriebsgeheimnisse verpflichtet ist. Ihm sei nur die Verwertung des erworbenen „Erfahrungswissens“ gestattet. Als allgemein bekannt sei vorausgesetzt, dass das deutsche Recht Wettbewerbsverbote zulasten des ehemaligen Arbeitnehmers nur gegen Zahlung einer großzügig bemessenen Karenzentschädigung vorsieht.[112] Daher sollte man sinnvollerweise eher eine Geheimhaltungsvereinbarung wählen als ein Wettbewerbsverbot.

IV. Das Geheimhaltungsverbot zwischen den Unternehmen

52 Diese Geheimhaltung ist auch beim Arbeitnehmerwechsel im Vertrag zwischen dem alten Unternehmen und dem neuen Unternehmen so zu regeln, dass die **Weitergabe der Betriebsgeheimnisse des alten Arbeitgebers** strafbewehrt untersagt wird. Schwierigkeiten macht allerdings die Bemessung einer angemessenen Vertragsstrafe. Allgemeingültige Beträge können einzelfallbedingt nicht genannt werden. Zu bedenken ist, dass nach § 348 HGB im kaufmännischen Verkehr eine Herabsetzung der eventuell zu hohen Vertragsstrafe nicht zulässig ist.[113] Der Geheimnisbereich ist für das betroffene Unternehmen sehr sensibel; Geheimnisse sind keine Geheimnisse mehr, wenn sie verraten werden.

53 Zu bedenken sei auch das Instrument eines **Abwerbeverbots**. Ein solches Verbot könnte zwar mit § 75f. HGB kollidieren, der schon nach früherer Rechtsprechung analoge

108 Harte-Bavendamm/Ohly/Kalbfus/*Harte-Bavendamm* § 2 GeschGehG Rn. 63.
109 Harte-Bavendamm/Henning-Bodewig/*Harte-Bavendamm* § 17 UWG Rn. 54.
110 BGH 21.12.1962 NJW **1963** 856.
111 BAG 15.12.1987 NZA **1988** 502, 503f.; BAG 15.6.1993 NZA **1994** 502, 505f.; BAG 19.5.1998 NZA **1999** 200, 201; ausführlich zur Rechtsprechung des BAG Harte-Bavendamm/Henning-Bodewig/*Harte-Bavendamm* § 17 UWG Rn. 55.
112 ErfK/*Oetker* § 74 HGB Rn. 15.
113 Baumbach/Hopt/*Hopt* § 348 HGB Rn. 6.

Anwendung fand, wenn es sich bei den betroffenen Mitarbeitern nicht um Handlungsgehilfen gemäß § 59 HGB handelte.[114] Ein derartiges Verbot hat der BGH in einer neueren, am 22.9.2014 veröffentlichten Entscheidung[115] auch auf Abwerbeverbote Business-to-Business angewendet. Der Senat lässt aber Ausnahmen von dem Verbot zu. So soll § 75f. HGB keine Anwendung finden, wenn das vertragliche Abwerbeverbot nicht hauptsächlich ist und einem besonderen Vertrauensverhältnis der Parteien oder einer besonderen Schutzbedürftigkeit einer der beiden vertragschließenden Seiten Rechnung trägt. Hier kommen wieder die Richtlinie und der besondere Akzent im künftigen Recht auf den Geheimhaltungsvereinbarungen zum Tragen. Wenn das abgeworbene Unternehmen durch hinreichend konkrete Geheimhaltungsvereinbarungen deutlich macht, dass bestimmte Informationen und Unterlagen besonders schutzbedürftig sind, rechtfertigt es damit auch die Reichweite eines zulässigen Abwerbeverbotes. Als beispielsweise zulässige Abwerbeverbote nennt der BGH auch „Abwerbeverbote, die bei Risikoprüfung vor dem Kauf von Unternehmen oder Unternehmensbeteiligungen vereinbart werden", Abwerbeverbote „bei einer Abspaltung von Unternehmensteilen oder Konzerngesellschaften" und Abwerbeverbote „bei Vertriebsvereinbarungen zwischen selbstständigen Unternehmen".[116] Zu beachten ist auch, dass nach Auffassung des BGH solche Abwerbeverbote nur nach Maßgabe einer zeitlichen Obergrenze von zwei Jahren zulässig sind. Insofern verweist der BGH auf die Rechtsprechung[117] zu nachvertraglichen Wettbewerbsverboten und Kundenschutzklauseln sowie auf § 74a Abs. 1 Satz 3 HGB.

V. Fazit und Konsequenzen

Auf die beteiligten Unternehmen kommen also sehr hohe Compliance-Pflichten in Bezug auf den Schutz von Geheimnissen zu. Diese sollten eher früher als später eingeführt und konsequent implementiert werden. Die Checkliste für notwendige Tätigkeiten ist lang und ohne die Bereitstellung eines spezialisierten Geheimnisbeauftragten wohl kaum zu bewerkstelligen. 54

114 BGH 30.4.1974 NJW **1974** 1282; BGH 27.9.1983 NJW **1984** 116, 117f.
115 BGH 30.4.2014 NJW **2014** 3442.
116 BGH 30.4.2014 NJW **2014** 3442, 3445.
117 BGH 30.4.2014 NJW **2014** 3442, 3445 Rn. 38.

Vorbemerkungen zu §§ 3 bis 5

Schrifttum

Alexander Geheimnisschutz nach dem GeschGehGE und investigativer Journalismus, AfP **2019** 1; *Alexander* Gegenstand, Inhalt und Umfang des Schutzes von Geschäftsgeheimnissen nach der Richtlinie (EU) 2016/943, WRP **2017** 1034; *Alexander* Das Spannungsfeld zwischen investigativem Journalismus und dem Schutz von Geschäftsgeheimnissen, AfP **2017** 469; *Burkhardt-Richter/Bode* Geschäftsgeheimnisschutzgesetz: Überblick und Leitfaden für Unternehmen zur Wahrung ihrer Geschäftsgeheimnisse, BB **2019** 269; *Bürkle* Whistleblowerschutz bei „unethischem" Verhalten? CCZ **2018** 193; *Dann/Markgraf* Das neue Gesetz zum Schutz von Geschäftsgeheimnissen, NJW **2019** 1774; *Dilling* Der Schutz von Hinweisgebern und betroffenen Personen nach der EU-Whistleblower-Richtlinie, CCZ **2019** 214; *Fuhlrott/Hiéramente* Beck OK GeschGehG, 4. Edition 2020; *Harte-Bavendamm/Ohly/Kalbfus* Gesetz zum Schutz von Geschäftsgeheimnissen 1. Aufl. 2020; *Hiéramente/Golzio* Die Reform des Geheimnisschutzes aus Sicht der Compliance-Abteilung – Ein Überblick, CCZ **2018** 262; *Garden/Hiéramente* Die neue Whistleblowing-Richtlinie der EU – Handlungsbedarf für Unternehmen und Gesetzgeber, BB **2019** 963; *Gerdemann* Revolution des Whistleblowing-Rechts oder Pfeifen im Walde? – Der Richtlinienvorschlag der Europäischen Kommission zum Schutz von Whistleblowern, RdA **2019** 16; *Gramlich/Lütke* § 5 Nr. 2 GeschGehG – Ethisch motivierte Durchbrechung von Geschäftsgeheimnissen, wistra **2019** 480; *Hoeren/Münker* Die EU-Richtlinie für den Schutz von Geschäftsgeheimnissen und ihre Umsetzung – unter besonderer Berücksichtigung der Produzentenhaftung, WRP **2018** 150; *Hoeren/Münker* Die neue EU-Richtlinie zum Schutz von Betriebsgeheimnissen und die Haftung Dritter, CCZ **2018** 85; *Kalbfus* Die EU-Geschäftsgeheimnis-Richtlinie – Welcher Umsetzungsbedarf besteht in Deutschland? GRUR **2016** 1009; *Klaas* Unternehmensinterne Verstöße und „Whistleblowing": Zum Grundrechtsschutz der Beteiligten und den Anforderungen an eine einfachrechtliche Regelung, CCZ **2019** 163; *Köhler/Bornkamm/Feddersen* UWG 38. Aufl., München 2020; *Leister* Unternehmen müssen ihre „Geheimnisschutz-Compliance" sicherstellen, GRUR-Prax **2020** 145; *Müllmann* Mehr als nur Whistleblowing: Gesetz zum Schutz von Geschäftsgeheimnissen, ZRP **2019** 25; *Nabert/Peukert/Seeger* Arbeitsrechtliche Aspekte des Geschäftsgeheimnisgesetzes, NZA **2019** 583; *Ohly* Das neue Geschäftsgeheimnisgesetz im Überblick, GRUR **2019** 441; *Reinhardt-Kasperek/Kaindl* Whistleblowing und die EU-Geheimnisschutzrichtlinie – Ein Spannungsverhältnis zwischen Geheimnisschutz und Schutz der Hinweisgeber? BB **2018** 1332; *Scholtyssek/Judis/Krause* Das neue Geschäftsgeheimnisgesetz – Risiken, Chancen und konkreter Handlungsbedarf für Unternehmen, CCZ **2020** 23; *von Busekist/Racky* Hinweisgeber- und Geschäftsgeheimnisschutz – ein gelungener Referentenentwurf? ZRP **2018** 135; *Witt/Freudenberg* Der Entwurf der Richtlinie über den Schutz von Geschäftsgeheimnissen im Spiegel zentraler deutscher Verbotstatbestände, WRP **2014** 375; *Wunner* Die zivilrechtliche Haftung für Geheimnisverwertungen durch Beschäftigte im Lichte der Geschäftsgeheimnis-RL, WRP **2019** 710.

Übersicht

A. Allgemeines

1 Das GeschGehG dient gem. § 1 Abs. 1 dem Schutz von Geschäftsgeheimnissen vor unerlaubter Erlangung, Nutzung und Offenlegung. Nach dem Umreißen von Schutzzweck und Anwendungsbereich (§ 1) sowie der Ausführung der Begriffsbestimmungen (§ 2) hat

https://doi.org/10.1515/9783110631654-004

der Gesetzgeber **in den §§ 3 bis 5 die Grenzziehung zwischen erlaubten und verbotenen Handlungen** betreffend Geschäftsgeheimnisse vorgenommen. Diese Vorschriften stellen damit den materiellen Kern des Geheimnisschutzes und der Einordnung erlaubter und nicht erlaubter Handlungen in Bezug auf die Verwendung von Geschäftsgeheimnissen in Deutschland dar.

Im Hinblick auf die Struktur der geregelten Verhaltensweisen hat sich der Gesetzgeber eng an die Richtlinie angelehnt und damit eine etwas ungewöhnliche[1] Normenfolge kodifiziert: Zunächst stellt er den zu regelnden zentralen Handlungsverboten (§ 4) einen Katalog erlaubter Handlungen voran (§ 3), um dann in § 5 weitere Ausnahmen von den verbotenen Handlungen zugunsten bestimmter Allgemeininteressen zu normieren. Sowohl die Aufzählung erlaubter Verhaltensweisen als auch die Normierung von Ausnahmetatbeständen war in den alten Regelungen in §§ 17 ff. UWG a. F. nicht enthalten. Der gesamte systematisch-strukturelle Regelungsansatz stellt damit ein Novum im deutschen Geheimnisschutz dar. 2

B. Harmonisierungsgrad und nationaler Spielraum

Gerade im Bereich der Verbote, Erlaubnisse und Ausnahmen ist ein genauer Blick darauf angezeigt, welchen Harmonisierungsgrad die Vorschriften aufweisen und welchen Spielraum der nationale Gesetzgeber bei der Ausgestaltung des Geheimnisschutzes durch Verbote, aber auch durch Erlaubnistatbestände hat – wie streng oder liberal also der Schutz von Geschäftsgeheimnissen im europarechtlichen Zusammenhang ausfallen darf. 3

Art. 1 Abs. 1 UAbs. 2 RL (EU) 2016/943 bestimmt, dass die Mitgliedstaaten unter Beachtung der Bestimmungen des AEUV einen weitergehenden als den durch diese Richtlinie vorgeschriebenen Schutz von Geschäftsgeheimnissen vor rechtswidrigem Erwerb, rechtswidriger Nutzung und rechtswidriger Offenlegung vorsehen können. Damit hat sich der Richtliniengeber erkennbar auf einen europaweiten **Mindestschutz** festgelegt. Die Mitgliedstaaten sind also nicht daran gehindert, einen weitergehenden Schutz vor rechtswidrigem Erwerb oder rechtswidriger Nutzung bzw. Offenlegung von Geschäftsgeheimnissen vorzusehen. Allerdings müssen sie gemäß Art. 1 Abs. 1 UAbs. 2 RL in diesem Zusammenhang gewährleisten, dass bestimmte Regelungen der RL eingehalten werden. Dazu gehören die Bestimmungen zu den erlaubten Handlungen in Art. 3 sowie die Regelungen der Ausnahmen in Art. 5. In den Bereichen „erlaubte Handlungen" und „Ausnahmen", also jenen Vorschriften, in denen die einem Schutz von Geschäftsgeheimnissen entgegenstehenden Interessen Dritter und der Allgemeinheit berücksichtigt werden, ist daher von einer Vollharmonisierung auszugehen. Hier dürfen die Mitgliedstaaten folglich weder hinter den Vorgaben der Richtlinie zurückbleiben noch dürfen sie darüber hinausgehen.[2] Formal ist daher weder die Schaffung weiterer Ausnahmetatbestände oder erlaubter Handlungen zulässig noch deren Einschränkung. 4

Dennoch ergibt sich ein **gewisser Ermessensspielraum für die Mitgliedstaaten** in Richtung Ausweitung der Erlaubnis- und Ausnahmetatbestände, da die Richtlinie in beiden Feldern jeweils eine **generalklauselartige Öffnung** vornimmt: In **Art. 3 Abs. 1 lit. d)** wird eine Erlaubnis für „jede andere Vorgehensweise, die unter den gegebenen Umständen mit einer seriösen Geschäftspraxis vereinbar ist" normiert. Gerade diese Bestimmung 5

1 *Ohly* GRUR **2019** 441, 447.
2 Köhler/Bornkamm/Feddersen/*Alexander* Vor. GeschGehG Rn. 21; *Kalbfus* GRUR **2016** 1009, 1010; Harte-Bavendamm/Ohly/Kalbfus/*Harte-Bavendamm* GeschGehG Einl. Rn. 60.

hat der deutsche Gesetzgeber allerdings im Erlaubniskatalog des § 3 nicht explizit aufgenommen. Stattdessen wird der Katalog der erlaubten Handlungen im deutschen Recht offengehalten für seriöse Geschäftspraktiken durch die Voranstellung des Wortes „insbesondere" in § 3 Abs. 1.[3] Ähnliches gilt für den Bereich der Ausnahmen insofern, als die Richtlinie in **Art. 5 lit. d)** derartige (weitere) Ausnahmen „zum Schutze von nach nationalem Recht anerkannten legitimen Interessen" zulässt. Auch hier hat der deutsche Gesetzgeber erneut systematisch abweichend agiert, indem er Art. 5 lit. d) nicht expressis verbis umgesetzt hat, sondern stattdessen in § 5 den Schutz berechtigter Interessen im Eingangssatz vorwegnimmt und die Einzeltatbestände als Regelbeispiele („insbesondere") ausgestaltet. Bei der Anwendung der §§ 3 bis 5 ist stets eine richtlinienkonforme Auslegung vorzunehmen.

C. Geheimnisschutz und Interessen Dritter und der Allgemeinheit

6 Wenn auch § 1 Abs. 1 als einzigen direkten Normzweck den Schutz von Geschäftsgeheimnissen vor unerlaubter Erlangung, Nutzung und Offenlegung statuiert, so ist doch festzustellen, dass eine weitere wesentliche Zielsetzung sowohl der RL (EU) 2016/934 als auch des GeschGehG die **Abwägung und Ausbalancierung zwischen den Geheimschutzinteressen des Geheimnisinhabers einerseits und berechtigten gegenläufigen Interessen andererseits darstellt.**[4] Diese allgemeine Abwägung und Austarierung steht letztlich als Grundgedanke hinter der eigenartigen Struktur von Erlaubnistatbeständen, Handlungsverboten und Ausnahmen. Mit § 4 als zentraler Verbotsvorschrift und den flankierenden Erlaubnissen und Ausnahmen soll eine stimmige, die unterschiedlichen legitimen Interessen ausbalancierende Regelung gewährleistet werden. Sie wirken wie ein System von „checks and balances"[5], welches im Sinne eines kohärenten Zusammenspiels erweiterten Auslegungen und Abweichungen von der Richtlinie Grenzen setzt.

7 Dabei werden in der Richtlinie wie auch im deutschen Umsetzungsgesetz **ausdrücklich vier** dem Geheimnisschutz **gegenläufige Interessenkomplexe** aufgegriffen und geregelt.

8 Gemessen an der Anzahl der im Gesetz vorgenommenen konkreten Erwähnungen scheint dem Richtliniengeber als auch dem deutschen Gesetzgeber im Zusammenhang mit der Erlangung und Weitergabe (Offenlegung) von Geschäftsgeheimnissen die **Berücksichtigung von Arbeitnehmerrechten** am wichtigsten zu sein. Sie werden sowohl in der Richtlinie als auch im GeschGehG gleich **an drei Stellen** gegen etwaige Ansprüche aus dem Geheimnisschutz heraus in Stellung gebracht: Nach § 1 Abs. 3 Nr. 4 lassen die Vorschriften des GeschGehG die Rechte und Pflichten aus dem Arbeitsverhältnis und die Rechte der Arbeitnehmervertretungen unberührt. In § 3 Abs. 1 Nr. 3 wird das Erlangen eines Geschäftsgeheimnisses durch Ausüben von Informations-, Anhörungs- und Mitwirkungsrechten von Arbeitnehmern als von vornherein erlaubt deklariert, während in § 5 Nr. 3 die Offenlegung von Geschäftsgeheimnissen durch Arbeitnehmer von den Handlungsverboten des § 4 ausgenommen wird, wenn sie zur Aufgabenerfüllung der Arbeitnehmervertretung erforderlich ist. Eine weitere Erlaubnis kommt in Betracht über § 3 Abs. 2 in Verbindung mit den einschlägigen arbeitsrechtlichen Sonderregelungen.

---

3 Kritisch dazu Köhler/Bornkamm/Feddersen/*Alexander* § 3 GeschGehG Rn. 6.
4 Harte-Bavendamm/Ohly/Kalbfus/*Ohly* § 5 GeschGehG Rn. 49.
5 So treffend Harte-Bavendamm/Ohly/Kalbfus/*Harte-Bavendamm* GeschGehG Einl. Rn. 140.

Sodann spielt im Sinne von Innovation und Wettbewerbsförderung[6] der Grundgedanke der **Gemeinfreiheit** für die Begrenzung des Geheimnisschutzes eine wesentliche Rolle. Die Erlangung von Geschäftsgeheimnissen durch eigenständige bzw. unabhängige Entdeckungen oder Schöpfungen wird ebenso erlaubt wie das sog. reverse engineering durch Untersuchung und Rückbau (§ 3 Abs. 1). Hier zeigt sich am deutlichsten, dass Geheimnisschutz **nicht als absolutes Ausschließlichkeitsrecht** gewährt wird. **9**

Politisch ebenso heikel wie wichtig war den Normgebern die Abwägung der Schutzinteressen des Geheimnisinhabers mit den grundrechtlich abgesicherten Belangen der **Meinungsäußerungs- und Informationsfreiheit** einschließlich der Medienpluralität. **10**

Eng verbunden mit dem vorgenannten Interessenkomplex ist ein weiteres Allgemeininteresse, welches Gegenstand einer gesetzlichen Ausnahme von den Handlungsverboten des § 4 ist: Das **Interesse an der Aufdeckung von rechtlichem und sonstigem Fehlverhalten**. Insbesondere **das sog. Whistleblowing** wollte der Gesetzgeber an dieser Stelle angemessen berücksichtigt wissen. Die Erlangung und Verwendung von Geschäftsgeheimnissen schließen den Verbotstatbestand als Ausnahme aus, wenn sie zur Aufdeckung einer rechtswidrigen Handlung oder eines beruflichen oder sonstigen Fehlverhaltens erfolgen und sie geeignet sind, das allgemeine öffentliche Interesse zu schützen (§ 5 Nr. 2). **11**

Für das Zusammenspiel von bzw. das Verhältnis zwischen Erlaubnistatbeständen, Verboten und Ausnahmen sowie deren Gewichtung sind der Zweck und die Zielrichtung des Gesetzes von ausschlaggebender Bedeutung. Daher soll hier noch einmal auf die **Zweckrichtung des GeschGehG** hingewiesen werden. Die Richtlinie (EU) 2016/943 und ihre Umsetzung im GeschGehG **dienen von Beginn an und ausschließlich dem Schutz von Geschäftsgeheimnissen vor unbefugter Erlangung und Verwendung** (Art. 1 RL, § 1 Abs. 1). Die mit dem Schutz von Geschäftsgeheimnissen verbundene Innovationsförderung und der Technologietransfer stehen als Schutzzwecke im Vordergrund.[7] Richtlinie und GeschGehG dienen dagegen nicht etwa direkt dem Schutz der Meinungsfreiheit, dem investigativen Journalismus oder dem Schutz sog. Whistleblower als finale Ziel- und Zwecksetzung. Letztere werden bei der Schaffung des gesetzlichen Schutzsystems zugunsten der – für Unternehmen und die wirtschaftliche Entwicklung enorm wichtigen Geschäftsgeheimnisse – als wichtige allgemeine Interessen berücksichtigt und wirken so geheimnisschutzbeschränkend. Sie selbst sind allerdings weder Schutzgegenstand der Richtlinie (EU) 2016/943 noch des GeschGehG. Vielmehr können bestimmte Handlungen mit Erwägungen des Allgemeininteresses den Verboten des § 4 **von vornherein** (§ 3 – z. B. unabhängige Entdeckungen und Schöpfungen, Produktuntersuchungen, Arbeitnehmerrechte, seriöse Geschäftspraxis)) oder **ausnahmsweise** nach entsprechender Interessenabwägung (§ 5 – z. B. Meinungsfreiheit, Aufdeckung von rechtswidrigen Handlungen und Fehlverhalten, Arbeitnehmerrechte) entzogen sein. **12**

Die zum Teil heftigen politischen und öffentlichen Diskussionen drehten sich in weiten Teilen nicht so sehr um den Schutz von unternehmerischen Geschäftsgeheimnissen, sondern vielmehr um eine Stärkung des investigativen Journalismus und den Schutz sog. Whistleblower. Ohne Berücksichtigung dieser wichtigen – auch grundrechtlich geschützten – Interessen ist ein ausgewogenes System zum Schutz von Geschäftsgeheimnissen nicht denkbar. Die politischen Diskussionen hierzu sind wichtig und berechtigt, bergen aber auch die Gefahr, Ziel und Maß der ursprünglichen Gesetzesintention ein wenig aus den Augen zu verlieren. Bisweilen schien einigen Akteuren in Öffentlichkeit und Politik der Schutz sog. Whistleblower und eines investigativen Journalismus vorrangig zu sein ge- **13**

6 RL (EU) 2016/943, Erwägungsgrund 16.
7 Harte-Bavendamm/Ohly/Kalbfus/*Harte-Bavendamm* GeschGehG Einl. Rn. 59.

genüber der europäisch vorgegebenen Stärkung des Schutzes der wirtschaftlich bedeutenden Geschäftsgeheimnisse. Der deutsche Gesetzgeber ist jedenfalls in seinem Bestreben, derartige Anliegen bestimmter gesellschaftlicher Gruppierungen aufzugreifen, in seiner amtlichen Gesetzesbegründung noch über die Ansätze der RL (EU) 2016/934 insofern hinausgegangen, als er die Offenlegung von Geschäftsgeheimnissen bzw. Geheimnisverrat nicht nur zur Aufdeckung rechtswidriger Handlungen, sondern auch zur Aufdeckung „unethischen" Verhaltens zulassen will.[8]

14 Festzuhalten bleibt, – und dies ist als Ausgangspunkt für die Auslegung, Reichweite und Anwendung sowohl der Verbote als auch der Ausnahmen ausschlaggebend – dass Gesetzeszweck der Schutz von Geschäftsgeheimnissen ist. Auch darf nicht aus den Augen verloren werden, dass das Geschäftsgeheimnis als solches ebenfalls eine grundrechtlich geschützte Position darstellt, die bestimmten Auskunftsbegehren der Medien entgegenstehen kann. Ein allgemeiner Medienvorbehalt bzw. eine Bereichsausnahme für Medien ist im GeschGehG nicht angelegt.[9]

D. Das Verhältnis von Erlaubnistatbeständen in § 3 und Verbotsausnahmen in § 5

15 Der an die Systematik der Richtlinie angelehnte Aufbau des GeschGehG flankiert die zentralen „Handlungsverbote" des § 4 mit den vorangestellten „erlaubten Handlungen" in § 3 und den sich anschließenden „Ausnahmen" in § 5. Während die **Ausnahmen** in § 5 geprägt sind von einer vorzunehmenden **Interessenabwägung** und somit zu einzelfallbezogenen Verbotsschranken führen, sind die in § 3 aufgeführten Verhaltensweisen bei Erfüllung der Tatbestandsvoraussetzungen per se und unabhängig von einer Interessenabwägung erlaubt.[10] § 5 gewährt jegliche Ausnahme zudem nur „zum Schutz eines berechtigten Interesses". Auch dieses ist in § 3 weder erforderlich noch zu prüfen.

16 Verhaltensweisen, die unter § 3 als erlaubte Handlungen fallen, schließen die tatbestandliche Erfüllung eines Verbots nach § 4 GeschGehG aus. Fällt ein Sachverhalt unter § 3, ist eine weitere Prüfung von Ausnahmen im Sinne des § 5 nicht mehr erforderlich. Es liegt dann schon tatbestandsmäßig keine einem Handlungsverbot nach § 4 unterliegende Verhaltensweise vor, die ausnahmsweise gemäß § 5 zu rechtfertigen wäre.

E. Erlaubte und verbotene Handlungen

I. Erlaubte Handlungen (§ 3)

17 Ebenso wichtig wie eine genaue Definition des Geschäftsgeheimnisses (Art. 2) und klar umrissene Verhaltensweisen, die zum Schutz der Geschäftsgeheimnisse verboten sind (Art. 4), war dem EU-Gesetzgeber, dass auch Tatbestände festgehalten werden, die in Bezug auf die Erlangung und Verwendung von Geschäftsgeheimnissen von vornherein europaweit für zulässig erklärt werden (Art. 3). Dies dürfte die **Harmonisierung in den Mitgliedstaaten fördern.**[11]

---

8 BTDrucks. 19/4724, S. 29. Siehe dazu unten Rn. 26.
9 *Alexander* AfP **2019** 1, 9.
10 Köhler/Bornkamm/Feddersen/*Alexander* § 3 GeschGehG Rn. 8.
11 Köhler/Bornkamm/Feddersen/*Alexander* § 3 GeschGehG Rn. 1.

Insbesondere **drei konkrete Verhaltensweisen**, mit denen ein Geschäftsgeheimnis **erlangt** werden kann, werden in **§ 3 Abs. 1** als stets erlaubt ausgewiesen: die eigenständige Entdeckung und Schöpfung (Nr. 1), das Beobachten, Untersuchen, Rückbauen oder Testen von Produkten und Gegenständen (Nr. 2) und das Ausüben von Arbeitnehmer-Anhörungs- und Beteiligungsrechten auf individualarbeitsrechtlicher und kollektivrechtlicher Ebene (Nr. 3). **§ 3 Abs. 2** normiert dagegen den Grundsatz, dass ein Geschäftsgeheimnis **erlangt, genutzt und offengelegt** werden darf, wenn dies durch Gesetz, aufgrund eines Gesetzes oder durch Rechtsgeschäft gestattet ist. **18**

Die wichtigste und in der Praxis einschneidendste inhaltlich-materielle Rechtsänderung ist für Deutschland sicherlich mit der Erlaubnis des **sog. reverse engineering** in § 3 Abs. 1 Nr. 2 verbunden. Deutschland hat sich lange Zeit schwer damit getan, die Entdeckung bzw. Erlangung von Kenntnissen und Rückschlüssen auf Konstruktions- und Funktionsweisen technischer Vorrichtungen durch Rückbau oder Dekonstruktion als rechtmäßig zuzulassen. Während viele andere Rechtsordnung dieses reverse engineering erlauben, betrachtete die hM und Rechtsprechung in Deutschland derartige Handlungen als Verletzung von Geschäftsgeheimnissen.[12] Durch § 3 Abs. 1 Nr. 2 hat sich die **Rechtslage nun fundamental** geändert. Reverse engineering ist fortan generell erlaubt und nur noch ausnahmsweise – etwa durch eine vertragliche Abrede – einschränkbar.[13] **19**

Die RL (EU) 2016/943 sieht in Art. 3 Abs. 1 lit. d) einen weiteren Erlaubnistatbestand vor. Danach gilt der Erwerb von Geschäftsgeheimnissen als rechtmäßig, wenn er durch „jede andere Vorgehensweise erlangt wird, die unter den gegebenen Umständen mit einer seriösen Geschäftspraxis vereinbar ist".[14] Bei richtlinienkonformer Auslegung ist der Katalog erlaubter Handlungen als nicht abschließend zu werten.[15] Die Bestimmung des Art. 3 Abs. 1 lit. d) der RL ist nicht in den Katalog des § 3 Abs. 1 aufgenommen worden. Die von der Richtlinie intendierte **Öffnung hin zu weiteren Erlaubnissachverhalten hat der deutsche Gesetzgeber vorgenommen, in dem er mit dem Begriff „insbesondere" die Liste der erlaubten Handlungsweisen eröffnet**. Auf den ersten Blick wird auf diese Weise der Bereich erlaubter Handlungen über die in § 3 Abs. 1 aufgezählten Fälle hinaus erweitert. Allerdings wird diese „Erweiterung" in der Literatur als „überflüssig" betrachtet, da kein Fall denkbar sei, in dem eine Praxis gem. § 4 Abs. 1 als „unbefugt" oder als nicht den „anständigen Marktgepflogenheiten" entsprechend zu beurteilen, aber zugleich mit einer seriösen Geschäftspraxis vereinbar ist.[16] **20**

II. Handlungsverbote (§ 4)

Verboten sind nach § 4 das **unbefugte** Erlangen, Nutzen und Offenlegen von Geschäftsgeheimnissen. Verstöße gegen § 4 bilden die Grundlage für zivilrechtliche Ansprüche und Maßnahmen (§ 6 ff.) und sind gleichzeitig Anknüpfungspunkte für die strafrechtliche Beurteilung in § 23. Die Tatbestände offenbaren, dass es nicht um die Zuweisung **21**

---

12 Vgl. zur alten Rechtslage BeckOK UWG/*Kalbfus* § 17 UWG Rn. 113–119.
13 Köhler/Bornkamm/Feddersen/*Alexander* § 3 GeschGehG Rn. 25.
14 Köhler/Bornkamm/Feddersen/*Alexander* § 3 GeschGehG Rn. 51, spricht in diesem Zusammenhang von einer „kleinen Generalklausel".
15 Harte-Bavendamm/Ohly/Kalbfus/*Ohly* § 3 GeschGehG Rn. 6; **a. A.** Köhler/Bornkamm/Feddersen/*Alexander* § 3 GeschGehG Rn. 6, der insoweit von eine „Positivliste" spricht; ähnlich wohl *Reinfeld* § 2 Rn. 21, der den Erlaubniskatalog als „Whitelist" bezeichnet.
16 Harte-Bavendamm/Ohly/Kalbfus/*Ohly* § 3 GeschGehG Rn. 46; auch Köhler/Bornkamm/Feddersen/*Alexander* § 3 GeschGehG Rn. 55 sehen insoweit nur einen sehr geringen Anwendungsbereich.

von Ausschließlichkeitsrechten geht, sondern schwerpunktmäßig um die **Abwehr von Verhaltensunrecht.**[17]

22 Anders als die bisher den Geheimnisschutz in Deutschland regelnden Strafnormen der §§ 17 ff. UWG a. F. setzen die neu in § 4 geregelten Verbote nicht mehr an der unterschiedlichen Täterqualität (Arbeitnehmer, Dritter, jedermann) an, sondern an der zeitlichen Abfolge möglicher Verletzungshandlungen: Erwerb, Offenlegung und Nutzung fordern **keine bestimmte Täterqualifikation.** §§ 17–19 UWG a. F. unterschieden noch nach der Person des Verletzers. § 17 Abs. 1 UWG a. F. regelte den Geheimnisverrat durch Beschäftigte, § 17 Abs. 2 Nr. 1 UWG a. F. die Betriebsspionage, § 17 Abs. 2 Nr. 2 a. F. UWG die „Geheimnishehlerei" durch Dritte, die die Information von einem Täter im Sinne des § 17 Abs. 1 UWG a. F. erlangt hatten.[18] Das GeschGehG nimmt diese Unterscheidung nicht mehr vor, sondern knüpft in § 4 an die jeweilige Handlung an. **Jedermann** kann diese Tatbestände verwirklichen. An den Erstverletzer schließen sich weitere mögliche Verletzungshandlungen durch Dritte (wiederum Erwerb, Offenlegung und Nutzung sowie Vertrieb sog. verletzender Produkte) an.[19] Erfasst werden demnach sowohl unmittelbare als auch mittelbare Rechtsverletzungen. Da der Geheimnisschutz allerdings nicht als Ausschließlichkeitsrecht ausgestaltet ist, ist der redliche Dritte vor Inanspruchnahme geschützt. Er haftet erst dann, wenn er wusste oder wissen musste, dass derjenige, von dem er das Geheimnis erlangt hat, gegen § 4 Abs. 2 verstoßen hat.

23 Im Unterschied zu den früheren Vorschriften in §§ 17 ff. UWG a. F. setzen die Verbote in § 4 GeschGehG kein Handeln zu Zwecken des Wettbewerbs, aus Eigennutz, zugunsten eines Dritten oder in der Absicht, dem Inhaber des Unternehmens Schaden zuzufügen, voraus.[20] Diese Merkmale spielen erst eine Rolle für die strafrechtliche Einordnung der Taten in § 23. Vielmehr stellt der Gesetzgeber nunmehr allein darauf ab, ob ein Geschäftsgeheimnisträger unbefugt (§ 4 Abs. 1 Nr. 1) oder durch sonstiges unlauteres Verhalten (§ 4 Abs. 1 Nr. 2) erlangt wird oder ob die Nutzung und Offenlegung eines Geschäftsgeheimnisses gegen Nutzungs- oder Offenlegungsbeschränkungen (z. B. Vertraulichkeitsvereinbarungen) verstößt (§ 4 Abs. 2).

24 Die aufgeführten Verbotstatbestände sind numerisch abschließend aufgezählt, werden aber im Auffangtatbestand des § 4 Abs. 1 Nr. 2 deutlich geöffnet. Mit der generalklauselartig formulierten Bestimmung des verbotenen Erwerbs durch „jedes sonstige Verhalten, das unter den jeweiligen Umständen nicht dem Grundsatz von Treu und Glauben unter Berücksichtigung der anständigen Marktgepflogenheit entspricht", werden den Gerichten nicht unerhebliche Freiräume zur Bewertung von Geheimnisverletzungen eingeräumt.[21]

25 Der Schutz von Geschäftsgeheimnissen hat durch die Normierung von Tatbeständen sog. **mittelbarer Rechtsverletzungen** eine deutliche Ausweitung erfahren. Während die Richtlinie die Formen mittelbarer Rechtsverletzungen (durch Dritte) in Art. 4 Abs. 4 und 5 normiert, hat der deutsche Gesetzgeber beide Tatbestände in einem Absatz zusammengefasst **(§ 4 Abs. 3),** was sich im Ergebnis aber wohl nicht auf die rechtliche Beurteilung auswirkt.[22] Dem europäischen Gesetzgeber ist es ein besonderes Anliegen, den Binnenmarkt von Produkten freizuhalten, deren Entwicklung, Herstellung oder Vermarktung in erhebli-

---

17 Harte-Bavendamm/Ohly/Kalbfus/*Kalbfus* GeschGehG Einl. Rn. 62.
18 Harte-Bavendamm/Ohly/Kalbfus/*Ohly* § 4 GeschGehG Rn. 9.
19 *Ohly* GRUR **2019** 441, 445 spricht treffend von einer „Kaskade der Verletzungshandlungen".
20 Diese Merkmale spielen erst eine Rolle für die strafrechtliche Einordnung der Taten in § 23 GeschGehG.
21 So schon für die entsprechende Bestimmung in Art. 4 Abs. 2 lit. b) der RL (EU) 2016/943 Harte-Bavendamm/Ohly/Kalbfus/*Kalbfus* GeschGehG Einl. Rn. 66.
22 Harte-Bavendamm/Ohly/Kalbfus/*Ohly* § 4 GeschGehG Rn. 50.

chem Umfang auf rechtswidrig erworbenen, genutzten oder offengelegten Geschäftsgeheimnissen beruhen.[23] Entsprechend hat der EU-Gesetzgeber in Art. 4 Abs. 5 RL einen sehr weitgehenden Tatbestand der rechtswidrigen Verwendung derartiger rechtsverletzender Produkte durch Dritte geschaffen, wenn diese wussten oder hätten wissen müssen, dass – auch über eine mehrgliedrige Kette der Weitergabe hinweg – Geschäftsgeheimnisse rechtswidrig genutzt wurden. Der deutsche Gesetzgeber ist an dieser Stelle deutlich vom Wortlaut der Richtlinie abgewichen, was durchaus Fragen der zulässigen Umsetzung der Richtlinie aufwerfen kann.[24]

Gerade die **Haftung für sog. rechtsverletzende Produkte**, also Produkte, deren **26** Herstellung und Vermarktung in erheblichem Maße auf rechtswidrig erlangten Geschäftsgeheimnissen beruhen (§ 4 Abs. 3), führt in Verbindung mit der Begriffsbestimmung eines rechtsverletzenden Produkts in § 2 Nr. 4 zu einer Verschärfung der Rechtslage. Wird ein Geschäftsgeheimnis über eine Kette von unbefugt handelnden Personen weitergereicht und etwa in erheblichem Maße im Rahmen des Marketing für ein Produkt verwendet, ist dieses mit einem Makel behaftet, der zu entsprechend weitreichenden Ansprüchen führen kann, wenn die handelnden Personen von den Umständen der rechtswidrig genutzten Geschäftsgeheimnisse wussten oder hätten wissen müssen. Festzuhalten ist, dass die gesamte Kette von Weitergabehandlungen von § 4 Abs. 3 erfasst wird. Schon wenn nur eine Person innerhalb einer solchen Kette durch Mitteilung des Geheimnisses gegen § 4 Abs. 2 verstößt, ist § 4 Abs. 3 verwirklicht. Der Makel der rechtswidrigen Vortat infiziert die gesamte Kette.[25]

F. Ausnahmen (§ 5)

I. Drei Ausnahmetatbestände

Anders als die „erlaubten Handlungen“ (§ 3) führen die als „Ausnahmen“ bezeichne- **27** ten Tatbestände in § 5 nicht von vorherein zu einem Tatbestandsausschluss, sondern erst nach einer entsprechenden Grundrechts- und **Interessenabwägung im Einzelfall**. Auch bei den tatbestandlich festgehaltenen Ausnahmen – im Grunde noch stärker als in § 3 – geht es um die Wahrung gegenläufiger Interessen durch eine im Gesetz angelegte Ausbalancierung der verschiedenen Interessen. § 5 enthält Fallgruppen, in denen die Erlangung, Nutzung oder Offenlegung eines Geschäftsgeheimnisses gerechtfertigt ist, wenn dies zum Schutz eines berechtigten Interesses erfolgt.[26] Die zu berücksichtigenden Interessen können wirtschaftlicher oder ideeller Natur sein, soweit sie von der Rechtsordnung gebilligt werden.[27]

---

23 RL (EU) 2016/943 Erw. 28.
24 Köhler/Bornkamm/Feddersen/*Alexander* § 4 GeschGehG Rn. 62 hält die in der Richtlinie vorgesehene Systematik vom deutschen Gesetzgeber nicht für zutreffend umgesetzt.
25 *Hoeren/Münker* CCZ **2018** 85 ff. Schon bisher folgte die Rspr. der sog. „Makeltheorie“, wonach unter Verstoß gegen § 17 erlangte Kenntnisse vom Verletzer in keiner Weise verwendet werden dürfen und Ergebnisse, die mittels solcher Kenntnisse erzielt werden, von Anfang an mit dem Makel der Rechtswidrigkeit behaftet sind, BGH 19.3.2008 WRP **2008** 938 – Entwendete Datensätze; BGH 19.12.1984 GRUR **1985** 294, 296 – Füllanlage. Durch die explizite Normierung des Tatbestandes in § 4 Abs. 3 und die Einbeziehung der Verwendung des Geschäftsgeheimnisses in das Marketing verschärft sich allerdings die Haftung.
26 BTDrucks. 19/4724, S. 28.
27 BTDrucks. 19/4724, S. 28.

28 Die **drei** explizit normierten **Tatbestandsausnahmen** betreffen die Ausübung der Meinungsfreiheits- und Kommunikationsrechte (§ 5 Nr. 1), die Aufdeckung von rechtswidrigen Handlungen und sonstigen Fehlverhaltens, wenn sie geeignet ist, das öffentliche Interesse zu schützen (§ 5 Nr. 2) und die Offenlegung von Geschäftsgeheimnissen durch Arbeitnehmer gegenüber der Arbeitnehmervertretung, wenn sie zu deren Aufgabenerfüllung erforderlich ist (§ 5 Nr. 3).

29 Die öffentliche Diskussion zum neuen GeschGehG, die zum Teil mit heftiger Kritik am zunächst vorgelegten Referenten-Entwurf sowie am Regierungs-Entwurf verbunden war, drehte sich am stärksten um den Komplex der Ausnahmen vom Schutz eines Geschäftsgeheimnisses, wie sie nun in § 5 normiert sind.[28] Die Kritiker trieb die Sorge um, der in den Gesetzesentwürfen vorgesehene Schutz von Geschäftsgeheimnissen schränke die **Interessen und Rechte von Journalisten und Hinweisgebers** zu stark ein.[29] Sie ließen entsprechende Änderungsanträge mit den Fraktionen der BÜNDNIS 90/ DIE GRÜNEN und der LINKE im Bundestag einbringen, um eine Stärkung des sog. **investigativen Journalismus** und der Aufdeckung von Fehlverhalten in Unternehmen, insbesondere auch um eine **Stärkung der sog. Whistleblower** durchzusetzen.[30]

30 Die Regelungen des § 5 waren noch im Regierungsentwurf als „Rechtfertigungsgründe" überschrieben. Hiergegen wurde eingewandt, dass bereits die Erfüllung eines Verbotstatbestandes einen **abschreckenden Effekt** für die Arbeit von Journalisten haben könnte, unabhängig davon wie weit dann ein eingreifender Rechtfertigungsgrund gefasst sei.[31]

31 Kritisiert worden war auch, dass im Regierungsentwurf bei der Privilegierung von Whistleblowern in § 5 Nr. 2 zunächst die Absicht des Whistleblowers verlangt worden war, das öffentliche Interesse zu schützen. Der Gesetzentwurf der Bundesregierung wurde vom Rechtsausschuss des Bundestages aufgrund dieser – in der Sache vernünftigen, wenn auch in Teilen deutlich überzeichneten – Kritik sodann mit folgenden Änderungen angenommen: Die Umgestaltung des § 5 von einem „Rechtfertigungsgrund" in eine „Tatbestandsausnahme" sowie die Klarstellung in § 5 Nr. 2, dass es **allein auf die Absicht des Hinweisgebers nicht ankommt**, sondern dass die **Aufdeckung geeignet sein muss, das öffentliche Interesse zu schützen**. Hiermit wurde eine Objektivierung des Ausnahmetatbestandes erreicht und klargestellt, dass es sich um regelwidriges oder sonstiges Fehlverhalten von einigem Gewicht handeln muss.[32]

32 Damit weicht das deutsche Gesetz von Art. 5 lit. b) RL (EU) 2016/943 ab, die die „Absicht" des Whistleblowers voraussetzt, das öffentliche Interesse zu schützen. Diese Abweichung wird mit dem Wortlaut der englischsprachigen Fassung der Richtlinie („purpose") als auch mit dem Hinweis auf Erwägungsgrund 20 der RL gerechtfertigt und als **vertretbare Abweichung von der Richtlinie** angesehen.[33] Damit sind auch **Mischmotivationen** zulässig, sodass etwaige eigennützige Motive dem Hinweisgeber nicht schaden.[34] Nach dem Willen des Gesetzgebers ist auch dann eine zulässige Aufdeckung von Fehlverhalten anzunehmen, wenn ein solches zwar nicht gegeben ist, der Hinweisgeber aber gutgläubig handelt.[35]

---

28 BeckOK GeschGehG/*Hiéramente* § 5 GeschGehG vor Rn. 1.
29 BeckOK GeschGehG/*Hiéramente* § 5 GeschGehG Rn. 6.
30 Vgl. ausführlich BTDrucks. 19/8300.
31 BTDrucks. 19/8300, S. 14.
32 BTDrucks. 19/8300, S. 14.
33 Harte-Bavendamm/Ohly/Kalbfus/*Ohly* § 5 GeschGehG Rn. 44.
34 Harte-Bavendamm/Ohly/Kalbfus/*Ohly* § 5 GeschGehG Rn. 45.
35 BTDrucks. 19/8300, S. 14.

33 Eine weitere augenfällige Abweichung von der RL (EU) 2016/943 besteht darin, dass der deutsche Gesetzgeber Art. 5 lit. d) nicht übernommen hat, wonach eine zum Schutz eines durch das Unionsrecht oder das nationale Recht anerkannten legitimen Interesses erfolgende Verwendung von Geschäftsgeheimnissen ein Handlungsverbot ausschließt. Stattdessen erstreckt § 5 alle Ausnahmen in **generalklauselartiger Weise** auf den Schutz sämtlicher berechtigter Interessen[36] und hält die Aufzählung der einzelnen Ausnahmen durch den Begriff „insbesondere" für weitere Fallgruppen offen, ist damit **also nicht abschließend**. Insofern ist auch im deutschen Recht die Berücksichtigung der Ausnahme aus Art. 5 lit. d) der RL (EU) 2016/943 „zum Schutz eines durch das Unionsrecht oder das nationale Recht anerkannten legitimen Interesses" möglich.[37] Ist eines der aufgezählten Fallbeispiele verwirklicht, muss nicht noch jeweils besonders ein berechtigtes Interesse festgestellt werden.[38]

II. Auslegung der „Ausnahmen"

34 Angesichts der massiven politischen Stoßrichtung der Änderung des § 5 von „Rechtfertigungsgründen" hin zu „Ausnahmen", um möglichst keine Beeinträchtigung der Arbeit investigativer Journalisten und Hinweisgeber durch die Ausgestaltung des Geheimnisschutzes zu erzeugen, ist kaum damit zu rechnen, dass hier die klassische juristische Methodenformel herangezogen wird, wonach Ausnahmevorschriften regelmäßig eng auszulegen sind[39]. So wird für § 5 eine **enge Auslegung der Ausnahmetatbestände** abgelehnt.[40]

35 Richtigerweise wird hier zu **differenzieren** sein: Insbesondere die in § 5 Nr. 1 angesprochenen grundrechtlich geschützten Interessen der Meinungs- und Pressefreiheit erfordern wohl die Herstellung sog. **praktischer Konkordanz**, indem sie möglichst umfassend zur Geltung kommen und als kollidierende Interessen mit dem Geheimnisschutz in Ausgleich gebracht werden. Eine enge Auslegung als „Ausnahme" wäre an dieser Stelle nicht angemessen.

36 Anders ist dies zu beurteilen im Zusammenhang mit § 5 Nr. 2, der auch die Aufdeckung eines „sonstiges Fehlverhaltens" unter die Tatbestandsausnahme fasst. Hier ist **angesichts des sehr weiten und unbestimmten Auffangcharakters** zu Lasten des Geheimnisinhabers eine **enge Auslegung des Ausnahmetatbestandes angezeigt**. Überhaupt war die Aufnahme des Merkmals „sonstiges Fehlverhaltens" in den Ausnahmetatbestand schon im Gesetzgebungsverfahren umstritten. Der ohnehin nicht näher umgrenzte Begriff erfährt durch die Begründung des Gesetzgebers noch eine gefährliche Ausweitung. Dort wird zu § 5 Nr. 2 ausgeführt: „Darüber hinaus ist die Erlangung, die Nutzung oder die Offenlegung eines Geschäftsgeheimnisses gerechtfertigt, um ein „sonstiges Fehlverhalten" aufzudecken. Hierunter können Aktivitäten erfasst sein, die ein **unethisches Verhalten** darstellen, aber

---

36 Harte-Bavendamm/Ohly/Kalbfus/*Ohly* § 5 GeschGehG Rn. 6; BeckOK GeschGehG/*Hiéramente* § 5 GeschGehG Rn. 28.
37 Köhler/Bornkamm/Feddersen/*Alexander* § 5 GeschGehG Rn. 59.
38 Harte-Bavendamm/Ohly/Kalbfus/*Ohly* § 5 GeschGehG Rn. 6; *Alexander* AfP **2019** 1, 6ff.; Köhler/Bornkamm/Feddersen/*Alexander* § 5 GeschGehG Rn. 5; BeckOK GeschGehG/*Hiéramente* § 5 GeschGehG Rn. 10.
39 Vgl. etwa zu den urheberrechtlichen Schranken BGH 12.11.1992 GRUR **1993** 822, 823 – Katalogbild; BGH 8.7.1993 GRUR **1994** 45, 47 – Verteileranlagen; BGH 30.6.1994 GRUR **1994** 800, 802 – Museumskatalog.
40 Köhler/Bornkamm/Feddersen/*Alexander* § 5 GeschGehG Rn. 10; Harte-Bavendamm/Ohly/Kalbfus/*Ohly* § 5 GeschGehG Rn. 3.

nicht notwendigerweise gegen Rechtsvorschriften verstoßen."[41] Als Beispiel werden Auslandsaktivitäten von Unternehmen angeführt, die in den betreffenden Ländern nicht rechtswidrig sind, aber dennoch von der Allgemeinheit als Fehlverhalten gesehen werden, wie zum Beispiel Kinderarbeit oder gesundheits- oder umweltschädliche Produktionsbedingungen.[42]

37 Dieser enorm ausweitende (Begründungs-)Ansatz des Gesetzgebers, der in der RL (EU) 2016/943 keine Grundlage findet, wird **zu Recht stark kritisiert und ist abzulehnen.**[43] Er weist keinerlei ausreichende Konturen auf und begibt sich auf das gefährliche Terrain ethisch-moralischer Handlungsvorwürfe, über die **kaum verlässlich ein gesellschaftlicher Konsens** zu erzielen sein wird. Eine solche Tatbestandsausnahme würde sowohl den Geheimnisschutz deutlich überfrachten als auch den Hinweisgeber mit einem kaum zu überwindenden Maß an **Rechtsunsicherheit** konfrontieren und ihm damit „Steine statt Brot" geben. Umso bedauerlicher ist es, dass etwa das OLG Oldenburg die amtliche Begründung trotz der Bedenken unreflektiert übernimmt und ein „ethisch zu missbilligendes Verhalten" dem sonstigen Fehlverhalten zuordnet.[44]

G. Rechtsfolgen und Beweislast

38 Die Rechtsfolgen verdeutlichen noch einmal das **Zusammenspiel von Erlaubnis, Verbot und Ausnahmen:** Allein die Verwirklichung der Tatbestände des § 4 ohne für ihn streitende Erlaubnistatbestände oder Ausnahmen, also ein Verstoß gegen die Handlungsverbote machen den Handelnden zum Rechtsverletzer mit den sich daran anschließenden Folgen. Der Rechtsverletzer kann entsprechend der Vorschriften der §§ 6 ff. GeschGehG auf Beseitigung und Unterlassung, auf Vernichtung, Herausgabe und Rückruf aus dem Markt sowie auf Auskunft und Schadensersatz in Anspruch genommen werden. Auch macht er sich bei Vorliegen der zusätzlichen Voraussetzung unter Umständen strafbar gemäß § 23, der explizit an die tatbestandliche Verwirklichung des § 4 anknüpft.

39 Ist dagegen einer der Erlaubnistatbestände des § 3 erfüllt, scheidet eine rechtswidrige Verletzung eines Geschäftsgeheimnisses aus. Ebenso ist eine Rechtsverletzung und damit eine Inanspruchnahme des Handelnden ausgeschlossen, wenn bei Vorliegen einer an sich unter § 4 fallenden Vorgehensweise einer der Ausnahmetatbestände des § 5 gegeben ist. Sowohl die Verwirklichung der Erlaubnistatbestände als auch der Ausnahmevorschriften führen dazu, dass mangels rechtswidriger Haupttat auch eine unterstützende Beteiligungs- oder Beihilfehandlung nicht in Betracht kommt.

40 Die Darlegungs- und Beweislast richtet sich sowohl bei den Handlungsverboten (§ 4) als auch bei den Erlaubnistatbeständen und den Ausnahmetatbeständen im Grundsatz nach den allgemeinen Regeln. Danach hat jede Partei die ihr günstigen Voraussetzungen darzulegen und zu beweisen. Derjenige, der sich auf eine Verletzung seines Geschäftsgeheimnisses beruft, hat daher die Voraussetzungen des Handlungsverbots in § 4 darzulegen und zu beweisen. Denjenigen, der mit dem Vorwurf der Rechtsverletzung konfrontiert

---

41 BTDrucks. 19/4724, S. 29

42 BTDrucks. 19/4724, S. 29.

43 Ausführlich *Gramlich/Lütke* wistra **2019** 480, 482 ff.; *Dann/Markgraf* NJW **2019** 1774, 1777; *Ernst* MDR **2019** 897, 900; *Hiéramente/Golzio* CCZ **2018** 262, 264; *Ullrich* NZWiSt **2019** 65, 69; BeckOK GeschGehG/*Hiéramente* § 5 GeschGehG Rn. 26 ff.; Harte-Bavendamm/Ohly/Kalbfus/*Ohly* § 5 GeschGehG Rn. 40; Köhler/Bornkamm/Feddersen/*Alexander* § 5 GeschGehG Rn. 39. Deutlich zur Begründung des Reg-Entwurfs schon *Bürkle* CCZ **2018** 193.

44 OLG Oldenburg Beschl. v. 21.5.2019 – 1 Ss 72/19, BeckRS **2019**, 29965.

ist, trifft die Darlegungs- und Beweislast im Hinblick auf die für ihn sprechenden Voraussetzungen der Erlaubnistatbestände (§ 3) bzw. die Voraussetzungen der Ausnahmen in § 5.

H. Fazit

Im Vergleich zur früheren Rechtslage wird der Geheimnisschutz mit den Regelungen **41**
zu Erlaubnis, Verboten und Ausnahmen insgesamt durchaus gestärkt, insbesondere im Bereich der rechtsverletzenden Produkte und der mittelbaren Geheimniserlangung und -verwendung. Die Neuregelungen gewähren insoweit einen Zuwachs an Klarheit und Rechtssicherheit.[45]

Andererseits werden gegenläufige Allgemeinbelange deutlich stärker herausgearbei- **42**
tet und auch stärker gegen Geheimnisschutzansprüche in Stellung gebracht. Mit Blick auf die neu kodifizierten Ausnahmen werden nun dezidierte Interessenabwägungen erforderlich, sodass die Sachverhalte stärker am Einzelfall zu entscheiden sein werden. Die Tätigkeit von investigativen Journalisten und Whistleblowern dürfte wohl weitgehender als nach altem Recht erlaubt sein.[46]

---

45 *Alexander* AfP **2019** 1, 11.
46 Harte-Bavendamm/Ohly/Kalbfus/*Ohly* § 5 GeschGehG Rn. 9.

§ 3
Erlaubte Handlungen

(1) Ein Geschäftsgeheimnis darf insbesondere erlangt werden durch
1. eine eigenständige Entdeckung oder Schöpfung;
2. ein Beobachten, Untersuchen, Rückbauen oder Testen eines Produkts oder Gegenstands, das oder der
a) öffentlich verfügbar gemacht wurde oder
b) sich im rechtmäßigen Besitz des Beobachtenden, Untersuchenden, Rückbauenden oder Testenden befindet und dieser keiner Pflicht zur Beschränkung der Erlangung des Geschäftsgeheimnisses unterliegt;
3. ein Ausüben von Informations- und Anhörungsrechten der Arbeitnehmer oder Mitwirkungs- und Mitbestimmungsrechte der Arbeitnehmervertretung.

(2) Ein Geschäftsgeheimnis darf erlangt, genutzt oder offengelegt werden, wenn dies durch Gesetz, aufgrund eines Gesetzes oder durch Rechtsgeschäft gestattet ist.

Übersicht

§ 3 Abs. 1 Nr. 1
Eigenständige Entdeckung oder Schöpfung

Schrifttum

Alexander Gegenstand Inhalt und Umfang des Schutzes von Geschäftsgeheimnissen nach der Richtlinie (EU) 2016/943, WRP **2017** 1034; *Baranowski/Glaßl* Anforderungen an den Geheimnisschutz nach der neuen EU-Richtlinie, BB **2016** 2563; *Fuhlrott/Hiéramente* Beck OK GeschGehG, 4. Edition 2020; *Dumont* Happy End für ein Stiefkind? – Regierungsentwurf zur Umsetzung der Know-how-Richtlinie, BB **2018** 2441; *Harte-Bavendamm/Ohly/Kalbfus* Gesetz zum Schutz von Geschäftsgeheimnissen, 1. Aufl. 2020; *Hoeren/Münker* Die EU-Richtlinie für den Schutz von Geschäftsgeheimnissen und ihre Umsetzung – unter besonderer Berücksichtigung der Produzentenhaftung, WRP **2018** 150; *Kalbfus* Die EU-Geschäftsgeheimnis-Richtlinie – Welcher Umsetzungsbedarf besteht in Deutschland? GRUR **2016** 1009; *Köhler/Bornkamm/Feddersen* UWG 38. Aufl., München 2020; *Ohly* Das neue Geschäftsgeheimnisgesetz im Überblick, GRUR **2019** 441.

Übersicht

https://doi.org/10.1515/9783110631654-005

A. Allgemeines

I. Überblick

Das Gesetz bezweckt den Schutz von Geschäftsgeheimnissen vor unerlaubter Erlangung, Nutzung und Offenlegung (§ 1). Ein wesentliches Anliegen der zugrundeliegenden RL (EU) 2016/943 ist es zugleich, diesen Schutz mit denkbaren gegenläufigen Interessen in Einklang zu bringen. Der Geheimnisschutz gewährt dem Geheimnisinhaber kein absolutes Ausschließlichkeitsrecht. Die wesentliche strukturelle Ausprägung dieses dogmatischen Ansatzes besteht darin, dass das GeschGehG nicht nur Verbote (§ 4) nominiert, sondern – quasi spiegelbildlich[1] – auch Erlaubnistatbestände (§ 3) festschreibt. 1

§ 3 Abs. 1 regelt einen Katalog von Verhaltensweisen, durch welche Geschäftsgeheimnisse erlaubterweise **erlangt** werden dürfen. Wer ein Geschäftsgeheimnis durch eigenständige Erkenntnis (Entdeckung oder Schöpfung) erlangt, handelt ebenso rechtmäßig wie derjenige, der durch Rückbau oder Untersuchung auf dem Markt befindlicher Produkte darin liegende Informationen erlangt. In § 3 Abs. 2 verweist die Norm auf die Gestattung sowohl der **Erlangung** als auch der **Nutzung und Offenlegung** von Geschäftsgeheimnissen **durch Gesetz**, **aufgrund eines Gesetzes** oder durch **Rechtsgeschäft**. 2

II. Unionsrechtlicher Hintergrund und Umsetzung im GeschGehG

Mit der Vorschrift wird Art. 3 der RL (EU) 2016/943 umgesetzt. Die Normierung eines Katalogs ausdrücklich erlaubter Handlungen soll zur Rechtssicherheit beitragen und die Umstände festlegen, unter denen die Erlangung, Nutzung und Offenlegung von Geschäftsgeheimnissen von vornherein zulässig geschieht. Diese Festlegung dient zugleich der unionsweiten Harmonisierung im Bereich der erlaubten Handlungen.[2] 3

Ein Katalog von erlaubten Verhaltensweisen war im bisherigen deutschen Geheimnisschutzrecht des UWG a. F. nicht bekannt, wurde aber direkt im Gesetzgebungsverfahren zur Richtlinienumsetzung übernommen. Schon der Referentenentwurf griff die strukturelle Vorgabe des Art. 3 der Richtlinie (EU) 2016/943 auf und sah entsprechende Erlaubnistatbestände vor. In § 2 Abs. 1 des Entwurfs war zunächst der Grundsatz normiert, wonach die Erlangung, Nutzung und Offenlegung von Geschäftsgeheimnissen durch und aufgrund Gesetz sowie vertraglicher Vereinbarung zulässig sein soll. Erst in § 2 Abs. 2 folgte dann der Katalog bestimmter Verhaltensweisen, die per se erlaubt sein sollten. Die Reihenfolge der Absätze wurde später im Regierungsentwurf ausgetauscht, ohne jedoch weitere redaktionelle Änderungen vorzunehmen. Die aus der Richtlinie (EU) 2016/943 übernommene Normierung von Erlaubnistatbeständen war zu keiner Zeit in nennenswertem Umfang politisch umstritten, sodass der deutsche Gesetzgeber die neuen Tatbestände ohne Probleme in das neue Gesetz integrieren konnte. Es verwundert daher, dass er dennoch auch an dieser Stelle ohne Not an einigen Stellen vom Wortlaut der Richtlinienbestimmungen abgewichen ist.[3] 4

---

1 Harte-Bavendamm/Ohly/Kalbfus/*Ohly* § 3 GeschGehG Rn. 1; Köhler/Bornkamm/Feddersen/*Alexander* § 3 GeschGehG Rn. 1.

2 Köhler/Bornkamm/Feddersen/*Alexander* § 3 GeschGehG Rn. 1.

3 Auch in den Ausschusssitzungen von Bundestag und Bundesrat blieb der Vorschlag des Reg-Entwurfs unverändert.

5 Besonders auffällig ist, dass die Richtlinie (EU) 2016/943 in Art. 3 Abs. 1 explizit vier Erlaubnistatbestände normiert, während § 3 nur drei erlaubte Handlungskategorien vorsieht. Der Katalog, in dem ausdrücklich und von vornherein erlaubten Verhaltensweisen bestimmt sind, wird in Art. 3 Abs. 1 lit. d) der RL weit geöffnet und ein Auffangtatbestand wird geschaffen, wonach „jede andere Vorgehensweise, die unter den gegebenen Umständen mit einer seriösen Geschäftspraxis vereinbar ist" als rechtmäßiger Erwerb eines Geschäftsgeheimnisses gilt. Diese Norm hat der deutsche Gesetzgeber nicht übernommen. Er versucht das gleiche Ergebnis zu erreichen, indem er die Liste der erlaubten Handlungen mit dem Begriff „insbesondere" einleitet. Unklar ist, ob damit ein nicht abschließender Beispielskatalog[4] geschaffen worden ist, der auch weitere Handlungsweisen jenseits der in der Richtlinie genannten „seriösen Geschäftspraktiken" zulässt. Für einen nicht abschließenden Katalog spricht nicht nur der in der Richtlinie vorgesehene Auffangtatbestand für weitere rechtmäßige Handlungen, sondern auch der im neuen Geheimnisschutz angelegte Grundsatz eines nur unvollkommenen Schutzes: alle Handlungen, die nicht ausdrücklich verboten sind, sind weiter zulässig.

6 Eine weitere Abweichung vom Richtlinientext hat der Gesetzgeber in § 3 Abs. 1 Nr. 1 vorgenommen, indem er statt einer „unabhängigen" (so die Richtlinie) eine „eigenständige" Entdeckung oder Schöpfung eines Geschäftsgeheimnisses für zulässig erklärt (dazu unten Rn. 20).

B. Kommentierung

I. Die Handlungsformen

7 Sämtliche Handlungsvarianten sind Gegenstand der Erlaubnis in § 3 und reziprok auch der Verbote in § 4. In den zuvor geltenden Strafvorschriften der §§ 17ff. UWG a.F. waren die tatbestandsmäßigen Handlungen noch als unbefugtes „Mitteilen", „Sich-Verschaffen", „Sichern" oder unbefugtes „Verwerten" beschrieben. Diese Handlungsformen sind nunmehr obsolet. Zivilrechtliche Ansprüche wie auch eine strafrechtsbegründende Tatbestandsverwirklichung setzen die nun im Gesetz genannten Verhaltensweisen der Erlangung, Nutzung und Offenlegung (siehe auch den Schutzzweck in § 1) voraus. Sie stellen damit Kernbegriffe des neuen Geheimnisschutzes dar. Bei der Abfassung von Vertraulichkeitsvereinbarungen und geeigneten Maßnahmen zur Geheimhaltung sollten die neuen Begrifflichkeiten künftig berücksichtigt werden.[5]

8 Die Handlungsformen der Erlangung, Nutzung und Offenlegung sind als solche wertneutral. Sie tragen von sich aus keinerlei Rechts- oder Unrechtsgehalt in sich. Erst die Einordnung dieser Verhaltensweisen in bestimmte Erlaubnis- (§ 3) und Verbotstatbestände (§ 4) durch den Gesetzgeber knüpfen an die an sich wertneutralen Handlungen bestimmte Rechtsfolgen. Dabei hat weder der Richtliniengeber noch der deutsche Gesetzgeber die Kernbegriffe dieser Handlungsformen des Geheimnisschutzes gesetzlich definiert.

---

4 So *Burghardt-Richter/Bode* BB **2019** 2697, 2699; Harte-Bavendamm/Ohly/Kalbfus/*Ohly* § 3 GeschGehG Rn. 6; **a.A.** Köhler/Bornkamm/Feddersen/*Alexander* § 3 GeschGehG Rn. 6 der von einer abschließenden Positivliste von Erlaubnistatbeständen ausgeht.; ähnlich wohl *Reinfeld* § 2 Rn. 21, der in Bezug auf § 3 Abs. 1 GeschGehG von einer „Whitelist" spricht.
5 *Reinfeld* § 2 Rn. 5.

1. Erlangung von Geschäftsgeheimnissen. Anders als die Richtlinie (Art. 3 Abs. 1) verwendet der deutsche Gesetzgeber nicht den Begriff des „Erwerbs“ eines Geschäftsgeheimnisses, sondern den des „Erlangens“. Es bestand die Sorge, dass der Begriff des „Erwerbs“ die vom Gesetz erfasste Handlungsform zu sehr auf einen „rechtsgeschäftlichen Erwerb“ eingrenzen würde, was letztlich auch durch die Richtlinie nicht intendiert ist. Der Begriff des „Erlangens“ ist weit auszulegen. Mit ihm ist jegliche Kenntnisnahme eines Geschäftsgeheimnisses in der Weise gemeint, dass faktisch über das Geheimnis verfügt werden kann. Dies kann sowohl durch aktive Kenntnisnahme von dem Geheimnis geschehen oder durch ein Ansichbringen des Gegenstandes, in dem das Geheimnis verkörpert ist.[6] Die in der früheren Rechtslage maßgeblichen Tathandlungen des „Verschaffens“ oder „Sicherns“ eines Geschäftsgeheimnisses (§ 17 UWG a.F.) sind nicht in den neuen Gesetzeswortlaut übernommen worden, werden aber von der Handlungsform des „Erlangens“ erfasst.[7] 9

Es ist unerheblich, auf welchen Wegen das Geschäftsgeheimnis erlangt wird. Insbesondere kommt es nicht darauf an, dass das Geheimnis vom Inhaber desselben erlangt wird. Auch eine Kenntnisnahme des Geheimnisses über Dritte, welche dieses offenbaren, fällt unter das Erlangen. Ob dies berechtigt oder unberechtigt geschieht, entscheidet sich sodann im Einzelfall an den Tatbestandsmerkmalen der §§ 3 bis 5. 10

Aus der amtlichen Begründung ist zu entnehmen, dass sich das „Erlangen“ in zwei Richtungen öffnet: Es ist einerseits nicht erforderlich, dass das Geschäftsgeheimnis in einer verkörperten Form (z.B. als Kopie, Datenträger etc.) erlangt wird. Es reicht vielmehr, dass das Geheimnis mündlich mitgeteilt wird, bei einem Vortrag rein audiovisuell zur Kenntnis genommen oder auch nur gelesen wird. Schon die sinnliche Wahrnehmung vertraulicher Informationen oder das Merken im Gedächtnis führt zu einer Erlangung. Andererseits reicht nach der amtlichen Begründung auch schon das Ansichbringen eines das Geschäftsgeheimnis verkörpernden Gegenstandes zur Verwirklichung des „Erlangens“ aus. In diesem Fall ist also eine tatsächliche Kenntnisnahme des Geheimnisses selbst nicht erforderlich. Allein die Zugriffsmöglichkeit auf das im Gegenstand enthaltene Geheimnis erfüllt das Merkmal des „Erlangens“. 11

Ob zur Verwirklichung des „Erlangens“ eines Geschäftsgeheimnisses dem Handelnden die Qualifizierung als Geheimnis bekannt sein, er also wissen muss, dass es sich bei den betreffenden Informationen um Geschäftsgeheimnisse handelt, ist unklar. Ein solches subjektives Element ist weder in den Tatbeständen der erlaubten (§ 3) noch der verbotenen Handlungen (§ 4) enthalten. Soll der umfassende Schutz von Geschäftsgeheimnissen, der auch nachfolgende – mittelbare – Verwendungen durch Dritte erfasst (vgl. § 4 Abs. 3), nicht geschmälert werden, kann es beim „Ersterlanger“ nicht darauf ankommen, ob er weiß, dass es sich bei den betreffenden Informationen um ein Geheimnis handelt. Auch versehentlich „mitgenommene“ Informationen, deren Geheimnischarakter dem Mitnehmenden nicht bekannt ist, können in der Folge unbefugt genutzt und offengelegt werden. Die Rechtsfolgen bestimmen sich nicht danach, ob dem Erlangenden der Geheimnischarakter bekannt war, sondern danach, ob das Erlangen oder die Nutzung und Offenlegung „unbefugt“ geschehen ist. 12

2. Nutzung und Offenlegung von Geschäftsgeheimnis. Mit der Nutzung und Offenlegung beschreibt das Gesetz zwei Arten der Verwendung von Geschäftsgeheimnissen. Der Gesetzgeber hat in der amtlichen Begründung eine negative Abgrenzung vorgenom- 13

6 BTDrucks. 19/4724 S. 25.
7 BTDrucks. 19/4724 S. 40.

men: **Nutzung** ist danach jede Verwendung des Geschäftsgeheimnisses, die keine Offenlegung darstellt.[8] Im Unternehmensbereich kommen alle denkbaren Verwendungen des Geheimnisses im Umfeld der Konzeption, der Herstellung, des Vertriebs und des Marketings in Betracht. Auch eine rein ideelle Nutzung im privaten Bereich oder im rein wissenschaftlichen Bereich fällt unter die vom Gesetz adressierte Nutzung. Eine wirtschaftliche Verwertung von Geschäftsgeheimnissen dürfte wohl die verbreitetste Form der Nutzung darstellen. Erforderlich ist sie allerdings nicht. Zu welchem Zweck die Nutzung erfolgt, ist unerheblich. Insbesondere ist keine Nutzung zu Wettbewerbszwecken erforderlich, wie dies im Rahmen der früheren Vorschriften der §§ 17 ff. UWG a. F. festgelegt war. Die neuen Handlungsverbotstatbestände des § 4 knüpfen nicht mehr an die Wettbewerbsförderungsabsicht an. Diese spielt nunmehr ausschließlich eine Rolle in den Straftatbeständen des § 23. Während unter der Geltung der §§ 17 ff. UWG a. F. umstritten war, ob auch nicht wirtschaftliche Verwertungen unter die Verbotsnormen fallen, dürfte nach Wortlaut, Systematik und Schutzzweck des neuen GeschGehG davon auszugehen sein, dass es auf eine wirtschaftliche Verwertung im Rahmen des § 4 nicht ankommt.[9]

14 **Offenlegung** ist jede Eröffnung des Geschäftsgeheimnisses gegenüber Dritten. Eine Bekanntgabe des Geheimnisses an die Öffentlichkeit ist nicht notwendig.[10] Typische Fälle der Offenlegung sind die Weitergabe geheimer Informationen an Wettbewerber, neue Arbeitgeber oder auch an die Presse. Beim Tätigwerden sog. Whistleblower etwa geht es in erster Linie um das Offenlegen betriebsinterner Geschäftsgeheimnisse (vgl. Kommentierung zu § 5 Nr. 2 Rn. 63). Auch auf befugte Weise erlangte Geschäftsgeheimnisse können im weiteren Schritt unbefugt offengelegt werden.

II. Einzelne Erlaubnistatbestände

15 Der Schutz von technischen und kaufmännischen Geschäftsgeheimnissen ist für die Wettbewerbsfähigkeit von Unternehmen, deren Investitionen in Forschung und Entwicklung und damit für die allgemeine wirtschaftliche Entwicklung von außerordentlicher Bedeutung.[11] Eine arbeitsteilige und globalisierte Wirtschaft, aber auch eine arbeitsteilig tätige Forschung ist gleichzeitig auf die Weitergabe von Wissen und Informationen über technische Erkenntnisse und innovative Neuentwicklungen bei Geschäftsmodellen, Dienstleistungen und Produkten angewiesen. Auch für diesen Wissensaustausch ist ein funktionierender Schutz der Geschäftsgeheimnisse unabdingbar, da ansonsten – ohne rechtlich angeordnete Schutzmechanismen gegen die unbefugte Nutzung und Weitergabe derartigen Know-hows – die notwendige Übertragung vertraulicher Informationen zwischen Geschäftspartnern und Forschungseinrichtungen nicht stattfinden könnte. Ein möglichst umfassender Schutz der eigenen Geschäftsgeheimnisse liegt daher im Interesse jedes Unternehmens.

16 Bei Schaffung eines regulativen Schutzrahmens für Geschäftsgeheimnisse ist jedoch ebenfalls zu berücksichtigen, dass eine Monopolisierung kaufmännischen und technischen Wissens durch Schaffung exklusiver Ausschließlichkeitsrechte zu vermeiden ist. Der europäische Gesetzgeber hat dies hinreichend erkannt. In Erwägungsgrund 16 der RL (EU) 2016/943 wird ausgeführt: „Im Interesse von Innovation und Wettbewerbsförderung

8 BTDrucks. 19/4724 S. 27.
9 Ausführlich dazu Harte-Bavendeamm/Ohly/Kalbfus/*Ohly* § 4 GeschGehG Rn. 29.
10 BTDrucks. 19/4724 S. 27.
11 Vgl. RL (EU) 2016/943 Erwägungsgründe 2 u. 3.

sollten die Bestimmungen dieser Richtlinie keine Exklusivrechte an als Geschäftsgeheimnis geschütztem Know-how oder als solchen geschützten Informationen begründen. Auf diese Weise sollte die unabhängige Entdeckung desselben Know-hows oder derselben Informationen möglich bleiben". Nach Art. 3 Abs. 1 a) der Richtlinie gilt der Erwerb eines Geschäftsgeheimnisses daher als rechtmäßig, wenn das Geheimnis durch unabhängige Entdeckung oder Schöpfung erlangt wird. An dieser Stelle manifestiert sich erneut, dass das Geschäftsgeheimnis als solches nicht als ein Immaterialgüterrecht einzuordnen ist (vgl. Vorbemerkung §§ 1–2 Rn. 102ff.).

Der deutsche Gesetzgeber hat diese Vorschrift in § 3 Abs. 1 Nr. 1 umgesetzt, ist dabei allerdings erneut in einem entscheidenden Punkt vom Wortlaut der Richtlinie abgewichen. Nach deutschem Recht ist die Erlangung eines Geschäftsgeheimnisses durch eine „eigenständige" Entdeckung oder Schöpfung erlaubt, während die Richtlinie von einer „unabhängigen" Entdeckung/Schöpfung spricht.[12] Mit dieser Regelung greift der deutsche Gesetzgeber das aus dem Urheberrecht bekannte Prinzip der zulässigen und schutzfähigen Doppelschöpfungen auf. Es führt dazu, dass es im Falle einer parallelen Entdeckung oder Schöpfung mehrere unabhängige Inhaber ein und desselben Geschäftsgeheimnisses geben kann.[13] Das hat zur Folge, dass ein und dasselbe Geschäftsgeheimnis für zwei verschiedene Inhaber unabhängig voneinander geschützt ist.[14] 17

Eine „**Entdeckung**" ist das Auffinden von schon Vorhandenem, das bisher noch nicht bekannt und dessen Nutzen noch unbestimmt war. Es geht um das Hervorbringen von Erkenntnissen, die bisher unbekannt waren. Die Entdeckung kann zielgerichtet und absichtlich erfolgen, aber auch zufällig. Auf einen wie auch immer gearteten Entdeckungswillen kommt es nicht an. Zufallsentdeckungen werden daher ebenso erfasst wie Ergebnisse, die durch zielgerichtete Beobachtungen, Experimente und Analysen hervorgebracht werden. 18

Die „**Schöpfung**" meint demgegenüber einen Schaffensprozess, mit dem nicht nur bisher Verborgenes entdeckt, sondern Informationen entwickelt oder geschaffen werden, die als vertraulich zu einem Geschäftsgeheimnis führen.[15] Dabei kann die schöpferische Tätigkeit sowohl – unbewusst – auf Verborgenem als auch auf Vorbekanntem aufsetzen. Der Begriff der Schöpfung ist als zentrale Werkvoraussetzung aus dem Urheberrecht bekannt. Er darf im Zusammenhang mit dem Geheimnisschutz allerdings nicht im streng urheberrechtlichen Sinne verstanden werden. Anders als das Urheberrecht verlangt § 3 Abs. 1 Nr. 1 keine kreative persönliche geistige Schöpfung. Der Begriff des Geschäftsgeheimnisses, welches mittels „Schöpfung" erlaubterweise erlangt wird, verlangt weder Individualität noch absolute Neuheit[16], Kreativität, Schöpfungshöhe oder eine (aus dem ergänzenden Leistungsschutz bekannte) wettbewerbliche Eigentümlichkeit. Während etwa der patentrechtliche Schutz an der erforderlichen Neuheit scheitern kann, ist dies beim Geheimnisschutz nicht der Fall.[17] Unter Schöpfungen im Sinne des § 3 Abs. 1 Nr. 1 fallen etwa die Entwicklung von Rezepturen, die Zusammenstellung von Statistiken, Kundenlisten und Auswertungen aller Art. Erfasst werden auch rein durch technische Automatisierung hervorgebrachte Entwicklungen bzw. Informationen. 19

---

12 Auch die englischsprachige und die französische Fassung der Richtlinie verlangen eine „unabhängige" („independent" bzw. „indépendante") Entdeckung oder Schöpfung.
13 BTDrucks. 19/4724 S. 25.
14 BTDrucks. 19/4724 S. 25.
15 Köhler/Bornkamm/Feddersen/*Alexander* § 3 GeschGehG Rn. 17.
16 BeckOK GeschGehG/*Hiéramente* § 3 GeschGehG Rn. 5.
17 Vgl. zu §§ 17ff. UWG a.F. BGH Urt. v. 22.3.2018 GRUR **2008** 727 Rn. 19; BGH Urt. v. 7.11.2002 GRUR **2003** 356, 358.

20 Die erlaubte Erlangung von Geschäftsgeheimnissen aufgrund von Entdeckung und Schöpfung muss gemäß § 3 Abs. 1 Nr. 1 **„eigenständig"** erfolgen. Damit weicht der Wortlaut der deutschen Vorschrift von der korrespondieren Regelung in der RL (EU) 2016/943 ab, welche den Begriff „unabhängig" verwendet. Diese unnötige Abweichung verstellt den Blick auf das eigentliche Ziel der umzusetzenden Richtlinienbestimmung: Danach soll es darauf ankommen, dass der Zweiterwerber sein Wissen nicht von einem Ersterwerber ableitet. Ob der Zweiterwerber dabei eigenständig gehandelt hat, ist demgegenüber nicht von Bedeutung.[18] Um fehlgeleitete Ergebnisse zu vermeiden, ist das Merkmal „eigenständig" in richtlinienkonformer Auslegung als „unabhängig" zu interpretieren.[19]

21 Unabhängig ist die Entdeckung oder Schöpfung, wenn sie von verschiedenen Rechtssubjekten ohne gegenseitige Beziehung und Verbindung im Hinblick auf die Entdeckung oder Schöpfung hervorgebracht wird. Dies ist insbesondere der Fall, wenn der Entwickler der jüngeren Entdeckung oder Schöpfung keine Kenntnis von der etwaigen vorbestehenden Schöpfung hat.

22 Die Voraussetzung der Unabhängigkeit ist hier schutzzweckbezogen zu begrenzen und allein in Relation zu den durch Entdeckung oder Schöpfung hervorgebrachten Geschäftsgeheimnissen zu betrachten: nur wenn in Bezug auf den konkreten Geheimnisschaffensprozess und die insoweit in Betracht zu ziehenden vertraulichen Informationen keine Abhängigkeiten und Interdependenzen bestehen, entspricht dies einer erlaubten Erlangung von Geschäftsgeheimnissen durch Parallelschöpfung. Zu weit geht daher wohl die Auffassung, wonach generell eine Schöpfung „im Auftrag eines Unternehmens" die erforderliche Unabhängigkeit ausschließe.[20] Dies würde dem Schutzzweck des § 3 in seiner gewollten Reichweite nicht gerecht. Entdeckt ein Dienstleister A im Auftrag eines Unternehmens B eine biologische Formel, die auch von einem Dritten C ohne Beziehung zu dem genannten Dienstleister A oder dem auftraggebenden Unternehmen B und ohne Kenntnis von deren Forschungstätigkeit entdeckt wird, so erfolgt die Entdeckung des C unabhängig von Auftraggeber B und beauftragtem Dienstleister A. Die Erlangung derselben Geschäftsgeheimnisse auf diese Weise wäre in diesem Fall erlaubt.

23 Parallele Entdeckungen und Schöpfungen sind zeitlich unabhängig voneinander möglich und schutzfähig. Sie können zeitlich nacheinander zutage treten, wenn etwa ein Unternehmen ein selbst hervorgebrachtes Geschäftsgeheimnis bereits nutzt, ein weiteres Unternehmen dasselbe Geheimnis unabhängig davon erst später entwickelt.[21] Im Übrigen kommt es auch bei der erlaubten Parallelentdeckung und -schöpfung nicht darauf an, ob das so erlangte Geheimnis gewerblich oder in anderer Weise genutzt wird.

III. Rechtsfolgen und Beweislast

24 Wird ein Geschäftsgeheimnis durch eigenständige Entdeckung oder Schöpfung erlangt, ist die **Erlangung** erlaubt. Ein rechtswidriges Handeln im Sinne des Verbots in § 4 ist dann nicht gegeben. § 3 normiert keine Rechtfertigungsgründe, sondern schließt die tatbestandliche Verwirklichung des § 4 aus.[22] § 3 stellt sozusagen die Kehrseite des

---

18 So schon die Stellungnahme der *GRUR* zum Ref-Entwurf, GRUR **2018** 708, 710 sowie *Ohly* GRUR **2019** 441, 447.
19 *Ohly* GRUR **2019** 441, 447; Köhler/Bornkamm/Feddersen/*Alexander* § 3 GeschGehG Rn. 19.
20 So aber wohl Köhler/Bornkamm/Feddersen/*Alexander* § 3 GeschGehG Rn. 20.
21 Köhler/Bornkamm/Feddersen/*Alexander* § 3 GeschGehG Rn. 21.
22 Köhler/Bornkamm/Feddersen/*Alexander* § 3 GeschGehG Rn. 68.

Verbots in § 4 dar.[23] Sämtliche auf der Grundlage eines Verstoßes gegen die Handlungsverbote des § 4 möglichen zivilrechtlichen Ansprüche nach den §§ 6ff. sind damit ausgeschlossen. Die gesetzlich angeordnete Erlaubnis wirkt sich aber nicht nur zivilrechtlich aus. Selbstverständlich schließt ein erlaubtes Handeln auch die Strafbarkeit gem. § 23 aus.

Die erlaubte Doppel- oder Parallelschöpfung (und -Entdeckung) führt ferner dazu, dass jeder der Schöpfer vollständigen Geheimnisschutz genießt. Mit entsprechenden Ansprüchen können sie ihre vertraulichen Informationen gegen Dritte verteidigen, nicht aber gegeneinander vorgehen.[24] Durch das Eingreifen von § 3 Abs. 1 Nr. 1 ist allerdings noch nicht entschieden, ob die so – rechtmäßig – erlangten vertraulichen Informationen genutzt und offengelegt werden dürfen. Dies bestimmt sich nach § 4 Abs. 2, sodass der Entdecker oder Schöpfer in der Verwendung seiner Informationen frei ist, soweit ihn keine Vertraulichkeitsabreden oder vertragliche Nutzungsverbote einschränken. **25**

Die Darlegungs- und Beweislast richtet sich im Grundsatz nach den allgemeinen Regeln. Danach hat jede Partei die ihr günstigen Voraussetzungen, auf die sie sich beruft, darzulegen und zu beweisen. Allerdings wird die streitige Auseinandersetzung in der Praxis durch das Vorgehen eines Geheimnisinhabers geprägt sein, der Ansprüche wegen Verstoßes gegen § 4 geltend machen wird. Im Falle des Angriffs gegen eine eigenständige Schöpfung müsste der Anspruchsteller selbst das Vorliegen von Verbotshandlungen im Sinne des § 4 substantiiert darlegen. Hier wird der eigenständige Schöpfer oder Entdecker sich auf ein Bestreiten der Voraussetzungen des § 4 zurückziehen können.[25] Werden entsprechende Voraussetzungen dargetan wird sich umgekehrt derjenige, der sich – ggf. ertappt – auf eine eigenständige Entdeckung oder Schöpfung berufen will, obwohl die Erkenntnisse schon früher vorlagen, seinerseits die Voraussetzungen des § 3 Abs. 1 Nr. 1 darlegen und beweisen müssen. Zufällige Doppelschöpfungen dürften in der Realität nicht die Regel sein. Die Rechtsprechung zur ähnlich gelagerten Problematik bei der Doppelschöpfung im Urheberrecht spricht dafür, auch im Bereich des Geheimnisschutzes von einem Anscheinsbeweis zugunsten des Inhabers von Geschäftsgeheimnissen auszugehen.[26] **26**

IV. Verhältnis zu § 5

Die in § 3 aufgeführten Verhaltensweisen sind per se und unabhängig von einer Interessenprüfung bzw. Interessenabwägung erlaubt. Anders ist dies bei den Ausnahmen in § 5: hier ist jeweils der Schutz eines berechtigten Interesses und eine im Einzelfall vorzunehmende Abwägung zwischen den Interessen des Geheimnisinhabers und den Geheimnisverwendern erforderlich. Näher dazu oben (vgl. Vorbemerkung zu §§ 3–5 Rn. 15). **27**

---

23 Harte-Bavendamm/Ohly/Kalbfus/*Ohly* § 3 GeschGehG Rn. 18.
24 Köhler/Bornkamm/Feddersen/*Alexander* § 3 GeschGehG Rn. 22.
25 So zu Recht Harte-Bavendamm/Ohly/Kalbfus/*Ohly* § 3 GeschGehG Rn. 18.
26 Ausführlich BeckOK GeschGehG/*Spieker* § 3 GeschGehG Rn. 6.

§ 3 Abs. 1 Nr. 2
Reverse Engineering

(1) Ein Geschäftsgeheimnis darf insbesondere erlangt werden durch
[...]
2. ein Beobachten, Untersuchen, Rückbauen oder Testen eines Produkts oder Gegenstands, das oder der
a) öffentlich verfügbar gemacht wurde oder
b) sich im rechtmäßigen Besitz des Beobachtenden, Untersuchenden, Rückbauenden oder Testenden befindet und dieser keiner Pflicht zur Beschränkung der Erlangung des Geschäftsgeheimnisses unterliegt;

[...]

Schrifttum

Alexander Grundstrukturen des Schutzes von Geschäftsgeheimnissen durch das neue GeschGehG, WRP **2019** 673; *Apel/Walling* Das neue Geschäftsgeheimnisgesetz: Überblick und erste Praxishinweise, DB **2019** 891; *Aplin* Reverse Engineering and Commercial Secrets, Current Legal Problems **2013** Vol. 66 341; *Büscher* Gesetz gegen den unlauteren Wettbewerb, 2019; *Chikofsky/Cross* Reverse Engineering and Design Recovery: A Taxonomy, IEEE Software **1990** Vol. 7 13; *Dann/Markgraf* Das neue Gesetz zum Schutz von Geschäftsgeheimnissen, NJW **2019** 1774; *Eilam* Reversing – Secrets of Reverse Engineering, 2005; *Ernst* Das Geschäftsgeheimnisgesetz – Praxisrelevante Aspekte der Umsetzung der EU Richtlinie 2016/943, MDR **2019** 897; *Fuhlrott/Hiéramente* BeckOK GeschGehG, 6. Edition 2020 (zit.: BeckOK GeschGehG/*Bearbeiter*); *Haberstumpf* Die Zulässigkeit des Reverse Engineering, CR **1991** 129; *Harte-Bavendamm* Wettbewerbsrechtliche Aspekte des Reverse Engineering von Computerprogrammen, GRUR **1990** 657; *ders.* Reform des Geheimnisschutzes: naht Rettung aus Brüssel? Zum Richtlinienvorschlag zum Schutz von Geschäftsgeheimnissen, Festschrift Köhler (2014) 235; *Harte-Bavendamm/Ohly/Kalbfus* GeschGehG, 2020; *Heinzke* Richtlinie zum Schutz von Geschäftsgeheimnissen, CCZ **2016** 179; *Hoeren/Münker* Die EU-Richtlinie für den Schutz von Geschäftsgeheimnissen und ihre Umsetzung – unter besonderer Berücksichtigung der Produzentenhaftung, WRP **2018** 150; *Ingle* Reverse Engineering, 1994; *Kalbfus* Know-how-Schutz in Deutschland zwischen Strafrecht und Zivilrecht – welcher Reformbedarf besteht? 2011; *ders.* Die EU-Geschäftsgeheimnis-Richtlinie – Welcher Umsetzungsbedarf besteht in Deutschland? GRUR **2016** 1009; *Kochmann* Schutz des „Know-how" gegen ausspähende Produktanalysen („Reverse Engineering") 2009; *Köhler/Bornkamm/Feddersen* Gesetz gegen den unlauteren Wettbewerb, 39. Aufl. 2021; *Leister* Liberalisierung von Reverse Engineering durch Geschäftsgeheimnisgesetz: Wie können sich Unternehmen noch schützen? GRUR-Prax **2019** 175; *Maierhöfer/Hosseini* Vertraglicher Ausschluss von Reverse Engineering nach dem neuen GeschGehG: Ein Praxistipp, GRUR-Prax **2019** 542; *McGuire* Der Schutz von Know-how im System des Immaterialgüterrechts – Perspektiven für die Umsetzung der Richtlinie über Geschäftsgeheimnisse, GRUR **2016** 1000; *Ohly* Reverse Engineering: Unfair Competition or Catalyst for Innovation? Festschrift Straus (2009) 535; *ders.* Das neue Geschäftsgeheimnisgesetz im Überblick, GRUR **2019** 441; *Otte-Gräbener/Kutscher-Puis* Handlungsbedarf durch das neue Geschäftsgeheimnisgesetz für Vertraulichkeitsvereinbarungen im Rahmen von Liefer- und Vertriebsverträgen, ZVertriebsR **2019** 288; *von Pelchrzim* Whistleblowing und der strafrechtliche Geheimnisschutz nach § 17 UWG, CCZ **2009** 25; *Rauer/Eckert* Richtlinie zur Harmonisierung des Know-how-Schutzes in der EU, DB **2016** 1239; *Samuelson/Scotchmer* The Law and Economics of Reverse Engineering, The Yale Law Journal **2002** Vol. 111 1575; *Schnell/Fresca* Reverse Engineering – Darstellung der Diskussion in der Bundesrepublik Deutschland und in den USA, CR **1990** 157; *Schweyer* Die rechtliche Bewertung des Reverse Engineering in Deutschland und den USA, 2012; *Strobel* Reverse Engineering im Spannungsfeld der Sonderschutzrechte, Diss. Münster im Erscheinen; *Thiel* Das neue Geschäftsgeheimnisgesetz (GeschGehG) – Risiken und Chancen für Geschäftsgeheimnisinhaber, WRP **2019** 700; *Triebe* Reverse Engineering im Lichte des Urheber- und Geschäftsgeheimnisschutzes, WRP **2018** 795; *Wiese* Die EU-Richtlinie über den Schutz vertraulichen Know-hows und vertraulicher Geschäftsinformationen, 2018; *Witz* Grenzen des Geheimnisschutzes, Festschrift Bornkamm (2014) 513; *ders.* Know-how Schutz vs. Reverse Engineering, Festschrift Harte-Bavendamm (2020) 441; *Ziegelmayer* Geheimnisschutz ist eine große Nische – Zu den unterschätzten Auswirkungen des GeschGehG, CR **2018** 693.

Übersicht

A. Allgemeines

§ 3 Abs. 1 Nr. 2 erlaubt das Untersuchen, Beobachten, Rückbauen oder Testen eines Produkts oder Gegenstands, um auf diese Weise die verkörperten Geschäftsgeheimnisse zu erlangen. Die Regelung hat damit das sogenannte **Reverse Engineering** zum Gegenstand,[27] das in der Praxis ein gängiges Verfahren zur Gewinnung von Informationen darstellt.[28] 28

Neben der eigenständigen Entdeckung und Schöpfung von Geschäftsgeheimnissen (vgl. Kommentierung zu § 3 Abs. 1 Nr. 1) ist § 3 Abs. 1 Nr. 2 der zweite ausdrücklich geregelte **Erlaubnistatbestand** zur Erlangung von Geschäftsgeheimnissen. 29

I. Begriffsbestimmung des Reverse Engineering

Beim Reverse Engineering handelt es sich ursprünglich um einen **Begriff aus der Praxis**, der verschiedene Handlungsformen beschreibt, die einer rechtlichen Würdigung bedürfen.[29] Im Kern geht es darum, ein (zumeist fremdes) Produkt zu analysieren, um die in dem Produkt verkörperten Informationen zu gewinnen und diese anschließend verwerten zu können.[30] 30

In der rechtlichen Auseinandersetzung mit diesem Phänomen wird der Begriff des Reverse Engineering jedoch **nicht einheitlich definiert**.[31] Teilweise wird nur die Produktanalyse selbst dem Reverse Engineering zugeschrieben.[32] Erfasst sei also nur die Informationsgewinnung. Die anschließende Informationsverwertung sei hingegen dem sogenannten *Forward Engineering* zuzuordnen.[33] 31

---

27 BTDrucks. 19/4724 S. 25; Köhler/Bornkamm/Feddersen/*Alexander* § 3 GeschGehG Rn. 23; *Leister* GRUR-Prax **2019** 175, 175.
28 VDMA Studie Produktpiraterie 2018, S. 7 und 17 (abrufbar unter: https://www.one-identity-plus.com/wp-content/uploads/2018/07/VDMA-Studie-Produktpiraterie-2018_FINAL.pdf, zuletzt abgerufen im Mai 2021).
29 *Wiese* 30; *Harte-Bavendamm* GRUR **1990** 657, 658.
30 Köhler/Bornkamm/Feddersen/*Alexander* § 3 GeschGehG Rn. 24; *Kochmann* 43; *Aplin* Current Legal Problems **2013** Vol. 66 341, 341 ff.
31 Siehe auch *Strobel* 9 ff.; *Harte-Bavendamm* GRUR **1990** 657, 658; *Schnell/Fresca* CR **1990** 157, 157.
32 Büscher/*McGuire* § 3 GeschGehG Rn. 19; *Kochmann* 43.
33 *Kochmann* 44; *Chikofsky/Cross* IEEE Software **1990** Vol. 7 13, 14 f.

32 Da die Produktanalyse aber in aller Regel vorgenommen wird, um die so gewonnenen Informationen auch anschließend zu verwerten, sollte das tatsächliche Geschehen des Reverse Engineering in der rechtlichen Diskussion begrifflich nicht künstlich auseinandergerissen werden.[34] Für das Reverse Engineering ergibt sich daraus eine **zweiteilige Definition**, die sowohl die Produktanalyse zur Gewinnung von Informationen (1. Ebene) als auch die anschließende Verwertung der gewonnenen Informationen (2. Ebene) erfasst.[35]

II. Rechtslage vor Inkrafttreten des GeschGehG

33 Vor dem Inkrafttreten des GeschGehG gab es im deutschen Geheimnisschutzrecht keine Regelung, die sich ausdrücklich mit dem Reverse Engineering befasste. Zurückgehend auf die „Stiefeleisenpresse"-Entscheidung[36] des *Reichsgerichts* wurde das Reverse Engineering jedoch bis zuletzt als **unzulässig** bewertet.[37]

34 **Normativer Anknüpfungspunkt** für die ablehnende Beurteilung war § 17 Abs. 2 UWG aF.[38] Die Analyse eines Produkts, um an die verkörperten Informationen zu gelangen, ist in der Regel nicht ohne die Anwendung technischer Hilfsmittel möglich, sodass die **h.M.** die Voraussetzungen des § 17 Abs. 2 Nr. 1 lit. a) UWG a.F. als erfüllt ansah.[39] Zwar wurde an dieser Beurteilung zunehmend Kritik geäußert,[40] es blieb jedoch bei der grundsätzlichen Beurteilung des Reverse Engineering als unzulässig.

35 Durch die Reform des Geheimnisschutzrechts und die Schaffung des § 3 Abs. 1 Nr. 2 erfährt das nationale Geheimnisschutzrecht damit einen **Paradigmenwechsel** bezüglich der rechtlichen Beurteilung des Reverse Engineering.[41] Es ist zukünftig aus geheimnisschutzrechtlicher Perspektive als zulässig zu bewerten. Im internationalen Vergleich gibt das deutsche Geheimnisschutzrecht damit seine Sonderstellung[42] auf und gleicht sich anderen Nationen wie den Vereinigten Staaten von Amerika[43] und England[44] an, die das Reverse Engineering schon zuvor als zulässig bewerteten (vgl. Kommentierung zu Vor §§ 1 bis 2 Rn. 41ff.).[45]

---

34 So auch *Strobel* 9ff.; *Schweyer* 2; *Haberstumpf* CR **1991** 129, 129. Wohl auch *Schnell/Fresca* CR **1990** 157, 157.

35 *Strobel* 11.

36 RG 22.11.1935 RGZ **149** 329 = GRUR **1936** 183 – Stiefeleisenpresse.

37 Büscher/*McGuire* § 3 GeschGehG Rn. 17; *Leister* GRUR-Prax **2019** 175, 175; *Ohly* GRUR **2019** 441, 447.

38 *Reinfeld* § 2 Rn. 27; *Leister* GRUR-Prax **2019** 175, 175; *Otte-Gräbener/Kutscher-Puis* ZVertriebsR **2019** 288, 290.

39 Fezer/Büscher/Obergfell/*Rengier* **Band 2** § 17 UWG Rn. 57; Brammsen/*Brammsen* Lauterkeitsstrafrecht § 17 UWG Rn. 88; Ohly/Sosnitza/*Ohly* § 17 UWG Rn. 26a; *von Pelchrzim* CCZ **2009** 25, 28.

40 Ohly/Sosnitza/*Ohly* § 17 UWG Rn. 26a; *Schweyer* 458ff.; siehe auch Gloy/Loschelder/Danckwerts/*Harte-Bavendamm* UWG-HdB § 77 Rn. 10; *Kalbfus* Rn. 540ff.; *Ohly* Festschrift Straus (2009) 535, 541ff.

41 *Dann/Markgraf* NJW **2019** 1774, 1776; *Voigt/Herrmann/Grabenschröer* BB **2019** 142, 143; *Redeker/Pres/Gittinger* WRP **2015** 681, 687.

42 Siehe insoweit auch den Vergleich mit anderen Rechtsordnungen bei *Kalbfus* Rn. 553ff.

43 Kewanee Oil Co. v. Bicron Corp., 416 U. S. 470 (1974); *Schweyer* 2; *Ohly* Festschrift Straus (2009) 535, 535ff.

44 *Bainbridge* Intellectual property 342; *Siems* WRP **2007** 1146, 1150.

45 Siehe zur Bewertung des Reverse Engineering in anderen Ländern auch *Kalbfus* Rn. 553ff.

B. Kommentierung im Einzelnen

I. Unionsrechtliche Vorgaben

Wie die gesamte Reform des nationalen Geheimnisschutzrechts geht auch § 3 Abs. 1 Nr. 2 auf die Know-how-Schutz-Richtlinie zurück (vgl. Kommentierung zu Vor §§ 1 bis 2 Rn. 101). Die Regelung setzt **Art. 3 Abs. 1 lit. b) Know-how-Schutz-RL** um.[46] Zur Umsetzung war der Gesetzgeber trotz des grundsätzlich nur mindestharmonisierenden Charakters der Richtlinie gezwungen.[47] Art. 1 Abs. 1 und Abs. 2 Know-how-Schutz-RL führen einen Katalog von Normen auf, die bei der Umsetzung der Richtlinie einzuhalten sind. Zu diesen zwingenden Vorschriften zählt auch Artikel 3 und damit auch dessen Absatz 1 lit. b) Know-how-Schutz-RL.[48] 36

Wenngleich der deutsche Gesetzgeber zur Umsetzung der unionsrechtlichen Vorgabe verpflichtet war, weicht die deutsche Umsetzungsnorm hinsichtlich ihres Aufbaus von Art. 3 Abs. 1 lit. b) Know-how-Schutz-RL ab. Anders als die Richtlinie untergliedert § 3 Abs. 1 Nr. 2 seinen Tatbestand deutlicher in zwei Varianten: § 3 Abs. 1 Nr. 2 lit. a) regelt die Analyse von öffentlich verfügbar gemachten Produkten, wohingegen § 3 Abs. 1 Nr. 2 lit. b) die Analyse von solchen Produkten zum Gegenstand hat, die sich lediglich im rechtmäßigen Besitz des Untersuchenden befinden müssen. Wie sich aus der Gesetzesbegründung zum GeschGehG ergibt, sind dadurch aber **keine inhaltlichen Abweichungen** zur Know-how-Schutz-Richtlinie gewollt.[49] Das nationale Geheimnisschutzrecht gewinnt durch die Untergliederung aber an Klarheit.[50] 37

Für die Auslegung des Art. 3 Abs. 1 lit. b) Know-how-Schutz-RL und damit auch für dessen deutsche Umsetzungsnorm des § 3 Abs. 1 Nr. 2 sind außerdem insbesondere die **Erwägungsgründe 16 und 17** der Know-how-Schutz-Richtlinie zu beachten. 38

II. Normzweck und Regelungsumfang

Zweck der Regelung ist es, die „Entschlüsselung von Geschäftsgeheimnissen aus Produkten selbst" zu erlauben.[51] Aus geheimnisschutzrechtlicher Perspektive soll also die erste Ebene des **Reverse Engineering legalisiert** werden. Hintergrund ist die gesetzgeberische Wertung, dass an Geschäftsgeheimnissen keine Exklusivrechte begründet werden sollen.[52] Diese Wertung ist auch der Know-how-Schutz-Richtlinie zu entnehmen.[53] 39

Durch die Legalisierung des Reverse Engineering soll außerdem die **Innovations- und Wettbewerbsförderung** im (Binnen-)Markt angeregt werden.[54] Dem Reverse Engineering wird hierfür eine entsprechende Charaktereigenschaft zugesprochen.[55] 40

---

46 BTDrucks. 19/4724 S. 25; *Strobel* 30.
47 Siehe auch *Strobel* 30 f.
48 Heermann/Schlingloff/*Namysłowska* MüKo Lauterkeitsrecht **Band 1** Art. 3 Geheimnisschutz-RL Rn. 2.
49 BTDrucks. 19/4724 S. 25 f.; Köhler/Bornkamm/Feddersen/*Alexander* § 3 GeschGehG Rn. 28; *Strobel* 31.
50 Köhler/Bornkamm/Feddersen/*Alexander* § 3 GeschGehG Rn. 28. Ausführlicher hierzu auch *Strobel* 31 f.
51 BTDrucks. 19/4724 S. 25; BeckOK GeschGehG/*Spieker* § 3 GeschGehG Rn. 8.
52 BTDrucks. 19/4724 S. 25; Köhler/Bornkamm/Feddersen/*Alexander* § 3 GeschGehG Rn. 25; BeckOK GeschGehG/*Spieker* § 3 GeschGehG Rn. 8.
53 Erwägungsgrund 16 RL (EU) 2016/943 v. 8.6.2016.
54 Erwägungsgrund 16 RL (EU) 2016/943 v. 8.6.2016. Zu den Gründen der Legalisierung des Reverse Engineering siehe auch *Strobel* 41 ff.
55 Stellungnahme des Europäischen Wirtschafts- und Sozialausschusses vom 16.7.2014 ABl. C 226/48, S. 50.

41 Auch wenn § 3 Abs. 1 mit einem „insbesondere" eingeleitet wird, hat § 3 Abs. 1 Nr. 2 nur die **Erlangung eines Geschäftsgeheimnisses** durch die Analyse eines Produkts zum Regelungsgegenstand.[56] Das „insbesondere" muss vor dem unionsrechtlichen Hintergrund als Verweis auf die Generalklausel des Art. 3 Abs. 1 lit. d) Know-how-Schutz-RL verstanden werden.[57] Jedenfalls kann die öffnende Formulierung des § 3 Abs. 1 nicht so ausgelegt werden, dass auch die Nutzung oder Offenlegung eines Geschäftsgeheimnisses vom Regelungsgehalt der Norm erfasst ist. Art. 3 Abs. 1 Know-how-Schutz-RL ist insoweit eindeutig und bewertet ausschließlich die in dem Katalog aufgeführten Handlungen zur *Erlangung* von Geschäftsgeheimnissen als zulässig. Über die Nutzung oder Offenlegung von Geschäftsgeheimnissen trifft Art. 3 Abs. 1 Know-how-Schutz-RL keine Aussage. Im Sinne einer unionsrechtskonformen Auslegung muss das auch für § 3 Abs. 1 gelten. § 3 Abs. 1 Nr. 2 erlaubt also nur die Produktanalyse zur Gewinnung von Geschäftsgeheimnissen und damit die erste Ebene des Reverse Engineering (vgl. Rn. 32).

42 Die **Zulässigkeit der Verwertung** der so gewonnenen Geschäftsgeheimnisse als zweite Ebene des Reverse Engineering ergibt sich aus den Wertungen des § 4 Abs. 2 Nr. 1 (vgl. Kommentierung zu § 4 Abs. 2 Rn. 79ff.).[58] Die Norm untersagt die Nutzung und Offenlegung von Geschäftsgeheimnissen, die unrechtmäßig erlangt wurden. Da § 3 Abs. 1 Nr. 2 die Gewinnung von Geschäftsgeheimnissen durch die Produktanalyse aber erlaubt, ist die Erlangung nicht unrechtmäßig.[59] § 4 Abs. 2 Nr. 1 untersagt die Verwertung damit nicht, sodass sie als zulässig bewertet werden muss.

43 Durch das Zusammenspiel von § 3 Abs. 1 Nr. 2 und § 4 Abs. 2 Nr. 1 begründet das reformierte Geheimnisschutzrecht damit eine **umfassende Reverse Engineering-Freiheit**, die beide Ebenen des Reverse Engineering erfasst (vgl. Rn. 30ff.).[60]

III. Objekt der Untersuchungshandlungen

44 § 3 Abs. 1 Nr. 2 erlaubt das Beobachten, Untersuchen, Rückbauen oder Testen von **Produkten oder Gegenständen**. Für ein zulässiges Reverse Engineering muss also ein taugliches Analyseobjekt vorliegen. Hierbei ist ein **weites Begriffsverständnis** zugrunde zu legen, das sämtliche Waren erfasst.[61] Erforderlich ist lediglich, dass die Waren auch im Sinne der Norm untersucht werden können. Taugliches Analyseobjekt können außerdem nicht nur vollständige oder „Komplettprodukte" sein, sondern auch Einzelteile, Teilprodukte und Komponenten.[62]

45 Eine Beschränkung auf ausschließlich körperliche Produkte ist ebenfalls abzulehnen.[63] Dadurch würde insbesondere Software aus dem Anwendungsbereich des § 3 Abs. 1 Nr. 2 fallen, was vor dem Hintergrund der Digitalisierung und der wachsenden Bedeutung

---

56 Harte-Bavendamm/Ohly/Kalbfus/*Ohly* § 3 GeschGehG Rn. 28; *Rauer/Eckert* DB **2016** 1239, 1241.
57 Ähnlich auch Harte-Bavendamm/Ohly/Kalbfus/*Ohly* § 3 GeschGehG Rn. 22.
58 *Strobel* 32f.; ähnlich Köhler/Bornkamm/Feddersen/*Alexander* § 3 GeschGehG Rn. 39; Harte-Bavendamm/Ohly/Kalbfus/*Ohly* § 3 GeschGehG Rn. 28; *Harte-Bavendamm* Festschrift Köhler (2014) 235, 245.
59 Köhler/Bornkamm/Feddersen/*Alexander* § 3 GeschGehG Rn. 39; *Rauer/Eckert* DB **2016** 1239, 1241.
60 *Strobel* 32f.
61 Köhler/Bornkamm/Feddersen/*Alexander* § 3 GeschGehG Rn. 29; *Strobel* 34. Grundsätzlich wohl auch BeckOK GeschGehG/*Spieker* § 3 GeschGehG Rn. 11; Harte-Bavendamm/Ohly/Kalbfus/*Ohly* § 3 GeschGehG Rn. 21.
62 Köhler/Bornkamm/Feddersen/*Alexander* § 3 GeschGehG Rn. 29.
63 *Strobel* 34. So aber BeckOK GeschGehG/*Spieker* § 3 GeschGehG Rn. 11.

von Softwareanwendungen nicht gewollt sein kann. Taugliches Analyseobjekt können also **körperliche und unkörperliche Objekte** sein.[64]

Das Analyseobjekt muss des Weiteren ein Geschäftsgeheimnis im Sinne des § 2 Nr. 1 enthalten.[65] § 3 Abs. 1 Nr. 2 kommt also erst zur Anwendung, wenn zuvor festgestellt wurde, dass das Analyseobjekt ein Geschäftsgeheimnis verkörpert. Die Regelung setzt damit nach der Einordnung einer Information als Geschäftsgeheimnis an (vgl. Kommentierung zu § 2 Rn. 4ff.).[66] Die Frage, ob eine Information ein Geschäftsgeheimnis darstellt, kann das Reverse Engineering aber gegebenenfalls im Rahmen der Zugänglichkeit einer Information beeinflussen (vgl. Kommentierung zu § 2 Rn. 9ff.). Ein erfolgreiches Reverse Engineering lässt daher auch nicht zwangsläufig die Geschäftsgeheimniseigenschaft der betroffenen Information entfallen.[67] **46**

IV. Erlaubte Handlungen

Liegt ein taugliches Analyseobjekt vor, darf es gemäß § 3 Abs. 1 Nr. 2 **beobachtet, untersucht, zurückgebaut oder getestet** werden. Diese vier Handlungen umschreiben klassischerweise die Produktanalyse des Reverse Engineering und sind **weit auszulegen.**[68] Trotz der scheinbar abschließenden Aufzählung von Handlungen erlaubt die Regelung daher alle denkbaren und erforderlichen Analysehandlungen.[69] Der Untersuchende darf das Analyseprodukt auch abändern und bearbeiten.[70] Dies ergibt sich aus der Gesetzesbegründung zum GeschGehG und der Know-how-Schutz-Richtlinie, die eine umfassende Gewinnung von Geschäftsgeheimnissen aus einem Produkt beziehungsweise Gegenstand ermöglichen möchten.[71] Ohne ein weites Verständnis der erlaubten Handlungen könnte dieses Ziel jedoch nicht erreicht werden. **47**

Der Untersuchende ist des Weiteren nicht hinsichtlich seiner **Mittel, Methoden und Motive** bezüglich des Reverse Engineering beschränkt.[72] Das Analyseobjekt darf auch gebrauchsunfähig gemacht oder zerstört werden.[73] **48**

V. Berechtigung zur Analyse

Für ein zulässiges Reverse Engineering muss das **Analyseobjekt rechtmäßigt erlangt** worden sein. Das setzt zumindest die autorisierte Besitzeinräumung in Form der tat- **49**

---

64 So auch Harte-Bavendamm/Ohly/Kalbfus/*Ohly* § 3 GeschGehG Rn. 21; Köhler/Bornkamm/Feddersen/*Alexander* § 3 GeschGehG Rn. 29; *Strobel* 34.
65 BeckOK GeschGehG/*Spieker* § 3 GeschGehG Rn. 12.
66 *Strobel* 30.
67 Büscher/*McGuire* § 3 GeschGehG Rn. 18; Harte-Bavendamm/Ohly/Kalbfus/*Ohly* § 3 GeschGehG Rn. 29.
68 Büscher/*McGuire* § 3 GeschGehG Rn. 19; Köhler/Bornkamm/Feddersen/*Alexander* § 3 GeschGehG Rn. 30; *Reinfeld* § 2 Rn. 31. **A.A.** BeckOK GeschGehG/*Spieker* § 3 GeschGehG Rn. 12.
69 Harte-Bavendamm/Ohly/Kalbfus/*Ohly* § 3 GeschGehG Rn. 22; Köhler/Bornkamm/Feddersen/*Alexander* § 3 GeschGehG Rn. 30; *Strobel* 35ff.
70 **A.A.** BeckOK GeschGehG/*Spieker* § 3 GeschGehG Rn. 12.
71 BTDrucks. 19/4724 S. 25f.; *Strobel* 35ff.; *Reinfeld* § 2 Rn. 31. Außerdem Erwägungsgrund 16 RL (EU) 2016/943 v. 8.6.2016.
72 Köhler/Bornkamm/Feddersen/*Alexander* § 3 GeschGehG Rn. 30; Büscher/*McGuire* § 3 GeschGehG Rn. 19.
73 Köhler/Bornkamm/Feddersen/*Alexander* § 3 GeschGehG Rn. 30.

sächlichen Sachherrschaft voraus.[74] Darüber hinaus unterscheidet § 3 Abs. 1 Nr. 2 hinsichtlich der Zulässigkeit des Reverse Engineering zwischen öffentlich verfügbar gemachten Produkten (lit. a)) und nicht öffentlich verfügbar gemachten Produkten (lit. b)).

50 Noch nicht geklärt ist die Frage, ob sich der Untersuchende der **Hilfe eines Dritten** bedienen darf.[75] Ein vergleichender Blick auf die Situation im Urheberrecht nach den §§ 69a ff. UrhG spricht aber für diese Möglichkeit.[76]

51 **1. Öffentlich verfügbar gemachte Produkte (§ 3 Abs. 1 Nr. 2 lit. a)).** Bei öffentlich verfügbar gemachten Produkten im Sinne von § 3 Abs. 1 Nr. 2 lit. a) setzt die Norm, über die rechtmäßige Erlangung des Analyseobjekts in Form der willentlichen Besitzeinräumung hinaus, **keine weiteren Voraussetzungen** für ein zulässiges Reverse Engineering voraus. Grundsätzlich ausreichend ist daher bei öffentlich verfügbar gemachten Produkten die autorisierte Sachherrschaft des Untersuchenden. Mit Blick auf die Praxis und der ausdrücklichen Abgrenzung zu den nicht öffentlich verfügbar gemachten Produkten im Sinne des § 3 Abs. 1 Nr. 2 lit. b) werden jedoch wohl oftmals Fallkonstellationen Gegenstand der Regelung des § 3 Abs. 1 Nr. 2 lit. a) sein, in denen der Untersuchende auch das Eigentum an dem Analyseobjekt erworben hat.

52 Offen lässt das Gesetz, wann ein Produkt beziehungsweise Gegenstand als „öffentlich verfügbar gemacht" gilt. Aus der Gesetzesbegründung lässt sich lediglich entnehmen, dass dies bei Produkten beziehungsweise Gegenständen anzunehmen ist, die frei auf dem Markt erhältlich sind.[77] Aufgrund der vergleichbaren Interessenlage kann sich für die Bestimmung von öffentlich verfügbar gemachten Produkten **an § 19a UrhG orientiert** werden.[78] **Öffentlich verfügbar gemachte Produkte im Sinne des § 3 Abs. 1 Nr. 2 lit. a)** sind daher Produkte, zu denen einer unbestimmten Anzahl von Personen der Öffentlichkeit der Zugang eröffnet wurde und diese in keiner persönlichen Beziehung untereinander oder zum Geheimnisinhaber stehen.[79] Sie dürfen also nicht nur einem abgrenzbaren Personenkreis zugänglich gemacht werden, sodass beispielsweise Massenartikel erfasst sind. Entscheidend sind die Umstände des Einzelfalls.[80]

53 In **Grenzfällen**, in denen es aufgrund der Spezialität des Produkts nur einen sehr begrenzten Abnehmerkreis gibt, sollte vor dem Hintergrund der wirtschaftlichen Bedeutung und Prägung des Geheimnisschutzrechts die öffentliche Verfügbarkeit angenommen werden, wenn allen oder zumindest den meisten der potenziellen Abnehmer der Zugang zu diesen eröffnet wurde.[81]

---

74 *Strobel* 37f.; i.E. ähnlich Köhler/Bornkamm/Feddersen/*Alexander* § 3 GeschGehG Rn. 33ff.; BeckOK GeschGehG/*Spieker* § 3 GeschGehG Rn. 13ff.
75 Harte-Bavendamm/Ohly/Kalbfus/*Ohly* § 3 GeschGehG Rn. 26.
76 Harte-Bavendamm/Ohly/Kalbfus/*Ohly* § 3 GeschGehG Rn. 26. **A.A.** wohl Büscher/*McGuire* § 3 GeschGehG Rn. 22.
77 BTDrucks. 19/4724 S. 26.
78 So auch BeckOK GeschGehG/*Spieker* § 3 GeschGehG Rn. 13; *Strobel* 38.
79 BeckOK GeschGehG/*Spieker* § 3 GeschGehG Rn. 14; *Strobel* 38. Zur Definition der öffentlichen Zugänglichmachung gemäß § 19a UrhG siehe beispielhaft: Wandtke/Bullinger/*Bullinger* § 19a UrhG Rn. 6; BeckOK Urheberrecht/*Götting* § 19a UrhG Rn. 8.
80 Harte-Bavendamm/Ohly/Kalbfus/*Ohly* § 3 GeschGehG Rn. 24.
81 Harte-Bavendamm/Ohly/Kalbfus/*Ohly* § 3 GeschGehG Rn. 24; *Strobel* 38; *Leister* GRUR-Prax **2019** 175, 176.

2. Nicht öffentlich verfügbar gemachte Produkte (§ 3 Abs. 1 Nr. 2 lit. b)). Liegt kein öffentlich verfügbar gemachtes Produkt im Sinne des § 3 Abs. 1 Nr. 2 lit. a) vor, richtet sich die Zulässigkeit des Reverse Engineering nach § 3 Abs. 1 Nr. 2 lit. b). Die Tatbestandsvariante ist damit insbesondere für **Produkte vor der Markteinführung** wie beispielsweise Prototypen von Bedeutung.[82] 54

Auch nicht öffentlich verfügbar gemachte Produkte müssen gemäß § 3 Abs. 1 Nr. 2 lit. b) rechtmäßig in den Besitz des Untersuchenden gekommen sein. Das setzt eine auf den Geheimnisinhaber zurückzuführende **Autorisierung der Besitzeinräumung** voraus.[83] Dies kann auch durch eine „geschlossene Kette" von rechtmäßigen Besitzeinräumungen erfüllt sein.[84] Der Erwerb des Eigentums am Analyseobjekt schließt die Einschlägigkeit des § 3 Abs. 1 Nr. 2 lit. b) nicht aus, sofern die Voraussetzungen eines öffentlich verfügbar gemachten Produkts im Sinne des § 3 Abs. 1 Nr. 2 lit. a) nicht erfüllt sind. 55

Darüber hinaus darf der Untersuchende in den Fällen des § 3 Abs. 1 Nr. 2 lit. b) zusätzlich **keiner Pflicht zur Beschränkung der Erlangung** des Geschäftsgeheimnisses unterliegen. Hiervon erfasst sind **insbesondere**, aber nicht zwingend ausschließlich, **vertragliche Abreden** zwischen dem Geheimnisinhaber und dem Untersuchenden.[85] Aus Art. 3 Abs. 1 lit. b) Know-how-Schutz-RL ergibt sich, dass diese Pflicht selbst rechtsgültig sein muss.[86] 56

3. Vertragliche Gestaltungsmöglichkeiten. Durch die Legalisierung des Reverse Engineering nach dem GeschGehG stellt sich in der Praxis die Frage, ob und gegebenenfalls wie die Analyse eines Produkts, das ein Geschäftsgeheimnis verkörpert, vertraglich ausgeschlossen oder beschränkt werden kann. 57

Das Reverse Engineering von **öffentlich nicht verfügbar gemachten Produkten** im Sinne des § 3 Abs. 1 Nr. 2 lit. b) kann jedenfalls durch **Individualvertrag** beschränkt oder ausgeschlossen werden.[87] Dies ergibt sich unmittelbar aus § 3 Abs. 1 Nr. 2 lit. b), wonach der Untersuchende „keiner Pflicht zur Beschränkung der Erlangung des Geschäftsgeheimnisses unterliegen darf".[88] Voraussetzung ist, dass die vertragliche Abrede rechtsgültig ist. Hierbei sind insbesondere die allgemeinen Grenzen der §§ 138 und 242 BGB zu beachten.[89] 58

Aber auch durch **allgemeine Geschäftsbedingungen (AGB)** kann das Reverse Engineering von **nicht öffentlich verfügbar gemachten Produkten** eingeschränkt werden.[90] Eine unangemessene Benachteiligung des Vertragspartners durch das Abweichen von wesentlichen Grundgedanken einer gesetzlichen Regelung (sogenanntes gesetzliches Leitbild) im Sinne des § 307 Abs. 1 Satz 1 in Verbindung mit § 307 Abs. 2 Nr. 1 BGB kann in- 59

82 Köhler/Bornkamm/Feddersen/*Alexander* § 3 GeschGehG Rn. 34. Ähnlich auch Büscher/*McGuire* § 3 GeschGehG Rn. 23.
83 Köhler/Bornkamm/Feddersen/*Alexander* § 3 GeschGehG Rn. 35 f.; BeckOK GeschGehG/*Spieker* § 3 GeschGehG Rn. 15.
84 Köhler/Bornkamm/Feddersen/*Alexander* § 3 GeschGehG Rn. 36; BeckOK GeschGehG/*Spieker* § 3 GeschGehG Rn. 13.
85 BTDrucks. 19/4724 S. 26; Büscher/*McGuire* § 3 GeschGehG Rn. 21; Köhler/Bornkamm/Feddersen/*Alexander* § 3 GeschGehG Rn. 37; *Reinfeld* § 2 Rn. 29 f.
86 BTDrucks. 19/4724 S. 26; Köhler/Bornkamm/Feddersen/*Alexander* § 3 GeschGehG Rn. 38.
87 *Strobel* 240.
88 Siehe auch *Strobel* 240.
89 Köhler/Bornkamm/Feddersen/*Alexander* § 3 GeschGehG Rn. 38.
90 Harte-Bavendamm/Ohly/Kalbfus/*Ohly* § 3 GeschGehG Rn. 27; *Strobel* 240 f.; *Otte-Gräbener/Kutscher-Puis* ZVertriebsR **2019** 288, 291; *Maierhöfer/Hosseini* GRUR-Prax **2019** 542, 543.

soweit nicht angenommen werden.[91] § 3 Abs. 1 Nr. 2 lit. b) nennt ausdrücklich die Möglichkeit, das Reverse Engineering von nicht öffentlich verfügbar gemachten Produkten einzuschränken. Die Regelung unterscheidet nicht zwischen individualvertraglichen Abreden und solchen durch AGB. Ein gesetzliches Leitbild, nach welchem das Reverse Engineering von entsprechenden Produkten nicht durch AGB eingeschränkt werden darf, lässt sich so nicht begründen.[92] Darüber hinaus ist es aber wie bei individualvertraglichen Abreden erforderlich, dass die einschränkenden Bestimmungen rechtsgültig sind. Im Einzelfall ist es also nicht ausgeschlossen, dass entsprechende Abreden gegen andere Vorgaben der AGB-Kontrolle nach §§ 305 ff. BGB verstoßen.[93]

60 Im Hinblick auf **öffentlich verfügbar gemachte Produkte** im Sinne des § 3 Abs. 1 Nr. 2 lit. a) scheint sich eine überwiegende Meinung zu bilden, wonach das Reverse Engineering dieser Produkte uneingeschränkt zulässig ist.[94] Die Vertreter stützen sich dabei auf das Fehlen einer zu § 3 Abs. 1 Nr. 2 lit. b) vergleichbaren Regelung und die Gesetzesbegründung zum GeschGehG, die eine entsprechende Schlussfolgerung tatsächlich zulassen würden.[95] Neben dem GeschGehG mit seiner Begründung gilt es aber auch die Know-how-Schutz-Richtlinie in diesem Punkt zu berücksichtigen. Erwägungsgrund 16 der Richtlinie stellt insoweit ausdrücklich klar, dass ein Reverse Engineering als zulässig angesehen werden sollte, „es sei denn, dass etwas anderes vereinbart wurde". Da die Richtlinie die Unterscheidung hinsichtlich der Produkte ansonsten auch im Richtlinientext des Art. 3 Abs. 1 lit. b) Know-how-Schutz-RL vornimmt, scheint sie somit eine vertragliche Einschränkung sowohl bei nicht öffentlich verfügbar gemachten Produkten als auch bei Produkten zuzulassen, die entsprechend zugänglich sind.[96] Hinzu kommt, dass es an einem ausdrücklichen Verbot für vertragliche Einschränkungen des Reverse Engineering von öffentlich verfügbar gemachten Produkten fehlt, sodass auch die Vertragsfreiheit als wesentlicher Bestandteil der Privatautonomie für eine solche Möglichkeit spricht.[97] Zumindest **individualvertraglich** kann das Reverse Engineering von öffentlich verfügbar gemachten Produkten im Sinne des § 3 Abs. 1 Nr. 2 lit. a) somit wohl eingeschränkt oder ausgeschlossen werden.[98] Die praktische Bedeutung dieser Möglichkeit dürfte aufgrund des Ausschlusses einer Beschränkung durch AGB jedoch gering bleiben (vgl. Rn. 61).[99]

61 Nicht zulässig ist eine Beschränkung oder ein Ausschluss des Reverse Engineering von **öffentlich verfügbar gemachten Produkten** im Sinne des § 3 Abs. 1 Nr. 2 lit. a)

---

91 So auch *Strobel* 240 f.; *Maierhöfer/Hosseini* GRUR-Prax **2019** 542, 543. **A.A.** *Apel/Walling* DB **2019** 891, 896.

92 Harte-Bavendamm/Ohly/Kalbfus/*Ohly* § 3 GeschGehG Rn. 27; *Strobel* 240 f.; *Maierhöfer/Hosseini* GRUR-Prax **2019** 542, 543.

93 Köhler/Bornkamm/Feddersen/*Alexander* § 3 GeschGehG Rn. 38.

94 Harte-Bavendamm/Ohly/Kalbfus/*Ohly* § 3 GeschGehG Rn. 25; Köhler/Bornkamm/Feddersen/*Alexander* § 3 GeschGehG Rn. 31; Büscher/*McGuire* § 3 GeschGehG Rn. 20; *Ernst* MDR **2019** 897, 899; *Leister* GRUR-Prax **2019** 175, 176.

95 BTDrucks. 19/4724 S. 26; Harte-Bavendamm/Ohly/Kalbfus/*Ohly* § 3 GeschGehG Rn. 25; *Ernst* MDR **2019** 897, 899; *Leister* GRUR-Prax **2019** 175, 176.

96 *Strobel* 242 f. Ähnlich auch Heermann/Schlingloff/*Namysłowska* MüKo Lauterkeitsrecht **Band 1** Art. 3 Geheimnisschutz-RL Rn. 7, die ebenfalls keine Unterscheidung bezüglich der vertraglichen Einschränkung vornimmt.

97 *Strobel* 242.

98 Ausführlich hierzu *Strobel* 241 ff. So im Ergebnis wohl auch *Otte-Gräbener/Kutscher-Puis* ZVertriebsR **2019** 288, 291. Ebenso ließe sich *Ohly* GRUR **2019** 441, 447 verstehen.

99 *Strobel* 246; *Apel/Walling* DB **2019** 891, 896; *Ernst* MDR **2019** 897, 899; *Dumont* BB **2018** 2441, 2444; *Ziegelmayer* CR **2018** 693, 697. Obwohl er eine vertragliche Einschränkung insgesamt ablehnt so auch Harte-Bavendamm/Ohly/Kalbfus/*Ohly* § 3 GeschGehG Rn. 25.

durch **allgemeine Geschäftsbedingungen (AGB).**[100] § 3 Abs. 1 Nr. 2 begründet insoweit ein gesetzliches Leitbild im Sinne des § 307 Abs. 2 Nr. 1 BGB.[101] Die Regelung erlaubt grundsätzlich die Produktanalyse, um verkörperte Geschäftsgeheimnisse zu erlangen. Nur in Ausnahmefällen soll das Reverse Engineering ausgeschlossen werden können.[102] Zu diesen Ausnahmen zählen die Analyse von nicht öffentlich verfügbar gemachten Produkten, da bei diesen eine besondere Interessenslage vorliegt, und der individualvertragliche Ausschluss der Reverse Engineering-Freiheit. Könnte darüber hinaus auch das Reverse Engineering von öffentlich verfügbar gemachten Produkten durch AGB ausgeschlossen oder beschränkt werden, würde die grundsätzliche Reverse Engineering-Freiheit faktisch ins Gegenteil verkehrt werden.[103] Dieses Ergebnis wäre aber nicht mit den ausdrücklichen Zielen der Know-how-Schutz-Richtlinie und des GeschGehG vereinbar, das Reverse Engineering aufgrund seiner innovationsfördernden Wirkung grundsätzlich zu erlauben. Aus diesem Grund stellt die Reverse Engineering-Freiheit ein gesetzliches Leitbild im Sinne des § 307 Abs. 2 Nr. 1 BGB dar, von dem bei öffentlich verfügbar gemachten Produkten gemäß § 307 Abs. 1 Satz 1 BGB nicht durch AGB abgewichen werden darf.[104] Durch das Verbot, das Reverse Engineering von öffentlich verfügbar gemachten Produkten durch AGB einzuschränken, wird zugleich die Möglichkeit einer individualvertraglichen Einschränkung in der Praxis an Bedeutung verlieren.[105] Es ist kaum vorstellbar, dass sich ein Untersuchender auf beschränkende Individualverträge einlässt, wenn er das Analyseobjekt ansonsten frei auf dem Markt erwerben kann.

VI. Auswirkungen außerhalb des GeschGehG

Sofern die Voraussetzungen des § 3 Abs. 1 Nr. 2 erfüllt sind, ist die Produktanalyse im Rahmen eines Reverse Engineering-Vorhabens zulässig und die Erlangung eines Geschäftsgeheimnisses kann nicht als rechtswidrig im Sinne des § 4 Abs. 1 angesehen werden.[106] Die gewonnenen Geschäftsgeheimnisse dürfen im Wege eines Umkehrschlusses zu § 4 Abs. 2 Nr. 1 also vom Untersuchenden genutzt werden (vgl. Rn. 41ff. und Kommentierung zu § 4 Abs. 2 Rn. 95ff.). Um Wertungswidersprüche zu vermeiden, wirken sich diese Wertungen auch auf andere Rechtsgebiete aus.[107] So hat die ausdrückliche Erlaubnis der Produktanalyse nach § 3 Abs. 1 Nr. 2 zur Folge, dass anders als zur alten Rechtslage der Rechtsbruchtatbestand des § 3a UWG nicht mehr einschlägig ist.[108] Außerdem kann die Erlangung von Geschäftsgeheimnissen durch eine Produktanalyse nicht (mehr) als unredliche Kenntniserlangung im Sinne des **§ 4 Nr. 3 lit. c) UWG** oder gezielte Behinderung im 62

100 Harte-Bavendamm/Ohly/Kalbfus/*Ohly* § 3 GeschGehG Rn. 25; *Strobel* 243ff.; *Reinfeld* § 2 Rn. 32; *Maierhöfer/Hosseini* GRUR-Prax **2019** 542, 543; *Leister* GRUR-Prax **2019** 175, 176. In diese Richtung wohl auch tendierend *Ziegelmayer* CR **2018** 693, 697.
101 Siehe auch *Strobel* 244ff.
102 BTDrucks. 19/4724 S. 25f.
103 Hierzu ausführlich *Strobel* 244ff. Ähnlich auch *Apel/Walling* DB **2019** 891, 896.
104 Harte-Bavendamm/Ohly/Kalbfus/*Ohly* § 3 GeschGehG Rn. 25; *Strobel* 244ff.; *Reinfeld* § 2 Rn. 32; *Maierhöfer/Hosseini* GRUR-Prax **2019** 542, 543; *Leister* GRUR-Prax **2019** 175, 176. In diese Richtung wohl auch tendierend *Ziegelmayer* CR **2018** 693, 697.
105 *Strobel* 246; *Apel/Walling* DB **2019** 891, 896; *Ernst* MDR **2019** 897, 899; *Dumont* BB **2018** 2441, 2444; *Ziegelmayer* CR **2018** 693, 697.
106 Köhler/Bornkamm/Feddersen/*Alexander* § 3 GeschGehG Rn. 39; *Strobel* 39f.
107 Köhler/Bornkamm/Feddersen/*Alexander* § 3 GeschGehG Rn. 39; *Ohly* GRUR **2019** 441, 447.
108 *Alexander* WRP **2019** 673, 675f.; *Strobel* 114; *Thiel* WRP **2019** 700, 700.

Sinne des **§ 4 Nr. 4 UWG** angesehen werden, sofern keine weiteren unlauterkeitsbegründenden Umstände hinzutreten.[109]

63 Einen **Sonderfall** stellen **sklavische Nachahmungen** dar, die erst durch die Erlangung von Geschäftsgeheimnissen durch ein Reverse Engineering ermöglicht wurden.[110] Im Erwägungsgrund 17 deutet die Richtlinie an, dass nationale Rechtsvorschriften solche Praktiken verbieten können und die Richtlinie insoweit nicht das Recht des unlauteren Wettbewerbs vollständig reformieren möchte. Es soll nur geprüft werden, ob in diesem Bereich auf Unionsebene Handlungsbedarf besteht.[111] Da das Geheimnisschutzrecht derzeit kein ausdrückliches Verbot von sklavischen Nachahmungen vorsieht, die durch ein Reverse Engineering ermöglicht wurden, kommt hierfür in der deutschen Rechtsordnung nur das UWG in Betracht.[112] Es bleibt daher abzuwarten, ob die Rechtsprechung vor dem Hintergrund der Reform des Geheimnisschutzrechts eine Fallgruppe innerhalb der Unlauterkeitsvorschriften herausbildet, die diesen Sonderfall erfasst.[113]

64 Weiterhin unzulässig kann ein Reverse Engineering aber aufgrund anderer Rechtsvorschriften sein.[114] Insbesondere **immaterialgüterrechtliche Vorschriften** werden nicht ohne Weiteres von § 3 Abs. 1 Nr. 2 überlagert.[115] So richtet sich die Untersuchung von urheberrechtlich geschützten Computerprogrammen beispielsweise weiterhin vor allem nach den §§ 69a ff. UrhG.[116] Bei patentrechtlich geschützten Analyseobjekten ist das patentrechtliche Versuchsprivileg des § 11 Nr. 2 PatG ausschlaggebend.[117] Auch vertragliche Abreden bezüglich des Reverse Engineering sind an den Vorgaben des jeweiligen Rechtsgebiets zu messen.[118] So kann ein vertragliches Reverse Engineering-Verbot zum Beispiel nicht die Regelung des § 69g Abs. 2 UrhG verdrängen.

VII. Beweislast

65 Hinsichtlich der Beweislast ist von den allgemeinen Grundsätzen auszugehen, sodass der Untersuchende die für ihn positiven Tatsachen der Reverse Engineering-Freiheit darlegen und beweisen muss (vgl. Kommentierung zu § 3 Abs. 1 Nr. 1 Rn. 26).[119]

---

109 Köhler/Bornkamm/Feddersen/*Alexander* § 3 GeschGehG Rn. 39; Gloy/Loschelder/Danckwerts/*Becker* UWG-Hdb § 64 Rn. 94; *Ohly* GRUR **2019** 441, 447; *Alexander* WRP **2019** 673, 675; *Rauer/Eckert* DB **2016** 1239, 1241. Ausführlich hierzu *Strobel* 115 ff.

110 Ausführlich hierzu *Strobel* 137 ff. Außerdem Heermann/Schlingloff/*Namysłowska* MüKo Lauterkeitsrecht **Band 1** Art. 3 Geheimnisschutz-RL Rn. 8.

111 Erwägungsgrund 17 RL (EU) 2016/943 v. 08.06.2016; Heermann/Schlingloff/*Namysłowska* MüKo Lauterkeitsrecht **Band 1** Art. 3 Geheimnisschutz-RL Rn. 8.

112 Harte-Bavendamm/Ohly/Kalbfus/*Ohly* § 3 GeschGehG Rn. 20. Dies zumindest andeutend *Hoeren/Münker* WRP **2018** 150, 154; *Heinzke* CCZ **2016** 179, 180.

113 Einen Vorschlag zur Lösung des Sonderfalls macht *Strobel* 137 ff.

114 BTDrucks. 19/4724 S. 25 f.; Köhler/Bornkamm/Feddersen/*Alexander* § 3 GeschGehG Rn. 40; *Ohly* GRUR **2019** 441, 447. Siehe hierzu auch ausführlich *Strobel* 148 ff.

115 BTDrucks. 19/4724 S. 25 f.; Harte-Bavendamm/Ohly/Kalbfus/*Ohly* § 3 GeschGehG Rn. 31; Köhler/Bornkamm/Feddersen/*Alexander* § 3 GeschGehG Rn. 40; *Ohly* GRUR **2019** 441, 447. Dies zumindest für öffentlich verfügbar gemachte Produkte ansprechend Büscher/*McGuire* § 3 GeschGehG Rn. 20.

116 Hierzu beispielhaft *Strobel* 154 ff.; *Triebe* WRP **2018** 795, 796 ff.

117 Hierzu insbesondere *Strobel* 225 ff.

118 *Strobel* 252 f. Wohl auch Harte-Bavendamm/Ohly/Kalbfus/*Ohly* § 3 GeschGehG Rn. 27.

119 Köhler/Bornkamm/Feddersen/*Alexander* § 3 GeschGehG Rn. 69; BeckOK GeschGehG/*Spieker* § 3 GeschGehG Rn. 17.

§ 3 Abs. 1 Nr. 3
Arbeitsrecht

(1) Ein Geschäftsgeheimnis darf insbesondere erlangt werden durch
[...]
3. ein Ausüben von Informations- und Anhörungsrechten der Arbeitnehmer oder Mitwirkungs- und Mitbestimmungsrechte der Arbeitnehmervertretung.
[...]

Schrifttum

Bercusson Europäisches Arbeitsrecht und die EU-Charta der Grundrechte: Kurzfassung, Brüssel 2003; BeckOK GeschGehG 5. Ed. 15.9.2020; *Bissels/Ziegelmayer/Schroeders* Arbeitsrechtliche Auswirkungen der Geheimnisschutzrichtlinie, DB **2016** 2295; *Blanke/Hayen/Kunz/Carlson* Europäische Betriebsrätegesetz, 3. Aufl. **2019** (zit.: BHKC/*Bearbeiter*); *Böning* Geschäftsgeheimnis, AiB Heft 9/**2019** 26; *Böning/Heidfeld* Gesetz zum Schutz von Geschäftsgeheimnissen (GeschGehG) – Maulkorb zu Lasten der Beschäftigten und ihrer Interessenvertretungen, AuR **2018** 555; *Däubler/Klebe/Wedde* BetrVG, 17. Aufl. 2020 (zit.: DKW/Bearbeiter); Erfurter Kommentar zum Arbeitsrecht 20. Aufl. 2020 (zit.: ErfK/*Bearbeiter*); *Düwell* (Hrsg.) HaKo-BetrVG, 5. Aufl. 2018 (zit.: HaKoBetrVG/*Bearbeiter)*; *Fitting* BetrVG, 30. Aufl. 2020; *Francken* Das Geschäftsgeheimnisgesetz und der Rechtsweg zu den Gerichten für Arbeitssachen, NZA **2019** 1665; *Franzen/Gallner/Oetker* Kommentar zum europäischen Arbeitsrecht (zit.: EuArbR/*Bearbeiter*), 3. Aufl. 2020; *Fuhlrott* Geschäftsgeheimnisschutz durch arbeitsrechtliche Sicherungsmaßnahmen, ArbRAktuell **2020** 79; *Fuhlrott/Hiéramente (Hrsg.)* BeckOK GeschGehG 4. Edition (zit. BeckOK GeschGehG/*Bearbeiter)*; *Greßlin/Römermann* Arbeitsrechtliche Gestaltungsmöglichkeiten zum Schutz von betrieblichem Know-how, DB **2016** 1461; *Hauck* Grenzen des Geheimnisschutzes, WRP **2018** 1032; *Hayen* Änderung des EBR-Gesetzes, AiB Heft 10/**2011** 15; *Holthausen* Die arbeitsvertragliche Verschwiegenheitspflicht, NZA **2019** 1377; *Karthaus* Omertà in der Betriebsverfassung, NZA **2018** 1180; *Lange/Schlegel* § 79 BetrVG – zwischen Pflichterfüllung und Geheimhaltung, ArbRAktuell **2015** 595; *Kiel/Lunk/Oetker* Münchener Handbuch zum Arbeitsrecht, 4. Aufl. 2019 (zit.: MüHdbArbR/*Bearbeiter)*; *Oberthür*, Aktuelle Tendenzen des EuGH und deren Auswirkungen auf das nationale Recht (Arbeitnehmerbegriff, Datenschutz und andere Fragen), RdA **2018** 286 ff.; *Oetker* Neujustierung des arbeitsrechtlichen Schutzes von Geschäftsgeheimnissen vor Offenbarung durch das Unionsrecht, ZESAR **2017** 257; *Ohly* Das neue Geschäftsgeheimnisgesetz im Überblick, GRUR **2019** 441; *Oltmanns/Fuhlrott* Geheimhaltungspflichten des Betriebsrats im arbeitsgerichtlichen Verfahren, NZA **2019** 1384; *Picker* Die neue Arbeitsbedingungenrichtlinie: Mehr als (nur) Transparenz wagen, ZEuP **2020** 310; *Preis/Seiwerth* Geheimnisschutz im Arbeitsrecht nach dem Geschäftsgeheimnisgesetz, RdA **2019** 351; *Richardi* Betriebsverfassungsgesetz: BetrVG, 16. Aufl. 2018; *Schaub* Arbeitsrechtshandbuch, 18. Aufl. 2019; *Schmitt*; Geheimnisschutz und Whistleblowing, NZA-Beilage 3/**2020** (zu Heft 18/**2020**) 50; *Schmitt* Whistleblowing revisited – Anpassungs- und Regelungsbedarf im deutschen Recht, RdA **2017** 365; *Schnabel* Rechtswidrige Praktiken als Betriebs- und Geschäftsgeheimnisse? CR **2016** 342; *Staack/Sparchholz* Nicht alles top secret, AiB Heft 11/**2014** 43; *von Steinau-Steinrück* Arbeitsrechtliche Auswirkungen des Geschäftsgeheimnisgesetzes, NJW-Spezial **2019** 498; *Weigert* Angemessene Geheimhaltungsmaßnahmen im Sinne des Geheimnisschutzgesetzes – Geheimnisschutz ad absurdum? NZA **2020** 209; *Wiese/Kreutz/Oetker/Raab* (Hrsg.) GK-BetrVG, 11. Aufl. 2018 (zit. GK/*Bearbeiter*).

Übersicht

A. Allgemeines

I. Überblick – Inhalt der Vorschrift und Rechtsfolge

66 Bei spezifisch arbeitsrechtlichen Sachverhalten sehen § 3 Abs. 1 Nr. 3 und § 5 Nr. 3 Teilregelungen vor.[120] § 3 Abs. 1 Nr. 3 nennt als arbeitsrechtliches Regelbeispiel für eine **erlaubte Erlangung** von Geschäftsgeheimnissen *„ein Ausüben von Informations- und Anhörungsrechten der Arbeitnehmer oder Mitwirkungs- und Mitbestimmungsrechte der Arbeitnehmervertretung“*. Die Vorschrift steht in engem sachlichen Zusammenhang („Sachzusammenhang“)[121] mit dem erst im späteren Gesetzgebungsverfahren durch einen Änderungsantrag der Koalitionsfraktionen vom 6.3.2019[122] angefügten[123] **§ 1 Abs. 3 Nr. 4** des

120 *Preis/Seiwerth* RdA **2019** 351, 352.
121 So Köhler/Bornkamm/Feddersen/*Alexander* § 3 GeschGehG Rn. 42; BeckOK GeschGehG/*Fuhlrott* § 3 GeschGehG Rn. 18.
122 Änderungsvorschlag der Fraktionen der CDU/CSU und der SPD v. 6.3.2019 zu dem Gesetzentwurf der Bundesregierung – Drucks. 19/4724 – Entwurf eines Gesetzes zur Umsetzung der RL (EU) 2016/943 zum Schutz von Geschäftsgeheimnissen vor rechtswidrigem Erwerb sowie rechtswidriger Nutzung und Offenlegung, Ausschussdrucks. 19(11)263.
123 Vgl. zur Begründung des Änderungsantrages der Fraktionen der CDU/CSU und der SPD zu Nr. 2 (Ergänzung des § 1 Abs. 3) in: Beschlussempfehlung und Bericht des Ausschusses für Recht und Verbraucher-

Gesetzes. Danach bleiben „die Rechte und Pflichten aus dem Arbeitsverhältnis" und die **„Rechte der Arbeitnehmervertretungen"** „unberührt" (vgl. zum Verständnis der Begrifflichkeiten „unberührt bleiben": Kommentierung zu § 1 Abs. 3 Nr. 3, 4 Rn. 35 sowie „Rechte und Pflichten aus dem Arbeitsverhältnis": Kommentierung zu § 1 Abs. 3 Nr. 3, 4 Rn. 50 ff. und „Rechte und Pflichten der Arbeitnehmervertretungen": Kommentierung zu § 1 Abs. 3 Nr. 3, 4 Rn. 72 ff. und § 5 Nr. 3 Rn. 105). § 3 Abs. 1 Nr. 3 als speziellere Erlaubnisvorschrift **für die Wahrnehmung von Beteiligungsrechten durch Arbeitnehmer und ihre Vertretungen** ergänzt die generelle Erlaubnisvorschrift des § 3 **Abs. 2**, die – nach der Gesetzesbegründung – klarstellt, dass gesetzliche oder rechtsgeschäftliche Sonderregelungen zu Geschäftsgeheimnissen vorgehen. Sie gestattet (erweitert auf alle Handlungsformen) deren **Erlangung und Nutzung sowie Offenlegung**: „Dies betrifft unter anderem Vorschriften über die gesetzlich verankerten Rechte der Interessenvertretungen der Arbeitnehmer (vgl. Erwägungsgrund 18 der Richtlinie)".[124] Schließlich steht § 3 Abs. 1 Nr. 3 auch im Zusammenhang mit § 5 Nr. 3 des Gesetzes. § 5 Nr. 3 nennt als ein Regelbeispiel für den – vom Gesetz als Generalklausel gebilligten – „Schutz eines berechtigten Interesses" als **Tatbestandsausnahme von den Handlungsverboten des § 4** die erforderliche Offenlegung eines Geschäftsgeheimnisses durch (einzelne) Arbeitnehmer gegenüber der – jeweilig zuständigen – Arbeitnehmervertretung für deren Aufgabenerfüllung (vgl. Kommentierung zu § 5 Nr. 3 Rn. 90). Denn auch § 3 Abs. 1 Nr. 3 zielt inhaltlich (wie auch § 1 Abs. 3 Nr. 4) u. a. auf Fälle, in denen ein vertraglich zum Stillschweigen verpflichteter Arbeitnehmer im Rahmen der **Wahrnehmung bzw. Ausübung seiner Rechte** gegenüber der Arbeitnehmervertretung vertrauliche Informationen offenbart[125] (vgl. Kommentierung zu § 5 Nr. 3 Rn. 102).

Mithin dient § 3 Abs. 1 Nr. 3 sowohl – individualrechtlich – dem Schutz der Arbeitnehmer, als auch – kollektivrechtlich – dem Schutz der Arbeitnehmervertretung bei der Erlangung von Geschäftsgeheimnissen durch ein Ausüben von Informations- und Anhörungs- bzw. Mitwirkungs- und Mitbestimmungsrechten. **67**

Darüber hinaus folgt aus § 3 Abs. 1 Nr. 3 nach der Gesetzesbegründung, dass die Beteiligungsrechte der Arbeitnehmervertretungen keineswegs durch den Hinweis auf das Vorhandensein von Geschäftsgeheimnissen beschränkt werden können.[126] Daraus ist zu schließen, dass diese Norm trotz der tatbestandlichen Beschränkung auf die Handlungsform des Erlangens eines Geschäftsgeheimnisses nicht leer läuft (da nach dem Wortlaut des § 3 Abs. 1 Nr. 3 die erlangten Informationen weder offenbart noch genutzt werden dürfen[127]). Dies gilt immer dann, wenn die Interessenvertretung die Information durch ein Informationsrecht erlangt und insoweit die Tatbestandsausnahme des § 5 Nr. 3 (etwa gegenüber § 4 Abs. 2 Nr. 2 und 3) greift. Denn selbst dann, wenn die Information vom Arbeitgeber als geheim bezeichnet wurde, kann diese von der Interessenvertretung genutzt und offengelegt werden, „wenn dies zum Schutz eines berechtigten Interesses erfolgt" (vgl. Kommentierung zu § 5 Nr. 3 Rn. 141 ff., 150). In diesem Fall „...ist die Nutzung oder Offenlegung durch den Betriebsrat im Rahmen seines Autonomiebereichs und der vertrauensvollen Zusammenarbeit nach § 74 BetrVG zulässig, wenn nicht im Einzelfall überwiegende Interessen des Arbeitgebers entgegenstehen."[128] **68**

---

schutz, BTDrucks. 19/8300 S. 13: „[...], dass für eine umfassende Berücksichtigung der berechtigten Interessen der Arbeitnehmervertretungen [...] an einigen Stellen noch eine punktuelle Nachjustierung erforderlich ist".

124 Vgl. BTDrucks. 19/4724 S. 26.

125 Köhler/Bornkamm/Feddersen/*Alexander* § 3 GeschGehG Rn. 42.

126 BTDrucks. 19/4724 S. 26 (zu § 3 Abs. 1 Nr. 3 GeschGehG); *Reinfeld* § 2 Rn. 37.

127 Köhler/Bornkamm/Feddersen/*Alexander* § 3 GeschGehG Rn. 49.

128 So *Preis/Seiwerth* RdA **2019** 351, 360.

II. Unionsrechtlicher Hintergrund

69 **1. Art. 114 AEUV als wesentliche Rechtsgrundlage des Umsetzungsgesetzes.** Wesentliche Rechtsgrundlage für die Richtlinie (EU) 2016/943 ist **Art. 114 AEUV** (Errichtung und Funktionieren des **Binnenmarkts**), während in Abgrenzung dazu **Art. 153 AEUV** die Rechtsgrundlage für arbeitsrechtliche Richtlinien darstellt. Zur Verwirklichung sozialpolitischer Ziele (Art. 151 AEUV) unterstützt und ergänzt die Union die Tätigkeit der Mitgliedsstaaten gemäß Art. 153 Abs. 1 AEUV u. a. auf den Gebieten der
- **Unterrichtung und Anhörung** der Arbeitnehmer (Art. 153 Abs. 1 lit. e) AEUV),
- Vertretung und **kollektiven Wahrnehmung** der Arbeitnehmer- und Arbeitgeberinteressen (Art. 153 Abs. 1 lit. f) AEUV), einschließlich der **Mitbestimmung**.

70 Für arbeitsrechtliche RL gilt das **„Günstigkeitsprinzip“**, für „Binnenmarkts-RL“ nicht (vgl. hierzu ausführlicher die Kommentierung zu § 5 Nr. 3 Rn. 93).

71 Diese Unterscheidung ist insoweit von Bedeutung, als folgerichtig nach Art. 114 **Abs. 2** AEUV dessen Abs. 1 nicht für Bestimmungen über die Rechte und Interessen der Arbeitnehmer gilt. Aus der RL (EU) 2016/943 und dem deutschen Umsetzungsgesetz können sich daher weder arbeitsrechtliche **Verpflichtungen** der Arbeitnehmer noch entsprechende staatliche Umsetzungsverpflichtungen ergeben.[129] So nimmt die EU nicht in Anspruch, eine Regelung zum Betriebsverfassungsgesetz vorzunehmen.[130]

72 Gleichsam darf diese Richtlinie die **Gestaltungsautonomie der Sozialpartner** nicht tangieren (vgl. Kommentierung zu § 1 Abs. 3 Nr. 3, 4 Rn. 37). Auf diese unionsrechtliche Kompetenzbeschränkung nach Art. 114 Abs. 2, die für die der Binnenmarktharmonisierung dienenden RL (EU) 2016/943 gilt, gehen die durch die RL und das Umsetzungsgesetz **weit gezogenen Erlaubnistatbestände** für die Erlangung, Nutzung und Offenlegung von Geschäftsgeheimnissen sowie **Verbotsausnahmen** bei der Ausübung und für die Wahrnehmung der Rechte der Arbeitnehmer und ihrer Vertretungen zurück. Dies wird „buchstäblich“ an den Formulierungen zur Eingrenzung des Anwendungsbereichs der RL und des Umsetzungsgesetzes in Art. 1 Abs. 2 lit. d) bzw. § 2 Abs. 3 Nr. 3 (Autonomie der Sozialpartner)[131] sowie in Erwägungsgrund 18 bzw. § 2 Abs. 3 Nr. 4 (Rechte und Pflichten aus dem Arbeitsverhältnis und der Arbeitnehmervertretungen) deutlich.[132]

73 **2. Art. 27 GRCh als Grundrecht für Information und Konsultation der Arbeitnehmer und Arbeitnehmervertreter.** Zum unionsrechtlichen Hintergrund der arbeitsrechtlichen Normen des GeschGehG und damit auch seines § 3 Abs. 1 Nr. 3 gehört auch das im Primärrecht der Union bindend[133] als soziales Grundrecht verankerte „Recht auf Unterrichtung und Anhörung der Arbeitnehmerinnen und Arbeitnehmer im Unternehmen“ nach **Art. 27 Grundrechtecharta (GRCh).**[134] Dieser lautet:

> *„Für die Arbeitnehmerinnen und Arbeitnehmer oder ihre Vertreter muss auf den geeigneten Ebenen eine rechtzeitige Unterrichtung und Anhörung in den Fällen und unter*

---

129 DKW/*Buschmann* § 79 BetrVG Rn. 6; Blanke/*Hayen*/Kunz/Carlson § 35 EBRG Rn. 7.
130 So *Hoeren/Münker* WPR **2018** 150, 151, mit Verweis auf Art. 1 Abs. 2 der RL (EU) 2016/943.
131 *Reinfeld* § 1 Rn. 78.
132 *Reinfeld* § 1 Rn. 79 ff.
133 Durch den Verweis in Art. 6 des durch den Lissaboner Vertrag (in Kraft getreten am 1.12.2009) geänderten EUV wird die GRCh für alle Staaten, ausgenommen Polen, für bindend erklärt.
134 Vgl. zur Interpretation dieses Grundrechts: Bercusson/*Blanke* Art. 27 GRCh Rn. 27 ff.

den Voraussetzungen gewährleistet sein, die nach dem Unionsrecht und den einzelstaatlichen Rechtsvorschriften und Gepflogenheiten vorgesehen sind.“

3. Richtlinien zur Information und Konsultation sowie Mitbestimmung der Arbeitnehmer und Arbeitnehmervertreter. Sekundärrechtlich gehören zum unionsrechtlichen Hintergrund des § 3 Abs. 1 Nr. 3 die EU-Richtlinien, die ein Ausüben von Informations- und Anhörungsrechten der Arbeitnehmer oder Mitwirkungs- und Mitbestimmungsrechte der Arbeitnehmervertretung ermöglichen. Dies sind **im Wesentlichen** und beispielhaft die – jeweils kollektivbezogenen – arbeitsrechtlichen **RL 2002/14/EG**[135] (Rahmen-RL Information und Konsultation), die **RL 2009/38/EG**[136] (RL Europäischer Betriebsrat) und die **RL 2001/86/EG**[137] (RL Europäische Gesellschaft). 74

Die weiteren zum „arbeitsrechtlichen Besitzstand“ („acquis communitaire“) der Union zählenden RL 98/59/EG[138] (RL Massenentlassungen) und 2001/23/EG[139] (RL Übergang von Unternehmen und Betrieben) sowie – mit Bezug darauf – die RL zum Schutz von Arbeitsbedingungen sowie Arbeitszeit[140] enthalten zwar zum Teil auch Regelungen zur Information und Konsultation der Arbeitnehmer bzw. ihrer Vertreter durch den Arbeitgeber. Diese sind aber zum einen spezifisch auf den inhaltlichen Gegenstand der RL bezogen; zum anderen steht bei diesen RL nicht die Interessenvertretung der Arbeitnehmer im Vordergrund. Sie enthalten dementsprechend keine Regelungen über den Umgang mit vertraulichen Informationen (Verschwiegenheitspflichten) und sind daher in Bezug auf den Regelungsgegenstand dieses Gesetzes von untergeordnetem Interesse. 75

Auch die – über die RL 2001/86/EG hinaus – eine Mitbestimmung in den Unternehmensorganen ermöglichenden weiteren Richtlinien können im Rahmen der Erörterungen des europäischen Arbeitnehmerbeteiligungsrechts vernachlässigt werden, da sie im Wesentlichen an die Regelungen zur Arbeitnehmerbeteiligung (insbesondere zur Mitbestimmung) der RL 2001/86/EG (SE-RL) anknüpfen. Hierbei handelt es sich zum einen um die RL 2003/72/EG[141] hinsichtlich der Beteiligung der Arbeitnehmer in der Europäischen Genossenschaft, die Gegenstand der Verordnung (EG) Nr. 1435/2003 des Rates vom 22. Juli 2003 über das Statut der Europäischen Genossenschaft (SCE) ist. Darüber hinaus geht es um die RL (EU) 2017/1132[142] (die die RL 2005/56/EG über die Verschmelzung von Aktiengesell- 76

135 RL 2002/14/EG des Europäischen Parlaments und des Rates vom 11.3.2002 zur Festlegung eines allgemeinen Rahmens für die Unterrichtung und Anhörung der Arbeitnehmer in der Europäischen Gemeinschaft, ABl. L 80 vom 23.3.2002, S. 32.
136 RL 2009/38/EG des Europäischen Parlaments und des Rates vom 6.5.2009 über die Einsetzung eines Europäischen Betriebsrats oder die Schaffung eines Verfahrens zur Unterrichtung und Anhörung der Arbeitnehmer in gemeinschaftsweit operierenden Unternehmen und Unternehmensgruppen, ABl. L 122 vom 16.5.2009, S. 28.
137 RL 2001/86/EG des Rates vom 8.10.2001 zur Ergänzung des Statuts der Europäischen Gesellschaft hinsichtlich der Beteiligung der Arbeitnehmer, ABl. L 294 vom 10.11.2001, S. 22.
138 RL 98/59/EG des Rates vom 20.7.1998 zur Angleichung der Rechtsvorschriften der Mitgliedstaaten über Massenentlassungen, ABl. L 225 vom 12.8.1998, S. 16.
139 RL 2001/23/EG des Rates vom 12.3.2001 zur Angleichung der Rechtsvorschriften der Mitgliedstaaten über die Wahrung von Ansprüchen der Arbeitnehmer beim Übergang von Unternehmen, Betrieben oder Unternehmens- oder Betriebsteilen, ABl. L 82 vom 22.3.2001, S. 16.
140 Vgl. beispielhaft RL 96/71/EG (Entsendung), 97/81/EG (Teilzeit), 99/70/EG (Befristung), 2008/104/EG (Leiharbeit) und 2010/18/EU (Elternurlaub).
141 RL 2003/72/EG des Rates vom 22.7.2003 zur Ergänzung des Statuts der Europäischen Genossenschaft (SCE-RL) hinsichtlich der Beteiligung der Arbeitnehmer, ABl. L 207 vom 18.8.2003, S. 25.
142 RL (EU) 2017/1132 des Europäischen Parlaments und des Rates vom 14.6.2017 über bestimmte Aspekte des Gesellschaftsrechts; ABl. L 169 vom 30.6.2017, S. 46.

schaften abgelöst bzw. aufgenommen hat), die wiederum durch die – im „Company Law Package“[143] enthaltene – RL (EU) 2019/2121[144] geändert wurde.

77 **a) Rahmen-Richtlinie 2002/14/EG zur Information und Konsultation der Arbeitnehmer und Arbeitnehmervertreter.** Die RL 2002/14/EG legt einen allgemeinen Rahmen für die Ausgestaltung der Unterrichtung und Konsultation der Arbeitnehmervertretungen der Arbeitnehmer auf Unternehmens- oder betrieblicher Ebene **in den einzelnen Mitgliedstaaten der Europäischen Union** fest (vgl. Art. 1 dieser RL). Sie stellt damit Anforderungen an Regelungen zu nationalen Mindeststandards zur Information und Konsultation der Arbeitnehmer bzw. ihrer Vertreter, d. h. Mindestanforderungen an den Inhalt, das Verfahren sowie den Schutz der beiderseitigen Interessen und die Rechtsdurchsetzung bei der Verwirklichung der Beteiligungsrechte der Arbeitnehmervertretungen[145] und muss als Grundlage einer „europäischen Betriebsverfassung“ in Deutschland insbesondere im Rahmen der unionsrechtskonformen Auslegung[146] des Betriebsverfassungsgesetzes beachtet werden.[147] Ziel der RL 2002/14/EG, die auf die Rechtsgrundlage des Art. 137 Abs. 2 EG (jetzt Art. 153 Abs. 2 AEUV) gestützt ist, ist nach Maßgabe des Erwägungsgrundes 7 dieser RL die **Stärkung des sozialen Dialogs** in Unternehmen und Betrieben in der Konkretisierung von Art. 151 Abs. 1 AEUV. Nach Auffassung der Bundesregierung wurde diese RL mit den Regelungen des (zuvor bereits bestandenen) BetrVG in deutsches Recht umgesetzt; tatsächlich ist in Deutschland bislang keine explizite und vollständige Umsetzung dieser RL in nationales Recht erfolgt.[148]

78 **b) Richtlinie 2009/38/EG (Europäische Betriebsräte-RL).** Die neugefasste RL 2009/38/EG (und bereits ihre Vorgängerin, die RL 94/45/EG) hat das Ziel, das Recht auf **Unterrichtung und Anhörung** der Arbeitnehmer **grenzübergreifend** in unionsweit operierenden Unternehmen und Unternehmensgruppen zu stärken (vgl. Art. 1 dieser RL).[149] Hierzu sieht sie entweder die **Einsetzung eines Europäischen Betriebsrats** (EBR) oder – in der Praxis selten – die **Schaffung eines Verfahrens**[150] zur Unterrichtung und Anhörung der Arbeitnehmer vor. Priorität hat dabei grundsätzlich eine Verhandlungslösung zur Errichtung eines EBR. Lediglich für den Fall, dass es nicht zu einer Vereinbarung zwischen der „zentralen Leitung“ (Management) und einem „besonderen Verhandlungsgremium“[151] (Artikel 5 der RL) zur Errichtung eines „EBR kraft Vereinbarung“ (Artikel 6 der RL – Inhalt der Vereinbarung) kommt, greifen regelmäßig (mit Ausnahmen) die (gesetzlichen) „subsidiären Vorschriften“

143 Vgl. DGB-Website v. 16.7.2019: „Neue Schlupflöcher zur Vermeidung von Mitbestimmung – EU-Parlament beschließt ‚Company Law Package‘“; Download unter https://www.dgb.de/themen/++co++c36cbd98-a7c3-11e9-9f88-52540088cada (zuletzt abgerufen im Mai 2021).

144 RL (EU) 2019/2121 des Europäischen Parlaments und des Rates vom 27.11.2019 zur Änderung der Richtlinie (EU) 2017/1132 in Bezug auf grenzüberschreitende Umwandlungen, Verschmelzungen und Spaltungen, ABl. L 321 vom 12.12.2019, S. 1.

145 Vgl. HaKoBetrVG/*Kothe/Schulze-Doll* RL 2002/14/EG Rn. 1.

146 Hierzu EuGH 8.5.2019 NZA **2019** 1131, 1132; EuGH 4.10.2018 – Rs. C-384/17 (Link Logistik N&N) Rn. 58 mwN; EuGH 15.1.2014 NZA **2014** 193.

147 LAG Schleswig-Holstein 15.10.2010 DB **2011** 714; LAG Hessen 27.6.2007 AuR **2008** 267 m. Anm. *Schulze/Doll/Ritschel.*

148 So auch HaKoBetrVG/*Kothe/Schulze-Doll* RL 2002/14/EG Rn. 3, 17 ff., 29 mit Hinweisen zu Umsetzungserfordernissen und richtlinienkonformer Auslegung des BetrVG.

149 Zu den Zielen der EBR-RL 94/45/EG vgl. BHKC/*Blanke/Kunz* Einleitung EBRG Rn. 17 und der neugefassten RL 2009/39/EG vgl. BHKC/*Blanke/Kunz* Einleitung EBRG Rn. 81; BHKC/*Blanke/Hayen* § 1 EBRG Rn. 3 f.; DKW/*Däubler* § 1 EBRG Rn. 2.

150 BHKC/*Blanke/Kunz* Einleitung EBRG Rn. 7; BHKC/*Blanke/Kunz* § 19 EBRG Rn. 2.

151 Zu den Wesenszügen der EBR-RL: BHKC/*Blanke/Kunz* Einleitung EBRG Rn. 2 f.

über einen „EBR kraft Gesetzes“ nach Artikel 7 und dem Anhang I dieser RL ein (Subsidiaritätsprinzip).[152] Dies geschieht im Regelfall unter der Bedingung binnen sechs Monaten nach dem ersten Antrag nach Art. 5 Abs. 1 **verweigerter** (Art. 7 Abs. 1 zweite Alternative) oder binnen drei Jahren **ergebnisloser** (Art. 7 Abs. 1 dritte Alternative) **Verhandlungen**. Eine Ausnahme für die Anwendung der Bestimmungen des Anhangs I dieser RL für die Errichtung eines EBR kraft Gesetzes besteht nach Art. 5 Abs. 5, wenn das besondere Verhandlungsgremium mit mindestens zwei Drittel der Stimmen beschließt, keine Verhandlungen gemäß Art. 5 Abs. 4 zu eröffnen oder die bereits eröffneten Verhandlungen zu beenden.[153]

c) Richtlinie 2001/86/EG (SE-Richtlinie). Die RL 2001/86/EG hat zum Ziel, die **Beteiligung der Arbeitnehmer** in der Europäischen Aktiengesellschaft (Societas Europaea = SE), die Gegenstand der Verordnung (EG) Nr. 2157/2001[154] ist, zu regeln (vgl. Art. 1 Abs. 1 dieser RL). Auch diese RL sieht primär ein Verhandlungsverfahren[155] mit der Einsetzung eines „besonderen Verhandlungsgremiums“ (Artikel 3 der RL) zur Verhandlung des Inhalts einer Vereinbarung mit dem jeweils zuständigen Organ der beteiligten Gesellschaften (Artikel 4) vor. Auch hier kommt es – falls bestimmte Ausnahmen nicht greifen – unter der Bedingung verweigerter oder binnen eines halben (oder mit Verlängerung eines) Jahres ergebnisloser Verhandlungen zur Anwendung der (gesetzlichen) „subsidiären Vorschriften“ über einen „SE-BR kraft Gesetzes“ nach Art. 7 und dem Anhang dieser RL (Auffangregelung). Allerdings sieht diese RL – anders als die RL 2002/14/EG und die RL 2009/38/EG – zur „Beteiligung der Arbeitnehmer“ (vgl. Begriffsdefinition in Art. 2 lit. h) der RL) **zwei Bereiche** vor. Zum einen die **Unterrichtung und Anhörung** durch den SE-BR oder durch ein alternatives Verfahren und zum anderen die **Mitbestimmung auf Unternehmensebene,** also die Vertretung der Arbeitnehmerinteressen im Verwaltungs- und Aufsichtsrat.[156] 79

B. Kommentierung

I. Einführung

1. Richtlinienumsetzung. § 3 Abs. 1 Nr. 3 dient der Umsetzung von Art. 3 Abs. 1 lit. c) der RL (EU) 2016/943, wonach der Erwerb eines Geschäftsgeheimnisses als rechtmäßig gilt, wenn es u. a. auf folgende Weise erlangt wird: 80

> „c) Inanspruchnahme des Rechts der Arbeitnehmer oder Arbeitnehmervertreter auf Information und Anhörung gemäß dem Unionsrecht sowie gemäß den Rechtsvorschriften und den Gepflogenheiten der Mitgliedstaaten“.

Mit der Umsetzung der Erlaubnisvorschrift nach Art. 3 Abs. 1 lit. c) in nationales Recht hat der deutsche Gesetzgeber die Vorgaben nach § 3 Abs. 1 Nr. 3 nicht lediglich dahingehend **„redaktionell verkürzt“**[157], dass die Erlangung rechtmäßig ist durch Inanspruchnahme des Rechts der Arbeitnehmer und Arbeitnehmervertreter auf Information und An- 81

152 BHKC/*Blanke*/*Kunz* Einleitung EBRG Rn. 30.
153 Vgl. i.E. *Blanke*/Hayen/*Kunz*/Carlson § 15 EBRG Rn. 2ff.
154 VO (EG) Nr. 2157/2001 des Rates vom 8.10.2001 über das Statut der Europäischen Gesellschaft (SE), ABl. L 294 vom 10.11.2001, S. 1.
155 BHKC/*Carlson* SEBG Rn. 65ff. (Verhandlungsverfahren).
156 BHKC/*Carlson* SEBG Einleitung Rn. 3 sowie Rn. 24ff. zur Erläuterung der Unternehmensorgane.
157 So Köhler/Bornkamm/Feddersen/*Alexander* § 3 GeschGehG Rn. 43.

hörung „gemäß dem Unionsrecht sowie gemäß den Rechtsvorschriften und den Gepflogenheiten der Mitgliedstaaten". Vielmehr hat der nationale Umsetzungsgesetzgeber – anders als der Unionsgesetzgeber – diese Vorschrift auch auf das Ausüben von (Mitwirkungs- und) **Mitbestimmungsrechten erweitert**.

82 Angesichts der „Mitbestimmungstradition" in Deutschland mit zahlreichen Vorschriften zur Mitbestimmung der Arbeitnehmervertreter auf betrieblicher[158] und Unternehmensebene[159] ist diese Umsetzung hinsichtlich der Wahl der Form und der Mittel nach Art. 288 Abs. 3 AEUV auch konkreter. Diese **Konkretisierung auf Mitbestimmungsrechte** durch das Umsetzungsgesetz stellt keine „überobligatorische" oder „überschießende" Umsetzung der RL (EU) 2016/943 i. S. d. verbindlichen Zielerreichung nach Art. 288 Abs. 3 AEUV dar. Vielmehr bezeichnet bereits die RL in ihrem Erwägungsgrund 18 den Erwerb bzw. die Erlangung – und **zugleich auch die Offenlegung** – von Geschäftsgeheimnissen im Rahmen der Inanspruchnahme nicht nur von Informations-, Konsultations- und Mitwirkungsrechten, sondern insgesamt im Zuge der **kollektiven Interessenvertretung**, einschließlich der Wahrnehmung von **Mitbestimmungsrechten**, als legitim (Hervorhebung vom Autor):

> *„(18) Ferner sollten Erwerb, Nutzung oder Offenlegung von Geschäftsgeheimnissen immer dann, wenn sie rechtlich vorgeschrieben oder zulässig sind, als rechtmäßig im Sinne dieser Richtlinie gelten. Das betrifft insbesondere den Erwerb und die Offenlegung von Geschäftsgeheimnissen im Rahmen der Inanspruchnahme des Rechts der Arbeitnehmervertreter auf Information, Anhörung und Mitwirkung gemäß dem Unionsrecht und* ***dem Recht oder den Gepflogenheiten der Mitgliedstaaten*** *sowie im Rahmen der kollektiven Vertretung der Interessen der Arbeitnehmer und der Arbeitgeber* ***einschließlich der Mitbestimmung*** *und den Erwerb oder die Offenlegung von Geschäftsgeheimnissen im Rahmen von Pflichtprüfungen, die gemäß dem Unionsrecht oder dem nationalen Recht durchgeführt werden."*

83 Die eingangs des Erwägungsgrundes verwendete Formulierung entspricht wiederum der Formulierung des Art. 3 Abs. 2 der RL. Diese knüpft die Legitimität des Erwerbs, der Nutzung oder der Offenlegung eines Geschäftsgeheimnisses daran, ob diese Handlungen durch Unionsrecht oder **nationales Recht** vorgeschrieben oder erlaubt sind (vgl. Kommentierung zu § 5 Nr. 3 Rn. 109). Damit ist der Erwerb von Geschäftsgeheimnissen über das **Ausüben von Mitbestimmungsrechten** der Arbeitnehmervertretung nicht nur nach dem Umsetzungsgesetz,[160] sondern auch schon **vom Verfügungsteil der RL umfasst**. Mitbestimmungsrechte als stärkste Form der Beteiligungsrechte der Arbeitnehmervertretung im Vergleich zu „reinen" **Mitwirkungsrechten**,[161] wie Unterrichtungs- bzw. Informations-,

---

158 Vgl. etwa „echte" – d. h. einigungsstellenfähige – Mitbestimmungsrechte (MBR) des Betriebsrats (BR) nach dem Betriebsverfassungsgesetz in der Fassung der Bekanntmachung vom 25.9.2001 (BGBl. I S. 2518), zuletzt geändert durch Artikel 6 des Gesetzes vom 20.5.2020 (BGBl. I S. 1044), beispielsweise nach §§ 39 Abs. 1, 85 Abs. 2, 87 Abs. 1, 91, 94 Abs. 1, 95 Abs. 1 und 2, 97 Abs. 2, 98 Abs. 1 und 3, 109, 112 Abs. 4.
159 Vgl. etwa Montan-MitbG vom 21.5.1951 (BGBl. I S. 347) i. d. F. vom 24.4.2015 (BGBl. I S. 642, 656); Gesetz zur Ergänzung des Montan-MitbG (Montan-MitbErgG) vom 7.8.1956; Mitbestimmungsgesetz (MitbG) vom 4.5.1976 (BGBl. I S. 1153) i. d. F. vom 22.12.2011 (BGBl. I S. 3044); Drittelbeteiligungsgesetz (DrittelbG) vom 18.5.2004 (BGBl. I S. 974) i. d. F. vom 24.4.2015 (BGBl. I S. 642); SE-Beteiligungsgesetz (SEBG) vom 22.12.2004 (BGBl. I S. 3675 3686) i. d. F. vom 20.5.2020 (BGBl. I S. 1044); Gesetz über die Mitbestimmung der Arbeitnehmer bei einer grenzüberschreitenden Verschmelzung vom 21.12.2006 (BGBl. I S. 3332) i. d. F. vom 30.7.2009 (BGBl. I S. 2479).
160 Vgl. BTDrs. 19/4724 S. 26.
161 Vgl. ausführlich zur Erläuterung der unterschiedlichen betriebsverfassungsrechtlichen Beteiligungsformen und -begriffe: *Fitting* § 1 BetrVG Rn. 331 ff.

Anhörungs- bzw. Konsultations-, Vorschlags- und Beratungrechte, mitumfassen diese bereits systematisch,[162] zumal es kein Mitbestimmungsgesetz gibt, das nicht auch gleichzeitig Regelungen zur Information und Anhörung der Arbeitnehmervertreter enthält.

Daher stellt sich auch die Frage des Verhältnisses von Erwägungsgründen und normativem Teil einer Richtlinie nach der Rechtsprechung des EuGH (vgl. hierzu i. E. die Kommentierung zu § 5 Nr. 3 Rn. 145) bzw. der Bindungswirkung von Erwägungsgründen (vgl. hierzu die Kommentierung zu § 5 Nr. 3 Rn. 163) hier nicht. 84

2. Inhalt und Zweck der Regelung. § 3 Abs. 1 Nr. 3 bestimmt ausdrücklich, dass ein Geschäftsgeheimnis erlangt werden darf, wenn Arbeitnehmer oder Arbeitnehmervertretung, etwa der Betriebsrat, dadurch ihr Recht auf Information und Anhörung bzw. auf Mitwirkung und Mitbestimmung in Anspruch nehmen; damit bezweckt die Vorschrift, dass der Arbeitgeber die Beteiligungsrechte der Arbeitnehmervertretungen nicht mit dem Hinweis auf das Vorliegen von Geschäftsgeheimnissen einschränken kann.[163] Mangels ausdrücklicher gesetzlicher Beschränkung der Informationspflicht kann der Arbeitgeber die etwa vom Betriebsrat erbetene Auskunft – wie schon nach bisheriger Rechtslage im Betriebsverfassungsrecht[164] – nicht unter Hinweis auf Betriebs- oder Geschäftsgeheimnisse verweigern.[165] Dies ist deshalb für Arbeitnehmervertretungen von großer Bedeutung, da in der **Pflicht zur Geheimhaltung** die Gefahr einer **Behinderung wirksamer Interessenvertretung** besteht.[166] 85

Darüber hinaus zielt § 3 Abs. 1 Nr. 3 (vgl. Rn. 66) inhaltlich u. a. auf Fälle, in denen ein – vertraglich zum Stillschweigen verpflichteter Arbeitnehmer – im Rahmen der **Ausübung seiner Rechte** vertrauliche Informationen erlangt und diese – in einem weiteren Schritt – gegenüber der Arbeitnehmervertretung offenbart[167] (vgl. hierzu Kommentierung zu § 5 Nr. 3 Rn. 102). Mithin dient § 3 Abs. 1 Nr. 3 sowohl – individualrechtlich – dem Schutz der Arbeitnehmer, als auch – kollektivrechtlich – dem Schutz der Arbeitnehmervertretung bei der Erlangung von Geschäftsgeheimnissen durch ein Ausüben von Informations- und Anhörungs- bzw. Mitwirkungs- und Mitbestimmungsrechten. 86

Die Mitgliedstaaten haben wegen der Bindung nur an die Zielvorgaben der Richtlinie bei ihrer Umsetzung in nationales Recht gemäß § 288 AEUV einen Gestaltungsspielraum. Ungeachtet der im Detail – wegen der Verschiedenheit der Adressaten der europäischen RL (vgl. ihren Artikel 21) und des Umsetzungsgesetzes sowie der nationalen Besonderheiten (vgl. Rn. 82) – unterschiedlichen redaktionellen Ausgestaltung des Art. 3 Abs. 1 lit. c) der RL (EU) 2016/943 und des § 3 Abs. 1 Nr. 3 des Umsetzungsgesetzes, greift § 3 Abs. 1 Nr. 3 die Regelung des Art. 3 Abs. 1 lit. c) der RL (EU) 2016/943 nach Inhalt, Ziel und Zweck vollumfänglich auf, indem der Erwerb bzw. die Erlangung eines Geschäftsgeheimnisses durch die Inanspruchnahme bzw. ein Ausüben von Rechten der Arbeitnehmer und ihrer Vertretungen geschützt wird.[168] 87

---

162 So wohl auch Köhler/Bornkamm/Feddersen/*Alexander* § 3 GeschGehG Rn. 47.

163 Vgl. BTDrs. 19/4724 S. 26 (zu § 3 Abs. 1 Nr. 3 GeschGehG).

164 Der Gesetzgeber verweist insoweit auf die lediglich klarstellende Wirkung dieser Regelung: BT-Drs. 19/4724 S. 26 (zu § 3 Abs. 1 Nr. 3 GeschGehG).

165 BAG 5.2.1991 NZA **1991** 645; BAG 30.1.1989 – AP Nr. 33 zu § 80 BetrVG 1972; *Fitting* § 80 BetrVG Rn. 60; GK/*Oetker* § 79 BetrVG Rn. 10; DKW/*Buschmann* § 79 BetrVG Rn. 1; Richardi/*Thüsing* § 80 BetrVG Rn. 66.

166 DKW/*Buschmann* § 79 BetrVG Rn. 2; GK/*Oetker* § 79 BetrVG Rn. 9 m. w. N.

167 Köhler/Bornkamm/Feddersen/*Alexander* § 3 GeschGehG Rn. 42.

168 Zur regelmäßig uneingeschränkten Kommunikationsfreiheit nebst Informationsfluss zwischen Arbeitnehmern und den von ihnen gewählten Arbeitnehmervertretern als notwendige Voraussetzung für eine funktionsgerechte Amtsausübung vgl. DKW/*Buschmann* § 79 BetrVG Rn. 1 f; *Fitting* § 79 BetrVG Rn. 3a; **a. A.** *Oetker* ZESAR **2017** 257, 260, der – zum Gesetzgebungsstand der RL – Einschränkungen des Geheimnisschutzes

II. Anwendungsbereich

88 § 3 Abs. 1 Nr. 3 steht – bezogen auf das Ausüben von Rechten der Arbeitnehmer und ihrer Vertreter **in Betrieben und Unternehmen** – in engem Sachzusammenhang mit dem erst im späteren Gesetzgebungsverfahren angefügten[169] § 1 Abs. 3 **Nr. 4** des Gesetzes. Danach bleiben „die Rechte und Pflichten aus dem Arbeitsverhältnis und die **Rechte der Arbeitnehmervertretungen**" (vgl. hierzu auch die Kommentierung zu § 1 Abs. 3 Nr. 3, 4 Rn. 72ff.) „unberührt" (vgl. zu diesem Begriff Rn. 66 sowie die Kommentierung zu § 1 Abs. 3 Nr. 3, 4 Rn. 35). Eine unmittelbare Entsprechung dieser Vorschrift findet sich zwar nicht im Verfügungsteil der RL, jedoch in deren Erwägungsgrund 18, worauf die Beschlussempfehlung zur Begründung der Ergänzung des § 1 Abs. 3 (Nr. 4) ausdrücklich hinweist[170] (vgl. hierzu die Kommentierung zu § 5 Nr. 3 Rn. 106).

89 Darüber hinaus korrespondiert der Anwendungsbereich von § 3 Abs. 1 Nr. 3 mit § 1 Abs. 3 Nr. 3 des Gesetzes (annähernd wortgleich mit Art. 1 Abs. 2 lit. d) und inhaltsgleich mit Erwägungsgrund 12 der RL 2016/943/EU). Danach bleibt gleichsam „die **Autonomie der Sozialpartner** und ihr Recht, **Kollektivverträge** nach den bestehenden europäischen und nationalen Vorschriften abzuschließen" bzw. einzugehen „unberührt"[171] (vgl. zu diesen Begriffen die Kommentierung zu § 1 Abs. 3 Nr. 3, 4 Rn. 36ff.).

90 Schließlich steht § 3 Abs. 1 in einem **wechselseitigen Zusammenhang mit § 5 Nr. 3** des Gesetzes (zum grundsätzlichen Verhältnis von § 3 zu § 5: Vgl. Vorb. zu §§ 3–5 Rn. 15f.). Dabei geht zum einen um die berechtigte interne Kommunikation zwischen den **Arbeitnehmern** mit der Arbeitnehmervertretung, etwa durch das Ausüben von Informations- und Anhörungsrechten der Arbeitnehmer nach § 3 Abs. 1 Nr. 3 unter Hinzuziehung eines Betriebsratsmitglieds (vgl. §§ 81–86 BetrVG) oder ihr Offenbarungsrecht nach § 5 Nr. 3. Zum anderen geht es aber auch um die interne Kommunikation der **Arbeitnehmervertreter** mit den Arbeitnehmern nach § 3 Abs. 1 Nr. 3 in Sprechstunden (§ 39 BetrVG), Betriebsversammlungen (§§ 42ff. BetrVG) oder am Arbeitsplatz sowie um das Offenlegungsrecht nach § 5 Nr. 3 des Gesetzes.

91 **1. Erlaubnistatbestand.** Anders als § 5 des Gesetzes, in dem **Ausnahmen von den Handlungsverboten** des § 4 geregelt werden, regelt § 3 – wie oben ausgeführt (vgl. Rn. 66) – **Erlaubnistatbestände zu den Handlungsverboten** des § 4. Mit den in § 3 normierten Handlungen werden „spiegelbildlich" die Verbote des § 4 begrenzt.[172] Danach ist in den in § 3 aufgeführten Fallgruppen – bezogen auf den jeweiligen Tatbestand – entweder eine Erlangung (nach Absatz 1) oder gar eine Erlangung, Nutzung und Offenlegung (nach Absatz 2) eines Geschäftsgeheimnisses **„von vorn herein" gestattet**. Wenn das Geschäftsgeheimnis nach Absatz 1 Nummer 3 durch die Arbeitnehmer beim Ausüben ihrer Informations- und Anhörungsrechte oder durch die Arbeitnehmervertretung in Ausübung ih-

---

im Hinblick auf notwendige Kommunikation zwischen gewählten Arbeitnehmer-Vertretern und Arbeitnehmern ablehnt.

169 Vgl. zur Begründung des Änderungsantrages der Fraktionen der CDU/CSU und der SPD zu Nr. 2 (Ergänzung des § 1 Abs. 3 GeschGehG): Beschlussempfehlung und Bericht des Ausschusses für Recht und Verbraucherschutz, BTDrucks. 19/8300, S. 13.

170 Beschlussempfehlung und Bericht des Ausschusses für Recht und Verbraucherschutz, BTDrucks. 19/ 8300 S. 13.

171 Vgl. zur Auslegungsunsicherheit der Formulierung „unberührt bleiben": *Preis/Seiwerth* RdA **2019** 351, 352; zu diesem Begriff im GeschGehG auch *Reinfeld* Rn. 75ff.

172 So *Ohly* GRUR **2019** 441, 447, der meint, das GeschGehG bediene sich insoweit einer „ungewöhnlichen Gesetzgebungstechnik".

rer Mitwirkungs- oder Mitbestimmungsrechte erlangt wird (§ 3 Abs. 1 Nr. 3), geschieht dies dem entsprechend nicht unbefugt. Aber als „Pendant" und Sicherungsmittel zu diesen Rechten[173] unterliegen die Arbeitnehmer regelmäßig gemäß §§ 241 Abs. 2, 242 BGB (vgl. hierzu die Kommentierung zu § 5 Nr. 3 Rn. 102, 141 und 157) und auch die Arbeitnehmervertreter gesetzlichen Schweigepflichten, wie etwa Betriebsräte nach Maßgabe des § 79 BetrVG (zum Begriff der „Geheimhaltungspflicht" nach § 79 BetrVG[174] vgl. die Kommentierung zu § 5 Nr. 3 Rn. 136ff.).

2. Von § 3 Abs. 1 Nr. 3 erfasste Handlungen. Weder die erlaubten Handlungen („insbesondere" nach § 3 Abs. 1 Eingangssatz) noch die Handlungsverbote (§ 4 Abs. 1 Nr. 2: „jedes sonstige Verhalten,...") sind abschließend geregelt. Es handelt sich hier vielmehr um **Generalklauseln**, die nach dem Schutzzweck der Regelungen durch die Rechtsprechung bezogen auf den Einzelfall auszufüllen sind.[175] 92

Vom Erlaubnistatbestand des § 3 Abs. 1 Nr. 3 sind – im Gegensatz etwa zum Ausnahme-Regelbeispiel nach § 5 Nr. 3, bezogen allerdings auf seinen engeren Tatbestand (vgl. hierzu die Kommentierung zu § 5 Nr. 3 Rn. 108f.) – **nicht** alle Handlungsformen der Erlangung, Nutzung und Offenlegung eines Geschäftsgeheimnisses erfasst. Die erlaubte Handlung bezieht sich nur auf die **Erlangung** eines Geschäftsgeheimnisses. Damit ist jede (aktive) Kenntnisnahme gemeint, die – in der Folge – zu einer faktischen Verfügungsmöglichkeit führt.[176] Die erlangten Informationen dürfen nach § 3 Abs. 1 Nr. 3 also grundsätzlich nicht genutzt und auch nicht offenbart werden.[177] 93

Inwieweit die Interessenvertretung ein erlangtes Geschäftsgeheimnis auch nach § 3 Abs. 1 Nr. 3 selber **nutzen, offenbaren und verwerten** darf (vgl. hierzu die Kommentierung zu § 5 Nr. 3 Rn. 152ff.), richtet sich nach den **spezielleren** (nationalen bzw. national umgesetzten EU-) **Vorschriften** über Schweige- bzw. „Geheimhaltungspflichten", denen die jeweilige Interessenvertretung unterliegt (§ 3 Abs. 2). Diese weitergehende Berechtigung kann beispielsweise unter den Voraussetzungen einer Gestattung durch das BetrVG gegeben sein; zu diesen Voraussetzungen näher in der Kommentierung zu § 5 Nr. 3 Rn. 136ff. 94

Zwischen den in § 3 Abs. 1 Nr. 3 aufgezählten Formen der Beteiligung und ihrer Zuordnung zu den diesbezüglichen „Adressaten" („...Informations- und Anhörungsrechten der Arbeitnehmer oder Mitwirkungs- und Mitbestimmungsrechte der Arbeitnehmervertretung") besteht keine strikte Trennung,[178] zumal auch europäische Arbeitnehmervertretungen (teilweise ausschließlich: vgl. hierzu Rn. 77 und 78) und nationale Arbeitnehmervertretungen über Informations- und Anhörungsrechte verfügen.[179] Ihre begriffliche Zuordnung kennzeichnet lediglich die für den jeweilig genannten Beteiligtenkreis schwerpunktmäßig in Frage kommenden Beteiligungsrechte; diese Rechte sind jeweils **inhaltlich weit zu verstehen.**[180] 95

---

173 DKW/*Buschmann* § 79 BetrVG Rn. 1.
174 Zu Gegenstand und Umfang der Verschwiegenheits- bzw. „Geheimhaltungspflicht" nach dem BetrVG vgl. – etwa – *Fitting* § 79 BetrVG Rn. 3 ff; DKW/*Buschmann* § 79 BetrVG Rn. 7ff.; *Oltmanns/Fuhlrott* NZA **2019** 1384; *Staack/Sparchholz* AiB **2014** 43f.; arbeitsrechtlich ungenau: *Schnabel* CR **2016** 342, 344 zum „Geheimhaltungswillen".
175 Vgl. *Holthausen* NZA **2019** 1377, 1381.
176 *Reinfeld* § 1 Rn. 5.
177 Köhler/Bornkamm/Feddersen/*Alexander* § 3 GeschGehG Rn. 49.
178 Hierauf weist auch indirekt die Gesetzesbegründung durch „bzw." hin: BTDrs. 19/4724 S. 26.
179 Vgl. ausführlich zur Erläuterung der unterschiedlichen betriebsverfassungsrechtlichen Beteiligungsformen und -begriffe: *Fitting* § 1 BetrVG Rn. 330ff.
180 BTDrs. 19/8300 S. 13.

96 **3. Von § 3 Abs. 1 Nr. 3 erfasste Personenkreise.** Vom persönlichen Anwendungsbereich des § 3 Abs. 1 Nr. 3 begrifflich erfasst sind „Arbeitnehmer" und „Arbeitnehmervertretung". Die RL (EU) 2016/943 und auch das Umsetzungsgesetz enthalten keine eigene Definition des **Arbeitnehmerbegriffs** und des Begriffs der **Arbeitnehmervertretung** (etwa in den Begriffsbestimmungen des Art. 2 RL bzw. § 2; zu den Gründen vgl. Kommentierung zu § 5 Nr. 3 Rn. 110).

97 Im Normenzusammenhang dieser RL und des Umsetzungsgesetzes mit dem Erlaubnistatbestand eines Ausübens von Beteiligungsrechten der Arbeitnehmer und der Arbeitnehmervertretung (§ 3 Abs. 1 Nr. 3) sowie dem Ausnahmetatbestand des Rechts auf Erwerb und Offenlegung von Geschäftsgeheimnissen durch Arbeitnehmer gegenüber der Arbeitnehmervertretung (§ 5 Nr. 3) ist für den persönlichen Anwendungsbereich dieser arbeitsrechtlichen Schutzregelungen von einem unionsrechtlichen Verständnis des Arbeitnehmerbegriffs[181] auszugehen. Dies gilt grundsätzlich für diese RL und das GeschGehG auch in Bezug auf das Erfordernis einer unionsrechtskonformen Auslegung des Begriffs der Arbeitnehmervertretung[182]. Diese Auslegung ergibt sich zum einen aus der RL (EU) 2016/943 selber, die in Art. 3 Abs. 1 lit. c) – erweiternd auch in Art. 3 Abs. 2 – und in Art. 5 lit. c) sowie in Erwägungsgrund 18 hinsichtlich der Ausübung der Rechte der Arbeitnehmer und Interessenvertretungen nicht nur auf nationale Rechtsvorschriften (und Gepflogenheiten), sondern auch auf das Unionsrecht verweist. Zum anderen hat der EuGH den persönlichen Anwendungsbereich schon in vorangegangenen Entscheidungen zu arbeitsrechtlichen RL[183], die vielfach auch Informations- und Konsultationsrechte der Arbeitnehmer oder der Arbeitnehmervertretung zum Gegenstand haben, weitgehend eigenständig ausgelegt und unionsautonom bestimmt[184] (vgl. hierzu i. E. die Kommentierung zu § 5 Nr. 3 Rn. 112 ff.).

98 Für Arbeitnehmerschutzrecht, das im Unionsrecht keine Grundlage findet oder das nicht der Umsetzung europäischen Rechts dient, ist grundsätzlich weiterhin der nationale Arbeitnehmerbegriff maßgeblich.[185] Dies ist insbesondere für die Erlangung, Nutzung und Offenlegung von Geschäftsgeheimnissen von Bedeutung, wenn diese Handlungen nach Maßgabe des § 3 Abs. 2 des Gesetzes durch Spezialregelungen in nationalen Gesetzen, aufgrund eines Gesetzes oder durch Rechtsgeschäft gestattet sind (vgl. hierzu ausführlicher die Kommentierung zu § 5 Nr. 3 Rn. 117). Für solche nationalen Sonderregelungen ist daher grundsätzlich weiterhin zum einen vom allgemeinen arbeitsrechtlichen Begriff des Arbeitnehmers nach § 611a BGB, zum anderen vom Arbeitnehmerbegriff des jeweiligen Arbeitnehmervertretungsgesetzes, etwa vom betriebsverfassungsrechtlichen Arbeitnehmerbegriff des § 5 BetrVG, auszugehen[186] (vgl. i. E. die Kommentierung zu § 5 Nr. 3 Rn. 117, 122).

---

181 Ebenso Köhler/Bornkamm/Feddersen/*Alexander* § 3 GeschGehG Rn. 45.

182 Vgl. Köhler/Bornkamm/Feddersen/*Alexander* § 3 GeschGehG Rn. 46.

183 Etwa zur RL 96/71/EG (Entsendung), 97/81/EG (Teilzeit), 99/70/EG (Befristung), 2001/23/EG (Übergang von Unternehmen und Betrieben), 2002/14/EG (Rahmen für Information und Konsultation) und 2010/18/EU (Elternurlaub).

184 Vgl. etwa EuGH 17.11.2016 – C-216/15 Rn. 25 ff. (BR der Ruhrlandklinik/Ruhrlandklinik); EuGH 10.9.2015 – C-47/14 Rn. 41 (Holterman Ferho Exploitatie u. a./Spies von Büllesheim); EuGH 1.3.2012 – C-393/10 Rn. 36 (Dermod Patrick O'Brien/Ministry of Justice); *Picker* ZEuP **2020** 310.

185 Vgl. LAG Hamm 2.8.2016 – 7 TaBV 11/16, das den Antrag des Betriebsrats, den – vermeintlich betriebsstörenden – Geschäftsführer gemäß § 104 BetrVG aus dem Betrieb entfernen zu lassen, mangels Arbeitnehmereigenschaft des Geschäftsführers i. S. d. BetrVG zurückgewiesen hat, da für die Anwendung des § 104 BetrVG allein der nationale Arbeitnehmerbegriff maßgeblich sei; hierzu auch *Oberthür* RdA **2018** 292 ff.

186 Vgl. zu den beiden Arbeitnehmerbegriffen und ihren Unterschieden in der Betriebsverfassung – für viele – *Fitting* § 5 BetrVG Rn. 15 ff.; **a. A.** wohl Köhler/Bornkamm/Feddersen/*Alexander* § 3 GeschGehG Rn. 45.

Ungeachtet der Anwendung deutscher arbeitsrechtlicher Definitionen und Begriffe sind **unionsrechtliche Vorgaben**, etwa die Rechtsprechung des EuGH zu der RL 2002/14/EG, grundsätzlich **zu beachten**. Eine solche Vorgabe gilt nach der Rechtsprechung des EuGH[187] in einem französischen Vorabentscheidungsersuchen (vgl. hierzu die Kommentierung zu § 5 Nr. 3 Rn. 112, 120) etwa bei der Berechnung der Beschäftigtenzahl, wenn die im deutschen Recht ggf. vorgesehene Nichtberücksichtigung bestimmter Beschäftigter dazu führen würde, dass die einschlägigen Schwellenwerte verfehlt würden.[188] 99

Die vorstehenden Ausführungen zu Anwendung und Grenzen des **unionsrechtlichen Verständnisses** des Arbeitnehmerbegriffs für den persönlichen Anwendungsbereich der arbeitsrechtlichen Schutzregelungen in der RL (EU) 2016/943 und ihrem deutschen Umsetzungsgesetz gelten dem Grunde nach auch für den Begriff der **Arbeitnehmervertretung** (dazu näher die Kommentierung zu § 5 Nr. 3 Rn. 119f.). Unter „Arbeitnehmervertretung" fallen danach diejenigen Vertretungen der Arbeitnehmer, die nach Maßgabe von EU-RL (vgl. beispielhaft Rn. 76ff.) oder einzelstaatlichen Gesetzen oder auf der Grundlage solcher Rechtsakte vertraglich, auch durch die **Sozialpartner** mittels **Kollektivvereinbarung** (vgl. zu den Begriffen die Kommentierung zu § 1 Abs. 3 Nr. 3, 4 Rn. 69ff.), **institutionalisiert** errichtet werden. Die Gegenmeinung,[189] die unter diesen Begriff „alle Verbände, Einrichtungen und sonstigen Strukturen, unabhängig von ihrer Organisationsform" fassen will, verkennt, dass diese **nach RL und Umsetzungsgesetz** in der Lage sein müssen, ihnen zukommende (geregelte) Unterrichtungs-, Anhörungs-, Mitwirkungs- und Mitbestimmungsrechte **adäquat und mitgliederbezogen interessengerecht auszuüben**. Dies setzt nach EU- oder einzelstaatlichem Recht anerkannte Organisationsformen und Verfahren voraus. Außerhalb solcher Rechtsgrundlagen gebildete (sogenannte) „Vertretungen", wie „Runde Tische" in Betrieben, die nicht über entsprechend verbindliche Rechte verfügen, scheiden für eine solche nach § 1 Abs. 3 Nr. 4, § 3 Abs. 1 Nr. 3 und § 5 Nr. 3 des vorausgesetzte Interessenwahrnehmung aus. 100

Unter **„Arbeitnehmervertreter"** fallen dem entsprechend die Mitglieder dieser – gesetzlichen oder koalitionsvertraglichen – Vertretungen, vgl. beispielhaft die Kommentierung zu § 5 Nr. 3 Rn. 123. 101

Auch **Gewerkschaftsvertreter** können unter den Begriff der **„Arbeitnehmervertreter"** i.S.d. § 3 Abs. 1 Nr. 3 des Gesetzes fallen (zu dem gleichen Verständnis im Hinblick auf den Tatbestand des § 5 Nr. 3: vgl. die dortige Kommentierung zu Rn. 124ff.). Diese Auffassung steht in Übereinstimmung mit dem **ILO-Übereinkommen Nr. 135** vom 23.6.1971 über Schutz und Erleichterungen für Arbeitnehmervertreter im Betrieb, das am 30.6.1973 in Kraft getreten ist.[190] Nach Art. 3 dieses Übereinkommens gelten als „Arbeitnehmervertreter" sowohl Gewerkschaftsvertreter (d.h. von Gewerkschaften oder von deren Mitgliedern bestellte oder gewählte Vertreter), als auch Vertreter, die von den Arbeitnehmern des Betriebs nach Maßgabe innerstaatlicher Gesetzgebung gewählt werden. 102

Dieser Auffassung steht auch nicht entgegen, dass gewerkschaftliche Funktionsträger oder Beauftragte von Gewerkschaften Kenntnisse über Betriebs- oder Geschäftsgeheimnisse erhalten,[191] selbst wenn sie diese Kenntnisse im Rahmen von Tarifauseinandersetzungen ver- 103

187 EuGH 15.1.2014 – C-176/12 (AMS/CGT) mit Verweis auf EuGH 18.1.2007 – C-385/05 (Confédération générale du travail).
188 So auch DKW/*Trümner* § 5 BetrVG Rn. 5.
189 Vgl. Köhler/Bornkamm/Feddersen/*Alexander* § 3 GeschGehG, Rn. 46.
190 BGBl. II 1973 S. 953.
191 *BAG* 11.7.2000 AuR **2001** 157, zur Information des Wirtschaftsausschusses.

werten können. Nach der Rechtsprechung des EuGH[192] zur – inzwischen außer Kraft getretenen – RL 89/592/EWG betreffend Insider-Geschäfte[193] verbietet Art. 3 lit. a) dieser RL einer Person, die in ihrer Eigenschaft als Arbeitnehmervertreter im Verwaltungsrat einer Gesellschaft Insider-Informationen erhält, die **Weitergabe dieser Informationen** an den Vorsitzenden der Arbeitnehmerorganisation nicht grundsätzlich (hierzu i. E. die Kommentierung zu § 5 Nr. 3 Rn. 126). Voraussetzung einer legitimen Weitergabe ist, dass ein **enger Zusammenhang** zwischen der Weitergabe und der Ausübung ihrer Arbeit oder ihres Berufes oder der Erfüllung ihrer Aufgaben besteht und diese Weitergabe für die Ausübung dieser Arbeit oder dieses Berufes oder **für die Erfüllung dieser Aufgaben unerlässlich** ist.[194]

104 Gewerkschaftsvertreter sind dabei nach EU-Recht die Vertreter derjenigen **anerkannten** (europäischen) **Gewerkschaftsorganisationen**, die von der EU-Kommission gemäß Art. 138 EGV (jetzt Art. 154 AEUV) konsultiert werden.[195]

III. Tatbestand

105 **1. Geschäftsgeheimnis – arbeitsrechtliche Auswirkungen und Besonderheiten.** Voraussetzung für das Eingreifen der Erlaubnistatbestände nach § 3 von den Handlungsverboten des § 4 (auch nach seinem Absatz 1 Nummer 3) ist zunächst einmal, dass ein **Geschäftsgeheimnis** nach § 2 Nr. 1 dieses Gesetzes[196] (vgl. Kommentierung zu § 2 Rn. 4ff.) **vorliegt**, da anderenfalls schon der **Schutzbereich des Gesetzes nicht eröffnet** ist und es eines Rückgriffs auf einen der Erlaubnistatbestände des § 3 nicht bedarf; dies gilt gleichsam für einen Rückgriff auf einen Ausnahmetatbestand nach § 5 (vgl. Kommentierung zu § 5 Nr. 3 Rn. 108, 135). Ein Ausnahmetatbestand für eine Erlangung, Nutzung oder Offenbarung eines Geschäftsgeheimnisses wiederum ist immer dann zu prüfen, wenn ein Erlaubnistatbestand nach § 3 nach den darin geregelten Voraussetzungen nicht gegeben ist, etwa, weil nur die Erlangung eines Geschäftsgeheimnisses nach § 3 Abs. 1 erlaubt ist.

106 Das Gesetz enthält mit § 2 Nr. 1 für die deutsche Rechtsordnung **erstmals eine Legaldefinition** für den Begriff des Geschäftsgeheimnisses,[197] die die im deutschen Recht bislang gängige, aber für den Geheimnisschutz keine praktische Relevanz besitzende[198] Unterscheidung zwischen Geschäftsgeheimnissen[199] **und Betriebsgeheimnissen**[200] zusammenfasst.[201] Zur Definition des Geschäftsgeheimnisses im Sinne des deutschen Umsetzungsgesetzes – in inhaltlich weitgehender Übereinstimmung mit der RL (EU) 2016/943 – vgl. die Kommentierung zu § 5 Nr. 3 Rn. 135.

---

192 *EuGH* 22.11.2005 NJW **2006** 133, zu Insider-Geschäften sowie Weitergabe von Insider-Informationen an Dritte.

193 RL 89/592/EWG des Rates vom 13.11.1989 zur Koordinierung der Vorschriften betreffend Insider-Geschäfte, ABl. L 334 vom 18.11.1989, S. 30ff.

194 EuGH 22.11.2005 NJW **2006** 133.

195 So ausdrücklich auch die Erläuterung in Erwägungsgrund 27 zu Art. 5 Abs. 4 UAbs. 3 der EBR-RL 2009/38/EG.

196 Hierzu auch *Preis/Seiwerth* RdA **2019** 351, 352 ff; *Schmitt* RdA **2017** 365, 368.

197 *Fitting* § 79 BetrVG Rn. 3a.

198 So BTDrucks. 19/4724 S. 24.

199 In der Abgrenzung zu Betriebsgeheimnissen nach Maßgabe des BetrVG betreffen Geschäftsgeheimnisse Tatsachen und Erkenntnisse von wirtschaftlicher und kaufmännischer Bedeutung; hierzu näher und mit Beispielen DKW/*Buschmann* § 79 BetrVG Rn. 12.

200 In der Abgrenzung zu Geschäftsgeheimnissen nach Maßgabe des BetrVG liegen Betriebsgeheimnisse auf technischem Gebiet; hierzu näher mit Beispielen DKW/*Buschmann* § 79 BetrVG Rn. 11.

201 *von Steinau-Steinrück* NJW-Spezial **2019** 498.

Nach dem im deutschen Arbeitsrecht gängigen und durch das Bundesarbeitsgericht[202] – mangels Legaldefinition – in Rechtsfortbildung entwickelten Begriff[203] der „Geheimhaltungspflicht" des § 79 BetrVG wird **zwischen „materiellem" und „formellem"** (Betriebs- und) **Geschäftsgeheimnis unterschieden.** Zur diesbezüglichen Definition und den Voraussetzungen eines objektiv feststellbaren „materiellen Geheimnisses" vgl. i. E. die Kommentierung zu § 5 Nr. 3 Rn. 136. Während Beispiele für solche materiellen (Betriebs- und) Geschäftsgeheimnisse den einschlägigen Kommentaren[204] zum Arbeitnehmervertretungsrecht (etwa BetrVG, EBRG, BPersVG usw.) und (arbeitsrechtlichen) Handbüchern[205] entnommen werden können, bedarf besonderer Hervorhebung, dass bestimmte Informationen und Daten im arbeitsrechtlichen Kontext **keine Geschäftsgeheimnisse** darstellen, obwohl dies vielfach irrtümlich angenommen wird (vgl. hierzu die Kommentierung zu § 5 Nr. 3 Rn. 137). 107

Insbesondere stellt auch ein dem Betriebsrat mitgeteilter, geplanter interessenausgleichspflichtiger **Personalabbau** als solcher **kein Geschäftsgeheimnis** dar.[206] Dies gilt auch dann nicht, wenn der Arbeitgeber Betriebsrat und Wirtschaftsausschuss über eine geplante Betriebsänderung in Form eines Personalabbaus unterrichtet, Unterlagen übergibt sowie erläutert und diese Informationen zu den noch nicht abgeschlossenen Vorüberlegungen zur Restrukturierung des Unternehmens mit möglichem Personalabbau **ausdrücklich als Geschäftsgeheimnisse und geheimhaltungsbedürftig nach § 79 BetrVG bezeichnet**[207] (dazu genauer die Kommentierung zu § 5 Nr. 3 Rn. 138). 108

Als weitere gesetzliche Voraussetzung erfordert § 79 BetrVG für die Begründung einer Schweigepflicht gegenüber den Normadressaten, dass der Arbeitgeber oder ein Repräsentant des Arbeitgebers die zugrunde liegenden Tatsachen durch ausdrückliche Erklärung – allerdings grundsätzlich formfrei – als **geheimhaltungspflichtig bezeichnet** hat (**formelles Geheimnis**).[208] Dem gegenüber unterliegen bloße **vertrauliche Angaben** des Arbeitgebers grundsätzlich nicht der betriebsverfassungsrechtlichen Schweigepflicht.[209] Ob sich eine Pflicht zur Verschwiegenheit in „besonderen Fällen" auch hinsichtlich sonstiger, **nicht als geheimhaltungsbedürftig** bezeichneter Angelegenheiten ergeben kann, ist strittig, aber abzulehnen (vgl. zu dem Meinungsstreit die Kommentierung zu § 5 Nr. 3 Rn. 139). Dies gilt gleichsam für eine arbeitsvertragliche Verschwiegenheitspflicht der Mitglieder des Betriebsrats in ihrer Eigenschaft als Arbeitnehmer, soweit ein **objektiv berechtigtes Geheimhaltungsinteresse** des Arbeitgebers nicht vorliegt (vgl. Kommentierung zu § 5 Nr. 3 Rn. 139). 109

Hinsichtlich der meisten Merkmale der Begriffsdefinition des Umsetzungsgesetzes und des § 79 BetrVG (in der rechtsfortbildenden Ausgestaltung durch die Rechtsprechung 110

---

202 BAG 10.3.2009 NZA **2010** 180 Rn. 25; BAG 13.2.2007 NZA **2007** 1121 Rn. 32; BAG 15.12.1987 NZA **1988** 502ff.; BAG 26.2.1987, AP Nr. 2 zu § 79 BetrVG 1972; vgl. auch MüHdbArbR/*Reichold* § 54 Rn. 33ff.; so schon BGH 15.5.1955, AP Nr. 1 zu § 17 UWG; BGH 5.6.1975 BGHZ **64** 325.

203 Nach *Preis/Seiwerth* RdA **2019** 351, 353, mit Verweis auf BAG 10.6.1980 BAGE **140** 160 hat dies im Grundsatz den Rang eines einfachen Bundesgesetzes.

204 Vgl. etwa *Fitting* § 79 BetrVG Rn. 4; DKW/*Buschmann* § 79 BetrVG Rn. 11 und 12; Richardi/*Thüsing* § 79 BetrVG Rn. 6; GK/*Oetker* § 79 BetrVG Rn. 13f.; HaKoBetrVG/*Lorenz* § 79 BetrVG Rn. 9; BHKC/*Hayen* § 35 EBRG Rn. 8.

205 Vgl. etwa Schaub/*Linck* § 53 Rn. 48 (arbeitsvertraglich); Schaub/*Ahrendt* § 230 Rn. 29 (betriebsverfassungsrechtlich); ausführlich mit alphabetischer Auflistung und Rechtsprechungshinweisen: *Reinfeld* § 1 Rn. 168.

206 LAG Frankfurt 20.3.2017 AuR **2017** 413; LAG Schleswig-Holstein 20.5.2015 AuR **2015** 368; zustimmend *Buschmann* AuR **2017** 356.

207 Vgl. zur Fallbesprechung auch *Lange/Schlegel* ArbRAktuell **2015** 595, 596.

208 *BAG* 13.2.2007 AuR **2007** 326; *Fitting* § 79 BetrVG Rn. 5; DKW/*Buschmann* § 79 BetrVG Rn. 14; Richardi/*Thüsing* § 79 BetrVG Rn. 7; GK/*Oetker* § 79 BetrVG Rn. 27.

209 DKW/*Buschmann* § 79 BetrVG Rn. 17; Richardi/*Thüsing* § 79 BetrVG Rn. 10; *Fitting* § 79 BetrVG Rn. 3, 39; GK/*Oetker* § 79 BetrVG Rn. 2, 30.

des BAG) besteht Deckungsgleichheit oder diese sind durch das Gesetz gar etwas konkreter geworden.[210] Allerdings nennt das Gesetz ausdrücklich als zusätzliches Kriterium und tatbestandliche Voraussetzung – über diejenigen, die der Rechtsprechung des BAG bislang zu entnehmen waren – die „angemessenen Geheimhaltungsmaßnahmen“[211], die objektiv nachzuweisen sind.[212] Dieses schränkt den Geheimnisschutz im Vergleich zur Vorgängerregelung des § 17 UWG (erheblich) ein,[213] und erhöht die zu erfüllenden Voraussetzungen, nach deren Maßgabe der Betriebsrat der gesetzlichen Schweigepflicht nach bisherigem Verständnis des § 79 BetrVG unterworfen ist, zu Lasten des Arbeitgebers (Unternehmers).

111 Konsequenterweise müsste daher der in Rechtsfortbildung entwickelte **Geschäftsgeheimnisbegriff des BAG** zu § 79 BetrVG über eine unionsrechtskonforme Auslegung[214] an den Geschäftsgeheimnisbegriff nach Maßgabe des § 2 Nr. 1 des Gesetzes (ungeachtet seiner beschränkten Geltung nach § 2 Eingangssatz: „im Sinne dieses Gesetzes“) **angepasst werden.**[215] Zur Begründung – unter dem Gesichtspunkt eines ansonsten entstehenden ungerechtfertigten Eingriffs in Art. 3 Abs. 1 GG – vgl. die Kommentierung zu § 5 Nr. 3 Rn. 140.

112 **2. Berechtigtes Interesse an der Geheimhaltung.** Das vor der Umsetzung der RL (EU) 2016/943 umstrittene,[216] aber zugleich – zumindest für die arbeitsrechtlichen Teilregelungen des Gesetzes – **wichtigste Kriterium des Geschäftsgeheimnisbegriffes** ist das des objektiv[217] legitimen bzw. berechtigten Geheimhaltungsinteresses. Die RL (EU) 2016/943 und auch das Umsetzungsgesetz lassen keinen Zweifel daran, dass der Schutz von Geschäftsgeheimnissen nach Maßgabe individual-, wie kollektivarbeitsrechtlicher Schweigepflichten vom Vorliegen eines objektiven „berechtigten“ Geheimhaltungsinteresses abhängig gemacht werden muss (vgl. zur Erläuterung die Kommentierung zu § 5 Nr. 3 Rn. 141). Dies galt zuvor bereits nach Maßgabe etwa der RL 2002/14/EG (Art. 6) sowie der RL 2009/38/EG (Art. 8 Abs. 2) und gehört zu den **allgemeinen Grundsätzen des Unionsrechts** (vgl. hierzu i. E. die Kommentierung zu § 5 Nr. 3 Rn. 142).

113 Der Gesetzentwurf der Bundesregierung nahm dieses zusätzliche Kriterium des „legitimen Interesses“ unter Zugrundelegung der Begriffsbestimmung des „Geschäftsgeheimnis“

---

210 Zutreffend *Preis/Seiwerth* RdA **2019** 351, 352 als Fazit des ausführlich begründeten Vergleichs der beiden Geschäftsgeheimnisbegriffe nach dem Umsetzungsgesetz und des § 79 BetrVG in der Rechtsprechung des BAG.

211 Hierzu ausführlich *Preis/Seiwerth* RdA **2019** 351, 352ff.; *Holthausen* NZA **2019** 1378f.; zum Diskussionsstand des Begriffs „Angemessenheit“ vgl. *Weigert* NZA **2020** 209ff.

212 Zu dieser tatbestandlichen Voraussetzung des neuen Begriffs des Geschäftsgeheimnisses vgl. auch *Fuhlrott* ArbRAktuell **2020** 79.

213 So *Weigert* NZA **2020** 209.

214 Vgl. zu entsprechenden Korrekturen bei der Auslegung des § 79 BetrVG über „das Vehikel“ einer unionsrechtskonformen Auslegung GK/*Oetker* § 79 BetrVG Rn. 7.

215 Franzen/Gallner/Oetker/*Schubert* RL 2016/943/EU, Art. 2 Rn. 6; zustimmend *Preis/Seiwerth* RdA **2019** 351, 353; DKW-*Buschmann* § 79 BetrVG Rn. 12; **a. A.** BeckOK GeschGehG/*Fuhlrott* § 3 GeschGehG Rn. 26; *Oltmanns/Fuhlrott* NZA **2019** 1384, 1387; wohl auch *Schmitt* NZA-Beilage 3/**2020** (zu Heft 18/**2020**) 53.

216 Einerseits etwa *Oetker* ZESAR **2017** 259, der aus der Befürchtung einer Auflockerung des Geheimnisschutzes für Unternehmen das Erfordernis eines objektiven berechtigten Interesses abgelehnt hatte, andererseits (zum Referentenentwurf) *Karthaus* NZA **2018** 1180, 1183 und *Böning/Heidfeld* AuR **2018** 555, 556, die mangels klarer Verankerung des objektiven berechtigten Geheimhaltungsinteresses im Gesetzentwurf eine – arbeitgeberseitig subjektiv determinierte – ausufernde Handhabung von Verschwiegenheitsverpflichtungen und Verschlechterung der Rechtstellung für Arbeitnehmer und Interessenvertreter befürchteten; zum aktuellen Meinungsstand vgl. *Schmitt* NZA-Beilage 3/**2020** (zu Heft 18/**2020**) 52 Fn. 61, die ebenfalls zu dem Ergebnis kommt, dass § 2 Abs. 1 lit. c) GeschGehG **unionsrechtskonform** ist: *Schmitt* NZA-Beilage 3/**2020** (zu Heft 18/**2020**) 53.

217 Vgl. Schaub/*Linck* § 53 Rn. 51, wonach das berechtigte geschäftliche Interesse objektiv zu beurteilen ist.

in Art. 2 Nr. 1 lit. a) bis c) zunächst nur in den Begründungsteil des Gesetzes auf[218] (hierzu sowie zur Rechtsprechung des EuGH zum Grundsatz der fehlenden Bindungswirkung von Erwägungsgründen[219] einerseits, ihrem teleologischen Nutzen bei der Auslegung andererseits,[220] vgl. Kommentierung zu § 5 Nr. 3 Rn. 145). Nach Kritik im Hinblick auf das Ziel des Umsetzungsgesetzes einer tatsächlich unveränderten Rechtsstellung[221] der Arbeitnehmer und ihrer Vertretungen, wurde nachfolgend im Gesetzgebungsverfahren lit. c) der Begriffsbestimmung des § 2 Nr. 1 das Kriterium eines „berechtigten Interesses an der Geheimhaltung" ergänzt und beschlossen.[222] Mit dieser Ergänzung wurde vom Gesetzgeber des Umsetzungsgesetzes klargestellt, dass das (objektive) „berechtigte Interesse" als Teil des Geschäftsgeheimnisbegriffes nach § 2 Nr. 1 lit. c) Voraussetzung für die Anerkennung als Geschäftsgeheimnis im Sinne des Geschäftsgeheimnisbegriffes ist[223] (vgl. hierzu i. E. die Kommentierung zu § 5 Nr. 3 Rn. 146).

Nach der Gesetzesbegründung kann ein berechtigtes Interesse **„jedes von der Rechtsordnung gebilligte Interesse"** sein; es umfasst auch Interessen wirtschaftlicher oder ideeller Art, „...wie auch die **Verfolgung legitimer Gruppeninteressen**, zum Beispiel wenn die Arbeitnehmervertretung über einen **bevorstehenden Personalabbau** unterrichtet" (vgl. hierzu Rn. 114 sowie die Kommentierung zu § 5 Nr. 3 Rn. 150).[224] **114**

Aufgrund des erforderlichen (objektiven) „berechtigten Interesses" als Teil des Geschäftsgeheimnisbegriffes können Informationen über ein rechtswidriges oder verbotenes Verhalten bereits tatbestandlich nicht in den Geheimnisschutz durch § 79 BetrVG einbezogen werden (vgl. Kommentierung zu § 5 Nr. 3 Rn. 147).[225] **115**

Hat der Arbeitgeber in diesem Sinne kein berechtigtes, wirtschaftliches, objektives Geheimhaltungsinteresse, genügt es auch nicht, wenn er (subjektiv) einseitig eine bestimmte Angelegenheit dazu erklärt,[226] arbeitsvertraglich definiert/fingiert[227] oder entsprechende Vereinbarungen mit seinen Arbeitnehmern[228] oder mit der Arbeitnehmerver- **116**

---

218 BTDrucks. 19/4724 S. 24 (zu § 2 Nr. 1 der Begriffsbestimmungen).

219 Vgl. die Rechtsprechung des EuGH zur grundsätzlich fehlenden rechtlichen Bindungswirkung der Erwägungsgründe: EuGH 19.6.2014, Rs. C-345/13, ECLI:EU:C:2014:2013 – Karen Millen Fashions, Rn. 31; zuletzt: EuGH 13.9.2018, Rs. C-287/17, ECLI:EU:2018:707 (Ceska pojistovna a.s./WCZ, spol. S r. o.), Rn. 33; siehe auch: EuGH 24.11.2005, Rs. C-136/04, ECLI:EU:C:2005:716 – Deutsches Milchkontor, Rn. 32; andererseits fordert der EuGH zur Gewährleistung der vollen Anwendung der RL bei Betroffenheit subjektiver Rechte bestimmte, klare und transparente Rechtsvorschriften für die Rechtsdurchsetzung: EuGH 15.6.1995 ECLI:EU:C:1995:190 (Kommission/Luxemburg) Rn. 10; ferner EuGH 30.5.1991 ECLI:EU:C:1991:224 (Kommission/Deutschland) Rn. 15; EuGH 18.1.2001 ECLI:EU:C:2001:35 (Kommission/Italien) Rn. 22; EuGH 18.12.2008 ECLI:EU:C:2008:740 (Kommission/Spanien) Rn. 54, wodurch ein Verstoß gegen das Transparenzgebot bei der RL-Umsetzung fraglich ist: hierzu *Preis/Seiwerth* RdA **2019** 353f.

220 EuGH 19.6.2014, Rs. C-345/13, ECLI:EU:C:2014:2013 – Karen Millen Fashions.

221 Eine im Wesentlichen unveränderte Rechtsstellung von Arbeitnehmern und Arbeitnehmervertretern nach dem GeschGehG gegenüber der bisherigen Rechtslage, insbesondere nach § 79 BetrVG, konstatieren *Bissels/Ziegelmayer/Schroeders* DB **2016** 2295; DKW/*Buschmann* § 79 BetrVG Rn. 6; *Fitting* § 79 BetrVG Rn. 3 a m. w. N.

222 Zu den Gründen der „Nachjustierung" des GE vgl. BTDrucks. 19/8300 S. 13.

223 So wohl auch DKW/*Buschmann* § 79 BetrVG Rn. 6 b.

224 BTDrucks. 19/4724 S. 28.

225 LAG Köln 21.1.2008 AuR **2008** 277; DKW/*Buschmann* § 79 BetrVG Rn. 9; *Fitting* § 79 BetrVG Rn. 3b; HaKoBetrVG/*Lorenz* § 79 BetrVG Rn. 12; ErfK/*Kania* § 79 BetrVG Rn. 6; Schaub/*Linck* § 53 Rn. 51; *Preis/Seiwerth* RdA **2019** 355, 359ff.; *Böning* AiB **2019** 28; EUArbR/*Schubert* RL 2016/943/EU Art. 2 Rn. 20; *Hauck* WPR **2018** 1032, 1033f.; *Schmitt* RdA **2017** 365, 369; *Schnabel* CR **2016** 342, 347.

226 Richardi/*Thüsing* § 79 BetrVG Rn. 7; GK/*Oetker* § 79 BetrVG Rn. 25; so bereits BGH 5.6.1975 BGHZ **64** 325.

227 *Preis/Seiwerth* RdA **2019** 355, 356f.

228 Vgl. zur Unwirksamkeit von sogenannten „Catch-All-Klauseln" und den Anforderungen an wirksame Verschwiegenheitsklauseln unter Beachtung des Transparenzgebotes und des Angemessenheitserfordernisses der AGB-Kontolle: *Holthausen* NZA **2019** 1380, 1382f.; *Greßlin/Römermann* BB **2016** 1461,1464.

tretung[229] darüber abschließt. **Sowohl eine arbeitsvertragliche Verschwiegenheitserklärung**, als auch eine **Verschwiegenheitsvereinbarung mit den Mitgliedern einer Arbeitnehmervertretung**, deren Geheimhaltung nicht durch **berechtigte betriebliche Interessen** gedeckt ist, ist unwirksam. Auch eine Vereinbarung mit dem Betriebsrat bzw. seinem Vorsitzenden erweitert den gesetzlichen Geheimnisbegriff nicht (vgl. Kommentierung zu § 5 Nr. 3 Rn. 148).[230]

117 Arbeitsrechtlich abzugrenzen von den Schweigepflichten des Betriebsrats oder seiner Mitglieder über (Betriebs- und) Geschäftsgeheimnisse nach Maßgabe des § 79 BetrVG sind weitere betriebsverfassungsverfassungsrechtliche, arbeitsvertragliche, wettbewerbsrechtliche und (personal-)datenschutzrechtliche[231] Schweigepflichten, die ebenfalls im Betriebsablauf entstehen (hierzu näher mit Beispielen und Nachweisen: vgl. die Kommentierung zu § 5 Nr. 3 Rn. 151).[232]

118 **3. Informations- und Anhörungsrechte der Arbeitnehmer.** Nach § 3 Abs. 1 Nr. 3 darf ein Geschäftsgeheimnis zum einen erlangt werden durch ein Ausüben von Informations- und Anhörungsrechten der Arbeitnehmer. Zu den Informations- und Anhörungsrechten gehören alle Rechte, die den Arbeitnehmern (und Arbeitnehmervertretungen) zur Wahrnehmung und Ausübung ihrer spezifischen Interessen zustehen, unerheblich ob diese Rechte auf gesetzlicher, vertraglicher oder gewohnheitsrechtlicher Grundlage beruhen.[233] Solche **Rechte des Arbeitnehmers** können sich beispielsweise aus arbeitsvertraglichen Nebenpflichten des Arbeitgebers (§§ 241, 242 BGB)[234], etwa zu Aufklärungs- und Belehrungspflichten, oder aus vielerlei (spezielleren) gesetzlichen Bestimmungen ergeben. Insoweit bestehen **beispielsweise** Auskunftspflichten des Arbeitgebers bzw. Auskunftsrechte des Arbeitnehmers **nach EU-Recht** aufgrund Art. 15 der EU-Datenschutzgrundverordnung[235] (Verarbeitung personenbezogener Daten des Arbeitnehmers). Dasselbe gilt aufgrund **nationalem Recht** nach § 10 EntgTranspG[236] (Einhaltung des Entgeltgleichheitsgebots), nach § 1 Abs. 3 KSchG[237] (Begründung der Sozialauswahl im Rahmen einer ordentlichen betriebsbedingten Kündigung), nach § 626 Abs. 2 Satz 3 BGB (Gründe für eine außerordentliche Kündigung) u. v. m. (vgl. ergänzend die Kommentierung zu § 1 Abs. 3 Nr. 3, 4 Rn. 71 sowie 76). Nach dem Zweckbezug dieser Norm muss der Arbeitnehmer zu dem Zweck handeln, seine Informations- und Anhörungsrechte in Anspruch zu nehmen bzw. auszuüben.[238] Wesentlich für den Zusammenhang mit § 3 Abs. 1 Nr. 3 ist, dass der Arbeitgeber sämtliche Informations- und ggf. Anhörungsrechte des Arbeitnehmers grundsätzlich nicht mit dem Hinweis auf das Vorliegen eines Geschäftsgeheimnisses verweigern oder einschränken darf.

119 Informations- und Anhörungsrechte der Arbeitnehmer können sich darüber hinaus als Individualrechte aus den verschiedenen Arbeitnehmervertretungsgesetzen, wie etwa

---

229 LAG Frankfurt 20.3.2017 AuR **2017** 413; LAG Hamm 22.7.2011 AE **2011** 244.

230 LAG Hamm 20.3.2017 AuR **2017** 413 (Verschwiegenheitsvereinbarung mit Betriebsratsmitgliedern); LAG Rheinland-Pfalz 21.2.2013 BB **2013** 1844 (vertragliche Verschwiegenheitsvereinbarung); DKW/*Buschmann*, § 79 BetrVG Rn. 7 und 45; *Holthausen* NZA **2019** 1377, 1378; *Lange/Schlegel* ArbRAktuell **2015** 595, 598.

231 Zum Datengeheimnis nach § 53 BDSG vgl. *Holthausen* NZA **2019** 1377, 1381 f.

232 Vgl. hierzu i.E. DKW/*Buschmann* § 79 BetrVG Rn. 3.

233 Köhler/Bornkamm/Feddersen/*Alexander* § 3 GeschGehG Rn. 47.

234 Vgl. Schaub/*Vogelsang* § 274 Rn. 151; Schaub/*Ahrendt* § 106 Rn. 28; Schaub/*Linck* § 122 Rn. 9.

235 VO (EU) 2016/679 des Europäischen Parlaments und des Rates v. 27.4.2016 zum Schutz natürlicher Personen bei der Verarbeitung personenbezogener Daten, zum freien Datenverkehr und zur Aufhebung der RL 95/46/EG (DSG-VO), ABl. L 119 v. 4.5.2016, S. 1.

236 BGBl. I 2017 S. 2152.

237 BGBl. I 2017 S. 2509.

238 Köhler/Bornkamm/Feddersen/*Alexander* § 3 GeschGehG Rn. 48.

dem Betriebsverfassungsgesetz (BetrVG)[239], ergeben. So sieht das BetrVG in den §§ 81 bis 86 Individualrechte der Arbeitnehmer gesetzlich vor[240] (vgl. auch Rn. 81). Diese betreffen etwa Unterrichtungs-, Anhörungs- und Erörterungspflichten des Arbeitgebers gegenüber dem Arbeitnehmer über Tätigkeit, Arbeitsabläufe, Veränderungen im Arbeitsbereich, Unfall- und Gesundheitsgefahren (§ 81 BetrVG), aber auch um die Berechnung und Zusammensetzung seines Entgelts und seine Leistungsbeurteilung (§ 82 BetrVG) sowie Einsichtsrechte in die Personalakte (§ 83 BetrVG). Im Zusammenhang mit einer möglichen Erlangung eines Geschäftsgeheimnisses durch den Arbeitnehmer steht etwa sein Informations- und Anhörungsrecht, vom Arbeitgeber über die aufgrund einer Planung von technischen Anlagen, von Arbeitsverfahren und Arbeitsabläufen oder der Arbeitsplätze vorgesehenen Maßnahmen unterrichtet zu werden und ihre Auswirkungen mit ihm zu erörtern (§ 81 Abs. 4 Satz 1 BetrVG). Auch diese Rechte dürfen vom Arbeitgeber nicht beschnitten werden.

Beim Ausüben der ihnen zukommenden Individualrechte (§ 3 Abs. 1 Nr. 3) nach der **120**
Betriebsverfassung (§§ 81 bis 86 BetrVG) können die Arbeitnehmer nach jeweils ausdrücklicher gesetzlicher Regelung ein Mitglied des Betriebsrats hinzuziehen (§§ 81 Abs. 4 Satz 3, 82 Abs. 2 Satz 2, 83 Abs. 1 Satz 2 BetrVG). Dies gilt auch für das Ausüben von Beschwerderechten (§§ 84 Abs. 1 Satz 2, 85 BetrVG), sodass auch die Arbeitnehmervertretung über diese betriebsverfassungsrechtlichen Regelungen in den Schutzbereich nach § 3 Abs. 1 Nr. 3 – ggf. auch den nach § 5 Nr. 3 – des Gesetzes eintritt. Dies gilt gleichsam in Bezug auf die interne Kommunikation der Arbeitnehmervertreter mit den Arbeitnehmern nach § 3 Abs. 1 Nr. 3 in Sprechstunden (§ 39 BetrVG), Betriebsversammlungen (§§ 42ff. BetrVG) oder am Arbeitsplatz. Aus diesen Bezügen wird deutlich, dass eine sachgerechte Wahrnehmung der Informations- und Anhörungsrechte der Arbeitnehmer sowie der Mitwirkungs- und Mitbestimmungsrechte der Arbeitnehmervertretung ohne einen Informationsaustausch zwischen Betriebsrat und Arbeitnehmern nicht denkbar ist.[241]

4. Mitwirkungs- und Mitbestimmungsrechte der Arbeitnehmervertretung. Zum **121**
anderen darf nach § 3 Abs. 1 Nr. 3 ein Geschäftsgeheimnis erlangt werden durch ein Ausüben von Mitwirkungs- und Anhörungsrechten der **Arbeitnehmervertretung**. Zwischen den in § 3 Abs. 1 Nr. 3 aufgezählten Formen der Beteiligung und ihre Zuordnung zu den diesbezüglichen „Adressaten" („...Informations- und Anhörungsrechten der Arbeitnehmer *oder* Mitwirkungs- und Mitbestimmungsrechte der Arbeitnehmervertretung") besteht keine strikte Trennung,[242] zumal auch europäische Arbeitnehmervertretungen (teilweise ausschließlich: vgl. hierzu Rn. 77 und 78) und nationale Arbeitnehmervertretungen über Informations- und Anhörungsrechte verfügen.[243] Ihre begriffliche Zuordnung kennzeichnet lediglich die für den jeweilig genannten Beteiligtenkreis schwerpunktmäßig in Frage kommenden Beteiligungsrechte. Die Formulierung „Rechte der Arbeitnehmervertretungen" ist **inhaltlich weit zu verstehen.**[244] Sie umfasst **sämtliche den Arbeitnehmervertretern zustehenden Rechte** insbesondere auf Basis des Betriebsverfassungsgesetzes oder den Regelungen zur Mitbestimmung auf Unternehmensebene sowie die dazu ergangene bishe-

239 BGBl. I 2020 S. 1044.
240 Vgl. etwa *Fitting* § 1 BetrVG Rn. 330.
241 LAG Hessen 20.3.2017 AuR **2017** 413 m. Anm. *Buschmann*.
242 Hierauf weist auch indirekt die Gesetzesbegründung durch „bzw." hin: BTDrs. 19/4724 S. 26.
243 Vgl. ausführlich zur Erläuterung der unterschiedlichen betriebsverfassungsrechtlichen Beteiligungsformen und -begriffe: *Fitting* § 1 BetrVG Rn. 330ff.
244 *Fitting* § 79 BetrVG Rn. 3a.

rige und künftige Rechtsprechung.[245] Einige dieser Rechte werden nachfolgend beispielhaft dargestellt. Aus § 3 Abs. 1 Nr. 3 folgt, dass alle diese Beteiligungsrechte der Arbeitnehmervertretungen vom Management (zentrale Leitung) auf europäischer oder vom Arbeitgeber auf nationaler Ebene nicht mit dem Hinweis auf das Vorhandensein von Geschäftsgeheimnissen beschränkt werden dürfen.[246]

122 **Mitwirkung** bedeutet nach allgemeiner Ansicht **im nationalen Kontext** der Arbeitnehmerbeteiligung (etwa durch das BetrVG) Beratung und Mitsprache bei Entscheidungen des Arbeitgebers, deren Umsetzung zwar nicht von einer Zustimmung des Betriebsrats abhängt, aber i. d. R. eine vorherige Unterrichtung des Betriebsrats und ggf. die Beratung mit ihm voraussetzen.[247] Mitwirkungsrechte des Betriebsrats ergeben sich zum einen aus dem BetrVG, aber auch aus anderen (speziellen) arbeitsrechtlichen – Schutzgesetzen (vgl. Rn. 127 f.).

123 **Mitwirkung im Kontext von EU-Richtlinien** und deren nationalen Umsetzungsgesetze bedeutet v. a. „Information und Konsultation" (bzw. Unterrichtung und Abhörung). Diese Begriffe haben aber in diesem Kontext einen teilweise anderen Inhalt und eine andere Bedeutung, als beispielsweise in der Betriebsverfassung, und unterscheiden sich darin wiederum nach der jeweiligen Zwecksetzung der EU-RL und dem jeweiligen Umsetzungsgesetz. So bezeichnet „Beteiligung der Arbeitnehmer" nach der RL 2001/86/EG (vgl. hierzu Rn. 79) jedes Verfahren – einschließlich der Unterrichtung, der Anhörung und der Mitbestimmung – durch das die Vertreter der Arbeitnehmer auf die Beschlussfassung innerhalb der Gesellschaft Einfluss nehmen können (Art. 2 lit. h). Eine gesonderte Definition dieser einzelnen Begriffe folgt in Art. 2 lit. i) bis k) der SE-RL (analoge Begriffsbestimmungen finden sich in § 2 Abs. 8 bis 12 SEBG). In der RL 2002/14/EG (vgl. hierzu Rn. 72) wird **„Unterrichtung"** als „Übermittlung von Informationen durch den Arbeitgeber an die Arbeitnehmervertreter" (Art. 2 lit. f) und **„Anhörung"** als „die „Durchführung eines Meinungsaustauschs und eines Dialogs zwischen Arbeitnehmervertretern und Arbeitgeber" definiert (Art. 2 lit. g). Zusätzlich werden in Art. 4 der RL 2002/14/EG die Modalitäten der Unterrichtung und Anhörung inhaltlich beschrieben, die insbesondere nach Art. 4 Abs. 4 deutlich machen, dass das Verständnis des Begriffs „Anhörung" – weiter als etwa nach § 102 BetrVG[248] – auf einen „kontinuierlichen Dialog"[249] gerichtet ist. Noch umfassender nehmen die Begriffsbestimmung der RL 2009/38/EG (vgl. hierzu Rn. 78) und ihres Umsetzungsgesetzes, das EBRG, zu „Unterrichtung"[250] (Art. 2 lit. f) EBR-RL bzw. § 1 Abs. 4) und „Anhörung"[251] (Art. 2 lit. g)

---

245 Vgl. BTDrs. 19/8300 S. 13 zu Nr. 2 (Ergänzung des § 1 Abs. 3 GeschGehG).
246 Ebenso *Reinfeld* § 2 Rn. 37.
247 *Fitting* § 1 BetrVG Rn. 333.
248 BHKC/*Blanke*/*Hayen* § 1 EBRG Rn. 54; ebenso BHKC/*Blanke*/*Kunz* § 17 EBRG Rn. 16, wonach der Begriff „Konsultation" (Anhörung) eher im Sinne von „Beratung" zu verstehen ist.
249 Vgl hierzu BHKC/*Blanke*/*Hayen* § 1 EBRG Rn. 56.
250 § 1 Abs. 4 EBRG lautet: „Unterrichtung im Sinne dieses Gesetzes bezeichnet die Übermittlung von Informationen durch die zentrale Leitung oder eine andere geeignete Leitungsebene an die Arbeitnehmervertreter, um ihnen Gelegenheit zur Kenntnisnahme und Prüfung der behandelten Frage zu geben. Die Unterrichtung erfolgt zu einem Zeitpunkt, in einer Weise und in einer inhaltlichen Ausgestaltung, die dem Zweck angemessen sind und es den Arbeitnehmervertretern ermöglichen, die möglichen Auswirkungen eingehend zu bewerten und gegebenenfalls Anhörungen mit dem zuständigen Organ des gemeinschaftsweit tätigen Unternehmens oder der gemeinschaftsweit tätigen Unternehmensgruppe vorzubereiten."
251 § 1 Abs. 5 EBRG lautet: „Anhörung im Sinne dieses Gesetzes bezeichnet den Meinungsaustausch und die Einrichtung eines Dialogs zwischen den Arbeitnehmervertretern und der zentralen Leitung oder einer anderen geeigneten Leitungsebene zu einem Zeitpunkt, in einer Weise und in einer inhaltlichen Ausgestaltung, die es den Arbeitnehmervertretern auf der Grundlage der erhaltenen Informationen ermöglichen, innerhalb einer angemessenen Frist zu den vorgeschlagenen Maßnahmen, die Gegenstand der Anhörung sind, eine Stellungnahme abzugeben, die innerhalb des gemeinschaftsweit tätigen Unternehmens oder der gemein-

EBR-RL bzw. § 1 Abs. 5 EBRG i.V.m. § 1 Abs. 7 EBRG[252]) die erweiterten Anforderungen an diesen Begriff im kollektiven Arbeitnehmerbeteiligungsrecht der EU auf. Denn auch in zeitlicher Hinsicht hat die Unterrichtung (und erst recht die Anhörung) des Europäischen Betriebsrats zeitlich tendenziell vor der der nationalen Arbeitnehmervertretung – etwa des Betriebsrats – und „dynamisch bzw. „iterativ" zwischen den Ebenen der nach EU-Recht und nach nationalem Recht gebildeten Arbeitnehmervertretungen[253] – zu erfolgen.[254] Denn die Unterrichtung des Betriebsrats nach § 111 Satz 1 BetrVG bei Betriebsänderungen ist erst nach der Phase der Entscheidungsfindung in Bezug auf „**geplante Betriebsänderungen**" angeordnet.[255]

Mitwirkungsrechte, wie Unterrichtung und Anhörung haben im europäischen, aber **124**
auch im nationalen Kontext, die **erhebliche Bedeutung**, als Grundlage für eine weitere Beteiligung zu dienen,[256] insbesondere, wenn im Rahmen der „Ebenenabstimmung" zwischen den europäischen und nationalen Arbeitnehmervertretungen[257] die nationalen Arbeitnehmervertretungen auf der Grundlage frühzeitig erfolgter Unterrichtung und Anhörung in der Folge ihre stärkeren (Mitbestimmungs-)Rechte zur Anwendung bringen können.[258]

Mitbestimmung als stärkste Form der Arbeitnehmerbeteiligung bedeutet **im natio- 125**
nalen Kontext, etwa nach dem BetrVG, dass eine vom Arbeitgeber angedachte oder geplante Maßnahme i.d.R nur mit Zustimmung des Betriebsrats getroffen werden kann. Im Streitfall sieht das Gesetz eine Entscheidung durch die Einigungsstelle oder das Gericht vor. Zur Mitbestimmung gehört i.d.R. auch ein Initiativrecht des Betriebsrats, d.h. dass er in einer mitbestimmungspflichtigen Angelegenheit eine bestimmte Regelung verlangen und ggf. erzwingen kann.[259] Dazu gibt es aber Ausnahmen, die sich „aus dem Gegenstand und Zweck des einzelnen Mitbestimmungsrechts ergeben" können.[260] Dies gilt im Rahmen der sozialen Mitbestimmung etwa in Bezug auf § 87 Abs. 1 Nr. 6 BetrVG, wonach der Betriebsrat nur die **Änderung** bestehender Kontrolleinrichtungen erzwingen können soll, nicht aber deren Einführung und Abschaffung.[261] Diese Auffassung wird nach der Entscheidung des EuGH,[262] die zur Einführung eines Systems verpflichtet, mit dem die von Arbeitnehmern geleistete tägliche Arbeitszeit gemessen werden kann, nicht mehr aufrecht zu erhalten sein. Die Einführung oder Beibehaltung der zum Nachweis der eigenen Arbeitsleistung erforderlichen Zeiterfassung liegt im eigenen Interesse der Arbeitnehmer und sollte daher auch vom Betriebsrat initiativ gefordert werden können.[263]

---

schaftsweit tätigen Unternehmensgruppe berücksichtigt werden kann. Die Anhörung muss den Arbeitnehmervertretern gestatten, mit der zentralen Leitung zusammenzukommen und eine mit Gründen versehene Antwort auf ihre etwaige Stellungnahme zu erhalten."

252 § 1 Abs. 7 EBRG lautet: „Unterrichtung und Anhörung des Europäischen Betriebsrats sind spätestens gleichzeitig mit der der nationalen Arbeitnehmervertretungen durchzuführen."

253 Vgl. BHKC/*Blanke*/*Hayen* § 1 EBRG Rn. 67ff., 73.

254 BHKC/*Blanke*/*Hayen* § 1 EBRG Rn. 50.

255 Vgl *Hayen* AiB **2011** 15, 16; insoweit korrespondieren die Vorschriften zur Abstimmung der Beteiligung der Arbeitnehmer-Vertretungen auf europäischer und nationaler Ebene („Ebenenabstimmung") in § 1 Abs. 7 EBRG und die Vorgaben in § 18 Abs. 1 Nr. 3 EBRG auch mit den Vorschriften des § 1 Abs. 4 und 5 EBRG.

256 Zutreffend *Fitting* § 1 BetrVG Rn. 333, für die Betriebsverfassung.

257 Zu diesem Begriff und der Bedeutung einer „Verschränkung" dieser Ebenen vgl. BHKC/*Blanke*/*Hayen* § 1 EBRG Rn. 23, 67ff., 74f.

258 BHKC/*Blanke*/*Hayen* § 1 EBRG Rn. 70f., 75.

259 *Fitting* § 1 EBRG Rn. 332.

260 Vgl. *Fitting* § 87 BetrVG Rn. 584.

261 Vgl. *Fitting* § 87 BetrVG Rn. 251; **a.A.** zutreffend DKW/*Klebe* § 87 BetrVG Rn. 166.

262 EuGH 14.5.2019 – C-55/18 (CCOO/Deutsche Bank SAE).

263 Ebenso DKW/*Klebe* § 87 BetrVG Rn. 166.

126 **Mitbestimmung** im Kontext von **EU-Richtlinien und deren nationalen Umsetzungsgesetze** wird definiert als „die Einflussnahme des Organs zur Vertretung der Arbeitnehmer und/oder der Arbeitnehmervertreter auf die Angelegenheiten der Gesellschaft durch ...“ die Wahrnehmung des Rechts auf Wahl, Bestellung oder Empfehlung/Ablehnung eines Teils der Mitglieder des Aufsichts- oder des Verwaltungsorgans der Gesellschaft.[264] Aus dieser Definition wird der freiwillige Charakter von Vereinbarungen zur Mitbestimmung deutlich, die auch in Art. 4 Abs. 2g der RL 2001/86/EG (SE-RL) und in § 21 Abs. 3 SEBG betont wird. Die Vereinbarungsparteien können gar auf eine Regelung zur Mitbestimmung gänzlich verzichten (oder bestehende Mitbestimmungsrechte mindern), sofern es sich nicht um einen Fall der SE-Gründung durch Umwandlung handelt (§ 21 Abs. 6 SEBG).[265]

127 **a) Mitwirkungs- und Mitbestimmungsrechte nach nationalem Recht.** Als **Mitwirkungsrechte** (Unterrichtungs- und Beratungsrechte) des Betriebsrats kommen etwa in Betracht: §§ 80 Abs. 2, 85 Abs. 3, 89 Abs. 2, 90, 92, 96 Abs. 1, 97 Abs. 1, 99 Abs. 1, 100 Abs. 2, 102 Abs. 1, 105, 111 Abs. 1 **BetrVG**; §§ 178, 179 **SGB IX**; § 7 Abs. 4 **TzBfG**; § 17 Abs. 2 und 3 **KSchG**; § 14 Abs. 3 **AÜG**; § 13 Abs. 3 **EntgTranspG** (vgl. ergänzend die Kommentierung zu § 1 Abs. 3 Nr. 3, 4 Rn. 71).[266]

128 **Mitbestimmungsrechte** des Betriebsrats ergeben sich (insbesondere) nach Maßgabe ihrer Einigungsstellenfähigkeit aus §§ 39 Abs. 1 Satz 2, 85 Abs. 2, 87 Abs. 2, 91 Satz 2, 94 Abs. 1, 95 Abs. 1 und 2, 97 Abs. 2, 98 Abs. 4, 109, 112 Abs. 4 BetrVG, bzw. durch gerichtliche Entscheidung nach §§ 101, 103 Abs. 2, 104 BetrVG.

129 Die Mitwirkungs- und ggf. Mitbestimmungsrechte anderer nationaler Arbeitnehmervertretungen, die durch deren Ausübung Geschäftsgeheimnisse erlangen dürfen, richten sich nach den gesetzlichen Bestimmungen ihrer Vertretungsgesetze, auf deren Grundlage sie agieren und ihnen i. d. R. – als Pendant und Sicherungsmittel zu den gesetzlichen Informationsrechten[267] – Schweigepflichten auferlegt sind[268] (vgl. dazu die Kommentierung zu § 5 Nr. 3 Rn. 128).

130 **b) Mitwirkungs- und Mitbestimmungsrechte nach Unionsrecht.** Auf EU-Ebene wird die **Beteiligung der Arbeitnehmer** vorrangig durch eine Vereinbarung geregelt und ausgeübt, da die Errichtung einer europäischen Arbeitnehmervertretung, wie des Europäischen Betriebsrats (**EBR**) oder des Betriebsrats einer Europäischen Gesellschaft (**SE-BR**) – entsprechend dem Subsidiaritätsprinzip – durch **Vereinbarung Priorität** genießt.[269] Die Beteiligungsvereinbarung ist ein Kollektivvertrag sui generis.[270] Bei der Vereinbarungslösung ist es grundsätzlich Sache der Beteiligten – dem besonderen Verhandlungsgremium (BVG) und dem Management (zentrale Leitung) – den Umfang dieser Rechte festzulegen. Dazu gelten jedoch Mindeststandards für die EBR-Vereinbarung in Bezug auf die allgemein gültigen Definitionen in Art. 1 RL 2009/38/EG bzw. § 1 EBRG und die Vorgaben in Art. 6 der RL 2009/38/EG bzw. § 18 EBRG für den **EBR „kraft Vereinbarung“**.[271] Für die

264 Vgl. Art. 2 lit. k) der RL 2001/86/EG (analog geregelt in § 2 Abs. 12 SEBG).
265 BHKC/*Carlson* SEBG Rn. 112.
266 Zu weiterer Hinweise auf Beteiligungsrechte des Betriebsrats außerhalb des BetrVG vgl. *Reinfeld* § 2 Rn. 38.
267 DKW/*Buschmann* § 79 BetrVG Rn. 1.
268 Ebenso *Reinfeld* § 2 Rn. 38.
269 Vgl. etwa BHKC/*Blanke*/*Hayen* § 1 EBRG Rn. 7 f.; BHKC/*Carlson* SEBG Rn. 110.
270 BHKC/*Carlson* SEBG Rn. 110.
271 BHKC/*Blanke*/*Hayen* § 1 EBRG Rn. 8.

SE-Vereinbarung gelten zwingende Regelungsgegenstände gemäß Art. 4 Abs. 2 RL 2001/86/EG bzw. § 21 Abs. 1 und 2 SEBG für den **SE-BR „kraft Vereinbarung“**.[272]

Ein solcher Vereinbarungsvorrang gilt allerdings nicht für die einen allgemeinen Rahmen für die Ausgestaltung der Unterrichtung und Anhörung der Arbeitnehmervertretungen in den Mitgliedstaaten setzende **RL 2002/14/EG**, die in Bezug auf die Organisation des „sozialen Dialogs“ eine funktionale Ausrichtung hat (vgl. hierzu Rn. 77).[273] In ihr werden aber die **Modalitäten der Unterrichtung und Anhörung** inhaltlich beschrieben, die sich etwa auf die Unterrichtung und Anhörung zu Entscheidungen beziehen, die wesentliche Veränderungen der Arbeitsorganisation oder der Arbeitsverträge mit sich bringen (Art. 4 Abs. 2 lit. c) und das Ziel haben, eine Vereinbarung über diese Entscheidungen zu erreichen (Art. 4 Abs. 3 lit. e). 131

Wenn eine Vereinbarungslösung scheitert, ist in der Regel (Ausnahme bei Beschlussfassung gegen eine EBR-Errichtung nach Art. 5 Abs. 5 EBR-RL bzw. § 15 Abs. 1 EBRG oder gegen eine SE-BR-Errichtung nach Art. 3 Abs. 6 SE-RL bzw. § 16 SEBG, die aber nicht bei SE-Gründung durch Umwandlung gilt) ein EBR oder SE-BR „kraft Gesetzes“ zu errichten. Hierfür gelten gesetzliche Auffangregelungen nach den Anhängen der EBR- bzw. SE-RL i.V.m. Art. 7 (subsidiäre Vorschriften) der jeweiligen RL. Die nationalen Umsetzungsvorschriften für den EBR kraft Gesetzes finden sich in §§ 21ff. EBRG, die für den SE-BR kraft Gesetzes in §§ 22ff. SEBG. 132

Mitwirkungsrechte i.S. der „Unterrichtung und Anhörung“ gelten für den EBR kraft Gesetzes nach Maßgabe der „subsidiären Bestimmungen“ des Anhangs zur RL (Nr. 1 bis 3) bzw. nach § 29 EBRG („Jährliche Unterrichtung und Anhörung“) und § 30 EBRG („Unterrichtung und Anhörung“ über außergewöhnliche Umstände).[274] 133

Mitwirkungsrechte i.S. der „Unterrichtung und Anhörung“ gelten für den SE-BR kraft Gesetzes nach Maßgabe der „subsidiären Bestimmungen“ des Anhangs zur RL (Teil 2) bzw. nach § 28 SEBG („Jährliche Unterrichtung“) und § 30 SEBG („Unterrichtung und Anhörung“ über außergewöhnliche Umstände oder Entscheidungen). Mitbestimmungsrechte gelten für den SE-BR kraft Gesetzes nach Maßgabe der „subsidiären Bestimmungen“ des Anhangs zur RL (Teil 3) bzw. nach § 35ff. SEBG. Der EBR besitzt dagegen nach RL und Gesetz keine (wirklichen) Mitbestimmungsrechte, was auch mit seiner Rolle innerhalb des Systems der Abstimmung der Beteiligungsrechte zwischen der europäischen Arbeitnehmervertretung und den nationalen Arbeitnehmervertretungen sowie den unterschiedlichen Systemen der Arbeitnehmerbeteiligung im Rahmen der industriellen Beziehungen der einzelnen Mitgliedstaaten zu tun hat.[275] Ob es zulässig ist, „echte“ Mitbestimmungsrechte für den EBR über eine Beteiligungsvereinbarung zu regeln, ist umstritten.[276] 134

5. Erlangung von Geschäftsgeheimnissen durch Arbeitnehmervertretungen. Durch ein Ausüben der vorhergehend beschriebenen Informations- und Anhörungsrechte der Arbeitnehmer bzw. der erläuterten Mitwirkungs- und Mitbestimmungsrechte der Arbeitnehmervertretung sind diese legitimiert ein Geschäftsgeheimnis nach § 3 Abs. 1 Nr. 3 zu „erlangen“: Zur Erläuterung der Handlungsform „Erlangung“ eines Geschäftsgeheimnisses vgl. Rn. 93 sowie die Kommentierung zu § 3 Abs. 1 Nr. 1 Rn. 9ff. 135

272 BHKC/*Carlson* SEBG Rn. 111ff.
273 Vgl. hierzu HaKoBetrVG/*Kothe/Schulze-Doll* RL 2002/14/EG Rn. 1, 24ff.
274 Vgl. BHKC/*Blanke/Hayen* § 29 und § 30 EBRG Rn. 1ff.; *Reinfeld* § 2 Rn. 38.
275 BHKC/*Blanke/Hayen* § 29 EBRG Rn. 3 (mit Verweis auf Fn. 2).
276 Vgl. BHKC/*Blanke/Kunz* § 17 EBRG Rn. 23.

136 **Anlässe** für die **Erlangung eines Geschäftsgeheimnisses** durch den **Arbeitnehmer** sind vielfältig (vgl. hierzu die Kommentierung zu § 5 Nr. 3 Rn. 153). Ebenso zahlreich sind die Anlässe für die Arbeitnehmervertretung für die Erlangung eines Geschäftsgeheimnisses; diese ergeben sich insbesondere im Rahmen der Wahrnehmung der **Aufgaben der Arbeitnehmervertretung** (vgl. hierzu die Kommentierung zu § 5 Nr. 3 Rn. 155).

137 Beschafft sich der Betriebsrat seine Informationen über die Anhörung sachkundiger Arbeitnehmer oder Sachverständige und betreffen die Auskünfte ein Geschäftsgeheimnis, handelt es sich nicht nur um eine gestattete Erlangung, sondern auch um eine von § 3 Abs. 2 für beide Seiten von § 80 Abs. 2 Satz 4 BetrVG bzw. § 80 Abs. 3 BetrVG erlaubte Erlangung, Nutzung und Offenlegung.[277] Betriebliche Auskunftspersonen und Sachverständige unterliegen ihrerseits nach § 120 Abs. 1 Nr. 3 und Nr. 3b BetrVG der strafbewehrten Verschwiegenheitspflicht nach § 79 i. V. m. § 80 Abs. 4 BetrVG. Auch kann der Wirtschaftsausschuss den Betriebsrat ungehindert unterrichten, da nach § 79 Abs. 1 BetrVG keine Schweigepflicht gegenüber dem BR besteht.[278]

138 **6. Ausüben von Informations-, Konsultations- und Mitbestimmungsrechten durch Arbeitnehmervertretungen.** Nach § 3 Abs. 1 Nr. 3 darf ein Geschäftsgeheimnis erlangt werden durch ein **Ausüben von Mitwirkungs- und Anhörungsrechten** der Arbeitnehmervertretung. Dies umfasst **sämtliche den Arbeitnehmervertretern zustehenden Rechte** einschließlich der Regelungen aus dem Betriebsverfassungsgesetze oder den Rechten zur Mitbestimmung auf Unternehmensebene sowie die dazu bisher ergangene und auch künftige Rechtsprechung.[279] Durch die Formulierung „insbesondere" in seiner Begründung hat der Gesetzgebers deutlich gemacht, dass sich der nachfolgende Hinweis auch auf alle anderen Mitwirkungs- und Mitbestimmungsrechte von Arbeitnehmervertretungen auf nationaler, europäischer und internationaler Ebene erstreckt, soweit der deutsche Gesetzgeber hierzu eine Regelung von Arbeitnehmerrechten vorgenommen hat. Um das Ausüben welcher **Informations-, Konsultations-, Mitwirkungs- und Mitbestimmungsrechte** durch Arbeitnehmervertretungen es sich dabei **beispielhaft** handeln kann vgl. Rn. 121 bis 134. Über diese durch einen EU- oder nationalen Rechtsakt bzw. vertraglich auf gesetzlicher Grundlage geregelten Rechte von Arbeitnehmern und Arbeitnehmervertretungen hinaus kommen aber auch solche auf gewohnheitsrechtlicher Grundlage in Betracht und erfassen auch solche Rechte, die auf einer Betriebsübung oder Branchenpraxis beruhen.[280]

139 **7. Schweigepflichten von Arbeitnehmervertretungen als Sicherungsmittel für uneingeschränkte Ausübung ihrer IuK- und Mitbestimmungsrechte.** Als „Pendant" und Sicherungsmittel zu diesen Rechten unterliegt die jeweilige Arbeitnehmervertretung – ob national oder nach EU-Recht – regelmäßig gesetzlichen Schweigepflichten, wie etwa Betriebsräte nach Maßgabe des § 79 BetrVG[281] (zum Begriff der **„Geheimhaltungspflicht" nach § 79 BetrVG**[282] vgl. Kommentierung zu § 5 Nr. 3 Rn. 136 ff.). Je nach anzuwendendem

---

277 Zutreffend *Fitting* § 80 BetrVG Rn. 83.
278 *Fitting* § 106 BetrVG Rn. 25.
279 BTDrucks. 19/8300 S. 13 zu Nr. 2 (Ergänzung des § 1 Abs. 3 GeschGehG).
280 Köhler/Bornkamm/Feddersen/*Alexander* § 3 GeschGehG Rn. 47.
281 DKW/*Buschmann* § 79 BetrVG Rn. 1.
282 Zu Gegenstand und Umfang der Verschwiegenheits- bzw. „Geheimhaltungspflicht" nach dem BetrVG vgl. – etwa – *Fitting* § 79 BetrVG Rn. 3 ff; DKW/*Buschmann*, § 79 BetrVG Rn. 7 ff.; *Oltmanns/Fuhlrott* NZA **2019** 1384; *Staack/Sparchholz* AiB **2014** 43 f.; arbeitsrechtlich ungenau: *Schnabel* CR **2016** 342, 344 zum „Geheimhaltungswillen".

Vertretungsgesetz ist deren jeweilige „Schweigepflicht-Klausel" jedoch inhaltlich sehr unterschiedlich ausgestaltet. Welche Arbeitnehmervertretungen national unter entsprechende Verschwiegenheitspflichten fallen und welche Rechtsgrundlage hierfür einschlägig ist, vgl. Kommentierung zu § 5 Nr. 3 Rn. 128ff.

Spezialgesetzliche Regelungen zu Schweigepflichten von Arbeitnehmervertretungen **140** bzw. ihre Mitglieder bestehen nach Maßgabe des Unionsrechts danach auch gemäß Art. 8 RL 2009/38/EG bzw. § 35 Absatz 2 (i.V.m. § 35 Abs. 3 Nr. 4) EBRG für Europäische Betriebsräte und nach Art. 8 RL 2001/86/EG bzw. § 41 Abs. 2 SEBG für SE-Betriebsräte sowie nach Art. 6 RL 2002/14/EG.[283] Diese Regelungen in den RL sowie ihre entsprechenden Bestimmungen in den Umsetzungsgesetzen verlangen jedoch nur dann eine Verschwiegenheitspflicht für die Arbeitnehmervertreter, sofern – wie im deutschen Recht nach § 79 BetrVG – ihnen gegenüber die Vertraulichkeit der Information ausdrücklich erklärt wurde (formelles Geheimnis, vgl. Kommentierung zu § 5 Nr. 3 Rn. 139).[284] Allerdings sehen sowohl Art. 8 der EBR-, als auch SE-RL vor, dass etwa Mitgliedern des EBR oder SE-BR (oder des BVG zu ihrer Errichtung) nicht gestattet wird, ihnen ausdrücklich mitgeteilte Informationen **an Dritte** weiterzugeben. Dies ist bedeutsam im Hinblick auf die **Pflicht des EBR bzw. des SE-BR zur Unterrichtung der örtlichen Arbeitnehmervertreter** nach Art. 10 Abs. 2 EBR-RL bzw. § 36 EBRG und nach der Auffangregelung (Teil 2 lit. e) zu Art. 7 SE-RL bzw. § 30 SEBG) über den Inhalt und die Ergebnisse des Unterrichtungs- und Anhörungsverfahrens mit der zentralen Leitung (Management). Zwar besteht den örtlichen Arbeitnehmervertretern gegenüber gemäß § 35 Abs. 2 Satz 4 EBRG **keine Verschwiegenheitspflicht**, da diese „im Gegenzug" unter die Pflicht zur Vertraulichkeit nach § 35 Abs. 3 Nr. 4 EBRG fallen.[285] Wird der Bericht dagegen im Falle des Nichtbestehens einer (örtlichen) Arbeitnehmervertretung direkt gegenüber den Arbeitnehmern erstattet, so bleibt die Verschwiegenheitspflicht der Mitglieder und Ersatzmitglieder des EBR nach § 35 Abs. 2 EBRG bestehen.[286] Gleiches gilt in Bezug auf den SE-Betriebsrat.[287]

IV. Weitere erlaubte Handlungsformen in Bezug auf Arbeitnehmerbeteiligung

§ 3 Abs. 1 Nr. 3 erlaubt lediglich die „Erlangung" eines Geschäftsgeheimnisses durch **141** das Ausüben von Beteiligungsrechten der Arbeitnehmer und Interessenvertretung. Soweit die Tatbestandsvoraussetzungen des **§ 5 Nr. 3** erfüllt sind, insbesondere ein „berechtigtes Interesse" für eine Offenlegung eines Geschäftsgeheimnisses durch Arbeitnehmer gegenüber der Arbeitnehmervertretung vorliegt, fällt neben der Erlangung **auch die Nutzung und Offenlegung** eines Geschäftsgeheimnisses durch die Arbeitnehmervertretung nicht unter die Verbote des § 4 (vgl. Kommentierung zu § 5 Nr. 3 Rn. 135ff.).

Darüber hinaus gehen Sonderregelungen zu Geschäftsgeheimnissen in **anderen Gesetzen** nach **§ 3 Abs. 2** vor. Nach dieser Vorschrift gilt der Erwerb, die Nutzung oder die **142** Offenlegung eines Geschäftsgeheimnisses insofern als rechtmäßig, als der Erwerb, die Nutzung oder die Offenlegung durch Unionsrecht oder nationales Recht vorgeschrieben oder erlaubt ist. Dies betrifft u.a. gesetzliche Regelungen über die **Rechte der Interessenvertretungen** der Arbeitnehmer nach Maßgabe des Erwägungsgrundes 18 der RL (EU) 2016/

283 Vgl. hierzu auch *Oetker* ZESAR **2017** 257.
284 EuArbR/*Schubert* RL 2016/943/EU Art. 2 Rn. 21.
285 So auch DKW/*Buschmann* § 79 BetrVG Rn. 32.
286 BHKC*Blanke/Hayen* § 36 EBRG Rn. 15.
287 BHKC/*Carlson* SEBG Rn. 128.

943 (vgl. zu den Rechten der Arbeitnehmervertretungen Rn. 121 ff.; zu Sonderregelungen zu Geschäftsgeheimnissen in anderen Gesetzen nach § 3 Abs. 2 vgl. Kommentierung zu § 5 Nr. 3 Rn. 110, 117).[288]

V. Prozessuales

143 Nach der Begründung zu § 15 des Gesetzes bleibt der Rechtsweg zu den Arbeitsgerichten „unberührt", so dass die Vorschriften zu Verfahren in Geschäftsgeheimnisstreitsachen dort auch Anwendung finden.[289] Diese Klarstellung erfolgte aufgrund von Irritationen über eine vermeintlich apodiktische ausschließliche Rechtswegzuständigkeit der ordentlichen Gerichte durch § 15 bereits im Rahmen der Formulierung des Referentenentwurfs des BMJV durch entsprechende Einflussnahme des BMAS im Rahmen der ressortübergreifenden Abstimmung. Der Arbeitsrechtsweg betrifft Rechtsstreitigkeiten zwischen Arbeitgeber und Betriebsrat, als auch zwischen Arbeitgeber und Arbeitnehmer nach § 2 ArbGG, wenn die Geschäftsgeheimnisstreitsache in greifbarer Beziehung zu einem Arbeitsverhältnis steht.[290]

144 Wenn ein Arbeitgeber bestimmte Tatsachen, zu einem Betriebs- oder Geschäftsgeheimnis erklärt, vertrauliche Behandlung verlangt und die Information, etwa über eine geplante Betriebsänderung, verweigert, ist insoweit auch ein negativer Feststellungsantrag dahingehend zulässig, dass diese Tatsachen zum Zeitpunkt der Mitteilung bzw. des Schlusses der mündlichen Verhandlung kein Betriebs- oder Geschäftsgeheimnis i. S. d. Vorschrift waren bzw. sind.[291] Nach Art. 6 Abs. 3 der Rahmen-RL 2002/14 EG (Information und Konsultation) haben die Mitgliedsstaaten für einen solchen Fall ein Rechtsbehelfsverfahren auf dem Verwaltungsweg oder vor Gericht vorzusehen.[292]

§ 3 Abs. 2
Gesetzliche oder rechtsgeschäftliche Gestattung

[...]

(2) Ein Geschäftsgeheimnis darf erlangt, genutzt oder offengelegt werden, wenn dies durch Gesetz, aufgrund eines Gesetzes oder durch Rechtsgeschäft gestattet ist.

Schrifttum

Alexander Geheimnisschutz nach dem GeschGehGE und investigativer Journalismus, AfP **2019** 1; *ders.* Gegenstand, Inhalt und Umfang des Schutzes von Geschäftsgeheimnissen nach der Richtlinie (EU) 2016/943, WRP **2017** 1034; *ders.* Das Spannungsfeld zwischen investigativem Journalismus und dem Schutz von Geschäftsgeheimnissen, AfP **2017** 469; *ders.* Der Schutz von Geschäftsgeheimnissen nach der RL (EU) 2016/943, WRP **2017** 1034; *Baranowski/Glaßl* Anforderungen an den Geheimnisschutz nach der neuen EU-Richtlinie, BB **2016** 2563; *Brammsen* Reformbedürftig! – Der Regierungsentwurf des neuen Geschäftsgeheimnisschutzgesetzes, BB **2018** 2446; *Gaugenrieder* Einheitliche Grundlage für den Schutz von Geschäftsgeheimnissen in

288 BTDrucks. 19/4724 S. 26.
289 BTDrucks. 19/4742 S. 34 (zu § 15 – Sachliche und örtliche Zuständigkeit; Verordnungsermächtigung).
290 *Francken* NZA **2019** 1665, 1666.
291 LAG Schleswig-Holstein 20.5.2015 NZA-RR **2016** 77.
292 DKW/*Buschmann* § 79 BetrVG Rn. 58.

Europa – Zukunftstraum oder Alptraum, BB 2014 1987; *Fuhlrott/Hiéramente* Beck OK GeschGehG, 4. Edition 2020; *Gärtner* Zum Richtlinienentwurf über den Schutz der Geschäftsgeheimnisse, NZG **2014** 650; *Harte-Bavendamm/Ohly/Kalbfus* GeschGehG, 2020; *Köhler/Bornkamm/Feddersen* UWG 38. Aufl., München 2020; *Koós* Die europäische Geschäftsgeheimnis-Richtlinie – ein gelungener Wurf? Schutz von Know-how und Geschäftsinformationen – Änderungen im deutschen Wettbewerbsrecht, MMR **2016** 224; *Ohly* Das neue Geschäftsgeheimnisgesetz im Überblick, GRUR **2019** 441; *Rauer* Richtlinienentwurf: Europaweit einheitlicher Schutz von Geschäftsgeheimnissen, GRUR-Prax **2014** 2; *Scholtyssek/Judis/Krause* Das neue Geschäftsgeheimnisgesetz – Risiken, Chancen und konkreter Handlungsbedarf für Unternehmen, CCZ **2020** 23.

Übersicht

A. Allgemeines

145 Die Vorschrift des § 3 Abs. 2 normiert den Grundsatz, dass ein Geschäftsgeheimnis immer dann erlangt, genutzt oder auch offengelegt werden darf, wenn dies durch Gesetz, aufgrund eines Gesetzes oder durch Rechtsgeschäft **„gestattet"** ist. Im Wortlaut weicht die deutsche Regelung von der Richtlinienbestimmung in Art. 3 Abs. 2 ab, die vorsieht, dass Erwerb, Offenlegung und Nutzung von Geschäftsgeheimnissen als rechtmäßig gelten, wenn diese Handlungen durch Unionsrecht oder nationales Recht „vorgeschrieben oder erlaubt" sind. Nach **richtlinienkonformer Auslegung** führt nicht nur die „Gestattung" zur Erlaubnis der Verwendung von Geschäftsgeheimnissen. Auch soweit das Unionsrecht oder das nationale Recht den Erwerb, die Nutzung oder die Offenlegung einer Information „vorschreibt", die ein Geschäftsgeheimnis darstellt, ist deren Verwendung selbstverständlich erlaubt.[293]

146 Mit § 3 Abs. 2 will der Gesetzgeber klarstellen, dass **Sonderregelungen** zu Geschäftsgeheimnissen **in anderen Gesetzen** dem GeschGehG vorgehen.[294] Diese Klarstellung wird zum Teil im Hinblick auf die *vertragliche* Gestattung für überflüssig gehalten: Wer ein Geschäftsgeheimnis aufgrund einer vertraglichen Erlaubnis erlange, nutze oder offenbare, handele ohnehin nicht „unbefugt" im Sinne der Verbotsnorm des § 4.[295] Da zahlreiche Handlungsverbote des § 4 voraussetzen, dass eine Handlung „unbefugt" erfolgt, wird der Vorschrift des § 3 Abs. 2 nur eine geringe praktische Bedeutung beigemessen.[296]

---

293 Vgl. Art. 3 Abs. 2 Richtlinie (EU) 2016/943; vgl. auch Köhler/Bornkamm/Feddersen/*Alexander* § 3 GeschGehG Rn. 58; vgl. BeckOK GeschGehG/*Hiéramente* § 3 GeschGehG Rn. 28.
294 BTDrucks. 19/4724 S. 26.
295 *Ohly* GRUR **2019** 441, 448.
296 BeckOK GeschGehG/*Hiéramente* § 3 GeschGehG Rn. 30.

B. Kommentierung

I. Gestattung durch Gesetz und aufgrund eines Gesetzes

147 Der Gesetzgeber spricht in der amtlichen Gesetzesbegründung vom Vorrang von „**Sonderregelungen**" zu Geschäftsgeheimnissen in anderen Gesetzen.[297] Von § 3 Abs. 2 sind daher alle nationalen und EU-Rechtsnormen erfasst, die spezielle Erlaubnistatbestände in Bezug auf das Erlangen, die Nutzung und das Offenlegen von Geschäftsgeheimnissen enthalten. Auch nationale Spezialvorschriften in den einzelnen EU-Mitgliedstaaten sind hier zu berücksichtigen und im Einzelfall anwendbar.[298] Stets ist aber zu prüfen, ob ein in der nationalen Rechtsordnung geschaffener Erlaubnistatbestand mit der RL (EU) 2016/943 vereinbar ist.[299]

148 Unter **Gesetz** ist jede in Deutschland geltende Rechtsnorm (vgl. Art. 2 EGBGB) zu verstehen. Dazu gehört das unmittelbar anwendbare Unionsrecht, die formellen Bundes- und Landesgesetze sowie Rechtsverordnungen und Satzungen.[300] Welche eine Erlaubnis begründenden gesetzlichen Vorschriften im Einzelnen von § 3 Abs. 2 erfasst werden, ist bisher noch nicht abschließend geklärt.[301] Der Gesetzgeber bezieht sich in der amtlichen Begründung beispielhaft auf die Vorschriften über die gesetzlich verankerten Rechte der Interessenvertretungen der Arbeitnehmer.[302] Als weitere gesetzliche Regelungen, die eine Erlaubnis zur Offenlegung von Geschäftsgeheimnissen normieren, kommen etwa nationale **Whistleblower-Vorschriften** in Betracht. Besonders im Bereich der Finanzmärkte und Geldtransaktionen hat der Gesetzgeber in den vergangenen Jahren Schutzbereiche für Hinweisgeber geschaffen:

149 2016 wurde in das **Finanzdienstleistungsaufsichtsgesetz** (FinDAG) § 4d eingefügt, der der BaFin vorschreibt, ein **Meldesystem** über potentielle oder tatsächliche Verstöße gegen Gesetze, Rechtsverordnungen, Allgemeinverfügungen und sonstige Vorschriften sowie Verordnungen und Richtlinien der Europäischen Union einzurichten, deren Überwachung der BaFin obliegt. Die Meldungen können auch anonym abgegeben werden. § 4d Abs. 6 FinDAG normiert, dass Mitarbeiter, die bei Unternehmen und Personen beschäftigt sind, die von der Bundesanstalt beaufsichtigt werden oder bei anderen Unternehmen oder Personen beschäftigt sind, auf die Tätigkeiten von beaufsichtigten Unternehmen oder Personen ausgelagert wurden, und die eine Meldung nach Absatz 1 abgeben, wegen dieser Meldung weder nach arbeitsrechtlichen oder strafrechtlichen Vorschriften verantwortlich gemacht noch zum Ersatz von Schäden herangezogen werden dürfen. Etwas anderes gilt nur, wenn die Meldung vorsätzlich oder grob fahrlässig unwahr abgegeben worden ist.

150 Auch das **Wertpapierhandelsgesetz** (WpHG) entzieht in § 23 denjenigen, der Informationen anzeigt, die den **Verdacht von Verstößen** im Zusammenhang mit Leerverkäufen und Credit Default Swaps begründen, der Inanspruchnahme wegen Offenlegung derartiger Informationen: Wer eine entsprechende Anzeige erstattet, darf wegen dieser

---

297 BTDrucks. 19/4724 S. 26.
298 Büscher/*McGuire* § 3 GeschGehG Rn. 28; Köhler/Bornkamm/Feddersen/*Alexander* § 3 GeschGehG Rn. 61.
299 BeckOK GeschGehG/*Hiéramente* § 3 GeschGehG Rn. 35; Köhler/Bornkamm/Feddersen/*Alexander* § 3 GeschGehG Rn. 64.
300 Harte-Bavendamm/Ohly/Kalbfus/*Ohly* § 3 GeschGehG Rn. 48; Köhler/Bornkamm/Feddersen/*Alexander* § 3 GeschGehG Rn. 61.
301 Vgl. *Ohly* GRUR **2019** 441, 448; Harte-Bavendamm/Ohly/Kalbfus/*Ohly* § 3 GeschGehG Rn. 49.
302 BTDrucks. 19/4724 S. 26.

Anzeige nicht verantwortlich gemacht werden, es sei denn, die Anzeige ist vorsätzlich oder grob fahrlässig unwahr erstattet worden (§ 23 Abs. 3 WpHG). Ebenso darf derjenige, der Sachverhalte meldet oder eine Strafanzeige erstattet im Zusammenhang mit Verstößen gegen das Geldwäschegesetz, wegen dieser Meldung oder Strafanzeige nicht verantwortlich gemacht werden, es sei denn, die Meldung oder Strafanzeige ist vorsätzlich oder grob fahrlässig unwahr erstattet worden (§ 48 GwG – Geldwäschegesetz). Nach § 48 Abs. 2 GwG gilt dies auch, wenn ein Beschäftigter einen entsprechenden Sachverhalt seinem Vorgesetzten oder einer Stelle meldet, die unternehmensintern für die Entgegennahme einer solchen Meldung zuständig ist. Erlaubt ist die Offenlegung derartiger Informationen auch, wenn ein Verpflichteter oder einer seiner Beschäftigten einem Auskunftsverlangen der Zentralstelle für Finanztransaktionsuntersuchungen nach § 30 Absatz 3 Satz 1 GwG nachkommt.

Unter § 3 Abs. 2 fallen ferner **Auskunfts- und Besichtigungsansprüche** nach dem 151 BGB. Auch medienrechtliche Auskunftsansprüche (§ 5 MStV, § 18 MStV, Vorschriften der Landesmediengesetze, z.B. § 4 Pressegesetz Baden-Württemberg) können von der Norm erfasst sein. Bei behördlichen Auskünften kann mittelbar auch der Schutz von Unternehmensgeschäftsgeheimnisse tangiert sein, wenn diese mit dem Gegenstand des Auskunftsersuchens in einem Zusammenhang stehen. Die Interessen an öffentlicher Aufklärung einerseits und die schutzwürdigen Interessen am Schutz wertvoller Geschäftsgeheimnisse andererseits sind auch im Medienbereich gegeneinander abzuwägen. Ein **allgemeiner Vorrang** gesetzlicher Erlaubnistatbestände außerhalb des GeschGehG gegenüber dem Schutz unternehmerischer Geschäftsgeheimnisse **ist abzulehnen.**[303] Geschäftsgeheimnisse genießen anerkanntermaßen grundrechtlichen Schutz und können daher Auskunftsbegehren der Medien entgegenstehen.[304]

Neben der Gestattung, der Verwendung von Geschäftsgeheimnissen *durch* Gesetz er- 152 laubt § 3 Abs. 2 auch die Erlangung, Nutzung und Offenlegung ***aufgrund*** **eines Gesetzes.** Während der erste Fall die Rechtsmäßigkeit der Geheimnisverwendung durch direkt im Gesetz vorgesehene Erlaubnistatbestände beschreibt, definiert der zweite Fall ein rechtmäßiges Handeln, das behördlicher- oder gerichtlicherseits aufgrund gesetzlicher Ermächtigung – etwa durch Verwaltungsakt oder richterlichen Beschluss – angeordnet oder erlaubt wird.

Im Zusammenhang mit derartigen behördlichen oder richterlichen Erlaubnissen auf- 153 grund von Gesetzen ist der Richtlinienansatz der Vollharmonisierung im Bereich des Geheimnisschutzes stets zu berücksichtigen. Unterschiedliche mitgliedsstaatliche Gesetze könnten insoweit zu einer **Verwässerung der Harmonisierung** führen. *Alexander* schlägt daher eine einschränkende Auslegung von § 3 Abs. 2 vor. Es sollen nur solche mitgliedsstaatlichen Gesetze von dieser Vorschrift erfasst werden, die Sachverhalte regeln, welche nicht in den Anwendungsbereich der Know-how-Richtlinie fallen.[305]

303 Kritisch auch *Ohly* GRUR **2019** 441, 448; *Brost/Wolsing* ZUM **2019** 898, 901.
304 *Alexander* AfP **2019** 1, 9, der zu Recht darauf hinweist, dass landesmedienrechtliche Bestimmungen schon hierarchisch nicht den unionsrechtlichen Schutz von Geschäftsgeheimnissen einschränken können.
305 Köhler/Bornkamm/Feddersen/*Alexander* § 3 GeschGehG Rn. 64; ähnlich Harte-Bavendamm/Ohly/Kalbfus/*Ohly* § 3 GeschGehG Rn. 48; ebenso Büscher/*McGuire* § 3 GeschGehG Rn. 29.

II. Gestattung durch Rechtsgeschäft

154 Der Inhaber eines Geschäftsgeheimnisses ist befugt, über sein Geheimnis rechtsgeschäftlich zu verfügen, es mit Vertragspartnern zu teilen oder diesem gegenüber bestimmte Nutzungsformen zu gestatten. In vielen Bereichen ist eine oft notwendige unternehmerische Zusammenarbeit mit Drittunternehmen nicht möglich ohne Kenntnisnahme und Nutzung vertraulichen Know-hows durch die kooperierenden Drittunternehmen und deren Arbeitnehmer. Insbesondere die Einräumung von Nutzungsrechten und Lizenzen sind hier typische Erscheinungsformen der **rechtsgeschäftlichen Disposition** über das Geschäftsgeheimnis. Dabei kann die Nutzung oder auch Offenlegung im Einzelnen nicht nur vollständig, sondern auch beschränkt erlaubt werden.[306] Besondere formale Anforderungen an derartige Vertragsgestaltungen stellt das Gesetz nicht. Auch durch einseitige Rechtsgeschäfte (z.B. Einwilligung) können wirksam Nutzungsbefugnisse an Geschäftsgeheimnissen eingeräumt werden.

155 Es dürfte nicht erforderlich sein, dass das Rechtsgeschäft **wirksam und rechtmäßig** ist.[307] Verstößt eine vertragliche Abrede, mit der ein Geschäftsgeheimnis zur Nutzung eingeräumt wird, gegen ein gesetzliches Verbot (z.B. kartellrechtswidriger Informationsaustausch) spielt dies mit Blick auf die zivilrechtlichen Rechtsfolgen in den §§ 6ff. zunächst keine Rolle. Derjenige, dem vertraglich das Geschäftsgeheimnis offengelegt und zur Nutzung freigegeben worden ist, handelt nach wie vor im zweiseitigen Vertragsverhältnis „befugt" und haftet gegenüber seinem Vertragspartner jedenfalls nicht nach §§ 6ff. Er ist kein „Rechtsverletzer" im Sinne des GeschGehG, wohl aber ein Kartellant, der nach den Maßstäben des GWB zu sanktionieren ist.

III. Rechtsfolgen und Beweislast

156 Anders als § 3 Abs. 1 erlaubt § 3 Abs. 2 nicht nur das Erlangen, sondern auch das Nutzen und Offenlegen von vertraulichen Informationen. Ist § 3 Abs. 2 erfüllt, so ist eine unerlaubte Handlung im Sinne des § 4 ausgeschlossen, sodass sowohl eine **zivilrechtliche Inanspruchnahme** gemäß §§ 6ff. als auch die **Strafbarkeit** gemäß § 23 entfallen.

Die Voraussetzungen und der Umfang der aus Gesetz sich ergebenden Erlaubnis bestimmen sich nach dem jeweiligen Gesetz. Die jeweiligen Tatbestandsvoraussetzungen hat nach den **allgemeinen Beweislastregeln** der Anspruchsgegner darzulegen und zu beweisen, der sich auf die Erlaubnis beruft.

IV. Verhältnis zu § 5

157 Die in § 3 aufgeführten Verhaltensweisen sind per se und unabhängig von einer Interessenprüfung bzw. Interessenabwägung erlaubt. Anders ist für die Ausnahmen in § 5 der Schutz eines berechtigten Interesses und eine im Einzelfall vorzunehmende **Abwägung** zwischen den Interessen des Geheimnisinhabers und den Geheimnisverwendern erforderlich. Näher dazu oben (vgl. Kommentierung zu Vor §§ 3–5 Rn. 11).

---

306 *Reinfeld* § 2 Rn. 70.

307 **A.A.** wohl Köhler/Bornkamm/Feddersen/*Alexander* § 3 GeschGehG Rn. 66.

§ 4
Handlungsverbote

(1) Ein Geschäftsgeheimnis darf nicht erlangt werden durch
1. unbefugten Zugang zu, unbefugte Aneignung oder unbefugtes Kopieren von Dokumenten, Gegenständen, Materialien, Stoffen oder elektronischen Dateien, die der rechtmäßigen Kontrolle des Inhabers des Geschäftsgeheimnisses unterliegen und die das Geschäftsgeheimnis enthalten oder aus denen sich das Geschäftsgeheimnis ableiten lässt, oder
2. jedes sonstige Verhalten, das unter den jeweiligen Umständen nicht dem Grundsatz von Treu und Glauben unter Berücksichtigung der anständigen Marktgepflogenheit entspricht.
(2) Ein Geschäftsgeheimnis darf nicht nutzen oder offenlegen, wer
1. das Geschäftsgeheimnis durch eine eigene Handlung nach Absatz 1
a) Nummer 1 oder
b) Nummer 2
erlangt hat,
2. gegen eine Verpflichtung zur Beschränkung der Nutzung des Geschäftsgeheimnisses verstößt oder
3. gegen eine Verpflichtung verstößt, das Geschäftsgeheimnis nicht offenzulegen.
(3) [1]Ein Geschäftsgeheimnis darf nicht erlangen, nutzen oder offenlegen, wer das Geschäftsgeheimnis über eine andere Person erlangt hat und zum Zeitpunkt der Erlangung, Nutzung oder Offenlegung weiß oder wissen müsste, dass diese das Geschäftsgeheimnis entgegen Absatz 2 genutzt oder offengelegt hat. [2]Das gilt insbesondere, wenn die Nutzung in der Herstellung, dem Anbieten, dem Inverkehrbringen oder der Einfuhr, der Ausfuhr oder der Lagerung für diese Zwecke von rechtsverletzenden Produkten besteht.

Übersicht

§ 4 Abs. 1
Unbefugtes und treuwidriges Erlangen

(1) Ein Geschäftsgeheimnis darf nicht erlangt werden durch
1. unbefugten Zugang zu, unbefugte Aneignung oder unbefugtes Kopieren von Dokumenten, Gegenständen, Materialien, Stoffen oder elektronischen Dateien, die der rechtmäßigen Kontrolle des Inhabers des Geschäftsgeheimnisses unterliegen und die das Geschäftsgeheimnis enthalten oder aus denen sich das Geschäftsgeheimnis ableiten lässt, oder
2. jedes sonstige Verhalten, das unter den jeweiligen Umständen nicht dem Grundsatz von Treu und Glauben unter Berücksichtigung der anständigen Marktgepflogenheit entspricht.
[...]

https://doi.org/10.1515/9783110631654-006

Schrifttum

Brammsen Lauterkeitsstrafrecht (Sonderband MüKo Lauterkeitsrecht) 2020; *Fezer/Büscher/Obergfell* Lauterkeitsrecht, 3. Aufl. 2016; *Harte-Bavendamm/Henning-Bodewig* Gesetz gegen den unlauteren Wettbewerb, 4. Aufl. 2016; *Heermann/Schlingloff* Münchener Kommentar zum Lauterkeitsrecht, 3. Aufl. 2020; *Heermann/Schlingloff* Münchener Kommentar zum Lauterkeitsrecht, 2. Aufl. 2014; *Köhler/Bornkamm/Feddersen* Gesetz gegen den unlauteren Wettbewerb, 38. Aufl. 2020; *Köhler/Bornkamm/Feddersen* Gesetz gegen den unlauteren Wettbewerb, 37. Aufl. 2019; *Kraßer/Ann* Patentrecht, 7. Aufl. 2016; *Küttner* Personalbuch 2020, 27. Aufl. 2020; *McGuire* Know-how: Stiefkind, Störenfried oder Sorgenkind? GRUR **2015** 424; *dies.* Neue Anforderungen an Geheimhaltungsvereinbarungen? WRP **2019** 679; *Ohly* Das neue Geschäftsgeheimnisgesetz im Überblick, GRUR **2019** 441; *Schuster/Tobuschat* Geschäftsgeheimnisse in der Insolvenz, GRUR-Prax **2019** 248; *Wabnitz/Janovsky/Schmitt* Handbuch Wirtschafts- und Steuerstrafrecht, 5. Aufl. 2020; *Wunner* Die zivilrechtliche Haftung für Geheimnisverwertungen durch Beschäftigte im Lichte der Geschäftsgeheimnis-RL, WRP **2019** 710.

Übersicht

A. Allgemeines

1 § 4 Abs. 1 dient der Umsetzung von Art. 4 Abs. 2 der Richtlinie und legt die verbotenen Handlungen fest. Innerhalb des Gesetzes ist § 4 damit die **zentrale Norm**: Ansprüche aus den §§ 6 ff. können nur gegen einen „Rechtsverletzer" geltend gemacht werden[1]; „Rechtsverletzer" ist nach § 2 Nr. 3 wer *„entgegen § 4 ein Geschäftsgeheimnis rechtswidrig erlangt, nutzt oder offenlegt"*. Wird eine Handlung nicht von § 4 erfasst, begründet sie keine Ansprüche. Die Regelungen in § 4 und dessen Auslegung sind zentral für das gesamte System des (gesetzlichen) Geheimnisschutzes. Ebenso sind sie grundlegend für eine strafrechtliche Anknüpfung.

2 Wie die Richtlinie gliedert sich auch § 4 in die möglichen Abschnitte des unerlaubten Umgangs mit Geschäftsgeheimnissen und bestimmt zunächst, wann ein Geschäftsgeheimnis unerlaubt *erlangt* wird (Abs. 1). Anschließend wird festgelegt, wann es unerlaubt *genutzt* oder *offengelegt* wird (Abs. 2). Das unerlaubte Erlangen eines Geschäftsgeheimnisses nach Abs. 1 stellt dabei den systematisch **wichtigsten Tatbestand** dar: Die unerlaubte Erlangung „bemakelt" das so erlangte Geschäftsgeheimnis, sodass es weder benutzt noch offengelegt werden darf (Abs. 2 Nr. 1, s. dazu Rn. 95 ff.). Daneben ist die Nutzung oder Offenlegung nur verboten, wenn diese entgegen einer (gesetzlichen oder vertraglichen) Verpflichtung geschieht (s. dazu unten, Rn. 36 ff.). Das unerlaubte Erlangen ist daher nicht nur als eigenständiges Verbot relevant, sondern auch zentral für die „Folgeverbote" des Nutzens und Offenlegens.

1 Nach § 12 können Ansprüche auch gegen den Inhaber eines Unternehmens geltend gemacht werden, soweit ein Rechtsverletzer für dieses Unternehmen tätig war. Letztlich erfordert auch diese Erweiterung der Anspruchsgegner daher die Zurechnung der Handlung eines Rechtsverletzers.

Insgesamt normiert § 4 einen **abschließenden Katalog** verbotener Handlungen.[2] Geschäftsgeheimnisse sind daher nicht umfassend gegen jede Art der Kenntnisnahme geschützt, sondern nur, soweit die Erlangung, Nutzung oder Offenlegung unter eine der Begehungsalternativen in § 4 Abs. 1 oder Abs. 2 fällt. Entsprechend der Gesetzesbegründung[3] sowie den Erwägungen der Richtlinie[4] sollen Geschäftsgeheimnisse **keine exklusiven Rechte** vermitteln und nicht vollständig der Gemeinfreiheit entzogen werden, sondern nur dann, wenn sie durch eine **unbefugte bzw. unlautere Handlung** erlangt wurden. Dies entsprach auch dem Verständnis des Geheimnisschutzes unter dem UWG.[5] 3

Erforderlich für eine **Verletzung von Abs. 1 Nr. 1** ist mithin **kumulativ**: (1) Das Erlangen (2) eines Geschäftsgeheimnisses durch (3) Zugang, Aneignung oder Kopieren, wobei dies (4) unbefugt geschehen muss. Das Geheimnis muss zudem (5) aus einem Dokument, Gegenstand, Material, Stoff oder einer Datei („Geheimnisträger") erlangt werden, der (6) der Kontrolle des Geheimnisinhabers unterliegt und (7) das Geheimnis entweder enthält oder aus dem es zumindest abgeleitet werden kann. 4

Für eine **Verletzung von Abs. 1 Nr. 2** ist **kumulativ** erforderlich: (1) Das Erlangen (2) eines Geschäftsgeheimnisses durch (3) ein Verhalten, welches (4) unter den konkreten Umständen nicht Treu und Glauben in der Ausprägung entspricht, die (5) diese unter Berücksichtigung der Marktgepflogenheiten haben. 5

Art. 4 der Richtlinie gehört nicht zu den vollharmonisierten Normen, sondern stellt lediglich **Mindestanforderungen** auf (vgl. Art. 1 Abs. 1 UAbs. 2 der Richtlinie). Die Richtlinie stellt den Mitgliedsstaaten frei, im nationalen Recht einen strengeren Schutz vorzusehen, solange die Bestimmungen des *rechtmäßigen* Erwerbs, der *rechtmäßigen* Nutzung und der Offenlegung aus Art. 3 der Richtlinie sowie der Ausnahmen vom Schutz aus Art. 5 der Richtlinie vollständig umgesetzt werden. § 4 entspricht aber nahezu wortgleich Art. 4 der Richtlinie (zu den Unterschieden s. unten, Rn. 16, 43 sowie 63), eine strengere Umsetzung war daher (wohl) nicht beabsichtigt. Neben § 4 bestehende weitere (gesetzliche) Verschwiegenheitspflichten bleiben durch das Gesetz unberührt, vgl. § 3 Abs. 2. 6

Ob durch **Rechtsgeschäft** weitergehende (d.h. über den Umfang des GeschGehG hinausgehende) Verbote begründet werden können, etwa durch Geheimhaltungsvereinbarungen, legt das Gesetz nicht ausdrücklich fest. Auch die Gesetzesbegründung enthält sich hierzu. Allerdings geht das Gesetz an verschiedenen Stellen vom Bestehen solcher rechtsgeschäftlichen Verbote aus, z.B. im Rahmen des „unbefugten" Zugangs oder der „unbefugten" Aneignung (vgl. hierzu unten, Rn. 36ff.), ebenso bei der Bestimmung der „angemessenen Schutzmaßnahmen". Dies wäre weitgehend sinnentleert, wenn darin lediglich die gesetzlichen Pflichten wiederholt werden dürften. Daher können strengere Pflichten als nach dem Gesetz vorgesehen vereinbart werden, soweit die Grenzen nach § 1 Abs. 3 gewahrt bleiben (vgl. hierzu die Kommentierung in § 1, dort Rn. 3f. und 31ff.). Weitere Beschränkungen bilden die allgemeinen Grenzen der Privatautonomie, etwa aus den §§ 139, 242 BGB, aus § 307ff. BGB für AGB, oder aus §§ 74ff. HGB. 7

Die Verbotsnorm in § 4 steht im Gesetz erst nach den erlaubten Handlungen in § 3. Das Gesetz übernimmt damit die systematisch befremdliche Reihenfolge der Richtlinie, die eine Erlaubnis statuiert wo noch gar kein Verbot existiert. Auf die inhaltliche Auslegung der Verbotstatbestände nach § 4 hat dies aber keinen Einfluss. Bei der Prüfung ist daher zunächst zu prüfen, ob eine Verletzung nach § 4 vorliegt. Ist dies der Fall, ist anschließend zu 8

2 BTDrucks. 19/4724 S. 26.
3 BTDrucks. 19/4724 S. 26: „keine subjektiven Ausschließlichkeits- und Ausschließungsrechte".
4 Erwägungsgrund 16 RL (EU) 2016/943 v. 8.6.2016.
5 Vgl. *McGuire* GRUR **2015** 424, 426; Kraßer/*Ann* § 2 Rn. 6.

prüfen, ob diese Verletzung nach § 3 erlaubt ist. Ist § 3 nicht einschlägig, ist weiter zu prüfen, ob diese Handlung unter eine der Ausnahmen des § 5 fällt. Erst nach dieser Trias von Verbot (§ 4), Erlaubnis (§ 3) und Ausnahme (§ 5) liegt letztlich eine Verletzung vor.

B. Kommentierung

I. Erfasste Personen

9 § 4 unterscheidet nicht zwischen verschiedenen Tätern. Während § 17 UWG a. F. zwischen Arbeitnehmern und sonstigen Dritten unterschied, spielt dies jetzt keine Rolle mehr. Die Verbotstatbestände gelten unterschiedslos für **sämtliche Personen.** Entscheidend ist allein die jeweilige Befugnis. Taugliche Täter sind daher (ehemalige oder gegenwärtige) Mitarbeiter ebenso wie Konkurrenten, Kunden, Dienstleister, Interessenten oder gänzlich unverbundene sonstige Dritte.[6] Neben einem täterschaftlichen Handeln ist entsprechend den allgemeinen Regeln auch eine Verwirklichung als **Teilnehmer** möglich.[7]

10 Da sowohl der Begriff des „Inhabers" (§ 2 Nr. 2) als auch der des „Rechtsverletzers" (§ 2 Nr. 3) natürliche und juristische Personen erfasst, kann auch § 4 durch **natürliche** und **juristische Personen** verwirklicht werden. Etwas Anderes folgt auch nicht aus dem Erfordernis einer „eigenen Handlung" in Abs. 2 Nr. 1. Dieses dient lediglich der Abgrenzung zu einer mittelbaren Verletzung nach Abs. 3, erfordert aber nicht das Handeln einer natürlichen Person.

II. Erlangung

11 Die Erfüllung des Tatbestands des Abs. 1 setzt voraus, dass das Geschäftsgeheimnis durch eine der Begehungsvarianten nach Nr. 1 oder entgegen Treu und Glauben (Nr. 2) „erlangt" wurde. Ein Erlangen liegt dabei in jedem Fall dann vor, wenn der Erlangende das Geschäftsgeheimnis selbst **tatsächlich zur Kenntnis nimmt**, es also beispielsweise liest.

12 Dies setzt **nicht** voraus, dass der Erlangende das Geschäftsgeheimnis subjektiv **als solches erkennt**. Insbesondere muss dem Erlangenden nicht **bewusst** sein, dass er ein Geschäftsgeheimnis erlangt hat. Denn der Charakter einer Information als geheim ergibt sich häufig nicht aus der erlangten Information selbst.[8] Wäre erforderlich, dass der Erlangende die erlangte Information als Geschäftsgeheimnis erkennt, würde dies eine Subsumption der Definitionsmerkmale durch den Erlangenden – zumindest nach der Parallelwertung in der Laiensphäre – erfordern. Dies würde dem objektiven Charakter des Abs. 1 zuwiderlaufen, der kein subjektives Element enthält. Zudem würde der Schutzbereich über Gebühr eingeschränkt und der Tatbestand unnötig mit Beweisproblemen aufgeladen. Das notwendige Korrektiv zum Schutz des Erlangenden vor einer ungerechtfertigten Inanspruchnahme erfolgt darüber, dass die Erlangung „unbefugt" erfolgen (Nr. 1) oder gegen Treu und Glauben verstoßen muss (Nr. 2). Wer Zugriff auf eine Konstruktionszeichnung hat, aber nicht erkennt, welche darin enthaltenen Informationen geheim (und

6 *Wunner* WRP **2019** 710, 712.
7 Vgl. Köhler/Bornkamm/Fedderesen/*Köhler/Feddersen* § 8 UWG Rn 2.15.
8 **A. A.** wohl *McGuire* WRP **2019** 679, 682, nach der die erforderlichen „angemessenen Geheimhaltungsmaßnahmen" auch eine Warnfunktion haben und somit der Erlangende den Charakter als Geschäftsgeheimnis kennen müsse.

welche öffentlich bekannt) sind, hat das Geschäftsgeheimnis ebenso erlangt wie derjenige, der eine chemische oder mathematische Formel einsieht, diese aber mangels Fachkenntnis nicht versteht.[9]

Eine **inhaltliche Kenntnisnahme** des Geschäftsgeheimnisses ist aber nicht in jedem Fall erforderlich.[10] Ausreichend ist ebenso, wenn der Erlangende die tatsächliche Zugriffsmöglichkeit auf das Geschäftsgeheimnis hat, insbesondere wenn er die tatsächliche Sachherrschaft über den Geheimnisträger erlangt.[11] Wer einen USB-Stick (unbefugt) an sich nimmt, die darauf gespeicherten Daten aber nicht einsieht, hat das Geschäftsgeheimnis dennoch erlangt. Denn mit der tatsächlichen Sachherrschaft über den Geheimnisträger hat er auch die tatsächliche Zugriffsmöglichkeit. Der Zugriff selbst kann also jederzeit geschehen.[12] Würde ein tatsächlicher Zugriff auf das Geschäftsgeheimnis selbst verlangt, würde dies wiederum zu einer ungerechtfertigten Schutzbeschränkung sowie massiven Problemen in der praktischen Durchsetzung (insbesondere Beweisprobleme) führen. 13

Weiter darf das „Erlangen" nicht auf eine **vollendete Erlangung** reduziert werden. 14
Auch der **Versuch** einer Erlangung reicht, um den Tatbestand des Abs. 1 zu erfüllen. Dies folgt zum einen aus dem Zusammenspiel mit § 6, der Unterlassungsansprüche gegen den Rechtsverletzer bereits bei einer drohenden Verletzung einräumt (§ 6 Satz 2) – dies wäre ausgeschlossen, wenn als Rechtsverletzer nur passivlegitimiert wäre, wer das Erlangen vollendet. Zum anderen würde bei einer fehlenden Sanktionierung des Versuchs eine erhebliche Schutzlücke klaffen, die weder vom Richtlinien- noch vom deutschen Gesetzgeber gewollt sein kann.

Abweichend von der Richtlinie spricht das Gesetz nicht von „Erwerb", sondern von 15
„Erlangung" des Geschäftsgeheimnisses. Ein inhaltlicher Unterschied dürfte damit nicht verbunden sein. Der Gesetzgeber wollte zum Ausdruck bringen, dass nicht nur ein **rechtsgeschäftlicher** „Erwerb" erfasst ist, sondern weitere Möglichkeiten bestehen. Das Erlangen erfordert daher – anders als der Begriff des „Erwerbs" nahelegen könnte – **keine Gegenleistung**. Auch Art. 4 der Richtlinie dürfte eine solche nicht fordern; selbst soweit dies aber der Fall sein sollte, wäre das „Erlangen" insoweit eine durch Art. 1 Abs. 1 UAbs. 2 der Richtlinie gedeckte Verschärfung gegenüber der Richtlinie.

Die Richtlinie formuliert, dass ein unbefugter entsprechender Erwerb **„als rechtswidrig gilt"**. Das Gesetz formuliert hingegen, dass ein Geschäftsgeheimnis nicht entgegen Abs. 1 Nr. 1 oder 2 **erlangt werden darf**. Ob die Richtlinie damit nur eine (wiederlegbare?) Vermutung aufstellen wollte, ist unklar. Soweit dies der Fall sein sollte, wäre die deutsche Regelung erneut eine (zulässige) Verschärfung. 16

Der Begriff des „Erlangens" ist zudem **stoffneutral**. Er erfasst nicht nur die Erlangung 17
einer **Verkörperung** des Geschäftsgeheimnisses, z.B. als (Papier-)Kopie oder (elektronische) Datei.[13] „Erlangt" ist ein Geschäftsgeheimnis auch dann, wenn es in **unkörperlicher** Weise erlangt wurde (z.B. im Rahmen einer Präsentation mündlich mitgeteilt wurde). Zu beachten sind aber die Einschränkungen der tauglichen Geheimnisträger (s. hierzu unten, Rn. 48ff.) sowie des „unbefugten" Erlangens (s. dazu unten, Rn. 36ff.).

Dabei ist nicht erforderlich, dass der Erlangende das Geschäftsgeheimnis „benötigt" 18
oder ob er es selbst entwickeln könnte. Ebenso ist irrelevant, ob er auf den erlangten Ge-

---

9 Vgl. auch MüKo UWG/*Brammsen* § 17 UWG Rn. 85.

10 Vgl. zum Begriff „Sichverschaffen" unter § 17 UWG *Brammsen* Lauterkeitsstrafrecht (Sonderband MüKo Lauterkeitsrecht) § 17 Rn. 85; Köhler/Bornkamm/Feddersen/*Köhler* § 17 UWG Rn. 30.

11 Köhler/Bornkamm/Feddersen/*Alexander* § 4 GeschGehG Rn. 17.

12 Dass diese *tatsächliche* Kontrolle entscheidend ist, deckt sich auch mit der Definition des Inhabers in § 2 Nr. 2, für den die *rechtmäßige* Kontrolle das entscheidende Kriterium ist.

13 Zur Frage der Körperlichkeit einer Datei s. unten, Rn. 53.

heimnisträger angewiesen ist oder es aus seinem Gedächtnis rekonstruieren könnte.[14] Entscheidend ist allein die konkrete Erlangung unter den Voraussetzungen des Abs. 1.

III. Erfasste Handlungen (Nr. 1)

19 Auch für die Modalitäten des „Erlangens“ statuiert § 4 Abs. 1 einen **abschließenden Katalog.**[15] Das Erlangen eines Geschäftsgeheimnisses verstößt entsprechend Nr. 1 nur dann gegen das Gesetz, wenn dies durch einen unbefugten **Zugang**, die unbefugte **Aneignung** oder ein unbefugtes **Kopieren** geschieht. Weitere Begehungsvarianten (neben Nr. 2) sind nicht sanktioniert. Es kann jedoch davon ausgegangen werden, dass der Gesetzgeber keine Schutzlücken entstehen lassen wollte. Daher sind diese drei Begehungsvarianten weit auszulegen, ohne sie zu überspannen.

20 Daneben steht mit der Generalklausel in § 4 Abs. 1 Nr. 2 ein **Auffangtatbestand** zur Verfügung, um von Abs. 1 Nr. 1 nicht erfasste Verhaltensweisen zu erfassen. Dennoch sind Situationen denkbar, in denen beide Varianten nicht einschlägig sind und somit eine Schutzlücke entsteht. Denn Abs. 1 Nr. 1 erfordert einen „unbefugten“ Zugang (s. dazu unten, Rn. 36ff.), Nr. 2 hingegen einen Verstoß gegen Treu und Glauben unter Berücksichtigung der anständigen Marktgepflogenheiten (s. dazu unten, Rn. 68ff.). Ein befugter Zugang, der zudem nicht gegen Treu und Glauben verstößt, bleibt daher erlaubt. Entsprechend war dem Gesetzgeber bewusst, dass kein vollständiger Schutz geschaffen wird.

21 Eine **Abgrenzung** zwischen den Begehungsvarianten Zugang, Aneignen und Kopieren ist nicht erforderlich, sie lösen dieselben Rechtsfolgen aus. Überschneidungen sind unschädlich. Zudem stehen die Begehungsvarianten nicht in einem Exklusivitätsverhältnis zueinander; dasselbe Verhalten kann zugleich mehrere Varianten erfüllen. Gleichzeitig bauen sie auch nicht aufeinander auf – so kann ein berechtigter Zugang in der Folge dennoch zu einem unberechtigten Aneignen führen, z. B. wenn mit Einverständnis überlassene Dokumente anschließend von dem Erlangenden unberechtigterweise mitgenommen werden.

22 Teilweise wird vertreten, die erfassten Handlungen durch ein subjektives Element zu ergänzen. Zu verlangen sei ein auf die Beschaffung des Geschäftsgeheimnisses gerichtetes Tätigwerden.[16] Dies ist abzulehnen. Ein solches Erfordernis findet im Wortlaut keine Stütze. Die unter § 17 UWG a. F. verlangte Zweckbestimmung (zu Zwecken des Wettbewerbs, aus Eigennutz oder in Schädigungsabsicht) findet keine Entsprechung mehr. Der Tatbestand ist rein objektiv auf die Erlangung eines Geschäftsgeheimnisses bezogen, subjektive Elemente spielen keine Rolle. Die notwendigen Korrekturen sind über die Auslegung des Merkmals des „unbefugten“ Erlangens vorzunehmen. Werden bspw. Geschäftsgeheimnisse in einer Cloud abgelegt und kann der Cloud-Betreiber auf diese Daten zugreifen, liegt auch ohne eine entsprechende Absicht des Cloud-Betreibers ein Zugang vor; ob dieser aber unberechtigt ist, hängt von der vertraglichen Ausgestaltung zwischen dem Cloud-Betreiber und dem Geheimnisinhaber ab.

23 Zu beachten ist, dass **Objekt** des Zugangs, der Aneignung oder des Kopierens jeweils **nicht das Geheimnis selbst**, sondern ein **Geheimnisträger** ist. Mit anderen Worten muss eine Verkörperung des Geheimnisses erlangt werden, nicht (unmittelbar) das Geheimnis selbst. Wird das Geheimnis daher bspw. mündlich „aufgeschnappt“, kann – je nach den Umständen – ein Fall von Nr. 2 vorliegen, nicht aber von Nr. 1.

---

14 Vgl. zu § 17 UWG BGH 22.3.2018 GRUR **2018** 1161, Rn. 44.
15 BTDrucks. 19/4724 S. 26.
16 Köhler/Bornkamm/Feddersen/*Alexander* § 4 GeschGehG Rn. 19.

1. Zugang. Zugang bedeutet die Möglichkeit, auf den Geheimnisträger **zugreifen** und dessen **Inhalt zur Kenntnis nehmen zu können.**[17] Ein **Überwinden von Schutzvorkehrungen** ist **nicht** erforderlich,[18] wird meist aufgrund der notwendigen Schutzmaßnahmen aber vorliegen. Würde in Fällen, in denen (grundsätzlich angemessene) Schutzvorkehrungen im Einzelfall nicht gegriffen haben und daher nicht überwunden werden mussten ein unbefugter Zugang verneint, würde im Ergebnis ein 100%iger Schutz und keine „angemessenen" Schutzmaßnahmen mehr verlangt. 24

Beispiele eines Zugangs sind: das Ansichnehmen von Aktenordnern oder sonstigen Dokumenten; das Lesen von Dokumenten (auch auf dem Bildschirm); das Auslesen eines Speichermediums (z. B. USB-Stick, Mobilgerät oder Laptop); die Möglichkeit des Lesezugriffs auf Dateien, z. B. durch ein Benutzerkonto (etwa für Cloud-Dienstleistungen); das Verfolgen (Anhören und Anschauen) einer Präsentation. 25

Keine Fälle eines Zugangs sind: das Zuhören einer mündlichen Wiedergabe (mangels Geheimnisträger); das Zurverfügungstellen von IT-Infrastruktur **ohne** die Möglichkeit des Zugriffs auf die Dateien (z. B. von Cloud-Speicherplatz auf dem die Dateien für den Provider verschlüsselt sind). 26

In **Abgrenzung** zu einem Aneignen ist nicht erforderlich, dass sich der Erlangende zum Eigenbesitzer aufschwingt, eingeräumte Zugangsbeschränkungen überschreitet oder anderweitig die tatsächliche Verfügungsgewalt über den Geheimnisträger erlangt. Auch wenn der Geheimnisträger daher im Herrschaftsbereich des Geheimnisinhabers verbleibt, kann ein Zugang vorliegen. 27

2. Aneignung. Unter Aneignung ist die Inbesitznahme oder sonstige Verschaffung eines Geheimnisträgers zu verstehen. Dies entspricht dem bisherigen Verständnis des insoweit vergleichbaren „Sichverschaffens" nach § 17 UWG a. F.[19] Allerdings war unter dem UWG a. F. ein Sichverschaffen des Geheimnisses erforderlich, während nach § 4 der **Geheimnisträger** angeeignet werden muss. Daher kann die reine Kenntnisnahme des Geheimnisses oder die bloße Möglichkeit der Kenntniserlangung von dem Inhalt des Geheimnisträgers (z. B. beim Anzeigen einer Datei auf einem Computer) noch nicht für ein Aneignen ausreichen.[20] Dies kann aber einen Fall des Zugangs darstellen. 28

Erwägungsgrund 4 der Richtlinie spricht im Zusammenhang mit einem rechtswidrigen Aneignen von „Diebstahl, unbefugtem Kopieren, Wirtschaftsspionage oder Verletzung von Geheimhaltungspflichten".[21] Dies kann aber nicht das Verständnis des Richtliniengebers vom Begriff des „Aneignens" im Sinne von Art. 4 (und damit § 4 des Gesetzes) gewesen sein. Mit Ausnahme von „Diebstahl" kann keine dieser Begehungsweisen als „Aneignung" verstanden werden: unbefugtes Kopieren stellt eine eigene Tathandlung unter Art. 4 dar und kann daher nicht deckungsgleich sein. Wirtschaftsspionage kann verschiedene Formen annehmen und daher nicht *per se* und in jeder Begehungsweise als Aneignung erfasst werden; zudem enthält dies eine „Gesinnung", die dem Tatbestand fremd ist. Die Verletzung von Geheimhaltungspflichten dürfte ebenfalls kaum ein Fall des (unbefugten) Aneignens darstellen, da in diesen Fällen die Aneignung regelmäßig befugt sein dürfte und nur die weitere Nutzung oder Offenlegung beschränkt oder verboten ist. 29

---

17 Vgl. zum vergleichbaren Begriff des „Verschaffens" nach § 17 UWG a. F. Fezer/Büscher/Obergfell/*Rengier* § 17 UWG Rn. 53; Harte-Bavendamm/Henning-Bodewig/*Harte-Bavendamm* § 17 UWG Rn. 20.
18 So aber Köhler/Bornkamm/Feddersen/*Alexander* § 4 GeschGehG Rn. 16.
19 Vgl. Fezer/Büscher/Obergfell/*Rengier* § 17 UWG Rn. 53.
20 So aber Köhler/Bornkamm/Feddersen/*Alexander* § 4 GeschGehG Rn. 17.
21 Erwägungsgrund 4 RL (EU) 2016/943 v. 8.6.2016.

30 **Beispiele eines Aneignens** sind: das Mitnehmen von (Original)Dokumenten; das Mitnehmen von Speichermedien (etwa USB-Stick); auch die Nicht-Rückgabe von bspw. Firmen-IT bei Beendigung des Arbeitsverhältnisses ist ein Fall des Aneignens; die Weiterleitung einer E-Mail oder eines Anhangs von einem Firmen- auf einen privaten Account.

31 **3. Kopieren.** Während bei der Aneignung der Gewahrsam über den „Original"-Geheimnisträger erforderlich ist, wird beim Kopieren eine weitere (gegenständliche oder elektronische) Verkörperung des Geschäftsgeheimnisses (oder von selbständig geschützten Teilen dessen) geschaffen.

32 Kopieren ist danach jeder Akt, mit dem der relevante Inhalt des Geschäftsgeheimnisträgers vervielfältigt wird. Dies kann durch tatsächliches Fotokopieren ebenso geschehen wie durch Abfotografieren, sonstige Aufzeichnungen, oder das Erstellen von Datei-Duplikaten. Erfasst ist auch das Duplizieren von bestehenden Audiodateien (z. B. Sprachaufzeichnungen). Audiomitschnitte **gesprochener Worte** sind hiervon jedoch **nicht** erfasst; in diesen Fällen wird nämlich keine Kopie eines der erfassten (gegenständlichen bzw. elektronischen) Geheimnisträger erstellt, sondern Geschäftsgeheimnis (erstmalig) selbst körperlich niedergelegt. Ebenso wenig ist das **Merken** oder Auswendiglernen eines verkörperten Geheimnisses erfasst, solange es nicht anschließend selbst körperlich niedergelegt wird.[22]

33 Der Einsatz **technischer Hilfsmittel** ist nicht zwingend. Eine von Hand gefertigte Kopie einer Maschine ist ebenso eine Kopie wie eine digitale Vervielfältigung einer Datei. Die Kopie muss auch nicht demselben Medientyp wie das Original angehören; der Ausdruck einer elektronischen Datei ist ebenso erfasst wie das Einscannen eines schriftlichen Dokuments.

34 **Beispiele eines Kopierens** sind: das Fotokopieren von Dokumenten; das Abfotografieren; das Vervielfältigen von Dateien; das „Copy-Pasten" von Inhalten (auch von nur Teilen) eines Dokuments bei anschließendem Abspeichern in einer neuen Datei; das Abschreiben oder Abzeichnen (analog oder digital); das Weiterleiten von Dateien per E-Mail; das zusätzliche Abspeichern in einem Cloud-Dienst.

35 Für die Verwirklichung des Kopierens irrelevant ist, ob das Original erhalten bleibt oder aber vernichtet wird.

36 **4. Unbefugt.** Unbefugt handelt nach allgemeinen Maßstäben, wer gegen eine **gesetzliche oder rechtsgeschäftliche Beschränkung** verstößt und sich nicht auf eine Erlaubnis oder einen Rechtfertigungsgrund berufen kann.[23] Ein Verhalten ist daher erst dann unbefugt, wenn den Handelnden ein – explizites oder immanentes, gesetzliches oder rechtsgeschäftliches – Verbot trifft, Zugang zu dem Geschäftsgeheimnis zu erlangen bzw. sich dieses anzueignen oder zu kopieren (nachfolgend „Grundverbot" genannt).

37 Besteht weder eine gesetzliche noch eine rechtsgeschäftliche Beschränkung des Erlangens, ist dieses nicht unbefugt. Wer einen in einem Zug vergessenen USB-Stick mit als Geschäftsgeheimnissen zu qualifizierenden Informationen findet, handelt nicht unbefugt, wenn er sich diese Dateien anschaut oder kopiert.[24] Denn er ist weder gesetzlich noch rechtsgeschäftlich an der Erlangung (oder Verwertung) gehindert. An diesem Beispiel zeigt sich der unvollkommene Schutz der Geschäftsgeheimnisse deutlich: Diese sind nach wie

---

22 In diesen Fällen kann aber ein Verstoß gegen Nr. 2 vorliegen. Ebenso kann ein unbefugter Zugang vorausgehen und das Verhalten darüber erfasst sein.

23 Vgl. etwa *Brammsen* Lauterkeitsstrafrecht (Sonderband MüKo Lauterkeitsrecht) § 17 UWG Rn. 117; Wabnitz/Janovsky/Schmitt/*Möhrenschlager* 16. Kap. Rn. 25.

24 Ebenso *Ohly* GRUR **2019** 441, 446.

vor nur gegen die Erlangung mittels **unbefugter Verhaltensweisen** geschützt, nicht absolut.[25] Ohne ein Grundverbot ist das Handeln daher stets befugt.

§ 4 selbst ist **innerhalb seiner Tatbestandsvoraussetzungen** ein solches (gesetzliches) Grundverbot. Abs. 1 verbietet die Erlangung eines Geschäftsgeheimnisses daher, wenn dies entweder durch (a) einen Zugang zu Geheimnisträgern, die unter der Kontrolle des Geheimnisinhabers stehen, geschieht und der Geheimnisinhaber nicht zugestimmt hat, oder (b) durch sonst unlauteres Verhalten. 38

Weitere **gesetzliche Grundverbote** folgen z. B. aus dem Arbeitsrecht (z. B. Betriebsrat, § 79 BetrVG, Arbeitnehmererfinder § 24 ArbNErfG), Handelsvertreterrecht (§ 90 HGB), Beamtenrecht (z. B. § 37 Abs. 2 Satz 1 Nr. 2 BeamtStG, § 61 Abs. 1 Satz 2 BBG, § 10 Abs. 2 BPersVG), öffentlichem Recht (z. B. § 139b GewO, § 213 SGB IX), standesrechtlichen oder berufsrechtlichen Verpflichtungen (etwa für Rechtsanwälte, Steuerberater, Wirtschaftsprüfer, Ärzte, Apotheker, vgl. bspw. § 43a Abs. 2 BRAO). Auch die nach § 16 mögliche gerichtlich auferlegte Geheimhaltungspflicht im Rahmen eines Geheimnisschutzprozesses oder die bislang z. B. im Rahmen eines Besichtigungsverfahrens oftmals angeordnete Verschwiegenheitsverpflichtung fällt ebenso hierunter wie andere prozessuale Verschwiegenheitspflichten (etwa § 30 VwVfG, § 4 MediationsG). 39

Rechtsgeschäftliche Grundverbote können aus einem Vertragsverhältnis zwischen dem Geheimnisinhaber und dem Erlangenden folgen, aber auch schon aus vorvertraglichen Beziehungen. Vornehmlich zu nennen sind Arbeitsverträge. Bei diesen besteht auch ohne explizite Vereinbarung eine entsprechende Treuepflicht gegenüber dem Arbeitgeber.[26] Weiter können insbesondere in Geheimhaltungsvereinbarungen, Kooperationsverträgen, Verträgen über eine Auftragsfertigung oder Handelsvertreterverträgen Geheimhaltungspflichten statuiert werden. Beschränkungen können zudem im Rahmen von AGB vereinbart werden, etwa als Fotografieverbot bei einer Werksbesichtigung. Ein Schriftformerfordernis besteht nicht, sodass rechtsgeschäftliche Geheimhaltungspflichten auch konkludent vereinbart werden können. Ebenso können (immanente) Geheimhaltungspflichten als Nebenpflichten aus §§ 241 Abs. 2 oder § 242 BGB folgen;[27] dies muss aber im Einzelfall festgestellt werden. 40

Besteht ein „Grundverbot“, ist ein Handeln nur dann befugt, wenn sich der Handelnde auf eine **Erlaubnis** oder einen **Rechtfertigungsgrund** berufen kann. Dies kann vor allem die Zustimmung durch den Geheimnisinhaber sein, aber auch gesetzliche Rechtfertigungsgründe wie etwa ein Notstand oder gesetzliche Auskunfts- und Aussagepflichten (etwa nach § 138 StGB). Daneben sind die Erlaubnistatbestände aus § 3 sowie die Ausnahmen von den Verboten nach § 5 zu beachten. 41

Hauptfall der Rechtfertigung ist die **Erlaubnis** durch den Geheimnisinhaber. Hierunter ist die rechtsgeschäftlich erteilte Zustimmung (Einwilligung oder Genehmigung) durch den Geheimnisinhaber zu verstehen. Diese kann in genereller Form (z. B. in einer Betriebsanweisung) oder individueller Form (z. B. in einem Individualvertrag) erfolgen und dürfte meist mit dem Verbot bzw. der Festlegung der Reichweite der Erlaubnis Hand in Hand einhergehen.[28] 42

Die Richtlinie scheint neben einem „unbefugten Zugang“ weiter zu fordern, dass dieser ohne Zustimmung des Geheimnisinhabers vorgenommen wurde. Demnach würde eine 43

---

25 BTDrucks. 19/4724 S. 26.

26 Vgl. die Übersicht bei Küttner/*Kreitner* Betriebsgeheimnis Rn. 4ff.

27 *McGuire* WRP **2019** 679, 681; Müko BGB/*Bachmann* § 241 BGB Rn. 107.

28 So regelt eine Geheimhaltungsvereinbarung oder ein Arbeitsvertrag regelmäßig sowohl negativ, was der Erlangende nicht darf als auch positiv, wie der Erlangende die Geschäftsgeheimnisse nutzen darf.

Zustimmung des Inhabers den Tatbestand stets entfallen lassen. Allerdings kann es durchaus Fälle geben, in denen trotz der Zustimmung des Geheimnisinhabers ein unbefugtes Handeln vorliegt, nämlich wenn die Geheimhaltungspflicht nicht zur Disposition des Geheimnisinhabers steht (etwa im Fall gerichtlich auferlegter Geheimhaltungspflichten).

44 Wird die Befugnis **erschlichen** (z. B. durch Täuschung), ist streitig, ob diese unwirksam ist[29] (so dass Abs. 1 Nr. 1 erfüllt ist) oder dennoch wirksam bleibt (wobei dann häufig ein Fall von Abs. 1 Nr. 2 angenommen wird).[30] Eine Klärung dieser Frage durch die Rechtsprechung steht noch aus. Überzeugender erscheint es aber, auch die erschlichene Zustimmung als wirksam – wenn auch nach den allgemeinen Regeln des BGB anfechtbar (§ 123 f. BGB) – anzusehen und daher Abs. 1 Nr. 1 in diesen Fällen zu verneinen.

45 Die Reichweite des „Grundverbots" sowie einer Rechtfertigung, insbesondere einer erteilten Zustimmung, ist stets **tatbestandsbezogen** (also für jede der möglichen Begehungsweisen) anhand aller Umstände des Einzelfalls zu bestimmen. Wer bspw. als Arbeitnehmer berechtigten Zugang nur zu bestimmten Geschäftsgeheimnissen hat, handelt unbefugt, wenn er auf andere Geschäftsgeheimnisse zugreift. Ebenso kann ein berechtigter Zugang nicht eine Aneignung oder ein Kopieren rechtfertigen, wenn dies nach dem jeweiligen Vertrag verboten ist.[31] Der Tatbestand des Abs. 1 Nr. 1 ist daher für jedes Geschäftsgeheimnis und jede Tathandlung einzeln daraufhin zu prüfen, ob die jeweilige Benutzung (un)befugt ist.

46 **Beispiele für unbefugtes Handeln** sind insbesondere: der Zugriff eines ehemaligen Arbeitnehmers auf Geschäftsgeheimnisse, die er nur während des Arbeitsverhältnisses einsehen durfte; der Zugriff eines Lizenznehmers über den vertraglich erlaubten Umfang hinaus (z. B. auch für eigene Zwecke statt für die Zwecke, zu denen Unterlagen überlassen wurden); die Nicht-Rückgabe von dem Geschäftsgeheimnis enthaltenden Unterlagen entgegen einer vertraglichen Verpflichtung nach Ende einer Kooperation.

47 **Beispiele für befugtes Handeln** sind insbesondere: der Zugang zu freiwillig überlassenen Geschäftsgeheimnissen (im Rahmen des erlaubten Zugangs); die Erstellung von Kopien zur Erfüllung gesetzlich vorgeschriebener Aufbewahrungs- und Dokumentationspflichten; die Ansichnahme von Geschäftsgeheimnissen zur Erfüllung gesetzlicher Pflichten, z. B. durch einen Insolvenzverwalter.[32]

IV. Erfasste Geheimnisträger

48 **1. Anforderung an den Geheimnisträger.** Ebenso wie bei den Handlungsvarianten nimmt § 4 eine **abschließende Aufzählung** der möglichen Objekte vor, in denen das Geschäftsgeheimnis verkörpert sein kann oder aus denen es abgeleitet werden kann: Dokumente, Gegenstände, Materialien, Stoffe sowie elektronische Dateien sind genannt. Die gegenteilige Auffassung[33], nach der die Aufzählung in § 4 nicht abschließend ist, vermag angesichts des klaren Wortlauts nicht zu überzeugen. Auch eine analoge Anwendung ist – zumindest gegenwärtig – abzulehnen. Es kann nicht davon ausgegangen werden, dass der Gesetzgeber – weder auf Unions- noch auf nationaler Ebene – bereits jetzt einzelne relevante Varianten nicht bedacht hätte.

---

29 So noch Köhler/Bornkamm/Feddersen/*Köhler* 37. Aufl. § 17 UWG Rn. 21a; ebenso Harte-Bavendamm/Henning-Bodewig/*Harte-Bavendamm* § 17 UWG Rn. 21.

30 *Ohly* GRUR **2019** 441, 446; Köhler/Bornkamm/Feddersen/*Alexander* § 4 GeschGehG Rn. 33.

31 Insoweit nicht hinreichend klar, die Begründung BTDrucks. 19/4724 S. 27.

32 Vgl. hierzu *Schuster*/*Tobuschat* GRUR-Prax **2019** 248.

33 In diese Richtung wohl Köhler/Bornkamm/Feddersen/*Alexander* § 4 GeschGehG Rn. 13.

Insbesondere kommt eine (direkte oder analoge) Anwendung auf **unkörperliche** „Geheimnisträger“ damit nicht in Betracht.[34] Im Gegensatz zu § 17 UWG a.F., der das Geschäftsgeheimnis selbst in den Mittelpunkt des Tatbestandes rückte, bezieht sich Abs. 1 Nr. 1 stets auf einen der aufgezählten Geheimnisträger. Werden daher Geheimnisse ohne einen solchen Geheimnisträger erlangt – etwa mündlich im Rahmen eines Verkaufsgesprächs oder einer Präsentation – kommt allenfalls Nr. 2 in Betracht (etwa, wenn über die Absicht getäuscht wurde, Produkte abzunehmen und dadurch mündliche Informationen über diese mitgeteilt zu bekommen). Zumeist dürfte in diesen Fällen jedoch der Zugang befugt sein und lediglich die Nutzung bzw. Offenlegung – je nach den Umständen des Einzelfalls – ggf. verboten sein. 49

Die aufgezählten Geheimnisträger sind im Sinne eines effektiven Schutzes weit auszulegen. **Gegenstände** ist der umfassendste Begriff der Aufzählung. Mit Ausnahme der elektronischen Dateien dürften sich beinahe sämtliche Dokumente, Materialien und Stoffe unter diesen Begriff fassen lassen und Teilmengen dessen darstellen. 50

Dokumente umfasst bspw. physische Schriftstücke wie etwa Urkunden, Zeugnisse, Briefe, Zeichnungen, handschriftliche Notizen, ausgedruckte Präsentationen, Verkaufslisten, Kundenlisten, Preislisten, Strategiepapiere, Übersichten oder Pläne. 51

Materialien und **Stoffe** dürften sich kaum voneinander unterscheiden. Erfasst werden bspw. Rohmaterialien, Legierungen, Porzellan, Stein, Glas, Metall, Kunststoffe, natürliche oder künstliche Stofffasern. Der Aggregatszustand ist nicht relevant; auch Gase und Flüssigkeiten (z.B. Tinte, Parfum) fallen hierunter. Umfasst sind auch pflanzliche, synthetische, wasserlösliche, radioaktive, mineralische und körpereigene Stoffe (bspw. Blut- oder Speichelproben). 52

Eine Zwischenstellung nehmen **elektronische Dateien** ein. Elektronische Dateien umfassen sämtliche in elektronischer Form gespeicherte Inhalte, unabhängig von Dateiformat, Dateiumfang und Dateiinhalt (Text, Bild, Grafik, Formel, audiovisuelle Inhalte, etc.). Auch die Dateinamen sowie Metainformationen (Format, Größe, Erstelldatum, etc.) sind erfasst.[35] Gemeinsam ist den elektronischen Dateien, dass stets eine gewisse körperliche Fixierung durch Speicherung auf einem Speichermedium (Festplatte, Server, USB-Stick, etc.) oder aber zumindest eine Zwischenspeicherung (Arbeitsspeicher) besteht. Auch wenn sich Dateien von körperlichen Gegenständen im Rechtssinne insbesondere durch die unbegrenzte Vervielfältigungsmöglichkeit und die Nicht-Abnutzbarkeit unterscheiden, ist im vorliegenden Kontext eine körperliche Fixierung des Geschäftsgeheimnisses vorhanden, an das für die Fragen nach dem unbefugten Zugang, dem unbefugten Aneignen oder dem unbefugten Kopieren angeknüpft werden kann. Die elektronischen Dateien fügen sich daher in den Katalog der weiteren genannten Gruppen zwanglos ein. Auch neuartige Speichertechnologien, wie z.B. in Glas, Silizium oder DNA, lassen sich darunter fassen, soweit diese noch als „elektronisch“ anzusehen sind. Erfasst ist daher auch die Speicherung in einer Blockchain. 53

2. Enthalten oder ableiten lassen. Das Geschäftsgeheimnis muss in dem Geheimnisträger enthalten sein oder sich aus diesem ableiten lassen. 54

„Enthalten“ ist ein Geschäftsgeheimnis in jedem Fall dann, wenn es **vollständig** in dem betreffenden Geheimnisträger vorhanden ist, d.h. bei Wahrnehmung der in dem Geheimnisträger vorhandenen Informationen das Geschäftsgeheimnis vollständig zur Kenntnis gelangt. Aber auch soweit nur die **wesentlichen Elemente** des Geheimnisses aufgeführt sind, einzelne Informationen oder Aspekte jedoch fehlen, ist das Geheimnis als 55

34 **A.A.**, jedoch ohne nähere Begründung, Köhler/Bornkamm/Feddersen/*Alexander* § 4 GeschGehG Rn. 12.
35 BVerwG 5.3.2020 NVwZ **2020** 715.

„enthalten“ anzusehen.[36] Entscheidend ist, ob den erlangten Geheimnisträgern das Geschäftsgeheimnis in einer Art und Weise entnommen werden kann, dass **dieses ohne nennenswerten Aufwand genutzt werden könnte**. Hierbei ist eine Nutzung durch eine Person ausreichend, die üblicherweise mit diesen Informationen umgeht;[37] eine Nutzbarkeit durch „Laien“ ist nicht erforderlich. Ist das Geschäftsgeheimnis **verschlüsselt**, ist es zwar „enthalten“; in diesen Fällen dürfte aber kein Erlangen vorliegen, wenn die Verschlüsselung nicht überwunden werden kann, da der Erlangende es dann nicht nutzen kann.

56 In Abgrenzung dazu ist ein Geschäftsgeheimnis aus den erlangten Geheimnisträgern **ableitbar**, wenn die dort enthaltenen Informationen ausreichen, um das Geschäftsgeheimnis mittels eigener Überlegungen, Tests, Recherchen oder sonstiger Nachforschungen nachzubilden oder zu vervollständigen (z. B. wenn Kundendaten anhand der vorhandenen Informationen recherchiert werden können).[38] Die Abgrenzung zwischen „ableitbar“ und „enthalten“ braucht jedoch nicht trennscharf zu sein, da beide Fälle von Abs. 1 Nr. 1 erfasst sind. Entscheidend für die Abgrenzung dürfte jedoch der zusätzliche Aufwand sein, den der Erlangende betreiben muss, um an das vollständige Geschäftsgeheimnis zu gelangen bzw. dieses vollständig nutzbar zu machen. Wichtiger ist hingegen die Abgrenzung dazu, wann ein Geschäftsgeheimnis nicht aus einem erlangten Geheimnisträger (unbefugt) abgeleitet wurde, sondern durch eigenständige Entdeckung oder Schöpfung erlangt wurde (§ 3 Abs. 1 Nr. 1).[39] Denn in diesen Fällen liegt ein erlaubtes Handeln vor. Die Abgrenzung kann dabei nur im Einzelfall erfolgen. Grundsätzlich muss aber wiederum entscheidend sein, wieviel Eigenleistung der Erlangende aufwendet: werden die Teile des erlangten Geschäftsgeheimnisses lediglich als „Inspiration“ verwendet und beruhen die abgeleiteten Erkenntnisse auf den eigenen Leistungen, liegt ein Fall von § 3 vor. Fehlen hingegen nur noch einzelne Aspekte, kann das „Gerüst“ des Geschäftsgeheimnisses jedoch aus den erlangten Materialien entnommen werden, dürfte ein Fall des „Ableitens“ vorliegen. Ebenso dürfte ein Fall des Ableitens vorliegen, wenn die erlangten Informationen nach wie vor eine wichtige Funktion für das Gesamtverständnis erfüllen. Die Abgrenzung dürfte im Einzelfall schwierig sein.

57 Ist der Erlangende nur im (unberechtigten) Besitz von Teilen der Unterlagen, aus denen das Geschäftsgeheimnis noch nicht abgeleitet werden kann, kann u. U. jedoch eine **Erstbegehungsgefahr** angenommen werden. Insbesondere, wenn es nicht ausgeschlossen erscheint, dass sich der Erlangende um die weiteren Unterlagen bemühen wird (z. B. im Fall eines länger andauernden Cyber-Angriffs; anders ggf. bei einem einmaligen Einbruch und Diebstahl von Unterlagen).

58 **3. Rechtmäßige Kontrolle des Inhabers des Geschäftsgeheimnisses.** Die Geheimnisträger müssen weiter der „rechtmäßigen Kontrolle des Inhabers des Geschäftsgeheimnisses unterliegen“. Der insoweit nicht vollständig klare Wortlaut ist so zu verstehen, dass sich dies auf sämtliche in der Vorschrift aufgeführten Geheimnisträger bezieht, nicht lediglich auf „elektronische Dateien“. Eine andere Auslegung würde zu eklatanten Wertungswidersprüchen führen.

---

36 Erforderlich bleibt natürlich, dass die erlangten Informationen nach wie vor als Geschäftsgeheimnis zu qualifizieren sind.

37 Vgl. insoweit die Regelung in § 2 Nr. 1 lit. a).

38 Vgl. etwa auch die Ableitung aus den Dateinamen in BVerwG 5.3.2020 NVwZ **2020**, 715.

39 Eine Abgrenzung zu einem erlaubten Reverse Engineering (§ 3 Abs. 1 Nr. 2 GeschGehG) ist nicht erforderlich, da dies die *befugte* Erlangung des untersuchten Gegenstandes voraussetzt während im Rahmen von § 4 Abs. 1 Nr. 1 GeschGehG gerade ein *unbefugter* Zugang erfolgt sein muss.

Der Begriff des „Inhabers eines Geschäftsgeheimnisses“ ist in § 2 Nr. 2 legaldefiniert als „jede natürliche oder juristische Person, die die rechtmäßige Kontrolle über ein Geschäftsgeheimnis hat“. Abs. 1 Nr. 1 erfordert mithin die rechtmäßige Kontrolle der (juristischen oder natürlichen) Person, die die rechtmäßige Kontrolle über das Geschäftsgeheimnis hat. Erforderlich ist daher eine **doppelte Kontrolle**: zum einen über das Geschäftsgeheimnis selbst, zum anderen über den Geheimnisträger. 59

Nicht erfasst sind daher Geheimnisträger, die **unter der Kontrolle eines anderen** als des Geheimnisinhabers stehen. Dies sind zum einen Geheimnisträger, die ein unberechtigter Dritter in seiner Kontrolle hat, z. B. ein ehemaliger Mitarbeiter, der einen USB-Stick nicht zurückgegeben hat, oder ein Wirtschaftsspion. Diese Geheimnisträger sind mithin nicht durch Abs. 1 Nr. 1 geschützt. Ein unerlaubter Zugang sowie eine unerlaubte Nutzung oder Offenlegung dieser kommt somit nur unter den Voraussetzungen des Abs. 1 Nr. 2 oder Abs. 3 in Betracht. 60

Hingegen steht es Abs. 1 nicht entgegen, wenn jemand anderes als der Inhaber im **unmittelbaren Besitz des Geheimnisträgers** ist und dieser den Zugang ermöglicht (z. B. ein Mitarbeiter eines Unternehmens; in diesen Fällen ist das Unternehmen der Inhaber). Die bloße Sachherrschaft im Sinne des unmittelbaren Besitzes ist nicht mit der rechtlichen Kontrolle des Geheimnisträgers gleichzusetzen. So verbleibt bspw. ein einem Mitarbeiter überlassener Firmenlaptop weiterhin unter der Kontrolle des Geheimnisinhabers, da er diesen jederzeit herausverlangen kann. (Unmittelbarer) Besitzer ist jedoch der Mitarbeiter. Ebenso ist die Situation bei Lizenznehmern oder sonstigen Beauftragten. Entscheidend für die Zuweisung der Kontrolle ist das Bestehen eines Herausgabeanspruchs. 61

V. Sonstiges unlauteres Verhalten (Nr. 2)

Neben der sehr konkret gefassten Nr. 1 enthält Abs. 1 in Nr. 2 einen unbestimmt weiten[40] **Auffangtatbestand**. Dieser verbietet das Erlangen eines Geschäftsgeheimnisses, wenn dies durch ein Verhalten geschieht, das unter den Umständen nicht Treu und Glauben entspricht, wobei die anständigen Marktgepflogenheiten zu berücksichtigen sind. 62

Die Formulierung entfernt sich vom Text der Richtlinie („als mit einer seriösen Geschäftspraktik nicht vereinbar gilt“), der seinerseits sehr eng an Art. 39 Abs. 2 TRIPS orientiert ist („contrary to honest commercial practices“). Inhaltlich dürfte damit aber keine Änderung einhergehen. Nach der Gesetzesbegründung sollte die von der Richtlinie abweichende Formulierung allein der Anpassung an die deutsche Rechtsterminologie dienen.[41] Die gewählte Formulierung entspricht daher dem Maßstab, den § 2 UWG an die „unternehmerische Sorgfalt“ anlegt. 63

Der **Anwendungsbereich** der Nr. 2 sollte dabei nicht unterschätzt werden:[42] 64

- Da Nr. 1 keine **unkörperlichen Geheimnisträger** umfasst (vgl. Rn. 49) kommt allein Nr. 2 für Situationen in Betracht, in denen ein Geschäftsgeheimnis mündlich mitgeteilt wird, z. B. bei einem Verkaufsgespräch, anlässlich einer Präsentation, im Rahmen eines Wissensaustauschs von Kooperationspartnern, oder auch bei einem (Fach-)Gespräch auf Konferenzen oder Messen, in der Kantine oder im privaten Gespräch; das Offenlegungsrisiko dieser Situationen sollte nicht unterschätzt werden.

---

40 Vgl. *Ohly* GRUR **2019** 441, 446: „problematisch unbestimmte Formulierung“.
41 BTDrucks. 19/4724 S. 26.
42 Zurückhaltend insoweit *Ohly* GRUR **2019** 441, 446.

- Weiter fallen hierunter Situationen, in denen eine **Befugnis** durch Täuschung oder ähnliches Verhalten **erschlichen** wird, z. B. durch Vortäuschen eines Kaufinteresses, Vortäuschen einer falschen Identität oder der Täuschung darüber, das Geheimnis bereits im Besitz zu haben.
- Darüber hinaus fallen hierunter die Situationen, in denen das Merkmal „unbefugt" aus Nr. 1 nicht erfüllt ist, etwa weil **keine gesetzliche oder vertragliche Verschwiegenheitspflicht** existiert, die Erlangung aber dennoch als unlauter anzusehen ist. Beispielweise kann dies eingreifen, wenn bestehende Schutzlücken in den ansonsten angemessenen Schutzmaßnahmen in unlauterer Weise ausgenutzt werden. Das von *Ohly* angeführte Beispiel der in einem Zug gefundenen Konstruktionszeichnungen[43] dürfte nur hierunter fallen, wenn der Charakter als Geheimnis bereits vor der Erlangung (etwa beim An-Sich-Nehmen der Unterlagen) erkennbar war. Andernfalls kann das *Erlangen* nicht unlauter sein. Abs. 1 Nr. 2 schützt nur gegen ein unlauteres Erlangen, nicht gegen ein unlauteres Nutzen oder Offenlegen. Eindeutig nicht erfasst ist daher etwa, wenn die im Zug gefundenen Unterlagen auf einem nicht-markierten USB-Stick gespeichert sind, den der Finder an sich nimmt; denn in diesem Fall kann er den Charakter der Daten nicht vor der Erlangung erkennen.
- Außerdem kann Nr. 2 dort eingreifen, wo das Geschäftsgeheimnis aus einem Geheimnisträger erlangt wurde, der nicht der **rechtmäßigen Kontrolle des Geheimnisinhabers** unterliegt, soweit die Unlauterkeit begründende Merkmale vorliegen. Dies könnte beispielsweise bei einem Zugriff auf einem Dritten vom Geheimnisinhaber überlassene Materialien zutreffen.
- Schließlich kann der Auffangtatbestand auch Verhaltensweisen umfassen, die sich nicht unter die Trias aus Zugang, Aneignen oder Kopieren fassen lassen, z. B. wenn eine Veröffentlichung des Geheimnisses durch einen berechtigten Inhaber durch Täuschung erschlichen wird und so selbst Kenntnis erlangt wird. Allerdings dürfte dieser Anwendungsbereich in der Tat sehr begrenzt sein.

65 **1. Verhalten.** Der Begriff des Verhaltens ist weit zu verstehen und umschließt **sämtliches Handeln** sowie **pflichtwidriges Unterlassen** einer Person. Erforderlich ist lediglich, dass es von einem Verhaltenswillen getragen ist; Reflexhandlungen sowie Handlungen im Schlaf oder unter Hypnose stellen kein Verhalten dar, Handlungen unter Zwang hingegen schon.[44]

66 Bei juristischen Personen ist das Verhalten ihrer Organe entscheidend (§ 31 BGB). Verhalten von Mitarbeitern oder sonstigen Beauftragten ist nicht eigenes Verhalten, wird aber ggf. zugerechnet (vgl. § 12 sowie die allgemeinen Regeln in §§ 278, 831 BGB).

67 Verhalten i. S. d. Gesetzes ist nicht deckungsgleich mit einer „geschäftlichen Handlung" nach dem UWG. Denn diese erfordern einen Zusammenhang mit der Förderung der eigenen oder einer fremden Geschäftstätigkeit. Das Gesetz sieht jedoch – anders als noch § 17 UWG a. F. – **keinen besonderen Zweck** und **keine besondere Zielrichtung** des Verhaltens vor. Die Erlangung des Geschäftsgeheimnisses muss nicht mehr wie früher zu Zwecken des Wettbewerbs, aus Eigennutz oder mit Schädigungsabsicht erfolgen. Weiter erfasst das Gesetz anders als die geschäftliche Handlung auch Handlungen von Verbrauchern[45] sowie hoheitliches Handeln.[46]

---

43 *Ohly* GRUR **2019** 441, 446.
44 Vgl. zu dem identischen Begriff in § 2 Nr. 1 UWG Köhler/Bornkamm/Feddersen/*Köhler* § 2 UWG Rn. 10 f.
45 S. zum UWG Köhler/Bornkamm/Feddersen/*Köhler* § 2 UWG Rn. 18.
46 Vgl. VG Schleswig-Holstein 25.4.2019, 6 A 222/16 (juris).

2. Treu und Glauben unter Berücksichtigung der Marktgepflogenheiten. Das Verhalten muss dem Grundsatz von Treu und Glauben in der Ausprägung zuwiderlaufen, die dieser durch die anständigen Marktgepflogenheiten erfährt. Entscheidend ist daher nicht der „generelle" Maßstab aus § 242 BGB. Vielmehr ist dies ein **dynamischer Verweis** auf die Maßstäbe und Gepflogenheiten des betreffenden Markts. 68

Unklar ist dabei, wie der Markt sowohl **räumlich** als auch **funktionell** zu bestimmen ist. In räumlicher Hinsicht wird teilweise vertreten, den gesamten Binnenmarkt zugrunde zu legen. Da der Maßstab der Unlauterkeit aus der Richtlinie stamme, handle es sich um einen unionsweit einheitlichen Maßstab.[47] Dies scheint indes nicht sachgerecht.[48] Art. 4 der Richtlinie enthält keine Vollharmonisierung; die Mitgliedsstaaten sind frei darin, einen strengeren Maßstab zu wählen. Eine unionsweit einheitliche Anwendung ist bereits aus diesem Grund nicht sichergestellt. Zudem bewegt sich der jeweils Handelnde (wie auch der Geheimnisinhaber) auf „seinem" Markt. Zwischen den Märkten der einzelnen Mitgliedsstaaten können aber relevante Unterschiede bestehen. So sieht etwa das italienische Recht deutlich stärkere lauterkeitsrechtliche Abwehrmechanismen gegen den „Nachbau" von Ersatzteilen vor als das deutsche. Entsprechend dürften sich die Auffassungen dazu, was in diesem Bereich „unredlich" ist, unterscheiden. In Ländern in denen schon bislang das *reverse engineering* erlaubt war, dürfte diesbezüglich eine liberalere Einstellung bestehen als in Deutschland. Auf einen unionsweit einheitlichen Maßstab abzustellen, würde die Handelnden dazu verpflichten, sich auch über Marktgewohnheiten auf ihnen unbekannten Teilen des Binnenmarktes zu informieren und entsprechend zu Handeln. Dies ist speziell in einer digitalisierten Welt nicht zumutbar und nicht interessensgerecht. Zudem wäre unklar, ob sich bei bestehenden Unterschieden an dem „untersten" Standard, dem „höchsten" oder einem „Mittelwert" orientiert werden müsste. Im Sinne der Rechtssicherheit ist daher auf den jeweils konkret betroffenen (räumlichen) Markt abzustellen. Dies ändert freilich nichts daran, dass der Begriff **richtlinienkonform** sowie **autonom** (durch den EuGH) auszulegen ist. 69

In **funktioneller** Hinsicht sind sowohl die Märkte des Erlangenden als auch die des Geheimnisinhabers relevant. Verstößt das Verhalten gegen den Grundsatz von Treu und Glauben nach den jeweiligen Marktgepflogenheiten auf nur einem dieser Märkte, ist dies ausreichend. Ebenso reicht es aus, wenn gegen die Grundsätze in den Kreisen verstoßen wird, die üblicherweise mit der Art von Information, wie sie das erlangte Geschäftsgeheimnis darstellt, umgehen. 70

Insgesamt handelt es sich um einen **objektiv** auszulegenden Maßstab. Die Marktgepflogenheiten erfassen sämtliche nicht normierten Regeln für einen bestimmten Beruf, einen bestimmen Wirtschaftszweig oder einen bestimmten Lebensbereich. Zu berücksichtigen sind aber zum einen nur solche Gepflogenheiten, die **allgemein anerkannt** sind, nicht hingegen solche, die nur einzelne Marktteilnehmer anwenden. Zum anderen sind nur die **anständigen** Gepflogenheiten zu berücksichtigen; in einer bestimmten Branche verbreitete Unsitten zählen nicht. Letztlich kann jedoch nur im Einzelfall anhand aller jeweiligen Umstände beurteilt werden, ob ein Verhalten gegen diesen Maßstab verstößt. 71

Der Maßstab des Gesetzes ist nicht vollständig deckungsgleich mit der „unternehmerischen Sorgfalt" aus § 2 Nr. 7 UWG. Zwar rekurriert diese ebenfalls auf Treu und Glauben in der Ausprägung der anständigen Marktgepflogenheiten, deckt aber nur Verhalten im Verhältnis Unternehmer-zu-Verbraucher (B2C) ab. Erlangt ein Unternehmen daher in unlauterer Weise ein Geschäftsgeheimnis eines Verbrauchers – etwa im Rahmen eines Preisausschreibens oder über ein „Meldesystem", über dessen Bedingungen der Verbraucher getäuscht 72

47 So wohl Köhler/Bornkamm/Feddersen/*Alexander* § 4 GeschGehG Rn. 28.
48 Vgl. auch Köhler/Bornkamm/Feddersen/*Köhler* § 2 UWG Rn. 128.

wird – können sich beide decken. Der Anwendungsbereich des Gesetzes ist hingegen weiter und erfasst auch die Bereiche B2B und C2C.[49] Im C2C-Bereich dürften die Fälle aber begrenzt sein, da meist kein Geschäftsgeheimnis („wirtschaftlicher Wert“) vorliegen dürfte.

73 Nach der Gesetzesbegründung soll für die Auslegung insbesondere auf Fußnote 10 zu Art. 39 Abs. 2 TRIPS zurückgegriffen werden.[50] Diese soll „zumindest Handlungen wie Vertragsbruch, Vertrauensbruch und Verleitung umfassen“. Dies darf jedoch trotz der völkerrechtlichen Verpflichtung zur Beachtung von Art. 39 TRIPS nicht einfach pauschal übernommen werden. Während ein **Vertragsbruch** (hier zu verstehen als Verstoß gegen eine vertragliche Verpflichtung, die den Zugang zu einem Geschäftsgeheimnis beschränkt) noch relativ problemlos unter Nr. 2 subsumiert werden kann – wobei wohlgemerkt nach wie vor die Umstände des Einzelfalls ausschlaggebend sind –, ist bereits nicht klar, was mit einem „**Vertrauensbruch**“ gemeint ist. Fälle, in denen bspw. eine Zustimmung zur Einsichtnahme erschlichen wurde, dürften hierunter ebenso zu fassen sein wie sonstige Fälle einer Täuschung (vgl. auch Rn. 44). Die **Verleitung zum Vertragsbruch** wird hingegen in Übereinstimmung mit den allgemeinen UWG-Maßstäben nicht in jedem Fall unzulässig sein.[51]

74 Ein **Vorsatzerfordernis** enthält Nr. 2 nicht. Dem Erlangenden muss nicht bewusst sein, dass er gegen Treu und Glauben verstößt. Ob er subjektiv um die Unlauterkeit seines Verhaltens weiß oder dies für zulässig hält, ist aufgrund des objektiven Maßstabs irrelevant. Jedoch werden die Motive des Handelnden häufig in die Gesamtabwägung einzubeziehen sein.

75 **Beispiele** eines im Sinne von Nr. 2 unlauteren Verhaltens sind: Erpressung, Nötigung, Bestechung oder systematisches Auswendiglernen.

76 **Nicht** von Nr. 2 erfasst ist der früher unter § 17 Abs. 2 Nr. 2 UWG erfasste Fall eines Arbeitnehmers, der seine einmal bestehende Befugnis des Zugangs zu einem Geschäftsgeheimnis verloren hat; denn der einmal befugte Zugriff kann nicht nachträglich unbefugt werden (soweit kein neuer Zugriff erfolgt). Erlangt wurde das Geschäftsgeheimnis daher zu Recht; über die Befugnis, dieses (weiter) zu nutzen bzw. offenzulegen, ist damit freilich nichts ausgesagt.

§ 4 Abs. 2
Nutzungs- und Offenlegungsverbot

[...]

(2) Ein Geschäftsgeheimnis darf nicht nutzen oder offenlegen, wer
- **1. das Geschäftsgeheimnis durch eine eigene Handlung nach Absatz 1**
  - **a) Nummer 1 oder**
  - **b) Nummer 2**

  erlangt hat,
- **2. gegen eine Verpflichtung zur Beschränkung der Nutzung des Geschäftsgeheimnisses verstößt oder**
- **3. gegen eine Verpflichtung verstößt, das Geschäftsgeheimnis nicht offenzulegen.**

[...].

49 Dabei ist zu beachten, dass das Gesetz sozusagen auch „im Privatbereich“ greift. Weder der Begriff des Inhabers noch der des Rechtsverletzer verlangt eine gewerbliche oder wirtschaftliche Tätigkeit oder gar einen Unternehmer. Freilich bringt das Erfordernis des „wirtschaftlichen Werts“ für ein Geschäftsgeheimnis insoweit eine signifikante Einschränkung.

50 BTDrucks. 19/4724 S. 27.

51 Vgl. zum Meinungsstand etwa MüKo UWG/*Jänich* § 4 Nr. 4 UWG Rn. 21 sowie Rn. 89.

Schrifttum

Fuhlrott/Hiéramente Beck'scher Online-Kommentar GeschGehG, 5. Edition Stand 15.9.2020; *Harte-Bavendamm/Ohly/Kalbfus* Gesetz zum Schutz von Geschäftsgeheimnissen, 2020; *Heermann/Schlingloff* Münchener Kommentar zum Lauterkeitsrecht, Band 2, 2. Aufl. 2014; *Hoeren/Münker* Die EU-Richtlinie für den Schutz von Geschäftsgeheimnissen und ihre Umsetzung – unter besonderer Berücksichtigung der Produzentenhaftung, WRP **2018** 150; *Ohly* Das neue Geschäftsgeheimnisgesetz im Überblick, GRUR **2019** 441; *Wunner* Die zivilrechtliche Haftung für Geheimnisverwertungen durch Beschäftigte im Lichte der Geschäftsgeheimnis-RL, WRP **2019** 710.

Übersicht

A. Allgemeines

Wie einleitend zu § 4 ausgeführt (vgl. Kommentierung zu § 4 Abs. 1 Rn. 1) handelt es sich bei den Handlungsverboten des § 4 um die **zentrale Norm** des Geheimnisschutzes, die sich in ihrem Aufbau und der Strukturierung der Handlungsverbote am typischen Ablauf des unlauteren Umgangs mit Geschäftsgeheimnissen in der Praxis orientiert. Geschäftsgeheimnisse müssen, um verwertet zu werden, zunächst *erlangt* werden (Abs. 1), wobei hier nicht jede Form des Erlangens ausreicht, sondern nur Fälle des unerlaubten Erlangens (dazu Rn. 95ff.). Durch diese praxisorientierte Formulierung von Handlungsverboten rückt das Geschäftsgeheimnis als Objekt des Schutzes in den Mittelpunkt, womit es eine Aufwertung in Richtung eines Immaterialgüterrechtes erfährt, was der Intention der Richtlinie entspricht, deren Art. 4 Abs. 3 mit § 4 Abs. 2 umgesetzt wird.[52] Gleichzeitig stellt der Gesetzgeber durch den Katalog an Handlungsverboten klar, dass ein Geschäftsgeheimnis trotzdem nicht in den Stand eines Ausschließlichkeitsrechts wie ein Patent, eine Marke oder das Urheberrecht erhoben wird. Vielmehr soll (lediglich) der **Status quo des Geheimnisses** rechtlich abgesichert werden.[53] 77

Das Geschäftsgeheimnis ist **nicht allumfassend** geschützt, sondern nur vor den in § 4 verbotenen Handlungen. Dabei kommt hinzu, dass dieser Schutz durch die Erlaubnisnorm des § 3 und die Ausnahmen in § 5 relativiert wird. Dies ist letztlich durch höherrangige verfassungsrechtliche Vorgaben gerechtfertigt, solange Geschäftsgeheimnisse im Kern gegen Angriffe geschützt sind, die auf eine unerlaubte Verwertung zu wirtschaftlichen Zwecken 78

52 Erwägungsgründe 1 und 10 der Richtlinie (EU) 2016/943.
53 BTDrucks. 19/4724 S. 26.

oder eine sinnlose Vernichtung (Offenlegung) eines Geschäftsgeheimnisses hinauslaufen. Dabei stellen die Vorgaben der Richtlinie Mindeststandards dar,[54] wobei der deutsche Gesetzgeber von der Möglichkeit der Schärfung des Geheimnisschutzes letztlich keinen Gebrauch gemacht hat. Gleichwohl bedeutet die Hinwendung zu Handlungsverboten eine Abkehr von den täterorientierten §§ 17, 18 UWG a. F. mit ihren schwierig zu handhabenden subjektiven Elementen.

B. Kommentierung

I. Handlungsverbote des § 4 Abs. 2

79 Die Vorschrift des § 4 Abs. 2 regelt das Verbot der Nutzung oder Offenlegung von Geschäftsgeheimnissen, wobei sie an eine eigene Handlung der Person anknüpft, die das Geschäftsgeheimnis **unbefugt nutzt oder offenlegt**. Während nach Absatz 1 bereits die Erlangung des Geschäftsgeheimnisses per se verboten sein kann und damit den Zugriff auf Geschäftsgeheimnisse durch Dritte verhindern soll, erstreckt sich die Regelung in Absatz 2 auch darauf, Geschäftsgeheimnisse vor unbefugter Preisgabe oder wirtschaftlicher Verwertung zu schützen.[55] Zu berücksichtigen ist, dass das Zusammenspiel von § 3 und § 4 dazu führt, dass Geschäftsgeheimnisse, die auf erlaubte Weise erlangt worden sind, auch verwertet werden dürfen, wenn sie nicht einer Nutzungsbeschränkung oder einem Offenlegungsverbot unterliegen.

80 **1. Nutzen.** Unter Offenlegung wird jede Eröffnung des Geschäftsgeheimnisses gegenüber Dritten verstanden. Der Begriff der **Nutzung** soll jede sonstige Verwendung des Geschäftsgeheimnisses erfassen.[56] Abweichend von den §§ 17, 18 UWG a.F. fordert § 4 Abs. 2 Nr. 1 keine subjektiven Tatbestandselemente wie Eigennutz oder Schädigungsabsicht.

81 Die Richtlinie (EU) 2016/943 enthält keine Definition des Begriffs „Nutzen". Dem Schutzziel des GeschGehG entsprechend ist nach der Gesetzesbegründung **jede Verwendung** des Geschäftsgeheimnisses, soweit es sich nicht um dessen Offenlegung handelt, erfasst.[57]

82 Insbesondere sind **wirtschaftliche Verwertungshandlungen** erfasst. Auf deren Form kommt es nicht an. Erfasst sind z. B. die Verwertung einer Kundenliste durch Kontaktaufnahme mit den Kunden, das Herstellen von Produkten unter Verwendung von z. B. Konstruktionszeichnungen, Formeln, Verfahrensbeschreibungen oder Produktionsanweisungen, die Ansprache von (besonders qualifizierten) Zulieferern aufgrund einer Lieferantenliste, das Abwerben von Mitarbeitern eines Konkurrenten durch Angebote, die aus der Kenntnis von Gehaltslisten/Gehaltsstrukturen herrühren, die Einrichtung oder Verbesserung von Produktionsanlagen aufgrund von Informationen über spezifische Anlagen, deren Lieferanten oder deren Steuerung beispielsweise durch Computerprogramme bekannt sind, die Verwendung von Konstruktionsdaten, wie beispielsweise zulässige Fertigungstoleranzen oder die Verwendung von Rezepturen, Verfahrensabläufen usw.[58]

---

54 Erwägungsgrund 10 der Richtlinie (EU) 2016/943.
55 Köhler/Bornkamm/Feddersen/*Alexander* § 4 GeschGehG Rn. 36.
56 BTDrucks. 19/4724 S. 19.
57 BTDrucks. 19/4724 S. 27.
58 BeckOK GeschGehG/*Hiéramente* § 4 Abs. 2 Nr. 1 GeschGehG Rn. 51; Köhler/Bornkamm/Feddersen/*Alexander* § 4 GeschGehG Rn. 38.

Die Liste der Beispiele kann anhand der Rechtsprechungsfälle zum alten § 17 Abs. 2 Nr. 2 UWG beliebig ergänzt werden, da der dort verwendete Begriff der Verwertung keine maßgebliche Abweichung von der Nutzung im Sinne des GeschGehG beinhaltet.[59] **83**

Umstritten ist, ob auch die **Veräußerung des Geschäftsgeheimnisses** vom Begriff der Nutzung umfasst ist, was letztlich dahinstehen kann, da diese gleichzeitig eine Offenlegung darstellt.[60] Die Abgrenzung soll dann eine Rolle spielen, wenn das Geschäftsgeheimnis an den Geheimnisinhaber „verkauft" wird. In diesem Fall erfolgt keine Offenlegung, was zwar formal zutreffen mag, in der Praxis aber keine Rolle spielen dürfte. **84**

Unstreitig dürfte dagegen sein, dass bloßes **Innehaben des Geschäftsgeheimnisses** kein Nutzen des Geschäftsgeheimnisses darstellt. Allerdings muss dem Besitz des Geschäftsgeheimnisses dessen Erlangung vorausgegangen sein, die gegen § 4 Abs. 1 verstoßen kann (vgl. Kommentierung zu § 4 Abs. 1 Rn. 11ff.). Dies wird zumindest für das Handlungsverbot gemäß § 4 Abs. 2 Nr. 1 ohnehin vorausgesetzt.[61] **85**

Als fraglich wird angesehen, ob eine **Zerstörung des Geheimnisses** als Nutzung anzusehen ist. Auch hier ist davon auszugehen, dass zunächst eine verbotene Erlangung gemäß § 4 Abs. 1 vorliegt. Außerdem ist zwischen der Zerstörung des Geschäftsgeheimnisses[62] insgesamt und der Zerstörung beispielsweise nur einzelner Verkörperungen zu unterscheiden. Die vollständige Zerstörung wird praktisch kaum möglich sein, da sämtliche Verkörperungen und sonstig vorhandene Kenntnisse des Geschäftsgeheimnisses vernichtet werden müssten. Auch wenn eine solche vollständige Vernichtung praktisch kaum vorstellbar ist, wäre dies wohl die intensivste Form der Nutzung, da gleichsam vollständig über das Geschäftsgeheimnis verfügt wird. Anders dürfte der Fall liegen, dass lediglich eine Verkörperung des Geschäftsgeheimnisses von vielen, wie z. B. eine Kopie oder einer von mehreren Informationsträgern zerstört wird. Hier erschöpft sich der Unrechtsgehalt im Erlangen der Verkörperung, die aufgrund der Zerstörung dann gerade nicht weiter genutzt wird. **86**

Auch die Nutzung und Offenlegung zu **privaten oder ideellen Zwecken** ist von § 4 Abs. 2 erfasst, auch wenn diese Frage unter § 17 UWG a. F. umstritten war.[63] **87**

Dagegen soll sprechen, dass im Lauterkeitsrecht und bei gewerblichen Schutzrechten „eine geschäftliche Handlung" erforderlich sei oder jedenfalls private Handlungen ausgenommen sind (§ 11 Nr. 1 PatG). § 4 Abs. 2 hat jedoch **keine entsprechende Einschränkung**, was dadurch gerechtfertigt ist, dass auch private oder zu ideellen Zwecken erfolgende Handlungen das Potential in sich bergen, den Geheimnischarakter zu zerstören. Zudem hatte der Gesetzgeber die Gelegenheit, in § 5 oder § 3 entsprechende Erlaubnisse oder Ausnahmen vorzusehen.[64] **88**

2. Offenlegung. Offenlegen (englisch: „Disclosure"; französisch: „Divulgation") bedeutet nach der Gesetzesbegründung „die Eröffnung des Geschäftsgeheimnisses gegenüber Dritten, nicht notwendigerweise der Öffentlichkeit".[65] **89**

---

59 BeckOK GeschGehG/*Hiéramente* § 4 Abs. 2 Nr. 1 GeschGehG Rn. 50.
60 Bejahend Köhler/Bornkamm/Feddersen/*Alexander* § 4 GeschGehG Rn. 38; BeckOK GeschGehG/*Hiéramente* § 4 Abs. 2 Nr. 1 GeschGehG Rn. 52; verneinend zumindest für das alte Recht MüKo UWG/*Brammsen* § 17 UWG Rn. 127.
61 BeckOK GeschGehG/*Hiéramente* § 4 Abs. 2 Nr. 1 GeschGehG Rn. 53.
62 BeckOK GeschGehG/*Hiéramente* § 4 Abs. 2 Nr. 1 GeschGehG Rn. 53.
63 Harte-Bavendamm/Henning-Bodewig/*Harte-Bavendamm* § 17 UWG Rn. 35; verneinend Ohly/Sosnitza/*Ohly* § 17 UWG Rn. 22.
64 Harte-Bavendamm/*Ohly*/Kalbfus/*Ohly* § 4 GeschGehG Rn. 29.
65 BTDrucks. 19/4724 S. 27.

90 **Dritter ist im Zweifel jeder**, der zur Kenntnisnahme des Geschäftsgeheimnisses nicht berechtigt ist, wobei grundsätzlich jeder Dritte in Betracht kommt. Im Kern soll das Offenlegungsverbot den Bestand des Geschäftsgeheimnisses schützen, welches durch eine Offenlegung seinen Wert teilweise oder vollständig verliert.

91 Ein Offenlegen ist daher weder an eine bestimmte Form gebunden, noch an eine bestimmte Verhaltensweise. Daher fallen alle Vorgänge, durch die das Geschäftsgeheimnis insgesamt oder in wesentlichen Teilen gegenüber unberechtigten Personen bekannt oder zugänglich gemacht wird, unter das Offenlegungsverbot. Dabei ist es unerheblich, ob dies einer einzelnen Person, größeren Gruppen oder der Allgemeinheit gegenüber geschieht.[66]

92 Auch ist hier **keine bestimmte Form** erforderlich. Es reicht die **Kenntnisnahmemöglichkeit**. Diese ist auch gegeben, wenn das Geschäftsgeheimnis in verkörperter Form zugänglich gemacht wird oder der Inhalt des Geschäftsgeheimnisses beispielsweise durch Ablegen von Daten auf einem Server für Dritte zugänglich gemacht wird.[67]

93 Dagegen genügt das bloße Zurverfügungstellen beispielsweise von Speichermedien ohne aktive Beteiligung bei der Erlangung, dem Offenlegen oder Nutzen des Geschäftsgeheimnisses nicht. Anders stellt sich die Haftung **von Intermediären** dar, wenn ein **eigener Beitrag** oder eine **Verletzung von Verkehrspflichten** vorliegt.[68]

94 Für das Vorliegen eines Offenlegens ist unerheblich, ob ein Vertrauensbruch oder sonstige besondere Umstände vorliegen. Auch ein Offenlegen aus ideellen Motiven fällt unter § 4 Abs. 2.[69] Hier mag allenfalls eine Ausnahme nach § 5 vorliegen. Dem aktiven Offenlegen steht das **Ermöglichen der Kenntnisnahme** gleich, wenn die handelnde Person dem Dritten bewusst eine Zugangsmöglichkeit verschafft oder diese jedenfalls billigend in Kauf nimmt.[70]

II. Verboten erlangt (Abs. 2 Nr. 1)

95 Das Nutzungs- und Offenlegungsverbot des § 4 Abs. 2 greift, wenn eine der drei Alternativen aus § 4 Abs. 2 Nr. 1–3 vorliegt. Nach § 4 Abs. 2 Nr. 1 darf ein Geschäftsgeheimnis nicht benutzt oder offengelegt werden, welches durch eine Handlung nach § 4 Abs. 1 Nr. 1 oder 2 erlangt wurde.

96 **1. Handlungsverbot des § 4 Abs. 2 Nr. 1 lit. a).** Dieses Handlungsverbot knüpft an die illegale Erlangung des Geschäftsgeheimnisses durch unbefugten Zugang, unbefugte Aneignung oder unbefugtes Kopieren gemäß § 4 Abs. 1 Nr. 1 an (vgl. Kommentierung zu § 4 Abs. 1 Rn. 19ff.). Dabei stellt das Nutzen oder Offenlegen aufgrund des **eigenen Unrechtgehalts** eine erneute Rechtsverletzung dar, die dementsprechend verboten ist. Letztlich handelt es sich hier um den **Kern des Schutzes** von Geschäftsgeheimnissen im Wirtschaftsleben, da im Nutzen und Offenlegen der potentiell größte wirtschaftliche Schaden liegt. Gleichwohl muss der Rechtsverletzungstatbestand des § 4 Abs. 1 Nr. 1 mit einer seiner Alternativen **vollständig** verwirklicht sein, wobei eine täterschaftliche Begehung erforderlich ist. Die Erlangung oder Offenbarung des Geschäftsgeheimnisses über einen Dritten erfüllt das Erfordernis des eigenen Erlangens nicht. In einem solchen Fall „bloßer Teilnah-

---

66 Köhler/Bornkamm/Feddersen/*Alexander* § 4 GeschGehG Rn. 39.
67 Köhler/Bornkamm/Feddersen/*Alexander* § 4 GeschGehG Rn. 39; BeckOK GeschGehG/*Hiéramente* § 4 Abs. 2 GeschGehG Rn. 47.
68 Näher Harte-Bavendamm/Ohly/Kalbfus/*Ohly* § 4 GeschGehG Rn. 47.
69 Harte-Bavendamm/Ohly/Kalbfus/*Ohly* § 4 GeschGehG Rn. 29.
70 Köhler/Bornkamm/Feddersen/*Alexander* § 4 GeschGehG Rn. 39.

me“ kommt eine mittelbare Rechtsverletzung gemäß § 4 Abs. 3 Satz 1 in Frage.[71] Andererseits ist nur die **täterschaftliche Begehung des objektiven Tatbestands** des § 4 Abs. 1 Nr. 1 erforderlich. Subjektive Anforderungen werden erst für die Haftung des Rechtsverletzers nach §§ 10ff. relevant (vgl. Kommentierung zu § 10 Rn. 8ff.).

2. Handlungsverbot des § 4 Abs. 2 Nr. 1 lit. b). Dieses Handlungsverbot knüpft an 97
die illegale Erlangung des Geschäftsgeheimnisses durch ein sonstiges Verhalten i.S.d. § 4 Abs. 1 Nr. 2 an (vgl. Kommentierung zu § 4 Abs. 1 Rn. 62ff.). Im Übrigen gilt das vorstehend zu § 4 Abs. 2 Nr. 1 lit. a) unter Rn. 96 gesagte.

III. Verstoß gegen Beschränkung der Nutzung (Abs. 2 Nr. 2)

Mit § 4 Abs. 2 Nr. 2 der auf Art. 4 Abs. 3 b) der Richtlinie (EU) 2016/943 zurückgeht, 98
wird ein **Nutzungsverbot in Fällen legaler Erlangung eines Geschäftsgeheimnisses normiert**, was dem § 17 UWG a.F. fremd war. Ein vergleichbares Verbot gab es nur für den Sonderfall der Verwertung von Vorlagen oder Vorschriften technischer Art in § 18 Abs. 1 UWG a.F.

§ 4 Abs. 2 Nr. 2 erfasst damit vor allem Fälle, die nicht schon durch § 4 Abs. 2 Nr. 1 er- 99
fasst sind, da es an einer rechtswidrigen Erlangung fehlt. Ebenso erfasst sind die Fälle des § 4 Abs. 3, denen ebenfalls eine rechtswidrige Erlangung durch fremde Handlung vorausgegangen sein muss. Dabei kommen bei § 4 Abs. 3 die subjektiven Anforderungen „*weiß oder wissen musste*“ hinzu, sodass diese Vorschrift nicht auf jede objektiv unberechtigte Kenntniserlangung anwendbar ist, was wiederum einen Rückgriff auf § 4 Abs. 2 Nr. 2 ermöglicht, da der Wortlaut insoweit keine Einschränkung enthält.

Die Richtlinie (EU) 2016/943 stellt vor allem auf den typischen Fall einer Nutzungs- 100
beschränkung in Form von Vertraulichkeitsvereinbarungen ab (dazu Rn. 102ff.). Alternativ werden aber auch sonstige Verpflichtungen, das Geschäftsgeheimnis nicht offenzulegen erwähnt. Hierzu verweist die Gesetzesbegründung insbesondere auf die im Arbeitsverhältnis grundsätzlich geltende Verpflichtung zu Geheimhaltung und Loyalität, auch wenn diese nicht arbeitsvertraglich geregelt ist. Hier kommt die Besonderheit hinzu, dass die Nutzung von Erfahrung und Fähigkeiten, die Arbeitnehmer im normalen Verlauf ihrer Tätigkeit ehrlich erworben haben, nicht beeinträchtigt werden darf.[72]

§ 4 Abs. 2 Nr. 2 stellt ausschließlich objektive Kriterien auf und erfordert **weder Vor-** 101
satz noch eine besondere Motivation.[73]

1. Vertragliche Verpflichtung

a) Vertraulichkeitsvereinbarungen. Als Beispiel für vertragliche Vereinbarungen 102
mit Nutzungsbeschränkungen kennt die Richtlinie (EU) 2016/943 insbesondere Vertraulichkeitsvereinbarungen. Diese sind in der Vertragspraxis häufig anzutreffen, wenn es um den Schutz vertraulicher Informationen geht. Typisch sind **Geheimhaltungsvereinbarungen** oder sogenannte **Non-Disclosure-Agreements, Confidentiality Agreements oder Common Interest Agreements.** Derartige Vertraulichkeitsvereinbarungen können

71 Köhler/Bornkamm/Feddersen/*Alexander* § 4 GeschGehG Rn. 43.
72 BTDrucks. 19/4724 S. 27.
73 *Ohly* GRUR **2019** 441, 446.

in umfassendere Vertragsverhältnisse eingebettet sein und dort als einzelne Klausel geregelt werden oder aber Gegenstand eines selbstständigen Vertrags sein.

103 Häufig anzutreffen sind selbstständige Vertraulichkeitsvereinbarungen, z. B. im Rahmen von Geschäftsanbahnungen jeglicher Art oder aber beim Austausch vertraulicher Informationen, z. B. über technische Sachverhalte. Eingebettet in größere Vertragswerke finden sich Vertraulichkeitsvereinbarungen typischerweise in Lizenzverträgen, Forschungs- und Entwicklungsvereinbarungen oder aber auch im Rahmen von Unternehmenstransaktionen, Joint Venture Verträgen usw.

104 Grundsätzlich bedarf eine Vertraulichkeitsvereinbarung **keiner besonderen Form**, sie kann sowohl **ausdrücklich** als auch **konkludent** vereinbart werden. Typische Fälle konkludenter Einigung sind die Überlassung und Annahme als vertraulich gekennzeichneter Informationen in verkörperter oder auch nicht verkörperter Form, wobei insbesondere bei Letzteren ein mündlicher Vertraulichkeitshinweis – bei allen damit einhergehenden Beweisschwierigkeiten – ausreicht.[74]

105 **b) Rechtswirksamkeit. Durchsetzbar** soll die Nutzungsbeschränkung nur sein, wenn sie ihrerseits rechtswirksam ist.[75]

106 Tatsächlich findet sich das Erfordernis der Rechtswirksamkeit in der letzten Fassung der Richtlinie nicht mehr. Auch wenn die Begründung des Regierungsentwurfs darauf hinzudeuten scheint, spricht sie tatsächlich nur davon, dass *„die vertragliche Verpflichtung … rechtmäßig sein muss“*[76], was wiederum eine Selbstverständlichkeit darstellt und vor dem Hintergrund der Erlaubnistatbestände und Schrankenregelungen der Richtlinie zu sehen ist. Ob eine **rechtswirksame** vertragliche Vereinbarung vorliegt ist letztlich eine Frage des Einzelfalls, wobei hinsichtlich der Durchsetzbarkeit der etwaig unwirksamen vertraglichen Vereinbarung zwischen der tatsächlichen rechtlichen Unwirksamkeit und der **Rechtmäßigkeit der wirksam vereinbarten Beschränkungen** zu unterscheiden ist. Im ersten Fall der unwirksamen Vereinbarung mag die vertragliche Vereinbarung aufgrund ihrer Unwirksamkeit nicht durchsetzbar sein. Da § 4 Abs. 2 Nr. 2 jedoch richtlinienkonform auf eine Verpflichtung zur Beschränkung der Nutzung abstellt, genügt entsprechend der Formulierung der Richtlinie auch eine sonstige Verpflichtung, die sich auch aus einer unwirksam geschlossenen vertraglichen Vereinbarung aufgrund rein tatsächlicher Gegebenheiten ableiten lässt, wenn ansonsten der Geheimnisschutz in unlauterer Weise unterlaufen würde. Etwa bei einer aus rein formalen Gründen herrührenden Unwirksamkeit oder einer durch Täuschung herbeigeführten Unwirksamkeit.

107 Dagegen kann die Reichweite der beschränkenden Verpflichtung nur soweit gehen, wie der Schutz eines Geschäftsgeheimnisses nach den Erlaubnistatbeständen des § 3[77] und den bei richtlinienkonformer Auslegung aus Art. 1 Abs. 3 Richtlinie (EU) 2016/943 abzuleitenden Schutzgrenzen rechtlich zulässig, also rechtmäßig ist.[78]

108 Das bedeutet zum einen im besonderen **Fall von Arbeitsverhältnissen** (dazu näher Rn. 110), aber auch allgemein, dass **Grenzen für Nutzungsbeschränkungen** in Individualvereinbarungen beispielsweise aus §§ 138, 242 BGB sowie § 74 ff. HGB bestehen.[79] Insbesondere wenn Nutzungsbeschränkungen unzulässige Wettbewerbsverbote oder weit

---

74 Köhler/Bornkamm/Feddersen/*Alexander* § 4 GeschGehG Rn. 46.
75 BTDrucks. 19/4724 S. 27; Köhler/Bornkamm/Feddersen/*Alexander* § 4 GeschGehG Rn. 51; **a. A.** *Hoeren/Münker* WRP **2018** 150, 153.
76 BTDrucks. 19/4724 S. 27.
77 Vgl. dazu z. B. zum „reverse engineering“ *Strobel* Kommentierung zu § 3 Abs. 1 Nr. 2 Rn. 12 ff.
78 Köhler/Bornkamm/Feddersen/*Alexander* § 4 GeschGehG Rn. 52; *Wunner* WRP **2019** 710, 713 ff.
79 *Wunner* WRP **2019** 710, 713.

über das sachlich oder zeitlich erforderliche Maß hinausgehende Nutzungsbeschränkungen vorsehen. Für Vertraulichkeitsvereinbarungen wurde schon immer angenommen, dass die üblichen Ausnahmeregelungen, wie z.B. das öffentlich werden des Geschäftsgeheimnisses ohne Verschulden des Vertragspartners oder eines Dritten zur Rechtmäßigkeit einer solchen Vereinbarung gehören.

Gerade Vertraulichkeitsvereinbarungen werden häufig formularmäßig verwendet, so 109
dass sie der Transparenz und Angemessenheitskontrolle gemäß **§ 307 Abs. 1 und 2 BGB** unter Berücksichtigung der im Handelsverkehr geltenden Gewohnheiten oder Gebräuche standhalten müssen. *Alexander* verweist auf das Beispiel des Handelsvertreters, dem jegliche Verwertung von Kundenanschriften nach Beendigung der Vertragsbeziehung und ohne Fristbegrenzung verboten wird, auch wenn es sich um memorierte Kundenanschriften handelt.[80]

c) Beschäftigungsverhältnisse. Vertraulichkeitsverpflichtungen in Beschäfti- 110
gungsverhältnissen sind von besonderer praktischer Relevanz, da Fälle des unlauteren Geheimnisverrats häufig von ausscheidenden Arbeitnehmern begangen werden. Im Wesentlichen geht es hierbei um die schwierige Abwägung zwischen Schutz von Geschäftsgeheimnissen und der Mobilität von Arbeitnehmern. Mobilitätsschutz soll dem Schutz von Geschäftsgeheimnissen dann vorgehen, wenn es um die **Nutzung von Erfahrungen und Fähigkeiten**, die Arbeitnehmer im normalen Verlauf ihrer Tätigkeit **ehrlich erworben** haben, geht.[81] Ehrlich erworben sind solche Fachkenntnisse und Fertigkeiten, die sich der Arbeitnehmer im Laufe seines Berufslebens und seiner Aus- und Weiterbildung in Form von Erfahrungswissen angeeignet hat ohne dabei gegen gesetzliche oder vertragliche Vorschriften zu verstoßen. Im Wesentlichen handelt es sich dabei um das, was der Arbeitnehmer" im Kopf hat" oder in Form von handwerklichem Geschick erworben hat.

Zur Wahrung der Mobilität von Arbeitnehmern dürfen gemäß Art. 1 Abs. 3 lit. c) Richt- 111
linie (EU) 2016/943 **keine zusätzlichen Beschränkungen** in Arbeitsverträgen auferlegt werden, die von Vorgaben des Unionsrechts oder des nationalen Rechts nicht gedeckt sind. Damit können bestehende Grundsätze zu den Anforderungen an Verschwiegenheitsverpflichtungen und nachvertragliche Wettbewerbsverbote weiter angewandt werden, da sie keine zusätzlichen Beschränkungen beinhalten.[82]

2. Sonstige Verpflichtung. Nach Art. 4 Abs. 3 lit. c) Richtlinie (EU) 2016/943 können 112
auch sonstige Verpflichtungen Nutzungsverbote begründen.[83] Solche sonstigen Verpflichtungen können im Zusammenhang mit Vertragsverhältnissen entweder bereits bei deren Anbahnung als **vorvertragliche Pflicht** zur Nutzungsbeschränkung gemäß **§§ 311 Abs. 2, 241 Abs. 2 BGB** bestehen, wenn im Vertrauen auf einen Vertragsabschluss bereits bei der Vertragsanbahnung im Rahmen des vorvertraglichen Geschäftskontakts im Vertrauen auf dessen Fortführung Geschäftsgeheimnisse offenbart wurden, wie z.B. Fertigungs- oder Vermarktungs-Know-how.[84]

Genauso kann sich ohne ausdrückliche Vereinbarung eine Verpflichtung zur Nut- 113
zungsbeschränkung als vertragliche Nebenpflicht aus §§ 241 Abs. 2, 242 BGB ergeben, die die Pflicht zur gegenseitigen Rücksichtnahme auf die Rechte und Rechtsgüter des Ge-

80 BGH 28.1.1993 NJW **1993** 1786; Köhler/Bornkamm/Feddersen/*Alexander* § 4 GeschGehG Rn. 54.
81 Art. 1 Abs. 3 lit. b) Richtlinie (EU) 2016/943.
82 BTDrucks. 19/4724 S. 27; Köhler/Bornkamm/Feddersen/*Alexander* § 4 GeschGehG Rn. 52 m.w.N.
83 BTDrucks. 19/4724 S. 27.
84 BGH 21.3.1991 GRUR **1992** 523, 524; BGH 27.1.1983 GRUR **1983** 377, 379.

schäfts- oder Vertragspartners statuieren. Schließlich kann sich eine Nutzungsbeschränkung für Geschäftsgeheimnisse aufgrund ergänzender Vertragsauslegung gemäß **§§ 133, 157 BGB** ergeben, wenn der Geschäftsgeheimnisinhaber berechtigterweise davon ausgehen durfte, dass die Vertraulichkeit gewahrt wird.

114 Als sonstige Verpflichtung kann auch die **Loyalitätspflicht des Arbeitnehmers** angeführt werden, wenngleich sich diese bereits aus dem Vertragsverhältnis ergeben sollte.[85]

115 Eine typische nachvertragliche Pflicht besteht nach **§ 90 HGB** für **Handelsvertreter**. Anvertraute Geschäfts- und Betriebsgeheimnisse oder solche, die der Handelsvertreter durch seine Tätigkeit für den Unternehmer erlangt, sind über die Beendigung des Vertragsverhältnisses hinaus vertraulich zu behandeln und dürfen nicht verwertet werden, jedenfalls, wenn dies der Handhabung eines ordentlichen Kaufmannes oder den Gesamtumständen wiederspräche. Typischerweise betrifft dies z. B. die Weiterverwendung von Kundendaten durch einen ausgeschiedenen Handelsvertreter, wo immer wieder erstaunliche Gedächtnisleistungen behauptet werden.[86]

IV. Verstoß gegen Offenlegungsverbot (Abs. 2 Nr. 3)

116 Die Vorschrift des § 4 Abs. 2 Nr. 3 ergänzt das Handlungsverbot aus § 2 Abs. 2 Nr. 2 und verhindert letztlich den Verlust des Geschäftsgeheimnisses durch Offenlegung. Genau wie bei § 4 Abs. 2 Nr. 2 stellt die Gesetzesbegründung in Umsetzung der Richtlinie darauf ab, dass Offenlegungsverbote durch Vertraulichkeitsvereinbarungen (dazu Rn. 102ff.) oder sonstige Verpflichtung (dazu Rn. 112ff.) begründet werden können. Letztlich erfasst § 4 Abs. 2 Nr. 3 **sämtliche Formen von Offenlegungsverboten**. Adressaten solcher Verbote kann die Offenlegung generell oder nur gegenüber bestimmten Personenkreisen untersagt sein, wobei Letzteres nur Sinn macht, wenn eine Offenlegung an andere Personenkreise den Charakter des Geschäftsgeheimnisses wahrt. Dies wird letztlich nur dann gegeben sein, wenn nur bestimmte Personenkreise mit dem Geschäftsgeheimnis „etwas anfangen können".

117 **1. Vertragsverpflichtung.** Hinsichtlich vertraglicher Offenlegungsbeschränkungen kann auf die Ausführungen zu Handlungsverboten verwiesen werden (Rn. 102ff.). Es gelten die gleichen Regelungen zur Zulässigkeit und Rechtmäßigkeit solcher vertraglichen Vereinbarungen, die sowohl konkludent als auch ausdrücklich abgeschlossen werden können. Typischerweise finden sich neben Nutzungsbeschränkungen auch Offenlegungsverbote in Vertraulichkeitsvereinbarungen oder größeren Vertragswerken mit Vertraulichkeitsklauseln. Auch Lizenzverträge werden dem Lizenznehmer regelmäßig das Recht einräumen, Kenntnis von Geschäftsgeheimnissen zu nehmen und diese gegebenenfalls zu nutzen, nicht aber diese offenzulegen.

118 **2. Sonstige Verpflichtung.** Auch hinsichtlich des Verbots der Offenlegung aufgrund sonstiger Verpflichtung kann auf die Ausführung zu § 4 Abs. 2 Nr. 2 (dazu Rn. 112ff.) verwiesen werden, da sich solche Verpflichtungen typischerweise aus vergleichbaren Konstellationen ergeben, wie z. B. aus der Loyalitätspflicht des Arbeitnehmers im Rahmen von **Beschäftigungsverhältnissen**, nachvertraglichen Treuepflichten bei der **Beendigung**

---

85 BTDrucks. 19/4724 S. 27.
86 BGH 28.1.1993 NJW **1993** 1786, 1787; BGH 14.1.1999 GRUR **1999** 934, 935; Köhler/Bornkamm/Feddersen/*Alexander* § 4 GeschGehG Rn. 56.

des Vertragsverhältnisses, als **Nebenpflicht bei bestehenden Vertragsverhältnissen** oder aber im Rahmen einer Vertragsanbahnung als **vorvertragliche Pflicht**.

§ 4 Abs. 3
Mittelbare Verletzungshandlung

[...]

(3) [1]Ein Geschäftsgeheimnis darf nicht erlangen, nutzen oder offenlegen, wer das Geschäftsgeheimnis über eine andere Person erlangt hat und zum Zeitpunkt der Erlangung, Nutzung oder Offenlegung weiß oder wissen müsste, dass diese das Geschäftsgeheimnis entgegen Absatz 2 genutzt oder offengelegt hat. [2]Das gilt insbesondere, wenn die Nutzung in der Herstellung, dem Anbieten, dem Inverkehrbringen oder der Einfuhr, der Ausfuhr oder der Lagerung für diese Zwecke von rechtsverletzenden Produkten besteht.

Schrifttum

Beier/Schricker/Krasser From GATT to TRIPS, 1996; *Brammsen* Reformbedürftig! Der Regierungsentwurf des neuen Geschäftsgeheimnisschutzgesetzes, BB **2018** 2446; *Hoeren/Münker* Die neue EU-Richtlinie zum Schutz von Betriebsgeheimnissen und die Haftung Dritter, CCZ **2018** 85; *Kalbfus* Know-how-Schutz in Deutschland zwischen Strafrecht und Zivilrecht – welcher Reformbedarf besteht? 2011; *Müller* Der Schutz von Know-how nach dem Trips-Übereinkommen, 2003; *Reger* Der internationale Schutz gegen unlauteren Wettbewerb und das TRIPS-Übereinkommen, 1999; *Wiese* Die EU-Richtlinie über den Schutz vertraulichen Know-hows und vertraulicher Geschäftsinformation, Diss. Münster 2017.

Übersicht

A. Allgemeines

Neben den in § 4 Abs. 1 und Abs. 2 geregelten unmittelbaren Verletzungshandlungen **119**
erfasst § 4 Abs. 3 mittelbare Rechtsverletzungen und geht damit über den Schutz von Geschäftsgeheimnissen gegen mittelbare Verletzungen nach altem Recht unter §§ 17 Abs. 2 Nr. 2, 18 UWG a.F. hinaus.[86] Es reicht nun aus, dass die handelnde Person ein Geschäftsgeheimnis „über eine andere Person" erlangt und dabei weiß oder fahrlässig nicht weiß,

86 Dazu kritisch *Brammsen* BB **2018** 2446, 2450.

dass diese dritte Person oder einer der Vorgänger in der Übertragungskette das Geschäftsgeheimnis entgegen § 4 Abs. 2 genutzt oder offengelegt hat. Als besonderen Fall adressiert § 4 Abs. 3 Satz 2 die Verwertung eines derart erlangten Geschäftsgeheimnisses zu kommerziellen Zwecken in Form des Herstellens, Anbietens und Inverkehrbringens. Damit ähnelt diese Vorschrift den Anspruchsgrundlagen bei der Verletzung von Immaterialgüterrechten,[87] auch wenn es sich nicht um ein Ausschließlichkeitsrecht handelt. Das Verbot der Verwertung durch rechtswidrige Vortat erlangter Geschäftsgeheimnisse, das in § 4 Abs. 3 adressiert wird, soll letztlich sicherstellen, dass in **hehlereiähnlichen Situationen** eine Verwertung von Geschäftsgeheimnissen ausgeschlossen wird.

120 § 4 Abs. 3 dient der Umsetzung von **Art. 4 Abs. 4 und Abs. 5 der Richtlinie (EU) 2016/943** und deckt damit **zwei Formen mittelbarer Rechtsverletzungen** ab. Einen anderen Regelungsbereich betrifft der § 17 Abs. 2 Nr. 1 UWG a. F. Hier wird zwar auch die Betriebsspionage Dritter geregelt, jedoch wird damit nur die Pönalisierung technischer Mittel bezweckt, nicht das Aushorchen von Mitarbeitern des Geheimnisinhabers.[88]

121 Durch die Zusammenfassung zweier Sachverhalte, die in der Richtlinie unabhängig nebeneinander in einen allgemeinen und einen speziellen Anwendungsfall („insbesondere“) aufgeteilt waren, verrückt die von der Richtlinie angestrebte Systematik und damit auch die Klarheit der Regelung. Es muss letztlich der Richtlinientext mitgelesen werden, um zu einer konformen Anwendung zu kommen.[89]

B. Kommentierung

I. Verwertung nach rechtswidriger Handlung eines Dritten (§ 4 Abs. 3 Satz 1)

122 Der Tatbestand des § 4 Abs. 3 Satz 1 setzt einen „**Vortäter**“ und eine wissentlich oder fahrlässig die „Vortat“ ausnutzende, **handelnde Person** voraus. Durch die rechtswidrige Vortat muss ein Geschäftsgeheimnis widerrechtlich erlangt worden sein, welches dann durch die handelnde Person erlangt, benutzt oder offengelegt wird. Dabei muss der Vortäter nicht zwingend die direkte Kontaktperson des Handelnden sein.

123 **1. Vortäter (Dritter).** Die „andere Person“ muss **Vortäter** sein. Diese dritte Person muss das Geschäftsgeheimnis entgegen § 4 Abs. 2 erlangt haben. Hinsichtlich dieses Erlangens kann auf die Kommentierung zu § 4 Abs. 2 und Abs. 1 verwiesen werden (vgl. Kommentierung zu § 4 Abs. 2, Rn. 79, Rn. 95). Dabei lässt die Formulierung „**über eine andere Person**“ ausdrücklich zu, dass ein „mehrstufiger“ bzw. „kettenförmiger“ Erwerb stattfindet, im Verlaufe dessen auf mindestens einer Stufe eine Rechtsverletzung verwirklicht wurde.[90]

124 Eine rechtswidrige „Vortat“ der anderen Person liegt dann nicht vor, wenn ein **Erlaubnistatbestand** des § 3 oder ein Ausnahmetatbestand gemäß § 5 erfüllt ist, da in einem solchen Fall ein Verstoß gegen § 4 Abs. 2 ausscheidet. Entgegen der in der Literatur[91] angesprochenen Nähe des Art. 4 Abs. 4 der Richtlinie zu § 17 Abs. 2 Nr. 2 UWG a. F. ist es nach dem eindeutigen Wortlaut („über eine andere Person“) nicht möglich, dass die Vortat von dem Täter des § 4 Abs. 3 selbst begangen wurde.

---

87 §§ 9 PatG, 14 MarkenG, 15 ff. UrhG.
88 *Kalbfus* 134.
89 Köhler/Bornkamm/Feddersen/*Alexander* § 4 GeschGehG Rn. 62.
90 BTDrucks. 19/4742 S. 28; *Hoeren/Münker* CCZ **2018** 85 f. („Der Makel der rechtswidrigen Vortat infiziert die gesamte Kette“).
91 Vgl. dazu *Hoeren/Münker* CCZ **2018** 85.

2. Verbotsadressat. Adressat der Verbotsnorm des § 4 Abs. 3 ist die handelnde Person, die durch die Auswertung einer vorangegangenen Rechtsverletzung selber zum Rechtsverletzer durch Erlangen, Nutzen oder Offenlegung des Geschäftsgeheimnisses wird. Dabei richten sich die Kriterien für das Vorliegen der Tatbestandsalternativen Erlangen, Nutzen oder Offenlegen nach den Maßstäben in § 4 Abs. 1 und Abs. 2 (vgl. Kommentierung zu § 4 Abs. 1 Rn. 11ff., § 4 Abs. 2 Rn. 79ff.). 125

3. Wissen oder Wissenmüssen. Anders als in den übrigen Tatbeständen des § 4 erfordert § 4 Abs. 3 das **Wissen oder Wissenmüssen** des erlangenden, nutzenden oder offenlegenden Verbotsadressaten um die rechtswidrige Vortat. Da dieser unmittelbar Handelnde zunächst keine eigene, sondern eine mittelbare Rechtsverletzung begeht, bedarf es dieses subjektiven Elements, um den Unrechtsgehalt der Vortat gleichsam in das Verhalten des unmittelbar Handelnden zu perpetuieren. 126

a) Vorsatz. Der **Maßstab für das Wissen** entspricht den Anforderungen an ein **vorsätzliches Handeln** und verlangt positive Kenntnis der handelnden Person von der rechtswidrigen Vortat, also von den zugrunde liegenden Tatsachen und der Rechtswidrigkeit. Da es sich um einen unionsrechtlichen Begriff handelt, obliegt die richtlinienkonforme Auslegung letztlich dem EuGH.[92] 127

b) Fahrlässigkeit. Auch das „**Wissenmüssen**" ist ein unionsrechtlicher Begriff, dessen Auslegung letztlich durch den EuGH erfolgen muss. Er wird jedoch mit der **fahrlässigen Unkenntnis** gleichgesetzt werden können, wobei dies auch **einfach-fahrlässige Unkenntnis** umfassen wird, da der Gesetzgeber sonst die Beschränkung auf „grobe Fahrlässigkeit" aufgenommen hätte, was allerdings aufgrund von Art. 4 Abs. 3 der Richtlinie (EU) 2016/943 nicht möglich erscheint, da eine solche Beschränkung dort nicht vorgesehen ist und die Richtlinie den Mindeststandard für die gesetzliche Umsetzung vorgibt.[93] Normen mit ähnlichem Regelungsbereich fordern jedoch „grobe Fahrlässigkeit" gem. Art. 39 Abs. 2 TRIPS oder sogar „Vorsatz" gem. § 17 Abs. 2 Nr. 2 UWG a. F., wobei jedoch im Hinblick auf das UWG von einer fehlenden TRIPS-Konformität ausgegangen wird.[94] Aus diesem Grund wird in der Literatur vorgeschlagen, „grobe Fahrlässigkeit" zu fordern, um Wertungswidersprüche zu vermeiden. Aus der Formulierung „unter den gegebenen Umständen" soll dies ableitbar sein.[95] Damit würde auch ein Gleichlauf mit § 932 Abs. 2 BGB erreicht werden.[96] Trotz dieser Argumente ist diese Meinung jedoch nicht mit dem eindeutigen Wortlaut der Richtlinie (EU) 2016/943 vereinbar, sodass kein Raum für die Beschränkung auf „grobe Fahrlässigkeit" besteht.[97] 128

Wissenmüssen ist **zu bejahen**, wenn sich die handelnden Personen bewusst der Erkenntnis verschließen, dass das erlangte Geschäftsgeheimnis durch eine Vortat nach § 4 Abs. 2, das heißt durch unerlaubtes Nutzen oder Offenlegen erlangt wurde.[98] 129

---

92 Harte-Bavendamm/Ohly/Kalbfus/*Ohly* § 4 GeschGehG Rn. 45.
93 Harte-Bavendamm/Ohly/Kalbfus/*Ohly* § 4 GeschGehG Rn. 45 unter Verweis auf Art. 39 Abs. 2 TRIPS und *Hoeren/Münker* CCZ **2018** 85, 86.
94 *Kalbfus* 148; Beier/Schricker/*Krasser* 216, 224; *Reger* 272; *Müller* 145.
95 *Wiese* 142.
96 So *Hoeren/Münker* CCZ **2018** 85, 86.
97 *Hoeren/Münker* CCZ **2018** 85, 86.
98 Köhler/Bornkamm/Feddersen/*Alexander* § 4 GeschGehG Rn. 70.

130 Das **Wissenmüssen** wird in der Richtlinie (EU) 2016/943 „unter den **gegebenen Umständen**" relativiert. Diese Relativierung ist in der Umsetzung durch den deutschen Gesetzgeber verloren gegangen, was in der Literatur zum Regierungsentwurf bereits kritisiert wurde.[99] Allerdings verweist die Regierungsbegründung darauf, dass es auf ein **fahrlässiges Nichtwissen** ankomme.[100] Damit ist die Anwendung des Fahrlässigkeitsmaßstabes in § 276 BGB, der auf die Beachtung der „im Verkehr erforderlichen Sorgfalt" abstellt, eröffnet. Es hängt letztlich vom Einzelfall ab, ob der Handelnde „unter den gegebenen Umständen hätte wissen müssen", dass das Geschäftsgeheimnis durch eine rechtswidrige Vortat erlangt wurde. Der Sorgfaltsmaßstab ist damit **einzelfallabhängig** und es kann nicht von einer allgemeinen und umfassenden Untersuchungspflicht ausgegangen werden. Sobald aber Anhaltspunkte dafür vorliegen, dass die Herkunft des Geschäftsgeheimnisses fragwürdig ist, entstehen Nachforschungspflichten, insbesondere, wenn der „Vorlieferant" des Geschäftsgeheimnisses nicht in der Lage ist oder sich gar weigert, Auskunft über Herkunft und Erlangung des Geschäftsgeheimnisses zu geben.[101]

131 Auch spielen für den anzulegenden Sorgfaltsmaßstab im Hinblick auf erforderliche **Nachforschungen** Umstände wie Branchenübungen, Umfang der geheimen Informationen, Wertigkeit der Geheimnisse, situative Umstände, wie Zeitpunkt, Lokalität oder Gegenleistung im Zusammenhang mit der Geheimnisüberlassung, wie natürlich auch die Person des Überlassenden und deren Vertrauenswürdigkeit eine maßgebliche Rolle für den Umfang von Nachforschungspflichten bis hin zur Verpflichtung zur Einholung von Rechtsrat.[102] Nach einer bereits oben angesprochenen Ansicht[103] in der Literatur dürfen Nachforschungspflichten erst entstehen, wenn sich Anhaltspunkte für die Unlauterkeit der Ersthandlung ergeben. Jedoch wird in der Richtlinie ausdrücklich Vorsatz oder Fahrlässigkeit gefordert, sodass auch eine Eingrenzung auf Nachforschungspflichten bei konkreten Anzeichen durchaus problematisch erscheint.[104]

132 **c) Zeitpunkt. Maßgeblicher Zeitpunkt** für die Kenntnis oder das Kennenmüssen ist der Zeitpunkt der eigenen Verletzungshandlung des nach § 4 Abs. 3 Handelnden. Soweit die Rechtsverletzung in der bloßen Erlangung liegt, kann Gutgläubigkeit im Zeitpunkt der Erlangung ausreichen, um den Anspruch nach § 4 Abs. 3 auszuschließen. Soweit die Verletzungshandlung andauert, wie beispielsweise im Falle einer andauernden Nutzung oder einer noch andauernden Offenlegung wird die Schwelle zur Rechtsverletzung überschritten sobald vollständige Kenntnis erlangt wurde.[105] Dies kann auch bei einem noch andauernden Erlangungsvorgang der Fall sein, wenn beispielsweise Teile des Geschäftsgeheimnisses noch nicht erlangt wurden, aber noch „geliefert" werden sollen.

133 **Besondere Härten**, die dadurch entstehen können, dass ein gutgläubiger Empfänger im Vertrauen auf die erlangten Informationen beispielsweise zum Nutzen des Geschäftsgeheimnisses eine Produktionsanlage errichtet hat, können für den Fall späterer Kenntnis dadurch gemildert werden, dass der Unterlassungsanspruch (§ 9) ausgeschlossen und

---

99 *Brammsen* BB **2018** 2446, 2450.
100 BTDrucks. 19/4724 S. 28: „In diesen Fällen kommt es darauf an, ob sie wusste oder fahrlässig nicht wusste, dass sie das Geschäftsgeheimnis über eine andere Person oder mehrere andere Personen erlangt hat, die das Geschäftsgeheimnis rechtswidrig erlangt oder rechtswidrig genutzt oder es offengelegt haben."
101 Köhler/Bornkamm/Feddersen/*Alexander* § 4 GeschGehG Rn. 71.
102 Harte-Bavendamm/Ohly/Kalbfus/*Ohly* § 4 GeschGehG Rn. 45 a. E.
103 *Wiese* 147.
104 Vgl. dazu auch *Hoeren/Münker* CCZ **2018** 85, 86.
105 Köhler/Bornkamm/Feddersen/*Alexander* § 4 GeschGehG Rn. 73.

stattdessen eine Abfindung in Geld (§ 11) zugesprochen wird, wie dies Erwägungsgrund 29 der Richtlinie (EU) 2016/943 nahelegt.[106]

II. Handlungen bezogen auf rechtsverletzende Produkte (§ 4 Abs. 3 Satz 2)

§ 4 Abs. 3 Satz 2 nähert den Geheimnisschutz dem Schutz von **Immaterialgüterrechten** an. Die Vorschrift verbietet bei Vorliegen einer rechtswidrigen Vortat nach § 4 Abs. 3 Satz 1 und dem **Wissen** oder **Wissenmüssen** des Handelnden die **Herstellung, das Anbieten, Inverkehrbringen, Im- oder Exportieren oder die Lagerung** rechtverletzender Produkte. Die Rechte des Geschäftsgeheimnisinhabers gleichen insoweit denen des Inhabers eines Sachpatentes nach § 9 Satz 2 Nr. 1 PatG. Soweit es um die Herstellung und den Vertrieb von Produkten und deren Konstruktionen geht, welche durch eine Verletzung von Geschäftsgeheimnissen ermöglicht wurden, ähnelt die Vorschrift dem Recht aus § 17 Abs. 2 Nr. 2 UWG a. F.[107] Der Tatbestand soll die Auswertung rechtswidrig verbreiteter Geschäftsgeheimnisse und insbesondere die „**Fruchtziehung**“ aus einer erfolgten Geheimnisverletzung verhindern.[108] Weiterhin wird damit bezweckt, dass der Wiedereintritt rechtsverletzender Produkte in die EU unterbunden wird.[109] 134

Die Geschäftsgeheimnis-Richtlinie (EU) 2016/943 hat noch zwischen der Erlangung, Nutzung oder Offenlegung unmittelbar oder mittelbar über eine andere Person erlangter Geschäftsgeheimnisse in dem Wissen oder fahrlässigen Nichtwissen über den rechtswidrigen Vorerwerb einerseits[110] und der Verwertung derart erlangter Informationen, wiederum im Wissen oder fahrlässigen Nichtwissen, um den rechtwidrigen Vorerwerb zu Zwecken der Herstellung, des Anbietens oder Inverkehrbringens von rechtsverletzenden Produkten andererseits[111] unterschieden. Dadurch, dass der deutsche Gesetzgeber diese beiden Verletzungsformen zusammengefasst hat ist unklar, in wie weit auch in der Vertriebskette nachgeordnete Personen, wie z. B. Händler wegen der Verbreitung rechtsverletzender Produkte belangt werden können. Da der deutsche Gesetzgeber § 4 Abs. 3 Satz 2 als besondere Ausprägung des Nutzens eines rechtswidrig erlangten Geschäftsgeheimnisses formuliert, könnte der Eindruck entstehen, dass solche nachgeordneten „Verwerter“ von dieser Verbotsnorm nicht erfasst sind. Soweit hierin ein Unterschied gesehen wird, ist dieser durch richtlinienkonforme Auslegung auszugleichen, so dass § 4 Abs. 3 Satz 1 und Satz 2 als unterschiedliche Verletzungsvarianten gehandhabt werden.[112] 135

1. Rechtsverletzendes Produkt. Gegenstand des Verbotes in § 4 Abs. 3 Satz 1 sind **rechtsverletzende Produkte**. § 2 Nr. 4 definiert ein rechtsverletzendes Produkt als „*ein Produkt, dessen Konzeption, Merkmale, Funktionsweise, Herstellungsprozess oder Marketing in erheblichem Umfang auf einem rechtswidrig erlangten, genutzten oder offengelegten Geschäftsgeheimnis beruht*“. 136

106 Harte-Bavendamm/Ohly/Kalbfus/*Ohly* § 4 GeschGehG Rn. 48.
107 BGH 19.12.1984 GRUR **1985** 294, 296; BGH 3.5.2001 GRUR **2002** 91, 94 f.
108 Köhler/Bornkamm/Feddersen/*Alexander* § 4 GeschGehG Rn. 74.
109 So Erwägungsgrund 28 der Richtlinie (EU) 2016/943.
110 Richtlinie (EU) 2016/943 Art. 4 Abs. 4.
111 Richtlinie (EU) 2016/943 Art. 4 Abs. 5.
112 Harte-Bavendamm/Ohly/Kalbfus/*Ohly* § 4 GeschGehG Rn. 50; ähnlich Köhler/Bornkamm/Feddersen/*Alexander* § 4 GeschGehG Rn. 74.

137 Maßgeblich kommt es also darauf an, ob „**in erheblichem Umfang**" das rechtswidrig erlangte Geschäftsgeheimnis eingeflossen ist. Erwägungsgrund 28 der Richtlinie (EU) 2016/943 stellt darauf ab, ob sich das Geheimnis „*erheblich auf die Qualität, den Wert oder den Preis der aus dieser rechtswidrigen Nutzung gewonnenen Endprodukte auswirkt oder die Kosten der Prozesse für ihre Herstellung oder Vermarktung senkt oder diese Prozesse erleichtert oder beschleunigt*". Damit dürfte die Annahme eines rechtsverletzenden Produktes im Sinne eines umfassenden Geschäftsgeheimnisschutzes relativ weit gefasst sein, wobei die Abgrenzung im Einzelfall immer schwierig bleibt. Zu den Einzelheiten vgl. Kommentierung zu § 2 Rn. 35ff.

138 **2. Herstellen, Anbieten oder Inverkehrbringen.** Die im Gesetz erwähnten unerlaubten Nutzungshandlungen **Herstellen, Anbieten und Inverkehrbringen** entsprechen terminologisch insbesondere den aus dem Patentrecht bekannten Begriffen, so dass die Auslegung des **§ 9 Satz 2 Nr. 1 PatG insoweit übertragbar ist**, als dies dem Charakter des Geschäftsgeheimnisses entspricht. Ähnlich dem durch ein Patent vermittelten Wissen und dem darauf basierend erlangten Schutz für ein Verfahren oder Erzeugnis, kann das **Herstellen** unter Verwertung eines Geschäftsgeheimnisses und die gesamte Fertigung eines Produkts oder einzelne erhebliche Fertigungsschritte oder Elemente eines Produktes, sofern ihnen das Geschäftsgeheimnis in erheblicher Weise immanent ist, erfassen.[113] Wiederum vergleichbar mit der im Patentrecht zu findenden Definition für das **Anbieten**, umfasst dieses **alle Maßnahmen zum Vertrieb des rechtsverletzenden Produkts**. Dazu gehört auch jegliche Werbung für ein Produkt und dessen Präsentation zum Zwecke des Absatzes.[114] Es muss sich nicht um ein Angebot im Sinne des § 145 BGB handeln. Ausreichend ist auch die bloße invitatio ad offerendum.[115]

139 Bei der Präsentation eines Produktes auf einer Messe vertreten die verschiedenen zuständigen Gerichte einzelfallabhängig zu den verschiedenen Immaterialgüterrechten, insbesondere im Patent- oder Markenrecht unterschiedliche Auffassungen.[116] Teilweise sind diese Auffassungen als lebensfremd anzusehen, da die **Ausstellung eines Produktes auf einer Messe** in aller Regel dessen Verkauf fördern soll. Nur in besonderen Ausnahmefällen, wenn es sich beispielsweise um Prototypen handelt, die ersichtlich unverkäuflich sind oder um eine reine Leistungsschau, bei der grundsätzlich keine Verkäufe getätigt werden, wäre ein Anbieten zu verneinen. Dabei ist bei rechtsverletzenden Produkten im Sinne des Geschäftsgeheimnisgesetzes auch zu berücksichtigen, dass zumindest ein europaweiter Schutz besteht und damit aus der territorialen Beschränkung einzelner Immaterialgüterrechte herrührende geografische Grenzen bei der Ausstellung rechtsverletzender Produkte auf Messen nicht greifen, solange als Anbieten zu qualifizierende Handlungen entweder Inlandsbezug haben oder jedenfalls auf ein EU-Land bezogen sind.[117]

140 **Inverkehrbringen** umfasst alle Handlungen, durch die ein rechtsverletzendes Produkt in den Vertrieb gelangt, wie z.B. die Belieferung von Groß- und Einzelhändlern oder jede anderweitige Änderung der Verfügungsgewalt.[118]

---

113 Köhler/Bornkamm/Feddersen/*Alexander* § 4 GeschGehG Rn. 76.
114 Köhler/Bornkamm/Feddersen/*Alexander* § 4 GeschGehG Rn. 77.
115 Harte-Bavendamm/Ohly/Kalbfus/*Ohly* § 4 GeschGehG Rn. 52.
116 BGH 23.2.2017 GRUR **2017** 793, 795f.; BGH 22.4.2010 GRUR **2010** 1103, 1104; OLG Düsseldorf 25.7.2014 BeckRS **2014** 16067.
117 Abweichend Köhler/Bornkamm/Feddersen/*Alexander* § 4 GeschGehG Rn. 77.
118 Köhler/Bornkamm/Feddersen/*Alexander* § 4 GeschGehG Rn. 78.

3. Einfuhr, Ausfuhr oder Lagerung. Auch die **Vorgänge der Einfuhr, Ausfuhr oder Lagerung** sind, jedenfalls was die Einfuhr anbelangt, auch in anderen Immaterialgüterrechtsgesetzen zu finden. Es handelt sich um Handlungen, die typischerweise einem Anbieten oder Inverkehrbringen von rechtsverletzenden Produkten vorgelagert sind. 141

Unter **Einfuhr** ist das Verbringen von Produkten **in den Binnenmarkt** zu verstehen. **Ausfuhr** ist dementsprechend die Verbringung eines rechtsverletzenden Produktes **aus dem Binnenmarkt** heraus. Nicht erfasst ist die bloße Durchfuhr von rechtsverletzenden Produkten im ungebrochenen Transit, die entsprechend den Grundsätzen des Patentrechts keine Einfuhr darstellen.[119] 142

Lagerung ist jegliche Form der Aufbewahrung von rechtsverletzenden Produkten. 143

Da es sich bei der Einfuhr, Ausfuhr oder Lagerung um typische Vorbereitungshandlungen handelt, stellt § 4 Abs. 3 Nr. 2 die weitere Bedingung auf, dass diese Handlungen zum **Zweck** der Herstellung, des Anbietens oder Inverkehrbringens von rechtsverletzenden Produkten erfolgen. Auf den subjektiven Willen des Handelnden kommt es für die **Zweckbestimmung** nicht an. Vielmehr entscheidend ist die **objektiv festzustellende Zielrichtung** der Tätigkeit. Wird beispielsweise ein rechtsverletzendes Produkt eingelagert, um es aus dem Verkehr zu ziehen und einer späteren Vernichtung zuzuführen, so liegt hier objektiv der erforderliche Zweck nicht vor. 144

4. Wissen oder Wissenmüssen. Anders als die Zweckbestimmung stellt das **Wissen oder Wissenmüssen ein subjektives Element** dar, welches in der Person des Handelnden verwirklicht sein muss. Das Verbot des Herstellens, Anbietens oder Inverkehrbringens von rechtsverletzenden Produkten greift im Rahmen des § 4 Abs. 3 Satz 2 nur dann, wenn die handelnde Person **weiß oder wissen musste**, dass das Geschäftsgeheimnis **rechtswidrig im Sinne des § 4 Abs. 3 Satz 1 erlangt** wurde. In der deutschen Gesetzesfassung kommt dies nicht hinreichend zum Ausdruck. Aus der Richtlinie (EU) 2016/943, die aufgrund der Aufteilung der beiden in § 4 Abs. 3 enthaltenen Tatbestände auf zwei Absätze einen eindeutigen Rückverweis auf den dortigen Abs. 3 beinhaltete, ergibt sich der Verschuldungsmaßstab eindeutig.[120] Hinsichtlich den Voraussetzungen für das Wissen (positive Kenntnis) und das Wissenmüssen (fahrlässige Unkenntnis) kann auf die entsprechenden Ausführungen zu § 4 Abs. 3 Satz 1 (Rn. 126) verwiesen werden. 145

Erst durch diese Voraussetzung wird die persönliche Vorwerfbarkeit und damit ein Rückbezug zur Lauterkeit erreicht.[121] 146

III. Rechtsfolgen und Beweislast

Ist eine unmittelbare oder mittelbare Rechtsverletzung im Sinne des § 4 gegeben, ohne dass ein Erlaubnistatbestand des § 3 oder ein Ausnahmetatbestand des § 5 eingreift, so bestehen die Ansprüche nach § 6ff., soweit deren zusätzliche Voraussetzungen gegeben sind. Im Einzelnen können Unterlassung (§ 6), Beseitigung (§§ 6, 7) und Schadensersatz (§ 10) beansprucht werden. 147

Zudem kann unter den besonderen Voraussetzungen des § 23 eine **Strafbarkeit** gegeben sein. 148

119 Harte-Bavendamm/Ohly/Kalbfus/*Ohly* § 4 GeschGehG Rn. 52 a. E.
120 Köhler/Bornkamm/Feddersen/*Alexander* § 4 GeschGehG Rn. 81.
121 So *Hoeren/Münker* CCZ **2018** 85, 86.

149 Die **Darlegungs- und Beweislast** folgt der allgemeinen Regel, dass jeder die ihm günstigen Tatsachen vortragen und beweisen muss. Der Anspruchsteller muss also sämtliche Voraussetzungen des Verletzungstatbestandes des § 4 in der jeweils geltend gemachten Alternative darlegen, wozu insbesondere auch das Vorliegen eines geschützten Geschäftsgeheimnisses gemäß § 2 gehört (vgl. Kommentierung zu § 2 Rn. 3ff.).

§ 5
Ausnahmen

Die Erlangung, die Nutzung oder die Offenlegung eines Geschäftsgeheimnisses fällt nicht unter die Verbote des § 4, wenn dies zum Schutz eines berechtigten Interesses erfolgt, insbesondere
1. **zur Ausübung des Rechts der freien Meinungsäußerung und der Informationsfreiheit, einschließlich der Achtung der Freiheit und der Pluralität der Medien;**
2. **zur Aufdeckung einer rechtswidrigen Handlung oder eines beruflichen oder sonstigen Fehlverhaltens, wenn die Erlangung, Nutzung oder Offenlegung geeignet ist, das allgemeine öffentliche Interesse zu schützen;**
3. **im Rahmen der Offenlegung durch Arbeitnehmer gegenüber der Arbeitnehmervertretung, wenn dies erforderlich ist, damit die Arbeitnehmervertretung ihre Aufgaben erfüllen kann.**

Übersicht

§ 5 Nr. 1
Freie Meinungsäußerung und Informationsfreiheit

Die Erlangung, die Nutzung oder die Offenlegung eines Geschäftsgeheimnisses fällt nicht unter die Verbote des § 4, wenn dies zum Schutz eines berechtigten Interesses erfolgt, insbesondere
1. **zur Ausübung des Rechts der freien Meinungsäußerung und der Informationsfreiheit, einschließlich der Achtung der Freiheit und der Pluralität der Medien;**

[...]

Schrifttum

Alexander Das Spannungsfeld zwischen investigativem Journalismus und dem Schutz von Geschäftsgeheimnissen, AfP **2017** 469; *ders.* Geheimnisschutz nach dem GeschGehGE und investigativer Journalismus, AfP **2019** 1; *ders.* Grundstrukturen des Schutzes von Geschäftsgeheimnissen durch das neue GeschGehG, WRP **2019** 673; *Beater* Die Anwendbarkeit des UWG auf Medien auf Medien und Journalisten (Teil 2), WRP **2016** 929; *Beyerbach* Die geheime Unternehmensinformation, 2012; *Brost/Wolsing* Presserechtlicher Schutz vor der Veröffentlichung von Geschäftsgeheimnissen, ZUM **2019** 898; *Bullinger* Freiheit von Presse, Rundfunk, Film, in: Isensee/Kirchhof (Hrsg.) Handbuch des Staatsrechts der Bundesrepublik Deutschland VII 3. Aufl. 2009 § 163; *von Busekist/Racky* Hinweisgeber- und Geschäftsgeheimnisschutz – ein gelungener Referentenentwurf? ZRP **2018** 135; *Dann/Markgraf* Das neue Gesetz zum Schutz von Geschäftsgeheimnissen, NJW **2019** 1774; *Engländer/Zimmermann* Whistleblowing als strafbarer Verrat von Geschäfts- und Betriebsgeheimnissen? NZWiSt **2012** 328; *Gramlich/Lütke* § 5 Nr. 2 GeschGehG – Ethisch motivierte Durchbrechung von Geschäftsgeheimnissen? wistra **2019** 480; *Hegemann* Die Früchte des verbotenen Baums: Investigative Recherche und die Verwertung rechtswidrig erlangter Informationen, AfP **2019** 12; *Jarass* Charta der Grundrechte

https://doi.org/10.1515/9783110631654-007

der Europäischen Union, 3. Aufl. 2016; *Kahl/Waldhoff/Walter (Hrsg.)* Bonner Kommentar zum GG. Loseblatt, Stand: 88. EL August 2019; *von Mangoldt/Klein/Starck (Begr.)* Grundgesetz, 7. Aufl. 2018; *Meyer/Hölscheidt (Hrsg.)* Charta der Grundrechte der Europäischen Union, 5. Aufl. 2019; *McGuire* Neue Anforderungen an Geheimhaltungsvereinbarungen? WRP **2019** 679; *Müllmann* Mehr als nur Whistleblowing: Gesetz zum Schutz von Geschäftsgeheimnissen, ZRP **2019** 25; *Ohly* Das neue Geschäftsgeheimnisgesetz im Überblick, GRUR **2019** 441; *Pechstein/Nowak/Häde (Hrsg.)* Frankfurter Kommentar zu EUV, GRC und AEUV, Band I: EUV und GRC, 2017; *Schlack* Das neue Geschäftsgeheimnisgesetz, Schutz für Private vor Privaten – und Behörden? ZWeR **2019** 192; *Schmolke* Die neue Whistleblower-Richtlinie ist da! Und nun? NZG **2020** 5; *Schreiber* Das neue Gesetz zum Schutz von Geschäftsgeheimnissen – ein „Freifahrtschein" für Whistleblower, NZWiSt **2019** 332; *Steinmann* Die Geschäftsgeheimnis-Richtlinie: Vorwirkung und unmittelbare Anwendbarkeit, WRP **2019** 703; *Thüsing (Hrsg.)* Beschäftigtendatenschutz und Compliance, 2. Aufl. 2014; *Ullrich* Der Schutz von Whistleblowern aus strafrechtlicher Perspektive, NZWiSt **2019** 65.

Übersicht

A. Allgemeines

I. Überblick – Inhalt der Vorschrift und Rechtsfolge

1 § 5 regelt Ausnahmen von den in § 4 normierten verbotenen Handlungen, indem für die Wahrnehmung eines „berechtigten Interesses" ein **Ausnahmetatbestand** normiert wird. § 5 Nr. 1 betrifft die Wahrnehmung der Meinungsäußerungsfreiheit sowie der Informations- und Medienfreiheiten, während § 5 Nr. 2 Teilbereiche des klassischen „Whistleblowing" regelt. § 5 Nr. 1 deckt vor allem den Bereich des sogenannten investigativen Journalismus ab.

2 Die Vorschrift ist geprägt durch die **grundrechtliche Abwägung**. Die Subsumtion unter den Tatbestand beschränkt sich im Wesentlichen auf diese Abwägung, die deshalb auch in der vorliegenden Kommentierung vor die Klammer gezogen wird.

II. Unionsrechtlicher Hintergrund

Das GeschGehG dient der **Umsetzung der Know-How-Schutz-Richtlinie (EU) 2016/943**. Dies gilt auch für die Ausnahmen des § 5. Thematisch hat § 5 zudem durch die Whistleblowing-Problematik Bezüge zur Hinweisgeber-Richtlinie (EU) 2019/1937. Sollte der nationale Gesetzgeber sich bei deren Umsetzung für ein eigenes Hinweisgeber-Gesetz entscheiden, das auch für Verstöße gegen nationales Recht gilt, könnte die Regelung des § 5 obsolet werden. 3

1. Know-How-Schutz-Richtlinie (EU) 2016/943. Auch wenn die Know-How-Schutz-Richtlinie mit dem Ziel erlassen wurde, den Schutz von Geschäftsgeheimnissen zu stärken, hatte bereits der EU-Gesetzgeber im Blick, dass es Konstellationen geben kann, in denen die Offenlegung von Geschäftsgeheimnissen gerechtfertigt sein kann. Den **Schutz der Kommunikationsgrundrechte** und der **berechtigten Interessen von Whistleblowern** adressieren dazu zwei Erwägungsgründe, die zur Auslegung der Richtlinie heranzuziehen sind. So formuliert Erwägungsgrund 19 zur RL (EU) 2016/943: 4

> „Diese Richtlinie sieht zwar Maßnahmen und Rechtsbehelfe vor, die darin bestehen können, dass die Offenlegung von Informationen verhindert wird, um Geschäftsgeheimnisse zu schützen, doch darf die Ausübung des Rechts auf Freiheit der Meinungsäußerung und Informationsfreiheit, das sich gemäß Artikel 11 der Charta der Grundrechte der Europäischen Union (...) auch auf die Freiheit der Medien und ihre Pluralität erstreckt, keinesfalls eingeschränkt werden, insbesondere was den investigativen Journalismus und den Schutz der journalistischen Quellen anbelangt."

Konkretisiert werden diese Erwägungen in Art. 5 der Richtlinie, der durch § 5 national umgesetzt wird. Es ist umstritten, ob diese nationale Richtlinienumsetzung ordnungsgemäß erfolgt ist, denn der Wortlaut des Art. 5 der Richtlinie weicht von § 5 ab. Anders als § 5 regelt Art. 5 der Richtlinie eine dem Wortlaut nach abschließende Aufzählung von vier Ausnahmetatbeständen, bei denen die Ausübung der Kommunikationsfreiheiten (lit. a), das klassische Whistleblowing (lit. b) und die Offenlegung gegenüber der Arbeitnehmervertretung (lit. c) neben dem „anerkannten legitimen Interesse" (lit. d) stehen, also keinen Unterfall des Letzteren darstellen. Demgegenüber spricht § 5 davon, dass eine Ausnahme gilt „zum Schutz eines berechtigten Interesses", das „insbesondere" in den genannten Fällen (Nummern 1 bis 3) gegeben ist, die somit den Charakter von Regelbeispielen aufweisen. Damit scheint das nationale Recht mehr Ausschlussgründe zuzulassen als die Richtlinie, weshalb **teilweise die Unionsrechtskonformität bezweifelt** wird.[1] Art. 1 der Richtlinie erlaubt nämlich einen weitergehenden Schutz der *Geheimnisse*, nicht jedoch einen weitergehenden Schutz derjenigen, die Geheimnisse offenlegen.[2] Siehe dazu auch die Kommentierung zu Vor §§ 3 bis 5 Rn. 4. 5

2. Hinweisgeber-Richtlinie (EU) 2019/1937. Im Oktober 2019 wurde neben der Geschäftsgeheimnis- auch die **Hinweisgeber- bzw. Whistleblowing-Richtlinie** erlassen. Deren Entwicklung war vor allem vom EU-Parlament betrieben worden, das den Schutz von Hinweisgebern stärken wollte. Diese sollen bei der Meldung von Verstößen gegen 6

---

1 *Gramlich/Lütke* wistra **2019** 480, 482. In diese Richtung auch *Busekist/Racky* ZRP **2018** 135, 137 f.

2 Zudem ist Art. 1 der RL über den Verweis auf die bei der nationalen Abweichung einzuhaltenden Richtlinienbestimmungen nahe an der Vollharmonisierung, vgl. *Gramlich/Lütke* wistra **2019** 480, 481.

zahlreiche Bereiche des EU-Rechts im beruflichen Kontext geschützt werden, wozu u.a. spezielle interne Meldesysteme etabliert werden müssen. Die Richtlinie erfasst damit einen speziellen, wenn auch den klassischen Bereich des Whistleblowing – den beruflichen Kontext – und nur einen speziellen Gegenstand – nämlich bestimmte Verstöße gegen EU-Recht. Die Richtlinie erlaubt jedoch in Art. 1 Abs. 2 auch die Erfassung anderer Whistleblowing-Konstellationen, etwa die Meldung von Verstößen gegen nationales Recht oder außerhalb des beruflichen Kontexts. Je nachdem wie der nationale Gesetzgeber sich in diesem Bereich positioniert, läge die Schaffung eines eigenen Hinweisgeber- bzw. Whistleblower-Gesetzes nahe. In diesem Fall würde es sich anbieten, die Regelungsinhalte des § 5 im Wesentlichen in diesem neu zu erlassenden Gesetz zu platzieren.[3] Die Umsetzungsfrist für diese Richtlinie endet am 17.12.2021.

7 Die Hinweisgeber-Richtlinie erfasst **zwei wichtige Konstellationen** des § 5 **nicht**: Zum einen regelt sie nicht die Meldung von rechtmäßigen, aber „unethischen" oder sonst einem öffentlichen Interesse widersprechenden Sachverhalten[4]; und zum anderen greift sie nur bei entsprechendem beruflichen Bezug. Der von § 5 Nr. 1 betroffene Bereich des investigativen Journalismus wird von der Hinweisgeber-Richtlinie ebenfalls nicht erfasst, soweit es nicht um Meldungen von Verstößen in den Unternehmen geht, für welche die Journalisten selbst arbeiten.

B. Kommentierung

I. Ausübung der Kommunikationsfreiheiten als Tatbestandsausnahme

8 § 5 statuiert **Tatbestandsausnahmen zum Schutz eines berechtigten Interesses**. Die Nummern 1 bis 3 stellen dabei Regelbeispiele für ein berechtigtes Interesse dar („insbesondere"). Nach § 5 Nr. 1 ist ein Regelbeispiel die „Ausübung des Rechts der freien Meinungsäußerung und Informationsfreiheit, einschließlich der Achtung der Freiheit und Pluralität der Medien".

II. Relevanz der Grundrechtsabwägung für die Anwendung der Vorschrift

9 Damit verweist der Tatbestand unmittelbar auf die Ausübung der **Grundrechte des Art. 11 GRCh**: Dieser enthält den Schutz der freien Meinungsäußerung (Art. 11 Abs. 1 Satz 1 GRCh), der Informationsfreiheit (Art. 11 Abs. 1 Satz 2 GRCh) und in Art. 11 Abs. 2 GRCh die Achtung der Freiheit der Medien und ihrer Pluralität. Es handelt sich damit gleichsam um eine **Rechtsgrundverweisung auf die Prüfung der Kommunikationsgrundrechte**.

10 Mit dieser Verweisung wird die gesamte Grundrechtsprüfung in Bezug genommen, nicht nur der sachliche Schutzbereich. Das bedeutet, dass § 5 Nr. 1 auch die Prüfung der **Schranken des Grundrechts (Art. 52 GRCh)** vorsieht; eine bloße Berufung auf die Ausübung eines der Kommunikationsgrundrechte reicht nicht aus.[5] Zur vollständigen Prüfung

---

3 Dafür *Gramlich/Lütke* wistra **2019** 480, 484 f.; *Schmolke* NZG **2020** 5, 9 f., der zudem auch für die Erfassung von Verstößen gegen nationales Recht plädiert.

4 Entgegen entsprechender Vorschläge, s. dazu *Schmolke* NZG **2020** 5, 6 mit Fn. 22. *Schmolke* selbst rät von der Erfassung dieser Konstellationen in einem möglichen Hinweisgeber-Gesetz ab, vgl. *dens.*, a. a. O., S. 10.

5 Köhler/Bornkamm/Feddersen/*Alexander* § 5 GeschGehG Rn. 20 f.

des Grundrechts gehört wiederum insbesondere die Abwägung der Kommunikationsfreiheiten mit den Interessen des Geheimnisinhabers.[6]

Auch wenn § 5 Nr. 1 nur die Kommunikationsfreiheiten nennt, nicht aber die kollidierenden Grundrechte des Geheimnisinhabers, ist damit noch keine Aussage über diese Abwägung getroffen. Weder das eine noch das andere Grundrecht genießt einen pauschalen Vorrang und § 5 Nr. 1 bildet keine Bereichsausnahme für journalistische Arbeit.[7] Die Auflösung dieser **Grundrechtskollision** im jeweiligen Einzelfall ist für die Anwendung der Ausnahmetatbestände des einfachen Rechts also entscheidend. 11

1. Relevante Grundrechtsordnungen. Die Richtlinie, deren Art. 5 lit. a) durch § 5 Nr. 1 umgesetzt wird[8], verweist für den Schutz der Kommunikationsgrundrechte ausdrücklich auf Art. 11 GRCh, also die Unionsgrundrechte. § 5 Nr. 1 enthält in seinem Tatbestand nur einen Bezug auf die entsprechenden Schutzbereiche ohne Verweis auf die Unionsgrundrechte oder das Grundgesetz. 12

Nationale Gesetze, die EU-Richtlinien umsetzen, stellen eine „Durchführung des Rechts der Union" dar, so dass der nationale Gesetzgeber und alle Stellen, die das Gesetz später vollziehen, gem. Art. 51 Abs. 1 GRCh bei dieser Durchführung **an die Unionsgrundrechte gebunden** sind. Damit ist für den Schutz der Kommunikationsgrundrechte Art. 11 GRCh einschlägig (den schließlich auch die Richtlinie unmittelbar zitiert). Die Grundrechte des Grundgesetzes sind daneben nicht mehr anwendbar, wenn das Unionsrecht den Sachverhalt vollständig vereinheitlicht („vollharmonisiert")[9] oder in der Richtlinie einen Teilbereich ohne Umsetzungsspielraum determiniert hat. 13

Das ist aber bei der Know-How-Schutz-Richtlinie für die Kommunikationsgrundrechte der Fall.[10] Hier hat der Gesetzgeber unmittelbar den Wortlaut der Richtlinie in das nationale Recht übernommen. Auch wenn die Anwendung stark davon abhängt, wie im Einzelfall abgewogen wird, gibt das Unionsrecht die Geltung der Grundrechte und damit die Abwägung ohne nationale Abweichungsmöglichkeit vor. Die in § 5 Nr. 1 angesprochenen Grundrechte sind demnach die des Art. 11 GRCh und nicht die des Art. 5 Abs. 1 GG. 14

Die **Grundrechte des Grundgesetzes** werden aufgrund des Anwendungsvorrangs des Unionsrechts dort, wo dieses den nationalen Sachverhalt vollständig determiniert, nicht angewendet.[11] Sie bleiben aber „dahinterliegend ruhend in Kraft"[12]. Wenn dem nationalen Gesetzgeber in einem Teilbereich der Richtlinie die Möglichkeit für zusätzliche oder abweichende Regelungen überlassen wird, müssen sich diese Regelungen nicht nur an den Unionsgrundrechten, sondern auch an den nationalen Grundrechten messen. Nur dort, wo der Anwendungsbereich der Richtlinie verlassen wird, gelten allein die nationalen Grundrechte, weil in diesen Fällen keine Durchführung des Rechts der Union i.S.v. Art. 51 Abs. 1 GRCh gegeben ist. 15

---

6 *Brost/Wolsing* ZUM **2019** 898, 901; *Dann/Markgraf* NJW **2019** 1774, 1777; BeckOK GeschGehG/*Hiéramente* § 5 Rn. 14; *Ohly* GRUR **2019** 441, 448. Auf die Abwägung mit den Interessen des Geheimnisinhabers weist auch die Begründung des Gesetzentwurfs hin, vgl. BTDrucks. 19/4724 S. 28f.

7 Köhler/Bornkamm/Feddersen/*Alexander* § 5 GeschGehG Rn. 22; siehe auch *dens.* AfP **2017** 469, 472. So auch *Ohly* GRUR **2019** 441, 448, der es offenlässt, ob die Geschäftsgeheimnisse unter die Eigentumsgarantie oder die unternehmerische Freiheit fallen.

8 Siehe oben Rn. 4f.

9 Siehe zuletzt BVerfG 6.11.2019 – 1 BvR 276/17 GRUR **2020** 88, 89f. Rn. 32ff. – Recht auf Vergessen II.

10 Für andere Bereiche gilt dies nicht, denn die Richtlinie stellt nur eine Mindestharmonisierung dar und lässt an verschiedenen Stellen Raum für zusätzliche oder abweichende Regelungen.

11 BVerfG 6.11.2019 GRUR **2020** 88, 90 Rn. 42f. – Recht auf Vergessen II.

12 BVerfG 6.11.2019 GRUR **2020** 88, 91 Rn. 47 – Recht auf Vergessen II.

16 Die Abwägung der widerstreitenden Interessen im Rahmen des § 5 Nr. 1 ist folglich allein eine Angelegenheit der Unionsgrundrechte. Die nationalen Grundrechte – und damit zugleich auch die Rechtsprechung des Bundesverfassungsgerichts – gelten deshalb nicht als Rechtsquelle. Sie sind jedoch gem. Art. 52 Abs. 4 GRCh bei der Auslegung der Unionsgrundrechte als Teil der **Verfassungstraditionen der Mitgliedstaaten** zu beachten.[13]

17 Eine echte Rechtsquelle für die Unionsgrundrechte bildet allerdings die **Europäische Menschenrechtskonvention**: Nach Art. 52 Abs. 3 GRCh bildet die EMRK für die Unionsgrundrechte, die den Garantien der EMRK entsprechen, gleichsam einen Mindeststandard.[14] Auch wenn die EU selbst nicht der EMRK beigetreten ist, erlangt diese über Art. 52 Abs. 3 GRCh (i. V. m. Art. 53 GRCh) eine rechtliche Bedeutung, die über die einer bloßen Erkenntnisquelle hinausgeht. Damit ist zugleich die Rechtsprechung des EGMR für die Auslegung der Unionsgrundrechte von Bedeutung.[15]

18 In der **Rechtspraxis** wird freilich auch bei unionsgrundrechtlich determinierten Sachverhalten häufig nicht nur die europäische Rechtsprechung berücksichtigt, sondern auch die des Bundesverfassungsgerichts zu den Grundrechten des Grundgesetzes. Das mag neben Art. 52 Abs. 4 GRCh zum einen daran liegen, dass die nationalen Gerichte mit der Rechtsprechung des Bundesverfassungsgerichts vertrauter sind. Zum anderen ist die **Grundrechtsrechtsprechung des Bundesverfassungsgerichts** deutlich ausdifferenzierter als die des EuGH. Weil die Dogmatik der GRCh entscheidend durch die Mitarbeit der deutschen Juristen geprägt wurde, ist die deutsche Grundrechtsrechtsprechung dogmatisch auch ohne Probleme anschlussfähig.

19 Daraus folgt insgesamt: Die grundrechtliche Abwägung im Rahmen des § 5 Nr. 1 ist allein anhand der Unionsgrundrechte zu lösen. Bei deren Anwendung bildet die EMRK den Mindeststandard, so dass die Garantien der EMRK in der Interpretation durch den EGMR eine Rechtsquelle für die Auslegung der Art. 11, 16 und 17 GRCh bilden. Die nationalen Grundrechte werden nur als Erkenntnisquelle relevant, Art. 52 Abs. 4 GRCh.

2. Betroffene Grundrechte

20 **a) Grundrechte der Verwender des Geheimnisses.** § 5 Nr. 1 benennt zunächst die Grundrechte desjenigen, der die Geschäftsgeheimnisse erlangt, verwendet oder offenlegt: Dieser soll sich je nach Sachverhalt auf die Meinungsäußerungsfreiheit, die Informationsfreiheit oder die „Pluralität der Medien" berufen können. Damit sind die **Kommunikationsgrundrechte** des Art. 11 GRCh angesprochen. Dieser kennt in Abs. 1 – analog zu Art. 5 Abs. 1 Satz 1 GG – die Meinungsäußerungs- und Informationsfreiheit, normiert aber in Abs. 2 abweichend vom Grundgesetz nur die „Freiheit der Medien und ihre Pluralität". Unter Art. 11 Abs. 2 GRCh fallen alle Massenmedien unabhängig von der Art ihrer Verbreitung, seien es Printerzeugnisse (Zeitungen, Bücher), klassisches Fernsehen oder Online-Medien.[16] Mit dem Schutz der Pluralität der Medien ist ein Bereich angesprochen, der unter dem Grundgesetz unter die objektive „dienende" Funktion der Rundfunkfreiheit bzw. die klassische grundrechtliche Schutzpflicht für den Schutz der Medien und die Träger der Kommunikationsgrundrechte fällt. Gemeint sind – um die Terminologie des EGMR zu be-

13 *Jarass* GRCh Art. 52 Rn. 66.
14 Vgl. *Jarass* GRCh Art. 52 Rn. 62f. („Untergrenze").
15 Köhler/Bornkamm/Feddersen/*Alexander* § 5 GeschGehG Rn. 19; *ders.* AfP **2017** 469, 470.
16 *Jarass* Art. 11 GRCh Rn. 17.

mühen – die positiven Pflichten („positive obligations")[17], die neben die Abwehrfunktion treten und vor allem auch den Schutz Privater vor Beeinträchtigungen durch andere Private erfassen.[18] Hierunter zu fassen ist auch der Schutz von Informanten der Presse und ein wirksamer Schutz von Journalisten und Autoren vor privaten Übergriffen.[19]

Die **Medienfreiheit** schützt dabei alle im Medienbereich tätigen Personen von der 21
Beschaffung bis zur Verbreitung der Information. Insoweit geht Art. 11 Abs. 2 GRCh der **Meinungsäußerungsfreiheit** als lex specialis vor. Unter Art. 11 Abs. 1 GRCh fallen alle Meinungsäußerungen, aber auch die Abgabe und Weitergabe von Informationen an Dritte unabhängig von dem gewählten Medium.[20] Äußerungen über ein Unternehmen werden somit von beiden Grundrechten erfasst, je nachdem, welcher Akteur die Äußerung tätigt. Soweit es um die Zulässigkeit einer Meinung als solche geht, kann auch Art. 11 Abs. 1 GRCh das gegenüber der Medienfreiheit speziellere Grundrecht sein.

Die **Informationsfreiheit** schützt demgegenüber den Empfang von Informationen 22
aus allgemein zugänglichen Quellen.[21] Ein Geschäftsgeheimnis ist indes gerade keine allgemein zugängliche Quelle, weil die nach § 2 Nr. 1 lit. b) erforderlichen angemessenen Geheimhaltungsmaßnahmen einer allgemeinen Zugänglichkeit entgegenstehen. Die Informationsfreiheit ist deshalb kaum von Relevanz.

Auf der Ebene der **EMRK** werden die Meinungsfreiheit und die Medienfreiheiten durch 23
Art. 10 EMRK geschützt.[22] Dessen Schutzbereich deckt sich trotz einer textlich abweichenden und vor allem auf die Meinungsfreiheit fokussierten Formulierung im Wesentlichen mit Art. 11 GRCh.

b) Grundrechte des Inhabers eines Geschäftsgeheimnisses. Der Meinungs- bzw. 24
Medienfreiheit der Verwender stehen auf der anderen Seite die Grundrechte der Inhaber des Geschäftsgeheimnisses entgegen. Umstritten ist insoweit, ob Geschäftsgeheimnisse durch die **Eigentumsgarantie** (Art. 14 Abs. 1 GG; Art. 17 GRCh; Art. 1 des Zusatzprotokolls zur EMRK) geschützt werden oder durch die Berufsfreiheit/unternehmerische Freiheit (Art. 12 Abs. 1 GG; Art. 15 und 16 GRCh). National war vor dem Erlass des GeschGehG nach h. M. die Berufsfreiheit einschlägig.[23] Eine starke a. A. nahm jedoch stets einen Schutz durch die Eigentumsgarantie an.[24] Richtigerweise fehlte zumindest vor dem Erlass des GeschGehG die **für eine Eigentumsposition** im Sinne des Grundgesetzes **nötige gesetzliche Ausgestaltung**.[25] Dies dürfte sich nun geändert haben. Denn anders als bisher sind die Geheimnisse nicht mehr nur in Straftatbeständen und im Zivilrecht über das „sonstige Recht" nach § 823 Abs. 1 BGB geschützt, sondern in einem Spezialgesetz, das die Voraussetzungen ihrer Entstehung, zivilrechtliche Ansprüche und Regeln für ihre Offenlegung

17 Zu den *positive obligations* unter der EMRK vgl. *Grabenwarter/Pabel* § 19.
18 Zur obj. Wirkung als institutionelle Sicherung vgl. Meyer/Hölscheidt/*Bernsdorff* Art. 11 GRCh Rn. 19 f.
19 Zu Letzterem EGMR 14.9.2010 – 2668/07 (Dink/Türkei) NJOZ **2011** 1067 Rn. 137.
20 *Jarass* Art. 11 GRCh Rn. 13.
21 EuGH 5.2.2010 Rs. C-70/10 – Scarlet, Rn. 50; EGMR 8.7.1986 – 9815/82 (Lingens/Österreich) Rn. 41; *Jarass* Art. 11 GRCh Rn. 15.
22 Art. 10 Abs. 1 Sätze 1 und 2 EMRK lautet: „Jede Person hat das Recht auf freie Meinungsäußerung. Dieses Recht schließt die Meinungsfreiheit und die Freiheit ein, Informationen und Ideen ohne behördliche Eingriffe und ohne Rücksicht auf Staatsgrenzen zu empfangen und weiterzugeben." Zum Schutz der Pressetätigkeit durch Art. 10 EMRK vgl. EGMR 24.6.2014 – 27329/06 – Rosiianu/Rumänien, Rn. 62; EGMR 16.7.2013 – 73469/10 – Nagla/Litauen, Rn. 80.
23 So auch die Leitentscheidung BVerfGE **115** 205, 229, im Wesentlichen auf den Schutz von Geschäftsgeheimnissen als Teil des Schutzes im Wettbewerb (Wettbewerbsfreiheit) abstellend.
24 Siehe dazu die umfassenden Nachweise bei *Beyerbach* 182.
25 Dazu m. w. N. *Beyerbach* 192 ff. und 222 ff.

enthält. Damit besteht nunmehr seit Wirksamwerden des GeschGehG national ein Schutz über Art. 14 Abs. 1 GG.

25 Auf **europäischer Ebene** fehlen bisher eindeutige Positionierungen. Der EuGH lässt mitunter beim Schutz geheimer Unterlagen eines Unternehmens offen, ob die Eigentumsgarantie oder die unternehmerische Freiheit einschlägig ist.[26] Die Literatur befürwortet wiederum einen Schutz über Art. 17 GRCh und begründet dies mit der Rechtsprechung des EGMR zum Schutz des Unternehmenswerts durch die Eigentumsgarantie.[27] Diese Rechtsprechung ist jedoch darin begründet, dass die EMRK keine eigene Berufsfreiheit kennt und deshalb einen weiten völkerrechtlichen Eigentumsbegriff verfolgt. Vor Erlass der RL 2016/943 lag wie im nationalen Recht ein Schutz durch Art. 16 GRCh näher.[28] Nunmehr dürfte durch die Normprägung auf europäischer[29] und nationaler Ebene Art. 17 GRCh einschlägig sein.

26 In der **Abwägung mit den Kommunikationsfreiheiten** ergibt sich daraus jedoch kein wesentlicher Unterschied. Denn die Ausgestaltung des Geheimnisschutzes einschließlich seiner Ausnahmetatbestände ist national (Art. 14 Abs. 1 Satz 2 GG) wie auch im EU-Recht (Art. 17 Abs. 1 Satz 3 GRCh) eine **Inhaltsbestimmung**, die sich an **Allgemeinwohlgedanken** orientiert und damit grundsätzlich ohne Entschädigung zulässig ist.[30] Es kommt damit – wie bei einer Kollision mit Art. 16 GRCh – vor allem darauf an, beim Vollzug des Ausnahmetatbestands einen angemessenen Ausgleich zu finden. Die erforderliche Verhältnismäßigkeitsprüfung folgt aus Art. 52 Abs. 1 GRCh.[31] In deren Rahmen besteht das legitime Ziel im Schutz der betroffenen Kommunikationsgrundrechte. Diese müssen gegen die Grundrechte des Unternehmens abgewogen werden. Aufseiten der Eigentumsgarantie ist nach der Rechtsprechung des EuGH relevant, „ob die in der umstrittenen Regelung enthaltenen Einschränkungen tatsächlich dem allgemeinen Wohl dienenden Zwecken der Gemeinschaft entsprechen und ob sie nicht einen im Hinblick auf den verfolgten Zweck unverhältnismäßigen, nicht tragbaren Eingriff in die Vorrechte des Eigentümers darstellen, der das Eigentumsrecht in seinem Wesensgehalt antastet“[32].

27 **3. Maßstäbe der Rechtsprechung für die Grundrechtsabwägung.** Weder in der Rechtsprechung des EuGH noch im Primär- oder Sekundärrecht finden sich zur Konturierung dieser Abwägung hilfreiche Vorgaben. Judikatur des EuGH zur Auflösung des Konflikts zwischen Meinungs- bzw. Medienfreiheit und dem Schutz von Geschäftsgeheimnissen fehlt, soweit ersichtlich, bisher völlig. Die Richtlinie führt in ihrem Erwägungsgrund 19 aus: „(...) doch darf die Ausübung des Rechts auf Freiheit der Meinungsäußerung und Informationsfreiheit, das sich (...) auch auf die Freiheit der Medien und ihre Pluralität erstreckt, keinesfalls eingeschränkt werden, insbesondere was den investigativen Journalismus und den Schutz der journalistischen Quellen anbelangt.“ Diese lakonischen Hinweise bringen zwar die **grundsätzliche Anerkennung des investigativen Journalismus** und seiner Quellen als Grund zur Beschränkung des Geheimnisschutzes zum Ausdruck. Eine wirkliche Auslegungshilfe ist damit aber nicht gewonnen. Konkretere

---

26 So etwa in EuGH 6.12.2005, Rs. C-453/03 u.a. Rn. 88.

27 In diese Richtung Pechstein/Nowak/Häde/*Kühling* Frankfurter Kommentar Art. 17 GRCh Rn. 17.

28 Dazu ausführlicher *Beyerbach* 303 ff.

29 Auch die europäische Eigentumsgarantie bildet ein normgeprägtes Grundrecht, vgl. dazu Meyer/Hölscheidt/*Bernsdorff* Art. 17 GRCh Rn. 13; Calliess/Ruffert/*Calliess* Art. 17 GRCh Rn. 4, Streinz/*Streinz* Art. 17 GRCh Rn. 6. Zur Normprägung auf deutscher und europäischer Ebene *Beyerbach* 186 ff. und 295 ff.

30 Vgl. Streinz/*Streinz* Art. 17 GRCh Rn. 21.

31 Kritisch zur fehlenden Konturierung der unionsrechtlichen Eigentumsdogmatik Calliess/Ruffert/*Calliess* Art. 17 GRCh Rn. 22 („Flucht in die Verhältnismäßigkeitsprüfung“).

32 Siehe bereits EuGH 13.12.1979 Rs. 44/79 NJW **1980** 505 Rn. 21 ff. – Hauer.

Vorgaben lassen sich nur aus der **Rechtsprechung der deutschen Gerichte** zu Art. 5 GG **sowie des EGMR** zu Art. 10 EMRK gewinnen.

a) Bundesverfassungsgericht und deutsche Obergerichte. Die Rechtsprechung der deutschen Gerichte ist als bloße Erkenntnisquelle (Art. 52 Abs. 4 GRCh) zwar weniger einflussreich als die des EGMR.[33] Gerade das Bundesverfassungsgericht hat sich in seiner Rechtsprechung jedoch mit dem **Bereich des investigativen Journalismus** intensiv beschäftigt und könnte deshalb als Erkenntnisquelle möglicherweise eine wichtige Rolle für die Interpretation des Art. 11 GRCh spielen. Seine Rechtsprechung zu diesem Bereich ist immer noch[34] geprägt durch die ***Wallraff*-Entscheidung**[35]. 28

Ausgangspunkt der verfassungsrechtlichen Betrachtung ist die Feststellung, dass die Pressefreiheit den gesamten Prozess von der Beschaffung der Information bis zur Verbreitung der Nachricht oder Meinung schützt.[36] Dabei kommt dem **Redaktionsgeheimnis** eine besondere Bedeutung für die Pressearbeit zu, aber auch dem Schutz der Informationsquellen.[37] Die Geheimhaltung eines Informanten ist deshalb durch die Pressefreiheit geschützt, weil sonst „Informationsquellen versiegen“[38]. Dieser Schutz gilt nicht nur gegenüber staatlichen Eingriffen – z.B. durch Ermittlungsmaßnahmen von Polizei und Staatsanwaltschaft wegen strafbaren Geheimnisverrats –, sondern im Wege der mittelbaren Drittwirkung auch im Verhältnis zu anderen Privaten. Der Schutz der freien Pressearbeit, des Redaktionsgeheimnisses und der Informationsquellen muss deshalb auch bei der Auslegung und Anwendung der Zivilrechtsvorschriften beachtet werden.[39] 29

Entsprechendes gilt, wenn die journalistische Tätigkeit durch ein der Rundfunkfreiheit zuzuordnendes **Online-Medium** geschieht oder durch eine **Einzelperson** – zum Beispiel einen Blogger oder den Inhaber eines Social-Media-Accounts. Letztere können sich jedenfalls auf die Meinungsäußerungsfreiheit zur Verbreitung stützen, auch wenn hier der Schutz des Instituts „Presse“ nicht betroffen ist. 30

Zentrales Element der Abwägung ist nach dem Bundesverfassungsgericht, dass weder die Meinungsäußerungsfreiheit noch die Pressefreiheit die **rechtswidrige *Beschaffung* von Informationen** schützen[40] und dass auch die Informationsfreiheit nur die Information aus allgemein zugänglichen Quellen schützt. Allerdings fällt nach h. M. die *Verbreitung* rechtswidriger Quellen in den Schutzbereich,[41] ebenso wie die Geheimhaltung der Quelle, die sich die Informationen rechtswidrig beschafft hat. Ob eine Verbreitung dieser Informationen im Einzelfall tatsächlich zulässig ist, muss anhand einer Abwägung gegen die kollidierenden Grundrechte ermittelt werden, das heißt im Fall der Offenlegung von Geschäftsgeheimnissen die Eigentumsgarantie und ergänzend die Berufsfreiheit. 31

---

33 Siehe oben Rn. 16ff.
34 Für die Relevanz der Rspr. des BVerfG auch BeckOK GeschGehG/*Hiéramente* § 5 GeschGehG Rn. 15.
35 BVerfG 25.1.1984 BVerfGE **66** 116.
36 BVerfG 6.10.1959 BVerfGE **10** 118, 121; BVerfG 15.11.1982 BVerfGE **62** 230, 243; BVerfG 25.1.1984 BVerfGE **66** 116, 133.
37 BVerfG 5.8.1966 BVerfGE **20** 162, 176 und 187; BVerfG 28.11.1973 BVerfGE **36** 193, 204; BVerfG 6.2.1979 BVerfGE **50** 234, 240; BVerfG 10.5.1983 BVerfGE **64** 108, 114f.; BVerfG 25.1.1984 BVerfGE **66** 116, 134.
38 BVerfG 25.1.1984 BVerfGE **66** 116, 134.
39 BVerfG 25.1.1984 BVerfGE **66** 116, 135.
40 BVerfG 25.1.1984 BVerfGE **66** 116, 137. Siehe aus der Lit. Isensee/Kirchhof/*Bullinger* HStR VII § 163 Rn. 13; BonnKomm-GG/*Degenhart* Art. 5 Abs. 1 und 2 GG Rn. 234; Maunz/Dürig/*Grabenwarter* Art. 5 Abs. 1, 2 GG Rn. 282; v. Mangoldt/Klein/Starck/*Paulus* Art. 5 GG Rn. 134.
41 BVerfG 25.1.1984 BVerfGE **66** 116, 137. **A. A.** Isensee/Kirchhof/*Bullinger* HStR VII § 163 Rn. 13.

32 **Abwägungstopoi** sind dabei:
- die Art der Erlangung der Information, z. B. ob ein vorsätzlicher Rechtsbruch oder eine bloße Kenntniserlangung vorliegt;[42]
- das Maß, in dem Rechte des Betroffenen verletzt sind;[43]
- der Zweck der Offenlegung, insbesondere ob es sich nur um eine wertende Äußerung gegen den Betroffenen handelt oder ob die Information [gemeint ist deren Offenlegung] für die Öffentlichkeit und für die öffentliche Meinungsbildung die Nachteile überwiegt, die mit dem Bruch der Rechtsordnung durch die rechtswidrige Beschaffung einhergehen.[44]

33 Insoweit soll auch eine Rolle spielen, inwieweit die rechtswidrig beschafften Informationen Zustände oder Verhaltensweisen offenbaren, die ihrerseits rechtswidrig sind, also „**Mißstände** von erheblichem Gewicht (...), **an deren Aufdeckung ein überragendes öffentliches Interesse** besteht"[45]. Es ist auch zu beachten, dass gerade investigativer Journalismus darauf angewiesen sein kann, dass Mittel wie eine versteckte Kamera eingesetzt werden.[46] Diese Topoi sind im Zivilrecht vor allem dort relevant, wo die Generalklauseln (§§ 823, 1004, 824 BGB) offene Haftungstatbestände bereithalten, die eine einzelfallbezogene Güterabwägung erfordern.[47] Absolute Verwertungsverbote gibt es insoweit grundsätzlich keine.[48] Bei einem vorsätzlichen Verstoß des Journalisten gegen Rechtsvorschriften bei der Erlangung von Informationen geht die zivilgerichtliche Rechtsprechung zwar grundsätzlich davon aus, dass die Veröffentlichung unterbleiben muss.[49] Sie macht jedoch davon eine Ausnahme, „wenn die Bedeutung der Information für die Unterrichtung der Öffentlichkeit und für die öffentliche Meinungsbildung eindeutig die Nachteile überwiegt, die der Rechtsbruch für den Betroffenen und die Geltung der Rechtsordnung nach sich ziehen muss."[50]

34 Für die Veröffentlichung von Informationen, die unter Verletzung von Strafvorschriften erlangt wurden, ist zusätzlich die Entscheidung des Bundesverfassungsgerichts im **Fall „Cicero"** zu beachten[51], nach der es nicht mit der Pressefreiheit vereinbar ist, strafprozessuale Maßnahmen gegen Journalisten allein mit dem Zweck der Aufdeckung des Informanten zu begründen.[52] Diese Rechtsprechung wurde im GeschGehG im Presseprivileg des § 23 Abs. 6 umgesetzt (vgl. Kommentierung zu § 23 Rn. 111).

35 **b) Europäischer Gerichtshof für Menschenrechte.** Nach der Rechtsprechung schützt Art. 10 EMRK für Presseschaffende – wie die Pressefreiheit des Grundgesetzes – den gesamten Prozess von der Beschaffung und der Verbreitung der Information und auch die Vertraulichkeit der Informationsquellen.[53] Auch der EGMR betont die wichtige Rolle der Meinungsäußerungsfreiheit für die demokratische Gesellschaft und sieht insbesondere

---

42 BVerfG 25.1.1984 BVerfGE **66** 116, 137 f.
43 BVerfG 25.1.1984 BVerfGE **66** 116, 138.
44 BVerfG 25.1.1984 BVerfGE **66** 116, 139.
45 BVerfG 25.1.1984 BVerfGE **66** 116, 139.
46 Zutreffend BonnKomm-GG/*Degenhart* Art. 5 Abs. 1 und 2 GG Rn. 234.
47 BGHZ **73** 120, 124; BGH 30.9.2014 NJW **2015** 782 Rn. 20 f.; OLG Stuttgart 8.7.2015 AfP **2015** 450, 452.
48 BonnKomm-GG/*Degenhart* Art. 5 Abs. 1 und 2 GG Rn. 235.
49 Vgl. z. B. BGH 30.9.2014 AfP **2014** 534 Rn. 21.
50 BGH 30.9.2014 AfP **2014** 534 Rn. 19.
51 So auch BeckOK GeschGehG/*Hiéramente* § 5 GeschGehG Rn. 15 f.
52 BVerfG 27.2.2007 BVerfGE **117** 244, 265 mit Verweis auf BVerfG 5.8.1966 BVerfGE **20** 162, 191 f. und 217.
53 Vgl. dazu m. w. N. *Grabenwarter/Pabel* § 23 Rn. 9.

die **Presse als „öffentlichen Wachhund“** („public watchdog“) an.[54] Nach Art. 10 Abs. 2 EMRK ist für die Rechtfertigung einer Beschränkung der Meinungsfreiheit oder der ebenfalls in Art. 10 EMRK zu verortenden Medienfreiheiten erforderlich, dass der Eingriff „gesetzlich vorgesehen“ war, eine oder mehrere der unter Art. 10 Abs. 2 EMRK fallenden berechtigten Ziele verfolgte und „in einer demokratischen Gesellschaft notwendig“ war, was im Ergebnis eine Verhältnismäßigkeitsprüfung unter Abwägung aller Umstände erfordert.[55] Neben dem aus der deutschen Dogmatik bekannten Vorbehalt des Gesetzes ist also ein **berechtigtes Interesse** zu verlangen, das zum Beispiel in der Durchführung und dem Schutz eines ordnungsgemäßen Strafverfahrens oder in der Achtung der Persönlichkeitsrechte einer anderen Person bestehen kann.[56]

Auch wenn es zum Unternehmensgeheimnisschutz bisher kaum Rechtsprechung gibt, **36** so ist der Schutz des Unternehmens, seiner gewerblichen Tätigkeit und der einzelnen Bestandteile einschließlich des Geheimnisschutzes über Art. 1 des Zusatzprotokolls gewährleistet. Damit stellt der Geheimnisschutz für Unternehmen als solcher ein berechtigtes Interesse dar. Die von der EMRK geschützten **Interessen stehen** – wie die Grundrechte des GG – **nicht in einem Rangverhältnis.** Weder Persönlichkeitsschutz oder Geheimnisschutz noch den Medienfreiheiten ist deshalb von vornherein Vorrang einzuräumen.

Bei der Abwägung betont der EGMR stets die wichtige Aufgabe der Presse in der De- **37** mokratie, wobei hierunter auch die elektronischen Medien gefasst werden.[57] Zuletzt hat der Gerichtshof in der Entscheidung zum **Fall *Haldimann u. a./Schweiz*** ausdrücklich sieben **Kriterien für die Abwägung** zwischen (hier) dem Privatsphärenschutz und der freien Berichterstattung durch die Presse aufgestellt:
- der Beitrag des Presseberichts zu einer Diskussion von allgemeinem Interesse;
- der Bekanntheitsgrad des Betroffenen;
- der Gegenstand des Berichts;
- das vorherige Verhalten des Betroffenen;
- die Art und Weise, wie die Informationen erlangt wurden, und ihre Richtigkeit;
- Inhalt, Form und Auswirkungen der Veröffentlichung sowie
- die Schwere der Sanktion.[58]

Der EGMR betont dabei ebenfalls, dass der Schutz durch Art. 10 EMRK Journalisten **38** nicht von der Pflicht entbindet, „die allgemeinen Strafgesetze zu achten“.[59] Damit gibt es auch nach der EMRK keinen **Schutz der rechtswidrigen Informationsbeschaffung** durch den Journalisten selbst. Allerdings macht der Gerichtshof hiervon eine wichtige Einschränkung: Art. 10 EMRK schütze das Recht der Journalisten, über Fragen von allgemeinem Interesse zu berichten, „soweit sie sich gutgläubig auf der Grundlage richtiger Tatsachen äußern und ‚zuverlässige und genaue Informationen‘ in Übereinstimmung mit dem Berufsethos der Journalisten liefern“.[60] Unter diesen Voraussetzungen kann es nach dem Gerichtshof unverhältnismäßig sein, einen Journalisten mit einer Strafe zu belegen, auch

54 EGMR 27.11.2007 NJW **2008** 2565, 2566 Rn. 53 – Tillack; EGMR 24.2.2015 NJOZ **2016** 1505, 1507 Rn. 45 – Haldimann; EGMR 7.6.2007 NJW **2008** 3412, 3415 Rn. 43 – Dupuis.
55 EGMR 7.6.2007 NJW **2008** 3412, 3413 Rn. 30 und 36.
56 EGMR 7.6.2007 NJW **2008** 3412, 3414 Rn. 35: Schutz des Rechts auf ein faires Verfahren nach Art. 6 Abs. 1 EMRK; EGMR 27.11.2007 NJW **2008** 2565, 2567 Rn. 59: Aufrechterhaltung der Ordnung und Verhütung von Straftaten; EGMR 24.02.2015 NJOZ **2016** 1505, 1507 Rn. 45: Schutz des guten Rufs und der Rechte anderer.
57 EGMR 24.2.2015 NJOZ **2016** 1505, 1507 Rn. 45.
58 EGMR 24.2.2015 NJOZ **2016** 1505, 1507 Rn. 50.
59 EGMR 7.6.2007 NJW **2008** 3412, 3415 Rn. 43 m.w.N.
60 EGMR 24.2.2015 NJOZ **2016** 1505, 1508 Rn. 61 m.w.N.

wenn er sich tatbestandlich strafbar gemacht hat. Im Fall *Haldimann* war etwa die Verurteilung wegen rechtswidrig erstellter Filmaufnahmen und deren Veröffentlichung bei der „Bebilderung" eines Berichts über die Praktiken von Versicherungsmaklern unverhältnismäßig, u.a. weil die Journalisten irrig davon ausgegangen waren, die Regeln des Schweizer Presserats zum Einsatz verdeckter Kameras eingehalten zu haben, und weil es sich nicht um falsche Informationen gehandelt hatte.[61]

39 Die Sanktion des Rechtsbruchs des Journalisten kann also unzulässig sein, wenn der Journalist „gutgläubig" versucht hat, sich an die **beruflichen Sorgfaltspflichten** zu halten, die Informationen richtig sind, eine „wichtige Angelegenheit von öffentlichem Interesse"[62] an der Berichterstattung vorliegt und auch die Form, Art und Weise der Berichterstattung angemessen erfolgen.

40 **c) Fazit zur Grundrechtslage.** Im Ergebnis muss stets eine **Abwägung** zwischen den Kommunikationsgrundrechten und dem Geheimnisschutz des Unternehmens im Einzelfall erfolgen, bei der nach dem EGMR vor allem wichtig ist, ob ein öffentliches Interesse am Gegenstand der Berichterstattung besteht und die publizistischen Sorgfaltspflichten bei der Beschaffung der Information und der Form der Berichterstattung eingehalten wurden. Wenn beides bejaht wird, können wohl nur besonders schwere Auswirkungen auf den Betroffenen zur Unzulässigkeit der Berichterstattung führen. Denn Art. 10 Abs. 2 EMRK lässt „kaum Raum für Einschränkungen der Meinungsfreiheit, wenn es um die **Erörterung von Fragen von allgemeinem Interesse geht**"[63], und auch das Interesse der Medien an einer authentischen Berichterstattung, zu der Bilder etc. zur Vermittlung der Glaubwürdigkeit einer mitgeteilten Information gehören können, wird anerkannt.[64]

41 Erwähnt sei nochmals, dass keine der beiden Seiten der Abwägung – Kommunikationsfreiheiten oder Geheimnisschutz – prinzipiellen Vorrang vor der anderen genießt,[65] auch wenn stets sowohl vom Bundesverfassungsgericht als auch vom EGMR die besondere Bedeutung der Kommunikationsfreiheiten betont wird. Es kommt also auf eine **umfassende Bewertung des Einzelfalls** an, ohne dass der Journalismus einen „Freibrief" besäße.[66]

42 Bei der Offenlegung von Geschäftsgeheimnissen ist zum einen relevant, ob die Kenntnis von den Geschäftsgeheimnissen für die Öffentlichkeit überhaupt **erforderlich** ist, um den Sachverhalt zu verstehen oder ihn glaubwürdig darzustellen. Zum anderen müssen die **drohenden wirtschaftlichen Schäden** und der Reputationsverlust für das Unternehmen bei der Abwägung beachtet werden. Häufig wird eine Offenlegung der Geschäftsgeheimnisse in der journalistischen Berichterstattung nicht erforderlich sein, um über Missstände zu berichten. Jedoch muss der Journalist, um sich Kenntnis von einem Sachverhalt zu verschaffen, auch alle für die Bewertung nötigen Tatsachen ermitteln oder sich über Dritte Kenntnis hiervon verschaffen. Investigativer Journalismus, der Missstände und Rechtsverstöße aufdeckt, ist nur denkbar, wenn auch in Bereiche vorgedrungen wird, die geheim sind und die deshalb grundsätzlich auch durch die Rechtsordnung geschützt werden, gegebenenfalls sogar durch Straftatbestände wie die §§ 123, 201, 201a, 353b StGB. Insoweit ist die Rechtsprechung des EGMR etwas „großzügiger", was die Rechtfertigung der Veröffent-

61 EGMR 24.2.2015 NJOZ **2016** 1505, 1508 Rn. 61.
62 EGMR 24.2.2015 NJOZ **2016**, 1505, 1507 Rn. 47 m.w.N.
63 EGMR 24.2.2015 NJOZ **2016** 1505, 1508 Rn. 59 m.w.N.
64 Vgl. EGMR 7.6.2007 NJW **2008** 3412, 3416 Rn. 46.
65 Siehe oben Rn. 10f.
66 Köhler/Bornkamm/Feddersen/*Alexander* § 5 GeschGehG Rn. 22.

lichung von Informationen trotz Verstoßes des Journalisten gegen Rechtsvorschriften bei deren Beschaffung betrifft.[67]

43 Wenn man dies anerkennt, dann überzeugt die Rechtsprechung des EGMR. Die **Hürden für eine Offenlegung von Geschäftsgeheimnissen sind jedoch hoch**. Denn die Geheimnisse machen häufig einen wesentlichen Teil des Unternehmenswerts aus und können nach der Kenntnisnahme durch den Journalisten ihren Wert verlieren – jedenfalls dann, wenn sie veröffentlicht werden. Die Auswirkungen einer Veröffentlichung werden häufig für das Unternehmen sogar schwerwiegender sein als eine Verletzung der Privatsphäre für eine Privatperson, weil die Geheimnisqualität (und damit der Vermögenswert) nach der Offenlegung in der Regel nicht wiederhergestellt werden kann.

44 Inwiefern bereits die **bloße Kenntnisnahme eines Journalisten** sich auf den Bestand und Wert der Geheimnisse auswirkt, ist eine Frage des Einzelfalls. Hier kann relevant sein, ob der Journalist nur Einsicht genommen hat (aber z. B. keine Fotos oder Kopien angefertigt hat) und ob er mit dem Geheimnis ohne Zusatzwissen (wie etwa Einordnung der Information durch Brancheninsider oder sonstige Dritte, auf deren Hilfe er angewiesen ist) überhaupt etwas anfangen kann. Lässt sich ein Journalist zur Plausibilisierung eines Sachverhalts z. B. Einblick in technische Unterlagen oder Bilanzen geben, kann diese aber ohne Hilfe nicht interpretieren, geht von der Kenntnisnahme noch keine Gefahr für den Vermögenswert des Geheimnisses aus. Relevant ist in einer solchen Situation, wie wahrscheinlich die Weitergabe durch ihn an Dritte ist. Nicht jedes Unternehmensinternum, von dem einem Journalisten berichtet wird, ist damit zugleich offengelegt. Den Vermögenswert verliert das Geheimnis in aller Regel (erst) durch eine **Publikation** oder durch die **Offenlegung** gegenüber den Konkurrenten des betroffenen Unternehmens. Diese Maßnahmen müssen deshalb grundsätzlich unterbleiben.

45 Sowohl nach der Rechtsprechung des BGH als auch nach der des Bundesverfassungsgerichts und des EGMR muss berücksichtigt werden, **welche Rechtsverstöße** begangen wurden oder im Raum stehen: Hat der **Journalist bei der Informationsbeschaffung selbst** gegen Gesetzes verstoßen oder hat er die Informationen „lediglich" von einem Dritten erlangt, der sie sich rechtswidrig beschafft hat? Wenn Letzteres der Fall ist: Konnte der Journalist davon ausgehen, dass die Informationen rechtmäßig erlangt wurden und nur ihre Weitergabe an die Presse rechtswidrig ist?

46 Und schließlich muss auf der anderen Seite berücksichtigt werden, ob durch die Informationen ein **Rechtsverstoß durch den Geheimnisträger** aufgedeckt werden soll. Der aufgedeckte Rechtsverstoß kann in seinem Ausmaß gewichtiger sein als der Rechtsverstoß, der durch die Informationsbeschaffung und -weitergabe begangen wurde. Das gilt insbesondere dann, wenn das Geheimnis unmittelbaren Bezug zu dem Rechtsverstoß aufweist.[68] Auch wenn dieser Aspekt nur in § 5 Nr. 2 sprachlich zum Ausdruck gekommen ist, spielt er doch auch bei der Auslegung des § 5 Nr. 1 eine Rolle. Die doppelte Relation des BGH[69] mag bei der Abwägung auf den ersten Blick etwas konturenhafter sein als das Bündel an Kriterien durch den EGMR.[70] Letztlich bleibt es aber doch stets eine umfassende und sehr einzelfallbezogene Abwägung aller Umstände. Hilfreich ist hierfür die Bezugnahme des EGMR auf journalistische Sorgfaltspflichten. Insbesondere im Fall *Haldimann* war für den Gerichtshof entscheidend, inwiefern die selbstgesetzten Regeln eingehalten wurden

---

67 Von einem „allgemeinen Rechtfertigungsgrund der Wahrnehmung berechtigter Interessen an der Berichterstattung" spricht *Hegemann* AfP **2019** 12, 17.
68 In diese Richtung auch *Brost/Wolsing* ZUM **2019** 898, 902.
69 Zwischen dem durch die Informationserlangung und -verbreitung begangenen Rechtsverstoß und dem Rechtsverstoß aufseiten des Geheimnisträgers, über den der Journalist berichten möchte.
70 So die Einschätzung bei *Hegemann* AfP **2019** 12, 17.

bzw. inwiefern die Journalisten sich bemüht hatten und „redlicherweise" davon ausgehen konnten, diese einzuhalten.

47 Zu beachten ist dabei, dass nach dem GeschGehG nunmehr – anders als noch nach der h. M. zu den Vorgängernormen in §§ 17 ff. UWG[71] – nach wohl h. M. Informationen, die aus Rechtsverstößen stammen (**„rechtswidrige Geheimnisse"**), nicht mehr als Geschäftsgeheimnis geschützt sind.[72] Deren Veröffentlichung wäre dann überhaupt nicht mehr am GeschGehG zu messen.[73] § 5 ist damit nur von Relevanz, wenn die Kenntnisnahme vom bzw. die Verwendung und/oder Offenlegung des Geschäftsgeheimnisses nötig ist, um einen solchen Verstoß aufzudecken, nicht aber dann, wenn die geheime Information selbst Teil des Verstoßes ist. Das schränkt vor allem auch den Anwendungsbereich des § 5 Nr. 2 erheblich ein.[74]

III. Von § 5 Nr. 1 erfasste Handlungen

48 § 5 stellt in sachlicher Hinsicht auf die „Erlangung, Nutzung oder die Offenlegung" von Geschäftsgeheimnissen ab. Der Tatbestand greift also bei der Beschaffung der Information, ihrer Verarbeitung und der Veröffentlichung; hierdurch werden die **Handlungen des § 4** angesprochen, auf welche deshalb verwiesen sei.

IV. Von § 5 Nr. 1 erfasste Personen

49 So, wie auf der Seite des Geheimnisschutzes sowohl die Geschäftsgeheimnisse großer Unternehmen als auch solche von Einzelpersonen geschützt sind, können sich dabei in personeller Hinsicht auf die Tatbestandsausnahme des § 5 Nr. 1 **sowohl professionelle Akteure als auch „Laien"** berufen. Erfasst werden alle medialen Darbietungsformen, aber auch einzelne Meinungsäußerungen von der Beschaffung der Information über ihre Verarbeitung bis zur Verbreitung.[75] Es ist nicht erforderlich, dass die Recherche und Publikation professionellen Sorgfaltsmaßstäben genügt.[76] Für die Anwendbarkeit reicht es aus, dass der sachliche und persönliche Schutzbereich einer Kommunikationsfreiheit eröffnet ist, zum Beispiel im Fall von Personen, die sich nur sporadisch in einem Blog oder auf Online-Plattformen äußern oder die nur in Einzelfällen ihre Meinung ausdrücken und on- oder offline verbreiten.

50 Gleichwohl dachte der Gesetzgeber bei der Formulierung des Tatbestands **vor allem** an den **investigativen Journalismus.**[77] Auch die Richtlinie spricht in Erwägungsgrund 19 von einem Schutz der Meinungsfreiheit und der Medien, „insbesondere was den investigativen

---

71 Siehe dazu *Engländer/Zimmermann* NZWiSt **2012** 328, 330 ff., die freilich bereits zum alten Recht die **a. A.** (kein Schutz „illegaler" Geheimnisse) vertraten.

72 So auch die Einschätzung bei *Reinfeld* § 3 Rn. 23; *Schreiber* NZWiSt **2019** 332, 335 mit Verweis auf Erwägungsgrund 14 zur RL (EU) 2016/943.

73 Vgl. *McGuire* WRP **2019** 679, 685: „Eine rechtswidrige Information stellt kein Geheimnis dar. Die Relevanz des Whistleblowings für den Geheimnisschutz beschränkt sich daher auf die Situation, dass der Hinweisgeber im Rahmen der Information über das Fehlverhalten ein Geheimnis preisgibt."; *Schreiber* NZWiSt **2019** 332, 335.
Schreiber spricht in Bezug auf die Aufdeckung von Rechtsverstößen im Fall der „illegalen Geheimnisse" deshalb von einem „Freifahrtschein" (a. a. O. 338). Dasselbe gelte beim gutgläubigen Whistleblower.

74 Siehe dazu die Kritik bei *Ullrich* NZWiSt **2019** 65, 67. Siehe auch *Dann/Markgraf* NJW **2019** 1774, 1776.

75 Köhler/Bornkamm/Feddersen/*Alexander* § 5 GeschGehG Rn. 18.

76 So aber *Gramlich/Lütke* wistra **2019** 480, 481.

77 Vgl. BTDrucks. 19/4724 S. 28.

Journalismus und den Schutz der journalistischen Quellen anbelangt". Die Rechtsprechung geht bisher – streitgegenstandsbedingt – ebenfalls vor allem auf professionelle Medienschaffende ein. Die von der Rechtsprechung betonten Sorgfaltspflichten und das öffentliche Interesse an der Berichterstattung sind vor allem mit der klassischen journalistischen Arbeit verbunden. Veröffentlichen **Laien** Geschäftsgeheimnisse, muss das **Berichterstattungsinteresse gesondert begründet** werden. Während es bei einem Presseerzeugnis aufgrund einer medialen Debatte und entsprechenden redaktionellen Entscheidungen in der Vergangenheit häufig unmittelbar plausibel sein kann, dass ein öffentliches Interesse an der Berichterstattung besteht, kann der Nachweis bei Laien schwieriger zu führen sein.

Man wird zwar bei Meinungsäußerungen von Laien in der Abwägung nicht mit Regel- 51
werken wie dem **Pressekodex** operieren können. Denn an Laien können nicht dieselben Sorgfaltsanforderungen gestellt werden wie an Journalisten. Wenn es aber darum geht, ob Geschäftsgeheimnisse *veröffentlicht* werden dürfen, reicht die bloße Berufung darauf, dass die Meinungsäußerung als solche nicht unzulässig ist, nicht aus. Dem drohenden finanziellen und immateriellen Schaden des Geheimnisinhabers müssen auch hier ein **öffentliches Berichterstattungsinteresse** und eine **solide Tatsachenbasis** entgegenstehen. Je intensiver der Eingriff in den Geheimnisschutz ist, desto fundierter muss die Tatsachenermittlung und desto gewichtiger muss das Berichterstattungsinteresse sein. Hier können sich die **Pflichten von Laien** dann im Ergebnis doch mit einigem decken, was sonst nur Teil der journalistischen Sorgfaltspflichten ist.

V. Rechtsfolge: Einwirkungen auf Ansprüche der Geheimnisträger

Wenn die Tatbestandsvoraussetzungen des § 5 Nr. 1 erfüllt sind, stellt das Verhalten 52
desjenigen, der sich auf die Vorschrift berufen kann, keine tatbestandsmäßige Rechtsverletzung i. S. v. § 4 dar.[78] Anders als in der zunächst im ersten Gesetzentwurf (§ 4) geplanten Fassung, welche dieselben Handlungen als Rechtfertigungsgründe normiert hat, ist die Rechtsfolge des § 5 ein **Tatbestandsausschluss.**[79] Der Unterschied besteht **auf strafrechtlicher Ebene** darin, dass bei Vorliegen der Voraussetzungen des § 5 **keine rechtswidrige Haupttat** vorliegt und somit auch Teilnehmer nicht bestraft werden können.[80] **Im Zivilrecht** führt § 5 zu einem **Anspruchsausschluss**. Die zivilrechtliche Rechtsfolge ist insoweit dieselbe wie bei einem Rechtfertigungsgrund (keine Ansprüche im Sinne der §§ 6 ff.), und auch die erforderliche Abwägung lässt § 5 wie einen Rechtfertigungsgrund erscheinen. Die Normierung als Tatbestandsausnahme hat auch den symbolischen Zweck, „den Eindruck zu vermeiden, Journalisten und Whistleblower handelten prima facie rechtswidrig"[81].

VI. Konkurrenz zu anderen Rechtsvorschriften

1. Konkurrenz innerhalb des § 5. Das Verhältnis der einzelnen Tatbestände des § 5 53
zueinander ist schwierig zu bestimmen. So ist bereits fraglich, ob § 5 die Vorgaben der Richtlinie korrekt umsetzt, weil § 5 im Gegensatz zu Art. 5 der Know-How-Richtlinie so formuliert ist, dass er einen Tatbestandsausschluss allgemein bei Handeln „zum Schutz

78 Köhler/Bornkamm/Feddersen/*Alexander* § 5 GeschGehG Rn. 62.
79 Siehe auch Köhler/Bornkamm/Feddersen/*Alexander* § 5 GeschGehG Rn. 62.
80 *Gramlich/Lütke* wistra **2019** 480, 481.
81 *Ohly* GRUR **2019** 441, 448.

eines berechtigten Interesses“ anordnet und die § 5 Nr. 1 bis 3 nur als Regelbeispiele normiert.[82]

54 Daneben ist vor allem das **Verhältnis der Nummern 1 und 2 zueinander** unsicher. Hier kann sich die Frage stellen, ob ein Rückgriff auf den jeweils anderen Ausnahmetatbestand möglich ist, wenn die Voraussetzungen des einen nicht erfüllt sind. Inhaltlich erfasst § 5 Nr. 2 – unter der Voraussetzung, dass dies geeignet ist, das allgemeine öffentliche Interesse zu schützen[83] – nur die Aufdeckung von rechtswidrigen Handlungen „oder eines beruflichen oder sonstigen Fehlverhaltens“. § 5 Nr. 1 ist hingegen nicht auf diese Zwecke beschränkt. Damit ergeben sich vor allem zwei theoretische Fallkonstellationen, in denen der von § 5 Nr. 2 vorrangig adressierte Personenkreis sich auf § 5 Nr. 1 berufen könnte: Mitarbeiter eines Unternehmens, die Geschäftsgeheimnisse an die Öffentlichkeit bringen möchten und sich dabei nicht (nur) auf § 5 Nr. 2, sondern auch auf die freie Meinungsäußerung berufen möchten. Und Journalisten, für die eine zusätzliche Berufung auf § 5 Nr. 2 dann interessant sein könnte, wenn sie mit ihrer Berichterstattung Rechtsverstöße oder Fehlverhalten aufdecken möchten und in der Abwägung mit den Grundrechten des Geheimnisinhabers im Rahmen des § 5 Nr. 1 unterlegen sind. Denn § 5 Nr. 2 scheint nur die Prüfung eines berechtigten Interesses vorauszusetzen, ohne dass die Abwägung nach den oben genannten Kriterien[84] relevant würde.

55 Bei der Schaffung der Tatbestände dachte der Gesetzgeber im Rahmen des § 5 Nr. 1 vor allem an investigative Journalisten, während § 5 Nr. 2 Konstellationen des „Whistleblowings“ erfassen soll. Auch die Richtlinie grenzt die beiden Tatbestände auf diese Weise gegeneinander ab, wie sich aus den Erwägungsgründen 19 (für den in § 5 Nr. 1 umgesetzten Art. 5 lit. a) und 20 (für den in § 5 Nr. 2 umgesetzten Art. 5 lit. b) ergibt. Dieser gesetzgeberischen Absicht Rechnung tragend, greift **§ 5 Nr. 1** für die Tätigkeit der **Journalisten**, während **§ 5 Nr. 2** die Aufdeckung von Rechtsverstößen z. B. durch **Mitarbeiter von Unternehmen und Behörden** erfasst. Diese werden auch dann durch § 5 Nr. 2 geschützt, wenn sie sich mit ihren Erkenntnissen an die Presse wenden. Aus Sicht der investigativen Journalisten ist ihre gesamte Tätigkeit und das Verhältnis zu ihren Informanten Teil des Schutzes durch § 5 Nr. 1, während der Informant selbst insoweit durch § 5 Nr. 2 geschützt ist. Der Schutz des Journalisten ist dabei nicht davon abhängig, dass sich auch der Informant auf einen Ausnahmetatbestand berufen kann.[85] Nach dem Wortlaut des § 5 Nr. 1 und 2 wäre es möglich, sich auf beide Vorschriften zu berufen, auch wenn der Gesetzgeber offenbar nicht daran gedacht hat.

56 Im Ergebnis dürfte sich durch die zusätzliche oder alternative Berufung auf § 5 Nr. 1 in der Regel aber kein Vorteil ergeben. Zwar verlangt der Wortlaut des § 5 Nr. 1 keinen Rechtsverstoß bzw. kein Fehlverhalten, so dass für einen Whistleblower die Berufung auf § 5 Nr. 1 (Ausübung in der Meinungsfreiheit) attraktiv erscheinen könnte. In der Abwägung dürfte aber eine Handlung, in welcher der Informant weder Rechtsverstöße noch „sonstiges Fehlverhalten“ aufdeckt oder in der die Aufdeckung nicht geeignet ist, das allgemeine öffentliche Interesse zu schützen, auch nicht über die Meinungsäußerungsfreiheit zu rechtfertigen sein. Denn nach den Kriterien der Rechtsprechung ist u. a. relevant, ob ein Rechtsverstoß im Raum steht. Stets muss zudem ein öffentliches Interesse bestehen, das ohne „Fehlverhalten“ wohl nie gegeben ist. Für Arbeitnehmer, die Geschäftsgeheimnisse ihres Arbeitgebers offenlegen, wäre zudem nach der bisherigen Rechtsprechung des EGMR

---

82 *Alexander* AfP **2019** 1, 6. Siehe dazu oben Rn. 5.

83 Es ist umstritten, ob diese Einschränkung mit den Vorgaben der Richtlinie vereinbar ist, da diese nur verlangt, dass „der Antragsgegner in der Absicht gehandelt hat, das allgemeine öffentliche Interesse zu schützen“ (Art. 5 lit. b). Siehe zu diesem Problem Kommentierung zu § 5 Nr. 2 Rn. 69.

84 Siehe oben Rn. 27 ff.

85 *Ohly* GRUR **2019** 441, 448.

ein vorheriger interner Klärungsversuch erforderlich.[86] Sofern man dieses Erfordernis nicht als ungeschriebene Voraussetzung in § 5 Nr. 2 hineinliest,[87] wären die Vorgaben des § 5 Nr. 1 für den Whistleblower eher strenger als milder. Die zusätzliche Berufung auf § 5 Nr. 1 bringt damit Arbeitnehmern nicht mehr Schutz.

Für Journalisten scheint § 5 Nr. 2 nur die Prüfung eines berechtigten Interesses vorauszusetzen, ohne dass eine umfassende Abwägung mit den Grundrechten des Unternehmens relevant würde. Jedoch muss zum einen auch der Ausnahmetatbestand des § 5 Nr. 2 im Lichte der Grundrechte (insbesondere Art. 11, 16, 17 GRCh) ausgelegt werden. Die Abwägungskriterien spielen dort also ebenfalls eine Rolle. Zum anderen wird man für die *Veröffentlichung* von Geschäftsgeheimnissen in journalistischen Erzeugnissen die Regelung in **§ 5 Nr. 1** als **spezieller** ansehen müssen. Hier ist deshalb in jedem Fall die beschriebene grundrechtliche Abwägung erforderlich, auch wenn Journalisten durch die Veröffentlichung Fehlverhalten i. S. v. § 5 Nr. 2 aufdecken. Richtigerweise wird dies auch für Meinungsäußerungen gelten, die wie Medienerzeugnisse veröffentlicht werden, z. B. in sozialen Netzwerken. § 5 Nr. 2 greift dann insbesondere für Fälle, in denen Arbeitnehmer oder sonstige Personen einen Rechtsverstoß/ein Fehlverhalten i. S. d. § 5 Nr. 2 gegenüber Dritten offenbaren; für die Veröffentlichung gilt auch für sie § 5 Nr. 1. 57

2. Vorschriften in anderen Fachgesetzen. Sofern sich in anderen Fachgesetzen Tatbestandsausschlüsse oder Rechtfertigungsgründe befinden, die sich auf Straftatbestände oder zivilrechtliche Vorschriften auswirken, werden diese vom GeschGehG grundsätzlich nicht berührt. Sie bleiben also **daneben anwendbar**. Das betrifft z. B. § 4d Abs. 4 FinDAG und § 3b Abs. 5 BörsenG,[88] welche die Bestrafung, arbeitsrechtliche Sanktion oder Schadensersatzansprüche bei der Meldung von Rechtsverstößen durch Mitarbeiter unter bestimmten Voraussetzungen ausschließen. Diese Vorschriften werden jedoch häufiger im Kontext des § 5 Nr. 2 relevant werden als im Rahmen der Nr. 1, weil sie sich auf die Meldung von Rechtsverstößen durch Mitarbeiter von Unternehmen beziehen. 58

Gesetzliche Grundlagen für die (Pflicht zur) **Offenlegung** von Geschäftsgeheimnissen gegenüber Behörden, z. B. in Entgeltregulierungsverfahren, bleiben von § 5 ebenfalls unberührt. Sie betreffen jedoch ohnehin andere Sachverhalte als die typischerweise von § 5 Nr. 1 erfassten. 59

§ 5 Nr. 2
Aufdeckung rechtswidriger Handlungen oder Fehlverhaltens

Die Erlangung, die Nutzung oder die Offenlegung eines Geschäftsgeheimnisses fällt nicht unter die Verbote des § 4, wenn dies zum Schutz eines berechtigten Interesses erfolgt, insbesondere

[...]

2. zur Aufdeckung einer rechtswidrigen Handlung oder eines beruflichen oder sonstigen Fehlverhaltens, wenn die Erlangung, Nutzung oder Offenlegung geeignet ist, das allgemeine öffentliche Interesse zu schützen;

[...].

86 Siehe vor allem den Fall *Heinisch* EGMR 21.7.2011 NJW **2011** 3501, 3503 Rn. 65.
87 Zum Problem siehe die Kommentierung zu § 5 Nr. 2 Rn. 72.
88 Vgl. *Reinfeld* § 3 Rn. 15ff.

Schrifttum

Alexander Gegenstand, Inhalt und Umfang des Schutzes von Geschäftsgeheimnissen nach der Richtlinie (EU) 2016/943 (Richtlinie (EU) 2016/943), WRP **2017** 1034; *ders.* Grundstrukturen des Schutzes von Geschäftsgeheimnissen durch das neue GeschGehG, WRP **2019** 673; *Altenbach/Hild* Geschäftsgeheimnisgesetz schützt auch Whistleblower, CB **2020** 248; *Benne* Whistleblowing – Wenn Wissen Sensibilität erfordert, CCZ **2014** 189; *Brammsen* Reformbedürftig! – Der Regierungsentwurf des neuen Geschäftsgeheimnisschutzgesetzes, BB **2018** 2446; *Dann/Markgraf* Das neue Gesetz zum Schutz von Geschäftsgeheimnissen, NJW **2019** 1774; *Eufinger* Verletzung der Fürsorgepflicht durch arbeitgeberseitiges Whistleblowing, NZA **2017** 619; *Gündoğdu/Hurst* Änderungen für den Schutz von Geschäftsgeheimnissen durch das GeschGehG, Eine Synopse, K&R **2019** 451; *Hauck* Grenzen des Geheimnisschutzes, WRP **2018** 1032; *Hoeren/Münker* Die EU-Richtlinie für den Schutz von Geschäftsgeheimnissen und ihre Umsetzung – unter besonderer Berücksichtigung der Produzentenhaftung, WRP **2018** 150; *Jarass* Charta der Grundrechte der EU, 3. Aufl. 2016; *McGuire* Neue Anforderungen an Geheimhaltungsvereinbarungen? WRP **2019** 679; *Naber/Peukert/Seeger* Arbeitsrechtliche Aspekte des Geschäftsgeheimnisgesetzes, NZA **2019** 583; *Müller-Glöge/Preis/Schmidt* Erfurter Kommentar zum Arbeitsrecht, 20. Aufl. 2020 (zit.: ErfK/*Bearbeiter*); *Ohly* Das neue Geschäftsgeheimnisgesetz im Überblick, GRUR **2019** 441; *Preis/Seiwerth* Geheimnisschutz im Arbeitsrecht nach dem Geschäftsgeheimnisgesetz, RdA **2019** 351; *Reinhardt* Whistleblowing oder die mörderische Frage: Sind Anzeigen gegenüber dem Arbeitgeber erlaubt? – Ein ausgewählter Rechtsprechungsüberblick, CB **2015** 299; *Reinhardt-Kasperek/Denninger* Gutmenschentum als Kündigungsgrund? – Rechtsprechungsupdate und Praxistipps zum Whistleblowing, BB **2018** 2484; *Schreiber* Das neue Gesetz zum Schutz von Geschäftsgeheimnissen – ein „Freifahrtschein" für Whistleblower, NZWiSt **2019** 332; *Schmitt* Whistleblowing revisited – Anpassungs- und Regelungsbedarf im deutschen Recht zugleich ein Beitrag zu den arbeitsrechtlichen Auswirkungen der Geheimnisschutzrichtlinie, RdA **2017** 365; *Schulz* Whistleblowing – Plädoyer für ein Hinweisgeberschutzgesetz, ArbR Aktuell **2017** 10.

Übersicht

A. Einführung

60 § 5 dient der Umsetzung der am 8.6.2016 verabschiedeten und am 5.7.2016 in Kraft getretenen „Richtlinie über den Schutz vertraulichen Know-hows und vertraulicher Geschäftsinformationen (Geschäftsgeheimnisse) vor rechtswidrigem Erwerb sowie rechtswidriger Nutzung und Offenlegung", die bis zum 9.6.2018 in deutsches Recht umgesetzt werden musste. Der ursprüngliche Referentenentwurf vom 19.4.2018 setzte den Richtlinientext zum **Whistleblowing** in einer einzigen Vorschrift, nämlich in § 4 des Referentenentwurfs, um. Eine umfassende gesetzliche Kodifizierung des Themas „Whistleblower" ging damit – wie auch nach dem jetzigen GeschGehG – nicht einher. In § 4 des **Referententenentwurfs** hieß es noch:

> *„Die Erlangung, die Nutzung oder die Offenlegung eines Geschäftsgeheimnisses ist gerechtfertigt, wenn dies zum Schutz eines berechtigten Interesses erforderlich ist, insbesondere*
> *1. zur rechtmäßigen Ausübung des Rechts der freien Meinungsäußerung und der Informationsfreiheit nach der Charta der Grundrechte der Europäischen Union (ABl. C 202*

vom 7.6.2016, S. 389), einschließlich der Achtung der Freiheit und der Pluralität der Medien;

2. *zur Aufdeckung einer rechtswidrigen Handlung oder eines anderen Fehlverhaltens, wenn die das Geschäftsgeheimnis erlangende, nutzende oder offenlegende Person in der Absicht handelt, das allgemeine öffentliche Interesse zu schützen;*
3. *im Rahmen der Offenlegung durch Arbeitnehmer gegenüber der Arbeitnehmervertretung, wenn dies erforderlich ist, damit die Arbeitnehmervertretung ihre Aufgaben erfüllen kann."*

Die **haftungsrechtliche Privilegierung** des **Whistleblowers** sollte nach dem Referentenentwurf also nur dann greifen, wenn das Whistleblowing gerechtfertigt ist. Anders als nach der Richtlinie, die das Whistleblowing als Ausnahmetatbestand begreift, verwirklichte der Whistleblower also zunächst den Tatbestand und musste sodann einen Rechtfertigungsgrund für sich reklamieren. Nach massiver Kritik an dieser Regelung des Referentenentwurfs[89] wurde die Regelung im geltenden GeschGehG nunmehr als Tatbestandsausnahme formuliert. Dies entspricht letztlich auch dem Erwägungsgrund 20 der Richtlinie, wonach *„die in dieser Richtlinie vorgesehenen Maßnahmen, Verfahren und Rechtsbehelfe (...) nicht dazu dienen (sollten), Whistleblowing-Aktivitäten einzuschränken.“*. Nunmehr ist auch ausdrücklich in § 2 Nr. 3 festgehalten, dass derjenige, der sich auf eine Ausnahme nach § 5 berufen kann, kein Rechtsverletzer im Sinne des Gesetzes ist. 61

B. Kommentierung

I. Anwendungsbereich

1. Ausnahmetatbestand. Nach der Systematik des Gesetzes stellt § 5 Nr. 2 eine Ausnahme von § 4 dar und keinen Erlaubnistatbestand gemäß § 3. Das bedeutet, dass § 5 Nr. 2 keine Fallgruppe darstellt, bei der von vornherein die Erlangung, Nutzung und Offenlegung eines Geschäftsgeheimnisses gestattet wäre, vielmehr muss erst ein **Verbotstatbestand** gemäß § 4 verwirklicht werden, damit die Ausnahme auch nach § 5 Nr. 2 greift.[90] Letztlich geht es also um Fallgruppen, bei denen die Abwägung widerstreitender Interessen erforderlich ist. Das bedeutet weiterhin, dass ein Geschäftsgeheimnis im Sinne des Gesetzes überhaupt vorliegen muss, ansonsten findet § 5 Nr. 2 keine Anwendung. 62

2. Whistleblower/Whistleblowing. Geschützt von § 5 Nr. 2 sind insbesondere die sog. Whistleblower. **Whistleblowing** selbst wird allgemeinhin als das an die Öffentlichkeit Bringen von tatsächlichen oder behaupteten Missständen oder Fehlverhalten im Unternehmen durch kritische Äußerungen, Beschwerden oder Anzeigen eines dortigen Arbeitnehmers oder eines außenstehenden Dritten bezeichnet. Letztlich wird dabei zwischen dem internen und dem externen Whistleblowing unterschieden.[91] Von internem Whistleblowing spricht man, wenn die Anzeige beispielsweise gegenüber Vorgesetzten, dem Compliance-Officer oder gegenüber einer Arbeitnehmervertretung, beispielsweise dem Betriebsrat, erfolgt.[92] Beim externen Whistleblowing geht der Whistleblower sofort 63

89 Kritisch z. B. *Brammsen* BB **2018** 2446, 2449 f.
90 So auch *Reinfeld* § 3 Rn. 6.
91 *Eufinger* NZA **2017** 619.
92 *Schulz* ArbRAktuell **2017** 10, 11.

bzw. nach erfolglosem internen Abhilfeversuch an die Öffentlichkeit, beispielsweise an die Staatsanwaltschaft oder an die Presse.[93] In insbesondere arbeitsrechtlicher Hinsicht problematisch ist das externe Whistleblowing aufgrund der ggfs. eintretenden arbeitsrechtlichen Konsequenzen wie Abmahnung und (verhaltensbedingte) Kündigung.[94]

64 Gesetzliche Regelungen zum Schutz von Whistleblowern sind bislang rar, vor allem finden sich keine ausdrücklichen „Whistleblower"-Schutzgesetze. Vielmehr ergibt sich ein **Schutz von Whistleblowern** in gesetzlicher Hinsicht bislang nur aus verschiedenen punktuellen Vorschriften, die aber auch nicht in jedem Einzelfall einschlägig sind und daher keinen systematischen Schutz vermitteln. Zu nennen ist diesbezüglich beispielsweise § 138 StGB (Nichtanzeige geplanter Straftaten) und § 34 StGB (Rechtfertigender Notstand). Zudem besteht in einzelnen Branchen (insbesondere für Kredit- und Finanzinstitute) die gesetzliche Pflicht zur Schaffung von Hinweisgebersystemen, die sodann – je nach Ausgestaltung – dem Schutz von Whistleblowern dienen können. Zu nennen ist hier insbesondere § 25a Abs. 1 S. 6 Nr. 3 KWG, wo es auszugsweise heißt *„Eine ordnungsgemäße Geschäftsorganisation umfasst darüber hinaus einen Prozess, der es den Mitarbeitern unter Wahrung der Vertraulichkeit ihrer Identität ermöglicht, Verstöße gegen (...) innerhalb des Unternehmens an geeignete Stellen zu berichten."*. Einige wenige gesetzliche Regelungen bzgl. Anzeigen und/oder Beschwerden im Arbeitsverhältnis sind beispielsweise in § 17 ArbSchG, in den §§ 84 ff. BetrVG sowie in §§ 13, 27 AGG normiert. Schließlich ist im Beamtenrecht noch die Vorschrift des § 67 Abs. 2 BBG zu nennen, die Beamten erlaubt, einen Korruptionsverdacht insbesondere bei der Staatsanwaltschaft anzuzeigen. Auch § 48 GWG und § 23 Abs. 3 WpHG stellen den Whistleblower in den dort beschriebenen Fällen von einer Verantwortlichkeit frei. Als Auffangnorm kann zudem § 612a BGB herangezogen werden, der jegliche Benachteiligung eines Arbeitnehmers verbietet, sofern der Arbeitnehmer in zulässiger Weise seine Rechte ausübt.[95]

65 Aufgrund des Fehlens eines systematischen Schutzes gab es bereits in der Vergangenheit eine Vielzahl an Versuchen das Thema gesetzlich zu regeln. Allerdings waren nationale **Gesetzesinitiativen** zum Schutz von Whistleblowern in Deutschland bisher immer erfolglos: Als erste Fraktion brachte die SPD mit ihrem *„Entwurf eines Gesetzes zum Schutz von Hinweisgebern – Whistleblowern (Hinweisgeberschutzgesetz – HinwGebSchG)"* vom 7.2.2012[96] eine Gesetzesinitiative für ein eigenständiges Whistleblowerschutzgesetz in den Bundestag ein. Zudem erarbeitete die Fraktion von BÜNDNIS 90/DIE GRÜNEN für den Bundestag mit ihrem *„Entwurf eines Gesetzes zur Förderung von Transparenz und zum Diskriminierungsschutz von Hinweisgeberinnen und Hinweisgebern (Whistleblower-Schutzgesetz)"* vom 23.5.2012[97] einen Vorschlag für die Gesetzgebung zur Änderung des BGB und der Beamtengesetze, um Whistleblowern einen arbeits- bzw. dienstrechtlichen Diskriminierungsschutz zu gewähren. Kurz vor Ende der Legislaturperiode lehnte der Bundestag im Juni 2013 mit den Stimmen der Regierungskoalition von Union und FDP alle Gesetzesvorschläge der Oppositionsfraktionen ab. Daraufhin legte die Bundestagsfraktion von BÜNDNIS 90/DIE GRÜNEN eine geänderte und erweiterte Fassung ihres ursprünglichen Entwurfs[98] unter gleichem Namen erneut zur Abstimmung vor. Auch dieser Vorschlag scheiterte. Ein gleichzeitig eingebrachter Entwurf der Fraktion DIE LINKE (*„Gesellschaftli-*

93 *Benne* CCZ **2014** 189.
94 *Reinhardt-Kasperek/Denninger* BB **2018** 2484.
95 Ausführlich zu § 612a BGB z.B: ErfK/*Preis* § 612a BGB Rn. 4 ff.
96 BTDrucks. 17/8567.
97 BTDrucks. 17/9782.
98 BTDrucks. 18/3039.

che Bedeutung von Whistleblowing anerkennen – Hinweisgeberinnen und Hinweisgeber schützen")[99] fand ebenfalls nicht die notwendige Mehrheit im Bundestag.

3. Vorliegen eines Geschäftsgeheimnisses. Häufig wird es bei § 5 Nr. 2 darum gehen, dass der Whistleblower, oftmals ein aktiver oder ausgeschiedener Arbeitnehmer, betriebliche Missstände aufdeckt. Fraglich ist in diesen Fällen aber bereits, ob Gesetzesverstöße und Fehlverhalten im Betrieb oder Unternehmen, also betriebliche Missstände, vom Gesetz überhaupt geschützt sind. Betrachtet man bereits den Titel der Richtlinie, so sollen hiernach nur vertrauliches Know-how und vertrauliche Geschäftsinformationen (**Geschäftsgeheimnisse**) vor unrechtmäßigem Erwerb geschützt werden; hierunter sind schwerlich betriebliche Missstände zu fassen. Auch die Gesetzesbegründung hilft hier nicht weiter, genannt sind dort beispielsweise Herstellungsverfahren, Kunden- und Lieferantenlisten, Kosteninformationen, Geschäftsstrategien, Unternehmensdaten, Marktanalysen, Prototypen, Formeln und Rezepte.[100] Hierunter kann man keine betrieblichen Missstände wie zum Beispiel Verstöße gegen das Arbeitsschutzgesetz fassen. Dennoch findet sich die bewusste Aufnahme von § 5 Nr. 2 im Gesetz wieder. Betrachtet man auch hier wieder Erwägungsgrund 20 der Richtlinie, nämlich den Schutz des Whistleblowers selbst, so muss man annehmen, dass diese Vorschrift dazu dienen soll, die Bekanntgabe von Informationen über rechtswidrige Vorgänge in bestimmten Fällen zu schützen, auch wenn diese möglicherweise nicht unter das „klassische" Geschäftsgeheimnis im Sinne des Gesetzes fallen.[101] Die Richtlinie geht also wohl von einem weiten Geheimnisbegriff aus und dementsprechend wird man auch § 5 Nr. 2 verstehen müssen. Geschäftsgeheimnisse können demnach auch Informationen über Umstände enthalten, die von der Rechtsordnung missbilligt werden. *Alexander*[102] nennt hier folgendes Beispiel: *„Als Geschäftsgeheimnis kann eine Software geschützt sein, die in Fahrzeugen eingesetzt wird und über Funktionen verfügt, die zu einer manipulativen Steuerung eingesetzt werden können, um gesetzliche Abgasvorgaben einzuhalten. Wenn also hier ein Missstand offengelegt wird und dadurch das Geschäftsgeheimnis „Software" verletzt wird, kommt § 5 Nr. 2 zur Anwendung*". Ein weiteres Beispiel ist bei *Reinfeld*[103] zu finden: hiernach kann auch ein komplexes Programm zur Dienstplaneinteilung im Betrieb ein Geschäftsgeheimnis sein. Bei Anwendung des Programms können sich ggf. Verstöße des Arbeitgebers gegen Vorgaben des Arbeitszeitgesetzes ergeben. Auch hier geht die Aufdeckung des Missstandes ggf. unweigerlich mit der Offenlegung des an sich schützenswerten Geheimnisses (betriebliche Software) einher. 66

II. Tatbestand

1. Berechtigtes Interesse. § 5 (und damit auch § 5 Nr. 2) sieht vor, dass eine Ausnahme vom Verbot des § 4 vorliegt, wenn dies zum Schutz eines **„berechtigten Interesses"** erfolgt. Die Vorschrift verlangt also ein berechtigtes Interesse des Whistleblowers, welches allerdings an keiner Stelle abschließend definiert wird. Als berechtigtes Interesse wird vielmehr in § 5 Nr. 2 nur die *„Aufdeckung einer rechtswidrigen Handlung oder eines beruflichen oder sonstigen Fehlverhaltens"* genannt; ein Beispiel, das selbst aufgrund seiner Unbe- 67

99 BTDrucks. 18/3043.
100 BTDrucks. 19/4724 S. 24.
101 So auch *Reinfeld* § 3 Rn. 21ff.
102 *Alexander* WRP **2017** 1034, 1038.
103 *Reinfeld* § 3 Rn. 30.

stimmtheit nicht weiterhilft. In der Begründung zur Drucksache 19/4724 heißt es zum berechtigten Interesse nur: *„Berechtigtes Interesse kann jedes von der Rechtsordnung gebilligte Interesse ein. Es umfasst auch Interessen wirtschaftlicher oder ideeller Art, wenn diese von der Rechtsordnung gebilligt werden. In Betracht kommen sowohl eigene Interessen wie die Durchsetzung von Ansprüchen oder Abwehr von Beeinträchtigungen wie auch die Verfolgung legitimer Gruppeninteressen, zum Beispiel wenn die Arbeitnehmervertretung über einen bevorstehenden Personalabbau unterrichtet."* Weiter wird ausgeführt: *„Eine Abwägung mit den Interessen des Inhabers des Geschäftsgeheimnisses ist in Artikel 5 der Richtlinie (EU) 2016/943 nicht ausdrücklich vorgesehen, kann aber über den Begriff des berechtigten Interesses im Einzelfall zur Sicherstellung der Verhältnismäßigkeit erfolgen."*.[104] Diese Begründung entspricht auch Erwägungsgrund 21 der Richtlinie, wonach im Einklang mit dem Grundsatz der Verhältnismäßigkeit die Maßnahmen, Verfahren und Rechtsbehelfe zum Schutz von Geschäftsgeheimnissen darauf zugeschnitten sein sollten, das Ziel eines reibungslos funktionierenden Binnenmarkts für Forschung und Innovation zu erreichen. Das berechtigte Interesse ist demnach also weit zu verstehen.

68 **2. Geeignetheit zum Schutz des allgemeinen öffentlichen Interesses.** Noch im ursprünglichen Referentenentwurf hieß es, dass ein – damals noch – **Rechtfertigungsgrund** dann vorliegt, wenn der Whistleblower in der Absicht handelte, das allgemeine öffentliche Interesse zu schützen. Dies wurde aus mehreren Gründen für problematisch erachtet. Insbesondere wurde kritisiert, dass durch das Abstellen allein auf die subjektive Motivationslage der Whistleblower privilegiert wird, was die erhebliche Gefahr des Missbrauchs birgt, zumal die Möglichkeiten im gerichtlichen Verfahren, die hinter einer Handlung stehende Absicht zu erforschen, beschränkt sind. Eine solche Privilegierung sei auch durch die Richtlinie keineswegs veranlasst, da insbesondere in Erwägungsgrund 20 der Richtlinie ausgeführt wird: *„Das sollte nicht so verstanden werden, dass die zuständigen Gerichte daran gehindert seien, Ausnahmen von der Anwendung der Maßnahmen, Verfahren und Rechtsbehelfe in den Fällen zuzulassen, in denen der Antragsgegner allen Grund hatte, im guten Glauben davon auszugehen, dass sein Verhalten den in dieser Richtlinie festgelegten angemessenen Kriterien entspricht."* Diesbezüglich wurde angemerkt, dass offensichtlich auch der europäische Gesetzgeber davon ausgeht, dass rechtfertigende Kriterien **objektiv** vorliegen müssen.[105]

69 Im GeschGehG wurde daher nun von der subjektiven Motivationslage Abstand genommen und die Formulierung aufgenommen, dass die Aufdeckung im öffentlichen Interesse ***„geeignet"*** sein muss, es findet also keine Gesinnungsprüfung[106] statt. Letztlich wird das Absichtserfordernis nunmehr also durch die Voraussetzung ersetzt, dass die Aufdeckung einer rechtswidrigen Handlung, eines beruflichen oder sonstigen (ethischen) Fehlverhaltens durch den Whistleblower *„geeignet ist, das allgemeine öffentliche Interesse zu schützen"*. Nach der Gesetzesbegründung soll *„(m)it der Änderung [...] klargestellt (werden), dass [...] auch Mischmotivationen erfasst werden"*[107].

70 Die nunmehrige Formulierung stellt zudem fest, dass für die *Tatbestandsausnahme* jeweils auf die **konkrete Handlung** abzustellen ist. Diese muss dem Schutz des allgemeinen öffentlichen Interesses dienen. Das Geschäftsgeheimnis darf nach Gesetzesbegründung nur *„zur Abwehr von tatsächlichen oder gutgläubig angenommenen Verletzungen oder Ge-*

104 BTDrucks. 19/4724 S. 28.
105 So auch *Hoeren/Münker* WRP **2018** 150, 154.
106 So auch *Alexander* WRP **2019** 673, 677.
107 BTDrucks. 19/8300 S. 14.

fährdungen öffentlicher Interessen offengelegt werden“[108]. Der Whistleblower muss also lediglich gutgläubig vom Vorliegen eines Missstandes ausgehen, was dem eigentlich nunmehr verobjektivierten Kriterium wiederum eine subjektive Prüfung an die Seite stellt, sodass bei der Geeignetheitsprüfung wieder erhebliche Beurteilungsspielräume bestehen.

Um das (subjektive) Merkmal der **Gutgläubigkeit** näher zu präzisieren, kann man 71
zum einen auf die am 23.10.2019 verabschiedete „Richtlinie zum Schutz von Personen, die Verstöße gegen das Unionsrecht melden“[109] zurückgreifen: Nach Art. 6 Abs. 1 lit. a) dieser Richtlinie müssen aus Sicht des Whistleblowers begründete Anhaltspunkte dafür vorliegen, dass die gemeldeten Informationen der Wahrheit entsprechen. Hier heißt es: „*Hinweisgeber haben Anspruch auf Schutz nach dieser Richtlinie, sofern a) sie hinreichenden Grund zu der Annahme hatten, dass die gemeldeten Informationen über Verstöße zum Zeitpunkt der Meldung der Wahrheit entsprachen (...).*“

Eine gewisse, wenn auch vage, Präzisierung des objektiven Merkmals der **Geeignet-** 72
heit erfolgt gemäß der Gesetzesbegründung zum anderen insofern, als dass zugleich ein „*regelwidriges Verhalten, ein Fehlverhalten oder eine illegale Tätigkeit von unmittelbarer Relevanz aufgedeckt*“[110] werden muss. „*Insofern muss es sich*“, so die Gesetzesbegründung, „*um ein regelwidriges Verhalten, ein Fehlverhalten oder eine illegale Tätigkeit von einigem Ausmaß und Gewicht handeln, deren Offenlegung dem allgemeinen öffentlichen Interesse dient*“[111]. Genannt werden hier beispielsweise die Betroffenheit von Individualrechtsgütern mit großer Intensität wie bei Arzneimittel- oder Lebensmittelskandalen.[112]

Nach dem Wortlaut von § 5 Nr. 2 muss ferner eine „*rechtswidrige Handlung oder ein* ***be-*** 73
rufliches *oder* ***sonstiges Fehlverhalten***“ aufgedeckt werden. Wenn die Beurteilung, wann eine Handlung rechtswidrig ist, noch relativ leicht fallen dürfte, so sind die Begriffe „*berufliches*“ oder „*sonstiges*“ Fehlverhalten durchgängig unpräzise und die Aufnahme des Merkmals des „*sonstigen Fehlverhaltens*“ auch noch weitergehend als die Richtlinie selbst.

Vom Begriff des **beruflichen Fehlverhaltens** soll ein Verstoß gegen berufsständische 74
Normen erfasst sein.[113] Vom **sonstigen Fehlverhalten** sollen Aktivitäten erfasst sein, die ein unethisches Verhalten darstellen, aber nicht notwendigerweise gegen Rechtsvorschriften verstoßen.[114] Als Beispiele hierfür werden Auslandsaktivitäten eines Unternehmens genannt, die in den betreffenden Ländern nicht rechtswidrig sind, aber dennoch von der Allgemeinheit als Fehlverhalten angesehen werden, wie zum Beispiel Kinderarbeit oder gesundheits- oder umweltschädliche Produktionsbedingungen.[115] Auch die systematische und unredliche Umgehung von Steuertatbeständen, welche in der öffentlichen Diskussion häufig als unethisches Verhalten angesehen werden, sollen hierunter fallen.[116] In diesem Zusammenhang hat zum Beispiel das OLG Oldenburg entschieden, dass der Export von giftigen Substanzen in die USA, die dort zur Vollstreckung der Todesstrafe benutzt werden könnten, ein sonstiges Fehlverhalten in Form eines unethischen Verhaltens darstellt.[117]

Letztlich erschweren die **unpräzisen Voraussetzungen** sowohl potentiellen Whistle- 75
blowern als auch den Rechtsanwendern die Einschätzung, ob einem aufgedeckten Ge-

108 BTDrucks. 19/8300 S. 14.
109 RL (EU) 2019/1937 v. 23.10.2019 zum Schutz von Personen, die Verstöße gegen das Unionsrecht melden.
110 BTDrucks. 19/8300 S. 14.
111 BTDrucks. 19/8300 S. 14.
112 So *Dann/Markgraf* NJW **2019** 1774, 1777.
113 BTDrucks. 19/4724 S. 29.
114 BTDrucks. 19/4724 S. 29.
115 BTDrucks. 19/4724 S. 29.
116 BTDrucks. 19/4724 S. 29.
117 OLG Oldenburg 21.5.2019 CB **2020** 220 ff.

heimnis die erforderliche Intensität einer Beeinträchtigung des öffentlichen Interesses innewohnt.[118] Daher wird auch vertreten, dass ein sonstiges Fehlverhalten in seiner Art und Schwere mit einem Rechtsverstoß oder beruflichem Fehlverhalten vergleichbar ist und allein ethische Aspekte nicht ausreichend sind. Vielmehr müssten grundlegende Sozial- und Verhaltenskonventionen nicht eingehalten und/oder bewusst rücksichtslos übertreten worden sein. Ein politisch unkorrektes oder unerwünschtes Agieren eines Unternehmens sei hierfür nicht ausreichend.[119]

76 **3. Interessenabwägung im Übrigen.** Zunächst sieht die Vorschrift keine Einschränkung hinsichtlich des Kreises möglicher Adressaten der Anzeige vor, d. h. auch eine Anzeige sogleich an die Medien dürfte jedenfalls vom Wortlaut her möglich sein; nach bisheriger Rechtslage war bei externer Meldung diese zunächst nur ausschließlich an die Staatsanwaltschaft zulässig.[120] Hieran kann wohl nach dem GeschGehG nicht mehr festgehalten werden. Die weite Formulierung des Begriffs „Aufdeckung" kann somit letztlich auch als Erweiterung des **Adressatenkreises** verstanden werden, so dass nunmehr auch die Presse und die sonstige Öffentlichkeit erfasst sind. Hierfür spricht, dass § 5 Nr. 2 nicht nur die Aufdeckung illegalen Verhaltens erfasst, sondern nach seinem Wortlaut und der Gesetzesbegründung auch die Aufdeckung beruflichen und sonstigen Fehlverhaltens, als auch sonstigen unethischen Verhalten, für das die Staatsanwaltschaft offensichtlich der falsche Adressat ist.[121]

77 Rein dem Wortlaut nach verlangt § 5 Nr. 2 auch lediglich eine *„Geeignetheit"*, aber keine *„Erforderlichkeit"* und sieht damit keine weitere **Verhältnismäßigkeitsprüfung** vor. Vom Grundsatz her entspricht dies auch der Richtlinie, die auch keine Verhältnismäßigkeitsprüfung im Übrigen statuiert. Ausweislich des Wortlauts von § 5 Nr. 2 ist auch kein interner Abhilfeversuch notwendig, allein dem Wortlaut folgend kann sich der Whistleblower also grundsätzlich gleich an die Öffentlichkeit wenden, ohne vorher innerbetrieblich für Abhilfe gesorgt zu haben.

78 Die ständige Rechtsprechung des Europäischen Gerichtshof für Menschenrechte (EGMR), und die für diese Thematik wegweisende Entscheidung in Sachen Heinisch[122], sieht dahingegen eine – ungeschriebene – **Verhältnismäßigkeitsprüfung** regelmäßig vor. In dem zugrundeliegenden Sachverhalt hatte Frau Heinisch in einem Verfahren vor dem EGMR Schadensersatz und Entschädigung dafür gefordert, dass ihr Arbeitsverhältnis aufgrund ihrer Strafanzeige gegen ihren Arbeitgeber fristlos gekündigt wurde und die Arbeitsgerichte die Wirksamkeit dieser Kündigung bestätigt hatten. Frau Heinisch, die in einer Einrichtung als Altenpflegerin arbeitete, hatte zunächst mehrfach interne Beschwerden über unzureichende Personalausstattung und Missachtung von Pflegestandards eingereicht. Auch der Medizinische Dienst der Krankenkassen (MDK) und Kollegen wiesen öfters auf Pflegemängel hin. Später erfuhr der Arbeitgeber, dass Frau Heinisch eine Anzeige bei der Staatsanwaltschaft wegen besonders schweren Betruges gegen ihn erhoben hatte, die auf die Nichterbringung zugesagter und abgerechneter Pflegeleistungen und die begleitende Anweisung an das Personal zur Falschdokumentation gestützt war. Die Staatsanwaltschaft hatte das Verfahren ergebnislos eingestellt, woraufhin der Arbeitgeber die fristlose Kündigung aussprach. Die hiergegen gerichtete Kündigungsschutzklage und der Rechtsstreit in zweiter Instanz vor dem LAG Berlin sowie die Nichtzulassungsbeschwerde zum BAG waren erfolglos.

---

118 *Schreiber* NZWiSt **2019** 332, 336.
119 Köhler/Bornkamm/Feddersen/*Alexander* § 5 GeschGehG Rn. 39; *Altenbach/Hild* CB **2020** 248, 249.
120 EGMR 21.7.2011 RdA **2012** 108 ff.
121 So *Gündodu/Hurst* K&R **2019** 451, 454; *Preis/Seiwerth* RdA **2019** 351, 357.
122 EGMR 21.7.2011 RdA **2012** 108 ff.

Die Verfassungsbeschwerde wurde nicht angenommen. Der EGMR entschied diesen Fall letztlich zu Gunsten von Frau Heinisch und stellte in seinen Kernaussagen fest, dass Whistleblowing grundsätzlich von der Freiheit der Meinungsäußerung des Art. 10 EMRK erfasst ist, allerdings eine Abwägung der widerstreitenden Interessen stattzufinden habe. Ausgangspunkt für diese Abwägung ist nach Auffassung des EGMR die arbeitsvertragliche Loyalitäts- oder Treuepflicht, welche in § 242 Abs. 2 BGB normiert ist. Hiernach soll der Whistleblower zunächst eine interne Klärung herbeiführen und die Information der Öffentlichkeit (Staatsanwaltschaft und/oder Medien) darf nur ultima ratio sein. Zudem muss der Whistleblower sorgfältig prüfen, ob die offengelegte Information zutreffend und zuverlässig ist. Weiter in die Abwägung mit einzubeziehen ist die Höhe des drohenden bzw. des angerichteten (Image-) Schadens für den Arbeitgeber, die Motivation des anzeigenden Arbeitnehmers, und hierbei insbesondere, ob eine Offenlegung im guten Glauben und der Überzeugung erfolgt ist, dass die Information wahr und im öffentlichen Interesse liegt oder ob die Offenlegung beispielsweise aus Rache geschehen ist. Ferner darf es keine anderen, diskreteren Mittel geben; hierbei ist wichtig, dass sich der Whistleblower primär an die Staatsanwaltschaft wenden soll und nicht sofort an die Medien. Weitere Kernaussage des EGMR ist, dass je höher das öffentliche Interesse an der Information über etwaige Rechtsverletzungen eines Unternehmens ist (z. B. unzureichende Pflegestandards oder Verstöße gegen den Arbeitsschutz), umso leichter sich der Whistleblower mit einer Vermutung an die Staatsanwaltschaft wenden darf. Dieser Rechtsprechung des EGMR ist die instanzgerichtliche deutsche Rechtsprechung gefolgt.[123]

Aufgrund der Regelung des § 5 Nr. 2 und der Rechtsprechung des EGMR sowie der Recht- 79
sprechung der Instanzgerichte kann ein **Spannungsverhältnis** dahingehend entstehen, dass die deutschen Gerichte im Rahmen der völkerrechtsfreundlichen Auslegung die Vorgaben der Europäischen Menschenrechtskonvention (EMRK) berücksichtigen müssen[124], das innerstaatliche Recht zugleich jedoch auch unionsrechtskonform auszulegen ist.[125] Wenn nun § 5 Nr. 2 keinen Vorrang eines innerbetrieblichen Abhilfeversuchs vorsieht, so steht auf der anderen Seite die Rechtsprechung des EGMR zu Art. 10 EMRK, wonach sich der Whistleblower grundsätzlich zunächst um eine interne Klärung des Sachverhalts bemühen muss.[126] Gleiches gilt für den Kreis der möglichen Adressaten oder auch für eine Verhältnismäßigkeitsprüfung generell. Rein vom Wortlaut her vermittelt § 5 Nr. 2 dem Whistleblower daher einen weitreichenderen Schutz als Art. 10 EMRK. Zu beachten ist aber, dass der Rechtsprechung des EGMR aufgrund von Art. 52 Abs. 3 GRCh starke Bedeutung bei der Unionsrechtsauslegung zukommt;[127] hier heißt es: „*Soweit diese Charta Rechte enthält, die den durch die Europäische Konvention zum Schutz der Menschenrechte und Grundfreiheiten garantierten Rechten entsprechen, haben sie die gleiche Bedeutung und Tragweite, wie sie ihnen in der genannten Konvention verliehen werden. Diese Bestimmung steht dem nicht entgegen, dass das Recht der Union einen weitergehenden Schutz gewährt.*“ Maßgeblich für die Auslegung des korrespondierenden Grundrechts der Charta ist daher die EMRK. Daraus ergibt sich letztendlich die Maßgabe, ein Gleichauf zwischen Vorgaben des Art. 10 EMRK und des Art. 11 GRCh herzustellen, was vornehmlich für einen vorrangigen internen Abhilfeversuch spricht.[128]

Eine derartige Vorrangigkeit der **internen Abhilfe** ergibt sich auch aus der Richtlinie 80
vom 23.10.2019 zum Schutz von Personen, die Verstöße gegen das Unionsrecht melden.[129]

---

123 Vgl. hierzu und insbesondere zum Rechtsprechungsüberblick: *Reinhardt* CB **2015** 299 ff.
124 St. Rspr. BVerfG 4.5.2011 NJW **2011** 1931 ff.; BVerfG 26.3.1987 NJW **1987** 2427 ff.; *Schmitt* RdA **2017** 365 ff.
125 *Schmitt* RdA **2017** 365, 268.
126 EGMR 21.7.2011 RdA **2012** 108, 112; *Schmitt* RdA **2017** 365 ff.
127 *Jarass* Art. 52 GRCh Rn. 65.
128 So auch *Schmitt* RdA **2017** 365 ff.
129 RL (EU) 2019/1937 v. 23.10.2019 zum Schutz von Personen, die Verstöße gegen das Unionsrecht melden.

Hier heißt es nämlich unter Art. 15 Abs. 1 lit b) ii), dass eine externe Meldung nur dann erfolgen soll, wenn *„Repressalien zu befürchten sind oder aufgrund der besonderen Umstände des Falls geringe Aussichten bestehen, dass wirksam gegen den Verstoß vorgegangen wird, beispielsweise weil Beweismittel unterdrückt oder vernichtet werden könnten oder wenn zwischen einer Behörde und dem Urheber des Verstoßes Absprachen bestehen könnten oder die Behörde an dem Verstoß beteiligt sein könnte"*.

81 Davon, dass zumindest zu einem gewissen Grad auch die **Verhältnismäßigkeit** bei § 5 Nr. 2 gewahrt werden muss, spricht auch die Gesetzesbegründung[130], in der es heißt: *„Eine Abwägung mit den Interessen des Inhabers des Geschäftsgeheimnisses ist in Artikel 5 der Richtlinie (EU) 2016/943 nicht ausdrücklich vorgesehen, kann aber über den Begriff des berechtigten Interesses im Einzelfall zur Sicherstellung der Verhältnismäßigkeit erfolgen"*. Dass der deutsche Gesetzgeber sich generell an die bestehende Rechtsprechung anlehnt und insbesondere eine Verhältnismäßigkeitsprüfung vorgenommen haben möchte, ergibt sich auch aus folgendem Auszug aus der Gesetzesbegründung[131]: *„Ausgeschlossen sind damit zum Beispiel die Nutzung des Geschäftsgeheimnisses als Druckmittel oder eine Offenbarung des Geschäftsgeheimnisses aus Rache. Die Absicht, das allgemeine öffentliche Interesse zu schützen, muss dabei das dominierende, nicht jedoch das ausschließliche Motiv sein. Es handelt sich um ein subjektives Motiv, das aber im Rahmen eines gerichtlichen Verfahrens einer Plausibilitätskontrolle unterzogen werden kann."*. Dies entspräche auch Erwägungsgrund 21 der Richtlinie, der mehrfach auf die Verhältnismäßigkeit abgestellt (*„Im Einklang mit dem Grundsatz der Verhältnismäßigkeit sollten (...). Auch sollte sichergestellt sein, dass die zuständigen Gerichte über das Ermessen verfügen, die Interessen der an einem Rechtsstreit beteiligten Parteien und die Interessen Dritter, gegebenenfalls auch der Verbraucher, gegeneinander abzuwägen."*) und auch den allgemeinen Grundsätzen des Unionsrechts.

82 Letztlich beruht § 5 Nr. 2 auf der **Abwägung** zweier verfassungsrechtlicher Interessen, weshalb daher im Lichte der Rechtsprechung des EGMR und auch des BAG eine Verhältnismäßigkeitsprüfung zwingend notwendig erscheint, auch wenn eine solche nicht speziell gesetzlich geregelt ist.[132]

III. Rechtsfolgen

83 Das GeschGehG schützt – einem **engen Verständnis** folgend – den Whistleblower unter den genannten Voraussetzungen lediglich vor den im GeschGehG geregelten Ansprüchen des Inhabers des Geschäftsgeheimnisses, nämlich auf Vernichtung, Herausgabe, Rückruf, Auskunft und Schadensersatz. Über die arbeitsrechtliche Bewertung, insbesondere aus dem Blickwinkel des Kündigungsschutzes, trifft das Gesetz keine Aussage. Ein Vergleich von § 5 und der entsprechenden Bestimmung des Referentenentwurfs, die nicht ausdrücklich auf § 4 beschränkt war, spricht für ein enges Verständnis.[133] Hierfür spricht zudem § 1 Abs. 3 Nr. 4, wonach von diesem Gesetz Rechte und Pflichten aus dem Arbeitsverhältnis und die Rechte der Arbeitnehmervertretungen unberührt bleiben. Zusätzlich sprechen weitergehende europäische Bemühungen zum Schutz von Whistleblowern dafür, dass § 5 Nr. 2 eng auszulegen ist, denn hiermit und auch mit der zugrundeliegenden Richt-

130 BTDrucks. 19/4724 S. 28.
131 BTDrucks. 19/4724 S. 29.
132 So auch *Ohly* GRUR **2019** 441, 448 f.
133 *Naber/Peukert/Seeger* NZA **2019** 583, 585.

linie sollte offenbar (noch) kein umfassender Schutz des Whistleblowers geschaffen werden.[134]

Rechtsverletzungen, die nicht explizit unter die Regelungen des GeschGehG fallen, können also weiterhin auch einen Kündigungsgrund aufgrund der Verletzung einer **arbeitsvertraglichen Nebenpflicht** darstellen: **84**

Zwar ergibt sich jedenfalls nicht explizit aus dem **Normtext** des GeschGehG, dass die Wahrung von Geschäftsgeheimnissen, auch ohne weitere Vereinbarung, eine arbeitsvertragliche (Neben-)Pflicht ist. In § 4 Abs. 2 Nr. 2 und 3 heißt es „nur“, dass ein Geschäftsgeheimnis nicht nutzen oder offenlegen darf, wer damit gegen eine Verpflichtung zur Beschränkung der Nutzung oder Offenlegung verstößt. Die Gesetzesbegründung zu § 4 Abs. 2 Nr. 2 wird hinsichtlich der arbeitsvertraglichen Nebenpflicht allerdings deutlicher: **85**

> *„Eine solche Befugnis zum Zugang zu Geschäftsgeheimnissen wird in der Regel bei Beschäftigten gegeben sein. Diese können bei der Nutzung oder Offenlegung eines Geschäftsgeheimnisses jedoch gegen vertragliche Pflichten verstoßen. Im Arbeitsverhältnis sind Geheimhaltung und Loyalität grundsätzlich vertragliche Verpflichtungen des Arbeitnehmers.“*[135]

Es ist daher davon auszugehen, dass an der Annahme einer auf §§ 241 Abs. 2, 242 BGB gestützten **arbeitsvertraglichen Nebenpflicht** zur Verschwiegenheit durch das GeschGehG nichts geändert werden sollte. **86**

Es stellt sich zudem die Frage nach einer **Ausstrahlungswirkung** des GeschGehG auf das **Arbeitsrecht** im Übrigen. Zunächst ist davon auszugehen, dass den Arbeitgeber nunmehr in arbeitsrechtlichen Prozessen wegen externen Whistleblowings primär die Darlegungs- und Beweislast trifft, dass die im jeweiligen Einzelfall offengelegte Information überhaupt als Geschäftsgeheimnis schutzfähig ist.[136] Damit ist z. B. in einem Kündigungsschutzprozess zunächst Voraussetzung, dass dem Arbeitgeber der Nachweis gelingt, dass der nach außen getragene (vermeintliche) Missstand kein „illegales Geheimnis“ darstellt. Dies bedeutet konkret, dass zum einen bei der Frage, welche Geschäftsgeheimnisse nach dem GeschGehG schutzwürdig sind, als auch bei der Frage, ob angemessene Geheimhaltungsmaßnahmen getroffen wurden, eine Ausstrahlungswirkung auf das Arbeitsrecht stattfinden wird. **87**

Eine **weitere Ausstrahlungswirkung** könnte sich daraus ergeben, dass im GeschGehG selbst keine Interessenabwägung im Übrigen explizit angelegt ist. Hier muss allerdings insbesondere in arbeitsrechtlicher Hinsicht vor dem Hintergrund der Rechtsprechung des EGMR und des BAG angenommen werden, dass die Interessenabwägung im Übrigen, insbesondere auch in Kündigungsschutzprozessen nicht entfällt.[137] **88**

Bewertungsspielräume wird es zudem bei der Frage geben, ob der Whistleblower gutgläubig davon ausging, dass ein Missstand vorlag; hierbei handelt es sich um ein subjektives Motiv, das im Rahmen eines gerichtlichen Verfahrens, auch eines Kündigungsschutzprozesses, einer Plausibilitätskontrolle unterzogen werden kann. Bei Pflichtverletzungen im Arbeitsverhältnis, die nicht eindeutig unter das GeschGehG fallen, also beispielsweise die Weitergabe von Informationen, die nicht unmittelbar vom Begriff des Geschäftsgeheimnisses in § 2 erfasst sind, wird es sich zukünftig zeigen müssen, ob diese damit weiterhin dem Prüfungssystem des EGMR und des BAG unterfallen. **89**

---

134 So auch *Naber/Peukert/Seeger* NZA **2019** 583, 585.
135 BTDrucks. 19/4724 S. 27.
136 So auch *Hauck* WRP **2018** 1032, 1037.
137 Siehe hierzu unter II. 3.

§ 5 Nr. 3
Offenlegung gegenüber Arbeitnehmervertretung

Die Erlangung, die Nutzung oder die Offenlegung eines Geschäftsgeheimnisses fällt nicht unter die Verbote des § 4, wenn dies zum Schutz eines berechtigten Interesses erfolgt, insbesondere
[...]
3. im Rahmen der Offenlegung durch Arbeitnehmer gegenüber der Arbeitnehmervertretung, wenn dies erforderlich ist, damit die Arbeitnehmervertretung ihre Aufgaben erfüllen kann.

Schrifttum

Apel/Boom Zur (Un-)Abdingbarkeit des § 5 GeschGehG – Fallstrick für NDAs? GRUR-Prax **2020** 225; BeckOK GeschGehG 5. Ed. 15.9.2020; *Beck-OK UWG* 9. Ed. 15.05.2020; *Bissels/Ziegelmayer/Schroeders* Arbeitsrechtliche Auswirkungen der Geheimnisschutzrichtlinie, DB **2016** 2295; *Blanke/Hayen/Kunz/Carlson* Europäische Betriebsrätegesetz, 3. Aufl. 2019 (zit.: BHKC/*Bearbeiter*); *Böning* Geschäftsgeheimnis, AiB Heft 9/2019 26; *Böning/Heidfeld* Gesetz zum Schutz von Geschäftsgeheimnissen (GeschGehG) – Maulkorb zu Lasten der Beschäftigten und ihrer Interessenvertretungen, AuR **2018** 555; *Buschmann* Kein Maulkorb für Arbeitnehmer und ihre Vertreter! AuR **2019** 197 (Editorial); *Buschmann* Entlassungspläne als Geschäftsgeheimnis iSd § 79 BetrVG? AuR **2015** 355; *Däubler/Klebe/Wedde* BetrVG, 17. Aufl. 2020 (zit. DKW/*Bearbeiter*); Erfurter Kommentar zum Arbeitsrecht (zit.: ErfK/*Bearbeiter*) 20. Aufl. 2020; *Fitting* BetrVG, 30. Aufl. 2020; *Franken* Das Geschäftsgeheimnisgesetz und der Rechtsweg zu den Gerichten für Arbeitssachen, NZA **2019** 1665; *Franzen/Gallner/Oetker* Kommentar zum europäischen Arbeitsrecht, 2. Aufl. 2018; *Fuhlrott* Geschäftsgeheimnisschutz durch arbeitsrechtliche Sicherungsmaßnahmen, ArbRAktuell **2020** 79; *Greßlin/Römermann* Arbeitsrechtliche Gestaltungsmöglichkeiten zum Schutz von betrieblichem Know-how, DB **2016** 1461; HaKo-BetrVG 5. Aufl. 2018 (zit.: HaKo/*Bearbeiter*); *Hauck* Grenzen des Geheimnisschutzes, WRP **2018** 1032; *Hoeren/Münker* Die EU-Richtlinie für den Schutz von Geschäftsgeheimnissen und ihre Umsetzung – unter besonderer Berücksichtigung der Produzentenhaftung, WRP **2018** 150; *Holthausen* Die arbeitsvertragliche Verschwiegenheitspflicht, NZA **2019** 1377; *Karthaus* Omertà in der Betriebsverfassung, NZA **2018** 1180; *Lange/Schlegel* § 79 BetrVG – zwischen Pflichterfüllung und Geheimhaltung, ArbRAktuell **2015** 595; *Lunk/Hildebrand* GmbH-Geschäftsführer und Massenentlassungen, NZA **2016** 129; Münchener Handbuch Arbeitsrecht 4. Aufl. 2018 (zit.: MüHdbArbR/*Bearbeiter*); *Naber/Peukert/Seeger* Arbeitsrechtliche Aspekte des Geschäftsgeheimnisgesetzes, NZA **2019** 583; *Oberthür* Aktuelle Tendenzen des EuGH und deren Auswirkungen auf das nationale Recht (Arbeitnehmerbegriff, Datenschutz und andere Fragen), RdA **2018** 286; *Oetker* Neujustierung des arbeitsrechtlichen Schutzes von Geschäftsgeheimnissen vor Offenbarung durch das Unionsrecht, ZESAR **2017** 257; *Oltmanns/Fuhlrott* Geheimhaltungspflichten des Betriebsrats im arbeitsgerichtlichen Verfahren, NZA **2019** 1384; *Picker* Die neue Arbeitsbedingungenrichtlinie: Mehr als (nur) Transparenz wagen, ZEuP **2020** 305; *Preis/Seiwerth* Geheimnisschutz im Arbeitsrecht nach dem Geschäftsgeheimnisgesetz, RdA **2019** 351; Richardi-BetrVG, 16. Auflage 2018 (zit.: Richardi/*Bearbeiter*); *Schaub* Arbeitsrechtshandbuch, 18. Aufl. 2019; *Schmitt* Geheimnisschutz und Whistleblowing, NZA-Beilage 3/2020 (zu Heft 18/2020) 50; *Schmitt* Whistleblowing revisited – Anpassungs- und Regelungsbedarf im deutschen Recht, RdA **2017** 365; *Schnabel* Rechtswidrige Praktiken als Betriebs- und Geschäftsgeheimnisse? CR **2016** 342; *Simitis/Kreuder* Betriebsrat und Öffentlichkeit, NZA **1992** 1009; *Staack/Sparchholz* Nicht alles top secret, AiB Heft 11/2014 43; *von Steinau-Steinrück* Arbeitsrechtliche Auswirkungen des Geschäftsgeheimnisgesetzes, NJW-Spezial **2019** 498; *Trebeck/Schulte-Wissermann* Die Geheimnisschutzrichtlinie und deren Anwendbarkeit, NZA **2018** 1175; *Weigert* Angemessene Geheimhaltungsmaßnahmen im Sinne des Geheimnisschutzgesetzes – Geheimnisschutz ad absurdum? NZA **2020** 209; *Wiese/Kreutz/Oetker/Raab/Weber/Franzen/Gutzeit/Jacobs* Gemeinschaftskommentar BetrVG, 11. Aufl. 2018 (zit.: GK BetrVG/*Bearbeiter*); *Winter*, Aktuelle Entwicklungen der Rechtsprechung im europäischen Arbeitsrecht – Kontinuität des Gebots der (praktischen) Wirksamkeit, NZA-Beilage 3/**2020** (zu Heft 18/2020) 58.

Übersicht

A. Allgemeines

I. Überblick – Inhalt der Vorschrift und Rechtsfolge

In § 5 Nr. 3 und in § 3 Abs. 1 Nr. 3 sind Teilregelungen für spezifisch arbeitsrechtliche Sachverhalte vorgesehen.[138] § 5 Nr. 3 nennt als weiteres Regelbeispiel für den – vom Gesetz als Generalklausel gebilligten – „Schutz eines berechtigten Interesse" als **Tatbestandsausnahme** von den Handlungsverboten des § 4 die Offenlegung eines Geschäftsgeheimnisses durch (einzelne) Arbeitnehmer gegenüber der (jeweilig zuständigen) Arbeitnehmervertretung. Danach ist die Offenlegung unter der Voraussetzung legitim, dass sie für die Aufgabenerfüllung der Interessenvertretung erforderlich ist. 90

Im Gesetzentwurf der Bundesregierung waren die förmlichen Ausnahmen des § 5 noch als „Fallgruppen" benannt worden, in denen die Erlangung, die Nutzung oder die Offenbarung eines Geschäftsgeheimnisses **„gerechtfertigt"** sind.[139] Während des Gesetzgebungsverfahrens wurden – entgegen dem Votum der Bundesregierung[140] – durch einen Änderungsantrag der Koalitionsfraktionen[141] die in § 5 des Gesetzentwurfs genannten **„Rechtfertigungsgründe" als formliche Ausnahmetatbestände umgestaltet**, da sich 91

138 *Preis/Seiwerth* RdA **2019** 351, 352.
139 BTDrucks. 19/4724 S. 28.
140 Beschlussempfehlung und Bericht des Ausschusses für Recht und Verbraucherschutz, BTDrucks. 19/8300 S. 12.
141 Änderungsvorschlag der Fraktionen der CDU/CSU und der SPD v. 06.03.2019 zu dem Gesetzentwurf der Bundesregierung – Drucks. 19/4724 – Entwurf eines Gesetzes zur Umsetzung der RL (EU) 2016/943 zum Schutz von Geschäftsgeheimnissen vor rechtswidrigem Erwerb sowie rechtswidriger Nutzung und Offenlegung, Ausschussdrucks. 19(11)263.

im Lauf des Gesetzgebungsverfahrens Nachbesserungsbedarf, insbesondere in Fragen des Schutzes von Arbeitnehmern und Journalisten, gezeigt habe.[142]

92 Folge dieser gesetzlichen Umgestaltung als Tatbestandsausnahme ist, dass auch im Falle der Erfüllung der Voraussetzungen des § 5 Nr. 3 der Verbotstatbestand gar nicht erst erfüllt wird (und nicht lediglich gerechtfertigt ist).[143] Daraus folgt weiter, dass der das Geschäftsgeheimnis erlangende und/oder offenbarende Arbeitnehmer kein Rechtsverletzer ist, wie die Begriffsbestimmung des § 2 Nr. 3, 2. Halbs. ausdrücklich klarstellt; auch scheiden Ansprüche nach Abschnitt 2 des Gesetzes (§§ 6ff.) und eine Strafbarkeit nach Abschnitt 4 des Gesetzes (§ 23) aus[144] und die Vorschriften über Verfahren in Geschäftsgeheimnisstreitigkeiten nach Abschnitt 3 des Gesetzes (§ 15ff.) kommen nicht zum Zuge.

II. Unionsrechtlicher Hintergrund

93 Wesentliche Rechtsgrundlage für die Richtlinie (EU) 2016/943 ist **Art. 114 AEUV** (Errichtung und Funktionieren des Binnenmarkts). Eingangs dieser Richtlinie heißt es: „...gestützt auf den Vertrag über die Arbeitsweise der Europäischen Union, insbesondere auf Artikel 114...“.

94 Für **arbeitsrechtliche Richtlinien** (vgl. zur Erläuterung die Kommentierung zu § 3 Abs. 1 Nr. 3 Rn. 74–79) gilt das „Günstigkeitsprinzip“. Danach dürfen die Mitgliedstaaten für Arbeitnehmer **günstigere Umsetzungsbestimmungen** erlassen („...hindern die Mitgliedstaaten nicht daran, strengere Schutzmaßnahmen beizubehalten oder zu treffen...“). Arbeitsrechtliche RL kann die Union

- zur Unterstützung und Ergänzung der Tätigkeit der Mitgliedstaaten gemäß **Art. 153 Abs. 1 AEUV** zur Verwirklichung sozialpolitischer Ziele u. a. auf den Gebieten der **Unterrichtung und Anhörung** der Arbeitnehmer (Art. 153 Abs. 1 lit. e) AEUV),
- der Vertretung und **kollektiven Wahrnehmung** der Arbeitnehmer- und Arbeitgeberinteressen (Art. 153 Abs. 1 lit. f) AEUV), einschließlich der **Mitbestimmung**,

als **Mindestvorschriften** erlassen (Art. 153 Abs. 2 lit. b) AEUV).

95 Bei Binnenmarkt-Richtlinien gilt dieses (sozialpolitische) „Günstigkeitsprinzip“ nicht. Folgerichtig schließt Art. 114 Abs. 2 AEUV gerade deshalb ausdrücklich eine Unionskompetenz in diesen Bereichen aus: Nach Abs. 2 des **Art. 114 AEUV gilt** dessen Abs. 1 u. a. **nicht für die Bestimmungen über die Rechte und Interessen der Arbeitnehmer**. Die durch das Umsetzungsgesetz **weit gezogenen Erlaubnistatbestände** für die Erlangung, Nutzung und Offenlegung von Geschäftsgeheimnissen sowie **Verbotsausnahmen** bei der Ausübung und für die Wahrnehmung der Rechte der Arbeitnehmer und ihrer Vertretungen gehen darauf zurück. Dies ist insbesondere durch Klarstellungen im Gesetzgebungsverfahren deutlich gewordenen.[145]

---

142 Vgl. Erläuterung der SPD-Fraktion und Begründung des ÄA der Koalitionsfraktionen: Beschlussempfehlung und Bericht des Ausschusses für Recht und Verbraucherschutz, BTDrucks. 19/8300 S. 12, 14.
143 DKW/*Buschmann* § 79 BetrVG Rn. 6 b.
144 *Reinfeld* § 3 Rn. 7.
145 Vgl. Beschlussempfehlung und Bericht des Ausschusses für Recht und Verbraucherschutz, BTDrucks. 19/8300 S. 13: „..., dass für eine umfassende Berücksichtigung der berechtigten Interessen der Arbeitnehmervertretungen ... an einigen Stellen noch eine punktuelle Nachjustierung erforderlich ist“ sowie Begründung zu Nummer 2 (Ergänzung des § 1 Abs. 3): „Die Formulierung ‚Rechte der Arbeitnehmervertretungen‘ ist weit zu verstehen“.

Dies bedeutet auch, dass eine „Pflicht" zur **Verschärfung von Arbeitnehmerpflichten** weder aus Art. 114 AEUV (Geltungsausnahme) noch aus Art. 153 AEUV („Günstigkeitsprinzip") hergeleitet werden kann. Die maßgeblich auf Art. 114 AEUV gestützte Geheimnisschutz-Richtlinie, konnte daher von vornherein **nicht geeignet** sein, die Mitgliedstaaten zu einer **Kommunikationsbeschränkung** für Arbeitnehmer und ihre Interessenvertretungen zu veranlassen und in Deutschland zu einer entsprechenden gesetzlichen Verschärfung etwa der Vorschrift über die Verschwiegenheitspflicht im Rahmen der Betriebsverfassung nach § 79 BetrVG zu führen, obwohl hierüber im Zuge der Unionsgesetzgebung spekuliert worden war.[146] 96

Nach Maßgabe des Primärrechts der EU können sich somit aus der Richtlinie (EU) 2016/943 weder weitergehende arbeitsrechtliche Verpflichtungen der Arbeitnehmer noch dahingehende staatliche Umsetzungsverpflichtungen ergeben.[147] Die EU nimmt nicht in Anspruch, eine Regelung zum Betriebsverfassungsgesetz vorzunehmen.[148] 97

B. Kommentierung

I. Einführung

1. Richtlinienumsetzung. § 5 Nr. 3 dient der Umsetzung von Art. 5 lit. c) der Richtlinie 2016/943[149], wonach die Mitgliedstaaten sicherzustellen haben, dass ein Antrag auf die in dieser Richtlinie vorgesehenen Maßnahmen, Verfahren und Rechtsbehelfe (Kapitel III der Richtlinie, Abschnitt 2 und 3 des Umsetzungsgesetzes) abgelehnt wird, „wenn der angebliche Erwerb oder die angebliche Nutzung oder Offenlegung des Geschäftsgeheimnisses..." (als einem der vier aufgeführten Fälle) erfolgt ist durch die „... Offenlegung durch Arbeitnehmer gegenüber ihren Vertretern im Rahmen der rechtmäßigen Erfüllung der Aufgaben dieser Vertreter gemäß dem Unionsrecht oder dem nationalen Recht, sofern die Offenlegung zur Erfüllung dieser Aufgaben erforderlich war". 98

Hinsichtlich der Regelungssystematik des § 5 Nr. 3 weicht das Gesetz auch in Bezug auf dieses Regelbeispiel von Art. 5 lit. c) der Richtlinie 2016/943 insoweit ab, als die Ausnahmen der Richtlinie abschließender formuliert werden. Dies hat seinen Grund darin, dass sich in der Richtlinie durch Art. 5 lit. d) – in dem letzten der aufgeführten Ausnahmefälle „zum Schutz eines durch das Unionsrecht oder das nationale Recht anerkannten legitimen Interesses" eine Art von Auffangregelung für „sonstige" Ausnahmefälle eines – nach deutscher Lesart – „berechtigten Interesses" (an der Offenlegung) findet. Dem gegenüber hat das deutsche Umsetzungsgesetz das „berechtigte Interesse" („umgekehrt": an der Geheimhaltung) bereits in den Begriffsbestimmungen zur Voraussetzung der Erfüllung des Begriffs „Geschäftsgeheimnis" (§ 2 Nr. 1 lit. c) gemacht (zur Voraussetzung des „berechtigten Interesses", vgl. unten Rn. 141 ff.). 99

---

146 Vgl. ebenso *Buschmann* (Editorial) AuR **2019** 197; dem gegenüber zur „Neujustierung" durch das Unionsrecht *Oetker* ZESAR **2017** 264.

147 Blanke/Hayen/Kunz/Carlson/*Hayen* § 35 EBRG Rn. 7; ebenso DKW/*Buschmann* § 79 BetrVG Rn. 6, der darauf hinweist, dass eine RL ohnehin keine Verpflichtungen der Arbeitnehmer begründet: *EuGH* 21.10.2010 – C-227/09 – *Accardo*.

148 So *Hoeren/Münker* WRP **2018** 150, 151, mit Verweis auf Art. 1 Abs. 2 der RL (EU) 2016/943.

149 RL (EU) 2016/943 des Europäischen Parlaments und des Rates vom 08.06.2016 über den Schutz vertraulichen Know-hows und vertraulicher Geschäftsinformationen (Geschäftsgeheimnisse) vor rechtswidrigem Erwerb sowie rechtswidriger Nutzung und Offenlegung, Abl. L 157/1 vom 15.06.2016.

100 Demzufolge hat der deutsche (Umsetzungs-)Gesetzgeber – der vorgenannten Begriffsbestimmung nachfolgend – den Ausschluss der Verbotstatbestände des § 4 unter der generellen Voraussetzung des Schutzes eines berechtigten Interesse (bereits) im Eingangssatz der Norm zu den Ausnahmen geregelt und lediglich Regel-Beispielsfälle in den Nr. 1–3 benannt, die (erkennbar am Tatbestandsmerkmal „insbesondere") konsequenterweise nicht abschließend sind.[150] Dies bestätigt der Gesetzentwurf wie folgt: „§ 5 enthält Fallgruppen, in denen die Erlangung, die Nutzung oder die Offenlegung eines Geschäftsgeheimnisses gerechtfertigt sind, wenn dies zum Schutz eines berechtigten Interesses erfolgt. (...) Die Vorschrift setzt Artikel 5 der Richtlinie (EU) 2016/943 um und berücksichtigt, dass der Schutz von Geschäftsgeheimnissen nicht absolut sein kann und im Einzelfall hinter Belangen des Allgemeinwohls zurücktreten muss."[151] Danach sind über die in dieser Norm beispielhaft aufgeführten drei Fallgruppen hinaus weitere denkbar, die ebenfalls zu einer Ausnahme von den Handlungsverboten des § 4 führen, weil das Unionsrecht oder das nationale Recht wegen eines schutzwürdig berechtigten Interesses den Erwerb, die Nutzung oder die Offenlegung eines Geschäftsgeheimnisses als nicht rechtswidrig anerkennt, wodurch diese Handlungen zivil- und strafrechtlich sanktionslos bleiben.[152] Ein im Gesetzgebungsverfahren gestellter Änderungsantrag zur Streichung des Wortes „insbesondere" im Obersatz des § 5 als – seinerzeit noch – „Rechtfertigungstatbestand" für unbestimmte Fallkonstellationen und die Begrenzung der „Rechtfertigungsgründe" auf einen genau definierten Katalog, wurde vom Ausschuss für Recht und Verbraucherschutz zutreffend abgelehnt.[153] Mit dem Argument „Art. 5 der Richtlinie beinhalte das Wort ‚insbesondere' nicht, weshalb es in der Umsetzung der Richtlinie nicht erforderlich sei", wurde verkannt, dass die gegenüber der Richtlinie andere Regelungssystematik des Umsetzungsgesetzes durch „Regel-Beispielsfälle" eine entsprechende Öffnung für weitere mögliche Fallgruppen für eine Ausnahme von den Handlungsverboten des § 4 erfordert.

101 **2. Inhalt und Zweck der Regelung.** Ungeachtet der im Detail unterschiedlichen Regelungssystematik und der Ausgestaltung des Regelungszusammenhangs von Richtlinie und Gesetz, greift § 5 Nr. 3 die Regelung des Art. 5 lit. c) der Richtlinie 2016/943 nach Inhalt, Ziel und Zweck vollumfänglich auf, indem die (ausnahmsweise auch) mit der Offenlegung (Offenbarung) eines Geschäftsgeheimnisses verbundene freie und ungehinderte Kommunikation zwischen Arbeitnehmern und deren – ihre Amtspflichten wahrnehmenden – Interessenvertretung, in Deutschland etwa des Betriebsrats, geschützt wird.[154] Denn nach der Rechtsprechung des BAG und von Instanzgerichten muss der Betriebsrat mit der Belegschaft einen offenen oder vertraulichen[155] Dialog führen können.[156]

102 Zweck der Vorschrift des § 5 Nr. 3 ist dabei zum einen der **Schutz der einzelnen Arbeitnehmer**, die sich mit einem Anliegen an ihre Arbeitnehmervertretung als Gremium

---

150 DKW/*Buschmann* § 79 BetrVG Rn. 6 b.

151 BTDrucks. 19/4724 S. 28.

152 *Reinfeld* § 3 Rn. 9.

153 Zur Ablehnung des Änderungsantrages (ÄA) der AFD zur BTDrucks. 19/4724 (zu Nr. 3 des ÄA: Neufassung des § 5) vgl. Beschlussempfehlung und Bericht des Ausschusses für Recht und Verbraucherschutz, BTDrucks. 19/8300 S. 8f.

154 Zur regelmäßig uneingeschränkten Kommunikationsfreiheit nebst Informationsfluss zwischen Arbeitnehmern und den von ihnen gewählten Arbeitnehmervertretern als notwendige Voraussetzung für eine funktionsgerechte Amtsausübung vgl. DKW/*Buschmann* § 79 BetrVG Rn. 1 f; *Fitting* § 79 BetrVG Rn. 3a; **a.A.** *Oetker* ZESAR **2017** 257, 260, der – zum Gesetzgebungsstand der RL – Einschränkungen des Geheimnisschutzes im Hinblick auf notwendige Kommunikation zwischen gewählten AN-Vertretern und AN ablehnt.

155 LAG Frankfurt 26.09.2011 NZA-RR **2012** 85, Rechtsbeschwerde 7 ABR 88/11 eingestellt.

156 BAG 09.06.1999 NZA **1999** 1292; BAG 08.03.2000 AuR **2000** 142.

oder auch an einzelne Arbeitnehmervertreter als Mitglieder des Gremiums wenden, auch, wenn dieser Kontakt mit der Offenlegung eines Geschäftsgeheimnisses verbunden ist.[157] Da der einzelne Arbeitnehmer – auch ohne gesonderte Vertraulichkeitserklärung[158] – nach allgemeiner Ansicht[159] über § 241 Abs. 2, 242 BGB bereits im Rahmen der arbeitsvertraglichen Nebenpflicht[160] zur Geheimhaltung von Geschäftsgeheimnissen verpflichtet ist,[161] erhält dieser über § 5 Nr. 3 flankierenden Schutz gegenüber den Folgen einer Verletzung seiner diesbezüglichen Schweigepflicht.[162] Insofern steht die Vorschrift im **Sachzusammenhang mit § 1 Abs. 3 Nr. 4**,[163] der die Rechte und Pflichten aus dem Arbeitsverhältnis und die Rechte der Arbeitnehmervertretungen im Anwendungsbereich „unberührt" lässt. Diese Vorschrift zielt damit inhaltlich (ähnlich wie der Erlaubnistatbestand des § 3 Abs. 1 Nr. 3) auf Fälle, in denen ein vertraglich zum Stillschweigen verpflichteter Arbeitnehmer im Rahmen der Wahrnehmung seiner Rechte gegenüber der Arbeitnehmervertretung vertrauliche Informationen offenbart.[164]

Über den Schutz des einzelnen Arbeitnehmers hinaus bezweckt § 5 Nr. 3 aber auch **103**
den **Schutz der Arbeitnehmervertretung und deren Mitglieder**, die auf diesem Weg über die Kontaktaufnahme des Arbeitnehmers Kenntnis von einem Geschäftsgeheimnis erlangen.[165] Da § 5 Nr. 3 insgesamt der Wahrung „legitimer Gruppeninteressen" dient,[166] ist zumindest bei diesem Normteil des § 5 von einem Schutz des öffentlichen Interesses (er schützt überwiegende Interessen der Allgemeinheit oder nicht am Vertrag beteiligter Dritter) auszugehen. Dadurch handelt es sich bei § 5 Nr. 3 um **zwingendes Recht**, von dem durch Vertraulichkeitsvereinbarungen („NDA's") nicht abgewichen werden darf.[167]

Auch soweit in Kollektivverträgen in den Grenzen der Gestaltungsspielräume der **104**
Tarifvertrags- und Betriebsparteien (vgl. hierzu die Kommentierung zu § 1 Abs. 3 Nr. 3, 4 Rn. 42ff.) von Regelungen zum Geschäftsgeheimnis und zur Verschwiegenheit abgewichen werden kann, gilt nach Maßgabe des Erwägungsgrundes 12 der Richtlinie (EU) 2016/943, dass jedenfalls die Ausnahmen gemäß § 5 dieses Gesetzes auch durch Tarifverträge und Betriebsvereinbarungen nicht eingeschränkt werden dürfen.[168]

---

157 BTDrucks. 19/4724 S. 29.
158 Nach DKW/*Buschmann*, § 79 BetrVG Rn. 45ff. bedarf es einer ausdrücklichen vertraglichen Bestimmung, die an §§ 138, 307 BGB zu messen ist und bei der Transparenzgebote sowie Angemessenheitskontrolle nach §§ 305ff. BGB zu beachten sind, weil arbeitsvertragliche Schweigepflichten dem Arbeitsverhältnis nicht immanent sind.
159 BAG 08.05.2014 NZA **2014** 1258; BAG 23.10.2008 NZA **2009** 855; BAG 03.07.2003 NZA **2004** 427, 429; *Holthausen* NZA **2019** 1377, 1379 m.w.N. aus der Rechtsprechung; *Preis/Seiwerth* RdA **2019** 351, 352; Schaub/*Linck* § 53 Rn. 47.
160 Nach *Fitting* § 42 BetrVG Rn. 51 sowie § 79 BetrVG Rn. 7, ergibt sich die arbeitsvertragliche Schweigepflicht aus der Annahme einer" allgemeinen Treuepflicht" des Arbeitnehmers; diese Ansicht ist mittlerweile überholt.
161 BTDrucks. 19/4724 S. 28; *Preis/Seiwert* RdA **2019** 351, 352, 359 (Deutung als „Vorrangverhältnis" oder „Verbot eines ungerechtfertigten Eingriffs").
162 *Reinfeld* § 3 Rn. 49.
163 So auch Köhler/Bornkamm/Feddersen/*Alexander* § 3 GeschGehG Rn. 42; BeckOK GeschGehG/*Fuhlrott* § 3 Rn. 18.
164 Köhler/Bornkamm/Feddersen/*Alexander* § 3 GeschGehG Rn. 42.
165 BTDrucks. 19/4724 S. 29.
166 BTDrucks. 19/4724 S. 28.
167 So auch *Apel/Boom* GRUR-Prax **2020** 225, 226f.
168 Zutreffend *Naber/Peukert/Seeger* NZA **2019** 583, 588; *Trebeck/Schulte-Wissermann* NZA **2018** 1175, 1180; Köhler/Bornkamm/Feddersen/*Alexander* § 1 GeschGehG Rn. 41; BeckOK UWG/*Hohn-Hein/Barth* GeschGehG § 1 GeschGehG Rn. 25.

II. Anwendungsbereich

105 Der Anwendungsbereich von § 5 Nr. 3 korrespondiert als arbeitsrechtliche Teilregelung zum einen mit § 1 Abs. 3 Nr. 3 des Gesetzes (annähernd wortgleich mit Art. 1 Abs. 2 lit. d) und inhaltsgleich mit Erwägungsgrund 12 der Richtlinie 2016/943/EU). Danach bleibt „die **Autonomie der Sozialpartner** und ihr Recht, **Kollektivverträge** nach den bestehenden europäischen und nationalen Vorschriften abzuschließen" bzw. einzugehen „unberührt" (vgl. zu diesen Begriffen die Kommentierung zu § 1 Abs. 3 Nr. 3, 4 Rn. 38f.).[169] Dieser Bezug zwischen § 5 Nr. 3 und § 1 Abs. 3 Nr. 3 betrifft v. a. die Gestaltungsspielräume der Tarif- und – eingeschränkt auch – der Betriebsparteien (vgl. hierzu die Kommentierung zu § 1 Abs. 3 Nr. 3, 4 Rn. 42ff.) in ihrem autonomen Recht, von Regelungen zum Geschäftsgeheimnis und zur Verschwiegenheit in den durch Erwägungsgrund 12 der Richtlinie (EU) 2016/943 erläuterten Grenzen abweichen zu können (Rn. 104). Darüber hinaus betrifft dies Gewerkschaftsvertreter in ihrer Rolle als **Arbeitnehmervertreter** in Bezug auf die Erlangung von Geschäftsgeheimnissen durch Arbeitnehmer (Rn. 124ff.) und bei Inanspruchnahme ihrer **Mitwirkungsrechte nach § 3 Abs. 1 Nr. 3** des Gesetzes, etwa im Rahmen der Betriebsverfassung.[170]

106 Noch sachnäher – bezogen auf die Rechte der Arbeitnehmer und ihrer Vertreter **in Betrieben und Unternehmen** – steht § 5 Nr. 3 im Zusammenhang mit dem erst im späteren Gesetzgebungsverfahren angefügten[171] § 1 Abs. 3 **Nr. 4** des Gesetzes, wonach „die Rechte und Pflichten aus dem Arbeitsverhältnis und die **Rechte der Arbeitnehmervertretungen**" (vgl. hierzu die Kommentierung zu § 1 Abs. 3 Nr. 3, 4 Rn. 72ff.) unberührt bleiben. Eine unmittelbare Entsprechung dieser Vorschrift findet sich zwar nicht im Verfügungsteil der Richtlinie, jedoch in deren Erwägungsgrund 18, worauf die Beschlussempfehlung zur Begründung der Ergänzung des § 1 Abs. 3 (Nr. 4) ausdrücklich hinweist: „Die Vorschrift flankiert den in **§ 3 Absatz 2** angeordneten generellen **Vorrang** von rechtsgeschäftlichen und **spezialgesetzlichen Sonderregelungen** zum Schutz von Geschäftsgeheimnissen. Sie trägt zudem Erwägungsgrund 18 der Richtlinie (EU) 2016/943 Rechnung, der die Rechtmäßigkeit der Offenlegung von Geheimnissen insbesondere im Rahmen der betrieblichen Mitbestimmung besonders hervorhebt."[172]

107 Der „Rechtmäßigkeit der Offenlegung von Geheimnissen insbesondere im Rahmen der betrieblichen Mitbestimmung" unterfällt insoweit auch die Norm des § 5 Nr. 3, durch die einerseits die offenbarenden Arbeitnehmer wie andererseits auch die erlangende Arbeitnehmervertretung geschützt werden. Der Aussage der Richtlinie entspricht, dass die **Formulierung „Rechte der Arbeitnehmervertretungen"** nach der Begründung des Änderungsantrages der Fraktionen der CDU/CSU und der SPD zur Ergänzung des Anwendungsbereichs des Gesetzes durch § 1 Abs. 3 **weit zu verstehen** ist.[173] Denn „sie umfasst

---

169 Vgl. zur Auslegungsunsicherheit der Formulierung „unberührt bleiben": *Preis/Seiwerth* RdA **2019** 351, 352; zu diesem Begriff im GeschGehG auch *Reinfeld* § 1ff. Rn. 75ff.

170 Vgl. zahlreiche Initiativ-, Teilnahme-, Beratungs- und Kontrollrechte der Gewerkschaft im Rahmen der Betriebsverfassung: *Fitting* § 2 BetrVG Rn. 65.

171 Vgl. zur Begründung des Änderungsantrages der Fraktionen der CDU/CSU und der SPD zu Nr. 2 (Ergänzung des § 1 Abs. 3): Beschlussempfehlung und Bericht des Ausschusses für Recht und Verbraucherschutz, BTDrucks. 19/8300 S. 13.

172 Beschlussempfehlung und Bericht des Ausschusses für Recht und Verbraucherschutz, BTDrucks. 19/8300 S. 13.

173 Änderungsvorschlag der Fraktionen der CDU/CSU und der SPD v. 06.03.2019 zu dem Gesetzentwurf der Bundesregierung – Drucks. 19/4724 – Entwurf eines Gesetzes zur Umsetzung der RL (EU) 2016/943 zum Schutz von Geschäftsgeheimnissen vor rechtswidrigem Erwerb sowie rechtswidriger Nutzung und Offenlegung, Ausschussdrucks. 19(11)263 S. 2.

sämtliche den Arbeitnehmervertretern zustehenden Rechte insbesondere auf Basis des Betriebsverfassungsgesetzes oder den Regelungen zur Mitbestimmung auf Unternehmensebene sowie die dazu ergangene bisherige und künftige Rechtsprechung".[174] Dies beinhaltet auch die interne Kommunikation zwischen Arbeitnehmervertretung und Beschäftigten, wie umgekehrt, nach Maßgabe der einschlägigen – etwa betriebsverfassungsrechtlichen – Vorschriften.

1. Ausnahmecharakter des § 5 Nr. 3. Anders als § 3 des Gesetzes, in dem **Erlaubnistatbestände** geregelt werden, regelt § 5 – wie oben ausgeführt (vgl. Rn. 90) – **Ausnahmen von den Handlungsverboten** des § 4. Danach ist in den in § 3 aufgeführten Fallgruppen eine Erlangung (nach Absatz 1) oder Erlangung, Nutzung und Offenlegung (nach Abs. 2) eines Geschäftsgeheimnisses „von vorn herein" gestattet, etwa, weil das Geschäftsgeheimnis durch die Arbeitnehmervertretung in Ausübung ihrer Mitwirkungs- oder Mitbestimmungsrechte erlangt wird (§ 3 Abs. 1 Nr. 3). Als „Pendant" **und Sicherungsmittel zu diesen Rechten unterliegt** die Arbeitnehmervertretung regelmäßig gesetzlichen Schweigepflichten und, wie etwa Betriebsräte nach Maßgabe des § 79 BetrVG.[175] Dagegen setzt die Tatbestandsausnahme des § 5 grundsätzlich voraus, dass ein Verbotstatbestand nach Maßgabe des § 4 gegeben ist. Nach § 4 muss ein Geschäftsgeheimnis auf eine – dort näher und abgestuft beschriebene – unerlaubte Weise erlangt, genutzt oder offengelegt worden sein. Sind jedoch die Voraussetzungen der Handlungsverbote nach § 4 schon nicht erfüllt, kommt es gar nicht erst zur Anwendung des § 5. Liegt beispielsweise gar kein Geschäftsgeheimnis im Sinne des Gesetzes vor, bedarf es nicht des Rückgriffs auf einen Ausnahmetatbestand des § 5, da der Schutzbereich des Gesetzes nicht eröffnet ist.[176] Insoweit ist auch der Anwendungsbereich der arbeitsrechtlichen Ausnahmeregelung des § 5 Nr. 3 gegenüber derjenigen des § 3 Abs. 1 Nr. 3 in Bezug auf die erfassten Handlungsformen im (jeweiligen) Eingangssatz weiter, jedoch bezüglich der Berechtigung zur Aufgabenerfüllung der Arbeitnehmervertretung durch das Kriterium der „Erforderlichkeit" enger gefasst (vgl. zum Verhältnis von § 3 und § 5 die Kommentierung zur Vorb. zu §§ 3–5 Rn. 15f.). 108

2. Von § 5 Nr. 3 erfasste Handlungen. Vom Ausnahmetatbestand des § 5 Nr. 3 sind alle Handlungsformen der Erlangung, Nutzung und Offenlegung eines Geschäftsgeheimnisses erfasst.[177] Allerdings bedarf es für alle Regelbeispiele des § 5 und alle weiteren – daran zu orientierenden – denkbaren Ausnahmetatbestände immer des **Schutzes eines berechtigten Interesses und** (bezogen auf das Regelbeispiel nach Nr. 3) für die Offenlegung eines Geschäftsgeheimnisses durch Arbeitnehmer gegenüber der Arbeitnehmervertretung der **Erforderlichkeit** einer Offenbarung des Geschäftsgeheimnisses für die Aufgabenerfüllung der Arbeitnehmervertretung. Inwieweit dann die Interessenvertretung das erlangte Geschäftsgeheimnis selber **nutzen, offenbaren und verwerten** darf (vgl. Rn. 152ff.), richtet sich nach den **spezielleren** (nationalen bzw. national umgesetzten EU-) **Vorschriften** über Schweige- bzw. „Geheimhaltungspflichten", denen die jeweilige Interessenvertretung unterliegt (§ 3 Abs. 2). Hierfür ist maßgeblich, ob die Voraussetzungen einer Gestattung durch Gesetz, aufgrund eines Gesetzes oder durch Rechtsgeschäft gegeben sind (zu den Voraussetzungen der Geheimhaltungspflicht nach § 79 BetrVG vgl. Rn. 136). 109

---

174 Vgl. hierzu auch Beschlussempfehlung und Bericht des Ausschusses für Recht und Verbraucherschutz, BTDrucks. 19/8300 S. 13; *Reinfeld* § 1 Rn. 80f. mit dem Hinweis auf die „Arbeitsrechtsneutralität" des Gesetzes.
175 DKW/*Buschmann* § 79 BetrVG Rn. 1.
176 *Reinfeld* § 3 Rn. 6.
177 Zur Definition der Handlungsformen als „Kernbegriffe des neuen Rechts": *Reinfeld* § 1 Rn. 4ff.

110 **3. Von § 5 Nr. 3 erfasste Personenkreise.** Vom persönlichen Anwendungsbereich des § 5 Nr. 3 erfasst sind „Arbeitnehmer" und „Arbeitnehmervertretung". Die Richtlinie (EU) 2016/943 und auch das Umsetzungsgesetz enthalten keine eigene Definition des **Arbeitnehmerbegriffs** und des Begriffs der **Arbeitnehmervertretung** (etwa in den Begriffsbestimmungen des Art. 2 RL bzw. § 2). Dies ist darauf zurückzuführen, dass es sich bei der Richtlinie (EU) 2016/943 um eine Richtlinie auf der Grundlage des **Art. 114 Abs. 1 AEUV** handelt, die Vorschriften zur Errichtung und das Funktionieren des **Binnenmarkts** zum Gegenstand hat. Nach Art. 114 Abs. 2 gilt dessen Abs. 1 **nicht für** die Bestimmungen über **die Rechte und Interessen der Arbeitnehmer** (vgl. hierzu Rn. 93ff.).

111 Im Normenzusammenhang dieser Richtlinie und des Umsetzungsgesetzes mit dem Ausnahmetatbestand des Rechts auf Erwerb und Offenlegung von Geschäftsgeheimnissen durch Arbeitnehmer gegenüber der Arbeitnehmervertretung (§ 5 Nr. 3) sowie dem Erlaubnistatbestand eines Ausübens von Beteiligungsrechten der Arbeitnehmer und der Arbeitnehmervertretung (§ 3 Abs. 1 Nr. 3) ist für den persönlichen Anwendungsbereich dieser arbeitsrechtlichen Schutzregelungen von einem unionsrechtlichen Verständnis des Arbeitnehmerbegriffs[178] auszugehen. Dies gilt grundsätzlich für diese Richtlinie und das GeschGehG auch in Bezug auf das Erfordernis einer unionsrechtskonformen Auslegung des Begriffs der Arbeitnehmervertretung.[179] Diese Auslegung ergibt sich zum einen aus der Richtlinie (EU) 2016/943 selber, die in Art. 3 Abs. 1 lit. c) – erweiternd auch in Art. 3 Abs. 2 – und in Art. 5 lit. c) sowie in Erwägungsgrund 18 hinsichtlich der Ausübung der Rechte der Arbeitnehmer und Interessenvertretungen nicht nur auf nationale Rechtsvorschriften (und Gepflogenheiten), sondern auch auf das Unionsrecht verweist.

112 Zum anderen hat der EuGH den persönlichen Anwendungsbereich schon in vorangegangenen Entscheidungen zu arbeitsrechtlichen Richtlinien[180], die teilweise auch Informations- und Konsultationsrechte der Arbeitnehmer oder der Arbeitnehmervertretung zum Gegenstand haben, weitgehend eigenständig ausgelegt und unionautonom bestimmt.[181] Der **unionsrechtliche Arbeitnehmerbegriff** wurde selbst dann diesen Richtlinien vom EuGH zugrunde gelegt, wenn diese nach ihren Begriffsbestimmungen uneingeschränkt definier(t)en, dass sich der Arbeitnehmerstatus nach dem einzelstaatlichen Arbeitsrecht bzw. dem Recht des jeweiligen Mitgliedstaats richtet.[182] So definiert etwa die Begriffsbestimmung des Art. 2 lit. d) der Richtlinie 2002/14/EG (Rahmen für Information und Konsultation) den Arbeitnehmer als „eine Person, die in dem betreffenden Mitgliedstaat als Arbeitnehmer aufgrund des einzelstaatlichen Arbeitsrecht und entsprechend den einzelstaatlichen Gepflogenheiten geschützt ist". Obwohl das nationale französische Recht Arbeitnehmer mit bezuschussten Verträgen aus der Berechnung der Beschäftigtenzahl (Schwellenwert) für die Errichtung einer Personalvertretung ausgenommen hatte, hatte der EuGH entschieden, dass diese Herausnahme gegen das Unionsrecht verstieß.[183] Das Unionsrecht könne das Ermessen der Mitgliedstaaten begrenzen, wenn anderenfalls durch

178 Ebenso Köhler/Bornkamm/Feddersen/*Alexander* § 3 GeschGehG Rn. 45.

179 Vgl. Köhler/Bornkamm/Feddersen/*Alexander* § 3 GeschGehG Rn. 46.

180 Etwa zur RL 96/71/EG (Entsendung), 97/81/EG (Teilzeit), 99/70/EG (Befristung), 2001/23/EG (Übergang von Unternehmen und Betrieben), 2002/14/EG (Rahmen für Information und Konsultation) und 2010/18/EU (Elternurlaub).

181 Vgl. etwa EuGH 17.11.2016 – C-216/15 Rn. 25ff. (BR der Ruhrlandklinik/Ruhrlandklinik); EuGH 10.09.2015 – C-47/14 Rn. 41 (Holterman Ferho Exploitatie u.a./Spies von Büllesheim); EuGH 01.03.2012 – C-393/10 Rn. 36 (Dermod Patrick O'Brien/Ministry of Justice); *Picker* ZEuP **2020** 305, 310.

182 Vgl. *Picker* ZEuP **2020** 305, 309f.

183 EuGH 15.01.2014, C-176/12 (AMS/CGT) mit Verweis auf EuGH 18.01.2007, C-385/05 (Confédération générale du travail).

die eigenständige Definition des Arbeitnehmers nach nationalem Recht die praktische Wirksamkeit der Richtlinie („effet utile“)[184] und die allgemeinen Grundsätze des Unionsrechts gefährdet wären.[185] Denn die Anwendung des nationalen Arbeitnehmerbegriffs darf nach der EuGH-Rechtsprechung nicht dazu führen, dass bestimmte Personengruppen willkürlich von dem Schutz der Richtlinie ausgeschlossen werden. So hat der EuGH formuliert, dass ein Ausschluss von diesem Schutz nur dann zugelassen werden dürfe bzw. die Richtlinie nur für ein solches Beschäftigungsverhältnis nicht gelte, wenn das zu beurteilende Rechtsverhältnis „seinem Wesen nach erheblich anders ist als dasjenige, das Beschäftigte, die nach dem nationalen Recht zur Kategorie der Arbeitnehmer gehören, mit ihrem Arbeitgeber verbindet“.[186] Damit begrenzt der EuGH die Anwendung des nationalen Arbeitnehmerbegriffs nicht mehr nur durch eine Willkürkontrolle. Vielmehr setzt er sein autonomes Verständnis vom „Arbeitnehmer“ an die Stelle des jeweiligen mitgliedstaatlichen Begriffsverständnisses.[187] „Methodenehrlich“ begründen lässt sich eine solche unionsrechtlich determinierte Ausdehnung des Anwendungsbereichs der Richtlinie nach *Picker* aber u. a. mit deren Schutzzweck: „Wohl aber darf der EuGH den persönlichen Anwendungsbereich der konkreten Richtlinie – ausgehend von ihrem konkreten Schutzzweck und im konkreten Einzelfall – funktional und insofern unionsrechtlich auslegen und den Ermessensspielraum der Mitgliedstaaten begrenzen, um richtlinienwidrige Schutzlücken zu schließen.“[188]

Nach diesem Verständnis des EuGH kann der Arbeitnehmerbegriff für die Zwecke der Anwendung der jeweiligen Richtlinie nicht nach Maßgabe der nationalen Rechtsordnungen unterschiedlich ausgelegt werden, sondern hat eine **eigenständige unionsrechtliche Bedeutung.**[189] Nach der ständigen Rechtsprechung des EuGH seit der Entscheidung in der Rechtssache Deborah Lawrie-Blum gegen das Land Baden-Württemberg im Jahr 1986,[190] die im Rahmen und auf der Rechtsgrundlage der Arbeitnehmerfreizügigkeit (Art. 39 EG, jetzt Art. 45 AEUV) erging, besteht das „wesentliche Merkmal des Arbeitsverhältnisses ... darin, dass jemand während einer bestimmten Zeit für einen anderen nach dessen Weisung Leistungen erbringt, für die er als Gegenleistung eine Vergütung erhält“.[191] **113**

Die rechtliche Einordnung des Beschäftigungsverhältnisses nach nationalem Recht, die Art der zwischen den Parteien bestehenden Rechtsbeziehung und die Ausgestaltung des Beschäftigungsverhältnisses sind für den EuGH dabei unerheblich.[192] Nach dieser Definition des Arbeitsverhältnisses durch den EuGH wird **allein auf die Weisungsgebundenheit** – ohne zwangsläufige persönliche Abhängigkeit – abgestellt. Daher ist dieser **unionsrechtlich bestimmte Arbeitnehmerbegriff** weiter gefasst als der nach deutschem Recht gemäß **114**

---

184 Zum Gebot der vollen und praktischen Wirksamkeit des Unionsrechts im Lichte der EuGH-Rechtsprechung: Vgl. *Winter* NZA-Beilage 3/**2020** (zu Heft 18/**2020**) 58.
185 *Picker* ZEuP **2020** 305, 310.
186 EuGH 01.03.2012, C-393/10 Rn. 42 (O'Brien).
187 So *Picker* ZEuP **2020** 305, 311.
188 Zutreffend *Picker* ZEuP **2020** 305, 311.
189 Vgl. etwa EuGH 21.02.2018 – C 518/15 Rn. 28 (Ville de Nivelles/Rudy Matzak); EuGH 14.10.2010 – C-428/09 Rn. 28 (Union syndicale Solidaires Isère); *Oberthür* RdA **2018** 292.
190 EuGH 03.07.1986 – C-66/85 Rn. 17.
191 EuGH 21.02.2018 – C 518/15 (Ville de Nivelles/Rudy Matzak); EuGH 26.03.2015 – C-316/13 (Fenoll); EuGH 20.09.2007 – C-116/06 (Sari Kiiski/Tamperen kaupunki); EuGH 26.04.2007 – C-392/05 (Georgios Alevizos/Ypourgos Oikonomikon); EuGH 07.09.2004 – C-456/02 (Michel Trojani/Centre public d'aide sociale de Bruxelles); EuGH 23.03.2004 – C-138/02 (Brian Francis Collins/Secretary of State for Work and Pensions; EuGH 13.04.2000 – C-176/96 (Jyri Lehtonen und Castors Canada Dry Namur-Braine ASBL/Fédération royale belge des sociétés de basketball ASBL); EuGH 03.07.1986 – C-66/85 (Deborah Lawrie-Blum/Land Baden-Württemberg).
192 Vgl. etwa EuGH 17.11.2016 – C-216/15 Rn. 29 (BR Ruhrlandklinik/Ruhrlandklinik).

§ 611a BGB. Er erfasst über die gesetzliche Definition des Arbeitsvertrages nach § 611a BGB hinaus – nach der Rechtsprechung des EuGH – etwa auch GmbH-Fremdgeschäftsführer, DRK-Schwestern, Beamte, Praktikanten sowie Behinderte in Werkstätten.[193]

115 Ungeachtet dieser ständig vom EuGH für die Auslegung des Sekundärrechts seit der Rechtssache *Lawrie-Blum* im Rahmen der Arbeitnehmerfreizügigkeit verwendeten Definition, gibt es einen einheitlichen immer gleich auszulegenden **unionsrechtlichen Arbeitnehmerbegriff** im Grunde nicht.[194] Vielmehr geht der EuGH in ständiger Rechtsprechung[195] davon aus, dass der Begriff des Arbeitnehmers je nach Regelungsgehalt und Schutzweck der (jeweiligen) Richtlinie[196] bzw. der Zwecksetzung der jeweiligen Rechtsnorm inhaltlich variieren könne.[197] Beispielsweise dient der Arbeitnehmerbegriff in Art. 45 AEUV (Freizügigkeit) der Abgrenzung zwischen Arbeitnehmern und Nichterwerbstätigen, während der Arbeitnehmerbegriff auf der Grundlage von Art. 139 EGV = Art. 155 AEUV (Sozialpolitik) in der Regel der Abgrenzung zwischen Arbeitnehmern und Selbständigen dient. Daraus ergibt sich, dass nicht nur zwischen dem nationalen und dem unionsrechtlichen Arbeitnehmerbegriff zu unterscheiden ist, sondern vielmehr auch der unionsrechtliche Arbeitnehmerbegriff innerhalb des Unionsrecht unterschiedlich konturiert sein kann; auch kann sich die Differenzierung zwischen nationalem und unionsrechtlichem Arbeitnehmerbegriff nicht nur innerhalb desselben Gesetzes, sondern auch innerhalb derselben Rechtsnorm vollziehen.[198]

116 Wie ausgeführt (vgl. hierzu Rn. 101ff.), ist der Schutzzweck des § 5 Nr. 3 – wie der der ihr zugrunde liegenden Richtlinie (EU) 2016/943 mit Art. 5 lit. c) – zum einen der Schutz der einzelnen Arbeitnehmer im Rahmen einer ungehinderten Kommunikation mit der Arbeitnehmervertretung des Betriebs oder Unternehmens. Erfolgt diese Kontaktaufnahme etwa durch einen Beamten, Praktikanten, Behinderten in einer (beschützenden) Werkstatt, eine DRK-Schwester im Einsatzbetrieb oder gar einen GmbH-Geschäftsführer, so unterliegen auch diese Beschäftigten – aufgrund des auch auf diese Richtlinie und ihr Umsetzungsgesetz Anwendung findenden unionsrechtlich determinierten Arbeitnehmerbegriffs dem Schutz nach dieser Vorschrift. Die Offenbarung eines Geschäftsgeheimnisses durch einen Angehörigen dieser Personengruppen bleibt – soweit die weiteren Voraussetzungen des Art. 5 lit. c) bzw. des § 5 Nr. 3 ebenfalls erfüllt sind – sanktionslos (vgl. hierzu Rn. 100; zu möglichen Sanktionen vgl. Rn. 165), auch, wenn diese **Beschäftigten nach deutschem Arbeitsrecht die Arbeitnehmereigenschaft nicht erfüllen**.

117 Für Arbeitnehmerschutzrecht, das im Unionsrecht keine Grundlage findet oder das nicht der Umsetzung europäischen Rechts dient, ist grundsätzlich weiterhin der nationale Arbeitnehmerbegriff maßgeblich.[199] Dies ist insbesondere für die Erlangung, Nutzung und Offenlegung von Geschäftsgeheimnissen von Bedeutung, wenn diese Handlungen nach Maßgabe des § 3 Abs. 2 des Gesetzes durch Spezialregelungen in nationalen Gesetzen, aufgrund eines Gesetzes oder durch Rechtsgeschäft gestattet sind. Dies trifft – individual- wie kollektiv-

---

193 Vgl. *Picker* ZEuP **2020** 305, 310 m. w. N. auf die jeweilige EuGH-Rechtsprechung.

194 Vgl. *Lunk/Hildebrand* NZA **2016** 129, 130; Schaub/*Vogelsang* § 8 Rn. 7 m. w. N.

195 EuGH 16.07.2009 – C-208/07 (Chamier-Glisczinski); EuGH 07.06.2005 – C-543/03 (Dodl und Oberhollenzer); EuGH 12.05.1998 – C-85/96 (Martínez Sala).

196 Vgl. *Lunk/Hildebrand* NZA **2016** 129, 131.

197 *Lunk/Hildebrand* NZA **2016** 129, 130.

198 *Oberthür* RdA **2018** 289 in Bezug auf Anwendung und Nichtanwendung von Regelungen im Rahmen des § 17 KSchG auf „nicht bestimmende" GmbH-Geschäftsführer nach der Rechtsprechung des EuGH.

199 Vgl. LAG Hamm 02.08.2016 – 7 TaBV 11/16, das den Antrag des Betriebsrats, den – vermeintlich betriebsstörenden – Geschäftsführer gemäß § 104 BetrVG aus dem Betrieb entfernen zu lassen, mangels Arbeitnehmereigenschaft des Geschäftsführers i. S. d. BetrVG zurückgewiesen hat, da für die Anwendung des § 104 BetrVG allein der nationale Arbeitnehmerbegriff maßgeblich sei; hierzu auch *Oberthür* RdA **2018** 292.

arbeitsrechtlich auch auf das BetrVG zu, mit dem – und schon zuvor durch das Betriebsrätegesetz (BRG) vom 4.2.1920[200] – Regelungen einer selbständigen betrieblichen Interessenvertretungen mit Informations-, Unterrichtungs- und Mitbestimmungsrechten und einer Betriebsverfassung geschaffen worden sind.[201] Das BetrVG dient daher nicht der Umsetzung europäischen Rechts, wie solches etwa mit Inkrafttreten der Richtlinie 2002/14/EG vom 11.2.2002 nunmehr für alle EU-Mitgliedstaaten einen allgemeinen Rahmen für die Ausgestaltung der Unterrichtung und Konsultation der Arbeitnehmervertretungen der Arbeitnehmer auf Unternehmens- oder betrieblicher Ebene in der EU vorsieht (vgl. hierzu die Kommentierung zu § 3 Abs. 1 Nr. 3 Rn. 77). Beispielhaft lässt sich der unterschiedliche Arbeitnehmerbegriff im Kontext des EU-Rechts und nationalen Umsetzungsrechts einerseits und des **„rein" nationalen Arbeitnehmerschutzrechts** andererseits beim GmbH-Geschäftsführer veranschaulichen, der im Sinne der Richtlinie 98/59/EG (Massenentlassung) und damit im Rahmen des § 17 KSchG zu den mitzuzählenden Arbeitnehmern zu rechnen sein kann, deswegen jedoch noch kein Arbeitnehmer im Sinne des BetrVG ist; ebenso wenig ist die diesbezügliche Ausschließungsnorm des § 5 Abs. 2 Nr. 1 BetrVG europarechtswidrig.[202]

Die vorstehenden Ausführungen zu Anwendung und Grenzen des unionsrechtlichen **118**
Verständnisses des Arbeitnehmerbegriffs für den persönlichen Anwendungsbereich der arbeitsrechtlichen Schutzregelungen in der Richtlinie (EU) 2016/943 und ihrem deutschen Umsetzungsgesetz gelten dem Grunde nach auch für den Begriff der **Arbeitnehmervertretung**. Im Kontext aller arbeitsrechtlichen Regelungen dieser RL[203] und des Umsetzungsgesetzes[204] sind, was die Bezugnahme auf das Unionsrecht angeht (vgl. Rn. 111), für dieses Begriffsverständnis insbesondere diejenigen Rechtsakte der EU heranzuziehen, die ein Ausüben von Informations- und Anhörungsrechten der Arbeitnehmer oder Mitwirkungs- und Mitbestimmungsrechte der Arbeitnehmervertretung ermöglichen und Regelungen über den Umgang mit vertraulichen Informationen (Verschwiegenheitspflichten) enthalten. Hierbei handelt es sich im Wesentlichen um die Richtlinie 2002/14/EG,[205] die Richtlinie 2009/38/EG[206] und die Richtlinie 2001/86/EG[207] (vgl. zur Erläuterung dieser RL die Kommentierung zu § 3 Abs. 1 Nr. 3 Rn. 77–79).

Arbeitnehmervertreter werden in den Begriffsbestimmungen dieser – kollektiv- **119**
rechtlich bezogenen – arbeitsrechtlichen Richtlinien definiert als „die nach den einzelstaatlichen Rechtsvorschriften und/oder Gepflogenheiten vorgesehenen Vertreter der Arbeitnehmer" (**Art. 2 lit. e) der IuK-Rahmen-Richtlinie 2002/14/EG**) oder „die nach den Rechtsvorschriften und/oder Gepflogenheiten der einzelnen Mitgliedstaaten vorgesehenen Vertreter der Arbeitnehmer" (Art. 2 lit. e) der SE-Richtlinie 2001/86/EG).

200 RGBl. S. 147.
201 Vgl. die Darstellung zur Geschichte der Betriebsverfassung: DKW/*Bachner* Einl. BetrVG Rn. 1ff.; *Fitting* Einl. BetrVG Rn. 1ff.
202 Ebenso DKW/*Trümner* § 5 BetrVG Rn. 5; *Oberthür* RdA **2018** 289; *Lunk/Hildebrand* NZA **2016** 129, 131.
203 Vgl. Art. 1 Abs. 2 lit. d), Art. 3 Abs. 1 lit. c) sowie Art. 5 lit. c) RL (EU) 2016/943.
204 Vgl. § 1 Abs. 3 Nr. 3 und 4; § 3 Abs. 1 Nr. 3 sowie § 5 Nr. 3 GeschGehG.
205 RL 2002/14/EG des Europäischen Parlaments und des Rates vom 11.03.2002 zur Festlegung eines allgemeinen Rahmens für die Unterrichtung und Anhörung der Arbeitnehmer in der Europäischen Gemeinschaft, ABl. L 80 vom 23.03.2002, S. 32.
206 RL 2009/38/EG des Europäischen Parlaments und des Rates vom 06.05.2009 über die Einsetzung eines Europäischen Betriebsrats oder die Schaffung eines Verfahrens zur Unterrichtung und Anhörung der Arbeitnehmer in gemeinschaftsweit operierenden Unternehmen und Unternehmensgruppen, ABl. L 122 vom 16.05.2009, S. 28.
207 RL 2001/86/EG des Rates vom 08.10.2001 zur Ergänzung des Statuts der Europäischen Gesellschaft hinsichtlich der Beteiligung der Arbeitnehmer, ABl. L 294 vom 10.11.2001, S. 22.

120 Auch dann, wenn sich in der Richtlinie 2002/14/EG alle wesentlichen Begriffe, beispielsweise zu der Methode zur Berechnung der Schwellenwerte für die Beschäftigtenzahl, nach dem einzelstaatlichen Recht richten, kann diesbezüglich eine Unionswidrigkeit in Betracht kommen. So hat der EuGH unter Bezugnahme auf EU-Recht darauf erkannt, dass eine Bestimmung des nationalen französischen Rechts, nach der Arbeitnehmer, die im Rahmen eines bezuschussten Vertrages beschäftigt sind, bei der Berechnung des Schwellenwertes für die Errichtung einer Arbeitnehmervertretung unberücksichtigt bleiben, gegen die EU-Richtlinie 2002/14/EG verstößt (vgl. hierzu auch Rn. 112).[208] Trotz dieser Unvereinbarkeit hat es der EuGH jedoch abgelehnt, Art. 27 der GRCh (Recht auf Information und Konsultation der Arbeitnehmer) i. V. m. der Richtlinie 2002/14/EG dahin auszulegen, dass diese nationale Vorschrift in einem Rechtsstreit zwischen Privaten nicht geltend gemacht werden kann, um zu der Schlussfolgerung zu gelangen, diese nicht konforme nationale Bestimmung unangewendet zu lassen. Hintergrund ist die Rechtsprechung des EuGH, dass das Gebot unionsrechtskonformer Auslegung nationalen Rechts Schranken unterliegt. Danach findet die Pflicht zur Verwirklichung des Richtlinienziels im Auslegungsweg durch nationale Gerichte ihre Grenzen an dem nach innerstaatlicher Rechtstradition methodisch Erlaubtem. Diese Pflicht, so der EuGH, darf nicht als Grundlage für eine Auslegung des nationalen Rechts „contra legem" dienen.[209] Da die französische Ausschlussbestimmung für die Schwellenwertberücksichtigung sich nicht gegen ihren klaren Wortlaut an das Ziel des EU-Rechts der Richtlinie anpassen ließ, verbleibt der klagenden Partei lediglich ein Anspruch auf Schadensersatz gegen den französischen Staat wegen unzureichender Umsetzung der Richtlinie 2002/14/EG.

121 Der Grundsatz, dass für Arbeitnehmerschutzrecht (wie etwa auch das BetrVG), das im Unionsrecht keine Grundlage findet oder das nicht der Umsetzung europäischen Rechts dient, die nationalen arbeitsrechtlichen Bestimmungen für den Arbeitnehmerbegriff und auch für den Begriff der Interessenvertretung maßgeblich sind, bedeutet jedoch nicht, dass das EU-Recht und die Rechtsprechung des EuGH ignoriert werden kann. Vielmehr sind unionsrechtliche Vorgaben, wie die der **Richtlinie 2002/14/EG** – auch über die EuGH-Rechtsprechung, wie im o.g. Fall – grundsätzlich zu beachten. Dies gilt nach dem o.g. Fallbeispiel (vgl. Rn. 120) bei der Berechnung der Beschäftigtenzahl, wenn die im deutschen Recht ggf. vorgesehene Nichtberücksichtigung bestimmter Beschäftigter dazu führt, dass die einschlägigen Schwellenwerte verfehlt werden.[210] Denn damit können die von der Richtlinie 2002/14/EG zuerkannten Rechte auf Unterrichtung und Anhörung nicht wahrgenommen werden. Diese Anpassungen sind durch die nationalen Gerichte – soweit möglich – durch unionsrechts- bzw. richtlinienkonforme Auslegung der innerstaatlichen Rechtsvorschriften vorzunehmen.

122 **Sonderregelungen zu Geschäftsgeheimnissen** in anderen Gesetzen gehen nach § 3 Abs. 2 vor: Dies betrifft u. a. Vorschriften über die gesetzlich verankerten Rechte der Interessenvertretungen der Arbeitnehmer (vgl. Erwägungsgrund 18 der Richtlinie).[211] Für nationale Sonderregelungen nach deutschem Recht, soweit diese nicht auf EU-Recht beruhen, ist daher grundsätzlich weiterhin zum einen vom allgemeinen arbeitsrechtlichen Begriff des Arbeitnehmers nach § 611a BGB, zum anderen vom Arbeitnehmerbegriff des je-

---

208 EuGH 15.01.2014 – C-176/12 (AMS/CGT) mit Verweis auf EuGH 18.01.2007 – C-385/05 (Confédération générale du travail).

209 EuGH 11.09.2019 – C-143/18 (Romano) Rn. 38; EuGH 08.05.2019 – C-486/18 (Praxair MRC) Rn. 38 m.w.N.; EuGH 24.01.2012 – C-282/10 (Dominguez) Rn. 25; BAG 19.11.2019 – 7 ABR 3/18; BAG 21.03.2017 – 3 AZR 718/15 Rn. 30; BAG 21.02.2017 – 1 ABR 62/12 Rn. 29.

210 So DKW/*Trümner* § 5 BetrVG Rn. 5.

211 BTDrucks. 19/4724 S. 26.

weiligen Arbeitnehmervertretungsgesetzes, etwa vom betriebsverfassungsrechtlichen Arbeitnehmerbegriff des § 5 BetrVG, auszugehen.[212]

Die Richtlinie (EU) 2016/943 formuliert in Bezug auf den weiteren erfassten Personenkreis (legitimierter Adressatenkreis) eines durch einen Arbeitnehmer ihnen gegenüber offenbarten Geschäftsgeheimnisses genauer, dass die „Offenlegung durch Arbeitnehmer gegenüber ihren Vertretern im Rahmen der rechtmäßigen Erfüllung der Aufgaben dieser Vertreter gemäß dem Unionsrecht oder dem nationalen Recht" erfolgen darf (Art. 5 lit. c). Die Richtlinie adressiert und erlaubt die (ausnahmsweise) berechtigte Handlung des Arbeitnehmers – anders als das deutsche Umsetzungsgesetz, das damit offensichtlich aber keinen inhaltlichen Unterschied bewirken will – nicht an die Arbeitnehmervertretung als Gremium, sondern **an jedes einzelne Mitglied dieses Gremiums** der Arbeitnehmervertretung. Dies sind nach deutschem Recht in der Privatwirtschaft in erster Linie die betrieblichen bzw. örtlichen Betriebsratsmitglieder (im Öffentlichen Dienst: Personalratsmitglieder; in den Kirchen: Mitglieder in den Mitarbeitervertretungen). Nach Maßgabe ihres überbetrieblichen oder spezifischen Aufgabenbereichs kommen – beispielhaft in der Privatwirtschaft – aber auch die Mitglieder des Gesamt- oder Konzernbetriebsrats (§§ 47ff., 54ff. BetrVG), die Vertreter der Schwerbehinderten (§§ 177ff. SGB) und für die Auszubildenden und jugendlichen Arbeitnehmer die – Mitglieder der – Jugend- und Auszubildendenvertretung (§§ 60ff. BetrVG) in Frage. Auf der EU-Ebene kommen vorrangig die grenzübergreifend tätigen Mitglieder des Europäischen Betriebsrats (nach den Vorschriften des EBRG) und der Mitglieder des SE-Betriebsrats (nach den Vorschriften des SEBG) in Betracht (vgl. zum **grenzübergreifenden** Mitwirkungs- und Mitbestimmungsrecht die Kommentierung zu § 3 Abs. 1 Nr. 3 Rn. 74). **123**

Auch Gewerkschaftsvertreter zählen zu den „Arbeitnehmervertretern", denen gegenüber Geschäftsgeheimnisse von Arbeitnehmern im Sinne des § 5 Nr. 3 des Gesetzes offenbart werden können. Diese Auslegung legen der durch die Richtlinie (EU) 2016/943 in Bezug auf „Rechte der Arbeitnehmervertreter" weite Anwendungsbereich (vgl. zum weiten Verständnis des Anwendungsbereichs ergänzend Rn. 107) sowie die durch das Umsetzungsgesetz weit gezogenen Erlaubnistatbestände für die Erlangung, Nutzung und Offenlegung von Geschäftsgeheimnissen sowie Verbotsausnahmen bei der Ausübung und für die Wahrnehmung der Rechte der Arbeitnehmer und ihrer Vertretungen nahe (vgl. zum Hintergrund Rn. 93ff.). Dies gilt insbesondere im EU-Kontext, weil es in vielen Mitgliedstaaten der EU keine (prinzipiell gewerkschaftsunabhängigen) Betriebsräte – wie etwa in Deutschland oder Österreich – gibt, da diese Länder eine „Dualität der Interessenvertretung"[213] der Arbeitnehmer durch „externe" Gewerkschaftsvertreter einerseits und interne Arbeitnehmervertreter, wie den Betriebsrat, andererseits (wie diese Stellung und Aufgabentrennung[214] etwa nach Maßgabe der §§ 2, 75 BetrVG deutlich wird) nicht kennen. **124**

Aber auch in Deutschland ist im Hinblick auf in Betrieben entgegen §§ 1 Abs. 1 Satz 1 BetrVG (i. V. m. §§ 7ff. BetrVG und der Wahlordnung zum BetrVG) nicht gewählte „interne" Arbeitnehmervertreter bzw. errichtete Betriebsräte – d. h. in **betriebsratslosen** Betrieben – von Bedeutung, dass **auch Gewerkschaftsvertreter** durch Arbeitnehmer Kenntnis von Betriebsgeheimnissen nach § 5 Nr. 3 im Rahmen ihrer Aufgabenerfüllung erlangen können. Zwar ist zu § 79 BetrVG die Frage umstritten, ob **geheimhaltungsbedürftige Informationen von Arbeitnehmern auch an die Mitglieder und Vertreter der Organe und Institu-** **125**

---

212 Vgl. zu den beiden Arbeitnehmerbegriffen und ihren Unterschieden in der Betriebsverfassung – für viele – *Fitting* § 5 BetrVG Rn. 15ff.; **a. A.** Köhler/Bornkamm/Feddersen/*Alexander* § 3 GeschGehG Rn. 45.
213 Hierzu *Fitting* § 2 BetrVG Rn. 46ff.
214 Vgl. hierzu GK BetrVG/*Franzen* § 2 BetrVG Rn. 22.

tionen weitergegeben werden dürfen, **auf die die „Geheimhaltungspflicht" des § 79 Abs. 1 BetrVG nach § 79 Abs. 2 BetrVG lediglich „sinngemäß" Anwendung findet** (vgl. hierzu auch Rn. 134). Jedoch ist diese Frage dahingehend zu beantworten, dass eine Informationsweitergabe an **Gewerkschaftsvertreter** jedenfalls im Rahmen der gewerkschaftlichen Zugangs- und Beratungsrechte (z. B. nach §§ 2, 31 BetrVG) zulässig ist.[215] Denn es ist der Betriebsverfassung systemimmanent, dass gewerkschaftliche Funktionsträger oder Beauftragte Kenntnisse über Betriebs- oder Geschäftsgeheimnisse erhalten.[216]

126 Diese Auffassung steht in Übereinstimmung mit dem **ILO-Übereinkommen Nr. 135** über Schutz und Erleichterungen für Arbeitnehmervertreter im Betrieb, das am 30.6.1973 in Kraft getreten ist. Nach Art. 3 dieses Übereinkommens gelten als „Arbeitnehmervertreter" sowohl Gewerkschaftsvertreter (d. h. von Gewerkschaften oder von deren Mitgliedern bestellte oder gewählte Vertreter), als auch Vertreter, die von den Arbeitnehmern des Betriebs nach Maßgabe innerstaatlicher Gesetzgebung gewählt werden. Nach der Rechtsprechung des EuGH[217] zur – inzwischen außer Kraft getretenen – Richtlinie 89/592/EWG betreffend Insider-Geschäfte[218] verbietet Art. 3 lit. a) dieser Richtlinie einer Person, die in ihrer Eigenschaft als Arbeitnehmervertreter im Verwaltungsrat einer Gesellschaft (d. h. Aufsichtsrat in einer „monistischen" Gesellschaft) Insider-Informationen erhält, die **Weitergabe dieser Informationen** an den Vorsitzenden der Arbeitnehmerorganisation (d. h. Gewerkschaft) nicht grundsätzlich. Voraussetzung einer legitimen Weitergabe ist, dass ein **enger Zusammenhang** zwischen der Weitergabe und der Ausübung ihrer Arbeit oder ihres Berufes oder der Erfüllung ihrer Aufgaben besteht und diese Weitergabe für die Ausübung dieser Arbeit oder dieses Berufes oder **für die Erfüllung dieser Aufgaben unerlässlich** ist.[219]

127 Gewerkschaftsvertreter sind dabei nach EU-Recht die Vertreter derjenigen **anerkannten** (europäischen) **Gewerkschaftsorganisationen**, die von der EU-Kommission gemäß Art. 138 EGV (jetzt Art. 154 AEUV) konsultiert werden; die Liste dieser Organisationen wird von der Kommission stets aktualisiert und veröffentlicht (so ausdrücklich die Erläuterung in Erwägungsgrund 27 zu Art. 5 Abs. 4 UAbs. 3 der EBR-Richtlinie 2009/38/EG).

128 Regelmäßig unterliegen die durch Rechtsvorschrift und auf gesetzlicher Grundlage gebildeten Arbeitnehmervertretungen und ihre Mitglieder ihrerseits einer gesetzlichen Schweigepflicht, die das jeweilige Vertretungsgesetz häufig als „Geheimhaltungspflicht" tituliert.[220] Für **Mitglieder und Ersatzmitglieder von Betriebsräten** (und weitestgehend auch für diejenigen Mandatsträger und „Nachrücker" anderer Arbeitnehmervertretungen nach Maßgabe der für sie jeweils geltenden Vorschriften) gilt die „Geheimhaltungspflicht" nach § 79 Abs. 1 BetrVG entsprechend sinngemäß. Etwa auch für Mitglieder und Ersatzmitglieder des Gesamtbetriebsrats, des Konzernbetriebsrats, der **Jugend- und Auszubildendenvertretung**, der Gesamt-Jugend- und Auszubildendenvertretung, der Konzern-Jugend- und Auszubildendenvertretung. Zusätzlich für weitere eingerichtete Gremien und Stellen, wie den **Wirtschaftsausschusses**, die **Bordvertretung**, den **Seebetriebsrat**, die **gemäß § 3 Abs. 1 BetrVG gebildeten Vertretungen** der Arbeitnehmer, die **Einigungsstelle**, die **tarifliche**

---

215 Ebenso DKW/*Buschmann* § 79 BetrVG Rn. 26, 28; HaKo-BetrVG/*Lorenz* § 79 BetrVG Rn. 18; **a. A.** *Fitting* § 79 BetrVG Rn. 25; GK BetrVG/*Oetker* § 79 BetrVG Rn. 66; Richardi/*Thüsing* § 79 BetrVG Rn. 29.
216 BAG 11.7.2000 AuR **2001** 157, zur Information des WA.
217 EuGH 22.11.2005 NJW **2006** 133, zu Insider-Geschäften sowie Weitergabe von Insider-Informationen an Dritte.
218 Richtlinie 89/592/EWG des Rates vom 13.11.1989 zur Koordinierung der Vorschriften betreffend Insider-Geschäfte, ABl. L 334 vom 18.11.1989, S. 30 ff.
219 EuGH 22.11.2005 NJW **2006** 133.
220 Zur Kritik an der gesetzlichen Begrifflichkeit einer „Geheimhaltungspflicht" nach § 79 BetrVG: vgl. *Buschmann* AuR **2015** 355 f.; DKW/*Buschmann* § 79 BetrVG Rn. 4.

Schlichtungsstelle (§ 76 Abs. 8 BetrVG) und eine **betriebliche Beschwerdestelle** (§ 86 BetrVG) sowie für die Vertreter von **Gewerkschaften** oder von **Arbeitgebervereinigungen**.

§ 79 Abs. 1 Satz 3 und 4 nennt allerdings nicht die Mitglieder einer **Arbeitsgruppe i. S. d. § 28 a BetrVG**, die auch nicht Adressat der Vorschrift sind. Eine Schweigepflicht für sie kann sich im Einzelfall aus der Rahmenvereinbarung oder dem Arbeitsvertrag ergeben.[221] 129

Allerdings gilt für **Arbeitnehmervertreter im Aufsichtsrat** *nicht* die Schweigepflicht des § 79 BetrVG, obwohl der Betriebsrat und seine Mitglieder diesen Vertretern zulässigerweise Geschäftsheimnisse mitteilen dürfen;[222] sie unterliegen ihrerseits der **gesellschaftsrechtlichen Verschwiegenheitspflicht** nach §§ 116, 93 Abs. 1 Satz 2 AktG oder § 77 Abs. 1 Satz 2 BetrVG bzw. § 25 Abs. 1 Nr. 2 MitbestG.[223] 130

Spezialgesetzliche Bestimmungen, die Mitglieder und Ersatzmitglieder **Europäischer Betriebsräte** zur Verschwiegenheit über die aufgrund ihrer Amtstätigkeit zur Kenntnis gelangten Geschäftsgeheimnisse verpflichtet, bestehen nach § 35 Abs. 2 EBRG[224] und für Mitglieder eines **SE-Betriebsrats** nach § 41 Abs. 2 SEBG.[225] Die Pflicht zur Vertraulichkeit nach diesen Vorschriften gilt entsprechend für die örtlichen Arbeitnehmervertreter (§ 35 Abs. 3 Nr. 4 EBRG i.V.m § 35 Abs. 2 EBRG bzw. § 41 Abs. 4 Nr. 2 SEBG I.V.m. § 41 Abs. 2 SEBG).[226] 131

Für **Personalräte** des Öffentlichen Dienstes und Mitglieder der Interessenvertretungen in Bundesbehörden gilt die Schweigepflicht nach § 10 BPersVG; für jene in den Ländern und Kommunen die vergleichbare Vorschrift in den jeweiligen Landespersonalvertretungsgesetzen. Auch für Mitglieder von **kirchlichen Mitarbeitervertretungen** bestehen Regelungen zu Schweigepflichten, etwa § 22 MVG-EKD. Mitglieder der **Schwerbehindertenvertretung** unterfallen einem besonderen Geheimnisschutz nach § 179 Abs. 7 Satz 1 Nr. 2 SGB IX, diejenigen der Gesamt- bzw. Konzernschwerbehindertenvertretung nach § 180 Abs. 7 SGB IX. Je nach anzuwendendem Vertretungsgesetz ist deren jeweilige „Geheimhaltungs"- bzw. Schweigepflicht-Klausel jedoch inhaltlich sehr unterschiedlich ausgestaltet (zum Begriff der **„Geheimhaltungspflicht" nach § 79 BetrVG**[227] vgl. Rn. 136ff.). 132

Die Schweigepflicht der Mitglieder der jeweiligen Arbeitnehmervertretung **besteht weder gegenüber Mitgliedern des eigenen Organs** noch gegenüber den Mitgliedern und Vertretern der im jeweiligen Vertretungsgesetz als **Geltungsausnahme** genannten Organe und Institutionen, wie etwa im Betriebsverfassungsrecht nach § 79 Abs. 1 Satz 4 BetrVG.[228] 133

---

221 So DKW/*Buschmann* § 79 BetrVG Rn. 21 und 25.
222 Richardi/*Thüsing* § 79 BetrVG Rn. 29.
223 *Fitting* § 79 BetrVG Rn. 15; DKW/*Buschmann* § 79 BetrVG Rn. 21; GK BetrVG/*Oetker* § 79 BetrVG Rn. 53; *Oetker* ZESAR **2017** 258; Richardi/*Thüsing* § 79 BetrVG Rn. 27.
224 Näher zu Gegenstand und Umfang der Verschwiegenheitspflicht nach dem EBRG: Blanke/Hayen/Kunz/Carlson/*Hayen* § 35 EBRG Rn. 10ff.; diese Pflicht zur Vertraulichkeit nach § 35 Abs. 2 EBRG schließt gemäß § 35 Abs. 3 EBRG auch Mitglieder und Ersatzmitglieder des besonderen Verhandlungsgremiums (BVG) zur Errichtung eines EBR (§ 8ff. EBRG), Arbeitnehmervertreter im Rahmen des Verfahrens zur Unterrichtung und Anhörung (§ 19 EBRG), Sachverständige und Dolmetscher (§ 39 EBRG) sowie örtliche Arbeitnehmervertreter (§ 36 EBRG) ein.
225 Franzen/Gallner/Oetker/*Schubert* Art. 2 RL 2016/943/EU Rn. 21.
226 *Oetker* ZESAR **2017** 257.
227 Zu Gegenstand und Umfang der Verschwiegenheits- bzw. „Geheimhaltungspflicht" nach dem BetrVG vgl. – etwa – *Fitting* § 79 BetrVG Rn. 3ff.; DKW/*Buschmann* § 79 BetrVG Rn. 7ff.; *Oltmanns/Fuhlrott* NZA **2019** 1384; *Staack/Sparchholz* AiB 11/**2014** 43f.; arbeitsrechtlich ungenau: *Schnabel* CR **2016** 342, 344 zum „Geheimhaltungswillen".
228 DKW/*Buschmann* § 79 BetrVG Rn. 24; *Fitting* § 79 BetrVG Rn. 18ff.; BeckOK GeschGehG/*Fuhlrott* § 3 GeschGehG Rn. 23.

Im Interesse der Funktionsfähigkeit des jeweiligen Organs dienen diese Ausnahmen nicht nur dazu, den Kommunikationsfluss innerhalb und zwischen den Organen und Institutionen zu gewährleisten, sondern führen gar zu einer Verpflichtung hinsichtlich eines Informationsaustausches auch über erlangte Geschäftsgeheimnisse, damit jedes Mitglied des Organs grundsätzlich über den gleichen Informationsstand verfügt.

134 Zu der im Betriebsverfassungsrecht strittigen Frage, ob geheimhaltungsbedürftige Informationen von Arbeitnehmern auch an die Mitglieder und Vertreter der Organe und Institutionen weitergegeben werden dürfen, auf die die „Geheimhaltungspflicht" des § 79 Abs. 1 BetrVG nach § 79 Abs. 2 BetrVG lediglich „sinngemäß" Anwendung findet, vgl. Rn. 125.[229] Diese Vorschriften gelten entsprechend auch bzgl. der Schweigepflichten zu persönlichen Verhältnissen und Angelegenheiten der Arbeitnehmer, etwa nach §§ 99 Abs. 1 Satz 3, 102 Abs. 2 Satz 5.[230]

III. Tatbestand

135 **1. Geschäftsgeheimnis – arbeitsrechtliche Auswirkungen und Besonderheiten.** Voraussetzung für das Eingreifen einer Ausnahme nach § 5 von den Handlungsverboten des § 4 (auch nach seiner Nummer 3) ist zunächst einmal, dass ein Geschäftsgeheimnis nach § 2 Nr. 1 lit. c) dieses Gesetzes[231] (vgl. Kommentierung zu § 2 Rn. 4 ff.) vorliegt, da anderenfalls schon der Schutzbereich des Gesetzes nicht eröffnet ist und es eines Rückgriffs auf einen Ausnahmetatbestand nicht bedarf (vgl. Rn. 108). Das Gesetz enthält mit § 2 Nr. 1 für die deutsche Rechtsordnung **erstmals eine Legaldefinition** für den Begriff des Geschäftsgeheimnisses,[232] die die im deutschen Recht bislang gängige, aber für den Geheimnisschutz keine praktische Relevanz besitzende[233] Unterscheidung zwischen Geschäftsgeheimnissen[234] **und Betriebsgeheimnissen**[235] zusammenfasst.[236] Im Sinne des deutschen Umsetzungsgesetzes – inhaltlich in weitgehender Übereinstimmung mit der Richtlinie (EU) 2016/943 – wird der Geschäftsgeheimnisbegriff definiert als Information,

a) die weder insgesamt noch in der genauen Anordnung und Zusammensetzung ihrer Bestandteile den Personen in den Kreisen, die üblicherweise mit dieser Art von Informationen umgehen, **allgemein bekannt** oder **ohne weiteres zugänglich** ist und daher **von wirtschaftlichem Wert** ist (Art. 2 Nr. 1 lit. a) und b) der RL),
b) die Gegenstand von den Umständen nach **angemessenen Geheimhaltungsmaßnahmen** durch ihren rechtmäßigen Inhaber ist (Art. 2 Nr. 1 lit. c) der RL) und

---

229 Zutreffend gegen eine „informatorische Einbahnstraße" vgl. DKW/*Buschmann* § 79 BetrVG Rn. 26, 28; HaKo BetrVG/*Lorenz* § 79 BetrVG Rn. 18; vermittelnd *Fitting* § 79 BetrVG Rn. 25; restriktiver GK BetrVG/*Oetker* § 79 BetrVG Rn. 59; Richardi/*Thüsing* § 79 BetrVG Rn. 29.
230 BAG 12.8.2009 AuR **2010** 44.
231 Hierzu auch *Preis/Seiwerth* RdA **2019** 351, 352 ff; *Schmitt* RdA **2017** 365, 368.
232 *Fitting* § 79 BetrVG Rn. 3a.
233 So BTDrucks. 19/4724 S. 24.
234 In der Abgrenzung zu Betriebsgeheimnissen nach Maßgabe des BetrVG betreffen Geschäftsgeheimnisse Tatsachen und Erkenntnisse von wirtschaftlicher und kaufmännischer Bedeutung; hierzu näher und mit Beispielen DKW/*Buschmann* § 79 BetrVG Rn. 12.
235 In der Abgrenzung zu Geschäftsgeheimnissen nach Maßgabe des BetrVG liegen Betriebsgeheimnisse auf technischem Gebiet; hierzu näher mit Beispielen DKW/*Buschmann* § 79 BetrVG Rn. 11.
236 *Von Steinau-Steinrück* NJW-Spezial **2019** 498.

c) bei der ein **berechtigtes Interesse** an der Geheimhaltung besteht (Art. 2 Nr. 1 lit. d) der RL; im Gesetz ergänzt durch einen Änderungsantrag der Koalitionsfraktionen[237] im Gesetzgebungsverfahren[238]).

Nach dem im deutschen Arbeitsrecht gängigen und durch das Bundesarbeits- 136
gericht[239] – mangels Legaldefinition – in Rechtsfortbildung entwickelten Begriff[240] der **„Geheimhaltungspflicht" des § 79 BetrVG** sind hierunter Tatsachen, Erkenntnisse oder Unterlagen zu verstehen, die (i.S. eines objektiv feststellbaren „materiellen Geheimnisses")

a) m Zusammenhang mit dem technischen Betrieb oder der wirtschaftlichen Betätigung des Unternehmens stehen,
b) nur einem begrenzten betrieblichen Personenkreis bekannt, also nicht offenkundig sind,
c) nach dem **bekundeten Willen des Betriebsinhabers** geheim gehalten werden sollen und
d) an deren Geheimhaltung der Unternehmer ein **berechtigtes wirtschaftliches Interesse** hat;

d.h., deren Geheimhaltung – insbesondere vor Konkurrenten – für den Betrieb oder das Unternehmen wichtig ist,[241] was eine Bilanzierung von Geschäftsgeheimnissen voraussetzt.[242] Dies entspricht gleichsam Erwägungsgrund 14 der Richtlinie (EU) 2016/943 (Hervorhebungen vom Autor): „Solches Know-how oder solche Informationen sollten so verstanden werden, dass sie einen **Handelswert** verkörpern, zum Beispiel wenn ihr unbefugter Erwerb oder ihre unbefugte Nutzung oder Offenlegung die Interessen der Person, die rechtmäßig die Kontrolle über sie ausübt, aller Voraussicht nach dadurch schädigt, dass das wissenschaftliche oder technische Potenzial, die geschäftlichen oder finanziellen Interessen, die strategische Position oder die **Wettbewerbsfähigkeit** dieser Person untergraben werden."

Während Beispiele für solche materiellen (Betriebs- und) Geschäftsgeheimnisse den 137
einschlägigen Kommentaren[243] zum Arbeitnehmervertretungsrecht (etwa BetrVG, EBRG, BPersVG usw.) und (arbeitsrechtlichen) Handbüchern[244] entnommen werden können, bedarf besonderer Hervorhebung, dass bestimmte Informationen und Daten im arbeitsrechtlichen Kontext **keine Geschäftsgeheimnisse** darstellen, obwohl dies vielfach irrtümlich

---

237 Änderungsvorschlag der Fraktionen der CDU/CSU und der SPD v. 6.3.2019, Ausschussdrucks. 19(11)263, S. 2 (Begründung).
238 Beschlussempfehlung und Bericht des Ausschusses für Recht und Verbraucherschutz, BTDrucks. 19/8300 S. 14.
239 BAG 10.3.2009 NZA **2010** 180 Rn. 25; BAG 13.2.2007 NZA **2007** 1121 Rn. 32; BAG 15.12.1987 NZA **1988** 502ff.; BAG 26.2.1987, AP Nr. 2 zu § 79 BetrVG 1972; vgl. auch MüHdbArbR/*Reichold* § 54 BetrVG Rn. 33ff.; so schon BGH 15.5.1955, AP Nr. 1 zu § 17 UWG; BGH 5.6.1975 BGHZ **64** 325.
240 Nach *Preis/Seiwerth* RdA **2019** 351, 353, mit Verweis auf BAG 10.6.1980 BAGE **33** 140, 160 hat dies im Grundsatz den Rang eines einfachen Bundesgesetzes.
241 DKW/*Buschmann* § 79 BetrVG Rn. 7 m.w.N. aus Rechtsprechung und Literatur; *Fitting* § 79 BetrVG Rn 3; *Preis/Seiwerth* RdA **2019** 351, 352.
242 *Hoeren/Münker* WRP **2018** 150, 151.
243 Vgl. etwa *Fitting* § 79 BetrVG Rn. 4; DKW/*Buschmann* § 79 BetrVG Rn. 11 und 12; Richardi/*Thüsing* § 79 BetrVG Rn. 6; GK BetrVG/*Oetker* § 79 BetrVG Rn. 13f.; HaKo/*Lorenz* § 79 BetrVG Rn. 9; BHKC/*Hayen* § 35 EBRG Rn. 8.
244 Vgl. etwa Schaub/*Linck* § 53 Rn. 48 (arbeitsvertraglich); Schaub/*Ahrendt* § 230 Rn. 29 (betriebsverfassungsrechtlich); ausführlich mit alphabetischer Auflistung und Rechtsprechungshinweisen: *Reinfeld* § 1 Rn. 168.

angenommen wird. Dazu zählen etwa **Betriebsvereinbarungen**, zumal für diese eine Bekanntmachungspflicht durch Auslegung im Betrieb durch den Arbeitgeber gemäß § 77 Abs. 2 Satz 3 BetrVG besteht.[245] Dies gilt in ähnlicher Weise für **Lohn- und Gehaltsdaten** seit Inkrafttreten des Entgelttransparenzgesetzes (EntgTranspG) im Jahre 2017, mit dem der Arbeitgeber, aber auch der Betriebsrat, zu Entgelttransparenz und Offenlegung gegenüber Antrag stellenden Arbeitnehmern verpflichtet wurde. Auch davor war der **gegenteilige Ausnahmefall** nur bejaht worden, wenn Gehaltsdaten weitgehend mit Produktionskosten identisch und wesentlicher Kalkulationsfaktor der Gesamtkosten sind.[246] Dem Zweck des EntgTranspG entsprechend (Geltendmachung von Verstößen gegen Entgeltgleichbehandlung) ist auch eine arbeitsvertragliche Klausel unwirksam, die den Arbeitnehmer verpflichtet, gegenüber seinen Arbeitskollegen **Stillschweigen über seine Arbeitsvergütung** zu bewahren, zumal eine solche Verschwiegenheitsverpflichtung auch gegen Art. 9 Abs. 3 GG verstößt.[247] Gleiches gilt „erst recht" für vom Betriebsrat nach Einsichtnahme gemäß § 80 Abs. 2 Satz 2 BetrVG selbst erstellte **anonymisierte Daten** über gezahlte Durchschnittsgehälter nebst übertarifliche Zulagen und ihre Spannen.[248]

138 Insbesondere stellt ein dem Betriebsrat mitgeteilter, geplanter interessenausgleichspflichtiger Personalabbau als solcher kein Geschäftsgeheimnis dar,[249] etwa, wenn der Arbeitgeber Betriebsrat und Wirtschaftsausschuss über eine geplante Betriebsänderung in Form eines Personalabbaus unterrichtet, Unterlagen übergibt sowie erläutert und diese Informationen zu den noch nicht abgeschlossenen Vorüberlegungen zur Restrukturierung des Unternehmens mit möglichem Personalabbau ausdrücklich als Geschäftsgeheimnisse und geheimhaltungsbedürftig nach § 79 BetrVG bezeichnet.[250] Zwar sind die (wirtschaftlichen) Interessen des Arbeitgebers an der Geheimhaltung etwa von Plänen zu Personalabbau – oder auch im Falle der Verlagerung eines Betriebs – naheliegend, da er „Aufruhr" in der Belegschaft, sinkende Produktivität und ggf. steigende Krankenstände erwarten muss. Die Annahme einer diesbezüglichen Schweigepflicht des Betriebsrats nach § 79 BetrVG würde aber nicht nur sein ebenso nahe liegendes Interesse an der Kommunikation dieser für die Arbeitnehmer existentiell wichtigen Informationen treffen, sondern den Betriebsrat an der Wahrnehmung seiner Beteiligungsrechte insbesondere nach §§ 111, 112 BetrVG hindern.[251]

139 Als weitere gesetzliche Voraussetzung erfordert § 79 BetrVG für die Begründung einer Schweigepflicht gegenüber den Normadressaten, dass der Arbeitgeber oder ein Repräsentant des Arbeitgebers die zugrunde liegenden Tatsachen durch ausdrückliche Erklärung – allerdings grundsätzlich formfrei – als geheimhaltungspflichtig bezeichnet hat (formelles Geheimnis).[252] Dem gegenüber unterliegen „bloße vertrauliche" Angaben des AG grundsätzlich nicht der betriebsverfassungsrechtlichen Schweigepflicht.[253] Ob sich eine

---

245 LAG Düsseldorf 30.1.2014 AuR **2014** 124.
246 BAG 14.5.1987 DB **1988** 2569 und BAG 26.2.1987 AP Nr. 2 zu § 79 BetrVG (hierzu ausführlich: DKW/*Buschmann* § 79 BetrVG Rn. 13); ArbG Mannheim 6.2.2007 AuR **2007** 542; *Fitting* § 79 BetrVG Rn. 4 m.w.N.
247 S. LAG Mecklenburg-Vorpommern 21.10.2009 AuR **2010** 343.
248 LAG Schleswig-Holstein 4.3.2015 BB **2015** 1012; LAG Köln 18.12.1992 AiB 5/1993 **1993** 334.
249 LAG Frankfurt 20.3.2017 AuR **2017** 413; LAG Schleswig-Holstein 20.05.2015 AuR **2015** 368; zustimmend *Buschmann* AuR **2017** 355, 356.
250 Vgl. zur Fallbesprechung auch *Lange/Schlegel* ArbRAktuell **2015** 596.
251 LAG Schleswig-Holstein 20.5.2015 AuR **2015** 368; hierzu *Preis/Seiwerth* RdA **2019** 358; *Fitting* § 79 BetrVG Rn. 4; HaKo/*Lorenz* § 79 BetrVG Rn. 8; *Buschmann* AuR **2015** 356; *Lange/Schlegel* ArbRAktuell **2015** 597.
252 BAG 13.2.2007 AuR **2007** 326; *Fitting* § 79 BetrVG Rn. 5; DKW/*Buschmann* § 79 BetrVG Rn. 14; Richardi/*Thüsing* § 79 BetrVG Rn. 7; GK BetrVG/*Oetker* § 79 BetrVG Rn. 27.
253 DKW/*Buschmann* § 79 BetrVG Rn. 17; Richardi/*Thüsing* § 79 BetrVG Rn. 10; *Fitting* § 79 BetrVG Rn. 3, 39; GK BetrVG/*Oetker* § 79 BetrVG Rn. 2, 30.

Pflicht zur Verschwiegenheit in „besonderen Fällen“ auch hinsichtlich sonstiger, nicht als geheimhaltungsbedürftig bezeichneter Angelegenheiten ergeben kann, ist strittig. Während eine solche Pflicht in der Literatur teilweise „aus dem Gebot der vertrauensvollen Zusammenarbeit zwischen Arbeitgeber und Betriebsrat“ oder „arbeitsvertraglicher Verschwiegenheitspflicht“ heraus bejaht wird,[254] lehnen andere eine solche Pflicht unter Hinweis auf die tatbestandliche Begrenzung einer speziellen Verbots- bzw. Unterlassungsnorm – wie sie § 79 BetrVG darstellt – ab, da diese Begrenzung zugleich die Grenzen der Schweigepflicht setzt.[255] Dieser ablehnenden Auffassung ist zuzustimmen. Andernfalls würde die gesetzlich in § 79 Abs. 1 Satz 1 BetrVG qualifizierte („ausdrücklich“ als geheimhaltungsbedürftig bezeichnet) Hinweispflicht unterlaufen und der Interessenvertretung bzw. seinen Mitgliedern würden weitergehende betriebsverfassungsrechtliche Verschwiegenheitspflichten auferlegt, als nach dem Gesetz bestehen. Der „Geltungsbereich“ der Schweigepflicht lässt sich aber nicht ausweiten, sondern bleibt strikt an die gesetzlichen Vorgaben gebunden; allgemeine Hinweise auf die „Vertraulichkeit“ bestimmter Angaben reichen daher nicht aus.[256] Dies gilt gleichsam für eine arbeitsvertragliche Verschwiegenheitspflicht der Mitglieder des Betriebsrats in ihrer Eigenschaft als Arbeitnehmer, soweit ein objektiv berechtigtes Geheimhaltungsinteresses des Arbeitgebers nicht vorliegt (vgl. hierzu Rn. 141ff.).

Hinsichtlich der meisten Merkmale der Begriffsdefinition des Umsetzungsgesetzes **140**
und des § 79 BetrVG (in der rechtsfortbildenden Ausgestaltung durch die Rechtsprechung des BAG) besteht Deckungsgleichheit. Diese sind durch das Gesetz gar etwas konkreter geworden.[257] Allerdings nennt das Gesetz ausdrücklich als zusätzliches Kriterium und tatbestandliche Voraussetzung – über diejenigen, die der Rechtsprechung des BAG bislang zu entnehmen waren – die „angemessenen Geheimhaltungsmaßnahmen“[258], die objektiv nachzuweisen sind.[259] Dieses Kriterium schränkt den Geheimnisschutz im Vergleich zur Vorgängerregelung des § 17 UWG (erheblich) ein,[260] und erhöht die zu erfüllenden Voraussetzungen, nach deren Maßgabe der Betriebsrat der gesetzlichen Schweigepflicht nach bisherigem – Verständnis des – § 79 BetrVG unterworfen ist, zu Lasten des Arbeitgebers (Unternehmers). Denn um dieses Kriterium zu erfüllen, muss der Geheimnisträger (im arbeitsrechtlichen Zusammenhang: der Unternehmer) zum Schutz der Information zusätzliche geeignete technische und organisatorische Maßnahmen treffen.[261] Konsequenterweise müsste daher der in Rechtsfortbildung entwickelte Geschäftsgeheimnisbegriff des BAG zu § 79 BetrVG in diesem Punkt – über eine unionsrechtskonforme Auslegung[262] – an den

254 Vgl. etwa Richardi/*Thüsing* § 79 BetrVG Rn. 10 sowie BeckOK GeschGehG/*Fuhlrott* § 3 GeschGehG Rn. 20 (aus § 2 BetrVG); *Fitting* § 79 BetrVG Rn. 39 und wohl auch GK BetrVG/*Oetker* § 79 BetrVG Rn. 30 (aus Arbeitsvertrag).

255 DKW/*Buschmann* § 79 BetrVG Rn. 17; wohl auch HaKo/*Lorenz* § 79 BetrVG Rn. 11, 14.

256 So *Simitis/Kreuder* NZA **1992** 1009, 1012.

257 Zutreffend *Preis/Seiwerth* RdA **2019** 351, 352 als Fazit des ausführlich begründeten Vergleichs der beiden Geschäftsgeheimnisbegriffe nach dem Umsetzungsgesetz und des § 79 BetrVG in der Rechtsprechung des BAG.

258 Hierzu ausführlich *Preis*/Seiwerth RdA **2019** 351, 352ff.; *Holthausen* NZA **2019** 1377, 1378f.; zum Diskussionsstand des Begriffs „Angemessenheit“ vgl. *Weigert* NZA **2020** 209ff.

259 Zu dieser tatbestandlichen Voraussetzung des neuen Begriffs des Geschäftsgeheimnisses vgl. auch *Fuhlrott* ArbRAktuell **2020** 79.

260 So *Weigert* NZA **2020** 209.

261 Schaub/*Linck* § 53 Rn. 48; *Schmitt* RdA **2017**, 369.

262 Vgl. zu entsprechenden Korrekturen bei der Auslegung des § 79 BetrVG über „das Vehikel“ einer unionsrechtskonformen Auslegung GK BetrVG/*Oetker* § 79 BetrVG Rn. 7.

Geschäftsgeheimnisbegriff nach Maßgabe des § 2 Nr. 1 des Gesetzes (ungeachtet seiner beschränkten Geltung nach § 2 Eingangssatz: „im Sinne dieses Gesetzes") unter dem Gesichtspunkt eines ansonsten entstehenden ungerechtfertigten Eingriffs in Art. 3 Abs. 1 GG angepasst werden.[263] Zur Rechtfertigung der Ungleichbehandlung wäre kein sachlicher Grund ersichtlich, „warum gerade der Betriebsrat im Rahmen des § 79 BetrVG ... dadurch strenger behandelt würde als alle anderen, die mit geheimen Informationen in Berührung kommen, weil nur bei ihnen für den Schutz von Geschäftsgeheimnissen angemessene Maßnahmen zur Geheimhaltung durch den Geheimnisinhaber *nicht* erforderlich sind".[264]

141 **2. Berechtigtes Interesse an der Geheimhaltung.** Das vor der Umsetzung der Richtlinie (EU) 2016/943 umstrittene,[265] aber zugleich auch für Umfang und Grenzen des Schutzes der individuellen Rechte der ein Geschäftsgeheimnis offenbarenden Arbeitnehmer sowie der kollektiven Rechte der das Geschäftsgeheimnis erlangenden Arbeitnehmervertretungen für – insbesondere – deren Nutzung (Verwertung) **wichtigste Kriterium des Geschäftsgeheimnisbegriffes** ist das des objektiv[266] legitimen bzw. berechtigten Geheimhaltungsinteresses. Die Richtlinie (EU) 2016/943 und nach Änderungen im Gesetzgebungsverfahren auch das Umsetzungsgesetz lassen keinen Zweifel daran, dass der Schutz von Geschäftsgeheimnissen vom Vorliegen eines objektiven „berechtigten" Geheimhaltungsinteresses abhängig gemacht werden muss; dies gilt sowohl für die nach §§ 241 Abs. 2, 242 BGB für den einzelnen Arbeitnehmer (individualrechtlich) angenommene Verschwiegenheitspflicht, als auch im Rahmen der kollektivrechtlichen Verschwiegenheitspflicht nach § 79 BetrVG in der Auslegung durch die bundesarbeitsgerichtliche Rechtsprechung (vgl. auch Rn. 99f. zu entsprechenden Folgerungen aus der unterschiedlichen Regelungssystematik von RL und Umsetzungsgesetz).

142 Zuvor hatte bereits der europäische Gesetzgeber in Art. 6 der Richtlinie 2002/14/EG[267] die Weitergabe ausdrücklich als vertraulich mitgeteilter Informationen an Arbeitnehmer oder Dritte an das Kriterium gebunden, dass diese Weitergabe „im berechtigten Interesse der Unternehmen oder Betriebe" erfolgt. Die Richtlinie 2002/14/EG[268] verpflichtet die Mitgliedstaaten dazu, durch geeignete Rechtsvorschriften dafür zu sorgen, dass es in allen Betrieben ab 20 Arbeitnehmern oder in allen Unternehmen ab 50 Arbeitnehmern Arbeitnehmervertretungen gibt, die vom Arbeitgeber über soziale und wirtschaftliche Angelegenheiten informiert werden und ihre Meinung äußern können (vgl. zu dieser RL die Kommentierung zu § 3

---

263 Franzen/Gallner/Oetker/*Schubert* RL 2016/943/EU Art. 2 Rn. 6; zustimmend *Preis/Seiwerth* RdA **2019** 351, 353; **a. A.** BeckOK GeschGehG/*Fuhlrott* § 3 GeschGehG Rn. 26; *Oltmanns/Fuhlrott* NZA **2019** 1384, 1387; wohl auch *Schmitt* NZA-Beilage 3/**2020** (zu Heft 18/**2020**) 53.

264 So *Preis/Seiwerth* RdA **2019** 351, 353; zustimmend EuArbR/*Schubert* RL 2016/943/EU Art. 2 Rn. 6.

265 Einerseits etwa *Oetker* ZESAR **2017** 257, 259, der aus der Befürchtung einer Auflockerung des Geheimnisschutzes für Unternehmen das Erfordernis eines objektiven berechtigten Interesses abgelehnt hatte, andererseits (zum Referentenentwurf) *Karthaus* NZA **2018** 1180, 1183 und *Böning/Heidfeld* AuR **2018** 555, 556, die mangels klarer Verankerung des objektiven berechtigten Geheimhaltungsinteresses im Gesetzentwurf eine – arbeitgeberseitig subjektiv determinierte – ausufernde Handhabung von Verschwiegenheitsverpflichtungen und Verschlechterung der Rechtsstellung für Arbeitnehmer und Interessenvertreter befürchteten.

266 Vgl. Schaub/*Linck* § 53 Rn. 51, wonach das berechtigte geschäftliche Interesse objektiv zu beurteilen ist.

267 RL 2002/14/EG des Europäischen Parlaments und des Rates vom 11.3.2002 zur Festlegung eines allgemeinen Rahmens für die Unterrichtung und Anhörung der Arbeitnehmer in der Europäischen Gemeinschaft, ABl. L 80 vom 23.3.2002, S. 32.

268 RL 2002/14/EG des Europäischen Parlaments und des Rates vom 11.3.2002 zur Festlegung eines allgemeinen Rahmens für die Unterrichtung und Anhörung der Arbeitnehmer in der Europäischen Gemeinschaft, ABl. L 80 vom 23.3.2002, S. 29.

Abs. 1 Nr. 3 Rn. 77). Nach Auffassung der Bundesregierung wurde diese Richtlinie mit den Regelungen des (zuvor bereits bestandenen) BetrVG in deutsches Recht umgesetzt; tatsächlich ist in Deutschland bislang keine explizite Umsetzung dieser Richtlinie Recht erfolgt.[269]

Auch die **Richtlinie 2009/38/EG**[270] (vgl. hierzu Kommentierung zu § 3 Abs. 1 Nr. 3 Rn. 78) über die Einrichtung eines Europäischen Betriebsrats sieht im Zusammenhang mit dem Umfang „vertraulicher Informationen" in **Art. 8 Abs. 2** vor (Hervorhebung durch den Autor), „...dass die in seinem Hoheitsgebiet ansässige zentrale Leitung in besonderen Fällen und unter den in den einzelstaatlichen Rechtsvorschriften festgelegten Bedingungen und Beschränkungen Informationen nicht weiterleiten muss, wenn diese die Arbeitsweise der betroffenen Unternehmen **nach objektiven Kriterien** erheblich beeinträchtigen oder ihnen schaden könnten." **143**

Aus diesen Beispielen lässt sich entnehmen, dass es bereits vor der Richtlinie (EU) 2016/943 zu den **allgemeinen Grundsätzen des Unionsrechts** gehört hat, den Geheimnisschutz in den arbeitsrechtlichen Richtlinien (Weitergabe vertraulicher Informationen an Arbeitnehmer und ihre Vertretungen) an das Kriterium eines objektiven „berechtigten Interesses" des Unternehmens zu binden, um willkürliche Unterrichtungsdefizite der Arbeitnehmer bzw. Arbeitnehmervertretungen durch den Arbeitgeber (Management bzw. „zentrale Leitung") zu unterbinden. **144**

Bereits in der dem Umsetzungsgesetz zugrundeliegenden Richtlinie (EU) 2016/943 bestimmt Erwägungsgrund 14 die Beschaffenheit einer „homogenen Definition" des Geschäftsgeheimnisses dahingehend, „...dass sie Know-how, Geschäftsinformationen und technologische Informationen abdeckt, bei denen sowohl ein legitimes Interesse an ihrer Geheimhaltung besteht als auch die legitime Erwartung, dass diese Vertraulichkeit gewahrt wird." Der Gesetzentwurf der Bundesregierung nahm dieses zusätzliche Kriterium des „legitimen Interesses" unter Zugrundelegung der Begriffsbestimmung des „Geschäftsgeheimnis" in Art. 2 Nr. 1 lit. a) bis c) lediglich in den Begründungsteil des Gesetzes auf[271], um – mit Blick auf das Verhältnis von Erwägungsgründen und normativem Teil einer Richtlinie nach der Rechtsprechung des EuGH – **keine Abweichung vom Wortlaut der Legaldefinition in Art. 2 der Richtlinie** vorzunehmen. Denn nach der ständigen Rechtsprechung des EuGH sind die Erwägungsgründe einer Richtlinie nicht verbindlich,[272] können jedoch zur teleologischen Auslegung einer RL-Bestimmung herangezogen werden, wenn sie von dieser nicht abweichen und in einem Sinne ausgelegt werden, der ihrem **Wortlaut** nicht entspricht.[273] Der RL ist zu entnehmen, dass sie erkennbar Wert darauf legt, dass sich der Geheimnisschutz **145**

---

269 So auch HaKo/*Kothe/Schulze-Doll* RL 2002/14/EG Rn. 3, 17 ff., 29 mit Hinweisen zu Umsetzungserfordernissen und richtlinienkonformer Auslegung des BetrVG.

270 RL 2009/38/EG des Europäischen Parlaments und des Rates vom 6.5.2009 über die Einsetzung eines Europäischen Betriebsrats oder die Schaffung eines Verfahrens zur Unterrichtung und Anhörung der Arbeitnehmer in gemeinschaftsweit operierenden Unternehmen und Unternehmensgruppen, ABl. L 122 vom 16.5.2009, S. 28.

271 BTDrucks. 19/4724 S. 24 (zu § 2 Nr. 1 der Begriffsbestimmungen).

272 Vgl. die Rechtsprechung des EuGH zur grundsätzlich fehlenden rechtlichen Bindungswirkung der Erwägungsgründe: EuGH 19.6.2014, Rs. C-345/13, ECLI:EU:C:2014:2013 – Karen Millen Fashions, Rn. 31; zuletzt: EuGH 13.9.2018 C-287/17, ECLI:EU:2018:707 (Ceska pojistovna a.s./WCZ, spol. S r. o.), Rn. 33; s. auch: EuGH 24.11.2005 C-136/04, ECLI:EU:C:2005:716 – Deutsches Milchkontor, Rn. 32; andererseits fordert der EuGH zur Gewährleistung der vollen Anwendung der RL bei Betroffenheit subjektiver Rechte bestimmte, klare und transparente Rechtsvorschriften für die Rechtsdurchsetzung: EuGH 15.6.1995 ECLI:EU:C:1995:190 (Kommission/Luxemburg) Rn. 10; ferner EuGH 30.5.1991 ECLI:EU:C:1991:224 (Kommission/Deutschland) Rn. 15; EuGH 18.1.2001 ECLI:EU:C:2001:35 (Kommission/Italien) Rn. 22; EuGH 18.12.2008 ECLI:EU:C:2008:740 (Kommission/Spanien) Rn. 54, wodurch ein Verstoß gegen das Transparenzgebot bei der RL-Umsetzung fraglich ist: hierzu *Preis/Seiwerth* RdA **2019** 351, 353 f.

273 EuGH 19.6.2014 C-345/13, ECLI:EU:C:2014:2013 – *Karen Millen Fashions.*

in die bestehende Rechtsordnung einfügt, wodurch es methodisch zulässig ist, die entsprechenden Erwägungsgründe (14 und 20) bei der Auslegung von Art. 2 Nr. 1 zu berücksichtigen.[274] In der Gesetzesbegründung zu § 2 Nr. 1 der Begriffsbestimmungen wird – daher wohl – im Anschluss an die Wiedergabe der o.g. Ausführungen in Art. 14 der Richtlinie darauf hingewiesen, dass dies [d. h., das legitime Interesse an der Geheimhaltung und der Geheimhaltungserwartung] im Einklang mit der **bisherigen Rechtsprechung zum Begriff des Geschäftsgeheimnisses** steht. Danach sind solche Informationen geschützt, an deren Nichtverbreitung der Rechtsträger ein **berechtigtes Interesse** hat.[275]

146 Im Gesetzgebungsprozess wurde sodann auf die Kritik und Verunsicherung im Hinblick auf eine durch das Umsetzungsgesetz tatsächlich unveränderte Rechtsstellung[276] der Arbeitnehmer und ihrer Vertretungen, insbesondere in der Expertenanhörung vor dem Ausschusses für Recht und Verbraucherschutz, reagiert[277] und als lit. c) der Begriffsbestimmung des § 2 Nr. 1 das Kriterium eines „berechtigten Interesses an der Geheimhaltung" wie folgt im Änderungsantrag der Koalitionsfraktionen vom 6.3.2019[278] ergänzt und im Bericht des Ausschusses für Recht und Verbraucherschutz vom 13.3.2019 als Empfehlung für die Abstimmung im Bundestag beschlossen[279]: „Die Änderung folgt der Vorgabe aus den Erwägungsgründen 14 der Richtlinie, wonach...." (s. o.) ... „Mit der Aufnahme des ‚berechtigten Interesses' in die Definitionsmerkmale des Geschäftsgeheimnisbegriffes soll zudem der Rechtsprechung des Bundesverfassungsgerichtes Rechnung getragen werden."[280] Mit dieser Ergänzung wurde vom Gesetzgeber des Umsetzungsgesetzes klargestellt, dass das (objektive) „berechtigte Interesse" als Teil des Geschäftsgeheimnisbegriffes nach § 2 Nr. 1 lit. c) Voraussetzung für die Anerkennung als Geschäftsgeheimnis im Sinne des Geschäftsgeheimnisbegriffes ist.[281] Letztlich führen die verschiedenen Auffassungen von der Richtlinienkonformität[282] der tatbestandlichen Bindung des Geschäftsgeheimnisbegriffes an das berechtigte Interesse für arbeitsrechtliche Sachverhalte in den maßgeblichen Konstellationen nicht zu unterschiedlichen Ergebnissen.[283]

147 Aufgrund des (objektiven) „berechtigten Interesses" als Teil des Geschäftsgeheimnisbegriffes können **Informationen über ein rechtswidriges oder verbotenes Verhalten** (Beispiele: Herstellung einer Software zur Manipulationen von Abgaswerten, aber auch gesetz- oder tarifwidrige Vorgänge, wie Steuerdelikte oder Vorenthalten und Veruntreuen von Arbeitsentgelt), bereits tatbestandlich nicht in den Geheimnisschutz durch § 79 BetrVG

---

274 So zutreffend *Schmitt* NZA-Beilage 3/**2020** (zu Heft 18/**2020**) 53.

275 BTDrucks. 19/4724 S. 24.

276 Eine im Wesentlichen unveränderte Rechtsstellung von Arbeitnehmern und Arbeitnehmervertretern nach dem GeschGehG gegenüber der bisherigen Rechtslage, insbesondere nach § 79 BetrVG, konstatieren *Bissels/Ziegelmayer/Schroeders* DB **2016** 2295; DKW/*Buschmann* § 79 BetrVG Rn. 6; *Fitting* § 79 BetrVG Rn. 3a m. w. N.

277 Zu den Gründen der „Nachjustierung" des GE vgl. BTDrucks. 19/8300 S. 13.

278 Ausschussdrucks. 19(11)263, S. 2 (Begründung).

279 BTDrucks. 19/8300 S. 13 f. (zu Nummer 3: Ergänzung in § 2 Nummer 1 Buchstabe c).

280 Zur insoweit mutmaßlichen Rechtsprechung des BVerfG vgl. *Preis/Seiwerth* RdA **2019** 351, 356.

281 So wohl auch DKW/*Buschmann* § 79 BetrVG Rn. 6b.

282 Zum Meinungsstand vgl. *Schmitt* NZA-Beilage 3/**2020** (zu Heft 18/**2020**) 52 Fn. 61, die ebenfalls zu dem Ergebnis kommt, dass § 2 Abs. 1 lit. c) GeschGehG unionsrechtskonform ist: *Schmitt* NZA-Beilage 3/**2020** (zu Heft 18/**2020**) 53.

283 Zutreffend *Preis/Seiwerth* RdA **2019** 351, 355, ob als Teil des Geschäftsgeheimnisbegriffs in § 2 Nr. 1 lit. c), als Tatbestandsausnahme in § 5 oder als Wirksamkeitsbedingung für das Bestehen einer Verpflichtung zur Beschränkung der Nutzung oder Offenlegung des Geschäftsgeheimnisses nach § 4 Abs. 2 Nr. 2 und 3.

einbezogen werden.[284] Es fehlt dem Geheimnisträger bzw. Unternehmen insoweit am „berechtigten“ Interesse an der Geheimhaltung[285].

Hat der Arbeitgeber in diesem Sinne kein berechtigtes, wirtschaftliches, objektives Geheimhaltungsinteresse, genügt es auch nicht, wenn er (subjektiv) einseitig eine bestimmte Angelegenheit dazu erklärt,[286] arbeitsvertraglich definiert/fingiert[287] oder entsprechende Vereinbarungen mit seinen Arbeitnehmern[288] oder mit der Arbeitnehmervertretung[289] darüber abschließt. Mangels (vollständiger) Erfüllung des Tatbestandes des § 79 BetrVG erweitern willkürliche Versuche, eine „vertrauliche Mitteilung“ zum Geschäftsgeheimnis zu machen, den gesetzlichen Geschäftsgeheimnisbegriff nicht und bleiben im rechtlichen Sinne unverbindlich.[290] 148

Daher sind sowohl eine arbeitsvertragliche Verschwiegenheitserklärung, als auch eine Verschwiegenheitsvereinbarung mit den Mitgliedern einer Arbeitnehmervertretung nur insoweit zulässig, als die Geheimhaltung durch berechtigte betriebliche Interessen gedeckt ist, ansonsten unwirksam.[291] 149

Für die arbeitsrechtliche Praxis bedeutsam ist schließlich, dass bereits in der Begründung zum Gesetzentwurf zur – damals noch – „Rechtfertigung“ der Erlangung, Nutzung oder Offenlegung hinsichtlich der in § 5 enthaltenen Fallgruppen (wenn diese zum Schutz eines berechtigten Interesses erfolgt) zum Tatbestand des „berechtigten Interesses“ erläuternd weiter ausgeführt wird (Hervorhebung vom Autor): „Berechtigtes Interesse kann **jedes von der Rechtsordnung gebilligte Interesse** sein. Es umfasst auch Interessen wirtschaftlicher oder ideeller Art, wenn diese von der Rechtsordnung gebilligt werden. In Betracht kommen sowohl eigene Interessen wie die Durchsetzung von Ansprüchen oder Abwehr von Beeinträchtigungen wie auch die **Verfolgung legitimer Gruppeninteressen**, zum Beispiel wenn die Arbeitnehmervertretung über einen **bevorstehenden Personalabbau** unterrichtet.[292] Daher sind bei Wertungsfragen, wie etwa zur Berechtigung einer Offenlegung von Informationen des Arbeitgebers über Personalabbaupläne, (Teil-)Stilllegungen etc. durch den Betriebsrat gegenüber den Arbeitnehmern (vgl. ausführlich Rn. 138), die **berechtigten Belegschaftsinteressen** zu berücksichtigen, zumal gegenüber den Arbeitnehmern kein Konkurrenz- oder Wettbewerbsverhältnis besteht.[293] 150

Arbeitsrechtlich abzugrenzen von den Schweigepflichten des Betriebsrats oder seiner Mitglieder über (Betriebs- und) Geschäftsgeheimnisse nach Maßgabe des § 79 BetrVG sind 151

---

284 LAG Köln 21.1.2008 AuR **2008** 277; DKW/*Buschmann* § 79 BetrVG Rn. 9; *Fitting* § 79 BetrVG Rn. 3b; HaKo/*Lorenz* § 79 BetrVG Rn. 12; ErfK/*Kania* § 79 BetrVG Rn. 6; Schaub/*Linck* § 53 Rn. 51; *Preis/Seiwerth* RdA **2019** 351, 355, 359ff.; *Böning* AiB Heft 9/**2019**, 28; EUArbR/*Schubert* Art. 2 RL 2016/943/EU Rn. 20; *Hauck* WPR **2018** 1032, 1033f.; *Schmitt* RdA **2017** 365, 369; *Schnabel* CR **2016** 347; ebenso *Schmitt* NZA-Beilage 3/**2020** (zu Heft 18/**2020**) 52 und 53.

285 Durch die Aufnahme der lit. c) in § 2 Nr. 1 in das deutsche Umsetzungsgesetz ist die gegenteilige Auffassung von *Oetker* RdA **2017** 257, 261f., zur RL-Auslegung obsolet.

286 Richardi/*Thüsing* § 79 BetrVG Rn. 5; GK BetrVG/*Oetker* § 79 BetrVG Rn. 13; so bereits BGH 5.6.1975 BGHZ **64** 325.

287 *Preis/Seiwerth* RdA **2019** 351, 356f.

288 Vgl. zur Unwirksamkeit von sogenannten „Catch-All-Klauseln“ und den Anforderungen an wirksame Verschwiegenheitsklauseln unter Beachtung des Transparenzgebotes und des Angemessenheitserfordernisses der AGB-Kontolle: *Holthausen* NZA **2019,** 1380, 1382f.; *Greßlin/Römermann* BB **2016** 1464.

289 LAG Frankfurt 20.3.2017 AuR **201** 413; LAG Hamm 22.7.2011 AE **2011** 244.

290 DKW/*Buschmann* § 79 BetrVG Rn. 7; *Fitting* § 79 BetrVG Rn. 3.

291 LAG Hamm 20.3.2017 AuR **2017** 413 (Verschwiegenheitsvereinbarung mit Betriebsratsmitgliedern); LAG Rheinland-Pfalz 21.2.2013 BB **2013** 1844 (vertragliche Verschwiegenheitsvereinbarung); DKW/*Buschmann*, § 79 BetrVG Rn. 7 und 45; *Holthausen* NZA **2019** 13780; *Lange/Schlegel* ArbRAktuell **2015** 598.

292 BTDrucks. 19/4724 S. 28.

293 Zutreffend DKW/*Buschmann* § 79 BetrVG Rn. 8a.

weitere betriebsverfassungsverfassungsrechtliche, arbeitsvertragliche, wettbewerbsrechtliche und (personal-)datenschutzrechtliche[294] Schweigepflichten, die ebenfalls im Betriebsablauf entstehen.[295] Wesentliche arbeitsrechtliche Verschwiegenheitspflichten zugunsten von Arbeitnehmern, über die der Betriebsrat bei seiner Tätigkeit Informationen erlangt, betreffen „persönliche Geheimnisse" von Arbeitnehmern (oder Bewerbern), die daher nicht von § 79 BetrVG erfasst sind. Vielmehr ergibt sich die Schweigepflicht aus §§ 82 Abs. 2 Satz 3, 83 Abs. 1 Satz 3 BetrVG und insbesondere – im Zusammenhang mit personellen Einzelmaßnahmen und Kündigungen – aus § 99 Abs. 1 Satz 3 und § 102 Abs. 2 Satz 5 BetrVG.[296] Insoweit unterliegen Verletzungen einer diesbezüglichen Verschwiegenheitspflicht auch (gesondert) der Strafandrohung nach § 120 Abs. 2 BetrVG.

152 **3. Offenlegung zur Aufgabenerfüllung der Arbeitnehmervertretung.** § 5 Nr. 3 bestimmt als ein Regelbeispiel für eine Tatbestandsausnahme von den Handlungsverboten des § 4 weiter, dass die Erlangung, Nutzung und Offenlegung eines Geschäftsgeheimnisses zum Schutz eines berechtigten Interesses erfolgt, wenn dies im Rahmen der Offenlegung durch Arbeitnehmer gegenüber der Arbeitnehmervertretung erforderlich ist, damit die Arbeitnehmervertretung ihre Aufgaben erfüllen kann. Die **Offenlegung** muss danach für die **Aufgabenerfüllung erforderlich** sein, privilegiert und vom Verbot ausgenommen sind durch § 5 Nr. 3 aber **alle** Verletzungshandlungen nach § 4.[297]

153 Anlässe für die Erlangung eines Geschäftsgeheimnisses durch den Arbeitnehmer zur Offenbarung gegenüber der Arbeitnehmervertretung sind vielfältig: Die Erlangung kann sich zum einen beispielsweise aus der Verrichtung der eigenen arbeitsvertraglichen bzw. betrieblichen Tätigkeit in Produktion oder Dienstleistung ergeben. Zum anderen kann der Arbeitnehmer aber auch Geschäftsgeheimnisse in der Betriebsversammlung, etwa im Rahmen des Berichts des Arbeitgebers nach § 43 Abs. 2 Satz 2 BetrVG, oder dessen (verpflichtende) Unterrichtung der Arbeitnehmer über die wirtschaftliche Lage und Entwicklung des Unternehmens gemäß § 110 BetrVG erfahren haben[298] (wobei diese Berichterstattungen gleichsam in Anwesenheit des Betriebsrats stattfinden, so dass dieser ebenfalls Kenntnis erlangt). Wenn der Arbeitgeber auf die Geheimhaltung ausdrücklich hingewiesen hat, hat der Arbeitnehmer – vorausgesetzt, es handelt sich tatsächlich um ein Geschäftsgeheimnis – darüber grundsätzlich Stillschweigen zu bewahren. Dies gilt nach § 79 BetrVG gleichsam für die Mitglieder des Betriebsrats, wenn ihnen das ausdrücklich vom Arbeitgeber als geheimhaltungsbedürftig bezeichnete Geheimnis in ihrer Amtsträgereigenschaft mitgeteilt worden ist, da das unbefugte Offenbaren gemäß § 120 Abs. 1 BetrVG oder unbefugte Verwerten gemäß § 120 Abs. 3 BetrVG strafbar wäre.[299]

154 Die Untersagung einer Offenbarung und Verwertung der geheimhaltungsbedürftigen Tatsachen bezieht sich jedoch nicht darauf, dass der Betriebsrat Schlussfolgerungen und Bewertungen aus den Tatsachen zieht und diese veröffentlicht, wenn die Auswertung der Geschäftsgeheimnisse im Rahmen seiner Aufgabenerfüllung liegt.[300] Dies gilt gleichsam, soweit die Information des Arbeitnehmers gemäß § 5 Nr. 3 zur Wahrnehmung der Auf-

294 Zum Datengeheimnis nach § 53 BDSG vgl. *Holthausen* NZA **2019** 1381 f.
295 Vgl. hierzu i.E. DKW/*Buschmann* § 79 BetrVG Rn. 3.
296 Vgl. *Fitting* § 79 BetrVG Rn. 32; DKW/*Buschmann* § 79 BetrVG Rn. 40 f.; ErfK/*Kania* § 79 BetrVG Rn. 15; Staak/*Sparchholz* AiB H. 11/**2014** 45.
297 BTDrucks. 19/4724 S. 29; zutreffend Köhler/Bornkamm/Feddersen/*Alexander* § 5 GeschGehG Rn. 52.
298 Vgl. zu den Beispielen *Fitting* § 42 BetrVG Rn. 51.
299 *Fitting* § 120 BetrVG Rn. 2 f.; DKW/*Buschmann* § 79 BetrVG Rn. 22.
300 DKW/*Buschmann* § 79 BetrVG Rn. 23.

gaben des Betriebsrats erforderlich ist; in diesem Fall kann der Betriebsrat das erlangte Geschäftsgeheimnis auch nutzen.[301]

a) Aufgaben der Arbeitnehmervertretung. Auch die Aufgaben der Arbeitnehmervertretung, beispielhaft des Betriebsrats, sind vielfältig. Die Aufgaben des Betriebsrats, auf deren Wahrnehmung er nicht verzichten kann,[302] ergeben sich nicht nur als – allerdings „umfassende" – „allgemeine Aufgaben" aus § 80 Abs. 1 BetrVG (etwa nach Nr. 1 der 11 katalogartig aufgelisteten Pflichten, wonach es die Aufgabe des Betriebsrats ist, die Durchführung der zugunsten der Arbeitnehmer geltenden Gesetze, Verordnungen, Tarifverträge und Betriebsvereinbarungen zu überwachen). Sie ergeben sich auch aus einer Vielzahl gesetzlicher Bestimmungen außerhalb des BetrVG.[303] Obwohl sie einerseits unabhängig davon ausgestaltet sind, sind sie im Betriebsverfassungsgesetz andererseits (insbesondere als Grundlage für deren Ausübung) **verknüpft** mit den **speziellen Befugnissen** im jeweiligen sozialen, personellen oder wirtschaftlichen Bereich.[304] Hierzu zählen **insbesondere** und beispielhaft die Mitwirkung und ggf. Mitbestimmung in sozialen Angelegenheiten (insbesondere nach § 87 BetrVG), im Arbeits- und betrieblichem Umweltschutz (§ 89 BetrVG), in personellen Angelegenheiten (§§ 99 ff., 102 BetrVG), einschließlich der Beschäftigungssicherung (§ 92a BetrVG), in der Berufsbildung (§§ 96 ff. BetrVG) und schließlich in wirtschaftlichen Angelegenheiten, insbesondere bzgl. Betriebsänderungen mit Interessenausgleich- und Sozialplanregelungen (§§ 111 ff. BetrVG). Auch die Behandlung von Beschwerden (§§ 84, 85 BetrVG) durch Arbeitnehmer in einem institutionalisierten Verfahren gehört in den Kontext, in dem einerseits Geschäftsgeheimnisse an den Betriebsrat gelangen können.[305] Solche Beschwerden werden häufig wegen individueller Benachteiligung, ungerechter Behandlung oder Beeinträchtigung einzelner Arbeitnehmer, aber auch über allgemeine Missstände bis hin zum „Whistleblowing" erhoben.[306] Das Beschwerdemanagement hat andererseits aber auch einen Bezug zu der Aufgabe des Betriebsrats nach § 80 Abs. 1 Nr. 3 BetrVG. Danach hat der Betriebsrat Anregungen von u. a. Arbeitnehmern entgegenzunehmen und ggf. durch Verhandlungen mit dem Arbeitgeber auf eine Erledigung hinzuwirken. 155

Gleichsam hat der Arbeitgeber den Betriebsrat über alle diese Angelegenheiten und „zur Durchführung seiner Aufgaben nach dem Gesetz" (BetrVG) gemäß § 80 Abs. 2 BetrVG rechtzeitig und umfassend zu unterrichten, soweit die genannten Normen über betriebsverfassungsrechtliche Angelegenheiten nicht ohnehin Gegenstand eigenständiger – spezieller – **Informations-, Auskunfts- und Beratungsansprüche** sind (vgl. zu diesem Tatbestand auch § 3 Abs. 1 Nr. 3). 156

b) Bezug der Offenlegung eines Geschäftsgeheimnisses zur Aufgabenerfüllung der Arbeitnehmervertretung. Wenn die Offenlegung durch Arbeitnehmer erforderlich sein soll, damit die Arbeitnehmervertretung ihre Aufgaben erfüllen kann, kommt es auf einen Bezug bzw. Zusammenhang zwischen der Offenlegung durch den offenbarenden Arbeitnehmer zu der Aufgabenerfüllung der Arbeitnehmervertretung an. Ein solcher Bezug lässt sich **beispielhaft für das Betriebsverfassungsrecht** wie folgt erläutern: Im Regierungsentwurf werden „Herstellungsverfahren" ausdrücklich als mögliche Geschäfts- 157

301 *Fitting* § 80 BetrVG Rn. 83.
302 BAG 16.11.2008 NZA **2008** 1078; ebenso wenig auf die Ausübung seiner Mitbestimmungsrechte: vgl. *Fitting* § 87 BetrVG Rn. 3.
303 *Fitting* § 80 BetrVG Rn. 4 m. w. N.
304 DKW/*Buschmann* § 80 BetrVG Rn. 1.
305 *Reinfeld* § 3 Rn. 50.
306 *Buschmann* § 84 BetrVG Rn. 4, 15, 20.

geheimnisse aufgeführt.[307] Insbesondere die (geplante) **Einführung oder Änderung eines Herstellungs- oder Fertigungsverfahrens** hat als wirtschaftliche Entscheidung aber zugleich auch Auswirkungen auf die soziale und personelle Interessenlage der Arbeitnehmer und ihrer Vertreter, kann sie doch zu einer Änderung der Arbeitsbedingungen, Versetzungen, Entlassungen (Kündigungen) o.ä. führen. Insoweit ist insbesondere für den Betriebsrat von großem Interesse, frühzeitig Kenntnis über diesbezügliche „Geschäftsstrategien" zu erhalten, um seine Aufgaben nach dem Betriebsverfassungsgesetz erfüllen zu können. Denn die **Förderung und Sicherung der Beschäftigung im Betrieb** gehört nicht nur zu seinen allgemeinen Aufgaben (§ 80 Abs. 1 Nr. 8 BetrVG). Der BR hat darauf bezogen weitergehende spezielle Befugnisse u.a. nach Maßgabe der Mitwirkungs- und Mitbestimmungsrechte gemäß §§ 92, 92a BetrVG (Personalplanung, Beschäftigungssicherung), §§ 99, 102 BetrVG (personelle Einzelmaßnahmen, Kündigungen) und insbesondere nach § 111 Satz 3 Nr. 5 BetrVG, weil die **Einführung grundlegend neuer Arbeitsmethoden und Fertigungsverfahren** einen Tatbestand einer Betriebsänderung darstellt, der **interessenausgleichs- und sozialplanpflichtig** ist. Zwar sind dem Arbeitgeber entsprechende – rechtzeitig und umfassend zu erfolgende – Unterrichtungs- und Beratungspflichten gesetzlich auferlegt (vgl. etwa § 80 Abs. 2 Satz 1, §§ 92 Abs. 1 Satz 1, § 92a Abs. 2 Satz 1, §§ 99 Abs. 1 Satz 1, § 102 Sätze 1 und 2, § 111 Satz 1 BetrVG). Kommt er diesen Pflichten jedoch nicht nach, ist es naheliegend, dass das Geheimnis von einem mit diesen Vorgängen betrieblich vertrauten Arbeitnehmer durch entsprechende Offenbarung an den Betriebsrat gelangt. Zwar begründet diese im Wettbewerb für den Arbeitgeber sensible Information über die Einführung oder Änderung eines Herstellungs- bzw. Fertigungsverfahren eine Verschwiegenheitspflicht für den einzelnen Arbeitnehmer aus §§ 241 Abs. 2, 242 BGB oder aus einer gesonderten vertraglichen Vereinbarung in Bezug auf eine Nichtnutzung oder Nichtoffenlegung. Dennoch ist die Erlangung, Nutzung und Offenlegung dieses Geschäftsgeheimnisses zum Schutz eines berechtigten Interesses nach § 5 Nr. 3 „gerechtfertigt" (genauer: erfüllt sie keinen Verbotstatbestand gemäß § 4), wenn die vorliegend mit der Aufgabenerfüllung durch die Arbeitnehmervertretung in Zusammenhang stehende Offenlegung durch den Arbeitnehmer nach Sinn und Zweck des § 5 Nr. 3 erforderlich ist.

158 **c) Erforderlichkeit.** § 5 Nr. 3 bindet die tatbestandlich als Ausnahme von § 4 gerechtfertigte rechtsverletzende Handlung durch den offenbarenden Arbeitnehmer an die **Erforderlichkeit** für die Aufgabenerfüllung der Arbeitnehmervertretung. Da die Regelung nach der Gesetzesbegründung (u.a.) dem Schutz von Arbeitnehmern dienen soll, die sich mit einem Geschäftsgeheimnis an die Arbeitnehmervertretung wenden, überrascht dieser Begriff, der eine diesbezügliche Verhältnismäßigkeitsprüfung in Bezug auf den jeweiligen Einzelfall unterstellt und nach deren Ergebnis eine Fehleinschätzung des Arbeitnehmers schwerwiegende arbeitsrechtliche Konsequenzen[308] zur Folge haben kann (vgl. hierzu Rn. 165).[309] Die Gesetzesbegründung formuliert hierzu (Hervorhebung durch den Autor): „Daher privilegiert Nummer 3 die Erlangung, die Nutzung oder die Offenlegung eines Geschäftsgeheimnisses im Rahmen der Offenlegung gegenüber der Arbeitnehmervertretung, soweit die Offenlegung **aus Sicht des Arbeitnehmers** erforderlich ist, damit die Arbeitnehmervertretung ihre Aufgaben erfüllen kann".[310] Mit dieser Erläuterung durch den Ge-

---

307 BTDrucks. 19/4724 S. 24 (zu § 2 Nr. 1 lit a); *Reinfeld* § 1 Rn. 168.
308 Zu möglichen Sanktionen vgl. *Fuhlrott* ArbRAktuell **2020** 80.
309 Fragend ob der unzureichenden Erläuterung des deutschen Gesetzgebers zu diesem Begriff auch *Naber/Peukert*/Seeger NZA **2019** 583, 587.
310 BTDrucks. 19/4724 S. 29.

setzgeber wird das Merkmal der „Erforderlichkeit" der subjektiven Einschätzung des mit der Interessenvertretung Kontakt aufnehmenden Arbeitnehmers überlassen. Dass damit an diese tatbestandliche Voraussetzung vom Gesetzgeber keine hohen Anforderungen gestellt werden, erscheint zutreffend, zumal der einzelne Arbeitnehmer i. d. R. keine genaue Kenntnis von den gesetzlichen Aufgaben des Betriebsrats haben wird.[311] Dementsprechend geht die überwiegende Meinung im Schrifttum davon aus, dass die Anforderungen an die Erforderlichkeitsprüfung im Sinne der effektiven Wahrnehmung der Arbeitnehmerrechte nicht überspannt und den Arbeitnehmern **keine umfassende Verhältnismäßigkeitsprüfung** auferlegt werden sollte.[312]

Allerdings wird auch vertreten, dass trotz der Gesetzesbegründung, die für eine Be- 159
rücksichtigung auch **subjektiver Vorstellungen** des Arbeitnehmers spreche, der klare Wortlaut des Gesetzes und die bestehende arbeitsgerichtliche Rechtsprechung in anderen Konstellationen (etwa bei Fehleinschätzungen zum Vorliegen eines Leistungsverweigerungsrechts) die Heranziehung eines rein **objektiven Maßstabs** vorzugswürdig sei.[313] Diese Auffassung ist jedoch abzulehnen. Der eine vertrauliche Information bzw. ein Geschäftsgeheimnis offenbarende Arbeitnehmer hat häufig nicht nur geringe arbeitsrechtliche bzw. betriebsverfassungsrechtliche Kenntnisse, um die Frage der Erforderlichkeit seiner Information für die Aufgabenerfüllung der Arbeitnehmer zutreffend (objektiv) rechtlich beurteilen zu können, sondern er ist auch nicht Mitglied der Arbeitnehmervertretung (anderenfalls unterfiele er § 79 BetrVG). Deshalb kann er auch praktisch diese Frage (anders als die zur Ausübung eines individuellen Leistungsverweigerungsrechts) nicht aus eigener Wahrnehmung einschätzen. Eine restriktive Auslegung des Begriffs der Erforderlichkeit würde zudem den sich aus dem Gesamtzusammenhang der §§ 1 Abs. 3 Nr. 4, 3 Abs. 1 Nr. 3 und § 5 Nr. 3 ergebenden Gesetzeszweck[314] konterkarieren. Dieser besteht darin, die (ausnahmsweise auch) mit der Offenlegung eines Geschäftsgeheimnisses verbundene freie und ungehinderte Kommunikation zwischen den – legitime Gruppeninteressen verfolgenden – Arbeitnehmern und der ihre Beteiligungsrechte[315] wahrnehmenden Interessenvertretung zu schützen (vgl. hierzu oben Rn. 101).

Es wird auch – entgegen zu strengen Anforderungen an die Erforderlichkeit – ver- 160
treten, dass eine Erforderlichkeit stets dann schon zu bejahen ist, wenn die (rechtmäßige) Wahrnehmung der Arbeitnehmerrechte bzw. der Aufgabe durch die Arbeitnehmervertretung **ohne** das Erlangen, Nutzen oder Offenlegen des Geschäftsgeheimnisses **erschwert** würde"[316]. Auch diese Auffassung verkennt, dass es weder im Richtliniennoch im Gesetzestext im Zusammenhang mit dem Merkmal des „Erfordernisses" um die „Wahrnehmung" der Aufgaben der Arbeitnehmervertretung geht, sondern um deren „Aufgaben**erfüllung**" (als objektiver Begriff). Daraus ist – aus der Sicht des offenbarenden Arbeitnehmers – zu folgern, dass seine Offenlegung bereits dann „erforderlich" ist, wenn sie der Aufgabenerfüllung durch die Arbeitnehmervertretung **dienlich** ist. Dies ist regelmäßig dann der Fall, wenn die offenbarte vertrauliche Information – wiederum (subjektiv) aus der Sicht des Arbeitnehmers – einen **Bezug** zu den allgemeinen Auf-

311 Ebenso *Reinfeld* § 3 Rn. 50; *Böning/Heidfeld* AuR **2018** 555, 557.
312 So BeckOK UWG/*Wild* § 5 GeschGehG Rn. 29; Köhler/Bornkamm/Feddersen/*Alexander* § 5 GeschGehG Rn. 55; *Reinfeld* § 3 Rn. 50.
313 BeckOK GeschGehG/*Fuhlrott* § 5 GeschGehG Rn. 54.
314 Vgl. BTDrucks. 19/4724 S. 26, 28, 29.
315 Beschlussempfehlung und Bericht sprechen zum Anwendungsbereich des Gesetzes (Ergänzung des § 1 Abs. 3) von „weit" zu verstehenden Rechten der Arbeitnehmervertretung: BTDrucks. 19/8300 S. 13.
316 Köhler/Bornkamm/Feddersen/*Alexander* § 5 GeschGehG Rn. 55; BeckOK UWG/*Wild* § 5 GeschGehG Rn. 29.

gaben – und in der Folge zu den speziellen Befugnissen – der Arbeitnehmervertretung hat (vgl. zu diesem Zusammenhang für die Aufgabenerfüllung des Betriebsrats beispielhaft oben Rn. 157). Diese Auslegung erscheint zutreffend und vorzugswürdig, zumal die Entscheidung, **ob** die Arbeitnehmervertretung die vom Arbeitnehmer offenbarte Information nutzt, um ihre **Aufgaben** nach dem jeweiligen Vertretungsgesetz **wahrzunehmen** und ihre Unterrichtungs-, Beratungs- und Mitbestimmungsrechte einzufordern (was sie tun sollte), die Arbeitnehmervertretung in eigener autonomer Verantwortung trifft. Die **Arbeitnehmervertretung** hat insoweit einen **Beurteilungsspielraum**. Eine zuverlässige Einschätzung in Bezug auf die Aufgabenwahrnehmung durch die Arbeitnehmervertretung kann vom offenbarenden Arbeitnehmer daher nicht verlangt werden.

161 **4. Nutzung und Offenlegung durch die Arbeitnehmervertretung.** Hat die Arbeitnehmervertretung im Rahmen der Offenlegung durch einen Arbeitnehmer nach § 5 Nr. 3 Kenntnis von einem Geschäftsgeheimnis erlangt, ist sie in jedem Fall berechtigt, die geheimnisbezogenen Informationen von Arbeitnehmern – etwa gegenüber der eigenen Belegschaft in einer Betriebsversammlung – zu **nutzen** (vgl. hierzu Rn. 153f. und 162), da diese (tatbestandsbezogen) vom Handlungsverbot des § 4 gänzlich ausgenommen sind, soweit – wie zuvor erläutert – die Informationen zur **Erfüllung von Aufgaben der Arbeitnehmervertretung** (etwa des Betriebsrats) erforderlich ist.[317] Der Schweigepflicht nach § 79 BetrVG unterliegen allerdings Geschäftsgeheimnisse nur, die einem Mitglied einer Arbeitnehmervertretung in seiner **Mandatseigenschaft** von Arbeitgeberseite (auch durch dessen Repräsentanten) und **nicht von Dritten** bekannt geworden sind; haben Betriebsratsmitglieder u. a. wegen ihrer Organzugehörigkeit Kenntnis vom geheimhaltungsbedürftigen Gegenstand durch Dritte erhalten, unterliegen diese der Schweigepflicht erst, wenn der Arbeitgeber die Geheimhaltung ausdrücklich verlangt.[318] Im Beispielsfall (vgl. Rn. 157) fehlt es an diesem Hinweis des Arbeitgebers, der die betriebsverfassungsrechtliche Schweigepflicht erst begründet.[319] Das **Nichteingreifen der betriebsverfassungsrechtlichen Schweigepflicht** – und in der Folge des Nichteingreifens der strafrechtlichen Norm des § 120 Abs. 1 und 3 BetrVG in Bezug auf unbefugte Offenbarung und Verwertung – ist insoweit gewissermaßen das **Pendant für die Pflichtverletzung** des Arbeitgebers in Bezug auf die versäumte rechtzeitige und umfassende Unterrichtung des Betriebsrats über die im Beispiel genannte Einführung grundlegend neuer Arbeitsmethoden und Fertigungsverfahren. Zwar ist der Betriebsrat danach im vorliegenden Fall grundsätzlich nicht gehindert, auch **außerhalb seiner gesetzlichen Aufgaben** von der Information des offenbarenden Arbeitnehmers Gebrauch zu machen, aber es bestehen insoweit ggf. Vertraulichkeitspflichten aus dem Arbeitsvertrag, die von der Notwendigkeit einer formellen Geheimhaltungserklärung absehen,[320] (auch) für das einzelne Betriebsratsmitglied in seiner Eigenschaft als Arbeitnehmer.

162 Auch ansonsten stellt § 5 keine „informatorische Einbahnstraße"[321] durch die Regelung von Nr. 3 (Offenlegung durch Arbeitnehmer an die Arbeitnehmervertretung) in der für Sachverhalte der betrieblichen Mitbestimmung relevanten umgekehrten Konstellation der Offenlegung durch den Betriebsrat gegenüber Arbeitnehmern dar. Die Gesetzesbegründung zu § 5 hat dies gerade auch für den Fall der Kommunikation von geheimen Informa-

---

317 Ebenso *Fitting* § 80 BetrVG Rn. 83; DKW/*Buschmann* § 79 BetrVG Rn. 23.
318 DKW/*Buschmann* § 79 BetrVG Rn. 15; *Fitting* § 79 BetrVG Rn. 5 und 7; Richardi/*Thüsing* § 79 BetrVG Rn. 7; GK BetrVG/*Oetker* § 79 BetrVG Rn. 29.
319 LAG Hamm 22.7.2011 AE **2011** 244; LAG Rheinland-Pfalz 22.2.2008 BeckRS **2008** 51666.
320 GK BetrVG/*Oetker* § 79 Rn. 30.
321 So noch zum Regierungsentwurf über die Regelung des § 5 Nr. 3: *Böning/Heidfeld* AuR **2018** 555, 557.

tionen an die Arbeitnehmer durch die weit gefasste Definition des „berechtigten Interesses“[322] – über das Regelbeispiel („insbesondere“) des § 5 Nr. 3 hinaus (vgl. Art. 5 lit. d) der Richtlinie (EU) 2016/943) – und die Bezugnahme auf Erwägungsgrund 18 in Beschlussfassung und Bericht des Ausschusses zur Ergänzung des § 1 Abs. 3[323] deutlich gemacht (vgl. Rn. 141ff., 150).[324]

IV. Interessenabwägung im Übrigen

Wenn der – nicht absolute – Schutz von Geschäftsgeheimnissen im Einzelfall nach Maßgabe des § 5 wegen eines berechtigten Interesses hinter die Belange des Allgemeinwohls zurücktreten muss, findet eine (weitere) Abwägung der Interessen (im Falle des § 5 Nr. 3 der Interessen des offenbarenden Arbeitnehmers und der das Geschäftsgeheimnis erlangenden Arbeitnehmervertretung) mit den Interessen des Inhabers des Geschäftsgeheimnisses grundsätzlich nicht statt. Eine solche Abwägung ist in Art. 5 der Richtlinie (EU) 2016/943 nicht (ausdrücklich) vorgesehen.[325] Sie könne – nach der Gesetzesbegründung – aber über den Begriff des berechtigten Interesses im Einzelfall zur Sicherstellung der Verhältnismäßigkeit erfolgen; dies entspreche dem Erwägungsgrund 21 der Richtlinie (EU) 2016/943 und den allgemeinen Grundsätzen des Unionsrechts.[326] Abgesehen von der grundsätzlich fehlenden rechtlichen Bindungswirkung von Erwägungsgründen (vgl. oben Rn. 145 nebst Fn. 272) hat dieser Hinweis in der Gesetzesbegründung keine besondere rechtliche Bedeutung, sondern eher appellativen „Auffangcharakter“ im Hinblick etwa auf Ermessensentscheidungen von Gerichten (soweit ein Ermessensspielraum besteht), die Interessen der am Rechtsstreit beteiligten Parteien und die Interessen Dritter gegeneinander abzuwägen. 163

V. Rechtsfolgen

Im Falle der Erfüllung der Voraussetzungen eines der in § 5 Nr. 3 ausdrücklich genannten und – wegen „insbesondere“ – in sonstigen Fälle[327] berechtigter Interessen, stellt das jeweilige Verhalten keine tatbestandsmäßige Rechtsverletzung dar, so dass nicht erst die Rechtswidrigkeit, sondern bereits die Tatbestandsmäßigkeit entfällt (vgl. Rn. 92).[328] 164

Zu den möglichen Folgen[329] einer – ggf. groben – Verletzung der Verschwiegenheitspflicht durch Betriebsratsmitglieder (Verletzung von Amtspflichten) gehört der Ausschluss aus dem Betriebsrat gemäß § 23 Abs. 1 BetrVG (die Auflösung des Betriebsrats kommt nur dann in Frage, wenn der Verstoß dem Betriebsrat als Kollegialorgan zugeordnet werden kann). Ein Unterlassungsanspruch des Arbeitgebers gegen den Betriebsrat zur Durchset- 165

---

322 BTDrucks. 19/4724 S. 28.
323 BTDrucks. 19/8300 S. 13.
324 Zutreffend *Preis/Seiwerth* RdA **2019** 351, 355f.
325 So die Gesetzesbegründung auf BTDrucks. 19/4742 S. 28 (zu § 5 Rechtfertigungsgründe).
326 BTDrucks. 19/4742 S. 28 (zu § 5 Rechtfertigungsgründe).
327 Vgl. hierzu BeckOK UWG/*Wild* § 5 GeschGehG Rn. 30ff.
328 BeckOK UWG/*Wild* § 5 GeschGehG Rn. 33; Köhler/Bornkamm/Feddersen/*Alexander* § 5 GeschGehG Rn. 62.
329 Vgl. zu den Rechtsfolgen bei Verletzung der Verschwiegenheitspflicht nach § 79 GK BetrVG/*Oetker* § 79 BetrVG Rn. 72ff.; DKW/*Buschmann* § 79 BetrVG Rn. 54ff.; Richardi/*Thüsing* § 79 BetrVG Rn. 36ff.; *Fitting* § 79 BetrVG Rn. 41ff.; HaKo/*Lorenz* § 79 BetrVG Rn. 25.

zung der Verschwiegenheitspflicht kommt nach neuerer Rechtsprechung des BAG nicht mehr in Betracht.[330] Bei Verletzung arbeitsvertraglicher Verschwiegenheitspflichten kommt auch die Kündigung und im Einzelfall eine außerordentliche Kündigung auch gegenüber einem Betriebsratsmitglied in Betracht, jedoch nur dann, wenn zugleich eine Verletzung der arbeitsvertraglichen Schweigepflicht vorliegt, was nicht stets der Fall ist.[331] Insoweit hat der EuGH[332] unter Zugrundelegung des Art. 7 der Rahmenrichtlinie zur Information und Konsultation[333] entschieden, dass eine Kündigung, die mit der Amtsträger-Eigenschaft eines Arbeitnehmervertreters in Zusammenhang steht, mit Art. 7 dieser Richtlinie unvereinbar ist. Weiter können sich Schadensersatzansprüche des Arbeitgebers gemäß § 832 Abs. 2 BGB (i. V. m. § 79 BetrVG als Schutzgesetz) ergeben. Die vorsätzliche Verletzung der betriebsverfassungsrechtlichen Schweigepflicht ist gemäß § 120 BetrVG strafbar.[334]

VI. Prozessuales

166 Nach der gesetzlichen Ausgestaltung des § 5 Nr. 3 als „Ausnahmetatbestand" gelten grundsätzlich die allgemeinen Grundsätze der **Darlegungs- und Beweislast**, wonach derjenige die Darlegungs- und Beweislast trägt, der sich auf das Bestehen dieses Ausnahmetatbestandes als ihm günstig beruft.[335]

167 Nach der Begründung zu § 15 des Gesetzes bleibt der Rechtsweg zu den Arbeitsgerichten „unberührt", so dass Regelungen zu Verfahren in Geschäftsgeheimnisstreitsachen auch dort Anwendung finden.[336] Diese Klarstellung erfolgte aufgrund von Irritationen über eine vermeintlich apodiktische ausschließliche Rechtswegzuständigkeit der ordentlichen Gerichte durch § 15 bereits im Rahmen der Formulierung des Referentenentwurfs des BMJV durch entsprechende Einflussnahme des BMAS im Rahmen der ressortübergreifenden Abstimmung. Der Arbeitsrechtsweg betrifft Rechtsstreitigkeiten zwischen Arbeitgeber und Betriebsrat, als auch zwischen Arbeitgeber und Arbeitnehmer nach § 2 ArbGG, wenn die Geschäftsgeheimnisstreitsache in greifbarer Beziehung zu einem Arbeitsverhältnis steht.[337]

---

330 BAG 17.3.2010 NZA **2010** 1133; DKW/*Buschmann* § 79 BetrVG Rn. 59; GK BetrVG/*Oetker* § 79 BetrVG Rn. 77.
331 DKW/*Buschmann* § 79 BetrVG Rn. 55.
332 EuGH 11.2.2010 AuR **2010** 273.
333 RL 2002/14/EG des Europäischen Parlaments und des Rates vom 11.03.2002 zur Festlegung eines allgemeinen Rahmens für die Unterrichtung und Anhörung der Arbeitnehmer in der Europäischen Gemeinschaft, ABl. L 80 vom 23.3.2002, S. 32.
334 Zu diesen gravierenden Folgen und dem Rechtsschutzbedürfnis eines negativen Feststellungsantrags dahingehend, dass diese Tatsachen zum Zeitpunkt der Mitteilung bzw. des Schlusses der mündlichen Verhandlung kein Betriebs- oder Geschäftsgeheimnis i. S. des § 79 BetrVG waren bzw. sind vgl. *Buschmann* AuR **2015** 355.
335 Ebenso Köhler/Bornkamp/Feddersen/*Alexander* § 5 GeschGehG Rn. 63; BeckOK UWG/*Wild* § 5 GeschGehG Rn. 35.
336 BTDrucks. 19/4742 S. 34 (zu § 15 – Sachliche und örtliche Zuständigkeit; Verordnungsermächtigung).
337 *Franken* NZA **2019** 1665, 1666.

ABSCHNITT 2
Ansprüche bei Rechtsverletzungen

Vorbemerkungen zu §§ 6 bis 14

Schrifttum

Dumont Happy End für ein Stiefkind? – Regierungsentwurf zur Umsetzung der Know-how-Richtlinie, BB **2018** 2441.

Übersicht

Einführung

I. Unionrechtlicher Hintergrund

1 Das Gesetz zum Schutz von Geschäftsgeheimnissen (GeschGehG) ist das Ergebnis der nationalen Umsetzung der Richtlinie (EU) 2016/943. Dieses Gesetz soll für größere Rechtssicherheit beim Schutz von Geschäftsgeheimnissen sorgen und erweitert somit die bisherigen Möglichkeiten des Geschäftsgeheimnisinhabers. Auf Grundlage der Richtlinie wird somit innerhalb Europas ein **einheitlicher Mindestschutz** geschaffen, von dem insbesondere innovative Unternehmen profitieren sollen. Grundlage ist dabei die Annahme, dass Geschäftsgeheimnisse für Unternehmen genauso wichtig sind wie Patente und anderen Formen des geistigen Eigentums. Der Richtlinie zufolge sollen alle sonstigen relevanten Vorschriften in diesem Bereich unberührt bleiben.[1] Im Falle einer Überschneidung dieser Richtlinie mit der Richtlinie 2004/48/EG – welche zur Durchsetzung der Rechte des geistigen Eigentums dient – soll die Richtlinie (EU) 2016/943 als speziellere Regelung vorgehen.[2]

II. Änderungen/Entwicklung

2 Der Schutz von Geschäftsgeheimnissen – insbesondere in Form von Know-how – war dem deutschen Recht auch vor Einführung des Geschäftsgeheimnisgesetzes nicht fremd, beschränkte sich aber bis dahin unmittelbar auf **strafrechtliche Schutzvorschriften**. Zivilrechtliche Abwehransprüche konnten nur über Umwege – namentlich über § 3a UWG, § 823 Abs. 2 BGB und § 826 BGB – hergeleitet werden.[3] In der Praxis genügte dies indessen, um bei unberechtigter Nutzung von Know-how aussichtsreich vorzugehen, auch unter Einschaltung der Strafverfolgungsbehörden.

3 Durch die Einführung eines **umfassenden zivilrechtlichen Anspruchskanons** wurde der Geheimnisschutz ersichtlich aufgewertet. Das neue Geschäftsgeheimnisgesetz stärkt die Position von Geheimnisinhabern spürbar. Ihnen stehen nun Ansprüche auf

1 Erwägungsgrund 39 der Richtlinie (EU) 2016/943.
2 Erwägungsgrund 39 der Richtlinie (EU) 2016/943.
3 Köhler/Bornkamm/Feddersen/*Köhler* § 17 UWG Rn. 52–57.

https://doi.org/10.1515/9783110631654-008

Beseitigung und Unterlassung[4], Vernichtung, Herausgabe und Rückruf[5] sowie Schadensersatz[6] zu. Flankiert werden die Ansprüche durch einen eigenständigen Auskunftsanspruch, welcher eine effektive Vorbereitung in Bezug auf die Geltendmachung der Abwehransprüche gewährleisten soll. Damit bietet das neue Geschäftsgeheimnisgesetz den Inhabern von Geschäftsgeheimnissen einen dem Immaterialgüterrecht sehr nahe kommenden Schutzumfang. Deshalb wird innerhalb der Literatur bereits darüber diskutiert, ob dem Geheimnisschutz nicht die Stellung als neues „Quasi-Schutzrecht" zukommt.[7]

4 Gleichwohl weisen die Anspruchsgrundlagen durchaus **signifikante Unterschiede** zu den bekannten Abwehransprüchen im traditionellen Immaterialgüterrecht auf. Diese zeigen sich insbesondere in den Einwendungsmöglichkeiten und Abwendungsbefugnissen des Verletzers, welche den bekannten Ansprüchen des Marken-, Patent-, Gebrauchsmuster- und Urheberrechts in dieser Ausgestaltung fremd sind.

III. Verhältnis zum Lauterbarkeits- und Immaterialgüterrecht

5 Die Abwehransprüche des Geschäftsgeheimnisgesetzes unterscheiden sich von denen des Immaterialgüterrechts im Wesentlichen dadurch, dass sie nach wie vor kein absolutes, d.h. exklusives Recht an der geheimen Information an sich gewähren. Sanktioniert wird nur die **Verletzung eines Geheimnisses** bzw. einer Geheimhaltungsmaßnahme. Einerseits wird das aus der Geheimhaltung resultierende Geheimnis zwar ähnlich wie bei Immaterialgüterrechten in einem begrenzten Umfang einem subjektiven Rechtsträger exklusiv zugeordnet, die Nutzung dieser Informationen kann jedoch nicht per se verhindert werden. Während bspw. im Markenrecht bereits die Nutzung einer geschützten Marke ungeachtet einer subjektiven Vorwerfbarkeit untersagt ist, verlangen die Abwehrrechte der §§ 6ff. stets eine vorwerfbare Verletzung des Geschäftsgeheimnisses. Das Erfordernis einer Geheimnisverletzung im Sinne des § 4, welche immer eine unbefugte Erlangung der geheimen Information voraussetzt, geht jedoch über die bloße Geheimnisnutzung hinaus. Das Geschäftsgeheimnisgesetz schützt den Geheimnisinhaber daher nicht vor einer zufälligen Parallelentdeckung durch einen Konkurrenten, selbst wenn dieser die Information zeitlich später entdeckt hat. Sobald Dritte das Geschäftsgeheimnis bspw. durch eigene Forschungs- und Entwicklungsarbeit unabhängig vom bisherigen alleinigen Geheimnisinhaber entdecken, kann dieser gegen die Dritten – anders als im Marken-, Patent-, oder Gebrauchsmusterrecht – keine Abwehransprüche geltend machen. Insgesamt wurde also ein Recht neben den immaterialgüterrechtlichen Schutzgesetzen geschaffen. Ob es tatsächlich als „Quasi-Schutzrecht" bezeichnet werden kann, erscheint hingegen zweifelhaft, wenn man bedenkt, dass es an der objektiven Wirkung anderer Schutzrechte fehlt.

6 In Übereinstimmung hiermit folgt aus Erwägungsgrund 16 der Geschäftsgeheimnis-RL, dass es – gerade im Sinne der Förderung von Forschung und Wettbewerb – keine Zielsetzung der Richtlinie ist, exklusive Rechte an Informationen zu begründen. Die unabhängige Entdeckung von Know-how und sonstigen Geschäftsgeheimnissen, als auch das so genannte „Reverse Engineering" sollen demnach zulässig bleiben.

4 § 6 GeschGehG.
5 § 7 GeschGehG.
6 § 10 GeschGehG.
7 *Dumont* BB **2018** 2441.

IV. Ausblick

Schon vor Inkrafttreten des GeschGehG waren **Streitigkeiten** wegen Verletzung von Betriebs- und Geschäftsgeheimnissen zwar nicht häufig, aber durchaus vorhanden. Gerade Sachverhalte mit internationalem Bezug wurden und werden in der Praxis von den Parteien gerne dem deutschen Recht unterstellt und vor deutschen Gerichten streitig geklärt. Es ist davon auszugehen, dass in Zukunft von den §§ 6 ff. Gebrauch gemacht wird. Abzuwarten bleibt, inwiefern Urteile nach § 21 veröffentlicht werden. Hierbei liegt die Vermutung nahe, dass gerade der obsiegende Beklagte dazu neigen wird, einen Antrag auf Urteilsveröffentlichung zu stellen. Denn gerade die beklagte Partei wird nach einem zuvor durchgeführten Verfahren ein Interesse an Rehabilitierung haben. **7**

Überdies werden viele Unternehmen Schutzmaßnahmen treffen müssen, um eine Verletzung von Geschäftsgeheimnissen nach den neuen Normen des GeschGehG zu verhindern. Ähnlich wie die DSGVO führt auch das GeschGehG zu einer weiteren Sensibilisierung hinsichtlich der Erfassung von sensiblen, wirtschaftlich werthaltigen Informationen. **8**

§ 6
Beseitigung und Unterlassung

[1]Der Inhaber des Geschäftsgeheimnisses kann den Rechtsverletzer auf Beseitigung der Beeinträchtigung und bei Wiederholungsgefahr auch auf Unterlassung in Anspruch nehmen. [2]Der Anspruch auf Unterlassung besteht auch dann, wenn eine Rechtsverletzung erstmalig droht.

Schrifttum

Ahlberg/Götting Beck'scher Online Kommentar Urheberrecht, 25. Edition 2018; *Alexander* Wettbewerbsrecht, 2. Aufl. 2019; *ders.* Grundstrukturen des Schutzes von Geschäftsgeheimnissen durch das neue GeschGehG, WRP **2019** 673; *Borck* Über Schwierigkeiten im Gefolge von Mehrfachabmahnungen, WRP **1985** 311; *Büscher* Gesetz gegen den unlauteren Wettbewerb, 1. Aufl. 2019; *Büscher/Dittmer/Schiwy* Gewerblicher Rechtsschutz, Urheberrecht, Medienrecht, 3. Aufl. 2015; *Czernik* Der (Rechts-)Schutz gegenüber dem Verrat von Vertriebsgeheimnissen, ZVertriebsR **2015** 231; *Deichfuß* Die Entwendung von technischen Betriebsgeheimnissen, GRUR-Prax **2012** 449; *Fezer/Büscher/Obergfell* Lauterkeitsrecht, 3. Aufl. 2016; *Fuhlrott/Hiéramente* Beck'scher Online Kommentar GeschGehG, 5. Ed. Stand 15.09.2020; *Fritzsche/Münker/Stollwerck* Beck'scher Online Kommentar UWG, 4. und 6. Ed.; *Harte-Bavendamm/Henning-Bodewig* Gesetz gegen den unlauteren Wettbewerb, 4. Aufl. 2016; *Hauck* Grenzen des Geheimisschutzes, WRP **2018**, 1032; *Hasselblatt* Münchener Anwalts Handbuch Gewerblicher Rechtsschutz, 5. Aufl. 2017; *Hoeren/Münker* Die EU-Richtlinie für den Schutz von Geschäftsgeheimnissen und ihre Umsetzung – unter besonderer Berücksichtigung der Produzentenhaftung, WRP **2018** 150; *Hoppe/Oldekop* Behandlung von Unterlassungsansprüchen für Altfälle nach dem Gesetz zum Schutz von Geschäftsgeheimnissen (GeschGehG), GRUR-Prax **2019** 324; *Körner* Befristete und unbefristete Unterlassungstitel bei Wettbewerbsverstößen, GRUR **1985** 909; *Krüger/Rauscher* Münchener Kommentar zur Zivilprozessordnung mit Gerichtsverfassungsgesetz und Nebengesetzen, 5. Aufl. 2016; *Kues* Mehrfachabmahnung und Aufklärungspflicht – zugleich eine Stellungnahme zu BGH, WRP 83, 264 ff. –, WRP **1985** 196; *Laoutoumai/Baumfalk* Probleme im vorprozessualen Verfahren bei der Rechtsverfolgung von Ansprüchen aus dem neuen GeschGehG, WRP **2018** 1300; *Löffel* Anmerkung zu einer Entscheidung des OLG München, Beschluss vom 08.08.2019 (29 W 940/19) – Zur dringlichkeitswahrenden Sachbehandlung im einstweiligen Verfügungsverfahren sowie zum Mitteilungsverbot des § 922 Abs. 3 ZPO, WRP **2019** 1378; *McGuire* Der Schutz von Know-how im System des Immaterialgüterrechts, GRUR **2016** 1000; *Ohly* Das neue Geschäftsgeheimnisgesetz im Überblick, GRUR **2019** 441; *Steinbeck* Die strafbewehrte Unterlassungserklärung: ein zweischneidiges Schwert!, GRUR **1994** 90; *Teplitzky*, Die Rechtsfolgen der unbegründeten Ablehnung einer strafbewehrten Unterlassungserklärung, GRUR **1983** 609; *ders.* Die wettbewerbsrechtliche Unterwerfung heute – Neuere Entwicklungen eines alten Streitbereinigungsmittels –, GRUR **1996** 696; *ders.* Eingeschränkte Unterwerfungserklärungen, VuR **2009** 83; *ders.* Wettbewerbsrechtliche Ansprüche und Verfahren, 12. Aufl. 2019; *Wunner* Die zivilrechtliche Haftung für Geheimnisverwertungen durch Beschäftigte im Lichte der Geschäftsgeheimnis-RL, WRP **2019** 710.

Übersicht

https://doi.org/10.1515/9783110631654-009

I. Einführung

Bereits vor Einführung des GeschGehG wurden auf Beseitigung und Unterlassung gerichtete Abwehransprüche wegen der Verletzung von Geschäfts- und Betriebsgeheimnissen aus §§ 17ff. UWG a.F. in Verbindung mit §§ 823 Abs. 2, 1004 BGB analog, aus §§ 823 Abs. 1, 826 BGB in Verbindung mit § 1004 BGB analog sowie aus §§ 3, 4 Nr. 4, 3a in Verbindung mit § 8 UWG hergeleitet. Auch diese Anspruchsgrundlagen setzten zunächst einen verschuldensabhängigen Abwehranspruch voraus, da Anspruchsvoraussetzung stets die tatbestandliche und schuldhafte Verletzung eines strafrechtlichen Schutzgesetzes war. Die Abwehransprüche aus § 6 sind hingegen dem Grunde nach **verschuldensunabhängig**. Nur im Falle mittelbarer Verletzungshandlungen im Sinne des § 4 Abs. 3 sind subjektive Merkmale zu prüfen, sodass je nach Einzelfall auch weiterhin auf tatbestandlicher Ebene Verschuldensfragen zu prüfen sind. 1

Die Geschäftsgeheimnis-RL selbst schreibt **keinen bestimmten Anspruchskanon** zur Abwehr von Geschäftsgeheimnisverletzungen vor. Jedoch bestimmen Art. 10 Abs. 1, 12 Abs. 1 u. 2 Geschäftsgeheimnis-RL, dass die nach nationalem Recht zuständigen Gerichte die Befugnisse haben sollen, sowohl vorläufige und vorbeugende als auch endgültige 2

Maßnahmen gegen (mutmaßliche) Geschäftsgeheimnisverletzer anzuordnen. Hierzu zählen u. a. auch Maßnahmen zur Beseitigung und Unterlassung.[1]

3 Die Art. 11 und 13 der Geschäftsgeheimnis-RL bestimmen dabei, dass die Maßnahmen jeweils unter dem **Verhältnismäßigkeitsvorbehalt** stehen. Dieser Vorbehalt stellt einen wesentlichen Unterschied zu den vergleichbaren immaterialgüterrechtlichen Abwehransprüchen dar.[2] Auch deshalb handelt es sich eher nicht um ein „Quasi-Schutzrecht", sondern um eine Aktivposition eigener Art.

II. Materielle Ansprüche

4 **1. Allgemeines.** § 6 gewährt dem Inhaber von Geschäftsgeheimnissen im Sinne des Geschäftsgeheimnisgesetzes einen Anspruch gegen den Verletzer von Geschäftsgeheimnissen auf **Beseitigung** der Beeinträchtigung und im Falle der Wiederholungs- oder Erstbegehungsgefahr auf **Unterlassung**, wobei die Ansprüche jeweils gemäß § 9 einem Verhältnismäßigkeitsvorbehalt unterliegen.

5 Da der Gesetzgeber ersichtlich nicht das Ziel verfolgt haben dürfte, Abwehransprüche in Bezug auf den Geheimnisschutz einer grundsätzlichen Neuregelung zu unterziehen, kann zur Bestimmung der Voraussetzungen und des Umfangs der Ansprüche aus § 6 auf Rechtsprechung und Literatur zu den **vergleichbaren Anspruchsgrundlagen** des Immaterialgüterrechts – namentlich die § 8 Abs. 1 UWG, §§ 17 ff. UWG a. F., § 97 Abs. 1 UrhG und § 42 Abs. 1 DesignG – in gewissen Grenzen zurückgegriffen werden.[3]

6 Die auf Beseitigung und Unterlassung gerichteten Abwehransprüche sind fortan in § 6 zivilrechtlich ausgestaltet. Der Geheimnisschutz, der früher originär strafrechtlich geregelt war, genießt nunmehr nicht nur über Transformationsnormen wie §§ 3 Abs. 1, 3a UWG oder §§ 823 Abs. 2, 1004 BGB analog zivilrechtlichen Schutz. Nach früherer Rechtslage setzte daher auch ein auf Unterlassung und Beseitigung gerichteter Abwehranspruch die Verwirklichung der als Schutzgesetze bzw. Marktverhaltensregelungen anerkannten Straftatbestände der §§ 17 f. UWG a. F. sowohl in objektiver als auch in subjektiver Hinsicht voraus.[4] Ein hieraus abgeleiteter Abwehranspruch erforderte daher in jedem Fall ein vorsätzliches Handeln. Auch ein in Einzelfällen subsidiär in Betracht kommender Abwehranspruch aus §§ 823 Abs. 1, 1004 BGB analog wegen Eingriffs in den ausgeübten und eingerichteten Gewerbebetrieb oder wegen Verletzung des Geheimnisses als „sonstiges Recht" erforderte eine mindestens fahrlässig begangene Rechtsverletzung. Die neuen Abwehransprüche aus § 6 sind hingegen dem Grunde nach verschuldensunabhängig.[5] Gleichwohl können auf tatbestandlicher Ebene aber auch weiterhin subjektive Elemente in die Anspruchsvoraussetzungen des § 6 einfließen, soweit die Rechtsverletzung selbst an subjektive Bedingungen anknüpft.[6] Dennoch dürfte der grundsätzliche Verzicht auf subjektive Anspruchsvoraussetzungen die **Beweisführung** für künftige Geheimnisinhaber **spürbar erleichtern.**[7] Im Rahmen eines umfassenden rechtlichen Schutzes wird bei einer drohenden Verletzung auch ein vorbeugender Schutz anzunehmen sein.

1 *Ohly* GRUR **2019** 441, 449.
2 *Ohly* GRUR **2019** 441, 449.
3 BT-Drucks. 19/4724 S. 19, 29 f.
4 **A.A.** *Czernik* ZVertriebsR **2015** 231, 233; Köhler/Bornkamm/Feddersen/*Köhler* § 17 UWG Rn. 52.
5 *Wunner* WRP **2019** 710, 712.
6 Vgl. § 4 Abs. 3 Satz 1 GeschGehG.
7 *Wunner* WRP **2019** 710, 712.

Durch die Gerichte naturgemäß ungeklärt ist jedoch, ob die §§ 6ff. auch als Schutzgesetze i.S.d. § 823 Abs. 2 BGB zu qualifizieren sind[8] oder ob die Abwehransprüche des GeschGehG abschließend sind. Bislang wird durchaus vertreten, dass das GeschGehG ein Schutzgesetz ist,[9] wofür nach hier vertretener Auffassung gute Gründe sprechen. 7

2. Der Beseitigungsanspruch

a) Systematik und Rechtsnatur. In Anlehnung an allgemeine zivilrechtliche Grundsätze zielt der Beseitigungsanspruch auf die Beseitigung der Fortwirkung eines bereits bestehenden rechtswidrigen Störungszustandes. Im Gegensatz zum Unterlassungsanspruch beinhaltet der Beseitigungsanspruch daher stets ein bestimmtes Handlungsgebot zur **Störungsbeseitigung**. Die gebotene Handlung besteht im Falle einer Geheimnisverletzung in der Regel wahlweise in der Vernichtung oder Herausgabe.[10] Der Beseitigungsanspruch kann sich dabei sowohl auf Aufzeichnungen, Unterlagen und sonstige Dokumentationen über das verletzte Geschäftsgeheimnis als auch auf solche Gegenstände beziehen, die jedenfalls zum Teil auf den unerlaubt erlangten Kenntnissen beruhen.[11] Die Systematik des § 6 unterscheidet sich dabei von der des § 10, da dieser ein Verschulden voraussetzt (vgl. Kommentierung zu § 10 Rn. 8ff.). 8

Im vorläufigen Rechtsschutz erstreckt sich der Anspruch auf Herausgabe wegen des grundsätzlichen Verbots der Vorwegnahme der Hauptsache jedoch auf die Herausgabe an einen Treuhänder,[12] wobei dies in der Praxis bei Daten und elektronisch verarbeiteten Informationen erhebliche Schwierigkeiten mit sich bringt, weil nicht sichergestellt werden kann, dass der Verletzer nicht Kopien behält. 9

b) Tatbestand und Rechtsfolge

aa) Rechtsverletzung. Auf tatbestandlicher Ebene setzt der Beseitigungsanspruch nach § 6 zunächst eine **Rechtsverletzung**, d.h. einen unzulässigen Eingriff in den dem Geheimnisinhaber zugewiesenen Schutzbereich, voraus. Dieser Schutzbereich wird anhand der sich jeweils ergänzenden und beschränkenden Erlaubnis- und Verbotstatbestände der §§ 3f. bemessen.[13] Eine Rechtsverletzung liegt daher immer dann vor, wenn eine nach § 4 (vgl. Kommentierung zu § 4 Rn. 4ff.) verbotene Handlung gegeben ist. Diesbezüglich weisen die Regelungen des § 4 durchaus weite Übereinstimmungen mit der bisherigen strafrechtlichen Schutzvorschrift des § 17 UWG a.F. auf. Soweit eine Handlung nach § 4 verboten ist, trägt der Verletzer die Beweislast, dass eine Ausnahme nach § 5 vorliegt. Insofern beinhaltet § 5 ein Korrektiv, welches bei der Geltendmachung von Ansprüchen nicht außer Acht gelassen werden darf. 10

Im Einzelfall sind jedoch Konstellationen denkbar, bei denen bestimmte Handlungen nach der jeweils anderen Rechtslage **unterschiedlich zu beurteilen** sind. Bspw. kann gemäß § 4 Abs. 2 Nr. 2 die Verletzung einer vertraglichen Nutzungsbeschränkung nun erstmals eine Verletzung eines Geschäftsgeheimnisses begründen, was für einen Verstoß ge- 11

---

8 Vgl. zur Parallele im Lauterbarkeitsrecht: Ohly/Sosnitza/*Ohly* § 8 UWG Rn. 4.
9 S. BeckOK GeschGehG/*Spieker* § 6 GeschGehG Rn. 62.
10 BGH 27.4.2006 GRUR **2006** 1044.
11 BGH 19.12.1984 GRUR **1985** 294; Köhler/Bornkamm/Feddersen/*Köhler* § 17 UWG Rn. 65.
12 BeckOK UWG/*Kalbfus* § 17 UWG Rn. 216.
13 Büscher/*Tochtermann* § 6 GeschGehG Rn. 12.

gen § 17 UWG a.F. hingegen nicht ausreichend war. Gleichzeitig können bisher taugliche Verletzungshandlungen wie bspw. das *Reverse Engineering* nunmehr gemäß § 3 Abs. 1 Nr. 2 (vgl. Kommentierung zu § 3 Abs. 1 Nr. 2 b) Rn. 30 ff.) als grundsätzlich erlaubte Handlungen einzuordnen sein.[14] Noch offen ist insbesondere die Frage, ob für im Wege des Reverse Engineerings ehemals rechtswidrig erlangte Geschäftsgeheimnisse allein aufgrund der Änderung der Rechtslage eine Legalisierung eintritt, sodass die ursprünglich rechtswidrig erlangten Geschäftsgeheimnisse nunmehr keine Rechtsverletzungen im Sinne des Geschäftsgeheimnisgesetzes darstellen.[15] Nicht mehr erforderlich ist, dass ein rechtsverletzendes Produkt i.S.d. § 2 Nr. 4 das betroffene Geschäftsgeheimnis verkörpert. Ausreichend ist, wenn das Produkt nur auf diesem beruht, d.h. bspw. mittels eines geheimen Herstellungsverfahrens produziert wurde.[16]

12 **bb) Andauernde Störung.** Die durch die Rechtsverletzung verursachte Störung muss noch **andauern**. Maßgeblich hierfür ist allein der Zeitpunkt der letzten mündlichen Verhandlung der letzten Tatsacheninstanz; ob der Kläger den Wegfall des Störungszustandes zu vertreten hat, ist hingegen nicht entscheidend.[17]

13 **cc) Vorbeugender Beseitigungsanspruch.** Da der Beseitigungsanspruch eine bestehende Störung voraussetzt, besteht grundsätzlich kein Raum für einen vorbeugenden Unterlassungsanspruch. Ein Beseitigungsanspruch soll in anderen Fällen bei der drohenden Entstehung eines Störungszustandes jedoch dann in Betracht kommen, wenn ein in derartigen Konstellationen grundsätzlich möglicher vorbeugender Unterlassungsanspruch nur in der Vornahme einer Handlung erfüllt werden kann – bspw. der Rücknahme einer Markenanmeldung im Zusammenhang mit unrechtmäßig erlangten Geschäftsgeheimnissen.[18] Äußerst fraglich dürfte jedoch sein, ob in derartigen Fällen überhaupt ein praktisches Bedürfnis für derartige vorbeugende Beseitigungsklagen besteht. Denn bei zutreffender rechtlicher Bewertung der Sachlage dürfte – wie auch in der zuvor zitierten BGH-Entscheidung aufgrund der Markenanmeldung – eine Störung entweder bereits eingetreten sein oder aber der ebenfalls mögliche vorbeugende Unterlassungsanspruch würde – wenn bspw. eine Markenanmeldung noch gar nicht erfolgt wäre – in gleicher Weise zielführend sein.[19] Auch der Gesetzgeber hatte die Vorstellung, dass der Beseitigungsanspruch aus § 6 auf die Abwehr bereits eingetretener Störungen gerichtet ist.[20]

14 **dd) Rechtswidrigkeit der Störung.** Der Störungszustand muss zudem rechtswidrig sein. Diesbezüglich reicht nicht allein die Rechtswidrigkeit der Rechtsverletzung aus. Vielmehr **muss** der durch die Rechtsverletzung geschaffene, noch anhaltende **Zustand rechtswidrig** sein. Die Rechtswidrigkeit muss – wie der Störungszustand an sich – bis zum Zeitpunkt der letzten mündlichen Verhandlung bestehen. Ein Beseitigungsanspruch kann folglich auch bestehen, wenn die erstmalige Verletzungshandlung gemäß § 5 gerechtfertigt war, der hierdurch geschaffene Zustand aber später rechtswidrig wird.[21]

---

14 Vgl. hierzu *Hoppe/Oldekop* GRUR-Prax **2019** 324, 326.
15 Gegen eine Legalisierungswirkung: *Hoppe/Oldekop* GRUR-Prax **2019** 324, 326.
16 Büscher/*Tochtermann* § 6 GeschGehG Rn. 11.
17 Vgl. KG Berlin 11.5.2001 GRUR-RR **2002** 337, 339.
18 Vgl. BGH 4.2.1993 GRUR **1993** 556.
19 Ohly/Sosnitza/*Ohly* § 8 UWG Rn. 72.
20 BT-Drucks. 19/4724 S. 30.
21 Köhler/Bornkamm/Feddersen/*Bornkamm* § 8 UWG Rn. 1.111.

Handelt der Anspruchsgegner in der **Wahrnehmung berechtigter Interessen**, wird es gemäß § 5 regelmäßig schon an einer tatbestandlichen Verletzungshandlung fehlen, sodass – anders als in wettbewerbsrechtlich gelagerten Fällen – es bereits an einer Störung fehlt. Möglich sind jedoch auch Konstellationen, bei denen bspw. ein Geschäftsgeheimnis zunächst in unzulässiger Weise erlangt wird, dessen spätere Nutzung oder Offenlegung aber gemäß § 5 gerechtfertigt ist. Ein Entfall des ursprünglich geschaffenen rechtswidrigen Zustandes kann sich insbes. auch aus einer späteren Vereinbarung zwischen dem Rechtsverletzer und dem Geschäftsgeheimnisinhaber ergeben. Auch können gesetzliche Duldungspflichten eingreifen.[22] 15

Fraglich ist, ob eine nach § 5 ursprünglich nicht unter das Verbot des § 4 fallende Handlung einen nachträglich rechtswidrigen Störungszustand schaffen kann, wenn die Erlaubnisgründe nachträglich wegfallen. 16

ee) Beseitigung. Inhalt und Umfang des Beseitigungsanspruchs richten sich nach der jeweiligen Verletzungshandlung. Die Verletzer sind zu solchen **Handlungen** verpflichtet, welche zur Beseitigung der Störungsquelle geeignet und erforderlich sowie für den Schuldner möglich und zumutbar sind. 17

§ 7 statuiert diesbezüglich einen Kanon speziell geregelter Beseitigungsansprüche. So kann der Geschäftsgeheimnisinhaber insbes. die Vernichtung oder Herausgabe der im Besitz des Rechtsverletzers befindlichen Verkörperungen des Geschäftsgeheimnisses verlangen. Zudem steht dem Anspruchsinhaber ein Anspruch darauf zu, dass rechtsverletzende Produkte zurückgerufen, aus den Vertriebswegen dauerhaft entfernt, vernichtet oder vom Markt zurückgenommen werden. Da dieser **spezialrechtliche Anspruchskanon** bereits die typischen aus dem Wettbewerbs- und Immaterialgüterrecht bekannten Fallkonstellationen regelt, verbleibt in der Praxis für den Auffangtatbestand aus § 6 wohl nur noch wenig Raum. 18

Denkbar ist bspw. ein Anspruch auf Rücknahme einer Schutzrechtsanmeldung, welche auf einer Geschäftsgeheimnisverletzung beruht. Denkbar sind zudem Fälle, bei denen sich nach erfolgter Offenlegung eines Geschäftsgeheimnisses der Verletzter der „Urheberschaft“ des Geheimnisses rühmt. Auch wenn das Geheimnis wegen der Offenlegung dann möglicherweise wertlos wird, kann der rechtmäßige Geheimnisinhaber wenigstens die Anerkennung seiner „Urheberschaft“ verlangen. Ähnlich wie in urheberrechtlichen Konstellationen kann der immaterielle Wert einer solchen **Richtigstellung** für den Anspruchsinhaber dann gegebenenfalls höher als die bloße Beseitigung der bisher erfolgten Nutzungen und Offenbarungen sein. 19

Auch soll § 6 im Einzelfall **mildere Abhilfemaßnahmen** als die in § 7 geregelten Maßnahmen ermöglichen. Namentlich der Rückruf einer Publikation oder die Beseitigung der Offenlegung auf einer Internetseite sollen mögliche Rechtsfolgen des Beseitigungsanspruches aus § 6 sein.[23] Auch die bloße Entfernung einer rechtsverletzenden Komponente kann im Einzelfall eine geeignete Abhilfemaßnahme sein, welche gegenüber der Vernichtung oder des Rückrufs des gesamten rechtsverletzenden Produkts milder ist.[24] In diesem Sinne folgt auch aus den Erwägungsgründen der Richtlinie (EU) 2016/943, dass die Vernichtung eines rechtsverletzenden Produktes immer ultima ratio sein soll.[25] Entsprechend dem Grundsatz der Verhältnismäßigkeit soll nach Möglichkeit nur die verletzende 20

---

22 Köhler/Bornkamm/Feddersen/*Bornkamm* § 8 UWG Rn. 1.111.
23 BT-Drucks. 19/4724 S. 30.
24 BT-Drucks. 19/4724 S. 30.
25 Erwägungsgrund 28 der Richtlinie (EU) 2016/943.

Eigenschaft des Produktes beseitigt werden. Als mildere Abhilfemaßnahme wird in den Erwägungsgründen insbes. vorgeschlagen, die Verwertung eines rechtsverletzenden Produktes außerhalb des Marktes – bspw. als Spende an wohltätige Organisationen – anzuordnen. Ob derartig kreative Beseitigungsmaßnahmen gegenüber den berechtigten Interessen der Geheimnisinhaber sachgerecht erscheinen, dürfte jedoch mehr als fraglich sein.

21 Noch ungeklärt ist, ob der Beseitigungsanspruch auch die **mittelbaren Vorteile** aus einer unzulässigen Erlangung und Nutzung von Geschäftsgeheimnissen umfasst. Zwar besteht – jedenfalls nach Lesart zur früheren Rechtslage – ein Anspruch auf Unterlassung der aktiven Vertragsanbahnung mit Kunden aus einer rechtswidrig erlangten Kundenliste.[26] Ob daraus auch der Anspruch folgt, die in unzulässiger Weise angebahnten Vertragsbeziehungen zu beenden oder daraus empfangene Leistungen zurück zu gewähren, erscheint jedoch fraglich.

22 Interessant ist wiederum der Vergleich zum **Beseitigungsumfang** vor der Einführung des GeschGehG nach §§ 823 Abs. 2, 1004 BGB analog i. V. m. §§ 17 ff. UWG a. F. Dieser sah grundsätzlich die Vernichtung oder Herausgabe (als Bringschuld) zum Zwecke der Vernichtung vor.[27] Im Rahmen des Verhältnismäßigkeitsgrundsatzes bestand dabei keine Herausgabepflicht, wenn eine Unbrauchbarmachung genügt.[28] Bei einer Weitergabe an Dritte waren diese zu nennen.[29]

23 **c) Beweislast.** Der **Kläger** trägt nach der allgemeinen zivilrechtlichen Beweislastverteilung die Darlegungs- und Beweislast für das Bestehen der anspruchsbegründenden Tatsachen, d. h. insbes. für die noch andauernde Rechtsverletzung. Davon umfasst ist auch die Beweislast hinsichtlich der Passivlegitimation und der Verantwortlichkeit des Beklagten.

24 Der **Beklagte** hat hingegen die tatbestandlichen Voraussetzungen für die rechtsvernichtenden oder rechtshindernden Einwendungen darzulegen und zu beweisen. Dies betrifft u. a. eine etwaige Rechtfertigung der Beeinträchtigung sowie Unmöglichkeit oder Unverhältnismäßigkeit von Beseitigungsmaßnahmen.[30]

25 **3. Der Unterlassungsanspruch.** § 6 gewährt dem Inhaber eines Geschäftsgeheimnisses bei Wiederholungsgefahr einen Anspruch auf Unterlassung der weiteren oder bei Erstbegehungsgefahr der drohenden Beeinträchtigung.

26 **a) Systematik und Rechtsnatur.** Der Unterlassungsanspruch ist – anders als der Beseitigungsanspruch – nicht auf die Beseitigung einer bereits eingetretenen Beeinträchtigung, sondern auf die **Abwehr einer künftigen Störung** gerichtet. Es handelt sich daher um einen in die Zukunft gerichteten Abwehranspruch. Insofern bestehen keine Besonderheiten im Vergleich zu den sonstigen Unterlassungsansprüchen etwa aus dem UWG oder MarkenG.

27 **b) Begehungsgefahr.** Erforderlich für zivilrechtliche Unterlassungsansprüche ist zumindest eine „**Begehungsgefahr**". D. h. ein Unterlassungsanspruch setzt als materiell-

---

26 BGH 19.12.2002 GRUR **2003** 453.
27 BGH 13.7.2006 GRUR **2006** 1044 Rn. 17.
28 Köhler/Bornkamm/Feddersen/*Bornkamm* § 8 UWG Rn. 1.110.
29 Köhler/Bornkamm/Feddersen/*Köhler* § 17 UWG Rn. 65.
30 BeckOK UWG/*Haertel* § 8 UWG Rn. 44.

rechtliche Anspruchsvoraussetzung stets die Gefahr voraus, dass der Anspruchsgegner in Zukunft Rechte des Geschäftsgeheimnisinhabers verletzen wird.[31] Diese Gefahr kann zum einen damit substantiiert begründet werden, dass der Anspruchsgegner bereits in der Vergangenheit Rechte des Geschäftsgeheimnisinhabers verletzt hat und weitere zukünftige Beeinträchtigungen drohen (dann sog. „Wiederholungsgefahr“). Der Anspruch zielt dann auf die Unterlassung weiterer Rechtsverletzungen ab.

Zum anderen kann aber auch ein **vorbeugender Unterlassungsschutz** gewährt werden, ohne dass überhaupt eine Rechtsverletzung eingetreten ist. Denn gemäß § 6 Abs. 1 Satz 2 reicht es bereits aus, dass eine Beeinträchtigung erstmalig droht. 28

aa) Wiederholungsgefahr. Im Wettbewerbs- und Immaterialgüterrecht indiziert die erstmalige Rechtsverletzung die Gefahr künftiger Rechtsverletzungen.[32] Sie begründet die **widerlegbare Vermutung**, dass der Verletzer in Zukunft weitere, mindestens vergleichbare, Verletzungshandlungen vornehmen wird.[33] 29

Im Einzelfall kann es problematisch sein, ob die rechtswidrige Erlangung eines Geschäftsgeheimnisses bereits auch die **Gefahr einer Nutzung oder Offenlegung** begründet. Jedenfalls nach alter Rechtslage war unter einer Verwertung eines Geheimnisses mehr als die bloße Kenntnis des Geheimnisses verstanden worden.[34] Daher sollte die bloße rechtswidrige Erlangung eines Geheimnisses noch keine Wiederholungsgefahr hinsichtlich der Verwertung begründen.[35] Auch die Herstellung von Werkzeugen durch Verwertung fremder Geschäftsgeheimnisse sollte nicht in jedem Fall die Erstbegehungs- oder Wiederholungsgefahr begründen, dass der Rechtsverletzer diese feilhalten und in Verkehr bringen will.[36] Ob die Rechtsprechung bei dieser Bewertung bleiben wird, bleibt abzuwarten; es erscheint durchaus sachgerecht, bereits in der rechtswidrigen Erlangung eines Geschäftsgeheimnisses auch das Indiz für eine erfolgte Nutzung des Geheimnisses zu sehen. Eine Verwertungshandlung im Sinne einer wirtschaftlichen Nutzung zum Zwecke der Gewinnerzielung sollte schon bislang im Falle der unrechtmäßigen Erlangung von Kundendaten, in der Integrierung der Daten in die eigene Kundenliste, sowie in der aktiven Anbahnung von Geschäftskontakten mit Hilfe der fremden Kundenliste zu sehen sein.[37] 30

Fragwürdig scheint es, in einer wiederholten Rechtsverletzung gegen §§ 17 ff. UWG a. F. bereits ein Indiz auch für Rechtsverletzungen nach dem GeschGehG zu sehen.[38] Denn aufgrund des eng auszulegenden Begriffes des Geschäftsgeheimnisses nach § 2 besteht die Möglichkeit, dass eine Handlung nach der alten Rechtslage unzulässig war, aber nach der heutigen Rechtslage erlaubt ist. 31

bb) Beseitigung der Wiederholungsgefahr. Die Wiederholungsgefahr kann der Rechtsverletzer selbst in der Regel nur durch Abgabe einer **strafbewehrten Unterlassungserklärung** ausräumen. 32

Darüber hinaus kann die Wiederholungsgefahr nur in wenigen **Ausnahmefällen** entfallen. Der Wegfall oder die Änderung tatsächlicher Umstände – wie bspw. die Liquidation 33

31 Köhler/Bornkamm/Feddersen/*Bornkamm* § 8 UWG Rn. 1.10 f.
32 Ohly/Sosnitza/*Ohly* § 8 UWG Rn. 8.
33 BGH 20.6.2013 GRUR **2013** 1235.
34 OLG Hamm 31.1.2013 GRUR-RR **2013** 306, 308.
35 BeckOK UWG/*Kalbfus* § 17 UWG Rn. 205.
36 Vgl. BGH 18.7.2011 GRUR **2002** 91, 94 f.
37 OLG Saarbrücken 24.7.2002 GRUR-RR **2002** 359.
38 *Hoppe*/*Oldekop* GRUR-Prax **2019** 324, 325.

des Unternehmens, die Einstellung der Produktion oder die Geschäftsaufgabe – beseitigt die Wiederholungsgefahr dabei regelmäßig nicht.[39]

34 Relevant können jedoch **Änderungen der Rechtslage** werden. Zur Bejahung der Wiederholungsgefahr ist es grundsätzlich erforderlich, dass die beanstandete Handlung sowohl nach neuer als auch nach alter, im Zeitpunkt der Handlungsvornahme bestehender Rechtslage unzulässig ist und auch zwischenzeitlich nicht zulässig war.[40] Im Zusammenhang mit den neuen Regelungen des GeschGehG ist es daher von Relevanz, ob ein in der Vergangenheit (vor Geltung des GeschGehG) liegendes Verhalten, sowohl nach den §§ 17 ff. UWG a. F. als auch nach den §§ 4 f. eine Rechtsverletzung begründet.

35 In der Praxis problematische Konstellationen können sich insbes. dann ergeben, wenn Unternehmen die nach neuer Rechtslage erforderlichen **Geheimhaltungsmaßnahmen** erst **nachträglich** nach Bekanntwerden eines Verletzungsfalles implementieren. Dies kann dann zur Folge haben, dass Handlungen zum Zeitpunkt des Verstoßes gemäß §§ 17 ff. UWG a. F. unzulässig waren, nach rechtlicher Beurteilung gemäß der heutigen Rechtslage mangels ausreichender Schutzmaßnahmen aber als zulässig einzustufen gewesen wären, auch wenn später Schutzmaßnahmen ergriffen wurden. Dies hätte zur Folge, dass die Wiederholungsgefahr nach den allgemeinen Rechtsgrundsätzen in Bezug auf Unterlassungsansprüche eigentlich entfallen wäre. Diesem Ergebnis wird entgegen gehalten, dass die spätere Implementierung von Schutzmaßnahmen keine zu einer Neubeurteilung der Wiederholungs- oder Erstbegehungsgefahr führende Zäsur rechtfertige.[41]

36 Umgekehrt können bspw. Fälle des **Reverse Engineerings** zum Zeitpunkt ihrer Vornahme gemäß §§ 17 ff. UWG a. F. als verboten einzustufen sein, während sie nach heutiger Rechtslage gemäß § 3 Abs. 1 Nr. 2 eine grundsätzlich zulässige Maßnahme darstellen. Diesbezüglich wird im Schrifttum vertreten, dass wegen der geänderten Rechtslage zwar eine Wiederholungsgefahr in Bezug auf die Erlangung des Geheimnisses entfallen sei. Daraus folge jedoch nicht, dass eine Wiederholungs- oder Erstbegehungsgefahr hinsichtlich anderer Begehungsformen entfalle, welche auf dem nach früherer Rechtslage rechtswidrig erlangtem Geheimnis beruhen.[42]

37 **cc) Erstbegehungsgefahr.** Für das Vorliegen einer Erstbegehungsgefahr greift – anders als bei der Wiederholungsgefahr – keine Vermutung ein.[43] Hier hat der Anspruchsteller ernsthafte und greifbare Anhaltspunkte dafür darzulegen, dass der Anspruchsgegner in naher Zukunft eine Rechtsverletzung im Sinne des § 4 begehen wird. Die bloße theoretische Möglichkeit einer Verletzung reicht noch nicht aus. Die Annahme einer Erstbegehungsgefahr setzt die **Darlegung von Umständen** voraus, welche die drohende Verletzungshandlung so konkret abzeichnen, dass sich für alle Tatbestandmerkmale zuverlässig beurteilen lässt, ob diese verwirklicht sind.[44] Daher kann auch die Feststellung einer unerlaubten Geheimniserlangung geeignet sein, die Erstbegehungsgefahr hinsichtlich einer darauf beruhenden Nutzung oder Offenlegung zu begründen.[45]

38 Die Erstbegehungsgefahr im **vorbeugenden Rechtsschutz** ist – im Gegensatz zur Wiederholungsgefahr – auf noch nicht ins Werk gesetzte Verhaltensweisen beschränkt. Sie

---

39 Ohly/Sosnitza/*Ohly* § 8 UWG Rn. 19.
40 Vgl. BGH 25.4.2012 GRUR **2012** 1279, 1281 Rn. 16; Ohly/Sosnitza/*Ohly* § 8 UWG Rn. 20.
41 *Hoppe/Oldekopp* GRUR-Prax **2019** 324, 325.
42 *Hoppe/Oldekopp* GRUR-Prax **2019** 324, 326 f.
43 Vgl. BGH 23.2.1989 GRUR **1989** 432, 434.
44 Vgl. BGH 23.10.2014 GRUR **2015** 603, 605 Rn. 17.
45 Vgl. OLG Saarbrücken 24.7.2002 GRUR-RR **2002** 359; BeckOK/*Kalbfus* § 17 UWG Rn. 206.

kann daher nur auf Rechtsverletzungen gestützt werden, die der Anspruchsgegner noch nicht umgesetzt hat.[46]

Mangels bereits eingetretener Rechtsverletzungen kann die Erstbegehungsgefahr auch unter wesentlich leichteren Voraussetzungen als im Falle der Wiederholungsgefahr beseitigt werden. Zur Beseitigung der Erstbegehungsgefahr genügt daher bereits das Setzen eines **„actus contrarius"**, d.h. das Vorhalten eines neuen der Begründungshandlung gegensätzlichen Verhaltens.[47] Ein solches Verhalten kann bspw. in der uneingeschränkten und eindeutigen Erklärung einer Berühmungsaufgabe[48] oder aber auch in der Rücknahme von Anzeigen oder Markenanmeldungen zum Ausdruck kommen.[49] Erst Recht kommt zudem die Abgabe einer strafbewehrten Unterlassungserklärung in Betracht. Der Beseitigung der Erstbegehungsgefahr soll es sogar nicht entgegenstehen, wenn sich der Rechtsverletzer in einem laufenden Gerichtsprozess ausschließlich zum Zwecke der Rechtsverteidigung gegen die Rechtsverletzung verteidigt und zugleich zu erkennen gibt, die streitgegenständliche Verletzungshandlung in Zukunft nicht mehr zu begehen.[50] Wurde die Erstbegehungsgefahr durch die unbefugte Erlangung von Geschäftsgeheimnissen begründet, wird im Schrifttum vertreten, dass diese nur durch die Herausgabe bzw. Vernichtung oder Löschung der geheimen Informationen beseitigt werden kann.[51] Dem ist zuzustimmen, zumal nach hier vertretener Auffassung ohnehin in Erwägung zu ziehen ist, in der erwiesenen rechtswidrigen Erlangung von Geheimnissen auch ein Indiz für die erfolgte Nutzung zu sehen. 39

dd) Umfang des Unterlassungsanspruchs. Hinsichtlich des sachlichen **Umfangs** des Unterlassungsanspruchs ist zunächst die konkret begangene bzw. drohende Rechtsverletzung maßgebend. Der Unterlassungsanspruch umfasst generell alle gemäß § 4 verbotenen Handlungen. Der Anspruchsteller kann je nach konkret einschlägiger Verletzungshandlung bspw. die Unterlassung der Weitergabe, der Nutzung oder auch der Offenlegung des verletzten Geschäftsgeheimnisses verlangen.[52] So kann dem Anspruchsgegner bspw. die Verwendung bestimmter geheimer Unterlagen untersagt werden.[53] Im Falle von kaufmännischem Know-how kann der Unterlassungsanspruch, bspw. bei der unzulässigen Erlangung von Kundendaten, ein Verbot der aktiven Anbahnung von Verträgen und Geschäftsbeziehungen mit diesen Kunden gebieten.[54] 40

Darüber hinaus erstreckt sich der Unterlassungsanspruch auch auf alle „im Kern" **gleichartigen Verletzungshandlungen**; eines Rückgriffs auf eine weitere diesbezügliche Erstbegehungsgefahr bedarf es nicht. Auch muss der Anspruchsteller seinen Unterlassungsantrag nicht explizit in Bezug auf die im Kern gleichartigen Verletzungshandlungen stellen. Wenn der Anspruchsteller den beantragten Unterlassungsanspruch aber auf eine ganz konkrete Verletzungshandlung ausdrücklich beschränkt, ist das erkennende Gericht 41

---

46 BGH 23.9.2015 GRUR **2015** 1201, 1206 Rn. 44; **a. A.** Ströbele/Hacker/Thiering/*Thiering* § 14 Rn. 550.
47 BGH 13.3.2008 GRUR **2008** 912 Rn. 30.
48 BGH 31.5.2001 GRUR **2001** 1174, 1176.
49 Ohly/Sosnitza/*Ohly* UWG § 8 Rn. 33.
50 BGH 12.3.2015 GRUR **2015** 1025 Rn. 21; **a. A.** Ströbele/Hacker/Thiering/*Thiering* § 14 Rn. 556.
51 BeckOK UWG/Kalbfus § 17 UWG Rn. 206.
52 Vgl. BeckOK UWG/*Kalbfus* § 17 UWG Rn. 207; Köhler/Bornkamm/Feddersen/*Köhler* § 17 UWG Rn. 64; Ströbele/Hacker/Thiering/*Thiering* § 14 Rn. 562; Ohly/Sosnitza/*Ohly* § 17 UWG Rn. 52.
53 *Deichfuß* GRUR-Prax **2012** 449, 450 f.; BeckOK UWG/*Kalbfus* § 17 UWG Rn. 208.
54 Vgl. BGH 19.12.2002 GRUR **2003** 453, 454; BeckOK UWG/*Kalbfus* § 17 UWG Rn. 208.

bei der Tenorierung auf diese konkret im Klageantrag aufgeführten Verletzungshandlungen beschränkt.[55]

42 Mit umfasst sind, nach hier vertretener Auffassung, zudem etwaige **Abwandlungen des Geschäftsgeheimnisses** sowie Entwicklungen, die zwar nicht vollständig auf den in unzulässiger Weise erlangten Geschäftsgeheimnissen beruhen, deren Nutzung aber in einer Weise mitursächlich für die neue Entwicklung des Verletzers geworden ist, die wirtschaftlich und technisch nicht als bedeutungslos angesehen werden kann. Auch diese Weiterentwicklungen bzw. Abwandlungen sind insoweit mit dem Makel behaftet, auf unlauter bzw. unzulässig erlangten Kenntnissen zu beruhen.[56] Der Anspruchsteller ist bei Entwicklungen, die zumindest teilweise auf der Verletzung von Geschäftsgeheimnissen beruhen, nicht gehalten, darzulegen und ggf. zu beweisen, hinsichtlich welcher konkreten Bestandteile der Entwicklung eine Geheimnisverletzung vorliegt. Ausreichend ist, wenn dem Klägervorbringen zu entnehmen ist, dass die streitgegenständliche Entwicklung jedenfalls auch rechtsverletzende Verkörperungen enthält. Zu beachten ist dann jedoch, dass der tenorierungsfähige Unterlassungsanspruch lediglich die Entwicklung als Ganzes sperrt und daher nur einen eingeschränkten Schutzumfang hat. Sobald der Unterlassungsschuldner die Entwicklung abändert, kann – ohne erneutes Erkenntnisverfahren – nicht ohne weiteres davon ausgegangen werden, dass die abgeänderte Entwicklung das Geschäftsgeheimnis noch verkörpert.[57] Nur wenn dem Klägervorbringen die konkrete Verletzungsform zu entnehmen ist, kann sich das tenorierte Unterlassungsgebot auf im Kern gleichartige Abwandlungen der Entwicklung erstrecken.[58]

43 Die konkrete Bewertung der obigen Maßgaben brachte schon in der bisherigen Praxis erhebliche Schwierigkeiten mit sich, da Herkunft und Entwicklung von Informationen häufig nur schwerlich nachzuvollziehen sind. Inhaber von Geschäftsgeheimnissen werden aber weiterhin gut beraten sein, ihre Geheimnisse so mit **Identifizierungsmerkmalen** zu versehen, dass auch eine spätere Verwendung erkennbar und zuzuordnen bleibt. Dies kann etwa in der bewussten Einarbeitung unnötiger Informationen (etwa sog. „Dummy-Adressen" in Datenbanken oder technische nicht erforderliche Konstruktionsparameter, die vom Verletzer bei der Verwendung übernommen wurden und damit den Einwand verwehren, er hätte die Konstruktion selbst entwickelt) erfolgen.

44 Auch wenn die Unterlassung im Regelfall die Nichtvornahme weiterer Verletzungshandlungen in Form des **schlichten Nichtstuns** meint, erschöpft sich der Unterlassungsanspruch im Einzelfall nicht darin, sondern umfasst auch **aktive Handlungspflichten**. Dies kann bei solchen Sachverhaltskonstellationen angenommen werden, bei denen der Anspruchsgegner einen Störungszustand geschaffen hat und davon auszugehen ist, dass hiervon zukünftig – auch ohne aktives Zutun des Anspruchsgegners – weitere Rechtsverletzungen ausgehen werden. In diesen Fällen können zukünftige Rechtsverletzungen also nur durch aktive Gegenmaßnahmen und nicht nur durch bloße Passivität verhindert werden.

45 Der Anspruchsgegner ist dann zur Vornahme möglicher und zumutbarer **Gegenmaßnahmen**, zur Beseitigung des Störungszustandes aus dem Unterlassungsanspruch verpflichtet.[59] Diese Rechtsgrundsätze haben nach der Auffassung des BGH nicht nur im wettbewerbsrechtlichen Kontext Geltung, sondern sind auch bei den übrigen immaterial-

55 Ohly/Sosnitza/*Ohly* § 8 UWG Rn. 35.
56 Vgl. BGH 19.3.2008 NJOZ **2009** 301 Rn. 9; BGH 19.12.1984 GRUR **1985** 294, 296.
57 BGH 13.12.2007 GRUR **2008** 727 Rn. 17.
58 BGH 13.12.2007 GRUR **2008** 727 Rn. 18.
59 BGH 4.5.2017 GRUR **2017** 823 Rn. 25ff.; BGH 29.9.2016 GRUR **2017** 208 Rn. 24ff.; BGH 19.11.2015 GRUR **2016** 720 Rn. 34; Büscher/Dittmer/*Niebel* § 97 Rn. 36.

güterrechtlichen Unterlassungsansprüchen anzuwenden.[60] Da nach dem gesetzgeberischen Willen hinsichtlich der Voraussetzungen und des Umfangs des Unterlassungs- und Beseitigungsanspruchs aus § 6 auf Rechtsprechung und Literatur der vergleichbaren Anspruchsgrundlagen aus dem Wettbewerbs- und Immaterialgüterrecht zurückgegriffen werden soll, dürfte für den Geschäftsgeheimnisschutz nichts anderes gelten.[61]

Hat daher bspw. der Rechtsverletzer unter Verwendung des betroffenen Geschäfts- 46
geheimnisses Produkte entwickelt und ggf. sogar weiter vertrieben, dann umfasst der Unterlassungsanspruch nicht nur die Pflicht, keine weiteren das Geschäftsgeheimnis verletzenden Produkte zu entwickeln, zu produzieren und weiter zu vertreiben, sondern darüber hinaus auch die Pflicht, bereits in Vertrieb gebrachte Produkte rückzurufen.[62] Zudem hat der Anspruchsgegner darauf hinzuwirken, dass für die rechtsverletzenden Produkte nicht mehr geworben wird.[63] Diesbezüglich haftet der Rechtsverletzer zwar grundsätzlich nicht für das selbstständige Handeln Dritter. Jedoch ist er gehalten, auf Dritte, deren Handeln ihm wirtschaftlich zugutekommt, ggf. einzuwirken, wenn mit weiteren Rechtsverletzungen ernsthaft zu rechnen ist und rechtliche sowie tatsächliche Einwirkungsmöglichkeiten auf das Verhalten des Dritten bestehen.[64] Einwirkungsmöglichkeiten meinen in diesem Zusammenhang jedoch nicht nur gerichtlich durchsetzbare zivilrechtliche Ansprüche. Denn auch ohne Rechtsanspruch hat der Unterlassungsschuldner zumindest zu versuchen, einen Rückruf bei seinen Vertriebspartnern zu erreichen.[65] In praktischer Hinsicht ist immer wieder festzustellen, dass Verletzer diese Pflichten nicht ernst nehmen oder zumindest die Dokumentation ihrer Aktivität nur nachlässig vornehmen (und damit Raum für Sanktionen eröffnen).

Eine solche **Rückrufspflicht** muss weder in einer strafbewehrten Unterlassungserklä- 47
rung, noch in einem im Hauptsacheverfahren oder im einstweiligen Rechtsschutzverfahren erwirkten Titel explizit tenoriert werden.[66] Auch wenn der Anspruchsgegner nach wörtlicher Auslegung nur zur Unterlassung verpflichtet wurde, liegt ein Verstoß gegen die Unterlassungsverpflichtung vor, wenn die jeweils zur Störungsbeseitigung erforderlichen und gebotenen Handlungen nicht vorgenommen werden.

Eine **Befristung** des Unterlassungsgebots kann nur in Ausnahmefällen angenommen 48
werden, sodass der Unterlassungsschuldner hinsichtlich nachträglicher Änderungen der Sach- oder Rechtslage grds. auf den vollstreckungsrechtlichen Rechtsbehelf des § 767 ZPO beschränkt ist.[67] Die Tenorierung eines befristeten Unterlassungsgebots ist jedoch dann geboten, wenn im Zeitpunkt der letzten mündlichen Verhandlung objektiv feststeht, dass eine gegenwärtige Rechtsverletzung ab einem bestimmten in der Zukunft liegenden Zeitpunkt rechtmäßig sein wird.[68] Zudem ist eine Beschränkung wegen der heutigen verschuldensunabhängigen Haftung zwingend notwendig, wenn sich ein dauerhafter Unterlas-

60 BGH 4.5.2017 GRUR **2017** 823 Rn. 26.
61 BT-Drucks. 19/4724 S. 29f.
62 Vgl. BeckOK UWG/*Kalbfus* § 17 UWG Rn. 208.
63 Vgl. Ströbele/Hacker/Thiering/*Thiering* § 14 Rn. 559.
64 BGH 13.11.2013 GRUR **2014** 595 Rn. 26.
65 BGH 4.5.2017 GRUR **2017** 823 Rn. 32; BGH 29.9.2016 GRUR **2017** 208 Rn. 33; OLG Köln 12.3.2008 GRUR-RR **2008** 365f.; OLG Frankfurt a.M. 18.8.2009 GRUR-RR **2009** 412f.
66 BGH 29.9.2016 GRUR **2017** 208 Rn. 23; BGH 19.11.2015 GRUR **2016** 720 Rn. 35; anders noch: BGH 13.2.2003 GRUR **2003** 545, 546.
67 Vgl. BGH 19.11.1982 GRUR **1983** 179, 181 a.E.
68 Vgl. BeckOK UWG/*Kalbfus* § 17 UWG Rn. 209; Köhler/Bornkamm/Feddersen/*Köhler* § 17 UWG Rn. 64; Ohly/Sosnitza/*Ohly* § 17 UWG Rn. 52.

sungsanspruch – insbes. hinsichtlich des Grads des Verschuldens sowie der Exklusivität und des Wertes des Geheimnisses – als nach § 9 unverhältnismäßig erweisen würde.[69]

49 Bspw. kann eine spätere rechtmäßige Alternativerlangung des Geschäftsgeheimnisses anzunehmen sein, wenn sich der Rechtsverletzer durch seine Handlung lediglich einen zeitlichen Vorteil verschafft hat, also davon auszugehen ist, dass er die verletzten Geschäftsgeheimnisse zu einem späteren Zeitpunkt ohnehin mittels eigenständigen Wissensaufbaus erlangt hätte.[70] Zwar nahm der BGH bzgl. wettbewerbsrechtlich gelagerten Fällen – bezogen auf § 17 UWG a.F. – an, dass aufgrund der schuldhaften Verletzung des Betriebsgeheimnisses kein Raum für Interessenabwägungen bestehe. Bei einem Verstoß gegen §§ 17f. UWG a.F. seien mittels der Geheimnisverletzung erzielte Ergebnisse in der Regel dauerhaft mit einem wettbewerbswidrigen Makel behaftet.[71] Eine derartig weite Auslegung des Umfangs des Unterlassungsanspruchs kann nach der neuen Rechtslage jedoch nicht mehr angenommen werden (s.o.). So sind u.a. auch die Ansprüche aus § 6 gemäß § 9 ausdrücklich einem Verhältnismäßigkeitseinwand unterworfen. Nach § 9 Nr. 5 sind diesbezüglich insbes. auch die berechtigten Interessen des Geheimnisinhabers und des Rechtsverletzers zu berücksichtigen und gegeneinander abzuwägen. Auch den Erwägungsgründen der Richtlinie (EU) 2016/943 ist zu entnehmen, dass gerichtliche Abhilfemaßnahmen stets **verhältnismäßig** sein müssen.[72] Gerichtliche Hauptsacheentscheidungen sollen dabei explizit auch die Möglichkeit einer Befristung vorsehen. Abhilfemaßnahmen sollen so lange gelten, wie es erforderlich ist, etwaige geschäftliche Vorteile aus dem rechtswidrigen Erwerb, der rechtswidrigen Nutzung oder Offenlegung des Geschäftsgeheimnisses zu beseitigen.[73] Die Abwehransprüche sollen hingegen keine Exklusivrechte an dem Geschäftsgeheimnis begründen.[74] Der vormals sehr strikten Rechtspraxis des BGH, welche die Befristung des Unterlassungsanspruchs auf krasse Ausnahmefälle beschränkt hat, ist damit die rechtliche Grundlage entzogen worden.

50 Der Unterlassungsanspruch erlischt, sobald das Geschäftsgeheimnis **offenkundig** wird, da ab diesem Zeitpunkt eine tatbestandliche Rechtsverletzung und in der Folge eine weitere Begehungsgefahr ausscheidet.[75] Tritt die Offenkundigkeit noch vor dem Schluss der mündlichen Verhandlung ein, ist die Klage abzuweisen; der Kläger kann den Rechtsstreit für erledigt erklären. Wird das Geheimnis zu einem späteren Zeitpunkt offenkundig, kann der Unterlassungsschuldner den Einwand im Wege der Vollstreckungsgegenklage nach § 767 BGB geltend machen. Dies gilt nicht, wenn das Geschäftsgeheimnis durch die Verletzungshandlung selbst offenkundig geworden ist.[76] Dem steht auch nicht die neue, seit Geltung der Richtlinie (EU) 2016/943 und des GeschGehG, bestehende Rechtslage entgegen. Denn die Abwehransprüche des Geschäftsgeheimnisinhabers sollen alle bestehenden geschäftlichen Vorteile des Rechtsverletzers beseitigen, die dieser aus der Rechtsverletzung erworben hat.[77] Es widerspräche dem Sinn und Zweck der Vorschrift, wenn es der Rechtsverletzer durch die Möglichkeit einer vorsätzlichen Offenlegung selbst in der Hand

---

69 Vgl. Büscher/*Tochtermann* § 6 GeschGehG Rn. 18f.
70 OLG Celle 26.5.1994 WRP **1995** 114, 115; KG Berlin 24.2.1981 WRP **1982** 153, 156f.; MAH Gewerblicher Rechtsschutz/*Musiol* § 25 Rn. 53.
71 BGH 19.3.2008 NJOZ **2009** 301 Rn. 9f.
72 Vgl. Erwägungsgründe Nr. 21, 26, 27, 28, 31, 36 Richtlinie (EU) 2016/943.
73 Erwägungsgrund Nr. 27 Richtlinie (EU) 2016/943.
74 Erwägungsgrund Nr. 16 Richtlinie (EU) 2016/943.
75 Vgl. BGH 17.5.1960 GRUR **1960** 554, 555; BeckOK UWG/*Kalbfus* § 17 UWG Rn. 210; Köhler/Bornkamm/Feddersen/*Köhler* § 17 UWG Rn. 64; Ohly/Sosnitza/*Ohly* § 17 UWG Rn. 52.
76 Vgl. BGH 13.11.1970, I ZR 102/68 (wolterskluwers) Rn. 28; *Körner* GRUR **1985** 909, 914f.; **a.A.** BeckOK UWG/*Kalbfus* § 17 UWG Rn. 210.
77 Erwägungsgrund Nr. 27 Richtlinie (EU) 2016/943.

hätte, sich die Vorteile der Rechtsverletzung – konkret die zukünftige Nutzung und wirtschaftliche Verwertung des Geschäftsgeheimnisses – zu sichern. In Übereinstimmung hiermit sehen die Erwägungsgründe eine Einschränkung in Bezug auf die weitere Vollstreckbarkeit einer gerichtlichen Abhilfemaßnahme auch nur für solche Fälle einer Offenlegung vor, welche der Unterlassungsschuldner nicht zu vertreten hat.[78] Ungeklärt bleibt damit indessen die Frage, inwiefern Dritte, die von der Offenlegung profitierten, durch den Inhaber des Geschäftsgeheimnisses in Anspruch genommen werden können.

c) Beweislast. Aufgrund der **tatsächlichen Vermutung** der Wiederholungsgefahr 51
genügt es, wenn der Anspruchsteller die Rechtsverletzung darlegt und ggf. beweist. Es ist dann Sache des Anspruchsgegners, Umstände darzulegen und im Fall des Bestreitens zu beweisen, die die Vermutung widerlegen oder die einen Wegfall der Wiederholungsgefahr begründen.[79]

Beim vorbeugenden Unterlassungsanspruch hat der Gläubiger hingegen Tatsachen 52
darzulegen und zu beweisen, welche die **volle Erstbegehungsgefahr** begründen.[80]

d) Prozessuale Geltendmachung. Zur Vermeidung der Kostentragungspflicht des 53
§ 93 ZPO infolge eines sofortigen Anerkenntnisses sollte der Geheimnisinhaber den Rechtsverletzer zunächst **außergerichtlich abmahnen** und ihm auf diesem Wege die Möglichkeit einräumen, die Begehungsgefahr – insbes. durch Abgabe einer strafbewehrten Unterlassungserklärung – auszuräumen. Hier bestehen insofern keine Besonderheiten.

Gemäß § 15 Abs. 1 sind die Landgerichte ausschließlich sachlich zuständig. Die örtli- 54
che Zuständigkeit richtet sich gemäß § 15 Abs. 2 Satz 1 grundsätzlich nach dem allgemeinen Gerichtsstand des Beklagten. Die Bundesländer können die örtliche **Zuständigkeit** jedoch nach § 15 Abs. 3 auf einzelne Landgerichte konzentrieren, wie dies für wettbewerbsrechtliche, patentrechtliche oder markenrechtliche Streitigkeiten auch der Fall ist.[81] Bislang wurde hiervon, soweit ersichtlich, noch kein Gebrauch gemacht, wenngleich dies angesichts der positiven Erfahrungen in anderen Bereichen wünschenswert ist.

4. Auskunftsanspruch. Insbesondere zur Vorbereitung der gerichtlichen Durchset- 55
zung von Beseitigungsansprüchen kann der Anspruchsteller den Anspruchsgegner auf **Auskunft** verklagen, um über den Umfang der Rechtsverletzung Kenntnis zu erlangen.[82] Gemäß § 8 kann der Geheimnisinhaber vom Rechtsverletzer Auskunft hinsichtlich der Umstände verlangen, welche einen Bezug zum rechtsverletzenden Produkt aufweisen. Dazu gehört auch die Auskunft über alle im Besitz oder Eigentum befindlichen Verkörperungen des Geschäftsgeheimnisses, über etwaige Quellen der Geheimniserlangung sowie über Personen, denen gegenüber das Geheimnis offenbart wurde (vgl. Kommentierung zu § 8 Abs. 1 Rn. 17).

5. Aktivlegitimation. Gläubiger der Abwehransprüche des § 6 ist zunächst der Ge- 56
schäftsgeheimnisinhaber. Dies ist gemäß § 2 Nr. 2 jede Person, welche die **rechtmäßige Kontrolle** über das Geschäftsgeheimnis hat. Aktivlegitimiert können sowohl natürliche als auch juristische Personen sein.[83]

---

78 Erwägungsgrund Nr. 27 Richtlinie (EU) 2016/943.
79 Vgl. BGH 19.3.1998 GRUR **1998** 1045; Büscher/*Hohlwerk* § 8 UWG Rn. 96.
80 Vgl. BGH 23.2.2017 GRUR **2017** 793 Rn. 33; BGH 23.10.2014 GRUR **2015** 603 Rn. 17.
81 Vgl. §§ 13 Abs. 4 UWG, 143 Abs. 2 PatG und 140 Abs. 2 MarkenG.
82 BT-Drucks. 19/4724 S. 31 zu § 8; *Alexander* WRP **2019** 673, 677.
83 *Alexander* § 25 Rn. 2021; Büscher/*Tochtermann* § 6 GeschGehG Rn. 10.

57 Keine Aktivlegitimation besitzt der Lizenznehmer. Zwar können der Gesetzesbegründung zufolge auch Lizenznehmer eine rechtmäßige Kontrolle i. S. d. § 2 Nr. 2 über ein Geschäftsgeheimnis ausüben.[84] Daraus kann jedoch keine Aktivlegitimation in Bezug auf die Geltendmachung von Abwehransprüchen erwachsen, da die Rechte an dem Geheimnis nicht originär bestehen, sondern lediglich aus der vertraglichen Herrschaftsbefugnis abgeleitet werden.[85] Der Lizenznehmer hat daher keine eigene Rechtsposition, die er eigenmächtig nach § 6 abwehren kann. Er kann als bloßer „Geheimnisträger" allenfalls im Wege der gewillkürten Prozessstandschaft zur Geltendmachung von Abwehransprüchen durch den Geheimnisinhaber ermächtigt werden.[86] Ggf. kommen gegen den originären Geheimnisinhaber auch Sekundäransprüche aus dem Lizenzvertrag in Betracht, wenn dieser Abwehransprüche (schuldhaft) nicht geltend macht. Aktivlegitimiert ist hingegen derjenige, der ein Geschäftsgeheimnis vollständig und dauerhaft übertragen bekommen hat.[87]

58 **6. Passivlegitimation.** Anspruchsgegner ist der **Rechtsverletzer.** Dies ist gemäß § 2 Nr. 3 jede natürliche oder juristische Person, die entgegen § 4 ein Geschäftsgeheimnis unmittelbar rechtswidrig erlangt, nutzt oder offenlegt und sich hierbei nicht auf einen Rechtfertigungstatbestand – insbes. § 5 – berufen kann.

59 Erweitert wird der Kreis der Anspruchsgegner durch § 12. In Anlehnung an § 8 Abs. 2 UWG werden Unternehmen die Rechtsverletzungen ihrer Beschäftigten und Beauftragten **zugerechnet.**[88]

60 Noch ungeklärt ist hingegen die Frage, ob auch **Intermediäre** unter Heranziehung der vom BGH entwickelten Grundsätze zur Störerhaftung nach dem GeschGehG verantwortlich sind.[89] Sowohl die Richtlinie (EU) 2016/943, als auch das GeschGehG, sowie die Regierungsbegründung schweigen zu dieser Thematik. Überlegt wird daher, diese Regelungslücke unter Heranziehung der Rechtsgrundsätze aus Art. 8 Abs. 3 InfoSoc-Richtlinie und Art. 11 Satz 3 Richtlinie 2004/48/EG zu schließen.[90]

61 Hinsichtlich der **Haftung** von **mehreren Schuldnern** ist zwischen Unterlassungs- und Beseitigungsansprüchen zu differenzieren. Haften mehrere Schuldner auf Unterlassung, ist eine gesamtschuldnerische Haftung[91] bereits denklogisch ausgeschlossen. Der Unterlassungsanspruch ist nicht bereits dann erfüllt, wenn lediglich einer der Schuldner seiner Unterlassungsverpflichtung nachkommt. Vielmehr müssen alle Schuldner ihre Unterlassungspflicht einzeln erfüllen. Der Unterlassungsgläubiger ist daher berechtigt, die Unterlassungserfüllung von jedem einzelnen Schuldner zu fordern.[92] Haften mehrere Schuldner auf Beseitigung, kann eine gesamtschuldnerische Haftung hingegen in Betracht kommen, wenn die Beseitigung durch einen Schuldner geeignet ist, zugleich den Beseitigungsanspruch gegen die übrigen Schuldner zu erfüllen.[93]

62 Auch in Bezug auf **Rechtsnachfolgen** ist zwischen den Anspruchsarten aus § 6 zu differenzieren. Da der gesetzliche Unterlassungsanspruch wegen der erforderlichen Be-

---

84 BT-Drucks. 19/4724, S. 25 zu Nummer 2.

85 Büscher/*McGuire* § 2 GeschGehG Rn. 57; vgl. hierzu *Hoeren/Münker* WRP **2018** 150, 152; **a. A.** *Alexander* § 25 Rn. 1954; *Alexander* WRP **2018** 1034, 1040.

86 Büscher/*Tochtermann* § 2 GeschGehG Rn. 59, § 6 GeschGehG Rn. 10.

87 Vgl. Köhler/Bornkamm/Feddersen/*Köhler* Vor § 17 UWG Rn. 18.

88 *Alexander* Wettbewerbsrecht § 26 Rn. 2023.

89 *Alexander* Wettbewerbsrecht § 26 Rn. 2024 ff.

90 *Alexander* Wettbewerbsrecht § 26 Rn. 2027.

91 §§ 421 ff. BGB.

92 OLG Düsseldorf 30.12.1999 GRUR **2000** 825; OLG Koblenz 16.8.1984 GRUR **1984** 909; Köhler/Bornkamm/Feddersen/*Köhler/Feddersen* § 8 UWG Rn. 2.30; Ohly/Sosnitza/*Ohly* § 8 UWG Rn. 152.

93 Ohly/Sosnitza/*Ohly* § 8 UWG Rn. 152.

gehungsgefahr an das tatsächliche Verhalten des Rechtsvorgängers anknüpft und insoweit höchstpersönlicher Rechtsnatur ist, kann der Unterlassungsanspruch nicht allein aufgrund eines Unternehmensverkaufs, einer Verschmelzung, einer Spaltung oder einer Erbnachfolge auf den Rechtsnachfolger, sowie wegen einer Insolvenz auf den Insolvenzverwalter übergehen.[94] Dies gilt auch dann, wenn Mitarbeiter, Organe oder Beauftragte des Rechtsvorgängers die Begehungsgefahr begründet haben und diese für den Rechtsnachfolger weiter tätig sind.[95] Ein Unterlassungsanspruch gegen den Rechtsnachfolger kommt nur in Betracht, wenn dieser durch sein eigenes Verhalten eine neue Begehungsgefahr begründet, wobei es zur Begründung einer Erstbegehungsgefahr durch den Rechtsnachfolger nicht ausreicht, dass dieser das Verhalten des Rechtsvorgängers in einem Rechtsstreit nur verteidigt.[96] Daher sind auch prozessuale Rechtsnachfolgevorschriften[97] auf Unterlassungsansprüche nicht anwendbar.[98] Mit der Rechtsnachfolge nicht zu verwechseln ist der bloße Formwechsel von einer Gesellschaftsform zu einer anderen. Die Umwandlung eines Unternehmens ändert gemäß § 202 Abs. 1 Nr. 1 UmwG nicht die Unternehmensidentität und wirkt sich daher nicht auf eine bestehende Begehungsgefahr aus.[99] Verlässt ein Organ oder Mitarbeiter ein Unternehmen und besteht gegen diese Person ein Unterlassungsanspruch, erlischt dieser Anspruch nicht, erstreckt sich aber auch nicht auf seinen Nachfolger.[100]

7. Einwendungen

a) Rechtsmissbräuchlichkeit. Dem Anspruch aus § 6 kann der prozessuale Einwand der **Rechtsmissbräuchlichkeit** aus § 6 entgegengesetzt werden. Die Missbräuchlichkeit ist nach den Maßstäben von Treu und Glauben i.S.d. § 242 BGB zu bemessen, wobei insbes. die Zielsetzungen des GeschGehG, sowie der umgesetzten Richtlinie (EU) 2016/943 zu berücksichtigen sind. Eine Missbräuchlichkeit soll entsprechend Erwägungsgrund Nr. 22 der Richtlinie vor allem dann in Betracht kommen, wenn Abwehransprüche nur geltend gemacht werden, um den Markteintritt eines Konkurrenten in unbilliger Weise zu verzögern oder zu beschränken (vgl. Kommentierung zu § 14 Rn. 9ff.).[101] 63

b) Unvermögenseinwand. Unterlassungs- oder Beseitigungsansprüchen kann zudem der **Unvermögenseinwand** entgegengehalten werden. Der Anspruchsteller darf insbes. keine nach § 275 BGB unmöglichen Maßnahmen verlangen. Der Unmöglichkeitseinwand kann bspw. bei geforderten Einwirkungshandlungen auf Dritte relevant werden, zu deren Verwirklichung keine rechtliche oder tatsächliche Handhabe besteht. 64

Darüber hinaus darf die verlangte Maßnahme auch nicht nach § 9 **unverhältnismäßig** sein, wobei unklar ist, ob es sich hierbei um eine von Amts wegen zu berücksichti- 65

---

94 BGH 18.3.2010 GRUR **2010** 536 Rn. 40; BGH 3.4.2008 GRUR **2008** 1002 Rn. 39; BGH 16.3.2006 GRUR **2006** 879 Rn. 17.
95 BGH 26.4.2007 GRUR **2007** 995 Rn. 10.
96 BGH 16.3.2006 GRUR **2006** 879 Rn. 18; Köhler/Bornkamm/Feddersen/*Köhler/Feddersen* § 8 UWG Rn. 2.31; Ohly/Sosnitza/*Ohly* § 8 UWG Rn. 153.
97 §§ 265, 325, 727 ZPO.
98 Köhler/Bornkamm/Feddersen/*Köhler/Bornkamm* § 8 UWG Rn. 2.31; Ohly/Sosnitza/*Ohly* § 8 UWG Rn. 153.
99 BGH 12.2.2015 GRUR **2015** 813 Rn. 17; Köhler/Bornkamm/Feddersen/*Köhler/Bornkamm* § 8 UWG Rn. 2.31; Ohly/Sosnitza/*Ohly* § 8 UWG Rn. 153.
100 BGH 3.6.1976 GRUR **1976** 579, 583; Köhler/Bornkamm/Feddersen/*Köhler/Bornkamm* § 8 UWG Rn. 2.31.
101 BT-Drucks. 19/4724, S. 34 zu § 14; Büscher/*Tochterman* § 14 GeschGehG Rn. 10.

gende Einwendung, oder um eine vom Verletzer geltend zu machende Einrede handelt.[102] Zur Bemessung der Verhältnismäßigkeit führt § 9 mehrere nicht abschließende Kriterien auf. Im Gegensatz zum früheren Geheimnisschutz sind nach der neuen Rechtslage nun ausdrücklich auch die berechtigten Interessen des Geheimnisinhabers und des Verletzers sowie die jeweiligen Folgen der Rechtsdurchsetzung zu berücksichtigen. Hintergrund hierfür ist, dass potentielle Rechtsverletzer – anders als nach dem damaligen Geheimnisschutz – verschuldensunabhängig haften, Ansprüche aus §§ 6, 7 aber weitreichende und kostspielige Haftungsfolgen auslösen können. Unternehmen können sogar für die (ggf. unverschuldeten) Rechtsverletzungen Dritter haften (vgl. Kommentierung zu § 9 Rn. 10).

66 **c) Abfindungsbefugnis.** Da das GeschGehG in Übereinstimmung mit der Richtlinie (EU) 2016/943 nicht das Geheimnis an sich, sondern dessen wirtschaftlichen Wert schützen möchte, kann der schuldlose und damit schutzwürdige Rechtsverletzer die Abwehransprüche aus §§ 6, 7 entsprechend der Regelung in § 11 gegen Zahlung einer **Geldabfindung** abwenden, wenn ihm bei der Erfüllung der Ansprüche ein unverhältnismäßig großer Nachteil entstehen würde und die Abfindung in Geld angemessen erscheint (vgl. Kommentierung zu § 11 Abs. 1 Rn. 16).

67 **d) Verjährung.** Die Ansprüche aus § 6 verjähren nach den **allgemeinen Vorschriften**, §§ 194 ff. BGB. Es gilt die regelmäßige Verjährungsfrist von drei Jahren, § 195 BGB. Die Verjährungsfrist beginnt gemäß § 199 Abs. 1 BGB, wenn der Anspruch entstanden ist und der Geheimnisinhaber Kenntnis von der Rechtsverletzung erlangt hat oder hätte erlangen müssen, wobei ihm mindestens eine grob fahrlässige Unkenntnis vorwerfbar sein muss.

68 **8. Konkurrenzen.** Soweit wegen eines andauernden rechtswidrigen Störungszustandes der Unterlassungsanspruch auch die Pflicht zur Durchführung von aktiven Gegenmaßnahmen umfasst, können **Überschneidungen mit den Beseitigungsansprüchen** aus §§ 6, 7 bestehen. Nach der Rechtsprechung des BGH stehen beide Ansprüche dann selbstständig nebeneinander. Der Anspruchsinhaber kann wahlweise den Beseitigungs- und/oder den Unterlassungsanspruch geltend machen. Dadurch kann er durch die Geltendmachung des Unterlassungsanspruches ggf. auch Beseitigungsansprüche geltend machen, ohne diese eigenständig beantragen zu müssen.[103] Im Vergleich zu § 7 ist der § 6 in seiner Ausprägung als weniger speziell anzusehen, sodass ihm insofern ein Auffangcharakter zukommt.[104]

III. Außer- und/oder vorgerichtliche Geltendmachung

69 **1. Abmahnung.** Die **Abmahnung** ist ein außer- und/oder vorgerichtliches Instrument, um den Rechtsverletzer auf die ihm zurechenbare Rechtsverletzung aufmerksam zu machen. Sie ist keine prozessuale Voraussetzung für die gerichtliche Geltendmachung der Ansprüche aus § 6, ermöglicht es dem Anspruchsinhaber aber, der ihm drohenden Kostentragungslast aus § 93 ZPO zu entkommen (s. o.).

70 Zur Abmahnung muss der Anspruchsinhaber die Rechtsverletzung so hinreichend konkretisieren, dass der Verletzer die ihm vorgeworfenen Handlungen auch tatsächlich

102 Büscher/*Tochtermann* § 9 GeschGehG Rn. 3.
103 BGH 4.5.2017 GRUR **2017** 823 Rn. 28; BGH 29.9.2016 GRUR **2017** 208 Rn. 28.
104 Vgl. BeckOK GeschGehG/*Spieker* § 7 GeschGehG Rn. 1.

überprüfen kann.[105] Hierbei ist für den Anspruchsinhaber **besondere Vorsicht** geboten. Denn mit der Konkretisierung des Unterlassungsanspruchs läuft er Gefahr, das Geheimnis möglicherweise selbst zu offenbaren und so den rechtlichen Schutz des Geheimnisses zu verlieren.[106] Denn im Bereich der außergerichtlichen Rechtsverfolgung ist der Anspruchsinhaber – anders als im gerichtlichen Verfahren – hinsichtlich der Geheimhaltung des Geschäftsgeheimnisses nicht besonders geschützt. Die Geheimhaltungsvorschriften der §§ 16ff. greifen erst ab Beginn eines gerichtlichen Verfahrens ein.

Die **Konkretisierung** des betroffenen Geschäftsgeheimnisses setzt jedoch bei der Ab- 71
mahnung einer konkreten Verletzungshandlung nicht in jedem Fall voraus, dass das Geheimnis inklusive seiner Besonderheiten genau beschrieben wird. Ausreichend ist eine Beschreibung, welche auch in Bezug auf die Fassung eines gedachten Klageantrags hinreichend genug bestimmt wäre. Es ist daher immer darauf abzustellen, ob die in der Abmahnung aufgestellte Beseitigungs- und/oder Unterlassungsaufforderung im Rahmen einer hypothetischen Zwangsvollstreckung vollstreckbar wäre.[107]

Ist eine Beschreibung der gebotenen Beseitigungs- und/oder Unterlassungspflicht 72
ohne gleichzeitige Offenbarung des Geschäftsgeheimnisses nicht möglich, ist von einer vorprozessualen Abmahnung im Zweifel dringend abzuraten,[108] unter Inkaufnahme der kostenseitigen Nachteile. Der Geheimnisinhaber muss dann unmittelbar gerichtliche Schritte einleiten oder sollte die vorherige Abmahnung auf eine abstrakte Beschreibung der im Raum stehenden Rechtsverletzung beschränken. In diesem Fall kann die Klageerhebung auch nicht stets unter dem Damoklesschwert des § 93 ZPO stehen, da es für den Geheimnisinhaber unzumutbar und widersprüchlich wäre, müsste er seine materiellen Abwehransprüche vorprozessual zunichtemachen, nur um einer späteren prozessualen Kostentragungslast zu entgehen.[109] Zudem würden die in den §§ 16ff. geregelten verfahrensrechtlichen Geheimhaltungsvorschriften faktisch ins Leere laufen, da diese nicht vor einer Kenntniserlangung außerhalb, d.h. auch vor Beginn des gerichtlichen Prozesses schützen, § 16 Abs. 2 a.E. Abzustellen ist daher auf die jeweiligen **Umstände des Einzelfalles**. Entscheidend ist, ob der Beklagte durch sein Verhalten Anlass zur Klage gegeben hat. Einen Anlass zur Klageerhebung können neben dem Verhalten des Beklagten auf eine vor Klageerhebung erfolgte Abmahnung auch weitere Umstände geben. Dies wird regelmäßig der Fall sein, wenn er die Rechtsverletzung in zurechenbarer Weise zu vertreten hat, auf entsprechende Hinweise des Geheimnisinhabers die Vorwürfe im Rahmen seiner Möglichkeiten nicht überprüft hat, und der Kläger ohne sofortige Klageerhebung – aufgrund der Offenbarung des Geschäftsgeheimnisses oder einer besonderen Eilbedürftigkeit – sein Rechtsschutzziel vereitelt hätte.

**2. Abgabe eines Unterlassungsversprechens und Vereinbarung eines Unterlas- 73
sungsvertrages.** In der Rechtspraxis üblich ist die Verbindung der Abmahnung mit der Aufforderung zur Eingehung einer **vertraglichen strafbewehrten Unterlassungsverpflichtung**. Auf diesem Wege kann der Rechtsverletzer die Vermutung eines fortbestehenden Verletzerwillens entkräften und die Begehungsgefahr hinsichtlich des Unterlassungsanspruchs beseitigen. An die Stelle des gesetzlichen Unterlassungsanspruchs tritt dann der

105 Vgl. BeckOK UrhR/*Reber* § 97a UrhG Rn. 6.
106 Vgl. *McGuire* GRUR **2016** 1000, 1002.
107 Vgl. BGH 1.7.1960 GRUR **1961** 40, 42.
108 So auch *Laoutoumai/Baumfalk* WRP **2018** 1300.
109 Vgl. OLG Hamburg 4.4.2006 WRP **2006** 1262; OLG Stuttgart 24.3.2000 NJW-RR **2001** 257; OLG Düsseldorf 28.20.2996 NJW-RR **1997** 1064f.; LG Hamburg 19.3.2004 GRUR-RR **2004** 191f.; Köhler/Bornkamm/Feddersen/*Bornkamm* § 12 UWG Rn. 1.61.

vertragliche Unterlassungsanspruch als neuer, eigenständiger Anspruch.[110] Regelmäßig wird der Abmahnung daher bereits ein abschlussreifer Unterlassungsvertrag beigelegt, welchen der Rechtsverletzer entweder bestätigen oder zurückweisen kann. Bei einer zu weit gefassten Unterlassungsformel kann der Verletzer auf eine Modifizierung der Unterlassungserklärung bestehen. Oft übersehen wird, dass für das Zustandekommen des Unterlassungsvertrages die allgemeinen Bestimmungen in Form von Antrag und Annahme gelten, so dass die vom Abgemahnten geänderte Unterlassungserklärung einer ausdrücklichen Annahme durch den Abmahnenden bedarf, damit der Unterlassungsvertrag zustande kommt.

3. Inhalt und Umfang des Unterlassungsvertrages

74 **a) Das Unterlassungsversprechen.** Mit dem Unterlassungsversprechen verpflichtet sich der Schuldner, in Zukunft für jeden Fall der Zuwiderhandlung gegen die Unterlassungsverpflichtung, eine **Vertragsstrafe** an den Gläubiger zu zahlen. Da durch den Unterlassungsvertrag die Wiederholungsgefahr in Bezug auf den gesetzlichen Unterlassungsanspruch beseitigt und eine neue, selbstständige Unterlassungsverpflichtung in Form eines Dauerschuldverhältnisses geschaffen werden soll, stellt der Unterlassungsvertrag ein abstraktes Schuldanerkenntnis i. S. d. § 781 BGB dar.[111] Nach Auffassung der Rechtsprechung des BGH ist der Unterlassungsvertrag als abstraktes Schuldversprechen i. S. d. § 780 BGB einzuordnen[112]; rechtliche Konsequenzen ergeben sich aus den unterschiedlichen rechtlichen Einordnungen indes nicht.

75 Der Umfang der Unterlassungsvereinbarung ist gemäß §§ 133, 157 BGB durch Auslegung zu ermitteln. Sofern sich der Schuldner nicht der sofortigen Vollstreckbarkeit unterwirft, bedarf die Unterlassungserklärung auch nicht einer § 253 Abs. 2 Nr. 2 ZPO entsprechenden Bestimmtheit.[113] Möglich sind **abstrakte oder konkrete Unterlassungsvereinbarungen**. Während das abstrakte Unterlassungsversprechen auf die generelle Untersagung abzielt, einzelne oder auch sämtliche Geschäftsgeheimnisse des Gläubigers in irgendeiner Form zu verletzen, untersagt das konkrete Unterlassungsversprechen nur eine konkrete Verletzungsform bzgl. eines bestimmten Geschäftsgeheimnisses. Wie beim gesetzlichen Unterlassungsanspruch ist das konkrete Unterlassungsversprechen auf im Kern gleiche Verletzungshandlungen beschränkt, sofern sich aus der Auslegung keine diesbezügliche Einschränkung der Unterlassungspflicht ergibt.[114] Die Reichweite der Vereinbarung ist strikt von der bestehenden Begehungsgefahr zu trennen, welche durch den Unterlassungsvertrag ggf. auch beseitigt werden soll. D. h. es können auch solche Verletzungsformen wirksamer Inhalt eines Unterlassungsversprechens werden, bezüglich denen eine Begehungsgefahr und somit ein entsprechend gesetzlicher Unterlassungsanspruch gar nicht gegeben ist.[115]

76 **b) Die Beseitigung der Wiederholungsgefahr.** An das Unterlassungsversprechen sind folglich **inhaltlich strengere Anforderungen** zu stellen, wenn über die Funktion eines abstrakten Unterlassungs- und Vertragsstrafeversprechens hinaus auch eine im Raum

---

110 Vgl. BeckOK UWG/*Haertel* § 8 UWG Rn. 112.
111 Köhler/Bornkamm/Feddersen/*Bornkamm* § 12 UWG Rn. 1.166; Ohly/Sosnitza/*Ohly* § 8 UWG Rn. 48.
112 BGH 5.3.1998 GRUR **1998** 953, 954; BGH 12.7.1995 GRUR **1995** 678, 679.
113 BGH 17.7.1997 GRUR **1997** 931, 932; Köhler/Bornkamm/Feddersen/*Bornkamm* § 12 UWG Rn. 1.179.
114 BGH 3.7.2003 GRUR **2003** 899; OLG Frankfurt a. M. 11.11.1996 WRP **1997** 101; Köhler/Bornkamm/Feddersen/*Bornkamm* § 12 UWG Rn. 1.140 ff.
115 Teplitzky/*Bacher* Kap. 8 Rn. 16.

stehende Wiederholungsgefahr beseitigt werden soll. Der Wegfall einer bestehenden Wiederholungsgefahr kann zwar mit einem wirksam vereinbarten Unterlassungsversprechen korrelieren. An eine entsprechende Auslegung, dass mit der Unterlassungsvereinbarung auch eine bestehende Wiederholungsgefahr beseitigt werden soll, sind jedoch weitaus strengere Maßstäbe als die allgemeinen Vertragsauslegungsgrundsätze gem. §§ 133, 157 BGB anzulegen. Nur weil jemand eine Unterlassung wirksam verspricht, folgt daraus nicht automatisch, dass hinsichtlich aller untersagten Verletzungen auch die Wiederholungsgefahr entfällt.[116] Denn eine Unterlassungsvereinbarung kann die diesbezügliche Wiederholungsgefahr bereits dann nicht ausräumen, sobald auch nur geringe Zweifel an der Ernstlichkeit der übernommenen Unterlassungsverpflichtung bestehen.[117] Umgekehrt kann der Entfall der Wiederholungsgefahr auch Verletzungsformen umfassen, die gerade nicht in der finalen Fassung des Unterlassungsvertrages Einklang gefunden haben. Voraussetzung hierfür ist, dass der Schuldner – etwa durch begleitende schriftliche Äußerungen – zweifelslos deutlich macht, dass sich sein Unterlassungswille auch auf weitere Verletzungsformen bezieht.[118]

c) Die Strafbewehrung. Das Unterlassungsversprechen kann durch die Vereinbarung 77
einer **zusätzlichen Strafbewehrung** ergänzt werden. Sinn und Zweck der Strafbewehrung ist zum einen der drohende finanzielle Aufwand im Sinne eines Zwangsmittels. Der Schuldner soll angehalten sein, sich an die Unterlassungsverpflichtung auch wirklich zu halten. Zum anderen soll sie im Falle der Zuwiderhandlung dem Gläubiger die Schadloshaltung erleichtern, da sie wegen der Pauschalierung der Vertragsstrafenhöhe einen Schadensnachweis entbehrlich macht.[119] Die Vereinbarung einer angemessen hohen Vertragsstrafe (s. B. III. 5.) ist darüber hinaus zwingend erforderlich, wenn mit der Unterlassungsvereinbarung nicht nur eine Erstbegehungs- sondern auch eine Wiederholungsgefahr beseitigt werden soll.[120]

4. Wirksamkeit der Vereinbarung. Das Unterlassungsversprechen kommt regel- 78
mäßig dadurch zustande, dass der Geheimnisinhaber ein **Angebot** zur Vereinbarung eines Unterlassungsversprechens macht und der Rechtsverletzer dieses Angebot **annimmt.** Möglich sind auch Konstellationen, bei denen der Rechtsverletzer die Unterlassungspflicht dem Grunde nach anerkennt, mit der konkreten Fassung der vorgefertigten Unterlassungserklärung aber nicht einverstanden ist, da ihm das Unterlassungsversprechen zu weitreichend oder die Vertragsstrafe nach seiner Auffassung zu hoch ist. Der Rechtsverletzer kann dem Geheimnisinhaber dann ein Gegenangebot gem. § 150 Abs. 2 BGB unterbreiten. Nimmt der Anspruchsinhaber das Gegenangebot an, kommt der modifizierte Unterlassungsvertrag zustande. Anderenfalls bleibt es bei einem einseitigen Unterlassungsversprechen, welches zwar auch geeignet sein kann, die Wiederholungsgefahr zu beseitigen, jedoch kein abstraktes Schuldanerkenntnis i. S. d. § 781 bzw. abstraktes Schuldversprechen i. S. d. § 780 BGB begründet.

Bereits das einseitige Unterlassungsversprechen beseitigt die Wiederholungsgefahr, 79
wenn die vom Rechtsverletzer abgegebene Erklärung ernsthaft ist und auch inhaltlich den

116 Köhler/Bornkamm/Feddersen/*Bornkamm* § 12 UWG Rn. 1.184.
117 BGH 10.7.1997 GRUR **1998** 483, 485; BGH 16.11.1995 NJW-RR **1996** 554; BGH 9.11.1995 GRUR **1996** 290, 291 f.
118 BGH 10.7.1997 GRUR **1998** 483, 485; Zweifel sind jedoch stets dem Schuldner anzulasten: s. Köhler/Bornkamm/Feddersen/*Bornkamm* § 12 UWG Rn. 1.184.
119 Teplitzky/*Bacher* Kap. 20 Rn. 1, 3.
120 Teplitzky/*Bacher* Kap. 20 Rn. 2; Köhler/Bornkamm/Feddersen/*Bornkamm* § 12 UWG Rn. 1.202.

Anforderungen, die an eine solche Erklärung zu stellen sind, entspricht. D. h. das Angebot auf Vereinbarung eines Unterlassungsvertrages muss uneingeschränkt, bedingungslos sowie unwiderruflich abgegeben werden und auf die Übernahme einer angemessenen Vertragsstrafe abzielen.[121] Verstößt der Rechtsverletzer gegen das einseitige Unterlassungsversprechen, lebt die Begehungsgefahr wieder auf und es bleibt beim gesetzlichen Unterlassungsanspruch aus § 6. Ein vertraglicher Unterlassungsanspruch und ein Anspruch auf Zahlung einer Vertragsstrafe werden mangels Vertragsschluss hingegen nicht begründet.

80 Die Unterlassungserklärung bedarf gemäß § 781 Satz 1 BGB – der Rechtsprechung folgend gemäß § 780 Satz 1 BGB – grds. der **Schriftform**. Sie ist nur formfrei, wenn der Schuldner Kaufmann ist, § 350 HGB.

81 **5. Höhe der zu vereinbarenden Vertragsstrafe.** Die Höhe der Vertragsstrafe muss **angemessen** sein. Sinn und Zweck des Vertragsstrafeversprechens ist einerseits die Funktion eines Zwangsmittels. Sie soll für den Schuldner einen Sanktionscharakter aufweisen und ihn von weiteren Zuwiderhandlungen – wie im Falle der Festsetzung eines Ordnungsmittels i.S.d. § 890 ZPO – abhalten. Zu berücksichtigen ist daher die Schwere und das Ausmaß der begangenen Zuwiderhandlung, deren Gefährlichkeit für den Gläubiger, das Verschulden des Rechtsverletzers und dessen Interesse an weiteren gleichartigen Begehungshandlungen.[122] Andererseits kommt dem Vertragsstrafeversprechen auch eine subsidiäre Funktion als pauschalierter Schadensersatz zu[123], wobei die Sanktionsfunktion im Vordergrund steht.[124]

82 Hinsichtlich der Angemessenheit der Vertragsstrafenhöhe sind **objektive Maßstäbe** anzulegen. Auf die subjektive Vorstellung des Gläubigers hinsichtlich der finanziellen Ausstattung des Schuldners ist nicht abzustellen. Daher kann sich die Festlegung einer festen Vertragsstrafe im Einzelfall als schwierig gestalten. Zulässig ist daher auch die Vereinbarung einer Vertragsstrafe, deren Höhe durch den Gläubiger oder einen Dritten – nicht jedoch durch ein staatliches Gericht[125] – im Falle der Zuwiderhandlung gemäß §§ 315, 317 BGB nach billigem Ermessen zu bestimmen ist.[126] Diese Regelung hat für beide Parteien den Vorteil, dass der Rechtsstreit schnell außergerichtlich beigelegt werden kann. Sie bietet sich insbes. an, wenn hinsichtlich des Bestehens des Anspruchs dem Grunde nach Einigkeit besteht und nur in Bezug auf die Höhe der Vertragsstrafe eine Einigung nicht erzielt werden kann. Der Schuldner ist im Falle einer späteren Vertragsstrafenfestsetzung auch nicht ungeschützt. Im Falle einer gerichtlichen Überprüfung ist das Gericht an die Festsetzung zwar grds. gebunden. Es kann die Festsetzung aber gemäß § 315 Abs. 3 BGB auf ihre Billigkeit überprüfen und im Falle der Unbilligkeit durch eine eigenständige Bemessung ersetzen.

83 **6. Die Unterlassungsverpflichtung.** Der **vertragliche Unterlassungsanspruch** tritt an die Stelle des gesetzlichen Unterlassungsanspruchs aus § 6. Dies gilt grds. auch, wenn der vertragliche Unterlassungsanspruch ein Weniger gegenüber dem gesetzlichen Anspruch darstellt. Einigt sich der Unterlassungsgläubiger mit dem Schuldner auf eine konkrete Unterlassungsfolge, bringt er damit regelmäßig einen Verzicht gegenüber weiterge-

---

121 St. Rspr. BGH 18.5.2006 GRUR **2006** 878 Rn. 20; BGH 9.11.1995 NJW **1996** 723, 724.
122 BGH 30.9.1993 GRUR **1994** 146, 147f.
123 BGH 30.9.1993 GRUR **1994** 146, 148.
124 Vgl. Teplitzky/*Kessen* Kap. 8 Rn. 19.
125 BGH 14.10.1977 GRUR **1978** 192, 193.
126 Sog. „Hamburger Brauch“: BGH 14.10.1977 GRUR **2010** 355 Rn. 30; BGH 12.7.1984 GRUR **1985** 155, 157.

henden Unterlassungsansprüchen aus demselben Verletzungsfall zum Ausdruck.[127] Um dies zu verhindern, muss sich der Gläubiger die Geltendmachung weitergehender Unterlassungsansprüche bei Vertragsabschluss vorbehalten. Dies gilt insbes. dann, wenn er auf ein vom Schuldner modifiziertes Gegenangebot reagiert.[128]

Im Gegensatz zum gesetzlichen Unterlassungsanspruch bedarf der vertragliche Unterlassungsanspruch keiner Begehungsgefahr. Zur gerichtlichen Durchsetzung genügt insoweit das **allgemeine Rechtsschutzbedürfnis.**[129] Das Rechtsschutzbedürfnis kann jedoch frühestens mit der erstmaligen Zuwiderhandlung gegen die Unterlassungsvereinbarung entstehen.[130] 84

7. Haftung des Unterlassungsschuldners. Der vertragliche Unterlassungsschuldner haftet nach allgemeinen **schuldrechtlichen Maßstäben**, §§ 276, 278 BGB. Dies hat zur Folge, dass der Schuldner grds. auch für das Verschulden von Erfüllungsgehilfen einstehen muss, § 278 BGB. Das Verschulden wird gemäß § 280 Abs. 1 Satz 2 BGB vermutet.[131] Damit haftet der vertragliche Unterlassungsschuldner schärfer als der Schuldner einer gerichtlichen Unterlassungsverfügung, welcher gemäß § 890 ZPO nur bei eigenem Verschulden haftet.[132] 85

Es ist jedoch nach hier vertretener Auffassung zulässig, die Haftung für fremdes Verschulden ausdrücklich auszuschließen bzw. auf eine § 890 ZPO entsprechende Haftung zu beschränken.[133] Entgegen einer in Teilen der Rechtsprechung und Literatur vertretenen Auffassung steht eine solche **Haftungsbeschränkung** auch nicht der Beseitigung der Wiederholungsgefahr entgegen.[134] Denn nach inzwischen ganz herrschender Auffassung, kann ein rechtskräftiger Unterlassungstitel die Wiederholungsgefahr in gleicher Weise erga omnes beseitigen wie eine strafbewehrte Unterlassungserklärung. 86

In Bezug auf **Unterlassungstitel** haftet der Schuldner jedoch gemäß § 890 ZPO unstreitig nur für **eigenes Verschulden.** Es überzeugt daher nicht, dass in Bezug auf die Haftung für vertragliche Unterlassungsansprüche andere Maßstäbe zu gelten haben.[135] Zudem ist allein wegen der Beschränkung auf eigenes Verschulden auch keine Entwertung und auch kein Entfall der Ernsthaftigkeit des Unterlassungswillens erkennbar. Diesem wird dadurch Rechnung getragen, dass auch der beschränkt haftende Schuldner für ein eigenes Organisationsverschulden einzustehen hat. Er hat also auch bei einer § 890 ZPO entsprechenden Haftung auf Erfüllungsgehilfen einzuwirken und sein Unternehmen so zu organisieren, dass es zu keinen weiteren Verstößen kommt.[136] Dabei muss der Schuldner alle ihm zumutbaren und möglichen Maßnahmen ergreifen. Er muss seine Mitarbeiter und sons- 87

---

127 OLG Stuttgart 29.8.1997 WRP **1997** 1219, 1221; OLG Frankfurt a.M. 12.12.2002 GRUR-RR **2003** 198, 200; OLG Hamburg 5.6.2003 NJOZ **2004** 1637, 1642; ablehnend: Köhler/Bornkamm/Feddersen/*Bornkamm* § 12 UWG Rn. 1.168.
128 Köhler/Bornkamm/Feddersen/*Bornkamm* § 12 UWG Rn. 1.167.
129 BGH 21.1.1999 GRUR **1999** 522, 524; Teplitzky/*Bacher* Kap. 12 Rn. 1; Köhler/Bornkamm/Feddersen/*Bornkamm* § 12 UWG Rn. 1.199.
130 Vgl. Teplitzky/*Bacher* Kap. 51 Rn. 59, **a. A.** Köhler/Bornkamm/Feddersen/*Bornkamm* § 12 UWG Rn. 1.199.
131 OLG Düsseldorf 17.3.2016 BeckRS **2016** 11857; LG München I 30.6.2016 VuR **2016**, 470; Köhler/Bornkamm/Feddersen/*Bornkamm* § 12 UWG Rn. 1.223.
132 So auch MüKo ZPO/*Gruber* § 890 ZPO Rn. 22.
133 Vgl. BGH 30.4.1987 GRUR **1987** 648, 649.
134 Köhler/Bornkamm/Feddersen/*Bornkamm* § 12 UWG Rn. 1.227; *Steinbeck* GRUR **1994** 90, 93; *Teplitzky* VuR **2009** 83, 87; **a. A.** OLG Frankfurt a.M. 12.12.2002 GRUR-RR **2003** 198, 199; *Teplitzky* GRUR **1996** 696, 700, Fezer/Büscher/Obergfell/*Büscher* § 8 UWG Rn. 71; offengelassen, jedoch ablehnend: BGH 21.4.2016 BeckRS **2016** 17573 Rn. 37.
135 Teplitzky/*Kessen* Kap. 8 Rn. 29a.
136 Köhler/Bornkamm/Feddersen/*Bornkamm* § 12 UWG Rn. 1.227.

tigen Erfüllungsgehilfen hinreichend über die Unterlassungspflicht belehren und instruieren sowie zumindest stichprobenartig kontrolliere.[137] Es ist aber unbillig und hinsichtlich der allseits gewünschten Vergleichsbereitschaft kontraproduktiv, den an einer außergerichtlichen Streitbeilegung gelegenen Verletzer gegenüber demjenigen schlechter zu stellen, der ein gerichtliches Verfügungsverfahren über sich ergehen lässt.

8. Rechtsfolgen

88 **a) Haftung bei Zuwiderhandeln.** Handelt der Schuldner der Unterlassungsvereinbarung schuldhaft zuwider, kann der Gläubiger **Unterlassung und Zahlung der vereinbarten Vertragsstrafe** an ihn verlangen. Beide Ansprüche können – auch im Wege der Klagehäufung – gerichtlich durchgesetzt werden.

89 Der Schuldner kann die weitere Wiederholungsgefahr je nach Einzelfall durch Abgabe eines **erneuten Unterlassungsversprechens** beseitigen, wenn dieses mit einer höheren Vertragsstrafe versehen ist, welche hinsichtlich der erneuten Zuwiderhandlung angemessen hoch ist.[138]

90 **b) Drittunterwerfung.** Sofern ein Geschäftsgeheimnis mehreren natürlichen oder juristischen Personen gehört, stellt sich die Frage, ob die gegenüber einer Person ausgeräumte Wiederholungsgefahr auch Wirkung gegenüber anderen Unterlassungsgläubigern entfaltet. Im **Wettbewerbsrecht** ist die sogen. **Drittunterwerfung** unter bestimmten Voraussetzungen anerkannt.[139] So haben Wettbewerber grds. keinen Unterlassungsanspruch gegen einen wettbewerbsrechtlichen Rechtsverletzer, wenn die Wiederholungsgefahr bereits beseitigt wurde, indem der Rechtsverletzer gegenüber einem anderen Wettbewerber eine strafbewehrte Unterlassungserklärung abgegeben hat, sofern diese Erklärung geeignet erscheint, den Rechtsverletzer wirklich und ernsthaft von Wiederholungen der Verletzungshandlung abzuhalten.[140]

91 Ob auch im Geheimnisschutzrecht eine entsprechende **Drittwirkung** greift erscheint **zweifelhaft.** Es ist zwar unwahrscheinlich, dass ein- und dieselbe Handlung gleichzeitig gegenüber zwei potentiellen Aktivlegitimierten eine Rechtsverletzung darstellt. Ausgeschlossen ist dies aber mitunter nicht, jedenfalls dann nicht, wenn die identische Handlung verschiedene Geheimnisse gleichzeitig betrifft.

92 Zweifel an der **Sanktionsbereitschaft des Dritten** bestehen insbes. dann, wenn der Dritte das Unterwerfungsangebot des Rechtsverletzers gar nicht angenommen hat. Bleibt es bei einem rein einseitigen strafbewehrten Unterlassungsversprechen, hat der Versprechende gerade nicht zu erkennen gegeben, zukünftige Verstöße gegen das Versprechen sanktionieren zu wollen. Hat der Dritte das Unterwerfungsversprechen angenommen, kann eine Sanktionsbereitschaft nicht angenommen werden, wenn Vertragsstrafengläubiger und Vertragsstrafenschuldner kollusiv zusammengewirkt haben oder der Vertragsstrafengläubiger zwar noch formell Geschäftsgeheimnisinhaber ist, aber faktisch kein Interesse an dem Geschäftsgeheimnis hat.

---

137 BeckOK UWG/*Tavanti*/*Scholz* § 12 Rn. 185.
138 BeckOK UWG/*Tavanti*/*Scholz* § 12 Rn. 187.
139 BGH 22.6.1989 GRUR **1989** 758, 759; BGH 13.5.1987 GRUR **1987** 640, 641; BGH 2.12.1982 GRUR **1983** 186, 187; Teplitzky/*Kessen* Kap. 8 Rn. 38ff.; *Teplitzky* GRUR **1983** 609f.; *Borck* WRP **1985** 311, 312; *Kues* WRP **1985** 196ff.
140 BGH 2.12.1982 GRUR **1983** 186, 187.

IV. Gerichtliche Durchsetzung

1. Ausschließliche Zuständigkeit. § 15 enthält in Bezug auf die Durchsetzung der Ansprüche aus § 6 Regelungen zur sachlichen und örtlichen **Zuständigkeit**. Aus § 15 Abs. 1 folgt eine streitwertunabhängige sachliche Zuständigkeit der Landgerichte, sofern der Rechtsweg der ordentlichen Gerichtbarkeit eröffnet ist. Zur Verhinderung eines fliegenden Gerichtsstandes sind für Klagen vor den Landgerichten nach § 15 Abs. 2 die Gerichte ausschließlich örtlich zuständig, vor denen der Beklagte seinen allgemeinen Gerichtsstand hat, §§ 12ff. ZPO. Des Weiteren können die Länder gemäß § 15 Abs. 3 in Bezug auf die örtliche Zuständigkeit eine den Patentstreitkammern ähnliche Zuständigkeitskonzentration vorsehen. 93

Die Zuständigkeitsvorschriften aus § 15 finden jedoch nur Anwendung, wenn es sich um eine Streitigkeit handelt, die der **ordentlichen Gerichtsbarkeit** zugewiesen ist. Daher richtet sich die örtliche und sachliche Zuständigkeit in Geschäftsgeheimnisangelegenheiten, für die der arbeitsgerichtliche Rechtsweg eröffnet ist, allein nach den Vorschriften des ArbGG.[141] Dies betrifft insbes. Ansprüche gegen (ehemalige) Arbeitnehmer, welche Geschäftsgeheimnisse ihres Arbeitgebers verletzt haben und wird für Geheimnisse mit Bezug zu einem Arbeitsverhältnis, wie bereits in der Vergangenheit, Probleme bei der Wahl des richtigen Gerichts bereiten (vgl. Kommentierung zu § 15 Rn. 10). 94

2. Geheimnisschutz im gerichtlichen Verfahren. Flankiert werden die Anspruchsgrundlagen des GeschGehG durch **besondere Geheimhaltungsvorschriften** im gerichtlichen Verfahren, vgl. §§ 16ff. Danach sind die Parteien und alle sonstigen Beteiligten an der Geschäftsgeheimnisstreitsache besonders verpflichtet, alle vom Gericht als geheimhaltungsbedürftig eingestuften Informationen vertraulich zu behandeln. Dies umfasst insbes. das Verbot, die Informationen außerhalb des gerichtlichen Verfahrens zu nutzen oder offen zu legen, sofern die Kenntniserlangung nicht von außerhalb des Verfahrens herrührt, § 16 Abs. 2. Gegenüber zur Akteneinsicht befugten Dritten sind etwaige, in den Akten enthaltene Geschäftsgeheimnisse unkenntlich zu machen (vgl. Kommentierung zu § 16 Abs. 3 Rn. 7ff.). 95

3. Klageantrag und Klagebegründung. Die Fassung des Klageantrags ist in Bezug auf den Unterlassungsanspruch immer durch die **Reichweite** der Begehungsgefahr **begrenzt**. Der Kläger kann nur die Unterlassung solcher Verletzungshandlungen begehren, hinsichtlich derer eine Erstbegehungs- oder Wiederholungsgefahr besteht. Je konkreter der Unterlassungsantrag gefasst ist, desto begrenzter ist die Reichweite eines stattgebenden Urteilstenors. Ist der Klageantrag auf die Unterlassung einer konkreten Verletzungshandlung gefasst, kann der entsprechende Urteilstenor grds. auch nur diese konkrete Verletzungshandlung für die Zukunft untersagen. Lediglich im Kern gleichartige Verletzungshandlungen sind von der Reichweite des Unterlassungstenors mit umfasst, ohne dass es einer diesbezüglichen Beantragung und Tenorierung ausdrücklich bedarf (s.o.). 96

Darüber hinaus muss der Kläger den zugrundeliegenden **Lebenssachverhalt** bestimmen. Dies ist immer die jeweilige Verletzungsform, gegen die sich der Klageantrag richtet. Diesbezüglich gilt der Grundsatz, dass der Streitgegenstand nicht nur anhand der Verletzungshandlung bestimmt wird, sondern auch nach der Vorstellung des Klägers, gegen welches Recht die Verletzungshandlung verstößt. Eine Mehrheit von Streitgegenständen liegt daher auch bei einem einheitlichen Unterlassungsbegehren vor, dass der Kläger 97

---

141 Büscher/*McGuire* § 15 GeschGehG Rn. 5.

sowohl aus § 6 als auch aus immaterialgüterrechtlichen oder wettbewerbsrechtlichen Schutzrechten herleitet. Der Kläger muss die verschiedenen Streitgegenstände dann im Wege der kumulativen oder der eventuellen Klagehäufung geltend machen; die alternative Klagehäufung ist mit den Bestimmtheitsanforderungen i. S. d. § 253 Abs. 2 Nr. 2 ZPO unvereinbar.[142]

98 **4. Stufenklage.** In Kombination mit Auskunftsansprüchen gemäß § 8 ist auch an die Möglichkeit einer **Stufenklage** zu denken. Ist in Bezug auf die Ansprüche aus § 6f. eine Bestimmung des Klageantrags i. S. d. § 253 Abs. 2 Nr. 2 ZPO nicht möglich, lässt sich das Hindernis jedoch durch ein Auskunftsverlangen gemäß § 8 beseitigen, lassen sich Auskunfts- und Leistungsantrag im Wege der Stufenklage gem. § 254 ZPO miteinander kombinieren. Über die Ansprüche wird dann nacheinander verhandelt und entschieden, hinsichtlich aller Anträge tritt jedoch bereits mit Klageerhebung Rechtshängigkeit ein. Damit kann trotz der zum Zeitpunkt der Klageerhebung bestehenden Unbestimmtheit auch hinsichtlich des Leistungsantrags Verjährungshemmung gemäß § 204 Abs. 1 Nr. 1 BGB erreicht werden.

5. Einstweiliger Rechtsschutz

99 **a) Zielsetzung des Eilrechtsschutzes.** In Rechtsstreitigkeiten um Geheimnisverletzungen sind insbes. einstweilige Verfügungsverfahren von besonderer Bedeutung. Aufgrund der Schnelllebigkeit von Entwicklungen, Innovationen und Technologien können Wissensvorsprünge, welche auf technischen oder betrieblichen Geschäftsgeheimnissen beruhen, nach einem langjährigen gerichtlichen Verfahren oftmals bereits überholt und wertlos geworden sein. Der Geheimnisinhaber bekommt nach einem erfolgreichen, ggf. mehrere Instanzen durchlaufenden Rechtsstreit zwar symbolisch Recht zugesprochen, die Anspruchsdurchsetzung kann für ihn dann aber obsolet geworden sein. Währenddessen hat sich der Rechtsverletzer– auch auf Grundlage der Geheimnisverletzung – eine eigene feste Marktposition aufgebaut, welche auch bei späterer Durchsetzung des Beseitigungs- und/oder Unterlassungsanspruches nicht mehr auszuräumen ist. Zur Gewährleistung eines rechtzeitigen und damit effektiven Rechtsschutzes hat der Geheimnisinhaber daher die Möglichkeit, seine Beseitigungs- und Unterlassungsansprüche aus §§ 6f. im Wege des **einstweiligen Rechtsschutzes** gemäß §§ 935, 940 ZPO vor dem rechtskräftigen Abschluss des Hauptsacheverfahrens geltend zu machen.

100 Ein vorläufiger Rechtsschutz durch Beantragung einer einstweiligen Verfügung kommt in der Regel nur zur Durchsetzung des Unterlassungsanspruchs in Betracht; im Einzelfall kann auch eine einstweilige Sicherung der Beseitigungsansprüche – namentlich der Vernichtungs- und Herausgabeansprüche – geboten sein, wobei eine Vorwegnahme der Hauptsache grds. ausgeschlossen ist.[143]

101 **b) Vorliegen eines Verfügungsgrundes.** Der Antrag auf Erlass einer einstweiligen Verfügung ist nur begründet, wenn der Geheimnisinhaber einen **Verfügungsgrund** glaubhaft machen kann. Gemäß §§ 935, 940 ZPO muss zu besorgen sein, dass durch Veränderung des bestehenden Zustandes die Verwirklichung des Rechts einer Partei vereitelt oder wesentlich erschwert wird. Es bedarf in der rechtlichen Angelegenheit einer gewissen Dringlichkeit.

142 BGH 17.8.2011 GRUR **2011** 1043 Rn. 21–38, BGH 24.3.2011 GRUR **2011** 521 Rn. 9f.
143 Vgl. *Fezer* Markenrecht § 14 Rn. 1078.

Da das GeschGehG selbst keine speziellen prozessualen Bestimmungen zum einstweiligen Rechtsschutz enthält, stellt sich die Frage, ob die in § 12 Abs. 2 UWG in Bezug auf das Vorliegen eines Verfügungsgrundes statuierte widerlegbare Dringlichkeitsvermutung auf die Ansprüche aus § 6 anwendbar ist. Eine solche **analoge Anwendung** ist im Ergebnis eindeutig abzulehnen.[144] Das Bestehen einer planwidrigen Regelungslücke ist nicht feststellbar. Das GeschGehG selbst enthält in Abschnitt 3 eine abschließende Aufzählung spezieller verfahrensrechtlicher Bestimmungen, von denen der einstweilige Rechtsschutz gerade nicht aufgegriffen wird. Im Übrigen sollen gemäß der gesetzgeberischen Intention die allgemeinen verfahrensrechtlichen Bestimmungen Anwendung finden[145], sodass einem Rückgriff auf wettbewerbsrechtliche Spezialregelungen die Grundlage entzogen ist. Gegen die analoge Anwendung von § 12 Abs. 2 UWG spricht insbes. auch, dass der Gesetzgeber in einem parallelen Gesetzgebungsverfahren zum MarkenG – in dessen Anwendungsbereich eine Übertragung der Dringlichkeitsvermutung sehr umstritten war – eine dem § 12 Abs. 2 UWG entsprechende Erleichterung in § 140 Abs. 3 MarkenG bewusst aufgenommen hat. Die Annahme, der Gesetzgeber hätte in Bezug auf das langwierige Gesetzgebungsverfahren zum GeschGehG die Einführung einer Dringlichkeitsvermutung vergessen, würde nicht weniger bedeuten, als „den Gesetzgeber schlicht für dumm" zu verkaufen.[146] **102**

Doch auch ohne Dringlichkeitsvermutung wird die Dringlichkeit in Geschäftsgeheimnisangelegenheiten regelmäßig nicht die entscheidende Hürde ausmachen. In den aller meisten Fällen von Geheimnisverletzungen wird der Geheimnisinhaber darlegen können, dass bei einem Abwarten in der Hauptsache schwere, **unabwendbare Nachteile** drohen. Denn solange Dritte unbefugt im Besitz eines Geschäftsgeheimnisses sind, wird grundsätzlich Grund zur der Annahme bestehen, dass eine ungewollte Offenbarung und in der Folge ein endgültiger Verlust des Geschäftsgeheimnisses zu befürchten ist. Die fehlende Vermutungsregelung wird auf die allermeisten praktischen Anwendungsfälle des GeschGehG daher kaum Auswirkungen haben. **103**

Wie auch erste gerichtliche Entscheidungen zeigen, wird in der Praxis viel mehr ein **dringlichkeitsschädliches Verhalten** des Anspruchstellers selbst bzw. seiner Prozessbevollmächtigten den einstweiligen Rechtsschutz erschweren oder zu vereiteln drohen.[147] Reagiert der Geheimnisinhaber in Kenntnis oder in grob fahrlässiger Unkenntnis der Rechtsverletzung nicht angemessen rechtzeitig, kann er Gefahr laufen, dadurch selbst zu erkennen zu geben, dass es „ihm nicht eilig ist".[148] Eine nur fahrlässige Unkenntnis kann die Darlegung der Dringlichkeit jedoch noch nicht erschweren. Auch trifft den Geheimnisinhaber keine allgemeine Marktbeobachtungspflicht.[149] Der bloße Umstand, dass rechtsverletzende Produkte oder sonstige Verkörperungen im Umlauf sind, kann dem Geheimnisinhaber – bei fehlender Kenntnis – daher noch nicht angelastet werden. Die Kenntnis bzw. grob fahrlässige Unkenntnis Dritter kann dem Geheimnisinhaber jedoch im Wege der **104**

---

144 Ablehnend auch OLG München 8.8.2019 BeckRS **2019** 18308 Rn. 13f.

145 BT-Drucks. 19/4724 S. 34.

146 *Löffel* WRP **2019** 1378 Rn. 2.

147 OLG München 8.8.2019 BeckRS **2019** 18308 Rn. 15ff.

148 BGH 1.7.1999 GRUR **2000** 151, 152; OLG Celle 20.1.2014 WRP **2014** 477, 478; OLG Koblenz 23.2.2011 GRUR **2011** 451, 452; OLG Hamburg 28.2.2002 GRUR-RR **2002** 277, 278; OLG Düsseldorf 20.8.2001 GRUR-RR **2003** 30, 32; Köhler/Bornkamm/Feddersen/*Köhler* § 12 UWG Rn. 3.15a; Ohly/Sosnitza/*Sosnitza* § 12 UWG Rn. 17.

149 OLG Frankfurt a.M. 10.8.2017 GRUR-RR **2018** 251, 252; OLG Köln 25.7.2014 GRUR-RR **2015** 245, 246; OLG Hamm 2.2.2012 WRP **2012** 985 Rn. 23; Köhler/Bornkamm/Feddersen/*Köhler* § 12 UWG Rn. 3.15a; Ohly/Sosnitza/*Sosnitza* § 12 UWG Rn. 17.

Wissenszurechnung analog § 166 BGB zugerechnet werden, wobei darauf abzustellen ist, ob nach der Funktion des Mitarbeiters oder Wissensvertreters erwartet werden darf, dass er die Rechtsverletzung erkennt und seine Kenntnis an das Unternehmen weiter gibt.[150]

105 Noch unklar ist, welcher Zeitraum hinsichtlich des weiteren Zuwartens als unangemessen einzustufen ist. Die obergerichtliche Rechtsprechung in Bezug auf wettbewerbs- und immaterialgüterrechtliche Angelegenheiten ist diesbezüglich jedenfalls noch uneinheitlich. Teilweise wird eine regelmäßige **Zuwartensfrist** von einem Monat angenommen.[151] Andere Jurisdiktionen gehen u. a. von regelmäßigen Fristen von 2 Monaten[152], von 6 Wochen[153], von 5 ½ Wochen[154] oder auch 8 Wochen[155] aus. In anderen Entscheidungen wird hingegen auf eine einzelfallbezogene Betrachtung anstelle von Regelfristen abgestellt.[156] Aufgrund der uneinheitlichen Rechtsprechung sollte der Antrag auf einstweiligen Rechtsschutz daher frühestmöglich, im Zweifel innerhalb eines Monats nach Kenntniserlangung eingelegt werden. Längere Fristen können dann gerechtfertigt sein, wenn bspw. wegen einer komplizierten Sachlage zunächst umfangreiche Ermittlungen erforderlich waren oder zunächst Vergleichsverhandlungen zwischen den Parteien stattfanden.[157]

106 Da die Dringlichkeit im **Zeitpunkt der letzten mündlichen Verhandlung** bestehen muss, können auch während des Verfügungsverfahrens ausgelöste Verzögerungen einen zunächst bestehenden Verfügungsgrund widerlegen.[158] So können prozessuale Verhaltensweisen wie bspw. nachträgliche Antragsänderungen[159], Anträge auf Fristverlängerung oder Terminverlegung[160], bloße Anschlussberufungen[161] sowie die Flucht in die Säumnis[162] auf eine mangelnde Dringlichkeit schließen lassen.

107 Die zur Annahme der Dringlichkeit darzulegenden Tatsachen müssen nicht bewiesen, sondern lediglich gemäß §§ 936, 920 Abs. 2 ZPO **glaubhaft** gemacht werden. D. h. die Tatsachen müssen nicht zur Überzeugung des Gerichts feststehen, sondern nur als wahrscheinlich erscheinen.

108 **c) Vorliegen eines Verfügungsanspruches.** Des Weiteren muss der Gläubiger seinen **Verfügungsanspruch** glaubhaft machen. Der Verfügungsanspruch ist der jeweilige materielle Anspruch aus §§ 6f. Als Verfügungsanspruch kommt in der Regel nur der Unterlassungsanspruch in Betracht, da einstweilige Verfügungen in Bezug auf Beseitigungsansprüche regelmäßig endgültige, irreversible Zustände schaffen und zu einer grds. un-

---

150 OLG Frankfurt a. M. 10.8.2017 GRUR-RR **2018** 251 Rn. 29; OLG Köln 22.1.2010 GRUR-RR **2010** 493; Köhler/Bornkamm/Feddersen/*Köhler* § 12 UWG Rn. 3.15a; Ohly/Sosnitza/*Sosnitza* § 12 UWG Rn. 17.
151 OLG Köln 14.7.2017 GRUR-RR **2018** 207 Rn. 57; OLG Celle 08.06.2017 WRP **2017** 1236 Rn. 22; OLG Saarbrücken 31.8.2016 GRUR-RR **2017** 80 Rn. 24; OLG Hamm 19.3.2009 GRUR-RR **2009** 313, 314; OLG Dresden NJWE-WettbR **1990** 130.
152 OLG Düsseldorf 1.7.2014 GRUR-RR **2015** 65; KG Berlin 14.12.2010 WRP **2011** 640.
153 OLG Frankfurt a. M. 10.8.2017 GRUR-RR **2018** 251 Rn. 50.
154 OLG Hamburg 21.3.2019 WRP **2019** 917 Rn. 20.
155 OLG Stuttgart 12.10.2017 WRP **2018** 369 Rn. 42.
156 OLG Hamburg 13.2.2014 – 5 U 159/13; OLG Jena 20.7.2011 K&R **2011** 667, 668; OLG Brandenburg 14.4.2011 WRP **2012** 747 Rn. 25.
157 Ohly/Sosnitza/*Sosnitza* § 12 UWG Rn. 118.
158 Köhler/Bornkamm/Feddersen/*Köhler* § 12 UWG Rn. 3.15c.
159 OLG Düsseldorf 21.6.2005 GRUR-RR **2006** 100; OLG Koblenz 13.2.1997 ZUM **1997** 483, 484.
160 OLG Hamm 15.3.2011 BeckRS **2011** 08079; OLG Karlsruhe 9.6.2005 WRP **2005** 1188, 1189; Köhler/Bornkamm/Feddersen/*Köhler* § 12 UWG Rn. 3.16.
161 OLG Frankfurt a. M. 17.1.2012 GRUR-Prax. **2012** 197; Ohly/Sosnitza/*Sosnitza* § 12 UWG Rn. 119.
162 OLG Celle 29.1.2009 MMR **2009** 483, 484.

zulässigen Vorwegnahme der Hauptsache führen.[163] Damit sind insbes. auf Vernichtung gerichtete Beseitigungsansprüche dem einstweiligen Rechtsschutz grds. nicht zugänglich. Möglich ist nur die Anordnung vorläufiger Maßnahmen zur Störungsbeseitigung.[164] Die Verurteilung zum Widerruf kann zulässig sein, wenn dieser einen rein wirtschaftlichen Vorgang betrifft und später ohne weiteres rückgängig gemacht werden kann.[165] Zudem kann ein Beseitigungsanspruch im Wege der Sequestration gemäß § 938 Abs. 2 1. Var. ZPO gesichert werden.[166]

6. Verfahren. Unter den Voraussetzungen des § 937 Abs. 2 1. Var. ZPO kann das Gericht über den Antrag auf Erlass einer einstweiligen Verfügung auch ohne mündliche Verhandlung durch einen **Beschluss** entscheiden. Erforderlich ist hierfür eine über den Verfügungsgrund hinausgehende besondere Dringlichkeit. D.h. es muss dargelegt und glaubhaft gemacht werden, dass die Terminierung einer mündlichen Verhandlung die Verwirklichung der Rechte des Antragsstellers zusätzlich erschwert. Einer darüber hinaus gehenden Dringlichkeit bedarf es, wenn zusätzlich durch den Vorsitzenden der Kammer anstelle des Kollegialorgans entschieden werden soll, § 944 ZPO. Das erkennende Gericht entscheidet über die Verfügungsform nach pflichtgemäßem Ermessen. **109**

Hält das Gericht den Antrag für unzulässig oder unbegründet, kann das Gericht gemäß § 937 Abs. 2 2. Var. ZPO unabhängig vom Vorliegen von Dringlichkeitsumständen ohne mündliche Verhandlung im Beschlusswege entscheiden. **110**

7. Rechtsbehelfe. Der statthafte Rechtsbehelf richtet sich nach der jeweils vom Gericht ausgewählten Verfügungsform. Der Antragsteller kann einen den Antrag auf Erlass einer einstweiligen Verfügung ablehnenden Beschluss mit der sofortigen Beschwerde gemäß §§ 567ff. ZPO angreifen. Das zuständige Beschwerdegericht kann die beantragte einstweilige Verfügung entweder selbst erlassen bzw. zurückweisen oder die Sache zur Abhilfe an das erstinstanzliche Gericht zurückgeben. Wurde der Antrag durch Urteil abgelehnt, muss der Antragsteller gemäß §§ 511ff. ZPO Berufung gegen die Entscheidung einlegen. Das Beschwerdegericht kann auch erstmals eine mündliche Verhandlung anordnen und gemäß §§ 936, 922 Abs. 1 ZPO durch Endurteil, welches unanfechtbar ist[167], entscheiden. Anderenfalls entscheidet das Beschwerdegericht durch Beschluss, welcher gemäß § 574 Abs. 1 Satz 2 i.V.m. § 542 Abs. 2 ZPO ebenfalls unanfechtbar ist. **111**

Der Antragsgegner kann gegen Beschlussverfügungen gemäß §§ 936, 924 Abs. 1 ZPO Widerspruch einlegen, worauf das erstinstanzliche Gericht einen Termin zur mündlichen Verhandlung anberaumt und gemäß §§ 936, 925 Abs. 1 ZPO durch Endurteil entscheidet. Hat das Gericht die einstweilige Anordnung durch Urteil verfügt, ist für den Antragsgegner die Berufung der statthafte Rechtsbehelf. **112**

8. Vollstreckung. Der Gläubiger muss gemäß §§ 936, 928 ZPO innerhalb eines Monats nach Verkündung des Urteils bzw. Zustellung des Beschlusses die Vollstreckung der einstweiligen Verfügung einleiten; anderenfalls wird die Vollziehung der Verfügung unstatthaft. Ausreichend ist insoweit die Zustellung der mit Strafandrohung auf Unterlassung ge- **113**

---

163 Harte-Bavendamm/Henning-Bodewig/*Goldmann* § 8 UWG Rn. 240; Ohly/Sosnitza/*Sosnitza* § 12 UWG Rn. 111.
164 Büscher/*Dittmer*/*Schiwy* Vor. § 12 UWG Rn. 113.
165 OLG Stuttgart WRP **1989** 202, 204f.
166 OLG Hamburg WRP **1997** 106, 112.
167 § 542 Abs. 2 ZPO.

richteten Verfügung im Wege der Parteizustellung.[168] Ist ein Prozessbevollmächtigter für den Antragsgegner bestellt, muss die Zustellung gemäß §§ 191, 172 Abs. 1 Satz 2 ZPO zwingend an diesen erfolgen.

---

168 BGH 2.11.1995 WRP **1996** 104 – Einstweilige Verfügung ohne Strafandrohung.

§ 7
Vernichtung; Herausgabe; Rückruf; Entfernung und Rücknahme vom Markt

Der Inhaber des Geschäftsgeheimnisses kann den Rechtsverletzer auch in Anspruch nehmen auf

1. **Vernichtung oder Herausgabe der im Besitz oder Eigentum des Rechtsverletzers stehenden Dokumente, Gegenstände, Materialien, Stoffe oder elektronischen Dateien, die das Geschäftsgeheimnis enthalten oder verkörpern,**
2. **Rückruf des rechtsverletzenden Produkts,**
3. **dauerhafte Entfernung der rechtsverletzenden Produkte aus den Vertriebswegen,**
4. **Vernichtung der rechtsverletzenden Produkte oder**
5. **Rücknahme der rechtsverletzenden Produkte vom Markt, wenn der Schutz des Geschäftsgeheimnisses hierdurch nicht beeinträchtigt wird.**

Schrifttum

Alexander Grundstrukturen des Schutzes von Geschäftsgeheimnissen durch das neue GeschGehG, WRP **2019** 673; *ders.* Geheimnisschutz nach dem GeschGehGE und investigativer Journalismus, AfP **2019** 1; *Apel* Das neue Geschäftsgeheimnisgesetz: Überblick und Praxishinweise, DER BETRIEB vom **18.4.2019** 891; *Bamberger/Roth/Hau/Poseck* Beck'scher Online-Kommentar BGB, 51. Edition 2019; *Binz/Dörndorfer/Zimmermann* Gerichtskostengesetz Kommentar, 4. Auflage 2019; *Brudermüller/Ellenberger/Götz/Grüneberg/u.a.* Palandt Bürgerliches Gesetzbuch, 78. Auflage 2019; *Dreier/Schulze* UrhG, 3. Auflage 2008; *Ebers* Rechtsbehelfe und Sanktionen im Unionsrecht 2016; *Fezer* Markenrecht, Beck'sche Kurzkommentare 2009; *Hesse* Die Vereinbarkeit des EU-Grenzbeschlagnahmeverfahrens mit dem TRIPS-Abkommen, S. 107, in: *Heermann/Kippel/Ohly/Sosnitza* Geistiges Eigentum und Wettbewerbsrecht, Tübingen 2018; *Hoeren/Münker* Die EU-Richtlinie für den Schutz von Geschäftsgeheimnissen und ihre Umsetzung – unter besonderer Berücksichtigung der Produzentenhaftung, WRP **2018** 150; *Ingerl/Rohnke* Markengesetz 3. Auflage 2010; *Jestaedt* Die Ansprüche auf Rückruf und Entfernen schutzverletzender Gegenstände aus den Vertriebswegen, GRUR **2009** 102; *Köhler/Bornkamm/Feddersen* Gesetz gegen den unlauteren Wettbewerb, Beck'sche Kurzkommentare, 38. Auflage 2020; *Kur/v. Bomhard/Albrecht* Markenrecht, 2. Auflage 2018; *Lackner/Kühl* StGB, 28. Auflage 2014; *Libor* Investigativer Journalismus: Schutz von Geschäftsgeheimnissen und Verwendung rechtswidrig erlangter Informationen, AfP **2019** 25; *Mes* Patentgesetz, Gebrauchsmustergesetz, 4. Auflage 2015; *Ohly* Der Geheimnisschutz im deutschen Recht: heutiger Stand und Perspektiven, GRUR **2014** 1; *ders.* Das neue Geschäftsgeheimnisgesetz im Überblick, GRUR **2019** 441; *Ohly/Sosnitza* Gesetz gegen den unlauteren Wettbewerb UWG 7. Auflage 2016; *Partsch/Rump* Auslegung der „angemessenen Geheimhaltungsmaßnahme" im Geschäftsgeheimnis-Schutzgesetz, NJW **2020** 118; *Reinfeld* Das neue Gesetz zum Schutz von Geschäftsgeheimnissen, München 2019; *Säcker/Rixecker/Oetker/Limperg* Münchner Kommentar zum BGB, 7. Auflage 2017; *Schricker/Loewenheim* Urheberrecht, 5. Auflage 2017; *Schwartmann* Private im Wirtschaftsvölkerrecht, Tübingen 2005; *Ströbele/Hacker* Markengesetz, 11. Auflage 2015.

Übersicht

https://doi.org/10.1515/9783110631654-010

A. Allgemeines

1 § 7 enthält einen **Katalog der Ansprüche des Inhabers** eines Geschäftsgeheimnisses gegen den Rechtsverletzer auf Vernichtung, Herausgabe, Rückruf, Entfernung und Marktrücknahme. Alle Ansprüche stehen unter dem Vorbehalt der **Verhältnismäßigkeit**, § 9, und können daher im Einzelfall eingeschränkt oder sogar ausgeschlossen sein. Bei einem schuldlosen Verletzten können die Ansprüche bei Vorliegen der dortigen Voraussetzungen nach § 11 abgewendet werden. Zuletzt gibt es das Verbot der missbräuchlichen Geltendmachung von Ansprüchen, § 14.

2 § 7 setzt **kein Verschulden** voraus, allerdings müssen sich die Gegenstände im **Besitz oder Eigentum des Rechtsverletzers** befinden.[1] Bei einem Verschulden des Rechtsverletzers ist die Vorschrift natürlich erst recht anwendbar.[2] Bei den Ansprüchen aus § 7 handelt es sich um eine Konkretisierung des Anspruchs aus § 6. Sie dienen der Aufhebung eines widerrechtlichen Zustands.[3]

B. Entstehungsgeschichte

I. Europarecht

3 § 7 setzt die Vorgaben der Richtlinie (EU) 2016/943 des Europäischen Parlaments und des Rates vom 8. Juni 2016 über den Schutz vertraulichen Know-hows und vertraulicher Geschäftsinformationen (Geschäftsgeheimnisse) vor rechtswidrigem Erwerb sowie rechtswidriger Nutzung und Offenlegung[4] um und regelt insbesondere die in **Artikel 12 Richtlinie (EU) 2016/943** vorgeschriebenen Rechtsfolgen. Die Richtlinie ergänzt den Schutz aus der **Richtlinie 2004/48/EG** zur Durchsetzung der Rechte des geistigen Eigentums[5], die im Fall einer Überschneidung als lex specialis vorgeht.[6] Darin regelt Art. 12 die einstweiligen Maßnahmen und Sicherungsmaßnahmen der Gerichte, um die Durchsetzung der Rechte sicherzustellen.

4 Gemäß Erwägungsgrund 28 der Richtlinie ist es wichtig, dass die **Gerichte ermächtigt** werden, „effektive und geeignete Maßnahmen anzuordnen, um sicherzustellen, dass die betreffenden Produkte nicht auf den Markt gebracht bzw. vom Markt genommen werden“. Die Richtlinie will nationale Vorschriften vereinheitlichen, soweit vor Inkrafttreten der Richtlinie nationale Unterschiede bestanden, ob der Rechtsinhaber die Vernichtung von

---

1 BTDrucks. 19/4724 S. 30.
2 *Reinfeld* § 4 Rn. 83.
3 Vgl. zum UrhR: Schricker/Loewenheim/*Wimmers* § 98 UrhG Rn. 5.
4 ABl. L 157 vom 15.6.2016 S. 1.
5 ABl. L 195 vom 2.6.2004.
6 Erwägungsgrund 39 RL (EU) 2016/943; *Partsch/Schindler* NJW **2020** 2364, 2365.

Produkten oder die Rückgabe oder Vernichtung aller Dokumente, Dateien oder Materialien, die das rechtswidrig erworbene oder genutzte Geschäftsgeheimnis enthalten oder verkörpern, verlangen konnte.[7]

Strafrechtliche Sanktionen sind in der Richtlinie nicht geregelt, da der Europäischen Union hierzu die Kompetenz fehlt. Die Richtlinie enthält lediglich eine Pflicht der Mitgliedstaaten zur Einführung eines zivilrechtlichen Sanktionssystems, das zahlreiche Rechtsfolgen umfasst.[8] 5

II. Völkerrecht

Die Idee der Vernichtung rechtsverletzender Gegenstände entspringt **Art. 46, 59 des TRIPS-Abkommens** (Abkommen über handelsbezogene Aspekte der Rechte des geistigen Eigentums).[9] Das TRIPS-Abkommen ist ein völkerrechtlicher Vertrag und enthält Aufträge zur innerstaatlichen Umsetzung von Individualrechten.[10] Durch das Abkommen wird die Ausgestaltung und Durchsetzbarkeit geistiger Eigentumsrechte in den Mitgliedsstaaten der Welthandelsorganisation (WTO) geregelt. Es beabsichtigt die Förderung eines angemessenen Schutzes des geistigen Eigentums; dabei sollen aber Maßnahmen in diesem Sinne nicht selbst zu Schranken für den Handel werden.[11] Alle Mitgliedsstaaten der Europäischen Union wie auch die Union als Ganzes sind an dieses durch den Beschluss 94/800/EG des Rates (3) gebilligte Übereinkommen gebunden.[12] 6

Art. 59 TRIPS regelt dem Wortlaut nach, dass unter den dort genannten Bedingungen die zuständigen Stellen befugt sind, die Vernichtung oder Beseitigung rechtsverletzender Waren, in Konformität mit den Grundsätzen des Art. 46 TRIPS, anzuordnen. Damit müssen die WTO-Mitglieder bei Vorliegen der Voraussetzungen die gesetzlichen Bedingungen schaffen, dass ihre zuständigen Stellen rechtsverletzende Waren beseitigen oder vernichten dürfen.[13] Gemäß Art. 46 Satz 1 TRIPS müssen die Gerichte ermächtigt werden, anzuordnen, dass über Waren, die nach ihren Feststellungen ein Recht verletzen, ohne Entschädigung außerhalb der Verkehrswege verfügt wird oder sie vernichtet werden. Beide Artikel gehen davon aus, dass die zu vernichtenden Waren bekanntermaßen die **Folge einer Immaterialgüterrechtsverletzung** sein müssen.[14] Die Feststellung der Verletzung muss gemäß Art. 46 TRIPS von den Gerichten getroffen werden. Art. 59 TRIPS dient einem Interessenausgleich zwischen dem Rechtsinhaber einerseits und dem rechtmäßigen Handel andererseits.[15] Dadurch, dass Art. 59 auf Art 46 verweist, ist zu beachten, dass eine Beseitigung oder Vernichtung **ohne Entschädigung** geschehen muss, als Abschreckung davor, eine Rechtsverletzung vorzunehmen; dabei sind bei der Beseitigung außerhalb der Vertriebswege Schäden für den Inhaber des Rechts zu vermeiden. Bei nachgeahmten Markenwaren genügt es nicht, die angebrachte Marke zu entfernen.[16] Auf der anderen Seite regelt 7

7 Erwägungsgrund 7 RL (EU) 2016/943.
8 *Hoeren/Münker* WRP **2018** 150, 154; *Partsch/Rump* NJW **2020** 118.
9 Trade-Related Aspects of Intellectual Property Rights; *Harte-Bavendamm/Kalbfus* § 7 GeschGehG Rn. 5.
10 *Schwartmann* 31.
11 Zentrum für gewerblichen Rechtsschutz der Heinrich-Heine-Universität Düsseldorf, abrufbar unter: http://www.gewrs.de/cip-publikationen/forschung/trips-abkommen.html, zuletzt abgerufen im Mai 2021.
12 Vgl. Erwägungsgrund 5 RL (EU) 2016/943.
13 *Hesse* 225 f. m. w. N.
14 *Hesse* 226.
15 *Hesse* 226.
16 *Hesse* 227 m. w. N.

Art. 59 TRIPS zum Schutz des Antragsgegners, dass ein Gericht eine Anordnung zur Beseitigung oder Vernichtung überprüfen können muss, so dass die Möglichkeit eines Missbrauchs durch den Rechtsinhaber möglichst gering gehalten wird.[17]

III. Gesetzgebungsverfahren

8 Im Gesetzgebungsverfahren war die Ausgestaltung des § 7 **unumstritten**, wohl auch aufgrund des angeblich geringen Gestaltungsspielraums des Gesetzgebers. Wie sich im Gesetzgebungsverfahren bei § 2 zeigte, hatte der Gesetzgeber erheblichen Spielraum. Der Wortlaut des § 7 ist jedoch **seit dem Referentenentwurf unverändert.**[18]

C. Normzweck

9 Ziel der Ansprüche ist es, die Fortwirkung von Rechtsverletzungen oder eine Verletzungswiederholung zu vermeiden.

10 Bislang wurde der Schutz von Geschäftsgeheimnissen über die Vorschriften der §§ 17–19 UWG (weggefallen) abgewickelt. Da die §§ 17–19 UWG jedoch kein den §§ 6, 7 vergleichbares Instrument vorweisen konnten, wurde nach der vorherigen Rechtslage auf **Anspruchsgrundlagen des BGB** zurückgegriffen. Dazu gehörten die deliktsrechtlichen Ansprüche der §§ 823, 826 BGB auch in Verbindung mit § 1004 analog.[19] Ebenfalls waren je nach Rechtslage vertragliche Ansprüche aus § 280 BGB, Geschäftsführungsansprüche aus § 687 Abs. 2 BGB[20] oder bereicherungsrechtliche Ansprüche aus § 812 Abs. 1 Satz 1 Var. 2 BGB[21] möglich. Diese bestehenden Regelungen reichten jedoch nicht aus, um die Vorgaben der EU-Richtlinie umzusetzen, da die Richtlinie eine Verletzung von Geschäftsgeheimnissen, im Gegensatz zu den ehemaligen §§ 17 bis 19 UWG, gerade nicht vom Vorliegen einer besonderen Absicht abhängig macht.[22] Die Abwehr- und Schadensersatzansprüche des BGB stehen in **Idealkonkurrenz** zu den §§ 6ff.

11 § 7 findet sich im zweiten Abschnitt des Gesetzes und konkretisiert die Sanktionen, die bei einer Rechtsverletzung ausgelöst werden können. Die Vorschrift besteht neben den Anspruchsgrundlagen der §§ 6, 8 und dient der **Vervollständigung des Schutzes.**[23] § 7 erweitert insbesondere die Ansprüche aus § 6 und regelt spezielle Maßnahmen, die eine Beeinträchtigung, die durch eine Rechtsverletzung entstanden ist, abwenden oder beseitigen sollen.

12 Es besteht ein **Unterschied zwischen einerseits § 7 Nr. 1**, der sich unmittelbar auf das Geschäftsgeheimnis bezieht und **andererseits den Nummern 2–5**, die auf das rechtsverletzende Produkt abstellen.[24] § 7 Nr. 1 normiert den Fall, dass ein Rechtsverletzer Eigentum erlangt oder in den Besitz gelangt von Dokumenten, Gegenständen, Materialien, Stoffen oder elektronischen Dateien, die das Geschäftsgeheimnis enthalten oder verkörpern.

---

17 *Hesse* 227.
18 RefE des BMJV vom 19.4.2018, S. 8, zum damaligen § 6; *Harte-Bavendamm* § 7 GeschGehG Rn. 12.
19 BTDrucks. 19/4724 S. 19; auch: Köhler/Bornkamm/Feddersen/*Köhler* § 17 UWG Rn. 53; Ohly/Sosnitza/*Ohly* § 8 UWG Rn. 1ff.
20 BGH 23.2.2012 GRUR **2012** 1048, 1049.
21 Strittig, vgl. *Ohly* GRUR **2014** 1, 8.
22 BTDrucks. 19/4724 S. 19.
23 *Ohly* GRUR **2019** 441, 449.
24 *Alexander* WRP **2019** 673, 677.

Die Nummern 2–5 regeln zusätzlich Ansprüche bezüglich rechtsverletzender Produkte, die dem Inhaber des Geschäftsgeheimnisses die Möglichkeit des Rückrufs, der dauerhaften Entfernung, der Vernichtung und der Rücknahme vom Markt einräumen.

D. Ähnliche Vorschriften

Bei § 98 UrhG, § 43 DesignG, § 140a Abs. 2 PatG und § 18 MarkenG handelt es sich um **vergleichbare Vorschriften**[25]: 13

In **§ 98 UrhG** wird in Absatz 1 der Anspruch auf Vernichtung von Vervielfältigungsstücken und den Vorrichtungen zu deren Herstellung und in Absatz 2 deren Rückruf oder die endgültige Entfernung aus den Vertriebswegen geregelt. Absatz 3 normiert, dass dem Verletzten die Vervielfältigungsstücke, die im Eigentum des Verletzers stehen, gegen eine angemessene Vergütung, welche die Herstellungskosten nicht übersteigen darf, überlassen werden. 14

§ 43 Abs. 1 DesignG regelt den Anspruch auf Vernichtung von zur Verbreitung bestimmten Erzeugnissen und die Vernichtung der Vorrichtungen bei deren Herstellung. Absatz 2 normiert den Rückruf dieser Erzeugnisse und die endgültige Entfernung aus den Vertriebswegen und in Absatz 3 kann der Verletzte verlangen, dass ihm die Erzeugnisse, die im Eigentum des Verletzers stehen, gegen eine angemessene Vergütung, welche die Herstellungskosten nicht übersteigen darf, überlassen werden. 15

§ 140a PatG enthält in Absatz 1 den Anspruch auf Vernichtung der Erzeugnisse, die Gegenstand des Patents sind und Absatz 2 dehnt dies aus auf Materialien und Geräte, die zur Herstellung der Erzeugnisse gedient haben. Absatz 3 regelt dann den Rückruf der Erzeugnisse oder deren endgültige Entfernung aus den Vertriebswegen. 16

§ 18 MarkenG Absatz 1 legt den Anspruch auf Vernichtung der widerrechtlich gekennzeichneten Waren an, außerdem wird der Anspruch ausgedehnt auf Materialien und Geräte, die zur widerrechtlichen Kennzeichnung gedient haben. Absatz 2 regelt dann den Rückruf oder das endgültige Entfernen aus den Vertriebswegen. 17

Die Auslegung dieser Vorschriften kann somit im Einzelfall auch **zur Auslegung des § 7 herangezogen** werden, wenn man die Besonderheiten des jeweiligen Schutzrechts berücksichtigt.[26] 18

E. Aufbau der Vorschrift

Der zweite Abschnitt des Gesetzes beinhaltet Vorschriften zu den Sanktionen, die von einer Rechtsverletzung ausgelöst werden. Laut der Richtlinie hat der zivilrechtliche Schutz des GeschGehG **Ähnlichkeit mit dem Schutz des geistigen Eigentums.**[27] 19

§ 7 ist auf den ersten Blick **übersichtlich und klar** gestaltet, womit eine einfache Handhabung der einzelnen Ansprüche gewährleistet sein sollte. Dem Geschädigten werden mit den verschiedenen Ansprüchen des § 7 mehrere Handlungsmöglichkeiten eröffnet. Eine gewisse Komplexität ergibt sich aus der Frage, in welchem **Verhältnis** die einzelnen Ansprüche zueinanderstehen. Aufgrund der normierten Verhältnismäßigkeitsprüfung in § 9 ist davon auszugehen, dass sich eine Abstufung vom mildesten zum schärfsten Mittel ergeben 20

---

25 BTDrucks. 19/4724 S. 30; *Reinfeld* § 4 Rn. 80.

26 *Reinfeld* § 4 Rn. 81, der aber den Überlassungsanspruch nach § 98 Abs. 3 UrhG von der Parallelauslegung ausschließt.

27 Erwägungsgrund 2 RL (EU) 2016/943.

sollte. Allerdings sind laut der Richtlinie die Ansprüche **kumulativ anwendbar**, da auf „Antrag des Antragstellers eine oder mehrere der folgenden Maßnahmen gegen den Rechtsverletzer erlassen“ werden können, Art. 12 Abs. 1 Richtlinie (EU) 2016/943. Die Entscheidung, ob und wie ein Geheimnisträger gegen eine Rechtsverletzung seines Geheimnisses vorgeht, ist diesem allein vorbehalten, da es ohnehin nicht realisierbar erscheint, die Ansprüche ohne Mitwirkung oder gar gegen den Willen des Geheimnisinhabers durchzusetzen.[28]

21 Da die Ansprüche kumulativ vorliegen, ist davon auszugehen, dass auch der **Schadensersatzanspruch des § 10** neben den Ansprüchen des § 7 geltend gemacht werden kann.

I. Rechtsverletzendes Produkt

22 Rechtsverletzendes Produkt im Rahmen der Nr. 2–5 ist ein solches im Sinne des **§ 2 Abs. 1 Nr. 4**, dessen Konzeption, Merkmale, Funktionsweise, Herstellungsprozess oder Marketing in erheblichem Umfang auf einem rechtswidrig erlangten, genutzten oder offengelegten Geschäftsgeheimnis beruht. Wann ein Produkt mit einem Makel behaftet ist oder ob der Makel dem Produkt selbst anhaften muss, darüber geben weder die Gesetzesbegründung noch die Richtlinie Auskunft.[29]

II. Anspruchssteller

23 Anspruchsberechtigt ist der **Inhaber eines Geschäftsgeheimnisses im Sinne des § 2 Nr. 2**, also jede natürliche oder juristische Person, die die rechtmäßige Kontrolle über ein Geschäftsgeheimnis hat. Darunter können auch Lizenzinhaber fallen.[30]

III. Anspruchsgegner

24 Anspruchsgegner ist der **Rechtsverletzer im Sinne des § 2 Nr. 3**. Das bedeutet jede natürliche oder juristische Person, die ein Geschäftsgeheimnis rechtswidrig erlangt, nutzt oder offenlegt. Anspruchsgegner kann aber auch der Inhaber des Unternehmens sein, bei dem der Rechtsverletzer Beschäftigter oder Beauftragter des Unternehmens ist, § 12.

25 Rechtsverletzer kann per definitionem nicht jemand sein, der als **Journalist** im Bereich des investigativen Journalismus tätig ist und/oder seine journalistischen Quellen schützen will.[31] Häufig sind gerade Informationen für die allgemeine Öffentlichkeit von Interesse, die ein Betroffener nicht unbedingt gerne zur Verfügung stellt; und die Medien können ihrer „watchdog“-Funktion nur dann genügen, wenn sie staatliche Organe und Wirtschaftsunternehmen von öffentlichem Interesse dort beobachten, wo diese es gerade gerne vermeiden würden.[32] Die Offenlegung illegaler Praktiken in diesem Bereich führt in der Regel dazu, dass diese Offenlegung auch das öffentliche Interesse schützt. Daher wurde im Gesetzgebungsverfahren gegen den Widerstand der Exekutive eine Bereichsausnahme für Journalisten eingeführt.[33] Gleiches gilt für Whistleblower und Arbeitnehmervertreter.

---

28 *Alexander* WRP **2019** 673, 676.
29 *Apel* DB **2019** 891, 897.
30 BTDrucks. 19/4724 S. 25.
31 Vgl. § 5 Nr. 1, 2 GeschGehG.
32 *Libor* AfP **2019** 25.
33 Stellungnahme *Partsch* BT Prot. No. 19/30 S. 108ff.

Vorausgesetzt wird nach § 7 Nr. 1 durch die Bezeichnung der Passivlegitimation des „Rechtsverletzers" eine Rechtsverletzung, also, dass ein Geschäftsgeheimnis im Sinne des § 2 Nr. 1 entgegen § 4 rechtswidrig erlangt, genutzt oder offengelegt worden ist, ohne dass ein Fall von § 5 vorliegt. Nicht erforderlich ist, dass die Voraussetzungen eines Unterlassungs- oder Schadensersatzanspruchs vorliegen, was einschließt, dass kein Verschulden wie beim Schadensersatzanspruch und auch keine Wiederholungsgefahr erforderlich ist.[34]

IV. Nr. 1, Vernichtung oder Herausgabe

26 § 7 Nr. 1 beruht auf **Art. 12 Absatz 1 lit. d) der Richtline (EU) 2016/943**[35], der „die Vernichtung der Gesamtheit oder eines Teils der Dokumente, Gegenstände, Materialien, Stoffe oder elektronischen Dateien, die das Geschäftsgeheimnis enthalten oder verkörpern oder gegebenenfalls die Herausgabe der Gesamtheit oder eines Teils dieser Dokumente, Gegenstände, Materialien, Stoffe oder elektronischen Dateien an den Antragsteller" regelt. § 7 Nr. 1 behandelt Maßnahmen in Bezug auf den Geheimnisträger.[36]

27 Voraussetzung für Nr. 1 ist, dass sich diese Objekte **im Eigentum oder Besitz eines Rechtsverletzers** befinden.[37] Als weitere Voraussetzung muss das Geschäftsgeheimnis in den genannten Objekten **enthalten oder verkörpert** sein.[38]

28 Als Gegenstände, Materialien oder Stoffe kommen außer Dokumenten oder Dateien noch Bilder, Pläne, Zeichnungen, usw. in Betracht.[39]

29 **1. Vernichtung.** Vernichtungsansprüche kommen unter anderem dann in Frage, wenn der Inhaber des Geschäftsgeheimnisses **kein Interesse an der Rückerlangung** hat, aber der Rechtsverletzer von dem Geschäftsgeheimnis keinen Gebrauch mehr machen soll.[40]

30 Im Rahmen des **§ 98 UrhG** ist „Vernichtung" die Unbrauchbarmachung des Vervielfältigungsstückes und verlangt keine vollständige Substanzzerstörung; entscheidend sei, dass das rechtswidrige Vervielfältigungsstück zum **Werkgenuss nicht mehr tauglich** sei.[41] Somit handelt es sich in der Regel um eine Substanzveränderung.[42] Damit kommen als Handlungen der Vernichtung das Einstampfen, Zerreißen, Verbrennen, Zerbrechen und ähnliches in Frage.[43]

31 Im Gegensatz dazu ist die „Vernichtung" im **europäischen Zollrecht, Art. 182 Zollkodex**, definiert als die Handlung, die sich auf eine **substanzielle Beseitigung** des Stoffes richtet.[44] Ähnlich definiert der Duden, danach bedeutet „vernichten" völlig zerstören, gänzlich zunichtemachen.[45] Die Definition der Vernichtung im Strafrecht im Rahmen des

34 OLG Frankfurt a.M., 27.11.2020 – 6 W 113/20, juris Rn. 55; BeckOK GeschGehG/Spieker, 5. Ed. 15.3.2020, GeschGehG, § 7 Rn 4.
35 BTDrucks. 19/4724 S. 30; OLG Frankfurt a.M. B. v. 27.11.2020 – 6 W 113/20, juris Rn. 54.
36 *Alexander* WRP **2019** 673, 677.
37 BTDrucks. 19/4724 S. 30; OLG FaM, 27.11.2020 – 6 W 113/20, juris Rn. 54.
38 *Harte-Bavendamm/Kalbfus* § 7 GeschGehG Rn. 22.
39 *Alexander* AfP **2019** 1, 4.
40 *Reinfeld* § 4 Rn. 79.
41 Dreier/Schulze/*Dreier* § 98 UrhG Rn. 14.
42 Schricker/Loewenheim/*Wimmers* § 98 UrhG Rn. 15.
43 Dreier/Schulze/*Dreier* § 98 UrhG Rn. 14.
44 Gabler Wirtschaftslexikon, abrufbar unter: https://wirtschaftslexikon.gabler.de/definition/vernichtung-47930 (zuletzt abgerufen im Mai 2021).
45 Duden „vernichten", abrufbar unter: https://www.duden.de/rechtschreibung/vernichten (zuletzt abgerufen im Mai 2021).

§ 303 StGB ist eine Einwirkung mit der Folge, dass die **bestimmungsmäßige Brauchbarkeit** der Sache völlig aufgehoben wird.[46]

32 Bei **elektronischen Dateien** fällt unter die Vernichtung auch die Vernichtung aller eventuell vorhandenen **Kopien.**[47] Wesentlich bei elektronischen Dateien ist, dass der Datensatz gelöscht oder zumindest so verändert wird, dass er nicht mehr genutzt werden kann, um das Geheimnis zu repräsentieren.[48] Eine einfache Löschung, die die Daten auf dem Speichermedium nicht wirklich überschreibt oder löscht, sodass nach einer **Wiederherstellung** des Verzeichnispfades wieder ein Zugriff möglich ist, ist nicht ausreichend.[49]

33 Eine ordnungsgemäße Durchführung der Vernichtung sollte durch einen **Gerichtsvollzieher** erfolgen.[50] Denn eine Vernichtung durch den Verletzer beinhaltet die Gefahr, dass das Geschäftsgeheimnis erneut in den Verkehr gelangt; in diesem Fall sollte dann zumindest eine Pflicht zum **Nachweis der Durchführung** bestehen.[51]

34 Die Vernichtung sollte nach dem Grundsatz der **Verhältnismäßigkeit** nicht unbedingt als ultimative Maßnahme gesehen werden, wenn andere denkbare Möglichkeiten bestehen, wie die Beseitigung der rechtsverletzenden Eigenschaft des Produkts oder eine Verwertung des Produktes außerhalb des Marktes zum Beispiel in Form von Spenden an wohltätige Organisationen.[52]

35 Die Vernichtung kann prozessual nicht im Wege der einstweiligen Verfügung gefordert werden.[53]

36 **2. Herausgabe.** Die Herausgabe ist juristisch nicht definiert, die Bedeutung gilt aber als allgemein bekannt, so zum Beispiel im Rahmen des **§ 985 BGB**, wo sie die Besitzverschaffung zugunsten des Anspruchsberechtigten darstellt. Synonyme für „Herausgabe" sind die **Ablieferung, Abgabe, Ausgabe.**[54]

37 Es ist nicht geklärt, an welchem **Ort** die Herausgabe stattzufinden hat. Weder die Gesetzesbegründung noch die Richtlinie nehmen dazu Stellung.

38 Nach dem Grundsatz „ubi rem meam invenio, ibi vindico[55] ist im Rahmen des Herausgabeanspruchs des § 985 BGB der Ort der Herausgabe in der Regel der **Ort, an dem sich die Sache befindet.**[56] Dies soll den gutgläubig-unverklagten Besitzer privilegieren. Dem steht im Rahmen des GeschGehG entgegen, dass es sich, mit Ausnahme der Anwendung des § 11, nicht um „redliche Rechtsverletzer" handelt. Der Bundesgerichtshof geht davon aus, dass es außer Zweifel stehe, dass ein Deliktbesitzer im Rahmen seiner Schadensersatzpflicht in Form der Wiederherstellung des früheren Zustandes die **Sache an den früheren Standort** zurückzubringen habe.[57] Ein deliktischer Besitzer im Sinne des § 992 BGB soll somit am Ort der Besitzerlangung herausgeben.[58]

---

46 Lackner/Kühl/*Heger* § 303 StGB Rn. 7.
47 BTDrucks. 19/4724 S. 30.
48 Vgl. Dreier/Schulze/*Dreier* § 98 UrhG Rn 14.
49 Dreier/Schulze/*Dreier* § 98 UrhG Rn. 14.
50 Vgl. *Fezer* § 18 MarkenG Rn. 62; Dreier/Schulze/*Dreier* § 98 UrhG Rn. 15.
51 *Fezer* § 18 MarkenG Rn. 62; anders im PatG: *Mes* § 140a PatG Rn. 12.
52 Erwägungsgrund 28 RL (EU) 2016/943.
53 *Harte-Bavendamm/Kalbfus* § 7 GeschGehG Rn. 32.
54 Duden, Herausgabe, abzurufen unter: https://www.duden.de/rechtschreibung/Herausgabe (zuletzt abgerufen im Mai 2021).
55 Übersetzung = wo ich meine Sache vorfinde, beanspruche ich sie.
56 MüKo BGB/*Baldus* § 985 BGB Rn. 87; ebenso: LAG Berlin-Brandenburg 10.1.2013 BeckRS **2013** 73508; Palandt/*Herler* § 985 BGB Rn. 10.
57 BGH 12.1.1979 NJW **1981** 752, 753; so auch: BeckOK BGB/*Fritzsche* § 985 BGB Rn. 26.
58 BeckOK BGB/*Fritzsche* § 985 BGB Rn. 26.

Überträgt man diese Grundsätze auf das GeschGehG, bei dem es sich in der Regel um keinen „redlichen Rechtsverletzer" handelt, so ist davon auszugehen, dass die Herausgabe am **Ort des Verletzten** stattzufinden hat. Es handelt sich somit um eine Art der **Bringschuld**. 39

V. Ansprüche bezüglich des rechtsverletzenden Produkts

Ein **rechtsverletzendes Produkt** ist nach § 2 Nr. 4 ein Produkt, dessen Konzeption, Merkmale, Funktionsweise, Herstellungsprozess oder Marketing in erheblichem Umfang auf einem rechtswidrig erlangten, genutzten oder offengelegten Geschäftsgeheimnis beruht. 40

Mit dem Gesetz zur Verbesserung von Rechten des geistigen Eigentums[59] wurden für den Bereich des gewerblichen Rechtsschutzes umfangreiche Regelungen auf **Rückruf** von rechtsverletzenden Produkten oder deren **Entfernen aus den Vertriebswegen** in verschiedenen Rechtsgebieten normiert, die sich in ihrem Wortlaut aber nur minimal unterscheiden.[60] Die unterschiedliche Formulierung hat aber auf den Inhalt der Ansprüche keinen Einfluss.[61] 41

1. Nr. 2, Rückruf. Der Rückruf (als auch das Entfernen aus den Vertriebswegen) dient dazu, dass der **Markt** von rechtsverletzenden Produkten **bereinigt** wird; dies erfolgt dadurch, dass der Rechtsverletzer die Produkte zurückzuholen versucht, indem er seine Abnehmer zur Rückgabe auffordert.[62] § 7 Nr. 2 beruht auf **Art. 12 Absatz 2 lit. a) der Richtlinie (EU) 2016/943**. Es gibt die Möglichkeit, dass ein rechtswidrig erworbenes Geschäftsgeheimnis zu Produkten führt, die im Binnenmarkt verbreitet werden, was den Interessen des Binnenmarktes schadet oder sich auf Qualität, Wert oder Preis des Produktes auswirkt; daher soll ein Rückruf sicherstellen, dass die betreffenden Produkte vom Markt genommen werden.[63] 42

Rückruf ist die **ernsthafte Aufforderung** an den Adressaten, das rechtsverletzende Produkt an den Verletzten zurückzugeben.[64] Der Anspruch auf Rückruf umfasst die Produkte, die die **Hoheitssphäre des Verletzers** schon verlassen haben und auf die dieser keinen unmittelbaren (rechtlichen) Einfluss mehr hat.[65] Abweichend vom (fehlenden) Wortlaut ist der Rückruf wie die dauerhafte Entfernung auf die **Vertriebswege** bezogen.[66] 43

Adressaten des Rückrufs sind nur die Besitzer oder Eigentümer, die sich damit selbst Verletzungsansprüchen aussetzen, nicht **private Endabnehmer.**[67] Umfasst sind aber nicht nur die unmittelbaren Abnehmer des Verletzers, sondern auch **alle (gewerblich) Beteiligten einer Vertriebskette.**[68] 44

Laut Bundesgerichtshof ist für die spezialgesetzlichen Rückrufansprüche anerkannt, dass sie sich in ihrem konkreten Inhalt nach dem tatsächlich geschehenen Vertrieb sowie nach der Zielsetzung effektiver Maßnahmen zur Entfernung rechtsverletzender Erzeugnisse aus dem Vertriebsweg richten.[69] 45

---

59 Dieses Gesetz dient der Umsetzung der RL 2004/48/EG des Europäischen Parlaments und des Rates vom 29.4.2004 zur Durchsetzung der Rechte des geistigen Eigentums (ABl. EU L 195 S. 16); BGBl. I 2008 1191.
60 *Reinfeld* § 4 Rn. 89.
61 *Jestaedt* GRUR **2009** 102, 102.
62 Zum MarkenG: Kur/v.Bomhard/Albrecht/*Miosga* § 18 MarkenG Rn. 33.
63 Erwägungsgrund 28 RL (EU) 2016/943.
64 Zum MarkenG: *Ingerl/Rohnke* § 18 MarkenG Rn. 46.
65 *Jestaedt* GRUR **2009** 102, 103.
66 *Jestaedt* GRUR **2009** 102, 103.
67 Zum MarkenG: *Ingerl/Rohnke* § 18 MarkenG Rn. 47; zum PatG: LG Mannheim 23.4.2010 BeckRS 2010 21526.
68 Zum PatG: *Mes* § 140a PatG Rn. 20.
69 BGH 11.10.2017 GRUR **2018** 292, 295.

46 Vom Gesetzgeber wird der Begriff des Rückrufs als **Oberbegriff für die Entfernung** verwendet.[70] Dies soll auf der Richtlinie beruhen, die vorsieht, dass *bei Anordnung einer Entfernung der rechtsverletzenden Produkte aus dem Markt auf Antrag des Inhabers des Geschäftsgeheimnisses, die Produkte dem Inhaber des Geschäftsgeheimnisses oder wohltätigen Organisationen übergeben werden.*[71]

47 Es soll ausreichen, dass der Rechtsverletzer eine **faktische Verfügungsgewalt** über die rechtsverletzenden Produkte besitzt[72], inwieweit darüber hinaus noch Auskunfts- oder Rückkaufpflichten bestehen, beurteilt der Gesetzgeber nicht. Bei einem Rückruf muss der Rechtsverletzer an seine Abnehmer herantreten und sie zur Rückgabe des jeweiligen Produktes auffordern.[73] Ob diese dem Rückruf Folge leisten, liegt nicht in der Hand des Rechtsverletzers, welcher daher nur die Handlung schuldet, nicht aber den Erfolg.[74] Der Anspruch erfüllt sich daher durch die hinreichende Rückrufhandlung des Rechtsverletzers, unabhängig davon, ob tatsächlich alle rechtverletzenden Produkte zurückgegeben werden; was bedeutet, dass eine **schuldrechtliche Unmöglichkeit im Sinne des § 275 BGB** in der Regel nicht in Betracht kommt.[75]

48 In welcher Form der Rückruf erfolgen muss, hängt von den Kriterien des jeweiligen Einzelfalls ab.[76] Dem Verletzer muss der Rückruf noch möglich sein. Gemäß dem Landgericht Mannheim zum § 140a PatG werde der Verletzer verpflichtet, für den Rückruf **effektive Maßnahmen** zu ergreifen, ohne dass er einen Erfolg der Rückrufaktion schulde; die Maßnahmen selbst seien grundsätzlich Sache des Verletzers und können vom Verletzten nicht vorgegeben werden.[77] Dies führt im Endeffekt zu einer nur **geringen Bedeutung** der Vorschrift.

49 Der Rückruf kann nicht im Wege der einstweiligen Verfügung verlangt werden.[78]

50 **2. Nr. 3, dauerhafte Entfernung aus den Vertriebswegen.** § 7 Nr. 3 beruht auf **Art. 12 Absatz 3 der Richtlinie (EU) 2016/943.** Die Gesetzesbegründung sieht das Entfernen als **Unterfall des Rückrufs** und sieht innerhalb des Anspruchs alle rechtlich zulässigen Methoden der Entfernung vor.[79]

51 Der Anspruch auf endgültige Entfernung aus den Vertriebswegen bezieht sich mithin nur auf solche Erzeugnisse, die sich **noch in den Vertriebswegen** befinden. Erzeugnisse, die in privater Hand sind, sind von diesem Anspruch nicht erfasst.

52 Der Anspruch des § 7 Nr. 3 geht über den des Rückrufs hinaus, indem er den Rechtsverletzer **zu einem Erfolg verpflichtet**, nicht nur zu einer Handlung. Damit sind vom Rechtsverletzer bestehende Ansprüche gegen seine Abnehmer geltend zu machen; bei Ausschluss weitergehender Maßnahmen wird aber meist nur ein ernstliches Verlangen nach dem endgültigen Entfernen geschuldet sein.[80]

53 Welche konkreten Maßnahmen der Rechtsverletzer trifft, um den geschuldeten Erfolg zu erreichen, bleibt ihm überlassen; der Zusatz **„dauerhaft“** stellt klar, dass das Produkt nicht

---

70 BTDrucks. 19/4724, 30.
71 Art. 12 Abs. 3 der RL (EU) 2016/943.
72 BTDrucks. 19/4724, S. 30.
73 Vgl. *Jestaedt* GRUR **2009** 102, 103; *Reinfeld* § 4 Rn. 91.
74 Zum UrhG: Schricker/Loewenheim/*Wimmers* § 98 UrhG Rn. 16, 16a; auch: *Jestaedt* GRUR **2009** 102, 104.
75 *Jestaedt* GRUR **2009** 102, 104.
76 *Jestaedt* GRUR **2009** 102, 103.
77 LG Mannheim 23.4.2010 BeckRS **2010** 21526.
78 *Harte-Bavendamm/Kalbfus* § 7 GeschGehG Rn. 42.
79 BTDrucks. 19/4724 S. 30.
80 Zum MarkenG: Ströbele/Hacker/Thiering/*Hacker* § 18 MarkenG Rn. 63.

nur aussortiert und eingelagert werden darf, sondern, dass ein Produkt erst dann dauerhaft aus den Vertriebswegen entfernt ist, wenn es an den Rechtsverletzer zurückgegeben wurde.[81]

Im Gegensatz zum Rückruf besteht beim dauerhaften Entfernen die Möglichkeit des Rechtsverletzers, **Unmöglichkeit nach § 275 BGB** geltend zu machen. Danach ist der Anspruch ausgeschlossen, soweit dieser für den Schuldner oder jedermann unmöglich ist. Allerdings reicht es nicht aus, dass der Rechtsverletzer sich darauf beruft, dass er **keine rechtliche Einflussmöglichkeit** mehr auf den jetzigen Eigentümer habe. Unmöglichkeit liegt aber in dem Fall vor, wenn feststeht, dass der jetzige Eigentümer ein Entfernen aus den Vertriebswegen **endgültig verweigert**, wofür der Rechtsverletzer dann **beweispflichtig** wäre.[82] Wenn dem Rechtsverletzer nicht bekannt ist, dass in den Vertriebswegen noch Produkte vorhanden sind und er zumutbare Anstrengungen unternommen hat, sich in Kenntnis zu setzen, kann ein Fall der **subjektiven Unmöglichkeit** vorliegen.[83] 54

Auch ein **ausländischer, ins Inland liefernder Rechtsverletzer** ohne inländischen Besitz oder Eigentum kann auf Rückruf und Entfernung in Anspruch genommen werden, da der Anspruch gerade nicht als Vorbereitung für eine Vernichtung dient und es nur dann gerechtfertigt erscheint, unter Hinweis auf diesen Regelungszweck bei im Ausland ansässigen Verletzern einen Rückruf- und Entfernungsanspruch zu verneinen.[84] Es handelt sich bei einem Rückruf oder einer Entfernung gerade nicht um Vorbereitungshandlungen zur Vernichtung, da der Richtliniengeber den Rückruf, die dauerhafte Entfernung und auch die Vernichtung als nebeneinanderstehende Maßnahmen betrachtet, Art. 12 Abs. 1 Richtlinie (EU) 2016/943. Vielmehr handelt es sich bei Rückruf und Entfernung um **Abhilfemaßnahmen**, das heißt, **Folgenbeseitigungsansprüche**, die die Folgen der begangenen Rechtverletzung beseitigen und die Fortdauer einer Geschäftsgeheimnisverletzung verhindern sollen.[85] 55

Auch dieser Anspruch kann nicht im Wege der einstweiligen Verfügung vorgenommen werden, s. Rn. 47. 56

3. Nr. 4, Vernichtung. § 7 Nr. 4 enthält den Anspruch des Inhabers eines Geschäftsgeheimnisses gegen den Rechtsverletzer auf Vernichtung des rechtsverletzenden Produkts und beruht sich auf **Art. 12 Absatz 2 lit. c) der Richtlinie (EU) 2016/943**. Für die Vernichtung[86] genügt es, ebenso wie für die Entfernung, dass der Rechtsverletzer eine **faktische Verfügungsgewalt** über das rechtsverletzende Produkt innehat.[87] 57

Als Vernichtungsmaßnahmen kommen zum Beispiel das **Verbrennen, Zerreißen, Einstampfen, Verschrotten oder Einschmelzen** infrage, wobei bei mehreren Möglichkeiten kein Anspruch auf ein bestimmtes Verfahren besteht.[88] 58

Die Frage, ob sich die **Zwangsvollstreckung** des Entfernungs- wie auch des Rückrufanspruchs nach **§ 887 ZPO** (als vertretbare Handlung) oder nach **§ 888 ZPO** (als persönliche Handlung) richtet, muss noch geklärt werden.[89] Da ein Rechtsverletzter es ablehnen kann, die Sachen selbst zu vernichten oder diese zur Vernichtung herauszugeben, erscheint es 59

---

81 *Jestaedt* GRUR **2009** 102 105.
82 *Jestaedt* GRUR **2009** 102, 105.
83 *Jestaedt* GRUR **2009** 102, 105.
84 LG Mannheim 10.12.2013 NJOZ **2014** 1137, 1145.
85 Vgl. LG Mannheim 10.12.2013 NJOZ **2014** 1137, 1145; auch: LG Mannheim 8.3.2013 GRUR-RR **2013** 449, 453f.
86 Zur Definition vgl. § 7 Nr. 1 GeschGehG.
87 BTDrucks. 19/4724 S. 30.
88 *Reinfeld* § 4 Rn. 97.
89 Vgl. OLG Düsseldorf 22.1.2009 BeckRS **2009** 18542, bejaht dies für das PatG; ebenso *Mes* § 140a PatG Rn. 12.

sachgerecht, dem Verletzten die Möglichkeit des Antrags zur Herausgabe an einen **Gerichtsvollzieher** einzuräumen. Auch wenn dies dem Wortlaut der Vorschrift nicht zu entnehmen ist, sollte dies der Zuerkennung eines solchen Anspruchs nicht entgegenstehen.[90]

60 Der Rechtsverletzer hat die Kosten der Vernichtung zu tragen, auch ohne ausdrückliche Regelung in der Vorschrift, da dies auch der Ansicht in den Parallelvorschriften entspricht.[91] Eine ausdrückliche Umsetzung einer **Kostentragungspflicht** in der Vorschrift selbst hielt der Gesetzgeber schon für das Urheberrecht nicht für notwendig, da sich diese Pflicht nach deutschem Recht zwingend aus der Vernichtung ergibt.[92]

61 Der Anspruch auf Vernichtung des rechtsverletzenden Produkts soll auch im Wege einer **einstweiligen Verfügung** durchsetzbar sein, und zwar in Form der (vorläufigen) Herausgabe an einen Gerichtsvollzieher.[93]

62 **4. Nr. 5, Rücknahme der rechtsverletzenden Produkte vom Markt, wenn der Schutz des Geschäftsgeheimnisses hierdurch nicht beeinträchtigt wird.** § 7 Nr. 5 beruht ebenso wie die Vernichtung des rechtsverletzenden Produkts auf Art. 12 Absatz 2 lit. c) der Richtlinie (EU) 2016/943. Der Anspruch ist gegenüber der vollständigen Vernichtung des § 7 Nr. 4 im Rahmen der Erforderlichkeit das mildere Mittel. Die Produktrücknahme darf allerdings nur beansprucht werden, wenn sie gleichermaßen geeignet ist, den Geheimnisschutz zu gewährleisten.[94]

63 Der Unterschied der Rücknahme vom Markt zum **Rückruf** besteht darin, dass das rechtsverletzende Produkt noch nicht an die Verbraucher abgegeben wurde und die Handelspartner aufgefordert werden, die Ware aus dem Verkehr zu nehmen. Dies wird auch als **„stiller Rückruf"** bezeichnet da in der Regel die Öffentlichkeit davon nichts mitbekommt, im Gegensatz zu einem Rückruf, der die Verbraucher in vielen Fällen erreichen muss.[95]

VI. Systematik und Staffelung der Ansprüche

64 **1. Systematik.** Der Unionsgesetzgeber hat die §§ 6–8 als **Rechtsbehelfe** („remedies") und nicht als Ansprüche ausgestaltet.[96] Damit hat der Anspruchsinhaber keinen absoluten Anspruch, sondern jeder Anspruch ist, wie schon ausgeführt, an der **Verhältnismäßigkeit des § 9** zu messen. Der deutsche Gesetzgeber hat diesen als **Einwendung** ausgestaltet, da das deutsche Recht keine materiell-rechtlichen Rechtsbehelfe kennt.[97] Es scheint dem Gesetzgeber darum zu gehen, den Gerichten einen **Ermessensspielraum** zu geben,

---

90 Vgl. BGH 28.11.2002 NJW **2003** 668, 669f.

91 Vgl. BGH 10.4.1997 GRUR **1997** 899, Rn. 26, 45; OLG Köln 18.8.2005 – 6 U 48/05 (juris), Rn. 7.

92 Dreier/Schulze/*Dreier* § 98 UrhG Rn. 16; *Reinfeld* § 4 Rn. 97, der sich auch auf *Dreier* bezieht. Vgl auch: BTDrucks. 16/5048 S. 32, Gesetzesbegründung zum Entwurf eines Gesetzes zur Verbesserung der Durchsetzung von Rechten des geistigen Eigentums.

93 *Reinfeld* § 4 Rn. 99; zum UrhG: OLG München 22.4.1993 – 29 U 2194/93 (juris); zum MarkenG: BGH 11.10.2017 – I ZB 96/16 (juris); ein möglicher Antrag ist bei *Mes* zu finden, unter § 140a UrhG Rn. 28.

94 BTDrucks. 19/4724 S. 31.

95 Für die Rücknahme von Lebensmitteln: https://www.laves.niedersachsen.de/startseite/lebensmittel/kontrollmassnahmen/lebensmittelruckruf/lebensmittelrueckruf—wie-funktioniert-das-170111.html, zuletzt abgerufen im Mai 2021.

96 *Ohly* GRUR **2019** 441, 449.

97 *Ebers* 53, 87.

sodass die Art der Sanktion von den Umständen des Einzelfalls und der Verhältnismäßigkeitsprüfung abhängt.[98]

2. Staffelung. Wie im Wettbewerbsrecht besteht die Möglichkeit, dass eine Rechtsverletzung auf **mehr als eine Weise** beseitigt werden kann.[99] Auch der Unionsgesetzgeber grenzt den Anspruch im Rahmen des GeschGehG nicht auf nur eine Beseitigungsmaßnahme ein. 65

Zur Staffelung der Ansprüche in § 7 nimmt die (deutsche) Gesetzesbegründung keine Stellung. Aufgrund der Normierung der Verhältnismäßigkeit in § 9 ist davon auszugehen, dass diese im **Verhältnis** zwischen der Rechtsverletzung und der jeweiligen Beseitigungsmaßnahme zu beachten ist. Solange das Geschäftsgeheimnis nicht mehr aus dem Objekt hervorgeht und auch endgültig nicht mehr aus ihm hervorgehen kann, sich also auch elektronisch nicht wiederherstellen lässt, sollte der Anspruch erfüllt sein. 66

Es ergibt sich die **Staffelung**, dass die Vernichtung, Nr. 4, der stärkste Anspruch ist, gefolgt von der Produktrücknahme vom Markt, Nr. 5. Der nächstschwächere Anspruch ist die dauerhafte Entfernung aus den Vertriebswegen, Nr. 3, und bei dem Produktrückruf, Nr. 2, handelt es sich um das schwächste Mittel. 67

Eine Vernichtung im Speziellen ist **verhältnismäßig**, wenn der durch die Rechtsverletzung verursachte Zustand nicht zumutbar auf andere Weise beseitigt werden kann.[100] Der Verletzer sollte **konkret darlegen**, dass ein milderes Mittel zur Beseitigung der Rechtsverletzung ausreichend ist.[101] 68

F. Kosten und Streitwert

I. Kosten

Es ist im Gesetz nicht ausdrücklich geregelt, wer die Kosten für die Ansprüche nach § 7 zu tragen hat. Der Gesetzgeber hat im Bereich des **§ 98 UrhG** eine ausdrückliche Umsetzung der Kostentragungspflicht[102] für entbehrlich gehalten, da diese im Rahmen der Vernichtung nach deutschem Recht zwingend aus der Vernichtung folgt.[103] Aber auch ohne eine explizite Regelung im Gesetz hat der **Rechtsverletzer** als Anspruchsschuldner die Kosten zu erbringen.[104] Auch im Rahmen der Parallelvorschriften wird bei einer Vernichtung von einer Kostentragungspflicht des Anspruchschuldners ausgegangen.[105] 69

Außerdem besteht noch die Kostentragungspflicht des § 21 Abs. 1 Satz 1, wonach die Bekanntmachung des Urteils oder Informationen über das Urteil auf Kosten der **unterliegenden Partei** erfolgen. 70

---

98 Vergleichbar mit den U.S.A., *Partsch/Rump* NJW **2020** 118, 119; vgl. Kommentierung zu Vor. §§ 1 bis 2 GeschGehG Rn. 42ff.
99 Vgl. zum UWG: Köhler/Bornkamm/Feddersen/*Bornkamm* § 8 UWG Rn. 1.99.
100 Vgl. zum UrhG: LG Düsseldorf 17.10.2012 – 12 O 473/08 (juris), Rn. 26.
101 Vgl. zum UrhG: LG München I 14.5.2012 – 21 O 14914/09 (juris), Rn. 78.
102 Vgl. Art. 10 Abs. 2 RL (EU) 2004/48/EG.
103 BTDrucks. 16/5048 S. 32.
104 So auch: *Reinfeld* § 4 Rn. 97.
105 Vgl. zum MarkenG: BGH 10.4.1997 BGHZ **135** 183; OLG Köln 18.8.2005 GRUR-RR **2005** 342; zum UrhG: Schulze/*Dreier* UrhG § 98 Rn. 16.

II. Streitwert

71 Der Streitwert einer Gerichtsentscheidung im Rahmen des GeschGehG beruht auf § 51 Abs. 2 GKG, wonach in Verfahren über Ansprüche nach dem Gesetz gegen den unlauteren Wettbewerb und nach dem Gesetz zum Schutz von Geschäftsgeheimnissen, soweit nichts anderes bestimmt ist, der Streitwert nach der sich aus dem **Antrag des Klägers** für ihn ergebenden Bedeutung der Sache nach Ermessen zu bestimmen ist.

72 § 51 Abs. 2–4 GKG erfasst ursprünglich Rechtsstreitigkeiten, mit denen Ansprüche in Wettbewerbssachen geltend gemacht werden können. Die Vorschrift ist um das „Gesetz zum Schutz von Geschäftsgeheimnissen" erweitert worden. Nach § 15 Abs. 1 sind ausschließlich die **Landgerichte** ohne Rücksicht auf den Streitwert zuständig. Laut Gesetzesbegründung sollen mit der Vorschrift im GKG strengere Maßstäbe an die Festsetzung des Streitwerts im konkreten Fall gelegt werden.[106] Dieser soll sich nach der Bedeutung der Sache bestimmen, die dem wirtschaftlichen Interesse des Klägers an der erstrebten Entscheidung entspricht.[107] Dabei ist die Bedeutung der Sache nur objektiv zu verstehen, womit verhindert werden soll, dass bei der Festsetzung des Streitwerts Umstände zum Tragen kommen, die über das konkrete Klägerbegehren hinausgehen. Es ist streitwertmindernd zu beachten, wenn die Sache für den Beklagten eine geringere Bedeutung hat als für den Kläger. Die Gerichtsgebühren richten sich nach KV 1210, 1211 für den ersten Rechtszug, KV 1220–1223 für die Berufung und KV 1230–1243 für die Revision.[108]

73 Bei der **Ermittlung** des Streitwerts wird eine gewisse Freiheit gesichert, da dieser gemäß § 51 Abs. 2 GKG nach Ermessen zu bestimmen ist. Dieses Ermessen ist aber auch der Grund, warum die Festsetzung eines Regelstreitwerts mit der Vorschrift des § 51 Abs. 2 GKG nicht vereinbar ist.[109] Im Rahmen des Markenrechts wird der Streitwert durch zwei Faktoren bestimmt, nämlich durch den wirtschaftlichen Wert des verletzten Rechts und zweitens durch das Ausmaß und die Gefährlichkeit der Verletzung, dem sogenannten „Angriffsfaktor".[110] Denkbar im Rahmen eines Geschäftsgeheimnisses sind dabei Dauer und Umfang der Nutzung des Geheimnisses, Umsätze aufgrund des Geheimnisses, bevorstehende Ausweitungsmöglichkeiten der Nutzung und Wertsteigerungen in der Zukunft. Auch eine subjektive Bedeutung des Handelns kann in Betracht gezogen werden. So ist vorsätzliches und systematisches Handeln streitwerterhöhend zu bewerten.[111]

74 Angesichts dessen, dass häufig hohe Streitwerte im Bereich des gewerblichen Rechtsschutzes anzutreffend sind, kennt das GeschGehG in § 22 noch die **Streitwertbegünstigung**. Wenn nach Abs. 1 der Regelung eine Partei glaubhaft macht, *dass die Belastung mit den Prozesskosten nach dem vollen Streitwert ihre wirtschaftliche Lage erheblich gefährden würde, so kann das Gericht auf ihren Antrag anordnen, dass die Verpflichtung dieser Partei zur Zahlung von Gerichtskosten sich nach dem ihrer Wirtschaftslage angepassten Teil des Streitwerts bemisst.* § 51 Abs. 5 GKG stellt fest, dass die Vorschriften über die Streitwertbegünstigung auch im Verfahren des gewerblichen Rechtsschutzes anzuwenden sind. Dabei ist nicht auf die Bedeutung der Sache, sondern auf die wirtschaftliche Lage der Parteien abzustellen.[112]

---

106 BTDrucks. 17/13057 S. 30.
107 Binz/Dörndorfer/Zimmermann/*Dörndorfer* § 51 GKG Rn. 4.
108 Binz/Dörndorfer/Zimmermann/*Dörndorfer* § 51 GKG Rn. 4.
109 BGH 22.1.2015 MIR **2015** 022.
110 Vgl. zum MarkenR: OLG Nürnberg 19.4.2007 GRUR **2007** 815.
111 Vgl. zum MarkenG: *Ingerl/Rohnke* § 142 MarkenG Rn. 8.
112 Binz/Dörndorfer/Zimmermann/*Dörndorfer* § 51 GKG Rn. 5.

§ 8
Auskunft über rechtsverletzende Produkte; Schadensersatz bei Verletzung der Auskunftspflicht

(1) Der Inhaber des Geschäftsgeheimnisses kann vom Rechtsverletzer Auskunft über Folgendes verlangen:
1. **Name und Anschrift der Hersteller, Lieferanten und anderer Vorbesitzer der rechtsverletzenden Produkte sowie der gewerblichen Abnehmer und Verkaufsstellen, für die sie bestimmt waren,**
2. **die Menge der hergestellten, bestellten, ausgelieferten oder erhaltenen rechtsverletzenden Produkte sowie über die Kaufpreise,**
3. **diejenigen im Besitz oder Eigentum des Rechtsverletzers stehenden Dokumente, Gegenstände, Materialien, Stoffe oder elektronischen Dateien, die das Geschäftsgeheimnis enthalten oder verkörpern, und**
4. **die Person, von der sie das Geschäftsgeheimnis erlangt haben und der gegenüber sie es offenbart haben.**

(2) Erteilt der Rechtsverletzer vorsätzlich oder grob fahrlässig die Auskunft nicht, verspätet, falsch oder unvollständig, ist er dem Inhaber des Geschäftsgeheimnisses zum Ersatz des daraus entstehenden Schadens verpflichtet.

Schrifttum

Büscher Gesetz gegen den Unlauteren Wettbewerb, 1. Aufl. **2019**; *Deichfuß* Rechtsdurchsetzung unter Wahrung der Vertraulichkeit von Geschäftsgeheimnissen, GRUR **2015** 436; *Druschel/Jauch* Der Schutz von Know-how im deutschen Zivilprozess, BB **2018** 1794; *Endres* Die Rechtsdurchsetzung nach dem neuen Geheimnisschutzgesetz, IPRB **2019** 45; *Ess* Wie weit reicht der Geheimnisschutz? Zum rechtsverletzenden Produkt i. S. d. § 2 Nr. 4 GeschGehG, WRP **2020** 988; *Fritzsche/Münker/Stollwerck* Gesetz gegen den unlauteren Wettbewerb, Beck'scher Online-Kommentar, 9. Edition; *Fuhlrott/Hiéramente* Gesetz zum Schutz von Geschäftsgeheimnissen, Beck'scher Online-Kommentar, 4. Edition; *Harte-Bavendamm/Henning-Bodewig* Gesetz gegen den Unlauteren Wettbewerb, 4. Aufl. 2016; *Harte-Bavendamm/Ohly/Kalbfus* Gesetz zum Schutz von Geschäftsgeheimnissen, 1. Aufl. 2020; *Kalbfus* Die neuere Rechtsprechung des BGH zum Schutz von Betriebs- und Geschäftsgeheimnissen – Zugleich Besprechung von BGH, Urteil vom 23.2.2012 – I ZR 136/10 – MOVICOL-Zulassungsantrag, WRP **2013** 584; *ders.* Rechtsdurchsetzung bei Geheimnisverletzungen – Welchen prozessualen Schutz gewährt das Geschäftsgeheimnisgesetz dem Kläger? WRP **2019** 692; *Ströbele/Hacker/Thiering* Markengesetz, 12. Aufl. 2018; *Würtenberger/Freischem* Stellungnahme zum Referentenentwurf des Bundesministeriums der Justiz und für Verbraucherschutz – Entwurf eines Gesetzes zur Umsetzung der RL 2016/943/EU zum Schutz von Geschäftsgeheimnissen vor rechtswidrigem Erwerb sowie rechtswidriger Nutzung und Offenlegung, GRUR **2018** 708.

Übersicht

https://doi.org/10.1515/9783110631654-011

A. Regelungsgegenstand und Zweck der Vorschrift

1 § 8 normiert einen **selbständigen Auskunftsanspruch** des Inhabers eines Geschäftsgeheimnisses im Falle einer Verletzung des Geheimnisschutzes. Dieser wird auch „Drittauskunftsanspruch" genannt, was sprachlich nicht ganz korrekt ist.[1] Gemeint ist eine Auskunft in erster Linie über die Identität Dritter, um gegen diese wiederum auf Basis eigenständiger Ansprüche (auf Unterlassung etc.) vorgehen zu können. Der Anspruch soll so dem effektiven Schutz des Inhabers des Geschäftsgeheimnisses dienen[2], da er auf Basis der erhaltenen Informationen die (weitere) Verbreitung, Nutzung und vor allem Offenbarung des Geschäftsgeheimnisses unterbinden kann. Mit der Auskunft kann aber häufig effektiv nicht dasselbe Ziel erreicht werden wie in entsprechenden immaterialgüterrechtlichen Regelungen im MarkenG, im UrhG, im DesignG oder im PatG, weil mit der Weitergabe an Dritte oftmals eine Offenbarung einhergeht, die den Geheimnisschutz faktisch untergräbt. In Fällen aber, in denen der Kreis der Mitwisser noch begrenzt ist, kann es gelingen, den Geheimnisschutz aufrechtzuerhalten.[3] Jedenfalls ermöglicht der **Auskunftsanspruch**, Dritte auf Beseitigung, Vernichtung und Schadensersatz in Anspruch zu nehmen.

2 **„Selbständig"** ist der Auskunftsanspruch, weil er nicht vom Bestehen eines Hauptanspruchs abhängt. Darin unterscheidet er sich vom sogenannten „unselbständigen Auskunftsanspruch" auf Grundlage von § 242 BGB, der akzessorisch zu anderen Ansprüchen ist, insbesondere zum Schadensersatzanspruch, und deren Ermittlung und Durchsetzung dient (z. B. Berechnung des Schadensersatzes). Aufgrund der sachlichen Nähe wird der unselbständige Auskunftsanspruch hierin nach den Abschnitten zu § 8 ebenfalls kommentiert (siehe Rn. 48 ff.).

3 Neben dem Ziel, dem Geheimnisinhaber zu erlauben, weitere **Rechtsverletzer zu ermitteln**, um gegen diese vorgehen zu können, hat § 8 in Teilen aber auch den Zweck –

---

1 Köhler/Bornkamm/Feddersen/*Köhler* § 9 UWG Rn. 4.20.
2 BTDrucks. 19/4724 S. 31.
3 BeckOK UWG/*Hohn-Hein* § 8 UWG Rn. 1 spricht treffend davon, dass der Geheimnisinhaber in die Lage versetzt werden soll, „die volle Kontrolle über das Geschäftsgeheimnis wiederzuerlangen".

ähnlich dem unselbständigen Auskunftsanspruch – einen möglichen **Schadensersatz** zu **berechnen**, indem § 8 Abs. 1 Nr. 2 den Anspruchsgegner verpflichtet, auch Auskunft über die Menge der hergestellten, bestellten, ausgelieferten oder erhaltenen rechtsverletzenden Produkte sowie über die Kaufpreise zu erteilen.[4]

Vergleichbare Regelungen im Gewerblichen Rechtsschutz finden sich in §§ 19 Abs. 1, 3 und 5 MarkenG, 101 Abs. 1, 3 und 5 UrhG, 46 Abs. 1, 3 und 5 DesignG und 140b Abs. 1, 3 und 5 PatG, wobei § 8 Abs. 1 insoweit eine – im Hinblick auf Geschäftsgeheimnisse sehr sinnvolle – Weiterung enthält, als auch eine Auskunft über Dokumente, Dateien und Gegenstände, die das Geschäftsgeheimnis enthalten (Nr. 3), sowie über die Person, von der der Verletzer das Geschäftsgeheimnis erhalten bzw. gegenüber der er es offenbart hat (Nr. 4), geschuldet ist. Anders als die parallelen Regelungen im Marken-, Urheberrechts-, Design- und Patentgesetz sieht § 8 aber keinen Anspruch *gegen* Dritte im Falle einer **offensichtlichen Rechtsverletzung** vor (siehe §§ 19 Abs. 2 MarkenG, 101 Abs. 2 UrhG, 46 Abs. 2 DesignG und 140b Abs. 2 PatG). Dies wird vom Gesetzgeber damit begründet, dass Geschäftsgeheimnisse nicht zum Immaterialgüterrecht gehören.[5] Mangels planwidriger Regelungslücke scheidet daher eine analoge Anwendung aus.[6] Nicht nachvollziehbar hingegen ist, dass, anders als in den Parallelvorschriften im Immaterialgüterrecht, Regelungen zur Haftung gegenüber Dritten im Falle einer freiwilligen Drittauskunft, zur Durchsetzung im Wege einer einstweiligen Verfügung bei offensichtlichen Rechtsverletzungen, zur Verwertung der Informationen in einem Ordnungswidrigkeiten- oder Strafverfahren, sowie zur Auskunft unter Verwendung von Verkehrsdaten im Sinne von § 3 Nr. 30 des Telekommunikationsgesetzes fehlen. Es fehlt auch an einem eigenständigen Anspruch auf Vorlage von Urkunden und Gegenständen und auf Besichtigung, wie ihn § 19a MarkenG, 101a UrhG, 46a DesignG, 140c PatG vorsehen. Zur Rechnungslegung gelten die allgemeinen Grundsätze (§ 242 BGB).[7] 4

Die Regelung des § 8 steht unter dem Vorbehalt der **Verhältnismäßigkeit**, § 9. Anders als die Ansprüche auf Unterlassung und Beseitigung (§ 6) sowie Vernichtung und Rückruf (§ 7) kann der Auskunftsanspruch von einem schuldlosen Verletzer nicht nach § 11 (Abfindung in Geld) abgewendet werden. Es besteht aber das Verbot der missbräuchlichen Geltendmachung von Ansprüchen, § 14. 5

Sofern die Auskunft schuldhaft nicht, nicht rechtzeitig, unvollständig oder fehlerhaft erteilt wird, sieht § 8 Abs. 2 einen **eigenständigen Schadensersatzanspruch** vor. 6

B. Entstehungsgeschichte

I. UWG

Im UWG a.F. gab es keine vergleichbare Regelung für Geschäftsgeheimnisse. Die Rechtsprechung lehnte eine Analogie zu den entsprechenden Vorschriften im gewerblichen Rechtsschutz (z.B. zu § 140b PatG) ab[8], gewährte aber gleichwohl einen **selbständigen Auskunftsanspruch** aus § 242 BGB[9] bzw. aus Naturalrestitution gemäß § 249 Abs. 1 7

4 Vgl. zu § 19 MarkenG: Ströbele/Hacker/*Thiering* § 19 MarkenG Rn. 4; zu Artikel 8 der RL (EU) 2004/48/EG v. 29.4.2004: EuGH 18.1.2017 GRUR **2017** 316, Rn. 25f.
5 BTDrucks. 19/4724 S. 31.
6 BeckOK GeschGehG/*Spieker* § 8 GeschGehG Rn. 3.
7 BeckOK GeschGehG/*Spieker* § 8 GeschGehG Rn. 3.
8 BGH 24.3.1994 GRUR **1994** 630, 632.
9 BGH 24.3.1994 GRUR **1994** 630, 632f.; BGH 21.2.2002 GRUR **2002** 709, 711.

BGB bzw. aus Ansprüchen wegen angemaßter Eigengeschäftsführung, und zwar auch im Zusammenhang mit der Verletzung von Geschäftsgeheimnissen.[10]

II. Europarecht

8 Die Regelung des § 8 hat kein ausdrückliches Vorbild in der Richtlinie (EU) 2016/943. Ihre Normierung ist gleichwohl **richtlinienkonform**, da die Richtlinie (EU) 2016/943 im Hinblick die Verfolgung und die Rechtsfolgen einer Geschäftsgeheimnisverletzung gemäß Art. 1 Abs. 1 UAbs. 2 nur einen Mindeststandard vorsieht, der von den Mitgliedstaaten überschritten werden kann. Zudem lässt sich § 8 auch auf die allgemeine Regelung in Art. 6 der Richtlinie stützen, wonach die Mitgliedstaaten *„die Maßnahmen, Verfahren und Rechtsbehelfe vor[sehen], die erforderlich sind, um einen zivilrechtlichen Schutz vor rechtswidrigem Erwerb sowie rechtswidriger Nutzung und Offenlegung von Geschäftsgeheimnissen zu gewährleisten.“*

9 Ein Vorbild für den selbständigen Auskunftsanspruch liegt in Art. 8 der Richtlinie 2004/48/EG zur Durchsetzung der Rechte des geistigen Eigentums, auch wenn es sich bei Geschäftsgeheimnissen jedenfalls nach (richtiger) Auffassung des Gesetzgebers nicht um ein Immaterialgüterrecht handelt.[11]

III. Völkerrecht

10 Eine **völkerrechtliche Grundlage** zur Auskunftsregelung findet sich in Art. 47 TRIPS, wonach die Vertragsstaaten vorsehen können, dass Gerichte befugt sind, anzuordnen, dass der Verletzer den Rechtsinhaber über die Identität Dritter, die an der Herstellung und am Vertrieb der verletzenden Waren oder Dienstleistungen beteiligt waren, und von ihren Vertriebswegen informiert, sofern dies nicht unverhältnismäßig im Vergleich zur Schwere der Verletzung wäre.

IV. Gesetzgebungsverfahren

11 Ein Auskunftsanspruch war von Beginn des Gesetzgebungsverfahrens an vorgesehen. Allerdings sah der Referentenentwurf[12] in § 7 RefE nur eine Auskunftsverpflichtung über Hersteller, Lieferanten und andere Vorbesitzer, gewerbliche Abnehmer und Verkaufsstellen (jetzt: Abs. 1 Nr. 1) sowie über die Menge und Kaufpreise der rechtsverletzenden Produkte (jetzt: Abs. 1 Nr. 1) vor. Die Alternativen des Abs. 1 Nr. 3 und Nr. 4, die auch Auskünfte zu rechtswidrig erlangten bzw. weitergegebenen Geschäftsgeheimnissen als solchen abdecken, wurden nach entsprechender Kritik[13] erst im Regierungsentwurf aufgenommen.

---

10 BGH 23.2.2012 GRUR **2012** 1048; OLG Stuttgart 8.10.2015 WRP **2016** 767.

11 BTDrucks. 19/4724 S. 31.

12 Abrufbar unter https://www.bmjv.de/SharedDocs/Gesetzgebungsverfahren/Dokumente/RefE_GeschGehG.pdf;jsessionid=DD26140671BB8446412DFCDB21BE9269.2_cid334?__blob=publicationFile&v=1 (zuletzt abgerufen im Mai 2021).

13 Siehe z.B. *Würtenberger/Freischem* GRUR **2018** 708, 711.

C. Der selbständige Auskunftsanspruch, Absatz 1

I. Voraussetzungen

Der Auskunftsanspruch ist ein Folgenanspruch aus einer Rechtsverletzung. Er setzt also eine **rechtswidrige Erlangung, Nutzung und/oder Offenlegung** i.S.v. § 4 voraus. Dies ergibt sich aus dem Begriff „Rechtsverletzer" in § 8 Abs. 1. Der Berechtigte kann daher keine Auskunft über Informationen verlangen, aus denen sich erst ergibt, ob es eine Verletzung gab oder nicht; eine solche muss vielmehr feststehen.[14] Auch eine Erstbegehungsgefahr rechtfertigt keinen Auskunftsanspruch nach § 8.[15] 12

Im Falle der § 8 Abs. 1 Nr. 1 und Nr. 2 muss das Geschäftsgeheimnis, um das es geht, in einem Produkt verkörpert sein. Beide Tatbestände erfassen daher von vornherein nur Verletzungen, in denen jedenfalls auch eine **rechtswidrige *Nutzung*** (Verwendung zur Herstellung eines Produkts o.ä.) vorliegt.[16] Die Auskunft nach § 8 Abs. 1 Nr. 3 und Nr. 4 umfasst hingegen auch Fälle, in denen das Geschäftsgeheimnis unmittelbar Gegenstand der rechtsverletzenden Handlung war, und damit auch die ***Offenbarung* und/oder *Erlangung*** eines Geschäftsgeheimnisses. 13

Gläubiger des Auskunftsanspruchs ist (nur) der Inhaber des betroffenen Geschäftsgeheimnisses, also die natürliche oder juristische Person, die die rechtmäßige Kontrolle über ein Geschäftsgeheimnis hat (siehe § 2 Nr. 2). **Schuldner** des Auskunftsanspruchs ist der Rechtsverletzer, also diejenige natürliche oder juristische Person, die entgegen § 4 ein Geschäftsgeheimnis rechtswidrig erlangt hat, nutzt oder offengelegt hat (§ 2 Nr. 3). Einen Auskunftsanspruch gegen Dritte wie in §§ 19 Abs. 2 MarkenG, 101 Abs. 2 UrhG, 46 Abs. 2 DesignG und 140b Abs. 2 PatG sieht § 8 nicht vor und ist mangels Regelungslücke auch nicht analog anwendbar (vgl. Rn. 4). 14

II. Inhalt und Umfang der Auskunft

1. Lieferweg rechtsverletzender Produkte (Nr. 1). Nach Nr. 1 hat der Verletzer Auskunft zu erteilen über die **Lieferkette** von rechtsverletzenden Produkten, d.h. über die Lieferanten und die Abnehmer. „Rechtsverletzende Produkte" sind gemäß § 2 Nr. 4 solche, deren „Konzeption, Merkmale, Funktionsweise, Herstellungsprozess oder Marketing in erheblichem Umfang auf einem rechtswidrig erlangten, genutzten oder offengelegten Geschäftsgeheimnis" beruhen. Es geht also um Produkte, die das Geschäftsgeheimnis im weitesten Sinne verkörpern. Dies ist nicht nur dann der Fall, wenn Design, Konstruktion oder Herstellung des Produkts selbst auf dem Geschäftsgeheimnis beruhen, sondern auch, wenn nur die Marketingstrategie des Produkts auf einem rechtswidrig genutzten Geschäftsgeheimnis basiert. Unerheblich ist, ob die Vorbesitzer oder Abnehmer selbst eine Rechtsverletzung begangen haben.[17] Genau dies soll (u.a.) mithilfe des selbständigen Auskunftsanspruchs geklärt werden. 15

Anders als die parallelen Vorschriften in §§ 19 Abs. 1 MarkenG, 101 Abs. 1 UrhG, 46 Abs. 1 DesignG und 140b Abs. 1 PatG sieht § 8 Abs. 1 aber **keinen allgemeinen Anspruch** über „Herkunft und Vertriebsweg" der rechtsverletzenden Produkte vor, sondern nur über 16

14 Vgl. OLG Stuttgart 8.10.2015 WRP **2016** 767, 771.
15 Vgl. zum unselbständigen Auskunftsanspruch nach § 242 BGB: BGH 6.3.2001 GRUR **2001** 849, 851.
16 Harte-Bavendamm/Ohly/Kalbfus/*Kalbfus* § 8 GeschGehG Rn. 8.
17 Köhler/Bornkamm/Feddersen/*Alexander* § 8 GeschGehG Rn. 19.

den in Nr. 1 einzeln aufgelisteten Personenkreis. Daraus folgt aber keine Begrenzung[18], denn auch in den Parallelvorschriften im Immaterialgüterrecht wird der jeweilige allgemeine Auskunftsanspruch über Herkunft und Vertriebsweg durch eine den § 8 Abs. 1 Nr. 1 und 2 vollständig entsprechende Auflistung ausgestaltet und ist daher mit § 8 deckungsgleich.

17 Die Auskunft umfasst Angaben zu **allen Vorbesitzern**, also vor allem Hersteller und Lieferanten. Betroffen sind nicht nur die unmittelbaren Vorbesitzer.[19] Zudem muss Auskunft erteilt werden über alle Abnehmer, wozu indes nur „gewerbliche" Abnehmer und damit keine Verbraucher zählen.[20] „Verkaufsstellen" sind alle Orte, an denen die Produkte käuflich erwerben können (Ladengeschäfte, Online-Shops u. a.). Ob die rechtsverletzenden Produkte dort tatsächlich angeboten oder gar verkauft wurden, ist irrelevant[21]; es genügt nach dem Wortlaut von Nr. 1, dass die Produkte für die Verkaufsstellen „bestimmt" waren.

18 Informiert werden muss nach Nr. 1 über die „Namen und Anschrift" der Vorbesitzer und Abnehmer. Die Form der Information muss es dem Inhaber ermöglichen, **rechtserhebliche Korrespondenzen** zuzustellen.[22] Noch ungeklärt ist, ob „Anschrift" nicht nur die Postadresse, sondern auch die E-Mail-Adresse umfasst.[23] Zu der ähnlichen Vorschrift in Art. 8 der Enforcement-Richtlinie und dem Auskunftsanspruch gegen Plattformbetreiber hat der EuGH jüngst entschieden, dass der Rechtsinhaber nur die Postanschrift des betreffenden Nutzers verlangen kann, nicht aber dessen E-Mail-Adresse, IP-Adresse oder Telefonnummer.[24] Der Gerichtshof hat indes gleichzeitig darauf hingewiesen, dass die Mitgliedstaaten die Möglichkeit haben, den Inhabern von Rechten des geistigen Eigentums einen weitergehenden Auskunftsanspruch einzuräumen. Zudem entstammt die Vorschrift des § 8 nicht unmittelbar der Enforcement-Richtlinie, die sich auf Rechte des Geistigen Eigentums und damit Immaterialgüterrechte, und nicht auf den Schutz von Geschäftsgeheimnissen bezieht. Die Auslegung des EuGHs ist daher nicht zwingend. Gleichwohl spricht angesichts des praktisch übereinstimmenden Wortlauts („Anschrift" und „Adressen") und im Hinblick auf die Einheit der Rechtsordnung viel dafür, „Anschrift" im Anschluss an dieses Urteil ebenfalls nur im Sinne von „Postanschrift" zu verstehen.

19 Die Auskunft umfasst auch die **Herausgabe von Kontrollinformationen**, wie z.B. Einkaufs- und Verkaufsbelegen (siehe Rn. 30ff.).

20 **2. Menge und Kaufpreise der rechtsverletzenden Produkte (Nr. 2).** Weniger der Verfolgung eigenständiger Ansprüche gegen Dritte als eher der Berechnung eines **Schadensersatzanspruchs** dient die Auskunft nach Nr. 2, wonach der Rechtsverletzer über die Menge und die Kaufpreise der hergestellten, bestellten, ausgelieferten oder erhaltenen „rechtsverletzenden Produkte" informieren muss. Die Auskunft über „Kaufpreise" umfasst sowohl die Erwerbspreise, die vom Rechtsverletzer gezahlt wurden, als auch die vom Rechtsverletzer erzielten Verkaufspreise.

---

18 **A. A.** offenbar BeckOK GeschGehG/*Spieker* § 8 GeschGehG Rn. 6.
19 Harte-Bavendamm/Ohly/Kalbfus/*Kalbfus* § 8 GeschGehG Rn. 11.
20 Harte-Bavendamm/Ohly/Kalbfus/*Kalbfus* § 8 GeschGehG Rn. 11; BeckOK GeschGehG/*Spieker* § 8 GeschGehG Rn. 7.
21 BeckOK GeschGehG/*Spieker* § 8 GeschGehG Rn. 7.
22 Köhler/Bornkamm/Feddersen/*Alexander* § 8 GeschGehG Rn. 20.
23 Von „Name und Anschrift" in § 101 Abs. 3 Nr. 1 UrhG seien Emailadressen nicht umfasst, so OLG Köln 25.3.2011 GRUR-RR **2011** 305ff.; ebenso nicht von § 19 MarkenG nach Ströbele/Hacker/Thiering/*Thiering* § 19 MarkenG Rn. 45. **A.A.** Harte-Bavendamm/Ohly/Kalbfus/*Kalbfus* § 8 GeschGehG Rn. 13, der annimmt E-mails seien von § 8 Abs. 1 Nr. 1 GeschGehG umfasst; so wohl auch *Reinfeld* § 4 Rn. 113; ebenso von § 101 Abs. 3 Nr. 1 UrhG nach OLG Frankfurt 22.8.2017 GRUR **2017** 1116.
24 EuGH 9.7.2020 GRUR **2020** 840.

Nicht ganz eindeutig ist, ob nur die Mengen und Preise anzugeben sind, die der Rechtsverletzer selbst bezogen und weitergeliefert bzw. selbst bezahlt und realisiert hat, oder auch die von den Herstellern, Lieferanten und Abnehmern gelieferten und bezogenen bzw. gezahlten und erzielten Mengen bzw. Preise in der weiteren **Lieferkette**. Angesichts des uneingeschränkten Wortlauts von Nr. 2 und der generellen Einbeziehung der Vorbesitzer und Abnehmer in Nr. 1 sprechen die besseren Argumente dafür, dass auch über die Preise und Mengen in der weiteren **Lieferkette** Auskunft erteilt werden muss.[25] Gegebenenfalls muss der Verletzer diese Informationen beschaffen, soweit dies verhältnismäßig ist (§ 9). 21

Auch Nr. 2 umfasst die **Herausgabe von Kontrollinformationen**, wie z.B. Einkaufs- und Verkaufsbelegen (siehe Rn. 30ff.). 22

Weitere Auskünfte, die zur Berechnung des Schadensersatzanspruchs erforderlich sind (wie z.B. Preisbestandteile, Kosten etc.), sind nur mithilfe des **akzessorischen Auskunftsanspruchs** nach § 242 BGB zu erlangen (siehe Rn. 48ff.). 23

3. Gegenstände und Trägermedien, die das Geschäftsgeheimnis enthalten (Nr. 3). Nach Nr. 3 bezieht sich die Auskunft auch auf alle **Trägermedien und Gegenstände, die das Geschäftsgeheimnis enthalten oder verkörpern.**[26] Dies ist enger als der Begriff „rechtsverletzende Produkte", der nach § 2 Nr. 4 auch solche Produkte umfasst, deren „Marketing" auf dem Geschäftsgeheimnis beruht. Erfasst sind nur solche Datenträger oder Gegenstände, die das Geschäftsgeheimnis entweder als solches enthalten, oder deren „Konzeption, Merkmale, Funktionsweise oder Herstellungsprozess auf dem Geschäftsgeheimnis beruhen" (vgl. § 2 Nr. 4). 24

Die Gegenstände und Trägermedien müssen im **Besitz oder im Eigentum des Rechtsverletzers** stehen.[27] Besitz umfasst auch mittelbaren Besitz (Leihe, Vermietung etc.). Fraglich ist, ob die Vorschrift auch Fälle umfasst, in denen ein Geschäftsgeheimnis auf einem Server gespeichert ist, der im Besitz eines Dritten steht. Streng genommen ist der Wortlaut von Nr. 3 nicht erfüllt. Nach zutreffender Ansicht gilt aber auch hier die Auskunftspflicht[28], weil es nicht darauf ankommen kann, ob das Trägermedium im rechtlichen Sinne im Besitz des Rechtsverletzers steht oder nicht: Speichert der Rechtsverletzer die Information in einer Cloud ab und hat er jederzeit Zugang zu bzw. Kontrolle über die Information, dann ist das „Trägermedium Cloud" im (weit verstandenen) Besitz des Täters, auch wenn der eigentliche Server im Besitz eines anderen steht. 25

4. Empfänger oder Offenbarer des Geschäftsgeheimnisses (Nr. 4). Schließlich muss der Rechtsverletzer Auskunft erteilen über alle jene Personen, von denen er das Geschäftsgeheimnis erhalten oder denen er das Geschäftsgeheimnis verraten hat. Damit ist der **Kreis der Mitwisser** erfasst. 26

Diese Vorschrift war im Gesetzgebungsverfahren umstritten, weil insbesondere von der Presse befürchtet wurde, dass der **Schutz vertraulicher Quellen und Informanten** ausgehöhlt werden könnte. Diese Befürchtungen sind allerdings im Hinblick auf die Klar- 27

25 BeckOK GeschGehG/*Spieker* § 8 GeschGehG Rn. 8; zu § 19 MarkenG: Ströbele/Hacker/Thiering/*Thiering* § 19 MarkenG Rn. 46.
26 BeckOK GeschGehG/*Spieker* § 8 GeschGehG Rn. 8; Köhler/Bornkamm/Feddersen/*Alexander* § 8 GeschGehG Rn. 25.
27 Köhler/Bornkamm/Feddersen/*Alexander* § 8 GeschGehG Rn. 26.
28 BeckOK UWG/*Hohn-Hein* § 8 GeschGehG Rn. 9; Harte-Bavendamm/Ohly/Kalbfus/*Kalbfus* § 8 GeschGehG Rn. 17; Köhler/Bornkamm/Feddersen/*Alexander* § 8 GeschGehG Rn. 26.

stellung in § 2 Nr. 3, die Ausnahmetatbestände in § 5 und das Korrektiv in § 9 Nr. 6 unberechtigt.[29]

28 Potentiell problematisch erscheint die Pflicht zur Benennung von weiteren Empfängern, weil damit eine Selbstbezichtigung im Hinblick auf eine strafbare Geheimnisoffenbarung nach § 23 Abs. 1 einhergehen kann (Verstoß gegen den **nemo-tenetur-Grundsatz**). Dieser Gefahr kann allerdings durch ein Verwertungsverbot in einem Strafverfahren in analoger Anwendung der §§ 19 Abs. 8 MarkenG, 101 Abs. 8 UrhG, 46 Abs. 8 DesignG und 140b Abs. 8 PatG begegnet werden. Das **nemo-tenetur-Prinzip** führt nicht dazu, dass ein Auskunftsanspruch von vornherein ausscheidet; andernfalls liefe der Auskunftsanspruch in § 8 Abs. 1 Nr. 4 in weiten Teilen leer.[30]

29 Umgekehrt ist die Benennung von Lieferanten oder Empfängern nicht deshalb von vornherein ausgeschlossen, weil diese damit einer potenziellen Straftat bezichtigt werden.[31] Die Rechtsprechung ist aber der Auffassung, dass dieser Aspekt im Rahmen der Verhältnismäßigkeitsprüfung zu berücksichtigen und der Auskunftsanspruch – je nach den Umständen des Einzelfalls und den zu beachtenden Interessen – zumindest zu begrenzen ist, da eine **Bezichtigung Dritter** gemeinhin als anstößig gelte und den Auskunftspflichtigen in große Schwierigkeiten bringen könne (seien es Gewissensbisse, seien es Sanktionen der bezichtigten Dritter).[32]

III. Erfüllung des Auskunftsanspruchs

30 **1. Art der Auskunftserteilung, Kontrolltatsachen und Rechnungslegung.** Die Auskunft wird durch eine **Wissenserklärung** erteilt[33], z. B. in Form eines selbst erstellten Verzeichnisses.

31 Nicht aus § 8 Abs. 1 ergibt sich, aber allgemein zum selbständigen Auskunftsanspruch anerkannt ist, dass der Rechtsverletzer auch über all jene Umstände informieren muss, die der Anspruchsinhaber benötigt, um die Plausibilität und Verlässlichkeit der Auskunft überprüfen zu können (sogenannte „**Kontrolltatsachen**").[34] Dies ist insbesondere für die Auskunft nach § 8 Abs. 1 Nr. 1 und Nr. 2 relevant.[35] Denn der Berechtigte hat regelmäßig „berechtigten Anlass zu der Befürchtung, der Verletzer könnte versucht sein, durch eine unrichtige oder unvollständige Auskunft den Umfang seiner Verletzungshandlungen zu verschleiern."[36] Der Berechtigte muss sich daher nicht mit Angaben begnügen, deren Wahrheitsgehalt er nicht überprüfen kann, sondern darf auch solche Angaben verlangen, die allein für die **Überprüfung der eigentlichen Angaben für die Weiterverfolgung seines Anspruchs erforderlich** sind.[37] Dazu gehören z. B. Einkaufs- und Verkaufsbelege (Rechnungen und Lieferscheine)[38], Artikel- und Chargennummern[39] etc. Gegebenenfalls

---

29 So auch Köhler/Bornkamm/Feddersen/*Alexander* § 8 GeschGehG Rn. 29; BeckOK UWG/*Hohn-Hein* § 8 GeschGehG Rn. 10; Harte-Bavendamm/Ohly/Kalbfus/*Kalbfus* § 8 GeschGehG Rn. 19.
30 Überzeugend zu § 17 UWG a. F. i. V. m. § 242 BGB: OLG Stuttgart 8.10.2015 WRP **2016** 767 Rn. 65 ff.
31 BGH 24.3.1994 GRUR **1994** 630, 633.
32 BGH 24.3.1994 GRUR **1994** 630, 633.
33 Vgl. BGH 23.2.2006 GRUR **2006** 504 Rn. 40.
34 Siehe nur BGH 21.2.2002 GRUR **2002** 709, 712.
35 Harte-Bavendamm/Ohly/Kalbfus/*Kalbfus* § 8 GeschGehG Rn. 14.
36 BGH 26.3.2019 GRUR **2019** 496, 498.
37 BGH 26.3.2019 GRUR **2019** 496, 498.
38 BGH 21.2.2002 GRUR **2002** 709, 712; siehe auch zum Markenrecht z. B. BGH 12.3.2015 GRUR **2015** 1009 m. w. N.
39 Zum Markenrecht: KG Berlin 14.4.2015, Az. 5 U 17/13.

sind die Belege um Informationen, auf die sich die Auskunftspflicht nicht erstreckt, zu schwärzen.

Über die Herausgabe von Informationen und Belegen als Kontrolltatsachen hinaus trifft den Auskunftsschuldner aber **keine Pflicht zur Rechnungslegung und Belegherausgabe.** Denn dies ist in § 8 nicht vorgesehen und eine zu den §§ 19a Abs. 1 MarkenG, 101a Abs. 1 UrhG, 46a Abs. 1 DesignG und 140c Abs. 1 PatG vergleichbare Vorschrift fehlt. Zudem ist seit jeher anerkannt, dass es bei Wettbewerbsverstößen in der Regel nur einen Auskunftsanspruch, nicht aber einen Rechnungslegungsanspruch gibt.[40] Dies gilt zwar nicht bei der Verletzung von Geschäftsgeheimnissen[41]; der Rechnungslegungsanspruch nach § 260 BGB analog betrifft hier aber Auskünfte zur Berechnung von Schadensersatzansprüchen (unselbständiger Auskunftsanspruch nach § 242 BGB), nicht aber den selbständigen Auskunftsanspruch. 32

2. Unkenntnis und Nachforschungspflicht. Die Auskunft kann auch durch eine Negativauskunft erteilt werden.[42] Bloßes Schweigen genügt insoweit aber nicht. Es reicht auch nicht, nur darauf zu verweisen, man kenne z. B. die Namen und Anschriften aller Vorbesitzer nicht. Vielmehr ist der Auskunftsschuldner zu **Nachforschungen** verpflichtet und gehalten, im Rahmen des Möglichen und Zumutbaren alle Schritte zu unternehmen, um sich die nach § 8 Abs. 1 geschuldeten Informationen zu beschaffen, z. B. indem er alle seine Geschäftsunterlagen durchsieht, alle Erkenntnisquellen im Unternehmen oder Konzern bemüht, bei seinen Lieferanten und Kunden Erkundigungen einholt etc.[43] Sollte er dann immer noch nur zu einer **Negativauskunft** in der Lage sein, muss er darlegen, welche Schritte er konkret unternommen hat, um die Informationen zu beschaffen.[44] 33

3. Zeitpunkt der Auskunft. Anders als in den Parallelvorschriften im Immaterialgüterrecht enthält § 8 Abs. 1 keine ausdrückliche Verpflichtung, die Auskunft „unverzüglich" zu erteilen. Es ist nicht erkennbar, warum der Gesetzgeber im Rahmen des GeschGehG von diesem Erfordernis abgesehen hat, geschweige denn, dass es überhaupt bewusst weggelassen wurde. Zu Recht wird daher vertreten, dass die Auskunft als **ungeschriebenes Tatbestandsmerkmal** – ggf. in analoger Anwendung der §§ 19 Abs. 1 MarkenG, 101 Abs. 1 UrhG, 46 Abs. 1 DesignG und 140b Abs. 1 PatG – auch im Rahmen des § 8 Abs. 1 **ohne schuldhaftes Zögern** zu erteilen ist.[45] Dafür spricht auch, dass andernfalls der Bezugspunkt für eine verspätete Auskunft im Sinne des Abs. 2 unklar ist. 34

4. Schlechterfüllung und Erfüllungswirkung. Ist die Auskunft erkennbar nicht ernst gemeint, von vornherein unvollständig oder unglaubhaft, kann sich der Schuldner nicht auf Erfüllung berufen und der Verletzte kann **Vervollständigung, Nachbesserung oder Korrektur** verlangen.[46] Ist die Auskunft hingegen nicht in diesem Sinne nicht ernst gemeint, unvollständig oder unglaubhaft, hat der Verpflichtete den Auskunftsanspruch erfüllt. Ergibt sich dann (nur) der Verdacht, die Auskunft könnte noch immer unvollständig oder falsch sein, besteht ein Anspruch auf Abgabe einer **eidesstattlichen Versicherung** 35

---

40 Köhler/Bornkamm/Feddersen/*Köhler* § 9 UWG Rn. 4.7b.
41 BGH 17.5.1960 GRUR **1960** 554, 556; BGH 27.11.1964 GRUR **1965** 313 f.
42 Vgl. BGH 5.3.2015 GRUR **2015** 1248 Rn. 31; BGH 23.2.2006 GRUR **2006** 504 Rn. 40.
43 Vgl. BGH 5.3.2015 GRUR **2015** 1248 Rn. 31; BGH 23.2.2006 GRUR **2006** 504 Rn. 40; BGH 23.1.2003 GRUR **2003** 433, 434.
44 Vgl. BGH 5.3.2015 GRUR **2015** 1248 Rn. 36.
45 BeckOK UWG/*Hohn-Hein* § 8 GeschGehG Rn. 12.
46 Vgl. BGH 24.3.1994 GRUR **1994** 630, 631; OLG Frankfurt 7.3.2016 NJW-RR **2016** 960.

nach §§ 259 Abs. 2, 260 Abs. 2 BGB analog, dass der Schuldner die Auskunft nach bestem Wissen vollständig abgegeben hat.[47]

36 **5. Ausschluss bei Unverhältnismäßigkeit.** Der Auskunftsanspruch ist nach § 9 ausgeschlossen, soweit die Erteilung (sei es z. B. in dem geforderten Umfang, sei es wegen des mit den notwendigen Erkundigungen verbundenen Aufwands) **unverhältnismäßig** wäre (vgl. Kommentierung zu § 9 Rn. 1, 11 ff.), wobei nach § 9 im Zusammenhang mit dem Auskunftsanspruch insbesondere zu berücksichtigen ist:
- Der Wert des Geschäftsgeheimnisses,
- das Verhalten des Rechtsverletzers bei Erlangung, Nutzung oder Offenlegung des Geschäftsgeheimnisses,
- die Folgen der rechtswidrigen Nutzung oder Offenlegung des Geschäftsgeheimnisses,
- die berechtigten Interessen des Inhabers des Geschäftsgeheimnisses und des Rechtsverletzers sowie die Auswirkungen, die die Erfüllung der Ansprüche für beide haben könnte,
- die berechtigten Interessen Dritter oder
- das öffentliche Interesse.[48]

37 Die vom Inhaber getroffenen Geheimhaltungsmaßnahmen (§ 9 Nr. 2) dürften in diesem Zusammenhang irrelevant sein.

38 Unverhältnismäßig kann die Auskunftserteilung insbesondere dann sein, wenn das **Informationsinteresse** des Anspruchsstellers **außergewöhnlich gering** ist, etwa weil weitere Verletzungen nicht mehr zu befürchten und/oder Ersatzansprüche bereits ausgeglichen sind.[49] Umgekehrt kann die Auskunftserteilung unter Umständen zu **außergewöhnlichen Nachteilen** beim Verletzer führen, so z. B. bei Auskünften zwischen Wettbewerbern, die das Potential haben, den unverfälschten Wettbewerb zu gefährden.[50] Die bloße Tatsache, dass Auskunftsschuldner und Auskunftsgläubiger Wettbewerber sind und die Informationserteilung unter anderen Umständen ein Kartellrechtsverstoß wäre, reicht aber nicht aus.[51]

39 Das Hilfsmittel eines **Wirtschaftsprüfervorbehalts**, bei dem der Verletzer die Informationen und ggf. Belege nur einem Wirtschaftsprüfer herausgeben muss, der auf Nachfrage des Anspruchsberechtigten individuelle Auskünfte erteilt, kommt beim selbständigen Auskunftsanspruch in aller Regel nicht in Betracht.[52] Denn der selbständige Auskunftsanspruch ist gerade darauf angelegt, die Identität aller Vorbesitzer und Abnehmer zu erfahren, um gegen diese vorgehen zu können.[53] Im Hinblick auf Mengen- und Preisangaben nach § 8 Abs. 1 Nr. 2 sowie auf die Herausgabe von Belegen als Kontrolltatsachen wäre ein Wirtschaftsprüfervorbehalt aber zumindest denkbar.[54]

47 Vgl. BGH 17.5.2001 GRUR **2001** 841, 845.
48 Zu den einzelnen Kriterien vgl. Kommentierung zu § 9 Rn. 18–38.
49 Vgl. zum Produktpiraterie-Gesetz: BTDrucks. 11/4792 S. 31 f.
50 Harte-Bavendamm/Ohly/*Kalbfus* § 8 GeschGehG Rn. 28.
51 OLG Düsseldorf 21.7.2010 BeckRS **2011** 2537.
52 BGH 20.12.1994 GRUR **1995** 338, 341 f. (zu § 140b PatG); BGH 21.2.2002 GRUR **2002** 709, 713 (zu § 19 MarkenG).
53 Vgl. BGH 21.2.2002 GRUR **2002** 709, 713 – Entfernung der Herstellungsnummer III.
54 Harte-Bavendamm/Ohly/*Kalbfus* § 8 GeschGehG Rn. 29.

D. Schadensersatzanspruch nach Absatz 2

Dem Geschäftsgeheimnisinhaber steht ein **Schadensersatzanspruch** zu, wenn der Schuldner seine Auskunftspflicht verletzt. Auch diese Regelung hat Vorbilder in §§ 19 Abs. 5 MarkenG, 101 Abs. 5 UrhG, 46 Abs. 5 DesignG und 140b Abs. 5 PatG. Anders als dort erfasst sie aber nicht nur die Fälle falscher oder unvollständiger Auskunft, sondern auch die verspätete oder gänzlich unterbliebene Auskunft. 40

Die Auskunft kann bereits nach Erteilung erkennbar falsch oder unvollständig sein. In diesem Fall besteht der Auskunftsanspruch fort, der Anspruchsgläubiger hat aber zusätzlich einen Schadensersatzanspruch. Gleiches gilt, wenn der Verletzer keine Auskunft erteilt, ohne darzulegen, dass und warum er keine Auskunft erteilen kann bzw. welche Bemühungen er unternommen hat, um die Informationen zu beschaffen. Verspätet ist die Auskunft, wenn sie nicht im Sinne eines ungeschriebenen Tatbestandsmerkmals unverzüglich (siehe Rn. 34) erteilt wird, oder wenn der Schuldner eine vom Gläubiger oder vom Gericht gesetzte angemessene Frist verstreichen lässt. 41

Der Schadensersatzanspruch besteht allerdings nur bei grober Fahrlässigkeit und bei Vorsatz. § 8 Abs. 2 dürfte daher als lex specialis anderweitige Schadensersatzansprüche, z. B. aus § 280 Abs. 1 BGB wegen Pflichtverletzung in einem gesetzlichen Schuldverhältnis, verdrängen.[55] 42

E. Verjährung

Mangels eigenständiger Regelung im GeschGehG verjähren der Auskunfts- und der Schadensersatzanspruch in § 8 nach der **regelmäßigen Verjährungsfrist** von drei Jahren gemäß §§ 195 ff. BGB.[56] 43

F. Prozessuales

Der Geschäftsgeheimnisinhaber und Anspruchssteller trägt die volle **Darlegungs- und Beweislast**.[57] 44

Üblicherweise wird der Auskunftsanspruch **in Verbindung mit einem Feststellungsantrag** geltend gemacht, um im Anschluss auf dieser Basis entweder eine außergerichtliche Einigung über eine Schadensersatzzahlung zu finden oder eine Zahlungsklage einzureichen. Alternativ kann der Gläubiger im Wege der **Stufenklage** (§ 254 ZPO) vorgehen.[58] 45

Anders als §§ 19 Abs. 7 MarkenG, 101 Abs. 7 UrhG, 46 Abs. 7 DesignG und 140b Abs. 7 PatG sieht § 8 (bedauerlicherweise) keine Möglichkeit vor, den Auskunftsanspruch bei offensichtlicher Rechtsverletzung im Wege der **einstweiligen Verfügung** geltend zu machen. Da es sich bei diesen Vorschriften um Ausnahmetatbestände handelt, die die sonst geltende Regel, dass eine einstweilige Verfügung nur der Sicherung, nicht aber der Erfül- 46

55 **A. A.** Harte-Bavendamm/Ohly/*Kalbfus* § 8 GeschGehG Rn. 35.
56 Büscher/*Tochtermann* § 8 GeschGehG Rn. 25; Köhler/Bornkamm/Feddersen/*Alexander* § 8 GeschGehG Rn. 34.
57 BeckOK GeschGehG/*Spieker* § 8 GeschGehG Rn. 14; Köhler/Bornkamm/Feddersen/*Alexander* § 8 GeschGehG Rn. 40.
58 Köhler/Bornkamm/Feddersen/*Alexander* § 8 GeschGehG Rn. 8.

lung eines Anspruchs dienen darf, außer Kraft setzt, kommt eine **analoge Anwendung nicht in Betracht**.

47 Die Zwangsvollstreckung vollzieht sich nach § 888 ZPO.

G. Der unselbständige Auskunftsanspruch nach § 242 BGB und Rechnungslegung nach § 259 BGB

I. Allgemeines

48 Neben dem selbständigen Anspruch auf Drittauskunft nach § 8, d.h. auf Auskunft über die Identität weiterer Verletzer, hat der Inhaber des Geschäftsgeheimnisses im Regelfall auch einen **unselbständigen Auskunftsanspruch**, der der Geltendmachung eines Hauptanspruchs dient. Dabei geht es in aller Regel um diejenigen Informationen, die der Anspruchsinhaber zur Berechnung und Durchsetzung eines Schadensersatzanspruchs benötigt. Dieses Ziel wird zwar zum Teil auch durch die selbständige Auskunft nach § 8 Abs. 1 Nr. 2 erreicht, dogmatisch sind beide Ansprüche aber voneinander zu trennen.

49 Der Anspruch wurzelt in dem durch eine Rechtsverletzung (z.B. ein Wettbewerbsverstoß oder eine Geschäftsgeheimnisverletzung) begründeten **gesetzlichen Schuldverhältnis** und dem jedem Rechtsverhältnis beherrschenden Grundsatz von **Treu und Glauben** nach § 242 BGB.[59] Grundgedanke ist nach ständiger Rechtsprechung, dass eine Auskunftspflicht besteht, *„wenn die zwischen den Parteien bestehenden Rechtsbeziehungen es mit sich bringen, dass der Berechtigte in entschuldbarer Weise über Bestehen und Umfang seines Rechts im Ungewissen ist, er sich die zur Vorbereitung und Durchsetzung seines Anspruchs notwendigen Auskünfte nicht auf zumutbare Weise selbst beschaffen kann und der Verpflichtete sie unschwer, d.h. ohne unbillig belastet zu sein, zu geben vermag.“*[60]

50 Der unselbständige Auskunftsanspruch war **schon vor Inkrafttreten** des GeschGehG auch für Geschäftsgeheimnisverletzungen anerkannt[61]; er ist mit dem Gesetz nicht obsolet geworden. Flankierend kann der Anspruchssteller **Rechnungslegung** nach § 259f. BGB verlangen.

II. Voraussetzungen

51 Der unselbständige Auskunftsanspruch knüpft sich an folgende Voraussetzungen:[62]

(a) Es muss zunächst ein Hauptanspruch bestehen.
(b) Der Berechtigte ist in entschuldbarer Weise über Bestehen und Umfang seines Rechts im Ungewissen.
(c) Der Berechtigte kann sich die zur Vorbereitung und Durchsetzung seines Anspruchs notwendigen Auskünfte nicht auf zumutbare Weise selbst beschaffen.
(d) Der Verpflichtete kann diese Auskünfte unschwer, d.h. ohne unbillig belastet zu sein, herausgeben.

---

59 Siehe nur BGH 24.3.1994 GRUR **1994** 630, 632 – Cartier-Armreif; BGH 17.5.2001 GRUR **2001** 841, 842 – Entfernung der Herstellungsnummer II.

60 BGH 24.3.1994 GRUR **1994** 630, 632 – Cartier-Armreif; BGH 17.5.2001 GRUR **2001** 841, 842 – Entfernung der Herstellungsnummer II; BGH 29.4.2010 GRUR **2010** 623 Rn. 43 – Restwertbörse.

61 BGH GRUR **2009** 603 Rn. 22 – Versicherungsuntervertreter; OLG Stuttgart 8.10.2015 WRP **2016** 767, 769.

62 BGH 24.3.1994 GRUR **1994** 630, 632 – Cartier-Armreif; BGH 17.5.2001 GRUR **2001** 841, 842 – Entfernung der Herstellungsnummer II; BGH 29.4.2010 GRUR **2010** 623 Rn. 43 – Restwertbörse.

Hauptanspruch kann ein Schadensersatzanspruch, ein Bereicherungsanspruch, ein Geschäftsführungsanspruch, ein Unterlassungsanspruch, ein Beseitigungsanspruch oder ein Gewinnabschöpfungsanspruch sein.[63] Der **Auskunftsanspruch** ist hierzu **akzessorisch**, das heißt nur wenn der Hauptanspruch entstanden ist und auch weiterhin besteht, kann auch der Auskunftsanspruch ent- bzw. noch bestehen. 52

Dies gilt nach hiesiger Auffassung nicht im Falle der **Verjährung des Hauptanspruchs**[64], da der Auskunftsanspruch nach wohl allgemeiner Auffassung selbständig verjährt.[65] Zwar ist der Schadensersatzanspruch nicht mehr durchsetzbar, dies aber auch nur, wenn der Anspruchsgegner sich auf die Verjährung beruft; zudem kann trotz Verjährung auf Basis der Informationen noch eine außergerichtliche Einigung zustande kommen. Darüber hinaus kommt im Falle eines verjährten Schadensersatzanspruchs noch ein bereicherungsrechtlicher Anspruch, z.B. nach § 13, in Betracht, und auch insoweit kann eine Auskunftspflicht bestehen. Der Gläubiger hat also weiterhin ein legitimes Interesse an der Auskunftserteilung. 53

III. Inhalt und Umfang der Auskunft

Die **Auskunft umfasst** alle Informationen, die **zur Durchsetzung des Hauptanspruchs** erforderlich sind und für die die vorgenannten Voraussetzungen erfüllt sind.[66] Sie erstreckt sich aber stets nur auf die vom Hauptanspruch umfassten Verletzungshandlungen (einschließlich im Kern gleichartige Handlungen),[67] nicht aber auf mögliche weitere, ähnliche Handlungen.[68] Allerdings sind nach mittlerweile geänderter Rechtsprechung nicht nur jene Verletzungshandlungen erfasst, die der Anspruchssteller schlüssig vorgetragen hat, sondern auch alle davor und danach liegenden Verletzungshandlungen.[69] 54

Im Hinblick auf einen **Schadensersatzanspruch** kann der Verletzte alle Informationen verlangen, die er benötigt, um den Schaden auf alle drei anerkannten Berechnungsmethoden (tatsächlicher Schaden, Lizenzanalogie, Verletzergewinn) zu ermitteln und auf dieser Grundlage zu entscheiden, welche Methode er wählt.[70] Zum Zwecke der Berechnung des Verletzergewinns ist der Verletzer etwa verpflichtet, neben Angaben zum Gewinn auch solche zu den Gestehungskosten zu machen.[71] Hinzu kommen Angaben zu den Herstellungsmengen, zu einzelnen Angeboten, zu einzelnen Lieferungen, zur betriebenen Werbung und zu den Vertriebskosten.[72] 55

---

63 OLG Stuttgart 8.10.2015 WRP **2016** 767 Rn. 28.

64 **A.A.** Harte-Bavendamm/Ohly/*Kalbfus* § 8 GeschGehG Rn. 43, unter Hinweis auf BGH 26.3.2019 GRUR **2019** 496 – Spannungsversorgungsvorrichtung und auf BGH 17.7.2008 GRUR **2008** 989 – Sammlung Ahlers.

65 BGH 10.5.2012 GRUR **2012** 1248 Rn. 22 – Fluch der Karibik; BGH 26.5.1994 NJW **1994** 3102, 3106; BGH 12.6.1991 NJW **1991** 3031, 3032; Köhler/Bornkamm/Feddersen/*Alexander* § 8 GeschGehG Rn. 35.

66 BGH 26.3.2019 GRUR **2019** 496 Rn. 12 – Spannungsversorgungsvorrichtung.

67 Vgl. BGH 23.2.2006 GRUR **2006** 504 Rn. 34 – Parfümtestkäufe.

68 Vgl. BGH 11.7.1991 GRUR **1992** 117, 120 – IEC-Publikation; BGH 29.6.2000 GRUR **2000** 907, 910 – Filialleiterfehler.

69 BGH 19.7.2007 GRUR **2007** 877 Rn. 24 – Windsor Estate; BGH 29.4.2010 GRUR **2010** 623 Rn. 54 – Restwertbörse; **a.A.** noch BGH 26.11.1987 GRUR **1988** 307, 308 – Gaby.

70 BGH 7.12.1979 GRUR **1980** 227, 232 – Monumenta Germaniae Historica.

71 BGH 20.5.2008 GRUR **2008** 896 Rn. 33 – Tintenpatrone; BGH 26.3.2019 GRUR **2019** 496, 498 – Spannungsversorgungsvorrichtung.

72 Harte-Bavendamm/Ohly/Kalbfus/*Kalbfus* § 8 GeschGehG Rn. 47.

56 Daneben hat der Verletzer wie beim selbständigen Auskunftsanspruch auch Informationen zu Kontrolltatsachen beizubringen, die dem Anspruchsinhaber die Überprüfung der Angaben im Sinne einer **Plausibilitätskontrolle** ermöglichen. Hierzu zählen z. B. Namen und Anschriften der Abnehmer und Angebotsempfänger sowie Angaben zur betriebenen Werbung, um die Auskünfte z. B. zu Umsätzen und zum Produktabsatz einer Plausibilitätskontrolle unterziehen zu können.[73]

57 Wie beim selbständigen Auskunftsanspruch muss der Verpflichtete alle Auskünfte erteilen, die der Anspruchsinhaber benötigt, und muss die entsprechenden **Informationen** ggf. – soweit möglich und verhältnismäßig – innerhalb des Unternehmens oder von Dritten (insbesondere seinen Lieferanten und Abnehmern) **beschaffen**.[74]

58 Die Auskunft hat in aus sich heraus verständlicher **Form** zu erfolgen. Wenn bereits die schriftliche Auskunftserteilung eine zuverlässige, aber auch zumutbare Prüfung ermöglicht, besteht kein Anspruch auf Auskunftserteilung in elektronischer Form.[75]

IV. Rechnungslegung

59 Bei Wettbewerbsverstößen besteht zwar nach verbreiteter Ansicht in der Regel kein Anspruch auf Rechnungslegung aus § 242 BGB, so dass auch § 259 BGB nicht greift.[76] Eine **Ausnahme** ist aber anerkannt, soweit es um Schadensersatzansprüche und deren Berechnung wegen einer Geschäftsgeheimnisverletzung geht.[77]

60 Der Anspruchsgläubiger hat daher **Anspruch auf Rechnungslegung** nach § 259 BGB, d.h. auf Vorlage eines vollständigen, geordneten und verständlichen Verzeichnisses mit allen Angaben zu Lieferanten, Abnehmern, Stückzahlen, Kosten, Preisen, Gewinn etc., sowie auf Herausgabe entsprechender Belege.

V. Ausschluss bei Unverhältnismäßigkeit

61 Wie der selbständige Auskunftsanspruch besteht auch der unselbständige Auskunftsanspruch nur, soweit die Auskunftserteilung **möglich und zumutbar** ist, und unterliegt insoweit dem Verhältnismäßigkeitsgrundsatz.[78]

62 **Kriterien** sind – ähnlich wie nach § 9 – insbesondere die Art und Schwere des Verstoßes (je stärker die Verletzung, desto eher ist eine Auskunft zumutbar[79]), der Bedarf des Gläubigers an der Information[80], der Aufwand für den Auskunftspflichtigen und das Geheimhaltungsinteresse des Auskunftspflichtigen[81], sowie das Risiko einer Selbst- oder Fremdbezichtigung.[82]

---

73 BGH 26.3.2019 GRUR **2019** 496, 498 – Spannungsversorgungsvorrichtung.
74 OLG Frankfurt 7.3.2016 NJW-RR **2016** 960.
75 OLG Karlsruhe 24.2.2016 BeckRS **2016** 14986.
76 Köhler/Bornkamm/Feddersen/*Köhler* § 9 UWG Rn. 4.7b m. w. N.
77 BGH 17.5.1960 GRUR **1960** 554, 556 – Handstrickverfahren; BGH 27.11.1964 GRUR **1965** 313f. – Umsatzauskunft.
78 Vgl. BGH 24.3.1994 GRUR **1994** 630, 633 – Cartier-Armreif.
79 BGH 17.5.2001 GRUR **2001** 841, 843 – Entfernung der Herstellungsnummer II.
80 Vgl. zum Produktpiraterie-Gesetz: BTDrucks. 11/4792 S. 31f.
81 BGH 6.2.2007 NJW **2007** 1806, 1808 Rn. 18 – Meistbegünstigungsvereinbarung; BGH 17.5.2001 GRUR **2001** 841, 843 – Entfernung der Herstellungsnummer II; BGH 6.10.2005 GRUR **2006** 419, 420 Rn. 14ff. – Noblesse.
82 Vgl. BGH 30.4.1964 WM **1964** 795; OLG Stuttgart 8.10.2015 WRP **2016** 767, 772 Rn. 65ff.; BGH 24.3.1994 GRUR **1994** 630, 633 – Cartier-Armreif.

Im Hinblick auf das **Geheimhaltungsinteresse** des Auskunftspflichtigen ist allerdings zu beachten, dass nicht jedes (wenngleich nachvollziehbare) Interesse an einer Vertraulichkeit der betreffenden Informationen relevant sein kann: Grundsätzlich muss der Verletzer damit leben, dass er Daten aus seinem Bereich und damit potentiell geheime Informationen herausgeben muss; sein Geheimhaltungsinteresse hat in der Regel gegenüber den Interessen des Gläubigers zurückzustehen, jedenfalls soweit der Gläubiger auf die Informationen angewiesen ist.[83] Bei **sensiblen Daten** hat der Anspruch des Gläubigers allerdings zurückzustehen, wenn der Wert der Auskunft für ihn begrenzt ist und die Nachteile für den Auskunftsschuldner schwerer wiegen.[84] 63

Anders als beim selbständigen Auskunftsanspruch besteht beim unselbständigen Auskunftsanspruch die Möglichkeit eines (auch von Amts wegen angeordneten[85]) **Wirtschaftsprüfervorbehalts**: Um eine unbotmäßige Ausforschung (insbesondere durch einen Anspruchsinhaber, der gleichzeitig Wettbewerber ist) zu verhindern, kann der Anspruchsgegner die Informationen z.B. zu seinen Lieferanten und seinen Kunden auf seine Kosten einem Wirtschaftsprüfer erteilen, der dem Anspruchsberechtigten wiederum nur auf konkrete Nachfrage mitteilt, ob ein bestimmter Lieferant/Abnehmer in der Auskunft enthalten ist.[86] Da durch den Wirtschaftsprüfervorbehalt die Anspruchsdurchsetzung durch den Gläubiger unter Umständen stark erschwert wird, ist ein solcher Vorbehalt nur möglich, wenn die Belange des Schuldners deutlich höher wiegen als das (grundsätzlich berechtigte) Auskunftsinteresse des Gläubigers.[87] Der Wirtschaftsprüfer ist vom Verletzten auszuwählen[88] und zu bezahlen.[89] Bei begründeten Zweifeln des Gläubigers an der Vertrauenswürdigkeit oder Neutralität des Wirtschaftsprüfers kommt eine Ernennung durch das Gericht in Betracht.[90] 64

Bei geheimhaltungsbedürftigen, schutzwürdigen Informationen des Anspruchsgegners ist es möglich, dass der Berechtigte verpflichtet wird, eine **Geheimhaltungsvereinbarung** zu unterzeichnen.[91] 65

VI. Verjährung

Nach allgemeiner Auffassung **verjährt** der (eigentlich akzessorische) Auskunftsanspruch **selbständig** nach den §§ 195ff. BGB und nicht automatisch mit dem Hauptanspruch.[92] Allerdings kann der Auskunftsanspruch nach dem BGH nicht vor dem Hauptanspruch verjähren.[93] 66

---

83 BGH 9.11.1995 GRUR **1996** 78, 79 – Umgehungsprogramm; BGH 6.10.2005 GRUR **2006** 419, 420 Rn. 17 – Noblesse.
84 BGH 27.11.1964 GRUR **1965** 313, 314 – Umsatzauskunft; BGH 16.2.1973 GRUR **1973** 375, 378 – Miss Petite; BGH 6.6.1991 GRUR **1991** 921, 924 – Sahnesiphon.
85 BGH 13.2.1976 GRUR **1978** 52, 53 – Fernschreibverzeichnisse.
86 BGH 7.12.1979 GRUR **1980** 227, 233 – Monumenta Germaniae Historica.
87 BGH 2.2.1999 GRUR **1999** 1025, 1031 – Preisbindung durch Franchisegeber.
88 BGH 23.2.1962 GRUR **1962** 354, 357 – Furniergarnitur; BGH 7.12.1979 GRUR **1980** 227, 233 – Monumenta Germaniae Historica.
89 BGH 2.4.1957 GRUR **1957** 336 – Rechnungslegung.
90 Köhler/Bornkamm/Feddersen/*Köhler* § 9 UWG Rn. 4.21.
91 Vgl. BGH 13.11.1997 GRUR **1998** 689, 693 – *Copolyester II*; Harte-Bavendamm/Ohly/Kalbfus/*Kalbfus* GeschGehG § 8 Rn. 55.
92 BGH 10.5.2012 GRUR **2012** 1248, 1250 Rn. 22 – Fluch der Karibik; BGH 26.5.1994 NJW **1994** 3102, 3106; BGH 12.6.1991 NJW **1991** 3031, 3032; Köhler/Bornkamm/Feddersen/*Alexander* § 8 GeschGehG Rn. 35.
93 BGH 25.7.2017 NJW **2017** 2755, 2756 Rn. 8.

H. Der Besichtigungsanspruch nach § 809 BGB

I. Inhalt und Voraussetzungen

67 Anders als im Immaterialgüterrecht (§§ 19a MarkenG, 101a UrhG, 46a DesignG, 140c PatG) sieht das GeschGehG keinen eigenständigen **Anspruch auf Besichtigung** vor. Es war **in Geschäftsgeheimnisstreitsachen** vor Geltung des GeschGehG aber **anerkannt**, dass der (mögliche) Verletzte unter bestimmten Voraussetzungen einen Besichtigungsanspruch, gestützt auf § 809 BGB, geltend machen kann.[94] Dies gilt auch nach Inkrafttreten des GeschGehG.[95] Der Anspruch dient der (Durchsetzung der) Besichtigung einer Sache beim Gegner, um sich auf diese Weise im Vorfeld eines Prozesses letzte Gewissheit über eine angenommene Verletzung zu verschaffen und Beweise zu sichern.

68 **Voraussetzung** ist, dass (i) eine *gewisse Wahrscheinlichkeit* für das Bestehen eines weitergehenden Anspruchs wegen Geschäftsgeheimnisverletzung besteht[96], also ein durch bestimmte Anhaltspunkte begründeter Verdacht[97], und (ii) der Gläubiger ein nachvollziehbares *Interesse* an der Besichtigung zwecks Beschaffung oder Sicherung notwendiger Informationen oder Beweise hat.[98] Dieses entfällt, wenn der Hauptanspruch nicht mehr durchsetzbar wäre oder der Gläubiger sich die Informationen leichter auf andere Weise beschaffen kann.

69 Es genügt, wenn sich aus der Besichtigung der Sache **Erkenntnisse zur Begründung** des Anspruchs ergeben[99]; es ist nicht notwendig, dass sich auch der Hauptanspruch selbst auf die Sache bezieht.[100]

70 In der Regel wird der Besichtigungsanspruch im Wege eines **vorgeschalteten Beweissicherungsverfahren** durchgesetzt, und zwar auch im **Eilrechtswege** (Kombination aus Beweisbeschluss im selbstständigen Beweisverfahren nach § 485 ZPO und einstweiliger Verfügung, mit der der Antragsgegner verpflichtet wird, die Besichtigung zu dulden).

71 Nach hiesiger Auffassung gelten im Besichtigungsverfahren auch die Vorschriften des §§ 16–20 analog[101], und zwar auch bei einer Durchsetzung im Wege der einstweiligen Verfügung.

II. Das Düsseldorfer Verfahren

72 Eine von der Rechtsprechung zum Patentrecht entwickelte und seit längerem praktizierte Vorgehensweise zum Schutz von Geschäftsgeheimnissen im Prozess unter bestmöglicher Wahrung des rechtlichen Gehörs ist das sog. **„Düsseldorfer Modell"**.[102] Das

---

94 Vgl. OLG Hamm 31.1.2013 GRUR-RR **2013** 306; OLG Düsseldorf 7.2.2008 BeckRS **2010** 00781; Köhler/Bornkamm/Feddersen/*Köhler* UWG § 9 Rn. 4.43; Harte-Bavendamm/Henning-Bodewig/*Harte-Bavendamm* § 17 UWG Rn. 65; Ohly/Sosnitza/*Ohly* § 17 UWG Rn. 55.

95 Ebenso: Köhler/Bornkamm/Feddersen/*Alexander* § 8 GeschGehG Rn. 39; Harte-Bavendamm/Ohly/Kalbfus/*Kalbfus* § 8 GeschGehG Rn. 64ff.; *Reinfeld* § 4 Rn. 20.

96 BGH 2.5.2002 GRUR **2002** 1046, 1048 – *Faxkarte* (zum Urheberrecht).

97 Köhler/Bornkamm/Feddersen/*Köhler* § 9 UWG Rn. 4.44.

98 Köhler/Bornkamm/Feddersen/*Köhler* § 9 UWG Rn. 4.45.

99 BGH 2.5.2002 GRUR **2002** 1046, 1048 – Faxkarte (zum Urheberrecht).

100 Harte-Bavendamm/Ohly/Kalbfus/*Kalbfus* § 8 GeschGehG Rn. 68.

101 **A.A.** *Druschel/Jauch* BB **2018** 1794, 1798.

102 Näher: *Deichfuß* GRUR **2015** 436; BGH 16.11.2009 GRUR **2010** 318 – Lichtbogenschnürung.

Verfahren ist für den Patentverletzungsprozess entwickelt worden, findet aber auch in Geschäftsgeheimnisstreitsachen Anwendung.[103]

Nach diesem Modell erlässt das Gericht auf Antrag des Anspruchsstellers bei hinreichender Wahrscheinlichkeit einer Verletzung sowie gegebener Verhältnismäßigkeit einen Beweisbeschluss im selbstständigen Beweisverfahren nach § 485 ZPO ohne Anhörung des Gegners, mit dem es die **Einholung eines Gutachtens eines zur Verschwiegenheit verpflichteten Sachverständigen** anordnet. Mithilfe des Gutachtens soll vor Einleitung eines Verletzungsprozesses geklärt werden, ob der Antragsgegner ein Schutzrecht (in der Regel ein Patent) oder eben ein Geschäftsgeheimnis des Antragstellers verwendet. Parallel zu dem Beweisbeschluss ergeht eine einstweilige Verfügung, mit der der Antragsgegner verpflichtet wird, die Besichtigung durch den gerichtlichen Sachverständigen (ohne Beteiligung des Antragstellers) zu dulden. 73

Die **Besichtigung** findet durch einen neutralen Sachverständigen (ggf. unter Mithilfe eines Gerichtsvollziehers) statt. Um gleichzeitig die berechtigten Interessen des Antragsgegners zu schützen und zu gewährleisten, dass der Antragsteller nicht auf diesem Wege ungerechtfertigt Betriebsgeheimnisse des Antragsgegners erfährt, findet die Besichtigung ohne den Antragsteller und nur unter Anwesenheit von dessen zur Verschwiegenheit verpflichteten Verfahrensbevollmächtigten statt. Zudem wird das Gutachten dem Antragsteller zunächst nicht ausgehändigt, sondern nur seinen Verfahrensbevollmächtigten. 74

Das Gericht entscheidet dann, nach Einholung entsprechender Stellungnahmen beider Seiten, ob das Gutachten dem Antragsteller zur Verfügung gestellt werden kann, was maßgeblich davon abhängt, ob es tatsächlich Geschäftsgeheimnisse des Antragsgegners enthält. Ist das der Fall, wird zunächst eruiert, ob betreffende sensible Passagen geschwärzt werden können. Ist dies nicht oder nicht hinreichend möglich, hängt die **Aushändigung** vom Verdacht der Verletzung ab: Hat sich dieser durch das Gutachten verdichtet, wird das Gutachten dem Antragsteller im Zweifel ausgehändigt, evtl. unter Ausspruch einer Beschränkung zur Verwendung des Besichtigungsergebnisses allein zum Zwecke der Prozessführung. 75

Ob dieses Düsseldorfer Verfahren nach Inkrafttreten der §§ 16–20 in Geschäftsgeheimnisstreitsachen noch **Anwendung** finden kann, ist im Hinblick auf die Vorschrift des § 20 Abs. 1 Satz 3 **streitig.**[104] Nach überzeugender Auffassung ist das Verfahren nach wie vor möglich.[105] Die Regelung in § 19 Abs. 1 Satz 3 steht dem nicht entgegen. Denn diese soll nur sicherstellen, dass der Antragsteller anwesend sein kann, wenn er dies wünscht („ist ... zu gewähren"). Der Antragsteller kann aber auch auf seine Teilnahme verzichten und sich von seinem Verfahrensbevollmächtigten vertreten lassen. Das Düsseldorfer Modell beruht nämlich gerade auf einem Teil-Verzicht des Antragstellers auf sein Recht auf rechtliches Gehör und auf der Idee, dass die Einschränkung des rechtlichen Gehörs hingenommen werden kann, weil auf diese Weise eine Verbesserung des Rechtsschutzes des betroffenen Rechtssuchenden erreicht wird.[106] 76

103 OLG Düsseldorf 7.2.2008 BeckRS **2010** 00781 – Schaumstoffherstellung.
104 Ablehnend *Endres* IPRB **2019** 45, 46f.
105 Harte-Bavendamm/Ohly/Kalbfus/*Kalbfus* § 8 GeschGehG Rn. 74ff.; *Reinfeld* § 4 Rn. 20.
106 *Kalbfus* WRP **2019** 692, 694; *Deichfuß* GRUR **2015** 436, 441.

§ 9
Anspruchsausschluss bei Unverhältnismäßigkeit

Die Ansprüche nach den §§ 6 bis 8 Absatz 1 sind ausgeschlossen, wenn die Erfüllung im Einzelfall unverhältnismäßig wäre, unter Berücksichtigung insbesondere

1. **des Wertes oder eines anderen spezifischen Merkmals des Geschäftsgeheimnisses,**
2. **der getroffenen Geheimhaltungsmaßnahmen,**
3. **des Verhaltens des Rechtsverletzers bei Erlangung, Nutzung oder Offenlegung des Geschäftsgeheimnisses,**
4. **der Folgen der rechtswidrigen Nutzung oder Offenlegung des Geschäftsgeheimnisses,**
5. **der berechtigten Interessen des Inhabers des Geschäftsgeheimnisses und des Rechtsverletzers sowie der Auswirkungen, die die Erfüllung der Ansprüche für beide haben könnte,**
6. **der berechtigten Interessen Dritter oder**
7. **des öffentlichen Interesses.**

Schrifttum

Büscher Gesetz gegen den unlauteren Wettbewerb, 2019; *Fezer* Markenrecht, 4. Auflage 2009; *Fritzsche/Münker/Stollwerck* BeckOK UWG, 12. Ed. v. 1.5.2021; *Fuhlrott/Hiéramente* BeckOK GeschGehG, 8. Ed. v. 15.3.2020; *Hofmann* „Equity" im deutschen Lauterkeitsrecht? Der „Unterlassungsanspruch" nach der Geschäftsgeheimnis-RL, WRP **2018** 1; *Köhler/Bornkamm/Feddersen* UWG, 39. Auflage 2021; *Ohly* Das neue Geschäftsgeheimnisgesetz im Überblick, GRUR **2019** 441; *Tochtermann* Zur „Unverhältnismäßigkeit" einer Rechtsfolge nach dem neuen GeschGehG – Versuch einer Maßstabsbildung, WRP **2019** 688; *Ohly* Das neue Geschäftsgeheimnisgesetz im Überblick, GRUR **2019**, 441; *Reinfeld* Das neue Gesetz zum Schutz von Geschäftsgeheimnissen, 2019; *Wandtke/Bullinger* Urheberrecht, 5. Auflage 2019; *Würtenberger/Freischem* Stellungnahme zum Referentenentwurf des Bundesministeriums der Justiz und für Verbraucherschutz – Entwurf eines Gesetzes zur Umsetzung der RL 2016/943/EU zum Schutz von Geschäftsgeheimnissen vor rechtswidrigem Erwerb sowie rechtswidriger Nutzung und Offenlegung, GRUR **2018** 708.

Übersicht

https://doi.org/10.1515/9783110631654-012

A. Allgemeines

I. Zweck der Norm und unionsrechtliche Vorgabe

§ 9 regelt den **Ausschluss der Ansprüche** nach § 6 (Beseitigung und Unterlassung), § 7 (Vernichtung; Herausgabe; Rückruf; Entfernung und Rücknahme vom Markt) und § 8 Abs. 1 (Auskunft über rechtsverletzende Produkte), wenn die Erfüllung dieser Ansprüche im Einzelfall zu unverhältnismäßigen Auswirkungen führen würde. Kriterien, die bei der Beurteilung der **Verhältnismäßigkeit** heranzuziehen sind, sind in einem nicht abschließenden („insbesondere"), sieben Positionen umfassenden Katalog – lediglich der in der RL ebenfalls genannte Schutz der Grundrechte wird hier nicht explizit umgesetzt – aufgeführt. Dass der Kriterienkatalog nicht abschließend ist, vielmehr auch andere Faktoren im Rahmen der jeweiligen Einzelfallprüfung berücksichtigt werden können, stellt die Gesetzesbegründung klar.[1] Insofern können dann auch grundrechtlich geschützte Positionen, sofern diese nicht bereits über die ausdrücklich benannten Kriterien einfließen, Eingang in die Verhältnismäßigkeitsprüfung finden.[2] 1

Die Vorschrift des § 9 setzt im Wesentlichen die Vorgaben aus Art. 13 Abs. 1 RL[3] um und dient damit der Begrenzung der Rechtsdurchsetzung zum Schutz von Geschäftsgeheimnissen, wenn diese dazu führen würde, dass **berechtigte Interessen des Verletzers**, von Dritten oder aber des Gemeinwohls über Gebühr, das heißt in einer Art und Weise, die von den **berechtigten Interessen des Verletzten** nicht mehr gedeckt ist, beeinträchtigt werden würden.[4] Art. 13 Abs. 1 RL selbst ist spezifische Vorgabe des in der RL bereits in Art. 7 Abs. 1 RL niedergelegten Grundsatzes, nach dem sämtliche Maßnahmen, Verfahren und Rechtsbehelfe der RL in verhältnismäßiger Art und Weise anzuwenden sind. Sowohl Art. 13 Abs. 1 RL als auch § 9 bezwecken somit grundsätzlich einen **Interessenausgleich**, wobei stets zu berücksichtigen ist, dass die nach der RL von den nationalen Gesetzgebern vorzusehenden Maßnahmen, Verfahren und Rechtsbehelfe mit Blick auf die rechtswidrige Verletzung des Schutzes von Geschäftsgeheimnissen abschreckende Wirkung haben sollten.[5] 2

II. Rechtsnatur und Auslegung

Der deutsche Gesetzgeber hat die unionsrechtlichen Vorgaben in einem eigenständigen Paragrafen und als **Anspruchsausschluss bei Unverhältnismäßigkeit** umgesetzt. Die Regelung sieht vor, dass die Rechtsdurchsetzung in Form der Ansprüche nach §§ 6, 7 und 8 Abs. 1 ausgeschlossen ist, wenn dies im Einzelfall unverhältnismäßig wäre. Dieser Wortlaut sowie die Stellung der Regelung als eigenständige Norm legen nahe, dass der Gesetzgeber in dem Ausschluss eine **(einzelfallbezogene) Ausnahme** von der – bei Vorliegen der jeweiligen Anspruchsvoraussetzungen – grundsätzlich verhältnismäßigen Durchsetzung der entsprechenden Ansprüche sieht. 3

Die **Verhältnismäßigkeitsprüfung** des § 9 ist daher nicht Teil der Anspruchsvoraussetzung der Ansprüche nach §§ 6 bis 8 Abs. 1, sondern, als insoweit **begrenzendes Kor-** 4

---

1 BTDrucks. 19/4724 S. 31.
2 BeckOK UWG/*Barth* § 9 GeschGehG Rn. 29.
3 RL (EU) 2016/943 v. 8.6.2016.
4 Erwägungsgrund 21 der RL (EU) 2016/943 v. 8.6.2016.
5 Erwägungsgrund 21 der RL (EU) 2016/943 v. 8.6.2016.

rektiv, **auf zweiter Stufe** vorzunehmen. Diese Systematik wird auch mit Blick auf den vom Gesetzgeber als Vergleichsregelung angeführten § 98 Abs. 4 UrhG gestützt.[6] Auch § 98 Abs. 4 UrhG, der auf Art. 10 Abs. 3 der Durchsetzungs-Richtlinie[7] basiert, sieht bei im Einzelfall festgestellter Unverhältnismäßigkeit der angeordneten Rechtsfolge einen Ausschluss des entsprechenden Anspruchs vor und wird als Ausnahmekorrektiv im Einzelfall bei ansonsten regelmäßig anzuordnender Rechtsfolge betrachtet.[8] Weitere, insoweit entsprechende Ausschlussregelungen im deutschen Sonderrechtsschutz, die die Vorgaben des Art. 10 Abs. 3 der Durchsetzungs-RL umsetzen, finden sich in § 140a Abs. 4 PatG, § 24a Abs. 3 GebrMG, § 18 Abs. 3 MarkenG, § 9 Abs. 2 Halbleiterschutzgesetz (durch Verweis auf Regelungen des GebrMG), § 43 Abs. 4 DesignG und § 37a Abs. 3 Sortenschutzgesetz.

5 Ausgehend von dieser Prüfungssystematik stellt sich die Regelung des § 9 dogmatisch als **materiell-rechtliche Einwendung** dar. Ob dies indes mit den Vorgaben der Richtlinie vereinbar ist, erscheint zunächst fraglich. So sieht Art. 13 Abs. 1 Satz 1 RL vor, „dass die zuständigen Gerichte bei der Prüfung eines Antrags auf Erlass gerichtlicher Anordnungen und von Abhilfemaßnahmen nach Art. 12 RL und bei der Beurteilung von deren Verhältnismäßigkeit den besonderen Umständen des Falls Rechnung tragen müssen". Insbesondere in Zusammenschau mit der Bezeichnung der Regelung des Art. 13 RL als „Anwendungsbedingungen" liegt der Schluss nahe, dass die Verhältnismäßigkeitsprüfung unionsrechtlich daher als weitere Anspruchsvoraussetzung im Rahmen der gerichtlichen Prüfung ausgestaltet ist.[9]

6 Bei der Frage der richtlinienkonformen Umsetzung sind die richtlinienspezifischen Anforderungen an den **Umsetzungsgrad** zu beachten, die hier von Art. 1 Abs. 1 Satz 2 RL vorgegeben werden. Danach bezweckt die RL grundsätzlich eine Mindestharmonisierung. Allerdings wird von diesem Grundsatz im Hinblick auf Art. 13 RL insoweit abgewichen, als dessen Vorgaben vollständig einzuhalten sind.

7 Um diesen Umsetzungsanforderungen der RL zu genügen, erscheint es nicht zwingend erforderlich, die Verhältnismäßigkeitsprüfung im nationalen Recht ebenfalls als Anspruchsvoraussetzung auszugestalten. Eine hinsichtlich Wirkung und Systematik adäquate Regelung kann vielmehr auch erreicht werden, wenn die Verhältnismäßigkeitsprüfung zwar als Einwendung, jedoch als **von Amts wegen** im Rahmen der Anspruchsprüfung **zu berücksichtigende Einwendung** (Einwendung im materiell-rechtlichen engeren Sinne) umgesetzt wird. Dagegen wäre eine Einrede, die erst vom Verletzer geltend gemacht werden müsste, aufgrund des damit verbundenen systematischen Bruchs, nicht als richtlinienkonform anzusehen. Die Formulierung des § 9 als Anspruchsausschluss („Die Ansprüche nach den §§ 6 bis 8 Abs. 1 sind ausgeschlossen, ...) lässt eine dementsprechende richtlinienkonforme Auslegung zu, legt diese vielmehr nahe. Im Ergebnis stellt sich die Verhältnismäßigkeitsprüfung des § 9 somit bei richtlinienkonformer Auslegung als **rechtsvernichtende Einwendung** dar.[10]

8 § 9 ist unter Berücksichtigung der Vorgabe aus Art. 1 Abs. 1 Satz 2 RL, wonach Art. 13 RL vollständig umzusetzen ist (**Vollharmonisierung**sansatz), richtlinienkonform auszulegen. In diesem Rahmen kann grundsätzlich auch die Rechtsprechung zu § 98 Abs. 4 UrhG sowie zu dessen Parallelvorschriften im Immaterialgüterrecht herangezogen werden, vgl. Rn. 4.

---

6 BTDrucks. 19/4724 S. 31.
7 RL (EG) 2004/48 v. 29.4.2004.
8 Wandtke/Bullinger/*Bohne* § 98 UrhG Rn. 43.
9 *Tochtermann* WRP **2019** 688, 689.
10 *Tochtermann* WRP **2019** 688, 689 f.; Köhler/Bornkamm/Feddersen/*Alexander* § 9 GeschGehG Rn. 14; **a. A.** *Reinfeld* § 5 Rn. 18.

III. Anwendungsbereich

Die Verhältnismäßigkeitsprüfung des § 9 ist beschränkt auf die **verschuldensunabhängigen Ansprüche** nach § 6 (Beseitigung und Unterlassung), § 7 (Vernichtung; Herausgabe; Rückruf; Entfernung und Rücknahme vom Markt) und § 8 Abs. 1 (Auskunft über rechtsverletzende Produkte). Kommt es bei diesen Ansprüchen tatbestandlich gerade nicht auf das Verschulden des Verletzers an, kann dieses – sowie das sonstige Verhalten des Rechtsverletzers – als Umstand, der im Rahmen der Abwägung der Verhältnismäßigkeit zu berücksichtigen ist, gleichwohl über das Bestehen des Anspruchs mitentscheiden, vgl. Rn. 24. 9

Die **Einbeziehung des Auskunftsanspruchs** nach § 8 Abs. 1 unter den Verhältnismäßigkeitsvorbehalt ist in der Richtlinienvorgabe des Art. 13 Abs. 1 RL (i.V.m. Art. 12 Abs. 1 RL) zwar nicht vorgesehen. Der deutsche Gesetzgeber sah sich zu dieser Beschränkung des Auskunftsanspruchs gleichwohl veranlasst, weil auch eine Auskunftsverpflichtung im Einzelfall eine starke Beeinträchtigung darstellen könne.[11] 10

B. Prüfung der Verhältnismäßigkeit

I. Grundsätze der Prüfung und Prüfungsmaßstab

Der Einordnung des § 9 als rechtsvernichtende Einwendung folgend, ist zunächst jeweils das **Bestehen der** vom Anwendungsbereich dieser Vorschrift erfassten **Ansprüche** – und damit deren Anspruchsvoraussetzungen – positiv festzustellen. Greift bereits eine dieser Voraussetzungen nicht, ist die Prüfung der Verhältnismäßigkeit denknotwendig obsolet. 11

Ist ein Anspruch nach §§ 6 bis 8 Abs. 1 dagegen zu Gunsten des Inhabers des Geschäftsgeheimnisses grundsätzlich festgestellt, ist die jeweils anzuordnende Rechtsfolge nach § 9 wiederum ausgeschlossen, wenn deren **Erfüllung** sich im Einzelfall als **unverhältnismäßig** darstellt. Bei der entsprechenden Einzelfallprüfung ist insbesondere – aber nicht nur – der Kriterienkatalog des § 9 zu berücksichtigen. 12

Im Rahmen der Anwendung des § 9 sind die unionsrechtlichen Vorgaben, insbesondere die Vorschrift des Art. 13 RL, im Wege **richtlinienkonformer Auslegung** zu beachten. Dabei ist in Bezug auf Art. 13 RL dem von Art. 1 Abs. 1 Satz 2 RL angeordneten Ansatz der **Vollharmonisierung** Rechnung zu tragen, vgl. Rn. 6. Im Lichte einer entsprechenden Auslegung können bei der Rechtsanwendung zudem Rechtsprechung und Literatur zu der vom deutschen Gesetzgeber angeführten vergleichbaren Regelung des § 98 Abs. 4 UrhG[12] sowie zu dessen Parallelvorschiften im Immaterialgüterrecht herangezogen werden, vgl. Rn. 4. 13

Die Verhältnismäßigkeitsprüfung des § 9 ist **einzelfallspezifisches Anwendungskorrektiv**, das die Regelanordnung der Rechtsfolgen der §§ 6 bis 8 Abs. 1 nur im Ausnahmefall auf Grundlage einer umfassenden Abwägung aller konkret einzubeziehenden Umstände ausschließt. Dabei ist als Ausgangspunkt im Rahmen der Abwägung der Einzelfallumstände die dem Art. 13 RL zugrunde liegende Prämisse zu beachten, dass die Erfüllung der Ansprüche (bezogen auf die in der Richtlinie vorgesehenen Ansprüche der §§ 6 und 7) zum Schutze eines Geschäftsgeheimnisses – im Einklang mit dem Grundsatz der Verhältnismäßigkeit – so ausgestaltet sein sollte, dass sie – im Interesse eines reibungslos 14

11 BTDrucks. 19/4724 S. 31.
12 BTDrucks. 19/4724 S. 31.

funktionierenden Binnenmarkts für Forschung und Innovation – **abschreckend** im Hinblick auf den rechtswidrigen Umgang mit Geschäftsgeheimnissen wirkt.[13] Mit Blick auf die entsprechenden Verhältnismäßigkeitsschranken im Immaterialgüterrecht wird ebenfalls auf den grundsätzlich zu beachtenden **„generalpräventiven" Charakter** der zu überprüfenden Anspruchserfüllung hingewiesen, vgl. Rn. 4.[14] Die Verpflichtung der Mitgliedsstaaten zur Implementierung effektiver und abschreckender Sanktionen zur Durchsetzung der gesetzgeberischen Zielstellungen bei der Umsetzung von Unionsrichtlinien in nationales Recht ist dabei grundlegendes Prinzip im Unionsrecht[15] und keine spezifische Besonderheit der GeschGeh-Richtlinie. Der Erhalt der abschreckenden Wirkung der Erfüllung der Ansprüche nach den §§ 6 und 7 ist somit ein zentraler Umstand, der in die Abwägung miteinzubeziehen ist. Die Prüfungssystematik nach dem Regel-Ausnahme-Prinzip sowie die vom Gesetzgeber grundsätzlich intendierte effektive und abschreckende Sanktionierung von Verstößen, sind Ausdruck einer gewissen initialen Akzentverschiebung zu Gunsten des Schutzes des Geschäftsgeheimnisses, die insbesondere nahelegen, dass ein eher **strenger Prüfungsmaßstab** anzulegen und der Anspruchsausschluss grundsätzlich restriktiv zu handhaben ist.[16]

15 Erst da, wo sich die Erfüllung der Ansprüche vor dem Hintergrund der damit zu erreichenden gesetzgeberischen Ziele und der daraus abgeleiteten Notwendigkeit abschreckender Maßnahmen und unter Berücksichtigung aller Umstände des jeweiligen Einzelfalls als **insgesamt unverhältnismäßig** herausstellt und etwa die Grundrechte und Grundfreiheiten des Verletzers bzw. Dritter oder das Gemeinwohl gefährdet oder untergraben werden, ist der Bereich der von § 9 vorgesehenen Korrektur der Anspruchsauswirkungen eröffnet.[17]

16 Mit Blick auf die Rechtsfolgen des **§ 7** (Vernichtung; Herausgabe; Rückruf; Entfernung und Rücknahme vom Markt) ist im Rahmen der Abwägung auch dem Umstand Rechnung zu tragen, dass die Anordnung entsprechender Rechtsfolgen über die Folgenbeseitigung hinaus eine Art **Sanktionscharakter** hat und daher, wegen des damit verbundenen Eingriffs in das durch Art. 14 GG geschützte Eigentum, **in besonderem Maße dem Verhältnismäßigkeitsgrundsatz unterworfen** ist.[18]

17 Insgesamt erfordert die Verhältnismäßigkeitsprüfung eine umfassende Einbeziehung aller Umstände des konkreten Falls, wobei – wie auch im Rahmen der entsprechenden Verhältnismäßigkeitsprüfungen im Immaterialgüterrecht – auch auf die **berechtigten Interessen Dritter**[19] und – darauf verweisen die Erwägungsgründe zu Art. 13 RL – auf die **Belange des Gemeinwohls** Rücksicht zu nehmen ist, vgl. Rn. 4.[20] Dementsprechend haben diese Dritt- und Gemeinwohlinteressen auch Niederschlag im Kriterienkatalog des § 9 gefunden, vgl. Rn. 35 ff.

13 Erwägungsgrund 21 der RL (EU) 2016/943 v. 8.6.2016.
14 BGH 10.4.1997 GRUR **1997** 899, 901.
15 *Fezer* § 18 Rn. 91, m. w. N.
16 *Tochtermann* WRP **2019** 688, 691.
17 Erwägungsgrund 21 der RL (EU) 2016/943.
18 Zum MarkenR: BGH 11.10.2018 GRUR **2019** 518, 519.
19 Zum MarkenR: BGH 11.10.2018 GRUR **2019** 518, 519.
20 Erwägungsgrund 21 der RL (EU) 2016/943 v. 8.6.2016.

II. Kriterienkatalog

Anders als die aus dem Immaterialgüterrecht bekannten Verhältnismäßigkeitsschranken enthält § 9 – ebenso wie dessen unionsrechtliche Grundlage in Art. 13 Abs. 1 RL – einen **Katalog nicht abschließender Kriterien**, die im Rahmen der Verhältnismäßigkeitsprüfung Berücksichtigung finden können. Abweichend von Art. 13 Abs. 1 lit. h) RL wurde der Schutz der **Grundrechte** nicht als ausdrücklich benanntes Kriterium in den Katalog des § 9 aufgenommen. Dies ist im Ergebnis jedoch unschädlich, da grundrechtlich geschützte Positionen teilweise schon über andere Kriterien des § 9 mit einfließen und im Übrigen gleichwohl – aufgrund des nicht abschließenden Charakters des Kriterienkataloges – Eingang in die Verhältnismäßigkeitsprüfung finden können und in richtlinienkonformer Auslegung der Norm auch berücksichtigt werden müssen.[21] 18

1. § 9 Nr. 1 – Wert oder sonstiges spezifisches Merkmal des Geschäftsgeheimnisses. Bereits die Definition des nach dem GeschGehG geschützten Geschäftsgeheimnisses in § 2 Nr. 1 setzt einen **wirtschaftlichen Wert der Information** voraus, wobei von einem weiten Verständnis des Wertbegriffs im Sinne eines „Handelswerts" auszugehen ist.[22] Ist ein solcher Wert gegeben, genießt die Information – vorausgesetzt, die übrigen Schutzanforderungen des § 2 Nr. 1 sind gegeben – grundsätzlich Schutz, unabhängig von der quantitativen Ausprägung des Wertes. 19

Vor diesem Hintergrund sowie unter Berücksichtigung des § 9 als Ausnahmekorrektiv bei Unverhältnismäßigkeit der Erfüllung im Einzelfall, darf die **Berücksichtigung des Wertes** des Geschäftsgeheimnisses gemäß § 9 Nr. 1 nicht dahingehend verstanden werden, dass auf diesem Wege ein am Wert orientierter abgestufter Schutz der Geschäftsgeheimnisse etabliert wird.[23] Auch die Gesetzesbegründung, die beispielhaft anführt, dass etwa ein nur geringer Wert des Geschäftsgeheimnisses dazu führen könne, dass umfangreiche oder kostspielige Rückrufmaßnahmen unverhältnismäßig sind[24], lässt insoweit keinen anderen Schluss zu. Diese Erläuterung des Gesetzgebers erinnert vielmehr – durch Verweis darauf, dass die Berücksichtigung des geringen Wertes „im Einzelfall" zum Ausschluss des Anspruchs führen könne – daran, dass es sich beim Wert des Geschäftsgeheimnisses lediglich um einen Umstand **im Rahmen der umfassenden Abwägung** aller Faktoren des Einzelfalls handelt. Dieser kann dann, wenn ein entsprechendes Missverhältnis zwischen dem geringen Wert des Geschäftsgeheimnisses einerseits und dem hohen Aufwand oder der sonstigen Schwere der anzuordnenden Sanktion andererseits besteht, eine „tatbestandsmäßige" Unverhältnismäßigkeit der Rechtsfolge bewirken (sofern die übrigen Abwägungsfaktoren dies auch stützen). 20

Nach dem Wortlaut des § 9 Nr. 1 sind neben dem Wert auch **„andere spezifische Merkmale** eines Geschäftsgeheimnisses" zu berücksichtigen. Diese besonderen Merkmale sind im konkreten Einzelfall auszufüllen. 21

2. § 9 Nr. 2 – Getroffene Geheimhaltungsmaßnahmen. Nach § 9 Nr. 2 sind die vom Inhaber des Geschäftsgeheimnisses jeweils **getroffenen Geheimhaltungsmaßnahmen** Kriterium der Abwägung. Auch hier ist – wie beim Wert des Geschäftsgeheimnisses nach § 9 Nr. 1 – zu berücksichtigen, dass das Kriterium selbst schon Gegenstand der Schutz- 22

21 Köhler/Bornkamm/Feddersen/*Alexander* § 9 GeschGehG Rn. 31.
22 Erwägungsgrund 21 der RL (EU) 2016/943 v. 8.6.2016; *Ohly* GRUR **2019** 441, 443.
23 Büscher/*Tochtermann* § 9 GeschGehG Rn. 10.
24 BTDrucks. 19/4724 S. 31.

voraussetzungen des Geschäftsgeheimnisses gemäß § 2 Nr. 1 ist. Da danach bereits vom Inhaber des Geschäftsgeheimnisses den Umständen entsprechend angemessene Geheimhaltungsmaßnahmen zu treffen sind, steht der Schutz des Geschäftsgeheimnisses insoweit grundsätzlich nicht mehr zur Disposition. Vielmehr sind die getroffenen und grundsätzlich angemessenen Geheimhaltungsmaßnahmen in **Abwägung zu den übrigen Umständen** des Einzelfalls zu stellen. Erst wenn sich dann, trotz grundsätzlicher Angemessenheit der Geheimhaltungsmaßnahmen, im Lichte der übrigen Umstände, herausstellt, dass sich die Auswirkungen der Erfüllung des jeweiligen Anspruchs in Anbetracht der getroffenen Geheimhaltungsmaßnahmen für den Verletzer oder Dritte bzw. die Allgemeinheit als unverhältnismäßig darstellen, ist der Ausschluss der konkreten Rechtsfolge ausnahmsweise anzuordnen.

23 Die Gesetzesbegründung führt in diesem Zusammenhang an, dass eine Unverhältnismäßigkeit der Ansprüche im Einzelfall anzunehmen sein kann, wenn der Inhaber des Geschäftsgeheimnisses nur **geringfügige Maßnahmen** zu dessen Schutz ergriffen hat.[25] Auch hier wird – insbesondere anhand des Verweises auf den Einzelfall – deutlich, dass, nach Überschreitung der Schutzschwelle der angemessenen Geheimhaltungsmaßnahmen im Sinne des § 2 Nr. 1, es nicht um einen schematisch abgestuften Schutz der Information anhand der getroffenen Geheimhaltungsmaßnahmen geht.[26] Vielmehr geht es – ähnlich wie bei Berücksichtigung des Wertes des Geschäftsgeheimnisses nach § 9 Nr. 1 – um die Einführung eines Korrektivs für den Fall, dass sich auch bei grundsätzlich angemessenen Geheimhaltungsmaßnahmen aufgrund deren relativ geringer „Intensität" die Ansprüche als **ausnahmsweise unverhältnismäßig** darstellen.

24 **3. § 9 Nr. 3 – Verhalten des Rechtsverletzers.** § 9 Nr. 3 sieht eine Berücksichtigung des **Verhaltens des Rechtsverletzers** bei Erlangung, Nutzung oder Offenlegung des Geschäftsgeheimnisses vor und ermöglicht so eine Einbeziehung **subjektiver Komponenten** beim Rechtsverletzer in die Gesamtabwägung.[27] Entsprechende Komponenten, die dabei eine Rolle spielen können, sind etwa die Frage des Verschuldens – sowohl die Frage des Bestehens als auch die Frage nach dem Grad des Verschuldens – und sonstige subjektive Merkmale der Begehung der Rechtsverletzung, wie arglistiges Handeln, rücksichtsloses oder gar skrupelloses Vorgehen, das Hinwegsetzen über Anweisungen oder Hinweise, wiederholte oder gar regelmäßige Verstöße[28] sowie das Ausnutzen eines Vertrauensverhältnisses oder die bewusste Umgehung von Sicherungsmaßnahmen.[29]

25 Je gewichtiger die **subjektiven Elemente** zu Lasten des Rechtsverletzers ausfallen bzw. je schwerer der Schuldvorwurf, desto geringer fällt die Wahrscheinlichkeit aus, dass der Einwand der **Unverhältnismäßigkeit** dem Erfüllungsverlangen entgegensteht. Dem Rechtsverletzer werden dann vielmehr größere Anstrengungen im Hinblick auf die Beseitigung abverlangt[30] bzw. stärkere Einschränkungen bei den zu seinen Gunsten zu berücksichtigenden berechtigten Interessen zugemutet werden können.

26 Dabei darf jedoch nicht verkannt werden, dass die Ansprüche der §§ 6 bis 8 Abs. 1 **verschuldensunabhängig bestehen** und daher etwa die Schuldlosigkeit des Verletzers keinen Automatismus im Hinblick auf eine Unverhältnismäßigkeit der Rechtsfolge dieser Ansprüche begründet und diesem Umstand noch nicht einmal eine Indizwirkung im Rahmen

---

25 BTDrucks. 19/4724 S. 31.
26 Köhler/Bornkamm/Feddersen/*Alexander* § 9 GeschGehG Rn. 23.
27 BTDrucks. 19/4724 S. 32.
28 Köhler/Bornkamm/Feddersen/*Alexander* § 9 GeschGehG Rn. 25.
29 BeckOK GeschGehG/*Spieker* § 9 GeschGehG Rn. 6.
30 Köhler/Bornkamm/Feddersen/*Alexander* § 9 GeschGehG Rn. 25.

der Abwägung zukommen kann. Vielmehr bleibt es bei einer **strikt einzelfallbezogenen Gesamtabwägung**.

4. § 9 Nr. 4 – Folgen der rechtswidrigen Nutzung oder Offenlegung des Geschäftsgeheimnisses. In die Verhältnismäßigkeitsprüfung miteinzubeziehen sind nach § 9 Nr. 4 auch die aus der rechtswidrigen Nutzung oder Offenlegung eines Geschäftsgeheimnisses resultierenden **Folgen**. Das Kriterium ist der Formulierung nach **weit zu verstehen** und bezieht dabei sowohl die negativen Auswirkungen für den Inhaber des Geschäftsgeheimnisses als auch diejenigen für Dritte mit ein, wie etwa den Verlust von Arbeitsplätzen.[31] 27

In sachlicher Hinsicht sind von den Folgen sowohl wirtschaftliche bzw. **finanzielle Auswirkungen**, insbesondere Vermögensschäden, aber auch Auswirkungen auf den **faktischen Bestand des Geschäftsgeheimnisses** selbst bzw. entsprechende Gefährdungen, umfasst. 28

Insbesondere mit Blick auf die Beseitigungsansprüche kommt der Betrachtung und Einbeziehung der Auswirkungen der Rechtsverletzung erhebliche Bedeutung zu. 29

5. § 9 Nr. 5 – Berechtigte Interessen des Inhabers des Geschäftsgeheimnisses und des Rechtsverletzers sowie die Auswirkungen der Ansprüche auf diese. § 9 Nr. 5 führt als Abwägungskriterien zunächst die berechtigten Interessen des Inhabers des Geschäftsgeheimnisses und diejenigen des Verletzers an. Ausgehend von Sinn und Zweck dieser Verhältnismäßigkeitsprüfung gehören diese Positionen zum wesentlichen Kern der entsprechenden Abwägung.[32] Als Abwägungskriterium kommt dabei jedes von der Rechtsordnung gebilligte Interesse in Betracht, gleich ob wirtschaftlicher oder ideeller Art.[33] 30

Neben den Interessen der unmittelbar Beteiligten sind auch die **Auswirkungen**, die die Erfüllung der Ansprüche auf diese haben können, in die Abwägung miteinzubeziehen. Dabei müssen die Auswirkungen im Falle unterstellter Erfüllung der Ansprüche nach §§ 6 bis 8 Abs. 1 prognostiziert werden.[34] 31

Die Gesetzesbegründung verweist hier beispielhaft darauf, dass die **Durchsetzung** eines Rückruf- oder eines Vernichtungsanspruchs **unverhältnismäßig** sein kann, wenn die Produkte lediglich deswegen als rechtsverletzende Produkte gelten, weil sie Gegenstand eines rechtswidrigen Marketings sind.[35] 32

Der Berücksichtigung der Interessen des Verletzers kommt auch deshalb besondere Bedeutung zu, weil Anwendungsbereich des § 9 die verschuldensunabhängig bestehenden Ansprüche der §§ 6 bis 8 Abs. 1 sind und insbesondere die Rechtsfolgen des § 7 und der mit seiner Erfüllung verbundene Eingriff in das grundrechtlich geschützte Eigentum gerade den schuldlos handelnden Verletzer in besonderer Weise treffen können. Eine entsprechende **Gesamtabwägung** kann insbesondere hier – neben der Möglichkeit der Abfindung des Inhabers des Geschäftsgeheimnisses in Geld gemäß § 11 – im Einzelfall bestehende unverhältnismäßige Härten vermeiden. 33

Mit Blick auf die Auswirkungen der Erfüllung der Ansprüche, insbesondere bei den eingriffsintensiven Vernichtungen nach § 7 Nr. 1 und Nr. 4, kann auch die Frage eine Rolle spielen, ob es andere mildere Mittel gibt, um die durch die Rechtsverletzung geschaffene 34

31 BeckOK GeschGehG/*Spieker* § 9 GeschGehG Rn. 7.
32 Zum MarkenR: BGH 10.4.1997 GRUR **1997** 899, 901.
33 BTDrucks. 19/4724 S. 32.
34 BeckOK GeschGehG/*Spieker* § 9 GeschGehG Rn. 8.
35 BTDrucks. 19/4724 S. 32.

Störung adäquat zu beseitigen. Dieser Abwägungsansatz wird auch von der RL getragen. Die Erwägungsgründe zur RL weisen darauf hin, dass Abhilfemaßnahmen nicht unbedingt die Vernichtung der Produkte zur Folge haben sollten, wenn andere gangbare Möglichkeiten bestehen, wie etwa die Beseitigung der rechtsverletzenden Eigenschaft des Produkts oder eine Verwertung der Produkte außerhalb des Marktes, beispielsweise in Form von Spenden an wohltätige Organisationen.[36] Gleichzeitig betonen die Erwägungsgründe an gleicher Stelle auch noch einmal die Bedeutung von effektiven Maßnahmen, um etwa rechtsverletzende Produkte vom Markt nehmen zu können. Auch dadurch wird deutlich, dass die Gewichtung der in die Abwägung einzubeziehenden Umstände sorgfältig vorzunehmen ist und ein Ausschluss der Vernichtung auch in diesem Kontext restriktiv anzuwenden ist. Unter Berücksichtigung dieser Maßgabe kann ein Ausschluss der Vernichtung und eine Berücksichtigung alternativer Maßnahmen der Beseitigung ausnahmsweise etwa dann in Betracht kommen, wenn der Verletzer schuldlos handelt und der bei ihm durch die Vernichtung entstehende Schaden den Schaden, der beim Anspruchsberechtigten durch die Verletzungshandlung entsteht, erheblich übersteigt. Bei der Abwägung, ob und durch welche Maßnahmen dem Gebot der Beseitigung des rechtsverletzenden Zustands genügt ist, aus verfassungsrechtlichen Gründen entsprechend geringere Anforderungen zu stellen."[37]

35 **6. § 9 Nr. 6 – Berechtigte Interessen Dritter.** Neben den von § 9 Nr. 5 erfassten berechtigten Interessen des anspruchsberechtigten Inhabers des Geschäftsgeheimnisses und denen des Anspruchsgegners (Rechtsverletzer), bezieht § 9 Nr. 6 auch die berechtigten Interessen anderer Personen, mithin Dritter, in die Abwägung ein. Mit umfasst sind auch die Interessen von Verbrauchern.[38] Auch insoweit sind sämtliche Umstände des Einzelfalls heranzuziehen. So können Dritte von der Erfüllung der Ansprüche insbesondere insoweit betroffen sein, als diese auf die rechtsverletzenden Produkte angewiesen oder Besitzer der im Eigentum des Rechtsverletzers stehenden Ware sind.[39]

36 **7. § 9 Nr. 7 – Öffentliches Interesse.** Nach § 9 Nr. 7 ist – in Abgrenzung zu den Individualinteressen nach § 9 Nr. 5 und Nr. 6 – auch das öffentliche Interesse im Rahmen der Verhältnismäßigkeitsprüfung zu berücksichtigen. Die Gesetzesbegründung verweist in diesem Zusammenhang zunächst auf das grundsätzliche Interesse an der Herstellung eines rechtskonformen Zustandes, aber auch auf Interessen im Bereich der öffentlichen Sicherheit.[40]

37 Als wesentliches öffentliches Interesse ist das in den Erwägungsgründen zur RL formulierte Ziel der Ansprüche nach §§ 6 und 7, nämlich die **Etablierung eines reibungslos funktionierenden Binnenmarktes für Forschung und Innovation** sowie die daraus abgeleitete Zielstellung, dass die dafür vorgesehenen Maßnahmen – insbesondere die Erfüllung der vorgenannten Ansprüche – abschreckende Wirkung haben sollen,[41] zu berücksichtigen. Hierbei handelt es sich um zentrale Aspekte im Rahmen der Verhältnismäßigkeitsprüfung, die stets in die Abwägung mit einfließen müssen, vgl. Rn. 14.

---

36 Erwägungsgrund 28 der RL (EU) 2016/943 v. 8.6.2016.
37 BGH 23.2.2006 GRUR **2006** 504, 508.
38 Erwägungsgrund 21 der RL (EU) 2016/943 v. 8.6.2016.
39 BTDrucks. 19/4724 S. 32.
40 BTDrucks. 19/4724 S. 32.
41 Erwägungsgrund 21 der RL (EU) 2016/943 v. 8.6.2016.

Ebenfalls unter dem Gesichtspunkt des öffentlichen Interesses sind Aspekte des Gemeinwohls, wie etwa der **Verbraucherschutz, die öffentliche Gesundheit und der Umweltschutz**, im Rahmen der Verhältnismäßigkeitsprüfung zu beachten.[42] 38

C. Rechtsfolgen

Wird die Unverhältnismäßigkeit des Erfüllungsverlangens im konkreten Fall festgestellt, ist nach dem Wortlaut des § 9 der entsprechende Anspruch aus den §§ 6 bis 8 Abs. 1 ausgeschlossen.[43] Ein entsprechender Wille des Gesetzgebers wird durch die Gesetzesbegründung bestätigt.[44] 39

Insoweit stellt sich die Regelung des § 9 materiell-rechtlich als **rechtsvernichtende Einwendung** dar, die zum Erlöschen des jeweiligen Anspruchs führt.[45] 40

Zum Teil werden Bedenken gegen diese starre Rechtsfolge dahingehend geäußert, dass diese mit den Vorgaben der RL in Art. 13 Abs. 1 nicht vereinbar sei. Zur Begründung wird auf den Wortlaut des Art. 13 Abs. 1 RL verwiesen, wonach die zuständigen Gerichte insbesondere bei der Beurteilung der Verhältnismäßigkeit etwaiger Anordnungen und Abhilfemaßnahmen „den besonderen Umständen des Einzelfalls Rechnung tragen müssen".[46] 41

Eine zwingende Vorgabe im Hinblick auf eine flexibel gestaltbare Rechtsfolge bzw. Beschränkung der jeweiligen Ansprüche ist in Art. 13 Abs. 1 RL indes nicht zu erkennen. Auch nicht in Art. 13 Abs. 1 UAbs. 2 RL, der Maßgaben für den Fall aufstellt, dass die zuständigen Gerichte die Dauer der verhängten Maßnahmen begrenzen. Vielmehr wird durch Art. 13 Abs. 1 RL, wonach den besonderen Umständen des Einzelfalls Rechnung zu tragen ist, das Erfordernis einer umfassenden Einzelfallprüfung, wie sie durch § 9 angeordnet wird, betont. 42

Darüber hinaus ist zu berücksichtigen, dass sich die Anordnung des Ausschlusses des Anspruches bei Unverhältnismäßigkeit stets auf den zuletzt gestellten Antrag bezieht. Auf dem Weg dorthin gibt das Zivilprozessrecht den zur Entscheidung über die Ansprüche nach den §§ 6–8 Abs. 1 angerufenen Gerichten Instrumente an die Hand, die im Rahmen der Anspruchsdurchsetzung zu Modifikationen der ursprünglich begehrten Rechtsfolge bzw. gestellten Anträge, insbesondere im Hinblick auf Beschränkungen bzw. mildere Maßnahmen, führen können, soweit dies im Rahmen der geltend gemachten Ansprüche grundsätzlich möglich ist. So sind die Parteianträge zunächst der Auslegung durch die Gerichte zugänglich, wobei bei der Auslegung eines Klageantrags nicht an dessen buchstäblichem Sinn zu haften ist. Das Gericht hat vielmehr den wirklichen Willen der Partei zu erforschen, unter Berücksichtigung des Grundsatzes, „dass im Zweifel dasjenige gewollt ist, was nach den Maßstäben der Rechtsordnung vernünftig ist und der wohlverstandenen Interessenlage entspricht."[47] Das Gericht kann weiter angehalten sein, Hinweise, insbesondere im Hinblick auf sachdienliche Anträge und Aspekte der Verhältnismäßigkeit, zu erteilen (§ 139 ZPO). Die Parteien haben zudem – nicht nur, aber gerade auch auf entsprechenden Hinweis des Gerichts – die Möglichkeit, durch die Modifikation von Anträgen bzw. das Stel- 43

---

42 Erwägungsgrund 21 der RL (EU) 2016/943 v. 8.6.2016.
43 BeckOK GeschGehG/*Spieker* § 9 GeschGehG Rn. 3, 4.
44 BTDrucks. 19/4724 S. 31.
45 *Tochtermann* WRP **2019** 688, 689 f.
46 Köhler/Bornkamm/Feddersen/*Alexander* § 9 GeschGehG Rn. 34; BeckOK UWG/*Barth* § 9 GeschGehG Rn. 31.
47 BGH 28.4.2016 GRUR **2016** 1300, 1303.

len von Hilfsanträgen auf die entsprechenden Umstände des Einzelfalls reagieren zu können.

D. Prozessuales

44 Aufgrund der Ausgestaltung des § 9 als Einwendung ist die Unverhältnismäßigkeit der Anspruchserfüllung im Einzelfall ein von Amts wegen zu berücksichtigender Umstand. Dem Regel-Ausnahme-Prinzip folgend – der Anspruchsausschluss aufgrund von Unverhältnismäßigkeit der Rechtsfolge stellt eine Ausnahme von der regelmäßig bei Vorliegen der Anspruchsvoraussetzungen anzuordnenden Rechtsfolge dar – liegt die **Darlegungs- und Beweislast** für die Voraussetzungen eines Anspruchsausschlusses bei dem durch den Ausschluss begünstigten Rechtsverletzer. Der Rechtsverletzer muss deshalb in einem Rechtsstreit die jeweils einschlägigen Umstände, die für eine Unverhältnismäßigkeit der Anspruchserfüllung sprechen, substantiiert darlegen und gegebenenfalls auch beweisen.[48]

45 Da im Rahmen der Unverhältnismäßigkeitsprüfung in der Regel eine Prognose über die zukünftige Entwicklung bzw. die Auswirkungen der Anspruchserfüllung vorgenommen werden muss, ist eine während des Verfahrens eintretende Änderung der Umstände zu beachten. Abzustellen ist auf die **Sach- und Rechtslage im Zeitpunkt der letzten mündlichen Verhandlung**. Dies gilt insbesondere „zwischen den Instanzen", also bei einer Änderung der Umstände nach der erstinstanzlichen Entscheidung, so dass auch noch in der Berufungsinstanz unter den Voraussetzungen des § 529 Abs. 1 Nr. 2 ZPO neue Tatsachen berücksichtigt werden können.[49]

48 Köhler/Bornkamm/Feddersen/*Alexander* § 9 GeschGehG Rn. 36; BeckOK GeschGehG/*Spieker* § 9 GeschGehG Rn. 2; BeckOK UWG/*Barth* § 9 GeschGehG Rn. 35.
49 *Tochtermann* WRP **2019** 688, 690.

§ 10
Haftung des Rechtsverletzers

(1) [1]Ein Rechtsverletzer, der vorsätzlich oder fahrlässig handelt, ist dem Inhaber des Geschäftsgeheimnisses zum Ersatz des daraus entstehenden Schadens verpflichtet. [2]§ 619a des Bürgerlichen Gesetzbuchs bleibt unberührt.

(2) [1]Bei der Bemessung des Schadensersatzes kann auch der Gewinn, den der Rechtsverletzer durch die Verletzung des Rechts erzielt hat, berücksichtigt werden. [2]Der Schadensersatzanspruch kann auch auf der Grundlage des Betrages bestimmt werden, den der Rechtsverletzer als angemessene Vergütung hätte entrichten müssen, wenn er die Zustimmung zur Erlangung, Nutzung oder Offenlegung des Geschäftsgeheimnisses eingeholt hätte.

(3) Der Inhaber des Geschäftsgeheimnisses kann auch wegen des Schadens, der nicht Vermögensschaden ist, von dem Rechtsverletzer eine Entschädigung in Geld verlangen, soweit dies der Billigkeit entspricht.

Schrifttum

Ahlberg/Götting Beck Online Kommentar Urheberrecht, 27. Aufl. 2020; *Alexander* Grundstrukturen des Schutzes von Geschäftsgeheimnissen durch das neue GeschGehG, WRP **2019** 673; *Benkard* Patentgesetz, 11. Aufl. 2015; *Böhm/Nestler* EU-Richtlinie zum Know-how-Schutz: Quantifizierung des Schadensersatzes, GRUR-Prax **2018** 181; *Büscher* Gesetz gegen den unlauteren Wettbewerb, 2019; *Dreier/Schulze/Specht* Urheberrechtsgesetz, 6. Aufl. 2018; *Fitzner/Lutz/Bodewig* Beck Online Kommentar Patentrecht, 16. Aufl. 2020; *Haedicke* Die Gewinnhaftung des Patentverletzers, GRUR **2005** 529; *Hoeren/Münker* Die EU-Richtlinie für den Schutz von Geschäftsgeheimnissen und ihre Umsetzung – unter besonderer Berücksichtigung der Produzentenhaftung, WRP **2018** 150; *Köhler* Die Begrenzung wettbewerbsrechtlicher Ansprüche durch den Grundsatz der Verhältnismäßigkeit, GRUR **1996** 82; *Köhler/Bornkamm/Feddersen* Gesetz zum Schutz von Geschäftsgeheimnissen, 38. Aufl. 2020; *Leister* Unternehmen müssen ihre „Geheimnisschutz-Compliance" sicherstellen, GRUR-Prax **2020** 145; *Mes* Patentgesetz, 5. Aufl. 2020; *Ohly* Der Geheimnisschutz im deutschen Recht: heutiger Stand und Perspektiven, GRUR **2014** 1; *Ohly* Das neue Geschäftsgeheimnisgesetz im Überblick, GRUR **2019** 441; *Richter* Das Geschäftsgeheimnisgesetz und dessen Ausstrahlung in das Arbeitsrecht, ArbRAktuell **2019** 375; *Rosenthal/Hamann* Das neue Geschäftsgeheimnisgesetz – Ein Überblick, NJ **2019** 321; *Sprenger* Das Geschäftsgeheimnisgesetz und seine Auswirkungen auf das Arbeitsrecht des öffentlichen Dienstes, ZTR **2019** 414; *Wandtke/Bullinger* Praxiskommentar zum Urheberrecht, 5. Aufl. 2019.

Übersicht

https://doi.org/10.1515/9783110631654-013

A. Überblick

I. Normstruktur

1 Die Vorschrift regelt die **verschuldensabhängige Haftung** des Rechtsverletzers und enthält in § 10 Abs. 1 eine Anspruchsgrundlage sowie in § 10 Abs. 2 eine Regelung zur Bemessung des Schadenersatzes. § 10 Abs. 3 ergänzt, dass auch immaterielle Schäden zu ersetzen sind, soweit dies der Billigkeit entspricht. § 10 orientiert sich im Hinblick auf den Schadenersatzanspruch an Parallelbestimmungen im gewerblichen Rechtsschutz und Urheberrecht (§ 14 Abs. 6 MarkenG, § 97 Abs. 2 UrhG, § 139 Abs. 2 PatG und § 42 Abs. 2 DesignG). Die Haftung für immaterielle Schäden findet im gewerblichen Rechtsschutz keine Entsprechung allerdings sieht § 97 Abs. 2 Satz 4 UrhG eine vergleichbare Regelung vor.

2 Mit der Einführung einer Haftungsregelung für Schadenersatz in § 10 Abs. 1 und Abs. 2 hat der Gesetzgeber die bislang über § 823 Abs. 2 BGB und §§ 9, 4 Nr. 3 c) UWG begründete Schadenersatzpflicht spezialgesetzlich kodifiziert und erweitert.[1]

3 Durch die Einführung des § 10 Abs. 1 ist nun die **Schadenersatzhaftung für fahrlässiges Verhalten** eingeführt worden, wodurch sich das Haftungsrisiko für Rechtsverletzer im Gegensatz zur bisherigen Rechtslage erheblich vergrößert hat. Vor Einführung des GeschGehG setzte auch die zivilrechtliche Verantwortlichkeit aus § 823 Abs. 2 BGB als strafrechtsakzessorische Haftung in Verbindung mit den §§ 17, 18 UWG a.F. Vorsatz voraus.[2] Im Anwendungsbereich des Lauterkeitsrechts war schon bislang eine fahrlässige Haftung für Schadenersatz nach §§ 9, 4 Nr. 3 c) UWG denkbar, die jedoch wegen des Erfordernisses einer unredlichen Erlangung der Kenntnisse oder Unterlagen für unlautere Nachahmung eine deutliche Überschneidung mit strafrechtlichen Vorsatzdelikten aufgewiesen hat.[3] Eine fahrlässige Schadenersatzhaftung hatte daher kaum einen praktischen Anwendungsbereich.

4 Die Vorschrift des § 10 regelt einen **Sondertatbestand der unerlaubten Handlung**, sodass ergänzend auf die im Deliktsrecht geltenden allgemeinen Prinzipien zurückgegriffen werden kann. Soweit sich keine Abweichungen zur Rechtslage nach dem GeschGehG ergeben, kann auch auf die bisherige Rechtsprechung zur Schadenersatzhaftung bei Verletzung von Betriebs- und Geschäftsgeheimnissen zurückgegriffen werden.

II. Unionsrechtliche Vorgaben

5 Die Vorschrift stellt eine Umsetzung von Art. 14 der Richtlinie (EU) 2016/943 dar. Die unionsrechtliche Vorgabe lautet wie folgt:

---

1 Zur Rechtslage vor Einführung des GeschGehG: *Ohly* GRUR **2014** 1, 8.
2 Zur bisher streitigen Frage, ob eine Haftung sich auch aus § 823 Abs. 1 BGB ergeben kann: *Ohly* GRUR **2014** 1, 8 m.w.N.
3 Köhler/Bornkamm/Feddersen/*Köhler* § 4 UWG Rn. 3.61a.

„(1) Die Mitgliedstaaten stellen sicher, dass die zuständigen Gerichte auf Antrag des Geschädigten anordnen, dass ein Rechtsverletzer, der wusste oder hätte wissen müssen, dass er einen rechtswidrigen Erwerb oder eine rechtswidrige Nutzung oder Offenlegung eines Geschäftsgeheimnisses vornahm, dem Inhaber des Geschäftsgeheimnisses einen Schadensersatz leistet, der dem infolge des rechtswidrigen Erwerbs oder der rechtswidrigen Offenlegung oder Nutzung tatsächlich erlittenen Schaden angemessen ist.

Die Mitgliedstaaten können die Haftung von Arbeitnehmern für Schäden begrenzen, die ihren Arbeitgebern durch den rechtswidrigen Erwerb oder die rechtswidrige Nutzung oder Offenlegung eines Geschäftsgeheimnisses entstanden sind, sofern sie nicht vorsätzlich handeln.

(2) Bei der Festsetzung der Höhe des Schadensersatzes gemäß Absatz 1 berücksichtigen die zuständigen Gerichte alle relevanten Faktoren, wie negative wirtschaftliche Folgen, einschließlich entgangener Gewinne des Geschädigten, etwaige durch den Rechtsverletzer erzielte unlautere Gewinne und gegebenenfalls andere als wirtschaftliche Faktoren wie den immateriellen Schaden, der dem Inhaber des Geschäftsgeheimnisses durch den rechtswidrigen Erwerb oder die rechtswidrige Nutzung oder Offenlegung des Geschäftsgeheimnisses entstanden ist.

Alternativ können die zuständigen Gerichte in geeigneten Fällen den Schadensersatz jedoch als Pauschalbetrag festsetzen, und zwar auf der Grundlage von Faktoren wie mindestens dem Betrag der Lizenzgebühren, die der Rechtsverletzer hätte entrichten müssen, wenn er die Genehmigung zur Nutzung des betreffenden Geschäftsgeheimnisses eingeholt hätte."

Der diesbezüglich relevante Erwägungsgrund 30 der Richtlinie (EU) 2016/943 erläutert dazu: 6

„Damit eine Person, die wusste oder begründeterweise hätte wissen müssen, dass sie ein Geschäftsgeheimnis auf unrechtmäßige Weise erwirbt, nutzt oder offenlegt, aus einem solchen Verhalten keinen Vorteil ziehen kann und gewährleistet ist, dass für den geschädigten Inhaber des Geschäftsgeheimnisses so weit wie möglich die Situation wiederhergestellt wird, in der er sich befunden hätte, wenn es nicht zu einem solchen Verhalten gekommen wäre, ist eine angemessene Entschädigung für den infolge des rechtswidrigen Verhaltens erlittenen Schaden vorzusehen. Die Höhe des dem geschädigten Inhaber des Geschäftsgeheimnisses zuerkannten Schadensersatzes sollte allen relevanten Faktoren Rechnung tragen, so einem Einkommensverlust des Inhabers des Geschäftsgeheimnisses oder einem unlauteren Gewinn des Rechtsverletzers und gegebenenfalls etwaigen dem Inhaber des Geschäftsgeheimnisses entstandenen immateriellen Schäden. In Fällen, in denen es beispielsweise angesichts des immateriellen Charakters von Geschäftsgeheimnissen schwierig wäre, die Höhe des tatsächlich erlittenen Schadens zu bestimmen, käme als Alternative in Betracht, die Schadenshöhe aus Größen herzuleiten wie etwa den Lizenzgebühren, die angefallen wären, wenn der Rechtsverletzter um eine Genehmigung zur Nutzung des betreffenden Geschäftsgeheimnisses ersucht hätte. Bezweckt wird mit dieser alternativen Methode nicht die Einführung einer Verpflichtung zu einem als Strafe angelegten Schadensersatz, sondern die Gewährleistung einer Entschädigung für den Inhaber des Geschäftsgeheimnisses auf objektiver Grundlage unter Berücksichtigung der ihm entstandenen Kosten, z. B. im Zusammenhang mit der Feststellung der Rechtsverletzung und den Nachforschungen. Diese Richtlinie sollte die Mitgliedstaaten jedoch nicht daran hindern, in ihrem nationalen Recht vorzusehen, dass die Schadenshaftung von Arbeitnehmern bei nicht vorsätzlichem Handeln beschränkt wird."

7 Bei Art. 14 der Richtlinie (EU) 2016/943 handelt es sich nicht um eine vollharmonisierte Regelung wie sich aus Art. 1 Abs. 1 UAbs. 2 der Richtlinie (EU) 2016/943 ergibt. Von dem erweiterten Umsetzungsspielraum hat der Gesetzgeber in einigen Punkten Gebrauch gemacht. Dies ist erkennbar von dem Bemühen getragen, die Haftung an die Parallelbestimmungen im Immaterialgüterrecht anzugleichen. Eine unzulässige Umsetzung ist darin nicht zu erkennen.[4]

B. Kommentierung

I. Voraussetzungen des Schadenersatzanspruchs (Abs. 1)

8 **1. Rechtsverletzung.** Die Haftung auf Schadenersatz setzt eine **Verletzung eines Geschäftsgeheimnisses** voraus. Es muss ein Verhalten vorliegen, das mindestens ein Handlungsverbot nach § 4 verwirklicht und von keiner Ausnahme nach § 5 erfasst wird. Das Erfordernis einer Rechtsverletzung wird nicht ausdrücklich erwähnt, ergibt sich aber daraus, dass die Haftung nur einen Rechtsverletzer gem. § 2 Nr. 3 trifft sowie aus der Systematik des Gesetzes, die die Rechtsfolge des Schadenersatzes an eine verwirklichte Rechtsverletzung knüpft.[5]

9 **2. Haftungsbegründende Kausalität.** Die Handlung des Rechtsverletzers muss für die Verletzung des Geschäftsgeheimnisses **kausal** sein. Dies ergibt sich auch ohne weitere Erwähnung aus der Systematik der Schadenersatztatbestände der unerlaubten Handlung.[6] Im Hinblick auf die Anforderungen an den Kausalzusammenhang kann auf die dort üblichen allgemeinen Grundsätze zur **haftungsausfüllenden Kausalität** zurückgegriffen werden.[7]

10 **3. Verschulden.** Die Ausgestaltung als **verschuldensabhängige Haftung** erfordert, dass der Rechtsverletzer bei der Verwirklichung eines oder mehrere Handlungsverbote nach § 4 **vorsätzlich oder fahrlässig** handelt.

11 **a) Vorsatz.** Es gelten die **allgemeinen zivilrechtlichen Anforderungen** an vorsätzliches Handeln. Vorsatz ist Wissen und Wollen der objektiven Tatbestandsmerkmale.[8] Ausreichend ist es, wenn der Erfolg in Form der Verletzung des Geschäftsgeheimnisses als möglich vorausgesehen wird und der Fall seines Eintritts billigend in Kauf genommen wird.[9] Das Bewusstsein der Rechtswidrigkeit bildet einen Bestandteil des Vorsatzes.[10] Dieses Bewusstsein kann fehlen, wenn der Rechtsverletzer von einer erlaubten Handlung nach § 3 oder einer Ausnahme nach § 5 ausgegangen ist.[11] Wenn der Rechtsverletzer sein Verhalten für erlaubt hält, kommt Fahrlässigkeit in Betracht. Maßgeblich werden bei der

---

4 Köhler/Bornkamm/Feddersen/*Alexander* § 10 GeschGehG Rn. 7.
5 Köhler/Bornkamm/Feddersen/*Alexander* § 10 GeschGehG Rn. 17.
6 Büscher/*Tochtermann* § 10 GeschGehG Rn. 14; Köhler/Bornkamm/Feddersen/*Alexander* § 14 GeschGehG Rn. 18.
7 Jauernig/*Teichmann* § 823 BGB Rn. 20 ff.; MüKo BGB/*Wagner* § 823 BGB Rn. 67 ff.
8 BGH 8.2.1965 NJW **1965** 963; MüKo BGB/*Grundmann* § 276 BGB Rn. 154.
9 Vgl. BGH 19.3.1992 NJW **1992** 1953, 1954; Jauernig/*Stadler* § 276 BGB Rn. 17.
10 St. Rspr. BGH 6.12.1991 NJW **1992** 566; Jauernig/*Stadler* § 276 BGB Rn. 15; differenziert zur Vorsatz- und Schuldtheorie MüKo BGB/*Grundmann* § 276 BGB Rn. 158 m. w. N.
11 Köhler/Bornkamm/Feddersen/*Alexander* § 10 GeschGehG Rn. 20.

Feststellung des Vorsatzes die Umstände sein, unter denen die Verletzungshandlung geschehen ist. Die Überwindung von erkennbaren Schutzmaßnahmen oder auch die Kenntlichmachung mit einem Geheimhaltungsvermerk sprechen für ein vorsätzliches Verhalten des Rechtsverletzers.

b) Fahrlässigkeit. Der Rechtsverletzer hat **jede Form der Fahrlässigkeit** zu vertreten. Fahrlässig handelt nach allgemeinen Regeln, wer die im Verkehr erforderliche Sorgfalt außer Acht lässt, § 276 Abs. 2 BGB. Bei gewerblichen Schutzrechten, im Urheberrecht und im Wettbewerbsrecht wird dabei ein **strenger Sorgfaltsmaßstab** angelegt.[12] Fahrlässigkeit liegt danach auch dann vor, wenn sich der Rechtsverletzer erkennbar im Grenzbereich des rechtlich Zulässigen bewegt und deshalb mit einer von seiner eigenen Einschätzung abweichenden Beurteilung der rechtlichen Zulässigkeit erwarten muss.[13] Ein Rechtsirrtum ist nur dann entschuldigt, wenn der Irrende bei Anwendung der im Verkehr erforderlichen Sorgfalt mit einer anderen Beurteilung durch die Gerichte nicht zu rechnen brauchte.[14] Erforderliche Rechtskenntnisse sind in Zweifelsfällen durch sachkundigen Rat zu klären.[15] Die Nichteinholung eines solchen Rechtsrats begründet seinerseits einen Verschuldensvorwurf.[16] 12

Ein **strenger Sorgfaltsmaßstab** ist auch bei der Verletzung von Geschäftsgeheimnissen anzulegen. Wie auch bei gewerblichen Schutzrechten und im Urheberrecht besteht hinsichtlich des Gegenstands – hier dem Geschäftsgeheimnis – eine **besondere Schutzbedürftigkeit** gegenüber Rechtsverletzungen und zugleich berechtigterweise hohe Anforderungen an potenzielle Verletzer. In den meisten Fällen wird der Rechtsverletzer zudem Unternehmer sein, von dem verlangt werden kann, dass er sich in seinem Tätigkeitsbereich rechtskonform verhält und erforderliche Maßnahmen zur Einhaltung des GeschGehG ergreift sowie erforderlichenfalls Rechtsrat einholt. 13

Dies gilt zunächst beim unmittelbaren **Erhalt** von Informationen durch den Inhaber des Geschäftsgeheimnisses beispielsweise im Rahmen einer laufenden Geschäftsbeziehung. Hier ist gegebenenfalls sicherzustellen, dass ein Verhalten in Bezug auf Informationen nicht dem Handlungsverbot nach § 4 Abs. 1 und Abs. 2 unterfällt. Sobald diesbezüglich Zweifel bestehen, ist von einem Sorgfaltsverstoß auszugehen. 14

Gleiches gilt für Informationen, die gegebenenfalls von einem Dritten mittelbar oder über weitere Dritte im Rahmen einer **„Verletzungskette“**[17] **weitergegeben** werden, § 4 Abs. 3. Bereits der Verletzungstatbestand des § 4 Abs. 3 verlangt als subjektives Element, dass der Empfänger des Geschäftsgeheimnisses zum Zeitpunkt der Erlangung, Nutzung oder Offenlegung weiß oder wissen müsste, dass die andere Person das Geschäftsgeheimnis entgegen § 4 Abs. 2 genutzt oder offengelegt hat. Auch insoweit ist ein **strenger Sorgfaltsmaßstab** anzulegen. Häufig können Informationen durch ihren Gehalt als Geschäftsgeheimnis identifiziert werden. Letzteres kann sich durch den inhaltlichen Bezug zu einem Unternehmen ergeben oder aus dem sensiblen Informationsgehalt selbst, sodass die enthaltenen Informationen erkennbar ein Geschäftsgeheimnis nach § 2 Nr. 1 15

---

12 BGH 30.11.1976 GRUR **1977** 250, 252 – Kunststoffhohlprofil I; BGH 26.1.1993 GRUR **1993** 460, 464 – Wandabstreifer; Wandtke/Bullinger/*v. Wolff* § 97 UrhG Rn. 52 m.w.N.

13 St. Rspr BGH 6.5.1999 NJW **1999** 2898 – Tele-Info-CD, m.w.N; BGH 29.10.2009 NJW-RR **2010** 1135 – Scannertarif; BGH 29.4.2010 NJW **2010** 2354 – Restwertbörse I; BGH 15.12.2016 GRUR **2017** 734, 740 – Bodendübel.

14 BGH 24.9.2013 NJW-RR **2014** 733, 735 – Verrechnung von Musik in Werbefilmen; Köhler/Bornkamm/Feddersen/*Köhler* § 9 UWG Rn. 1.19.

15 BGH 11.10.2001 GRUR **2002** 269, 270 – Sportwetten-Genehmigung.

16 BGH 24.11.1959 GRUR **1960** 186, 189 – Arctos; Köhler/Bornkamm/Feddersen/*Köhler* § 9 UWG Rn. 1.19.

17 Köhler/Bornkamm/Feddersen/*Alexander* § 4 GeschGehG Rn. 63.

darstellen.[18] Zu denken ist dabei beispielsweise an Kundenlisten, interne Kalkulationen oder Mitarbeiterdaten. Im Hinblick auf technische Informationen wie Zeichnungen oder Beschreibungen ist es gerade für im Wettbewerb stehende Unternehmen in derselben Branche regelmäßig möglich, eine Information als Geschäftsgeheimnis zu identifizieren oder erforderlichenfalls durch Einholung von fachkundigem Rat zu ermitteln, ob die Informationen zum Stand der Technik nach § 3 PatG gehören und daher kein Geschäftsgeheimnis nach § 2 Nr. 1 darstellen.[19]

16 Problematisch ist in diesem Zusammenhang, dass bereits der **Erhalt** einer geschützten Information den Verletzungstatbestand darstellen kann. Der Vorwurf der Fahrlässigkeit kann bereits dann greifen, wenn der Empfänger sich nicht zuvor ausreichend vertraglich abgesichert hat, dass nur zulässigerweise Informationen weitergeben werden.[20] Eine solche Zusicherung entbindet den Empfänger nicht von der Einhaltung der dargestellten Sorgfaltsanforderungen im Übrigen und gegebenenfalls eigener Nachforschungen. Allerdings kann der Empfänger im Falle einer Inanspruchnahme aus GeschGehG schuldrechtliche Ansprüche gegen seinen Vertragspartner geltend machen und sich so **schadlos** halten.

17 In den wohl selteneren Fällen einer Rechtsverletzung durch **Personen, die nicht im geschäftlichen Verkehr handeln**, gelten die strengen Sorgfaltsanforderungen gleichermaßen, wobei je nach Umständen des Einzelfalls nicht zu verlangen sein dürfte, dass externer Rat einzuholen ist.

18 **c) Arbeitnehmer.** Die Beweislastregelung des § 619a BGB regelt, dass bei Ansprüchen, die auf einer Pflichtverletzung aus einem **Arbeitsverhältnis** herrühren, der Arbeitnehmer Schadensersatz nur dann zu leisten hat, wenn er die Pflichtverletzung **zu vertreten hat**. Damit obliegt es dem Arbeitgeber, das Verschulden des Arbeitsnehmers darzulegen und erforderlichenfalls zu beweisen. Diese Rechtsfolge ergibt sich für den Schadenersatzanspruch aus § 10 Abs. 1 Satz 1 bereits aus allgemeinen Regeln zur Darlegungs- und Beweislast, da die Beweislastumkehr des § 280 Abs. 1 Satz 2 BGB nur für die arbeitsvertraglichen Ansprüche gilt. Der Verweis auf § 619a BGB entfaltet insoweit keine eigene Wirkung.[21]

19 Über den unmittelbaren Regelungsgehalt des § 619a BGB hinaus bringt der Gesetzgeber allerdings zum Ausdruck, dass auch in Bezug auf das GeschGehG die Grundsätze über die **beschränkte Arbeitnehmerhaftung** zu beachten sind.[22] Demnach wird nach dem **Verschuldensgrad** des Arbeitnehmers differenziert: Handelt der Arbeitnehmer vorsätzlich, haftet dieser umfassend, bei grober Fahrlässigkeit kann eine Haftungserleichterung greifen, während bei leichter Fahrlässigkeit ein Schadenersatzanspruch gegenüber dem Arbeitnehmer ausscheidet.[23] Für Arbeitsverhältnisse, die **tarifvertraglich** geregelt sind, können sich daraus weitere Haftungsbeschränkungen ergeben.[24]

---

18 **A. A.** offenbar *Tochtermann*, die davon ausgeht, dass eine Person anhand der Information selbst keinen Rückschluss auf eine mögliche Rechtsverletzung ziehen kann: Büscher/*Tochtermann* § 10 GeschGehG Rn. 10.
19 Restriktiver *Ohly*, der Nachforschungen nur bei Verdachtsmomenten als erforderlich ansieht: *Ohly* GRUR **2019** 441, 447.
20 *Leister* GRUR-Prax **2020** 145, 146.
21 So auch Köhler/Bornkamm/Feddersen/*Alexander* § 10 GeschGehG Rn. 24.
22 BTDrucks. 19/4724 S. 32; *Richter* ArbRAktuell **2019** 375, 377.
23 St. Rspr BAG 29.9.1994 NJW **1995** 210; BAG 5.2.2004 NJW **2004** 2469; ausführlich zur Arbeitnehmerhaftung Schaub/*Linck* § 59 Rn. 24 ff.
24 *Sprenger* ZTR **2019** 414, 418.

4. Schaden. Der Schaden besteht in dem **Eingriff** in das dem Inhaber zugewiesene **Nutzungsrecht** in Bezug auf das Schutzgut.[25] Für die gewerblichen Schutzrechte und das Urheberrecht ist dies anerkannt und gilt gleichermaßen für das Geschäftsgeheimnis ungeachtet seiner dogmatischen Einordnung.[26] 20

II. Aktiv- und Passivlegitimation

1. Aktivlegitimation. Der Inhaber eines Geschäftsgeheimnisses nach § 2 Nr. 2 ist aktivlegitimiert. Dabei handelt es sich um diejenige Person, die **rechtmäßige Kontrolle** über ein Geschäftsgeheimnis hat (siehe Rn. 12). Gleiches kann für einen **Erwerber** gelten, denn Geschäftsgeheimnisse sind übertragbare Rechtspositionen.[27] Diese können gesondert oder als Teil einer Unternehmenstransaktion übertragen werden.[28] Wenn Schadenersatz für einen Zeitraum geltend gemacht wird, der vor dem Erwerb des Geschäftsgeheimnisses liegt, muss auch dieser Anspruch abgetreten werden, um insoweit die Aktivlegitimation des Erwerbers zu begründen. 21

Aus der Vorschrift des § 3 Abs. 2 ergibt sich, dass an einem Geschäftsgeheimnis **Lizenzen** eingeräumt werden können. Der Lizenznehmer, auch wenn er das Geschäftsgeheimnis in seiner rechtmäßigen Kontrolle hat, ist allerdings nicht zugleich Inhaber des Geschäftsgeheimnisses, sondern hat lediglich eine **beschränkte Nutzungserlaubnis** in Form eines abgeleiteten Rechts.[29] Der Lizenznehmer ist daher lediglich berechtigter Geheimnisträger und kein aktivlegitimierter Inhaber.[30] Der Lizenznehmer kann aber zur Geltendmachung des Schadenersatzanspruches **ermächtigt** werden.[31] 22

2. Passivlegitimation. Der **Rechtsverletzer** nach § 2 Nr. 3 ist passivlegitimiert. Im Übrigen gelten die **allgemeinen Regelungen** der unerlaubten Handlung. Bei Mittäterschaft ist nach § 830 Abs. 1 BGB jeder Mittäter für den Schaden verantwortlich. Die Haftung von Teilnehmern an der Rechtsverletzung richtet sich nach § 830 Abs. 2 BGB. 23

Die Haftung des **Inhabers eines Unternehmens** erstreckt sich nicht auf Beschäftigte und Beauftragte, da die Haftung auf Schadenersatz in § 12 ausgenommen ist. Der Gesetzgeber hat sich nicht an der Zurechnungsregelung des § 14 Abs. 7 MarkenG orientiert, die eine Haftung für schuldhafte Angestellte und Beauftragte vorsieht, sondern § 8 Abs. 2 UWG zum Vorbild genommen. Aus diesem Grund verbietet sich auch eine analoge Anwendung.[32] 24

Eine Haftung für den **Verrichtungsgehilfen** nach § 831 Abs. 1 BGB mit der Möglichkeit der Exkulpation nach § 831 Abs. 2 BGB bleibt unberührt. Die Handlungen von **Organen und Repräsentanten** sind nach §§ 31, 89 BGB analog der Gesellschaft zuzurechnen. 25

---

25 Ähnlich Büscher/*Tochtermann* § 10 GeschGehG Rn. 15.
26 BGH 23.2.2006 GRUR **2006** 421 – Markenparfümverkäufe; BGH 25.9.2007 GRUR **2008** 93 – Zerkleinerungsvorrichtung; BGH 14.5.2009 GRUR **2009** 856 – Berechnung des Verletzergewinns in der Absatzkette; zur umstrittenen Frage der dogmatischen Einordnung: *Hoeren/Münker* WRP **2018** 150, 152. Vgl. auch Kommentierung zu § 1 Rn. 8.
27 BGH 25.1.1955 GRUR **1955** 388, 389 – Dücko; BGH 27.4.2006 GRUR **2006** 1044, 1046 – Kundendatenprogramm; Köhler/Bornkamm/Feddersen/*Alexander* § 1 GeschGehG Rn. 18.
28 Köhler/Bornkamm/Feddersen/*Alexander* § 1 GeschGehG Rn. 18.
29 Büscher/*McGuire* § 2 GeschGehG Rn. 57.
30 Büscher/*McGuire* § 2 GeschGehG Rn. 57.
31 Köhler/Bornkamm/Feddersen/*Alexander* § 6 GeschGehG Rn. 13.
32 So auch Köhler/Bornkamm/Feddersen/*Alexander* § 10 GeschGehG Rn. 14.

III. Umfang des Schadenersatzes (Abs. 2)

26 Der Umfang des Schadenersatzes bemisst sich nach den **allgemeinen Regeln** gemäß §§ 249 ff. BGB. Dies ergibt sich insbesondere aus der Formulierung des § 10 Abs. 2, wonach als spezielle Berechnungsarten „auch" der Verletzergewinn und die Lizenzanalogie herangezogen werden können und im Übrigen auf allgemeine Vorschriften zurückzugreifen ist.

27 **1. Naturalrestitution.** Der Rechtsverletzer hat nach § 249 Abs. 1 BGB denjenigen Zustand wiederherzustellen, der bestehen würde, wenn der zum Ersatz verpflichtende Umstand nicht eingetreten wäre. Vor dem Hintergrund der umfassenden Kodifizierung von verschuldensunabhängigen Ansprüchen auf Beseitigung und Unterlassung (§ 6) und Ansprüchen auf Vernichtung, Herausgabe, Rückruf sowie Entfernung und Rücknahme vom Markt (§ 7) verbleibt für eine **Wiederherstellung durch tatsächliche Maßnahmen** kein erkennbarer Anwendungsbereich.

28 Bei der Verletzung von Geschäftsgeheimnissen hat in der Vergangenheit der BGH die Auffassung vertreten, dass ein auf Naturalrestitution gerichteter Schadensersatzanspruch in Form einer Herstellung durch Unterlassung in besonderen **Ausnahmefällen** darauf gerichtet sein kann, dem Verletzer für einen gewissen Zeitraum zu verbieten, wettbewerbliche Vorteile aus einem vorangegangenen unlauteren Verhalten zu ziehen[33] oder sogar einen Vorteil wieder auszugleichen.[34] Zuletzt hat der BGH unter Bezugnahme auf Stimmen in der Literatur ausdrücklich offengelassen, ob an einem so weitgehenden Verständnis festzuhalten ist und dieses auf die Verletzung von Geschäfts- und Betriebsgeheimnissen angewendet werden kann.[35] Bereits vor Einführung des GeschGehG wurde darauf verwiesen, dass entsprechende Maßnahmen im Rahmen eines Beseitigungsanspruches begehrt werden können und allenfalls mit großer Zurückhaltung im Wege der Naturalrestitution gewährt werden sollten.[36] Es spricht tatsächlich viel dafür, im Rahmen des Schadenersatzanspruches lediglich einen **Ausgleich in Geld** vorzusehen.[37]

2. Schadenersatz in Geld

29 **a) Dreifache Schadensberechnung.** Die Schadensfeststellung entspricht der im Immaterialgüterrecht üblichen **dreifachen Schadensberechnung**.[38] Da diese bereits vor Einführung des GeschGehG auch für Betriebs- und Geschäftsgeheimnisse anerkannt war, kann insoweit auf die diesbezügliche Rechtsprechung zurückgegriffen werden.[39] Gleiches gilt für die Maßgaben der Rechtsprechung im Immaterialgüterrecht allgemein.

30 Die Regelung in § 10 Abs. 2 beschränkt sich wie die Parallelvorschriften (§ 14 Abs. 6 MarkenG, § 97 Abs. 2 UrhG, § 139 Abs. 2 PatG und § 42 Abs. 2 DesignG) darauf, die speziellen Arten der Schadensberechnung in Form des **Verletzergewinns** und der **Lizenzanalo-**

---

33 BGH 17.3.1961 GRUR **1961** 482, 483 – Spritzgussmaschine; BGH 21.12.1966 GRUR **1967** 428, 429 – Anwaltsberatung I; BGH 19.2.1971 GRUR **1971** 358, 359 – Textilspitzen; BGH 23.4.1975 GRUR **1976** 306, 307 – Baumaschinen.

34 BGH 6.11.1963 GRUR **1964** 215, 216 f. – Milchfahrer; BGH 3.12.1969 GRUR **1970** 182, 184 – Bierfahrer.

35 BGH 16.11.2017 GRUR **2018** 535, 538 – Knochenzement I m. w. N.

36 *Köhler* GRUR **1996** 82, 84.

37 OLG Frankfurt 1.3.2018 GRUR-RR **2018** 477 – Schlüsselkräfte; Köhler/Bornkamm/Feddersen/*Köhler* § 9 UWG Rn. 1.26.

38 BTDrucks. 19/4724 S. 32; *Böhm/Nestler* GRUR-Prax **2018** 181, 182.

39 BGH 16.11.2017 GRUR **2018** 535, 538 – Knochenzement I m. w. N; *Alexander* WRP **2019** 673, 678.

gie zu regeln und erwähnt die Möglichkeit des **entgangenen Gewinns nicht**, da sich diese nach allgemeinen Regeln aus § 252 BGB ergibt.

Ungeachtet der verschiedenen Berechnungsmöglichkeiten handelt es sich um einen **einheitlichen Schaden** und nicht um ein **Wahlschuldverhältnis**.[40] Der Gläubiger kann dabei zwischen den **Berechnungsarten** frei wählen[41]. Vorbehaltlich der prozessualen Verspätungsvorschriften kann eine getroffene Auswahl auch im Laufe eines Schadenersatzverfahrens wieder geändert werden.[42] Das Wahlrecht endet indes bei Erfüllung des Schadenersatzanspruchs oder rechtskräftiger Entscheidung darüber.[43] Eine Kombination oder Addition der Berechnungsarten ist nicht möglich.[44] Der Schadenersatz darf nicht die Wirkung einer Strafe haben, sondern soll lediglich eingetretene Schäden ausgleichen.[45] 31

Zwischen der Rechtsverletzung und dem eingetretenen Schaden muss nach allgemeinen Regeln ein Ursachenzusammenhang in Form der **haftungsausfüllenden Kausalität** bestehen.[46] Im Hinblick auf die Darlegungs- und Beweislast des Inhabers des Geschäftsgeheimnisses wirft die Frage der Kausalität bei den Berechnungsarten des **Verletzergewinns** und des **entgangenen Gewinns** regelmäßig Probleme auf. 32

aa) Verletzergewinn (Abs. 2 Satz 1). Die Berechnungsart des Verletzergewinns ermöglicht es, denjenigen Gewinn als Schaden geltend zu machen, der beim Verletzer durch die Rechtsverletzung entstanden ist. Ausgangspunkt bei der Berechnung sind die **Erlöse**, die der Rechtsverletzer durch die rechtswidrigen Handlungen erzielt hat. Dabei kann es sich um den Verkauf von Erzeugnissen handeln, die das Geschäftsgeheimnis enthalten oder bei deren Herstellung das Geschäftsgeheimnis verwendet wurde. Allerdings ist der Gewinn nur insoweit herauszugeben, wie dieser auf der Benutzung des Geschäftsgeheimnisses beruht.[47] Diese Bewertung kann regelmäßig nur im Rahmen einer **Schätzung** nach § 287 ZPO erfolgen.[48] Bei der Berechnung des Verletzergewinns kommen auch Erlöse in Betracht, die bei einer innerbetrieblichen Verwendung zu **Einsparungen** geführt haben.[49] 33

Der Rechtsverletzer kann seine Erlöse durch die **Geltendmachung von Kosten** mindern. Allerdings muss es sich dabei um Kosten handeln, die der Verletzungshandlung unmittelbar zugerechnet werden können.[50] Dies sind beispielsweise Materialkosten und Kosten für das Personal, das für die Herstellung eines Produkte unter Verwendung des Geschäftsgeheimnisses eingesetzt wird.[51] Sogenannte **Gemeinkosten** (Fixkosten) dürfen nicht abgezogen werden.[52] Hinsichtlich der Einzelheiten bietet sich wegen der dortigen, umfassenden Kasuistik eine Orientierung am Patentrecht an.[53] 34

---

40 BGH 25.9.2007 GRUR **2008** 93, 94 – Zerkleinerungsvorrichtung.
41 BGH 25.9.2007 GRUR **2008** 93, 94 – Zerkleinerungsvorrichtung.
42 BGH 22.4.1993 GRUR **1993** 757 – Kollektion Holiday; BGH 6.3.1980 GRUR **1980** 841 – Tolbutamid.
43 BGH 25.9.2007 GRUR **2008** 93 – Zerkleinerungsvorrichtung.
44 BGH 29.7.2009 GRUR **2010** 237, 238 – Zoladex.
45 Erwägungsgrund 30 RL (EU) 2016/943 v. 8.6.2016.
46 Jauernig/*Teichmann* Vorbemerkungen zu den §§ 249–253 BGB Rn. 24ff.
47 BGH 14.5.2009 GRUR **2009** 856 – Tripp-Trapp-Stuhl (Urheberrecht); BGH 24.7.2012 GRUR **2012** 1226 – Flaschenträger (Patentrecht); *Mes* § 139 PatG Rn. 163ff.
48 *Mes* § 139 PatG Rn. 166.
49 BeckOK PatR/*Pitz* § 139 PatG Rn. 133; **a. A.** *Haedicke* GRUR **2005** 529, 532.
50 BGH 14.5.2009 GRUR **2009** 856, 859f. – Tripp-Trapp-Stuhl.
51 *Mes* § 139 PatG Rn. 148.
52 BGH 2.11.2000 GRUR **2001** 329, 331 – Gemeinkostenanteil.
53 Siehe dazu: Benkard PatG/*Grabinski*/*Zülch* § 139 PatG Rn. 72ff.; *Mes* § 139 PatG Rn. 151.

35 **bb) Lizenzanalogie (Abs. 2 Satz 2).** Der Schaden kann in Form einer Lizenzanalogie berechnet werden. Dabei ist eine **hypothetische Lizenzgebühr** zu ermitteln, die der Rechtsverletzer hätte zahlen müssen, wenn vernünftige Vertragsparteien eine Lizenz vereinbart hätten.[54] Auf die tatsächliche Bereitschaft des Inhaber des Geschäftsgeheimnisses, eine solche Lizenz einzuräumen, kommt es nicht an.[55] Bei der Bestimmung der Lizenzhöhe sind alle Faktoren zu berücksichtigen, die auch bei einer ausgehandelten Lizenz wertbildend sein können.[56] Anerkannte bestimmende Faktoren sind dabei insbesondere bereits vereinbarte Lizenzen[57], Lizenzen über vergleichbare Schutzrechte oder branchenübliche Lizenzsätze.[58] Die Höhe der angemessenen Lizenz ist regelmäßig nach § 287 ZPO zu schätzen.[59]

36 In Bezug auf Geschäftsgeheimnisse wird eine praktische Schwierigkeit darin bestehen, dass es wenige Lizenzen gibt, die als **Vergleichsmaßstab** herangezogen werden können. Geschäftsgeheimnisse werden – zumindest bislang – vergleichsweise selten lizenziert oder es wird eine Lizenz lediglich flankierend zu Immaterialgüterrechten eingeräumt, ohne einen Anteil der Lizenzgebühr, der auf die Geschäftsgeheimnisse entfallen soll, gesondert auszuweisen. Hinzu kommt, dass Verträge über Geschäftsgeheimnisse – ebenso wie der Gegenstand der Lizenz selbst – regelmäßig geheim bleiben und für eine Analyse nicht zur Verfügung stehen. Vor diesem Hintergrund kann es für das erkennende Gericht erforderlich werden, im Rahmen einer **Schätzung** nach § 287 ZPO auf andere Anknüpfungstatsachen zurückzugreifen und ein Sachverständigengutachten einzuholen.[60]

37 Außerhalb von gerichtlichen Entscheidungen hat die Lizenzanalogie den Vorteil, dass die Schadenshöhe im Wege einer **umsatzabhängigen Lizenz** allein auf der Grundlage des vom Rechtsverletzer erzielten **Umsatzes** ermittelt werden kann. Dies umgeht die Schwierigkeiten der Kausalität sowohl im Bereich des Verletzergewinns als auch des entgangenen Gewinns. Außerdem reicht eine Auskunft des Rechtsverletzers beschränkt auf die erzielten Umsätze als Berechnungsgrundlage diesbezüglich aus.

38 **cc) Entgangener Gewinn.** Gemäß § 252 BGB kann im Fall einer Verletzung eines Geschäftsgeheimnisses auch der entgangene Gewinn verlangt werden. Der entgangene Gewinn muss kausal auf der Verletzung des Geschäftsgeheimnisses beruhen. Der Verletzte muss dabei darlegen und erforderlichenfalls beweisen, dass er den beanspruchten Gewinn auch tatsächlich hätte erzielen können, wenn die Rechtsverletzung nicht stattgefunden hätte.[61]

39 Dies schließt auch die **Darlegung von Kalkulationsgrundlagen** des Verletzten ein, die eine Schätzung des Schadens nach § 287 ZPO ermöglichen.[62] An Art und Umfang der Schätzungsgrundlagen sind keine hohen Anforderungen zu stellen.[63] Allerdings ist es dem Gericht auch versagt mit Unterstellungen zu arbeiten.[64] Der Verletzte muss darlegen, dass

---

54 BGH 30.5.1995 GRUR **1995** 578 – Steuereinrichtung II.
55 *Mes* § 139 PatG Rn. 129.
56 BGH 25.5.1993 GRUR **1993** 897, 898 – Mogul-Anlage.
57 BGH 26.3.2009 GRUR **2009** 660, 663 – Resellervertrag.
58 *Mes* § 139 PatG Rn. 136 m.w.N. zu weiteren Faktoren: Benkard/*Grabinski*/*Zülch* § 139 PatG Rn. 66ff.; *Mes* § 139 PatG Rn. 132ff.
59 BGH 25.5.1993 GRUR **1993** 897, 898 – Mogul-Anlage.
60 BGH 26.3.2009 GRUR **2009** 660, 663 – Resellervertrag.
61 BeckOK PatR/*Pitz* § 139 PatG Rn. 124.
62 OLG Köln 24.1.2014 GRUR-RR **2014** 329 – Converse AllStar.
63 BGH 17.6.1992 GRUR **1993** 55, 59 – Tchibo/Rolex II.
64 BGH 4.3.1982 GRUR **1982** 489, 490 – Korrekturflüssigkeit.

ohne die Verletzung eine (entsprechende) Benutzung durch ihn oder durch berechtigte Dritte erfolgt wäre. Nach der allgemeinen Lebenserfahrung kann daraus geschlossen werden, dass die Verletzungshandlung zu einem **Umsatzrückgang** geführt hat. Der Verletzer kann diesen Ursachenzusammenhang erschüttern, indem andere Gründe für den Umsatzrückgang dargelegt werden.[65] Der entgangene Gewinn darf nicht schematisch auf der Grundlage der vom Verletzer veräußerten Stückzahlen berechnet werden, da nicht davon auszugehen ist, dass der Umsatz in vollem Umfang direkt oder in Form von Lizenzgebühren mittelbar dem Berechtigten zu Gute gekommen wäre. Die **Umsätze des Rechtsverletzers** können aber **indizielle Wirkung** entfalten.[66]

b) Weitere Vermögensschäden. Als weitere Vermögensschäden kommen insbesondere **Kosten der Rechtsverfolgung** in Betracht. Diese sind ersatzfähig, wenn sie tatsächlich entstanden sind und im konkreten Fall aus Sicht des Schadensersatzgläubigers zur Wahrnehmung und Durchsetzung seiner Rechte erforderlich und zweckmäßig waren.[67] Erwägungsgrund 30 der Richtlinie (EU) 2016/943 nennt ausdrücklich die Berücksichtigung von Kosten „im Zusammenhang mit der Feststellung der Rechtsverletzung und den Nachforschungen". Dies umfasst Rechtsanwaltskosten für vorprozessuale Beratung und Sachverhaltsaufklärung und zwar auch dann, wenn es sich beim Geschädigten um ein Unternehmen handelt, das über eine eigene Rechtsabteilung verfügt.[68] Gleiches gilt für Rechtsanwaltskosten, die auf Auskunftserteilung oder Anerkennung einer Schadenersatzpflicht gerichtet sind.[69] Ebenfalls erstattungsfähig sind **Kosten für Testkäufe**[70] **und Detektive.**[71] Soweit eine **Abmahnung** als erforderliches und zweckmäßiges Mittel der Sachverhaltsaufklärung anzusehen ist, handelt es sich bei den dadurch verursachten Kosten ebenfalls um einen ersatzfähigen Schaden.[72] Im Übrigen ist die Ersatzfähigkeit der Abmahnkosten umstritten.[73] 40

Der **eigene Aufwand des Verletzten zur Sachverhaltsermittlung und Schadensabwicklung** ist nicht ersatzfähig, da dieser als gewöhnlicher Zeitaufwand zur Wahrung und Durchsetzung von eigenen Rechten nicht von der Schadenersatzpflicht umfasst ist.[74] 41

IV. Entschädigungsanspruch für immaterielle Schäden (Abs. 3)

Der Rechtsverletzer haftet auch für Schäden, die nicht Vermögensschäden sind, also immaterielle Schäden. Dies setzt voraus, dass der Tatbestand nach § 10 Abs. 1 erfüllt ist und erfordert darüber hinaus das Vorliegen eines immateriellen Schadens, für den der Verletzte zu entschädigen ist, soweit dies der **Billigkeit** entspricht. 42

Der Anspruch besteht unabhängig von dem Anspruch auf Ersatz von Vermögensschäden nach den Absätzen 1 und 2 und kann mit dem Anspruch auf materielle Schäden ge- 43

65 BGH 22.4.1993 GRUR **1993** 757, 758 – Kollektion Holiday.
66 BGH 22.4.1993 GRUR **1993** 757, 759 – Kollektion Holiday; BGH 14.2.2008 GRUR **2008** 933, 935 – Schmiermittel.
67 BGH 30.3.2017 GRUR **2017** 1160, 1166 – BretarisGenuair.
68 BGH 8.5.2008 GRUR **2008** 928, 929 – Abmahnkostenersatz.
69 Köhler/Bornkamm/Feddersen/*Köhler* § 9 UWG Rn. 1.29.
70 BGH 30.3.2017 GRUR **2017** 1160, 1166 – BretarisGenuair.
71 OLG München 10.11.2011 WRP **2012** 579 Rn. 69.
72 BGH 22.3.2018 GRUR **2018** 914, 917 – Riptide.
73 BGH 22.3.2018 GRUR **2018** 914, 916 – Riptide m.w.N.
74 BGH 8.11.1994 NJW **1995** 446, 447 m.w.N.

meinsam oder auch gesondert geltend gemacht werden.[75] Es handelt sich dabei um einen gesetzlich bestimmten Fall nach § 253 Abs. 1 BGB der in Umsetzung von Art. 14 Abs. 2 Satz 1 Richtlinie (EU) 2016/943 neu eingeführt wurde. Bei der Ausgestaltung hat sich der Gesetzgeber an der Vorschrift des § 97 Abs. 2 Satz 4 UrhG orientiert.[76] Diese urheberrechtliche Regelung und die dazu ergangenen Entscheidungen beziehen sich auf Verletzungen des Urheberpersönlichkeitsrechts.[77] Auch im Umfeld des Geschäftsgeheimnisschutzes sind Fälle denkbar, die einen **persönlichkeitsrechtlichen Bezug** aufweisen.[78] Als immaterielle Schäden kommen aber auch der **Verlust einer Vorreiterrolle** oder ein **Reputationsverlust** des Inhabers des Geschäftsgeheimnisses in Betracht.[79]

44 Von zentraler Bedeutung innerhalb des Tatbestands ist das Merkmal der **Billigkeit**. Dessen Vorliegen ist zum einen Voraussetzung für das Bestehen des Anspruchs und bestimmt zum anderen auch die Höhe der Entschädigung.[80] Wie auch bei Fällen von (Urheber-)Persönlichkeitsverletzung[81] erscheint es angebracht, den Anspruch auf Entschädigung von einer gewissen **Erheblichkeit** abhängig zu machen und eine schwerwiegende Rechtsverletzung auf Tatbestandsebene zu verlangen. Andernfalls ist die erforderliche Billigkeit zu verneinen. Denn der Ersatz von immateriellen Schäden bildet in der Rechtsordnung insgesamt eine Ausnahme und soll auch im Geheimnisschutzgesetz den Ersatz materieller Schäden nicht schon bei geringfügigen Rechtsverletzungen ergänzen.

45 Bei der Bemessung des Entschädigungsanspruchs sind – wie auch bei der Regelung des § 253 Abs. 2 BGB alle Umstände des Einzelfalls zu berücksichtigen.[82] Diese Umstände können in der Person des Rechtsverletzers ebenso wie des Verletzten liegen. Die Höhe der Entschädigung ist nach § 287 ZPO zu schätzen.[83]

46 Im Falle einer **rücksichtslosen Vermarktung von rechtsverletzenden Produkten** kann die Erzielung von Gewinnen aus der Rechtsverletzung als Bemessungsfaktor in die Entscheidung über die Höhe der Geldentschädigung mit einzubeziehen sein.[84] Zur **Berechnung** des immateriellen Schadens kann es sich anbieten, auf im Kartellrecht anerkannte Methoden wie das Vergleichsmarktkonzept zurückzugreifen und dabei die veränderte Wettbewerbsposition durch die Verletzung von Geschäftsgeheimnissen zu berücksichtigen.[85] Soweit eine **Imageschädigung** eingetreten ist, kann bei börsennotierten Unternehmen auch der **Kursverlauf der Aktien** in die Bemessung einbezogen werden, da der Markt die Imageschädigung durch ihren Einfluss auf zukünftig zu erwartende Gewinne einpreisen wird.

V. Anspruchsausschluss und Verjährung

47 Der Schadenersatzanspruch unterliegt im Gegensatz zu Ansprüchen aus den §§ 6–8 nicht dem **Verhältnismäßigkeitsvorbehalt** des § 9. Dies wird zum Teil als widersprüch-

---

75 BTDrucks. 19/4724 S. 33.
76 BTDrucks. 19/4724 S. 32.
77 Wandtke/Bullinger/*v. Wolff* § 97 UrhG Rn. 84 m.w.N.
78 Köhler/Bornkamm/Feddersen/*Alexander* § 10 GeschGehG Rn. 40.
79 *Böhm/Nestler* GRUR-Prax **2018** 181, 183.
80 BTDrucks. 19/4724 S. 33.
81 Wandtke/Bullinger/*v. Wolff* § 97 UrhG Rn. 86 m.w.N.
82 MüKo BGB/*Oetker* § 253 BGB Rn. 36ff. m.w.N.
83 Dreier/Schulze/*Specht* § 97 UrhG Rn. 98.
84 BGH 15.11.1994 GRUR **1995** 224, 229 – Erfundenes Exclusiv-Interview; BGH 5.12.1995 GRUR **1996** 373, 374 – Caroline von Monaco.
85 *Böhm/Nestler* GRUR-Prax **2018** 181, 182 m.w.N.

lich kritisiert.[86] Die Differenzierung überzeugt jedoch im Hinblick auf das **Verschuldenserfordernis** in § 10 Abs. 1, das die Ansprüche in §§ 6–8 nicht enthalten.[87] Wer schuldhaft handelt, ist nicht in gleichem Maße schutzbedürftig.

Die Geltendmachung des Anspruchs kann gemäß § 14 missbräuchlich sein. Daneben kann der Anspruch auch nach allgemeinen Regeln als **Rechtsmissbrauch** gemäß § 242 BGB einzuordnen sein.[88] 48

Der Anspruch unterliegt in Ermangelung einer speziellen Verjährungsregelung der **allgemeinen Verjährung** nach §§ 194 ff. BGB. Danach gilt gemäß § 195 BGB eine regelmäßige Verjährungsfrist von drei Jahren. Nach Eintritt der Regelverjährung kommt ein Herausgabeanspruch nach § 13 in Verbindung mit bereicherungsrechtlichen Vorschriften in Betracht. Dieser Anspruch verjährt gemäß § 13 Satz 2 sechs Jahre nach seiner Entstehung (vgl. Kommentierung zu § 13 Rn. 17 ff.). 49

VI. Verhältnis zu anderen Vorschriften

Der Schadenersatzanspruch aus § 10 Abs. 1 Satz 1 steht neben den Ansprüchen aus §§ 6, 7, 8 und kann unabhängig von diesen geltend gemacht werden. Dies gilt insbesondere für den speziellen Anspruch auf Schadenersatz nach § 8 Abs. 2 wegen nicht oder nicht ordnungsgemäß erbrachter Auskunft. 50

Die **Abwendungsbefugnis** aus § 11 greift in Bezug auf den Schadenersatzanspruch in § 10 nicht, da nur dem schuldlos handelnden Rechtsverletzer die Abwendungsbefugnis eingeräumt wird. Die Anwendungsbereiche der Vorschriften § 10 und § 11 stehen daher in einem Alternativverhältnis. 51

Neben dem Schadenersatzanspruch können **bereicherungsrechtliche Ansprüche** aus §§ 812 ff. BGB bestehen, die kein Verschulden voraussetzen. Im Falle eines schuldhaft handelnden Rechtsverletzers ermöglicht § 13 die Geltendmachung der bereicherungsrechtlichen Ansprüche auch nachdem ein Schadenersatzanspruch verjährt ist (vgl. Kommentierung zu § 13 Rn. 1). 52

Der Schadenersatzanspruch aus § 10 Abs. 1 Satz 1 kann neben **vertraglichen Ansprüchen** geltend gemacht werden. Letztere können sich insbesondere aus Arbeits- oder Geschäftsführerverträgen wie auch Lizenz- oder Vertraulichkeitsvereinbarungen (Non-disclosure Agreements) ergeben. 53

Soweit der Rechtsverletzer geschützte Rechtsgüter außerhalb von Geschäftsgeheimissen verletzt, kommt eine **konkurrierende Schadenersatzpflicht aus § 823 Abs. 1 BGB** in Betracht.[89] Der Schutz des Rechts am eingerichteten und ausgeübten Gewerbebetrieb nach § 823 Abs. 1 BGB greift allerdings nur subsidiär.[90] 54

Eine **konkurrierende Schadenersatzhaftung** des Rechtsverletzers kann sich auch aus **§ 9 Satz 1 UWG** ergeben. Im Verhältnis zu Sonderschutztatbeständen ist die Anwendung des UWG wegen anderer Tatbestandsvoraussetzungen anerkannt.[91] Dies spricht 55

---

86 *Rosenthal/Hamann* NJ **2019** 321, 325.
87 Büscher/*Tochtermann* § 10 GeschGehG Rn. 3.
88 Köhler/Bornkamm/Feddersen/*Alexander* § 14 GeschGehG Rn. 13; vgl. Kommentierung zu § 14 GeschGehG Rn. 12.
89 Köhler/Bornkamm/Feddersen/*Alexander* § 10 GeschGehG Rn. 49.
90 OLG Köln 4.9.2015 WRP **2016** 268, 272: Verhältnis zum UWG.
91 BGH 15.12.2016 GRUR **2017** 734 – Bodendübel; BGH 28.5.2009 GRUR **2010** 80 – LIKEaBIKE.

auch für eine Anwendbarkeit neben dem GeschGehG.[92] In besonderem Maße gilt dies im Hinblick auf den ergänzenden wettbewerbsrechtlichen Leistungsschutz aus § 4 Nr. 3 lit. c) UWG.[93] Die Regelung setzt die Nachahmung von Waren oder Dienstleistungen mit Eigenart voraus, wenn der nachahmende Mitbewerber die für die Nachahmung erforderlichen Kenntnisse oder Unterlagen unredlich erlangt hat und entfaltet neben dem GeschGehG weiterhin praktische Bedeutung.[94] Die Tatbestandsalternative der unredlichen Erlangung von erforderlichen Kenntnissen und Unterlagen ist im Zusammenspiel mit den Voraussetzungen der Eigenart und der Nachahmung im Rahmen einer Abwägung zu prüfen. Bei dieser Abwägung ist zu berücksichtigen, dass zwischen dem Grad der wettbewerblichen Eigenart, der Intensität der Nachahmung und den besonderen wettbewerblichen Umständen eine Wechselwirkung besteht.[95] Dabei können auch mehrere Unlauterkeitsmerkmale parallel verwirklicht werden und den Unwertgehalt einer Nachahmung steigern.[96] Insofern können von § 4 Nr. 3 lit. c) UWG auch Fallgestaltungen erfasst sein, die mangels Geschäftsgeheimnisqualität oder wegen fehlender Rechtsverletzung nicht durch das GeschGehG erfasst sind. Ein Wertungswiderspruch zum GeschGehG ergibt sich dadurch nicht, da die Vorschrift des § 4 Nr. 3 lit. c) UWG mit Blick auf die Unlauterkeit eine Gesamtabwägung aller Umstände erfordert, die bei der Anwendung des GeschGehG nicht vorgenommen wird.[97] Daher ist es konsequent, dass der Gesetzgeber die Regelung des § 4 Nr. 3 lit. c) UWG im Gegensatz zu den §§ 17–19 a.F. UWG nicht parallel zur Einführung des GeschGehG gestrichen hat. Bei der Auslegung des § 4 Nr. 3 lit. c) UWG sind allerdings denkbare Wertungswidersprüche zum GeschGehG zu vermeiden. Daher müssen die Erlaubnistatbestände nach § 3 und dabei das Reverse Engineering bei der Anwendung des § 4 Nr. 3 lit. c) UWG beachtet werden, soweit GeschGehG anwendbar ist.[98]

VII. Prozessuales

56 Die **Darlegungs- und Beweislast** einschließlich des Verschuldens liegt beim Inhaber des Geschäftsgeheimnisses.[99] Im Anwendungsbereich des § 619a BGB hat der Arbeitgeber das Verschulden des Arbeitnehmers unter Berücksichtigung der arbeitsrechtlichen Grundsätze darzulegen und zu beweisen.[100]

57 **1. Vermögensschäden.** Der Inhaber des Geschäftsgeheimnisses kann seinen Schaden auf der Grundlage der Lizenzanalogie und des Verletzergewinns bei Klageerhebung regelmäßig nicht beziffern, es sei denn der Rechtsverletzer hat bereits vorprozessual Auskunft erteilt. Vor diesem Hintergrund ist ein Antrag auf **Feststellung**, dass der Rechtsverletzer zum Schadenersatz verpflichtet ist, zulässig. Ohne Kenntnis über den Umfang und die Art der Verletzungshandlungen ist die Schadenshöhe ungewiss und es besteht ein

---

92 Büscher/*Wille* § 4 Nr. 3 UWG Rn. 10; Köhler/Bornkamm/Feddersen/*Köhler* § 4 UWG Rn. 3.63; *Alexander* WRP **2019** 673, 675.
93 *Alexander* WRP **2019** 673, 675.
94 **A.A.** Köhler/Bornkamm/Feddersen/*Köhler* § 4 UWG Rn. 3.64.
95 St. Rspr. BGH 11.1.2007 GRUR **2007** 795, 797 – Handtaschen; BGH 2.4.2009 GRUR **2009** 1073 – Ausbeinmesser; BGH 18.3.2010 GRUR **2010** 536, 540 – Modulgerüst II.
96 Köhler/Bornkamm/Feddersen/*Köhler* § 4 UWG Rn. 3.40.
97 **A.A.** Köhler/Bornkamm/Feddersen/*Köhler* § 4 UWG Rn. 3.64.
98 Köhler/Bornkamm/Feddersen/*Köhler* § 4 UWG Rn. 3.64.
99 BTDrucks. 19/4724 S. 32.
100 BTDrucks. 19/4724 S. 32. Vgl. Rn. 16.

rechtliches Interesse an der Feststellung dem Grunde nach (§ 256 Abs. 1 ZPO).[101] Das rechtliche Interesse entfällt auch nicht, wenn der Schaden wegen einer im Laufe des Rechtsstreits erteilten Auskunft bezifferbar wird.[102] Der jeweilige Kläger ist berechtigt, aber nicht dazu verpflichtet, von einer zulässigen Feststellungsklage gemäß § 264 Nr. 2 ZPO zu einer Leistungsklage überzugehen.[103]

Im Rahmen eines Antrags auf Feststellung der Schadenersatzpflicht dem Grunde nach muss eine gewisse **Wahrscheinlichkeit eines Schadenseintritts** bestehen, wobei daran keine hohen Anforderungen gestellt werden.[104] Art und Umfang des Schadens müssen nicht aufgeklärt werden, wenn nach der allgemeinen Lebenserfahrung der Schadenseintritt mit einiger Sicherheit zu erwarten ist.[105] Für diese Annahme reicht regelmäßig das Vorliegen einer rechtswidrigen und schuldhaft begangenen Verletzungshandlung aus.[106] 58

2. Immaterielle Schäden. Der Anspruch auf Entschädigung wegen immaterieller Schäden kann unabhängig von einem Anspruch auf Schadenersatz wegen materieller Schäden geltend gemacht werden.[107] Da die Höhe der Entschädigung für immaterielle Schäden auf Rechtsfolgenseite durch das Gericht im Rahmen der „Billigkeit" festgesetzt werden muss, kann der Inhaber, dessen Geschäftsgeheimnis verletzt wurde, einen unbezifferten Klageantrag stellen.[108] Ein solcher Antrag ist indes nur zulässig, wenn die für die Bemessung maßgeblichen tatsächlichen Grundlagen vorgetragen werden und eine ungefähre Größenordnung angegeben wird.[109] 59

101 BGH 17.5.2001 GRUR **2001** 1177 – Feststellungsinteresse II.
102 BGH 6.12.1974 GRUR **1975** 434 – Bouchet; BGH 15.11.1977 NJW **1978** 210; BGH 17.10.2003 NJW-RR **2004** 79; BGH 28.9.2005 NJW **2006** 439.
103 OLG Düsseldorf 29.1.2015 GRUR-RS **2015** 06710 Rn. 38.
104 BGH 7.5.2013 GRUR **2013** 713, 714 – Fräsverfahren.
105 BGH 7.5.2013 GRUR **2013** 713, 714 – Fräsverfahren.
106 BGH 20.5.2008 GRUR **2008** 896, 898 – Tintenpatrone I; BGH 7.5.2013 GRUR **2013** 713, 714 – Fräsverfahren.
107 Dreier/Schulze/*Specht* § 97 UrhG Rn. 95 zu § 97 Abs. 2 Satz 4 UrhG.
108 BeckOK UrhR/*Reber* § 97 UrhG Rn. 149 zu § 97 Abs. 2 Satz 4 UrhG.
109 BGH 10.10.2002 NJW **2002** 3769, 3770; MüKo BGB/*Oetker* § 253 BGB Rn. 67.

§ 11
Abfindung in Geld

(1) Ein Rechtsverletzer, der weder vorsätzlich noch fahrlässig gehandelt hat, kann zur Abwendung der Ansprüche nach den §§ 6 oder 7 den Inhaber des Geschäftsgeheimnisses in Geld abfinden, wenn dem Rechtsverletzer durch die Erfüllung der Ansprüche ein unverhältnismäßig großer Nachteil entstehen würde und wenn die Abfindung in Geld als angemessen erscheint.

(2) [1]Die Höhe der Abfindung in Geld bemisst sich nach der Vergütung, die im Falle einer vertraglichen Einräumung des Nutzungsrechts angemessen wäre. [2]Sie darf den Betrag nicht übersteigen, der einer Vergütung im Sinne von Satz 1 für die Länge des Zeitraums entspricht, in dem dem Inhaber des Geschäftsgeheimnisses ein Unterlassungsanspruch zusteht.

Schrifttum

Büscher Gesetz gegen den unlauteren Wettbewerb, 2019; *Dreier/Schulze/Specht* Urheberrechtsgesetz, 6. Aufl. 2018; *Fuhlrott/Hiéramente* Beck Online Kommentar Geschäftsgeheimnisgesetz, 3. Aufl. 2020; *Wandtke/Bullinger* Praxiskommentar Urheberrecht, 5. Auflage 2019.

Übersicht

A. Überblick

I. Normstruktur

1 Dem unverschuldet handelnden Rechtsverletzer wird in § 11 Abs. 1 die Möglichkeit eingeräumt, gegen ihn gerichtete **Ansprüche aus §§ 6 oder 7** durch Zahlung eines Geldbetrages **abzuwenden**. Auf diese Weise soll verhindert werden, dass es zu einer unbilligen Vernichtung wirtschaftlicher Werte oder einer unbilligen Behinderung von Wettbewerb und Innovation kommt.[1]

---

1 BTDrucks. 19/4724 S. 33.

https://doi.org/10.1515/9783110631654-014

Die Abfindung ist als **Befugnis** des Rechtsverletzers ausgestaltet.[2] Es besteht kein Zahlungsanspruch des Inhabers des Geschäftsgeheimnisses oder ein Wahlrecht zwischen der Geltendmachung der Ansprüche aus §§ 6 oder 7 und einer Abfindung. 2

Einen **Abwendungsanspruch** gegenüber Schutzansprüchen des Verletzten gibt es im gewerblichen Rechtsschutz nicht und dieser ist auch im Bereich des Schutzes von Geschäftsgeheimnissen ein Novum. Eine vergleichbare Regelung findet sich allerding in § 100 UrhG. Die Regelung in § 11 Abs. 2 enthält Maßgaben zur Höhe der zu leistenden Abfindung. 3

II. Unionsrechtliche Vorgaben

Die Vorschrift setzt Art. 13 Abs. 3 der Richtlinie (EU) 2016/943 um und ist eine besondere Ausprägung des Prinzips der Verhältnismäßigkeit nach Art. 13 Abs. 1 der Richtlinie (EU) 2016/943.[3] 4

Die **unionsrechtliche Vorgabe** in Art. 13 Abs. 3 der Richtlinie (EU) 2016/943 lautet wie folgt: 5

> „Die Mitgliedstaaten sorgen dafür, dass die zuständigen Gerichte auf Antrag der Person, der die in Artikel 12 vorgesehenen Maßnahmen auferlegt werden können, anordnen können, dass anstelle der Anwendung dieser Maßnahmen eine Abfindung an den Geschädigten zu zahlen ist, sofern alle folgenden Bedingungen erfüllt sind:
> a) Zum Zeitpunkt der Nutzung oder Offenlegung wusste die betreffende Person nicht und hätte unter den gegebenen Umständen nicht wissen müssen, dass sie über eine andere Person in den Besitz des Geschäftsgeheimnisses gelangt ist, die dieses Geschäftsgeheimnis rechtswidrig genutzt oder offengelegt hat;
> b) bei Durchführung der betreffenden Maßnahmen würde der betreffenden Person ein unverhältnismäßig großer Schaden entstehen und
> c) die Zahlung einer Abfindung an die geschädigte Partei erscheint als angemessene Entschädigung.
>
> Wird anstelle einer Maßnahme gemäß Artikel 12 Absatz 1 Buchstaben a und b ein finanzieller Ausgleich angeordnet, so darf dieser nicht die Höhe der Lizenzgebühren übersteigen, die zu zahlen gewesen wären, wenn die betreffende Person um die Genehmigung ersucht hätte, das in Frage stehende Geschäftsgeheimnis für den Zeitraum zu nutzen, für den die Nutzung des Geschäftsgeheimnisses hätte untersagt werden können.“

In Erwägungsgrund 29 Richtlinie (EU) 2016/943 heißt es dazu: 6

> „Eine Person könnte ein Geschäftsgeheimnis ursprünglich in gutem Glauben erworben haben, aber erst zu einem späteren Zeitpunkt – zum Beispiel aufgrund einer entsprechenden Mitteilung des ursprünglichen Inhabers des Geschäftsgeheimnisses – erfahren, dass ihre Kenntnis des betreffenden Geschäftsgeheimnisses auf Quellen zurückgeht, die dieses Geschäftsgeheimnis auf unrechtmäßige Weise genutzt oder offengelegt haben. Damit in solchen Fällen die vorgesehenen gerichtlichen Abhilfemaßnahmen oder Anordnungen der betreffenden Person keinen unverhältnismäßig großen

2 BTDrucks. 19/4724 S. 33.
3 BTDrucks. 19/4724 S. 33.

Schaden zufügen, sollten die Mitgliedstaaten für entsprechende Fälle als alternative Maßnahme die Möglichkeit einer finanziellen Entschädigung für die geschädigte Partei vorsehen. Diese Entschädigung sollte jedoch nicht den Betrag der Lizenzgebühren übersteigen, die bei einer genehmigten Nutzung des betreffenden Geschäftsgeheimnisses für den Zeitraum angefallen wären, für den der ursprüngliche Inhaber des Geschäftsgeheimnisses dessen Nutzung hätte verhindern können. Würde die rechtswidrige Nutzung des Geschäftsgeheimnisses jedoch einen Verstoß gegen andere Rechtsvorschriften als die in dieser Richtlinie enthaltenen darstellen oder zu einer Gefahr für die Verbraucher werden, sollte eine solche rechtswidrige Nutzung nicht gestattet werden."

7 Die **Umsetzung** in § 11 weicht nicht unerheblich von der unionsrechtlichen Vorgabe ab. Art. 13 Abs. 3 lit. a) Richtlinie (EU) 2016/943 bezieht sich nur auf die Handlungsformen der Nutzung und Offenlegung und nicht auf die Erlangung des Geschäftsgeheimnisses. Dies gilt zum einen für den Rechtsverletzer, der die Abwendungsbefugnis für sich in Anspruch nehmen will und zum anderen für die Person, über die der Rechtsverletzer in den Besitz des Geschäftsgeheimnisses gekommen ist. Nach seinem Wortlaut greift Art. 13 Abs. 3 lit. a) Richtlinie (EU) 2016/943 daher nicht, wenn der Rechtsverletzer selbst das Geschäftsgeheimnis in rechtswidriger Weise erlangt hat, sondern nur in Fällen der mittelbaren Rechtsverletzung. Eine **mittelbare Rechtsverletzung** verlangt indes nach Art. 4 Abs. 4 und Abs. 5 Richtlinie (EU) 2016/943 als subjektives Element Kenntnis oder Kennenmüssen im Hinblick auf die Umstände der unmittelbaren Rechtsverletzung. Da die Abwendungsbefugnis fehlendes Verschulden voraussetzt, verengt sich der Anwendungsbereich nach der Richtlinie auf diejenigen Fallkonstellationen, in denen der Rechtsverletzer zunächst **unverschuldet** ein Geschäftsgeheimnis nutzt oder offenlegt und zu einem späteren Zeitpunkt nach Kenntniserlangung **schuldhaft** gegen § 4 verstößt. Dies wird durch Erwägungsgrund 29 Richtlinie (EU) 2016/943 bestätigt, wo genau diese Konstellation beschrieben wird.

8 Die Erweiterung des Tatbestands durch den nationalen Gesetzgeber auf unmittelbare Verletzungen erscheint daher zweifelhaft.[4] Stattdessen sollte § 11 als **Ausnahmetatbestand** auf Fälle der mittelbaren Verletzung beschränkt werden. Da diese nach § 4 Abs. 3 Verschulden voraussetzt, verbleiben die Konstellationen, in denen der zunächst schuldlos Handelnde, gegebenenfalls nach Hinweis durch den Inhaber des Geschäftsgeheimnisses, schuldhaft handelt und den Ansprüchen nach §§ 6 oder 8 ausgesetzt wäre. In einem solchen Fall kann das Geschäftsgeheimnis in bereits produzierten Erzeugnissen enthalten sein, die im guten Glauben an die freie Verwertbarkeit des Geschäftsgeheimnisses hergestellt wurden. Der schutzbedürftige Rechtsverletzer soll sich dann auf die Abwendungsbefugnis berufen können.

9 Wenn sich stattdessen jeder Rechtsverletzer auf eine Abwendungsbefugnis stützen könnte, wäre der Schutz des Geheimnisschutzes insgesamt nicht unerheblich eingeschränkt. Denn bei **Durchsetzung der Ansprüche aus §§ 6 oder 8**, die den Kernbereich des Geheimnisschutzes ausmachen, müsste immer die Möglichkeit der Abwendungsbefugnis berücksichtigt werden. Dies würde auch bei vorprozessualer Geltendmachung der Abwehransprüche oder im einstweiligen Rechtsschutz gelten und dem Rechtsverletzer ermöglichen, sich den Ansprüchen unter Berufung auf die Abwendungsbefugnis entgegenzustellen. Gerade der Anspruch auf Unterlassung und Beseitigung würde dadurch an Effektivität zulasten des Inhabers des Geschäftsgeheimnisses einbüßen. Da die Regelung in Art. 13 Richtlinie (EU) 2016/943 zu den vollharmonisierenden Regelungsbereichen der Richtlinie, Art. 1 Abs. 1 UAbs. 2 Richtlinie (EU) 2016/943 gehört, erscheint eine richtlini-

4 Köhler/Bornkamm/Feddersen/*Alexander* § 11 GeschGehG Rn. 6.

enkonforme Auslegung des § 11 in Form einer Beschränkung auf mittelbare Rechtsverletzungen auch geboten.

B. Kommentierung

I. Voraussetzungen (Absatz 1)

1. Anspruch nach § 6 oder § 7. Die **Abwendungsbefugnis** setzt voraus, dass gegenüber dem Rechtsverletzer ein Anspruch nach § 6 oder § 7 bestehen muss. Dies setzt seinerseits insbesondere die Verletzung eines Geschäftsgeheimnisses voraus. Es muss ein Verhalten vorliegen, das mindestens ein Handlungsverbot nach § 4 verwirklicht und keinen Ausnahmetatbestand nach § 5 erfüllt. Das **Erfordernis einer Rechtsverletzung** wird nicht ausdrücklich erwähnt, ergibt sich aber daraus, dass die Haftung nur einen Rechtsverletzer gem. § 2 Nr. 3 trifft. 10

2. Fehlendes Verschulden. Als **negatives Tatbestandsmerkmal** setzt die Abwendungsbefugnis voraus, dass der Rechtsverletzer **weder vorsätzlich noch fahrlässig** gehandelt hat. Diesbezüglich ist derselbe Maßstab für das Verschulden anzulegen wie bei der Schadenersatzpflicht aus § 10 Abs. 1 Satz 1 (vgl. Kommentierung zu § 10 Rn. 8–17). Im Rahmen des Verschuldens kommt es darauf an, ob der Rechtsverletzer wusste oder hätte wissen können, dass sein Verhalten einem Handlungsverbot nach § 4 unterliegt. Wenn dies zu verneinen ist, kommt eine Abwendungsbefugnis in Betracht. 11

Es stellt sich die Frage, in welchem **Zeitpunkt** der Rechtsverletzer schuldlos gehandelt haben muss. Dies bezieht sich insbesondere auf Fallkonstellationen, in denen der zunächst schuldlos handelnde, mittelbare Rechtsverletzer über die Rechtsverletzung in Kenntnis gesetzt wird. Nimmt dieser dann eine rechtsverletzende Handlung vor oder setzt eine bereits begonnene fort, so handelt er insoweit schuldhaft. Spätestens bei hinreichend substantiierter Geltendmachung eines Anspruchs nach den §§ 6 und 7 erlangt der Rechtsverletzer Kenntnis über die rechtsverletzenden Umstände. Würde dies ausreichen, um ein Verschulden im Sinne des § 10 Abs. 1 Satz 1 anzunehmen, wäre die Abwendungsbefugnis praktisch ohne Anwendungsbereich und würde den ursprünglich schuldlos handelnden nicht schützen. Daher ist bei der Feststellung des Verschuldens darauf abzustellen, ob der Rechtsverletzer bei der erstmaligen Nutzung oder Offenlegung schuldlos gehandelt hat. Die nachträgliche Kenntnis hindert die Anwendung des § 11 Abs. 1 nicht. 12

3. Vorliegen eines unverhältnismäßig großen Nachteils. Die Abwendungsbefugnis erfordert einen **unverhältnismäßig großen Nachteil**, der auf Seiten des Rechtsverletzers bei Erfüllung der Ansprüche nach §§ 6 und 7 entstehen würde. 13

Als Nachteil kommen in erster Linie **wirtschaftliche Einbußen** in Betracht. Die Unverhältnismäßigkeit muss gegenüber den Vorteilen aus den Ansprüchen §§ 6 und 7 festgestellt werden. Die Gesetzesbegründung nennt dazu die Konstellation, in der nur ein geringer rechtsverletzender Teil in einem Produkt enthalten ist und dieser über eine sehr kostspielige Änderung entfernt werden müsste, deren Kosten weit über der üblicherweise für die Nutzung des Geschäftsgeheimnisses zu zahlenden Lizenzgebühr liegen würden.[5] 14

---

5 BTDrucks. 19/4724 S. 33.

15 Die Feststellung der Unverhältnismäßigkeit muss im Rahmen einer **objektivierten Folgenabschätzung** erfolgen. Dabei ist zu berücksichtigen, dass die Ansprüche nach §§ 6 und 7 den Kern der geschützten Rechtsposition des Inhabers eines Geschäftsgeheimnisses betreffen. Deren Durchsetzung sollte daher nur dann ausnahmsweise durch eine Geldzahlung abgewendet werden, wenn ein deutliches Überwiegen der Nachteile auf Seiten des Rechtsverletzers vorliegt. Auf diese Weise wird dem Ziel eines effektiven Rechtsschutzes Rechnung getragen.[6]

16 **4. Angemessenheit einer Abfindung in Geld.** Kumulativ zum Vorliegen eines unverhältnismäßig großen Nachteils muss die **Abfindung in Geld angemessen** erscheinen. Dabei geht es nicht um die Höhe einer möglichen Abfindung, die nach § 11 Abs. 2 zu bestimmen ist, sondern um die Frage, ob eine **Geldzahlung als solche adäquat** erscheint. Dabei ist die Frage zu beantworten, ob es aus Sicht des Inhabers eines Geschäftsgeheimnisses angemessen ist, dass sich seine Ansprüche aus §§ 6 und 7 in einen Anspruch auf Geldzahlung umwandeln, wenn der Verletzer von der Abwendungsbefugnis Gebrauch macht. Art. 13 Abs. 3 lit. c) Richtlinie (EU) 2016/943 nennt als Voraussetzung „die Zahlung einer Abfindung an die geschädigte Partei erscheint als angemessene Entschädigung". Im Wortlaut klarer als § 11 Abs. 1 ist insofern die vergleichbare Regelung in § 100 UrhG, wo vorausgesetzt wird, dass dem „*Verletzten die Abfindung in Geld zuzumuten ist*". Dabei ist eine objektivierte Betrachtung zugrunde zu legen. Diese hat die Umstände des Einzelfalls und die Interessen beider Seiten zu berücksichtigen.[7]

17 Eine **Abfindung** erscheint immer dann **nicht** als **angemessen**, wenn es gerade darauf ankommen muss, die Verwendung des verletzten Geschäftsgeheimnisses wirksam zu verhindern. Dies wird regelmäßig der Fall sein, wenn auf diese Weise eine Exklusivität für bestimmte Produkteigenschaften beim Inhaber oder etwaigen Lizenznehmern geschützt werden soll. Dann muss mittels des Unterlassungsanspruchs aus § 6 und der weiteren Ansprüche aus § 7 der Vertrieb verhindert und das verletzende Produkt aus dem Markt genommen werden können. Eine bloße Abfindungszahlung ist dann nicht ausreichend. Handelt es sich allerdings um ein Geschäftsgeheimnis, das keinen erkennbaren Einfluss auf Produkteigenschaften hat, sondern beispielsweise um ein verbessertes Herstellungsverfahren, kann eine Abfindung in Geld angemessen sein.

18 Die Angemessenheit einer Abfindung in Geld kann **nicht regelmäßig** bejaht werden, wenn generell eine **Bereitschaft zur Lizenzierung** auf Seiten des Inhabers besteht.[8] Denn der Wert der erteilten oder noch zu erteilenden Lizenzen hängt maßgeblich von dem Grad der Exklusivität ab, dessen Aufrechterhaltung der Inhaber und Lizenzgeber im eigenen Interesse sicherstellen muss.

19 Eine Abwendungsbefugnis scheidet jedenfalls dann aus, wenn durch die rechtswidrige Nutzung Vorschriften außerhalb des GeschGehG verletzt werden oder eine Gefahr für Verbraucher vorliegt.[9]

---

6 Dreier/Schulze/Specht/*Dreier* § 100 UrhG Rn. 5; Wandtke/Bullinger/*Bohne* § 100 UrhG Rn. 7 zur vergleichbaren Vorschrift im Urheberrecht.

7 BTDrucks. 19/4724 S. 33; BGH 28.2.1975 GRUR **1976** 317, 321 – *Unsterbliche Stimmen*; Büscher/*Tochtermann* § 11 GeschGehG Rn. 9; Köhler/Bornkamm/Feddersen/*Alexander* § 11 GeschGehG Rn. 19.

8 So aber Büscher/*Tochtermann* § 11 GeschGehG Rn. 9.

9 Erwägungsgrund 29 RL (EU) 2016/943 v. 8.6.2016.

II. Höhe der Abfindung (Absatz 2)

1. Bestimmung der Abfindungshöhe. Wenn die Voraussetzungen der Abwendungsbefugnis vorliegen, muss die **Höhe der Abfindung** bestimmt werden. Diese soll sich an der Vergütung bemessen, die im Falle einer vertraglichen Einräumung eines entsprechenden Nutzungsrechts angemessen gewesen wäre. Die Bestimmung geschieht nach den Maßgaben, die auch für die Berechnung eines Schadenersatzes nach der Lizenzanalogie gelten.[10] Dies hat zur Folge, dass die Schwierigkeiten zur Feststellung einer Lizenzhöhe, insbesondere die fehlenden Informationen zu vergleichbaren Lizenzen, sich bei der Bestimmung einer angemessenen Abfindungshöhe in gleicher Weise stellen. Ein Sanktionscharakter durch die Höhe der Abfindung wird durch die Ermittlung im Wege der Lizenzanalogie vermieden.[11] 20

2. Deckelung der Abfindungshöhe. Die Abfindung ist der Höhe nach auf den Betrag beschränkt, den der Inhaber für den Zeitraum, in dem er seinen Unterlassungsanspruch geltend machen könnte, erlangt hätte. Auf diese Weise soll klargestellt werden, dass die Abfindung nicht für Nutzungen zu einer Zeit gezahlt werden muss, in der der **Geheimnisschutz nicht mehr besteht**. 21

Die **Beschränkung in zeitlicher Hinsicht** wirft allerdings praktische Fragen auf. Denn die Bestimmung in Anlehnung an die Lizenzanalogie ist nur für bereits stattgefundene Nutzungen unmittelbar möglich. Üblicherweise wird dabei in Form einer Umsatzlizenz ein konkreter Betrag ermittelt. Für zukünftige Nutzungen lässt sich indes noch kein konkreter Betrag ermitteln, da die zugrundeliegenden Umsätze oder, im Falle einer Stücklizenz, die relevanten Stückzahlen noch nicht bekannt sein können. Hinzu kommt, dass das Geschäftsgeheimnis einen zeitlich unbeschränkten Schutz genießen kann, vorausgesetzt dessen Voraussetzungen nach § 2 Nr. 1 werden weiterhin erfüllt. 22

Es wird daher in zeitlicher Hinsicht zu **differenzieren** sein: Wenn der Rechtsverletzer die Ansprüche nach §§ 6, 7 für alle **bisherige Nutzungen** und bereits bekannte zukünftige Nutzungen, zum Beispiel den Abverkauf bereits hergestellter, das Geschäftsgeheimnis enthaltender Produkte, abwenden möchte, muss er dafür einen angemessenen Betrag zahlen. Für darüberhinausgehende Nutzungen, deren Umfang und zeitliche Dauer noch nicht bestimmt sind, kann kein konkreter Betrag ermittelt werden, sodass eine Abwendungsbefugnis insoweit ausscheidet. Die Zahlung einer Vorauslizenz in Form eines Pauschalbetrags erscheint nicht interessengerecht. In Ermangelung einer vertraglichen Einigung hätte der Inhaber auch keine Möglichkeit einer späteren Überprüfung, ob die Pauschallizenz tatsächlich angemessen war. Stattdessen muss sich der Rechtsverletzer nach Abwendung der Ansprüche nach §§ 6, 7 für noch unbestimmte **zukünftige Nutzungen** um eine Lizenz beim Inhaber bemühen und im Falle des Scheiterns der Lizenzverhandlungen seine Nutzung des Geschäftsgeheimnisses einstellen. Für die Versagung einer Pauschallizenz spricht auch, dass sich der Gesetzgeber bei § 11 gegen eine Einwilligungsfiktion entschieden hat wie sie in § 100 Satz 3 UrhG enthalten ist, sodass zukünftige Nutzungen gerade nicht als rechtlich zulässig anzusehen sind. 23

---

10 Büscher/*Tochtermann* § 11 GeschGehG Rn. 11; Köhler/Bornkamm/Feddersen/*Alexander* § 11 GeschGehG Rn. 20.
11 BeckOK GeschGehG/*Spieker* § 11 GeschGehG Rn. 5.

III. Geltendmachung und Rechtsfolgen

24 **1. Geltendmachung.** Der Rechtsverletzer muss seine **Abfindungsbefugnis** durch Anbieten eines Abfindungsbetrages aktiv **geltend machen.** Das bloße Vorliegen der Voraussetzungen nach § 11 Abs. 1 reicht nicht aus. Die zugrundeliegende Vorschrift des Art. 13 Abs. 3 Richtlinie (EU) 2016/943 regelt dazu, dass die zuständigen Gerichte *„auf Antrag"* des Rechtsverletzers eine Abfindung *„anordnen können"*. Der Wortlaut in § 11 Abs. 1 spricht davon, dass der Rechtsverletzer den Inhaber des Geschäftsgeheimnisses in Geld abfinden *„kann"* wobei die Gesetzesbegründung dem Rechtsverletzer die Befreiungswirkung nur dann zugesteht, *„wenn er eine Abfindung anbietet"*.[12] Dem Rechtsverletzer steht ein **Wahlrecht** zu, ob er von der Abfindungsbefugnis Gebrauch machen oder weiterhin den Ansprüchen nach §§ 6 und 7 ausgesetzt sein möchte.[13]

25 **a) Anbieten des Abfindungsbetrages.** Ein **Anbieten** erfordert die unmissverständliche Erklärung an den Inhaber des Geschäftsgeheimnisses, dass zur Abwendung der Ansprüche aus §§ 6 und 7 ein konkret zu benennender **Abfindungsbetrag** gezahlt wird. Es handelt sich dabei um eine einseitige, empfangsbedürftige Erklärung, die auf die Modifikation der bestehenden Ansprüche gerichtet ist und nicht etwa um ein Angebot auf Abschluss eines Vertrages. Einer Annahme durch den Inhaber bedarf es daher nicht.[14] Die Erklärung ist als **Gestaltungserklärung** bedingungs- und befristungsfeindlich sowie unwiderruflich.[15] Das Anbieten einer Abfindung ist vorprozessual sowie während eines anhängigen Rechtsstreits möglich.[16]

26 Der Abfindungsbetrag muss **sämtliche Nutzungen** des Rechtsverletzers erfassen und nicht etwa nur diejenigen, von denen der Inhaber des Geschäftsgeheimnis Kenntnis erlangt hat. Denn der ansonsten durchsetzbare Unterlassungsanspruch würde sich ebenfalls auf alle rechtswidrigen Handlungen erstrecken. Auch soll der Inhaber des Geschäftsgeheimnisses nur dann seine Ansprüche verlieren, wenn er wirtschaftlich so gestellt wird als habe er eine Lizenz erteilt. Aus diesem Grund ist auch teilweise Abwendung der Ansprüche aus den §§ 6, 7 und eine Differenzierung nach unterschiedlichen Anspruchszielen abzulehnen.[17] Hinzu kommt, dass eine Bewertung der einzelnen Ansprüche und daran anschließend die Bemessung eines jeweils angemessenen Abfindungsbetrages nicht praktikabel erscheint.

27 **b) Zahlung des Abfindungsbetrages.** Der Abfindungsbetrag muss an den Inhaber des Geschäftsgeheimnisses gezahlt werden. Mit **Zahlung des Abfindungsbetrages** treten die Rechtsfolgen der Abfindung ein.[18] Soweit der Inhaber des Geschäftsgeheimnisses in Annahmeverzug gerät, kann eine Hinterlegung des Abfindungsbetrages nach §§ 372ff. BGB in Betracht kommen.

28 **2. Rechtsfolgen der Abfindung.** Durch die Erklärung der Zahlung der Abfindung werden die **Ansprüche nach §§ 6 und 7 abgewendet** und sind untergegangen. Sie kön-

---

12 BTDrucks. 19/4724 S. 33.
13 Büscher/*Tochtermann* § 11 GeschGehG Rn. 10; Köhler/Bornkamm/Feddersen/*Alexander* § 11 GeschGehG Rn. 22.
14 Köhler/Bornkamm/Feddersen/*Alexander* § 11 GeschGehG Rn. 25.
15 Köhler/Bornkamm/Feddersen/*Alexander* § 11 GeschGehG Rn. 27.
16 Köhler/Bornkamm/Feddersen/*Alexander* § 11 GeschGehG Rn. 23.
17 **A. A.** Köhler/Bornkamm/Feddersen/*Alexander* § 11 GeschGehG Rn. 24.
18 Köhler/Bornkamm/Feddersen/*Alexander* § 11 GeschGehG Rn. 26.

nen nicht mehr geltend gemacht werden.[19] Eine Einwilligungsfiktion wie in § 100 Satz 3 UrhG enthält § 11 nicht.

Für den Fall, dass der Rechtsverletzer einen **zu geringen Abfindungsbetrag** leistet, tritt die Privilegierungswirkung des § 10 Abs. 1 nicht ein. Denn die Einschränkung der Rechte des Inhabers eines Geschäftsgeheimnisses ist nur gerechtfertigt, wenn dieser finanziell hinreichend abgefunden wird. Andernfalls würde das Risiko bestehen, dass sich ein Rechtsverletzer bereits durch Zahlung eines unangemessen niedrigen Betrages gegen die Durchsetzung der Ansprüche schützen könnte. In praktischer Hinsicht wird es für den Rechtsverletzer regelmäßig schwierig sein, eine angemessene **Lizenzhöhe** zu **ermitteln**, da insbesondere Informationen zu einer etwaigen Lizenzierungspraxis des Inhabers des Geschäftsgeheimnisses, die als Vergleichsmaßstab herangezogen werden könnten, nicht vorliegen werden. Dieser Umstand belastet den Rechtsverletzer aber nicht unangemessen, da er für das Vorliegen der Abfindungsbefugnis auch die Darlegungs- und Beweislast trägt.[20] Es ist daher erforderlich, dass der Rechtsverletzer einen jedenfalls angemessenen Betrag leistet. Soweit dies mit einem „Sicherheitszuschlag" geschehen soll, kann der Rechtsverletzer den Betrag unter Verzicht auf das Recht zur Rücknahme hinterlegen.[21] Demgegenüber wird der Inhaber den Umfang der bisherigen Rechtsverletzungen nicht kennen und kann daher die Angemessenheit des angetragenen Abfindungsbetrages nicht bewerten. Die Klärung des tatsächlich geschuldeten Abfindungsbetrages wird sich daher regelmäßig erst nach Auskunftserteilung durch den Rechtsverletzer nach § 8 ermitteln lassen. 29

IV. Anspruchsausschluss und Verjährung

Die Abfindung ist als **Befugnis des Rechtsverletzers** ausgestaltet, sich gegen die Ansprüche nach §§ 6 und 7 zu wehren. Die **Ausschlusstatbestände** im GeschGehG erfassen nur Ansprüche des Inhabers des Geschäftsgeheimnisses und sind daher nicht auf die Abfindungsbefugnis anwendbar. Dies gilt für den Ausschluss wegen Unverhältnismäßigkeit nach § 9 ebenso wie für das Missbrauchsverbot in § 14. Die Geltendmachung des Abfindungsanspruchs kann indes nach allgemeinen Regeln als Rechtsmissbrauch gemäß § 242 BGB einzuordnen sein. 30

Die Abfindungsbefugnis unterliegt in Ermangelung einer speziellen Verjährungsregelung der allgemeinen Verjährung nach §§ 194 ff. BGB. Danach gilt gemäß § 195 BGB eine **regelmäßige Verjährungsfrist** von drei Jahren. 31

V. Verhältnis zu anderen Vorschriften

Der Rechtsverletzer kann sich gegenüber den Ansprüchen aus §§ 6–8 auf den **Anspruchsausschluss nach § 9** berufen sowie auf die Abfindungsbefugnis aus § 11. Soweit der Anspruchsausschluss nach § 9 greift, kommt es auf die Abwendungsbefugnis nach § 11 nicht mehr an.[22] 32

---

19 Köhler/Bornkamm/Feddersen/*Alexander* § 11 GeschGehG Rn. 26.
20 BGH 6.5.2009 MMR **2009** 686, 688 – Orange-Book-Standard.
21 BGH 6.5.2009 MMR **2009** 686, 688 – Orange-Book-Standard.
22 Büscher/*Tochtermann* § 11 GeschGehG Rn. 13.

33 Die Regelungen in § 9 und § 11 haben unterschiedliche Voraussetzungen, die sich nur teilweise überschneiden, und unterschiedliche Rechtsfolgen. Während der Anspruchsausschluss nach § 9 die erfassten Ansprüche auf Tatbestandsebene entfallen lässt, gewährt § 11 lediglich eine Abfindungsbefugnis von der ein Rechtsverletzer Gebrauch machen muss. Die Geltendmachung des Anspruchsausschlusses nach § 9 und der Abwendungsbefugnis sind daher voneinander **unabhängig**.[23] Der Verletzer muss sich nicht zunächst auf einen Ausschluss nach § 9 berufen, um die Abwendungsbefugnis geltend zu machen.[24]

VI. Prozessuales

34 Der Rechtsverletzer trägt nach allgemeinen Regeln die **Darlegungs- und Beweislast** für die Voraussetzungen der Abfindungsbefugnis.[25] Dazu gehört als negatives Tatbestandsmerkmal das fehlende Verschulden. Der Rechtsverletzer wird insbesondere darlegen und erforderlichenfalls beweisen müssen, dass die im Verkehr erforderliche Sorgfalt eingehalten wurde, um die Möglichkeit der Abwendungsbefugnis zu erhalten. Zudem muss die Entstehung eines unverhältnismäßig großen Nachteils bei Erfüllung der Ansprüche aus §§ 6 und 7 dargelegt werden. Besondere Schwierigkeiten können sich bei der Darlegung- und dem Beweis der Angemessenheit der Abfindung gemäß § 11 ergeben, da eine übliche Lizenzhöhe nicht ohne Weiteres für den Rechtsverletzer zu ermitteln sein wird.

35 Die **Höhe der Abfindung** unterliegt der Prüfung durch das zuständige Gericht.[26] Dies wird regelmäßig im Rahmen des Verletzungsprozesses relevant, wenn der Rechtsverletzer trotz gezahlter Abfindung aus den §§ 6 oder 7 in Anspruch genommen wird. Der Inhaber eines Geschäftsgeheimnisses kann die Höhe der Abfindung auch außerhalb eines Verletzungsprozesses gerichtlich überprüfen lassen. Dazu steht ihm die Möglichkeit offen, in entsprechender Anwendung von § 315 Abs. 3 Satz 2 BGB auf Zahlung der aus seiner Sicht geschuldeten Abfindung zu klagen.

23 Köhler/Bornkamm/Feddersen/*Alexander* § 11 GeschGehG Rn. 28.
24 Büscher/*Tochtermann* § 11 GeschGehG Rn. 13.
25 Büscher/*Tochtermann* § 11 GeschGehG Rn. 8.
26 Dreier/Schulze/Specht/*Dreier* § 100 UrhG Rn. 8.

§ 12
Haftung des Inhabers eines Unternehmens

[1]Ist der Rechtsverletzer Beschäftigter oder Beauftragter eines Unternehmens, so hat der Inhaber des Geschäftsgeheimnisses die Ansprüche nach den §§ 6 bis 8 auch gegen den Inhaber des Unternehmens. [2]Für den Anspruch nach § 8 Absatz 2 gilt dies nur, wenn der Inhaber des Unternehmens vorsätzlich oder grob fahrlässig die Auskunft nicht, verspätet, falsch oder unvollständig erteilt hat.

Schrifttum

Dann/Markgraf Das neue Gesetz zum Schutz von Geschäftsgeheimnissen, NJW **2019** 1774; *Fezer/Büscher/Obergfell* Lauterkeitsrecht, 3. Aufl. 2016; *Fuhlrott/Hiéramente* BeckOK GeschGehG, 1. Ed. 15.10.2019; *Leeb/Maisch* Social-Media-Stars und –Sternchen im rechtsfreien Raum? ZUM **2019** 29; *Leister* Unternehmen müssen ihre „Geheimnisschutz-Compliance" sicherstellen, GRUR-Prax **2020** 145; *Sprenger* Das Geschäftsgeheimnisgesetz und seine Auswirkungen auf das Arbeitsrecht des öffentlichen Dienstes, ZTR **2019** 414.

Übersicht

A. Hintergrund und Schutzzweck

Inhaber eines Unternehmens können das von einer anderen Person **durch Rechtsverletzung erlangte Geschäftsgeheimnis** rechtmäßig erlangen, nutzen oder offenlegen, sofern sie nicht wissen oder wissen müssen, dass diese Person das Geschäftsgeheimnis unter Verstoß gegen § 4 Abs. 1, 2 erlangt, genutzt oder offengelegt hat, § 4 Abs. 3. Der mit dem Rechtsverletzer verbundene Unternehmensinhaber, in dessen Auftrag oder zumindest Interesse die Rechtsverletzung begangen wurde, soll sich jedoch **nicht** deshalb einer **Haftung entziehen** können, weil er nicht selbst, sondern eine mit dem Unternehmensinhaber verbundene Person tätig geworden ist.[1] 1

Die Ansprüche in den §§ 6ff. richten sich nur gegen den eigentlichen **Rechtsverletzer.** In Ermangelung einer allgemeinen Zurechnungs- und Haftungsregelung im deutschen Recht für Unternehmen besteht daher ein Bedürfnis für eine spezifische Regelung.[2] § 12 **erstreckt die Haftung** für Ansprüche nach den §§ 6–8 auf den **Unternehmensinhaber**; es handelt sich um eine **Beauftragtenhaftung.**[3] In § 8 Abs. 2 UWG, § 44 DesignG und § 14 2

1 BTDrucks. 19/4724 S. 33; Köhler/Bornkamm/Feddersen/*Alexander* § 12 GeschGehG Rn. 1f.; *Reinfeld* § 4 Rn. 27.
2 Köhler/Bornkamm/Feddersen/*Alexander* § 12 GeschGehG Rn. 1.
3 BeckOK GeschGehG/*Spieker* § 12 GeschGehG Rn. 1; *Reinfeld* § 4 Rn. 28.

https://doi.org/10.1515/9783110631654-015

Abs. 7 MarkenG finden sich vergleichbare Regelungen, an denen sich der Gesetzgeber orientiert hat.[4]

3 Trotz der Orientierung an diesen Normen bestehen Unterschiede: Die Ansprüche nach § 8 Abs. 2 UWG und § 44 DesignG zielen auf Unterlassung und Beseitigung, während der Anspruch nach § 14 Abs. 7 MarkenG auf Unterlassung und Schadensersatz gerichtet ist.[5] Die **Haftung nach § 12 beschränkt sich auf die Ansprüche nach §§ 6–8**, sodass demnach der „allgemeine" Anspruch auf Schadensersatz gem. § 10 und das Recht auf Abfindung gem. § 11 ausgenommen sind.[6] Ein Anspruch auf Schadensersatz gegen den Unternehmensinhaber kann sich über § 8 Abs. 2 hinaus aus den sonstigen, allgemeinen Regelungen ergeben.[7]

B. Haftungsvoraussetzungen

4 Die Ansprüche nach §§ 6–8 bestehen **gegenüber dem Inhaber** des Unternehmens, sofern die Verletzungshandlung durch eine mit dem Unternehmensinhaber verbundene Person (Beschäftigter oder Beauftragter) im Rahmen der ihr zugewiesenen Aufgaben begangen worden ist, sodass ein Zusammenhang zwischen Tätigkeit im Unternehmen und Rechtsverletzung besteht.

I. Inhaber des Unternehmens

5 Derjenige, **in dessen Namen das Unternehmen geführt** und der durch die Geschäfte **berechtigt und verpflichtet** wird, ist Inhaber des Unternehmens: bei **Einzelkaufleuten** die entsprechende natürliche Person, bei **Personen- und Kapitalgesellschaften** die jeweilige Rechtsperson; in Betracht kommen ferner die dinglich oder schuldrechtlich Nutzungsberechtigten.[8] Ein Betriebsleiter ist kein Unternehmensinhaber.[9]

II. Mit dem Unternehmensinhaber verbundene Person (Beschäftigter oder Beauftragter)

6 Beschäftigte oder Beauftragte sind mit dem Inhaber eines Unternehmens durch **organisatorische Eingliederung** derart verbundene Personen, dass dieser einen bestimmenden und durchsetzbaren Einfluss auf die Tätigkeitserbringung hat.

7 Vergleichbare Regelungen finden sich in § 8 Abs. 2 UWG (Mitarbeiter oder Beauftragter), § 14 Abs. 7 MarkenG (Angestellter oder Beauftragter) und § 44 DesignG (Arbeitnehmer oder Beauftragter), die für die Auslegung herangezogen werden können.[10]

8 Eine genaue Abgrenzung zwischen Beschäftigten und Beauftragten ist nicht zuletzt mit Blick auf die gebotene weite Auslegung der Begriffe und den Gleichlauf der Rechts-

---

4 BTDrucks. 19/4724 S. 33; Köhler/Bornkamm/Feddersen/*Alexander* § 12 GeschGehG Rn. 1.
5 Köhler/Bornkamm/Feddersen/*Alexander* § 12 GeschGehG Rn. 13.
6 BTDrucks. 19/4724 S. 33 f.; Köhler/Bornkamm/Feddersen/*Alexander* § 12 GeschGehG Rn. 11 f.
7 BTDrucks. 19/4724 S. 34; Köhler/Bornkamm/Feddersen/*Alexander* § 12 GeschGehG Rn. 12.
8 Köhler/Bornkamm/Feddersen/*Alexander* § 12 GeschGehG Rn. 18; *Reinfeld* § 4 Rn. 29.
9 Fezer/Büscher/Obergfell/*Büscher* § 8 UWG Rn. 227.
10 Köhler/Bornkamm/Feddersen/*Alexander* § 12 GeschGehG Rn. 17.

folgen nicht erforderlich.[11] Entscheidend ist das Vorliegen des **bestimmenden und durchsetzbaren Einflusses auf die Tätigkeit** durch den Unternehmensinhaber und die **Eingliederung** der verbundenen Person **in die Unternehmensorganisation.**[12] Ob der Unternehmensinhaber diesen bestimmenden Einfluss tatsächlich ausgeübt hat, ist nicht entscheidend.[13] Das Gleiche gilt, wenn der Unternehmensinhaber sich einen solchen Einfluss sichern konnte und vernünftigerweise auch sichern musste – er soll sich im Falle eines von ihm in gewisser Weise beherrschten Risikos nicht hinter abhängigen Dritten verstecken und so der Haftung entziehen können.[14]

Ob es sich um **einen Beschäftigten** handelt, bei dem sich der bestimmende Einfluss 9
aus seiner Weisungsgebundenheit und die Eingliederung in die Unternehmensorganisation aus der Arbeitnehmereigenschaft ergibt oder ob es sich um eine **sonstige natürliche oder juristische Person** (z.B. Influencer[15], Franchisenehmer[16], Werbeagentur[17] oder Tochterunternehmen, auf das beherrschender Einfluss ausgeübt wird[18]) handelt, die aufgrund eines Vertragsverhältnisses dem Unternehmensinhaber einen Einfluss auf die Tätigkeitserbringung einräumt und im Rahmen dieser in die organisatorischen Abläufe des Unternehmens eingebunden ist, hat daher keinen Einfluss auf die Rechtsfolge.

III. Unmittelbarer innerer Zusammenhang

Im Gegensatz zu § 8 Abs. 2 UWG, § 44 DesignG und § 14 Abs. 7 MarkenG, an denen 10
sich der Gesetzgeber beim Aufbau der Norm orientierte, ist das Erfordernis eines **unmittelbaren inneren Zusammenhangs** zwischen der dem Rechtsverletzer im Unternehmen zugewiesenen Aufgabe und der Verletzungshandlung in § 12 **nicht ausdrücklich** niedergelegt.[19]

Demnach hätte der Unternehmensinhaber für jede Rechtsverletzung einer mit seinem 11
Unternehmen verbundenen Person zu haften. Eine derart **gleichlaufende Haftung** des Unternehmensinhabers ist mit Blick auf den Hintergrund der Norm (vgl. Rn. 1) nur in den Fällen angemessen, in denen ein unmittelbarer innerer, d.h. funktionaler Zusammenhang zwischen der dem Rechtsverletzer im Unternehmen zugewiesenen Aufgabe und der Verletzungshandlung besteht.[20] Eine Haftung in den Fällen, in denen der **Rechtsverletzer im eigenen Interesse** oder für einen Dritten – also ohne irgendeinen Bezug zur zugewiesenen Aufgabe im Unternehmen – tätig wurde, kommt nicht in Betracht.[21]

---

11 Vgl. Köhler/Bornkamm/Feddersen/*Köhler/Feddersen* § 8 UWG Rn. 2.39.
12 Vgl. *Reinfeld* § 4 Rn. 36.
13 BGH 28.10.2010 MMR **2011** 406, 407; Köhler/Bornkamm/Feddersen/*Alexander* § 12 GeschGehG Rn. 17.
14 OLG Köln 8.10.2010 MMR **2011** 321; *Reinfeld* § 4 Rn. 36.
15 *Leeb/Maisch* ZUM **2019** 29, 31.
16 BGH 5.4.1995 GRUR **1995** 605, 607.
17 *Reinfeld* § 4 Rn. 36.
18 BGH 7.4.2005 GRUR **2005** 864, 864.
19 *Dann/Markgraf* NJW **2019** 1774, 1778; Köhler/Bornkamm/Feddersen/*Alexander* § 12 GeschGehG Rn. 19.
20 BTDrucks. 19/4724 S. 33; *Dann/Markgraf* NJW **2019** 1774, 1778; Köhler/Bornkamm/Feddersen/*Alexander* § 12 GeschGehG Rn. 19.
21 BTDrucks. 19/4724 S. 33; Köhler/Bornkamm/Feddersen/*Alexander* § 12 GeschGehG Rn. 19.

IV. Weitere Voraussetzungen

12 Auf ein **Verschulden des Unternehmensinhabers** kommt es **prinzipiell nicht an.**[22] Die Haftung nach § 12 besteht demnach auch in den Fällen, in denen der Unternehmensinhaber Maßnahmen zur Verhütung von Rechtsverletzungen getroffen hat (z.B. Umsetzung eines internen Compliance-Systems) oder die mit dem Unternehmensinhaber verbundene Person die Rechtsverletzung bewusst herbeigeführt hat.[23]

13 Die Haftung nach § 12 ist **akzessorisch**, d.h. vom Bestehen der Ansprüche nach §§ 6 bis 8 gegen den Rechtsverletzer abhängig. Sofern eine Abfindung in Geld gem. § 11 bereits durch den Rechtsverletzter geleistet wurde, können Ansprüche gegen den Unternehmensinhaber nicht geltend gemacht werden.[24]

V. Sonderfall Auskunftspflichtverletzung

14 Von § 12 Satz 2 wird der Fall geregelt, in dem der Unternehmensinhaber selbst ggü. dem Inhaber des Geschäftsgeheimnisses auskunftspflichtig ist. Im Gegensatz zu den sonstigen Ansprüchen nach § 12 handelt es sich hier um eine **verschuldensabhängige Haftung.**[25] Der Unternehmensinhaber haftet nach § 8 Abs. 2 nur, soweit er selbst vorsätzlich oder grob fahrlässig die Auskunft nicht, verspätet, falsch oder unvollständig erteilt hat. Entscheidend ist in diesem Fall ausschließlich die eigene rechtswidrige Handlung, nicht die der mit dem Unternehmensinhaber verbundenen Person.[26]

VI. Darlegungs- und Beweislast

15 Wer Ansprüche aufgrund von § 12 gegen den Unternehmensinhaber geltend macht, trägt die **Darlegungs- und Beweislast.**

C. Rechtsfolgen

16 Aufgrund von § 12 steht dem Inhaber des Geschäftsgeheimnisses ein **zusätzlicher Anspruchsgegner zur Verfügung.** Die Geltendmachung von Ansprüchen gegenüber dem Unternehmensinhaber unterliegt jedoch der Verhältnismäßigkeitsprüfung nach § 9 und kann somit aufgrund von Unverhältnismäßigkeit ausgeschlossen sein.[27]

---

22 *Leister* GRUR-Prax **2020** 145, 145.
23 *Leister* GRUR-Prax **2020** 145, 146.
24 BTDrucks. 19/4724 S. 33; *Reinfeld* § 4 Rn. 39.
25 Vgl. *Reinfeld* § 4 Rn. 33.
26 Köhler/Bornkamm/Feddersen/*Alexander* § 12 GeschGehG Rn. 23.
27 Köhler/Bornkamm/Feddersen/*Alexander* § 12 GeschGehG Rn. 22; *Reinfeld* § 5 Rn. 1.

§ 13
Herausgabeanspruch nach Eintritt der Verjährung

[1]Hat der Rechtsverletzer ein Geschäftsgeheimnis vorsätzlich oder fahrlässig erlangt, offengelegt oder genutzt und durch diese Verletzung eines Geschäftsgeheimnisses auf Kosten des Inhabers des Geschäftsgeheimnisses etwas erlangt, so ist er auch nach Eintritt der Verjährung des Schadensersatzanspruchs nach § 10 zur Herausgabe nach den Vorschriften des Bürgerlichen Gesetzbuchs über die Herausgabe einer ungerechtfertigten Bereicherung verpflichtet. [2]Dieser Anspruch verjährt sechs Jahre nach seiner Entstehung.

Schrifttum

Büscher Gesetz gegen den Unlauteren Wettbewerb, 2019; *Ebert* Der deliktische „Rest-Schadensersatzanspruch" nach der Schuldrechtsreform, NJW **2003** 3035; *Eichmann/Jestaedt/Fink/Meiser* Designgesetz, 6. Aufl. 2019; *Fritzsche/Münker/Stollwerck* Gesetz gegen den unlauteren Wettbewerb, Beck'scher Online-Kommentar, 9. Edition; *Fuhlrott/Hiéramente* Gesetz zum Schutz von Geschäftsgeheimnissen, Beck'scher Online-Kommentar, 4. Edition; *Harte-Bavendamm/Ohly/Kalbfus* Gesetz zum Schutz von Geschäftsgeheimnissen, 2020; *Ohly/Sosnitza* Gesetz gegen den unlauteren Wettbewerb, 7. Aufl. 2016; *Ullmann* Die Verschuldenshaftung und die Bereicherungshaftung des Verletzers im gewerblichen Rechtsschutz und Urheberrecht, GRUR **1978** 615.

Übersicht

A. Regelungsgegenstand und Zweck der Vorschrift

§ 13 erlaubt dem Inhaber von Ansprüchen aus einer Geschäftsgeheimnisverletzung die **Vermögensvorteile**, die der Verletzer aus der Tat gezogen hat, **abzuschöpfen**, und zwar auch dann, wenn ein **Schadensersatzanspruch bereits verjährt** ist. Auch wenn die Vorschrift von begrenzter praktischer Relevanz sein dürfte[1], kann sie im Einzelfall für den Verletzten sehr hilfreich sein, weil sie z. B. im Fall einer Schadensberechnung nach dem Verletzergewinn darauf hinausläuft, dass der Schadensersatzanspruch auch nach seiner Verjährung faktisch in vollem Umfang **erhalten** bleibt.[2] 1

1 Köhler/Bornkamm/Feddersen/*Alexander* § 13 GeschGehG Rn. 6.
2 Köhler/Bornkamm/Feddersen/*Köhler* § 11 UWG Rn. 1.33a; zur Frage, ob der Bereicherungsanspruch auch den Verletzergewinn erfassen kann, siehe Rn. 15.

https://doi.org/10.1515/9783110631654-016

2 Die Vorschrift enthält einerseits eine sehr übliche Regelung, denn auch im übrigen Wettbewerbsrecht ist anerkannt und im Immaterialgüterrecht durch **Verweis auf § 852 BGB** ausdrücklich geregelt, dass der Verletzte eine Bereicherung des Verletzers auch nach Verjährung von Schadensersatzansprüchen herausverlangen kann.[3] Andererseits ist sie ungewöhnlich, weil sich weder im UWG, noch im MarkenG, im DesignG, im UrhG oder im PatG eine vergleichbare eigenständige Vorschrift findet. Grund für diese **Spezialregelung ist die zehnjährige Verjährung** in § 852 Satz 2 BGB, die bei Geschäftsgeheimnissen **wegen der sechsjährigen Verjährungs-Höchstfrist in Art. 8 Abs. 2 der Richtlinie (EU) 2016/943 nicht anwendbar** ist.[4]

3 § 13 ist wie § 852 BGB ein Schadensersatzanspruch aus unerlaubter Handlung (kein bereicherungsrechtlicher Anspruch!), der in Höhe der Bereicherung nicht verjährt ist.[5] Die Vorschrift **fungiert wie § 852 BGB** (insoweit allerdings als lex specialis) als **„Restschadensersatzanspruch"**[6]: Vermögensvorteile, die jemand aus einer von ihm begangenen unerlaubten Handlung erlangt hat, sollen nicht bei ihm verbleiben. Kann der Geschädigte seinen Schaden wegen Verjährung nicht mehr ersetzt bekommen, soll er wenigstens die Vermögensvorteile abschöpfen können.

B. Entstehungsgeschichte

I. UWG

4 Anders als im Immaterialgüterrecht gibt es im UWG keinen Verweis auf § 852 BGB. Es ist aber auch hier anerkannt, dass der Verletzte nach Eintritt der Verjährung von Schadensersatzansprüchen eine etwaige **Bereicherung aus einer Wettbewerbsverletzung nach § 852 Satz 1 BGB analog herausgeben muss.**[7] Daher ist es nur konsequent und richtig, diese Regel für Geschäftsgeheimnisverletzungen auch nach Inkrafttreten des GeschGehG fortgelten zu lassen.

II. Europarecht

5 Die Regelung des § 13 hat kein Vorbild in der Richtlinie (EU) 2016/943. Dennoch ist sie **eng mit der Richtlinie verknüpft.** Art. 8 Abs. 1 der Richtlinie verpflichtet die Mitgliedstaaten, Vorschriften „über die Verjährungsfristen für materielle Ansprüche und Klagen auf Anwendung der in dieser Richtlinie vorgesehenen Maßnahmen, Verfahren und Rechtsbehelfe" festzulegen, wobei diese Vorschriften zu regeln haben, wann die Verjährungsfrist beginnt, wie lang sie dauert und unter welchen Umständen sie unterbrochen oder ausgesetzt wird. Nach Art. 8 Abs. 2 beträgt die Verjährungsfrist höchstens sechs Jahre.

---

3 Zum Wettbewerbsrecht: BGH 14.1.1999 GRUR **1999** 751, 754 – Güllepumpen (zu § 852 Abs. 3 BGB a. F.); zum Urheberrecht: siehe § 102 Satz 2 UrhG sowie BGH 15.1.2015 GRUR **2015** 780 – Motorradteile; zum Patentrecht: siehe § 33 Abs. 3 Satz 2 PatG sowie BGH 14.2.1978 GRUR **1978** 492 – Fahrradgepäckträger II; zum Markenrecht: siehe § 20 Satz 2 MarkenG sowie BGH 28.6.2007 GRUR **2008** 258, 261 – INTERCONNECT/T-InterConnect; zum DesignG: siehe § 49 Satz 2 DesignG.
4 Siehe unten Rn. 6.
5 BGH 15.1.2015 GRUR **2015** 780, 782 – Motorradteile.
6 So die Bezeichnung des BGH, siehe z. B. BGH GRUR **2015** 780 Rn. 29 – Motorradteile.
7 Vgl. BGH 14.1.1999 GRUR **1999** 751, 754 – Güllepumpen (zu § 852 Abs. 3 BGB a. F.).

III. Gesetzgebungsverfahren

Bereits der Referentenentwurf[8] sah in § 12 RefE eine mit § 13 vergleichbare Regelung vor. Hintergrund der Regelung ist ausweislich der Gesetzesbegründung folgender: Nach § 852 Satz 1 BGB hat derjenige, der durch eine unerlaubte Handlung auf Kosten des Verletzten etwas erlangt hat, das Erlangte nach bereicherungsrechtlichen Vorschriften auch nach Verjährung des Schadensersatzanspruchs herauszugeben. Diese Regelung findet sowohl im Lauterkeitsrecht als auch im Immaterialgüterrecht Anwendung. Gemäß § 852 Satz 2 BGB verjährt dieser Anspruch aber erst in zehn Jahren. Da die Richtlinie (EU) 2016/943 gemäß ihrem Art. 8 Abs. 2 lediglich Verjährungsfristen von höchstens sechs Jahren erlaubt, war der Gesetzgeber der Auffassung, dass ein bloßer Verweis auf § 852 BGB bei Geschäftsgeheimnissen nicht möglich und daher eine **spezialgesetzliche Regelung erforderlich** sei.[9] 6

C. Vermögensabschöpfung, Satz 1

I. Voraussetzungen

1. Rechtswidrige Erlangung, Offenlegung oder Nutzung eines Geschäftsgeheimnisses. Die Vorschrift richtet sich gegen den **„Rechtsverletzer“**, also denjenigen, der ein Geschäftsgeheimnis gemäß § 4 rechtswidrig, d. h. insbesondere ohne Rechtfertigung nach §§ 3, 5, erlangt, offengelegt und/oder genutzt hat. 7

2. Schuldhaftes Handeln. Der Rechtsverletzer muss **schuldhaft**, d. h. fahrlässig oder vorsätzlich (§ 276 BGB), gehandelt haben. Auch an diesem Merkmal, auf das es bei Bereicherungsansprüchen nicht ankommt, zeigt sich, dass der Anspruch nicht nur auf eine Fortwirkung des Schadensersatzanspruchs hinausläuft, sondern selbst den Charakter eines Schadensersatzanspruchs hat – allerdings begrenzt auf den noch vorhandenen Vermögensvorteil beim Verletzer.[10] 8

3. Durch die Geschäftsgeheimnisverletzung auf Kosten des Inhabers etwas erlangt. Der Rechtsverletzer muss *etwas erlangt*, also im bereicherungsrechtlichen Sinne einen Vermögensvorteil erzielt haben. Dieser Vermögensvorteil muss ***durch die Verletzung des Geschäftsgeheimnisses***, d. h. durch die Erlangung, Offenbarung oder Nutzung des Geschäftsgeheimnisses entstanden sein. Dies entspricht der **Eingriffskondiktion** in § 812 Abs. 1 Satz 1 2. Alt. BGB. Schließlich muss dieser Vermögensvorteil *auf Kosten des Geschäftsgeheimnisinhabers* (§ 2 Nr. 2) erlangt worden sein. 9

Der durch eine Verletzung eines Geschäftsgeheimnisses erzielte **Vermögensvorteil liegt in der Nutzung oder Verwertung des Geschäftsgeheimnisses**. Nach der Lehre vom Zuweisungsgehalt geschieht diese Nutzung „auf Kosten“ eines anderen, wenn die Nutzungsmöglichkeit ausschließlich einem anderen zugewiesen ist.[11] Der Zuweisungsgehalt der Rechtsposition ersetzt bei der Eingriffskondiktion das bei der Leistungskondikti- 10

8 Abrufbar unter https://www.bmjv.de/SharedDocs/Gesetzgebungsverfahren/Dokumente/RefE_GeschGehG.pdf;jsessionid=DD26140671BB8446412DFCDB21BE9269.2_cid334?__blob=publicationFile&v=1 (zuletzt aufgerufen im Mai 2021).
9 BTDrucks. 19/4724 S. 34.
10 Ebenso: Harte-Bavendamm/Ohly/Kalbfus/*Harte-Bavendamm* § 13 GeschGehG Rn. 5.
11 Vgl. BGH 9.3.1989 GRUR **1990** 221, 222 – Forschungskosten.

on bestehende Erfordernis, dass das Erlangte aus einer Leistung des Bereicherungsgläubigers stammen muss. Ein Bereicherungsausgleich über die Eingriffskondiktion findet nur statt, wenn der Schuldner sich eine geschützte Rechtsposition des Gläubigers zu eigen macht, deren Nutzen ihm ohne die Gestattung des Rechtsinhabers in rechtmäßiger Weise nicht zukäme.[12]

11 Geschäftsgeheimnisse sind zwar keine Immaterialgüterrechte mit derselben Ausschließlichkeitswirkung, es dürfte aber – nicht zuletzt angesichts der gesetzlichen Konzeption (siehe die Definition zu „Inhaber" in § 2 Nr. 2) – unbestritten sein, dass sie eine **geschützte Rechtsposition des rechtmäßigen Inhabers sind und ihre Nutzungsmöglichkeit ausschließlich ihm zugewiesen** ist.[13] Wenn jemand das Geschäftsgeheimnis zum eigenen Vorteil nutzt, sich also die dem Inhaber vorbehaltene wirtschaftliche Nutzungsmöglichkeit anmaßt, dann ist dies ein Eingriff in diesen Zuweisungsgehalt.[14]

12 **4. Verjährung des Schadensersatzanspruchs?** Nach seinem Wortlaut verlangt § 13 Satz 1 scheinbar, dass der Schadensersatzanspruch verjährt ist. Nach zutreffender Meinung ist die **Verjährung des Schadensersatzanspruchs** aber **keine Tatbestandsvoraussetzung** des Herausgabeanspruchs[15]: Der Anspruch entsteht bereits mit der Rechtsverletzung und Entstehung eines Vermögensvorteils, und damit vor Verjährung des Schadensersatzanspruchs. Er hat jedoch erst ab dieser Verjährung praktische Bedeutung. Eine andere Auslegung hätte zur Folge, dass der Anspruch erst mit Verjährung des Schadensersatzanspruchs entstünde und auch erst dann die sechsjährige Verjährung nach § 13 Satz 2 zu laufen begänne, was der maximalen Verjährungsfrist von sechs Jahren gemäß Art. 8 Abs. 2 der Richtlinie (EU) 2016/943 zuwiderlaufen würde. Zwar überlässt es die Richtlinie in Art. 8 Abs. 1 UA 2 den Mitgliedstaaten, den Beginn der Verjährungsfrist festzulegen. Im Hinblick auf die eindeutige Begrenzung in Art. 8 Abs. 2 liefe aber ein Ansetzen zum Zeitpunkt der Verjährung des Schadensersatzanspruchs, die wiederum erst mit dem Schluss des Jahres der Kenntniserlangung des Geschädigten zu laufen beginnt, § 199 Abs. 1 BGB, auf eine Umgehung hinaus. Auch der Wortlaut von § 13 Satz 1 („...so ist er *auch* nach Eintritt der Verjährung...") spricht eher dafür, dass der **Anspruch bereits vor Verjährung des Schadensersatzanspruchs entsteht und danach fortbesteht.**

II. Rechtsfolge: Herausgabe des Erlangten

13 Der Verletzer hat das aus der Geschäftsgeheimnisverletzung Erlangte nach den Vorschriften zur ungerechtfertigten Bereicherung herauszugeben. Dem Charakter als Schadensersatzanspruch entsprechend handelt es sich dabei (wie bei § 852 Satz 1 BGB) nicht um eine Rechtsgrund-, sondern um eine **Rechts*folgen*verweisung.**[16] Sie bezieht sich also auf die §§ 818ff. BGB.

---

12 BGH 9.3.1989 GRUR **1990** 221, 222 – Forschungskosten.

13 Harte-Bavendamm/Ohly/Kalbfus/*Harte-Bavendamm* § 13 GeschGehG Rn. 8; vgl. Köhler/Bornkamm/Feddersen/*Alexander* § 10 GeschGehG Rn. 51; BeckOK UWG/*Reiling/F. Wild* § 13 GeschGehG Rn. 6; Ohly/Sosnitza/*Ohly* § 9 UWG Rn. 31.

14 Köhler/Bornkamm/Feddersen/*Alexander* § 10 GeschGehG Rn. 51.

15 Köhler/Bornkamm/Feddersen/*Alexander* § 13 GeschGehG Rn. 14; BeckOK UWG/*Reiling/F. Wild* § 13 GeschGehG Rn. 7; **a. A.** BeckOK GeschGehG/*Spieker* § 13 GeschGehG Rn. 9; Büscher/*Tochtermann* § 13 GeschGehG Rn. 8.

16 BGH 14.2.1978 GRUR **1978** 492, 497 – Fahrradgepäckträger II; Harte-Bavendamm/Ohly/Kalbfus/*Harte-Bavendamm* § 13 GeschGehG Rn. 7; BeckOK GeschGehG/*Spieker* § 13 GeschGehG Rn. 7.

Der Verletzer hat nach § 818 Abs. 2 BGB Wertersatz für die Nutzung des Geschäftsgeheimnisses zu leisten. In der Regel entspricht der Wertersatz der Höhe einer – fiktiven – Lizenz, die der Verletzer bei rechtskonformem Verhalten hätte bezahlen müssen (**Lizenzanalogie**).[17] 14

Allerdings ist die Lizenzanalogie nicht die einzige Möglichkeit der Berechnung. Der Verletzer kann natürlich mit der Nutzung des Geschäftsgeheimnisses einen Gewinn erzielt haben, der bei ihm auch nach Verjährung der Schadensersatzansprüche noch vorhanden sein kann und der dementsprechend auszukehren ist. Dies hat der BGH zum Patentrecht jüngst bestätigt.[18] Anders als teilweise in der Literatur vertreten[19], kommt – jedenfalls in diesen Fällen – daher auch eine **Berechnung des Erlangten nach der Methodik des Verletzergewinns** in Betracht.[20] Dies entspricht nicht nur der Rechtsnatur von § 13 bzw. § 852 BGB als „Restschadensersatzanspruch" und eben nicht als Bereicherungsanspruch, sondern auch dem Sinn und Zweck dieses Anspruchs, den Schädiger nicht in dem Besitz der Vorteile zu belassen, die er infolge der unerlaubten Handlung und damit zulasten des Geschädigten erlangt hat.[21] 15

Durch den Verweis auf § 818 BGB kommt – jedenfalls im Grundsatz – auch § 818 Abs. 3 BGB und der Einwand **der Entreicherung** zur Anwendung. Dem wird in der Literatur entgegengehalten, dass der Rechtsverletzer jedenfalls die Lizenzgebühren erspart hat, weshalb der Entreicherungseinwand grundsätzlich ausscheide.[22] Dem ist bezüglich des Wertersatzes für die Nutzung zuzustimmen: Die **eigentlich fälligen Lizenzgebühren bleiben ersparte Aufwendungen und stellen einen bleibenden Vermögensvorteil** dar; das Erlangte – also der Gebrauch des Schutzgegenstands – kann nicht mehr entfallen.[23] Bezüglich eines etwaigen Verletzergewinns kommt aber eine Entreicherung durchaus in Betracht.[24] Ein ausgebliebener Gewinn kann aber im Hinblick auf die eingesparten Lizenzgebühren nicht zu einer generellen Entreicherung führen.[25] 16

D. Verjährung, Satz 2

Der Anspruch verjährt gemäß Satz 2 **sechs Jahre nach Entstehung**. Für den Fristbeginn kommt es angesichts des klaren Wortlauts nur auf die Anspruchsentstehung und – anders als nach § 199 Abs. 1 BGB – nicht auf die Kenntnis des Gläubigers von den anspruchsbegründenden Umständen und von der Person des Schuldners an. 17

---

17 Harte-Bavendamm/Ohly/Kalbfus/*Harte-Bavendamm* § 13 GeschGehG Rn. 9; zum Urheberrecht: BGH 12.5.2016 GRUR **2016** 1280, 1288 – Everytime we touch; zum Markenrecht: OLG Hamburg 1.3.2018 GRUR-RR MarkenR **2018** 286, 289.

18 Vgl. BGH 26.3.2019 GRUR **2019** 496, 497 f. – Spannungsversorgungsvorrichtung (unter Verweis auf die unterinstanzliche Rechtsprechung).

19 Harte-Bavendamm/Ohly/Kalbfus/*Harte-Bavendamm* § 13 GeschGehG Rn. 9, unter Verweis auf Köhler/Bornkamm/Feddersen/*Köhler* § 9 UWG Rn. 3.5 (wobei sich diese Kommentierung auf den Bereicherungsanspruch nach § 812 BGB bezieht).

20 Köhler/Bornkamm/Feddersen/*Alexander* § 13 GeschGehG Rn. 17; Büscher/*Tochtermann* § 13 GeschGehG Rn. 11; zu § 852 BGB: Eichmann/Jestaedt/Fink/Meiser/*Eichmann/Jestaedt* § 49 DesignG Rn. 22; *Ebert* NJW **2003** 3035, 3037.

21 Vgl. BGH 26.3.2019 GRUR **2019** 496, 498 – Spannungsversorgungsvorrichtung.

22 Harte-Bavendamm/Ohly/Kalbfus/*Harte-Bavendamm* § 13 GeschGehG Rn. 10.

23 BGH 12.5.2016 GRUR **2016** 1280, 1288 – Everytime we touch.

24 So auch Eichmann/Jestaedt/Fink/Meiser/*Eichmann/Jestaedt* § 49 DesignG Rn. 22.

25 So aber wohl Köhler/Bornkamp/Feddersen/*Köhler* § 9 UWG Rn. 3.6; *Ullmann* GRUR **1978** 615, 620.

18 Wäre die Verjährung des Schadensersatzanspruchs Tatbestandsvoraussetzung, so würde die sechsjährige Verjährungsfrist erst ab diesem Zeitpunkt zu laufen beginnen. Richtigerweise kommt es aber nur auf die (schuldhafte) Geschäftsgeheimnisverletzung und – zusätzlich – auf den **Zeitpunkt an, zu dem der Verletzer durch die Verletzung etwas erlangt** hat.[26] Zu diesem Zeitpunkt entsteht ein Schadensersatzanspruch, der gemäß § 13 Satz 1 auch nach Verjährung im Umfang eines Bereicherungsanspruchs fortbesteht, und zwar insgesamt für eine Dauer von sechs Jahren. Wenn – wie im Regelfall – das Erlangte in der fiktiven Lizenzgebühr für die Nutzung des Geschäftsgeheimnisses besteht und die Nutzung – wie ebenfalls im Regelfall – eine **Dauerhandlung** ist, so ist die Handlung in einzelne Teilakte zu unterteilen. Die Verjährungsfrist läuft dann für den jeweiligen Teilakt getrennt.[27]

19 Das Anknüpfen an die Anspruchsentstehung, ohne Berücksichtigung der Kenntnis des Gläubigers und der Verjährung des Schadensersatzanspruchs, könnte zu dem eigenartigen Ergebnis führen, dass der Anspruch aus § 13 Satz 1 noch vor dem Schadensersatzanspruch verjährt, bei dem es ja nach § 199 Abs. 1 BGB auf die Kenntnis des Gläubigers ankommt. Richtigerweise sind die Höchstfristen in § 199 Abs. 3 BGB aber im Sinne von Art. 8 Abs. 2 der Richtlinie (EU) 2016/943 auszulegen, so dass auch für den Schadensersatzanspruch eine **sechsjährige Höchstfrist** gilt[28] und Schadensersatz- und Restschadensersatzanspruch bei ausbleibender Kenntnis des Gläubigers gleichzeitig verjähren.

---

26 Siehe oben Rn. 12; Harte-Bavendamm/Ohly/Kalbfus/*Harte-Bavendamm* § 13 GeschGehG Rn. 11.
27 Harte-Bavendamm/Ohly/Kalbfus/*Harte-Bavendamm* § 13 GeschGehG Rn. 11.
28 So auch Harte-Bavendamm/Ohly/Kalbfus/*Harte-Bavendamm* § 13 GeschGehG Rn. 12; Harte-Bavendamm/Ohly/Kalbfus/*Kalbfus* § 10 GeschGehG Rn. 85.

§ 14
Missbrauchsverbot

[1]Die Geltendmachung der Ansprüche nach diesem Gesetz ist unzulässig, wenn sie unter Berücksichtigung der gesamten Umstände missbräuchlich ist. [2]Bei missbräuchlicher Geltendmachung kann der Anspruchsgegner Ersatz der für seine Rechtsverteidigung erforderlichen Aufwendungen verlangen. [3]Weitergehende Ersatzansprüche bleiben unberührt.

Schrifttum

Borck Der Mißbrauch der Aktivlegitimation (§ 13 Abs. 5 UWG), GRUR **1990** 249; *Büscher* Kommentar zum Gesetz gegen den unlauteren Wettbewerb, 1. Aufl. 2019; *Fezer/Büscher/Obergfell* Kommentar zum Gesetz gegen den unlauteren Wettbewerb, 3. Aufl. 2016; *Götting/Nordemann* UWG Handkommentar, 3. Aufl. 2016; *Harte-Bavendamm/Henning-Bodewig* Gesetz gegen den unlauteren Wettbewerb (UWG), 4. Aufl. 2016; *Heermann/Schlinghoff* Münchener Kommentar zum Lauterkeitsrecht, 2. Aufl. 2014; *Hefermehl* Grenzen der Klagebefugnis der Gewerbetreibenden und Verbände im Recht gegen den unlauteren Wettbewerb, WRP **1987** 281; *Köhler* Rechtsnatur und Rechtsfolgen der missbräuchlichen Geltendmachung von Unterlassungsansprüchen, Festschrift Schricker (2005) 725; *Kur/Henning-Bodewig/Hilty/Drexl* Stellungnahme des Max-Planck-Instituts für Innovation und Wettbewerb zum Referentenentwurf (RefE) eines Gesetzes zur Stärkung des fairen Wettbewerbs vom 11. September 2018, abrufbar unter: https://www.ip.mpg.de/fileadmin/ipmpg/content/stellungnahmen/Stellungnahme_RefE_fairer_Wettbewerb.pdf (zul. abgerufen im Mai 2021); *Nebel/Diedrich* Kommentar zum Gesetz zum Schutz von Geschäftsgeheimnissen, 2019; *Pres/Voßberg*"Neben, statt im Sack" – Ein ernüchterter Blick auf die UWG-Novelle, abrufbar unter: https://www.zpoblog.de/uwg-novelle-fliegender-gerichtsstand-abmahnberechtigung-kritik-pres-vossberg/ (zuletzt abgerufen im Mai 2021); *Rauscher/Krüger* Münchener Kommentar zur Zivilprozessordnung mit Gerichtsverfassungsgesetz und Nebengesetzen, 6. Aufl. 2020; *Scholz* Mißbrauch der Verbandsklagebefugnis – der neue § 13 Abs. 5 UWG, WRP **1987** 433; *Teplitzky* Wettbewerbsrechtliche Ansprüche und Verfahren, 12. Aufl. 2019.

Übersicht

A. Allgemeines

I. Genese und Zweck

§ 14 Satz 1 legt **Grenzen** fest, innerhalb derer der Geheimnisinhaber die ihm zugestandenen Ansprüche nach den §§ 6ff. geltend machen kann. Die Norm statuiert damit ein allgemeines Verbot des Rechtsmissbrauchs.[1] 1

1 Köhler/Bornkamm/Feddersen/*Alexander* § 14 GeschGehG Rn. 2, 3.

https://doi.org/10.1515/9783110631654-017

2 Die Vorschrift setzt nach verstrichener Frist für die Mitgliedstaaten[2] Art. 7 Abs. 2 der EU-Richtlinie 2016/943 über den Schutz von Geschäftsgeheimnissen vor rechtswidigem Erwerb sowie rechtswidriger Nutzung und Offenlegung um.[3] Ihren Ursprung findet diese Regelung wiederum in Art. 3 Abs. 3 der EU-Richtlinie 2004/48/EG zur Durchsetzung der Rechte des geistigen Eigentums (sog. **Enforcement-Richtlinie**), die vorschreibt, dass die Mitgliedstaaten den Missbrauch der aufgrund der Richtlinie zu schaffenden Rechtsbehelfe verhindern müssen.[4] Unzweifelhaft soll § 14 Satz 1 im Interesse der Allgemeinheit die Rechtsverfolgung erleichtern.[5] Beispielhaft erwähnt Erwägungsgrund 22 der umgesetzten Richtlinie 2016/943 – wenig konkret[6] – als Missbrauchsfall, „den Marktzugang des Antragsgegners in unbilliger Weise zu verzögern oder zu beschränken oder ihn auf andere Weise einzuschüchtern oder ihm Schwierigkeiten zu bereiten".

II. Übertragbarkeit der Wertungen aus dem UWG

3 Die Bundesregierung verweist in der Gesetzesbegründung der Norm auf die vergleichbare Vorschrift des § 8 Abs. 4 UWG,[7] welche wiederum die Nachfolgevorschrift von § 13 Abs. 5 UWG a. F. darstellt.[8] Im Gegensatz zu der ähnlichen Vorschrift aus dem UWG und ihrem Vorgänger nennt § 14 Satz 1 nach seinem Wortlaut allerdings keine expliziten Fallbeispiele („wenn sie vorwiegend dazu dient, gegen den Zuwiderhandelnden einen Anspruch auf Ersatz von Aufwendungen oder Kosten der Rechtsverfolgung entstehen zu lassen", § 8 Abs. 4 Satz 1 UWG), sondern begnügt sich mit der allgemeiner gefassten Anknüpfung an Gesamtumstände, die als missbräuchlich einzuordnen sein müssen.

4 Auch wenn die Wertungen des UWG angesichts der Ähnlichkeit der Vorschriften im Wesentlichen übertragbar sein sollten, ist aufgrund der unterschiedlichen zugrundeliegenden Interessenlagen der Anspruchsinhaber und -gegner hierbei Vorsicht geboten. Während § 8 Abs. 4 Satz 1 UWG vornehmlich den Fall vor Augen hat, bei dem ein und derselbe Verstoß gegebenenfalls auch von mehreren Anspruchsinhabern (etwa Mitbewerber oder Verbände) zum Gegenstand mehrerer gerichtlicher Verfahren gemacht wird[9], betrifft § 14 Satz 1 eine andere Konstellation. Einziger **Anspruchsberechtigter** ist der Inhaber des Geschäftsgeheimnisses, der die Ansprüche aus §§ 6 ff. gegenüber dem Verletzer geltend machen kann.[10] Anders als bei § 14 Satz 1 gibt es damit im UWG grundsätzlich die Möglichkeit, dass derselbe Verstoß gegen lauterkeitsrechtliche Regeln von einer Vielzahl von Anspruchsinhabern geahndet wird. Das Risiko, dem Anspruchsgegner möglichst hohe Prozesskosten aufgrund der Häufung von Verfahren aufzubürden, besteht beim GeschGehG daher nicht in demselben Maße wie beim UWG.[11] Freilich vermag dieser Umstand nichts

2 Gesetzesentwurf lag erst am 18.7.2018 vor, Frist war bereits im Vormonat verstrichen, BTDrucks. 19/4724.
3 BTDrucks. 19/4724 S. 34; Nebel/Diedrich/*Fuchs* § 14 GeschGehG Rn. 3; Büscher/*Tochtermann* § 14 GeschGehG Rn. 6.
4 Büscher/*Tochtermann* § 14 GeschGehG Rn. 6.
5 Büscher/*Tochtermann* § 14 GeschGehG Rn. 6.
6 Erwägungsgrund 22 RL (EU) 2016/943 v. 8.6.2016; So auch etwa Köhler/Bornkamm/Feddersen/*Alexander* § 14 GeschGehG Rn. 17.
7 BTDrucks. 19/4724 S. 34; Büscher/*Tochtermann* § 14 GeschGehG Rn. 1.
8 BGH 17.11.2005 GRUR **2006** 243; Fezer/Büscher/Obergfell/*Büscher* § 8 UWG Rn. 281; Götting/Nordemann/*Schmitz-Fohrmann /Schwab* § 8 UWG Rn. 142.
9 Köhler/Bornkamm/Feddersen/*Köhler/Feddersen* § 8 UWG Rn. 4.2.
10 So auch etwa Nebel/Diedrich/*Fuchs* § 14 GeschGehG Rn. 7; Büscher/*Tochtermann* § 14 GeschGehG Rn. 12.
11 Vgl. Köhler/Bornkamm/Feddersen/*Alexander* § 14 GeschGehG Rn. 9; Büscher/*Tochtermann* § 14 GeschGeh Rn. 12.

daran zu ändern, dass auch beim Geheimnisschutz ein primäres Gebühreninteresse Grund für Missbrauchserwägungen sein kann.[12] Allerdings ist zweifelhaft, inwieweit sich in Anbetracht des restriktiven Tatbestands und der unterschiedlichen Interessenlage von § 14 Satz 1 in der Rechtsprechung tatsächlich verschiedene Fallgruppen herauskristallisieren werden; feststeht, dass eine gedankenlose Übertragung der Fallgruppen aus dem Lauterkeitsrecht jedenfalls nicht möglich sein dürfte.[13] Weiterhin muss eine Übertragung der Wertungen auch berücksichtigen, dass zwar im UWG mit dem § 8 Abs. 4 Satz 1 UWG eine vergleichbare Norm existiert; anders als im GeschGehG mit dem § 9 zur Unverhältnismäßigkeit gibt es hierzu jedoch kein materielles Pendant im UWG. Ein eigenständiger Anwendungsbereich des § 14 Satz 1 erscheint deshalb insgesamt fragwürdig.

III. Rechtsnatur

Hinsichtlich der Rechtsnatur von § 14 dürften die Grundsätze zu § 8 Abs. 4 UWG ohne Einschränkungen übertragbar sein. 5

Der Wortlaut des § 14 Satz 1 bezieht sich ebenso wie jener des § 8 Abs. 4 Satz 1 UWG auf die „Geltendmachung des Anspruchs", die als Rechtsfolge unzulässig sein soll. Damit betrifft die Norm das **(vor)prozessuale Vorgehen** und nicht auch sonstige Umstände, die der Durchsetzung des Anspruchs entgegenstehen und aus diesem Grund die Einwendung des Rechtsmissbrauchs begründen könnten.[14] Entsprechend ist die Rechtsnatur der Vorschrift als prozessual und nicht als materiell[15] einzustufen. Auf diese Weise unterscheidet sich § 14 Satz 1 auch von der Verwirkung.[16] Dies gilt umso mehr, als § 9 mit einer Regelung zum Anspruchsausschluss bei Unverhältnismäßigkeit bereits die materielle Seite in Bezug auf einen etwaigen Missbrauch adressiert. 6

Aufgrund ihrer Eigenschaft als Prozessvoraussetzung ist die Vorschrift **von Amts wegen** zu prüfen.[17] Die ausdrückliche Rüge und Berufung des Anspruchsgegners auf diese Norm ist demgemäß nicht erforderlich, auch wenn er die Darlegungs- und Beweislast für das Vorliegen der Voraussetzungen trägt und die Umstände darlegen muss, die ein etwaiges missbräuchliches Verhalten begründen könnten.[18] Insofern sind allgemeine Grundsätze anzuwenden.[19] 7

---

12 BTDrucks. 19/4724 S. 34; Büscher/*Tochtermann* § 14 GeschGehG Rn. 12.

13 So auch Köhler/Bornkamm/Feddersen/*Alexander* § 14 GeschGehG Rn. 20; **a. A.** Büscher/*Tochtermann* § 14 GeschGehG Rn. 13; Fallgruppen dargestellt in Büscher/*Hohlweck* § 8 UWG Rn. 351 ff. und Ohly/Sosnitza § 8 UWG Rn. 159–162.

14 BGH 17.11.2005 GRUR **2006** 243; BGH 17.1.2002 BGHZ **149** 371; BGH 6.4.2000 GRUR **2000** 1089; BGH 10.12.1998 GRUR **1999** 509; alle vorhergehenden zum § 13 Abs. 5 a.F.; OLG Hamm 22.6.2004 GRUR-RR **2005** 141 ebenso zum § 13 Abs. 5 a.F.; Fezer/Büscher/Obergfell/*Büscher* § 8 UWG Rn. 282f.; MüKo UWG/*Fritzsche* § 8 UWG Rn. 446; Büscher/*Hohlweck* § 8 UWG Rn. 347; Köhler/Bornkamm/Feddersen/*Köhler/Feddersen* § 8 UWG Rn. 4.10; Ohly/Sosnitza § 8 UWG Rn. 155; Götting/Nordemann/*Schmitz-Fohrmann/Schwab* § 8 UWG Rn. 142, 143a; Teplitzky/*Büsch* Kap. 13 Rn. 50; Büscher/*Tochtermann* § 14 GeschGehG Rn. 2.

15 Büscher/*Tochtermann* § 14 GeschGehG Rn. 2; Köhler/Bornkamm/Feddersen/*Alexander* § 14 GeschGehG Rn. 8; *Köhler* Festschrift Schricker, 2005, 725, 725 ff.

16 Köhler/Bornkamm/Feddersen/*Köhler/Feddersen* § 8 UWG Rn. 4.10.

17 Zum § 13 Abs. 5 UWG a.F. BGH 20.12.2011 GRUR **2002** 715, 717; Büscher/*Tochtermann* § 14 GeschGehG Rn. 4; zu § 8 Abs. 4 UWG MüKo UWG/*Fritzsche* § 8 UWG Rn. 477.

18 Köhler/Bornkamm/Feddersen/*Köhler/Feddersen* § 8 UWG Rn. 4.25; MüKo UWG/*Fritzsche* § 8 UWG Rn. 474; Ohly/Sosnitza § 8 UWG Rn. 163; Götting/Nordemann/*Schmitz-Fohrmann/Schwab* § 8 UWG Rn. 144; Büscher/*Tochtermann* § 14 GeschGehG Rn. 4, 14.

19 Köhler/Bornkamm/Feddersen/*Alexander* § 14 GeschGehG Rn. 25.

IV. Änderungen im UWG

8 Mit der Vorschrift kann auch gegen die rechtsmissbräuchliche Geltendmachung von Abmahnungskosten vorgegangen werden.

9 Durch die angestrebten Änderungen im UWG soll die Praxis von sog. **Abmahnanwälten** verhindert werden. Obwohl im Hinblick auf die DSGVO die erwartete Abmahnwelle nicht empirisch belegt werden kann[20], reagiert der Gesetzgeber, indem er den Kreis der Aktivlegitimierten enger schnürt und den fliegenden Gerichtsstand partiell abschafft.[21]

10 In § 8 Abs. 2 UWG-E werden künftig verschiedene rechtsmissbräuchliche Verhaltensweisen genannt, die Indizwirkung entfalten sollen. Eine Übertragung dieser Indizwirkung zur Bestimmung, ob in Geschäftsgeheimnisgesetz ein solches Verhalten vorliegt, erscheint möglich.

B. Anwendungsbereich

I. Überblick

11 **1. Kein eigenständiger Anwendungsbereich.** Der Anwendungsbereich des § 14 Satz 1 ist grundsätzlich theoretisch als eng zu beurteilen, da in den denkbaren Fällen regelmäßig schon § 9 zur Unverhältnismäßigkeit anwendbar sein dürfte.[22] Entsprechend der Eigenart als **„ultimatives“ Korrektiv** müssen die Tatbestandsmerkmale des § 14 Satz 1 auch restriktiv ausgelegt und ein Missbrauch nur bei Offenkundigkeit angenommen werden, um den effektiven Rechtsschutz des Geheimnisinhabers zu gewährleisten.[23] Das erwähnte, vermeintlich zu Aufklärungszwecken erfolgte Missbrauchsbeispiel in Erwägungsgrund 22 der Richtlinie – die Verzögerung oder Beschränkung des Marktzugangs des Antragsgegners in *unbilliger* Weise – taugt in seiner Allgemeinheit allerdings nicht als Anwendungsbeispiel. Es ist ein legitimes Interesse des Geheimnisinhabers, den Marktzugang des Antragsgegners zu verzögern oder ihm Schwierigkeiten zu bereiten, sofern ein Unterlassungs- oder Beseitigungsanspruch (materiell) besteht. In der Praxis dürfte die Situation nicht eintreten, dass ein Anspruch in materieller Hinsicht legitimerweise zwar besteht, dessen Geltendmachung jedoch in prozessualer Hinsicht unzulässig sein soll, weil der Anspruchsinhaber seinen Anspruch dafür nutzt, zu tun, worauf der Geheimnisschutz abzielt – nämlich aufgrund der rechtswidrigen Nutzung oder des rechtswidrigen Erwerbs eines Geschäftsgeheimnisses den Marktzugang des unrechtmäßig Handelnden zu erschweren und ihm „auf sonstige Weise“ Schwierigkeiten zu bereiten.

12 Aufgrund der detaillierten Vorschrift des § 9 sind praktisch kaum Fälle denkbar, die nur von § 14 Satz 1, nicht aber gleichzeitig von § 9 erfasst sein könnten. In letzterer Norm werden etwa der fehlende wirtschaftliche Wert des geschützten Geschäftsgeheimnisses oder auch das Verhalten des Rechtsverletzers bei Erlangung adressiert. Zudem werden auch jegliche vorstellbaren Mehrpersonenverhältnisse, in denen Dritte das Geheimnis unverschuldet vom Verletzer oder Dritten erlangen, bereits von dieser Vorschrift erfasst. Sofern ein Fall nicht schon von den konkreten Fällen der Nummern 1–4 des § 9 erfasst wird,

---

20 *Kur/Henning-Bodewig/Hilty/Derxl* 2.

21 *Pres/Voßberg.*

22 Zur Verhältnismäßigkeit im Rahmen des § 8 Abs. 4 UWG KG 25.1.2008 GRUR-RR **2008** 212; Nebel/Diedrich/*Fuchs* § 14 GeschGehG Rn. 1; Köhler/Bornkamm/Feddersen/*Köhler/Feddersen* § 8 UWG Rn. 4.10.

23 So auch Büscher/*Tochtermann* § 14 GeschGehG Rn. 11.

existieren schließlich noch dessen Nummern 5–7, die mit der Anknüpfung an die berechtigten Interessen des Geschäftsgeheimnisinhabers, Dritter, des Rechtsverletzers oder sogar an das öffentliche Interesse alle relevanten Fälle abdecken sollten. Nach derzeitigem Stand entbehrt die Vorschrift in ihrer aktuellen Fassung damit praktisch jeglichen eigenen Anwendungsbereich. Soweit der Hinweis des Gesetzgebers, es existiere mit § 8 Abs. 4 UWG eine vergleichbare Vorschrift zum § 14 Satz 1, auch über den bloßen Wortlaut der Vorschriften hinausgehen soll, ist er also irreführend. Naheliegend ist vielmehr, dass der Gesetzgeber das **Konkurrenzverhältnis** zwischen § 9 und dem § 14 Satz 1 übersehen und sich lediglich an eine wortgetreue Umsetzung des Art. 7 Abs. 2 der Richtlinie 2016/943 gehalten hat, der terminologisch auch auf eine „missbräuchliche" Verfahrenseinleitung abstellt. Die weitgehende Formulierung des § 9 zusammen mit der gewählten Regelbeispieltechnik hat zur Folge, dass eine praktische Bedeutung des § 14 Satz 1 in absehbarer Zukunft vorerst zumindest zweifelhaft ist.[24]

a) Sachlich. Nach dem Wortlaut von § 14 Satz 1 ist die Norm auf alle Ansprüche an- 13
wendbar, die sich aus dem GeschGehG ergeben.[25] Damit ist der **Anwendungsbereich weiter** als der des § 8 Abs. 4 UWG, der sich ausweislich seines Wortlauts nur auf den ersten Absatz dieser Vorschrift bezieht und damit auf die sich daraus ergebenden Beseitigungs- und Unterlassungsansprüche beschränkt ist.[26] Ähnlich wie die Schwestervorschrift aus dem UWG kann § 14 Satz 1 anderen als den angegebenen Ansprüchen, etwa vertraglichen, nicht entgegengehalten werden – in diesem Fall ist § 242 BGB direkt anwendbar.[27] Im Übrigen knüpft die Norm nicht nur an die prozessuale Geltendmachung eines Anspruchs aus dem GeschGehG im Wege des einstweiligen Rechtsschutzes oder eines Hauptsacheverfahrens an, sondern vielmehr bereits etwa an eine mit einer vorgerichtlichen Abmahnung verbundene Aufforderung zur Abgabe einer strafbewehrten Unterlassungserklärung.[28]

b) Persönlich. Wie bereits erwähnt, entspricht § 14 Satz 1 nur teilweise dem Zweck der 14
Vorschrift des § 8 Abs. 4 UWG, da dort eine Vielzahl von Ansprüchen unterschiedlicher Anspruchsinhaber wie Mitbewerber und Verbänden besteht.[29] Im GeschGehG ist jedoch allein derjenige **Anspruchsinhaber**, der tatsächlich, konkret und unmittelbar in seinen Rechten nach dem GeschGehG verletzt wurde, sodass die Gefahr missbräuchlicher Mehrfachinanspruchnahme nicht besteht – auch wenn gleichwohl das Risiko verbleibt, dass ein Einzelner die Verletzung eines Geschäftsgeheimnisses aus sachfremden Gründen verfolgen kann.[30]

24 *Reinfeld* § 5 Rn. 40f.
25 Nebel/Diedrich/*Fuchs* § 14 GeschGehG Rn. 4; Büscher/*Tochtermann* § 14 GeschGehG Rn. 8.
26 Zum § 8 Abs. 4 UWG BGH 31.5.2012 GRUR **2012** 949, 950; nur implizit Nebel/Diedrich/*Fuchs* § 14 GeschGehG Rn. 4; Büscher/*Tochtermann* § 14 GeschGehG Rn. 8.
27 BGH 31.5.2012 GRUR **2012** 949; BGH 1.6.2006 GRUR **2007** 164, 165; MüKo UWG/*Fritzsche* § 8 UWG Rn. 448; Büscher/*Hohlweck* § 8 UWG Rn. 349; Köhler/Bornkamm/Feddersen/*Köhler*/*Feddersen* § 8 UWG Rn. 4.8; Ohly/Sosnitza § 8 Rn. 157; Büscher/*Tochtermann* § 14 GeschGehG Rn. 8.
28 Köhler/Bornkamm/Feddersen/*Alexander* § 14 GeschGehG Rn. 16.
29 Zur Interessenlage im Rahmen des § 8 Abs. 4 UWG.
30 Nebel/Diedrich/*Fuchs* § 14 GeschGehG Rn. 7; Büscher/*Tochtermann* § 14 GeschGehG Rn. 12.

II. Missbräuchliches Verhalten

15 Der Gesetzgeber verweist in der Begründung darauf, dass zur Bestimmung der Missbräuchlichkeit eines bestimmten Verhaltens die Grundsätze von **Treu und Glauben** gem. § 242 BGB heranzuziehen sind, deren Anwendbarkeit im Prozessrecht anerkannt ist.[31] Auch nach dem Wortlaut von § 14 sind die Gesamtumstände zu berücksichtigen.

16 Ein missbräuchliches Handeln liegt vor, wenn die handelnde Person sich bei der Geltendmachung von Abwehransprüchen von sachfremden Zielen leiten lässt, die als beherrschendes Motiv der Verfahrenseinleitung erscheinen.[32] Dies gilt sogar dann, wenn berechtigte Interessen dazukommen und die sachfremden Erwägungen trotzdem überwiegen; in diesem Fall ist ein Missbrauch nicht alleine aufgrund der berechtigten Interessen zu verneinen.[33]

17 Welche Fälle in der Praxis davon umfasst sein sollen, ist unklar. Der in der Richtlinie erwähnte Hauptanwendungsfall der **Be- oder Verhinderung des Markteintritts** von einem Konkurrenten, die unbillige Verzögerung oder Beschränkung des Markteintritts oder die Einschüchterung des Antragsgegners auf andere Weise oder das Bereiten von Schwierigkeiten[34], taugt aus den genannten Gesichtspunkten (vgl. Rn. 9) jedenfalls nicht zur Veranschaulichung konkreter Beispiele.

C. Rechtsfolgen

I. Unzulässigkeit der Klage (Satz 1)

18 Das Vorliegen der Voraussetzungen des § 14 schneidet dem Anspruchsgläubiger und Geheimnisinhaber das Recht ab, seine Ansprüche nach dem GeschGehG gerichtlich durchzusetzen.[35] Da dem Kläger das Rechtsschutzinteresse fehlt, ist die Klage als unzulässig abzuweisen.[36] Mit der Klageabweisung aufgrund von Unzulässigkeit ist jedoch keine Entscheidung über den materiell-rechtlichen Anspruch getroffen, weshalb der Kläger zu einem späteren Zeitpunkt den Anspruch nochmal geltend machen kann, sobald das Rechtschutzinteresse wiederhergestellt ist und sich die Geltendmachung nicht mehr als missbräuchlich darstellt.[37] Insoweit bleibt der **Abwehranspruch** rein dogmatisch betrachtet auch bei Vorliegen der Voraussetzungen des § 14 Satz 1 unberührt und bestehen, auch

---

31 Zur grundsätzlichen Anwendbarkeit im Prozessrecht BGH 31.5.2012 GRUR **2012** 949; BTDrucks. 19/4724 S. 34, Büscher/*Tochtermann* § 14 GeschGehG Rn. 9.

32 BGH 3.3.2016 GRUR **2016** 961; BGH 15.12.2011 GRUR **2012** 730, 731 zum § 8 Abs. 4 UWG, alle übrigen Fundstellen zum § 13 Abs. 5 UWG a.F.; BGH 17.11.2005 GRUR **2006** 243, 244; BGH 5.10.2000 GRUR **2001** 260, 261; BGH 6.4.2000 GRUR **2000** 1089, 1090; Nebel/Diedrich/*Fuchs* § 14 GeschGehG Rn. 2; Büscher/*Tochtermann* § 14 GeschGehG Rn. 9; *Hefermehl* WRP **1987** 281, 285; *Scholz* WRP **1987** 433, 437.

33 Explizit BGH 3.3.2016 GRUR **2016** 961, 962; nur impliziter BGH 15.12.2011 GRUR **2012** 730, 731; BGH 17.11.2005 GRUR **2006** 243, 244; BGH 6.4.2000 GRUR **2001** 84; BGH 6.4.2000 GRUR **2000** 1089, 1090; Köhler/Bornkamm/Feddersen/*Alexander* § 14 GeschGehG Rn. 21; Büscher/*Hohlweck* § 8 UWG Rn. 351; Teplitzky/*Büch*, Kap. 13 Rn. 56; Büscher/*Tochtermann* § 14 GeschGehG Rn. 9; *Borck* GRUR **1990** 249, 251.

34 BTDrucks. 19/4724 S. 34; Erwägungsgrund 22 der RL 2016/943; Büscher /*Tochtermann* § 14 GeschGehG Rn. 10.

35 Zum § 13 Abs. 5 UWG a.F. BGH 17.1.2002 BGHZ **144** 165; Büscher/*Tochtermann* § 14 GeschGehG Rn. 15.

36 Köhler/Bornkamm/Feddersen/*Alexander* § 14 GeschGehG Rn. 22; Büscher/*Tochtermann* § 14 GeschGehG Rn. 15; in diesem Sinne formulierend auch BGH 6.4.2000 BGHZ **144** 165; MüKo ZPO/*Becker-Eberhard* Vorbem. zu § 253 ZPO Rn. 11f.; Ohly/Sosnitza § 8 UWG Rn. 155; **a. A.** stellt auf Entfallen der Klagebefugnis ab, Harte-Bavendamm/Henning-Bodewig/*Goldmann* § 8 UWG Rn. 632.

37 Zum § 13 Abs. 5 UWG a.F. BGH 17.1.2002 BGHZ **144** 165.

wenn dessen Geltendmachung versagt wird.[38] Praktisch betrachtet dürfte dieser Fall aufgrund des fehlenden eigenständigen Anwendungsbereichs des § 14 Satz 1 allerdings nicht eintreten. In der Praxis dürfte sich ein Gericht nur vordergründig auf den § 14 Satz 1 berufen oder sogar seine Prüfung dahinstehen lassen. Vielmehr wird es im Ergebnis angesichts der faktischen Kongruenz von §§ 14 Satz 1, 9 die umfangreicheren Wertungen des § 9 zugrunde legen und damit letztlich auch immer eine Entscheidung über das materiell-rechtliche Bestehen des Anspruchs fällen.

II. Anspruch auf Kosten der Rechtsverteidigung (Satz 2)

Der missbräuchlich in Anspruch Genommene hat nach § 14 Satz 2 einen Anspruch auf **19**
Ersatz der für die Rechtsverteidigung erforderlichen Aufwendungen.[39] Dabei ist zu beachten, dass nur solche Aufwendungen für die Rechtsverteidigung ersatzfähig sind, die auch tatsächlich entstanden sind und auch erforderlich waren.[40]

Hintergrund und Zweck dieser Regelung – wie im Übrigen auch der vergleichbaren Re- **20**
gelung in § 8 Abs. 4 Satz 2 UWG – ist es, das **Kostenrisiko** der abgemahnten Partei zu senken und ihr einen Anreiz zu schaffen, qualifizierte Rechtsberatung in Anspruch zu nehmen.[41]

Ausdrücklich lässt dieser Aufwendungsersatzanspruch nach § 14 Satz 3 jedoch weitere **21**
ggf. bestehende Ansprüche unberührt, z.B. solche aus den §§ 823ff. BGB.[42] Besonders naheliegend erscheinen in dieser Hinsicht **deliktische Ansprüche** wegen Eingriffs in den eingerichteten und ausgeübten Gewerbebetrieb nach § 823 Abs. 1 BGB, wobei auch Ansprüche aus vorsätzlicher und sittenwidriger Schädigung gem. § 826 BGB denkbar sind.[43] Praktisch relevant dürften neben **lauterkeitsrechtlichen Ansprüchen** wegen einer gezielten Behinderung[44] – etwa aus § 3 Abs. 1 UWG, § 4 Nr. 4 UWG, § 9 UWG – weiterhin vor allem auch **arbeitsvertragliche Ansprüche** gegen – ehemalige – Arbeitnehmer sein, die Rechte des Geheimnisinhabers verletzt haben.

---

38 Implizit BGH 17.11.2005 GRUR **2006** 243, 244; BGH 17.1.2002 GRUR **2002** 357, 359; BGH 6.4.2000 GRUR **2001** 82; expliziter Köhler/Bornkamm/Feddersen/*Alexander* § 14 GeschGehG Rn. 22; Fezer/Büscher/Obergfell/*Büscher* § 8 UWG Rn. 283; Ohly/Sosnitza § 8 UWG Rn. 155; *Teplitzky* Wettbewerbsrechtliche Ansprüche, Kap. 13 Rn. 50f.; Büscher/*Tochtermann* § 14 GeschGehG Rn. 3; **a.A.** *Köhler* Festschrift Schricker (2005) 725, 725ff.

39 Büscher/*Tochtermann* § 14 GeschGehG Rn. 16; Wortlaut des § 14 Satz 2 GeschGehG.

40 Büscher/*Tochtermann* § 14 GeschGehG Rn. 18.

41 BTDrucks. 19/4724 S. 34; Büscher/*Tochtermann* § 14 GeschGehG Rn. 17; zu § 8 UWG – Büscher/*Hohlweck* § 8 UWG Rn. 346; Ohly/Sosnitza § 8 UWG Rn. 163a.

42 BTDrucks. 19/4724 S. 34; Köhler/Bornkamm/Feddersen/*Alexander* § 14 GeschGehG Rn. 25; Nebel/Diedrich/*Fuchs* § 14 GeschGehG Rn. 8; Büscher/*Tochtermann* § 14 GeschGehG Rn. 16.

43 Nebel/Diedrich/*Fuchs* § 14 GeschGehG Rn. 8.

44 Köhler/Bornkamm/Feddersen/*Alexander* § 14 GeschGehG Rn. 24.

ABSCHNITT 3
Verfahren in Geschäftsgeheimnisstreitsachen

Vorbemerkungen zu §§ 15 bis 22

Schrifttum

Ann Know-how – Stiefkind des Geistigen Eigentums? GRUR **2007** 39; *Ann* EU-Richtlinie zum Schutz vertraulichen Know-hows – Wann kommt das neue deutsche Recht, wie sieht es aus, was ist noch offen? GRUR-Prax **2016** 465; *Ann/Loschelder/Grosch* Praxishandbuch Know-how-Schutz, 2010; *Alexander* Gegenstand, Inhalt und Umfang des Schutzes von Geschäftsgeheimnissen nach der Richtlinie (EU) 2016/943, WRP **2017** 1034; *Apel* Der Gesetzgeber sollte zur Klarstellung zeitnah eine § 12 Abs. 2 UWG entsprechende Bestimmung ins GeschGehG aufnehmen – Anmerkung zum Beschluss des OLG München vom 8.8.2019, Az. 29 W 940/19, BB **2019** 2515; *Apel/Walling* Das neue Geschäftsgeheimnisgesetz: Überblick und erste Praxishinweise, DB **2019** 891; *Baranowski/Glaßl* Anforderungen an den Geheimnisschutz nach der neuen EU-Richtlinie, BB **2016** 2563; *Benkard* Patentgesetz, 11. Aufl. 2015; *Büscher* Gesetz gegen den unlauteren Wettbewerb, 2019; *Busse/Keukenschrijver* Patentgesetz, 8. Aufl. 2016; *Cepl/Voß* Prozesskommentar zum Gewerblichen Rechtsschutz, 2. Aufl. 2018; *Dann/Markgraf* Das neue Gesetz zum Schutz von Geschäftsgeheimnissen, NJW **2019** 1774; *Deichfuß* Die Entwendung von technischen Betriebsgeheimnissen, GRUR-Prax **2012** 449; *Dorn* Anforderungen an die Durchsetzung standardessentieller Patente, GRUR-Prax **2017** 497; *Druschel/Jauch* Der Schutz von Know-how im deutschen Zivilprozess: Der Status quo und die zu erwartenden Änderungen, Teil I: Der derzeitige und zukünftige prozessuale Geheimnisschutz im Know-how-Verletzungsverfahren, BB **2018** 1218; *Druschel/Jauch* Der Schutz von Know-how im deutschen Zivilprozess: Der Status quo und die zu erwartenden Änderungen, Teil 2: Der derzeitige und zukünftige Geheimnisschutz im vorgelagerten Besichtigungsverfahren, BB **2018** 1794; *Dumont* Happy End für ein Stiefkind? – Regierungsentwurf zur Umsetzung der Know-how-Richtlinie, BB **2018** 2441; *Falce* Trade Secrets – Looking for (Full) Harmonization in the Innovation Union, IIC **2015** 940; *Fitzner/Lutz/Bodewig* Beck'scher Online Kommentar Patentrecht, 17. Ed. Stand: 15.7.2020; *Fuhlrott/Hiéramente* Beck'scher Online Kommentar GeschGehG, 4. Ed. Stand: 15.6.2020; *Gärtner/Goßler* Trade secret litigation nun auch in Deutschland? – Gedanken zur Umsetzung der Know-how-Richtlinie, Mitt. **2018** 204; *Götz* Der Schutz von Betriebs- und Geschäftsgeheimnissen im Zivilverfahren, 2014; *Harte-Bavendamm/Henning-Bodewig* Gesetz gegen den unlauteren Wettbewerb (UWG), 4. Aufl. 2016; *Harte-Bavendamm/Ohly/Kalbfus* Geschäftsgeheimnisgesetz, 2020; *Hauck* Geheimnisschutz im Zivilprozess – was bringt die neue EU-Richtlinie für das deutsche Recht? NJW **2016** 2218; *Hauck* Schutz von Unternehmensgeheimnissen bei der Bestimmung FRAND-konformer Lizenzbedingungen, GRUR-Prax **2017** 118; *Hauck* Was lange währt... – Das Gesetz zum Schutz von Geschäftsgeheimnissen (GeschGehG) ist in Kraft, GRUR-Prax **2019** 223; *Hoppe/Oldekop* Geschäftsgeheimnisse, 2021; *Kalbfus* Die EU-Geschäftsgeheimnis-Richtlinie – Welcher Umsetzungsbedarf besteht in Deutschland, GRUR **2016** 1009; *Kalbfus* Rechtsdurchsetzung bei Geheimnisverletzungen – Welchen prozessualen Schutz gewährt das Geschäftsgeheimnisgesetz dem Kläger? WRP **2019** 692; *Kalbfus/Harte-Bavendamm* Protokoll der Sitzung des Fachausschusses für Wettbewerbs- und Markenrecht zum Richtlinienvorschlag über den Schutz von Geschäftsgeheimnis, GRUR **2014** 453; *Keller* Protokoll der Sitzung des GRUR-Fachausschusses für Wettbewerbs- und Markenrecht zum Referentenentwurf eines Gesetzes zum Schutz von Geschäftsgeheimnissen (GeschGehG) am 25.4.2018 in Berlin, GRUR **2018** 706; *Kersting* Der Schutz des Wirtschaftsgeheimnisses im Zivilprozess – Eine rechtsvergleichende Untersuchung anhand der Federal Rules of Civil Procedure und der ZPO, 1995; *Koós* Die europäische Geschäftsgeheimnis-Richtlinie – ein gelungener Wurf? – Schutz von Know-how und Geschäftsinformationen – Änderungen im deutschen Wettbewerbsrecht, MMR **2016** 224; *Krüger/Wiencke/Koch* Der Datenpool als Geschäftsgeheimnis, GRUR **2020** 578; *Kühnen* Handbuch der Patentverletzung, 12. Aufl. 2020; *Kühnen* Zivilprozessualer Geheimnisschutz in Patentstreitverfahren – Zugleich Entgegnung auf Zhu/Popp (GRUR 2020, 338), GRUR **2020** 576; *Kühnen* Die Besichtigung im Patentrecht – Eine Bestandsaufnahme zwei Jahre nach „Faxkarte", GRUR **2005** 185; *Kürschner* Parteiöffentlichkeit vor Geheimnisschutz im Zivilprozeß, NJW **1992** 1804; *Kuta* Die Besichtigungsanordnung nach dem „Düsseldorfer Modell" – Zur Rechtmäßigkeit des Düsseldorfer Besichtigungsverfahrens de lege lata, 2017; *Laoutoumai/Baumfalk* Probleme im vorprozessualen Verfahren bei der Rechtsverfolgung von Ansprüchen aus dem neuen GeschGehG, WRP **2018** 1300; *Lejeune* Die neue EU Richtlinie zum Schutz von Know-how und Geschäftsgeheimnissen – Wesentliche Inhalte und Anpassungsbedarf im deutschen Recht sowie ein Vergleich zur Rechtslage in den USA, CR **2016** 330; *Löffel* Kommentar zu OLG München, Beschl.

https://doi.org/10.1515/9783110631654-018

v. 8.8.2019, Az. 29 W 940/19, WRP **2019** 1378; *McGuire*, Der Schutz von Know-how im System des Immaterialgüterrechts – Perspektiven für die Umsetzung der Richtlinie über Geschäftsgeheimnisse, GRUR **2016** 1000; *McGuire* Know-how: Stiefkind, Störenfried oder Sorgenkind? – Lücken und Regelungsalternativen vor dem Hintergrund des RL-Vorschlags, GRUR **2015** 424; *McGuire* Neue Anforderungen an Geheimhaltungsvereinbarungen? WRP **2019** 679; *Mes* Patentgesetz Gebrauchsmustergesetz 5. Aufl. 2020; *Ohly* Der Geheimnisschutz im deutschen Recht: heutiger Stand und Perspektiven, GRUR **2014** 1; *ders.* Das neue Geschäftsgeheimnisgesetz im Überblick, GRUR **2019** 441; *Quodbach* Gesetzentwurf für ein Zweites Gesetz zur Vereinfachung und Modernisierung des Patentrechts, IP Kompakt **2020** 2; *Rauer/Eckert* Richtlinie zur Harmonisierung des Know-how-Schutzes in der EU, DB **2016** 1239; *Redeker/Pres/Gittinger* Einheitlicher Geheimnisschutz in Europa (Teil 1) – Die Entwürfe zur Know-how-Richtlinie, deren Konsequenzen für das innerbetriebliche Vertragsmanagement (Teil 1) und die erforderlichen Auswirkungen auf den Zivilprozess (Teil 2), WRP **2015** 681; *Redeker/Pres/Gittinger* Einheitlicher Geheimnisschutz in Europa (Teil 2) – Die Entwürfe zur Know-how-Richtlinie, deren Konsequenzen für das innerbetriebliche Vertragsmanagement (Teil 1) und die erforderlichen Auswirkungen auf den Zivilprozess (Teil 2), WRP **2015** 812; *Rehaag/Straszewski* Das neue Gesetz zum Schutz von Geschäftsgeheimnissen in der Praxis, Mitt. **2019** 249; *Rojahn* Das geheime Know-how: Wie geheim darf/muss das Zivilverfahren sein? Festschrift Loewenheim (2009) 251; *Schlingloff* Geheimnisschutz im Zivilprozess aufgrund der „Know-how-Schutz"-Richtlinie – Was muss sich im deutschen Prozessrecht ändern? WRP **2018** 666; *Schregle* Neue Maßnahmen zum Geheimnisschutz in Geschäftsgeheimnisstreitsachen – Wegbereiter für den effektiven Rechtsschutz? GRUR **2019** 912; *Semrau-Brandt* Patentstreit zwischen Qualcomm und Apple: Schwächen des Geschäftsgeheimnisschutzes im Zivilprozess, GRUR-Prax **2019** 127; *Stadler* Der Schutz von Unternehmensgeheimnissen im Zivilprozeß, NJW **1989** 1202; *Voigt/Herrmann/Grabenschröer* Das neue Geschäftsgeheimnisgesetz – praktische Hinweise zu Umsetzungsmaßnahmen für Unternehmen, BB **2019** 142; *Vorwerk/Wolf* Beck'scher Online Kommentar ZPO, 37. Ed. Stand: 1.7.2020; *Winzer* Der Schutz von Geschäftsgeheimnissen im Zivilprozess, 2018; *Würtenberger/Freischem* Stellungnahme zum Referentenentwurf des Bundesministeriums der Justiz und für Verbraucherschutz – Entwurf eines Gesetzes zur Umsetzung der RL 2016/943/EU zum Schutz von Geschäftsgeheimnissen vor rechtswidrigem Erwerb sowie rechtswidriger Nutzung und Offenlegung, GRUR **2018** 708; *Zhu/Popp* Zivilprozessualer Geheimnisschutz in Patentstreitverfahren – Mit (oder ohne) Türöffner-Antrag zum Confidentiality Club, GRUR **2020** 338; *Ziegelmayer* Geheimnisschutz ist eine große Nische – Zu den unterschätzten Auswirkungen des GeschGehG, CR **2018** 693.

Übersicht

A. Allgemeines

Vor und in Zeiten der Globalisierung und fortschreitenden Digitalisierung sind Geschäftsgeheimnisse ein bedeutendes Wirtschaftsgut, so dass den Geschäftsgeheimnissen als solchen wie auch deren Schutz eine herausragende Bedeutung zukommt.[1] Dies gilt sowohl auf materiell-rechtlicher wie auch auf prozessualer Ebene. Der Stellenwert von kaufmännischen und technischen Informationen ist vergleichbar mit dem Stellenwert gewerblicher Schutzrechte, wobei das geheime Know-how mitunter sogar von wesentlich größerer wirtschaftlicher Bedeutung sein kann als ein Portfolio an gewerblichen Schutzrechten.[2] 1

Vor Einführung des GeschGehG hatte der Geheimnisschutz den Ruf als das Stiefkind bzw. Aschenputtel des Gewerblichen Rechtsschutzes und Lauterkeitsrechts.[3] Im Zusammenhang von Geschäftsgeheimnissen in gerichtlichen Verfahren in Deutschland kursierte immer die Annahme, man verliere entweder den Prozess oder sein Geschäftsgeheimnis, da in Deutschland bisher keine geschlossene Regelung des zivilrechtlichen Geheimnisschutzes existierte.[4] Es gab zwar Vorschriften, die den Schutz von Geschäftsgeheimnissen vor der Öffentlichkeit oder Dritten regelten (etwa § 172 Nr. 2 GVG und § 174 Abs. 3 GVG), aber keine zum Schutz von Geschäftsgeheimnissen vor der gegnerischen Partei.[5] Diesen Umstand hat auch der deutsche Gesetzgeber im Rahmen der Umsetzung der RL (EU) 2016/943 („Know-how-Richtlinie“) erkannt und das Erfordernis des Geheimnisschutzes im Prozess sowie die besondere Bedeutung entsprechender prozessualer Regelungen hervorgehoben.[6] Bedauerlicherweise sind aber die Regelungen zum Geheimnisschutz im Prozess, die ursprünglich als Herzstück des Reformbedarfs angesehen worden sind, im Gesetzgebungsverfahren auf europäischer Ebene verwässert und damit letztlich allenfalls zu einem mitgeregelten Nebenkriegsschauplatz herabgestuft worden.[7] 2

---

1 *Götz* 1; *Kersting* 1ff.; *Reinfeld* § 1 Rn. 83f.; *Winzer* 1; *Redeker/Pres/Gittinger* WRP **2015** 681, 682.

2 BGH 16.10.1962 GRUR **1963** 207, 210; BGH 25.1.1955 GRUR **1955** 388, 390; *Reinfeld* § 1 Rn. 84; *Götz* 1; *Winzer* 1; *Redeker/Pres/Gittinger* WRP **2015** 681, 682; vgl. Study on Trade Secrets and Confidential Business Information in the Internal Market v. April 2013, MARKT/2011/128/D, S. 83ff.

3 *Ohly* GRUR **2019** 441; *Dumont* BB **2018** 2441; *Gärtner/Goßler* Mitt. **2018** 204, 205; *Ziegelmayer* CR **2018** 693; *McGuire* GRUR **2016** 1000, 1008; *McGuire* GRUR **2015** 424, 425; *Redeker/Pres/Gittinger* WRP **2015** 681, 682; *Ohly* GRUR **2014** 1; *Ann* GRUR **2007** 39, 39ff.; vgl. Hogan Lovells, Study on Trade Secrets and Parasitic Copying (Look-alikes) v. 23.9.2011, MARKT/2010/20/D, S. 8 Rn. 34; *Winzer* S. 1; *Falce* IIC **2015** 940, 946.

4 Harte-Bavendamm/Ohly/Kalbfus/*Kalbfus* GeschGehG Vor §§ 16–20 Rn. 1; *Ann/Loschelder/Grosch* Kap. 7 Rn. 3; *Reinfeld* § 6 Rn. 1; *Rojahn* FS Loewenheim (2009) S. 251, 255; *Zhu/Popp* GRUR **2020** 338, 339; *Apel/Walling* DB **2019** 891, 892; *Kalbfus* WRP **2019** 692, 692; *Ohly* GRUR **2019** 441, 449; *Schregle* GRUR **2019** 912, 915; *Semrau-Brandt* GRUR-Prax **2019** 127, 127f.; *Druschel/Jauch* BB **2018** 1218, 1219; *Dumont* BB **2018** 2441, 2442; *Gärtner/Goßler* Mitt. **2018** 204, 205ff.; *Ann* GRUR-Prax **2016** 465, 467; *McGuire* GRUR **2016** 1000, 1002f.; *McGuire* GRUR **2015** 424, 427ff.; *Kalbfus/Harte-Bavendamm* GRUR **2014** 453; *Ohly* GRUR **2014** 1; *Kürschner* NJW **1992** 1804, 1805.

5 *Ann* GRUR-Prax **2016** 465, 467.

6 BTDrucks. 19/4724 S. 1, 34; *Reinfeld* § 6 Rn. 2.

7 *Ann* GRUR-Prax **2016** 465, 467; *Hauck* NJW **2016** 2218, 2223; *Kalbfus* GRUR **2016** 1009, 1015; *Kalbfus/Harte-Bavendamm* GRUR **2014** 453, 456; vgl. *McGuire* WRP **2019** 679, 680; *Ohly* GRUR **2014** 1, 11.

3 Es ist ein Grundsatz eines kontradiktorischen Gerichtsverfahrens, dass alle Beteiligten unbeschränkten Zugang zu sämtlichen streitgegenständlichen Informationen erhalten, insbesondere zum Vortrag der Verfahrensbeteiligten. Im Rahmen des Vortrags können aber auch geheimhaltungsbedürftige Informationen der Parteien betroffen sein. Dies ist umso prekärer, als dass die Beteiligten häufig Wettbewerber oder Mitarbeiter von Wettbewerbern sind. Die Offenlegung von geheimhaltungsbedürftigen Informationen kann erhebliche wirtschaftliche Nachteile für die Partei bedeuten, die die Information ins Verfahren einbringt. Mithin besteht ein Interessenkonflikt bei den Beteiligten: Während der Geheimnisinhaber ein Interesse daran hat, seine geheimhaltungsbedürftigen Informationen gegenüber seinem Wettbewerber nicht offenzulegen (vgl. Art. 12 Abs. 1[8], 14 Abs. 1 GG[9], Art. 17 Abs. 2 GRCh[10]), besteht das Interesse der gegnerischen Partei darin, uneingeschränkte Einsicht in die Gerichtsakten zu haben (vgl. Art. 19 Abs. 4, 103 Abs. 1 GG; Art. 6 EMRK), einfachgesetzlich ausgestaltet in § 299 ZPO.

4 Nach Art. 6 Abs. 1 der Richtlinie haben die Mitgliedsstaaten Maßnahmen, Verfahren und Rechtsbehelfe vorzusehen, um einen zivilrechtlichen Schutz vor rechtswidrigem Erwerb sowie rechtswidriger Nutzung und Offenlegung von Geschäftsgeheimnissen zu gewährleisten. Aus Art. 6 Abs. 2 der Richtlinie ergibt sich dabei die Verpflichtung, dass die Verfahren fair und gerecht sowie wirksam und abschreckend sein müssen, jedoch nicht unnötig kompliziert oder kostspielig und nicht unangemessen lange sein dürfen. Diesen Anforderungen, die auch für die prozessuale Geltendmachung von Ansprüchen wegen der Verletzung von Geschäftsgeheimnissen gelten, kann nur nachgekommen werden, wenn ein effektiver Rahmen für die prozessuale Rechtsdurchsetzung besteht, wobei die konkrete Ausgestaltung den EU-Mitgliedsstaaten vorbehalten ist (vgl. Art. 288 Abs. 3 AEUV), so dass die prozessualen Vorschriften ohne systematischen Bruch in das jeweilige nationale Recht eingefügt werden können.[11]

5 Der deutsche Gesetzgeber hat entsprechend seiner bisherigen Gepflogenheiten im Rahmen des UWG und der Spezialgesetze für die verschiedenen Schutzrechte diese Querschnittsmaterie in einem eigenständigen Stammgesetz geregelt, dem GeschGehG, obgleich der Geheimnisschutz ein „Hybrid" zwischen Immaterialgüterrecht und Lauterkeitsrecht bleibt.[12]

B. Fallgruppen

6 Insbesondere in Gerichtsverfahren besteht die Gefahr, dass Geschäftsgeheimnisse offenbart werden und auf diese Weise ihre Eigenschaft als Geschäftsgeheimnis (vgl. § 2 Nr. 1 lit. a)) verlieren. Denn die Gefahr der Offenbarung und damit des Verlusts eines Geschäftsgeheimnisses besteht nicht allein in dem Umstand, dass die geheimhaltungsbedürftigen Informationen öffentlich bekannt werden, sondern bereits dann, wenn das Geschäfts-

---

8 Vgl. BVerfG 14.3.2006 MMR **2006** 375, 376; *Reinfeld* § 1 Rn. 15.
9 BGH 3.5.2001 GRUR **2002** 91, 93; *Reinfeld* § 1 Rn. 15; *Ann* GRUR **2007** 39, 42; vgl. BAG 15.6.1993 NZA **1994** 502, 505.
10 *Reinfeld* § 1 Rn. 15.
11 Büscher/*McGuire* § 15 GeschGehG Rn. 8; Köhler/Bornkamm/Feddersen/*Alexander* § 15 GeschGehG Rn. 6.
12 BTDrucks. 19/4724 S. 20; *Ohly* GRUR **2019** 441, 450; *Rehaag/Straszewski* Mitt. **2019** 249, 257; vgl. *Ann* GRUR **2007** 39, 43; Büscher/*McGuire* § 15 Rn. 10; *Ohly* GRUR **2019** 441, 450; *Rehaag/Straszewski* Mitt. **2019** 249, 250; *Semrau-Brandt* GRUR-Prax **2019** 127, 128; *Dumont* BB **2018** 2441, 2442; *Keller* GRUR **2018** 706; *Würtenberger/Freischem* GRUR **2018** 708, 708; *Ziegelmayer* CR **2018** 693, 693; *Ann* GRUR-Prax **2016** 465, 467; *Kalbfus* GRUR **2016** 1009, 1016 f.; *McGuire* GRUR **2016** 1000, 1008; vgl. *Alexander* WRP **2017** 1034, 1037.

geheimnis gegenüber dem Prozessgegner, bei dem es sich regelmäßig um einen Wettbewerber handelt, offenbart wird.[13]

I. Offenlegung in der Klageschrift

Sobald der Kläger das Geheimnis in der Klage offenbaren muss, um diese zu substantiieren und somit seiner Darlegungs- und Beweislast nachzukommen, kann es bereits vorprozessual zur Offenbarung des Geheimnisses kommen, wenn die Klage zugestellt wird und der Gegner das Geheimnis sauber ausgearbeitet vorgelegt bekommt, so dass das Ziel eines effektiven Rechtsschutzes mit der Notwendigkeit eines effektiven Geheimnisschutzes kollidiert (vgl. Erwägungsgrund 24 der RL (EU) 2016/943).[14] Der Betroffene steht also vor der Wahl, das Geschäftsgeheimnis geheim zu halten oder dieses für den (möglichen) Prozesserfolg offenzulegen.[15] Wenngleich die Rechtsprechung Erleichterungen über die **sekundäre Darlegungslast** oder dahingehend gewährt, dass es genügt, dass der Kläger nur die Besonderheiten des Geschäftsgeheimnisses hinreichend beschreibt und konkretisiert, ohne das Geschäftsgeheimnis als solches in den Klageantrag aufzunehmen, ist das Problem nicht gelöst, da der Kläger möglicherweise im Laufe des Verfahrens gezwungen ist, weitere Details des Geschäftsgeheimnisses oder gar das Geschäftsgeheimnis in Gänze zu offenbaren.[16] Außerdem stehen diese Lösungen ihrerseits im Spannungsverhältnis mit der **prozessualen Mitwirkungspflicht** der betreffenden Partei sowie dem **Beibringungsgrundsatz** (§§ 139, 142 ZPO).[17] 7

II. Geheimnis als Verteidigungsmittel

Mitunter kann es in einem Gerichtsverfahren notwendig sein, ein Geschäftsgeheimnis zum Zwecke einer wirksamen Verteidigung offenzulegen, so dass der Betroffene auch hier 8

---

13 *Hoppe/Oldekop/Pichlmaier* Kap. 3 Rn. 1, 93; *Kalbfus* WRP **2019** 692; *Semrau-Brandt* GRUR-Prax **2019** 127; *Druschel/Jauch* BB **2018** 1218, 1219; *Hauck* NJW **2016** 2218, 2221.

14 BGH 22.3.2018 GRUR **2018** 1161, 1162f.; BGH GRUR **2008** 727, 728; BVerwG 17.11.2003 **NVwZ** 2004 486f.; OLG Düsseldorf 24.9.2008 BeckRS **2009** 9220; Study on Trade Secrets and Confidential Business Information in the Internal Market v. April 2013, MARKT/2011/128/D, S. 6; Harte-Bavendamm/Ohly/Kalbfus/*Kalbfus* Vor. §§ 16–20 GeschGehG Rn. 1, 15ff.; BeckOK PatG/*Voß* Vor. §§ 139–142b Rn. 142; Cepl/Voß/*Schilling* § 270 ZPO Rn. 5; *Hoppe/Oldekop/Pichlmaier* Kap. 3 Rn. 96ff., 244ff.; *Kersting* 87ff.; *Rojahn* Festschrift Loewenheim (2009) 251, 254ff.; *Ohly* GRUR **2019** 441, 449ff.; *Rehaag/Straszewski* Mitt. **2019** 249, 256; *Schregle* GRUR **2019** 912; *Semrau-Brandt* GRUR-Prax **2019** 127, 128; *Druschel/Jauch* BB **2018** 1218, 1219; *Gärtner/Goßler* Mitt. **2018** 204, 206; *Laoutoumai/Baumfalk* WRP **2018** 1300, 1303; *Schlingloff* WRP **2018** 666, 666f.; *Baranowski/Glaßl* BB **2016** 2563, 2568; *Hauck* NJW **2016** 2218, 2221f.; *Lejeune* CR **2016** 330, 335; *McGuire* GRUR **2016** 1000, 1002f., 1007; *Rauer/Eckert* DB **2016** 1239, 1243; *McGuire* GRUR **2015** 424, 425, 429; *Redeker/Pres/Gittinger* WRP **2015** 812; *Kalbfus/Harte-Bavendamm* GRUR **2014** 453, 456; vgl. LG München I 20.12.2018 BeckRS **2018** 33572; *Ziegelmayer* CR **2018** 693, 698.

15 *Ohly* GRUR **2019** 441, 449ff.; *Rehaag/Straszewski* Mitt. **2019** 249, 256; *Semrau-Brandt* GRUR-Prax **2019** 127, 128; *Druschel/Jauch* BB **2018** 1218, 1219f.; *Gärtner/Goßler* Mitt. **2018** 204, 206; *Schlingloff* WRP **2018** 666f.; *Hauck* NJW **2016** 2218, 2222; *McGuire* GRUR **2015** 424, 427f.

16 BGH 22.11.2007 GRUR **2008** 357, 358ff.; Harte-Bavendamm/Ohly/Kalbfus/*Kalbfus* Vor. §§ 16–20 GeschGehG Rn. 16; Ohly/Sosnitza/*Ohly* § 17 UWG Rn. 57; BeckOK ZPO/*Bacher* § 284 ZPO Rn. 84ff.; *Hoppe/Oldekop/Pichlmaier* Kap. 3 Rn. 18f., 248; *Druschel/Jauch* BB **2018** 1218, 1219; *Gärtner/Goßler* Mitt. **2018** 204, 208; *Laoutoumai/Baumfalk* WRP **2018** 1300, 1303; *Hauck* NJW **2016** 2218, 2222; *Deichfuß* GRUR-Prax **2012** 449, 452f.; *Stadler* NJW **1989** 1202, 1203; vgl. BGH 1.7.1960 GRUR **1961** 40, 42f.; Benkard/*Grabinski/Zülch* § 139 PatG Rn. 116; *Ziegelmayer* CR **2018** 693, 698.

17 *Hauck* NJW **2016** 2218, 2222.

vor der Wahl steht, das Geschäftsgeheimnis geheim zu halten oder dieses für den (möglichen) Prozesserfolg offenzulegen (vgl. Erwägungsgrund 24 der RL (EU) 2016/943).[18] Wenn der Beklagte die Informationen zunächst lediglich ankündigt und unter Glaubhaftmachung von Geschäftsgeheimnissen zurückbehält, besteht die Gefahr, dass er seiner Prozessförderungspflicht nicht nachkommt (§§ 138 Abs. 1, 2 ZPO) und das Gericht den späteren Vortrag, bei dem das Geschäftsgeheimnis dann offengelegt wird, als verspätet zurückweist (§§ 296, 296a ZPO). In dieser Situation kann der *worst case* für den Beklagten eintreten, da er regelmäßig sowohl den Prozess als auch sein Geschäftsgeheimnis verliert. Auch hier stehen also von der Rechtsprechung eingeräumte **Beweiserleichterungen** im Spannungsverhältnis mit der **prozessualen Mitwirkungspflicht** der betreffenden Partei sowie dem **Beibringungsgrundsatz** (§§ 139, 142 ZPO).[19] Zu denken wäre allenfalls an eine Anwendbarkeit von § 138 Abs. 4 ZPO, wenn eine Partei durch die unvermeidliche Offenlegung eines Geschäftsgeheimnisses an substantiiertem Vortrag gehindert ist.[20]

III. Auskunftspflicht

9 Die Offenlegung von Geheimnissen kann auch problematisch sein, wenn der Betroffene im Rahmen der Erfüllung seiner Auskunftspflicht, etwa im Zuge eines Besichtigungsverfahrens nach dem sog. **„Düsseldorfer Modell"**, mehr Informationen preisgibt als erforderlich und auf diese Weise Geschäftsgeheimnisse offenbart.[21]

IV. Geheimnisverletzung

10 Sofern über eine Geheimnisverletzung gestritten wird (vgl. § 1 Abs. 1), bildet ein Geschäftsgeheimnis den Gegenstand des Gerichtsverfahrens.[22] Auf diese Fälle sind die §§ 15–22 ausgerichtet.

V. Geschäftsgeheimnisse eines Dritten

11 Schließlich können auch Geschäftsgeheimnisse eines Dritten in einem Gerichtsverfahren tangiert sein.[23]

---

18 BVerwG 17.11.2003 NVwZ **2004** 486f.; OLG Düsseldorf 24.9.2008 BeckRS **2009** 9220; LG München I 20.12.2018 BeckRS **2018** 33489; LG München I 20.12.2018 BeckRS **2018** 33572; Study on Trade Secrets and Confidential Business Information in the Internal Market v. April 2013, MARKT/2011/128/D, S. 6f.; Ohly/Sosnitza/*Ohly* Vor. § 17 UWG Rn. 57; BeckOK PatG/*Voß* Vor §§ 139–142b PatG Rn. 142; Cepl/Voß/*Schilling* § 270 ZPO Rn. 5; *Kersting* 87ff.; *Zhu/Popp* GRUR **2020** 338, 342; *Ohly* GRUR **2019** 441, 449; *Schregle* GRUR **2019** 912; *Semrau-Brandt* GRUR-Prax **2019** 127, 127f.; *Druschel/Jauch* BB **2018** 1218, 1219f.; *Schlingloff* WRP **2018** 666f.; *Baranowski/Glaßl* BB **2016** 2563, 2568; *Hauck* NJW **2016** 2218, 2221; *McGuire* GRUR **2016** 1000, 1007; *McGuire* GRUR **2015** 424, 429; *Redeker/Pres/Gittinger* WRP **2015** 812; *Stadler* NJW **1989** 1202, 1203; vgl. LG München I 20.12.2018 BeckRS **2018** 33572; Harte-Bavendamm/Ohly/Kalbfus/*Kalbfus* Vor. §§ 16–20 GeschGehG Rn. 22ff.; Benkard/*Grabinski/Zülch* § 139 PatG Rn. 115; *Ziegelmayer* CR **2018** 693, 698.

19 OLG Düsseldorf 24.9.2008 BeckRS **2009** 9220; OLG Stuttgart 24.10.1986 NJW-RR **1987** 667; vgl. Harte-Bavendamm/Ohly/Kalbfus/*Kalbfus* Vor. §§ 16–20 GeschGehG Rn. 20.

20 Vgl. LG München I 20.12.2018 BeckRS **2018** 33572.

21 *Hauck* NJW **2016** 2218, 2221.

22 *Hauck* NJW **2016** 2218, 2221.

23 *Hauck* NJW **2016** 2218, 2221.

C. Notwendigkeit gerichtlicher Geheimhaltungsmaßnahmen

Nach § 2 Nr. 1 lit. a) hängt die Einordnung einer Information als Geschäftsgeheimnis davon ab, dass die Information weder insgesamt noch in ihren Einzelheiten den Personen in den Kreisen, die üblicherweise mit dieser Art von Informationen umgehen, bekannt ist. Insbesondere aufgrund dieser Voraussetzung sind gerichtliche Geheimhaltungsmaßnahmen für Informationen erforderlich. Denn der Inhaber des Geschäftsgeheimnisses würde ohne entsprechende Regelungen zur Geheimhaltung das Risiko eingehen, dass das Geschäftsgeheimnis seinen Schutz verliert, weil es **Gegenstand eines gerichtlichen Verfahrens** geworden ist.[24] Dadurch würde die effektive Durchsetzung des Schutzes von Geschäftsgeheimnissen behindert werden. 12

Unabhängig von der Einstufung einer Information als Geschäftsgeheimnis im Sinne von § 2 Nr. 1 hat der Geheimnisinhaber ein Interesse daran, seine geheimhaltungsbedürftigen Informationen vollständig oder zumindest so weit wie möglich geheim zu halten. Mithin ergibt sich das Bedürfnis nach Geheimhaltungsmaßnahmen gemäß §§ 16, 19 auch aus dem ureigenen Geheimhaltungsinteresse des Geheimnisinhabers. 13

D. Regelungsgegenstand

Die §§ 15–22 (Abschnitt 3 des GeschGehG) betreffen die gerichtliche Durchsetzung von Geschäftsgeheimnisstreitsachen und sehen besondere Regelungen für gerichtliche Verfahren für Streitigkeiten nach den §§ 6–14 (Abschnitt 2 des GeschGehG) vor. Dieser besondere prozessuale Schutz bietet im Rahmen eines eingeleiteten oder einzuleitenden Gerichtsverfahrens ein **Mittel gegen die unerwünschte Offenlegung von Geschäftsgeheimnissen** und ergänzt die allgemeinen Vorschriften, da sich der Inhaber eines Geschäftsgeheimnisses im Rahmen der Verfolgung von Rechtsverletzungen vor besondere Herausforderungen gestellt sieht.[25] Dabei verbleibt es bei den **allgemeinen verfahrensrechtlichen Bestimmungen** (insbesondere denen des GVG, der ZPO sowie des ArbGG) auch in Verfahren, die auf das GeschGehG gestützt werden, soweit das GeschGehG keine besonderen Regelungen vorsieht.[26] 14

Die Zielsetzung der Regelungen in den §§ 15–22 ist es, den Rechtsschutz der Betroffenen in einem Gerichtsverfahren, in dem Ansprüche wegen Verletzung von Geschäftsgeheimnissen durchgesetzt werden, durch Regelungen zur Geheimhaltung im gerichtlichen Verfahren in den §§ 16–19 dauerhaft zu verbessern, indem ein adäquater Schutz der streitgegenständlichen Geschäftsgeheimnisse gewährleistet wird.[27] Dabei kann das Gericht auf der Grundlage der §§ 15–22 Maßnahmen treffen, um die streitgegenständlichen Informationen zu schützen, den Zugang von Verfahrensbeteiligten zu als geheimhaltungsbedürftig eingestuften Unterlagen zu beschränken, die Verfahrensbeteiligten zur Verschwiegenheit zu verpflichten und/oder die Öffentlichkeit von der mündlichen Verhandlung auszuschließen.[28] Denn ohne schützende Maßnahmen geht der Inhaber eines Geschäftsgeheimnisses das Risiko ein, sein Geschäftsgeheimnis zu verlieren, sobald es Gegenstand eines gerichtlichen Verfahrens geworden ist, so dass die effektive Durchsetzung 15

---

24 BTDrucks. 19/4724 S. 34; Harte-Bavendamm/Ohly/Kalbfus/*Kalbfus* Vor. §§ 16–20 GeschGehG Rn. 1.
25 Köhler/Bornkamm/Feddersen/*Alexander* § 15 GeschGehG Rn. 1; *Reinfeld* § 1 Rn. 12; *Apel/Walling* DB **2019** 891, 893.
26 BTDrucks. 19/4724 S. 34; Büscher/*McGuire* § 15 GeschGehG Rn. 7; BeckOK GeschGehG/*Gregor* § 19 Rn. 5.
27 BTDrucks. 19/4724 S. 17, 34; *Reinfeld* § 1 Rn. 69.
28 *Reinfeld* § 1 Rn. 69.

des Schutzes von Geschäftsgeheimnissen behindert werden würde.[29] Die Regelungen in den §§ 15–22 sind mithin entscheidend für die Ausgestaltung eines effektiven Rechtsschutzes, sobald Geschäftsgeheimnisse Gegenstand des gerichtlichen Verfahrens sind.

E. Struktur

16 Der 3. Abschnitt des GeschGehG beginnt mit Zuständigkeitsregelungen in § 15. Die §§ 16–20 regeln den prozessualen Schutz von Geschäftsgeheimnissen, wobei § 16 die Geheimhaltung von Informationen regelt, die von Sanktionsregelungen in § 17 flankiert werden. Über § 18 wird der Schutz von Geschäftsgeheimnissen auf den Zeitraum nach Abschluss des gerichtlichen Verfahrens erstreckt. Weitergehende Beschränkungen zum Schutz der Vertraulichkeit kann das Gericht über § 19 anordnen. § 20 regelt die verfahrensrechtlichen Einzelheiten im Hinblick auf die §§ 16–19. Die Möglichkeit der Urteilsbekanntmachung ist in § 21 geregelt, während § 22 Regelungen zur Streitwertbegünstigung enthält.

F. Anwendungsbereich der prozessualen Vorschriften des GeschGehG

17 Die Know-how-Richtlinie sah von den Mitgliedsstaaten eine Umsetzung im Wege der **Mindestharmonisierung** vor. Daher hätte der deutsche Gesetzgeber den prozessualen Geheimnisschutz über die Know-how-Richtlinie hinaus auf sämtliche Verfahren ausweiten können, in denen geheimhaltungsbedürftige Informationen offengelegt werden könnten.[30] So führt Erwägungsgrund 24 der RL (EU) 2016/943 auch allgemein aus, dass die Vertraulichkeit eines Geschäftsgeheimnisses zu schützen ist, sofern es Gegenstand eines Gerichtsverfahrens ist.

18 Im Gegensatz dazu hat sich der deutsche Gesetzgeber für eine deutlich eingeschränktere Umsetzung entschieden. In § 16 Abs. 1 wird der **Begriff der „Geschäftsgeheimnisstreitsache“** eingeführt. Der Anwendungsbereich der §§ 16–22 beschränkt sich auf die Geltendmachung von Ansprüchen nach dem GeschGehG, also auf Streitigkeiten, deren Streitgegenstand Ansprüche nach dem GeschGehG bilden (sog. „Geschäftsgeheimnisstreitsachen“ im Sinne von § 16 Abs. 1; vgl. Erwägungsgrund 24 der RL (EU) 2016/943).[31] Davon erfasst sind sämtliche in den §§ 6–13 geregelten Ansprüche, also verschuldensunabhängige sowie verschuldensabhängige Ansprüche, Ansprüche gegen den Rechtsverletzer sowie gegen den Unternehmensinhaber.[32]

---

29 BTDrucks. 19/4724 S. 17, 34; Köhler/Bornkamm/Feddersen/*Alexander* § 15 GeschGehG Rn. 1; *Reinfeld* § 6 Rn. 2.

30 *Druschel/Jauch* BB **2018** 1218, 1220.

31 Harte-Bavendamm/Ohly/Kalbfus/*Kalbfus* § 15 GeschGehG Rn. 4, Vor. §§ 16–20 GeschGehG Rn. 4, § 19 GeschGehG Rn. 20; Büscher/*McGuire* § 15 GeschGehG Rn. 3; Cepl/Voß/*Rinken* § 285 ZPO Rn. 25; *Hoppe/Oldekop/Pichlmaier* Kap. 3 Rn. 3ff., 17ff.; *Zhu/Popp* GRUR **2020** 338, 339; *Dann/Markgraf* NJW **2019** 1774, 1778; *Hauck* GRUR-Prax **2019** 223, 225; *Ohly* GRUR **2019** 441, 450; *Rehaag/Straszewski* Mitt. **2019** 249, 250, 256; *Schregle* GRUR **2019** 912, 913, 917; *Semrau-Brandt* GRUR-Prax **2019** 127, 128f.; *Druschel/Jauch* BB **2018** 1794, 1796; *Druschel/Jauch* BB **2018** 1218, 1220f.; *Keller* GRUR **2018** 706, 707f.; *Laoutoumai/Baumfalk* WRP **2018** 1300, 1301; *Schlingloff* WRP **2018** 666, 669; *Würtenberger/Freischem* GRUR **2018** 708, 712; *Hauck* GRUR-Prax **2017** 118, 119; *Hauck* NJW **2016** 2218, 2222f.; *Kalbfus* GRUR **2016** 1009, 1015; vgl. *Götz* 482f.; *Kersting* 84ff.; **a. A.** wohl *Kalbfus* WRP **2019** 692, 693, 699.

32 *Reinfeld* § 6 Rn. 10; *Semrau-Brandt* GRUR-Prax **2019** 127, 129.

Demgemäß gelten die §§ 16–22 aber weder für Strafverfahren noch für Ansprüche, die auf anderen Gesetzen als dem GeschGehG beruhen (insbesondere patent- und markenrechtliche Verfahren oder Produkthaftungsfälle).[33] Dies ist bedauerlich, da geheimhaltungsbedürftige Informationen gerade auch dann Gegenstand eines gerichtlichen Verfahrens sein können, wenn sie zur Klagebegründung oder Klageabwehr eingebracht werden (vgl. die Regelung in § 89b Abs. 7 GWB).[34] Außerdem steht zu befürchten, dass durch die Beschränkung auf Geschäftsgeheimnisstreitsachen die mit viel organisatorischem und finanziellem Aufwand betriebenen Maßnahmen zum Geheimnisschutz wertlos werden.[35] Damit hat der Gesetzgeber die Gelegenheit verstreichen lassen, den Geheimnisschutz in gerichtlichen Verfahren umfassend aufzuwerten. 19

Eine **analoge Anwendung** der §§ 16–22 zum Geheimnisschutz im Verfahren in anderen Zivilverfahren scheidet grundsätzlich mangels planwidriger Regelungslücke aus, da sich der Gesetzgeber bewusst für eine Begrenzung des Anwendungsbereichs der §§ 16–22 auf sog. Geschäftsgeheimnisstreitsachen (vgl. § 16 Abs. 1) entschieden hat (vgl. im Hinblick auf das Patentrecht Rn. 38 ff.).[36] 20

I. Objektive Klagehäufung/Anspruchshäufung

Die §§ 16–22 sind auch dann anwendbar, wenn neben Ansprüchen aus anderen Gesetzen jedenfalls auch Ansprüche nach dem GeschGehG geltend gemacht werden und das Gericht für sämtliche geltend gemachten Ansprüche zuständig ist (§ 260 ZPO).[37] In diesem Fall sind die §§ 16–22 aber nur für Ansprüche nach dem GeschGehG anwendbar, da andernfalls eine zu große Missbrauchsgefahr bestünde.[38] Denn auf diese Weise könnte die Anwendbarkeit der §§ 16–22 leicht auf eine Vielzahl anderer Ansprüche ausgeweitet werden. 21

Ein gesonderter Hinweis in der Klage darauf, dass Ansprüche nach dem GeschGehG geltend gemacht werden, ist nicht verpflichtend, da sich dies mittelbar aus der Antragstellung gemäß §§ 16 Abs. 1, 19 Abs. 1, 2 ergeben wird.[39] Dennoch ist ein dahingehender **hervorgehobener Hinweis** auf der **ersten Seite der Klage** zu empfehlen, da die Richter und Geschäftsstellen auf diese Weise direkt dafür sensibilisiert werden, dass die entsprechenden Verfahren besonderer Vorkehrungen und Maßnahmen bedürfen. 22

---

33 BTDrucks. 19/4724 S. 34; Harte-Bavendamm/Ohly/Kalbfus/*Kalbfus* Vor. §§ 16–20 GeschGehG Rn. 4; Cepl/Voß/*Rinken* § 285 ZPO Rn. 25; *Reinfeld* § 6 Rn. 9; *Zhu/Popp* GRUR **2020** 338, 339 f.; *Hauck* GRUR-Prax **2019** 223, 225; *Ohly* GRUR **2019** 441, 450; *Rehaag/Straszewski* Mitt. **2019** 249, 250, 256; *Schregle* GRUR **2019** 912, 913, 917; *Semrau-Brandt* GRUR-Prax **2019** 127, 128 f.; *Druschel/Jauch* BB **2018** 1794, 1796; *Druschel/Jauch* BB **2018** 1218, 1220 f.; *Keller* GRUR **2018** 706, 707 f.; *Würtenberger/Freischem* GRUR **2018** 708, 712; *Hauck* GRUR-Prax **2017** 118, 119; *Hauck* NJW **2016** 2218, 2222; *Kalbfus* GRUR **2016** 1009, 1015; *Lejeune* CR **2016** 330, 331; **a. A.** wohl *Kalbfus* WRP **2019** 692, 693, 699; vgl. *Krüger/Wiencke/Koch* GRUR **2020** 578, 583.

34 *Hoppe/Oldekop/Pichlmaier* Kap. 3 Rn. 17 ff.; *Druschel/Jauch* BB **2018** 1218, 1220; *Hauck* GRUR-Prax **2019** 223, 225; *Hauck* NJW **2016** 2218, 2221; vgl. OLG Düsseldorf 17.1.2017 BeckRS **2017** 156523; *Hauck* GRUR-Prax **2017** 118 f.

35 *Hauck* GRUR-Prax **2019** 223, 225.

36 BTDrucks. 19/4724 S. 34; Harte-Bavendamm/Ohly/Kalbfus/*Kalbfus* Vor. §§ 16–20 GeschGehG Rn. 4; *Hoppe/Oldekop/Pichlmaier* Kap. 3 Rn. 21; *Schregle* GRUR **2019** 912, 913; *Druschel/Jauch* BB **2018** 1218, 1221; **a. A.** *Zhu/Popp* GRUR **2020** 338, 342 f.

37 Harte-Bavendamm/Ohly/Kalbfus/*Kalbfus* § 15 GeschGehG Rn. 5 f.; BeckOK GeschGehG/*Gregor* § 15 GeschGehG Rn. 14; wohl großzügiger: *Reinfeld* § 6 Rn. 10; vgl. *Zhu/Popp* GRUR **2020** 338, 341.

38 *Hoppe/Oldekop/Pichlmaier* Kap. 3 Rn. 37 ff.; **a. A.** Harte-Bavendamm/Ohly/Kalbfus/*Kalbfus* § 15 GeschGehG Rn. 5 f.; *Zhu/Popp* GRUR **2020** 338, 341 f.

39 *Hoppe/Oldekop/Pichlmaier* Kap. 3 Rn. 39 f.; *Reinfeld* § 6 Rn. 10.

II. Widerklagen

23 Unproblematisch gelten die §§ 16–22 auch für **Widerklagen**, mit denen Ansprüche nach dem GeschGehG geltend gemacht werden und wenn das Gericht der Widerklage ohnehin nach § 15 Abs. 2 zuständig ist (vgl. § 33 Abs. 2 ZPO i.V.m. § 40 Abs. 2 ZPO).[40] Andernfalls muss die „Widerklage" als Klage am Gerichtsstand des Klägers der ursprünglichen Klage (Widerklage-Beklagter) erhoben werden oder ist gemäß § 145 Abs. 1, 2 ZPO abzutrennen und gegebenenfalls zu verweisen bzw. bei fehlendem Verweisungsantrag abzuweisen.[41]

24 Die §§ 16–22 gelten in diesem Falle aber nur für die Ansprüche nach dem GeschGehG, die mit der Widerklage geltend gemacht werden, und nicht für die Ansprüche aus der Klage, soweit sie nicht dem GeschGehG entspringen. Sofern über die Widerklage lediglich geheimhaltungsbedürftige Tatsachen in das Verfahren eingebracht werden, aber keine Ansprüche nach dem GeschGehG geltend gemacht werden, gelten die §§ 16–22 nicht.

25 Ein Anwendungsfall aus dem **Arbeitsrecht** ist, dass der Arbeitgeber eine Kündigung ausspricht und diese mit einem Geheimnisverrat begründet, der Arbeitnehmer dagegen Kündigungsschutzklage (§ 4 KSchG) erhebt und der Arbeitgeber daraufhin im Wege der Widerklage Ansprüche nach den §§ 6–13 geltend macht.[42]

III. Negative Feststellungsklagen

26 Eine **negative Feststellungsklage** ist am Gericht des Sitzes bzw. des Wohnsitzes des Klägers zu erheben, da das Gericht zuständig ist, das für die Leistungsklage mit umgekehrtem Rubrum zuständig wäre.[43]

IV. Streitgenossen

27 Bei einer Klage gegen **Streitgenossen** mit unterschiedlichen Gerichtsständen bestimmt das im Rechtszug nächsthöhere Gericht das gemeinsam zuständige Gericht (§ 36 Abs. 1 Nr. 3 ZPO).[44]

V. Einstweiliger Rechtsschutz

28 Wenngleich § 16 Abs. 1 nur von „Klagen" spricht und entsprechend dem Wortlaut daher nur das Hauptsacheverfahren gemeint sein könnte, besteht auch in **einstweiligen Verfügungsverfahren** nach §§ 935 ff. ZPO gerichtet auf den Erlass einstweiliger Verfügungen der Bedarf nach Geheimnisschutzmaßnahmen gemäß den §§ 15–22, insbesondere wenn es im Eilverfahren zu einer mündlichen Verhandlung kommt, so dass auch hier die

---

40 BeckOK GeschGehG/*Gregor* § 15 GeschGehG Rn. 13; *Hoppe/Oldekop/Pichlmaier* Kap. 3 Rn. 28; wohl großzügiger: *Reinfeld* § 6 Rn. 11; vgl. Benkard/*Grabinski/Zülch* § 143 PatG Rn. 12; *Zhu/Popp* GRUR **2020** 338, 340 ff.
41 BeckOK GeschGehG/*Gregor* § 15 GeschGehG Rn. 13; **a. A.** *Zhu/Popp* GRUR **2020** 338, 340 ff.
42 *Reinfeld* § 6 Rn. 11.
43 BeckOK GeschGehG/*Gregor* § 15 GeschGehG Rn. 13; vgl. OLG Hamburg 23.3.1995 NJW-RR **1995** 1509, 1510 f.; *Hoppe/Oldekop/Pichlmaier* Kap. 3 Rn. 29 ff.
44 BeckOK GeschGehG/*Gregor* § 15 GeschGehG Rn. 14.

Vorschriften des GeschGehG sowie die allgemeinen prozessualen Vorschriften Anwendung finden.[45]

Dagegen sind in Eilverfahren in Geschäftsgeheimnisstreitsachen die speziellen Verfahrensregelungen des UWG nicht direkt anwendbar und mangels planwidriger Regelungslücke auch nicht analog anwendbar, so dass etwa die **Dringlichkeitsvermutung des § 12 Abs. 2 UWG** ebenfalls nicht analog auf Geschäftsgeheimnisstreitsachen anwendbar ist.[46] Mithin ist die Dringlichkeit im einstweiligen Rechtsschutz bei der Verletzung von Geschäftsgeheimnissen nach den allgemeinen Regeln glaubhaft zu machen (§§ 936, 920 Abs. 2 ZPO).[47] **29**

VI. Vertragliche Ansprüche

Die Regelungen in den §§ 15–22 knüpfen an **gesetzliche Ansprüche** an und gelten mithin für Streitigkeiten nach dem GeschGehG, unabhängig von der Art des Anspruchs.[48] Auf **vertragliche Ansprüche**, etwa die Geltendmachung einer Vertragsstrafe gegen einen Vertragspartner (insbesondere auch einen Arbeitnehmer) aus einer Vertraulichkeitsvereinbarung, dem ein Geheimnisverrat vorgeworfen wird, sind die §§ 15–22 nicht direkt anwendbar.[49] **30**

Wenngleich der Schutzzweck der §§ 15–22 diese Konstellationen erfassen kann, ergibt sich der Anspruch nicht aus dem GeschGehG (vgl. § 16 Abs. 1).[50] Jedoch ist eine **entsprechende Anwendung** der Vorschriften des GeschGehG geboten.[51] Zum einen ist der Verstoß gegen eine vertragliche Verpflichtung Tatbestandsvoraussetzung des Handlungsverbots gemäß § 4 Abs. 2 Nr. 3.[52] Zum anderen sind die Zuständigkeiten für Streitigkeiten wegen der Verletzung von Geheimnisschutzvereinbarungen teilweise den ordentlichen und teilweise den Arbeitsgerichten zugewiesen.[53] Das Auseinanderfallen der Zuständigkeiten wäre unökonomisch und verursacht im schlimmsten Fall widersprechende Entscheidungen.[54] **31**

Eine entsprechende Anwendung der Vorschriften des GeschGehG auf vertragliche Ansprüche ist insbesondere dann geboten, wenn der vertragliche Anspruch unmittelbar auf das geheimnisschutzverletzende Verhalten zurückzuführen ist, etwa bei der Geltendmachung einer Vertragsstrafe gegenüber dem Arbeitnehmer oder einem Streit über ein strafauslösendes Verhalten nach Abgabe einer strafbewehrten Unterlassungserklärung nach Abmahnung **32**

45 Harte-Bavendamm/Ohly/Kalbfus/*Kalbfus* § 15 GeschGehG Rn. 7; Büscher/*McGuire* § 15 GeschGehG Rn. 2, 14, § 16 Rn. 9; BeckOK GeschGehG/*Gregor* § 15 GeschGehG Rn. 3; Köhler/Bornkamm/Feddersen/*Alexander* § 15 GeschGehG Rn. 16; *Hoppe/Oldekop/Pichlmaier* Kap. 3 Rn. 22, 85; *Reinfeld* § 6 Rn. 13; *Kalbfus* WRP **2019** 692, 693; *Druschel/Jauch* BB **2018** 1218, 1221; vgl. *Voigt/Herrmann/Grabenschröer* BB **2019** 142, 146; *Keller* GRUR **2018** 706, 708.
46 OLG München 8.8.2019 GRUR-RR **2019** 443 ff.; Köhler/Bornkamm/Feddersen/*Alexander* § 15 GeschGehG Rn. 16; *Löffel* WRP **2019** 1378, 1378; *Rehaag/Straszewski* Mitt. **2019** 249, 257; **a.A.** *Apel* BB **2019** 2515, 2516.
47 OLG München 8.8.2019 GRUR-RR **2019** 443 ff.; Köhler/Bornkamm/Feddersen/*Alexander* § 15 GeschGehG Rn. 16.
48 Köhler/Bornkamm/Feddersen/*Alexander* § 15 GeschGehG Rn. 10.
49 *Reinfeld* § 6 Rn. 12; großzügiger: *Kalbfus* WRP **2019** 692, 693; *Lejeune* CR **2016** 330, 331; vgl. Harte-Bavendamm/Henning-Bodewig/*Retzer/Tolkmitt* § 13 UWG Rn. 9; *McGuire* WRP **2019** 679, 680 ff.
50 Köhler/Bornkamm/Feddersen/*Alexander* § 15 GeschGehG Rn. 10; *Reinfeld* § 6 Rn. 12.
51 Büscher/*McGuire* § 15 GeschGehG Rn. 3; Köhler/Bornkamm/Feddersen/*Alexander* § 15 GeschGehG Rn. 11; vgl. BGH 15.12.2011 GRUR **2012** 730; *McGuire* WRP **2019** 679, 680 ff.
52 BTDrucks. 19/4724 S. 27; Büscher/*McGuire* § 15 GeschGehG Rn. 3.
53 Büscher/*McGuire* § 15 GeschGehG Rn. 3.
54 Büscher/*McGuire* § 15 GeschGehG Rn. 3.

des Verletzers eines Geschäftsgeheimnisses.[55] Denn in diesen Fällen geht es typischerweise neben der allgemeinen Vertragsauslegung um Besonderheiten des GeschGehG, so dass eine einheitliche Zuständigkeitsregelung sachgerecht ist.[56] Die Vertragsparteien können insoweit im Vertragstext die §§ 15–22 ausdrücklich für anwendbar erklären.

33 In derartigen Konstellationen kann der Inhaber des Geschäftsgeheimnisses jedoch regelmäßig einen Anspruch aus § 10 geltend machen, so dass jedenfalls auf diesem Wege die §§ 15–22 Anwendung finden.[57] Dabei kann sich aber die unbefriedigende Situation ergeben, dass die vertraglich vorgesehene Strafe deutlich über dem Betrag liegt, den der Inhaber des Geschäftsgeheimnisses über § 10 ersetzt bekommt. In diesem Falle liegt es am Inhaber des Geschäftsgeheimnisses, welchen gerichtlichen Weg er beschreitet.

VII. Ansprüche nach ausländischem Recht

34 Der Anwendungsbereich der §§ 15–22 ist auch bei **Ansprüchen nach ausländischem Recht** gegeben, die der Umsetzung der Richtlinie in anderen EU-Mitgliedsstatten unterfallen, sowie bei funktional vergleichbaren Ansprüchen nach dem Recht eines Drittstaates, für die ein deutsches Gericht **international zuständig** ist.[58] Dies ergibt sich im Wege der richtlinienkonformen Auslegung.

VIII. Außergerichtliche Rechtsdurchsetzung

35 Das GeschGehG enthält keine Regelungen im Hinblick auf die **außergerichtliche Rechtsdurchsetzung.** Daher gelten insoweit die Grundsätze des Lauterkeitsrechts und des gewerblichen Rechtsschutzes.[59]

36 Die **Abmahnung** sowie die **Aufforderung zur Abgabe einer strafbewehrten Unterlassungserklärung** des Rechtsverletzers durch den Inhaber des Geschäftsgeheimnisses wird im Regelfall zweckmäßig und geboten sein, da dem Inhaber des Geschäftsgeheimnisses andernfalls die Gefahr der nachteiligen Kostenfolge des § 93 ZPO droht.[60] Mangels planwidriger Regelungslücke sind die besonderen gesetzlichen Regelungen des Lauterkeitsrechts für die Abmahnung und die strafbewehrte Unterlassungserklärung (§ 12 Abs. 1 UWG) bei der Verletzung von Geschäftsgeheimnissen weder direkt noch analog anwendbar.[61]

IX. Schiedsgerichtsverfahren (§§ 1025 ff. ZPO)

37 Die §§ 16–22 sind nicht in **Schiedsgerichtsverfahren** anwendbar, da sie nicht außerhalb von gerichtlichen Verfahren greifen und außerdem im Rahmen des Schiedsgerichts-

---

55 Köhler/Bornkamm/Feddersen/*Alexander* § 15 GeschGehG Rn. 11; *Kalbfus* WRP **2019** 692, 693.
56 Köhler/Bornkamm/Feddersen/*Alexander* § 15 GeschGehG Rn. 11; vgl. OLG Jena 1.9.2010 GRUR-RR **2011** 199; OLG Rostock 7.12.2004 GRUR-RR **2005** 176.
57 *Reinfeld* § 6 Rn. 12.
58 Büscher/*McGuire* § 15 GeschGehG Rn. 4.
59 Köhler/Bornkamm/Feddersen/*Alexander* § 15 GeschGehG Rn. 16.
60 Köhler/Bornkamm/Feddersen/*Alexander* § 15 GeschGehG Rn. 16.
61 Köhler/Bornkamm/Feddersen/*Alexander* § 15 GeschGehG Rn. 16; vgl. *Kuta* 101 f.

verfahrens eigene Regelungen und Mechanismen zum Schutz von Geschäftsgeheimnissen vereinbart und getroffen werden können.[62]

X. § 145a PatG-E

Der Gesetzgeber hat bereits erkannt, dass die prozessualen Regelungen des GeschGehG auch über Verfahren nach dem GeschGehG hinaus zielführend sein können, wenn nicht gar erforderlich sind. So wird derzeit die Einführung eines neuen **§ 145a PatG-E** diskutiert, wonach die §§ 16–20 in Patentstreitsachen entsprechend anwendbar sind.[63] Die Richtlinie gibt einen Mindeststandard vor, so dass sie einem weitergehenden Schutz in den Mitgliedsstaaten unter Beachtung der Voraussetzungen von Art. 1 Abs. 1 UAbs. 2 RL (EU) 2016/943 nicht entgegensteht.[64] 38

1. Zuständigkeitswechsel. Zu den Patentstreitsachen zählen alle Klagen und Anträge, mit denen ein Anspruch auf eine Erfindung oder aus einer Erfindung geltend gemacht wird oder deren Streitgegenstand sonst wie mit einer Erfindung eng verknüpft ist, dass bei summarischer Prüfung voraussichtlich besonderer technischer Sachverstand erforderlich ist (vgl. § 143 PatG).[65] Im Falle einer entscheidungserheblichen kartellrechtlichen Vorfrage bleibt die Streitsache eine Patentstreitsache und wird nur zusätzlich auch eine Kartellsache wegen der hinzukommenden streitentscheidenden Kartellfrage, über die dann das Kartellgericht anstelle des Patentspruchkörpers entscheidet.[66] Sofern vor einem Zuständigkeitswechsel Geheimhaltungsanordnungen über § 145a PatG-E i. V. m. §§ 16–20 getroffen worden sind, bleiben diese auch nach einem Zuständigkeitswechsel wirksam.[67] Werden die Geheimhaltungsanordnungen (zufälligerweise) zeitlich nach einem Zuständigkeitswechsel in den Rechtsstreit eingeführt, sind diese ebenfalls wirksam, da eine unterschiedliche Behandlung willkürliche Ergebnisse liefern würde, die nicht mit sachlichen Argumenten zu rechtfertigen sind.[68] 39

2. Auswirkungen auf patentrechtliche Verfahren. Die entsprechende Anwendung der §§ 16–20 über § 145a PatG-E in Patentstreitsachen ist zu begrüßen, da auch in Patentstreitsachen ein besonderer Bedarf nach prozessualem Schutz von Geschäftsgeheimnissen besteht und bei den für patentrechtliche Streitfragen relevanten Informationen häufig auch Geschäftsgeheimnisse im Sinne von § 2 Nr. 1 betroffen sind.[69] So kann es (i) zur An- 40

---

62 *Reinfeld* § 6 Rn. 14; vgl. Harte-Bavendamm/Ohly/Kalbfus/*Kalbfus* Vor. §§ 16–20 GeschGehG Rn. 43 ff.
63 Diskussionsentwurf des Bundesministeriums der Justiz und für Verbraucherschutz für ein Zweites Gesetz zur Vereinfachung und Modernisierung des Patentrechts (2. PatMoG) v. 14.1.2020 S. 9, 54; Harte-Bavendamm/Ohly/Kalbfus/*Kalbfus* Vor. §§ 16–20 GeschGehG Rn. 4; vgl. *Würtenberger/Freischem* GRUR **2018** 708, 712.
64 Diskussionsentwurf des Bundesministeriums der Justiz und für Verbraucherschutz für ein Zweites Gesetz zur Vereinfachung und Modernisierung des Patentrechts (2. PatMoG) v. 14.1.2020, S. 54.
65 BGH 22.2.2011 GRUR **2011** 662, 663; *Kühnen* GRUR **2020** 576, 577.
66 *Kühnen* GRUR **2020** 576, 577.
67 *Kühnen* GRUR **2020** 576, 577.
68 *Kühnen* GRUR **2020** 576, 577.
69 Diskussionsentwurf des Bundesministeriums der Justiz und für Verbraucherschutz für ein Zweites Gesetz zur Vereinfachung und Modernisierung des Patentrechts (2. PatMoG) v. 14.1.2020 S. 54; *Würtenberger/Freischem* GRUR **2018** 708, 712; IP2innovate, Stellungnahme zum Diskussionsentwurf des Bundesministeriums der Justiz und für Verbraucherschutz eines Zweiten Gesetzes zur Vereinfachung und Modernisierung des Patentrechts, (PatMoG) v. 14.1.2020 S. 4; Bitkom, Stellungnahme v. 10.3.2020 zum Diskussionsentwurf „Zweites Gesetz zur Vereinfachung und Modernisierung des Patentrechts" S. 2; Gemeinsame Stellungnahme von VCI

spruchsbegründung oder zur Verteidigung notwendig sein, Geschäftsgeheimnisse vor Gericht zu offenbaren, (ii) bei der Bestimmung von **FRAND-Lizenzbedingungen** (z. B. könnte die Vorlage von Vergleichsverträgen unter FRAND-Gesichtspunkten in Patentverletzungsverfahren mit standardessentiellen Patenten erleichtert und beschleunigt werden), (iii) im Rahmen der **Berechnung eines durch die Patentverletzung eingetretenen Schadens**, (iv) bei einer **Beweiserhebung nach § 139 Abs. 3 Satz 2 PatG**, dass die Herstellung eines Erzeugnisses auf einem anderen als dem patentgeschützten Verfahren beruht, oder (v) bei der **Bestimmung einer angemessenen Sicherheitsleistung** im Rahmen der vorläufigen Vollstreckbarkeitserklärung von Unterlassungstiteln (§ 709 Satz 1 ZPO), da die Höhe der angemessenen Sicherheitsleistung sich nach der Höhe des Schadens bestimmt, der durch die Durchsetzung eines Unterlassungstitels droht (so kann der Unterlassungsschuldner durch den Schutz von Geschäftsgeheimnissen im Prozess präzisere Angaben zu den drohenden Vollstreckungsschäden machen und damit zu einer genaueren Bestimmung der Sicherheitsleistung beitragen).[70] Die Einführung von § 145a PatG-E würde die bestehenden Unzulänglichkeiten des Geheimnisschutzes nach der ZPO und die damit verbundenen Unsicherheiten zumindest in größeren Teilen beseitigen.

41 Neben der Aufwertung des Geheimnisschutzes im Gewerblichen Rechtsschutz hat dies den weiteren Vorteil, dass durch die große Bedeutung von geheimhaltungsbedürftigen Informationen in gerichtlichen Verfahren des Gewerblichen Rechtsschutzes eine Vielzahl an Entscheidungen zu den §§ 16–20 ergehen werden, insbesondere im Bereich des Patent- und Urheberrechts, wodurch die §§ 16–20 noch mehr Kontur erhalten werden.

42 **3. Düsseldorfer Besichtigungsverfahren.** Das sog. „**Düsseldorfer Besichtigungsverfahren**" bleibt durch die Einführung eines neuen § 145a PatG-E und die sich daraus ergebende entsprechende Anwendung der §§ 16–20 in Patentstreitsachen unberührt, da anders als der neue § 145a PatG-E das Düsseldorfer Besichtigungsverfahren nicht das Problem adressiert, dass eine Partei im Rahmen ihres (schriftsätzlichen oder mündlichen) Vortrags vor Gericht Geschäftsgeheimnisse offenbart, sondern die vermeintlich widerrechtliche Nutzung von technischen Informationen aufgeklärt werden soll, die nicht geheim sind, da sie infolge der Bekanntmachung des Patents öffentlich zugänglich sind.[71]

43 Außerdem wird sich im Rahmen der beim Düsseldorfer Besichtigungsverfahren vorzunehmenden Abwägung im Hinblick auf die Gutachtenfreigabe durch § 145a PatG-E i.V.m. § 19 Abs. 1 Satz 3 nichts daran ändern, dass der Besichtigungsgläubiger von dem geheimhaltungsbedürftigen Besichtigungsergebnis ausgeschlossen bleibt, wenn sich bei der Besichtigung keine Schutzrechtsverletzung herausgestellt hat.[72] Denn dem Düsseldor-

---

und vfa v. 10.3.2020 zum Diskussionsentwurf des BMJV für ein Zweites Gesetz zur Vereinfachung und Modernisierung des Patentrechts (2. PatMoG) S. 1, 3; *Quodbach*, IP Kompakt 04/**2020** S. 4.

70 Diskussionsentwurf des Bundesministeriums der Justiz und für Verbraucherschutz für ein Zweites Gesetz zur Vereinfachung und Modernisierung des Patentrechts (2. PatMoG) v. 14.1.2020, S. 54; Gemeinsame Stellungnahme von VCI und vfa v. 10.3.2020 zum Diskussionsentwurf des BMJV für ein Zweites Gesetz zur Vereinfachung und Modernisierung des Patentrechts (2. PatMoG), S. 3, 6; *Zhu/Popp* GRUR **2020** 338, 344; vgl. *Hauck* GRUR-Prax **2017** 118, 119.

71 Diskussionsentwurf des Bundesministeriums der Justiz und für Verbraucherschutz für ein Zweites Gesetz zur Vereinfachung und Modernisierung des Patentrechts (2. PatMoG) v. 14.1.2020, S. 54; Harte-Bavendamm/Ohly/Kalbfus/*Kalbfus* Vor. §§ 16–20 GeschGehG Rn. 30; *Kühnen* Kap. B. Rn. 48, Kap. E. Rn. 517; *Hoppe/Oldekop/Pichlmaier* Kap. 3 Rn. 23, 248; vgl. *Kühnen* GRUR **2020** 576, 577 f.; *Druschel/Jauch* BB **2018** 1794, 1796; *Druschel/Jauch* BB **2018** 1218, 1220; *Koós* MMR **2016** 224, 228; **a. A.** wohl *Zhu/Popp* GRUR **2020** 338, 343 f.

72 *Kühnen* GRUR **2020** 576, 577.

fer Besichtigungsverfahren liegt eine ganz bestimmte, freiwillige Antragstellung des Besichtigungsgläubigers zugrunde, wonach (i) er selbst auf eine Teilnahme an der Besichtigung verzichtet und stattdessen lediglich seine auch ihm gegenüber zur Verschwiegenheit verpflichteten Anwälte daran teilnehmen und (ii) das Gericht über eine Aushändigung des Besichtigungsgutachtens an den Antragsteller persönlich erst entscheidet, wenn zuvor der Antragsgegner zu etwaigen Geheimhaltungsinteressen gehört worden ist.[73] Der Besichtigungsgläubiger verzichtet mithin freiwillig auf seinen prozessualen Rechte. An diesen Verzicht auf seine prozessualen Rechte muss sich der Besichtigungsgläubiger auch im Hinblick auf § 145a PatG-E i. V. m. § 19 Abs. 1 Satz 3 festhalten lassen.[74]

Denn nur auf der Grundlage des Verzichts des Besichtigungsgläubigers erlässt das Gericht die Besichtigungsanordnung ohne vorherige Anhörung des Besichtigungsschuldners, so dass der Besichtigungsschuldner keine geeigneten Maßnahmen und Vorkehrungen zu seinem Geheimnisschutz treffen kann. Folglich stellt der **freiwillige Verzicht des Besichtigungsgläubigers auf die Besichtigungsteilnahme** und die freiwilligen Beschränkungen in eigene Einsichtsmöglichkeiten in das Gutachten, sofern durch das Sachverständigengutachten eine Schutzrechtsverletzung nicht nachgewiesen werden kann, die Kehrseite für die vom Besichtigungsgläubiger begehrte und ihn privilegierende „Blitzbesichtigung" beim Besichtigungsschuldner dar.[75] Sofern der Besichtigungsgläubiger auf einen persönlichen Einblick in das Besichtigungsgutachten besteht, kann er auch zukünftig unter Geltung des § 145a PatG-E im Rahmen der Antragstellung keinen Verzicht auf seine gesetzlichen Beteiligungsrechte erklären, wobei in diesem Fall das Gericht zur Wahrung der Rechtssphäre des Besichtigungsschuldners sorgfältig prüfen wird, ob unter diesen Umständen im Vorfeld Schutzmaßnahmen zugunsten des Besichtigungsschuldners und seiner möglicherweise bestehenden Geschäftsgeheimnisse erforderlich sind, so dass ihm beispielsweise im Vorfeld rechtliches Gehör eingeräumt wird.[76] Denn in der Situation einer Besichtigung nach dem Düsseldorfer Besichtigungsverfahren bringt der Besichtigungsschuldner als Geheimnisträger seine Geschäftsgeheimnisse nicht willentlich in das Verfahren ein, sondern sie werden dem Besichtigungsschuldner vielmehr gegen seinen Willen weggenommen.[77] Es ist also in aller Regel ausgeschlossen, dass eine Besichtigung im Rahmen des Düsseldorfer Besichtigungsverfahrens ohne jede Vorankündigung stattfindet und der Besichtigungsgläubiger auch dann Einblick in Geschäftsgeheimnisse des Besichtigungsschuldners erhält, wenn sich der Verletzungsverdacht im Zuge der Besichtigung nicht bestätigt hat.[78] **44**

Auch unter Geltung des § 145a PatG-E bleibt es im Zuge des Düsseldorfer Besichtigungsverfahrens bei der Frage der Gutachtenherausgabe dabei, dass eine Abwägung zwischen dem Rechtsdurchsetzungsinteresse des Besichtigungsgläubigers und dem Ge- **45**

---

73 Harte-Bavendamm/Ohly/Kalbfus/*Kalbfus* Vor. §§ 16–20 GeschGehG Rn. 30; *Kühnen* Kap. B. Rn. 113, 128 ff.; *Kuta* 198 ff., 206 ff., 240 ff.; *Kühnen* GRUR **2020** 576, 578; *Kühnen* GRUR **2005** 185, 190 ff.

74 *Kühnen* GRUR **2020** 576, 578; vgl. Max-Planck-Institut für Innovation und Wettbewerb, Stellungnahme zum Diskussionsentwurf eines Zweiten Gesetzes zur Vereinfachung und Modernisierung des Patentrechts, Diskussionspapier Nr. 16 (2020), S. 16; **a. A.** wohl *Zhu/Popp* GRUR **2020** 338, 343 f.

75 *Kühnen* GRUR **2020** 576, 578; vgl. Max-Planck-Institut für Innovation und Wettbewerb, Stellungnahme zum Diskussionsentwurf eines Zweiten Gesetzes zur Vereinfachung und Modernisierung des Patentrechts, Diskussionspapier Nr. 16 (2020), S. 16; Harte-Bavendamm/Ohly/Kalbfus/*Kalbfus* Vor. §§ 16–20 GeschGehG Rn. 30.

76 *Kühnen* GRUR **2020** 576, 578.

77 *Kühnen* GRUR **2020** 576, 578.

78 *Kühnen* GRUR **2020** 576, 578; vgl. Max-Planck-Institut für Innovation und Wettbewerb, Stellungnahme zum Diskussionsentwurf eines Zweiten Gesetzes zur Vereinfachung und Modernisierung des Patentrechts, Diskussionspapier Nr. 16 (2020) S. 16; **a. A.** wohl *Zhu/Popp* GRUR **2020** 338, 343 f.

heimhaltungsinteresse des Besichtigungsschuldners erfolgt. Bestätigt das Sachverständigengutachten eine Rechtsverletzung nicht, wird das Gutachten nicht an den Besichtigungsgläubiger herausgegeben. In dieser Konstellation besteht kein Konflikt mit § 145a PatG-E i.V.m. § 19 Abs. 1 Satz 3, da der Besichtigungsgläubiger mangels Verletzungsnachweises kein Hauptsacheverfahren einleiten wird und mithin auch nicht die Gefahr besteht, dass das Sachverständigengutachten ins Hauptsacheverfahren eingeführt wird und der Besichtigungsgläubiger dann über § 145a PatG-E i.V.m. § 19 Abs. 1 Satz 3 Einblick in das Gutachten erhält.[79] Sofern das Sachverständigengutachten eine Rechtsverletzung nachweist, wird das Gutachten entweder vollständig oder geschwärzt an den Besichtigungsgläubiger herausgegeben. Auch in dieser Konstellation besteht kein Konflikt mit § 145a PatG-E i.V.m. § 19 Abs. 1 Satz 3, da der Besichtigungsgläubiger auch nach bisheriger Vorgehensweise im Rahmen des Düsseldorfer Besichtigungsverfahrens das Gutachten vollständig oder geschwärzt erhalten hätte. Wenn der Besichtigungsgläubiger das Sachverständigengutachten anschließend im Hauptsacheverfahren als Nachweis für die Schutzrechtsverletzung nutzt (vgl. § 493 Abs. 1 ZPO), ist weiterhin nur die Fassung des Sachverständigengutachtens als Beweismittel im Verfahren, wie es zuvor im Rahmen der Gutachtenfreigabe ausgehändigt worden ist. Es besteht also nicht die Gefahr, dass der Besichtigungsgläubiger im Hauptsacheverfahren über § 145a PatG-E i.V.m. § 19 Abs. 1 Satz 3 über den bisherigen Gutachteninhalt hinaus weitere mitunter geheimhaltungsbedürftige Informationen aus der Sphäre des Besichtigungsschuldners erfährt.[80]

46 **4. Übergangsphase.** Bis zum Inkrafttreten des geplanten § 145a PatG-E ist eine analoge Anwendung der §§ 16–20 auf patentrechtliche Verfahren denkbar, da der Gesetzgeber nun ausdrücklich zu erkennen gegeben hat, dass er im Hinblick auf den Geheimnisschutz in Patentstreitsachen Regelungsbedarf sieht (vgl. auch die Regelung in § 89b Abs. 7 GWB).[81]

47 Jedenfalls ist bis zum Inkrafttreten des geplanten § 145a PatG-E eine Vorgehensweise ratsam, die an §§ 16–20 angelehnt ist und wie sie vom *Landgericht München I* vorgeschlagen wurde.[82] Sofern Partei A vorträgt, dass sie ohne geeignete Schutzmaßnahmen bestimmte geheimhaltungsbedürftige Informationen nicht vortragen kann, etwa in Bezug auf ein geheimes Herstellungsverfahren oder im Rahmen ihrer sekundären Darlegungslast zum Inhalt vorbestehender Verträge, hat das Gericht darauf hinzuwirken, dass die Partei A vor dem schriftsätzlichen Vortrag mit der anderen Partei B sowie etwaigen bereits beigetretenen Nebenintervenienten außergerichtlich eine entsprechende Geheimhaltungsvereinbarung abschließt. Wenn sich die andere Partei B unberechtigt dem Abschluss einer Geheimhaltungsvereinbarung verweigert, braucht die beweisbelastete Partei A die geheimhaltungsbedürftigen Informationen nicht offenzulegen. In diesem Fall muss die andere Partei B selbständig vortragen, etwa zu einer kartellrechtswidrigen Diskriminierung,

79 Kritisch: Max-Planck-Institut für Innovation und Wettbewerb, Stellungnahme zum Diskussionsentwurf eines Zweiten Gesetzes zur Vereinfachung und Modernisierung des Patentrechts, Diskussionspapier Nr. 16 (2020) S. 16f.

80 Kritisch: Max-Planck-Institut für Innovation und Wettbewerb, Stellungnahme zum Diskussionsentwurf eines Zweiten Gesetzes zur Vereinfachung und Modernisierung des Patentrechts, Diskussionspapier Nr. 16 (2020), S. 16f.

81 Diskussionsentwurf des Bundesministeriums der Justiz und für Verbraucherschutz für ein Zweites Gesetz zur Vereinfachung und Modernisierung des Patentrechts (2. PatMoG) v. 14.1.2020, S. 54.

82 Vgl. hierzu insgesamt: LG München I, Hinweise zur Handhabung von Anträgen auf Geheimhaltung in und außerhalb der mündlichen Verhandlung in Patentstreitsachen vor dem Landgericht München I, Stand: Februar 2020, S. 1ff.

und diese beweisen, kann sich dabei aber nicht darauf berufen, dass die andere Partei A ihrer Beweislast und Vortragspflicht nicht nachgekommen sei. Sofern im Verlauf des Verfahrens Nebenintervenienten hinzutreten, haben diese ebenfalls eine außergerichtliche Geheimhaltungsvereinbarung zu unterzeichnen.[83]

Die geheimhaltungsbedürftigen Informationen sollten in einer gesonderten und auf der ersten Seite auffällig gekennzeichneten Anlage eingereicht werden, sofern für bestimmte einzelne Teile des schriftsätzlichen Vortrages besondere Einschränkungen bei der Akteneinsicht und/oder der mündlichen Verhandlung und/oder für das Urteil beantragt werden. Diese **gesonderten Anlagen** gehören nicht zu den Prozessakten im Sinne von § 299 Abs. 1 ZPO, so dass die Gegenseite und mögliche Nebenintervenienten keinen Anspruch auf Einsicht in diese Unterlagen gemäß § 299 Abs. 1 ZPO haben, sofern eine Partei hinreichende Schutzvorkehrungen getroffen hat.[84] Dies ist der Fall, wenn die Partei neben einer für die Prozessakten und für die Zustellung an den Prozessgegner bestimmten teilgeschwärzten Fassung zugleich eine vollständige Fassung eingereicht und dabei klargestellt hat, dass die vollständige Fassung nur unter bestimmten Voraussetzungen dem Gegner zugänglich gemacht werden soll (etwa der Abschluss einer Geheimhaltungsvereinbarung).[85] Zwar darf das Gericht die geschwärzten Passagen grundsätzlich nicht zum Nachteil eines anderen Beteiligten berücksichtigen, ohne diesem rechtliches Gehör zu gewähren[86], was aber nicht den Umstand rechtfertigt, die gesonderten Anlagen entgegen dem ausdrücklich geäußerten Willen der einreichenden Partei zu den Prozessakten zu nehmen.[87] Im teilgeschwärzten Schriftsatz ist anstelle des Geheimnisses auf die entsprechende Passage in der gesonderten Anlage zu verweisen, wobei der Schriftsatz trotz der Verweise lesbar bleiben muss. Dabei ist in Anlehnung an § 172 Nr. 2 GVG im Einzelnen vorzutragen und glaubhaft zu machen, (i) dass und warum ein wichtiges Geheimnis vorliegt und, (ii) dass und warum dessen Schutzwürdigkeit das öffentliche Interesse an einer öffentlichen Erörterung in einer mündlichen Verhandlung im Einzelfall überwiegt. Die Parteien sollten das Bedürfnis nach Geheimhaltungsmaßnahmen also rechtzeitig schriftsätzlich substantiiert vortragen und dabei herausstellen, gegenüber wem welche Informationen warum, in welchem Umfang und wie lange geheim zu halten sind.[88] 48

Mit Inkrafttreten von § 145a PatG-E sollte die Partei, die weiterhin Geschäftsgeheimnisse zu schützen begehrt, unverzüglich und unabhängig von zwischenzeitig bereits getroffenen Schutzmaßnahmen den Erlass eines Beschlusses gemäß § 16 Abs. 1 sowie § 19 Abs. 1, 2 beantragen.[89] 49

---

83 LG München I 13.8.2019 BeckRS **2019** 18148; LG München I, Hinweise zur Handhabung von Anträgen auf Geheimhaltung in und außerhalb der mündlichen Verhandlung in Patentstreitsachen vor dem Landgericht München I, Stand: Februar 2020, S. 1; vgl. *Ziegelmayer* CR **2018** 693, 696.
84 BGH 14.1.2020 GRUR **2020** 327, 328.
85 BGH 14.1.2020 GRUR **2020** 327, 328.
86 OLG München 8.11.2004 GRUR-RR **2005** 175, 176.
87 BGH 14.1.2020 GRUR **2020** 327, 328.
88 LG München I, Hinweise zur Handhabung von Anträgen auf Geheimhaltung in und außerhalb der mündlichen Verhandlung in Patentstreitsachen vor dem Landgericht München I, Stand: Februar 2020, S. 1f.
89 LG München I, Hinweise zur Handhabung von Anträgen auf Geheimhaltung in und außerhalb der mündlichen Verhandlung in Patentstreitsachen vor dem Landgericht München I, Stand: Februar 2020, S. 2.

G. Mehrstufiges System

50 Die prozessualen Schutzmaßnahmen im 3. Abschnitt des GeschGehG sind geprägt von einem mehrstufigen Antragssystem.

I. „Erste Stufe" des Geheimnisschutzes

51 Die prozessualen Sonderregelungen setzen zunächst einen Antrag einer Partei gemäß § 16 Abs. 1 voraus, wonach das zuständige Gericht die streitgegenständlichen Informationen ganz oder teilweise als geheimhaltungsbedürftig einstufen kann, wenn diese ein Geschäftsgeheimnis sein können. Die Rechtsfolge einer positiven Einstufungsentscheidung durch das zuständige Gericht ist eine Geheimhaltungsverpflichtung im Prozess und nach Abschluss des gerichtlichen Verfahrens (vgl. §§ 16 Abs. 2, 18).

II. „Zweite Stufe" des Geheimnisschutzes

52 Nach einer positiven Einstufungsentscheidung gemäß § 16 Abs. 1 stehen dem Gericht auf einer zweiten Stufe auf den Antrag einer Partei gemäß § 19 Abs. 1, 2 hin weitere beschränkende Maßnahmen zur Verfügung. So beschränkt das Gericht den Zugang von Personen zu Dokumenten mit möglicherweise geheimhaltungsbedürftigem Inhalt (§ 19 Abs. 1 Satz 1 Nr. 1) oder den Zugang von Personen zur mündlichen Verhandlung, in der Geschäftsgeheimnisse offengelegt werden könnten (§ 19 Abs. 1 Satz 1 Nr. 2). Sofern das zuständige Gericht diese Beschränkungen nach § 19 Abs. 1 Satz 1 trifft, kann die Öffentlichkeit auf Antrag einer Partei von der mündlichen Verhandlung ausgeschlossen werden (§ 19 Abs. 2 Nr. 1) und Dritten darf im Falle des Akteneinsichtsbegehrens nur ein redigierter Akteninhalt zur Verfügung gestellt werden, in dem die Geschäftsgeheimnisse enthaltenden Ausführungen unkenntlich gemacht wurden (§ 19 Abs. 2 Nr. 2).

III. Glaubhaftmachung

53 Während die Anwendbarkeit der Ansprüche bei Rechtsverletzungen (Abschnitt 2 des GeschGehG) davon abhängt, dass ein Geschäftsgeheimnis gemäß § 2 Nr. 1 vorliegt, muss für die Anträge nach §§ 16 Abs. 1, 19 Abs. 1 lediglich glaubhaft gemacht werden, dass es sich bei der streitgegenständlichen Information um ein Geschäftsgeheimnis handelt (vgl. § 20 Abs. 3).[90] Dies ist konsequent, da der prozessuale Schutz von geheimhaltungsbedürftigen Informationen früher eintreten muss, um Informationen, deren Einordnung als Geschäftsgeheimnis gerade streitig ist, schützen zu können.[91] Der Antragsteller muss dabei sämtliche Tatbestandsmerkmale eines Geschäftsgeheimnisses (vgl. § 2 Nr. 1) glaubhaft machen.

54 Sobald dem Antragsteller die Glaubhaftmachung gelingt, dass es sich bei der streitgegenständlichen Information um ein Geschäftsgeheimnis handelt, kann das zuständige Gericht gerichtliche Maßnahmen zum Schutz dieser geheimhaltungsbedürftigen Informa-

---

90 *Reinfeld* § 1 Rn. 67.
91 *Reinfeld* § 6 Rn. 6.

tionen anordnen. Soweit das GeschGehG keine besonderen Regelungen vorsieht, verbleibt es bei den allgemeinen verfahrensrechtlichen Bestimmungen (insbesondere die der ZPO, des GVG sowie des ArbGG) auch in Verfahren, die auf das GeschGehG gestützt werden.[92]

H. Anforderungen an die Beteiligten

Die neuen Regelungen der §§ 15–22 erfordern von allen Beteiligten (insbesondere den Parteien, den Parteivertretern und den Gerichten) eine gesteigerte Konzentration im Rahmen der Verfahrensführung, um im Zusammenhang mit Klagen nach dem GeschGehG zu jeder Zeit im Prozess den Geheimnisschutz aufrechtzuerhalten.[93] Dies gilt in besonderem Maße für die anwaltlichen Vertreter.[94] Neben der Durchsetzung der materiell-rechtlichen Ansprüche muss nunmehr etwa in jedem Stadium geprüft werden, ob das Erfordernis nach einem Antrag gemäß der §§ 16 Abs. 1, 19 Abs. 1, 2 besteht. Denn erst über diesen Antrag kann das Gericht die Maßnahmen nach den §§ 15–22 treffen. **55**

I. Maßnahmen der Beweissicherung

Die Richtlinie enthält leider keine Maßnahmen zur Beweissicherung (z. B. einen spezialgesetzlichen Besichtigungsanspruch). Denn insbesondere im Bereich des Geheimnisschutzes sind der Zugang zu Beweismitteln, die sich im Besitz des mutmaßlichen Verletzers befinden, sowie Beweissicherungsmaßnahmen bedeutsam.[95] Daher bleibt es hinsichtlich der Maßnahmen zur Beweissicherung bei den allgemeinen zivilrechtlichen Regeln. **56**

Ansprüche des Geheimnisinhabers auf Vorlage von Urkunden und Besichtigung von Sachen können mithin nur auf die §§ 809, 810 BGB gestützt werden.[96] Geschäftsgeheimnisse sind als solche aber regelmäßig keine Sache oder Urkunde im Sinne der §§ 809, 810 BGB, so dass ein Anspruch auf Besichtigung oder Urkundenvorlage gemäß §§ 809, 810 BGB allenfalls im Hinblick auf das verkörperte Geschäftsgeheimnis (etwa Informationen auf Papier oder ein Software-Quellcode auf einem Datenträger) geltend gemacht werden kann.[97] Die Reichweite dieser Regelungen bleibt aber hinter einer spezialgesetzlichen Regelung zurück, beispielsweise in Anlehnung an § 140c PatG, § 24c GebrMG, § 19a MarkenG, § 101a UrhG, § 46a DesignG und § 37c SortSchG.[98] **57**

---

92 BTDrucks. 19/4724 S. 34.
93 *Reinfeld* § 6 Rn. 16.
94 *Reinfeld* § 6 Rn. 16.
95 *Druschel/Jauch* BB **2018** 1794, 1798; *Gärtner/Goßler* Mitt. **2018** 204, 207 ff.; *Würtenberger/Freischem* GRUR **2018** 708, 711; *Kalbfus/Harte-Bavendamm* GRUR **2014** 453, 457; *Ohly* GRUR **2014** 1, 9, 11.
96 Ohly/Sosnitza/*Ohly* UWG § 17 Rn. 55; *Würtenberger/Freischem* GRUR **2018** 708, 711; vgl. LG Nürnberg-Fürth 23.2.2005 BeckRS **2011** 12419; *Ann/Loschelder/Grosch* Kap. 7 Rn. 8 ff.; *Kuta* 20 ff.; *Gärtner/Goßler* Mitt. **2018** 204, 205, 208.
97 *Lejeune* CR **2016** 330, 335, 338; *McGuire* GRUR **2015** 424, 432; vgl. *Götting* GRUR Int **1988** 729, 738 ff.
98 *Würtenberger/Freischem* GRUR **2018** 708, 711; *Lejeune* CR **2016** 330, 338; vgl. *Gärtner/Goßler* Mitt. **2018** 204, 208.

J. Ansätze der Rechtsprechung zum Schutz geheimhaltungsbedürftiger Informationen in gerichtlichen Verfahren

58 Bereits vor dem Inkrafttreten des GeschGehG hat die Rechtsprechung das Problem erkannt, dass Geschäftsgeheimnisinhaber oftmals vor dem Dilemma stehen, entweder geheimhaltungsbedürftige Informationen zu offenbaren oder aber das Gerichtsverfahren zu verlieren.

I. Beschränkter Klageantrag

59 In Einzelfällen hat es der BGH genügen lassen, dass die beweisbelastete Partei die geheimhaltungsbedürftige Information nur in Bezug auf die entscheidungserheblichen Punkte konkretisiert, die Information im Übrigen aber in ihrer Gesamtheit geheim hält und insbesondere nicht in den Klageantrag aufnehmen muss.[99] Hierbei handelt es sich aber nicht um ein zivilprozessuales Instrumentarium zum Schutz von Geschäftsgeheimnissen, sondern lediglich um Einzelfallrechtsprechung.

II. Düsseldorfer Besichtigungsverfahren

60 In patent- und urheberrechtlichen Verfahren wird seit geraumer Zeit das sog. **„Düsseldorfer Besichtigungsverfahren“** angewandt, das auch als „Düsseldorfer Modell“, „Düsseldorfer Verfahren“ und „Düsseldorfer Praxis“ bekannt ist (vgl. Kommentierung zu § 8 Rn. 68ff. und Kommentierung zu § 16 Rn. 34ff.).[100] Dabei handelt es sich um eine Kombination aus einem selbstständigen Beweisverfahren gemäß § 485 ZPO und einer flankierenden einstweiligen Verfügung gemäß § 935 ZPO auf Duldung der Besichtigung einer Sache durch einen gerichtlichen Sachverständigen. Aus Geheimnisschutzgesichtspunkten verzichtet der Besichtigungsgläubiger freiwillig auf die persönliche Teilnahme an der Besichtigung. Im Anschluss an die Besichtigung wird auf der Grundlage des Sachverständigengutachtens über die Aushändigung des Sachverständigengutachtens an den Besichtigungsgläubiger entschieden.

61 Das Düsseldorfer Besichtigungsverfahren betrifft aber nicht das Problem, dass eine Partei im Rahmen ihres (schriftsätzlichen oder mündlichen) Vortrags vor Gericht Geschäftsgeheimnisse offenbart. Vielmehr soll die vermeintlich widerrechtliche Nutzung von technischen Informationen aufgeklärt werden, die nicht geheim sind, da sie infolge der Bekanntmachung des Patents öffentlich zugänglich sind.[101]

---

99 BGH 22.3.2018 GRUR **2018** 1161, 1162f.; BGH 1.7.1960 GRUR **1961** 40, 42f.; Harte-Bavendamm/Ohly/Kalbfus/*Kalbfus* Vor. §§ 16–20 GeschGehG Rn. 17; Ohly/Sosnitza/*Ohly* § 17 UWG Rn. 57; *Ziegelmayer* CR **2018** 693, 698.
100 *Mes* § 140c PatG Rn. 24ff.; BeckOK GeschGehG/*Gregor* § 19 GeschGehG Rn. 37ff.; Busse/Keukenschrijver/*Kaess* § 140c PatG Rn. 21ff.; *Kühnen* Kap. B. Rn. 89–176; *Götz* 182ff.; *Kuta* 32ff.; *Winzer* 146f.; *Kühnen* GRUR **2005** 185, 187ff.; vgl. Harte-Bavendamm/Ohly/Kalbfus/*Kalbfus* Vor. §§ 16–20 GeschGehG Rn. 27ff.
101 Diskussionsentwurf des Bundesministeriums der Justiz und für Verbraucherschutz für ein Zweites Gesetz zur Vereinfachung und Modernisierung des Patentrechts (2. PatMoG) v. 14.1.2020, S. 54; *Kühnen* Kap. B. Rn. 48, Kap. E. Rn. 517; vgl. *Kühnen* GRUR **2020** 576, 577f.

III. Geheimhaltungsvereinbarung

Im Rahmen der Bestimmung FRAND-konformer Lizenzbedingungen hat das *OLG Düsseldorf*[102] sowohl im Hinblick auf die Parteien wie auch auf die Streithelfer einen möglichen Weg zum Schutz von Geschäftsgeheimnissen aufgezeigt. 62

Für das **Verhältnis der Parteien** untereinander wird eine **Geheimhaltungsvereinbarung** (vom Gericht als „Unterlassungsvertrag" bezeichnet) vorgeschlagen, in der vereinbart wird, dass (i) sich die beklagte Lizenzsucherin verpflichtet, streng vertrauliche Verträge sowie Teile der Schriftsätze ausschließlich zu Prozesszwecken im streitgegenständlichen Rechtsstreit zu verwenden und ansonsten gegenüber jedermann Stillschweigen zu wahren, (ii) vertrauliche Informationen innerhalb des Unternehmens der beklagten Lizenzsucherin nur an maximal vier namentlich zu benennende Mitarbeiter weitergegeben werden dürfen, wobei (iii) eine Weitergabe an externe Sachverständige möglich ist, wenn diese sowie die betreffenden Mitarbeiter von der beklagten Lizenzsucherin zur Vertraulichkeit verpflichtet worden sind und (iv) die beklagte Lizenzsucherin für jeden Verstoß gegen die Geheimhaltungsvereinbarung an die Klägerin eine Vertragsstrafe von EUR 1 Million zu zahlen hat.[103] Abschließend regelt die Geheimhaltungsvereinbarung noch, unter welchen Voraussetzungen Informationen nicht (mehr) vertraulich im Sinne der Geheimhaltungsvereinbarung sind und infolgedessen der Geheimhaltungsverpflichtung nicht (länger) unterliegen.[104] Eine Alternative wäre der freiwillige Verzicht der beklagten Lizenzsucherin auf ihren verfassungsrechtlich verbürgten Anspruch auf rechtliches Gehör und auf persönliche Teilhabe am Prozessgeschehen (Art. 20 Abs. 3, 103 Abs. 1 GG).[105] 63

Im Hinblick auf die **Streithelferin** der Klägerin ordnet das Gericht an, dass als „streng vertraulich" gekennzeichnete Unterlagen der Klägerin ausschließlich den anwaltlichen Vertretern der Streithelferin zur Kenntnis gebracht werden dürfen und die anwaltlichen Vertreter der Streithelferin über die Inhalte auch ihrer Mandantin (also der Streithelferin) gegenüber zur Verschwiegenheit verpflichtet sind.[106] Die Kollision mit dem Eingriff in das Anwalt-/Mandantenverhältnis (vgl. § 11 Abs. 1 BORA und §§ 675 Abs. 1, 666 BGB) wird durch das Konstrukt des freiwilligen Verzichts der jeweiligen Partei auf die Ausübung dieser Rechte vermieden. 64

---

102 OLG Düsseldorf 17.1.2017 BeckRS **2017** 156523; vgl. Harte-Bavendamm/Ohly/Kalbfus/*Kalbfus* Vor. §§ 16–20 GeschGehG Rn. 18.
103 OLG Düsseldorf 17.1.2017 BeckRS **2017** 156523; *Hauck* GRUR-Prax **2017** 118 f.; vgl. *Ziegelmayer* CR **2018** 693, 696.
104 OLG Düsseldorf 17.1.2017 BeckRS **2017** 156523; *Dorn* GRUR-Prax **2017** 497, 498; *Hauck* GRUR-Prax **2017** 118 f.; vgl. *Ziegelmayer* CR **2018** 693, 696.
105 OLG Düsseldorf 14.12.2016 BeckRS **2016** 114380; *Hauck* GRUR-Prax **2017** 118, 119.
106 OLG Düsseldorf 17.1.2017 BeckRS **2017** 156523; *Hauck* GRUR-Prax **2017** 118; vgl. LG München I 13.8.2019 BeckRS **2019** 18148.

§ 15
Sachliche und örtliche Zuständigkeit; Verordnungsermächtigung

(1) Für Klagen vor den ordentlichen Gerichten, durch die Ansprüche nach diesem Gesetz geltend gemacht werden, sind die Landgerichte ohne Rücksicht auf den Streitwert ausschließlich zuständig.

(2) [1]Für Klagen nach Absatz 1 ist das Gericht ausschließlich zuständig, in dessen Bezirk der Beklagte seinen allgemeinen Gerichtsstand hat. [2]Hat der Beklagte im Inland keinen allgemeinen Gerichtsstand, ist nur das Gericht zuständig, in dessen Bezirk die Handlung begangen worden ist.

(3) [1]Die Landesregierungen werden ermächtigt, durch Rechtsverordnung einem Landgericht die Klagen nach Absatz 1 der Bezirke mehrerer Landgerichte zuzuweisen. [2]Die Landesregierungen können diese Ermächtigung durch Rechtsverordnung auf die Landesjustizverwaltungen übertragen. [3]Die Länder können außerdem durch Vereinbarung die den Gerichten eines Landes obliegenden Klagen nach Absatz 1 insgesamt oder teilweise dem zuständigen Gericht eines anderen Landes übertragen.

Schrifttum

Benkard Patentgesetz, 11. Aufl. 2015; *Bissels/Schroeders/Ziegelmayer* Arbeitsrechtliche Auswirkungen der Geheimnisschutzrichtlinie – Richtlinie über den Schutz vertraulichen Know-hows und vertraulicher Geschäftsinformationen, DB **2016** 2295; *Büscher* Gesetz gegen den unlauteren Wettbewerb, 2019; *Dumont* Happy End für ein Stiefkind? – Regierungsentwurf zur Umsetzung der Know-how-Richtlinie, BB **2018** 2441; *Ernst* Das Geschäftsgeheimnisgesetz – Praxisrelevante Aspekte der Umsetzung der EU-Richtlinie 2016/943, MDR **2019** 897; *Fuhlrott/Hiéramente* Beck'scher Online Kommentar GeschGehG, 4. Ed. Stand: 15.6.2020; *Fries/Podszun/Windau* Virtuelle Verhandlung statt fliegendem Gerichtsstand – Fairer Wettbewerb durch technischen Fortschritt, RDi **2020**, 49; *Fritzsche* Anmerkungen zum Referentenentwurf für ein Gesetz zur Stärkung des fairen Wettbewerbs, WRP **2018** 1277; *Gärtner/Goßler* Trade secret litigation nun auch in Deutschland? – Gedanken zur Umsetzung der Know-how-Richtlinie, Mitt. **2018** 204; *Germelmann/Matthes/Prütting* Arbeitsgerichtsgesetz, 9. Aufl. 2017; *Grunsky/Waas/Benecke/Greiner* Arbeitsgerichtsgesetz, 8. Aufl. 2014; *Harte-Bavendamm/Ohly/Kalbfus* Geschäftsgeheimnisgesetz, 2020; *Hauck/Helml/Biebl* Arbeitsgerichtsgesetz, 4. Aufl. 2011; *Hoppe/Oldekop* Geschäftsgeheimnisse, 2021; *Krüger/Rauscher* Münchener Kommentar zur ZPO, Band 3, 5. Aufl. 2017; *McGuire* Fliegender v. allgemeiner Gerichtsstand: Über Wertungswidersprüche und Regelungsalternativen im Zuständigkeitsrecht in Festschrift Büscher (2018) 525; *Mes* Arbeitsplatzwechsel und Geheimnisschutz, GRUR **1979** 584; *Mes* Patentgesetz Gebrauchsmustergesetz, 4. Aufl. 2015; *Ohly* Das neue Geschäftsgeheimnisgesetz im Überblick, GRUR **2019** 441; *Rehaag/Straszewski* Das neue Gesetz zum Schutz von Geschäftsgeheimnissen in der Praxis, Mitt. **2019** 249; *Reuter* Wettbewerbsrechtliche Ansprüche bei Konflikten zwischen Arbeitgebern und Arbeitnehmern – Terra Incognita?, NJW **2008** 3538; *Schlingloff* Geheimnisschutz im Zivilprozess aufgrund der „Know-how-Schutz"-Richtlinie – Was muss sich im deutschen Prozessrecht ändern?, WRP **2018** 666; *Voigt/Herrmann/Grabenschröer* Das neue Geschäftsgeheimnisgesetz – praktische Hinweise zu Umsetzungsmaßnahmen für Unternehmen, BB **2019** 142; *Würtenberger/Freischem* Stellungnahme zum Referentenentwurf des Bundesministeriums der Justiz und für Verbraucherschutz – Entwurf eines Gesetzes zur Umsetzung der RL 2016/943/EU zum Schutz von Geschäftsgeheimnissen vor rechtswidrigem Erwerb sowie rechtswidriger Nutzung und Offenlegung, GRUR **2018** 708; *Würtenberger/Freischem* Stellungnahme der GRUR zum Referentenentwurf eines Gesetzes zur Stärkung des fairen Wettbewerbs, GRUR **2019** 59; *Zhu/Popp* Zivilprozessualer Geheimnisschutz in Patentstreitverfahren – Mit (oder ohne) Türöffner-Antrag zum Confidentiality Club, GRUR **2020** 338.

Übersicht

https://doi.org/10.1515/9783110631654-019

A. Vorbemerkung

1 Für die Durchsetzung von Rechten wegen der Verletzung von Geschäftsgeheimnissen gab es vor dem Inkrafttreten des GeschGehG **keine speziellen Zuständigkeitsregelungen**. Vielmehr war maßgebend, auf welcher Grundlage man die Verletzung von Geschäftsgeheimnissen verfolgte. Sofern man Ansprüche aus dem Lauterkeitsrecht (§§ 17–19 UWG a. F.) herangezogen hatte, waren die §§ 13, 14 UWG anwendbar, wohingegen die allgemeinen Vorschriften des Zivilprozessrechts einschlägig waren, wenn man die Rechtsdurchsetzung auf die Vorschriften des Bürgerlichen Gesetzbuchs stützte, insbesondere die §§ 823, 826 BGB, gegebenenfalls in Verbindung mit § 1004 BGB analog.[1]

I. Allgemeines

2 Die Zuständigkeitsregelung im Referentenentwurf (§ 14 Ref-E) sah sich einiger Kritik ausgesetzt. Daher weist § 15 auch einige Änderungen gegenüber der Fassung im Referentenentwurf auf, hält aber am **Ausschluss des sog. fliegenden Gerichtsstands** fest (vgl. Rn. 25 f.). Im Verlauf des weiteren Gesetzgebungsverfahrens blieb § 15 dann aber unverändert.[2]

3 § 15 ist eine ergänzende **autonome Regelung**, die durch die Umsetzung der Richtlinie RL (EU) 2016/943 veranlasst ist, aber keine unmittelbare Entsprechung in der Richtlinie (EU) 2016/943 findet[3], so dass der deutsche Gesetzgeber sie ohne konkrete Vorgaben in das nationale Recht integrieren konnte.[4] Dies gilt jedoch nur für die örtliche und sachliche Zuständigkeit, wohingegen für die internationale Zuständigkeit die allgemeinen Regeln gelten (insbes. EuGVVO und LGVÜ).[5] Nach Art. 6 Abs. 1 der RL (EU) 2016/943 haben die Mitgliedsstaaten Maßnahmen, Verfahren und Rechtsbehelfe vorzusehen, um einen zivilrechtlichen Schutz vor rechtswidrigem Erwerb sowie rechtswidriger Nutzung und Offenlegung von Geschäftsgeheimnissen zu gewährleisten. Aus Art. 6 Abs. 2 der RL (EU) 2016/943 ergibt sich dabei die Verpflichtung, dass die Verfahren fair und gerecht sowie wirksam und

---

1 Köhler/Bornkamm/Feddersen/*Alexander* § 15 GeschGehG Rn. 4.
2 Köhler/Bornkamm/Feddersen/*Alexander* § 15 GeschGehG Rn. 5; *Ohly* GRUR **2019** 441, 450; *Schlingloff* WRP **2018** 666, 669 f.
3 Büscher/*McGuire* § 15 GeschGehG Rn. 1, 10; Köhler/Bornkamm/Feddersen/*Alexander* § 15 GeschGehG Rn. 8.
4 Büscher/*McGuire* § 15 GeschGehG Rn. 8.
5 RL (EU) 2016/943 v. 8.6.2016, Erwägungsgrund 37; Büscher/*McGuire* § 15 GeschGehG Rn. 9; Köhler/Bornkamm/Feddersen/*Alexander* § 15 GeschGehG Rn. 6.

abschreckend sein müssen, jedoch nicht unnötig kompliziert oder kostspielig und nicht unangemessen lange sein dürfen.

4 § 15 orientiert sich an § 143 PatG und §§ 13, 14 UWG.[6] Die Regelung beschränkt die Zuständigkeit im Vergleich zu den allgemeinen Zuständigkeitsregelungen der §§ 12ff. ZPO und kommt damit der speziellen Interessenlage und den besonderen Anforderungen in Geschäftsgeheimnisstreitsachen nach, wodurch der Geheimnisschutz infolge der **klaren und zweckmäßigen Zuständigkeitsverweisung** gestärkt wird.[7] Durch § 15 finden auch vertragliche Zuständigkeitsabreden keine Anwendung, so dass sich ein **Kläger entscheiden** muss, ob er seine Ansprüche auf das GeschGehG stützt und damit § 15 akzeptiert und auf diese Weise die Privilegien des GeschGehG für sich nutzbar macht oder aber das vertraglich vereinbarte Gericht anruft und damit auf die Privilegien des GeschGehG verzichtet, insbesondere auf die prozessualen Geheimnisschutzmaßnahmen (§§ 16, 19).[8]

5 Sowohl die ordentlichen Gerichte (mit Ausnahme der Amtsgerichte; vgl. § 15 Abs. 1) als auch die Arbeitsgerichte werden also die Entwicklung und Auslegung des GeschGehG maßgeblich prägen.[9]

II. Anwendungsbereich

6 Vergleiche zum allgemeinen Anwendungsbereich der §§ 15–22 die ausführlichen Erläuterungen in der Kommentierung zu Vor §§ 15–22 Rn. 17ff.

7 **1. Ordentliche Gerichtsbarkeit.** § 15 regelt die sachliche und örtliche Zuständigkeit in **Geschäftsgeheimnisstreitsachen** (vgl. § 15 Abs. 1: „Ansprüche nach diesem Gesetz") und betrifft den Fall, dass der Rechtsweg zu den ordentlichen Gerichten (vgl. § 13 GVG) eröffnet ist (§ 15 Abs. 1; vgl. § 1 Abs. 2). Es muss sich also um eine allgemeine **Zivilsache** handeln.[10] Die Definition des Begriffs „Geschäftsgeheimnisstreitsachen" findet sich nach der Überarbeitung des Referentenentwurfs (vormals in der Zuständigkeitsregelung des § 14 RefE vorgesehen) nunmehr in § 16 Abs. 1 und umfasst Klagen, durch die Ansprüche nach dem GeschGehG geltend gemacht werden (vgl. Kommentierung zu § 16 Rn. 20ff.).

8 Es verbleibt bei den **allgemeinen verfahrensrechtlichen Bestimmungen** (insbesondere denen des GVG, der ZPO sowie des ArbGG) auch in Verfahren, die auf das GeschGehG gestützt werden, soweit das GeschGehG keine besonderen Regelungen vorsieht.[11]

9 Für Streitigkeiten nach dem **Arbeitnehmererfindungsgesetz** betreffend ein Geschäftsgeheimnis (vgl. §§ 17, 24ff. ArbnErfG) bleibt es dabei, dass gemäß § 39 ArbnErfG die für Patentstreitsachen zuständigen Gerichte (§ 143 PatG) ausschließlich zuständig sind.[12]

---

6 BTDrucks. 19/4724 S. 35; Büscher/*McGuire* § 15 GeschGehG Rn. 1, 11; BeckOK GeschGehG/*Gregor* § 15 GeschGehG Rn. 7; Köhler/Bornkamm/Feddersen/*Alexander* § 15 GeschGehG Rn. 7, 16, 19; *Reinfeld* § 6 Rn. 19; *Rehaag/Straszewski* Mitt. **2019** 249, 257; *Dumont* BB **2018** 2441, 2446; *Gärtner/Goßler* Mitt. **2018** 204, 209.
7 Büscher/*McGuire* § 15 GeschGehG Rn. 1; Köhler/Bornkamm/Feddersen/*Alexander* § 15 GeschGehG Rn. 7.
8 *Voigt/Herrmann/Grabenschröer* BB **2019** 142, 146.
9 *Reinfeld* § 1 Rn. 13.
10 Harte-Bavendamm/Ohly/Kalbfus/*Kalbfus* § 15 GeschGehG Rn. 3, 8; Büscher/*McGuire* § 15 GeschGehG Rn. 5; BeckOK GeschGehG/*Gregor* § 15 GeschGehG Rn. 3; *Hoppe/Oldekop/Pichlmaier* Kap. 3 Rn. 45.
11 BTDrucks. 19/4724 S. 34; Harte-Bavendamm/Ohly/Kalbfus/*Kalbfus* § 15 GeschGehG Rn. 1; Büscher/*McGuire* § 15 GeschGehG Rn. 7.
12 Harte-Bavendamm/Ohly/Kalbfus/*Kalbfus* § 15 GeschGehG Rn. 11; vgl. Büscher/*McGuire* § 15 GeschGehG Rn. 6.

2. Arbeitsgerichtsbarkeit. Der **Rechtsweg zu den Arbeitsgerichten** bleibt unberührt, so dass die Regelungen zu Verfahren in Geschäftsgeheimnisstreitsachen (§§ 16–22) auch in arbeitsgerichtlichen Verfahren Anwendung finden, sofern Ansprüche nach dem GeschGehG geltend gemacht werden (vgl. § 16 Abs. 1).[13] 10

Maßgeblich ist der von dem Kläger vorgetragene **Lebenssachverhalt**. Der Rechtsweg 11 zu den Arbeitsgerichten ist typischerweise dann eröffnet, wenn die Parteien über eine Verletzung von Geschäftsgeheimnissen in einem bestehenden Arbeitsverhältnis oder nach dessen Beendigung streiten, wobei es irrelevant ist, auf welche Anspruchsgrundlage sich die klagende Partei stützt, also ausschließlich auf Ansprüche nach dem GeschGehG oder daneben auch die Verletzung arbeitsvertraglicher Geheimhaltungspflichten geltend macht.[14] Die Zuständigkeit der Arbeitsgerichte bleibt auch nach Beendigung des Arbeitsverhältnisses bestehen, sofern der Rechtsstreit in einer inneren Beziehung mit dem früheren Arbeitsverhältnis steht und damit in der besonderen Eigenart des Arbeitsverhältnisses wurzelt, etwa weil der Verstoß gerade durch das frühere Arbeitsverhältnis ermöglicht wurde, beispielsweise bei einem Verrat von Geschäftsgeheimnissen.[15] Dies gilt selbst dann, wenn die Handlung nach der Beendigung des Arbeitsverhältnisses begangen worden ist.[16]

Bei Streitigkeiten aus **bestehenden Arbeitsverhältnissen** (§§ 2 Abs. 1 Nr. 3 lit. a), 48 12 ArbGG; etwa eine Kündigung wegen Geheimnisverrats oder die Geltendmachung von Schadensersatz gemäß § 10 im Wege der Widerklage[17]) oder aus **beendeten Arbeitsverhältnissen** (§§ 2 Abs. 1 Nr. 3 lit. c), 48 ArbGG; etwa die Geltendmachung von Schadensersatz gemäß § 10 bei Verstößen ausgeschiedener Mitarbeiter gegen die Handlungsverbote des § 4[18]) sind die Arbeitsgerichte ausschließlich zuständig. Nach §§ 2 Abs. 1 Nr. 3 lit. d), 48 ArbGG sind die Gerichte für Arbeitssachen überdies ausschließlich zuständig für Ansprüche wegen **unerlaubter Handlung**, soweit diese mit dem Arbeitsverhältnis im Zusammenhang stehen (etwa Verstöße gegen die Handlungsverbote des § 4[19]). Jeder Verstoß gegen die Handlungsverbote in § 4 ist eine „unerlaubte Handlung" im Sinne von § 2 Abs. 1 Nr. 3 lit. d) ArbGG, auch erst drohende Verstöße (vgl. § 6).[20]

---

13 BTDrucks. 19/4724 S. 34; Harte-Bavendamm/Ohly/Kalbfus/*Kalbfus* § 15 GeschGehG Rn. 1, 9; Büscher/*McGuire* § 15 GeschGehG Rn. 5; BeckOK GeschGehG/*Gregor* § 15 GeschGehG Rn. 4, 6; Köhler/Bornkamm/Feddersen/*Alexander* § 15 GeschGehG Rn. 12; *Hoppe/Oldekop/Pichlmaier* Kap. 3 Rn. 56; *Reinfeld* § 1 Rn. 13, § 6 Rn. 5, 18.

14 OLG Frankfurt a. M. 20.5.2004 GRUR **2005** 792; Köhler/Bornkamm/Feddersen/*Alexander* § 15 GeschGehG Rn. 14; *Hoppe/Oldekop/Pichlmaier* Kap. 3 Rn. 61 ff.; *Reinfeld* § 6 Rn. 21 ff., 27; *Reuter* NJW **2008** 3538, 3542 ff.; **a. A.** noch OLG Frankfurt a. M. 15.8.1991 GRUR **1992** 209.

15 OLG Frankfurt a. M. 20.5.2004 GRUR **2005** 792; OLG Düsseldorf 19.7.2002 GRUR-RR **2003** 63; Büscher/*McGuire* § 15 GeschGehG Rn. 5; Köhler/Bornkamm/Feddersen/*Alexander* § 15 GeschGehG Rn. 15; Köhler/Bornkamm/Feddersen/*Köhler* § 12 UWG Rn. 2.4; Germelmann/Matthes/Prütting/*Schlewing* § 2 ArbGG Rn. 76; Grunsky/Waas/Benecke/Greiner/*Waas* § 2 ArbGG Rn. 61; Hauck/Helml/Biebl/*Helml* § 2 ArbGG Rn. 37; *Hoppe/Oldekop/Pichlmaier* Kap. 3 Rn. 61 ff.; *Reinfeld* § 6 Rn. 27; vgl. OLG Frankfurt a. M. 23.9.2010 NJOZ **2011** 384; LAG Hamm 4.12.2006 NZA-RR **2007** 151; OLG Frankfurt a. M. 15.8.1991 GRUR **1992** 209; **a. A.** *Asendorf* GRUR **1990** 229, 231 ff.

16 Germelmann/Matthes/Prütting/*Schlewing* § 2 ArbGG Rn. 76; Grunsky/Waas/Benecke/Greiner/*Waas* § 2 ArbGG Rn. 61; Hauck/Helml/Biebl/*Helml* § 2 ArbGG Rn. 37; vgl. OLG Frankfurt a. M. 23.9.2010 NJOZ **2011** 384; LAG Hamm 4.12.2006 NZA-RR **2007** 151; OLG Frankfurt a. M. 15.8.1991 GRUR **1992** 209.

17 Harte-Bavendamm/Ohly/Kalbfus/*Kalbfus* § 15 GeschGehG Rn. 10; *Reinfeld* § 6 Rn. 24; vgl. *Bissels/Schroeders/Ziegelmayer* DB **2016** 2295, 2295.

18 *Reinfeld* § 6 Rn. 25; vgl. Köhler/Bornkamm/Feddersen/*Köhler* § 12 UWG Rn. 2.4; *Mes* GRUR **1979** 584, 584 ff.; *Bissels/Schroeders/Ziegelmayer* DB **2016** 2295, 2295.

19 *Reinfeld* § 6 Rn. 26; vgl. Köhler/Bornkamm/Feddersen/*Köhler* § 12 UWG Rn. 2.4; *Bissels/Schroeders/Ziegelmayer* DB **2016** 2295, 2295.

20 *Reinfeld* § 6 Rn. 27.

13 Die Arbeitsgerichte sind aber dann unzuständig, wenn der vom Kläger vorgetragene Lebenssachverhalt **keinen Bezug zum (früheren) Arbeitsverhältnis** hat, also etwa keine sachliche oder zeitliche Verknüpfung zum laufenden oder bereits beendeten Arbeitsverhältnis besteht, so dass in diesem Fall die ordentlichen Gerichte zuständig sind.[21]

14 Für eine etwaige **Verweisung** sind die §§ 17a Abs. 2 GVG, 48 Abs. 1 ArbGG maßgeblich. Entscheidet das unzuständige Landgericht aber in der Hauptsache, ist das Rechtsmittelgericht an diese Entscheidung gebunden und prüft nicht mehr die Zulässigkeit des Rechtswegs (§ 17a Abs. 5 GVG).[22]

15 Eine Besonderheit im Hinblick auf die Zuständigkeit ist gemäß § 2 Abs. 3 ArbGG im Hinblick auf sog. **Zusammenhangstreitigkeiten** zu beachten. Danach sind die Arbeitsgerichte auch für solche Klagen zuständig, für die zwar grundsätzlich die ordentlichen Gerichte zuständig sind, sie aber mit einem Anspruch in rechtlichem oder unmittelbar wirtschaftlichen Zusammenhang stehen, der die Zuständigkeit der Arbeitsgerichte begründet, wenn für die Geltendmachung des Anspruchs nicht die ausschließliche Zuständigkeit eines anderen Gerichts gegeben ist. Zu diesen ausschließlichen Zuständigkeiten zählt neben § 29a Abs. 1 ZPO, § 143 Abs. 1 PatG, § 39 Abs. 1 ArbnErfG und § 13 Abs. 1 UWG auch § 15 Abs. 1.[23]

16 Streitigkeiten mit ehemaligen Organmitgliedern, insbesondere (ausgeschiedenen) Geschäftsführern einer GmbH oder (ausgeschiedenen) Vorstandsmitgliedern einer AG, können bei einer entsprechenden **Vereinbarung gemäß § 2 Abs. 4 ArbGG** vor den Arbeitsgerichten geführt werden.[24]

17 Mit Blick auf ein **Güteverfahren gemäß § 54 ArbGG** ist bereits im Vorfeld eines Gütetermins aus Gründen des effektiven Geheimnisschutzes ein Antrag gemäß §§ 16, 19 zu stellen, sofern es um Ansprüche nach dem GeschGehG geht, da nicht zwangsläufig davon auszugehen ist, dass das zuständige Arbeitsgericht die Öffentlichkeit aus Zweckmäßigkeitsgründen gemäß § 52 Satz 3 ArbGG im Güteverfahren ausschließt.[25]

18 Die ausschließliche Zuständigkeit der Arbeitsgerichte in **Beschlussverfahren** gemäß § 2a ArbGG wird mit Blick auf Geschäftsgeheimnisstreitsachen nur in besonderen Fällen relevant, etwa bei Streitigkeiten über die Auflösung des Betriebsrats oder der Wirksamkeit des Ausschlusses eines Betriebsratsmitglieds aufgrund einer Geheimnisverletzung, wobei oft § 79 BetrVG einschlägig sein wird.[26]

B. Kommentierung

19 § 15 regelt die ausschließliche sachliche und örtliche Zuständigkeit. Darüber hinaus enthält § 15 eine Konzentrationsermächtigung für die Landesregierungen, um die Klagen der Bezirke mehrerer Landgerichte einem von ihnen zuzuweisen. Die internationale Zuständigkeit ist hingegen nicht in § 15 geregelt, sondern ergibt sich aus den allgemeinen Regeln (insbes. EuGVVO und LGVÜ).

---

21 OLG Nürnberg 24.7.2008 FD-GewRS **2009** 277860 m. Anm. *Maaßen*; Harte-Bavendamm/Ohly/Kalbfus/*Kalbfus* § 15 GeschGehG Rn. 10; BeckOK GeschGehG/*Gregor* § 15 GeschGehG Rn. 5; *Reinfeld* § 6 Rn. 28.
22 Köhler/Bornkamm/Feddersen/*Köhler* § 12 UWG Rn. 2.4; *Reinfeld* § 6 Rn. 29.
23 Harte-Bavendamm/Ohly/Kalbfus/*Kalbfus* § 15 GeschGehG Rn. 11 f.; *Hoppe/Oldekop/Pichlmaier* Kap. 3 Rn. 59; *Reinfeld* § 6 Rn. 30; *Reuter* NJW **2008** 3538, 3542; vgl. BAG 10.6.2010 GRUR-RR **2010** 447, 448; Germelmann/Matthes/Prütting/*Schlewing* § 2 ArbGG Rn. 117 ff.
24 Harte-Bavendamm/Ohly/Kalbfus/*Kalbfus* § 15 GeschGehG Rn. 13 f.; *Reinfeld* § 6 Rn. 31.
25 *Reinfeld* § 6 Rn. 32.
26 *Reinfeld* § 6 Rn. 33.

I. Sachliche Zuständigkeit (§ 15 Abs. 1)

§ 15 Abs. 1 bestimmt die sachliche Zuständigkeit und weist Streitigkeiten, durch die ein Anspruch nach dem GeschGehG vor den ordentlichen Gerichten geltend gemacht wird, **ausschließlich** den **Landgerichten** zu. Damit sind nunmehr Streitigkeiten wegen Geheimnisschutzverletzung unabhängig vom Streitwert in erster Instanz ausschließlich bei den Landgerichten angesiedelt, unabhängig von der Art der Klage (etwa Leistungsklage oder Feststellungsklage).[27] Die Regelung orientiert sich an § 143 Abs. 1 PatG und § 13 Abs. 1 Satz 1 UWG, die eine ausschließliche Zuständigkeit der Landgerichte bereits vorsehen, und fördert die Qualitätssicherung sowie Vereinheitlichung der Rechtsprechung.[28] Aufgrund der Gemeinsamkeiten des Schutzes von Geschäftsgeheimnissen mit dem Recht gegen den unlauteren Wettbewerb sowie der Überschneidungen von Geschäftsgeheimnisstreitsachen und Patentstreitsachen ist die Ausnutzung der Erfahrung und Sachkunde der Landgerichte sinnvoll. Aus § 15 Abs. 1 ergibt sich infolgedessen auch, dass die Amtsgerichte unabhängig vom Streitwert unzuständig sind. 20

Die Zuständigkeit gemäß § 15 Abs. 1 regelt nach seinem Wortlaut nur die Zuständigkeit für **Hauptsacheverfahren** („Klagen"), gilt jedoch über §§ 937 Abs. 1, 802 ZPO auch für das **Verfahren im einstweiligen Rechtsschutz** (vgl. Kommentierung zu Vor §§ 15–22 Rn. 28 f.).[29] 21

Durch die Herauslösung des Geheimnisschutzes aus dem UWG ist die Zuweisung an die **Kammern für Handelssachen** gemäß § 95 Abs. 1 Nr. 5 GVG nicht mehr anwendbar, so dass nunmehr etwa die Zuordnung an die **Patentstreitkammern der Landgerichte** möglich ist.[30] Der Beklagte kann also die Verweisung an die Zivilkammer beantragen (§ 97 Abs. 1 GVG), sofern der Kläger eine Geschäftsgeheimnisstreitsache vor eine Kammer für Handelssachen bringt (§ 96 Abs. 1 GVG), wobei die angerufene Kammer für Handelssachen die Sache bis zur mündlichen Verhandlung und einer Beschlussfassung auch von Amts wegen an die Zivilkammer verweisen darf (§ 97 Abs. 2 GVG).[31] Der Referentenentwurf sah in seiner Zuständigkeitsregelung (§ 14 RefE) noch die Formulierung „Zivilkammern der Landgerichte" vor, was nach dem Sprachgebrauch des GVG die allgemeinen Zivilkammern einschloss, nicht aber die Kammern für Handelssachen.[32] § 15 Abs. 1 spricht zwar nur noch von der Zuständigkeit der Landgerichte, so dass auch die Kammern für Handelssachen darunter fallen könnten. § 95 Abs. 1 Nr. 5 GVG wurde jedoch im Gesetzgebungsverfahren nicht entsprechend angepasst, so dass er sich weiterhin nur auf das UWG bezieht und gerade nicht auf das GeschGehG und Klagen nach dem GeschGehG mithin keine Handelssachen im Sinne von § 95 GVG sind. Dagegen hat der Gesetzgeber **§ 74c Abs. 1 Satz 1** 22

---

27 Harte-Bavendamm/Ohly/Kalbfus/*Kalbfus* § 15 GeschGehG Rn. 16; Büscher/*McGuire* § 15 GeschGehG Rn. 12; BeckOK GeschGehG/*Gregor* § 15 GeschGehG Rn. 2, 3; Köhler/Bornkamm/Feddersen/*Alexander* § 15 GeschGehG Rn. 18; *Reinfeld* § 6 Rn. 19.

28 BTDrucks. 19/4724 S. 35; Harte-Bavendamm/Ohly/Kalbfus/*Kalbfus* § 15 GeschGehG Rn. 16; Büscher/*McGuire* § 15 GeschGehG Rn. 1, 11; BeckOK GeschGehG/*Gregor* § 15 GeschGehG Rn. 7; Köhler/Bornkamm/Feddersen/*Alexander* § 15 GeschGehG Rn. 7, 16, 19; *Reinfeld* § 6 Rn. 19; *Rehaag/Straszewski* Mitt. **2019** 249, 257; *Dumont* BB **2018** 2441, 2446; *Gärtner/Goßler* Mitt. **2018** 204, 209.

29 Büscher/*McGuire* § 15 GeschGehG Rn. 2, 14, § 16 GeschGehG Rn. 9; BeckOK GeschGehG/*Gregor* § 15 GeschGehG Rn. 3; Köhler/Bornkamm/Feddersen/*Alexander* § 15 GeschGehG Rn. 16, 18; *Reinfeld* § 6 Rn. 13.

30 Harte-Bavendamm/Ohly/Kalbfus/*Kalbfus* § 15 GeschGehG Rn. 17; Büscher/*McGuire* § 15 GeschGehG Rn. 13; BeckOK GeschGehG/*Gregor* § 15 GeschGehG Rn. 8; *Hoppe/Oldekop/Pichlmaier* Kap. 3 Rn. 82; **a. A.** wohl Köhler/Bornkamm/Feddersen/*Alexander* § 15 GeschGehG Rn. 20; *Schlingloff* WRP **2018** 666, 669; vgl. *Reinfeld* § 6 Rn. 20.

31 BeckOK GeschGehG/*Gregor* § 15 GeschGehG Rn. 8; vgl. *Reinfeld* § 6 Rn. 20.

32 Köhler/Bornkamm/Feddersen/*Alexander* § 15 GeschGehG Rn. 20; *Schlingloff* WRP **2018** 666, 669.

Nr. 1 GVG für die Zuständigkeit der Wirtschaftsstrafkammern im Hinblick auf das GeschGehG ergänzt. Es ist also davon auszugehen, dass es sich nicht um ein Redaktionsversehen handelt, sondern der Gesetzgeber bewusst auch die Möglichkeit eröffnen wollte, dass die Patentstreitkammern für Verfahren nach dem GeschGehG zuständig sind.[33] Zwar ist eine sachliche Nähe der Geschäftsgeheimnisstreitsachen zu Klagen aus dem UWG (vgl. § 95 Abs. 1 Nr. 5 GVG) und zu Streitigkeiten aus Marken und Designs (vgl. § 95 Abs. 1 Nr. 4 c) GVG) nicht abzustreiten und lauterkeitsrechtliche Ansprüche werden auch mit Ansprüchen nach dem GeschGehG zusammentreffen, so dass auch bei Geschäftsgeheimnisstreitsachen die fachliche Kompetenz der Kammern für Handelssachen genutzt werden könnte.[34] Dennoch hat der Gesetzgeber die Zuständigkeit der Kammern für Handelssachen für Klagen nach dem GeschGehG nicht vorgesehen. Die Unzuständigkeit der Kammern für Handelssachen ist vielmehr als Zeichen dafür zu sehen, dass der Gesetzgeber Klagen nach dem GeschGehG eher im Zusammenhang mit technischen Schutzrechten gesehen hat. Aufgrund der Überschneidungen von Geschäftsgeheimnisstreitsachen und Patentstreitsachen ist die Ausnutzung der Erfahrung und Sachkunde der Patentstreitkammern an den Landgerichten sinnvoll.

II. Örtliche Zuständigkeit (§ 15 Abs. 2)

23 § 15 Abs. 2 regelt die **örtliche Zuständigkeit.** Nach § 15 Abs. 2 Satz 1 ist für Klagen nach § 15 Abs. 1 das Gericht ausschließlich zuständig, in dessen Bezirk der Beklagte seinen allgemeinen Gerichtsstand hat. Sofern der Beklagte im Inland keinen allgemeinen Gerichtsstand hat, ist das Gericht ausschließlich zuständig, in dessen Bezirk die Handlung begangen worden ist (§ 15 Abs. 2 Satz 2).

24 **1. Allgemeiner Gerichtsstand im Inland (§ 15 Abs. 2 Satz 1).** § 15 Abs. 2 Satz 1 legt die örtliche Zuständigkeit für die ordentlichen Gerichte **ausschließlich** anhand des **allgemeinen Gerichtsstands** des Beklagten fest, so dass der allgemeine Gerichtsstand gemäß §§ 12, 13 ZPO zum ausschließlichen Gerichtsstand wird.[35] Nach den §§ 12ff. ZPO bestimmt sich der allgemeine Gerichtsstand grundsätzlich nach seinem **Wohnsitz** (§ 13 ZPO) oder nach seinem **Sitz** (§ 17 ZPO). Demgemäß kann beispielsweise nicht vor dem Gericht einer Zweigniederlassung oder vor dem Gericht des Handlungsortes vorgegangen werden.[36]

25 Durch § 15 Abs. 2 Satz 1 werden die besonderen Gerichtsstände und dabei insbesondere der **„fliegende" Deliktsgerichtsstand** gemäß § 32 ZPO ausgeschlossen.[37] Der Gesetz-

33 **A. A.** Köhler/Bornkamm/Feddersen/*Alexander* § 15 GeschGehG Rn. 20.

34 Harte-Bavendamm/Ohly/Kalbfus/*Kalbfus* § 15 GeschGehG Rn. 17; Köhler/Bornkamm/Feddersen/*Alexander* § 15 GeschGehG Rn. 20; *Rehaag/Straszewski* Mitt. **2019** 249, 257; *Schlingloff* WRP **2018** 666, 669.

35 BTDrucks. 19/4724, S. 35; Harte-Bavendamm/Ohly/Kalbfus/*Kalbfus* § 15 GeschGehG Rn. 19ff.; *Hoppe/Oldekop/Pichlmaier* Kap. 3 Rn. 75f.

36 BeckOK GeschGehG/*Gregor* § 15 GeschGehG Rn. 10.

37 Harte-Bavendamm/Ohly/Kalbfus/*Kalbfus* § 15 GeschGehG Rn. 26; Büscher/*McGuire* § 15 GeschGehG Rn. 11, 15; Köhler/Bornkamm/Feddersen/*Alexander* § 15 GeschGehG Rn. 23; *Hoppe/Oldekop/Pichlmaier* Kap. 3 Rn. 73f.; *Reinfeld* § 6 Rn. 34; *Zhu/Popp* GRUR **2020** 338, 341; *Ernst* MDR **2019** 897, 901; *Ohly* GRUR **2019** 441, 450; *Rehaag/Straszewski* Mitt. **2019** 249, 257; *Schlingloff* WRP **2018** 666, 669; *Würtenberger/Freischem* GRUR **2018** 708, 711; vgl. Max-Planck-Institut für Innovation und Wettbewerb, Stellungnahme vom 18.05.2018 zum Referentenentwurf eines Gesetzes zur Umsetzung der Richtlinie (EU) 2016/943 zum Schutz von Geschäftsgeheimnissen vor rechtswidrigem Erwerb sowie rechtswidriger Nutzung und Offenlegung vom 17.4.2018, S. 16.

geber hat sich mithin im Hinblick auf den **„fliegenden Gerichtsstand“** im Vergleich zu den Spezialgesetzen der verschiedenen Schutzrechte sowie § 14 UWG, bei denen § 32 ZPO anwendbar ist, zu einer eingeschränkten Regelung entschieden.[38]

Die Bestrebungen des Gesetzgebers, den fliegenden Gerichtsstand zurückzudrängen, ist bedauerlich und nur eingeschränkt nachvollziehbar, liegen aber auf einer Linie mit den Bestrebungen des Gesetzgebers, den fliegenden Gerichtsstand im UWG weitestgehend abzuschaffen, um den angeblichen Abmahnmissbrauch einzudämmen.[39] Ein Missbrauch durch eine Klageflut, insbesondere durch die Wahl der örtlichen Zuständigkeit, ist in Geheimnisschutzstreitsachen jedoch nicht zu befürchten.[40] Gleichzeitig wird aber durch die starke Beschränkung der Zuständigkeit ein Gleichlauf mit den Zuständigkeiten gemäß den Spezialgesetzen der verschiedenen Schutzrechte gehemmt, wobei gerade die Verletzung von technischem Know-how häufig im Zusammenhang mit Patent-, Gebrauchsmuster- und Urheberrechtsstreitigkeiten auftreten, etwa weil Produkte ein Geschäftsgeheimnis enthalten oder auf vertraulichem Herstellungs-Know-how beruhen oder Streitgegenstand ein Software-Quellcode oder eine Datenbank ist.[41] Angesichts der weiten Definition des Begriffs „rechtsverletzendes Produkt“ (vgl. § 2 Nr. 4) wird sich diese Überschneidung noch verstärken. Schließlich bestehen auch Überschneidungen zwischen der Verletzung von Geschäftsgeheimnissen und einem Verstoß gegen die §§ 24 ff. ArbnErfG.[42] Zwar wird durch die Regelung der ausschließlichen Zuständigkeit in § 15 Abs. 2 Satz 1 ein ***forum shopping*** verhindert, jedoch wird dem Kläger zugleich die Auswahl eines besonders sachkundigen Gerichts genommen.[43] Aufgrund des eindeutigen Gesetzeswortlauts können diesem misslichen Umstand nur die Länder entgegenwirken, indem sie von der Konzentrationsermächtigung gemäß § 15 Abs. 3 nach patentrechtlichem Vorbild Gebrauch machen.[44] **26**

Im Hinblick auf die örtliche Zuständigkeit der **Arbeitsgerichte** gelten die allgemeinen Regelungen der ZPO. In diesem Zusammenhang erwähnenswert ist jedoch § 48 Abs. 1a ArbGG, wonach u. a. für Streitigkeiten nach § 2 Abs. 1 Nr. 3, 4a ArbGG auch das Arbeitsgericht zuständig ist, in dessen Bezirk der Arbeitnehmer gewöhnlich seine Arbeit verrichtet oder zuletzt gewöhnlich verrichtet hat, bzw. das Arbeitsgericht, von dessen Bezirk aus der Arbeitnehmer gewöhnlich seine Arbeit verrichtet oder zuletzt gewöhnlich verrichtet hat, **27**

---

38 Vgl. BTDrucks. 15/1487 S. 26, 36 f.; Büscher/*McGuire* § 15 GeschGehG Rn. 16; BeckOK GeschGehG/*Gregor* § 15 GeschGehG Rn. 10; Köhler/Bornkamm/Feddersen/*Alexander* § 15 GeschGehG Rn. 23; *Ohly* GRUR **2019** 441, 450; *Rehaag/Straszewski* Mitt. **2019** 249, 257; *Schlingloff* WRP **2018** 666, 669; *Würtenberger/Freischem* GRUR **2018** 708, 711.

39 BeckOK GeschGehG/*Gregor* § 15 GeschGehG Rn. 11.1; Köhler/Bornkamm/Feddersen/*Alexander* § 15 GeschGehG Rn. 23; *McGuire* Festschrift Büscher (2018) 525 ff.; *Fries/Podszun/Windau* RDi 2020 49, 49 f. (Rn. 3); *Ohly* GRUR **2019** 441, 450; *Würtenberger/Freischem* GRUR **2019** 59, 60 ff.; *Dumont* BB **2018** 2441, 2446; *Fritzsche* WRP **2018** 1277, 1282; *Schlingloff* WRP **2018** 666, 669 f.; Koalitionsvertrag zwischen CDU, CSU und SPD (2018), 19. Legislaturperiode, Rn. 5819 ff.

40 Büscher/*McGuire* § 15 GeschGehG Rn. 16; BeckOK GeschGehG/*Gregor* § 15 GeschGehG Rn. 11.1; Köhler/Bornkamm/Feddersen/*Alexander* § 15 GeschGehG Rn. 23; vgl. Max-Planck-Institut für Innovation und Wettbewerb, Stellungnahme vom 18.5.2018 zum Referentenentwurf eines Gesetzes zur Umsetzung der Richtlinie (EU) 2016/943 zum Schutz von Geschäftsgeheimnissen vor rechtswidrigem Erwerb sowie rechtswidriger Nutzung und Offenlegung vom 17.4.2018, S. 16.

41 Harte-Bavendamm/Ohly/Kalbfus/*Kalbfus* § 15 GeschGehG Rn. 26, 33; Büscher/*McGuire* § 15 GeschGehG Rn. 16; BeckOK GeschGehG/*Gregor* § 15 GeschGehG Rn. 11.1; *Hoppe/Oldekop/Pichlmaier* Kap. 3 Rn. 74; *Ohly* GRUR **2019** 441, 450; vgl. *Rehaag/Straszewski* Mitt. **2019** 249, 257; *Würtenberger/Freischem* GRUR **2018** 708, 711 f.

42 Büscher/*McGuire* § 15 GeschGehG Rn. 16.

43 *Ohly* GRUR **2019** 441, 450; vgl. *Zhu/Popp* GRUR **2020** 338, 341.

44 Harte-Bavendamm/Ohly/Kalbfus/*Kalbfus* § 15 GeschGehG Rn. 33; *Hoppe/Oldekop/Pichlmaier* Kap. 3 Rn. 74; *Ohly* GRUR **2019** 441, 450; *Schlingloff* WRP **2018** 666, 669 f.; *Würtenberger/Freischem* GRUR **2018** 708, 711.

sofern ein gewöhnlicher Arbeitsort im Sinne des § 48 Abs. 1a Satz 1 ArbGG nicht feststellbar ist.[45]

28 **2. Kein allgemeiner Gerichtsstand im Inland (§ 15 Abs. 2 Satz 2).** § 15 Abs. 2 Satz 2 enthält eine Sonderregelung für Auslandssachverhalte. Sofern der Beklagte keinen allgemeinen Gerichtsstand im Inland hat, ist nach § 15 Abs. 2 Satz 2 das Gericht **ausschließlich** zuständig, in dessen Bezirk die relevante Handlung (vgl. § 4) begangen worden ist.[46] Der Wortlaut von § 15 Abs. 2 Satz 2 entspricht dem von § 32 ZPO („das Gericht zuständig, in dessen Bezirk die Handlung begangen ist"), so dass wie bei § 32 ZPO sowohl der Handlungsort als auch der Erfolgsort erfasst sind.[47] Mithin wird in dieser Konstellation die Zuständigkeit durch den **Handlungsort oder Erfolgsort im Inland** begründet, so dass über § 15 Abs. 2 Satz 2 der **fliegende Gerichtsstand** für diese **Sonderkonstellation** fortbesteht.[48]

29 § 15 Abs. 2 Satz 2 greift aber nur dann, wenn eine andere örtliche Zuständigkeit nicht bereits durch höherrangiges Recht begründet wird, insbesondere in Fällen, in denen das **Unionsrecht** neben der **internationalen Zuständigkeit** auch die **örtliche Zuständigkeit** regelt.[49] Derartige Vorschriften für unerlaubte Handlungen, zu denen auch die Verletzung von Geschäftsgeheimnissen zählen, sind in der **Brüssel Ia-Verordnung** („**EuGVVO**") sowie dem Übereinkommen über die gerichtliche Zuständigkeit und die Anerkennung und Vollstreckung von Entscheidungen in Zivil- und Handelssachen („**Lugano-Übereinkommen**", kurz „**LGVÜ**") vorgesehen. Mithin ist der Anwendungsbereich von § 15 Abs. 2 Satz 2 aufgrund des Vorrangs des Europäischen Prozessrechts beschränkt auf Fälle, in denen weder Art. 7 Abs. 2 EuGVVO noch Art. 5 Nr. 3 LGVÜ einschlägig sind.[50]

30 Die **internationale Zuständigkeit** bestimmt sich nämlich nach der **EuGVVO**, sofern der Beklagte seinen Wohnsitz/Sitz in einem Mitgliedsstaat der EU hat; bei einem Wohnsitz/Sitz in Norwegen, Island oder der Schweiz nach dem **LGVÜ**.[51] Art. 7 Nr. 2 EuGVVO und Art. 5 Nr. 3 LGVÜ sehen im Hinblick auf den deliktischen Gerichtsstand das **Ubiquitätsprinzip** vor, so dass der Beklagte sowohl am **Handlungsort** (= Ort der für den Schaden ursächlichen Geschehens) als auch am **Erfolgsort** (= Ort der Verwirklichung des Schadenserfolgs) verklagt werden kann, wie bei § 32 ZPO.[52] Diese beiden Zuständigkeitstatbestände

---

45 *Reinfeld* § 6 Rn. 35.

46 BTDrucks. 19/4724, S. 35; Harte-Bavendamm/Ohly/Kalbfus/*Kalbfus* § 15 GeschGehG Rn. 19, 25 f.

47 BeckOK GeschGehG/*Gregor* § 15 GeschGehG Rn. 15; vgl. Büscher/*McGuire* § 15 GeschGehG Rn. 17, 18; *Reinfeld* § 6 Rn. 34.

48 Harte-Bavendamm/Ohly/Kalbfus/*Kalbfus* § 15 GeschGehG Rn. 26; BeckOK GeschGehG/*Gregor* § 15 GeschGehG Rn. 15; *Hoppe/Oldekop/Pichlmaier* Kap. 3 Rn. 77; *Rehaag/Straszewski* Mitt. **2019** 249, 257.

49 Büscher/*McGuire* § 15 GeschGehG Rn. 17; Köhler/Bornkamm/Feddersen/*Alexander* § 15 GeschGehG Rn. 25.

50 Harte-Bavendamm/Ohly/Kalbfus/*Ohly* GeschGehG Einl. A Rn. 226 ff.; Büscher/*McGuire* § 15 GeschGehG Rn. 17; BeckOK GeschGehG/*Gregor* § 15 GeschGehG Rn. 16; Köhler/Bornkamm/Feddersen/*Alexander* GeschGehG § 15 Rn. 25; *Hoppe/Oldekop/Pichlmaier* Kap. 3 Rn. 51 ff., 79.

51 Harte-Bavendamm/Ohly/Kalbfus/*Kalbfus* GeschGehG § 15 Rn. 27; Harte-Bavendamm/Ohly/Kalbfus/*Ohly* GeschGehG Einl. A Rn. 227; Büscher/*McGuire* Einl. Rn. 212, 218, § 15 GeschGehG Rn. 18; vgl. Benkard/*Grabinski/Zülch* § 139 PatG Rn. 100 ff., § 143 PatG Rn. 11.

52 EuGH 16.6.2016 EuZW **2016** 583, 584 – Universal Music International Holding/Schilling u. a. m. Anm. *Mankowski*; EuGH 10.9.2015 EuZW **2015** 922, 926 – Holterman Ferho Exploitatie u. a./Spies von Büllesheim; EuGH 5.6.2014 EuZW **2014** 664, 666 – Coty Germany GmbH/First Note Perfumes NV m. Anm. *von Hein*; BGH 30.3.2006 GRUR **2006** 513, 514 f. – Arzneimittelwerbung im Internet; Harte-Bavendamm/Ohly/Kalbfus/*Kalbfus* GeschGehG § 15 Rn. 27 ff.; Harte-Bavendamm/Ohly/Kalbfus/*Ohly* GeschGehG Einl. A Rn. 231, 241 ff.; Büscher/*McGuire* § 15 GeschGehG Rn. 18; BeckOK GeschGehG/*Gregor* § 15 GeschGehG Rn. 16; Köhler/Bornkamm/Feddersen/*Alexander* § 15 GeschGehG Rn. 27; *Hoppe/Oldekop/Pichlmaier* Kap. 3 Rn. 54; vgl. Benkard/*Grabinski/Zülch* § 139 PatG Rn. 101a f.; *Mes* § 143 PatG Rn. 28, 33.

regeln die internationale wie auch die örtliche Zuständigkeit unmittelbar und verdrängen eine abweichende Regelung nach dem jeweils einschlägigen nationalen Recht.[53] Dies hat zur Folge, dass der Kläger auf Basis des **europäischen fliegenden Gerichtsstands** vor einem beliebigen, sachlich zuständigen Gericht klagen kann, sofern der Handlungs- oder Erfolgsort im Inland liegt.[54] Dabei steht dem Kläger ein Wahlrecht zu, vor welchem Gericht dieser zwei möglichen Orte er den Beklagten verklagt.[55] Demgemäß ist die in § 15 Abs. 2 Satz 2 vorgesehene Beschränkung auf den Handlungsort nur bei Beklagten mit Wohnsitz/Sitz in einem Drittstaat einschlägig.[56]

Der Vorrang des Europäischen Prozessrechts ist auch für **einstweilige Maßnahmen** zu beachten. Für den Erlass von einstweiligen Maßnahmen ist das gemäß Art. 4ff. EuGVVO und Art. 2ff. LGVÜ international zuständige Hauptsachegericht zuständig. Die nach dem jeweils einschlägigen nationalen Prozessrecht zuständigen Gerichte sind daneben ebenfalls befugt, einstweilige Maßnahmen zu erlassen, wenn auch beschränkt auf das jeweilige Territorium (vgl. Art. 2 lit. a) Satz 2 EuGVVO).[57] Demgemäß kann etwa ein deutsches Gericht eine einstweilige Verfügung auf der Grundlage von Art. 35 EuGVVO i. V. m. § 15 Abs. 1, 2 erlassen, selbst wenn das Gericht eines anderen EU-Mitgliedsstaates in der Hauptsache zuständig ist oder bereits angerufen worden ist.[58] 31

III. Zuständigkeitskonzentration (§ 15 Abs. 3)

§ 15 Abs. 3 ermöglicht den Bundesländern eine **Zuständigkeitskonzentration** in Bezug auf Geschäftsgeheimnisstreitsachen vorzunehmen. 32

1. Konzentrationsermächtigung (§ 15 Abs. 3 Satz 1). Nach der **Konzentrationsermächtigung** gemäß § 15 Abs. 3 Satz 1 können die Landesregierungen durch Rechtsverordnung die Klagen nach dem GeschGehG für die Bezirke mehrerer Landgerichte einem von ihnen zuweisen. Die Anzahl der möglichen Eingangsgerichte für Geheimnisschutzstreitsachen kann also durch eine Festlegung auf ein Gericht oder einzelne Gerichte in dem jeweiligen Bundesland verringert werden.[59] Die Regelung entspricht der patentrechtlichen Vorschrift in § 143 Abs. 2 Satz 1 PatG, der lauterkeitsrechtlichen Vorschrift in § 13 Abs. 2 Satz 1 UWG sowie der urheberrechtlichen Vorschrift in § 105 Abs. 1 UrhG.[60] 33

Die Länder haben mittels dieser Ermächtigung die Möglichkeit, richterliche Sachkunde zum Schutz von Geschäftsgeheimnissen zu zentralisieren, insbesondere unter Berücksichtigung der besonderen prozessualen Regeln, so dass die Sachkenntnis bei der Anwendung 34

---

53 MüKo ZPO/*Gottwald* Art. 7 Brüssel Ia-VO Rn. 45f.; Büscher/*McGuire* § 15 GeschGehG Rn. 18; BeckOK GeschGehG/*Gregor* § 15 GeschGehG Rn. 16; Köhler/Bornkamm/Feddersen/*Alexander* § 15 GeschGehG Rn. 25; *McGuire* Festschrift Büscher (2018) 530ff., 535ff.

54 Büscher/*McGuire* § 15 GeschGehG Rn. 18.

55 EuGH 21.5.2015 GRUR Int **2015** 1176, 1180 – CDC Hydrogen Peroxide SA/Akzo Nobel NV u. a.; EuGH 28.1.2015 NJW **2015** 1581, 1583 – Kolassa/Barclays Bank PLC; EuGH 16.5.2013 NJW **2013** 2099, 2100 – Melzer/MF Global UK Ltd m. Anm. *Müller*; Köhler/Bornkamm/Feddersen/*Alexander* § 15 GeschGehG Rn. 27.

56 Büscher/*McGuire* § 15 GeschGehG Rn. 18.

57 Büscher/*McGuire* § 15 GeschGehG Rn. 19.

58 Büscher/*McGuire* § 15 GeschGehG Rn. 19.

59 Büscher/*McGuire* § 15 GeschGehG Rn. 20.

60 BT-Drucks. 19/4724 S. 35; Harte-Bavendamm/Ohly/Kalbfus/*Kalbfus* GeschGehG § 15 Rn. 33; BeckOK GeschGehG/*Gregor* § 15 GeschGehG Rn. 21; *Reinfeld* § 6 Rn. 36; *Ohly* GRUR **2019** 441, 450.

des GeschGehG und insbesondere dessen prozessualer Schutzvorschriften gefördert wird.[61] Über die Spezialzuweisung und eine entsprechende Anzahl von Fällen bei den zuständigen Gerichten kann die richterliche Sachkunde effektiver und arbeitsökonomischer ausgeübt werden und es kann sich schnell eine ständige Rechtsprechung zu Geheimnisstreitsachen etablieren.[62] Dies gilt zum einen vor dem Hintergrund der **prozessualen Sonderregelungen** (§§ 16, 19), zum anderen aber auch aus dem generellen **Verhältnismäßigkeitsvorbehalt** bei der Bestimmung der Rechtsfolgen wegen einer Geheimnisschutzverletzung (§ 9) sowie dem **Missbrauchsverbot** (§ 14).[63] Die Vorteile einer solchen Zuständigkeitskonzentration haben insbesondere die deutschen Patentstreitkammern eindrucksvoll aufgezeigt, die sich durch ihren Sachverstand sowie die schnelle und verlässliche Verfahrensbewältigung ausgezeichnet haben.[64] Es bleibt zu hoffen, dass die Bundesländer vor dem Hintergrund der aufgeführten Vorteile schnell und umfangreich von dieser Befugnis Gebrauch machen werden.

35 Es spricht einiges für die Zuweisung der Geschäftsgeheimnisstreitsachen an die Patentgerichte.[65] So weist die Verletzung von Geschäftsgeheimnissen oftmals große Überschneidungen mit Schutzrechtsverletzungen auf. Ferner sind Geschäftsgeheimnisse häufig Gegenstand von patentgerichtlichen Verfahren und es ist oftmals technischer Sachverstand bei der Frage erforderlich, ob ein Produkt rechtsverletzend ist. Schließlich sind auch Rechtsstreitigkeiten nach dem ArbnErfG den Patentstreitkammern ausschließlich zugewiesen (§ 39 Abs. 1 Satz 1 ArbnErfG).

36 **2. Übertragung auf Landesjustizverwaltungen (§ 15 Abs. 3 Satz 2).** Gemäß § 15 Abs. 3 Satz 2 können die Landesregierungen die Ermächtigung nach § 15 Abs. 3 Satz 1 durch **Rechtsverordnung** auf die **Landesjustizverwaltungen** übertragen. Diese Regelung entspricht der inhaltsgleichen Regelung in § 143 Abs. 2 Satz 2 PatG.

37 **3. Übertragung auf ein anderes Land (§ 15 Abs. 3 Satz 3).** Die Länder können gemäß § 15 Abs. 3 Satz 3 durch Vereinbarung auch die den Gerichten eines Landes obliegenden Geschäftsgeheimnisstreitsachen insgesamt oder teilweise dem zuständigen Gericht aus einem anderen Bundesland übertragen. Bei einer solchen Vereinbarung muss es sich jedoch um einen **Staatsvertrag** handeln.[66] Dies entspricht der Regelung in § 143 Abs. 2 Satz 3 PatG.

---

61 Harte-Bavendamm/Ohly/Kalbfus/*Kalbfus* § 15 GeschGehG Rn. 32; Büscher/*McGuire* § 15 GeschGehG Rn. 21; BeckOK GeschGehG/*Gregor* § 15 GeschGehG Rn. 21; *Reinfeld* § 6 Rn. 37; *Ohly* GRUR **2019** 441, 450; *Schlingloff* WRP **2018** 666, 669f.; *Würtenberger/Freischem* GRUR **2018** 708, 711f.

62 BT-Drucks. 19/4724 S. 35; Harte-Bavendamm/Ohly/Kalbfus/*Kalbfus* § 15 GeschGehG Rn. 32; Büscher/*McGuire* § 15 GeschGehG Rn. 21; Köhler/Bornkamm/Feddersen/*Alexander* § 15 GeschGehG Rn. 28; *Reinfeld* § 6 Rn. 37; *Ohly* GRUR **2019** 441, 450; vgl. Max-Planck-Institut für Innovation und Wettbewerb, Stellungnahme vom 18.5.2018 zum Referentenentwurf eines Gesetzes zur Umsetzung der Richtlinie (EU) 2016/943 zum Schutz von Geschäftsgeheimnissen vor rechtswidrigem Erwerb sowie rechtswidriger Nutzung und Offenlegung vom 17.4.2018, S. 16.

63 Büscher/*McGuire* § 15 GeschGehG Rn. 21.

64 Büscher/*McGuire* § 15 GeschGehG Rn. 22; vgl. amtl. Begr. BlPMZ 1936 103, 114ff.; OLG Düsseldorf 1.7.2011 GRUR-RR **2012** 305, 306; *Mes* § 143 PatG Rn. 2.

65 Büscher/*McGuire* § 15 GeschGehG Rn. 23; vgl. BeckOK GeschGehG/*Gregor* § 15 GeschGehG Rn. 21.

66 BT-Drucks. 19/4724 S. 35; BeckOK GeschGehG/*Gregor* § 15 GeschGehG Rn. 20; Köhler/Bornkamm/Feddersen/*Alexander* § 15 GeschGehG Rn. 29; *Reinfeld* § 6 Rn. 37.

4. Arbeitsgerichtsbarkeit. Die Möglichkeit der **Verfahrenskonzentration** ist nur für die Landgerichte vorgesehen, jedoch nicht für die Arbeitsgerichtsbarkeit.[67] Im Hinblick auf die Arbeitsgerichte ist zumindest im zweitinstanzlichen Rechtszug an die Einrichtung von Fachkammern zu denken, wie etwa am Landesarbeitsgericht Düsseldorf mit der Einrichtung einer Fachkammer für Streitigkeiten aus dem Betriebsrentenrecht.[68] 38

5. Übersicht. Nach derzeitigem Stand haben bislang folgende Bundesländer von der Konzentrationsermächtigung gemäß § 15 Abs. 3 Satz 1 Gebrauch gemacht: 39

Bundesland	Rechtsverordnung	Zuständiges Landgericht	Sonstiges
Baden-Württemberg	–	–	–
Bayern	–	–	–
Berlin	–	–	–
Brandenburg	–	–	–
Bremen	–	–	–
Hamburg	–	–	–
Hessen	§ 42a JuZuV Hessen	Landgericht Frankfurt a.M.	–
Mecklenburg-Vorpommern	–	–	–
Niedersachsen	–	–	–
Nordrhein-Westfalen	–	–	–
Rheinland-Pfalz	–	–	–
Saarland	–	–	–
Sachsen	–	–	–
Sachsen-Anhalt	–	–	–
Schleswig-Holstein	–	–	Bisher nur Übertragung auf das Justizministerium (§ 1 Abs. 1 Nr. 11b JErmÜVO)
Thüringen	–	–	–

67 *Reinfeld* § 6 Rn. 36, 38.
68 *Reinfeld* § 6 Rn. 38.

§ 16
Geheimhaltung

(1) Bei Klagen, durch die Ansprüche nach diesem Gesetz geltend gemacht werden (Geschäftsgeheimnisstreitsachen) kann das Gericht der Hauptsache auf Antrag einer Partei streitgegenständliche Informationen ganz oder teilweise als geheimhaltungsbedürftig einstufen, wenn diese ein Geschäftsgeheimnis sein können.

(2) Die Parteien, ihre Prozessvertreter, Zeugen, Sachverständige, sonstige Vertreter und alle sonstigen Personen, die an Geschäftsgeheimnisstreitsachen beteiligt sind oder die Zugang zu Dokumenten eines solchen Verfahrens haben, müssen als geheimhaltungsbedürftig eingestufte Informationen vertraulich behandeln und dürfen diese außerhalb eines gerichtlichen Verfahrens nicht nutzen oder offenlegen, es sei denn, dass sie von diesen außerhalb des Verfahrens Kenntnis erlangt haben.

(3) Wenn das Gericht eine Entscheidung nach Absatz 1 trifft, darf Dritten, die ein Recht auf Akteneinsicht haben, nur ein Akteninhalt zur Verfügung gestellt werden, in dem die Geschäftsgeheimnisse enthaltenden Ausführungen unkenntlich gemacht wurden.

Schrifttum

Ann EU-Richtlinie zum Schutz vertraulichen Know-hows – Wann kommt das neue deutsche Recht, wie sieht es aus, was ist noch offen? GRUR-Prax **2016** 465; *Ann/Hauck/Maute* Auskunftsanspruch und Geheimnisschutz im Verletzungsprozess, Köln 2011; *Apel/Walling* Das neue Geschäftsgeheimnisgesetz: Überblick und erste Praxishinweise, DB **2019** 891; *Brammsen* Reformbedürftig! – Der Regierungsentwurf des neuen Geschäftsgeheimnisschutzgesetzes, BB **2018** 2446; *Büscher* (Hrsg.) Gesetz gegen den unlauteren Wettbewerb, 2019; *Cepl/Voß* Prozesskommentar zum Gewerblichen Rechtsschutz, 2. Aufl. 2018; *Deichfuß* Rechtsdurchsetzung unter Wahrung der Vertraulichkeit von Geschäftsgeheimnissen, GRUR **2015** 436; *Dietrich/Nowak* Die Vorschläge der EU-Kommission zum Schutz vertraulicher Informationen in Kartellschadensersatzklagen – ein Aufruf an den Gesetzgeber zum Handeln, NZKart **2020** 15; *Druschel/Jauch* Der Schutz von Know-how im deutschen Zivilprozess: Der Status quo und die zu erwartenden Änderungen, Teil I: Der derzeitige und zukünftige prozessuale Geheimnisschutz im Know-how-Verletzungsverfahren, BB **2018** 1218; *dies.* Der Schutz von Know-how im deutschen Zivilprozess, Teil 2: Der derzeitige und zukünftige Geheimnisschutz im vorgelagerten Besichtigungsverfahren, BB **2018** 1794; *Ernst* Das Geschäftsgeheimnisgesetz: Praxisrelevante Aspekte der Umsetzung der EU Richtlinie 2016/943, MDR **2019** 897; *Fromm/Nordemann* (Hrsg.) Urheberrecht, 12. Auflage 2018; *Fuhlrott/Hiéramente* (Hrsg.) BeckOK GeschGehG, 6. Edition Stand: 15.12.2020; *Gärditz/Orth* Geheimnisschutz im Verwaltungsprozess, JuS **2010** 317; *Gärtner/Goßler* Trade secret litigation nun auch in Deutschland? – Gedanken zur Umsetzung der Know-how-Richtlinie, Mitt. **2018** 204; *Haedicke/Timmann* (Hrsg.) Handbuch des Patentrechts, 2. Aufl. 2020; *Hauck* Der Verletzungsprozess vor dem Einheitlichen Patentgericht – Auskunftsanspruch und Geheimnisschutz nach EPGÜ und Verfahrensordnung des Gerichts, GRUR Int. **2013** 413; *ders.* Geheimnisschutz im Zivilprozess – was bringt die neue EU-Richtlinie für das deutsche Recht? NJW **2016** 2218; *ders.* Schutz von Unternehmensgeheimnissen bei der Bestimmung FRAND-konformer Lizenzbedingungen, GRUR-Prax **2017** 118; *ders.* Was lange währt ... – Das Gesetz zum Schutz von Geschäftsgeheimnissen (GeschGehG) ist in Kraft, GRUR-Prax **2019** 223; *ders.* Besichtigungsanspruch und Geheimnisschutz im Patentrecht und (Software-)Urheberrecht seit Inkrafttreten des GeschGehG, GRUR **2020** 817; *Hoppen* Software-Besichtigungsansprüche und ihre Durchsetzung, CR **2009** 407; *Kalbfus* Rechtsdurchsetzung bei Geheimnisverletzungen – Welchen prozessualen Schutz gewährt das Geschäftsgeheimnisgesetz dem Kläger? WRP **2019** 692; *Knaak/Kur/Hilty* Comments of the Max Planck Institute for Innovation and Competition of 3 June 2014 on the Proposal of the European Commission for a Directive on the Protection of Undisclosed Know-How and Business Information (Trade Secrets) Against Their Unlawful Acquisition, Use and Disclosure of 28 November 2013, COM(2013) 813 final, IIC **2014** 953; *Köhler/Bornkamm/Feddersen* Gesetz gegen den unlauteren Wettbewerb, 39. Auflage 2021; *Kohler* Prozeßrechtliche Forschungen, Berlin 1889; *Kühnen* Die Besichtigung im Patentrecht – Eine Bestandsaufnahme zwei Jahre nach „Faxkarte" GRUR **2005** 185; *ders.* Update zum Düsseldorfer Besichtigungsverfahren, Mitt. **2009** 211; *ders.* Handbuch der Patentverletzung, 12. Aufl. Köln 2020; *ders.* Zivilprozessualer Geheimnisschutz in Patentstreitverfah-

https://doi.org/10.1515/9783110631654-020

ren, GRUR **2020** 576; *Kuta* Die Besichtigungsanordnung nach dem „Düsseldorfer Modell“, Diss. Münster 2016; *Lejeune* Anmerkungen zur Umsetzung der EU-Richtlinie 2016/943, ITRB **2018** 140; *ders.* Die neue EU Richtlinie zum Schutz von Know-How und Geschäftsgeheimnissen, CR **2016** 330; *Laoutoumai/Baumfalk* Probleme im vorprozessualen Verfahren bei der Rechtsverfolgung von Ansprüchen aus dem neuen GeschGehG, WRP **2018** 1300; *Maunz/Dürig* Grundgesetz-Kommentar, Werkstand: 92. EL August 2020; *McGuire* Know-how: Stiefkind, Störenfried oder Sorgenkind? GRUR **2015** 424; *dies.* Der Schutz von Know-how im System des Immaterialgüterrechts, GRUR **2016** 1000; *Melullis* Zum Besichtigungsanspruch im Vorfeld der Feststellung einer Verletzung von Schutzrechten, in: Keller/Plassmann/von Falck (Hrsg.) Festschrift für Winfried Tilmann, **2003** 843; *Müller/Aldick* Der Geheimnisschutz im Zivilprozess – Vom Gesetzgeber aus den Augen verloren? ZIP **2020** 9; *Müller-Stoy* Nachweis und Besichtigung des Verletzungsgegenstands im deutschen Patentrecht, Diss. Augsburg 2008; *Musielak/Voit* ZPO, 17. Aufl. 2020; *Ohly* Das neue Geschäftsgeheimnisgesetz im Überblick, GRUR **2019** 441; *Redeker/Pres/Gittinger* Einheitlicher Geheimnisschutz in Europa (Teil 2), WRP **2015** 812; *Rojahn* Das geheime Know-how: Wie geheim darf/muss das Zivilverfahren sein, in: Hilty/Drexl/Nordemann (Hrsg.) Schutz von Kreativität und Wettbewerb – Festschrift Loewenheim (2009); *Roth* Prozessmaximen, Prozessgrundrechte und die Konstitutionalisierung des Zivilprozessrechts, ZZP 131 (2018) 3; *Schlingloff* Geheimnisschutz im Zivilprozess aufgrund der „Know-how-Schutz“- Richtlinie – Was muss sich im deutschen Prozessrecht ändern? WRP **2018** 666; *Schregle* Neue Maßnahmen zum Geheimnisschutz in Geschäftsgeheimnisstreitsachen, Wegbereiter für den effektiven Rechtsschutz? GRUR **2019** 912; *Schoch* Verselbstständigung des „in camera“-Verfahrens im Informationsfreiheitsrecht? NVwZ **2012** 85; *Schulte* Mehr Schutz für Geschäftsgeheimnisse – Ein Überblick über die Regelungen des neuen Geschäftsgeheimnisgesetzes (GeschGehG), ArbRB **2019** 143; *Semrau-Brandt* Patentstreit zwischen Qualcomm und Apple: Schwächen des Geschäftsgeheimnisschutzes im Zivilprozess, GRUR-Prax **2019** 127; *Stadler* Der Schutz von Unternehmensgeheimnissen im Zivilprozeß, NJW **1989** 1202; *dies.* Geheimnisschutz im Zivilprozess aus deutscher Sicht, ZZP 123 (2010) 261; *Würtenberger/Freischem* Stellungnahme zum Referentenentwurf des Bundesministeriums der Justiz und für Verbraucherschutz – Entwurf eines Gesetzes zur Umsetzung der RL 2016/943/EU zum Schutz von Geschäftsgeheimnissen vor rechtswidrigem Erwerb sowie rechtswidriger Nutzung und Offenlegung, GRUR **2018** 708; *Zhu/Popp* Zivilprozessualer Geheimnisschutz in Patentstreitverfahren, GRUR **2020** 338.

Übersicht

A. Vorbemerkung

I. Zivilprozessuale Maximen und Verfahrensgrundrechte und der Schutz von Geschäftsgeheimnissen

1 In den §§ 16 bis 20 finden sich Regelungen über spezielle, auf Anordnung des Gerichts vorzunehmende Schutzmaßnahmen, um den Schutz von Geschäftsgeheimnissen bei „Verfahren in Geschäftsgeheimnisstreitsachen" (so die Überschrift des 3. Abschnitts) sicherzustellen. Bevor auf die in § 16 geregelten **Maßnahmen** näher eingegangen wird, einschließlich des Ablaufs des im Ergebnis **zweistufigen Verfahrens**[1], wird zunächst allgemein die Problematik des Schutzes von Geschäftsgeheimnissen in Zivilverfahren erörtert, auch mit Blick auf Lösungsversuche vor Inkrafttreten des GeschGehG.

2 Mit den Grundprinzipien des deutschen Zivilprozessrechts – den **Prozessgrundrechten** und **Prozessmaximen**[2] –, ist ein (effektiver) Schutz von Geschäftsgeheimnissen[3] – *prima vista* – nicht (so einfach) zu vereinbaren.[4] Ausgangspunkt ist das **Rechtsstaatsprinzip** (Art. 20 Abs. 3 GG) und ist insbesondere der **Anspruch auf rechtliches Gehör und auf ein faires Verfahren** (Art. 103 Abs. 1 GG; vgl. auch Art. 47 Abs. 2 GRCh, Art. 6 EMRK). Insoweit sind verfassungsrechtliche Einschränkungen möglich, aber nur dann, wenn hinreichende Sachgründe vorliegen.[5]

3 Im Einzelnen soll der **Grundsatz der Öffentlichkeit** des Verfahrens einschließlich der Urteilsverkündung (vgl. §§ 169 ff. GVG) dessen Transparenz gewährleisten und dadurch das Vertrauen der Bürger in die Unabhängigkeit der Justiz stärken.[6] Auch der **Grundsatz der Unmittelbarkeit** (§§ 355, 357 ZPO) – nach §§ 128, 355 ZPO finden mündliche Verhandlung und Beweisaufnahme vor dem erkennenden Gericht statt – und der **Beibringungsgrundsatz** (auch: Verhandlungsgrundsatz, vgl. dazu § 282 ZPO)[7] können kaum mit den Grundsätzen des unternehmerischen Geheimnisschutzes vereinbart werden, die einem wie auch immer zu verstehenden **Transparenzgebot** geradezu diametral entgegenstehen.[8]

4 Deutlich wird dies besonders im Rahmen des Beibringungsgrundsatzes beim Erfordernis, den **Klageantrag bestimmt** zu fassen (§ 253 Abs. 2 Nr. 2 ZPO). Denn dies kann konsequenterweise eben auch bedeuten, dass der Kläger in seiner Klageschrift[9] sensible Unternehmensinformationen, die nach dem GeschGehG als Geschäftsgeheimnisse geschützt sind,[10] detailliert beschreiben muss, weil er sonst Gefahr läuft, dass die Klage we-

---

1 Köhler/Bornkamm/Feddersen/*Alexander* § 16 GeschGehG Rn. 4.
2 Vgl. zu deren Verhältnis zueinander *Roth* ZZP 131 (**2018**) 3.
3 Zu diesem Begriff und den Schutzanforderungen ausf. die Kommentierung zu § 2.
4 Deutlich *Gaier* im Sondervotum BVerfG 14.3.2006 BVerfGE **115** 205 – Telekom, zur Verfassungsmäßigkeit von § 99 Abs. 2 VwGO: „[...] auf der Grundlage des geltenden Verfahrensrechts [ist] die von der Verfassung gebotene Zuordnung der betroffenen Rechtsgüter – effektiver Rechtsschutz einerseits und Geheimhaltungsinteresse andererseits – ausgeschlossen".
5 *Kalbfus* WRP **2019** 692, 693 unter Hinweis auf BVerfG 27.10.1999 NJW **2000** 1175, 1178 – Akteneinsicht im Verwaltungsprozess; BVerfG 29.11.1980 NJW **1990** 1104.
6 *McGuire* GRUR **2015** 424, 427: „Absage an eine Geheimjustiz".
7 *Schlingloff* WRP **2018** 666, 667.
8 Dazu grundlegend auch *Rojahn* Festschrift Loewenheim (2009) 252.
9 Dies gilt entsprechend für Anträge an ein Gericht, etwa auf Erlass einer einstweiligen Verfügung. Zum Verfügungsverfahren noch unten ab Rn. 30.
10 Vgl. zu den Schutzanforderungen im Einzelnen die Kommentierung zu § 2 GeschGehG sowie zu den Rechtsfolgen als eigentlichem Schutzmechanismus die Kommentierung der §§ 6 ff. GeschGehG.

gen des **unsubstantiierten**[11] **Sachvortrags** nicht erfolgreich ist.[12] Hintergrund des Bestimmtheitserfordernisses ist, dass damit der Streitgegenstand konkretisiert wird, was für die Reichweite der Rechtskraft einer späteren Entscheidung maßgeblich ist. Zudem muss dem Beklagten die Möglichkeit eröffnet werden, sich erschöpfend zu verteidigen.[13] Besonders misslich wegen der drohenden (erheblichen) wirtschaftlichen Nachteile ist diese Lage für den Kläger, wenn sich auf der Gegenseite ein Wettbewerber befindet.[14]

Im Ausgangspunkt kann der Kläger damit vor einem **Dilemma** stehen: Entweder verliert er den Rechtsstreit schon deshalb, weil die Klage unsubstantiiert (unschlüssig) ist; oder er setzt sich der Gefahr aus, sein Geschäftsgeheimnis, das immerhin in den Schutzbereich von Art. 14 GG (oder Art. 12 GG) fällt, „zu verlieren",[15] so dass, sollte die Klage erfolgreich sein, sich dies im Ergebnis als Pyrrhussieg herausstellen würde. Da der Kläger auch im weiteren Verfahrensverlauf verpflichtet sein kann, substantiiert vorzutragen und vor allem geeignete Beweise anzubieten,[16] endet die dargestellte Problemlage nicht mit der Klageerhebung/Antragstellung, sondern kann sich im gesamten Rechtsstreit fortsetzen. 5

Die **Kollisionslage** zwischen dem Erfordernis einer effektiven Rechtsdurchsetzung mit einem wirksamen Geheimnisschutz ist in einer solchen Situation evident.[17] Eine Kollisionslage ist zudem **auch in umgekehrter Form** leicht möglich, denn auch der Beklagte kann sich genötigt sehen, zur effektiven Verteidigung als Geschäftsgeheimnisse geschützte Unternehmensinformationen in den Prozess einbringen zu müssen. Denkbar ist insoweit sogar ein **Missbrauchspotential**, wenn eine Klage erhoben bzw. ein Antrag nur deshalb gestellt wird, um den Gegner zur Offenlegung von Geschäftsgeheimnissen quasi zu zwingen. 6

Eine Gefahr für Geschäftsgeheimnisse besteht nicht zuletzt auch dann, wenn ein **Recht auf Akteneinsicht** nach § 299 ZPO geltend gemacht wird. Ein solches steht gem. Abs. 1 den **Parteien** des Rechtsstreits zu, sowie **Dritten**, auch wenn dies ohne Einwilligung der Parteien nur gestattet ist, wenn diese ein rechtliches Interesse glaubhaft machen können (§ 299 Abs. 2 iVm § 294 Abs. 1 ZPO).[18] Neben der schon beschriebenen Kollisionslage in Bezug auf die Parteien des Rechtsstreits könnte „Dritter" in einer solchen Situation etwa ein Streitverkündungsempfänger sein (der dem Rechtsstreit nicht beigetreten ist), um die Interventions- 7

---

11 Wobei die Anforderungen an die Substantiierungspflicht des Klägers auch nicht überspannt werden dürfen, vgl. dazu etwa BGH 28.1.2020 BeckRS **2020** 2119 Rn. 4, 9 = BB **2020** 527.

12 Nur scheinbar eine Erleichterung brachte insoweit die Entscheidung BGH 13.12.2007 GRUR **2008** 727 Rn. 17 – Schweißmodulgenerator – geheimhaltungsbedürftige Informationen werden nicht in den Tenor selbst aufgenommen, sondern als Anlage beigefügt –, weil dieses Vorgehen am Grundsatz des § 253 Nr. 2 ZPO nichts ändert und der Anwendungsbereich eben beschränkt ist, vgl. dazu *Redeker/Pres/Gittinger* WRP **2015** 811, 812f. Exemplarisch „zum Spannungsverhältnis von Bestimmtheitsgrundsatz und Geheimnisschutz" auch BGH 22.3.2018 GRUR **2018** 1161 – Hohlfasermembranspinnanlage II, dort insbes. Rn. 17 bis 21.

13 *Schlingloff* WRP **2018** 666, 667.

14 *Druschel/Jauch* BB **2018** 1218, 1219.

15 *Ohly* GRUR **2019** 441, 449; *Gärtner/Goßler* Mitt. **2018** 204, 205ff.; *Ann* GRUR-Prax **2016** 465, 467; *Hauck* NJW **2016** 2218, 2221; *Redeker/Pres/Gittinger* WRP **2015** 811, 812; *McGuire* GRUR **2015** 424, 432; *Stadler* NJW **1989** 1202, 1202; *Stürner* JZ **1985** 453, 457. Die Situation, dass der Sachvortrag für den Kläger einen irreparablen Schaden („irreparable mischief") bedeuten kann, wenn davon Geschäftsgeheimnisse umfasst sind, beschreibt *Kohler*, S. 85f., plastisch anhand der Ausführungen von Justice *Pearson* in einem patentrechtlichen Verfahren am High Court, Chancery Division, vom 27.6.1883.

16 *Schlingloff* WRP **2018** 666, 667.

17 *Hauck* NJW **2016** 2218, 2221. Zur besonderen Situation bei patentrechtlichen Streitigkeiten s. *Semrau-Brandt* GRUR-Prax **2019** 127, 127.

18 S. zu dieser Konstellation auch Begr. GeschGehG-RegE BTDrucks. 19/4724 S. 35; s. zum Akteneinsichtsrecht auch *Müller/Aldick* ZIP **2020** 9, 11.

wirkung zu prüfen (§ 74 Abs. 2, 3 ZPO).[19] Denkbar sind insoweit zwar **Sperrvermerke** der einreichenden Partei,[20] auch **teilweise Schwärzungen** sind möglich, über die sich das Gericht auch nicht hinwegsetzen kann.[21] Insbesondere dürfen die Unterlagen entgegen dem ausdrücklich geäußerten Willen der einreichenden Partei nicht zu den Prozessakten genommen werden.[22] Der Inhalt solcher Unterlagen, etwa ein Sachverständigengutachten, ist dann jedoch für das Gericht **nicht verwertbar**,[23] weil das Dokument nicht Gegenstand des rechtlichen Gehörs geworden ist.[24] Über die eben beschriebene Situation zwischen den Beteiligten eines Rechtsstreits hinaus kann ferner die Gefahr bestehen, dass im Laufe eines gerichtlichen Verfahrens auch die (Gerichts-)**Öffentlichkeit** Kenntnis von Geschäftsgeheimnissen erhält, sollten diese zur Sprache kommen.

II. Bisheriger Geheimnisschutz und Funktion der neuen Regelungen

8 **1. Zivilprozessualer Schutz von Geschäftsgeheimnissen vor Inkrafttreten des GeschGehG.** Im deutschen Zivilprozessrecht existiert **kein effektives Instrumentarium** zum umfassenden Schutz von Geschäftsgeheimnissen. Dies gilt gerade auch im internationalen Vergleich.[25] Diese grundsätzliche Einschätzung steht nicht im Widerspruch dazu, dass es durchaus Einzelregelungen gibt, die jedenfalls punktuell die Möglichkeit bieten, derartige sensible Unternehmensinformationen zu schützen. Dies gilt freilich allein in Bezug auf die Öffentlichkeit und nicht hinsichtlich der Verfahrensbeteiligten. Dazu kommen **spezialgesetzliche Regelungen zur Verschwiegenheit**, etwa berufsrechtliche Geheimhaltungspflichten[26], die jedoch ebenfalls nur punktuell und situativ greifen, von einem einheitlichen System kann gerade nicht die Rede sein. Daran ändert auch nichts, dass die Gerichte zum Teil versucht haben, durch eine Absenkung der Substantiierungsschwelle den Geheimnisschutz zugunsten des Klägers zu stärken.[27]

9 So besteht über § 172 Nr. 2 GVG für das Gericht die Möglichkeit, **die Öffentlichkeit** für die mündliche Verhandlung (oder einen Teil davon) **auszuschließen**, wenn im Einzelnen genannte Informationen und namentlich „Geschäfts- und Betriebsgeheimnisse“ zur Sprache kommen.[28] Zudem kann das Gericht gem. § 174 Abs. 3 Satz 1 GVG die anwesenden Personen zur Geheimhaltung von Tatsachen verpflichten, die durch die Verhandlung oder durch ein die Sache betreffendes amtliches Schriftstück zu ihrer Kenntnis gelangen. Nicht

---

19 Musielak/Voit/*Huber* § 299 ZPO Rn. 3a.
20 Eine Anlage wird dabei mit dem Vermerk „nur für das Gericht“ eingereicht und der Weitergabe an den Prozessgegner wird ausdrücklich widersprochen, vgl. Cepl/Voß/*Schilling* § 299 ZPO Rn. 26; vgl. zur Zulässigkeit solcher „Sicherheitsvorkehrungen“ auch BGH 14.1.2020 GRUR **2020** 327 – Akteneinsicht XXIV. Anders wohl *Rojahn* Festschrift Loewenheim (2009) 254 ff. die jedoch eine Analogie im Hinblick auf § 174 Abs. 3 GVG für möglich hält (Anordnung zur Geheimhaltung gegenüber der beklagten Partei mit Klagezustellung).
21 OLG Naumburg 11.1.2012 BeckRS **2012** 05937; VG Düsseldorf 17.5.2013 BeckRS **2013** 51879.
22 BGH 14.1.2020 GRUR **2020** 327 Rn. 21 – Akteneinsicht XXIV.
23 Vgl. BGH 14.1.2020 GRUR **2020** 327 Rn. 20 – Akteneinsicht XXIV; OLG Naumburg 11.1.2012 BeckRS **2012** 05937; OLG München 8.11.2004 NJW **2005** 1130; OLG Köln 3.5.1995 NJW-RR **1996** 1277.
24 Cepl/Voß/*Schilling* § 299 ZPO Rn. 26; vgl. zur Praxis des LG München I aber noch unten Rn. 24.
25 *Stadler* ZZP 123 **2010** 261, 262 f.
26 Vgl. die besonderen Schweigepflichten abschließend aufgezählter Berufsträger (sog. Berufsgeheimnisträger) in § 203 StGB.
27 Vgl. BGH 22.3.2018 GRUR **2018** 1161 Rn. 19 ff. – Hohlfasermembranspinnanlage II: „Insoweit ist zu berücksichtigen, dass der Bestimmtheitsgrundsatz nicht dazu führen darf, dass der Kl. unter Hintanstellung seiner berechtigten Geheimhaltungsinteressen gezwungen ist, im Klageantrag Geschäfts- oder Betriebsgeheimnisse zu offenbaren“ (ebd. Rn. 19).
28 Für „Arbeitssachen“ gilt § 52 Satz 2 ArbGG.

gelöst ist damit freilich das oben beschriebene Problem, dass die am Rechtsstreit Beteiligten (die Parteiöffentlichkeit[29]) Zugang zu sämtlichen Informationen erhalten (vgl. § 357 Abs. 1 ZPO[30]), denn diese können über die genannten Regelungen gerade nicht „ausgeschlossen" werden. Auch besteht insoweit **kein Antragsrecht des Geheimnisträgers**, das Gericht entscheidet vielmehr nach eigenem Ermessen. Zuletzt wird der Schutz nach § 174 Abs. 3 GVG auch **erst ab der mündlichen Verhandlung** gewährt[31] und es besteht auch kein Verbot der eigenen Nutzung durch die Personen, die in einer nicht-öffentlichen Gerichtsverhandlung anwesend waren,[32] weil eben nur zur „Geheimhaltung" verpflichtet werden kann, was allein die Weitergabe an Dritte meint.[33]

Um in der beschriebenen Kollisionslage Abhilfe zu schaffen, wurden diverse Vorgehensweisen diskutiert. Schon frühzeitig wurde etwa vorgeschlagen, zivilprozessual ein **Geheimverfahren** nach Vorbild des US-Rechts zu ermöglichen,[34] was jedoch verfassungsrechtlich nicht möglich ist, weil in einem solchen Verfahren (auch: black-box-Verfahren) eben auch die gegnerische Partei von den relevanten Teilen der mündlichen Verhandlung bzw. dem Beweisaufnahmeverfahren auszuschließen wäre,[35] jedenfalls als *ultima ratio*.[36] **10**

Ähnlich gelagert waren Überlegungen zur **Einführung eines *in camera*-Verfahrens,** wie es etwa durch § 99 Abs. 2 VwGO vorgesehen ist, in welchem über § 172 Nr. 2 GVG hinaus auch die andere Partei (jedenfalls teilweise) vom Prozess ausgeschlossen werden kann, was aber ebenfalls zu einer Einschränkung des rechtlichen Gehörs beim Prozessgegner führt.[37] § 99 Abs. 2 VwGO gilt für verwaltungsgerichtliche Zwischenverfahren zur gerichtlichen Überprüfung der Rechtsmäßigkeit einer Vorlageverweigerung.[38] Andererseits kann die Begrenzung der Einsichtnahme in die Behördenakten auf den Spruchkörper („in camera") letztlich jedoch auch der Wahrung des effektiven Rechtsschutzes nach Art. 19 Abs. 4 GG dienen.[39] Ungeachtet dessen wurde die Einführung eines solchen Verfahrens etwa unter Hinweis auf die Rechtsprechung des EuGH[40] und auf „eine entsprechende Regelung im EPGÜ"[41] **11**

---

29 S. dazu *Müller/Aldick* ZIP **2020** 9, 11.
30 Zur ausnahmsweisen Einschränkung des § 357 Abs. 1 ZPO *Stadler* NJW **1989** 1202, 1204.
31 So auch ausdrücklich Begr. GeschGehG-RegE BTDrucks. 19/4724 S. 35.
32 *Kalbfus* WRP **2019** 692, 693.
33 BeckOK GeschGehG/*Gregor* § 16 GeschGehG Rn. 1.1; *Druschel/Jauch* BB **2018** 1218, 1219: kein Verwendungsverbot.
34 *Stürner* JZ **1985** 453; *Stadler* NJW **1989** 1202, 1203 ff.: jdf. als *ultima ratio*; ausf. dazu auch *McGuire* GRUR **2015** 424, 431 f.
35 Zur Unzulässigkeit s. BGH 12.11.1991 WRP **1992** 237 Rn. 32 – Amtsanzeiger; BVerfG 11.10.1994 NJW **1995** 40 = BVerfGE **91** 176.
36 In einem solchen Verfahren würden geheim zu haltende Informationen allein von zur Verschwiegenheit verpflichteten Dritten beurteilt; vgl. dazu auch *Schlingloff* WRP **2018** 666, 667.
37 Vgl. zur verfassungsrechtlichen Einschätzung im Einzelnen BVerfG 27.10.1999 BVerfGE **101** 106 – Verwaltungsbehörde und BVerfG 14.3.2006 BVerfGE **115** 205 – Telekom. S. zum *in camera*-Verfahren bereits *Kohler* 84.
38 Zur Bedeutung dieser (prozessualen) Vorschrift im Verhältnis zu materiell-rechtlichen Regelungen bei Informationszugangsstreitigkeiten *Schoch* NVwZ **2012** 85 (zugl. Bespr. von BVerwG NVwZ **2012** 11); vgl. zum in camera-Hauptsacheverfahren nach § 138 TKG *Redeker/Pres/Gittinger* WRP **2015** 811, 815.
39 *Gärditz/Orth* JuS **2010** 317, 318, unter Hinweis auf BVerfG 27.10.1999 BVerfGE **101** 106, 125 ff. = NJW **2000** 1175.
40 EuGH 13.7.2006 MMR **2006** 803 Rn. 43 – Mobistar ./. IBPT.
41 Übereinkommen über ein einheitliches Patentgericht (EPGÜ), ABl. EU 2013 Nr. C, 175. Gemeint ist insoweit wohl Art. 58 EPGÜ. Danach kann durch das Gericht insbesondere zum Schutz von Geschäftsgeheimnissen „die Erhebung und Verwendung von Beweisen in den vor ihm geführten Verfahren eingeschränkt oder für unzulässig erklärt werden oder der Zugang zu solchen Beweismitteln auf bestimmte Personen beschränkt [werden]"; vgl. dazu *Hauck* GRUR Int. **2013** 713, 715.

für möglich gehalten.[42] Auch das BVerfG hält im Ergebnis ein solches Verfahren für verfassungsgemäß, sofern der Gesetzgeber klare gesetzliche Regelungen schafft.[43]

12 In Bezug auf das zuletzt genannte Erfordernis und unbeschadet der Richtigkeit der zuvor pro und contra eines *in camera*-Verfahrens genannten Argumente ist jedoch festzuhalten, dass der Europäische Gesetzgeber sich entschlossen hat, in der **Richtlinie 2016/943** gerade **kein *in camera*-Verfahren** vorzusehen.[44] Dies zeigt Art. 9 Abs. 2 UAbs. 2 RL (EU) 2016/943. Denn obschon die Möglichkeit besteht, den Zugang zu Dokumenten und zu Anhörungen zum Schutz von (angeblichen) Geschäftsgeheimnissen „auf eine begrenzte Anzahl von Personen" zu beschränken, muss diese Personengruppe aber in jedem Fall – und abweichend vom seinerzeitigen **Kommissionsvorschlag**[45] – „mindestens eine natürliche Person jeder Partei und ihre jeweiligen Rechtsanwälte oder sonstigen Vertreter" umfassen. Eine vollständige Beschränkung des Zugangs allein auf Parteivertreter ist daher nicht möglich.[46] Entsprechend umgesetzt wurde genau dies in § 19 Abs. 1 (vgl. die dortige Kommentierung).[47] Bereits der **Kompromissvorschlag des Rates** (9870/14) hatte dies so vorgesehen,[48] wohingegen es nach Art. 8 UAbs. 2 b) des Kommissionsentwurfs „unter außergewöhnlichen Umständen und vorbehaltlich einer angemessenen Begründung" möglich war, „den Zugang der Parteien zu diesen Anhörungen zu beschränken und an[zu]ordnen, dass solche Anhörungen nur in Gegenwart der gesetzlichen Vertreter der Parteien und der Geheimhaltungspflicht gemäß Absatz 1 unterliegender autorisierter Sachverständiger stattfinden".[49]

13 Angesichts dieser Defizite wurde bereits frühzeitig gefordert, die Chance der anstehenden Richtlinienumsetzung zu nutzen und den Schutz von Geschäftsgeheimnissen in Zivilverfahren **grundsätzlich neu und umfassend** zu regeln.[50] Auch hatte sich in bestimmten Gerichtsverfahren seit einigen Jahren und quasi am (insoweit untätigen) Gesetzgeber vorbei eine Praxis herausgebildet, um sowohl eine effektive Durchsetzung von Ansprüchen zu ermöglichen, zugleich aber den Schutz von Geschäftsgeheimnissen sicherzustellen.[51] Zu

---

42 So *McGuire* GRUR **2015** 424, 432, die sich im Ergebnis aber dagegen ausspricht, „generell" ein solches Verfahren einzuführen, ebd. 435. Tendenziell für ein solches Verfahren unter Hinweis auf die Erfahrungen im US-amerikanischen Recht mit „In-camera hearings" *Lejeune* CR **2016** 330, 341 f.

43 BVerfG 14.3.2006 BVerfGE **115** 205 – Telekom. Weitergehend *Gaier*, der im Sondervotum zu vorstehender Entscheidung ein *in camera*-Verfahren geradezu für geboten hält: „Der verbesserte Rechtsschutz durch ein „in camera"-Verfahren in der Hauptsache ist aber offensichtlich, wenn ihm das de lege lata gegebene Rechtsschutzdefizit infolge der Nichtberücksichtigung des geheim gehaltenen Akteninhalts gegenübergestellt wird".

44 *Ohly* GRUR **2019** 441, 450. So schon für die Richtlinie *Hauck* NJW **2016** 2218, 2223 und für den Referentenentwurf *Schlingloff* WRP **2018** 666, 670. Anders *McGuire* GRUR **2016** 1000, 1008: Die Beschränkung der Teilnahme von Parteivertretern gem. Art. 9 Abs. 2 geschehe „nach Art eines *in camera*-Verfahrens". Ein solches Verfahren im deutschen Recht wird auch für möglich gehalten von *Müller/Aldick* ZIP **2020** 9, 14 f.

45 Vorschlag für eine Richtlinie des Europäischen Parlaments und des Rates über den Schutz vertraulichen Know-hows und vertraulicher Geschäftsinformationen (Geschäftsgeheimnisse) vor rechtswidrigem Erwerb sowie rechtswidriger Nutzung und Offenlegung, COM/2013/0813 final.

46 Dagegen meint *Kühnen* GRUR **2020** 576, 578, dass der Besichtigungsgläubiger, der sich für die „strategischen Vorteile" des Düsseldorfer Verfahrens entschieden hat, dann auch „auf seine prozessualen Rechte aus § 19 Abs. 1 S. 3 GeschGehG" verzichte.

47 Umf. dazu *Zhu/Popp* GRUR **2020** 338.

48 Vgl. dort Art. 8 Abs. 2 a). Das Dokument ist hier abrufbar (zuletzt abgerufen im Mai 2021); maßgeblich dafür soll unter anderem der Bundesrat (BRDrucks. 786/13) gewesen sein, so *Gärtner/Goßler* Mitt. **2018** 204, 206. Dem kann angesichts des Wortlauts des BR-Entwurfs jedoch nicht zugestimmt werden.

49 Begrüßt wurde die Regelung von *Knaak/Kur/Hilty* IIC **2014** 953, 964, diese sei insbesondere mit allgemeinen Prozessgrundsätzen vereinbar. Dahingehend auch *Redeker/Pres/Gittinger* WRP **2015** 811, 812.

50 So etwa *Ann* GRUR-Prax **2016** 465, 467; *Hauck* NJW **2016** 2218, 2223; *Redeker/Pres/Gittinger* WRP **2015** 811, 812; für eine „genuin zivil- bzw. zivilprozessuale Regelung" auch *McGuire* GRUR **2015** 424, 435.

51 Diese Aufgabe war dem Gesetzgeber wohl bewusst, vgl. Begr. GeschGehG-RegE BTDrucks. 19/4724 S. 34.

nennen ist hier das für Patentverletzungsstreitigkeiten entwickelte sog. **Düsseldorfer Verfahren.**[52]

14 **2. Geheimnisschutz in „Geschäftsgeheimnisstreitsachen“ nach dem GeschGehG.** Der Geheimnisschutz jedenfalls für eine bestimmte Verfahrensart (dazu noch anschließend) wird im 3. Abschnitt des GeschGehG und insbesondere durch die §§ 16, 18 und 19 geregelt, wobei der **§ 16** insoweit zurecht als **„Kernstück und Ausgangspunkt“** bezeichnet wird.[53] Denn ohne den Antrag auf Einstufung nach Abs. 1 können vom Gericht weder die Maßnahmen nach Abs. 2 angeordnet werden, noch ist § 19 anwendbar. Die dort jeweils geregelten Vorgaben finden sich namentlich in **Art. 9 Abs. 1 UAbs. 1 RL (EU) 2016/943**[54] und – als allgemeiner Regelungsauftrag – in Art. 6 Abs. 1 RL (EU) 2016/943. Wichtig ist zudem **Art. 6 Abs. 2 RL (EU) 2016/943**, denn die letztlich vorgesehenen „Maßnahmen, Verfahren und Rechtsbehelfe müssen **a)** fair und gerecht sein; **b)** dürfen nicht unnötig kompliziert oder kostspielig sein und keine unangemessenen Fristen oder ungerechtfertigten Verzögerungen mit sich bringen und **c)** sie müssen wirksam und abschreckend sein“.[55] Auch in den **ErwG 24 und 25** der Richtlinie äußert sich **der europäische Gesetzgeber** zur Problematik des Schutzes von Geschäftsgeheimnissen „im Verlauf von Gerichtsverfahren“. Er geht dort auf das oben beschriebene Dilemma ein, wenn er feststellt, dass „die rechtmäßigen Inhaber von Geschäftsgeheimnissen häufig davor zurück[schrecken], zum Schutz ihrer Geschäftsgeheimnisse ein Gerichtsverfahren einzuleiten“, und begründet vor allem damit das Erfordernis nach „spezifische[n] Anforderungen, die darauf abstellen, die Vertraulichkeit eines Geschäftsgeheimnisses, das Gegenstand eines Gerichtsverfahrens ist, im Verlauf des Verfahrens zu wahren“.[56]

15 Auch **der deutsche Gesetzgeber** greift in der Begründung des Regierungsentwurfs explizit diese Thematik auf und geht davon aus, dass durch die §§ 16 bis 20 [...] der Rechtsschutz von Kläger und Beklagtem dauerhaft verbessert [wird]“.[57] Als – quasi – Ausblick lässt sich der Gesetzgeber zudem dazu hinreißen, durch den verbesserten Rechtsschutz von einer Zunahme der „Verfahren wegen der Verletzung von Geschäftsgeheimnissen“ infolge der „Verbesserung des Rechtschutzes“ durch das GeschGehG auszugehen. Zukünftig seien – geschätzt – 100 Verfahren pro Jahr vor deutschen Gerichten zu erwarten, anders als die bisherigen 20 Verfahren.[58]

16 Unbeschadet dessen ist die – angestrebte – **Funktion der neuen Regelung** nicht zu bestreiten: Die Vertraulichkeit von Geschäftsgeheimnissen im und nach einem gerichtlichen Verfahren (vgl. dazu § 18) soll gewahrt bleiben,[59] um auch damit eine effektive Durchsetzung von Ansprüchen nach dem GeschGehG zu gewährleisten.[60] Die insoweit be-

---

52 Dazu noch unten ab Rn. 34.

53 BeckOK GeschGehG/*Gregor* § 16 GeschGehG vor Rn. 1.

54 Art. 9 Abs. 1 UAbs. 1 RL (EU) 2016/943 gehört nicht zum Bestand der vollharmonisierenden Regelungen der Richtlinie, Köhler/Bornkamm/Feddersen/*Alexander* § 16 GeschGehG Rn. 11.

55 Diese Vorgabe findet sich nahezu wortgleich in Art. 3 S. 2 RL 2004/48/EG.

56 ErwG 24 S. 1. Dieses Argument wurde vom deutschen Gesetzgeber übernommen, vgl. Begr. GeschGehG-RegE BTDrucks. 19/4724 S. 34.

57 Begr. GeschGehG-RegE BTDrucks. 19/4724 S. 2.

58 So in der Tat Begr. GeschGehG-RegE BTDrucks. 19/4724 S. 3. Woher diese Zahlen stammen, ist unklar. Insoweit wird freilich verkannt, dass die Anzahl der Verfahren, die wegen des mangelhaften prozessualen Geheimnisschutzes *nicht* eingeleitet wurden, gerade nicht ermittelt werden kann; in diese Richtung auch *Laoutoumai/Baumfalk* WRP **2018** 1300, 1301; von „maximal fünf alljährlich anfallenden Klageverfahren“ geht *Brammsen* BB **2018** 2446, 2450 aus.

59 Köhler/Bornkamm/Feddersen/*Alexander* § 16 GeschGehG Rn. 9.

60 Begr. GeschGehG-RegE BTDrucks. 19/4724 S. 34; BeckOK GeschGehG/*Gregor* § 16 GeschGehG Rn. 1.

stehenden „Handlungsmöglichkeiten der Gerichte beim Geheimnisschutz werden klarer gefasst“[61], was freilich angesichts der bisherigen Situation auch nicht schwer ist. Dabei gehen die §§ 16 bis 20 als spezielle Regelungen **allgemeinen verfahrensrechtlichen Regelungen** vor, die aber ansonsten unberührt bleiben.[62]

B. Kommentierung

I. Allgemeines und Anwendungsbereich (Abs. 1)

17 Ausgangspunkt der Norm (und der Regelungen im 3. Abschnitt des Gesetzes allgemein) ist die Bestimmung ihres **Anwendungsbereichs** im neuen prozessualen Geheimnisschutz, wobei diese Bestimmung zugleich die größte Herausforderung bei dessen Anwendung sein dürfte. *Prima vista* erscheint freilich eindeutig zu sein, bei welchen gerichtlichen Verfahren die im Einzelnen festzulegenden Schutzmechanismen greifen, ist der grundlegende Begriff der „Geschäftsgeheimnisstreitsache“ doch legaldefiniert: Es geht um „Klagen, durch die Ansprüche nach diesem Gesetz geltend gemacht werden“. Zu erörtern ist im Folgenden zum einen, ob der Anwendungsbereich **streitgegenstandsbezogen** tatsächlich nur derart eng verstanden werden kann; zum anderen stellt sich die Frage nach den erfassten **Verfahrensarten**, ob es tatsächlich allein um „Klagen“ (iSv Hauptsacheverfahren) geht oder ob § 16 auch außerhalb des Hauptsacheverfahrens sowie in Verfahren anzuwenden ist, in denen es nicht (primär) um die Verletzung von Geschäftsgeheimnissen geht. Ebenfalls in Abs. 1 geregelt ist das **Einstufungsverfahren,** in dem „das Gericht der Hauptsache“ festlegt, für welche Informationen[63] die Geheimhaltungsverpflichtung nach Abs. 2 überhaupt gilt.

18 **1. Geschäftsgeheimnisstreitsachen.** Obschon die Formulierung „Ansprüche nach diesem Gesetz“ bereits in § 15 Abs. 1 auftaucht, wird der Begriff „Geschäftsgeheimnisstreitsache“ erst in § 16 Abs. 1 definiert. Deckungsgleich sind die Formulierungen in den beiden Paragraphen jedenfalls insoweit nicht, als bei § 15 Abs. 1 zusätzlich das „vor den ordentlichen Gerichten“ auftaucht.[64] Die Formulierung in § 16 Abs. 1 „Ansprüche nach diesem Gesetz“ bezieht sich unproblematisch auf die in den §§ 6 bis 8 Abs. 1 und §§ 10, 12 und 13 geregelten **zivilrechtlichen Rechtsfolgen** bei Geschäftsgeheimnisverletzungen.[65] Wann die Verletzung eines Geschäftsgeheimnisses vorliegt, ergibt sich wiederum maßgeblich aus § 4, wobei insoweit § 3 (Erlaubnistatbestände) und § 5 (Tatbestandsausnahmen) zu beachten sind.

19 In **Strafverfahren** ist § 16 **nicht anwendbar;**[66] zudem werden nach dem Wortlaut allein **Ansprüche nach deutschem Recht** erfasst. Dahingehend wird vorgeschlagen, dies durch eine richtlinienkonforme Auslegung zu korrigieren, damit auch Fälle darunter fallen, in denen vor einem deutschen Gericht Verletzungshandlungen in einem anderen Land

---

61 *Ohly* GRUR **2019** 441, 450.
62 Begr. GeschGehG-RegE BTDrucks. 19/4724 S. 34.
63 Zu den streitgegenständlichen Informationen unten Rn. 43ff.
64 Der Gesetzgeber äußert sich allein in Bezug auf § 15 GeschGehG mit Bezug auf die hier diskutierten Probleme des Anwendungsbereichs, geht also offenbar von einem Gleichlauf der beiden Vorschriften aus, vgl. Begr. GeschGehG-RegE BTDrucks. 19/4724 S. 34.
65 So auch Begr. GeschGehG-RegE BTDrucks. 19/4724 S. 34: es geht um „Regelungen für gerichtliche Verfahren für Streitigkeiten nach Abschnitt 2“.
66 Begr. GeschGehG-RegE BTDrucks. 19/4724 S. 34; Köhler/Bornkamm/Feddersen/*Alexander* § 16 GeschGehG Rn. 13.

streitgegenständlich sind und materiell rechtlich dem ausländischen Geheimnisschutzrecht unterliegen.[67]

20 **Nicht erforderlich** ist, dass in dem betreffenden Verfahren **allein** Ansprüche wegen Geschäftsgeheimnisverletzungen geltend gemacht werden oder dass die Geltendmachung solcher Ansprüche jedenfalls im Vordergrund stehen muss. Ausreichend ist vielmehr, dass **jedenfalls auch** derartige Ansprüche durchgesetzt werden (bei Anspruchshäufung). Denkbar ist etwa bei einer Patentverletzung, dass die vorgeworfene Verletzungshandlung mit der unberechtigten Nutzung von Geschäftsgeheimnissen einhergeht.[68] Würde man die Vorschrift im Gegensatz dazu eng auslegen, und allein Klagen darunter fassen, deren alleiniger Streitgegenstand die Verletzung eines Geschäftsgeheimnisses ist, würde verkannt, dass vergleichbare Probleme (Geheimnisverletzungen) auch in anderen Konstellationen auftreten können; nicht nur wie beschrieben bei der Verletzung technischer Schutzrechte, sondern etwa auch bei Sachverhalten des unlauteren Wettbewerbs mit der Geltendmachung von Ansprüchen nach § 4 Nr. 3/Nr. 4 UWG.[69] Dann wäre zu verneinen, dass dem Regelungsauftrag aus Art. 6 RL 2016/943 hinreichend und vollständig entsprochen würde.[70] Außerdem heißt es in der Norm eben nicht „Ansprüche *allein* nach diesem Gesetz".

21 Auf **reine Patentverletzungsstreitigkeiten**, in dessen Rahmen es durchaus ebenfalls zu der Situation kommen kann, dass der Kläger (und/oder Beklagte[71]) sensible und als Geschäftsgeheimnisse geschützte Informationen offenlegen muss, sind die §§ 16ff. angesichts des Wortlauts **nicht anwendbar**,[72] wobei hier – einzelfallabhängig – an eine **analoge Anwendung** zu denken ist.[73] Dies gilt entsprechend für ähnlich gelagerte Fälle, in denen Geschäftsgeheimnisse eine maßgebliche Rolle spielen, wie etwa bei Streitigkeiten über die Verletzung von **arbeits**- oder **dienstvertraglichen Geheimhaltungsverpflichtungen**.[74] Eine analoge Anwendung des § 16 kann ebenfalls in Verfahren in Betracht kommen, wenn entsprechend einschlägige gesetzliche Regelungen den Auftrag zu einem verfahrensrechtlichen Schutz von Geschäftsgeheimnissen enthalten. *Alexander* verweist hierzu auf den Anspruch auf Herausgabe von Beweismitteln und die Erteilung von Auskünften in **kartellrechtlichen Streitfällen** gemäß §§ 33g, 89b GWB,[75] die im Rahmen der

---

67 Büscher/*McGuire* § 15 GeschGehG-RegE Rn. 4, § 16 GeschGehG Rn. 10.

68 Vgl. *Reinfeld* § 6 Rn. 10. Für die sich dann stellende Zuständigkeitsfrage gilt § 260 ZPO und das Gericht muss für sämtliche geltend gemachten Ansprüche zuständig sein, BeckOK GeschGehG/*Gregor* § 15 GeschGehG Rn. 14.

69 *Semrau-Brandt* GRUR-Prax **2019** 127; *Hauck* GRUR-Prax **2019** 223, 225; *Druschel/Jauch* BB **2018** 1218, 1220; BeckOK GeschGehG/*Gregor* § 16 GeschGehG Rn. 9; Büscher/*McGuire* § 16 GeschGehG-RegE Rn. 7; und schon zur RL 2016/943 *Hauck* NJW **2016** 2218, 2223.

70 So auch Büscher/*McGuire* § 16 GeschGehG-RegE Rn. 6, 8f.

71 Zum Fokus der §§ 16ff. GeschGehG auf den Schutz der Geschäftsgeheimnisse des Klägers noch unten ab Rn. 33.

72 So ausdr. auch Begr. GeschGehG-RegE BTDrucks. 19/4724 S. 34: die Vorschriften gelten nicht „für Ansprüche, die auf anderen Gesetzen als dem GeschGehG beruhen"; *Ohly* GRUR **2019** 441, 450 weist auf Frankreich hin, dort sei eine solche weitergehende Regelung geschaffen worden (Art. R 623–51 Code de la propriété intellectuelle).

73 Köhler/Bornkamm/Feddersen/*Alexander* § 16 GeschGehG Rn. 15; ausdrücklich gegen jede analoge Anwendung der §§ 16 bis 20 GeschGehG aber *Schregle* GRUR **2019** 912, 913, trotz Art. 9 Abs. 1 RL 2016/943. Skeptisch auch *Semrau-Brandt* GRUR-Prax **2019** 127, 129.

74 Kritisch zum eingeschränkten Anwendungsbereich auch *Druschel/Jauch* BB **2018** 1218, 1221; *Hauck* GRUR-Prax **2019** 223, 225; *Semrau-Brandt* GRUR-Prax **2019** 127, 128f. Vgl. zu arbeitsgerichtlichen Verfahren aber noch anschließend.

75 Köhler/Bornkamm/Feddersen/*Alexander* § 16 GeschGehG Rn. 16.

9. GWB-Novelle in Umsetzung der Schadensersatzrichtlinie[76] eingeführt wurden. Beantragt eine Partei die Herausgabe von Beweismitteln, entscheidet das Gericht über den Antrag nach freiem Ermessen. Die Gerichte müssen hierzu die Parteiinteressen gegeneinander abwägen, wobei insbesondere „der Schutz von Betriebs- und Geschäftsgeheimnissen und sonstiger vertraulicher Informationen" zu berücksichtigen ist (vgl. § 33g Abs. 3 Satz 2 Nr. 6 GWB).[77]

22 Wird hingegen vor dem **Arbeitsgericht** geklagt[78], streitgegenständlich ist jedoch der Anwendungsbereich eröffnet, ist § 16 auch dort anwendbar. Denn anders als § 15 Abs. 1 ist bei § 16 Abs. 1 nicht von „Klagen vor den ordentlichen Gerichten" die Rede (dazu schon oben Rn. 18).[79]

23 Jedenfalls für **Patentstreitsachen** hat das Bundesministerium der Justiz und für Verbraucherschutz (BMJV) aber einen Regelungsbedarf erkannt und mit Datum vom 14. Januar 2020 einen Diskussionsentwurf zur Vereinfachung und Modernisierung des Patentrechts vorgelegt.[80] Dort heißt es in einem **neu einzufügenden § 145a PatG** knapp: „In Patentstreitsachen sind die §§ 16 bis 20 des Gesetzes zum Schutz von Geschäftsgeheimnissen vom 18. April 2019 (BGBl. I S. 466) entsprechend anzuwenden." Die Begründung des Entwurfs führt dazu aus, dass damit ein besserer Ausgleich des Zielkonflikts ermöglicht werden soll, der besteht, weil für eine Partei einerseits ein Interesse daran bestehen kann, auch vertrauliche Informationen zur Begründung eigener Rechtspositionen im Rechtsstreit zu verwenden. Andererseits sollen derartige Informationen nach Möglichkeit nicht bekannt werden, damit die eigene Stellung im Wettbewerb nicht beeinträchtigt wird[81] (zu dieser Kollisionslage schon oben Rn. 4 ff.). Als konkrete Beispiele werden Streitigkeiten zur Bestimmung von FRAND-Lizenzsätzen[82], im Rahmen der Berechnung eines durch die Patentverletzung eingetretenen Schadens oder bei einer Beweiserhebung nach § 139 Abs. 3 Satz 2 PatG genannt.[83] Anders als das GeschGehG (vgl. §§ 15, 16: „Klagen") spricht der § 145a PatG-DiskE aber von „Patentstreitsachen", was unproblematisch sämtliche Verfahrensarten meint (dazu noch unten Rn. 28 ff.).[84]

24 Gerade für Patentstreitsachen hat die **Praxis** aber bisher schon versucht, mangels tauglicher gesetzlicher Regelungen die oben beschriebene Kollisionslage in Bezug auf den Kläger (effektive Rechtsdurchsetzung vs. Schutz von Geschäftsgeheimnissen) aufzulösen oder zumindest abzumildern.[85] Exemplarisch sei hier das Vorgehen des **LG München I** genannt, das in einem Beschluss vom 13.8.2019 ein Prozedere das **Akteneinsichtsrecht**

---

76 Richtlinie 2014/104/EU des Europäischen Parlaments und des Rates vom 26. November 2014 über bestimmte Vorschriften für Schadensersatzklagen nach nationalem Recht wegen Zuwiderhandlungen gegen wettbewerbsrechtliche Bestimmungen der Mitgliedstaaten und der Europäischen Union, ABl. L 349/1.

77 Siehe ausführlicher dazu *Dietrich/Nowak* NZKart **2020** 15.

78 Zuständig ist das ArbG wegen § 2 Abs. 1 Nr. 3 d) ArbGG: Ansprüche aus unerlaubten Handlungen, soweit diese mit dem Arbeitsverhältnis im Zusammenhang stehen. Ein Verstoß gegen § 4 GeschGehG ist eine solche Handlung.

79 So auch BeckOK GeschGehG/*Gregor* § 16 GeschGehG Rn. 6.

80 Abrufbar hier: https://www.bmjv.de/SharedDocs/Gesetzgebungsverfahren/Dokumente/DiskE_2_PatMoG.pdf?__blob=publicationFile&v=1 (zuletzt abgerufen im Mai 2021).

81 Begr. PatG-DiskE S. 32.

82 Zu den diesbezüglichen Defiziten *de lege lata Semrau-Brandt* GRUR-Prax **2019** 127; *Hauck* GRUR-Prax **2017** 118.

83 Begr. PatG-DiskE S. 54.

84 Für eine Implementierung einer solchen Norm auch in das UrhG (dort als § 104 Abs. 2) *Hauck* GRUR **2020** 817, 821.

85 Zum Besichtigungsanspruch noch unten Rn. 32 f. und *Hauck* GRUR **2020** 817.

eines Nebenintervenienten betreffend vorgestellt hat.[86] Danach kann dieses Recht **beschränkt** werden, wenn eine Partei im Hinblick auf eine mit der Gegenseite geschlossene Geheimhaltungsvereinbarung etwas Geheimhaltungsbedürftiges zu den Akten gereicht hat, bevor der Nebenintervenient hinzugetreten ist und sich dieser trotz berechtigter Geheimnisschutzinteressen der betroffenen Partei in ungerechtfertigter Weise weigert, mit ihr ebenfalls eine Geheimhaltungsvereinbarung abzuschließen.[87] Dabei nimmt das Gericht **unmittelbar Bezug zum GeschGehG**, denn „das Vorliegen dieser Voraussetzungen hat nach dem der Regelung in § 20 Abs. 3 innewohnenden Gedanken derjenige glaubhaft zu machen, der einen besonderen Geheimnisschutz für sich in Anspruch nimmt".[88] Darzulegen ist hierbei im Einzelnen, „dass und warum die konkret zu identifizierende Information ein zu schützendes Geheimnis darstellt, welche Maßnahmen bisher ihre Vertraulichkeit gewährleistet haben und welche Nachteile aus einem Bekanntwerden der fraglichen Information mit welchem Grad von Wahrscheinlichkeit drohen".[89]

Gegen die Gesetzesbegründung[90] und dem – zugegebenermaßen – klaren Wortlaut 25
der Vorschrift geht eine überzeugende Ansicht in erweiternder, richtlinienkonformer Auslegung des Art. 9 (1) RL 2016/943 davon aus, dass **zudem Ansprüche** erfasst sind, die wegen der Verletzung von Geschäftsgeheimnissen möglich sind, sich aber **aus dem BGB** ergeben, etwa aus § 687 Abs. 2 BGB, § 812 Abs. 1 Satz 1 2. Alt. BGB.[91] Lehnt man eine solche Auslegung ab, soll das Ergebnis mit der **direkten Anwendung von Art. 9 RL 2016/943** erreicht werden können.[92]

Ebenso schwierig zu beantworten ist die Frage, ob auch Ansprüche, die wegen **Verstö-** 26
ßen gegen Geheimhaltungs- oder Nutzungsvereinbarungen geltend gemacht werden, die Anforderungen an eine „Geschäftsgeheimnisstreitsache" erfüllen können. Dagegen spricht, dass die dann geltend gemachten Ansprüche solche wegen **Vertragsverletzung** sind. Anspruchsgrundlage wird hier **§ 280 BGB** sein, womit das Verfahren eben nicht „auf das GeschGehG gestützt" würde.[93] Auch ein **Anspruch unmittelbar aus Vertrag** ist möglich, wenn dies entsprechend vereinbart wurde, etwa auch mit einer Vertragsstrafe bewehrt. Etwas anderes würde aber dann gelten, und es handelte sich durchaus um eine „Geschäftsgeheimnisstreitsache", wenn durch das betreffende Verhalten nicht allein gegen den Vertrag verstoßen, sondern **zugleich** insbesondere der Verbotstatbestand des § 4 erfüllt würde.

Bei **Nutzungsvereinbarungen** (Lizenzverträgen) über Geschäftsgeheimnisse könnte 27
dies bei Überschreitung des vertraglich erlaubten Umfangs der Nutzung der Fall sein. Während eine solche Situation aber etwa in § 15 Abs. 2 Satz 2 PatG und – mit etwas anderem Schwerpunkt – in § 30 Abs. 2 MarkenG geregelt ist (Überschreitung der Lizenz als Patent- bzw. Markenverletzung), fehlt eine solche Vorschrift im GeschGehG. Durch § 4 Abs. 2 Nr. 2

86 LG München I 13.8.2019 BeckRS **2019** 18148. Eine Zusammenfassung dieser Grundsätze durch das Gericht findet sich auch hier: https://www.justiz.bayern.de/media/images/behoerden-und-gerichte/landgerichte/muenchen1/hinweise_geheimhaltung__stand_februar_2020_.pdf (zuletzt abgerufen im Mai 2021).

87 LG München I 13.8.2019 BeckRS **2019** 18148 Rn. 6, unter Hinweis auf das Vorgehen in OLG Düsseldorf 25.4.2018 BeckRS **2018** 7036 = GRUR-Prax **2018** 270 m. Anm. *Weber*; vgl. zu diesem Problemkreis (Geheimnisschutz bei der Bestimmung FRAND-konformer Lizenzbedingungen) *Semrau-Brandt* GRUR-Prax **2019** 127; *Hauck* GRUR-Prax **2017** 118.

88 LG München I 13.8.2019 BeckRS **2019** 18148 Rn. 7.

89 LG München I 13.8.2019 BeckRS **2019** 18148 Rn. 9, abermals unter Hinweis auf das Vorgehen in OLG Düsseldorf 25.4.2018 BeckRS **2018** 7036 Rn. 11 = GRUR-Prax **2018** 270 m. Anm. *Weber*.

90 Begr. GeschGehG-RegE BTDrucks. 19/4724 S. 34.

91 *Kalbfus* WRP **2019** 692, 693; zustimmend BeckOK GeschGehG/*Gregor* § 16 GeschGehG Rn. 11; Köhler/Bornkamm/Feddersen/*Alexander* § 16 GeschGehG Rn. 13.

92 BeckOK GeschGehG/*Gregor* § 16 GeschGehG Rn. 12.

93 So aber Begr. GeschGehG-RegE BTDrucks. 19/4724 S. 34.

und 3 bringt der Gesetzgeber jedoch klar zum Ausdruck, dass derjenige, der entgegen einer „Verpflichtung zur Beschränkung der Nutzung des Geschäftsgeheimnisses" ein solches nutzt oder offenlegt – womit auch **Geheimhaltungsvereinbarungen** erfasst werden –, den Verbotstatbestand erfüllt, was im Ergebnis mit der o.g. Konzeption nach PatG und MarkenG vergleichbar ist.[94] Da solche Vertragsverstöße dann eben *auch* Geheimnisverletzungen sind, ist ein Vorgehen auf Grundlage des GeschGehG möglich und wird in der Praxis auch vorzugswürdig sein, man denke an die Nebenansprüche nach §§ 7, 8, die es so im allgemeinen Zivil(prozess)recht nicht gibt. Etwas Anderes gilt aber, wenn es um Verstöße gegen sonstige vertragliche Verpflichtungen geht, mögen diese auch ein gewisses Gewicht haben. Dann sind die §§ 16 ff. **nicht anwendbar**.[95]

2. „Klagen" nach dem GeschGehG

28 **a) Hauptsacheverfahren; vorprozessuale Anwendbarkeit.** Der Begriff „Klagen" meint in jedem Fall **Hauptsacheverfahren**, also das eigentliche Klageverfahren, was abermals (oben Rn. 18 bis 27) für einen denkbar engen Anwendungsbereich der §§ 16 ff. spricht. Dabei greift der Schutz bereits **ab Anhängigkeit** des Rechtsstreits.[96] Die **Beschränkung** auf Hauptsacheverfahren bedeutet jedoch, dass der gesamte **vorprozessuale Bereich** (meint hier: außerhalb von Hauptsacheverfahren, insbes. zur Vorbereitung einer Klage/in Verfügungsverfahren, unten ab Rn. 30) **ausgeschlossen** wäre, was eine ganz erhebliche Einschränkung des zivilprozessualen Geheimnisschutzes bedeuten würde. Im **Vollstreckungsverfahren** gilt § 16 Abs. 2 gem. § 19 Abs. 3 fort. Ein Antrag auf Schutzentscheidung kann jedoch im Vollstreckungsverfahren nicht gestellt werden, sondern allein im Hauptsacheverfahren.[97]

29 Angesichts des denkbar engen Wortlauts wäre der Anwendungsbereich der §§ 16 bis 20 bei vorgerichtlichen Verfahren nicht eröffnet, was für die Praxis eine erhebliche Einschränkung bedeuten würde. Daher sind Forderungen nur zu verständlich, die für eine **Ausweitung** des Prozederes nach den §§ 16 bis 20 **auch im vorprozessualen Bereich** plädieren.[98] Andere mahnen ein gesetzgeberisches Tätigwerden im Sinne einer Erweiterung des Anwendungsbereichs der genannten Verfahrensregeln auf alle „anderen Verfahren, in denen es zum Konflikt aufgrund von Geheimnisschutzinteressen kommt" an.[99] In Bezug auf die **Abmahnung** haben in Auseinandersetzung mit dem Regierungsentwurf *Laoutoumai/Baumfalk* darauf hingewiesen, dass bei vorprozessualer Unanwendbarkeit der §§ 16 bis 20 dem Geheimnisinhaber stets zur unmittelbaren Klageerhebung geraten werden müsse, was wegen § 93 ZPO aber problematisch sei. Denn eine Konkretisierung des Geschäftsgeheimnisses in der Abmahnung brächte die Gefahr einer faktischen Offenbarung mit sich, wenn nicht parallel die gerichtliche Geltendmachung angestrebt würde.[100] Alternativ wären Geschäftsgeheimnisstreitsachen aus dem Anwendungsbereich des § 93 ZPO herauszunehmen, was jedoch für unwahrscheinlich gehalten wird.[101] Inwieweit die **§§ 16 bis 20** aber in **richtlinienkonformer Auslegung**, **jedenfalls** aber

---

94 So im Ergebnis auch BeckOK GeschGehG/*Gregor* § 16 GeschGehG Rn. 13.
95 *Kalbfus* WRP **2019** 692, 693.
96 *Apel/Walling* DB **2019** 891, 898; *Schregle* GRUR **2019** 912, 914.
97 Begr. GeschGehG-RegE BTDrucks. 19/4724 S. 37.
98 Vgl. die Nachw. in Fn. 107 und 108.
99 *Müller/Aldick* ZIP **2020** 9, 15.
100 *Laoutoumai/Baumfalk* WRP **2018** 1300, 1301.
101 *Laoutoumai/Baumfalk* WRP **2018** 1300, 1303.

analog im **vorprozessualen Bereich** angewendet werden können, wird nachfolgend erörtert.[102]

b) Verfahren des einstweiligen Rechtsschutzes; das „Düsseldorfer Verfahren". 30
In **Verfahren des einstweiligen** (auch: vorläufigen) **Rechtsschutzes (Verfügungsverfahren)**, die bei der Verletzung von Geschäftsgeheimnissen ebenso eine Rolle spielen dürften, wie bei der Verletzung von Immaterialgüterrechten[103], ist – streng nach Wortlaut – eine Anwendung der §§ 16ff. nicht möglich, weil es sich nicht um „Klagen" handelt.[104] Dies kann nicht richtig sein. Schon die Richtlinie lässt mit der Systematik von Art. 1 Abs. 1 UAbs. 1 iVm Art. 10 Abs. 1 erkennen, dass auch vorläufige Maßnahmen von den Mitgliedstaaten zwingend vorzusehen sind; für eine Differenzierung zwischen solchen Maßnahmen und Hauptsacheverfahren in Bezug auf den Geheimnisschutz ist jedoch kein sachlicher Grund erkennbar.[105] Zudem ist gerade der einstweilige Rechtsschutz (vgl. §§ 935ff. ZPO) Ausfluss des Grundrechts auf effektiven Rechtsschutz, Art. 19 Abs. 4 GG.[106] In derartigen Verfahren sollen die §§ 16 bis 20 daher „zumindest als Regelungsmodell" dann heranzuziehen sein, wenn dem betreffenden Gericht zur Einräumung angemessener Schutzmaßnahmen ein Ermessensspielraum eingeräumt wird.[107]

Im Einzelnen wird als Lösung – vorzugswürdig – vorgeschlagen, in **richtlinienkonformer Auslegung** – Art. 9 RL (EU) 2016/943 spricht eben allgemein von „Gerichtsverfahren" und nicht von „Klagen" – den Anwendungsbereich der §§ 16ff. ebenso weit zu verstehen.[108] Der Begriff „Klagen" sei im Ergebnis durch „Streitigkeiten" zu ersetzen.[109] Andere plädieren für eine **analoge Anwendung** auf Verfahren des einstweiligen Rechtsschutzes.[110] Denn es sprechen in der Tat gute Gründe dafür, dass der Gesetzgeber das Eilverfahren nicht bewusst ausgrenzen wollte. Auch wäre der Hinweis auf „das Gericht der Hauptsache" in § 16 Abs. 1 überflüssig, sollte das Eilverfahren nicht umfasst sein.[111] Nach dieser Argumentation ist die **Gesetzeslücke planwidrig**, eine Analogie also möglich.[112] 31

Kaum weniger relevant als die eben beschriebene Problematik ist die Frage der Anwendbarkeit der §§ 16ff. insbesondere im **Besichtigungsverfahren** sowie (und ggf. in Zusammenhang damit) im **selbständigen Beweis(sicherungs)verfahren.** Gegen eine Anwendung spricht, dass es sich jeweils nicht um „Geschäftsgeheimnisstreitsachen" han- 32

---

102 Auf den „Gedanken des § 20 Abs. 3", dass derjenige die Voraussetzungen für bestimmte Geheimhaltungsmaßnahmen glaubhaft zu machen hat, der den Geheimnisschutz in Anspruch nehmen will, stellt etwa LG München I 13.8.2019 BeckRS **2019** 18148 Rn. 7 ab.

103 So kann insbes. die Verletzung technischer Geschäftsgeheimnisse ohne weiteres Hand in Hand gehen mit Patentverletzungen.

104 Dies offenlassend OLG München 8.8.2019 BeckRS **2019** 18308, weil es in dem Verfahren allein um die Frage ging, ob, mangels einer speziellen Bestimmung im GeschGehG für die Geltendmachung der dort vorgesehenen Ansprüche im einstweiligen Rechtsschutz, eine analoge Anwendung von § 12 Abs. 2 UWG in Betracht kommt.

105 Köhler/Bornkamm/Feddersen/*Alexander* § 16 GeschGehG Rn. 12a, unter Hinweis auf Art. 10 und 11 RL 2016/943 und die entsprechende systematische Stellung des Art. 9 Abs. 1 UAbs. 1 RL 2016/943.

106 Maunz/Dürig/*Schmidt-Assmann* Grundgesetz-Kommentar GG Art. 19 Abs. 4 Rn. 273 m.w.N.

107 BeckOK GeschGehG/*Gregor* § 16 GeschGehG Rn. 18, 19; Büscher/*McGuire* § 16 GeschGehG-RegE Rn. 9.

108 *Kalbfus* WRP **2019** 692, 693; Köhler/Bornkamm/Feddersen/*Alexander* § 16 GeschGehG Rn. 12.

109 *Druschel/Jauch* BB **2018** 1218, 1221, schon zum GeschGehG-RefE.

110 Büscher/*McGuire* § 16 GeschGehG-RegE Rn. 9; BeckOK GeschGehG/*Gregor* § 16 GeschGehG Rn. 15. Der Versand einer Abmahnung ist freilich schon kein gerichtliches Verfahren, daher kann insoweit eine analoge Anwendung nicht in Betracht kommen.

111 BeckOK GeschGehG/*Gregor* § 16 GeschGehG Rn. 15.

112 Eine Dringlichkeitsvermutung ergebe sich bei Geschäftsgeheimnissen „in einer Vielzahl der Fälle [...] schlicht aus der Natur der Sache", *Leister* GRUR-Prax **2019** 449.

delt (dazu oben ab Rn. 18), da sich derartige Ansprüche gerade nicht aus dem GeschGehG ergeben, sondern aus Spezialgesetzen.[113] Nach einer anderen Ansicht sei dann, wenn die Anwendbarkeit im einstweiligen Rechtsschutz bejaht werde, kein Grund für eine Unanwendbarkeit jedenfalls bei Besichtigungsverfahren erkennbar.[114]

33 Beim immaterialgüterrechtlich möglichen **Anspruch auf Vorlage und Besichtigungen**[115] – etwa nach § 140c PatG, § 101a UrhG – zur Informationsbeschaffung und Beweissicherung gilt der Grundsatz, dass der Anspruch „des Verletzten [gegen den mutmaßlichen Verletzer] auf Vorlage einer Urkunde oder Besichtigung einer Sache" ausgeschlossen ist, „wenn die Inanspruchnahme im Einzelfall unverhältnismäßig ist" (vgl. § 140c Abs. 2 PatG, § 101a Abs. 2 UrhG). Außerdem hat das Gericht „die erforderlichen Maßnahmen [zu treffen], um den Schutz vertraulicher Informationen zu gewährleisten" (§ 140c Abs. 3 Satz 2 PatG, § 101a Abs. 3 Satz 2 UrhG). Geschützt werden damit freilich jeweils die **Geheimnisschutzinteressen** des (mutmaßlichen) **Verletzers/Beklagten**[116] (Besichtigungsschuldner), wohingegen die §§ 16 bis 20 auf die Interessen des Klägers (Besichtigungsgläubigers) ausgerichtet sind (dazu anschließend).

34 Als ein Weg zur Sachverhaltsermittlung und Beweissicherung unter Berücksichtigung der Geheimnisschutzinteressen des Besichtigungsschuldners hat sich in der patentrechtlichen Praxis außerhalb von § 140c PatG[117] das bereits erwähnte **Düsseldorfer Verfahren**[118] seit langem etabliert, das ebenso bei Urheberrechtsverletzungen Anwendung findet, insbesondere dann, wenn es um den Vorwurf von Quellcodeeingriffen geht.[119] Im Einzelnen ist dieses Verfahren eine **Kombination** aus einem **selbständigen Beweisverfahren** (vgl. §§ 485ff. ZPO) mit einer **einstweiligen Verfügung**[120] (§§ 935, 940 ZPO),[121] wenn dem Besichtigungsschuldner insbesondere mangels ausreichender Zugänglichkeit (wenn insbesondere Testkäufe nicht möglich sind)[122] aufgegeben werden muss, den notwendigen Zugang zum betreffenden Gegenstand zu gestatten und insgesamt die Besichtigungsmaßnahmen zu dulden (etwa nach § 140c Abs. 3 PatG, § 101 Abs. 3 UrhG). Der Vorteil dieses

---

113 *Druschel/Jauch* BB **2018** 1794, 1796.

114 BeckOK GeschGehG/*Gregor* § 16 GeschGehG Rn. 16.

115 Zur Besichtigung nach § 17 UWG 2004 gestützt auf § 809 BGB vgl. OLG Düsseldorf 7.2.2008 BeckRS **2010** 00781= IPRax **2010** 442.

116 Entsprechend ist die Geltendmachung des selbständigen (Dritt-)Auskunftsanspruchs geregelt, vgl. § 140b PatG, § 101 UrhG; umf. zu diesbezüglichen Geheimnisschutzerwägungen *Ann/Hauck/Maute* Rn. 260ff.; das Besichtigungsverfahren unter Berücksichtigung von Geheimnisschutzerwägungen skizziert bereits *Kohler* 83ff.

117 Ein Vorlageanspruch ist damit jedoch nicht durchsetzbar; insoweit bleibt es beim Anspruch aus § 140c PatG, der im Wege der einstweiligen Verfügung durchzusetzen ist; *Kühnen* Kap. B Rn. 90.

118 S. dazu *Kühnen* GRUR **2005** 185; *ders.* Mitt. **2009** 211; *Deichfuß* GRUR **2015** 436; *Redeker/Pres/Gittinger* WRP **2015** 811, 813f.; *Müller-Stoy* Rn. 235ff.; *Kuta* 38.

119 Zu Einzelheiten aus der Sicht eines IT-Sachverständigen *Hoppen* CR **2009** 407. Exemplarisch insoweit auch BGH 2.5.2002 GRUR **2002** 1046 – Faxkarte; OLG Frankfurt a.M. 17.1.2006 GRUR-RR **2006** 295 – Quellcode-Besichtigung.

120 Für den Erlass der Duldungsverfügung muss der Patentinhaber dartun, dass eine Verletzung des Patents hinreichend wahrscheinlich ist. Nur dann wird der Gegner überhaupt verpflichtet, Zutritt zu seiner betrieblichen Sphäre zu gewähren; *Deichfuß* GRUR **2015** 436, 437; *Kühnen* Mitt. **2009** 211, 212 (auch zu den sonstigen Anspruchsvoraussetzungen). Dies gilt entsprechend für Rechteinhaber in Bezug auf Software, BGH 2.5.2002 GRUR **2002** 1046, 1048 – Faxkarte, OLG Frankfurt a.M. 17.1.2006 GRUR-RR **2006** 295, 296 – Quellcode-Besichtigung. Es bedarf freilich einer zusätzlichen richterlichen Durchsuchungsanordnung (§ 758a ZPO), wenn sich der Besichtigungsschuldner der angeordneten Besichtigung widersetzt; dazu *Kühnen* Kap. B Rn. 117ff.

121 Zu den Anforderungen und den Ablauf exemplarisch OLG Düsseldorf 7.2.2008 BeckRS **2010** 781 – Schaumstoffherstellungsanlage = IPRax **2010** 442.

122 Haedicke/Timmann/*Zigann* § 15 GeschGehG Rn. 45.

Vorgehens liegt darin, dass nur „minimal[e] Tatbestandsvoraussetzungen" erfüllt werden müssen und dass die Besichtigung mit einem vollwertigen Gerichtsgutachten endet.[123] Wegen der prozessualen Folgen dieser Verknüpfung zweier Verfahren wird freilich auch die Rechtmäßigkeit und somit Zulässigkeit des Düsseldorfer Verfahrens angezweifelt, insbesondere dann, wenn der Antragsgegner zu den Voraussetzungen des Erlasses einer solchen kombinierten Anordnung nicht angehört worden ist.[124]

Um in diesem Verfahren die **Geheimnisschutzinteressen des Besichtigungsschuldners** zu wahren, darf der Besichtigungsgläubiger der von einer neutralen Fachperson (gerichtlich bestellter Sachverständiger) durchgeführten Besichtigung nicht beiwohnen (grds. aber sein [patent-]anwaltlicher Vertreter/ein Privatsachverständiger). Nach Erstellung des entsprechenden Gutachtens wird dieses dem Gericht zugeleitet. Werden vom Besichtigungsschuldner Geheimnisschutzinteressen geltend gemacht, ist die Einsicht auf Seiten des Besichtigungsgläubigers allein durch verschwiegenheitsverpflichtete anwaltliche Vertreter möglich, wobei die Verschwiegenheit auch gegenüber dem eigenen Mandanten zu wahren ist. Anschließend entscheidet das Gericht über die Freigabe des Gutachtens an den Besichtigungsgläubiger. Auch hier hat es etwaige Geschäftsgeheimnisse des Besichtigungsschuldners zu beachten, so dass eine **Freigabe** etwa **nur mit Schwärzungen** in Frage kommen kann. Trotz der unbestrittenen Praxistauglichkeit bleiben insoweit jedoch Bedenken, auch wenn der BGH diesem Verfahren (mehr oder weniger deutlich) seinen Segen erteilt hat.[125] Dies gilt vor allem im Hinblick auf die den Parteivertretern auferlegte Verschwiegenheitspflicht ihrem Mandanten gegenüber. Dies kann ohne weiteres als **Eingriff in das Anwalt-/Mandantenverhältnis** angesehen werden,[126] weil § 11 BORA fordert, dass der Anwalt seinen Mandanten unverzüglich und umfassend „über alle für den Fortgang der Sache wesentlichen Vorgänge und Maßnahmen" zu unterrichten hat. Er hat ihm insbesondere vom Inhalt aller wesentlichen Schriftstücke Kenntnis zu verschaffen, was vergleichbar aus §§ 675 Abs. 1, 666 BGB folgt.[127] 35

Unbeschadet dessen (und weiterer Defizite, sowie der erwähnten Zulässigkeitsfrage) kann dieses Verfahren angesichts der §§ 16ff. **weiterhin praktiziert** werden.[128] Auch nach Ansicht des BMJV bliebe das Düsseldorfer Verfahren von der Implementierung des § 145a in das PatG „unberührt".[129] Dies kann nicht überraschen, ist dieses Verfahren doch – wie erwähnt – auf die Geheimnisschutzinteressen des Besichtigungsschuldners bei der vorprozessualen Informationsbeschaffung hin ausgerichtet, während die §§ 16 bis 20 maßgeblich die Geschäftsgeheimnisse des Besichtigungsgläubigers im Hauptsacheverfahren schützen sollen. 36

---

123 *Kühnen* Kap. B Rn. 89, 93.

124 Vgl. OLG Düsseldorf 11.2.2016 GRUR-RR **2016** 224 – Besichtigungsanordnung (mögl. Verletzung des rechtlichen Gehörs/Art. 103 Abs. 1 GG); umf. zum Rechtsschutz des Antragsgegners gegen die Besichtigungsanordnung *Kuta* 297ff.; *Stadler* ZZP **123** 2010 261, 271.

125 BGH 16.11.2009 GRUR **2010** 318 = BGHZ **183**, 153 – Lichtbogenschnürung.

126 So auch *Rojahn* FS Loewenheim 252; *McGuire* GRUR **2015** 424, 434; auch an der Besichtigung selbst kann der Antragsteller nicht persönlich teilnehmen, was jedoch nicht angeordnet werden kann, sondern nur als freiwilliger Verzicht möglich ist. Die teilnehmenden anwaltlichen Vertreter sind dem Mandanten gegenüber auch insoweit zur Verschwiegenheit verpflichtet, was ebenfalls einen Eingriff in das Anwalt-/Mandantenverhältnis darstellt. Im Hinblick auf einen effektiven Rechtschutz sei dies jedoch hinzunehmen, vgl. *Kuta* 195ff.

127 *Hauck* NJW **2016** 2218, 2222.

128 So auch BeckOK GeschGehG/*Gregor* § 16 GeschGehG Rn. 16, § 19 GeschGehG Rn. 38. Da das Düsseldorfer Verfahren maßgeblich die in § 19 GeschGehG vorgesehenen Schutzmaßnahmen betrifft, vgl. die dortige Kommentierung.

129 Begr. PatG-DiskE S. 54.

37 Auf die **Schwäche** des Düsseldorfer Verfahrens[130], dass die **Geheimnisschutzinteressen des Besichtigungsgläubigers** im Grunde **keine Berücksichtigung** finden, wurde bereits hingewiesen. Exemplarisch dafür ist ein Rechtsstreit vor dem LG Nürnberg-Fürth, in dem es um die Besichtigung nach § 101a UrhG[131] ging, wegen des Vorwurfs eines urheberrechtsverletzenden Eingriffs in den Quellcode eines Computerprogramms (vgl. zur unberechtigten Dekompilierung § 69e UrhG).[132] Nach Erstellung des Gutachtens hatte der Besichtigungsgläubiger Geheimnisschutzinteressen geltend gemacht, weil im Gutachten, um die Verletzung detailliert nachweisen zu können, der ([auch][133] als Geschäftsgeheimnis geschützte) Quellcode des Streitprogramms vollständig beschrieben werden musste. Nun war dem Rechtsstreit aber zwischenzeitlich auf Seiten des Besichtigungsschuldners ein Wettbewerber des Besichtigungsgläubigers beigetreten, der einen entsprechenden Anspruch auf Akteneinsicht geltend machte. In diesem Fall lehnten die Gerichte eine Beschränkung des Akteneinsichtsrechts mit der Begründung ab, dass insoweit eine gesetzliche Regelung fehle. Auch sei § 101a Abs. 1 Satz 3 UrhG nicht (entsprechend) anwendbar, weil damit allein die Geheimnisschutzinteressen des Besichtigungsschuldners geschützt werden.[134]

38 Vor diesem Hintergrund wäre denkbar, in Besichtigungsverfahren auf Grundlage von § 101a UrhG die §§ 16 bis 20 jedenfalls **analog** heranzuziehen, um auch die Geschäftsgeheimnisse des Besichtigungsgläubigers zu schützen. Für eine Analogie spricht, dass angesichts des Diskussionsentwurfs zur Modernisierung des PatG mit dem Vorschlag von § 145a PatG-DiskE (dazu oben Rn. 23) erkannt wurde, dass insoweit Regelungsbedarf besteht. Unbefriedigend wäre es dann aber, wenn allein in das PatG eine solche Regelung implementiert würde und nicht in sämtliche Vorschriften zum Schutz und zur Durchsetzung von Immaterialgüterrechten. Dies würde zudem den horizontalen Regelungsansatz der **Richtlinie (EG) 2004/48** (Enforcement- oder Durchsetzungs-Richtlinie)[135] verkennen, durch die gerade ein homogenes Regelungsregime für alle Immaterialgüterrechte geschaffen werden sollte. So ist es etwa nicht fernliegend, dass es in einem Rechtsstreit um ein geschütztes Design ebenfalls um Fragen des prozessualen Schutzes von Geschäftsgeheimnissen geht. Im Einzelnen fordert **Art. 3 Abs. 2 RL 2004/48/EG** unter anderem, dass die von den Mitgliedstaaten vorzusehenden Maßnahmen „wirksam" sein müssen. Daher kann es nicht richtig sein, dass ein Rechteinhaber von der Durchsetzung seines Rechts jedenfalls als *ultima ratio* absehen muss, weil schon auf der Ebene des Besichtigungsanspruchs (vgl. zu „Maßnahmen zur Beweissicherung" Art. 7 RL 2004/48/EG) der Schutz von Geschäftsgeheimnissen nicht sichergestellt werden kann.

---

130 Die Rechtmäßigkeit und damit Zulässigkeit des Verfahrens ist zudem nicht unumstritten, wegen der Verbindung der beiden Verfahren miteinander (oben Rn. 34).

131 Vor dem 1.9.2008 (Implementierung des § 101a in das UrhG in Umsetzung von Art. 6 RL 2004/48/EG [Enforcement-Richtlinie]) konnte ein entsprechender Besichtigungsanspruch allein auf § 809 BGB gestützt werden vgl. BGH GRUR **2002** 1046, 1048 – Faxkarte. S. zum verbleibenden Anwendungsbereich trotz § 140c PatG *Kühnen* Mitt. **2009** 211 m. Fn. 2 und zur Rechtslage vor Umsetzung der RL 2004/48 *Melullis* Festschrift Tilmann (2003) 843.

132 LG Nürnberg-Fürth 19.3.2018 3 O 2330/17 (nicht veröffentlicht).

133 Vgl. zum urheberrechtlichen Schutz des Quellcodes (oder: Source code) Fromm/Nordemann/*Czychowski* UrhG § 69a Rn. 28. Dies spricht jedoch nicht gegen einen – ohnehin gänzlich anders gelagerten – Schutz *auch* als Geschäftsgeheimnis, wenn eben die Voraussetzungen des § 2 Nr. 1 GeschGehG erfüllt werden. Vgl. zur früher umstrittenen Frage nach dem Verhältnis zwischen dem urheberrechtlichen Schutz des Quellcodes und § 17 UWG 2004 Fromm/Nordemann/*Czychowski* UrhG § 69e Rn. 19 m. w. N.

134 OLG Nürnberg 11.3.2019 3 W 324/18 S. 5; LG Nürnberg-Fürth 19.3.2018 3 O 2330/17 S. 3 (jew. nicht veröffentlicht). So im Ergebnis auch OLG Köln 22.2.2017 ZUM **2017** 600, 602.

135 Richtlinie 2004/48/EG des Europäischen Parlaments und des Rates vom 29. April 2004 zur Durchsetzung der Rechte des geistigen Eigentums, ABl. L 157/45 (Grundfassung).

Weitergehend stellt sich die **Frage der analogen Anwendbarkeit** der §§ 16 bis 20 auch bei selbstständigen Beweisverfahren in Bezug auf Sachverhalte **außerhalb der immaterialgüterrechtlichen Sonderregelungen**, man denke etwa an **Produkthaftungsfälle**. Mangels einer spezialgesetzlichen Anspruchsgrundlage könnte ein Besichtigungsanspruch allein auf § 809 BGB gestützt werden. Vorschriften zum Schutz von Geschäftsgeheimnissen finden sich im BGB oder auch in Spezialgesetzen wie dem ProdHaftG freilich überhaupt nicht, so dass allenfalls mit § 242 BGB argumentiert werden könnte. Denn im Ergebnis müsste der Anspruchsinhaber (Kläger) zwei sich diametral entgegenstehende Pflichten erfüllen, was jedoch gem. § 275 BGB unmöglich ist[136]: Er müsste in der Klage substantiiert vortragen (s. zum Beibringungsgrundsatz schon oben Rn. 3f.), zugleich aber gem. § 2 Nr. 1 „angemessene Geheimhaltungsmaßnahmen" treffen, um für insoweit vorzubringende Informationen den Schutz als Geschäftsgeheimnis nicht zu verlieren (wobei es sich jeweils um eine „Pflicht gegen sich selbst", eine Obliegenheit, handelt). Unbeschadet dessen kann von einer planwidrigen Regelungslücke insoweit aber schlicht nicht gesprochen werden,[137] weil es die dargestellten Berührungspunkte zur Durchsetzung von Immaterialgüterrechten nicht gibt. Eine **Analogie** kann daher **nicht** in Frage kommen. Auch daran zeigt sich, dass die Forderungen nach einer umfassenden zivilrechtlichen Implementierung eines prozessualen Geheimnisschutzes in das deutsche Recht mehr als berechtigt waren. 39

3. Amtsverfahren. Keine streitigen Verfahren iSv § 16 Abs. 1 („Klagen") sind **Amtsverfahren** (etwa vor dem DPMA). Auch in solchen Verfahren kann freilich nicht ausgeschlossen werden, dass eine Partei zur Geltendmachung eines Anspruchs als Geschäftsgeheimnisse geschützte Informationen vorbringen muss, die dann – möglicherweise über ein Recht zur Akteneinsicht – auch Dritten zur Kenntnis gelangen können. Für einen Geheimnisschutz auch bei solchen Verfahren vor Verwaltungsbehörden hatte daher etwa *Ann* schon frühzeitig plädiert.[138] Da es sich dabei aber schon nicht um gerichtliche Verfahren handelt, wäre eine **analoge Anwendung** der §§ 16 bis 20 noch schwerer zu begründen – und muss im Ergebnis **verneint** werden – als bei den o.g. Verfahren (etwa beim einstweiligen Rechtsschutz), die (nur) keine Hauptsacheverfahren sind. Gerade bei verwaltungsrechtlichen Vorschriften ist überdies auffällig, dass zum Teil ein sehr starker Schutz von Geschäftsgeheimnissen vorgesehen ist, man denke etwa an § 6 Satz 2 IFG. Freilich ist dann die zugrundeliegende Situation auch verschieden von der oben beschriebenen Kollisionslage. Solche Regelungen zeigen aber, dass dem Gesetzgeber die Problematik des Schutzes von Geschäftsgeheimnissen in Verwaltungsverfahren durchaus bekannt ist, weswegen nur anzumahnen ist, dass auch insoweit wirksame gesetzliche Regelungen geschaffen werden müssen. 40

II. Einstufungsverfahren (Abs. 1)

1. Antrag beim zuständigen Gericht. Das Einstufungsverfahren[139] wird **nur auf Antragstellung** hin vorgenommen. Dagegen hätte Art. 9 Abs. 1 RL (EU) 2016/943 auch 41

136 Es gilt *ultra posse nemo obligatur.*

137 *Müller/Aldick* ZIP **2020** 9, 10; *Schregle* GRUR **2019** 912, 913; *Druschel/Jauch* BB **2018** 1218, 1221; *Semrau-Brandt* GRUR-Prax **2019** 127, 129.

138 *Ann* GRUR Prax **2016** 465, 467.

139 Dieses ist dem eigentlichen Rechtsstreit quasi vorgeschaltet, *Schlingloff* WRP **2018** 666, 670.

eine Einstufung von Amts wegen ermöglicht, die im deutschen Recht jedoch nicht vorgesehen ist.[140] **Zuständig** für das Einstufungsverfahren ist „das Gericht der Hauptsache" gem. § 20 Abs. 6 (vgl. auch die dortige Kommentierung) oder das Berufungsgericht. Dies kann nach hier vertretener Ansicht (zur Anwendung der §§ 16 bis 20 auch vor den Arbeitsgerichten oben Rn. 22) **auch ein Gericht außerhalb der ordentlichen Gerichtsbarkeit** sein. Infolge der ebenfalls bejahten anlogen Anwendbarkeit der §§ 16 bis 20, insbesondere im vorprozessualen Bereich (oben Rn. 29), ist dann entsprechend auf die **Antragstellung** abzustellen.

42 Notwendig zum Tätigwerden ist der „Antrag *einer* Partei" (Hervorh. d. Verf.), was zunächst den Eindruck erweckt, dass sowohl Kläger als auch Beklagter antragsberechtigt sein könnten. Angesichts des Gegenstands, auf den sich die Einstufungsentscheidung bezieht – die „streitgegenständliche[n] Informationen" (dazu anschließend) – ist dies jedoch fraglich. Dass der Antrag **jedenfalls vom Kläger** gestellt werden kann, ist nicht zu bezweifeln.[141] Die Antragstellung ist bereits **mit Einreichung der Klageschrift** möglich,[142] was in der Praxis auch zu empfehlen ist, ansonsten aber auch in jeder Phase des Verfahrens. Dabei soll die **Kennzeichnung** der Informationen als geheimhaltungsbedürftig **durch den Antragsteller** nötig sein[143], wobei der Antrag auf **einen Teil der Informationen beschränkt** werden kann.[144] Eine Einstufungsentscheidung kann **nicht erstmals im Vollstreckungsverfahren** beantragt werden.[145]

43 **2. Streitgegenständliche Informationen.** Die betreffenden Informationen, auf die sich das Einstufungsverfahren bezieht, müssen (jedenfalls potentiell, dazu noch anschließend) ein Geschäftsgeheimnis iSd § 2 Nr. 1 sein, wobei die dortigen Voraussetzungen kumulativ erfüllt werden müssen. Eine weitere Differenzierung, etwa hinsichtlich einer besonderen Schutzwürdigkeit, erfolgt nicht.[146] Maßgeblicher **Prüfungszeitpunkt** für die Geheimniseigenschaft ist die **Antragstellung.** Denn anderenfalls – ein Geschäftsgeheimnis lag im Zeitpunkt der Verletzungshandlung vor, die Geheimniseigenschaft ist jedoch bis zur Einreichung der Klage verlorengegangen – gibt es in Bezug auf die Einstufung und das daraus folgende Verbot nach Abs. 2 keinen schutzwürdigen Gegenstand iSd § 16 mehr.

44 **Streitgegenständlich** sind alle Informationen, welche die **Grundlage für geltend gemachte Ansprüche** des Geheimnisinhabers darstellen,[147] um deren Verletzung es geht (vgl. § 4: verbotene Erlangung/Nutzung/Offenlegung) und infolgedessen Ansprüche gem. §§ 6 ff. geltend gemacht werden. Hieran zeigt sich, dass die §§ 16 bis 20 auf den Schutz der **Geschäftsgeheimnisse des Klägers** ausgerichtet sind. Auch für einredeweise geltend gemachte Geheimnisse der gegnerischen Partei soll der Schutz nicht gelten.[148] Dadurch ist

---

140 Köhler/Bornkamm/Feddersen/*Alexander* § 16 GeschGehG Rn. 21.
141 Köhler/Bornkamm/Feddersen/*Alexander* § 16 GeschGehG Rn. 19: „in aller Regel der Kläger".
142 *Reinfeld* § 6 Rn. 47; Köhler/Bornkamm/Feddersen/*Alexander* § 16 GeschGehG Rn. 20.
143 *Reinfeld* § 6 Rn. 46.
144 Büscher/*McGuire* § 16 GeschGehG-RegE Rn. 12; einen Antrag auf gerichtliche Beschränkung mit Glaubhaftmachung bereits mit Einreichung der Klage zu stellen empfiehlt *Schulte* ArbRB **2019** 143, 146.
145 BTDrucks. 19/4724 37.
146 BTDrucks. 19/4724 S. 35; im Gegensatz zu § 174 Abs. 3 iVm § 172 Nr. 2 GVG, vgl. Büscher/*McGuire* § 16 GeschGehG-RegE Rn. 12.
147 Büscher/*McGuire* § 16 GeschGehG-RegE Rn. 13.
148 Büscher/*McGuire* § 16 GeschGehG-RegE Rn. 13: da „Art. 9 (1) RL [...] ebenfalls eine Beschränkung auf den Streitgegenstand vorsieht". Auch aus der Gesetzesbegründung ergäben sich keine Anhaltspunkte, dass der Gesetzgeber darüber hinaus gehen wollte.

der Anwendungsbereich des § 16 denkbar eng.[149] Um auch dem Beklagten einen Schutz durch § 16 zu gewähren wird daher vorgeschlagen, dass dieser einen „prozessualen Gegenangriff starten" soll, etwa durch das **Erheben einer Widerklage.**[150]

Andere plädieren dafür, den Begriff „streitgegenständlich" nicht im Sinne des herkömmlichen Streitgegenstandbegriffs zu verstehen,[151] sondern „all solche Informationen, die die Parteien einführen und damit zu einem Teil des Verfahrens machen" darunter zu fassen. Argumente dafür sind der schon oben angesprochene im Ergebnis offene Wortlaut von § 16 Abs. 1 (auf Antrag *einer* Partei, der sich ebenso in § 19 Abs. 1 findet). Zudem ist nicht von der Hand zu weisen, dass der Gesetzgeber den prozessualen Geheimnisschutz insgesamt verbessern wollte (wobei ja das „ob" nicht in Frage steht, aber durchaus das „wie"), auch angesichts von Art. 9 Abs. 1 UAbs. 1 RL 2016/243.[152] § 16 wäre dann **auf alle Informationen** anwendbar, „die in den Rechtsstreit als Streitstoff eingeführt werden oder mit diesem sonst in engem Zusammenhang stehen," etwa auch Beweismittel.[153] 45

Im Ergebnis ist dahingehend wie folgt zu **entscheiden**: Bejaht man wie hier eher großzügig die Anwendbarkeit des § 16 über den nach dem eigentlich vom Wortlaut vorgegebenen engen Anwendungsbereich hinaus – unter Bezugnahme auf den *Telos* der Richtlinie mit dem Ziel, den Schutz von Geschäftsgeheimnissen in gerichtlichen Verfahren insgesamt zu stärken (oben Rn. 14ff.) –, **ist der letzteren Ansicht zu folgen**. Streitgegenständlich sind daher alle Informationen, die als Streitstoff in das Verfahren eingeführt werden; **Antragsteller** können demnach auch **beide Parteien** sein. Dafür spricht zudem die verfassungskonforme Auslegung der Norm, denn alle prozessualen Vorschriften, die sich auf Prozess(grund)rechte beziehen (dazu auch oben Rn. 2), haben auch das Ziel, ein Verhandeln der Parteien auf Augenhöhe zu ermöglichen und damit dem verfahrensrechtlichen „Grundsatz der Waffengleichheit" zu entsprechen[154] (dieser selbst folgt als grundrechtsgleiches Recht aus Art. 3 Abs. 1 iVm Art. 20 Abs. 3 GG). Dazu ist es aber unerlässlich, dass den **Geheimnisschutzinteressen *beider* Parteien** entsprochen wird. Zudem gilt, dass, um dem in gerichtlichen Streitigkeiten aus dem Rechtsstaatsprinzip (Art. 103 Abs. 1 GG) folgenden Erfordernis eines *effektiven Rechtsschutzes* (Art. 19 Abs. 4 GG) gerecht zu werden, allen Beteiligten die Möglichkeit gegeben werden muss, sich im Prozess mit *tatsächlichen und rechtlichen Argumenten* zu behaupten;[155] dazu zählt eben auch die Verteidigung gegen eine Klage. Nur dann kann von einem **fairen Verfahren** gesprochen werden. Zudem würde die Verneinung der Anwendung von § 16 auch zugunsten des Beklagten diesem 46

149 Von einer Ausrichtung auf den Schutz des Klägers sprechen Köhler/Bornkamm/Feddersen/*Alexander* GeschGehG § 16 Rn. 10.

150 Büscher/*McGuire* § 16 GeschGehG-RegE Rn. 14; Köhler/Bornkamm/Feddersen/*Alexander* § 16 GeschGehG Rn. 10; ausf. dazu auch *Zhu/Popp* GRUR **2020** 338, 340f.

151 *Kalbfus* WRP **2019** 692, 694; BeckOK GeschGehG/*Gregor* § 16 GeschGehG Rn. 21.

152 BeckOK GeschGehG/*Gregor* § 16 GeschGehG Rn. 21.

153 *Kalbfus* WRP **2019** 692, 694; weitergehend BeckOK GeschGehG/*Gregor* § 16 GeschGehG Rn. 21: Die §§ 16–20 GeschGehG sollen die Vertraulichkeit von geheimen Informationen in einer Geschäftsgeheimnisstreitsache allgemein sicherstellen.

154 Vgl. dazu etwa BVerfG 3.6.2020 NJW **2020** 2021 Rn. 16: „Der Grundsatz der prozessualen Waffengleichheit ist Ausprägung der Rechtsstaatlichkeit und des allgemeinen Gleichheitssatzes im Zivilprozess und sichert verfassungsrechtlich die Gleichwertigkeit der prozessualen Stellung der Parteien vor Gericht"; BVerfG 30.9.2018 NJW **2018** 3634 Rn. 27: Nach diesem Grundsatz ist der Richter verpflichtet, „die Gleichstellung der Parteien durch eine objektive, faire Verhandlungsführung, durch unvoreingenommene Bereitschaft zur Verwertung und Bewertung des gegenseitigen Vorbringens, durch unparteiische Rechtsanwendung und durch korrekte Erfüllung seiner sonstigen prozessualen Obliegenheiten gegenüber den Prozessbeteiligten zu wahren".

155 BVerfG 23.10.2007 BeckRS **2007** 28248 = BVerfGE **119** 292; BGH 14.8.2008 GRUR **2009** 88 Rn. 20 – ATOZ.

dann den Zugang zu § 19 versperren, denn die dortigen Maßnahmen sind **akzessorisch** zur Einstufungsentscheidung.[156]

47 Nach § 20 Abs. 3 muss **glaubhaft** gemacht werden (§ 294 ZPO), dass es sich bei der streitgegenständlichen Information um ein Geschäftsgeheimnis handelt. Vorzubringen hat der Antragsteller daher alles, woraus sich ergibt, ob die Voraussetzungen des § 2 Nr. 1 erfüllt sind. Dies gilt vor allem für den Nachweis, dass der Antragsteller als „rechtmäßiger Inhaber" die nach den Umständen (des Einzelfalls) **„angemessenen Geheimhaltungsmaßnahmen"** getroffen hat.[157] Nicht notwendig ist der Nachweis drohender Nachteile, sollten gerichtlich denkbare Schutzmaßnahmen nicht angeordnet werden.[158]

48 Nach einer Ansicht soll es dabei **ausreichen**, wenn die betreffende Information jedenfalls **potentiell** ein Geschäftsgeheimnis sein kann, denn Art. 9 Abs. 1 UAbs. 1 Satz 1 RL 2016/943 verwende eben auch die Formulierung „angebliches" Geschäftsgeheimnis.[159] Dafür spricht, dass das Gesetz es vermeiden will, dass quasi vorab (also vor dem eigentlichen Hauptsacheverfahren) die Geheimnisschutzvoraussetzungen nach § 2 vertieft geprüft werden müssen.[160] Andere fordern dagegen das tatsächliche Vorliegen eines Geschäftsgeheimnisses (bzw. die entsprechende Glaubhaftmachung), wobei die Anforderungen dabei aber nicht zu hoch sein dürfen.[161] Wegen der fatalen Folgen einer Fehleinschätzung sei eine großzügige gerichtliche Wertung angezeigt.[162] Im Ergebnis dürften sich diese beiden Ansichten freilich nicht wesentlich voneinander unterscheiden. **Vorzugswürdig** ist es, in **richtlinienkonformer Auslegung** ein **potentielles Geschäftsgeheimnis genügen** zu lassen, wobei die Anforderungen an eine Glaubhaftmachung freilich auch nicht zu niedrig sein dürfen. So wird „die bloße Vorlage von undifferenzierten eidesstattlichen Versicherungen" als „besonders problematisch" angesehen.[163] Ein bloßes Behaupten eines Geschäftsgeheimnisses reicht in keinem Fall aus; das Glaubhaftmachungserfordernis in § 20 Abs. 3 ist eine zulässige Ausgestaltung der Richtlinienvorgabe.[164]

49 Verneint man bereits die Eröffnung des Anwendungsbereichs des GeschGehG für sog. **illegale Geheimnisse**, können diese selbstredend auch nicht in den Anwendungsbereich von § 16 fallen.[165] Im Ergebnis ist dies freilich eine Frage, die im Rahmen von § 2 zu beantworten ist, auf dahingehende Ausführungen wird verwiesen.

50 **3. Einstufungsentscheidung.** Die Einstufungsentscheidung – diese erfolgt durch **Beschluss** (§ 20 Abs. 5 Satz 1[166]) – ist eine **Ermessensentscheidung** („kann"), wobei insoweit jedoch **keine Interessenabwägung** vorgenommen werden darf.[167] In der Regel wird daher dann, wenn die Anforderungen an die Glaubhaftmachung erfüllt werden und ein

---

156 Vgl. zum Antrag nach § 19 GeschGehG die dortige Kommentierung und *Zhu/Popp* GRUR **2020** 338, 339 ff.; *Kühnen* GRUR **2020** 576, 577 f.; *Hauck* GRUR **2020** 817, 819.
157 Vgl. umfassend dazu § 2 (und die dortige Kommentierung).
158 Köhler/Bornkamm/Feddersen/*Alexander* § 16 GeschGehG Rn. 24; BeckOK GeschGehG/*Gregor* § 16 GeschGehG Rn. 29.
159 Büscher/*McGuire* § 16 GeschGehG-RegE Rn. 12.
160 Köhler/Bornkamm/Feddersen/*Alexander* § 16 GeschGehG Rn. 23.
161 BeckOK GeschGehG/*Gregor* § 16 GeschGehG Rn. 26: im Zweifel Einstufung als Geschäftsgeheimnis, auch, weil sich die Entscheidung gem. § 20 Abs. 2 Satz 2 GeschGehG jederzeit korrigieren lasse und die Einstufung spätestens mit Rechtskraft einer gegenteiligen Entscheidung wegfällt; *Schregle* GRUR **2019** 912, 914.
162 *Ernst* MDR **2019** 897, 902.
163 *Schlingloff* WRP **2018** 666, 670.
164 *Kalbfus* WRP **2019** 692, 699.
165 *Reinfeld* § 6 Rn. 46.
166 Vgl. die dortige Kommentierung, ebenso zu möglichen Rechtsbehelfen gem. § 20 Abs. 5 Sätze 4, 5 GeschGehG.
167 BeckOK GeschGehG/*Gregor* § 16 GeschGehG Rn. 30.

schützenswertes Geschäftsgeheimnis vorliegt (dazu oben Rn. 47f.), von einer **Ermessensreduzierung auf Null** auszugehen sein. Anderenfalls würde dem Regelungsauftrag aus Art. 9 Abs. 1 RL 2016/943 nicht entsprochen. Nur in Ausnahmefällen wird das Gericht daher von einer Einstufung iS des § 16 Abs. 1 absehen können, etwa dann, wenn die Antragstellung einen schikanösen Charakter hat.[168] Wegen der Sanktionsmöglichkeit des § 17 GeschGehG muss die Information, auf die sich die Anordnung nach Abs. 2 bezieht, **hinreichend klar identifiziert** werden, wobei das Geheimnis im Beschluss selbst nur insoweit umschrieben werden muss, wie dies für die Zwangsvollstreckung unerlässlich ist.[169]

III. Nutzungs- und Offenlegungsverbot (Abs. 2)

1. Folge der Einstufungsentscheidung. Die Einstufungsentscheidung gem. Abs. 1 51
führt dazu, dass gem. Abs. 2 die dort genannten Verfahrensbeteiligten die als geheimhaltungsbedürftig eingestufte Information (das [potentielle] Geschäftsgeheimnis) „vertraulich behandeln" müssen (**Pflicht zur Geheimhaltung**) und „außerhalb eines gerichtlichen Verfahrens nicht nutzen oder offenlegen" dürfen (**Nutzungs- und Offenlegungsverbot**). Trotz der „und"-Verknüpfung handelt es sich insoweit nicht um eine Kumulation von Verpflichtung (Gebot) und Verbot, sondern stellt das Nutzungs- und Offenlegungsverbot vielmehr eine Konkretisierung der zuvor genannten Verpflichtung dar (im Folgenden ist daher allein von „Nutzungs- und Offenlegungsverbot" die Rede). Die Begriffe „Nutzung" und „Offenlegung" sind dabei deckungsgleich mit denen, die zunächst in § 1 Abs. 1 genannt werden und die für die Anwendung insbesondere von § 3 Abs. 2, § 4 Abs. 2, 3 und § 5 eine maßgebliche Rolle spielen.

Das Verbot gilt auch für Handlungen innerhalb einer Einrichtung/eines Unterneh- 52
mens, etwa im Verhältnis der Arbeitnehmer gegenüber ihrem Arbeitgeber.[170] Da sich dieses Verbot unmittelbar aus dem Gesetz ergibt, trifft das Gericht **keine dahingehende Anordnung.**[171] Infolgedessen ist bei Zuwiderhandlungen nicht nur § 17 einschlägig, sondern dann, wenn es sich tatsächlich um ein Geschäftsgeheimnis handelt, auch § 4. Aus dem Umkehrschluss zum Wortlaut des Gesetzes folgt zudem, dass die Beteiligten die als vertraulich eingestufte Information **innerhalb des Verfahrens** durchaus nutzen und sogar offenlegen dürfen. Da für tatsächliche Geschäftsgeheimnisse jedoch auch § 4 zu beachten ist, wird insoweit aber zu fordern sein, dass dies in jedem Fall nur mit Bezug zum Rechtsstreit und im notwendigen Umfang möglich sein kann.[172] Hier sind die Entwicklungen in der Praxis abzuwarten.

Aus welchen Quellen des Verfahrens die genannten Personen (dazu anschließend) die 53
Information erhalten haben, ist unerheblich.[173] Sollte die Personen jedoch **außerhalb des Prozesses** Kenntnis vom Geschäftsgeheimnis erhalten haben, gilt das Verbot nach § 16

---

168 BeckOK GeschGehG/*Gregor* § 16 GeschGehG Rn. 30.

169 BeckOK GeschGehG/*Gregor* § 16 GeschGehG Rn. 31 unter Hinw. auf BGH 13.12.2007 GRUR **2008** 727, 729 – Schweißmodulgenerator.

170 BeckOK GeschGehG/*Gregor* § 16 GeschGehG Rn. 42.

171 Missverständlich *Kalbfus* WRP **2019** 692, 694, der meint, „§ 16 Abs. 1 ermächtig[e] das Gericht zu einer *'protective order'* bzw. Geheimhaltungsanordnung". Die Einstufungsentscheidung geht aber über die Entscheidung pro/contra Vorliegen eines Geschäftsgeheimnisses nicht hinaus, eine weitergehende Anordnung wird gerade nicht getroffen. Die – allein gesetzliche – „Geheimhaltungsanordnung" folgt dann aus Abs. 2.

172 *Kalbfus* WRP **2019** 692, 695: es gilt das *Need to know*-Prinzip. Für eine Verwendung ausschließlich zu Prozesszwecken auch BeckOK GeschGehG/*Gregor* § 16 GeschGehG Rn. 41.

173 BeckOK GeschGehG/*Gregor* § 16 GeschGehG Rn. 40, mit der Betonung der Unterschiede zu § 174 Abs. 3 S. 1 GVG.

Abs. 2 letzter Halbs. nicht, wohl aber § 4. Das Vorliegen dieser im Ergebnis Tatbestandsausnahme hat derjenige darzulegen und zu beweisen, der sich darauf beruft.[174] *Kalbfus* weist zutreffend darauf hin, dass die Tatbestandsausnahme allein für Personen gelten kann, die *rechtmäßig* außerhalb des Verfahrens von den Informationen Kenntnis erhalten haben.[175]

54 **2. Adressaten des Verbots. Adressaten** des gesetzlichen Nutzungs- und Offenlegungsverbots sind die in Abs. 2 genannten **Verfahrensbeteiligten** einschließlich der Streitgenossen und Nebenintervenienten; auch das Justizpersonal zählt als „sonstige Personen" dazu.[176] Ausgenommen ist freilich der Inhaber des Geschäftsgeheimnisses. Darüber hinaus ist der Gesetzgeber der Ansicht, dass die „richterliche Anordnung der Geheimhaltungsbedürftigkeit auch auf die **Justizverwaltung** durch[schlägt], zum Beispiel bei der Akteneinsicht. Klargestellt wird auch, dass Verpflichtungen unabhängig sind von anderen Vertraulichkeitsanordnungen, wie etwa der Verschwiegenheitsverpflichtung von Beamten.[177] Der Gesetzgeber weist zudem darauf hin, dass Richterinnen und Richter, Rechtspflegerinnen und Rechtspfleger die als vertraulich eingestuften Informationen jedoch im Bereich ihrer Aufgaben verwenden und diese zum Beispiel zur Grundlage eines Beweisbeschlusses machen oder im Urteil hierauf eingehen können.[178]

55 **3. Beginn und Ende der Verbotswirkung; Rechtsfolgen eines Verstoßes.** Nach § 20 Abs. 5 Satz 2 entfaltet das Verbot der Nutzung und Offenlegung seine Wirkung mit **Zugang des Hinweises** durch das Gericht.[179] Dies gilt insbesondere auch im Hinblick auf Personen, die später zum Verfahren hinzukommen, wobei die Einstufungsentscheidung nicht jedes Mal erneuert werden muss.[180] Die **Wirkung endet** entweder bei rechtmäßiger (oben Rn. 53) Kenntniserlangung von der Information außerhalb des Verfahrens (§ 16 Abs. 2 a. E.), mit rechtskräftigem Urteil, dass kein Geschäftsgeheimnis vorliegt (§ 18 Satz 2 HS. 1), bei allgemeinem Bekanntwerden der Information (§ 18 Satz 2 HS. 2) oder bei gerichtlicher Aufhebung der Entscheidung (§ 20 Abs. 2 Satz 2). Gegen die Aufhebung der Entscheidung ist sofortige Beschwerde möglich (§ 20 Abs. 5 Satz 5).[181]

56 Die **Rechtsfolgen** eines Verstoßes ergeben sich aus § 17; zudem kann ein Verstoß gegen § 4 Abs. 2 Nr. 2 und/oder 3 vorliegen. Weitergehende Maßnahmen sind auf Grundlage der Einstufungsentscheidung möglich, insbesondere Zugangsbeschränkungen nach § 19.[182] Der Gesetzgeber weist insoweit auf denkbare Schadensersatzansprüche sowie auf beamten- oder berufsrechtliche Sanktionen hin.[183] Wie bei allen Geheimnisverletzungen gilt freilich auch hier, dass Zuwiderhandlungen gegen das Verbot nur schwer nachweisbar sind.[184] Denkbar ist daher sogar, dass ausgehend von § 16 Abs. 2 eine (weitere) Geschäftsgeheimnisstreitsache anhängig wird.

---

174 *Kalbfus* WRP **2019** 692, 695, mit dem Hinweis auf die dahingehend nicht auszuschließende Rechtsunsicherheit.
175 *Kalbfus* WRP **2019** 692, 695: insoweit teleologische Reduktion notwendig.
176 Köhler/Bornkamm/Feddersen/*Alexander* § 16 GeschGehG Rn. 31.
177 BTDrucks. 19/4724 S. 35.
178 BTDrucks. 19/4724 S. 35, 36.
179 *Reinfeld* § 6 Rn. 56.
180 BeckOK GeschGehG/*Gregor* § 16 GeschGehG Rn. 44.
181 Eingehend zu den damit verbundenen Rechtsfolgen BeckOK GeschGehG/*Gregor* § 16 GeschGehG Rn. 46.
182 Vgl. jeweils die Kommentierung zu den einschlägigen Vorschriften.
183 BTDrucks. 19/4724 S. 35.
184 *Schregle* GRUR **2019** 912, 915.

IV. Akteneinsicht durch Dritte (Abs. 3)

Abs. 3 ergänzt den Schutz von Geschäftsgeheimnissen für das **Akteneinsichtsrecht von Dritten** bei Vorliegen einer Einstufungsentscheidung nach Abs. 1. Dritter ist jeder, der nicht Partei ist oder früher (während der Rechtshängigkeit) war.[185] Die Regelung steht Dritten nur dann zu, wenn – mangels Einwilligung der Parteien – überhaupt ein **rechtliches Interesse** an der Akteneinsicht **glaubhaft** gemacht werden kann (§ 299 Abs. 2 ZPO).[186] Dies wiederum setzt das **Bestehen eines gegenwärtigen Rechtsverhältnisses** auf Seiten des Antragstellers voraus, das einen rechtlichen oder wirtschaftlichen Bezug zum Sekundärprozess umfassen muss,[187] was etwa bei einem Streitverkündungsempfänger der Fall sein kann, der dem Prozess nicht beigetreten ist.[188] Anders als bei § 299 Abs. 2 ZPO – insoweit geht § 16 Abs. 3 vor und liegt die eigentliche Bedeutung der Vorschrift –, nimmt das Gericht aber **keine Interessenabwägung** im Hinblick auf kollidierende Grundrechtspositionen vor.[189] Dies ist eine Stärkung des prozessualen Geheimnisschutzes, denn das **Geheimhaltungsinteresse** hat **absoluten Vorrang** gegenüber dem Interesse an der Akteneinsicht.[190] Und auch, wenn bei § 299 Abs. 2 ZPO nicht zwingend eine Alles-oder-nichts-Entscheidung zu treffen, sondern über die Ermessensentscheidung auch eine Unkenntlichmachung von Geschäftsgeheimnissen möglich ist, ist die nunmehr ausdrückliche Regelung durchaus hilfreich.[191] 57

Unkenntlichmachung meint zunächst **Schwärzungen** in den betreffenden Akten. 58
Relevant für die erforderlichen Schwärzungen sind diejenigen Informationen, die nach Abs. 1 als geheimhaltungsbedürftig eingestuft worden sind. Denkbar ist zudem, dass **Teile vollständig aus einer Akte entfernt** werden, wenn nur so die Wahrung der Geschäftsgeheimnisse möglich ist. An wen das Gebot des Abs. 3 gerichtet ist, geht aus der Vorschrift nicht hervor. Praktikabel wird es sein, wenn das Gericht gem. **§ 20 Abs. 4 Satz 2 analog** der betreffenden Partei aufträgt, die Schwärzungen (und/oder Kürzungen) vorzunehmen und diese Schriftsätze und Dokumente dann bei Gericht einzureichen.[192] Weitergehend wird aus Gründen einer ökonomischen Prozessführung und zur Vermeidung von Amtshaftungsansprüchen gefordert, dass die antragstellende Partei **bereits von Anfang an** dafür zu sorgen hat, dem Gericht eine entsprechende Fassung vorzulegen.[193]

---

185 Musielak/Voit/*Huber* § 299 ZPO Rn. 3.
186 BeckOK GeschGehG/*Gregor* § 16 GeschGehG Rn. 48.
187 *Zuck* NJW **2010** 2913, 2916.
188 Musielak/Voit/*Huber* § 299 ZPO Rn. 3a.
189 So im Erg. auch Büscher/*McGuire* § 16 GeschGehG-RegE Rn. 18.
190 *Kalbfus* WRP **2019** 692, 698.
191 *Schregle* GRUR **2019** 912, 914.
192 BeckOK GeschGehG/*Gregor* § 16 GeschGehG Rn. 50. Dabei soll § 20 Abs. 4 Satz 3 GeschGehG (analog) aber nicht anwendbar sein (stillschweigende Zustimmung zur Einsichtnahme).
193 Büscher/*McGuire* § 16 GeschGehG-RegE Rn. 19. So dürften auch die Vorgaben des LG München I vom Februar 2020 bzgl. der Geheimhaltung von Geschäftsgeheimnissen in Patentstreitsachen zu verstehen sein. Die Hinweise sind hier abrufbar: https://www.justiz.bayern.de/media/images/behoerden-und-gerichte/landgerichte/muenchen1/hinweise_geheimhaltung__stand_februar_2020_.pdf (zuletzt abgerufen im Mai 2021).

§ 17
Ordnungsmittel

[1]Das Gericht der Hauptsache kann auf Antrag einer Partei bei Zuwiderhandlungen gegen die Verpflichtungen nach § 16 Absatz 2 ein Ordnungsgeld bis zu 100 000 Euro oder Ordnungshaft bis zu sechs Monaten festsetzen und sofort vollstrecken. [2]Bei der Festsetzung von Ordnungsgeld ist zugleich für den Fall, dass dieses nicht beigetrieben werden kann, zu bestimmen, in welchem Maße Ordnungshaft an seine Stelle tritt. [3]Die Beschwerde gegen ein nach Satz 1 verhängtes Ordnungsmittel entfaltet aufschiebende Wirkung.

Schrifttum

Ann Know-how – Stiefkind des Geistigen Eigentums? GRUR **2007** 39; *Ann* EU-Richtlinie zum Schutz vertraulichen Know-hows – Wann kommt das neue deutsche Recht, wie sieht es aus, was ist noch offen? GRUR-Prax **2016** 465; *Ann/Loschelder/Grosch* Praxishandbuch Know-how-Schutz, 2010; *Alexander* Gegenstand, Inhalt und Umfang des Schutzes von Geschäftsgeheimnissen nach der Richtlinie (EU) 2016/943, WRP **2017** 1034; *Apel* Der Gesetzgeber sollte zur Klarstellung zeitnah eine § 12 Abs. 2 UWG entsprechende Bestimmung ins GeschGehG aufnehmen – Anmerkung zum Beschluss des OLG München vom 8.8.2019, Az. 29 W 940/19, BB **2019** 2515; *Apel/Walling* Das neue Geschäftsgeheimnisgesetz: Überblick und erste Praxishinweise, DB **2019** 891; *Baranowski/Glaßl* Anforderungen an den Geheimnisschutz nach der neuen EU-Richtlinie, BB **2016** 2563; *Benkard* Patentgesetz, 11. Aufl. 2015; *Büscher* Gesetz gegen den unlauteren Wettbewerb, 2019; *Busse/Keukenschrijver* Patentgesetz, 8. Aufl. 2016; *Cepl/Voß* Prozesskommentar zum Gewerblichen Rechtsschutz, 2. Aufl. 2018; *Dann/Markgraf* Das neue Gesetz zum Schutz von Geschäftsgeheimnissen, NJW **2019** 1774; *Deichfuß* Die Entwendung von technischen Betriebsgeheimnissen, GRUR-Prax **2012** 449; *Dorn* Anforderungen an die Durchsetzung standardessentieller Patente, GRUR-Prax **2017** 497; *Druschel/Jauch* Der Schutz von Know-how im deutschen Zivilprozess: Der Status quo und die zu erwartenden Änderungen, Teil I: Der derzeitige und zukünftige prozessuale Geheimnisschutz im Know-how-Verletzungsverfahren, BB **2018** 1218; *Druschel/Jauch* Der Schutz von Know-how im deutschen Zivilprozess: Der Status quo und die zu erwartenden Änderungen, Teil 2: Der derzeitige und zukünftige Geheimnisschutz im vorgelagerten Besichtigungsverfahren, BB **2018** 1794; *Dumont* Happy End für ein Stiefkind? – Regierungsentwurf zur Umsetzung der Know-how-Richtlinie, BB **2018** 2441; *Falce* Trade Secrets – Looking for (Full) Harmonization in the Innovation Union, IIC 2015 940; *Fitzner/Lutz/Bodewig* Beck'scher Online Kommentar Patentrecht, 17. Ed. Stand: 15.7.2020; *Fuhlrott/Hiéramente* Beck'scher Online Kommentar GeschGehG, 4. Ed. Stand: 15.6.2020; *Gärtner/Goßler* Trade secret litigation nun auch in Deutschland? – Gedanken zur Umsetzung der Know-how-Richtlinie, Mitt. **2018** 204; *Götz* Der Schutz von Betriebs- und Geschäftsgeheimnissen im Zivilverfahren, 2014; *Harte-Bavendamm/Henning-Bodewig* Gesetz gegen den unlauteren Wettbewerb (UWG), 4. Aufl. 2016; *Hauck* Geheimnisschutz im Zivilprozess – was bringt die neue EU-Richtlinie für das deutsche Recht? NJW **2016** 2218; *Hauck* Schutz von Unternehmensgeheimnissen bei der Bestimmung FRAND-konformer Lizenzbedingungen, GRUR-Prax **2017** 118; *Hauck* Was lange währt... – Das Gesetz zum Schutz von Geschäftsgeheimnissen (GeschGehG) ist in Kraft, GRUR-Prax **2019** 223; *Kalbfus* Die EU-Geschäftsgeheimnis-Richtlinie – Welcher Umsetzungsbedarf besteht in Deutschland, GRUR **2016** 1009; *Kalbfus* Rechtsdurchsetzung bei Geheimnisverletzungen – Welchen prozessualen Schutz gewährt das Geschäftsgeheimnisgesetz dem Kläger? WRP **2019** 692; *Kalbfus/Harte-Bavendamm* Protokoll der Sitzung des Fachausschusses für Wettbewerbs- und Markenrecht zum Richtlinienvorschlag über den Schutz von Geschäftsgeheimnis, GRUR **2014** 453; *Keller* Protokoll der Sitzung des GRUR-Fachausschusses für Wettbewerbs- und Markenrecht zum Referentenentwurf eines Gesetzes zum Schutz von Geschäftsgeheimnissen (GeschGehG) am 25.4.2018 in Berlin, GRUR **2018** 706; *Kersting* Der Schutz des Wirtschaftsgeheimnisses im Zivilprozess – Eine rechtsvergleichende Untersuchung anhand der Federal Rules of Civil Procedure und der ZPO, 1995; *Koós* Die europäische Geschäftsgeheimnis-Richtlinie – ein gelungener Wurf? – Schutz von Know-how und Geschäftsinformationen – Änderungen im deutschen Wettbewerbsrecht, MMR **2016** 224; *Krüger/Wiencke/Koch* Der Datenpool als Geschäftsgeheimnis, GRUR **2020** 578; *Kühnen* Handbuch der Patentverletzung, 12. Aufl. 2020; *Kühnen* Zivilprozessualer Geheimnisschutz in Patentstreitverfahren – Zugleich Entgegnung auf Zhu/Popp (GRUR **2020** 338), GRUR **2020** 576; *Kühnen* Die Besichtigung im Patentrecht – Eine Bestandsaufnahme zwei Jahre nach „Faxkarte", GRUR **2005** 185; *Kürschner* Parteiöffent-

https://doi.org/10.1515/9783110631654-021

lichkeit vor Geheimnisschutz im Zivilprozeß, NJW **1992** 1804; *Kuta* Die Besichtigungsanordnung nach dem „Düsseldorfer Modell" – Zur Rechtmäßigkeit des Düsseldorfer Besichtigungsverfahrens de lege lata, 2017; *Laoutoumai/Baumfalk* Probleme im vorprozessualen Verfahren bei der Rechtsverfolgung von Ansprüchen aus dem neuen GeschGehG, WRP **2018** 1300; *Lejeune* Die neue EU Richtlinie zum Schutz von Know-how und Geschäftsgeheimnissen – Wesentliche Inhalte und Anpassungsbedarf im deutschen Recht sowie ein Vergleich zur Rechtslage in den USA, CR **2016** 330; *Löffel* Kommentar zu OLG München, Beschl. v. 8.8.2019, Az. 29 W 940/19, WRP **2019** 1378; *McGuire* Der Schutz von Know-how im System des Immaterialgüterrechts – Perspektiven für die Umsetzung der Richtlinie über Geschäftsgeheimnisse, GRUR **2016** 1000; *McGuire* Know-how: Stiefkind, Störenfried oder Sorgenkind? – Lücken und Regelungsalternativen vor dem Hintergrund des RL-Vorschlags, GRUR **2015** 424; *McGuire* Neue Anforderungen an Geheimhaltungsvereinbarungen? WRP **2019** 679; *Mes* Patentgesetz Gebrauchsmustergesetz 5. Aufl. 2020; *Quodbach* Gesetzentwurf für ein Zweites Gesetz zur Vereinfachung und Modernisierung des Patentrechts, IP Kompakt **2020** 2; *Rauer/Eckert* Richtlinie zur Harmonisierung des Know-how-Schutzes in der EU, DB **2016** 1239; *Redeker/Pres/Gittinger* Einheitlicher Geheimnisschutz in Europa (Teil 1) – Die Entwürfe zur Know-how-Richtlinie, deren Konsequenzen für das innerbetriebliche Vertragsmanagement (Teil 1) und die erforderlichen Auswirkungen auf den Zivilprozess (Teil 2), WRP **2015** 681; *Redeker/Pres/Gittinger* Einheitlicher Geheimnisschutz in Europa (Teil 2) – Die Entwürfe zur Know-how-Richtlinie, deren Konsequenzen für das innerbetriebliche Vertragsmanagement (Teil 1) und die erforderlichen Auswirkungen auf den Zivilprozess (Teil 2), WRP **2015** 812; *Rehaag/Straszewski* Das neue Gesetz zum Schutz von Geschäftsgeheimnissen in der Praxis, Mitt. **2019** 249; *Rojahn* Das geheime Know-how: Wie geheim darf/muss das Zivilverfahren sein? Festschrift Loewenheim (2009) 251; *Schlingloff* Geheimnisschutz im Zivilprozess aufgrund der „Know-how-Schutz"-Richtlinie – Was muss sich im deutschen Prozessrecht ändern? WRP **2018** 666; *Schregle* Neue Maßnahmen zum Geheimnisschutz in Geschäftsgeheimnisstreitsachen – Wegbereiter für den effektiven Rechtsschutz? GRUR **2019** 912; *Semrau-Brandt* Patentstreit zwischen Qualcomm und Apple: Schwächen des Geschäftsgeheimnisschutzes im Zivilprozess, GRUR-Prax **2019** 127; *Stadler* Der Schutz von Unternehmensgeheimnissen im Zivilprozeß, NJW **1989** 1202; *Voigt/Herrmann/Grabenschröer* Das neue Geschäftsgeheimnisgesetz – praktische Hinweise zu Umsetzungsmaßnahmen für Unternehmen, BB **2019** 142; *Vorwerk/Wolf* Beck'scher Online Kommentar ZPO, 37. Ed. Stand: 1.7.2020; *Winzer* Der Schutz von Geschäftsgeheimnissen im Zivilprozess, 2018; *Würtenberger/Freischem* Stellungnahme zum Referentenentwurf des Bundesministeriums der Justiz und für Verbraucherschutz – Entwurf eines Gesetzes zur Umsetzung der RL 2016/943/EU zum Schutz von Geschäftsgeheimnissen vor rechtswidrigem Erwerb sowie rechtswidriger Nutzung und Offenlegung, GRUR **2018** 708; *Zhu/Popp* Zivilprozessualer Geheimnisschutz in Patentstreitverfahren – Mit (oder ohne) Türöffner-Antrag zum Confidentiality Club, GRUR **2020** 338; *Ziegelmayer* Geheimnisschutz ist eine große Nische – Zu den unterschätzten Auswirkungen des GeschGehG, CR **2018** 693.

Übersicht

A. Allgemeines

I. Entstehung und Hintergrund

1 § 17 betrifft im Rahmen des Abschnitts über das Verfahren in Geschäftsgeheimnisstreitsachen die **Regelung von Ordnungsmitteln.** Er dient der Umsetzung von **Art. 16 der Richtlinie (EU) (2016/943).**[1] Art. 16 verlangt von den Mitgliedsstaaten, sicherzustellen, dass die zuständigen Gerichte allen Personen, die es versäumen oder ablehnen, einer der vom Gericht erlassenen Maßnahmen zur Wahrung der Vertraulichkeit von Geschäftsgeheimnissen im Verlauf von Gerichtsverfahren nachzukommen, Sanktionen auferlegen. Diese zwingende Anordnung lässt den Mitgliedsstaaten für die konkrete Ausformung dieser Möglichkeiten Spielraum. Als Mindeststandard ist in Art. 16 Abs. 2 der Richtlinie zwingend vorgesehen, im Falle der Nichtbefolgung gerichtlicher Anordnungen wiederholt zu zahlende Zwangsgelder zu verhängen. Zudem müssen die Sanktionen gemäß Art. 16 Abs. 3 der Richtlinie wirksam, verhältnismäßig und abschreckend sein. Ziel ist es, die Geschäftsgeheimnisse während eines laufenden Gerichtsverfahrens zusätzlich gegen Verletzungen zu schützen.[2]

2 Insbesondere die zuletzt genannten Anforderungen an die Sanktionen haben im Gesetzgebungsverfahren eine erhebliche Rolle gespielt. Während der Referentenentwurf zum Geschäftsgeheimnisgesetz im damaligen § 16 noch Ordnungsgeld bis zu € 1.000,00 oder Ordnungshaft bis zu einer Woche vorsah, sind diese **Ordnungsmittel** im geltenden Gesetz erheblich verschärft worden. Das **Ordnungsgeld** beträgt jetzt bis zu € 100.000,00. **Ordnungshaft** kann bis zu sechs Monaten festgesetzt werden.

II. Normcharakter und Einordnung in die Systematik der Zwangsmittel

3 Mit der Regelung in § 17 wird unabhängig von einem bestehenden Titel eine **eigenständige prozessuale Grundlage** für das Gericht geschaffen, um entsprechende Ordnungsmaßnahmen bei Verstößen gegen die vom Gericht angeordneten Verpflichtungen ergreifen zu können.[3] Ob und inwieweit das Gericht ohne die Regelung in § 17 in der Lage

1 BTDrucks. 19/4724 S. 36.
2 Dazu auch *McGuire* GRUR **2015** 424, 428.
3 Vgl. BTDrucks. 19/4724 S. 36.

wäre, die von ihm angeordneten Maßnahmen durch geeignete Sanktionen bei Verstößen zu unterstützen, hängt davon ab, wie man die entsprechenden Maßnahmen des Gerichts rechtlich qualifiziert. Die Regelung zur Anordnung von Ordnungsmitteln ist **keine Strafnorm.** Sie ist gleichwohl darauf gerichtet, Sanktionen mit strafähnlichem Charakter zu verhängen. Damit ist unmittelbar eine grundrechtseinschränkende Wirkung verbunden.

1. ZPO. Da es sich bei den hier interessierenden Verfahren (Geschäftsgeheimnis- 4
streitsachen) ausnahmslos um Zivilverfahren vor den ordentlichen Gerichten handelt, sind dafür die **Vorschriften der ZPO ergänzend** heranzuziehen. Im Zivilprozess werden Ordnungsmittel für verschiedene Situationen vorgesehen. Sie finden Erwähnung beispielsweise in den §§ 141, 380 und 390 ZPO. Danach kann bei Anordnung des persönlichen Erscheinens einer Partei ein Ordnungsgeld gegen die Partei bei Nichterscheinen im Termin wie gegen einen Zeugen festgesetzt werden. § 380 ZPO sieht die gleiche Anordnung gegen einen Zeugen vor, der trotz ordnungsgemäßer Ladung nicht zum Vernehmungstermin erscheint. Ähnliche Regelungen finden sich in § 390 ZPO für den Fall der unberechtigten Zeugnisverweigerung und für den gerichtlichen Sachverständigen bei der Nichterstattung des Gutachtens (§ 411 ZPO), bei Nichtanzeige von Gründen gegen die Unparteilichkeit des Sachverständigen (§ 407a ZPO) und wiederum dem Ausbleiben des Sachverständigen im Anhörungstermin oder einer unberechtigten Weigerung, das Gutachten zu erstatten (§ 409 ZPO). Dies sind sämtlich Fälle, in denen das Gericht Anordnungen und Verfügungen im Rahmen der allgemeinen Prozessleitung (§ 136 ZPO) bzw. in bestimmten Situationen des Prozessverlaufes, insbesondere im Rahmen der Beweisaufnahme, getroffen hat.

Einen anderen Fall der Verhängung von Ordnungsmitteln regelt **§ 890 ZPO.** Diese 5
Vorschrift betrifft **die Erzwingung von titulierten Unterlassungen und Duldungen.** Sie gilt für die Durchsetzung von Unterlassungs- oder Duldungspflichten, die das Gericht in der Entscheidungsformel oder einem sonstigen Vollstreckungstitel ausgesprochen hat. Diese Vorschrift ist Teil der Zwangsvollstreckungsregeln und setzt einen zuvor erlassenen vollstreckbaren Titel voraus. Im Falle der Zuwiderhandlung gegen einen derartigen Titel kann vom Gericht ein entsprechendes Ordnungsgeld bzw. Ordnungshaft angeordnet werden.

2. GVG. Auch das GVG regelt die Möglichkeit der **Verhängung von Ordnungsmit- 6
teln in den §§ 176 bis 182 GVG.** Dort geht es um die Aufrechterhaltung der Ordnung in der Sitzung (Sitzungspolizei), die dem Vorsitzenden obliegt. Das GVG ist in vollem Umfang auf die Verfahren der ordentlichen Gerichtsbarkeit und damit auch die hier interessierenden Verfahren nach dem GeschGehG anwendbar. Nach dem GVG können Ordnungsmittel (Ordnungsgeld und Ordnungshaft) indes nur im Falle der Ungebühr in der Sitzung gegen Parteien, Beschuldigte, Zeugen, Sachverständige oder bei der Verhandlung nicht beteiligte Personen angeordnet werden.

3. Eigenständige Regelung. Weder das GVG noch die ZPO enthalten indes eine all- 7
gemeine Vorschrift, wonach es bei Verstößen gegen jedwede gerichtliche Anordnung oder Verfügung dem Gericht möglich wäre, Ordnungsmittel zu verhängen. Die zuvor erwähnten Regelungen betreffen immer nur konkret umschriebene Sachverhalte und Situationen. Dies gilt sowohl für Maßnahmen im Erkenntnisverfahren, also im Wesentlichen während der mündlichen Verhandlung und in der Beweisaufnahme, als auch für Maßnahmen der Zwangsvollstreckung. Wegen des repressiven Charakters der Ordnungsmittel und der damit verbundenen erheblichen Eingriffe in die grundrechtlich geschützte Sphäre der betref-

fenden Personen, denen gegenüber die Ordnungsmittel verhängt werden sollen, ist stets eine **gesetzliche Ermächtigung für den Richter** erforderlich.[4] Wo eine derartige Ermächtigung nicht existiert, kann ein Ordnungsgeld und insbesondere auch Ordnungshaft nicht verhängt werden. Insbesondere verbietet sich auch eine analoge Anwendung derjenigen Vorschriften, die bereits derartige Ordnungsmittel für die dort jeweils erfassten Sachverhalte anordnen.

8 § 890 ZPO setzt ohnehin einen vollstreckbaren Titel voraus. Anordnungen, die das Gericht im Rahmen eines Verfahrens über das GeschGehG trifft, stellen keine derartigen Titel dar. Auch wenn die Missachtung von Anordnungen, die das Gericht nach § 16 getroffen hat, mit anderen Anordnungen im Rahmen des Erkenntnisverfahrens vergleichbar sein mögen, ist dennoch aus den genannten Gründen eine analoge Anwendung dieser Vorschriften ausgeschlossen. Zur Umsetzung der Vorgaben aus Art. 16 der Richtlinie ist somit in § 17 ein entsprechender Regelungstatbestand geschaffen worden. Damit sind die Anordnungen, die § 17 trifft, ihrerseits nicht analogiefähig. Diese Vorschrift kann daher nicht auf Sachverhalte angewandt werden, die nicht unmittelbar von § 17 gedeckt sind. Dennoch bleiben die zu § 890 entwickelten Grundsätze entsprechend auch auf § 17 anwendbar. Auf die Kommentierungen zu § 890 ZPO sei insoweit verwiesen.

III. Verhältnis zu den sonstigen Vorschriften der ZPO

9 Das GeschGehG enthält in seinem Abschnitt 3 **besondere Anordnungen** für die Verfahren in Geschäftsgeheimnisstreitsachen. Es handelt sich dabei nach wie vor um Verfahren vor den ordentlichen Zivilgerichten, die nach den Regeln der ZPO zu führen sind. Demzufolge bleiben die Vorschriften der ZPO anwendbar, soweit das GeschGehG keine Regelungen trifft.

10 Die Verfahrensvorschriften der ZPO sind insoweit **ergänzend** heranzuziehen. Sofern sich dabei Widersprüche ergeben, gehen allerdings die Regeln des GeschGehG als *lex specialis* vor.[5]

B. Materielle Voraussetzungen des Ordnungsmittels

I. Zuwiderhandlung gegen Verpflichtungen nach § 16 Abs. 2

11 Gemäß den Vorgaben der Richtlinie sanktioniert § 17 Satz 1 Zuwiderhandlungen gegen die Verpflichtungen nach § 16 Abs. 2. Der Wortlaut des Gesetzes ist ausdrücklich auf die dort genannten Verpflichtungen beschränkt. Ein sanktionierbarer Verstoß liegt mithin nur dann vor, wenn die vom Gericht als geheimhaltungsbedürftig eingestuften Informationen entgegen § 16 Abs. 2 **nicht vertraulich** behandelt werden oder wenn **diese außerhalb eines gerichtlichen Verfahrens genutzt oder offengelegt** werden. § 17 spricht insoweit ausdrücklich nicht von einem Verstoß gegen die gerichtlichen Anordnungen, sondern beschränkt seinen Anwendungsbereich auf die in § 16 Abs. 2 niedergelegten unmittelbaren gesetzlichen Verpflichtungen.

---

4 Vgl. dazu allgemein Stein/Jonas/*Bartels* § 890 ZPO Rn. 3; BVerfG 14.7.1981 NJW **1981** 2457.
5 Vgl. dazu auch BTDrucks. 19/4724 S. 34.

Daraus folgt zugleich, dass sonstige Verpflichtungen oder Anordnungen des Gerichts, die nicht unter § 16 Abs. 2 fallen, auch nicht gemäß § 17 mit Sanktionen belegt werden können. Relevant wird dies vor allem für die sich aus § 16 Abs. 3 ergebenden Verpflichtungen. Zudem kann das Gericht gemäß § 19 Abs. 1 und Abs. 2 zusätzlich zu § 16 Abs. 1 zur Wahrung von Geschäftsgeheimnissen **weitere Beschränkungen** anordnen. Der Wortlaut und die Gesetzessystematik sprechen dafür, dass die sich daraus ergebenden Verpflichtungen dem Anwendungsbereich von § 17 entzogen sind. Allerdings erscheint fraglich, ob dies so vom Gesetzgeber beabsichtigt war. Dagegen scheint zunächst Art. 16 Abs. 1 der Richtlinie zu sprechen. Art. 16 Abs. 1 verweist allgemein auf die gemäß den Art. 9, 10 und 12 erlassenen Maßnahmen. Die hier interessierenden Maßnahmen im Erkenntnisverfahren entsprechen den Maßnahmen nach Art. 9 der Richtlinie. § 16 Abs. 2 erfasst dabei nur einen Teil der dort formulierten Maßnahmen. Auch die weiteren Beschränkungen nach § 19 Abs. 1 und 2 haben ihre Grundlage in Art. 16 der Richtlinie, reichen aber zum Teil auch weiter (vgl. dazu die Kommentierung zu § 19). Daraus lässt sich ableiten, dass der Gesetzgeber bewusst die Sanktionsmöglichkeiten nach § 17 auf die engeren Verpflichtungen nach § 16 Abs. 2 bezogen wissen will und im Übrigen die beispielsweise **im GVG nominierten Sanktionsmöglichkeiten für ausreichend** ansieht. 12

Ähnliches gilt auch für die sich aus § 16 Abs. 3 ergebenden Verpflichtungen. Hier ist ohnehin fraglich, ob ein Verstoß durch Gerichtsbedienstete bei der Gewährung der Akteneinsicht überhaupt durch ein Ordnungsmittel des Gerichts sanktioniert werden könnte. Dafür dürften von vornherein völlig andere Verfahren einzuhalten sein, die insbesondere die **gerichtsinterne Verwaltung** betreffen. Auch die Sanktionsmöglichkeiten richten sich dann nach diesen Vorschriften. 13

Soweit die Auffassung vertreten wird, die Verpflichtung nach § 16 Abs. 3 habe in erster Linie klarstellenden Charakter und Verstöße gegen § 16 Abs. 3 stellten zugleich Verstöße gegen § 16 Abs. 2 dar[6], ist dem nicht ohne weiteres zu folgen. Richtig ist zwar, dass die Regelung in § 16 Abs. 3 eine zwingende Ergänzung von § 16 Abs. 2 enthält[7]. Dennoch wird man nicht automatisch in jedem Falle aus einer Verletzung von § 16 Abs. 3 eine Zuwiderhandlung gegen § 16 Abs. 2 herleiten können. Das dürfte eine **Einzelfallbetrachtung** erfordern. Auch hier gilt im Übrigen der Einwand, dass Ordnungsgelder grundsätzlich schon vom Ansatz her nicht innerhalb der Gerichtsverwaltung angeordnet werden können. 14

II. Handelnde Personen

Der Personenkreis, gegen den Sanktionen verhängt werden können, ergibt sich aus dem Verweis auf § 16 Abs. 2. Dort sind zunächst die Parteien, ihre Prozessvertreter, Zeugen und Sachverständige sowie sonstige Vertreter benannt. Während § 16 Abs. 2 auch juristische Personen erfasst, knüpft § 17 an das **Handeln natürlicher Personen** an. Soweit also die Normadressaten in § 16 Abs. 2 nicht unmittelbar selbst gehandelt haben, bedarf es einer **Zurechnung der Zuwiderhandlung**, damit ein Ordnungsmittel verhängt werden kann. 15

6 Harte-Bavendamm/Ohly/Kalbfus/*Kalbfus* § 17 GeschGehG Rn. 4.
7 So auch die amtliche Begründung in BTDrucks. 19/4724 S. 36.

16 **1. Natürliche Personen.** Keine Probleme ergeben sich, wenn die Prozessvertreter, Zeugen, Sachverständige und sonstigen Vertreter **unmittelbar selbst** handeln. Dann fällt ihnen ein Verstoß gegen die Verpflichtungen aus § 16 Abs. 2 persönlich zur Last. Dementsprechend sind auch die Ordnungsgelder unmittelbar gegen diese Personen zu verhängen.

17 **2. Juristische Personen und sonstige Organisationen.** Soweit **juristische Personen** genannt sind, wie insbesondere die Parteien, können Zwangsgelder auch gegen die juristische Person verhängt werden. Maßgeblich ist insoweit eine Zurechnung der betreffenden Zuwiderhandlung. Hier können dieselben Grundsätze herangezogen werden, die für **§ 890 ZPO** entwickelt worden sind. Juristische Personen sind danach grundsätzlich für diejenigen Personen verantwortlich, die für sie handeln. Die Personen können Organe oder wiederum juristische Personen oder auch sonstige Beauftragte sein. Die Zurechnung erfolgt dabei über **§ 31 BGB.**[8] Hingegen kann eine Haftung der juristischen Person und damit eine Verantwortlichkeit für die Zuwiderhandlung nicht über § 278 BGB begründet werden. Denn die betreffenden Personen werden in diesem Zusammenhang nicht als Erfüllungsgehilfen der jeweiligen Organisationen tätig.

18 Denkbar ist ferner eine Zurechnung wegen **eines eigenen Organisationsverschuldens** der juristischen Person. In erster Linie gilt dies für eine fehlerhafte Auswahl und Überwachung der handelnden Personen.[9] Objektiv muss der nach § 16 Abs. 2 Verpflichtete alle zumutbaren und ihm möglichen Maßnahmen ergriffen haben, um die Zuwiderhandlung zu verhindern. Dazu gehören auch eine eingehende Aufklärung, Instruktion und Überwachung der betreffenden Personen.

19 Welche Maßnahmen zum Ausschluss der Haftung und zur Entlastung der juristischen Person im Einzelfall erforderlich sind, richtet sich nach den jeweiligen Umständen. Im Regelfall wird man über die üblichen Belehrungen und Instruktionen der Angestellten und Beauftragten hinaus in den Fällen des § 16 schon aufgrund der besonderen Situation und Umstände eine gesonderte Belehrung verlangen können. Da es sich im Rahmen von § 16 Abs. 2 um gesonderte Anordnungen des Gerichts handelt, genügt die **allgemeine Hinweispflicht** auf Geheimhaltungen, wie sie etwa in Arbeitsverträgen zu finden sind, **regelmäßig nicht.** Auf die besondere Verfahrenssituation und die konkrete Anordnung des Gerichts ist **gesondert hinzuweisen** und über die entsprechenden Sanktionen **aufzuklären.**

III. Gelegenheit der Zuwiderhandlung

20 Unerheblich ist grundsätzlich, bei welcher Gelegenheit die Zuwiderhandlung gegen die Verpflichtungen nach § 16 Abs. 2 erfolgt. Dies kommt schon in der Formulierung in § 16 Abs. 2 zum Ausdruck, wonach die als geheimhaltungsbedürftig eingestuften Informationen **nicht außerhalb eines gerichtlichen Verfahrens genutzt oder offengelegt werden** dürfen. Davon wird grundsätzlich jegliche Gelegenheit erfasst.

21 Auch der Zweck der Zuwiderhandlung bleibt für den Verstoß ohne Belang, sofern nicht dem Zuwiderhandelnden nach den allgemeinen Grundsätzen oder nach besonderen

8 Vgl. auch BVerfG 4.12.2006 GRUR **2007** 618, 619 – Organisationsverschulden.
9 Vgl. BVerfG 4.12.2006 GRUR **2007** 618, 619 – Organisationsverschulden.

Vorschriften im GeschGehG selbst ein Rechtfertigungsgrund zur Seite steht (wegen weiterer Einzelheiten siehe Kommentierung zu § 16).

IV. Zeitpunkt der Zuwiderhandlung

1. Während der Anhängigkeit. § 17 geht grundsätzlich von Zuwiderhandlungen während des laufenden Verfahrens aus. § 17 soll dem Gericht die **Möglichkeit sofortiger Ordnungsmaßnahmen** bei entsprechenden Verstößen verschaffen. Darin liegt die besondere Bedeutung dieser Ordnungsmaßnahmen. Denn das Gericht kann sofort auf die Gefährdung der berechtigten Interessen des Geheimnisinhabers reagieren. Auch wenn die Sanktion naturgemäß zurückliegende Handlungen betrifft, kann sie dennoch bei einer sehr raschen Anordnung dazu beitragen, weitere Verstöße zu vermeiden. Insoweit kommt der **Abschreckungswirkung** der Sanktion eine erhebliche Bedeutung zu. 22

2. Nach Abschluss des Verfahrens. § 18 ordnet darüber hinaus an, dass die Verpflichtungen nach § 16 Abs. 2 grundsätzlich **auch nach Abschluss des gerichtlichen Verfahrens** fortbestehen. Fraglich ist, ob auch in diesem Falle noch ein Ordnungsmittel nach § 17 verhängt werden kann. Da das gerichtliche Verfahren beendet ist, besteht kein aktuelles Prozessrechtsverhältnis mehr, innerhalb dessen das Gericht tätig werden könnte (vgl. dazu auch die Ausführungen zur Zuständigkeit Rn. 29 f.). 23

Andererseits besteht unzweifelhaft ein Bedürfnis dafür, auch nach Erledigung des gerichtlichen Verfahrens die dann weiter geltenden Anordnungen des Gerichts zu befolgen. Art. 16 Abs. 1 der Richtlinie spricht nur allgemein davon, dass die zuständigen Gerichte **allen Personen** im Falle von Zuwiderhandlungen gegen die Maßnahmen Sanktionen auferlegen können sollen. Ein Zeitpunkt, zu dem die Zuwiderhandlung erfolgt sein muss, wird dort nicht genannt. Auch Art. 9 der Richtlinie differenziert nicht nach dem Zeitpunkt der Zuwiderhandlung, sondern bestimmt nur allgemein, dass die entsprechenden Verpflichtungen auch nach Abschluss des Gerichtsverfahrens weiter fortbestehen. Die Verpflichtung endet mithin nicht durch den Abschluss des Gerichtsverfahrens, sondern nur unter bestimmten Umständen, die auch in § 18 formuliert sind. 24

Eine daran orientierte richtlinienkonforme Auslegung von § 17 muss folglich dazu führen, dass bei Vorliegen der Voraussetzungen das zuständige Gericht auch **nach Abschluss des Gerichtsverfahrens** noch Ordnungsmittel verhängen kann. Auch darin kommt der Gedanke zum Ausdruck, durch das Gesetz nicht nur materiellen Schutz zu gewähren, sondern diesen Schutz auch durch verfahrensrechtliche Maßnahmen effektiv zu flankieren. Dafür bildet § 17 die eigenständige prozessuale Grundlage.[10] 25

V. Subjektive Elemente

Die Verhängung des Ordnungsmittels setzt voraus, dass die Zuwiderhandlung **schuldhaft** erfolgt ist. Dabei muss das Verschulden einerseits die Einstufung der betreffenden Informationen als geheimhaltungsbedürftig und zum anderen auch die Handlung 26

10 Wie hier auch Harte-Bavendamm/Ohly/Kalbfus/*Kalbfus* § 17 GeschGehG Rn. 10.

selbst betreffen. Wie bei § 890 ZPO wird man auch hier Vorsatz oder Fahrlässigkeit als Verschuldensmaßstab anwenden müssen.[11]

27 In Bezug auf die Anordnung des Gerichts erfordert eine Zuwiderhandlung die **Kenntnis bzw. fahrlässige Unkenntnis des Handelnden**. Auch in diesem Zusammenhang ist das bereits angesprochene Organisationsverschulden zu berücksichtigen. So kann sich beispielsweise eine Partei des Rechtsstreits nicht darauf berufen, dass eine für sie handelnde Person keine Kenntnis von den gerichtlichen Anordnungen hatte, wenn diese Unkenntnis auf eine mangelnde Belehrung und Instruktion der betreffenden Person durch die Partei zurückgeht. Dann kann gleichwohl eine schuldhafte Zuwiderhandlung festgestellt werden.

28 Vorsatz und Fahrlässigkeit müssen darüber hinaus auch die **Zuwiderhandlung** selbst erfassen. Die Behandlung der geheimhaltungsbedürftigen Informationen entgegen der Vertraulichkeitsverpflichtung oder eine Nutzung oder Offenlegung außerhalb des gerichtlichen Verfahrens müssen ebenfalls in Kenntnis dieser Umstände erfolgt sein. Auch hier genügt Fahrlässigkeit. Dies betrifft beispielsweise Fälle, in denen der Zuwiderhandelnde fahrlässig davon ausgeht, durch die konkrete Art und Weise der Behandlung werde die Vertraulichkeit nicht beeinträchtigt. Auch hier sind grundsätzlich strenge Maßstäbe an das Verhalten des Zuwiderhandelnden anzulegen.

C. Verfahren

I. Zuständigkeit

29 Zuständig für die Verhängung von Ordnungsmitteln ist gemäß § 17 das **Gericht der Hauptsache** (vgl. die Bestimmung in § 20 Abs. 6 und die dortigen Anmerkungen Rn. 62ff.). Im Regelfall handelt es sich dabei um dasjenige Gericht, das die entsprechenden Anordnungen nach § 16 Abs. 2 getroffen hat. Die Zuständigkeit des Gerichts bleibt über das Erkenntnisverfahren hinaus bestehen und erfasst insbesondere auch die Fälle, in denen Zuwiderhandlungen während der Zwangsvollstreckung vorkommen oder auch die Anordnung erst im Rahmen der Zwangsvollstreckung getroffen wird.

30 Soweit die Geheimhaltung gemäß § 18 auch über den Abschluss des Verfahrens hinaus andauert, bleibt auch in diesen Fällen das Gericht der Hauptsache für die Anordnung der Zwangsmittel zuständig. Auf dieser Weise wird erreicht, dass die Anordnung nach § 16 und die Verhängung des Zwangsmittels **bei demselben Gericht** verbleiben und nicht allein deswegen ein anderes Gericht über die Anordnung der Zwangsmittel befindet, weil das Verfahren bereits abgeschlossen ist. Auch dies trägt zur effektiveren Durchsetzung des Geheimnisschutzes bei. Gleichzeitig wird dadurch die **größtmögliche Sachnähe** für das entscheidende Gericht gewährleistet.

II. Antrag

31 § 17 setzt für die Anordnung der Ordnungsmittel den **Antrag** einer Partei voraus. Ebenso wie bei § 16 kann es sich dabei sowohl um die Klagepartei als auch die beklagte Partei handeln. Der Antrag einer Partei ist stets notwendig. Der Gesetzgeber hat von der durch die Richtlinie eingeräumten Möglichkeit, insoweit auch Maßnahmen von Amts wegen zu ergreifen, keinen Gebrauch gemacht.

---

11 Vgl. auch BVerfG 4.12.2006 GRUR **2007** 618, 619 – Organisationsverschulden.

Der Antrag der Partei muss **konkret** die Zuwiderhandlungen und die betreffende Verpflichtung **bezeichnen**, gegen die verstoßen worden sein soll. Antragsgegnerin ist vorrangig die andere Partei. Darüber hinaus kann sich der Antrag gegen jede der in § 16 Abs. 2 bezeichneten Personen richten, denen die dortigen Verpflichtungen obliegen. 32

Aus dem Antrag muss sich zweifelsfrei ergeben, dass die Verhängung eines Ordnungsmittels gegen die betreffende Partei/Person begehrt wird. Die Art des Zwangsmittels oder dessen Höhe muss selbst nicht angegeben werden.[12] Für die Praxis ist wegen des dem Gericht eingeräumten Ermessens regelmäßig von der Angabe eines bestimmten Ordnungsmittels oder einer bestimmten Höhe abzuraten.[13] Allerdings wird die Antragstellerin auch ein Interesse daran haben, dass ein Ordnungsmittel nicht zu gering ausfällt und ein Mindestmaß erreicht. Ein solches Mindestmaß kann entweder im Antrag oder zumindest in der zugehörigen Begründung formuliert werden. 33

Der Antrag kann **bis zum Eintritt der Rechtskraft** eines auf den Antrag ergangenen Beschlusses **zurückgenommen** werden.[14] 34

III. Sonstige Verfahrensvoraussetzungen

1. Anhörung der betroffenen Partei/Person. Wegen Art. 103 GG ist eine **Anhörung** derjenigen Personen, die gegen die Verpflichtung nach § 16 Abs. 2 verstoßen haben und gegen die das Ordnungsmittel verhängt werden soll, zwingend erforderlich. Das Gleiche ergibt sich aus einer analogen Anwendung von § 891 Satz 2 ZPO. Die Anhörung muss der betreffenden Person ausreichend die Gelegenheit geben, die Vorwürfe zu entkräften. Zur Frage, ob und inwieweit die Einstufung der Informationen als geheimhaltungsbedürftig auch im Rahmen der Festsetzung des Zwangsmittels angefochten werden kann (vgl. Kommentierung zu § 20 Abs. 5 Rn. 54 ff.). 35

Für die Voraussetzungen der Zuwiderhandlung und das Verschulden muss der **Vollbeweis** erbracht werden. Eine einfache Glaubhaftmachung genügt nicht.[15] Im Einzelfall können die **Grundsätze des Anscheinsbeweises** herangezogen werden. Diese Beweiserleichterung gilt insbesondere für das Verschulden.[16] Grundsätzlich obliegt die **Beweislast dem Antragsteller**. Auch eine Beweislastumkehr zulasten des Antragsgegners kommt ausnahmsweise in Betracht. Dies ist in der Rechtsprechung im Ordnungsmittelverfahren nach § 890 ZPO nicht nur für das Verschulden, sondern auch für den objektiven Verstoß gegen das Unterlassungsgebot angenommen worden.[17] Dies soll beispielsweise dann gelten, wenn sich das Vorliegen eines Verstoßes aufgrund von Indizien aufdrängt und es allein dem Schuldner möglich und zumutbar ist, das Gegenteil darzutun und notfalls zu beweisen. Wegen des repressiven Charakters darf im Rahmen von § 17 diese Regelung indes nur äußerst restriktiv angewandt werden. Dabei ist auch zu berücksichtigen, dass ein Verstoß ge- 36

---

12 Zöller/*Seibel* § 890 ZPO Rn. 13; OLG Köln 5.3.1982 MDR **1982** 589; Cepl/Voß/*Haft* § 890 ZPO Rn. 47.

13 Anders als im Ordnungsmittelverfahren nach § 890 ZPO handelt es sich nicht um ein gesondertes Verfahren der Zwangsvollstreckung, für das Kosten anfallen. Eine negative Kostenfolge ist daher auch nicht zu erwarten, wenn das Gericht dem Antrag nicht stattgibt; vgl. dazu BGH 19.2.2015 GRUR **2015** 511 – Kostenquote bei beziffertem Ordnungsmittelantrag

14 Zöller/*Seibel* § 890 ZPO Rn. 13; OLG Düsseldorf 31.3.2018 BeckRS **2008** 17097 – Rücknahme des Ordnungsmittelantrags.

15 Zöller/*Seibel* § 890 ZPO Rn. 13; BVerfG 23.4.1991 NJW **1991** 3139.

16 BVerfG 23.4.1991 NJW **1991** 3139.

17 OLG Frankfurt a. M. 25.6.2018 GRUR-RR **2018** 387, 389 – Bettwaren „Made in Germany" unter Hinweis auf OLG Frankfurt a. M. 19.10.1998 GRUR **1999** 371 – Beweislastumkehr.

gen die Verpflichtungen aus § 16 Abs. 2 weitere Rechtsfolgen nach sich ziehen kann, für die derartige Beweiserleichterungen regelmäßig nicht gelten.

37 **2. Androhung.** Anders als bei den Ordnungsmitteln nach § 890 Abs. 2 ZPO ist eine **Androhung** des Ordnungsmittels in § 17 **nicht vorgesehen.** Insoweit genügt ein Hinweis auf die Folgen der Zuwiderhandlung bei der Anordnung der Geheimhaltungsbedürftigkeit (vgl. Kommentierung zu § 20 Abs. 5 Satz 2 Rn. 45ff.).

38 **3. Mündliche Verhandlung.** Eine **mündliche Verhandlung** ist nicht erforderlich. Die Entscheidung kann im Beschlusswege ergehen. Wie auch bei § 890 ZPO dürfte dies den Regelfall darstellen.

IV. Entscheidung des Gerichts

39 Das Gericht entscheidet über die Festsetzung des Ordnungsmittels durch Beschluss. Die Festsetzung des Ordnungsmittels erfolgt durch das Gericht nach seinem **Ermessen** unter Berücksichtigung aller relevanten Umstände. Vorrangig zu berücksichtigen ist dabei der Grundsatz der Verhältnismäßigkeit. Ebenso zu beachten sind die Kriterien der Wirksamkeit und der Abschreckung, die in Art. 16 Abs. 3 der Richtlinie gleichberechtigt neben dem Verhältnismäßigkeitsgrundsatz stehen.

40 Das Gericht ist bei seiner Entscheidung **an den Antrag** der antragstellenden Partei nur insoweit **gebunden**, als es nicht über den Antrag hinausgehen darf. Das Gericht darf dem Antragsteller nicht mehr zusprechen, als mit dem Antrag begehrt wurde (§ 308 Abs. 1 ZPO).[18] Sofern der Antragsteller den Antrag auf die Verhängung des konkret bezeichneten Ordnungsmittels gerichtet hat (Ordnungsgeld in bestimmter Höhe oder Ordnungshaft von bestimmtem Ausmaß), darf das Gericht nicht ein höheres Ordnungsmittel festsetzen. Ebenso ist es dem Gericht verwehrt, anstelle eines beantragten Ordnungsgeldes eine Ordnungshaft anzuordnen. Auch das spricht dafür, in der Praxis eher einen unbezifferten Antrag zu formulieren.

41 **1. Ordnungsgeld oder Ordnungshaft.** Sofern der Ordnungsmittelantrag nicht auf ein bestimmtes Ordnungsmittel gerichtet ist, hat das **Gericht** zunächst die **Wahl zwischen der Verhängung eines Ordnungsgeldes und einer Ordnungshaft.** Beide stehen zueinander in einem Ausschließlichkeitsverhältnis. Sie können nicht nebeneinander (kumulativ) für denselben Verstoß angeordnet werden.[19] Andererseits bleibt die Möglichkeit bestehen, unterschiedliche Verstöße zum Teil durch Ordnungsgeld und zum Teil durch Ordnungshaft zu sanktionieren. In geringfügigen Fällen kann das Gericht auch von der Anordnung eines Ordnungsmittels absehen.[20] Dies wird allerdings angesichts der hohen Bedeutung der Geschäftsgeheimnisse nur in äußersten Ausnahmefällen zum Tragen kommen.

42 Bei der Auswahl des Ordnungsmittels entscheidet das Gericht im freien Ermessen unter Berücksichtigung aller Umstände des Einzelfalls. Regelmäßig wird hier zunächst die **Festsetzung eines Ordnungsgeldes** in Betracht kommen. Nur bei **hartnäckigen Zuwiderhandlungen** wird das Gericht ab einem bestimmten Punkt die Verhängung der **Ordnungshaft** in Erwägung zu ziehen haben. Da es im Rahmen von § 17 um Zuwider-

18 Zöller/*Seibel* § 890 ZPO Rn. 17.
19 Zöller/*Seibel* § 890 ZPO Rn. 17.
20 OLG Hamburg 18.8.1968 MDR **68** 1019.

handlungen gegen verfahrensmäßige Anordnungen geht, dürften in der Praxis hartnäckige Verstöße während des Verfahrens nur eine untergeordnete Rolle spielen. Wegen der Nachwirkung über das Verfahren hinaus (§ 18) ist eine solche Anordnung allerdings auch nicht von vornherein ausgeschlossen. Andererseits kann ausnahmsweise die besondere Schwere auch einer erstmaligen Zuwiderhandlung im Einzelfall die sofortige Festsetzung von Ordnungshaft rechtfertigen.

Die Kriterien für die Auswahlentscheidung sind letztlich dieselben wie bei der Bemessung des einzelnen Ordnungsgeldes. 43

2. Festsetzung des Ordnungsgeldes

a) Gesetzlicher Rahmen. Gemäß § 17 Satz 1 kann das Gericht der Hauptsache bei Zuwiderhandlungen ein **Ordnungsgeld bis zu € 100.000,00** festsetzen. Die Richtlinie gibt den nationalen Gesetzgebern dabei keinen **konkreten Rahmen für die Bemessung des Ordnungsgeldes** vor. Die amtliche Begründung bezeichnet zu der im Gesetz festgelegten Höchstgrenze die wirksame Abschreckung als maßgeblichen Faktor aufgrund der erheblichen wirtschaftlichen Bedeutung von Geschäftsgeheimnissen.[21] Damit wird die eingangs angesprochene Erhöhung des Ordnungsgeldrahmens, der ursprünglich nur bis € 1.000,00 reichen sollte, gerechtfertigt. Allerdings enthält die amtliche Begründung auch keinen Anhaltspunkt dafür, warum trotz der unbestritten erheblichen wirtschaftlichen Bedeutung von Geschäftsgeheimnissen nicht eine noch höhere Grenze gewählt worden ist. Der für Unterlassungsverpflichtungen im gewerblichen Rechtsschutz höchst bedeutsame § 890 ZPO enthält demgegenüber einen deutlich weiteren Rahmen sowohl für das einzelne Ordnungsgeld (bis zu € 250.000,00) als auch für die Ordnungshaft (bis zu sechs Monaten und insgesamt bis zu zwei Jahren). Die ursprünglich in § 17 vorgesehene Grenze entspricht den Vorgaben des Art. 6 EGStGB. Allerdings lässt diese Vorschrift eine Erhöhung des Höchstmaßes durch Bundesgesetz zu. Zwar sind derart hohe Ordnungsgelder in der Praxis höchst selten. Dennoch bleibt die Frage offen, warum der Gesetzgeber sich trotz der im Gesetzgebungsverfahren eingereichten Stellungnahmen der interessierten Kreise hier gerade nicht für eine Orientierung des Gesamtrahmens an § 890 Abs. 1 ZPO entschieden hat.[22] 44

Ein weiterer wesentlicher Unterschied zu der Gesetzesformulierung in § 890 Abs. 1 ZPO besteht darin, dass § 17 Satz 1 zumindest missverständlich formuliert ist. Danach kann bei Zuwiderhandlungen ein Ordnungsgeld bis zu € 100.000,00 festgesetzt werden. Diese Formulierung ist **weit weniger präzise** gewählt als in § 890 Abs. 1 ZPO. Dort wird angeordnet, dass wegen einer jeden Zuwiderhandlung der Schuldner zu einem Ordnungsgeld verurteilt werden kann. Dabei darf das einzelne Ordnungsgeld den Betrag von € 250.000,00 nicht übersteigen. Es ist mithin ohne weiteres möglich, diese Grenze bei mehreren getrennten Verstößen auch zu überschreiten. Die in § 17 Satz 1 verwendete Formulierung bleibt insoweit zumindest unklar. Denn sie spricht einerseits von Zuwiderhandlungen und scheint dabei sämtliche Zuwiderhandlungen einer betreffenden Person einzubeziehen. Andererseits formuliert das Gesetz die Möglichkeit, ein Ordnungsgeld festzusetzen. Dies deutet darauf hin, dass hier die Festsetzung für jeden einzelnen Fall der Zuwider- 45

21 BTDrucks. 19/4724 S. 36.
22 Vgl. dazu eingehend die GRUR-Stellungnahme zum GeschGehG-RefE GRUR **2018** 708, 712; wie hier Harte-Bavendamm/Ohly/Kalbfus/*Kalbfus* § 17 GeschGehG Rn. 12; Köhler/Bornkamm/Feddersen/*Alexander* § 17 GeschGehG Rn. 14.

handlung gemeint ist. Auch der Verweis des Gesetzgebers in der amtlichen Begründung auf die abschreckende Wirkung lässt es eher naheliegend erscheinen, dass insoweit nur eine etwas unglückliche Formulierung im Gesetzestext gewählt wurde, ohne dass damit eine Beschränkung auf € 100.000,00 für alle Fälle von Zuwiderhandlungen zusammengenommen gemeint war. Denn dann könnte leicht die abschreckende Wirkung wieder entfallen. Wann und unter welchen Umständen ein Einzelfall vorliegt, ist dann wiederum nach den Grundsätzen zu bestimmen, die die Rechtsprechung auch zu § 890 ZPO herausgearbeitet hat. Insoweit wird auf die Kommentierung zu § 890 ZPO verwiesen.

46 **b) Kriterien für die Bemessung.** Die **Bemessungskriterien** für die Höhe des jeweiligen Ordnungsgeldes müssen den bereits erwähnten Anforderungen der Richtlinie entsprechen. Dabei ist zu berücksichtigen, dass hier mit der Zuwiderhandlung gegen die gerichtlichen Anordnungen deutlich stärker als in den Fällen des § 890 ZPO erhebliche Gefährdungen verbunden sind. Schon die erstmalige Offenbarung des Geschäftsgeheimnisses kann dieses Geheimnis zerstören. Andererseits wird ein Ordnungsgeld immer nur für bereits begangene Verstöße festgesetzt, also nach Eintritt der entsprechenden Folgen. Demzufolge dürfte hier vor allem der **generalpräventive Charakter** der Regelung stärker zu bedenken sein als die Spezialprävention. Für die bereits begangene konkrete Zuwiderhandlung wird es zudem auf den Strafcharakter des Ordnungsgeldes ankommen.

47 Bei der konkreten Bemessung sind **sämtliche Umstände** des Einzelfalls in die Betrachtung einzubeziehen, wobei sich die Betrachtung stets am **Schutzzweck des GeschGehG** (vgl. Kommentierung zu § 1 Rn. 5ff.) insgesamt orientieren muss. Ausgangspunkt ist daher die als geheimhaltungsbedürftig eingestufte Information, auf die sich die Zuwiderhandlung auswirkt. Dabei spielt der Grad der Geheimhaltungsbedürftigkeit eine wesentliche Rolle. Dieser Grad ergibt sich im Regelfall aus der Begründung des Gerichts für die Anordnung nach § 16 Abs. 1. Je klarer die Einstufung als geheimhaltungsbedürftig festgestellt worden ist, umso höher wird der Grad der Geheimhaltungsbedürftigkeit anzusetzen sein. Als weiteres wesentliches Kriterium ist die **wirtschaftliche Bedeutung** des betreffenden Geschäftsgeheimnisses heranzuziehen. Dies ist in erster Linie die Bedeutung für den Inhaber des Geheimnisses. Allerdings kann sich im Einzelfall auch eine Bedeutung über dessen eigene Sphäre hinaus für Dritte oder gar die Allgemeinheit ergeben.

48 Bei der Zuwiderhandlung selbst sind zunächst die objektiven Umstände in die Beurteilung einzubeziehen. Die Art und Weise der Zuwiderhandlung spielt dabei eine maßgebliche Rolle. So ist es durchaus unterschiedlich zu behandeln, ob die betreffende geheimhaltungsbedürftige Information im Mittelpunkt der jeweiligen Zuwiderhandlung stand oder eher beiläufig erwähnt worden ist. Hinsichtlich des **Adressatenkreises** ist danach zu unterscheiden, ob die geheimhaltungsbedürftige Information nur einzelnen Personen oder einem größeren Personenkreis mitgeteilt wurde. Von erheblicher Bedeutung ist auch der **Grad der Gefährdung**. Nicht jede Zuwiderhandlung führt unmittelbar zu einem Verlust oder einer Beschädigung der geheimhaltungsbedürftigen Information. Auf der anderen Seite wiegt es umso schwerer, wenn durch die Zuwiderhandlung das Geschäftsgeheimnis insgesamt aufgehoben wurde und dies möglicherweise gar Auswirkungen auf andere Geschäftsgeheimnisse zeitigt.

49 In subjektiver Hinsicht ist der **Verschuldensgrad** zu berücksichtigen. Der Verschuldensmaßstab reicht von einfacher Fahrlässigkeit bis zum direkten Vorsatz. Auch die Einordnung der Zuwiderhandlung innerhalb dieses Rahmens muss sich in der Höhe des Ordnungsgeldes widerspiegeln. Ferner kann es von Bedeutung sein, wenn der Zuwiderhandelnde zugleich im eigenen oder fremden Interesse gehandelt hat, um sich oder dem Dritten dadurch besondere Vorteile zu verschaffen. Ebenso ist von Bedeutung, ob ein Erstverstoß oder eine wiederholte Zuwiderhandlung vorliegt. Schließlich sind auch die persön-

lichen wirtschaftlichen Verhältnisse des Verpflichteten bei der Bemessung zu berücksichtigen.[23]

c) Ersatzordnungshaft. Für den Fall, dass das Ordnungsgeld nicht beigetrieben werden kann, muss das Gericht nach § 17 Satz 2 zugleich bestimmen, in welchem Maße **Ordnungshaft** an die Stelle des Ordnungsgeldes tritt. Das dabei anzuwendende Verhältnis von Ordnungsgeld zu Ordnungshaft steht **im Ermessen des Gerichts.**[24] Auch das entspricht der parallelen Regelung in § 890 Abs. 1 ZPO. 50

3. Ordnungshaft. Für die Ordnungshaft gelten grundsätzlich dieselben Überlegungen wie für das Ordnungsgeld. Hier ist die gewählte Grenze von sechs Monaten ebenfalls erst im Laufe des Gesetzgebungsverfahrens über den Rahmen von § 6 Abs. 2 EGStGB hinaus angepasst worden. Sie entspricht für den Einzelfall der Zuwiderhandlung der Grenze aus § 890 Abs. 1 ZPO. Eine **zusätzliche Höchstgrenze** für den Fall der wiederholten Zuwiderhandlung sieht das Gesetz insoweit anders als § 890 Abs. 1 ZPO nicht vor. Auch hier stellt sich mithin die Frage, ob mit der gewählten Gesetzesformulierung die Anordnung für jeden Einzelfall der Zuwiderhandlung oder auch eine Zusammenfassung für alle Zuwiderhandlungen einer Person gemeint sein soll. Wegen der erheblichen Grundrechtsrelevanz dieser Anordnung wird man aus Gründen der Rechtssicherheit die in § 17 Abs. 1 gewählte Grenze zugleich als Gesamtobergrenze für die Ordnungshaft ansehen müssen. 51

4. Kosten. Eine **gesonderte Kostenentscheidung** für das Ordnungsmittel ergeht **nicht.** Die Entscheidung über die Kosten bleibt vielmehr der Entscheidung in der Hauptsache vorbehalten. Denn anders als bei § 890 ZPO handelt es sich nicht um ein gesondertes Verfahren, wie es beispielsweise das Zwangsvollstreckungsverfahren darstellt. Die Entscheidung erfolgt vielmehr innerhalb des Hauptsacheverfahrens. 52

V. Vollstreckung des Ordnungsmittels

Gemäß § 17 Satz 1 kann das Gericht das von ihm festgesetzte Ordnungsmittel **sofort vollstrecken.** Dies gilt unabhängig von dem Verfahrensstadium, in dem diese Entscheidung ergeht. Eine Aufschiebung der Vollstreckung bietet grundsätzlich nur die Beschwerde. Sie entfaltet gemäß § 17 Satz 3 aufschiebende Wirkung. 53

Die Beitreibung des Ordnungsgeldes erfolgt gemäß § 1 Abs. 1 Nr. 3 JBeitrO durch den **Rechtspfleger.** Die zuständige Vollstreckungsbehörde ist dabei der Vorsitzende des **Prozessgerichts**, also hier des Gerichts der Hauptsache. Ordnungshaft wird nach der Strafvollstreckungsordnung (StrVollstrO) vollstreckt. 54

Die Vollstreckung im **Ausland** ist möglich. Ein Ordnungsgeldbeschluss kann dabei grundsätzlich als europäischer Vollstreckungstitel im Sinne der Verordnung (EG) Nr. 805/2004 zur Einführung eines europäischen Vollstreckungstitels für unbestrittene Forderungen (EuVTVO) bestätigt werden, sofern die Mindestvoraussetzungen der Art. 12ff. EuVTVO vorliegen.[25] Die Durchsetzung von Ordnungshaft im Ausland begegnet demgegenüber in aller Regel erheblichen Schwierigkeiten. 55

23 BGH 8.12.2016 GRUR **2017** 318 – „Dügida".
24 OLG Frankfurt 6.7.1987 OLGZ **1987** 490.
25 BGH 25.3.2010 BGHZ **185** 124.

VI. Rechtsbehelfe

56 Gemäß § 20 Abs. 5 Satz 5 findet gegen den Beschluss des Gerichts die sofortige Beschwerde statt (vgl. Kommentierung zu § 20 Rn. 59 ff.). Dies gilt gleichermaßen für die Festsetzung des Ordnungsmittels als auch die Zurückweisung eines darauf gerichteten Antrages. Dafür gelten die Vorschriften der §§ 567 ff. ZPO. Soweit als Gericht der Hauptsache gemäß § 20 Abs. 6 Nr. 2 das Berufungsgericht entschieden hat, scheidet die Möglichkeit der sofortigen Beschwerde allerdings aus (§ 576 Abs. 1 ZPO). § 20 Abs. 5 Satz 5 enthält insoweit nur einen allgemeinen Verweis auf die Regeln der ZPO und ordnet nicht darüberhinausgehend eine weitere Möglichkeit der sofortigen Beschwerde an (vgl. Kommentierung zu § 20 Rn. 59).

D. Sonstige Sanktionsmöglichkeiten und Ansprüche der Parteien

57 Von § 17 **unberührt bleiben sonstige Sanktionsmöglichkeiten** des Gerichts im laufenden Verfahren, die etwa die ZPO zur Verfügung stellt. Sie sind durch die Regelung in § 17 nicht ausgeschlossen. Gleiches gilt für Ansprüche der betroffenen Inhaber der Geschäftsgeheimnisse.[26]

I. Zivilrechtliche Ansprüche

58 § 17 sanktioniert Zuwiderhandlungen gegen die gerichtlichen Anordnungen im Verfahren durch eine eigenständige prozessuale Grundlage. Diese Regelung ist keineswegs abschließend. Insbesondere der Schadensersatz- und Kompensationsgedanke gegenüber dem Berechtigten an dem Geschäftsgeheimnis kann bei der Festsetzung und Bemessung des Ordnungsmittels nur eingeschränkt berücksichtigt werden. Unmittelbare Vorteile erwachsen dem Berechtigten ohnehin nicht daraus, da das Ordnungsmittel der Staatskasse zufließt. Ansprüche auf Schadensersatz und Zahlung einer Abfindung nach den §§ 10 und 11 bleiben davon vollständig unberührt. Gleiches gilt für Ansprüche nach den allgemeinen **deliktsrechtlichen Vorschriften** (§§ 823, 826 BGB). Sofern sich die Zuwiderhandlung zugleich als eine Verletzung der in § 4 normierten Handlungsverbote darstellt, stehen dem Berechtigten an dem Geschäftsgeheimnis die sich aus der neuerlichen Verletzung ergebenden Ansprüche nach dem GeschGehG zu.

II. Strafrechtliche Sanktionen

59 Auch strafrechtliche Sanktionen werden durch die Festsetzung von Ordnungsmitteln nach § 17 nicht ausgeschlossen. **§ 23** enthält eine **eigene Strafvorschrift**, die bei Erfüllung der entsprechenden Tatbestandsvoraussetzungen auch auf die Zuwiderhandlung nach § 17 anwendbar bleibt. Darüber hinaus kann bei einer Zuwiderhandlung auch eine Verletzung von Berufspflichten nach den einschlägigen Berufsordnungen (BRAO, PAO) vorliegen mit der Folge einer etwaigen Strafbarkeit nach §§ 203, 353d StGB. Mögliche Konkurrenzen zwischen diesen Normen sind dort zu klären.

---

26 BTDrucks. 19/4724 S. 36.

§ 18
Geheimhaltung nach Abschluss des Verfahrens

[1]Die Verpflichtungen nach § 16 Absatz 2 bestehen auch nach Abschluss des gerichtlichen Verfahrens fort. [2]Dies gilt nicht, wenn das Gericht der Hauptsache das Vorliegen des streitgegenständlichen Geschäftsgeheimnisses durch rechtskräftiges Urteil verneint hat oder sobald die streitgegenständlichen Informationen für Personen in den Kreisen, die üblicherweise mit solchen Informationen umgehen, bekannt oder ohne Weiteres zugänglich werden.

Schrifttum

Ann EU-Richtlinie zum Schutz vertraulichen Know-hows – Wann kommt das neue deutsche Recht, wie sieht es aus, was ist noch offen? GRUR-Prax **2016** 465; *Ann/Hauck/Maute* Auskunftsanspruch und Geheimnisschutz im Verletzungsprozess, Köln 2011; *Apel/Walling* Das neue Geschäftsgeheimnisgesetz: Überblick und erste Praxishinweise, DB **2019** 891; *Brammsen* Reformbedürftig! – Der Regierungsentwurf des neuen Geschäftsgeheimnisschutzgesetzes, BB **2018** 2446; *Büscher* (Hrsg.) Gesetz gegen den unlauteren Wettbewerb, 2019; *Cepl/Voß* Prozesskommentar zum Gewerblichen Rechtsschutz, 2. Aufl. 2018; *Deichfuß* Rechtsdurchsetzung unter Wahrung der Vertraulichkeit von Geschäftsgeheimnissen, GRUR **2015** 436; *Dietrich/Nowak* Die Vorschläge der EU-Kommission zum Schutz vertraulicher Informationen in Kartellschadensersatzklagen – ein Aufruf an den Gesetzgeber zum Handeln, NZKart **2020** 15; *Druschel/Jauch* Der Schutz von Know-how im deutschen Zivilprozess: Der Status quo und die zu erwartenden Änderungen, Teil I: Der derzeitige und zukünftige prozessuale Geheimnisschutz im Know-how-Verletzungsverfahren, BB **2018** 1218; *dies.* Der Schutz von Know-how im deutschen Zivilprozess, Teil 2: Der derzeitige und zukünftige Geheimnisschutz im vorgelagerten Besichtigungsverfahren, BB **2018** 1794; *Ernst* Das Geschäftsgeheimnisgesetz: Praxisrelevante Aspekte der Umsetzung der EU Richtlinie 2016/943, MDR **2019** 897; *Fromm/Nordemann* (Hrsg.) Urheberrecht, 12. Auflage 2018; *Fuhlrott/Hiéramente* (Hrsg.) BeckOK GeschGehG, 6. Edition Stand: 15.12.2020; *Gärditz/Orth* Geheimnisschutz im Verwaltungsprozess, JuS **2010** 317; *Gärtner/Goßler* Trade secret litigation nun auch in Deutschland? – Gedanken zur Umsetzung der Know-how-Richtlinie, Mitt. **2018** 204; *Haedicke/Timmann* (Hrsg.) Handbuch des Patentrechts, 2. Aufl. 2020; *Hauck* Der Verletzungsprozess vor dem Einheitlichen Patentgericht – Auskunftsanspruch und Geheimnisschutz nach EPGÜ und Verfahrensordnung des Gerichts, GRUR Int. **2013** 413; *ders.* Geheimnisschutz im Zivilprozess – was bringt die neue EU-Richtlinie für das deutsche Recht? NJW **2016** 2218; *ders.* Schutz von Unternehmensgeheimnissen bei der Bestimmung FRAND-konformer Lizenzbedingungen, GRUR-Prax **2017** 118; *ders.* Was lange währt ... – Das Gesetz zum Schutz von Geschäftsgeheimnissen (GeschGehG) ist in Kraft, GRUR-Prax **2019** 223; *ders.* Besichtigungsanspruch und Geheimnisschutz im Patentrecht und (Software-)Urheberrecht seit Inkrafttreten des GeschGehG, GRUR **2020** 817; *Hoppen* Software-Besichtigungsansprüche und ihre Durchsetzung, CR **2009** 407; *Kalbfus* Rechtsdurchsetzung bei Geheimnisverletzungen – Welchen prozessualen Schutz gewährt das Geschäftsgeheimnisgesetz dem Kläger? WRP **2019** 692; *Knaak/Kur/Hilty* Comments of the Max Planck Institute for Innovation and Competition of 3 June 2014 on the Proposal of the European Commission for a Directive on the Protection of Undisclosed Know-How and Business Information (Trade Secrets) Against Their Unlawful Acquisition, Use and Disclosure of 28 November 2013, COM(2013) 813 final, IIC **2014** 953; *Köhler/Bornkamm/Feddersen* Gesetz gegen den unlauteren Wettbewerb, 39. Auflage 2021; *Kohler* Prozeßrechtliche Forschungen, Berlin 1889; *Kühnen* Die Besichtigung im Patentrecht – Eine Bestandsaufnahme zwei Jahre nach „Faxkarte", GRUR **2005** 185; *ders.* Update zum Düsseldorfer Besichtigungsverfahren, Mitt. **2009** 211; *ders.* Handbuch der Patentverletzung, 12. Aufl. Köln 2020; *ders.* Zivilprozessualer Geheimnisschutz in Patentstreitverfahren, GRUR **2020** 576; *Kuta* Die Besichtigungsanordnung nach dem „Düsseldorfer Modell", Diss. Münster 2016; *Lejeune* Anmerkungen zur Umsetzung der EU-Richtlinie 2016/943, ITRB **2018** 140; *ders.* Die neue EU Richtlinie zum Schutz von Know-How und Geschäftsgeheimnissen, CR **2016** 330; *Laoutoumai/Baumfalk* Probleme im vorprozessualen Verfahren bei der Rechtsverfolgung von Ansprüchen aus dem neuen GeschGehG, WRP **2018** 1300; *Maunz/Dürig* Grundgesetz-Kommentar, Werkstand: 92. EL August 2020; *McGuire* Know-how: Stiefkind, Störenfried oder Sorgenkind? GRUR **2015** 424; *dies.* Der Schutz von Know-how im System des Immaterialgüterrechts, GRUR **2016** 1000; *Melullis* Zum Besichtigungsanspruch im Vorfeld der Feststellung einer Verletzung von Schutzrechten, in: Keller/Plassmann/von Falck (Hrsg.) Festschrift für Winfried Tilmann, 2003 843; *Müller/Aldick* Der Geheimnisschutz im Zivilprozess – Vom Gesetzgeber aus den Augen verloren? ZIP **2020** 9; *Müller-*

https://doi.org/10.1515/9783110631654-022

Stoy Nachweis und Besichtigung des Verletzungsgegenstands im deutschen Patentrecht, Diss. Augsburg 2008; *Musielak/Voit* ZPO, 17. Aufl. 2020; *Redeker/Pres/Gittinger* Einheitlicher Geheimnisschutz in Europa (Teil 2), WRP **2015** 812; *Rojahn* Das geheime Know-how: Wie geheim darf/muss das Zivilverfahren sein, in: Hilty/Drexl/Nordemann (Hrsg.) Schutz von Kreativität und Wettbewerb – Festschrift Loewenheim (2009); *Roth* Prozessmaximen, Prozessgrundrechte und die Konstitutionalisierung des Zivilprozessrechts, ZZP 131 (2018) 3; *Schlingloff* Geheimnisschutz im Zivilprozess aufgrund der „Know-how-Schutz"- Richtlinie – Was muss sich im deutschen Prozessrecht ändern? WRP **2018** 666; *Schregle* Neue Maßnahmen zum Geheimnisschutz in Geschäftsgeheimnisstreitsachen, Wegbereiter für den effektiven Rechtsschutz? GRUR **2019** 912; *Schoch* Verselbstständigung des „in camera"-Verfahrens im Informationsfreiheitsrecht? NVwZ **2012** 85; *Schulte* Mehr Schutz für Geschäftsgeheimnisse – Ein Überblick über die Regelungen des neuen Geschäftsgeheimnisgesetzes (GeschGehG), ArbRB **2019** 143; *Semrau-Brandt* Patentstreit zwischen Qualcomm und Apple: Schwächen des Geschäftsgeheimnisschutzes im Zivilprozess, GRUR-Prax **2019** 127; *Stadler* Der Schutz von Unternehmensgeheimnissen im Zivilprozeß, NJW **1989** 1202; *dies.* Geheimnisschutz im Zivilprozess aus deutscher Sicht, ZZP 123 (2010) 261; *Würtenberger/Freischem* Stellungnahme zum Referentenentwurf des Bundesministeriums der Justiz und für Verbraucherschutz – Entwurf eines Gesetzes zur Umsetzung der RL 2016/943/EU zum Schutz von Geschäftsgeheimnissen vor rechtswidrigem Erwerb sowie rechtswidriger Nutzung und Offenlegung, GRUR **2018** 708; *Zhu/Popp* Zivilprozessualer Geheimnisschutz in Patentstreitverfahren, GRUR **2020** 338.

Übersicht

A. Entstehungsgeschichte und Zweck der Vorschrift

1 Durch § 18 Satz 1 wird in Umsetzung von Art. 9 Abs. 1 Satz 3 RL (EU) 2016/943[1] die **Geheimhaltungsverpflichtung** und – als dessen Konkretisierung – das Nutzungs- und Offenlegungsverbot nach § 16 Abs. 2[2] für die dort genannten Personen für die Zeit **nach Verfahrensabschluss** aufrechterhalten. Dies ist notwendig, weil § 16 Abs. 2 zum einen auf die Beteiligung „an Geschäftsgeheimnisstreitsachen"[3] abstellt. Zum anderen bezieht sich die Formulierung „außerhalb eines gerichtlichen Verfahrens" erkennbar auf ein *laufendes* also nicht rechtskräftig abgeschlossenes Verfahren. Die Regelung folgt dem Grundsatz, dass der Schutz von Geschäftsgeheimnissen keine zeitlich begrenzte Aufgabe ist. Denn eine gesetzlich angeordnete Schutzdauer kennen Geschäftsgeheimnisse nicht (im wesentlichen Unterschied zu den Immaterialgüterrechten). Ihr Schutz (ihre Existenz als Geheimnis) endet dann, wenn eben die Geheimheit (iSv Nicht-Offenkundigkeit) endet.

2 Eine derartige Regelung kennt das deutsche (Prozess-)Recht bisher nicht. Auch die Schweigepflicht nach §§ 172 Nr. 2, 174 Abs. 3 GVG, die inhaltlich ohnehin weit hinter § 16 zurückbleibt (vgl. § 16 Rn. 16), betrifft ausschließlich die Öffentlichkeit der Verhandlung einschließlich der Urteilsverkündung und hat zudem die Notwendigkeit des nachprozessualen Geheimnisschutzes erkennbar nicht im Blick. Notwendig ist jedoch auch **die Syn-**

1 Begr. GeschGehG-RegE BTDrucks. 19/4724 S. 36. Daher ist eine richtlinienkonforme Auslegung der Norm geboten, wobei der Auslegungsspieleraum begrenzt ist, weil die Norm zu den vollharmonisierenden Vorschriften der Richtlinie gehört, Köhler/Bornkamm/Feddersen/*Alexander* § 18 GeschGehG Rn. 5.
2 Näher dazu § 16 GeschGehG Rn. 51ff.
3 S. zu diesem Begriff § 16 GeschGehG Rn. 18ff.

chronisierung des prozessualen mit dem außerprozessualen Geheimnisschutzes, was durch Satz 2 geschieht.[4]

3 In Bezug auf den **Anwendungsbereich** gelten die Ausführungen zu § 16, insbesondere zur Frage, auf welche Verfahren die §§ 16 bis 20 überhaupt – ggf. analog oder in richtlinienkonformer Auslegung – angewendet werden können (s. dazu § 16 ab Rn. 17). Im Falle eines Verstoßes droht die **Sanktion des § 17** (Ordnungsgeld bis zu € 100.000), denn auch dann wird „gegen eine Verpflichtung nach § 16 Abs. 2" verstoßen. Nach § 20 Abs. 5 Satz 2 hat das **Gericht** auf die Wirkungen des § 18 **hinzuweisen**. Mit dem Zugang des Hinweises **beginnt** die **nachprozessuale Schweigepflicht**.[5]

B. Kommentierung

I. Fortwirkung des Verbots nach § 16 Abs. 2 (Satz 1)

4 Im Einzelnen regelt Satz 1, dass die **Verpflichtung zur Geheimhaltung** (das **Nutzungs- und Offenlegungsverbot) nach § 16 Abs. 2** auch nach Verfahrensbeendigung weiterwirkt. Letzteres folgt wiederum aus der Einstufungsentscheidung nach § 16 Abs. 1, ohne dass insoweit eine gerichtliche Anordnung bestimmter Maßnahmen notwendig ist[6]. Ebenso wie § 19 ist also auch § 18 **akzessorisch** zu § 16 Abs. 1. Eine **zeitliche Befristung** in Form einer Höchstgrenze existiert aus den bereits oben genannten Gründen insoweit **nicht**.[7]

5 **Unerheblich** ist, auf welche **Art und Weise das Verfahren** abgeschlossen wurde[8] und ob der Geheimnisinhabers obsiegt. So wird in der Begründung ausdrücklich auf die Verfahrensbeendigung durch Vergleich hingewiesen[9]; ferner kann trotz des Vorliegens eines Geschäftsgeheimnisses der Geheimnisinhaber den Prozess aus anderen Gründen verlieren, etwa weil sich der Beklagte auf den Rechtsfertigungstatbestand nach § 5 berufen kann oder weil die Voraussetzungen eines konkreten Verletzungstatbestands nach § 4 nicht verwirklicht sind.[10] Zuletzt ist angesichts des über den Wortlaut des § 16 durchaus hinausgehenden Anwendungsbereich der §§ 16 bis 20 die Situation denkbar, dass Geschäftsgeheimnisse im Verfahren zur Sprache gekommen sind, die nicht streitgegenständlich sind (s. dazu ausf. die Kommentierung zu § 16 ab Rn. 43). Fallen diese unter die Einstufung nach § 16 Abs. 1 gilt insoweit auch § 18.

6 Wegen des Verweises auf § 16 Abs. 2 erstreckt sich der nachprozessuale Geheimnisschutz – quasi als erste Ausnahme von der zuvor genannten Regel – **nicht** auf Geschäftsgeheimnisse, von denen diejenigen Personen, an die sich das Verbot des § 16 Abs. 2 richtet, „außerhalb des Verfahrens Kenntnis erlangt haben" (§ 16 Abs. 2 a.E.). Dies muss auch dann gelten, wenn die Kenntniserlangung nach Abschluss des Verfahrens erfolgt,

4 Büscher/*McGuire* § 18 GeschGehG-RegE Rn. 2: der auf Basis einer Geheimhaltungsanordnung gewährte Schutz darf nicht über den außerprozessual bestehenden Schutz hinausgehen.
5 *Reinfeld* § 6 Rn. 56.
6 Vgl. die Kommentierung zu § 16 GeschGehG Rn. 50 ff. Anders wohl Büscher/*McGuire* § 18 GeschGehG-RegE Rn. 6, die insoweit von „Schutzmaßnahme" spricht.
7 Zur faktischen zeitlichen Begrenzung aber noch unten ab Rn. 7.
8 BeckOK GeschGehG/*Gregor* § 18 GeschGehG Rn. 4; Köhler/Bornkamm/Feddersen/*Alexander* § 18 GeschGehG Rn. 9.
9 Begr. GeschGehG-RegE BTDrucks. 19/4724 S. 36.
10 BeckOK GeschGehG/*Gregor* § 18 GeschGehG Rn. 5; Büscher/*McGuire* § 18 GeschGehG-RegE Rn. 7; Köhler/Bornkamm/Feddersen/*Alexander* § 18 GeschGehG Rn. 8.

wobei auch hier allein eine **berechtigte Kenntniserlangung** anzuerkennen ist (vgl. dazu bei § 16 Rn. 53).

II. Ausnahmen (Satz 2)

7 Nach Satz 2 **1. Fall entfällt** die Verpflichtung zur Geheimhaltung/das Nutzungs- und Offenlegungsverbot nach § 16 Abs. 2 **automatisch**, wenn das „Gericht der Hauptsache" die Geheimniseigenschaft verneint hat, und zwar durch rechtskräftiges Urteil. Eine solche Verneinung ist anzunehmen, wenn die betreffende Information die Voraussetzungen des § 2 Nr. 1 nicht (mehr) erfüllt; maßgeblich ist der **Zeitpunkt der Entscheidung**. Wird ein rechtskräftig abgeschlossenes Verfahren gemäß §§ 578ff. ZPO wiederaufgenommen, bedeutet dies nicht, dass die Verpflichtung aus § 16 Abs. 2 ebenfalls wieder auflebt.[11]

8 Das Nutzungs- und Offenlegungsverbot nach § 16 Abs. 2 wird zudem nach Satz 2 **2. Fall** automatisch **hinfällig**, wenn in Bezug auf die betreffende Information die Voraussetzungen nach § 2 Nr. 1 lit. a) nicht (mehr) vorliegen. Nach überkommener Terminologie ist dies die **Offenkundigkeit** der betreffenden Information.[12] Dies muss angesichts der Funktion als Synchronisierungstatbestand so sein, denn wenn ein Geheimnisschutz schon wegen der Nichterfüllung der außerprozessualen Anforderungen nicht in Frage kommt (ein Geschäftsgeheimnis also nicht vorliegt), ist auch ein nachprozessualer Geheimnisschutz nicht zu rechtfertigen. Anderenfalls bestünde bei einem Verstoß gegen § 16 Abs. 2 iVm § 18 Satz 1 die Sanktionsmöglichkeit nach § 17, obwohl ein Verstoß gegen § 4 nicht möglich wäre.[13] Zutreffend weist *Alexander* aber darauf hin, dass das Bekanntwerden der Information nicht auf einer Verletzungshandlung gem. § 4 und/oder einem Verstoß gegen das in § 16 Abs. 2 geregelte Nutzungs- und Offenlegungsverbot beruhen darf.[14] Da die Schutzvoraussetzungen für ein Geschäftsgeheimnis kumulativ vorliegen müssen, muss die Wirkung nach Satz 2 2. Fall **entsprechend** eintreten, wenn die Geheimniseigenschaft nachträglich wegen der Nichterfüllung der Voraussetzungen gem. § 2 Nr. 1 lit. b) und/oder c) entfällt.[15]

---

11 Köhler/Bornkamm/Feddersen/*Alexander* § 18 GeschGehG Rn. 11; BeckOK GeschGehG/*Gregor* § 18 GeschGehG Rn. 7.

12 Näher dazu die Kommentierung zu § 2.

13 Büscher/*McGuire* § 18 GeschGehG-RegE Rn. 10; Köhler/Bornkamm/Feddersen/*Alexander* § 18 GeschGehG Rn. 12.

14 Köhler/Bornkamm/Feddersen/*Alexander* § 18 GeschGehG Rn. 13, unter Hinweis auf ErwG 27 Satz 3 RL (EU) 2016/943, wo es heißt, dass zeitlich gestreckte Maßnahmen nicht mehr „vollstreckbar werden, wenn die ursprünglich dem Geschäftsgeheimnis unterliegenden Informationen aus Gründen, die nicht der Antragsgegner zu vertreten hat, allgemein zugänglich geworden sind"; auch BeckOK GeschGehG/*Gregor* § 18 GeschGehG Rn. 5.

15 Dahingehend auch *Reinfeld* § 6 Rn. 58.

§ 19
Weitere gerichtliche Beschränkungen

(1) [1]Zusätzlich zu § 16 Absatz 1 beschränkt das Gericht der Hauptsache zur Wahrung von Geschäftsgeheimnissen auf Antrag einer Partei den Zugang ganz oder teilweise auf eine bestimmte Anzahl von zuverlässigen Personen

1. zu von den Parteien oder Dritten eingereichten oder vorgelegten Dokumenten, die Geschäftsgeheimnisse enthalten können, oder

2. zur mündlichen Verhandlung, bei der Geschäftsgeheimnisse offengelegt werden könnten, und zu der Aufzeichnung oder dem Protokoll der mündlichen Verhandlung.

[2]Dies gilt nur, soweit nach Abwägung aller Umstände das Geheimhaltungsinteresse das Recht der Beteiligten auf rechtliches Gehör auch unter Beachtung ihres Rechts auf effektiven Rechtsschutz und ein faires Verfahren übersteigt. [3]Es ist jeweils mindestens einer natürlichen Person jeder Partei und ihren Prozessvertretern oder sonstigen Vertretern Zugang zu gewähren. [4]Im Übrigen bestimmt das Gericht nach freiem Ermessen, welche Anordnungen zur Erreichung des Zwecks erforderlich sind.

(2) Wenn das Gericht Beschränkungen nach Absatz 1 Satz 1 trifft,

1. kann die Öffentlichkeit auf Antrag von der mündlichen Verhandlung ausgeschlossen werden und

2. gilt § 16 Absatz 3 für nicht zugelassene Personen.

(3) Die §§ 16 bis 19 Absatz 1 und 2 gelten entsprechend im Verfahren der Zwangsvollstreckung, wenn das Gericht der Hauptsache Informationen nach § 16 Absatz 1 als geheimhaltungsbedürftig eingestuft oder zusätzliche Beschränkungen nach Absatz 1 Satz 1 getroffen hat.

Schrifttum

Ann EU-Richtlinie zum Schutz vertraulichen Know-hows – Wann kommt das neue deutsche Recht, wie sieht es aus, was ist noch offen? GRUR-Prax **2016** 465; *Ann/Hauck/Maute* Auskunftsanspruch und Geheimnisschutz im Verletzungsprozess, 2011; *Apel/Walling* Das neue Geschäftsgeheimnisgesetz: Überblick und erste Praxishinweise, DB **2019** 891; *Baranowski/Glaßl* Anforderungen an den Geheimnisschutz nach der neuen EU-Richtlinie, BB **2016** 2563; *Besen/Gronemeyer* Kartellrechtliche Risiken bei Unternehmenskäufen – Informationsaustausch und Clean Team, CCZ **2009** 67; *Bornkamm* Der Schutz vertraulicher Informationen im Gesetz zur Durchsetzung von Rechten des geistigen Eigentums – In-camera-Verfahren im Zivilprozess? Festschrift Ullmann (2006) 893; *Brammsen* Reformbedürftig! – Der Regierungsentwurf des neuen Geschäftsgeheimnisschutzgesetzes, BB **2018** 2446; *Brammsen/Apel* Das Geschäftsgeheimnisgesetz (GeschGehG) ist da – jetzt fängt die Arbeit erst an, BB 18/**2019**, „Die Erste Seite"; *Büscher* Gesetz gegen unlauteren Wettbewerb 2019; *Cepl/Voß* Prozesskommentar zum Gewerblichen Rechtsschutz, 2. Aufl. 2018; *Dann/Markgraf* Das neue Gesetz zum Schutz von Geschäftsgeheimnissen, NJW **2019** 1774; *Deichfuß* Rechtsdurchsetzung unter Wahrung der Vertraulichkeit von Geschäftsgeheimnissen – Das praktizierte Beispiel: der Schutz des verdächtigen Patentverletzers im Düsseldorfer Verfahren, GRUR **2015** 436; *Druschel/Jauch* Der Schutz von Know-how im deutschen Zivilprozess: Der Status quo und die zu erwartenden Änderungen, Teil I: Der derzeitige und zukünftige prozessuale Geheimnisschutz im Know-how-Verletzungsverfahren, BB **2018** 1218; *Druschel/Jauch* Der Schutz von Know-how im deutschen Zivilprozess: Der Status quo und die zu erwartenden Änderungen, Teil 2: Der derzeitige und zukünftige Geheimnisschutz im vorgelagerten Besichtigungsverfahren, BB **2018** 1794; *Dumont* Happy End für ein Stiefkind? – Regierungsentwurf zur Umsetzung der Know-how-Richtlinie, BB **2018** 2441; *Ernst* Das Geschäftsgeheimnisgesetz – Praxisrelevante Aspekte der Umsetzung der EU-Richtlinie 2016/943, MDR **2019** 897; *Ewer* Das Öffentlichkeitsprinzip – ein Hindernis für die Zulassung von Englisch als konsensual-optionaler Gerichtssprache? NJW **2010** 1323; *Fitzner/Lutz/Bodewig* Beck'scher Online Kommentar Patentrecht, 16. Ed., Stand: 15.04.2020; *Fuhlrott/Hiéramente* Beck'scher Online Kommentar GeschGehG, 3. Ed., Stand: 15.03.2020; *Gärtner/Goßler* Trade secret litigation nun auch in Deutschland? – Gedanken zur Umsetzung der Know-how-

https://doi.org/10.1515/9783110631654-023

Richtlinie, Mitt. **2018** 204; *Germelmann/Matthes/Prütting* Arbeitsgerichtsgesetz, 9. Aufl. 2017; *Götz* Der Schutz von Betriebs- und Geschäftsgeheimnissen im Zivilverfahren, 2014; *Hauck* Geheimnisschutz im Zivilprozess – was bringt die neue EU-Richtlinie für das deutsche Recht? NJW **2016** 2218; *Harte-Bavendamm/Ohly/Kalbfus* Geschäftsgeheimnisgesetz, 2020; *Hauck*, Schutz von Unternehmensgeheimnissen bei der Bestimmung FRAND-konformer Lizenzbedingungen, GRUR-Prax **2017** 118; *Hauck* Was lange währt... – Das Gesetz zum Schutz von Geschäftsgeheimnissen (GeschGehG) ist in Kraft, GRUR-Prax **2019** 223; *Hoppe/Oldekop* Geschäftsgeheimnisse, 2021; *Krüger/Wiencke/Koch* Der Datenpool als Geschäftsgeheimnis, GRUR **2020** 578; *Kalbfus* Die EU-Geschäftsgeheimnis-Richtlinie – Welcher Umsetzungsbedarf besteht in Deutschland? GRUR **2016** 1009; *Kalbfus* Rechtsdurchsetzung bei Geheimnisverletzungen – Welchen prozessualen Schutz gewährt das Geschäftsgeheimnisgesetz dem Kläger? WRP **2019** 692; *Kalbfus/Harte-Bavendamm* Protokoll der Sitzung des Fachausschusses für Wettbewerbs- und Markenrecht zum Richtlinienvorschlag über den Schutz von Geschäftsgeheimnis, GRUR **2014** 453; *Keller* Protokoll der Sitzung des GRUR-Fachausschusses für Wettbewerbs- und Markenrecht zum Referentenentwurf eines Gesetzes zum Schutz von Geschäftsgeheimnissen (GeschGehG) am 25.4.2018 in Berlin, GRUR **2018** 706; *Kersting* Der Schutz des Wirtschaftsgeheimnisses im Zivilprozess – Eine rechtsvergleichende Untersuchung anhand der Federal Rules of Civil Procedure und der ZPO, 1995; *König* Die Beweisnot des Klägers und der Besichtigungsanspruch nach § 809 BGB bei Patent- und Gebrauchsmusterverletzungen, Mitt. **2002** 153; *Koós* Die europäische Geschäftsgeheimnis-Richtlinie – ein gelungener Wurf? – Schutz von Know-how und Geschäftsinformationen – Änderungen im deutschen Wettbewerbsrecht, MMR **2016** 224; *Kühnen* Handbuch der Patentverletzung, 12. Aufl. 2020; *Kühnen* Zivilprozessualer Geheimnisschutz in Patentstreitverfahren – Zugleich Entgegnung auf Zhu/Popp (GRUR **2020** 338), GRUR **2020** 576; *Kühnen* Die Besichtigung im Patentrecht – Eine Bestandsaufnahme zwei Jahre nach „Faxkarte", GRUR **2005** 185; *Kuta* Die Besichtigungsanordnung nach dem „Düsseldorfer Modell" – Zur Rechtmäßigkeit des Düsseldorfer Besichtigungsverfahrens de lege lata, 2017; *Lachmann* Unternehmensgeheimnisse im Zivilrechtsstreit, dargestellt am Beispiel des EDV-Prozesses, NJW **1987** 2206; *Lejeune* Die neue EU Richtlinie zum Schutz von Know-how und Geschäftsgeheimnissen – Wesentliche Inhalte und Anpassungsbedarf im deutschen Recht sowie ein Vergleich zur Rechtslage in den USA, CR **2016** 330; *McGuire* Know-how: Stiefkind, Störenfried oder Sorgenkind? – Lücken und Regelungsalternativen vor dem Hintergrund des RL-Vorschlags, GRUR **2015** 424; *McGuire* Der Schutz von Know-how im System des Immaterialgüterrechts – Perspektiven für die Umsetzung der Richtlinie über Geschäftsgeheimnisse, GRUR **2016** 1000; *Ohly* Der Geheimnisschutz im deutschen Recht: heutiger Stand und Perspektiven, GRUR **2014** 1; *ders.* Das neue Geschäftsgeheimnisgesetz im Überblick, GRUR **2019** 441; *Rauer/Eckert* Richtlinie zur Harmonisierung des Know-how-Schutzes in der EU, DB **2016** 1239; *Rauscher/Krüger* Münchener Kommentar zur Zivilprozessordnung, Band 3, 5. Aufl. 2017; *Rehaag/Straszewski* Das neue Gesetz zum Schutz von Geschäftsgeheimnissen in der Praxis, Mitt. **2019** 249; *Redeker/Pres/Gittinger* Einheitlicher Geheimnisschutz in Europa (Teil 2) – Die Entwürfe zur Know-how-Richtlinie, deren Konsequenzen für das innerbetriebliche Vertragsmanagement (Teil 1) und die erforderlichen Auswirkungen auf den Zivilprozess (Teil 2), WRP **2015** 812; *Rojahn* Das geheime Know-how: Wie geheim darf/muss das Zivilverfahren sein? in Festschrift Loewenheim (2009) 251; *Schlingloff* Geheimnisschutz im Zivilprozess aufgrund der „Know-how-Schutz"-Richtlinie – Was muss sich im deutschen Prozessrecht ändern? WRP **2018** 666; *Schregle* Neue Maßnahmen zum Geheimnisschutz in Geschäftsgeheimnisstreitsachen – Wegbereiter für den effektiven Rechtsschutz? GRUR **2019** 912; *Semrau-Brandt*, Patentstreit zwischen Qualcomm und Apple: Schwächen des Geschäftsgeheimnisschutzes im Zivilprozess, GRUR-Prax **2019** 127; *Spindler/Weber* Der Geheimnisschutz nach Art. 7 der Enforcement-Richtlinie, MMR **2006** 711; *Stadler* Der Schutz von Unternehmensgeheimnissen im Zivilprozeß, NJW **1989** 1202; *Voigt/Herrmann/Grabenschröer* Das neue Geschäftsgeheimnisgesetz – praktische Hinweise zu Umsetzungsmaßnahmen für Unternehmen, BB **2019** 142; *Winzer* Der Schutz von Geschäftsgeheimnissen im Zivilprozess, 2018; *Würtenberger/Freischem* Stellungnahme zum Referentenentwurf des Bundesministeriums der Justiz und für Verbraucherschutz – Entwurf eines Gesetzes zur Umsetzung der RL 2016/943/EU zum Schutz von Geschäftsgeheimnissen vor rechtswidrigem Erwerb sowie rechtswidriger Nutzung und Offenlegung, GRUR **2018** 708; *Zhu/Popp* Zivilprozessualer Geheimnisschutz in Patentstreitverfahren – Mit (oder ohne) Türöffner-Antrag zum Confidentiality Club, GRUR **2020** 338; *Ziegelmayer* Geheimnisschutz ist eine große Nische – Zu den unterschätzten Auswirkungen des GeschGehG, CR **2018** 693; *Zöller* Zivilprozessordnung, 33. Aufl. 2020.

Übersicht

A. Vorbemerkung

§ 19 ergänzt die §§ 16 und 18 und ermöglicht weitere gerichtliche Beschränkungen in Geschäftsgeheimnisstreitsachen. Naturgemäß sind Zugangsbeschränkungen im Vergleich zu Geheimhaltungsanordnungen die effektiveren Mechanismen zur Wahrung von Geschäftsgeheimnissen, da sie die Weitergabe oder Nutzung von Geschäftsgeheimnissen durch eine unbefugte Person zuverlässig verhindern.[1] Die Kehrseite ist aber, dass diese Zugangsbeschränkungen nicht unerhebliche Eingriffe in die Verfahrensgrundrechte der gegnerischen Partei bedeuten. 1

Das GeschGehG sieht einen **zweistufigen verfahrensrechtlichen Schutz** vor (vgl. Kommentierung zu Vor §§ 15–22 Rn. 50 ff.).[2] Auf der **ersten Stufe** kann das Gericht als eine Art Basisschutz gemäß § 16 Abs. 1 auf Antrag eine streitgegenständliche Information als geheimhaltungsbedürftig einstufen, sodass die Parteien, ihre Prozessvertreter, Zeugen, Sachverständige, sonstige Vertreter und alle sonstigen Personen, die an Geschäftsgeheimnisstreitsachen beteiligt sind oder die Zugang zu Dokumenten eines solchen Verfahrens haben, die entsprechenden Informationen gemäß § 16 Abs. 2 vertraulich behandeln müssen und Dritten gemäß § 16 Abs. 3 nur ein beschränktes Akteneinsichtsrecht zusteht. Auf der **zweiten Stufe** kann das Gericht ergänzend dazu gemäß § 19 Abs. 1, 2 auf Antrag weitere Beschränkungen zum Schutz der Geschäftsgeheimnisse anordnen, so dass § 19 beim Kreis der Beteiligten ansetzt und die Anzahl der „Mitwisser" beschränkt, um einen zusätzlichen Schutz der geheimhaltungsbedürftigen Informationen zu gewährleisten.[3] Die zweite 2

1 *Kalbfus* WRP **2019** 692, 696; vgl. *Ohly* GRUR **2014** 1, 11.
2 Harte-Bavendamm/Ohly/Kalbfus/*Kalbfus* § 19 GeschGehG Rn. 18; Köhler/Bornkamm/Feddersen/*Alexander* § 19 GeschGehG Rn. 1.
3 Büscher/*McGuire* § 19 GeschGehG Rn. 1, 3; BeckOK GeschGehG/*Gregor* § 19 GeschGehG Rn. 7, 12; *Kalbfus* WRP **2019** 692, 696; vgl. Harte-Bavendamm/Ohly/Kalbfus/*Kalbfus* Vor. §§ 16–20 GeschGehG Rn. 11 ff., § 19 GeschGehG Rn. 1.

Stufe ist immer dann bedeutsam, wenn zu befürchten ist, dass eine Geheimhaltungsverpflichtung gemäß § 16 Abs. 2 nicht ausreicht, um die geheimhaltungsbedürftigen Informationen angemessen zu schützen.[4]

3 In Ergänzung zu § 16 sollen die Beschränkungen nach § 19 die Vertraulichkeit eines Geschäftsgeheimnisses innerhalb des Erkenntnisverfahrens und auch in dem anschließenden Zwangsvollstreckungsverfahren gewährleisten.[5] Dieser **erweiterte Vertraulichkeitsschutz** steht ergänzend neben anderen prozessualen Schutzinstrumenten, wie etwa der Verpflichtung zur Geheimhaltung gemäß § 174 Abs. 3 GVG und die Beschränkung der Akteneinsicht durch Dritte gemäß § 299 Abs. 2 ZPO, wobei die Regelungen des GeschGehG als **speziellere Vorschriften** vorrangig heranzuziehen sind und die allgemeinen Regelungen nur greifen, wenn das GeschGehG keine Regelung vorsieht.[6]

4 Für diesen erweiterten verfahrensrechtlichen Geheimnisschutz bildet § 19 Abs. 1 den Ausgangspunkt, wobei zwischen zwei Maßnahmenbereichen unterschieden werden muss, nämlich zum einen **Zugangsbeschränkungen** für Personen zu Dokumenten (§ 19 Abs. 1 Satz 1 Nr. 1) und zum anderen **Beschränkungen des Zugangs zur mündlichen Verhandlung** sowie zum entsprechenden Sitzungsprotokoll (§ 19 Abs. 1 Satz 1 Nr. 2).[7] Die Kriterien und Grenzen der Entscheidung sind in § 19 Abs. 1 Sätzen 2–4 geregelt. Darüber hinaus sieht § 19 Abs. 2 weitere Maßnahmen vor, namentlich den Ausschluss der Öffentlichkeit auf Antrag (§ 19 Abs. 2 Nr. 1) sowie die Beschränkung des Akteneinsichtsrecht nach § 16 Abs. 3 für nicht zugelassene Personen (§ 19 Abs. 2 Nr. 2). Schließlich bestimmt § 19 Abs. 3, dass die gemäß §§ 16, 19 Abs. 1, 2 getroffenen Maßnahmen entsprechend im Verfahren der Zwangsvollstreckung gelten.

I. Entstehungsgeschichte

5 Vor dem Inkrafttreten des GeschGehG sah das deutsche Zivilprozessrecht nur die allgemeinen Bestimmungen im Hinblick auf Zugangsbeschränkungen und den Ausschluss der Öffentlichkeit vor, insbesondere §§ 172 Nr. 2, 174 Abs. 3 GVG und § 299 Abs. 2 ZPO. Nachdem die Regelungen zu weiteren gerichtlichen Beschränkungen im Referentenentwurf in § 18 RefE verortet waren, wurden die Schutzmöglichkeiten im Regierungsentwurf in § 19 RegE geregelt und zugleich präzisiert und erweitert.

6 Im Gesetzgebungsverfahren wurde § 19 Abs. 1 Satz 1 um die Zusätze „auf eine bestimmte Anzahl" und „zuverlässige Personen" ergänzt.[8] Hintergrund dieser **Ergänzungen** sind die Befürchtungen, die im Rahmen der Sachverständigenanhörung geäußert wurden, dass die Geheimhaltung von Geschäftsgeheimnissen im Verfahren durch unzuverlässige Personen trotz entgegenwirkender gerichtlicher Maßnahmen gefährdet seien.[9]

---

4 BeckOK GeschGehG/*Gregor* § 19 GeschGehG Rn. 7.
5 Köhler/Bornkamm/Feddersen/*Alexander* § 19 GeschGehG Rn. 7.
6 Harte-Bavendamm/Ohly/Kalbfus/*Kalbfus* § 19 GeschGehG Rn. 42; Köhler/Bornkamm/Feddersen/*Alexander* § 19 GeschGehG Rn. 7; BeckOK GeschGehG/*Gregor* § 19 GeschGehG Rn. 5.
7 Büscher/*McGuire* § 19 GeschGehG Rn. 2; Köhler/Bornkamm/Feddersen/*Alexander* § 19 GeschGehG Rn. 2; *Hoppe/Oldekop/Pichlmaier* Kap. 3 Rn. 201.
8 BTDrucks. 19/8300 S. 15; vgl. Harte-Bavendamm/Ohly/Kalbfus/*Kalbfus* § 19 GeschGehG Rn. 14, 29.
9 Köhler/Bornkamm/Feddersen/*Alexander* § 19 GeschGehG Rn. 3.

II. Unionsrechtliche Vorgaben

Die Regelung gemäß § 19 war ursprünglich in Art. 8 Abs. 2 RL-Vorschlag 2013[10] vorgesehen und sah ein **echtes *in camera*-Verfahren** vor[11], es konnte also eine Partei vollständig ausgeschlossen werden. Diese aus Sicht eines effektiven Geheimnisschutzes zu begrüßende Regelung sah sich Bedenken im Hinblick auf die Vereinbarkeit mit dem Anspruch auf rechtliches Gehör ausgesetzt.[12] Letztlich hat der europäische Gesetzgeber in der RL (EU) 2016/943 auf ein echtes *in camera*-Verfahren zugunsten der Verfahrensgrundrechte verzichtet.[13] 7

§ 19 setzt **Art. 9 Abs. 2, 3 RL (EU) 2016/943** um und ist richtlinienkonform.[14] Dabei handelt es sich wiederum um eine Konkretisierung des allgemeinen Regelungsauftrags aus Art. 6 RL (EU) 2016/943[15]. Danach sind die Mitgliedstaaten verpflichtet, die Maßnahmen, Verfahren und Rechtsbehelfe vorzusehen, die notwendig sind, damit ein zivilrechtlicher Schutz vor rechtswidrigem Erwerb sowie rechtswidriger Nutzung und Offenlegung von Geschäftsgeheimnissen gewährleistet wird (Art. 6 Abs. 1 RL (EU) 2016/943). Diese müssen aber (a) fair und gerecht, (b) nicht unnötig kompliziert oder kostspielig sein und keine unangemessenen Fristen oder ungerechtfertigten Verzögerungen mit sich bringen und (c) wirksam und abschreckend sein (Art. 6 Abs. 2 RL (EU) 2016/943). Erwägungsgrund 25 der RL (EU) 2016/943 behandelt die konkreten Anforderungen an den verfahrensrechtlichen Schutz von Geschäftsgeheimnissen.[16] 8

Im Rahmen der richtlinienkonformen Auslegung ist zu berücksichtigen, dass die Vorgaben aus Art. 9 Abs. 3 RL (EU) 2016/943 **vollharmonisierend** sind, wohingegen die Mitgliedsstaaten hinsichtlich der Vorgaben aus Art. 9 Abs. 2 RL (EU) 2016/943 einen weitergehenden als den durch Richtlinie vorgeschriebenen Schutz vorsehen können (vgl. Art. 1 Abs. 1 UAbs. 2 RL (EU) 2016/943).[17] 9

III. Anwendungsbereich

Wie auch § 16 findet § 19 Anwendung auf Geschäftsgeheimnisstreitsachen im Sinne von § 16 Abs. 1 (vgl. Kommentierung zu Vor §§ 15–22 Rn. 17 ff.).[18] 10

---

10 COM/2013/0813 final, 2013/0402 (COD).

11 Harte-Bavendamm/Ohly/Kalbfus/*Kalbfus* Vor. §§ 16–20 GeschGehG Rn. 9; Büscher/*McGuire* § 19 GeschGehG Rn. 5; *Gärtner*/*Goßler* Mitt. **2018** 204, 206; *Ohly* GRUR **2014** 1, 11.

12 Büscher/*McGuire* § 19 GeschGehG Rn. 5; *Koós* MMR **2016** 224, 228; *McGuire* GRUR **2015** 424, 430 ff.

13 Büscher/*McGuire* § 19 GeschGehG Rn. 5.

14 Büscher/*McGuire* § 19 GeschGehG Rn. 6; Köhler/Bornkamm/Feddersen/*Alexander* § 19 GeschGehG Rn. 4; BeckOK GeschGehG/*Gregor* § 19 GeschGehG Rn. 2; vgl. Harte-Bavendamm/Ohly/Kalbfus/*Kalbfus* § 19 GeschGehG Rn. 4 ff.

15 Köhler/Bornkamm/Feddersen/*Alexander* § 19 GeschGehG Rn. 4, 5.

16 Köhler/Bornkamm/Feddersen/*Alexander* § 19 GeschGehG Rn. 6.

17 Köhler/Bornkamm/Feddersen/*Alexander* § 19 GeschGehG Rn. 8; BeckOK GeschGehG/*Gregor* § 19 GeschGehG Rn. 4.1.

18 Köhler/Bornkamm/Feddersen/*Alexander* § 19 GeschGehG Rn. 9; *Hauck* GRUR-Prax **2019** 223, 225.

B. Kommentierung

I. Formalia

11 In formeller Hinsicht ist die Einstufung gemäß § 16 Abs. 1 und das Antragserfordernis in § 19 Abs. 1, Abs. 2 Nr. 1 zu berücksichtigen. Außerdem ist für die Anordnung der Beschränkungen gemäß § 19 das Gericht der Hauptsache (vgl. § 20 Abs. 6) zuständig.

12 **1. Zugangsvoraussetzungen.** § 19 Abs. 1, Abs. 2 Nr. 1 setzt voraus, dass ein Antrag mindestens einer Partei sowie eine Einstufung nach § 16 Abs. 1 vorliegt.[19]

13 **a) Einstufung gemäß § 16 Abs. 1.** Für die Anwendbarkeit der weiteren gerichtlichen Beschränkungen gemäß § 19 Abs. 1 müssen die streitgegenständlichen Informationen zunächst gemäß § 16 Abs. 1 ganz oder teilweise als **geheimhaltungsbedürftig** eingestuft worden sein („Zusätzlich zu § 16 Absatz 1").[20] Mithin ist ein **Beschluss gemäß § 16 Abs. 1** Grundvoraussetzung für weitere Beschränkungen gemäß § 19.[21]

14 Es muss in diesem Stadium aber noch nicht feststehen, dass tatsächlich ein Geschäftsgeheimnis im Sinne von § 2 Nr. 1 vorliegt; vielmehr wird dies erst später im Rahmen der Prüfung der Begründetheit der Klage bzw. des Antrags beurteilt.[22] Ebenfalls muss nicht feststehen, dass das Geschäftsgeheimnis in einem Dokument tatsächlich zur Sprache kommt oder in einer mündlichen Verhandlung diskutiert werden wird, da auch die Möglichkeit der Offenlegung ausreicht.[23]

15 **b) Antrag zumindest einer Partei.** Ferner setzt § 19 Abs. 1, Abs. 2 Nr. 1 den **Antrag zumindest einer Partei** voraus („auf Antrag"), wobei beide Parteien wie auch bei § 16 Abs. 1 antragsbefugt sind.[24] Zwar wird regelmäßig der Kläger bzw. Antragsteller ein entsprechendes Begehren an das Gericht richten[25], jedoch wird auch der Beklagte bzw. Antragsgegner ein Interesse an Beschränkungen gemäß § 19 Abs. 1 haben, sofern er etwa zu Verteidigungszwecken geheimhaltungsbedürftige Informationen in das Verfahren einbringt.

---

19 BTDrucks. 19/4724 S. 37; Köhler/Bornkamm/Feddersen/*Alexander* § 19 GeschGehG Rn. 23ff.; BeckOK GeschGehG/*Gregor* § 19 GeschGehG Rn. 7; *Druschel/Jauch* BB **2018** 1218, 1222; vgl. Büscher/*McGuire* § 19 GeschGehG Rn. 14,17; *Reinfeld* § 6 Rn. 66f., 76.

20 BTDrucks. 19/4724 S. 37; Harte-Bavendamm/Ohly/Kalbfus/*Kalbfus* § 19 GeschGehG Rn. 18; Büscher/*McGuire* § 19 GeschGehG Rn. 14; Köhler/Bornkamm/Feddersen/*Alexander* § 19 GeschGehG Rn. 23; BeckOK GeschGehG/*Gregor* § 19 GeschGehG Rn. 7f.; *Hoppe/Oldekop/Pichlmaier* Kap. 3 Rn. 220; *Reinfeld* § 6 Rn. 66f., 76.

21 Harte-Bavendamm/Ohly/Kalbfus/*Kalbfus* § 19 GeschGehG Rn. 18; BeckOK GeschGehG/*Gregor* § 19 GeschGehG Rn. 7; *Hoppe/Oldekop/Pichlmaier* Kap. 3 Rn. 221; *Reinfeld* § 6 Rn. 66f.

22 Harte-Bavendamm/Ohly/Kalbfus/*Kalbfus* § 19 GeschGehG Rn. 19; BeckOK GeschGehG/*Gregor* § 19 GeschGehG Rn. 9; *Hoppe/Oldekop/Pichlmaier* Kap. 3 Rn. 222.

23 BeckOK GeschGehG/*Gregor* § 19 GeschGehG Rn. 10.

24 Harte-Bavendamm/Ohly/Kalbfus/*Kalbfus* § 19 GeschGehG Rn. 15; Büscher/*McGuire* § 19 GeschGehG Rn. 17; BeckOK GeschGehG/*Gregor* § 19 GeschGehG Rn. 18, Köhler/Bornkamm/Feddersen/*Alexander* § 19 GeschGehG Rn. 24; *Reinfeld* § 6 Rn. 65, 67; *Hoppe/Oldekop/Pichlmaier* Kap. 3 Rn. 201, 217ff.; *Schregle* GRUR **2019** 912, 914; *Druschel/Jauch* BB **2018** 1218, 1222; *Schlingloff* WRP **2018** 666, 670.

25 Köhler/Bornkamm/Feddersen/*Alexander* § 19 GeschGehG Rn. 24; *Hoppe/Oldekop/Pichlmaier* Kap. 3 Rn. 219.

Das **Antragsverfahren** regelt § 20 (vgl. Kommentierung zu § 20 Rn. 6ff.).[26] So muss insbesondere glaubhaft gemacht werden, dass es sich bei der streitgegenständlichen Information um ein Geschäftsgeheimnis handelt (§ 20 Abs. 3). 16

Der Antrag gemäß § 16 Abs. 1 auf Einstufung einer streitgegenständlichen Information als ganz oder teilweise geheimhaltungsbedürftig kann mit den Anträgen gemäß § 19 Abs. 1, Abs. 2 Nr. 1 auf weitere gerichtliche Beschränkungen **verbunden** werden und sollte **bereits mit Einreichung der Klage bzw. des Antrags** gestellt werden.[27] Es ist zu berücksichtigen, dass der Anwendungsbereich von § 19 wegen der Bezugnahme auf § 16 Abs. 1 ebenfalls auf streitgegenständliche Geheimnisse beschränkt ist.[28] Um das Risiko einer Schutzlücke zwischen Anhörung der gegnerischen Partei und Anordnung der Schutzmaßnahmen zu minimieren, sollte der Kläger bzw. Antragsteller in seinem Antrag auf Geheimnisschutzmaßnahmen einen gerichtlichen Beschluss über die von ihm beantragten Maßnahmen anregen, wonach auf eine Anhörung der gegnerischen Partei verzichtet wird.[29] 17

Das Antragserfordernis birgt ein **Haftungsrisiko** für die Prozessvertreter der Parteien, so dass sie in jedem Stadium prüfen müssen, ob weitere Maßnahmen zum Geheimnisschutz beantragt werden müssen.[30] 18

Die Option der Anordnung einer Zugangsbeschränkung gemäß § 19 **von Amts wegen** ist im deutschen Recht nicht vorgesehen.[31] Mithin können die Gerichte die Maßnahmen gemäß § 19 nur dann anordnen, wenn eine Partei einen entsprechenden Antrag gestellt hat. Hierbei handelt es sich aber nicht um eine fehlerhafte Umsetzung der Richtlinie, da Art. 9 Abs. 2 UAbs. 1 RL (EU) 2016/943 den Mitgliedsstaaten lediglich die Möglichkeit bietet, die Zugangsbeschränkungen über das Antragserfordernis hinaus auch von Amts wegen anordnen zu können. 19

2. Zuständiges Gericht. Die weiteren gerichtlichen Beschränkungen gemäß § 19 trifft das **Gericht der Hauptsache**, also das Gericht des ersten Rechtszuges (§ 20 Abs. 6 Nr. 1) oder das Berufungsgericht, wenn die Hauptsache in der Berufungsinstanz anhängig ist (§ 20 Abs. 6 Nr. 2; vgl. Kommentierung zu § 20 Rn. 62ff.).[32] 20

3. Anhörung. Gemäß § 20 Abs. 2 ist die Partei, die nicht den Antrag gemäß § 19 stellt, spätestens nach Anordnung der Maßnahme vom Gericht zu hören, wobei das Gericht die Maßnahmen nach Anhörung der Parteien aufheben oder abändern kann (vgl. Kommentierung zu § 20 Rn. 11ff.). Die Anhörung kann (muss aber nicht) im Zuge einer gesonderten mündlichen Verhandlung stattfinden, kann aber auch schriftlich erfolgen.[33] Sofern eine mündliche Verhandlung stattfindet, sollte die betroffene Partei zur Wahrung der Geheimhaltungsinteressen vorher den Ausschluss der Öffentlichkeit beantragen (vgl. § 19 Abs. 2 Nr. 1 und § 174 Abs. 1 Satz 1 GVG). 21

---

26 Büscher/*McGuire* § 19 GeschGehG Rn. 17; BeckOK GeschGehG/*Gregor* § 19 GeschGehG Rn. 11.

27 Köhler/Bornkamm/Feddersen/*Alexander* § 19 GeschGehG Rn. 24; *Hoppe/Oldekop/Pichlmaier* Kap. 3 Rn. 217f., 241; *Reinfeld* § 6 Rn. 66; *Ernst* MDR **2019** 897, 902f.; *Voigt/Herrmann/Grabenschröer*, BB **2019** 142, 146; *McGuire* GRUR **2015** 424, 433.

28 Büscher/*McGuire* § 19 GeschGehG Rn. 17.

29 *Hoppe/Oldekop/Pichlmaier* Kap. 3 Rn. 227; *Voigt/Herrmann/Grabenschröer* BB **2019** 142, 146.

30 *Hoppe/Oldekop/Pichlmaier* Kap. 3 Rn. 215; *Druschel/Jauch* BB **2018** 1218, 1222.

31 Köhler/Bornkamm/Feddersen/*Alexander* § 19 GeschGehG Rn. 25; BeckOK GeschGehG/*Gregor* § 19 GeschGehG Rn. 18; *Schlingloff* WRP **2018** 666, 670; vgl. *Hauck* NJW **2016** 2218, 2223.

32 Köhler/Bornkamm/Feddersen/*Alexander* § 19 GeschGehG Rn. 29; BeckOK GeschGehG/*Gregor* § 19 GeschGehG Rn. 17.

33 BeckOK GeschGehG/*Gregor* § 19 GeschGehG Rn. 19; vgl. *Hoppe/Oldekop/Pichlmaier* Kap. 3 Rn. 227.

II. Weitere gerichtliche Beschränkungen (§ 19 Abs. 1)

22 § 19 Abs. 1 Satz 1 ermöglicht zum Schutz von Geschäftsgeheimnissen im gerichtlichen Verfahren auf Antrag einer Partei eine **gänzliche oder teilweise Begrenzung des Personenkreises**, der Zugang zu Dokumenten und mündlichen Verhandlungen hat, in denen Geschäftsgeheimnisse offengelegt werden. Es handelt sich mithin um weitere gerichtliche Beschränkungen im Vergleich zu § 16 Abs. 1.[34] Solche Zugangsbeschränkungen sind dem deutschen Recht nicht fremd (vgl. Art. 72 Abs. 2 GWB, § 84 Abs. 2 EnWg, § 57 Abs. 2 WpÜG), jedoch sind sie in der Zivilprozessordnung nicht vorgesehen (vgl. etwa § 299 ZPO).[35]

23 § 19 Abs. 1 ist entsprechend auf **Streitgenossen** (§§ 59 ff. ZPO) und **Hauptintervenienten** (§§ 64 f. ZPO) anzuwenden, da diese selbst Partei werden.[36]

24 Dagegen findet § 19 Abs. 1 keine Anwendung bei **Nebenintervenienten** (§§ 66 ff. ZPO), da dies mit dem Ansatz des Geheimnisschutzes kollidiert, nämlich Geschäftsgeheimnisse vor unerlaubter Erlangung, Nutzung und Offenlegung durch Dritte zu schützen (vgl. Kommentierung zu § 1 Abs. 1 Rn. 2).[37] Dennoch hat das Gericht im Verfahren geeignete Maßnahmen zu treffen, um den Anspruch auf rechtliches Gehör der Nebenintervenienten zu wahren.[38]

25 **1. Bestimmte Anzahl zuverlässiger Personen (§ 19 Abs. 1 Satz 1).** § 19 Abs. 1 Satz 1 sieht vor, dass das Gericht der Hauptsache zusätzlich zu § 16 Abs. 1 den Zugang zu Dokumenten oder die Teilnahme an der mündlichen Verhandlung sowie den Zugang zu entsprechenden Protokollen auf Antrag einer Partei zur Wahrung von Geschäftsgeheimnissen ganz oder teilweise auf eine bestimmte Anzahl von zuverlässigen Personen beschränkt.

26 **a) Anzahl der Teilnehmer.** Durch die Beschränkung des Personenkreises auf eine **bestimmte Anzahl an Teilnehmern** wird sichergestellt, dass nur ein kleiner Kreis an Personen während des Verfahrens Kenntnis von den als geheimhaltungsbedürftig eingestuften Informationen erlangt.[39] Wenngleich sich aus § 19 nicht eindeutig ergibt, wer die Anzahl der Teilnehmer bestimmt und die konkret teilnahmeberechtigten Personen auswählt, ist die Anzahl sowie die Identität der Teilnehmer vom Kläger bzw. Antragsteller zu benennen.[40] Das Gericht entscheidet nach freiem Ermessen, ob mehr oder weniger Teilnehmer notwendig sind und ob die konkret ausgesuchten Teilnehmer „zuverlässig“ im Sinne von § 19 Abs. 1 Satz 1 sind (vgl. § 19 Abs. 1 Satz 4).[41] So kann das Gericht etwa festlegen, dass bestimmte Informationen nur an maximal zwei, drei, vier oder fünf von der

---

34 Köhler/Bornkamm/Feddersen/*Alexander* § 19 GeschGehG Rn. 23; vgl. Büscher/*McGuire* § 19 GeschGehG Rn. 8; BeckOK GeschGehG/*Gregor* § 19 GeschGehG Rn. 6 f.

35 BeckOK GeschGehG/*Gregor* § 19 GeschGehG Rn. 2.

36 BTDrucks. 19/4724 S. 37; Köhler/Bornkamm/Feddersen/*Alexander* § 19 GeschGehG Rn. 10; *Hoppe/Oldekop/Pichlmaier* Kap. 3 Rn. 207.

37 BTDrucks. 19/4724 S. 37; Köhler/Bornkamm/Feddersen/*Alexander* § 19 GeschGehG Rn. 10; *Hoppe/Oldekop/Pichlmaier* Kap. 3 Rn. 207 f.

38 BTDrucks. 19/4724 S. 37; Köhler/Bornkamm/Feddersen/*Alexander* § 19 GeschGehG Rn. 10; *Hoppe/Oldekop/Pichlmaier* Kap. 3 Rn. 207 f.; vgl. OLG Düsseldorf 17.1.2017 BeckRS **2017** 156523; LG München I 13.8.2019 BeckRS **2019** 18148 (Rn. 6 ff.); *Hauck* GRUR-Prax **2017** 118, 118.

39 Harte-Bavendamm/Ohly/Kalbfus/*Kalbfus* § 19 GeschGehG Rn. 26; Köhler/Bornkamm/Feddersen/*Alexander* § 19 GeschGehG Rn. 11.

40 Büscher/*McGuire* § 19 GeschGehG Rn. 18; *Hoppe/Oldekop/Pichlmaier* Kap. 3 Rn. 206.

41 So etwa *McGuire*, wonach das Gericht die Anzahl der Personen aber nur erweitern und nicht einschränken kann Büscher/*McGuire* § 19 GeschGehG Rn. 18; Harte-Bavendamm/Ohly/Kalbfus/*Kalbfus* § 19 GeschGehG Rn. 25; BeckOK GeschGehG/*Gregor* § 19 GeschGehG Rn. 29.

Partei namentlich zu benennende und hinsichtlich ihrer Funktion zu identifizierende Personen weitergegeben werden dürfen.[42]

Durch die Beschränkung der Teilnehmer wird die Möglichkeit des Geheimnisinhabers gestärkt, den Kreis der Mitwisser der geheimhaltungsbedürftigen Informationen zu kontrollieren.[43] Jedoch wird die Auswahl der entsprechenden Personen mitunter zu einem erheblichen Aufwand für das Gericht und die Parteien führen.[44] Die zugelassenen Personen unterliegen weiterhin der Geheimhaltungsverpflichtung gemäß § 16 Abs. 2, die auch gegenüber allen nicht-zugelassenen Mitarbeitern der Partei gilt, so dass eine Verwertung der geheimhaltungsbedürftigen Informationen und Weitergabe an den Arbeitgeber insgesamt unzulässig ist.[45] 27

b) Zuverlässigkeit. Bei dem Adjektiv **„zuverlässig"** handelt es sich um einen **unbestimmten Rechtsbegriff**. Die Beurteilung der „Zuverlässigkeit" der Teilnehmer der Parteien, seien es die Parteivertreter selbst oder deren Prozessvertreter, wird dem Gericht auferlegt. 28

Die ausdrückliche Bezugnahme auf die Zuverlässigkeit der Person oder der Personen verdeutlicht, dass die **Grundsätze des Anspruchs auf rechtliches Gehör** (Art. 103 Abs. 1 GG), das **Gebot des effektiven Rechtsschutzes** (Art. 19 Abs. 4 GG), ein **faires Verfahren** (Art. 20 Abs. 3 GG, Art. 6 EMRK) und das **berechtigte Interesse an der Geheimhaltung** (Art. 12, 14 GG) bei der Entscheidung über den Zugang zum Prozessstoff miteinander in Einklang gebracht werden müssen.[46] Das zuständige Gericht kann auf diese Weise im Einzelfall solchen Personen den Zugang zum Prozessstoff verwehren, die die vertrauliche Handhabung der als geheimhaltungsbedürftig eingestuften Informationen nicht gewährleisten können oder wollen.[47] 29

Das Erfordernis der Zuverlässigkeit ist erst mit den Änderungsvorschlägen des Rechtsausschusses in den Gesetzestext aufgenommen worden[48] und ist in der RL (EU) 2016/943 nicht vorgesehen, was aber dieser Regelung nicht entgegensteht, da Art. 9 Abs. 2 RL (EU) 2016/943 keine vollharmonisierenden Vorgaben enthält, so dass der deutsche Gesetzgeber bei der Umsetzung ins nationale Recht einen weitergehenden Schutz von Geschäftsgeheimnissen schaffen durfte (vgl. Art. 1 Abs. 1 UAbs. 1 RL (EU) 2016/943).[49] 30

Die antragstellende Partei sollte bereits im Antrag einen **Vorschlag** machen und die Personen benennen, die als zuverlässige Personen in Betracht kommen[50], sowohl für sich als auch – soweit möglich – für die gegnerische Seite (vgl. Erwägungsgrund 25 der RL (EU) 2016/943). Sofern die antragstellende Partei die Benennung von zuverlässigen Personen bei der Antragstellung unterlässt, sollte das Gericht insbesondere der von der Zugangsbeschränkung betroffenen Partei ein **Vorschlagsrecht** im Hinblick auf die Benennung der zuverlässigen Personen einräumen (vgl. Erwägungsgrund 25 der RL (EU) 2016/ 31

42 BeckOK GeschGehG/*Gregor* § 19 GeschGehG Rn. 29; vgl. OLG Düsseldorf 17.1.2017 BeckRS **2017** 156523.
43 Büscher/*McGuire* § 19 GeschGehG Rn. 1, 3; BeckOK GeschGehG/*Gregor* § 19 GeschGehG Rn. 7, 12; *Kalbfus* WRP **2019** 692, 696.
44 Büscher/*McGuire* § 19 GeschGehG Rn. 4.
45 BeckOK GeschGehG/*Gregor* § 19 GeschGehG Rn. 28.
46 BTDrucks. 19/8300, S. 15; Köhler/Bornkamm/Feddersen/*Alexander* § 19 GeschGehG Rn. 12; *Reinfeld* § 6 Rn. 69; *Zhu/Popp* GRUR **2020** 338, 339.
47 BTDrucks. 19/8300 S. 15; Köhler/Bornkamm/Feddersen/*Alexander* § 19 GeschGehG Rn. 12; *Reinfeld* § 6 Rn. 69.
48 BTDrucks. 19/8300 S. 15; Harte-Bavendamm/Ohly/Kalbfus/*Kalbfus* § 19 GeschGehG Rn. 29; *Reinfeld* § 6 Rn. 69.
49 Köhler/Bornkamm/Feddersen/*Alexander* § 19 GeschGehG Rn. 12.
50 Büscher/*McGuire* § 19 GeschGehG Rn. 18; Köhler/Bornkamm/Feddersen/*Alexander* § 19 GeschGehG Rn. 13; BeckOK GeschGehG/*Gregor* § 19 GeschGehG Rn. 30, 32; *Kalbfus* WRP **2019** 692, 697.

943).[51] In jedem Fall ist der Gegenseite vor der Entscheidung die Gelegenheit zur Stellungnahme zu geben, so dass diese gegebenenfalls Gründe vortragen kann, sofern berechtigte Zweifel an der Zuverlässigkeit der benannten Person(en) bestehen (vgl. § 20 Abs. 2).[52] Dabei sind die Personen namentlich und ihre Funktion sowie die Verbindung zu den Parteien konkret zu benennen.[53] Das Gericht hat im Anschluss die Vorschläge kritisch zu überprüfen.[54]

32 Die erforderliche Zuverlässigkeit besitzen Personen nicht, bei denen Tatsachen die Annahme rechtfertigen, dass sie nicht die Gewähr für die Beachtung der verfahrensrechtlichen Vertraulichkeit bieten. Dafür müssen **ernsthafte Anhaltspunkte** bestehen, wie etwa die Zugehörigkeit der benannten Person zur **Fach- und Forschungsabteilung** der gegnerischen Partei (also Mitarbeiter mit besonderer technischer Sachkunde, bei denen ein großes Risiko besteht, dass sie die geheimhaltungsbedürftigen Informationen möglicherweise zum Nachteil der offenlegenden Partei (nicht nachweisbar) verwerten)[55] oder bei nachweisbaren **Verstößen gegen Vertraulichkeitsvereinbarungen/-tatbestände** in der Vergangenheit bzw. einschlägigen strafrechtlichen Verurteilungen oder laufenden Ermittlungsverfahren[56].

33 Dagegen reichen **bloße Mutmaßungen und Spekulationen** ohne naheliegende Verdachtsmomente nicht aus.[57] Gegen die Zuverlässigkeit der Person spricht auch nicht, dass eine andere als die benannte Person aus der Sicht der Gegenseite **besser geeignet** erscheint.[58]

34 Sofern **erhebliche Zweifel** an der Zuverlässigkeit der **Mehrheit der Mitarbeiter** der Gegenseite bestehen, sind nur ein oder zwei bestimmte Personen zuzulassen, bei denen am ehesten davon auszugehen ist, dass diese die Verschwiegenheitsverpflichtung beachten, wobei hier auch eine Beschränkung auf die **Inhouse-Juristen/Syndikusanwälte** der Partei in Betracht kommt.[59]

35 Letztlich müssen auf beiden Seiten nach Art eines ***„confidentiality clubs"*** sog. ***„clean teams"*** gebildet werden, die Zugang zu den geheimhaltungsbedürftigen Informationen erhalten (***„independent agents"*** scheiden insoweit aufgrund des Wortlauts des GeschGehG und der Richtlinie aus: „mindestens einer natürliche Person jeder Partei").[60] Diese sollten aber nicht zwingend nur aus fachfremden Mitarbeitern oder Anwälten bestehen, da andernfalls die Gefahr besteht, dass die geheimhaltungsbedürftigen Informationen nur unzureichend besprochen werden können.[61]

---

51 Harte-Bavendamm/Ohly/Kalbfus/*Kalbfus* § 19 GeschGehG Rn. 28; Köhler/Bornkamm/Feddersen/*Alexander* § 19 GeschGehG Rn. 13; BeckOK GeschGehG/*Gregor* § 19 GeschGehG Rn. 32; *Kalbfus* WRP **2019** 692, 697.
52 Harte-Bavendamm/Ohly/Kalbfus/*Kalbfus* § 19 GeschGehG Rn. 29; Köhler/Bornkamm/Feddersen/*Alexander* § 19 GeschGehG Rn. 13; BeckOK GeschGehG/*Gregor* § 19 GeschGehG Rn. 32.
53 BeckOK GeschGehG/*Gregor* § 19 GeschGehG Rn. 31; *Kalbfus/Harte-Bavendamm* GRUR **2014** 453, 456.
54 *Kalbfus* WRP **2019** 692, 697.
55 Harte-Bavendamm/Ohly/Kalbfus/*Kalbfus* § 19 GeschGehG Rn. 29; Köhler/Bornkamm/Feddersen/*Alexander* § 19 GeschGehG Rn. 13; BeckOK GeschGehG/*Gregor* § 19 GeschGehG Rn. 31; *Zhu/Popp* GRUR **2020** 338, 339; vgl. Büscher/*McGuire* GeschGehG § 19 Rn. 21; *Schregle* GRUR **2019** 912, 915; *Schlingloff* WRP **2018** 666, 670; *Hauck* NJW **2016** 2218, 2223; **a. A.** *Hoppe/Oldekop/Pichlmaier* Kap. 3 Rn. 204.
56 BeckOK GeschGehG/*Gregor* § 19 GeschGehG Rn. 32; *Hoppe/Oldekop/Pichlmaier* Kap. 3 Rn. 204; vgl. BGH 16.11.2009 GRUR **2010** 318, 321 (Rn. 31).
57 Köhler/Bornkamm/Feddersen/*Alexander* § 19 GeschGehG Rn. 13.
58 Köhler/Bornkamm/Feddersen/*Alexander* § 19 GeschGehG Rn. 13.
59 Harte-Bavendamm/Ohly/Kalbfus/*Kalbfus* § 19 GeschGehG Rn. 29; BeckOK GeschGehG/*Gregor* § 19 GeschGehG Rn. 32; *Zhu/Popp* GRUR **2020** 338, 339; *Kalbfus/Harte-Bavendamm* GRUR **2014** 453, 456.
60 Harte-Bavendamm/Ohly/Kalbfus/*Kalbfus* GeschGehG § 19 Rn. 30; BeckOK GeschGehG/*Gregor* § 19 GeschGehG Rn. 31; *Ann/Hauck/Maute* Rn. 418; *Götz* 170 f.; *Zhu/Popp* GRUR **2020** 338, 339; *Kalbfus* WRP **2019** 692, 697; *Schregle* GRUR **2019** 912, 915; *Dumont* BB **2018** 2441, 2445; *Gärtner/Goßler* Mitt. **2018** 204, 207 f.; *Schlingloff* WRP **2018** 666, 670; *Hauck* GRUR-Prax **2017** 118, 119; *Hauck* NJW **2016** 2218, 2223; *Besen/Gronemeyer* CCZ **2009** 67, 70; vgl. Harte-Bavendamm/Ohly/Kalbfus/*Kalbfus* Vor. §§ 16–20 GeschGehG Rn. 9; *Winzer* 223 ff.
61 **A. A.** wohl BeckOK GeschGehG/*Gregor* § 19 GeschGehG Rn. 31.

In jedem Fall sind aber bei der Einschränkung des Personenkreises die **Mindestanforderungen** gemäß § 19 Abs. 1 Satz 3 zu berücksichtigen, wonach jeweils mindestens einer natürlichen Person jeder Partei und ihren Prozessvertretern oder sonstigen Vertretern der Zugang gewährt werden muss.[62] 36

Unter die **„sonstigen Vertreter“** fallen insbesondere **Patentanwälte** (vgl. auch § 3 Abs. 3 Nr. 1, 4 Abs. 2 PAO). 37

2. Zugang zu Dokumenten (§ 19 Abs. 1 Satz 1 Nr. 1). Gemäß § 19 Abs. 1 Satz 1 Nr. 1 kann das Gericht den Personenkreis auf eine bestimmte Anzahl von zuverlässigen Personen beschränken, die **Zugang zu von den Parteien oder Dritten vorgelegten Dokumenten** erhält, die (angebliche) Geschäftsgeheimnisse enthalten. Mithin beschränkt § 19 Abs. 1 Satz 1 Nr. 1 den Zugang zu eingereichten oder vorgelegten Dokumenten, die deren Informationen als geheimhaltungsbedürftig eingestuft worden sind, auf bestimmte Personen. Damit ist § 19 Abs. 1 Satz 1 Nr. 1 weitreichender als § 16 Abs. 1, wonach die streitgegenständlichen Informationen lediglich ganz oder teilweise als geheimhaltungsbedürftig eingestuft und entsprechend gekennzeichnet werden.[63] 38

Durch die Einstufung einer Information als geheimhaltungsbedürftig gemäß § 16 Abs. 1 wird die Pflicht zur Wahrung der Vertraulichkeit begründet (§ 16 Abs. 2), wohingegen § 19 Abs. 1 Satz 1 Nr. 1 den Zugang zu den eingereichten oder vorgelegten Dokumenten, die Geschäftsgeheimnisse enthalten können, von vornherein beschränkt.[64] Unter den **Begriff der „Dokumente“** fallen insbesondere **Schriftsätze, Verträge, Bilder/Fotografien, Schriftstücke, (technische) Zeichnungen, Konstruktionszeichnungen, Formeln, Korrespondenz zwischen Personen (z.B. E-Mails), Vermerke, Kundenlisten oder sonstige Unterlagen.**[65] Die entsprechenden Dokumente sind von der Partei, die die Geheimhaltungsbedürftigkeit geltend macht, **konkret zu bezeichnen**, zumindest soweit es ihr möglich ist.[66] Da die Dokumente aber regelmäßig aus ihrer Sphäre stammen, wird eine genaue Identifizierung und Bezeichnung möglich sein. 39

§ 19 Abs. 1 Satz 1 Nr. 1 beschränkt nicht den Kreis der **Mitarbeiter an dem zuständigen Gericht**, der Zugang zu den Gerichtsakten hat, so dass insbesondere mit Blick auf wechselnde **Richter**, Mitarbeiter in der **Geschäftsstelle** oder dem Gericht zu Ausbildungszwecken zugewiesene **Referendare** keine Abweichungen zur bisherigen Rechtslage bestehen (vgl. Erwägungsgrund 25 der RL (EU) 2016/943).[67] Außerdem gilt die Zugangsbeschränkung gemäß § 19 Abs. 1 Satz 1 Nr. 1 nur für solche Dokumente, die die Parteien oder Dritte (etwa ein Sachverständiger) eingereicht oder vorgelegt haben, nicht aber für vom Gericht selbst hergestellte Dokumente wie etwa dem Protokoll der mündlichen Verhandlung.[68] Derartige Dokumente unterfallen jedoch dem Schutz von § 16 Abs. 1 sowie § 19 Abs. 1 Satz 1 Nr. 2.[69] 40

---

62 Köhler/Bornkamm/Feddersen/*Alexander* § 19 GeschGehG Rn. 14.
63 BTDrucks. 19/4724 S. 36f.; *Reinfeld* § 6 Rn. 70.
64 Köhler/Bornkamm/Feddersen/*Alexander* § 19 GeschGehG Rn. 15; *Reinfeld* § 6 Rn. 68.
65 Harte-Bavendamm/Ohly/Kalbfus/*Kalbfus* § 19 GeschGehG Rn. 35; Büscher/*McGuire* § 19 GeschGehG Rn. 9; Köhler/Bornkamm/Feddersen/*Alexander* § 19 GeschGehG Rn. 15; BeckOK GeschGehG/*Gregor* § 19 GeschGehG Rn. 21; *Hoppe/Oldekop/Pichlmaier* Kap. 3 Rn. 209; vgl. Fitzner/Lutz/Bodewig/*Voß* Vor. §§ 139–142b PatG Rn. 140.
66 Büscher/*McGuire* § 19 GeschGehG Rn. 9.
67 BTDrucks. 19/4724 S. 37; Harte-Bavendamm/Ohly/Kalbfus/*Kalbfus* Vor. §§ 16–20 GeschGehG Rn. 32, § 19 Rn. 33; *Reinfeld* § 6 Rn. 71; *Kalbfus* WRP **2019** 692, 698; vgl. *Baranowski/Glaßl* BB **2016** 2563, 2568.
68 BTDrucks. 19/4724 S. 37; Köhler/Bornkamm/Feddersen/*Alexander* § 19 GeschGehG Rn. 16.
69 BTDrucks. 19/4724 S. 37; Köhler/Bornkamm/Feddersen/*Alexander* § 19 GeschGehG Rn. 16.

41 Ein Verfahren, bei dem die Geschäftsgeheimnisse neben der gegnerischen Partei und der Öffentlichkeit auch dem Gericht vorenthalten bleiben (sog. **„BlackBox"-Verfahren**), sind gesetzlich nicht angelegt und auch nicht vom deutschen sowie europäischen Gesetzgeber gewollt.[70]

42 Die Regelung gemäß § 19 Abs. 1 Satz 1 Nr. 1 war erforderlich, da die §§ 172ff. GVG den Zugang zu Dokumenten unberührt lassen, insbesondere zu **lediglich schriftsätzlich vorgetragenen Geschäftsgeheimnissen.**[71] Die §§ 172ff. GVG beschränken sich nämlich nur auf Betriebs- und Geschäftsgeheimnisse, die im Rahmen der mündlichen Verhandlung erörtert werden. Vor dem Hintergrund der wichtigen Bedeutung des schriftlichen Vorverfahrens in zivilgerichtlichen Verfahren weist der Schutz über die §§ 172ff. GVG also erhebliche Lücken auf.

43 **3. Ausschluss von der mündlichen Verhandlung (§ 19 Abs. 1 Satz 1 Nr. 2).** § 19 Abs. 1 Satz 1 Nr. 2 sieht vor, dass die **Teilnahme an der mündlichen Verhandlung**, bei der die Möglichkeit besteht, dass Geschäftsgeheimnisse offengelegt werden könnten, sowie der Zugang zu der Aufzeichnung oder dem Protokoll der mündlichen Verhandlung auf eine bestimmte Anzahl von zuverlässigen Personen beschränkt werden kann. Der Zweck dieser Regelung ist, dass die geheimhaltungsbedürftigen Informationen im Rahmen der (notwendigen) Erörterungen in der mündlichen Verhandlung nicht offenbart werden und auf diese Weise nicht der gegnerischen Partei sowie anderen unberechtigten Dritten zur Kenntnis gelangen.[72] Da Protokolle von mündlichen Verhandlungen regelmäßig die Inhalte der mündlichen Verhandlung grob wiedergeben und insoweit mithin auch geheimhaltungsbedürftige Informationen wiedergegeben werden könnten, erstreckt sich die Zugangsbeschränkung gemäß § 19 Abs. 1 Satz 1 Nr. 2 auch auf die **Aufzeichnung oder das Protokoll der mündlichen Verhandlung.**[73]

44 Diese Regelung war erforderlich, da ein vergleichbarer Schutz nach bisheriger Rechtslage nicht gewährleistet werden konnte. Das Gericht kann zwar zum Schutz von Geschäftsgeheimnissen die Öffentlichkeit von der mündlichen Verhandlung gemäß §§ 174 Abs. 1, 172 Nr. 2 GVG bzw. im arbeitsgerichtlichen Verfahren nach § 52 Satz 2 ArbGG ausschließen.[74] Allerding setzt § 172 Nr. 2 GVG voraus, dass es sich um ein „wichtiges" Geschäftsgeheimnis handelt, dessen öffentliche Erörterung überwiegende schutzwürdige Interessen verletzen würde, und die Anordnungen gemäß § 172 Nr. 2 GVG und § 52 Satz 2 ArbGG stehen im Ermessen des Gerichts („kann").[75] Schließlich erlauben beide Regelungen nur den Ausschluss der Öffentlichkeit, nicht jedoch eine Begrenzung des Personenkreises bezüglich der Parteien bzw. den vollständigen Parteiausschluss, insbesondere der

---

70 Harte-Bavendamm/Ohly/Kalbfus/*Kalbfus* Vor. §§ 16–20 GeschGehG Rn. 32, § 19 Rn. 3; BeckOK GeschGehG/*Gregor* § 19 GeschGehG Rn. 3f.; *Kalbfus* WRP **2019** 692, 698; *Schlingloff* WRP **2018** 666, 668; *Baranowski/Glaßl* BB **2016** 2563, 2568; *McGuire* GRUR **2015** 424, 430; vgl. BGH 12.11.1991 NJW **1992** 1817, 1819.

71 BTDrucks. 19/4724 S. 37; *Reinfeld* § 6 Rn. 71; *Schregle* GRUR **2019** 912, 914; *Druschel/Jauch* BB **2018** 1218, 1219; *Ann* GRUR-Prax **2016** 465, 467; *Redeker/Pres/Gittinger* WRP **2015** 812, 814; *Lachmann* NJW **1987** 2206, 2208.

72 Köhler/Bornkamm/Feddersen/*Alexander* § 19 GeschGehG Rn. 17; BeckOK GeschGehG/*Gregor* § 19 GeschGehG Rn. 23; *Reinfeld* § 6 Rn. 72; Krüger/Wiencke/Koch GRUR **2020** 578, 583.

73 Harte-Bavendamm/Ohly/Kalbfus/*Kalbfus* § 19 GeschGehG Rn. 36ff.; Köhler/Bornkamm/Feddersen/*Alexander* § 19 GeschGehG Rn. 17; BeckOK GeschGehG/*Gregor* § 19 GeschGehG Rn. 23.

74 BTDrucks. 19/4724 S. 37; Zöller/*Lückemann* § 172 GVG Rn. 8; MüKo ZPO/*Zimmermann* § 172 GVG Rn. 8; *Reinfeld* § 6 Rn. 73.

75 BTDrucks. 19/4724 S. 37; Zöller/*Lückemann* § 172 GVG Rn. 1, 8, 15; MüKo ZPO/*Zimmermann* § 172 GVG Rn. 1, 8, 13f.; *Hoppe/Oldekop/Pichlmaier* Kap. 3 Rn. 211; *Rojahn* FS Loewenheim (2009) 251, 257f.; *Schlingloff* WRP **2018** 666, 667; *Hauck* NJW **2016** 2218, 2222; *Rauer/Eckert* DB **2016** 1239, 1243; *McGuire* GRUR **2015** 424, 428.

gegnerischen Partei im Falle der Offenlegung von Geschäftsgeheimnissen.[76] Das Gericht kann lediglich nach eigenem Ermessen im Falle eines Ausschlusses gemäß §§ 174 Abs. 3, 172 Nr. 2 GVG den verbleibenden Personen eine strafbewehrte Geheimhaltungsverpflichtung (§ 353d StGB) hinsichtlich solcher Tatsachen auferlegen, die im Rahmen des nichtöffentlichen Teils der mündlichen Verhandlung erörtert worden sind.

Im Vergleich zu § 19 Abs. 1 Satz 1 Nr. 1 enthält § 19 Abs. 1 Satz 1 Nr. 2 **verschärftere/eingriffsintensivere Maßnahmen**, da Zugangsbeschränkungen zur **mündlichen Verhandlung**, die das **Kernstück des Prozesses** bildet, besonders stark in die prozessualen Rechte der Parteien eingreifen, denn die mündliche Verhandlung ist regelmäßig die letzte Möglichkeit, das Gericht von seiner Argumentation zu überzeugen (vgl. § 128 ZPO).[77] 45

Trotz der alternativen Formulierung von § 19 Abs. 1 Satz 1 Nr. 1 und § 19 Abs. 1 Satz 1 Nr. 2 („oder") stehen die beiden Maßnahmen nicht in einem Alternativitätsverhältnis zueinander, sondern sind miteinander **kombinierbar**.[78] Alles andere wäre ersichtlich sachwidrig und nicht vom Gesetzgeber gewollt. Mithin kann neben dem Zugang zu Dokumenten, die geheimhaltungsbedürftige Informationen enthalten, gleichzeitig auch der Zugang zur mündlichen Verhandlung sowie dem zugehörigen Verhandlungsprotokoll oder einer entsprechenden Aufzeichnung der mündlichen Verhandlung beschränkt werden. 46

Die Erstreckung des Schutzes gemäß § 19 Abs. 1 Satz 1 Nr. 2 über die mündliche Verhandlung hinaus auf die **Dokumentation der mündlichen Verhandlung**, also die Aufzeichnung oder das Protokoll, ist zielführend, da andernfalls die Umgehung der Schutzwirkung der Zugangsbeschränkung zur mündlichen Verhandlung gemäß § 19 Abs. 1 Satz 1 Nr. 2 droht, indem sich eine Person bei der Durchsicht der Aufzeichnung oder des Protokolls Kenntnisse von den als geheimhaltungsbedürftig eingestuften Informationen verschafft.[79] Dies ist auch bedeutsam für die zur mündlichen Verhandlung zugelassenen Personen. Sofern sie sich Notizen von der mündlichen Verhandlung machen und diese Notizen Rückschlüsse auf die als geheimhaltungsbedürftig eingestuften Informationen erlauben, müssen die Personen dafür Sorge tragen, dass Dritte keine Einsicht in diese Notizen erhalten können. Idealerweise sind die Notizen umgehend nach der mündlichen Verhandlung unwiederbringlich zu vernichten, zumindest aber so zu archivieren, dass Dritte darauf nicht zugreifen können (etwa in einem speziell gekennzeichneten Ordner, der in einem verschlossenen Aktenschrank im Büro der Person aufbewahrt wird, die die Notizen angefertigt hat). In jedem Falle muss die Möglichkeit der Einsichtnahme durch Dritte unterbunden werden. 47

Im Hinblick auf § 19 Abs. 1 Satz 1 Nr. 2 ist es unerheblich, in welcher **technischen Form** die Aufzeichnung oder das Protokoll der mündlichen Verhandlung erfolgt ist, so 48

---

76 BTDrucks. 19/4724 S. 37; Zöller/*Lückemann* § 172 GVG Rn. 1f.; MüKo ZPO/*Zimmermann* § 172 GVG Rn. 1, 13f.; *Hoppe/Oldekop/Pichlmaier* Kap. 3 Rn. 1f.; *Reinfeld* § 6 Rn. 73; *Ohly* GRUR **2019** 441, 449; *Schregle* GRUR **2019** 912, 912, 914; *Druschel/Jauch* BB **2018** 1218, 1219, 1222; *Hauck* GRUR-Prax **2017** 118, 119; *Ann* GRUR-Prax **2016** 465, 467; *Hauck* NJW **2016** 2218, 2222; *Lejeune* CR **2016** 330, 335; *Rauer/Eckert* DB **2016** 1239, 1243; vgl. Fitzner/Lutz/Bodewig/*Voß* Vor §§ 139–142b PatG Rn. 141.

77 Büscher/*McGuire* § 19 GeschGehG Rn. 10; Köhler/Bornkamm/Feddersen/*Alexander* § 19 GeschGehG Rn. 18; BeckOK GeschGehG/*Gregor* § 19 GeschGehG Rn. 23.

78 Harte-Bavendamm/Ohly/Kalbfus/*Kalbfus* § 19 GeschGehG Rn. 34; Köhler/Bornkamm/Feddersen/*Alexander* § 19 GeschGehG Rn. 19; BeckOK GeschGehG/*Gregor* § 19 GeschGehG Rn. 25.

79 Büscher/*McGuire* § 19 GeschGehG Rn. 12; Köhler/Bornkamm/Feddersen/*Alexander* § 19 GeschGehG Rn. 20.

dass alle Aufzeichnungsformen erfasst sind (z.B. Papier, Tonbandgerät, digitales Textdokument oder Sprachsoftware).[80]

49 Die Beschränkung gemäß § 19 Abs. 1 Satz 1 Nr. 2 gilt auch für die **Urteilsverkündung**[81], muss jedoch ausdrücklich vom Gericht angeordnet werden (§ 19 Abs. 1 Satz 4). Dies ergibt sich aus dem Sinn und Zweck von § 19 Abs. 1 Satz 1 Nr. 2, der einen umfassenden Schutz vor der Offenlegung von Geschäftsgeheimnissen erreichen möchte. Schließlich spricht dafür auch § 19 Abs. 2 Nr. 1 in der Gesamtschau mit § 173 Abs. 2 GVG i.V.m. § 172 Nr. 2 GVG sowie § 52 Satz 4 ArbGG, wonach mittels besonderen Beschlusses auch für die Verkündung der Entscheidungsgründe oder eines Teiles davon die Öffentlichkeit ausgeschlossen werden kann.

50 **4. Interessenabwägung (§ 19 Abs. 1 Satz 2).** Nach § 19 Abs. 1 Satz 2 darf die Beschränkung des Personenkreises nur erfolgen, wenn nach der **Abwägung aller Umstände des Einzelfalls** das geltend gemachte Geheimhaltungsinteresse das Interesse der Beteiligten auf rechtliches Gehör (Art. 103 Abs. 1 GG) überwiegt, insbesondere unter Beachtung des Rechts auf effektiven Rechtsschutz (Art. 19 Abs. 4 GG) und des Rechts auf ein faires Verfahren (Art. 6 EMRK, Art. 47 GRCh, Art. 20 Abs. 3 GG). Dabei darf die Beschränkung des Personenkreises, der von den Zugangsbeschränkungen gemäß § 19 Abs. 1 Satz 1 betroffen ist, nur insoweit erfolgen, als dies zum Schutz des Geschäftsgeheimnisses erforderlich ist.[82] Diese Vorgaben haben für das Gericht einen entscheidungslenkenden Charakter[83], werden aber zu einem erheblichen Aufwand für das Gericht und die Parteien führen.[84] Grundsätzlich sind aber umfassende Geheimhaltungsmaßnahmen anzuordnen, die dann in der nachträglichen Anhörung gegebenenfalls korrigiert werden können (vgl. § 20 Abs. 2).[85]

51 Wegen der gemäß § 19 Abs. 1 Satz 2 zwingend vorzunehmenden Interessenabwägung im Einzelfall stehen die **Maßnahmen** zum Geheimnisschutz gemäß § 19 Abs. 1 **nicht *per se* in allen Geheimnisschutzstreitsachen** zu Verfügung, sondern nur dann, wenn das geltend gemachte Geheimhaltungsinteresse die Interessen der Beteiligten (insbesondere die durch die Verfahrensgrundrechte geschützten Interessen) überwiegt (vgl. auch Art. 9 Abs. 3 RL (EU) 2016/943 sowie Erwägungsgrund 25 der RL (EU) 2016/943).[86] Mithin wird den Verfahrensgrundrechten der Beteiligten pauschal der Vorrang vor dem Geheimhaltungsinteresse des Geheimnisinhabers und dessen Recht auf effektiven Rechtsschutz eingeräumt.[87] Dabei ist auch zu berücksichtigen, dass bereits die Geheimhaltungsverpflichtung nach § 16 Abs. 2 besteht, so dass weitergehende Beschränkungen

---

80 Köhler/Bornkamm/Feddersen/*Alexander* § 19 GeschGehG Rn. 20; *Hoppe/Oldekop/Pichlmaier* Kap. 3 Rn. 209.

81 Vgl. Germelmann/Matthes/Prütting/*Germelmann/Künzl* § 52 ArbGG Rn. 7; *McGuire* GRUR **2015** 424, 434; **a. A.** BeckOK GeschGehG/*Gregor* § 19 GeschGehG Rn. 24.

82 BTDrucks. 19/4724 S. 37; Köhler/Bornkamm/Feddersen/*Alexander* § 19 GeschGehG Rn. 26.

83 Köhler/Bornkamm/Feddersen/*Alexander* § 19 GeschGehG Rn. 26.

84 Büscher/*McGuire* § 19 GeschGehG Rn. 4; Cepl/Voß/*Rinken* § 285 ZPO Rn. 28; *Hauck* NJW **2016** 2218, 2223; vgl. *Koós* MMR **2016** 224, 228.

85 BTDrucks. 19/4724 S. 38; *Voigt/Herrmann/Grabenschröer* BB **2019** 142, 144.

86 Büscher/*McGuire* § 19 GeschGehG Rn. 3, 5; BeckOK GeschGehG/*Gregor* § 19 GeschGehG Rn. 12; *Reinfeld* § 6 Rn. 76; *Apel/Walling* DB **2019** 891, 898; *Dann/Markgraf* NJW **2019** 1774, 1778; *Ernst* MDR **2019** 897, 902; *Kalbfus* WRP **2019** 692, 697; *Ohly* GRUR **2019** 441, 450; *Semrau-Brandt* GRUR-Prax **2019** 127, 128; *Gärtner/Goßler* Mitt. **2018** 204, 208; *McGuire* GRUR **2016** 1000, 1007.

87 Büscher/*McGuire* § 19 GeschGehG Rn. 3; BeckOK GeschGehG/*Gregor* § 19 GeschGehG Rn. 1; vgl. Fitzner/Lutz/Bodewig/*Voß* Vor. §§ 139–142b PatG Rn. 141.

nur anzuordnen sind, wenn zu befürchten ist, dass diese Geheimhaltungsverpflichtung nicht ausreicht.[88]

Wenngleich der Gesetzgeber in § 19 Abs. 1 Satz 2 die abwägungsrelevanten **Verfahrensgrundrechte** (rechtliches Gehör, effektiver Rechtsschutz, faires Verfahren) aufgrund ihrer besonderen Bedeutung hervorgehoben hat (vgl. Art. 6 EMRK; Art. 47 GRCh; Art. 19 Abs. 4, 20 Abs. 3, 103 Abs. 1 GG), können auch **andere Umstände** im Rahmen der Interessenabwägung berücksichtigt werden.[89] Nach Art. 9 Abs. 3 RL (EU) 2016/943 hat das zuständige Gericht bei der Entscheidung über die Maßnahmen gemäß § 19 Abs. 1 Satz 1 und der Beurteilung ihrer Verhältnismäßigkeit die Notwendigkeit, das Recht auf einen wirksamen Rechtsbehelf und ein faires Verfahren zu gewährleisten, die **legitimen Interessen der Parteien und gegebenenfalls etwaiger Dritter** sowie den **möglichen Schaden**, der einer der Parteien und gegebenenfalls etwaigen Dritten durch die Gewährung oder Ablehnung dieser Maßnahmen entstehen kann, zu berücksichtigen. 52

Überraschend ist jedoch, dass § 19 Abs. 1 Satz 2 auf die Verfahrensgrundrechte der „Beteiligten" abstellt und nicht auf die des Beklagten bzw. Antragsgegners, da auf diese Weise ein Antrag auf Geheimhaltung gemäß § 19 Abs. 1 auch dann abgelehnt werden kann, wenn das Recht des Klägers bzw. Antragstellers auf effektiven Rechtsschutz und ein faires Verfahren dies erfordert.[90] Diese Art der Bevormundung der Parteien ist nicht zielführend, da sie auf ihren Anspruch auf rechtliches Gehör verzichten können[91] und mithin auch ihre eigene Teilnahmeberechtigung an der mündlichen Verhandlung beschränken dürfen, indem sie ausdrücklich darauf verzichten.[92] Vielmehr geht es um die Abwägung der Geheimhaltungsinteressen der antragstellenden Partei und ihr Recht auf effektiven Rechtsschutz mit dem Recht der gegnerischen Partei auf rechtliches Gehör, auf effektiven Rechtsschutz und ein faires Verfahren.[93] Im Zuge dieser Abwägungsfragen ist insbesondere auf die umfassende Rechtsprechung zum Düsseldorfer Besichtigungsverfahren (vgl. Kommentierung zu § 8 Rn. 68ff., Kommentierung zu Vor §§ 15–22 Rn. 42ff., 60ff. und Kommentierung zu § 16 Rn. 34ff.) zurückgreifen, wo eine gleichgelagerte Interessenabwägung im Rahmen der Aushändigung des Sachverständigengutachtens an den Patentinhaber als Besichtigungsgläubiger vorgenommen wird.[94] 53

Mögliche **Abwägungskriterien** sind etwa (i) der Wert des Geschäftsgeheimnisses, (ii) die Erfolgsaussichten der Klage bzw. des Antrags[95], (iii) die Schwere des Vorwurfs der Geheimnisverletzung[96], (iv) die Größe des kenntniserlangenden Personenkreises, (v) das prozessuale und vorprozessuale Verhalten der gegnerischen Partei[97] und (vi) die Erforder- 54

88 BeckOK GeschGehG/*Gregor* § 19 GeschGehG Rn. 7, 12.
89 Harte-Bavendamm/Ohly/Kalbfus/*Kalbfus* § 19 GeschGehG Rn. 21; Köhler/Bornkamm/Feddersen/*Alexander* § 19 GeschGehG Rn. 27; *Hoppe/Oldekop/Pichlmaier* Kap. 3 Rn. 223; *Kalbfus* WRP **2019** 692, 697; vgl. *Koós* MMR **2016** 224, 227.
90 Büscher/*McGuire* § 19 GeschGehG Rn. 15; BeckOK GeschGehG/*Gregor* § 19 GeschGehG Rn. 13.
91 BGH 19.2.2014 GRUR **2014** 578, 578 – Umweltengel auf Tragetasche.
92 Büscher/*McGuire* § 19 GeschGehG Rn. 15; BeckOK GeschGehG/*Gregor* § 19 GeschGehG Rn. 13; *Kühnen* Kap. B. Rn. 113; *Kuta* 198ff.; *Kühnen* GRUR **2005** 185, 190f.
93 BeckOK GeschGehG/*Gregor* § 19 GeschGehG Rn. 14.
94 BeckOK GeschGehG/*Gregor* § 19 GeschGehG Rn. 14; *Kühnen* Kap. B. Rn. 137ff.; *Kuta* 240ff.; *Deichfuß* GRUR **2015** 436, 439ff.; *Kühnen* GRUR **2005** 185, 191ff.
95 Vgl. OLG Düsseldorf 19.9.2007 InstGE 8, 186, 191 – Klinkerriemchen II; OLG Düsseldorf 9.3.2006 InstGE 6, 189, 190 – Walzen-Formgebungsmaschine I; *Kühnen* Kap. B. Rn. 138; *Kuta* 265ff.; *Kühnen* GRUR **2005** 185, 192.
96 Vgl. BGH 1.8.2006 GRUR **2006** 962, 966f. – Restschadstoffentfernung; *Götz* 144ff.
97 Vgl. BGH 16.11.2009 GRUR **2010** 318, 321 – Lichtbogenschnürung; BGH 19.2.2014 GRUR **2014** 578, 580 (Rn. 27) – Umweltengel auf Tragetasche.

lichkeit und der Umfang der Beschränkungen und bestehende alternative Schutzmöglichkeiten[98], wobei hier auch § 19 Abs. 1 Satz 4 zum Tragen kommt.[99] Dabei hat der Gesetzgeber über die Festlegung der Mindestanzahl der teilnehmenden Personen in § 19 Abs. 1 Satz 3 bereits gesetzlich eine Mindestabsicherung verankert, so dass mit Blick auf den Sinn und Zweck der §§ 16, 19 ein zurückhaltender Gebrauch der Beschränkungen gemäß § 19 nicht angezeigt ist.[100] Dies gilt insbesondere in den Fällen, in denen das Bestehen eines Geschäftsgeheimnisses ausreichend glaubhaft gemacht worden ist und ernsthaft zu befürchten ist, dass die geheimhaltungsbedürftigen Informationen nicht ausreichend über § 16 Abs. 2 geschützt werden.[101]

55 **5. Personenkreis (§ 19 Abs. 1 Satz 3).** Nach § 19 Abs. 1 Satz 3 ist mindestens einer natürlichen Person jeder Partei und ihren Prozessvertretern oder sonstigen Vertretern der Zugang zu gewähren. Damit legt § 19 Abs. 1 Satz 3 eine Untergrenze für die personelle Zugangsbeschränkung gemäß § 19 Abs. 1 Satz 1 fest und stellt sicher, dass jede Partei ausreichendes rechtliches Gehör erhält und ein faires Verfahren gewährleistet wird.[102]

56 Die Beschränkung auf eine natürliche Person jeder Partei und deren Prozessvertreter ist aber als **Untergrenze** zu verstehen und nur in Ausnahmefällen anzuordnen, insbesondere wenn die Zuverlässigkeit der Personen einer Partei offensichtlich nicht gegeben ist oder wenn es zur Wahrung von Geschäftsgeheimnissen unumgänglich ist (vgl. § 19 Abs. 1 Satz 2).[103] Jedenfalls ist aber eine Zugangsbeschränkung allein auf die Parteivertreter oder allein auf die Prozessvertreter ausgeschlossen.[104] Zu berücksichtigen ist, dass das Zugangsrecht der Prozessvertreter und sonstigen Vertreter (z. B. Patentanwälte) grundsätzlich nicht auf mindestens eine natürliche Person beschränkt ist, was auch sinnvoll ist, da in der Praxis gewährleistet sein muss, dass auch Teams, die aus mehreren Anwälten und Assistenten bestehen, sinnvoll zusammenarbeiten können.[105] Im Hinblick auf eine **Obergrenze** ist jedoch Art. 9 Abs. 2 UAbs. 3 RL (EU) 2016/943 zu berücksichtigen, wonach die Anzahl der Personen nicht größer sein darf als es zur Wahrung des Rechts der Verfahrensparteien auf einen wirksamen Rechtsbehelf und ein faires Verfahren erforderlich ist. Mithin darf auch die Anzahl der Prozessvertreter und sonstigen Vertreter beschränkt werden.

57 Die Formulierung „eine natürliche Person jeder Partei" enthält auch keine Beschränkung im Hinblick auf die **Fachkenntnisse** dieser Person, so dass nicht nur fachfremde Personen bzw. Personengruppen erfasst sind, die mangels technischer Sachkunde die geheimhaltungsbedürftigen Informationen nicht für die von ihr repräsentierte Partei verwerten kann.[106] Vielmehr darf die Partei auch einen fachkundigen, mit dem Streit-

---

98 Vgl. BGH 1.8.2006 GRUR **2006** 962, 966 f. – Restschadstoffentfernung.

99 Harte-Bavendamm/Ohly/Kalbfus/*Kalbfus* § 19 GeschGehG Rn. 22 f.; BeckOK GeschGehG/*Gregor* § 19 GeschGehG Rn. 15; *Kühnen* Kap. B. Rn. 137 ff.; *Kuta* 255 ff.; *Kühnen* GRUR **2005** 185, 191 ff.; vgl. *Götz* 142 ff.; *Koós* MMR **2016** 224, 227.

100 BeckOK GeschGehG/*Gregor* § 19 GeschGehG Rn. 16; *Hoppe/Oldekop/Pichlmaier* Kap. 3 Rn. 203.

101 BeckOK GeschGehG/*Gregor* § 19 GeschGehG Rn. 16.

102 BTDrucks. 19/4724 S. 37; Köhler/Bornkamm/Feddersen/*Alexander* § 19 GeschGehG Rn. 28; BeckOK GeschGehG/*Gregor* § 19 GeschGehG Rn. 27; *Reinfeld* § 6 Rn. 74; *Kühnen* GRUR **2020** 576, 576; *Zhu/Popp* GRUR **2020** 338, 339.

103 Harte-Bavendamm/Ohly/Kalbfus/*Kalbfus* § 19 GeschGehG Rn. 27; *Reinfeld* § 6 Rn. 75.

104 Cepl/Voß/*Rinken* § 285 ZPO Rn. 27; *Kühnen* GRUR **2020** 576, 576; *Hauck* NJW **2016** 2218, 2223.

105 Harte-Bavendamm/Ohly/Kalbfus/*Kalbfus* Vor. §§ 16–20 GeschGehG Rn. 33, § 19 GeschGehG Rn. 31 f.; *Kalbfus* WRP **2019**, 692, 698; *Keller* GRUR **2018** 706, 708; *Würtenberger/Freischem* GRUR **2018** 708, 712.

106 Cepl/Voß/*Rinken* § 285 ZPO Rn. 27; *Ann/Hauck/Maute* Rn. 418; *Götz* 170 f.; *Hauck* NJW **2016** 2218, 2223; vgl. *Besen/Gronemeyer* CCZ **2009** 67, 70.

gegenstand versierten Vertreter entsenden, da Bedenken im Hinblick auf die Verschwiegenheit der Person im Rahmen des Kriteriums der „Zuverlässigkeit" der entsprechenden Person berücksichtigt werden können (vgl. Rn. 28 ff.).

Der Gesetzgeber hat mit § 19 Abs. 1 Satz 3 einem sog. ***in camera*-Verfahren** eine klare Absage erteilt und eine Art **„*in camera*-Verfahren light"** geschaffen, so dass die Begrenzung der Teilnahme auf die zur Verschwiegenheit verpflichteten Prozessvertreter nicht möglich ist.[107] Bei einem *in camera*-Verfahren werden die geheimhaltungsbedürftigen Informationen nur gegenüber dem Gericht, nicht aber gegenüber der gegnerischen Partei offengelegt. Mitunter werden die Parteien sogar für Teile des Verfahrens ausgeschlossen, sodass an dem Verfahren in diesem Stadium nur das Gericht und die anwaltlichen Vertreter der Parteien beteiligt sind, teilweise unterstützt durch einen zur Verschwiegenheit verpflichteten Sachverständigen. **58**

Im Gegensatz zum ursprünglichen Richtlinien-Vorschlag der Kommission vom 28.11.2013[108], wonach der vollständige Ausschluss einer Partei möglich gewesen ist, sah der letztlich verabschiedete Art. 9 Abs. 2 UAbs. 2, 3 RL (EU) 2016/943 vor, dass die Anzahl der Teilnehmer an der mündlichen Verhandlung begrenzt werden kann, zur Sicherung des Anspruchs auf rechtliches Gehör aber mindestens eine natürliche Person jeder Partei sowie der Prozessvertreter stets ungehinderten Zugang zu sämtlichen Informationen des Gerichtsverfahrens erhalten muss, insbesondere an den mündlichen Verhandlungen teilnehmen dürfen muss.[109] Mithin sieht die RL (EU) 2016/943 den **vollständige Ausschluss einer Partei nicht** vor, beispielsweise von der mündlichen Verhandlung, da mindestens einer natürlichen Person jeder Partei und ihren Prozessvertretern der Zugang zu gewähren ist.[110] **59**

Der deutsche Gesetzgeber hätte aber über den Mindeststandard der Richtlinie hinaus ein **echtes *in camera*-Verfahren** schaffen dürfen, zumal ein echtes *in camera*-Verfahren in Deutschland sowohl **unionsrechtlich als auch verfassungsrechtlich zulässig** ist.[111] **60**

---

107 Harte-Bavendamm/Ohly/Kalbfus/*Kalbfus* Vor. §§ 16–20 GeschGehG Rn. 7, 10, § 19 GeschGehG Rn. 3, 27; Büscher/*McGuire* § 19 GeschGehG Rn. 3, 5, 16, 19; BeckOK GeschGehG/*Gregor* § 19 GeschGehG Rn. 4; Cepl/Voß/*Rinken* § 285 ZPO Rn. 27; *Reinfeld* § 6 Rn. 74; *Brammsen/Apel* BB 18/**2019** „Die Erste Seite"; *Dann/Markgraf* NJW **2019** 1774, 1778; *Ernst* MDR **2019** 897, 902; *Hauck* GRUR-Prax **2019** 223, 225; *Kalbfus* WRP **2019** 692, 697, 699; *Ohly* GRUR **2019** 441, 450; *Schregle* GRUR **2019** 912, 914 f.; vgl. *Semrau-Brandt* GRUR-Prax **2019** 127, 128; *Brammsen* BB **2018** 2446, 2450; *Druschel/Jauch* BB **2018** 1218, 1220; *Schlingloff* WRP **2018** 666, 670; *Würtenberger/Freischem* GRUR **2018** 708, 712; *Ziegelmayer* CR **2018** 693, 698; *Hauck* NJW **2016** 2218, 2223; *McGuire* GRUR **2016** 1000, 1008; *Rauer/Eckert* DB **2016** 1239, 1243; *McGuire* GRUR **2015** 424, 433 f.; *Redeker/Pres/Gittinger* WRP **2015** 812, 813.

108 COM/2013/0813 final, 2013/0402 (COD).

109 Büscher/*McGuire* § 19 GeschGehG Rn. 5; BeckOK GeschGehG/*Gregor* § 19 GeschGehG Rn. 4; *Götz* 484 f.; *Schregle* GRUR **2019** 912, 914; *Druschel/Jauch* BB **2018** 1218, 1220; *Ziegelmayer* CR **2018** 693, 698; *Redeker/Pres/Gittinger* WRP **2015** 812, 813.

110 Büscher/*McGuire* § 19 GeschGehG Rn. 3, 16; Köhler/Bornkamm/Feddersen/*Alexander* § 19 GeschGehG Rn. 28; BeckOK GeschGehG/*Gregor* § 19 GeschGehG Rn. 2, 4; *Reinfeld* § 6 Rn. 74 f.; *Ohly* GRUR **2019** 441, 450; *Druschel/Jauch* BB **2018** 1218, 1220, 1222; *Schlingloff* WRP **2018** 666, 669; *Ziegelmayer* CR **2018** 693, 698.

111 BVerfG 14.3.2006 MMR **2006** 375, 376 ff.; BVerfG 27.10.1999 NJW **2000** 1175, 1176 ff.; BGH 9.12.2015 NJW-RR **2016** 606, 608 (Rn. 18); BGH 18.10.1995 GRUR **1996** 217, 218; Harte-Bavendamm/Ohly/Kalbfus/*Kalbfus* GeschGehG Vor §§ 16–20 Rn. 8; Büscher/*McGuire* § 19 GeschGehG Rn. 7; BeckOK GeschGehG/*Gregor* § 19 GeschGehG Rn. 4.1; Fitzner/Lutz/Bodewig/*Voß* Vor §§ 139–142b PatG Rn. 141; Ohly/Sosnitza/*Ohly* § 17 UWG Rn. 58; Cepl/Voß/*Rinken* § 285 ZPO Rn. 17; *Götz* 395 ff.; *Kuta* 204 ff; *Winzer* 213 ff.; *Rojahn* FS Loewenheim (**2009**) 251, 263 ff.; *Bornkamm* FS Ullmann (**2006**) 893, 904 ff.; *Ernst* MDR **2019** 897, 902; *Schlingloff* WRP **2018** 666, 668 f.; *Hauck* NJW **2016** 2218, 2222; *Lejeune* CR **2016** 330, 336, 341 f.; *Redeker/Pres/Gittinger* WRP **2015** 812, 815 ff.; *Kalbfus/Harte-Bavendamm* GRUR **2014** 453, 456; *Spindler/Weber* MMR **2006** 711, 713 f.; vgl. EuGH 13.7.2006 MMR **2006** 803, 804 f.; *König* Mitt. **2002** 153, 164; Max-Planck-Institut für Innovation und Wettbewerb, Stellungnahme vom 18.5.2018 zum Referentenentwurf eines Gesetzes zur Umsetzung der Richtlinie (EU) 2016/943 zum Schutz von Geschäftsgeheimnissen vor rechtswidrigem Erwerb sowie rechtswidriger Nutzung und Offenlegung vom 17.4.2018, S. 14 f.; *Baranowski/Glaßl* BB **2016** 2563, 2568; *Kalbfus* GRUR **2016**

Zwar findet sich in Art. 9 Abs. 2 UAbs. 3 RL (EU) 2016/943 der Vorbehalt, dass die Anzahl der Personen mindestens eine natürliche Person jeder Partei und ihre jeweiligen Rechtsanwälte oder sonstigen Vertreter dieser Gerichtsverfahrensparteien umfassen muss. Jedoch wird Art. 9 Abs. 2 RL (EU) 2016/943 nicht im Katalog der vollharmonisierten Vorschriften in Art. 1 Abs. 1 UAbs. 2 RL (EU) 2016/943 genannt, so dass Art. 9 Abs. 2 RL (EU) 2016/943 lediglich Mindeststandards statuiert. Art. 9 Abs. 1 UAbs. 2, Abs. 3 und 4 RL (EU) 2016/943 sind zwingend, wohingegen Art. 9 Abs. 2 RL (EU) 2016/943 gerade in dem Katalog in Art. 1 Abs. 1 UAbs. 2 RL (EU) 2016/943 ausgenommen wurde. Außerdem sind dem deutschen Recht derartige *in camera*-Verfahren bekannt (vgl. § 99 Abs. 2 VwGO und § 138 TKG).[112] Nichtsdestotrotz wird fortwährend die **Vereinbarkeit eines *in camera*-Verfahrens mit den zivilprozessualen Grundsätzen** diskutiert, insbesondere mit dem Unmittelbarkeits- und Mündlichkeitsgrundsatz (§ 128 Abs. 1 ZPO) sowie dem Anspruch der ausgeschlossenen Partei auf rechtliches Gehör und ein faires Verfahren (Art. 6 EMRK, Art. 47 Abs. 2 GRCh, Art. 103 Abs. 1 GG, § 169 GVG, § 357 ZPO).[113]

61 Andere Mitgliedsstaaten haben die Richtlinie in diesem Sinne klägerfreundlicher ausgestaltet und ein echtes *in camera*-Verfahren vorgesehen (etwa Frankreich), was möglicherweise neue Fehlanreize für ein ***forum shopping*** bieten kann.[114] Mithin wäre eine entsprechende Abänderung von § 19 Abs. 1 durch den deutschen Gesetzgeber begrüßenswert, sofern sich aufgrund der derzeitigen Fassung von § 19 Abs. 1 Satz 3 die Effizienz und Anwendungshäufigkeit von § 19 reduziert.[115]

62 Ein sog. **„Black-Box-Verfahren“**, bei dem die geheimhaltungsbedürftigen Informationen unter Ausschluss von Gericht, Anwälten und Parteien ausschließlich von einem zur Verschwiegenheit verpflichteten Dritten eingesehen werden, ist nach geltendem Recht unzulässig.[116] Andere Rechtsordnungen sehen derartige Verfahren hingegen bereits seit längerer Zeit vor (z. B. in den USA oder der Schweiz).[117]

63 **6. Ermessensentscheidung (§ 19 Abs. 1 Satz 4).** Das Gericht bestimmt gemäß § 19 Abs. 1 Satz 4 „im Übrigen“, also innerhalb der Grenzen gemäß § 19 Abs. 1 Satz 2, 3, nach freiem Ermessen, welche Anordnungen zur Erreichung des Zwecks erforderlich sind. Das Gericht kann eine Zugangsbeschränkung gemäß § 19 aber **nicht von Amts wegen** anordnen (vgl. Art. 9 Abs. 2 UAbs. 1 RL (EU) 2016/943).[118] Vielmehr muss zumindest eine Partei einen Antrag auf weitere gerichtliche Beschränkungen gestellt haben.

64 Das Gericht kann über § 19 interessengerechte, schonende und gleichzeitig effektive Beschränkungen anordnen, so dass ein „Ganz oder gar nichts“-Prinzip ausscheidet.[119] Im Rahmen der Ermessensausübung muss der **Zweck der Beschränkungen** die **Richtschnur**

1009, 1010, 1015 f.; *McGuire* GRUR **2016** 1000, 1005, 1008; *McGuire* GRUR **2015** 424, 430 ff.; *Stadler* NJW **1989** 1202, 1203 ff.; **a. A.** *Druschel/Jauch* BB **2018** 1218, 1220, 1222.

112 BeckOK GeschGehG/*Gregor* § 19 GeschGehG Rn. 4; *Götz* 54 ff.; *Kuta* 204 ff. m. w. N.; *Winzer* 188 ff.; *Hauck* NJW **2016** 2218, 2222.

113 *Hauck* NJW **2016** 2218, 2222; *Redeker/Pres/Gittinger* WRP **2015** 812, 815 ff.; *Stadler* NJW **1989** 1202, 1203 ff.

114 Büscher/*McGuire* § 19 GeschGehG Rn. 7; BeckOK GeschGehG/*Gregor* § 19 GeschGehG Rn. 4.1; *Würtenberger/Freischem* GRUR **2018** 708, 712.

115 Büscher/*McGuire* § 19 GeschGehG Rn. 7.

116 BeckOK GeschGehG/*Gregor* § 19 GeschGehG Rn. 3 f.; *Kalbfus* WRP **2019** 692, 698; *Schlingloff* WRP **2018** 666, 668; *Baranowski/Glaßl* BB **2016** 2563, 2568; *McGuire* GRUR **2015** 424, 430; vgl. BGH 12.11.1991 NJW **1992** 1817, 1819.

117 BeckOK GeschGehG/*Gregor* § 19 GeschGehG Rn. 4.1; *Kersting* 201 f., 266 ff.; *Winzer* 222 ff.; *Redeker/Pres/Gittinger* WRP **2015** 812, 816 f.; vgl. *Ann/Hauck/Maute* Rn. 421 ff.; *Kuta* 34 ff.

118 Köhler/Bornkamm/Feddersen/*Alexander* § 19 GeschGehG Rn. 25; *Schlingloff* WRP **2018** 666, 670.

119 BeckOK GeschGehG/*Gregor* § 19 GeschGehG Rn. 16.

für das Gericht bilden, so dass die gerichtlichen Anordnungen zum verfahrensrechtlichen Schutz des Geschäftsgeheimnisses geeignet, erforderlich und angemessen sein müssen.[120]

Das Entscheidungsermessen des Gerichts umfasst zum einen die **konkrete Art und Weise der Umsetzung der Maßnahmen.**[121] Im Hinblick auf die Ausgestaltung der Maßnahmen ist das Gericht aber nicht an den Antrag der jeweiligen Partei gebunden, sondern darf den Umfang und die konkrete Ausgestaltung der beantragten Maßnahme frei bestimmen. 65

Das Gericht darf bei Vorliegen eines Antrags aber über die konkrete Art und Weise der Umsetzung der Maßnahmen hinaus auch **andere oder zusätzliche/ergänzende Maßnahmen** als solche anordnen, die beantragt worden sind, etwa konkrete Anforderungen an die Einhaltung der Geheimhaltungsmaßnahmen, Vorgaben an die Bildung sog. „*clean teams*" oder Dokumentationspflichten.[122] Dies ergibt sich aus Art. 9 Abs. 2 UAbs. 1 RL (EU) 2016/943, wonach die zuständigen Gerichte auf ordnungsgemäß begründeten Antrag einer Partei „spezifische Maßnahmen" treffen können müssen, die erforderlich sind, um die Vertraulichkeit eines Geschäftsgeheimnisses oder eines angeblichen Geschäftsgeheimnisses zu wahren. 66

Im Einklang damit steht zudem der Wortlaut von § 19 Abs. 1 Satz 1, wonach die **Zugangsbeschränkungen „ganz oder teilweise"** erfolgen können, so dass das Gericht die Entscheidung an das konkrete Schutzbedürfnis im Einzelfall anpassen kann.[123] Die Zugangsbeschränkung kann umfassend oder aber beispielsweise **zeitlich, personell oder inhaltlich** (etwa beschränkt auf bestimmte Dokumente) spezifiziert werden, wodurch das Gericht die im Einzelfall erforderlichen Maßnahmen flexibel anordnen kann.[124] Auf diese Weise können die grundlegenden Verfahrensrechte der Beteiligten gewahrt und gleichzeitig dem Grundsatz der Verhältnismäßigkeit Rechnung getragen werden, indem die Maßnahmen auf das erforderliche Maß beschränkt werden.[125] 67

So kann das Gericht etwa die Zugangsbeschränkung zur mündlichen Verhandlung auf eine bestimmte Anzahl an zuverlässigen Personen für den Teil der Verhandlung beschränken, die die geheimhaltungsbedürftigen Informationen betreffen, und für den Teil der mündlichen Verhandlung, in dem sonstige Fragen behandelt werden (etwa das Vorliegen einer Verletzungshandlung oder das Verschulden), die nicht die geheimhaltungsbedürftigen Informationen betreffen, von einer Zugangsbeschränkung absehen.[126] Der **vollständige Ausschluss** von der gesamten mündlichen Verhandlung kommt jedoch im Lichte von § 19 Abs. 1 Satz 2 nur in extremen Ausnahmefällen in Betracht.[127] 68

120 Harte-Bavendamm/Ohly/Kalbfus/*Kalbfus* § 19 GeschGehG Rn. 39; Köhler/Bornkamm/Feddersen/*Alexander* § 19 GeschGehG Rn. 32.

121 Harte-Bavendamm/Ohly/Kalbfus/*Kalbfus* § 19 GeschGehG Rn. 25; Köhler/Bornkamm/Feddersen/*Alexander* § 19 GeschGehG Rn. 30; *Kalbfus* WRP **2019** 692, 697; vgl. kritisch: Büscher/*McGuire* § 19 GeschGehG Rn. 20.

122 Büscher/*McGuire* § 19 GeschGehG Rn. 20–22.; BeckOK GeschGehG/*Gregor* § 19 GeschGehG Rn. 36; *Reinfeld* § 6 Rn. 76; *Kalbfus* WRP **2019** 692, 697; *Druschel/Jauch* BB **2018** 1218, 1222; *Gärtner/Goßler* Mitt. **2018** 204, 208; *Schlingloff* WRP **2018** 666, 670; **a.A.** Harte-Bavendamm/Ohly/Kalbfus/*Kalbfus* GeschGehG § 19 Rn. 25, 39f.; *Hoppe/Oldekop/Pichlmaier* Kap. 3 Rn. 209; wohl auch Köhler/Bornkamm/Feddersen/*Alexander* § 19 GeschGehG Rn. 30.

123 Harte-Bavendamm/Ohly/Kalbfus/*Kalbfus* § 19 GeschGehG Rn. 24; Köhler/Bornkamm/Feddersen/*Alexander* § 19 GeschGehG Rn. 21; BeckOK GeschGehG/*Gregor* § 19 GeschGehG Rn. 26; *Hoppe/Oldekop/Pichlmaier* Kap. 3 Rn. 216.

124 Köhler/Bornkamm/Feddersen/*Alexander* § 19 GeschGehG Rn. 21; BeckOK GeschGehG/*Gregor* § 19 GeschGehG Rn. 26; *Hoppe/Oldekop/Pichlmaier* Kap. 3 Rn. 216.

125 Köhler/Bornkamm/Feddersen/*Alexander* § 19 GeschGehG Rn. 21; BeckOK GeschGehG/*Gregor* § 19 GeschGehG Rn. 33.

126 Büscher/*McGuire* § 19 GeschGehG Rn. 11; Köhler/Bornkamm/Feddersen/*Alexander* § 19 GeschGehG Rn. 22; BeckOK GeschGehG/*Gregor* § 19 GeschGehG Rn. 26.

127 Büscher/*McGuire* § 19 GeschGehG Rn. 11; BeckOK GeschGehG/*Gregor* § 19 GeschGehG Rn. 26.

69 Wenn eine Partei beispielsweise eine Zugangsbeschränkung zu eingereichten Dokumenten gemäß § 19 Abs. 1 Satz 1 Nr. 1 beantragt, darf das Gericht auch ausschließlich oder **zusätzlich den Zugang zur mündlichen Verhandlung** gemäß § 19 Abs. 1 Satz 1 Nr. 2 **beschränken**. Das Gericht kann anordnen, dass die Passagen geschwärzt werden, die als geheimhaltungsbedürftig eingestufte Informationen enthalten, so dass mit **teil-geschwärzten Dokumenten** gearbeitet wird.[128]

70 In Anlehnung an § 16 Abs. 2 und § 174 Abs. 3 GVG kann das Gericht auch den gemäß § 19 Abs. 1 Satz 1 zugangsberechtigen Personen spezielle **Verschwiegenheitsverpflichtungen** auferlegen, die insbesondere auch gegenüber Personen der eigenen Partei gelten, die nicht dem Kreis der Zugangsberechtigten angehören.[129] Im Falle der Verletzung dieser Verschwiegenheitsverpflichtungen kommt eine Strafbarkeit gemäß § 353d Nr. 2 StGB in Betracht.

71 Gerichtliche Vorgaben an die **Strukturierung des Prozessvortrags** dahingehend, dass der Geheimnisträger die geheimhaltungsbedürftigen Informationen erst dann detailliert substantiieren muss, wenn bei gedachter Schutzfähigkeit der Verstoß gegen ein Handlungsverbot gemäß § 4 nachgewiesen ist, sind ebenfalls zulässig.[130] Hierbei handelt es sich nicht um eine ergänzende Maßnahme im Vergleich zum Maßnahmenkatalog in § 19 Abs. 1, sondern um eine prozessleitende Maßnahme des Gerichts.

72 Ebenfalls möglich ist der **Ausschluss der Öffentlichkeit** über § 19 Abs. 1 Satz 4 als Minus zu den Maßnahmen in § 19 Abs. 1 Satz 1. In einigen Fällen wird es nämlich ausreichend sein, dass nur die Öffentlichkeit von der mündlichen Verhandlung ausgeschlossen wird, nicht aber die Anzahl der Vertreter der Parteien beschränkt wird.[131] Denn eine Beschränkung nach § 19 Abs. 1 Satz 1 Nr. 2 ist die eingriffsintensivere Maßnahme als der Ausschluss der Öffentlichkeit, da bei einer Beschränkung nach § 19 Abs. 1 Satz 1 Nr. 2 der Anspruch auf rechtliches Gehör sowie das Recht auf effektiven Rechtsschutz der Parteien tangiert ist.[132] Andernfalls würde sich die Situation einstellen, dass die Anzahl der Parteivertreter reduziert ist, die breite Öffentlichkeit aber an der mündlichen Verhandlung teilnehmen kann, zumal die Geheimhaltungsverpflichtung gemäß § 16 Abs. 2 nur schwer gegenüber der Öffentlichkeit („alle sonstigen Personen") durchzusetzen ist.[133] Eine solche Minusmaßnahme über § 19 Abs. 1 Satz 4 widerspricht auch nicht dem Wortlaut des Gesetzes, da § 19 Abs. 2 Nr. 1 den Ausschluss der Öffentlichkeit auf Antrag einer Partei in das Ermessen des Gerichts legt, sofern das Gericht Beschränkungen nach § 19 Abs. 1 Satz 1 getroffen hat. Der in § 19 Abs. 2 Nr. 1 geforderte Antrag liegt aber bereits mit dem Antrag auf Beschränkungen nach § 19 Abs. 1 Satz 1 vor, insbesondere dann, wenn die Partei darin den Ausschluss der Öffentlichkeit ausdrücklich beantragt oder zumindest anspricht. Aber selbst wenn die Partei den Ausschluss der Öffentlichkeit im Antrag auf Beschränkungen nach § 19 Abs. 1 Satz 1 nicht ausdrücklich anspricht, liegt es gemäß § 19 Abs. 1 Satz 4 **im Ermessen des Gerichts, die Öffentlichkeit auszuschließen**, da ein Antrag auf Beschränkungen gemäß § 19 Abs. 1 Satz 1 vorliegt und die Verfahrensrechte der Parteien bei einem Ausschluss der Öffentlichkeit nicht tangiert sind.

---

128 Vgl. BGH 14.1.2020 GRUR **2020** 327, 328 (Rn. 16ff.) – Akteneinsicht XXIV; *Kuta* 260ff.
129 *Kalbfus* WRP **2019** 692, 697; vgl. *Kuta* 216ff., 263f.
130 Vgl. Harte-Bavendamm/Ohly/Kalbfus/*Kalbfus* § 19 GeschGehG Rn. 40; Büscher/*McGuire* § 19 GeschGehG Rn. 22; BeckOK GeschGehG/*Gregor* § 19 GeschGehG Rn. 36.
131 BeckOK GeschGehG/*Gregor* § 19 GeschGehG Rn. 44; *Hoppe/Oldekop/Pichlmaier* Kap. 3 Rn. 214; *Schregle* GRUR **2019** 912, 916.
132 *Schregle* GRUR **2019** 912, 916.
133 BeckOK GeschGehG/*Gregor* § 19 GeschGehG Rn. 44.

Auch die **§§ 169 Satz 1, 172 Nr. 2 GVG** sprechen für die **Möglichkeit des Ausschlusses der Öffentlichkeit über § 19 Abs. 1 Satz 4.**[134] Zwar muss gemäß § 172 Nr. 2 ein „wichtiges" Geschäfts-, Betriebs-, Erfindungs- oder Steuergeheimnis zur Sprache kommen, durch dessen öffentliche Erörterung „überwiegende schutzwürdige Interessen" verletzt würden, so dass über die Voraussetzungen „wichtig" und „überwiegende schutzwürdige Interessen" besondere Tatbestandsvoraussetzungen einem großzügigen Ausschluss der Öffentlichkeit Einhalt gebieten. Diese Absicherung erfüllt aber im Fall von § 19 Abs. 1 die Einstufung als geheimhaltungsbedürftige Information gemäß § 16 Abs. 1, ohne die die Beschränkungen nach § 19 Abs. 1 nicht angeordnet werden können. § 19 Abs. 2 Nr. 1 beinhaltet nämlich keine weiteren Tatbestandsvoraussetzungen in Bezug auf den Ausschluss der Öffentlichkeit. Mithin wird über den Ausschluss der Öffentlichkeit über § 19 Abs. 1 Satz 4 die Situation geschaffen, die nach alter Rechtslage bereits über §§ 169 Satz 1, 172 Nr. 2 GVG möglich war. 73

Schließlich würde auch die Einstufung nach § 16 Abs. 1 deutlich abgewertet, wenn das Gericht nicht in Abkehr von § 19 Abs. 2 Nr. 1 als Minus zur Beschränkung der Parteivertreter die Öffentlichkeit ausschließen kann. Andernfalls würde es dreier Anträge und dreier Ermessensentscheidungen bedürfen, nämlich im Rahmen von § 16 Abs. 1, im Rahmen von § 19 Abs. 1 Satz 1 und im Rahmen von § 19 Abs. 2 Nr. 1.[135] Zwar können diese Anträge miteinander verbunden werden[136], jedoch ist es prozessökonomischer und aus dem Blickwinkel einer einheitlichen Entscheidung förderlicher, wenn das Gericht bereits über § 19 Abs. 1 Satz 4 den Ausschluss der Öffentlichkeit anordnen kann. In diesem Falle **bedarf es auch keiner lebensnahen Auslegung des Antrags** gemäß § 16 Abs. 1 dahingehend, dass im Falle einer mündlichen Verhandlung darin auch der Antrag gemäß § 19 Abs. 2 Nr. 1 enthalten ist[137], zumal im Zuge dieser Auslegung das Problem fortbesteht, dass § 19 Abs. 2 ausdrücklich die Anordnung einer Beschränkung nach § 19 Abs. 1 Satz 1 voraussetzt. 74

In das Ermessen des Gerichts gemäß § 19 Abs. 1 Satz 4 fällt auch die konkrete **Auswahl der Personen** (sowohl bezogen auf die Anzahl als auch auf die konkreten Teilnehmer), die Zugang zu den im Hinblick auf die Geheimhaltung betroffenen Dokumenten sowie zur mündlichen Verhandlung erhalten, der zeitliche und sachliche Umfang der Zugangsbeschränkungen, die Frist für die Benennung der zugangsberechtigten Personen oder weitere organisatorische Anforderungen.[138] 75

In Zweifelsfällen kann das Gericht die Parteien über einen **gerichtlichen Hinweis** gemäß § 139 ZPO über mögliche weitere Maßnahmen aufklären, die aus der Sicht des Gerichts sinnvoll sind, so dass der Kläger/Antragsteller bzw. der Beklagte/Antragsgegner seinen Antrag entsprechend ergänzen kann. So kann es eine Partei etwa auch darauf hinweisen, den Antrag auf einen zur Verschwiegenheit verpflichteten (technischen) Sachverständigen auszuweiten, der die zugelassenen Personen beispielsweise im Hinblick auf einen technischen Sachverhalt unterstützen kann.[139] 76

---

134 Vgl. BeckOK GeschGehG/*Gregor* § 19 GeschGehG Rn. 44.
135 *Schregle* GRUR **2019** 912, 916; vgl. *Hoppe/Oldekop/Pichlmaier* Kap. 3 Rn. 215.
136 Köhler/Bornkamm/Feddersen/*Alexander* § 19 GeschGehG Rn. 39; *Reinfeld* § 6 Rn. 77; vgl. BeckOK GeschGehG/*Gregor* § 19 GeschGehG Rn. 45.
137 Vgl. *Schregle* GRUR **2019** 912, 916f.
138 Köhler/Bornkamm/Feddersen/*Alexander* § 19 GeschGehG Rn. 31; Büscher/*McGuire* § 19 GeschGehG Rn. 18, 20; BeckOK GeschGehG/*Gregor* § 19 GeschGehG Rn. 34; *Druschel/Jauch* BB **2018** 1218, 1222.
139 BeckOK GeschGehG/*Gregor* § 19 GeschGehG Rn. 35; vgl. Harte-Bavendamm/Ohly/Kalbfus/*Kalbfus* § 19 GeschGehG Rn. 39.

77 Die weiteren gerichtlichen Beschränkungen gemäß § 19 Abs. 1 können ab der Anhängigkeit des Rechtsstreits angeordnet werden (§ 20 Abs. 1), wobei das Gericht über den Antrag durch Beschluss entscheidet (§ 20 Abs. 5 Satz 1). Die Einzelheiten des Verfahrens und der rechtlichen Überprüfung des Beschlusses regelt § 20.

III. Weitere Maßnahmen und Folgen der weiteren gerichtlichen Beschränkungen nach Abs. 1 (§ 19 Abs. 2)

78 Das Gesetz sieht in § 19 Abs. 2 **weitere Maßnahmen** vor, die das Gericht auf Antrag anordnen kann oder die als Folge der Beschränkungen nach § 19 Abs. 1 Satz 1 greifen, nämlich den Ausschluss der Öffentlichkeit (§ 19 Abs. 2 Nr. 1) sowie die Einschränkung des Akteneinsichtsrechts für Dritte (§ 19 Abs. 2 Nr. 2).

79 **1. Ausschluss der Öffentlichkeit (§ 19 Abs. 2 Nr. 1).** In Einschränkung des im deutschen Zivilprozess geltenden Grundsatzes der Öffentlichkeit (§ 169 GVG) kann gemäß § 19 Abs. 2 Nr. 1 die **Öffentlichkeit auf Antrag einer Partei von der mündlichen Verhandlung ausgeschlossen werden**, sofern das Gericht Beschränkungen nach § 19 Abs. 1 Satz 1 getroffen hat. Es kann nämlich regelmäßig nicht ausgeschlossen werden, dass bei der Erörterung der Sach- und Rechtslage die als geheimhaltungsbedürftig eingestuften Informationen offengelegt werden.[140] Damit erweitert § 19 Abs. 2 Nr. 1 den Schutz gemäß § 19 Abs. 1 Satz 1 Nr. 2, wonach der Zugang zur mündlichen Verhandlung auf eine bestimmte Anzahl von Personen beschränkt und somit die Teilnahme anderer Personen verhindert werden kann.[141] Der Ausschluss der Öffentlichkeit schafft regelmäßig eine **vertraulichere Verhandlungsatmosphäre**, was eine unbefangenere Erörterung der Streitsache durch die Parteien begünstigt und damit auch die **Wahrheitsfindung fördert**.[142]

80 Die Regelung in § 19 Abs. 2 Nr. 1 geht über die allgemeine Regelung zum Ausschluss der Öffentlichkeit zum Schutz von Betriebs- und Geschäftsgeheimnissen in §§ 174 Abs. 1, 172 Nr. 2 GVG hinaus. Im Unterschied zu § 172 Nr. 2 GVG muss es sich bei § 19 Abs. 2 Nr. 1 nämlich nicht um ein „wichtiges" Geschäftsgeheimnis handeln.[143] In arbeitsgerichtlichen Verfahren flankiert § 19 Abs. 2 Nr. 1 die arbeitsgerichtlichen Vorschriften des § 52 Satz 2 ArbGG, wonach das Gericht die Öffentlichkeit auf Antrag einer Partei ausschließen kann, weil Betriebs-, Geschäfts- oder Erfindungsgeheimnisse zum Gegenstand der Verhandlung oder der Beweisaufnahme gemacht werden, sowie des § 52 Satz 3 ArbGG, wonach in Güteverfahren ein Ausschluss der Öffentlichkeit aus Zweckmäßigkeitsgründen möglich ist.[144]

---

140 Büscher/*McGuire* § 19 GeschGehG Rn. 23; vgl. MüKo ZPO/*Zimmermann* § 172 GVG Rn. 8.

141 Büscher/*McGuire* § 19 GeschGehG Rn. 23; Köhler/Bornkamm/Feddersen/*Alexander* § 19 GeschGehG Rn. 36.

142 MüKo ZPO/*Zimmermann* § 172 GVG Rn. 1.

143 BTDrucks. 19/4724 S. 37; Harte-Bavendamm/Ohly/Kalbfus/*Kalbfus* Vor. §§ 16–20 GeschGehG Rn. 36f.; Köhler/Bornkamm/Feddersen/*Alexander* § 19 GeschGehG Rn. 36; BeckOK GeschGehG/*Gregor* § 19 GeschGehG Rn. 41; *Reinfeld* § 6 Rn. 78; *Kalbfus* WRP **2019** 692, 698; *Schregle* GRUR **2019** 912, 915; *Semrau-Brandt* GRUR-Prax **2019** 127, 127; *Druschel/Jauch* BB **2018** 1218, 1222; vgl. Zöller/*Lückemann* § 172 GVG Rn. 8; MüKo ZPO/*Zimmermann* § 172 GVG Rn. 8; *Rojahn* FS Loewenheim (2009) 251, 257f.

144 Zöller/*Lückemann* § 169 GVG Rn. 2; MüKo ZPO/*Zimmermann* § 172 GVG Rn. 14; *Reinfeld* § 6 Rn. 78.

Der **betroffene Personenkreis** im Rahmen von § 19 Abs. 2 Nr. 1 ist die (Volks-)**Öffentlichkeit.**[145] Es müssen also beliebige Zuhörer bzw. eine unbestimmte Personengruppe – auch **Pressevertreter**[146] – die Möglichkeit haben, an der Verhandlung teilzunehmen.[147] Die Parteiöffentlichkeit ist dagegen in § 19 Abs. 1 Satz 1 Nr. 2 geregelt.[148] Durch den Ausschluss der Öffentlichkeit soll die Gefahr der Offenlegung der als geheimhaltungsbedürftig eingestuften Informationen an (unbekannte) Dritte verhindert werden, was insbesondere bei einem Ausschluss eines Teils der Beteiligten nach § 19 Abs. 1 Satz 1 Nr. 2 naheliegend ist.[149] **81**

Von der Möglichkeit des Ausschlusses der Öffentlichkeit aufgrund von Geschäftsgeheimnissen ist trotz § 169 Abs. 1 GVG und der Verhinderung einer Geheimjustiz (Art. 103 GG, Art. 6 EMRK, Art. 47 GRCh) in großzügigem Umfang Gebrauch zu machen, da die Geheimhaltungsmaßnahmen nach §§ 16 Abs. 2, 19 Abs. 1 andernfalls konterkariert werden würden, wenn die Öffentlichkeit oder ausgeschlossene Parteivertreter als Mitglieder der Öffentlichkeit Zugang zur mündlichen Verhandlung erhalten würden.[150] Das Ermessen des Gerichts wird bei der Anordnung von Geheimhaltungsmaßnahmen nach §§ 16 Abs. 2, 19 Abs. 1 mithin regelmäßig auf null reduziert sein.[151] **82**

Gesetzliche Schranken wie in § 19 Abs. 1 Satz 2–4 sind für § 19 Abs. 2 Nr. 1 nicht vorgesehen, so dass die Öffentlichkeit grundsätzlich für die gesamte mündliche Verhandlung ausgeschlossen werden kann.[152] Unter Berücksichtigung von Art. 103 GG, Art. 6 EMRK und Art. 47 GRCh sollte die Öffentlichkeit aber nur für die Teile der Verhandlung ausgeschlossen werden, die die geheimhaltungsbedürftigen Informationen betreffen, jedoch nicht für den Teil der mündlichen Verhandlung, in dem sonstige Fragen behandelt werden (etwa das Vorliegen einer Verletzungshandlung oder das Verschulden), die nicht die geheimhaltungsbedürftigen Informationen betreffen.[153] **83**

Der Ausschluss der Öffentlichkeit gemäß § 19 Abs. 2 Nr. 1 setzt einen entsprechenden **Antrag** zumindest einer der Parteien voraus („auf Antrag"). Der Antrag hinsichtlich § 19 Abs. 2 Nr. 1 kann wiederum mit dem Antrag in § 19 Abs. 1 Satz 1 **verbunden** werden, wobei letzterer wiederum mit dem Antrag gemäß § 16 Abs. 1 verbunden werden kann.[154] Da die Anordnungen gemäß § 19 Abs. 2 nicht die Parteien treffen, sondern die Öffentlichkeit (§ 19 Abs. 2 Nr. 1) sowie nicht zugelassene Dritte (§ 19 Abs. 2 Nr. 2), ist keine mündliche oder schriftliche Anhörung der gegnerischen Partei erforderlich, wofür auch der Wortlaut von § 20 Abs. 2 spricht.[155] **84**

Ein **isolierter Antrag auf Ausschluss der Öffentlichkeit** gemäß § 19 Abs. 2 Nr. 1 ist nicht möglich, da § 19 Abs. 2 voraussetzt, dass das Gericht Beschränkungen gemäß § 19 **85**

---

145 Köhler/Bornkamm/Feddersen/*Alexander* § 19 GeschGehG Rn. 35.
146 BVerfG 12.4.2013 NJW **2013** 1293, 1295 m. Anm. *Zuck*.
147 Germelmann/Matthes/Prütting/*Germelmann*/*Künzl* § 52 ArbGG Rn. 3; *McGuire* GRUR **2015** 424, 428.
148 Vgl. BeckOK GeschGehG/*Gregor* § 19 GeschGehG Rn. 42; MüKo ZPO/*Zimmermann* § 172 GVG Rn. 71ff.; *Winzer* 56f.
149 Büscher/*McGuire* § 19 GeschGehG Rn. 23; Köhler/Bornkamm/Feddersen/*Alexander* § 19 GeschGehG Rn. 37.
150 BeckOK GeschGehG/*Gregor* § 19 GeschGehG Rn. 41; *Reinfeld* § 6 Rn. 79; *Kalbfus* WRP **2019** 692, 698; vgl. *Brammsen* BB **2018** 2446, 2450.
151 Harte-Bavendamm/Ohly/Kalbfus/*Kalbfus* § 19 GeschGehG Rn. 42; *Kalbfus* WRP **2019** 692, 698.
152 Vgl. BeckOK GeschGehG/*Gregor* § 19 GeschGehG Rn. 47.
153 *Ernst* MDR **2019** 897, 902.
154 Köhler/Bornkamm/Feddersen/*Alexander* § 19 GeschGehG Rn. 39; *Reinfeld* § 6 Rn. 77; *Schregle* GRUR **2019** 912, 917; vgl. BeckOK GeschGehG/*Gregor* § 19 GeschGehG Rn. 45.
155 **A. A.** BeckOK GeschGehG/*Gregor* § 19 GeschGehG Rn. 46.

Abs. 1 Satz 1 getroffen hat, so dass keine planwidrige Regelungslücke für eine analoge Anwendung vorliegt.[156] Einer Analogie bedarf es aber auch nicht, da der Ausschluss der Öffentlichkeit über § 19 Abs. 1 Satz 4 angeordnet werden kann (vgl. oben Rn. 72ff.).[157]

86 Dem Gericht steht bei seiner Entscheidung – wie in den Fällen des § 172 GVG sowie § 52 Sätze 2, 3 ArbGG – ein **Ermessen** zu („kann").[158] Dabei ist zu berücksichtigen, dass der Ausschluss der Öffentlichkeit mit Blick auf den Grundsatz der Öffentlichkeit (§ 169 Abs. 1 GVG) regelmäßig auf die Verfahrensteile zu beschränken ist, die die als geheimhaltungsbedürftig eingestuften Informationen betreffen.[159] Mitunter kann es aber auch zum Schutz der als geheimhaltungsbedürftig eingestuften Informationen erforderlich sein, die Öffentlichkeit für die gesamte Verhandlungsdauer einschließlich der Urteilsverkündung und der Verkündung der Urteilsgründe zu erstrecken (vgl. auch § 173 Abs. 2 GVG sowie § 52 Satz 4 ArbGG).[160]

87 Ob eine Verhandlung öffentlich war oder die Öffentlichkeit ausgeschlossen worden ist muss sich gemäß § 160 Abs. 1 Nr. 5 ZPO aus dem **Protokoll** ergeben, was alleinige Beweiskraft hat (§ 165 Satz 1 ZPO), die nur bei einem Nachweis der Fälschung beseitigt wird (§ 165 Satz 2 ZPO).[161]

88 Das Gericht entscheidet über den Ausschluss der Öffentlichkeit durch **Beschluss** (vgl. § 20 Abs. 5 Satz 1).[162]

89 Ein Sonderfall betrifft die Teilnahme von **(Privat-)Dolmetschern**, beispielsweise bei Mandanten, die der deutschen Sprache nicht mächtig sind. Dies gilt insbesondere dann, wenn das Gericht das persönliche Erscheinen eines Parteivertreters angeordnet hat (vgl. § 141 ZPO). Nach § 184 Satz 1 GVG ist die Gerichtssprache deutsch, wobei das Recht der Sorben, in den Heimatkreisen der sorbischen Bevölkerung vor Gericht sorbisch zu sprechen, gewährleistet wird (§ 184 Satz 2 GVG). Die Öffentlichkeit gemäß § 169 GVG ist nur gewahrt, wenn die Zuhörer verstehen können, was in der mündlichen Verhandlung gesprochen wird, was – nach derzeitiger Rechtslage – nicht der Fall ist, wenn die Verhandlung vom Gericht in englischer (oder einer anderen) Sprache geführt wird.[163] Diesem Gedanken ist zu entnehmen, dass auch die Parteien dem Gericht in deutscher Sprache folgen können müssen. Sofern sie der deutschen Sprache nicht mächtig sind, sind sie auf Dolmetscher angewiesen (vgl. § 185 GVG sowie beispielsweise §§ 33–43 JustG NRW). Dolmetscher sind das „verlängerte Ohr" und die Stimme der Parteien zugleich, so dass ohne sie eine effektive Teilnahme an der mündlichen Verhandlung nicht möglich wäre. Dementsprechend sind von einem Ausschluss der Öffentlichkeit auf Basis von § 19 Abs. 1 Satz 4, § 19 Abs. 2 Nr. 1, §§ 172 Nr. 2, 174 GVG oder § 52 Satz 2, 3 ArbGG nicht die (Privat-)Dolmetscher umfasst, so dass diese weiterhin an der mündlichen Verhandlung teilnehmen können.[164] Dies ergibt

---

156 **A. A.** BeckOK GeschGehG/*Gregor* § 19 GeschGehG Rn. 42f.

157 Vgl. *Schregle* GRUR **2019** 912, 916f.

158 Harte-Bavendamm/Ohly/Kalbfus/*Kalbfus* § 19 GeschGehG Rn. 42; Köhler/Bornkamm/Feddersen/*Alexander* § 19 GeschGehG Rn. 40; Germelmann/Matthes/Prütting/*Germelmann/Künzl* § 52 ArbGG Rn. 17; *Reinfeld* § 6 Rn. 78; vgl. Zöller/*Lückemann* § 172 GVG Rn. 2, 15; MüKo ZPO/*Zimmermann* § 172 GVG Rn. 13f.

159 Köhler/Bornkamm/Feddersen/*Alexander* § 19 GeschGehG Rn. 40.

160 Harte-Bavendamm/Ohly/Kalbfus/*Kalbfus* Vor. §§ 16–20 GeschGehG Rn. 38, § 19 GeschGehG Rn. 43; Zöller/*Lückemann* § 173 GVG Rn. 1; MüKo ZPO/*Zimmermann* § 173 GVG Rn. 3, 7; Köhler/Bornkamm/Feddersen/*Alexander* § 19 GeschGehG Rn. 40; *McGuire* GRUR **2015** 424, 435; vgl. BeckOK GeschGehG/*Gregor* § 19 GeschGehG Rn. 48; Germelmann/Matthes/Prütting/*Germelmann/Künzl* § 52 ArbGG Rn. 7; *Rojahn* FS Loewenheim (2009) 251, 258.

161 Germelmann/Matthes/Prütting/*Germelmann/Künzl* § 52 ArbGG Rn. 8.

162 Harte-Bavendamm/Ohly/Kalbfus/*Kalbfus* § 19 GeschGehG Rn. 43; Köhler/Bornkamm/Feddersen/*Alexander* § 19 GeschGehG Rn. 40.

163 MüKo ZPO/*Zimmermann* § 169 GVG Rn. 12; vgl. *Ewer* NJW **2010** 1323, 1324f.

164 Vgl. Zöller/*Lückemann* § 185 GVG Rn. 1; MüKo ZPO/*Zimmermann* § 185 GVG Rn. 4.

sich aus dem **Anspruch auf rechtliches Gehör sowie dem Recht auf ein faires Verfahren.**[165] Nichtsdestotrotz sollten die Gerichte bei einem Beschluss über den Ausschluss der Öffentlichkeit (Privat-)Dolmetscher ausdrücklich vom Ausschluss ausnehmen und ihnen die Teilnahme gestatten. Im Falle ihrer Teilnahme unterliegen sie dann auch den Geheimhaltungsanordnungen gem. §§ 16, 19.

2. Akteneinsicht Dritter (§ 19 Abs. 2 Nr. 2). Wenn das Gericht Beschränkungen nach 90
§ 19 Abs. 1 Satz 1 getroffen hat, sieht § 19 Abs. 2 Nr. 2 vor, dass § 16 Abs. 3 für nicht zugelassene Personen gilt. Demgemäß darf Dritten, die ein **Recht auf Akteneinsicht** gemäß § 299 Abs. 1 ZPO haben, nur ein Akteninhalt zur Verfügung gestellt werden, in dem die Geschäftsgeheimnisse enthaltenden Ausführungen unkenntlich gemacht worden sind. Hierbei handelt es sich um eine flankierende Regelung, die insbesondere in Fällen des Ausschlusses der Öffentlichkeit gemäß § 19 Abs. 2 Nr. 1 gerechtfertigt ist.[166]

§ 19 Abs. 2 Nr. 2 setzt Art. 9 Abs. 2 UAbs. 2 lit. c) RL (EU) 2016/943 um[167] und ergänzt 91
den Geheimnisschutz im Hinblick auf das Akteneinsichtsrecht von nicht zugelassenen Personen bei Beschränkungen des Gerichts gemäß § 19 Abs. 1. Es soll auf diese Weise verhindert werden, dass Personen, die gemäß § 19 Abs. 1 Satz 1 keinen Zugang zu Dokumenten oder zur mündlichen Verhandlung haben, über den Umweg der Akteneinsicht an die Informationen gelangen, die als geheimhaltungsbedürftig eingestuft worden sind.[168] Dies gilt natürlich auch für Urteile, sofern darin geheimhaltungsbedürftige Informationen offenbart werden, so dass im Zweifel nur eine geschwärzte Fassung oder eine Fassung ohne Entscheidungsgründe (sofern der Urteilstenor keine geheimhaltungsbedürftigen Informationen enthält) eingesehen werden darf.[169]

Der betroffene Personenkreis im Rahmen von § 19 Abs. 2 Nr. 2 sind **nicht zugelassene** 92
Personen (vgl. § 19 Abs. 1), die wie „Dritte" im Sinne von § 299 Abs. 2 ZPO und § 16 Abs. 3 behandelt werden.[170]

Die Beschränkung gemäß § 19 Abs. 2 Nr. 2 wird **automatisch** ausgelöst, sobald das 93
Gericht Beschränkungen nach § 19 Abs. 1 Satz 1 getroffen hat („gilt")[171], so dass es keines Antrags der Parteien bedarf. Dem Gericht steht im Hinblick auf § 19 Abs. 2 Nr. 2 mithin auch **kein Ermessen** zu.[172]

IV. Beschränkungen im Zwangsvollstreckungsverfahren (§ 19 Abs. 3)

Die Geheimhaltung eines Geschäftsgeheimnisses kann auch im Zwangsvollstre- 94
ckungsverfahren erforderlich sein. Daher ordnet § 19 Abs. 3 an, dass die §§ 16–19 Abs. 1, 2

---

165 BVerfG 17.5.1983 NJW **1983** 2762, 2763 ff.; BGH 1.3.2018 NJW-RR **2018** 506, 506 f.; Zöller/*Lückemann* § 185 GVG Rn. 1; MüKo ZPO/*Zimmermann* § 185 GVG Rn. 1.
166 Büscher/*McGuire* § 19 GeschGehG Rn. 24; *Kalbfus* WRP **2019** 692, 697; vgl. *Reinfeld* § 6 Rn. 79.
167 BTDrucks. 19/4724 S. 38.
168 Harte-Bavendamm/Ohly/Kalbfus/*Kalbfus* § 19 GeschGehG Rn. 46 ff.; Köhler/Bornkamm/Feddersen/*Alexander* § 19 GeschGehG Rn. 38; BeckOK GeschGehG/*Gregor* § 19 GeschGehG Rn. 22.
169 BeckOK GeschGehG/*Gregor* § 19 GeschGehG Rn. 22; *Rehaag*/*Straszewski* Mitt. **2019** 249, 256.
170 Köhler/Bornkamm/Feddersen/*Alexander* § 19 GeschGehG Rn. 35; BeckOK GeschGehG/*Gregor* § 19 GeschGehG Rn. 22, 50.
171 Harte-Bavendamm/Ohly/Kalbfus/*Kalbfus* § 19 GeschGehG Rn. 46; Köhler/Bornkamm/Feddersen/*Alexander* § 19 GeschGehG Rn. 41.
172 Harte-Bavendamm/Ohly/Kalbfus/*Kalbfus* § 19 GeschGehG Rn. 46; Köhler/Bornkamm/Feddersen/*Alexander* § 19 GeschGehG Rn. 41; *Hoppe*/*Oldekop*/*Pichlmaier* Kap. 3 Rn. 210.

im **anschließenden Zwangsvollstreckungsverfahren** entsprechend gelten. Dadurch gilt eine in einem Erkenntnisverfahren durch das Gericht der Hauptsache angeordnete Einstufung nach § 16 Abs. 1 oder eine nach § 19 Abs. 1, 2 angeordnete Beschränkung (Offenbarungs- und Nutzungsverbot, Zugangsbeschränkungen, Beschränkung des Akteneinsichtsrechts Dritter) auch im Zwangsvollstreckungsverfahren auf der Grundlage eines in diesem Verfahren erlassenen vollstreckbaren Titels fort.[173] Daher müssen auch **Mitarbeiter des Vollstreckungsgerichts** sowie der **Gerichtsvollzieher** die Geheimhaltungsverpflichtung gemäß § 16 Abs. 2 beachten.[174] **Dritten** und **nicht-zugelassenen Personen** steht auch im Zwangsvollstreckungsverfahren nur ein **eingeschränktes Akteneinsichtsrecht** zu (§ 19 Abs. 3 i.V.m. §§ 16 Abs. 3, 19 Abs. 2 Nr. 2).[175]

95 Das Offenbarungs- und Nutzungsverbot sowie Zugangsbeschränkungen gelten auch in einem **Ordnungsmittelverfahren** wegen (vermeintlichen) Verstoßes gegen ein Unterlassungsgebot oder wegen Verstoßes gegen die Geheimhaltungsverpflichtung fort (etwa nach § 890 ZPO oder § 17 i.V.m. § 1 Abs. 1 Nr. 3 JBeitrO).[176]

96 Während gemäß § 18 Satz 1 die Pflichten gemäß § 16 Abs. 2 zur Wahrung der als geheimhaltungsbedürftig eingestuften Informationen bei solchen Personen fortgelten, die bereits im Erkenntnisverfahren mit dem Geschäftsgeheimnis in Berührung gekommen sind, erweitert § 19 Abs. 3 den Schutz nach § 18 Satz 1 dahingehend, dass auch solche **Parteivertreter, Prozessvertreter, Zeugen, Sachverständige, sonstige Vertreter und alle sonstigen Personen**, die **erstmals in dem Verfahren der Zwangsvollstreckung Zugang zu dem Geschäftsgeheimnis erlangen**, dessen Schutz in dem Erkenntnisverfahren nach § 16 Abs. 1 oder nach § 19 Abs. 1 angeordnet worden ist, die entsprechenden Pflichten zur Wahrung des Geschäftsgeheimnisses zu erfüllen haben.[177]

97 Der Zwangsvollstreckung steht nicht entgegen, dass die dem Zwangsvollstreckungsschuldner nach § 750 Abs. 1 Satz 1 ZPO vor oder bei Beginn der Zwangsvollstreckung zuzustellende vollstreckbare Ausfertigung des Urteils hinsichtlich der Geschäftsgeheimnisse, deren Schutz angeordnet worden ist, geschwärzt worden ist (vgl. § 19 Abs. 1 Satz 4).[178] Denn die Zivilprozessordnung erlaubte bereits vor dem Inkrafttreten des GeschGehG in bestimmten Fällen die Zwangsvollstreckung auf der Grundlage der Zustellung einer vollständig ohne Tatbestand und Entscheidungsgründe abgefassten vollstreckbaren Ausfertigung eines Urteils (§ 750 Abs. 1 Satz 2 HS. 2 ZPO). Es bleibt aber dabei, dass die vollstreckbare Ausfertigung des Urteils, auf deren Grundlage das Vollstreckungsorgan tätig wird und die dem Zwangsvollstreckungsschuldner zuzustellen ist, in jedem Fall den **Urteilstenor**, soweit deren Inhalt vollstreckt werden soll, enthalten muss, so dass die Verletzungshandlung sowie die geheimhaltungsbedürftigen Informationen zumindest schlagwortartig benannt werden müssen.[179]

---

173 BTDrucks. 19/4724 S. 37; Harte-Bavendamm/Ohly/Kalbfus/*Kalbfus* § 19 GeschGehG Rn. 49; Büscher/*McGuire* § 19 GeschGehG Rn. 25; BeckOK GeschGehG/*Gregor* § 19 GeschGehG Rn. 51; *Reinfeld* § 6 Rn. 80f.; *Kalbfus* WRP **2019** 692, 697; vgl. *Götz* 503ff.

174 BeckOK GeschGehG/*Gregor* § 19 GeschGehG Rn. 51.

175 BeckOK GeschGehG/*Gregor* § 19 GeschGehG Rn. 51.

176 BeckOK GeschGehG/*Gregor* § 19 GeschGehG Rn. 51.

177 BTDrucks. 19/4724 S. 37; Köhler/Bornkamm/Feddersen/*Alexander* § 19 GeschGehG Rn. 42; *Hoppe/Oldekop/Pichlmaier* Kap. 3 Rn. 243; *Reinfeld* § 6 Rn. 82; *Kalbfus* WRP **2019** 692, 696; vgl. *Götz* 503ff.

178 BTDrucks. 19/4724 S. 37; Harte-Bavendamm/Ohly/Kalbfus/*Kalbfus* § 19 GeschGehG Rn. 50; Köhler/Bornkamm/Feddersen/*Alexander* § 19 GeschGehG Rn. 43; BeckOK GeschGehG/*Gregor* § 19 GeschGehG Rn. 53; *Reinfeld* § 6 Rn. 83.

179 BTDrucks. 19/4724 S. 37; Harte-Bavendamm/Ohly/Kalbfus/*Kalbfus* § 19 GeschGehG Rn. 50; Büscher/*McGuire* § 19 GeschGehG Rn. 26; Köhler/Bornkamm/Feddersen/*Alexander* § 19 GeschGehG Rn. 43; BeckOK GeschGehG/*Gregor* § 19 GeschGehG Rn. 54; *Reinfeld* § 6 Rn. 83; *Rojahn* FS Loewenheim (2009) 251, 258f.

Da der Bestimmtheitsgrundsatz nicht dazu führen darf, dass ein Kläger im Klageantrag geheimhaltungsbedürftige Informationen offenbart und damit seine berechtigten Geheimhaltungsinteressen hinten anstellen muss, genügt es, dass das Geschäftsgeheimnis nur insoweit umschrieben werden muss, wie es für die Zwangsvollstreckung unerlässlich ist, sodass das Geschäftsgeheimnis nicht zwingend in den Antrag aufgenommen werden muss.[180] Bei der Verurteilung zur Zahlung einer Geldsumme mag man auf die Benennung der geheimhaltungsbedürftigen Informationen noch verzichten können. Geht es jedoch beispielsweise um die Unterlassung einer weiteren Nutzung (z. B. eines Herstellungsverfahrens oder die Beschlagnahme und Vernichtung rechtsverletzender Produkte), ist die zu unterlassende Handlung so eindeutig zu beschreiben, dass das Vollstreckungsorgan das Vorliegen eines (kerngleichen) Verstoßes erkennen kann.[181] Das Geschäftsgeheimnis muss jedenfalls dann nicht im Urteilstenor beschrieben werden, wenn sich das begehrte Verbot gegen eine konkrete Verletzungsform richtet.[182] Die Konsequenz ist aber, dass der Schuldner das gerichtliche Verbot in aller Regel leicht umgehen kann, etwa durch eine kleine Veränderungen der Verletzungsform bzw. des nachgeahmten Produkts.[183] 98

Eine **Schutzentscheidung nach den §§ 16–19 Abs. 1, 2** kann grundsätzlich nur in einem kontradiktorischen Verfahren durch das Gericht der Hauptsache (vgl. § 20 Abs. 6) erlassen werden.[184] Demgemäß kann ein Antrag auf eine Schutzentscheidung nach den §§ 16–19 Abs. 1, 2 in der Regel nicht erstmals im Zwangsvollstreckungsverfahren gestellt werden.[185] Ferner ist es grundsätzlich ausgeschlossen, dass Organe der Zwangsvollstreckung eine solche Entscheidung erlassen, etwa wenn ein Antrag auf eine Schutzentscheidung nach den §§ 16–19 Abs. 1, 2 bereits im Erkenntnisverfahren gestellt worden ist, aber vom Gericht der Hauptsache nicht beschieden worden ist.[186] Denn in dem streng formalisierten Zwangsvollstreckungsverfahren kann die für eine Schutzentscheidung nach den §§ 16–19 Abs. 1, 2 notwendige umfassende Interessenabwägung regelmäßig nicht durchgeführt werden.[187] Hierfür besteht auch in der Regel kein Bedürfnis, da schutzbedürftige Geschäftsgeheimnisse regelmäßig bereits im Erkenntnisverfahren zutage treten und ein entsprechender Antrag der betroffenen Partei mithin vor dem Gericht der Hauptsache gestellt werden kann.[188] 99

Diese von der Gesetzesbegründung geleitete, pauschale Betrachtungsweise kann mitunter Einschränkungen unterliegen. Dies gilt insbesondere im Hinblick auf den **Auskunfts- und Rechnungslegungsanspruch**. Denn hier ist im Falle von Problemen, ins- 100

---

180 BGH 22.3.2018 GRUR **2018** 1161, 1162, 1163 – Hohlfasermembranspinnanlage II; BeckOK GeschGehG/*Gregor* § 19 GeschGehG Rn. 54; vgl. BGH GRUR **2008** 727, 728 – Schweißmodulgenerator; *Rojahn* FS Loewenheim (2009) 251, 258 f.

181 Büscher/*McGuire* § 19 GeschGehG Rn. 26; BeckOK GeschGehG/*Gregor* § 19 GeschGehG Rn. 54.

182 BGH 22.3.2018 GRUR **2018** 1161, 1162 (Rn. 19), 1163 – Hohlfasermembranspinnanlage II; BeckOK GeschGehG/*Gregor* § 19 GeschGehG Rn. 54.

183 BGH 13.12.2007 GRUR **2008** 727, 728 – Schweißmodulgenerator; BeckOK GeschGehG/*Gregor* § 19 GeschGehG Rn. 54.

184 BTDrucks. 19/4724 S. 37; Köhler/Bornkamm/Feddersen/*Alexander* § 19 GeschGehG Rn. 44; BeckOK GeschGehG/*Gregor* § 19 GeschGehG Rn. 52; *Reinfeld* § 6 Rn. 65, 84; **a. A.** Harte-Bavendamm/Ohly/Kalbfus/*Kalbfus* GeschGehG § 19 Rn. 55.

185 BTDrucks. 19/4724 S. 37; Köhler/Bornkamm/Feddersen/*Alexander* § 19 GeschGehG Rn. 44; BeckOK GeschGehG/*Gregor* § 19 GeschGehG Rn. 52; *Reinfeld* § 6 Rn. 84; **a. A.** Harte-Bavendamm/Ohly/Kalbfus/*Kalbfus* § 19 GeschGehG Rn. 55.

186 BTDrucks. 19/4724 S. 37; *Reinfeld* § 6 Rn. 84.

187 BTDrucks. 19/4724 S. 37; Köhler/Bornkamm/Feddersen/*Alexander* § 19 GeschGehG Rn. 44; BeckOK GeschGehG/*Gregor* § 19 GeschGehG Rn. 52; *Reinfeld* § 6 Rn. 84.

188 BTDrucks. 19/4724 S. 37 f.; Köhler/Bornkamm/Feddersen/*Alexander* § 19 GeschGehG Rn. 44; *Reinfeld* § 6 Rn. 84.

besondere bei der Weigerung des Zwangsvollstreckungsschuldners zur **Vorlage der entsprechenden (ungeschwärzten) Unterlagen**, das Gericht mit der Sache befasst und nicht der Gerichtsvollzieher. Sofern der Zwangsvollstreckungsschuldner die Vorlage von Unterlagen verweigert oder nur teilgeschwärzte Unterlagen vorlegt, weil andernfalls Geschäftsgeheimnisse offenbart werden würden, müssen dem Gericht Mittel zur Verfügung stehen, um diesen Interessenkonflikt zu lösen. Hier kommen insbesondere Maßnahmen nach §§ 16–19 Abs. 1, 2 in Betracht. Dafür spricht auch § 20 Abs. 1, der Maßnahmen nach § 16 Abs. 1, 19 Abs. 1 ab Anhängigkeit des Rechtsstreits zulässt.

101 Eine zu restriktive oder offene Urteilsfassung kann ein **Hindernis** im Rahmen der Vollstreckung im (europäischen) Ausland darstellen.[189]

V. Rechtsmittel

102 Die gegnerische Partei kann die Anordnung der **Beschränkung nach § 19 Abs. 1** wie auch die Einstufung als geheimhaltungsbedürftig nach § 16 Abs. 1 nur gemeinsam mit dem **Rechtsmittel in der Hauptsache** anfechten, also mit der Berufung oder der Revision (§ 20 Abs. 5 Satz 4).[190]

103 Anders verhält es sich im Hinblick auf die **Maßnahmen nach § 19 Abs. 2**. Der Beschluss über den Ausschluss der Öffentlichkeit gemäß § 172 Nr. 2, 174 GVG ist nicht anfechtbar.[191] Demgegenüber ist der Beschluss über den Ausschluss der Öffentlichkeit gemäß § 19 Abs. 2 Nr. 1 mit der **sofortigen Beschwerde** anfechtbar (§ 567 Abs. 1 Nr. 1 ZPO i. V. m. § 20 Abs. 5 Satz 5), da sich § 20 Abs. 5 Satz 4 nur auf § 16 Abs. 1 und § 19 Abs. 1 bezieht, § 19 Abs. 2 aber gerade nicht erwähnt.[192]

104 Im Falle einer **Abänderung/Aufhebung des Beschlusses** nach Anhörung der gegnerischen Partei gemäß § 20 Abs. 2 ist dieser abändernde/aufhebende Beschluss mit der **sofortigen Beschwerde** anfechtbar (§ 567 Abs. 1 Nr. 1 ZPO i. V. m. § 20 Abs. 5 Satz 5). In der Zeit zwischen der Abänderung/Aufhebung einer Maßnahme und der Entscheidung über die sofortige Beschwerde bleibt die zuvor angeordnete Beschränkung bis zur rechtskräftigen Entscheidung über die sofortige Beschwerde bestehen (Umkehrschluss aus § 18 Satz 2 HS. 1 analog).[193]

---

189 Büscher/*McGuire* § 19 GeschGehG Rn. 26.

190 BeckOK GeschGehG/*Gregor* § 19 GeschGehG Rn. 20; *Hoppe/Oldekop/Pichlmaier* Kap. 3 Rn. 228.

191 OLG München 2.7.2010 BeckRS **2010** 16771; Harte-Bavendamm/Ohly/Kalbfus/*Kalbfus* § 19 GeschGehG Rn. 44; Zöller/*Lückemann* § 172 GVG Rn. 14; MüKo ZPO/*Zimmermann* § 172 GVG Rn. 15; BeckOK GeschGehG/*Gregor* § 19 GeschGehG Rn. 49.

192 **A. A.** BeckOK GeschGehG/*Gregor* § 19 GeschGehG Rn. 49.

193 BeckOK GeschGehG/*Gregor* § 19 GeschGehG Rn. 20.

§ 20
Verfahren bei Maßnahmen nach den §§ 16 bis 19

(1) Das Gericht der Hauptsache kann eine Beschränkung nach § 16 Absatz 1 und § 19 Absatz 1 ab Anhängigkeit des Rechtsstreits anordnen.

(2) Die andere Partei ist spätestens nach Anordnung der Maßnahme vom Gericht zu hören. Das Gericht kann die Maßnahmen nach Anhörung der Parteien aufheben oder abändern.

(3) Die den Antrag nach § 16 Absatz 1 oder § 19 Absatz 1 stellende Partei muss glaubhaft machen, dass es sich bei der streitgegenständlichen Information um ein Geschäftsgeheimnis handelt.

(4) [1]Werden mit dem Antrag oder nach einer Anordnung nach § 16 Absatz 1 oder einer Anordnung nach § 19 Absatz 1 Satz 1 Nummer 1 Schriftstücke und sonstige Unterlagen eingereicht oder vorgelegt, muss die den Antrag stellende Partei diejenigen Ausführungen kennzeichnen, die nach ihrem Vorbringen Geschäftsgeheimnisse enthalten. [2]Im Fall des § 19 Absatz 1 Satz 1 Nummer 1 muss sie zusätzlich eine Fassung ohne Preisgabe von Geschäftsgeheimnissen vorlegen, die eingesehen werden kann. [3]Wird keine solche um die Geschäftsgeheimnisse reduzierte Fassung vorgelegt, kann das Gericht von der Zustimmung zur Einsichtnahme ausgehen, es sei denn, ihm sind besondere Umstände bekannt, die eine solche Vermutung nicht rechtfertigen.

(5) [1]Das Gericht entscheidet über den Antrag durch Beschluss. [2]Gibt es dem Antrag statt, hat es die Beteiligten auf die Wirkung der Anordnung nach § 16 Absatz 2 und § 18 und Folgen der Zuwiderhandlung nach § 17 hinzuweisen. [3]Beabsichtigt das Gericht die Zurückweisung des Antrags, hat es die den Antrag stellende Partei darauf und auf die Gründe hierfür hinzuweisen und ihr binnen einer zu bestimmenden Frist Gelegenheit zur Stellungnahme zu geben. [4]Die Einstufung als geheimhaltungsbedürftig nach § 16 Absatz 1 und die Anordnung der Beschränkung nach § 19 Absatz 1 können nur gemeinsam mit dem Rechtsmittel in der Hauptsache angefochten werden. [5]Im Übrigen findet die sofortige Beschwerde statt.

(6) Gericht der Hauptsache im Sinne dieses Abschnitts ist
1. das Gericht des ersten Rechtszuges oder
2. das Berufungsgericht, wenn die Hauptsache in der Berufungsinstanz anhängig ist.

Schrifttum

Ann Know-how – Stiefkind des Geistigen Eigentums? GRUR **2007** 39; *Ann* EU-Richtlinie zum Schutz vertraulichen Know-hows – Wann kommt das neue deutsche Recht, wie sieht es aus, was ist noch offen? GRUR-Prax **2016** 465; *Ann/Loschelder/Grosch* Praxishandbuch Know-how-Schutz, 2010; *Alexander* Gegenstand, Inhalt und Umfang des Schutzes von Geschäftsgeheimnissen nach der Richtlinie (EU) 2016/943, WRP **2017** 1034; *Apel* Der Gesetzgeber sollte zur Klarstellung zeitnah eine § 12 Abs. 2 UWG entsprechende Bestimmung ins GeschGehG aufnehmen – Anmerkung zum Beschluss des OLG München vom 8.8.2019, Az. 29 W 940/19, BB **2019** 2515; *Apel/Walling* Das neue Geschäftsgeheimnisgesetz: Überblick und erste Praxishinweise, DB **2019** 891; *Baranowski/Glaßl* Anforderungen an den Geheimnisschutz nach der neuen EU-Richtlinie, BB **2016** 2563; *Benkard* Patentgesetz, 11. Aufl. 2015; *Büscher* Gesetz gegen den unlauteren Wettbewerb, 2019; *Busse/Keukenschrijver* Patentgesetz, 8. Aufl. 2016; *Cepl/Voß* Prozesskommentar zum Gewerblichen Rechtsschutz, 2. Aufl. 2018; *Dann/Markgraf* Das neue Gesetz zum Schutz von Geschäftsgeheimnissen, NJW **2019** 1774; *Deichfuß* Die Entwendung von technischen Betriebsgeheimnissen, GRUR-Prax **2012** 449; *Dorn* Anforderungen an die Durchsetzung standardessentieller Patente, GRUR-Prax **2017** 497; *Druschel/Jauch* Der Schutz von Know-how im deutschen Zivilprozess: Der Status quo und die zu erwartenden Änderungen, Teil 1: Der derzeitige und zukünftige prozessuale Geheimnisschutz im Know-how-Verletzungsverfahren, BB **2018** 1218;

https://doi.org/10.1515/9783110631654-024

Druschel/Jauch Der Schutz von Know-how im deutschen Zivilprozess: Der Status quo und die zu erwartenden Änderungen, Teil 2: Der derzeitige und zukünftige Geheimnisschutz im vorgelagerten Besichtigungsverfahren, DD **2018** 1794, *Dumont* Happy End für ein Stiefkind? – Regierungsentwurf zur Umsetzung der Know-how-Richtlinie, BB **2018** 2441; *Falce* Trade Secrets – Looking for (Full) Harmonization in the Innovation Union, IIC **2015** 940; *Fitzner/Lutz/Bodewig* Beck'scher Online Kommentar Patentrecht, 17. Ed. Stand: 15.7.2020; *Fuhlrott/Hiéramente* Beck'scher Online Kommentar GeschGehG, 4. Ed. Stand: 15.6.2020; *Gärtner/Goßler* Trade secret litigation nun auch in Deutschland? – Gedanken zur Umsetzung der Know-how-Richtlinie, Mitt. **2018** 204; *Götz* Der Schutz von Betriebs- und Geschäftsgeheimnissen im Zivilverfahren, 2014; *Harte-Bavendamm/Henning-Bodewig* Gesetz gegen den unlauteren Wettbewerb (UWG), 4. Aufl. 2016; *Hauck* Geheimnisschutz im Zivilprozess – was bringt die neue EU-Richtlinie für das deutsche Recht? NJW **2016** 2218; *Hauck* Schutz von Unternehmensgeheimnissen bei der Bestimmung FRAND-konformer Lizenzbedingungen, GRUR-Prax **2017** 118; *Hauck* Was lange währt... – Das Gesetz zum Schutz von Geschäftsgeheimnissen (GeschGehG) ist in Kraft, GRUR-Prax **2019** 223; *Kalbfus* Die EU-Geschäftsgeheimnis-Richtlinie – Welcher Umsetzungsbedarf besteht in Deutschland, GRUR **2016** 1009; *Kalbfus* Rechtsdurchsetzung bei Geheimnisverletzungen – Welchen prozessualen Schutz gewährt das Geschäftsgeheimnisgesetz dem Kläger? WRP **2019** 692; *Kalbfus/Harte-Bavendamm* Protokoll der Sitzung des Fachausschusses für Wettbewerbs- und Markenrecht zum Richtlinienvorschlag über den Schutz von Geschäftsgeheimnis, GRUR **2014** 453; *Keller* Protokoll der Sitzung des GRUR-Fachausschusses für Wettbewerbs- und Markenrecht zum Referentenentwurf eines Gesetzes zum Schutz von Geschäftsgeheimnissen (GeschGehG) am 25.4.2018 in Berlin, GRUR 2018 706; *Kersting* Der Schutz des Wirtschaftsgeheimnisses im Zivilprozess – Eine rechtsvergleichende Untersuchung anhand der Federal Rules of Civil Procedure und der ZPO, 1995; *Koós* Die europäische Geschäftsgeheimnis-Richtlinie – ein gelungener Wurf? – Schutz von Know-how und Geschäftsinformationen – Änderungen im deutschen Wettbewerbsrecht, MMR **2016** 224; *Krüger/Wiencke/Koch* Der Datenpool als Geschäftsgeheimnis, GRUR **2020** 578; *Kühnen* Handbuch der Patentverletzung, 12. Aufl. 2020; *Kühnen* Zivilprozessualer Geheimnisschutz in Patentstreitverfahren – Zugleich Entgegnung auf Zhu/Popp (GRUR **2020** 338), GRUR **2020** 576; *Kühnen* Die Besichtigung im Patentrecht – Eine Bestandsaufnahme zwei Jahre nach „Faxkarte", GRUR **2005** 185; *Kürschner* Parteiöffentlichkeit vor Geheimnisschutz im Zivilprozeß, NJW **1992** 1804; *Kuta* Die Besichtigungsanordnung nach dem „Düsseldorfer Modell" – Zur Rechtmäßigkeit des Düsseldorfer Besichtigungsverfahrens de lege lata, 2017; *Laoutoumai/Baumfalk* Probleme im vorprozessualen Verfahren bei der Rechtsverfolgung von Ansprüchen aus dem neuen GeschGehG, WRP **2018** 1300; *Lejeune* Die neue EU Richtlinie zum Schutz von Know-how und Geschäftsgeheimnissen – Wesentliche Inhalte und Anpassungsbedarf im deutschen Recht sowie ein Vergleich zur Rechtslage in den USA, CR **2016** 330; *Löffel* Kommentar zu OLG München, Beschl. v. 8.8.2019, Az. 29 W 940/19, WRP **2019** 1378; *McGuire* Der Schutz von Know-how im System des Immaterialgüterrechts – Perspektiven für die Umsetzung der Richtlinie über Geschäftsgeheimnisse, GRUR **2016** 1000; *McGuire* Know-how: Stiefkind, Störenfried oder Sorgenkind? – Lücken und Regelungsalternativen vor dem Hintergrund des RL-Vorschlags, GRUR **2015** 424; *McGuire* Neue Anforderungen an Geheimhaltungsvereinbarungen? WRP **2019** 679; *Mes* Patentgesetz Gebrauchsmustergesetz 5. Aufl. 2020; *Quodbach* Gesetzentwurf für ein Zweites Gesetz zur Vereinfachung und Modernisierung des Patentrechts, IP Kompakt **2020** 2; *Rauer/Eckert* Richtlinie zur Harmonisierung des Know-how-Schutzes in der EU, DB **2016** 1239; *Redeker/Pres/Gittinger* Einheitlicher Geheimnisschutz in Europa (Teil 1) – Die Entwürfe zur Know-how-Richtlinie, deren Konsequenzen für das innerbetriebliche Vertragsmanagement (Teil 1) und die erforderlichen Auswirkungen auf den Zivilprozess (Teil 2), WRP **2015** 681; *Redeker/Pres/Gittinger* Einheitlicher Geheimnisschutz in Europa (Teil 2) – Die Entwürfe zur Know-how-Richtlinie, deren Konsequenzen für das innerbetriebliche Vertragsmanagement (Teil 1) und die erforderlichen Auswirkungen auf den Zivilprozess (Teil 2), WRP **2015** 812; *Rehaag/Straszewski* Das neue Gesetz zum Schutz von Geschäftsgeheimnissen in der Praxis, Mitt. **2019** 249; *Rojahn* Das geheime Know-how: Wie geheim darf/muss das Zivilverfahren sein? Festschrift Loewenheim (2009) 251; *Schlingloff* Geheimnisschutz im Zivilprozess aufgrund der „Know-how-Schutz"-Richtlinie – Was muss sich im deutschen Prozessrecht ändern? WRP **2018** 666; *Schregle* Neue Maßnahmen zum Geheimnisschutz in Geschäftsgeheimnisstreitsachen – Wegbereiter für den effektiven Rechtsschutz? GRUR **2019** 912; *Semrau-Brandt* Patentstreit zwischen Qualcomm und Apple: Schwächen des Geschäftsgeheimnisschutzes im Zivilprozess, GRUR-Prax **2019** 127; *Stadler* Der Schutz von Unternehmensgeheimnissen im Zivilprozeß, NJW **1989** 1202; *Voigt/Herrmann/Grabenschröer* Das neue Geschäftsgeheimnisgesetz – praktische Hinweise zu Umsetzungsmaßnahmen für Unternehmen, BB **2019** 142; *Vorwerk/Wolf* Beck'scher Online Kommentar ZPO, 37. Ed. Stand: 1.7.2020; *Winzer* Der Schutz von Geschäftsgeheimnissen im Zivilprozess, 2018; *Würtenberger/*

Freischem Stellungnahme zum Referentenentwurf des Bundesministeriums der Justiz und für Verbraucherschutz – Entwurf eines Gesetzes zur Umsetzung der RL 2016/943/EU zum Schutz von Geschäftsgeheimnissen vor rechtswidrigem Erwerb sowie rechtswidriger Nutzung und Offenlegung, GRUR **2018** 708; *Zhu/Popp* Zivilprozessualer Geheimnisschutz in Patentstreitverfahren – Mit (oder ohne) Türöffner-Antrag zum Confidentiality Club, GRUR **2020** 338; *Ziegelmayer* Geheimnisschutz ist eine große Nische – Zu den unterschätzten Auswirkungen des GeschGehG, CR **2018** 693.

Übersicht

A. Einführung

I. Hintergrund und Diskussion in der Gesetzgebung

§ 20 enthält die Regelungen zur verfahrensmäßigen Behandlung der Maßnahmen **1** nach den § 16 bis 19. Die im Abschnitt 3 des GeschGehG genannten Verfahrensregeln und insbesondere die dort angesprochenen Maßnahmen des Gerichts gehen zurück auf **Art. 9 der Richtlinie.**[1] Dort finden sich die **Grundlagen** für die Anordnungen. Regelungen, wie es im Einzelfall vor Gericht zu einer derartigen Anordnung kommen kann, enthält Art. 9 der Richtlinie naturgemäß nicht. Denn die Gerichte der Mitgliedsstaaten wenden die ***lex fori*** auf den jeweils bei ihnen anhängigen Rechtsstreit an. Soweit die Gerichte – wie hier – als nationale Gerichte tätig werden, verbleibt es bei diesem Grundsatz. Eine Vereinheitlichung der nationalen Prozessrechte und Verfahrensordnungen ist in der EU nicht erfolgt und wird auch durch die vorliegende Richtlinie nicht herbeigeführt. Allenfalls Art. 9 Abs. 3 der Richtlinie enthält gewisse Hinweise dazu, wie die zuständigen Gerichte bei den jeweiligen Anordnungen vorgehen sollen. Allerdings betreffen diese Hinweise eher die **Interessen-**

1 RL (EU) 2016/943 v. 8.6.2016.

abwägung und die **Ausübung des Ermessens** als das eigentliche dabei zu beachtende Verfahren.

2 § 20 ist im Wesentlichen unverändert aus dem ersten Referentenentwurf vom Mai 2018 übernommen worden (dortiger § 19). Die wenigen Änderungen gegenüber dem Referentenentwurf betreffen die verfahrensmäßige Vorbereitung der Entscheidung selbst (Abs. 5).

II. Einordnung in die allgemeinen prozessualen Regeln

3 § 20 stellt eine **Ergänzung zu den allgemeinen Regeln** über den Zivilprozess dar, die sich aus der ZPO, dem GVG oder anderen Regelungen ergeben. Er ist lediglich auf Verfahren in Geschäftsgeheimnisstreitsachen im Sinne von Abschnitt 3 des GeschGehG anwendbar. Insoweit geht er dann als ***lex specialis*** den sonstigen Vorschriften vor. Eine (gegebenenfalls analoge) Anwendung der Verfahrensregeln auf andere als Geschäftsgeheimnisstreitsachen etwa bei der Beurteilung eines Akteneinsichtsrechts in Patentstreitsachen, dürfte ohne eine besondere gesetzliche Anordnung nicht in Betracht kommen.[2]

4 Die Regelungen von Abschnitt 3 begründen ein neuartiges Verfahren im Rahmen der bisherigen Prozessführung im Zivilprozess. Diesen Besonderheiten trägt § 20 Rechnung und flankiert die mit den übrigen Vorschriften getroffenen Regelungen mit dem Ziel einer **möglichst effektiven praktischen Umsetzung** im konkreten Verfahren. Dabei darf das Verfahren insgesamt nicht durch die Diskussionen über und um die Maßnahmen und Anordnungen des Gerichts derart aufgebläht und belastet werden, dass die Prüfung und Beurteilung des eigentlichen Streitgegenstandes in den Hintergrund treten. Erhebliche Verzögerungen oder gar Blockaden des Rechtsstreits durch das Verhalten der Parteien infolge der zusätzlichen Verfahrensanforderungen sind zu vermeiden. Dem dient das in § 20 niedergelegte abgestufte System der Verfahrenshandlungen.

III. Regelungsumfang

5 Die offizielle Überschrift zu § 20 betrifft „Verfahren bei Maßnahmen nach den §§ 16–19“. Danach wäre davon auch die Verhängung von Ordnungsmitteln nach § 17 umfasst. Allerdings lässt der gesamte Regelungsgehalt von § 20 erkennen, dass es im Wesentlichen um die **Beschränkungen nach § 16 Abs. 1 und § 19 Abs. 1** geht (vgl. die Formulierung in Abs. 1). Regelungen über das Verfahren bei der Verhängung von Ordnungsmitteln enthält § 20 demgegenüber nicht. Insbesondere die verfahrenslenkenden Vorschriften passen auf die Verhängung von Ordnungsmitteln nicht. Insoweit wird man die Überschrift so verstehen müssen, dass davon § 17 insoweit ausgenommen ist. Dafür gelten eigenständige Regelungen (s. Kommentierung zu § 17).

---

2 OLG Karlsruhe 28.10.2020; BGH 14.10.2020 NJW-RR **2020** 1386.

B. Anordnungsbefugnis (Abs. 1)

I. Gericht der Hauptsache

Anordnungsbefugt ist das Gericht der Hauptsache. Absatz 6 enthält dazu eine eigene Definition. Die Vorschrift ist sowohl im einstweiligen Verfügungsverfahren als auch im Hauptsacheverfahren anwendbar. 6

II. Ab Anhängigkeit

Absatz 1 sieht vor, dass die Beschränkungen nach § 16 Abs. 1 und § 19 Abs. 1 bereits **ab Anhängigkeit des Rechtsstreits** angeordnet werden können. Entscheidender Zeitpunkt ist mithin der Eingang des verfahrenseinleitenden Schriftstücks (Klage oder Antrag auf Erlass einer einstweiligen Verfügung) bei Gericht. Erforderlich ist **keine Rechtshängigkeit** im Sinne der §§ 261 Abs. 1, 253 Abs. 1 ZPO. Dadurch wird sichergestellt, dass von Anfang an keine Schutzlücke für die streitgegenständlichen Informationen eintritt. Anordnungen können durch das Gericht mithin auch bereits getroffen werden, solange die Sache (noch) einseitig ist. 7

Ungeachtet dessen sind der Grundsatz des rechtlichen Gehörs und die weiteren Anforderungen des § 20 ebenfalls **schon zu diesem Zeitpunkt zu beachten**, soweit dies ohne Gefährdung des Anordnungszwecks möglich ist.[3] 8

Die **Anordnungsbefugnis** endet im Regelfall mit dem Abschluss des Verfahrens insgesamt. Auch hier ergeben sich indes Besonderheiten aus der Fortgeltung der Geheimhaltungspflichten nach Abschluss des Verfahrens (§ 18) und der Aufhebungs- bzw. Abänderungsbefugnis des Gerichts nach § 20 Abs. 2 Satz 2. 9

C. Rechtliches Gehör (Absatz 2)

Der **Grundsatz des rechtlichen Gehörs** folgt aus dem **Rechtsstaatsprinzip** (Art. 103 Abs. 1 GG) und gilt als übergeordneter Grundsatz in jedem Verfahren. Absatz 2 enthält dazu besondere Ausprägungen für Geschäftsgeheimnisstreitsachen. 10

I. Anordnung einer Maßnahme

Absatz 2 unterscheidet danach, ob eine Maßnahme **angeordnet** wird oder ob das Gericht eine **Aufhebung** oder **Abänderung** einer Maßnahme beabsichtigt. Davon ist auch die Regelung des rechtlichen Gehörs abhängig. § 20 Abs. 2 Satz 1 und Satz 2 treffen dafür unterschiedliche Anordnungen. 11

1. Andere Partei. Im Fall der erstmaligen oder wiederholten Anordnung einer Maßnahme ist die jeweils andere Partei **vom Gericht zu hören** (§ 20 Abs. 2 Satz 1). Die Anordnungen und Maßnahmen nach §§ 16 und 19 sind **bewusst zweiseitig** formuliert. Diese Anordnungen und Maßnahmen stehen mithin sowohl der klagenden Partei als auch der beklagten Partei zur Verfügung. Beide Parteien können einen entsprechenden Antrag stel- 12

3 Büscher/*McGuire* § 20 GeschGehG Rn. 4; Köhler/Bornkamm/Feddersen/*Alexander* § 20 GeschGehG Rn. 10.

len. Zu diesem Antrag ist die jeweils andere Partei zu hören. Da sich eine Anordnung oder Maßnahme immer auf konkrete streitgegenständliche Informationen bezieht, ist mit der anderen Partei immer diejenige Partei gemeint, die als Antragsgegnerin im gerichtlichen Verfahren dem entsprechenden Antrag gegenübersteht. Ob es sich dabei um streitgegenständliche Informationen einer der beiden Parteien oder auch einer dritten, nicht verfahrensbeteiligten Partei handelt, ist für die Frage des rechtlichen Gehörs unerheblich. Insoweit kommt es allein auf das Prozessrechtsverhältnis an.

13 Eine **Anhörung Dritter** ist grundsätzlich nicht vorgesehen. § 20 Abs. 1 bezieht sich ausdrücklich auch auf Beschränkungen nach § 19 Abs. 1. Dort sind auch von Dritten eingereichte oder vorgelegte Dokumente genannt, die Geschäftsgeheimnisse enthalten können. Über die Frage der Anordnung einer Beschränkung oder Maßnahme entscheidet nach § 20 Abs. 2 das Gericht indes **nur nach Anhörung der Parteien**. Dies erscheint solange angemessen, wie es lediglich um streitgegenständliche Informationen einer der Parteien geht. In diesem Falle ist es **unerheblich**, ob die entsprechenden Dokumente von einer Partei oder von Dritten eingereicht oder vorgelegt wurden. Allerdings sind auch Fallkonstellationen denkbar, in denen mögliche **Geheimhaltungsinteressen dieser Dritten** betroffen sind. Es mag sein, dass eine Partei mit Zustimmung des Dritten oder der Dritte selbst ein entsprechendes Dokument vorlegt und nunmehr von einer Partei Geheimhaltungsinteressen geltend gemacht werden. Dies mag die vorlegende Partei bzw. der Dritte selbst sein. Auch die Gegenpartei könnte indes versucht sein, Geheimhaltungsinteressen an den in dem Dokument enthaltenen Informationen geltend zu machen. Es erscheint daher angemessen, jedenfalls in den Fällen, in denen Dritte selbst Dokumente eingereicht oder vorgelegt haben, die Pflicht zur Anhörung auch auf diese Dritten auszudehnen. Die amtliche Begründung zu § 20 Abs. 2 erwähnt Dritte nicht. Allerdings ist der Begründung zu entnehmen, dass insoweit umfassendes rechtliches Gehör zu gewähren ist, als dadurch die Maßnahme oder Anordnung **selbst nicht gefährdet** wird. Dies rechtfertigt es, zumindest in den geschilderten Fallkonstellationen unabhängig von der Parteirolle auch Dritte anzuhören.

14 Dies gilt erst recht, wenn der Dritte dem Rechtsstreit auf Seiten einer Partei als Nebenintervenient beitritt (§§ 66, 74 ZPO). Formal wird der Dritte in diesen Fällen nicht Partei. Dennoch sind ihm aufgrund der Rolle im Verfahren insoweit die gleichen Rechte einzuräumen wie einer Partei.

15 **2. Zeitpunkt der Anhörung.** Gemäß § 20 Abs. 2 Satz 1 ist die andere Partei **spätestens nach Anordnung** der Maßnahme zu hören. Diese Regelung ermöglicht es dem Gericht, im Interesse einer raschen zumindest vorläufigen Regelung eine Maßnahme ohne vorherige Anhörung anzuordnen. Auch das dient der **effizienten Wahrung** von Geschäftsgeheimnissen und berücksichtigt die **Schutzbedürftigkeit** der den Antrag stellenden Partei.[4] In vielen Fällen kann die Anhörung der anderen Partei vor Anordnung der Maßnahme den Schutz des Geschäftsgeheimnisses bereits beeinträchtigen. § 20 Abs. 2 Satz 1 eröffnet dem Gericht deshalb auch insoweit ein **Entscheidungsermessen**. Da der Grundsatz des rechtlichen Gehörs als Justizgrundrecht (grundrechtsgleiches Recht) Verfassungsrang genießt, kommt ihm eine **besonders hohe Bedeutung** zu. Auch das ist bei dem Verfahren der Anordnung zu berücksichtigen. Die Gesetzesformulierung in § 20 Abs. 2 Satz 1 darf nicht zu einem Automatismus führen, wonach stets auf eine vorherige Anhörung verzichtet wird. Insoweit formuliert das Gesetz lediglich eine **zulässige Ausnahme**, ohne dies als Regelfall anzuordnen.

---

4 BTDrucks. 19/4724 S. 38.

Die amtliche Begründung scheint allerdings sehr wohl von einem derartigen **Regel-Ausnahme-Verhältnis** auszugehen. Die sich aus der Gesetzesformulierung eigentlich ergebende Selbstverständlichkeit, dass eine Anhörung der anderen Partei auch vor Anordnung der Geheimhaltungsbedürftigkeit stattfinden kann, wird dort ausdrücklich hervorgehoben und mit dem Zusatz versehen, dass die vorherige Anhörung dann stattfinden kann, sofern besondere Gründe hierfür sprechen. Als Beispiel wird erwähnt, dass der genaue Personenkreis zu bestimmen ist, dem Zugang zu den geheimhaltungsbedürftigen Dokumenten gewährt werden soll. Aufgrund des hohen **Schutzbedürfnisses** der den Antrag stellenden Partei geht der Gesetzgeber davon aus, dass die anfängliche umfassende Anordnung der **Geheimhaltung den Regelfall** darstellen wird. Der Zugang des betreffenden Personenkreises wird dann durch die Möglichkeit zu einem abgestuften Verfahren sichergestellt, wobei auch kurzfristig eine Aufhebung oder Abänderung der getroffenen Anordnung möglich ist. 16

Zu berücksichtigen ist allerdings auch, dass § 20 Abs. 2 Satz 1 von einer **Anordnung der Maßnahme** spricht. Dies umfasst nicht nur die bloße Einstufung einer Information als geheimhaltungsbedürftig i. S. v. § 16 Abs. 1. In besonderem Maße gilt dies für die weiteren gerichtlichen Beschränkungen nach § 19 Abs. 1, die § 20 Abs. 1 ausdrücklich erwähnt. Damit ist eine **nicht unerhebliche Einschränkung des Prozessgegners** (also der anderen Partei) verbunden. Im Interesse eines umfassenden Geheimnisschutzes mag man dies hinnehmen wollen. Insoweit sollte indes deutlich zwischen den Anordnungen nach § 16 Abs. 1 und § 19 Abs. 1 unterschieden werden. Da mit einer Maßnahme nach § 16 Abs. 1 zunächst einmal ein **erheblich geringerer Eingriff** verbunden ist, kann hierfür das vom Gesetzgeber angesprochene Regel-Ausnahme-Verhältnis deutlich leichter Anwendung finden als bei den Maßnahmen nach § 19 Abs. 1. Es ist auch keineswegs einsichtig, dass von vornherein in jedem Falle eine Anordnung ohne Anhörung ergehen muss. Im Rahmen der vorzunehmenden Ermessensentscheidung werden die Gerichte diese Gesichtspunkte und insbesondere den hohen Stellenwert des rechtlichen Gehörs zu berücksichtigen haben. 17

Bei der Anhörung selbst sind **entsprechende Vorkehrungen** zu treffen, die sicherstellen, dass nicht durch den Vorgang der Anhörung der spätere Zweck der Geheimhaltung oder der Maßnahme vereitelt wird.[5] Gerade darin liegt die besondere Funktion des Regelungsmechanismus nach § 20. Im Allgemeinen wird dies dazu führen müssen, dass das Gericht nicht bereits die streitgegenständlichen Informationen mit der Aufforderung zur Stellungnahme übersendet. Vielmehr wird das Gericht sich insoweit allgemein äußern oder zunächst einmal den Personenkreis für die Anhörung entsprechend beschränken müssen. Denn anderenfalls könnte eine etwaige spätere Beschränkung leicht ins Leere gehen. 18

Unabhängig davon kann sich **auch erst im Laufe des Verfahrens** die Notwendigkeit für eine Geheimhaltungsanordnung ergeben. Ein entsprechender Antrag der Partei, die eine Anordnung nach § 16 Abs. 1 oder § 19 Abs. 1 begehrt, kann jederzeit erstmals gestellt oder wiederholt werden. Die **Verhältnisse** für die Beurteilung durch das Gericht können sich in relevantem Maße während des Verfahrens ändern. Ebenso können neue Tatsachen hinzutreten, die erst die Geheimhaltungsbedürftigkeit begründen. Auch in diesem Falle ist es möglich, **nachträglich** entsprechende Anordnungen zu treffen. Hier ist Voraussetzung neben der Anhörung auch die Berücksichtigung der Geeignetheit einer entsprechenden Maßnahme. Anordnungen können nur noch dann getroffen werden, wenn sie nicht von vornherein ihr Ziel verfehlen. 19

---

5 Büscher/*McGuire* § 20 GeschGehG Rn. 4.

II. Aufhebung oder Abänderung einer Maßnahme

20 **1. Kein Antragserfordernis.** Im Unterschied zu der Anordnung von Maßnahmen nach § 20 Abs. 2 Satz 1 bedarf es für eine Aufhebung oder Abänderung einer bereits angeordneten Maßnahme keines Antrags. Zwar ist ein entsprechender Antrag naturgemäß nicht ausgeschlossen. Dennoch kann das Gericht auch von Amts wegen sowohl die Anordnung einer Information als **geheimhaltungsbedürftig** als auch **konkrete Beschränkungen nach § 19 Abs. 1** wieder aufheben oder abändern. Die amtliche Begründung nennt als Beispiel für eine derartige Situation **Hinweise**, dass ein Geschäftsgeheimnis voraussichtlich nicht vorliegt.[6]

21 Diese Regelung steht einerseits in **unmittelbarem Zusammenhang** mit der Anhörung nach § 20 Abs. 2 Satz 1. Denn wenn eine entsprechende Anordnung ohne vorherige Anhörung der anderen Partei ergangen ist, soll es auf diese Weise für das Gericht einfach möglich sein, nach erfolgter Anhörung eine getroffene Maßnahme entsprechend einfach vollständig **aufzuheben** oder **abzuändern**. Dafür soll dann kein Antrag der anderen Partei mehr erforderlich sein. In der Praxis wird die betreffende Partei allerdings ohnehin diesen Antrag zusammen mit ihrer Stellungnahme zur Anhörung formulieren. Unabhängig davon kann auch im weiteren Verlauf des Verfahrens ohne einen diesbezüglichen Antrag das Gericht von Amts wegen Änderungen an den angeordneten Maßnahmen vornehmen. Es kann unter den entsprechenden Umständen die Anordnung aufheben oder abändern.

22 **2. Vorherige Anhörung der Parteien.** In diesem Fall setzt § 20 Abs. 2 Satz 2 zwingend die **vorherige Anhörung** beider Parteien voraus. Es muss mithin beiden Parteien ausreichend Gelegenheit gegeben werden, zu den vom Gericht geäußerten Vorstellungen der Aufhebung oder Abänderung Stellung zu nehmen.

23 Auch hier wird man entsprechend verlangen, dass Dritte, die am Verfahren als **Nebenintervenienten** beteiligt sind, ebenso angehört werden. Gleiches gilt für den zuvor erwähnten Fall, dass Dritte nach § 19 Abs. 1 Nr. 1 Dokumente eingereicht oder vorgelegt haben. Da eine einseitige Rücknahme derartiger Dokumente aus der Gerichtsakte durch den Dritten prozessual ausgeschlossen ist, wird man insoweit zumindest eine vorherige Anhörung verlangen müssen.

24 **3. Umfang der Abänderungsbefugnis.** § 20 Abs. 2 Satz 2 ermöglicht es dem Gericht zunächst, die von ihm getroffenen Maßnahmen wieder aufzuheben. Damit ist eine **vollständige Beseitigung** der jeweiligen Maßnahme gemeint. Eine erneute Anordnung der Maßnahme nach erfolgter Aufhebung setzt dann einen neuen Antrag und die Beachtung der sonstigen Verfahrensvoraussetzungen des § 20 insgesamt voraus.

25 Daneben erwähnt § 20 Abs. 2 Satz 2 die Abänderung der Maßnahme. Davon sind zuallererst **Einschränkungen der Maßnahmen** erfasst. Es ist beispielsweise denkbar, dass das Gericht eine streitgegenständliche Information ursprünglich insgesamt als geheimhaltungsbedürftig eingestuft hat und sich dann herausstellt, dass eine solche Einstufung **allenfalls in Teilen gerechtfertigt** ist (§ 16 Abs. 1). In diesem Fall kann die Einstufung auf denjenigen Teil beschränkt werden, den das Gericht nach Anhörung der Parteien noch für geheimhaltungsbedürftig hält. Ähnliches gilt für die Anordnung von Maßnahmen nach § 19. Auch hier kann eine ursprünglich angeordnete Zugangsbeschränkung nachträglich wieder gelockert werden.

---

6 BTDrucks. 19/4724 S. 38.

Nicht mehr gedeckt von dieser Abänderungsbefugnis nach § 20 Abs. 2 Satz 2 sind demgegenüber **Verschärfungen** der einmal getroffenen Anordnungen. Eine solche Verschärfung wäre wie die Neuanordnung zu behandeln und unterliegt daher den allgemeinen Verfahrensvoraussetzungen von § 20 und insbesondere auch dem Antragserfordernis aus § 16 Abs. 1 und § 19 Abs. 1. Sofern allerdings eine **Partei einen Antrag** bereits gestellt hat, dem das Gericht nur teilweise entsprochen hat, ist im Einzelfall zu prüfen, ob der ursprünglich gestellte Antrag damit vollständig erledigt oder im Umfang des noch nicht erledigten Teils weiter als gestellt gilt. Dies kann insbesondere dann von Bedeutung sein, wenn sich während des laufenden Verfahrens herausstellt, dass die ursprünglich angeordneten Maßnahmen zur vollständigen Wahrung des Geheimnisschutzes **nicht ausreichen**. Sofern die vom Gericht beabsichtigte Verschärfung zu einem früheren Zeitpunkt von dem Antrag einer Partei umfasst war, wäre es eine **bloße Förmelei**, wenn man einen erneuten Antrag im Hinblick auf die Verschärfung verlangen würde. Schon aus Gründen der Flexibilität und der raschen Entscheidungsmöglichkeit ist dem Gericht in dieser Fallkonstellation auch eine Verschärfung gestattet. Wie schon erwähnt, gilt dies nicht für Maßnahmen, die zuvor aufgehoben wurden. In diesen Fällen verbleibt keine Anordnung, die abgeändert werden könnte. Es handelt sich dann um eine vollständige Neuanordnung. 26

D. Glaubhaftmachung (Absatz 3)

§ 20 Abs. 3 enthält eine Regelung zur **Glaubhaftmachung** für die Anträge nach § 16 Abs. 1 oder § 19 Abs. 1. 27

I. Glaubhaftmachungslast

Die Glaubhaftmachungslast liegt bei derjenigen Partei, die den Antrag auf Einstufung einer Information als geheimhaltungsbedürftig (§ 16 Abs. 1) oder auf Anordnung weiterer Beschränkungen (§ 19 Abs. 1) stellt. Dies gilt wiederum für beide Parteien des Rechtsstreits, soweit sie einen **entsprechenden Antrag** stellen. In gleicher Weise muss diese Vorschrift dann ebenso **auf dritte Antragsteller** wie z. B. Nebenintervenienten angewandt werden. Dieser Rechtsgedanke findet im Übrigen auch in ähnlichen Fallkonstellationen Anwendung, bei denen es beispielsweise um das Akteneinsichtsrecht in Patentstreitsachen geht, auch ohne unmittelbar die Vorschriften des GeschGehG anzuwenden.[7] 28

II. Umfang der Glaubhaftmachung

§ 20 Abs. 3 verlangt die Glaubhaftmachung dafür, dass es sich bei der streitgegenständlichen Information um ein **Geschäftsgeheimnis** handelt. Darin liegt eine **Erleichterung gegenüber dem Vollbeweis** für anspruchsbegründende Tatsachen. Eine solche Erleichterung ist deswegen im Interesse einer raschen Entscheidung des Gerichts erforderlich, weil anderenfalls wegen der notwendigen Vorfrage zur Einstufung der Informationen **erhebliche Verzögerungen** zu gewärtigen wären. Derartige Verzögerungen vermeidet die gesetzliche Regelung. Sie ist auch deswegen angemessen, weil es für diese Vorfrage auf sonstige Umstände zunächst nicht ankommt. Fragen, wie etwa die materielle Berechtigung des Klä- 29

7 LG München I 13.8.2019 MMR **2020** 717.

gers, etwaige Verletzungshandlungen und dergleichen sind im Rahmen von § 16 Abs. 1 und der Einstufung einer Information als geheimhaltungsbedürftig **nicht zu prüfen**.

30 Die Glaubhaftmachung genügt ebenso für sämtliche Voraussetzungen nach der **Definition in § 2 Nr. 1**. Auch dafür muss in dem betreffenden Verfahrensstadium noch kein Vollbeweis erbracht werden. Die endgültige Entscheidung über etwaige materiellrechtliche Ansprüche bleibt davon unberührt. Für sie gilt auch weiterhin der Vollbeweis.

31 Nicht erwähnt werden in § 20 Abs. 3 die weiteren Voraussetzungen der gerichtlichen Beschränkungen nach § 19 Abs. 1. Dies gilt namentlich für die sonstigen Umstände, die im Rahmen der **Interessenabwägung** nach § 19 Abs. 1 Satz 2 vom Gericht zu berücksichtigen sind. Richtigerweise muss auch insoweit zumindest für die Anordnung die Glaubhaftmachung genügen. Anderenfalls könnte sich daraus in der Praxis eine erhebliche **Blockademöglichkeit** ergeben. Das ist ersichtlich vom Gesetzgeber nicht gewollt. Anhaltspunkte dafür, dass der Gesetzgeber bewusst nur für die Feststellung des Geschäftsgeheimnisses nach § 16 Abs. 1 die Glaubhaftmachung ausreichen lassen wollte, sind **nicht ersichtlich**.

III. Anforderungen an die Glaubhaftmachung

32 Für die Glaubhaftmachung selbst enthält das GeschGehG **keine gesonderten Anforderungen**. Maßgeblich ist insoweit § 294 ZPO. Der mit der Glaubhaftmachung belasteten Partei stehen alle Beweismittel zur Verfügung, namentlich Urkunden, schriftliche Zeugenbekundungen, Inaugenscheinnahme durch das Gericht.[8] Besondere Bedeutung hat in diesem Zusammenhang die **eidesstattliche Versicherung**. Die mit der Glaubhaftmachung belastete Partei kann eigene eidesstattliche Versicherungen abgeben oder auch eidesstattliche Versicherungen dritter Personen vorlegen. Die Beweisaufnahme ist dabei nicht an die in der ZPO vorgeschriebenen Formen gebunden. Maßgeblich ist, dass die Glaubhaftmachungsmittel dem Gericht **unmittelbar** zur Entscheidung vorliegen und **sofort** verwertet werden können (vgl. § 294 Abs. 2 ZPO).

E. Kennzeichnungspflicht (Abs. 4)

33 Absatz 4 betrifft die Pflicht zur Kennzeichnung der entsprechenden Unterlagen und Informationen, deretwegen ein Antrag auf Erlass einer Anordnung nach § 16 Abs. 1 oder § 19 Abs. 1 Satz 1 Nr. 1 gestellt wird. Die dort aufgeführten Verpflichtungen richten sich an die antragstellende Partei. Die Gegenpartei ist von den Kennzeichnungspflichten nicht betroffen.

34 Auf diese Weise wird zum einen eine **Identifikation derjenigen Informationen** erreicht, die nach Auffassung der antragstellenden Partei geheimhaltungsbedürftig sind oder hinsichtlich derer zusätzliche Anordnungen ergehen müssen. Dies ist Ausdruck der Parteimaxime. Eine Aufklärung von Amts wegen erfolgt nicht. Unabhängig davon, ob die Geheimhaltung im alleinigen Interesse der antragstellenden Partei oder möglicherweise im öffentlichen Interesse erfolgen soll, verbleibt die Verpflichtung der antragstellenden Partei zur Kennzeichnung und damit zur Darlegung der fraglichen Informationen.

---

8 Zöller/*Greger* § 294 ZPO Rn. 3–5.

I. Editierung von Unterlagen

Absatz 4 Satz 1 verlangt, dass Schriftstücke und sonstige Unterlagen, die mit dem Antrag oder nach einer Anordnung nach den §§ 16 Abs. 1 oder 19 Abs. 1 Satz 1 Nr. 1 eingereicht oder vorgelegt werden, durch die antragstellende Partei editiert werden. Dafür sind diejenigen **Ausführungen zu kennzeichnen**, die nach dem Vorbringen der Partei Geschäftsgeheimnisse enthalten. Dies betrifft zunächst Schriftstücke und sonstige Unterlagen, die mit dem Antrag eingereicht oder vorgelegt werden, also vor einer entsprechenden Anordnung des Gerichts. Für die Einreichung oder Vorlegung im Anschluss an eine Einstufung als geheimhaltungsbedürftig (§ 16 Abs. 1) oder eine Anordnung gemäß § 19 Abs. 1 Satz 1 gilt die Regelung in gleicher Weise. Die Kennzeichnung dient der Feststellung, welche Ausführungen konkret die als geheimhaltungsbedürftig eingestuften Informationen enthalten sollen. 35

Der **Begriff der Unterlagen** ist weit zu fassen. Er umfasst nicht nur schriftliche oder bildliche Darstellungen (z. B. Zeichnungen, Grafiken und dergleichen). Darunter wird vielmehr jegliches Material zu verstehen sein, in dem mögliche Geschäftsgeheimnisse enthalten sind. Dazu gehören beispielsweise auch Muster und Modelle, elektronische Aufzeichnungen oder Audio- oder Videodateien. 36

Wie die Art der Kennzeichnung zu erfolgen hat, lässt Abs. 4 Satz 1 offen. Die Kennzeichnung muss konkret den Inhalt erkennen lassen, den die Partei als geheimhaltungsbedürftig ansieht. Eine nur pauschale Kennzeichnung ganzer Textpassagen ist dafür nicht geeignet. Auch die **Kennzeichnung sollte so eng wie möglich die betreffende Information identifizieren**. Andererseits wird man insoweit auch eine gewisse Großzügigkeit walten lassen. Schon hier ist aber das Augenmerk auf Abs. 4 Satz 2 zu richten, wonach auch eine editierte Fassung ohne die Preisgabe von Geschäftsgeheimnissen vorgelegt werden muss. Die antragstellende Partei muss dabei berücksichtigen, ob und inwieweit der verbleibende Teil der jeweiligen Unterlage noch verständlich bleibt. Auf jeden Fall muss die Kenntlichmachung im Interesse der antragstellenden Partei wirksam und eindeutig erfolgen, damit die entsprechenden Geschäftsgeheimnisse identifiziert werden können. Zugleich bedarf es einer sachlichen Erläuterung zu jeder kenntlich gemachten Passage, aus der sich die Umstände für die Einstufung als geheimhaltungsbedürftig ergeben. 37

Da das Gericht in die Lage versetzt werden muss, eine hinreichend sichere Entscheidung darüber zu treffen, ob in den fraglichen Passagen Geschäftsgeheimnisse enthalten sind, muss das Gericht den Inhalt der jeweiligen Passagen vollständig zur Kenntnis nehmen können. Gemäß Satz 2 muss die antragstellende Partei zusätzlich eine Fassung des betreffenden Schriftstücks oder der sonstigen Unterlage vorlegen, bei der keine Preisgabe von Geschäftsgeheimnissen erfolgt. Dies geschieht am einfachsten durch eine **vollständige Schwärzung** der betreffenden Passagen oder sonstige Maßnahmen, die die Passagen unleserlich oder unkenntlich machen. Ausdrücklich ist die Vorlage einer editierten Fassung nach Satz 2 nur im Fall des § 19 Abs. 1 Satz 1 Nr. 1 vorgesehen, wonach von den Parteien oder Dritten eingereichte oder vorgelegte Dokumente Geschäftsgeheimnisse enthalten können und der Zugang dazu ganz oder teilweise auf eine bestimmte Anzahl von zuverlässigen Personen beschränkt wird. Für die übrigen Fälle enthält Abs. 4 keine derartige Anordnung. Grund für die Vorlage der editierten Fassung ist es, der jeweils anderen Partei einen unbeschränkten Zugang zu dieser Fassung zu ermöglichen. Auf diese Weise wird sichergestellt, dass der Prozessstoff beiden Parteien und den jeweiligen Parteivertretern weitestgehend zugänglich bleibt und die Beschränkungen auf das notwendige Maß zur Wahrung der Geschäftsgeheimnisse begrenzt bleiben. 38

II. Fehlerhafte Kennzeichnung

39 Eine fehlerhafte Kennzeichnung der Unterlagen kann zunächst darin bestehen, dass versehentlich bestimmte Passagen nicht gekennzeichnet werden, obwohl sie Geschäftsgeheimnisse enthalten. Die Kennzeichnungspflicht besteht nach Abs. 4 Satz 1 bereits bei der Einreichung oder Vorlegung der Unterlagen. Im Interesse einer effektiven Wahrung des Geheimnisschutzes wird man es indes auch zulassen müssen, dass zu einem späteren Zeitpunkt die fehlende **Kennzeichnung nachgeholt** wird, sofern der Geheimnisschutz noch erreicht werden kann. Regelmäßig wird dies nur der Fall sein, wenn die betreffenden Unterlagen noch nicht oder nicht vollständig der anderen Partei zur Kenntnis gelangt sind, etwa weil der Zugang auf bestimmte Personen beschränkt war. Soweit die andere Partei von den behaupteten Geschäftsgeheimnissen bereits Kenntnis genommen hat, wird eine nachträgliche Kennzeichnung nicht mehr ausreichen.

40 Legt die antragstellende Partei demgegenüber lediglich in der Weise editierte Dokumente vor, dass diese zwar Schwärzungen oder dergleichen aufweisen, nicht jedoch den vollständigen Text offenbaren, werden die entsprechenden **Schwärzungen bzw. Auslassungen nicht Prozessstoff.** Da es keine Möglichkeit für das Gericht oder die andere Partei gibt, den dahinterstehenden Inhalt zu überprüfen, ist das Vorbringen der antragstellenden Partei so zu beurteilen, als habe sie die betreffenden Passagen nicht zur Akte gereicht.

41 Abs. 4 Satz 3 enthält eine spezielle Regelung für diejenigen Fälle, in denen die antragstellende Partei keine um die Geschäftsgeheimnisse reduzierte Fassung der Unterlagen vorlegt. In diesem Fall kann das Gericht von der **Zustimmung der antragstellenden Partei zur Einsichtnahme** ausgehen. Eine Ausnahme gilt nach Abs. 4 Satz 3 dann, wenn dem Gericht besondere Umstände bekannt sind, die eine solche Vermutung nicht rechtfertigen. Die Vermutung der Zustimmung ist mithin widerleglich. Der bloße Antrag der Partei auf Anordnung einer entsprechenden Maßnahme wird dafür regelmäßig nicht ausreichen. Denn anderenfalls wäre für diese Regelung kein Raum. Über den Antrag hinaus müssen mithin weitere besondere Umstände hinzukommen, die die Vermutung widerlegen. Diese Umstände müssen dem Gericht zudem bekannt sein. Dabei kommt es nicht darauf an, welche Partei diese Umstände vorgetragen hat. Es kann sich auch um Umstände handeln, die sich für das Gericht aus dem Verhalten einer Prozesspartei oder deren sonstigem Vortrag oder auch aus anderen Unterlagen ergeben. Dabei ist der Begriff der Umstände weit zu fassen. Diese Umstände müssen zudem nicht konkret auf das Fehlen der Zustimmung abzielen. Insoweit genügt eine Schlussfolgerung des Gerichts aus sonstigen Umständen.

42 Sofern das Gericht von einer Zustimmung der antragstellenden Partei zur Einsichtnahme ausgehen möchte, wird man im Interesse einer umfassenden Wahrung der Geschäftsgeheimnisse einen entsprechenden Hinweis des Gerichts verlangen müssen (vgl. § 139 Abs. 2 ZPO). Zumindest ist insoweit aufzuklären, ob die Vorlage der editierten Fassung bewusst oder unabsichtlich unterblieben ist.

F. Entscheidung des Gerichts (Abs. 5)

I. Inhalt des Beschlusses

43 Gemäß Abs. 5 Satz 1 entscheidet das Gericht über den Antrag stets durch Beschluss. Die weiteren Formulierungen in Abs. 5 legen es nahe, dass als mögliche Entscheidungen nur eine **Stattgabe** oder eine **Zurückweisung** jeweils insgesamt in Betracht kommen. Denkbar ist

aber auch eine **geteilte Entscheidung**, mit der das Gericht dem Antrag teilweise stattgibt und ihn im Übrigen zurückweist. Auch dafür gelten die weiteren Verfahrensvorschriften.

44 Die Möglichkeit des Gerichts, einem Antrag auch nur teilweise stattzugeben, ergibt sich bereits aus der Formulierung in § 16 Abs. 1 und § 19 Abs. 1. Dort ist vorgesehen, dass das Gericht auf Antrag einer Partei streitgegenständliche Informationen ganz oder teilweise als geheimhaltungsbedürftig einstufen kann. Ebenso kann der Zugang ganz oder teilweise auf eine bestimmte Anzahl von Personen beschränkt werden. Ein effektiver Schutz von Geschäftsgeheimnissen kann demzufolge nur erreicht werden, wenn das Gericht bei der Entscheidung entsprechende Flexibilität besitzt. Es kann demzufolge im Rahmen des jeweiligen Antrags den Umfang der Anordnung festlegen. Dies ergibt sich schon aus der Formulierung „ganz oder teilweise" in § 16 Abs. 1 und § 19 Abs. 1. Eine Grenze wird da gezogen, wo die Anordnung über den Antrag der Partei hinausgehen würde (§ 308 Abs. 1 ZPO).

II. Stattgabe des Antrags

45 Gemäß Abs. 5 gelten unterschiedliche Verfahrensregeln in Abhängigkeit von dem Inhalt der zu treffenden Entscheidung. Soweit dem Antrag nach § 16 Abs. 1 oder § 19 Abs. 1 stattgegeben wird, besteht gemäß Abs. 5 S. 2 eine umfassende Hinweispflicht des Gerichts. Dies betrifft zunächst die Wirkung der Anordnung nach § 16 Abs. 2 und die sich daraus ergebenden Verhaltenspflichten der beteiligten Personen. Hinzuweisen ist ferner auf die Nachwirkung der Verpflichtungen nach Abschluss des Verfahrens (§ 18).

46 Schließlich umfasst die Verpflichtung des Gerichts zur Erteilung von Hinweisen auch die Folgen einer Zuwiderhandlung gegen die getroffenen Anordnungen nach § 17. Dies entspricht der in § 890 Abs. 2 ZPO normierten Androhung der Zwangsmittel für den Fall der Zuwiderhandlung.

47 Die Beschränkungen und Anordnungen nach § 19 Abs. 1 werden bei der Hinweispflicht nach Abs. 5 Satz 2 nicht gesondert erwähnt. Dies erklärt sich einerseits daraus, dass die in § 19 geregelten weiteren **gerichtlichen Beschränkungen nur zusätzlich zu einer Anordnung** nach § 16 Abs. 1 ergehen können. Insoweit erfolgt mithin zwingend bereits eine Belehrung über die entsprechenden Verhaltenspflichten bei der Einstufung der Information als geheimhaltungsbedürftig. Eine doppelte oder wiederholte Belehrung – auch bei nachträglicher Anordnung nach § 19 – könnte man daher als redundant bezeichnen. Die besondere Schutzbedürftigkeit der Geschäftsgeheimnisse und der darauf gerichtete Gesetzeszweck gebieten es indes, in jedem Fall einer vom Gericht getroffenen Anordnung ggf. erneut auf die entsprechenden Folgen hinzuweisen. Die mit einem derartigen Hinweis verbundene Warnfunktion erscheint in diesem Fall vorrangig, zumal mit der Hinweispflicht nur ein geringer zusätzlicher Arbeitsaufwand für das Gericht anfallen dürfte. Da zudem § 19 Abs. 1 Satz 4 dem Gericht das freie Ermessen einräumt, bestimmte Anordnungen zu treffen, sollte auch insoweit ein gesonderter Hinweis ergehen.

48 Unterbleibt ein entsprechender Hinweis, hat dies auf die Verpflichtungen nach den §§ 16, 18 und 19 keine Auswirkungen. Sie treten kraft Gesetzes ein.[9] Die Hinweispflicht ist insoweit **keinesfalls konstitutiv**. Die in § 16 Abs. 2 und § 18 normierten Verhaltenspflichten gelten mithin uneingeschränkt.

49 Allerdings kann im Fall einer Zuwiderhandlung ohne einen vorherigen Hinweis kein **Ordnungsmittel nach § 17** verhängt werden. Es fehlt an der einer Androhung entsprechenden Warnung vor den Folgen der Zuwiderhandlung, sofern nicht eine derartige War-

9 Harte-Bavendamm/Ohly/Kalbfus/*Kalbfus* § 20 GeschGehG Rn. 37.

nung gesondert auf Antrag der jeweiligen antragstellenden Partei nachträglich ausgesprochen worden ist.

III. Zurückweisung des Antrags

50 Für den Fall einer beabsichtigten Zurückweisung des Antrags sieht Abs. 5 Satz 3 ein **zweistufiges Verfahren** vor. Dies gilt auch bei einer teilweisen Zurückweisung des Antrags.

51 Vor einer Entscheidung hat das Gericht die antragstellende Partei zunächst auf die beabsichtigte Zurückweisung und die Gründe dafür hinzuweisen. Zugleich ist der Partei binnen einer vom Gericht zu bestimmenden Frist Gelegenheit zur Stellungnahme zu geben. Auf diese Weise wird sichergestellt, dass die antragstellende Partei von der Entscheidung nicht überrascht wird. Zugleich erhält sie die Möglichkeit, ihre Argumente für den Antrag dem Gericht noch einmal zu verdeutlichen und ggf. auch nachzubessern. Darin liegt ein **zusätzlicher Schutzmechanismus**. Auf diese Weise soll vermieden werden, dass Geschäftsgeheimnisse offenbart werden, für die eine Geheimhaltung bei zutreffender und vollständiger Würdigung aller Umstände gerechtfertigt gewesen wäre. Der ablehnenden Entscheidung des Gerichts wird insoweit eine nochmalige Prüfung vorgeschaltet.

52 Die **Frist** zur Stellungnahme wird vom Gericht nach seinem **Ermessen** bestimmt. Sie muss einerseits angemessen sein, um der Partei die Gelegenheit zu geben, die Gründe des Gerichts nachzuvollziehen, zu prüfen und dazu ausreichend Stellung zu nehmen. Andererseits soll mit der Entscheidung auch keine Verzögerung des Verfahrens im Übrigen verbunden sein. Auch hier ist zu berücksichtigen, dass die antragstellende Partei auch die Beklagte sein kann und die Interessenlage der Prozessparteien sich insoweit nicht zwangsläufig deckt. Zwischen diesen unterschiedlichen Interessen muss das Gericht eine Abwägung treffen.

53 Nach erfolgter Stellungnahme kann das Gericht dann nach erneuter Prüfung entscheiden. Hält es an der ursprünglichen Absicht fest, ergeht ein **Zurückweisungsbeschluss**. Anderenfalls gibt das Gericht dem Antrag der Partei statt. In diesem Fall gelten wiederum die zuvor diskutierten Hinweispflichten nach Abs. 5 Satz 2.

IV. Rechtsmittel

54 Auch die Rechtsmittel gegen den Beschluss des Gerichts sind danach zu unterscheiden, ob das Gericht dem Antrag stattgegeben oder ihn zurückgewiesen hat. Das hier geschaffene System unterschiedlicher Rechtsmittel unterscheidet sich grundlegend von ähnlichen Mechanismen, wie sie etwa aus § 174 Abs. 3 GVG bekannt sind. **Von einem Gleichlauf mit den Regelungen im GVG hat der Gesetzgeber bewusst abgesehen**. Zudem finden sich geradezu gegenteilige Regelungen im Anwendungsbereich des GeschGehG.[10]

55 **1. Stattgebende Entscheidung.** Gemäß Abs. 5 Satz 4 kann die stattgebende Entscheidung, mit der eine Einstufung als geheimhaltungsbedürftig nach § 16 Abs. 1 vorgenommen oder eine Anordnung der Beschränkung nach § 19 Abs. 1 getroffen worden ist, nur gemeinsam mit dem Rechtsmittel in der Hauptsache angefochten werden. Nach Abs. 5 Satz 5 findet im Übrigen die sofortige Beschwerde statt. Dies gilt auch für gemischte Entscheidun-

---

10 BGH 14.10.2020 Tz. 14 NJW-RR 2020, 1386 unter Verweis auf die Gesetzesbegründung.

gen, die einem Antrag nur teilweise stattgeben und ihn im Übrigen zurückweisen. Daraus entsteht eine gespaltene Anfechtbarkeit. Sie orientiert sich nach der Gesetzesbegründung am Sinn und Zweck der materiellen Regelungen. Sofern die Geheimhaltung bzw. Beschränkung angeordnet werden, ist zunächst einmal der Schutz des Geschäftsgeheimnisses gewährleistet. Darüber soll während des laufenden Rechtsstreits kein Zwischenstreit entstehen. Der Schutz des Geschäftsgeheimnisses wird insoweit gewährleistet und die damit verbundenen Beeinträchtigungen der anderen Partei können hingenommen werden.[11] Die Gesetzesbegründung spricht an dieser Stelle fälschlicherweise von der Beeinträchtigung des Beklagten. Die Regelung über die Rechtsmittel nach Abs. 5 Satz 4 und Satz 5 gilt für jeden Antrag nach § 16 Abs. 1 und § 19 Abs. 1. **Antragsberechtigt sind beide Parteien**. Insoweit wirkt die Regelung über die Rechtsmittel immer für diejenige Partei, die durch die betreffende Entscheidung des Gerichts beschwert ist. Eine bloß einseitige Geltung für den Beklagten ist ausgeschlossen.

Das Rechtsmittel in der Hauptsache hängt davon ab, ob es sich um ein einstweiliges **56** Verfügungsverfahren oder ein Hauptsacheverfahren handelt. Denkbar ist beispielsweise auch der Erlass einer einstweiligen Verfügung im Beschlusswege mit gleichzeitiger Anordnung nach den §§ 16 und 19. In diesem Fall ist diese Anordnung ebenfalls im Wege des Widerspruchs durch die Antragsgegnerin zu prüfen. Im Übrigen steht regelmäßig gegen Urteile der Landgerichte in erster Instanz die Berufung zum Oberlandesgericht zur Verfügung. Im Berufungsrechtszug kommt es darauf an, ob das OLG die Revision zulässt oder eine Nichtzulassungsbeschwerde erforderlich wird.

Eine **isolierte Anfechtung** der Entscheidung über die Anordnung nach den §§ 16 und **57** 19 ist im Gesetz nicht vorgesehen. Dies kann zu der Situation führen, dass eine Prozesspartei zwar in der Hauptsache obsiegt, sie aber dennoch durch Entscheidungen des Gerichts über die Anordnung nach § 16 oder § 19 konfrontiert bleibt, die auf Antrag des Prozessgegners ergangen ist. Die weitreichenden Folgen einer solchen Anordnung insbesondere über die Beendigung des Verfahrens hinaus (§ 18) können erhebliche Beeinträchtigungen für die Partei trotz des Obsiegens in der Hauptsache mit sich bringen. Damit kann durchaus ein Interesse dieser Partei daran bestehen, die Anordnung zu beseitigen. In diesem Fall steht ihr indes kein Rechtsmittel gegen die Entscheidung in der Hauptsache zur Verfügung. Eine Berufung, die allein gegen die Anordnung gerichtet wäre, ist unzulässig. Eine Ausnahme mag nur dann gelten, wenn die betreffende Anordnung im Urteil des Landgerichts getroffen und in den Urteilstenor aufgenommen wird. Eine solche Situation dürfte indes nur ausnahmsweise anzutreffen sein. Im Regelfall bleibt unter derartigen Umständen die Anordnung unanfechtbar.

Die fehlende Möglichkeit einer isolierten Anfechtung der Entscheidung über die **58** Anordnung nach den §§ 16 und 19 hat auch Auswirkungen auf die Verhängung der Ordnungsmittel. Die entsprechende Anordnung stellt eine Tatbestandsvoraussetzung für die Zuwiderhandlung dar. Im Rahmen der Entscheidung über die Verhängung des Ordnungsmittels besteht keine Prüfungsmöglichkeit über die Rechtmäßigkeit der Anordnung. Aus Abs. 5 Satz 4 ergibt sich vielmehr, dass das Gericht bei der Entscheidung über das Ordnungsmittel nur prüft, ob eine entsprechende Anordnung vorlag, gegen die verstoßen worden ist. Eine inzidente Prüfung der Rechtmäßigkeit findet nicht statt.

2. Ablehnende Entscheidung. Für den Fall einer ablehnenden Entscheidung eröff- **59** net Abs. 5 Satz 5 für den Anwendungsbereich des GeschGehG einen **eigenen Instanzen-**

---

11 BTDrucks. 19/4724 S. 38.

zug.[12] Die in Abs. 5 Satz 5 angeordnete sofortige Beschwerde erfasst die Fälle, in denen das Gericht eine Einstufung als geheimhaltungsbedürftig oder eine sonstige Anordnung abgelehnt hat. Auch dies betrifft gleichermaßen eine nur teilweise Ablehnung. In diesem Falle besteht auch weiterhin eine Gefahr für das behauptete Geschäftsgeheimnis. Die ablehnende Entscheidung kann daher durch die sofortige Beschwerde überprüft werden. Dafür gelten die Regelungen der § 567 ff. ZPO. Die Beschwerde ist innerhalb von zwei Wochen einzulegen (§ 569 Abs. 1 Satz 1 ZPO). Sie kann beim Landgericht eingelegt werden, wenn dessen Entscheidung angefochten wird, oder aber beim Oberlandesgericht als Beschwerdegericht für Entscheidungen der ersten Instanz. Befindet sich der Rechtsstreit bereits in der Berufungsinstanz, ist die sofortige Beschwerde ausgeschlossen (§ 567 Abs. 1 ZPO).

60 Fraglich ist, was mit dem Rechtsstreit in der Hauptsache während eines laufenden Beschwerdeverfahrens geschieht. Die Beschwerde erfasst ohnehin nur die Ablehnung der Anordnung und hat gemäß § 570 Abs. 1 ZPO keine aufschiebende Wirkung. Allerdings besteht für das Beschwerdegericht gemäß § 570 Abs. 3 ZPO die Möglichkeit, vor der Entscheidung eine einstweilige Anordnung zu erlassen. Die fehlende aufschiebende Wirkung führt insbesondere dann zu praktischen Problemen, wenn durch die Preisgabe des Geschäftsgeheimnisses an die jeweils andere Partei oder einen weiteren Personenkreis als vorgesehen vollendete Tatsachen geschaffen werden. Selbst eine erfolgreiche Beschwerde könnte dann die durch die Preisgabe und die Kenntnisnahme der anderen Partei eingetretenen Folgen nicht mehr revidieren. Insoweit wäre eine Klarstellung im Gesetz wünschenswert. Zudem sollte das Gericht trotz der Ablehnung des Antrags zunächst den Ausgang des Beschwerdeverfahrens abwarten, bevor es die betreffenden Unterlagen im Hauptsacheverfahren zulässt und der anderen Seite zugänglich macht. Dabei wird das Gericht auch eine Abwägung in dem Sinne treffen können, dass es die Qualität des behaupteten Geheimnisses und den Umfang des Geheimnisschutzes sowie dessen Bedeutung für die antragstellende Partei in die Abwägung einbezieht und gegen das Interesse der anderen Partei an einer Fortführung des Rechtsstreits abwägt, um insoweit auch möglicherweise mutwilligen Verfahrensverzögerungen entgegenzuwirken.

61 Soweit die amtliche Begründung in diesem Zusammenhang auch auf die Ablehnung einer Maßnahme nach § 17, also die Festsetzung eines Ordnungsmittels, verweist, ist klarzustellen, dass die gesamte Vorschrift des § 20 die Anordnung von Ordnungsmitteln nach § 17 nur in der Hinweispflicht nach Abs. 5 Satz 2 erwähnt, nicht aber die Anordnung der Ordnungsmittel selbst betrifft. Allerdings hat Abs. 5 Satz 5 insoweit eine Bedeutung für die Verhängung des Ordnungsmittels, als gegen die jeweilige Entscheidung die Möglichkeit der sofortigen Beschwerde eröffnet wird. Diese gesetzliche Anordnung ist wegen § 567 Abs. 1 Nr. 1 ZPO notwendig. Sowohl gegen die Festsetzung des Ordnungsmittels als auch gegen die Ablehnung eines Ordnungsmittelantrags ist die Möglichkeit der sofortigen Beschwerde gegeben (vgl. auch die Kommentierung zu § 17).

G. Gericht der Hauptsache (Abs. 6)

62 Für die Zwecke der in Abschnitt 3 niedergelegten Verfahrensvorschriften enthält § 20 Abs. 6 **eine eigene Festlegung des Gerichts der Hauptsache**. Es handelt sich danach entweder um das Gericht des ersten Rechtszugs (Nr. 1) oder das Berufungsgericht, wenn die Hauptsache in der Berufungsinstanz anhängig ist (Nr. 2).

---

12 OLG Karlsruhe 28.10.2020 Tz. 37.

Welche Gerichte dies sind, bestimmt sich im Einzelnen nach **§ 15** (sachliche und örtliche Zuständigkeit). Sichergestellt wird auf diese Weise, dass jeweils das Gericht über die Geheimhaltungsmaßnahmen zu befinden hat, das auch gleichzeitig mit der Hauptsache befasst ist.[13] **63**

Dies bedeutet zugleich, dass auch die in Abs. 2 Satz 2 vorgesehene Abänderungsbefugnis stets bei demjenigen Gericht liegt, bei dem die Hauptsache anhängig ist. Auch hier gilt grundsätzlich das Gericht des ersten Rechtszugs als Gericht der Hauptsache. Das Berufungsgericht kann Anordnungen des Landgerichts abändern, wenn sich die Hauptsache dort in der Berufungsinstanz befindet.[14] **64**

Für den besonderen Fall, dass die Hauptsache in die **Revisionsinstanz** gelangt, sei es aufgrund der Zulassung der Revision durch das Berufungsgericht oder im Wege der Nichtzulassungsbeschwerde, ist als Gericht der Hauptsache dann wieder nach Nr. 1 das Gericht des ersten Rechtszugs anzusehen.[15] Sofern in diesem Verfahrensstadium ausnahmsweise noch Anordnungen getroffen, abgeändert oder aufgehoben werden, ist dafür dann wieder das Landgericht zuständig. Dies entspricht beispielsweise auch den Regeln über Arrest und einstweilige Verfügung in der ZPO (vgl. §§ 943 Abs. 1, 937 Abs. 1, 927 Abs. 2, 919 ZPO). Da der Bundesgerichtshof als Revisionsinstanz im Allgemeinen keine neuen Tatsachenfeststellungen trifft und insoweit wohl allenfalls die rechtliche Bewertung durch das Berufungsgericht überprüft, erscheint diese Regelung auch sachgerecht. Es ist kaum zu erwarten, dass sich für den BGH in dem dann erreichten Verfahrensstadium derartige Fragen der Anordnungen nach den §§ 16 und 19 stellen. Sofern Bedarf für entsprechende Anordnungen oder die Abänderung von Anordnungen besteht, kann darüber durch das erstinstanzliche Gericht entschieden werden. **65**

13 BTDrucks. 19/4724 S. 39.
14 Harte-Bavendamm/Ohly/Kalbfus/*Kalbfus* § 20 GeschGehG Rn. 50.
15 Zöller/*Vollkommer* § 919 ZPO Rn. 5.

§ 21
Bekanntmachung des Urteils

(1) [1]Der obsiegenden Partei einer Geschäftsgeheimnisstreitsache kann auf Antrag in der Urteilsformel die Befugnis zugesprochen werden, das Urteil oder Informationen über das Urteil auf Kosten der unterliegenden Partei öffentlich bekannt zu machen, wenn die obsiegende Partei hierfür ein berechtigtes Interesse darlegt. [2]Form und Umfang der öffentlichen Bekanntmachung werden unter Berücksichtigung der berechtigten Interessen der im Urteil genannten Personen in der Urteilsformel bestimmt.

(2) Bei den Entscheidungen über die öffentliche Bekanntmachung nach Absatz 1 Satz 1 ist insbesondere zu berücksichtigen:

1. der Wert des Geschäftsgeheimnisses,
2. das Verhalten des Rechtsverletzers bei Erlangung, Nutzung oder Offenlegung des Geschäftsgeheimnisses,
3. die Folgen der rechtswidrigen Nutzung oder Offenlegung des Geschäftsgeheimnisses und
4. die Wahrscheinlichkeit einer weiteren rechtswidrigen Nutzung oder Offenlegung des Geschäftsgeheimnisses durch den Rechtsverletzer.

(3) Das Urteil darf erst nach Rechtskraft bekannt gemacht werden, es sei denn, das Gericht bestimmt etwas anderes.

Schrifttum

Alexander Gegenstand, Inhalt und Umfang des Schutzes von Geschäftsgeheimnissen nach der Richtlinie (EU) 2016/943, WRP **2017** 1034; *Ann* Know-how – Stiefkind des Geistigen Eigentums? GRUR **2007** 39; *dies.* EU-Richtlinie zum Schutz vertraulichen Know-hows – Wann kommt das neue deutsche Recht, wie sieht es aus, was ist noch offen? GRUR-Prax **2016** 465; *dies./Loschelder/Grosch* Praxishandbuch Know-how-Schutz, 2010; *Apel* Der Gesetzgeber sollte zur Klarstellung zeitnah eine § 12 Abs. 2 UWG entsprechende Bestimmung ins GeschGehG aufnehmen – Anmerkung zum Beschluss des OLG München vom 8.8.2019, Az. 29 W 940/19, BB **2019** 2515; *Baranowski/Glaßl* Anforderungen an den Geheimnisschutz nach der neuen EU-Richtlinie, BB **2016** 2563; *Benkard* Patentgesetz, 11. Aufl. 2015; *Büscher* Gesetz gegen den unlauteren Wettbewerb, 2019; *Busse/Keukenschrijver* Patentgesetz, 8. Aufl. 2016; *Cepl/Voß* Prozesskommentar zum Gewerblichen Rechtsschutz, 2. Aufl. 2018; *Dann/Markgraf* Das neue Gesetz zum Schutz von Geschäftsgeheimnissen, NJW **2019** 1774; *Deichfuß* Die Entwendung von technischen Betriebsgeheimnissen, GRUR-Prax **2012** 449; *Dorn* Anforderungen an die Durchsetzung standardessentieller Patente, GRUR-Prax **2017** 497; *Druschel/Jauch* Der Schutz von Know-how im deutschen Zivilprozess: Der Status quo und die zu erwartenden Änderungen, Teil I: Der derzeitige und zukünftige prozessuale Geheimnisschutz im Know-how-Verletzungsverfahren, BB **2018** 1218; *dies.* Der Schutz von Know-how im deutschen Zivilprozess: Der Status quo und die zu erwartenden Änderungen, Teil 2: Der derzeitige und zukünftige Geheimnisschutz im vorgelagerten Besichtigungsverfahren, BB **2018** 1794; *Dumont* Happy End für ein Stiefkind? – Regierungsentwurf zur Umsetzung der Know-how-Richtlinie, BB **2018** 2441; *Falce* Trade Secrets – Looking for (Full) Harmonization in the Innovation Union, IIC **2015** 940; *Fitzner/Lutz/Bodewig* Beck'scher Online Kommentar Patentrecht, 17. Ed. Stand: 15.7.2020; *Fuhlrott/Hiéramente* Beck'scher Online Kommentar GeschGehG, 5. Ed. Stand: 15.9.2020; *Gärtner/Goßler* Trade secret litigation nun auch in Deutschland? – Gedanken zur Umsetzung der Know-how-Richtlinie, Mitt. **2018** 204; *Götz* Der Schutz von Betriebs- und Geschäftsgeheimnissen im Zivilverfahren, 2014; *Harte-Bavendamm/Henning-Bodewig* Gesetz gegen den unlauteren Wettbewerb (UWG), 4. Aufl. 2016; *Hauck* Geheimnisschutz im Zivilprozess – was bringt die neue EU-Richtlinie für das deutsche Recht? NJW **2016** 2218; *ders.* Schutz von Unternehmensgeheimnissen bei der Bestimmung FRAND-konformer Lizenzbedingungen, GRUR-Prax **2017** 118; *ders.* Was lange währt... – Das Gesetz zum Schutz von Geschäftsgeheimnissen (GeschGehG) ist in Kraft, GRUR-Prax **2019** 223; *Kalbfus* Die EU-Geschäftsgeheimnis-Richtlinie – Welcher Umsetzungsbedarf besteht in Deutschland? GRUR **2016** 1009; *ders.* Rechtsdurchsetzung bei Geheimnisverletzungen – Welchen prozessualen Schutz gewährt das Geschäftsgeheimnisgesetz dem Kläger? WRP **2019** 692; *ders./Harte-Bavendamm* Protokoll der Sitzung des Fachaus-

https://doi.org/10.1515/9783110631654-025

schusses für Wettbewerbs- und Markenrecht zum Richtlinienvorschlag über den Schutz von Geschäftsgeheimnissen, GRUR **2014** 453; *Keller* Protokoll der Sitzung des GRUR-Fachausschusses für Wettbewerbs- und Markenrecht zum Referentenentwurf eines Gesetzes zum Schutz von Geschäftsgeheimnissen (GeschGehG) am 25.4.2018 in Berlin, GRUR **2018** 706; *Kersting* Der Schutz des Wirtschaftsgeheimnisses im Zivilprozess – Eine rechtsvergleichende Untersuchung anhand der Federal Rules of Civil Procedure und der ZPO, 1995; *Koós* Die europäische Geschäftsgeheimnis-Richtlinie – ein gelungener Wurf? – Schutz von Know-how und Geschäftsinformationen – Änderungen im deutschen Wettbewerbsrecht, MMR **2016** 224; *Krüger/Wiencke/Koch* Der Datenpool als Geschäftsgeheimnis, GRUR **2020** 578; *Kühnen* Handbuch der Patentverletzung, 12. Aufl. 2020; *ders.* Zivilprozessualer Geheimnisschutz in Patentstreitverfahren – Zugleich Entgegnung auf Zhu/Popp (GRUR **2020** 338), GRUR **2020** 576; *ders.* Die Besichtigung im Patentrecht – Eine Bestandsaufnahme zwei Jahre nach „Faxkarte", GRUR **2005** 185; *Kürschner* Parteiöffentlichkeit vor Geheimnisschutz im Zivilprozeß, NJW **1992** 1804; *Kuta* Die Besichtigungsanordnung nach dem „Düsseldorfer Modell" – Zur Rechtmäßigkeit des Düsseldorfer Besichtigungsverfahrens de lege lata, 2017; *Laoutoumai/Baumfalk* Probleme im vorprozessualen Verfahren bei der Rechtsverfolgung von Ansprüchen aus dem neuen GeschGehG, WRP **2018** 1300; *Lejeune* Die neue EU Richtlinie zum Schutz von Know-how und Geschäftsgeheimnissen – Wesentliche Inhalte und Anpassungsbedarf im deutschen Recht sowie ein Vergleich zur Rechtslage in den USA, CR **2016** 330; *Löffel* Kommentar zu OLG München, Beschl. v. 8.8.2019, Az. 29 W 940/19, WRP **2019** 1378; *McGuire* Der Schutz von Know-how im System des Immaterialgüterrechts – Perspektiven für die Umsetzung der Richtlinie über Geschäftsgeheimnisse, GRUR **2016** 1000; *dies.* Know-how: Stiefkind, Störenfried oder Sorgenkind? – Lücken und Regelungsalternativen vor dem Hintergrund des RL-Vorschlags, GRUR **2015** 424; *dies.* Neue Anforderungen an Geheimhaltungsvereinbarungen? WRP **2019** 679; *Quodbach* Gesetzentwurf für ein Zweites Gesetz zur Vereinfachung und Modernisierung des Patentrechts, IP Kompakt **2020** 2; *Rauer/Eckert* Richtlinie zur Harmonisierung des Know-how-Schutzes in der EU, DB **2016** 1239; *Redeker/Pres/Gittinger* Einheitlicher Geheimnisschutz in Europa (Teil 1) – Die Entwürfe zur Know-how-Richtlinie, deren Konsequenzen für das innerbetriebliche Vertragsmanagement (Teil 1) und die erforderlichen Auswirkungen auf den Zivilprozess (Teil 2), WRP **2015** 681; *Redeker/Pres/Gittinger* Einheitlicher Geheimnisschutz in Europa (Teil 2) – Die Entwürfe zur Know-how-Richtlinie, deren Konsequenzen für das innerbetriebliche Vertragsmanagement (Teil 1) und die erforderlichen Auswirkungen auf den Zivilprozess (Teil 2), WRP **2015** 812; *Rehaag/Straszewski* Das neue Gesetz zum Schutz von Geschäftsgeheimnissen in der Praxis, Mitt. **2019** 249; *Rojahn* Das geheime Know-how: Wie geheim darf/muss das Zivilverfahren sein? Festschrift Loewenheim (2009) 251; *Schlingloff* Geheimnisschutz im Zivilprozess aufgrund der „Know-how-Schutz"-Richtlinie – Was muss sich im deutschen Prozessrecht ändern? WRP **2018** 666; *Schregle* Neue Maßnahmen zum Geheimnisschutz in Geschäftsgeheimnisstreitsachen – Wegbereiter für den effektiven Rechtsschutz? GRUR **2019** 912; *Semrau-Brandt* Patentstreit zwischen Qualcomm und Apple: Schwächen des Geschäftsgeheimnisschutzes im Zivilprozess, GRUR-Prax **2019** 127; *Stadler* Der Schutz von Unternehmensgeheimnissen im Zivilprozeß, NJW **1989** 1202; *Voigt/Herrmann/Grabenschröer* Das neue Geschäftsgeheimnisgesetz – praktische Hinweise zu Umsetzungsmaßnahmen für Unternehmen, BB **2019** 142; *Vorwerk/Wolf* Beck'scher Online Kommentar ZPO, 38. Ed. Stand: 1.9.2020; *Winzer* Der Schutz von Geschäftsgeheimnissen im Zivilprozess, 2018; *Würtenberger/Freischem* Stellungnahme zum Referentenentwurf des Bundesministeriums der Justiz und für Verbraucherschutz – Entwurf eines Gesetzes zur Umsetzung der RL 2016/943/EU zum Schutz von Geschäftsgeheimnissen vor rechtswidrigem Erwerb sowie rechtswidriger Nutzung und Offenlegung, GRUR **2018** 708; *Zhu/Popp* Zivilprozessualer Geheimnisschutz in Patentstreitverfahren – Mit (oder ohne) Türöffner-Antrag zum Confidentiality Club, GRUR **2020** 338; *Ziegelmayer* Geheimnisschutz ist eine große Nische – Zu den unterschätzten Auswirkungen des GeschGehG, CR **2018** 693.

Übersicht

A. Allgemeines

I. Entstehung und Hintergrund

1 § 21 regelt Einzelheiten zur Bekanntmachung des Urteils. Er dient der **Umsetzung der Regelungen in Art. 15 Abs. 1 und Abs. 3 der Richtlinie (EU) 2016/943**. Die Vorschrift war beinahe identisch schon im Referentenentwurf enthalten und ist im Laufe des Gesetzgebungsverfahrens nur geringfügig geändert worden (dazu unter B.IV.2.). Sie regelt im Wesentlichen die Voraussetzungen der Urteilsbekanntmachung. Im Übrigen bleibt dem Gericht ein recht weiter Entscheidungsspielraum bei der Anordnung der Bekanntmachung vorbehalten.

2 **Ähnliche Vorschriften bestehen im deutschen Recht bereits** in § 12 Abs. 3 UWG, § 103 UrhG, § 19c MarkenG, § 140e PatG, § 24e GebrMG und § 47 DesignG. Diese Vorschriften sind Ausfluss der Vorgaben aus Art. 15 der Enforcement-Richtlinie. Sie folgen weitestgehend einem identischen Aufbau und Inhalt, wobei gleichwohl Unterschiede bestehen.

II. Normzweck

3 Der auch in der Richtlinie formulierte Zweck der Urteilsbekanntmachung besteht vorrangig in der **zusätzlichen Abschreckung für potentielle Rechtsverletzungen.**[1] Zugleich soll die breite **Öffentlichkeit** im Hinblick auf die Verletzung von Geschäftsgeheimnissen **sensibilisiert** werden. Der Erwägungsgrund 31 der Richtline spricht ausdrücklich von öffentlichkeitswirksamen Anzeigen. Dem folgt auch der deutsche Gesetzgeber ausweislich der Gesetzesbegründung.[2] Auf diese Weise soll der Öffentlichkeit zum einen die Bedeutung von Geschäftsgeheimnissen im Allgemeinen und in dem speziellen Fall vor Augen geführt werden. Zum anderen wird dadurch gleichzeitig auch das Augenmerk auf die Verfolgung von Verletzungen gerichtet.

4 Darüber hinaus erfährt § 21 gegenüber der Richtline insoweit eine bedeutende Erweiterung, als die Urteilsbekanntmachung auch dann angeordnet werden kann, wenn das Gericht keine Verletzung von Geschäftsgeheimnissen festgestellt hat (dazu näher unter B.I.). Auch dies entspricht der Regelung in den zuvor genannten parallelen Vorschriften. Die Richtlinie selbst lässt dies offen.

1 Vgl. Richtlinie (EU) 2016/943 Erwägungsgrund 31.
2 BTDrucks. 19/4724 S. 39.

Im **Unterschied zu den parallelen Vorschriften im UWG**, dem **UrhG** und den übrigen Gesetzen über die gewerblichen Schutzrechte ist die Befugnis zur Bekanntmachung des Urteils nicht im Abschnitt 2 als echter Anspruch formuliert. Er findet sich stattdessen als verfahrensrechtliche Regelung im Abschnitt 3. Daraus wird zum Teil geschlossen, dass es sich nicht um einen materiell-rechtlichen Veröffentlichungsanspruch handelt, sondern lediglich um eine prozessuale Maßnahme.[3] Darüber hinaus kann zusätzlich ein materiell-rechtlicher Anspruch als Teil des Beseitigungsanspruchs oder im Wege des Schadensersatzes durchgesetzt werden.[4] Derartige Ansprüche kommen insbesondere dann in Betracht, wenn etwa aus prozessualen Gründen eine Entscheidung in der Sache nicht mehr ergeht und daher eine Veröffentlichungsbefugnis nicht mehr vom Gericht ausgesprochen werden kann.[5] 5

B. Voraussetzungen der Urteilsbekanntmachung

I. Obsiegende Partei

Im Unterschied zu den Regelungen in der Richtlinie steht die **Berechtigung auf eine Urteilsbekanntmachung immer der obsiegenden Partei** zu. Damit sind gleichermaßen Kläger und Beklagte bzw. im einstweiligen Verfügungsverfahren Antragsteller und Antragsgegner erfasst. Demzufolge spricht auch der Gesetzestext im Weiteren davon, dass die Bekanntmachung auf Kosten der unterliegenden Partei zu erfolgen hat. Allerdings steht die Befugnis auch nur einer Prozesspartei zu, nicht aber dem Nebenintervenienten. Auch der Nebenintervenient, der die obsiegende Partei im Verfahren unterstützt hat, wird nicht Partei und erlangt keine obsiegende Entscheidung zu seinen Gunsten.[6] 6

Die Richtlinie geht in Art. 15 einseitig davon aus, dass die Urteilsbekanntmachung stets für den Inhaber des Geschäftsgeheimnisses und gegen den Rechtsverletzer erfolgt. Vor diesem Hintergrund formuliert die Richtlinie die Bekanntmachungsbefugnis lediglich „auf Kosten des Rechtsverletzers". § 21 geht demgegenüber weiter und spricht die Befugnis der obsiegenden Partei zu. Dieser Unterschied ist deswegen von Bedeutung, weil es in der Praxis durchaus vielfältige Fallkonstellationen geben kann, in denen Geschäftsgeheimnisse und deren Verletzung den Streitgegenstand des Verfahrens bilden. Sicherlich macht die Rechtsverfolgung des Inhabers eines Geschäftsgeheimnisses gegen einen Verletzer des Geheimnisses den überwiegenden Teil der Fälle aus. Wenn hier der Inhaber des Geschäftsgeheimnisses gegen den Verletzer obsiegt, greift der Abschreckungsgedanke gegen zukünftige Verletzungen durch denselben oder dritte potentielle Verletzer. Auch in der umgekehrten Konstellation kann eine Urteilsbekanntmachung indes durchaus sinnvoll sein. Dies betrifft insbesondere den Fall der **negativen Feststellungsklage**. Sofern ein entsprechendes **Feststellungsinteresse** besteht und das Gericht feststellt, dass der Kläger ein fremdes Geschäftsgeheimnis gerade nicht verletzt hat, mag sich im Einzelfall ebenso ein Interesse des dortigen Klägers an der Urteilsbekanntmachung ergeben. Schließlich gilt dies in gleicher Weise für den Beklagten. Wenn eine wegen vermeintlicher Verletzung eines Geschäftsgeheimnisses erhobene Klage abgewiesen wird, kann es auch für den Be- 7

---

3 Köhler/Bornkamm/Feddersen/*Alexander* § 21 GeschGehG Rn. 14; Büscher/*McGuire* § 21 GeschGehG Rn. 1.
4 Vgl. dazu auch BGH 25.11.1986 GRUR **1987** 189 – Veröffentlichungsbefugnis beim Ehrenschutz; BGH 12.3.1992 GRUR **1992** 527, 529 – Plagiatsvorwurf II.
5 Harte-Bavendamm/Ohly/Kalbfus/*Harte-Bavendamm* § 21 GeschGehG Rn. 5.
6 *Kühnen* Kap. D Rn. 402.

klagten als obsiegende Partei von Interesse sein, eine Bekanntmachung des Urteils zu erwirken.

8 Die obsiegende Partei ist dabei auch diejenige Partei, die mit ihrem Begehren **nur teilweise Erfolg** hat.[7] Die Möglichkeit der Urteilsbekanntmachung erfasst auch Fälle, in denen eine Klage nur teilweise Erfolg hat und zum anderen Teil abgewiesen wird. Hier können sowohl Kläger als auch Beklagter die Urteilsbekanntmachung verlangen.

II. Urteil

9 **1. Verfahrensart.** Die Befugnis zur Urteilsbekanntmachung kann vom Gericht grundsätzlich **in allen Verfahrensarten** zugesprochen werden. Diese Möglichkeit besteht sowohl im Hauptsacheverfahren als auch im einstweiligen Verfügungsverfahren. Voraussetzung ist, dass es sich um eine Endentscheidung handelt, wobei auch der Eintritt der Rechtskraft nach Abs. 3 zu beachten ist.

10 **2. Urteil als Sachentscheidung.** Die Befugnis der Bekanntmachung betrifft nach dem Wortlaut von § 21 Abs. 1 **nur Urteile.** Einseitige Entscheidungen im Verfügungsverfahren genügen für die Befugnis zur Bekanntmachung nicht. Etwas anderes gilt, wenn etwa ein **Verfügungsbeschluss** durch die Abgabe einer Abschlusserklärung einem rechtskräftigen Urteil im Hauptsacheverfahren gleichgestellt ist.[8] Zwar scheint auch hier der Wortlaut der Richtlinie etwas weiter zu gehen, indem dort allgemein von „Entscheidung" die Rede ist. Allerdings muss es sich nach dem Zweck der Vorschrift um eine abschließende Entscheidung in der Sache handeln. Bloß vorläufige Entscheidungen, wie etwa ein Verfügungsbeschluss, genügen diesen Anforderungen wie zuvor erwähnt regelmäßig nicht.

11 Ebenso wenig sind **Prozessurteile ohne Sachentscheidung**, durch die eine Klage beispielsweise als unzulässig abgewiesen wird, für eine Bekanntmachung geeignet. Denn es geht immer um die Verletzung oder Nichtverletzung eines Geschäftsgeheimnisses. Dafür ist ein Sachurteil notwendig.

III. Berechtigtes Interesse

12 Gemäß § 21 Abs. 1 muss die obsiegende Partei ein **berechtigtes Interesse an der Bekanntmachung des Urteils** darlegen. Was unter einem solchen berechtigten Interesse zu verstehen ist, wird in § 21 nicht näher definiert. Die Gesetzesbegründung nennt dazu die in Abs. 2 aufgezählten Kriterien.[9] Allerdings besteht nach der hier vertretenen Auffassung ein Unterschied zwischen dem berechtigten Interesse nach Abs. 1 und den Kriterien nach Abs. 2. Diese Kriterien dürften eher der allgemeinen Interessenabwägung zuzurechnen sein. Sie können insoweit möglicherweise mittelbar bei der Bestimmung des berechtigten Interesses Berücksichtigung finden. Zudem stellen die Kriterien nur einseitig auf den Fall ab, dass eine Rechtsverletzung festgestellt und der Inhaber des Geschäftsgeheimnisses die obsiegende Partei im Rechtsstreit ist. Insoweit hat der Gesetzgeber lediglich die Aufzählung aus Art. 15 Abs. 3 der Richtlinie wörtlich übernommen. Die Ausdehnung des Anwen-

---

7 Benkard/*Grabinski*/*Zülch* § 140e PatG Rn. 3; Mes/*Mes* § 140e PatG Rn. 7; *Kühnen* Kap. D Rn. 402.
8 *Kühnen* Kap. D Rn. 400; zum Meinungsstand vgl. auch Busse/Keukenschrijver/*Keukenschrijver*/*Kaess* § 140e PatG Rn. 7.
9 BTDrucks. 19/4724 S. 39.

dungsbereichs von § 21 über den Inhaber des Geschäftsgeheimnisses hinaus auf die jeweils obsiegende Partei macht deutlich, dass hier durchaus auch weitere Kriterien in die Bewertung einfließen müssen.

Die Urteilsbekanntmachung ist ein im deutschen Recht vergleichsweise junger Anspruch, der nicht auf eine lange Tradition zurückblicken kann. Vielmehr geht die deutsche Rechtstradition eher davon aus, dass über gerichtliche Verfahren nur zurückhaltend zu berichten ist. Auch der in § 169 GVG niedergelegte Grundsatz der Öffentlichkeit der mündlichen Verhandlung, wozu auch die Urteilsverkündung gehört, führt nicht dazu, dass man per se das ergangene ungeschwärzte Urteil einem breiten Personenkreis zugänglich machen dürfte.[10] Aus guten Gründen schränkt § 169 GVG beispielsweise auch das Recht der Anfertigung der Ton- und Fernseh-Rundfunkaufnahmen sowie Ton- und Filmaufnahmen zum Zwecke der öffentlichen Vorführung oder Veröffentlichung des Inhalts deutlich ein. Zwar darf die Presse an der Urteilsveröffentlichung teilnehmen und darüber berichten. Eine völlig andere Sach- und Interessenlage besteht freilich, wenn eine Prozesspartei gerade in Bezug auf die andere Prozesspartei das von ihr erstrittene obsiegende Urteil veröffentlicht. Dies gilt erst recht bei namentlicher Nennung der anderen Partei. 13

Daraus folgt zugleich, dass es sich vorrangig um ein **berechtigtes Interesse der obsiegenden Prozesspartei** handeln muss. Das **Interesse der Öffentlichkeit**, das grundsätzlich auf eine neutrale Berichterstattung und Information gerichtet ist, deckt sich nicht zwangsläufig mit dem berechtigten Interesse einer einzelnen Partei. Gleichwohl können Allgemeininteressen im Rahmen der vorzunehmenden Interessenabwägung eine Rolle spielen. Das betrifft insbesondere auch die in der Gesetzesbegründung angesprochenen Gesichtspunkte der Generalprävention.[11] Unter Berufung auf die Enforcement-Richtlinie, die in ihrem Art. 15 das Tatbestandsmerkmal des berechtigten Interesses nicht erwähnt, zieht das OLG Frankfurt (a. a. O. Fn. 11) den Schluss, dass an die Darlegung des berechtigten Interesses keine besonders hohen Anforderungen gestellt werden dürfen. Dem kann man mit der Einschränkung folgen, dass umgekehrt die Anforderungen auch nicht zu stark herabgesetzt werden dürfen. Insbesondere darf kein Automatismus in der Weise herbeigeführt werden, dass aus jedem Urteil zugleich die Veröffentlichungsbefugnis folge.[12] Die Veröffentlichungsbefugnis nimmt nach wie vor eine Sonderstellung im Rechtssystem insgesamt ein und stellt eine einschneidende Maßnahme dar, die unweigerlich in Rechte der unterliegenden Partei eingreift. Daher ist bei der Anwendung dieser Vorschrift und der Zusprechung der Urteilsbekanntmachung grundsätzlich Zurückhaltung zu üben. Die unterlegene Partei darf nicht noch zusätzlich zu dem Verlust des Rechtsstreits bestraft oder an den Pranger gestellt werden. Vielmehr muss das **Informationsinteresse** nach wie vor im Vordergrund stehen.[13] 14

Ein berechtigtes Interesse kann nur dann bestehen, wenn die Bekanntmachung des Urteils **objektiv geeignet und auch erforderlich** ist, um das Informationsinteresse zu befriedigen. 15

10 Vgl. dazu etwa BGH 5.4.2017 NJW **2017** 1819, 1820 m. Anm. *Dölling*.
11 OLG Frankfurt a. M. 9.1.2014 GRUR **2014** 296.
12 Vgl. die amtliche Begründung zur Einführung von § 140e PatG BTDrucks. 16/5048 S. 33, 42.
13 Ströbele/Hacker/Thiering/*Thiering* § 19c MarkenG Rn. 14; Busse/Keukenschrijver/*Keukenschrijver*/*Kaess* § 140e PatG Rn. 12; Mes/*Mes* § 140e PatG Rn. 9.

IV. Interessenabwägung

16 **1. Gesonderte Prüfung.** Neben die Prüfung des berechtigten Interesses tritt eine **zusätzliche Interessenabwägung.** Eine Bekanntmachung des Urteils kann dann ausscheiden, wenn sich trotz eines berechtigten Interesses die Bekanntmachung als unverhältnismäßig darstellt. Aus den genannten Gründen genügt insoweit nicht die bloße Feststellung des berechtigten Interesses der obsiegenden Partei. Vielmehr muss das Gericht darüber hinaus eine Interessenabwägung vornehmen. Dies kommt auch in der Formulierung in Abs. 1 Satz 2 zum Ausdruck, wonach **Form und Umfang der öffentlichen Bekanntmachung** unter Berücksichtigung der berechtigten Interessen der im Urteil genannten Personen in der Urteilsformel bestimmt werden. Damit sind zunächst die Interessen der Parteien erfasst. Denkbar sind darüber hinaus auch noch Interessen weiterer Personen, die nicht unmittelbar Partei des Verfahrens sind, aber dennoch aufgrund der konkreten Umstände im Urteil Erwähnung finden. Eine Veröffentlichung kommt danach nur in Betracht, wenn nach Abwägung der Interessen der Parteien und ggf. der Allgemeinheit die Bekanntmachung noch immer geeignet und erforderlich ist, um die fortdauernde Störung zu beseitigen. Eine Befugnis ist immer dann zu versagen, wenn die Nachteile der Veröffentlichung unverhältnismäßig größer wären als die Vorteile.[14]

17 Eine echte Verhältnismäßigkeitsprüfung im Sinne einer Ermessensentscheidung ist damit nicht verbunden. Die Formulierung „kann“ in Abs. 1 Satz 1 räumt dem Gericht bei Feststellung des berechtigten Interesses und einer zugunsten der obsiegenden Partei ausfallenden Interessenabwägung kein Ermessen mehr ein, die Befugnis zur Bekanntmachung zu verweigern.[15]

18 **2. Kriterien nach Absatz 2.** § 21 Abs. 2 enthält eine **nicht abschließende Aufzählung von Kriterien**, die das Gericht im Rahmen der von ihm vorzunehmenden Interessenabwägung im Einzelfall in die Betrachtung einzubeziehen hat. Die der Aufzählung in Abs. 2 vorangestellte Formulierung „insbesondere“ ist im Gesetzgebungsverfahren eingeführt worden. Ursprünglich fehlte diese Formulierung im Referentenentwurf. Vor allem der Umstand, dass die beiderseitigen Interessen der Parteien festzustellen und gegeneinander abzuwägen sind, macht eine Öffnung des Katalogs in Abs. 2 erforderlich.

19 Beispielhaft genannt ist zunächst der **Wert des Geschäftsgeheimnisses** (Nr. 1). Davon wird auch ein etwaiger immaterieller Wert erfasst.[16] Die Begriffsbestimmung des Geschäftsgeheimnisses gemäß § 2 Nr. 1 a) setzt bereits einen wirtschaftlichen Wert der betreffenden Information voraus, ohne den es sich von vornherein nicht um ein Geschäftsgeheimnis handeln kann. Um eine tautologische Betrachtung zu vermeiden, kann nur ein darüberhinausgehender erheblicher Wert des Geschäftsgeheimnisses ein berechtigtes Interesse auslösen. Ein Geschäftsgeheimnis mit durchschnittlichem Wert wird demgegenüber nur dann ausreichen, wenn die übrigen Faktoren im konkreten Fall deutlich stärker zu gewichten sind. Umgekehrt sind an die übrigen Kriterien geringere Anforderungen zu stellen, wenn es sich um ein Geschäftsgeheimnis von außerordentlich hohem Wert handelt.

---

14 BGH 10.12.1971 GRUR **1972** 550, 551 f. – Spezialsalz II; BGH 17.11.1960 GRUR **1961** 189, 192 – Rippenstreckmetall; s. auch OLG Frankfurt a. M. 9.1.2014 GRUR **2014** 296 – Sportreisen.

15 Köhler/Bornkamm/Feddersen/*Köhler/Feddersen* § 12 UWG Rn. 4.8; Mes/*Mes* § 140e PatG Rn. 11; *Kühnen* Kap. D Rn. 423.

16 BTDrucks. 19/4724 S. 39.

Das **Verhalten des Rechtsverletzers bei der Erlangung, Nutzung oder Offenlegung des Geschäftsgeheimnisses** (Nr. 2) wird insbesondere durch seine **subjektive Einstellung** geprägt. Dazu gehören etwa ein planmäßiges Vorgehen des Verletzers, der Umfang der Verletzung von Geschäftsgeheimnissen, die Dauer des Angriffs, eine Schädigungsabsicht und das Streben nach eigenen vermögenswerten Vorteilen. Stellt man auf den Gedanken der Generalprävention ab, so gilt dies insbesondere bei besonders skrupellosem Verhalten des Rechtsverletzers. Auch bei einem Wiederholungstäter wird man das Verhalten als besonders missbilligenswert ansehen können, was umso eher eine Bekanntmachung des Urteils rechtfertigen mag. Umgekehrt fällt bei einem geringen Verschulden, etwa bei bloßer Fahrlässigkeit, das Verhalten des Rechtsverletzers weniger stark ins Gewicht. 20

Die in Nr. 3 genannten **Folgen der rechtswidrigen Nutzung** oder Offenlegung des Geschäftsgeheimnisses sind **aus Sicht des Inhabers des Geschäftsgeheimnisses zu beurteilen.** Je gravierender die mit der rechtswidrigen Nutzung oder Offenlegung verbundenen Folgen für das Unternehmen des Inhabers sind, umso eher wird auch das eine Urteilsbekanntmachung rechtfertigen. Das gilt auch bei drohenden Folgen, falls diese noch nicht eingetreten sein sollten, aber auch nicht ausgeschlossen werden können. 21

Die **Wahrscheinlichkeit einer weiteren rechtswidrigen Nutzung** oder Offenlegung des Geschäftsgeheimnisses durch den Rechtsverletzer (Nr. 4) betrifft das konkrete Geschäftsgeheimnis, über das das Gericht entschieden hat, nicht etwa aber andere Geschäftsgeheimnisse des Inhabers. Diese Formulierung erscheint insoweit etwas unglücklich, als sie eine Prognose erfordert, die die Nichtbeachtung des gerichtlichen Urteils impliziert. § 6 gibt dem Inhaber des Geschäftsgeheimnisses einen Unterlassungsanspruch. Darauf wird das zu veröffentlichende Urteil in erster Linie gerichtet sein. Eine Bekanntmachung des Urteils wäre danach dann zulässig, wenn man annehmen müsste, dass der Rechtsverletzer den Unterlassungstitel nicht beachtet. Das dürfte im konkreten Fall nur sehr schwer festzustellen sein. 22

3. Weitere Kriterien. Wie schon erwähnt, ist die Aufzählung in § 21 Abs. 2 **nicht abschließend.** Für die Interessenabwägung insgesamt müssen sämtliche Umstände des konkreten Einzelfalls und die Interessen auch der jeweils anderen Partei und weitere Interessen berücksichtigt werden. In § 9 findet sich eine ähnliche Aufzählung von Interessen. Auch dort sind verschiedene Aspekte zu berücksichtigen, wonach die Erfüllung der Ansprüche nach den §§ 6 bis 8 Abs. 1 im Einzelfall unverhältnismäßig sein können. Zusätzlich zu § 21 sind hier andere spezifische Merkmale des Geschäftsgeheimnisses, die getroffenen Geheimhaltungsmaßnahmen, berechtigte Interessen Dritter oder das öffentliche Interesse ausdrücklich genannt. Es hätte sich angeboten, diese Aufzählung auch in § 21 Abs. 2 identisch zu übernehmen. Eine sachliche Unterscheidung oder gar ein Ausschluss derartiger Interessen dürfte mit der abweichenden Formulierung nicht verbunden sein. Gerade aus Gründen der Generalprävention ist das öffentliche Interesse in jedem Falle in die Abwägung miteinzubeziehen.[17] 23

Ebenso muss das Gericht alle **Aspekte berücksichtigen, die zugunsten des vermeintlichen Rechtsverletzers** sprechen. Dies betrifft insbesondere Umfang und Schwere des Eingriffs in seine Rechtsphäre im Falle der Bekanntmachung des Urteils. Diese Aspekte sind in § 21 nicht genannt. Sie müssen aber schon nach dem Gesetzeszweck ebenso in die Bewertung einfließen. Erst recht gilt dies, wenn der vermeintliche Rechtsverletzer obsiegt 24

17 Harte-Bavendamm/Ohly/Kalbfus/*Harte-Bavendamm* § 21 GeschGehG Rn. 29.

hat. Zweck der Bekanntmachung des Urteils ist es in diesem Falle, den möglicherweise bereits beschädigten Ruf des Beklagten wiederherzustellen. Dabei spielt die Schwere des unberechtigten Vorwurfs ebenso eine Rolle wie der Umstand, dass es sich oftmals bei den Parteien des Rechtsstreits um unmittelbare Wettbewerber handeln wird. Hier können insbesondere die Marktverhältnisse in die Bewertung miteinfließen. Gerade auf einem sehr kleinen Markt mit wenigen Anbietern besteht regelmäßig ein erhöhtes Interesse des Beklagten an der auch nach außen dokumentierten Unbescholtenheit. Auch dazu kann die Bekanntmachung des Urteils beitragen. Die Identifizierung einer natürlichen Person auf Seiten des Rechtsverletzers wird in Art. 15 Abs. 3 Satz 2 der Richtlinie ausdrücklich erwähnt. Auch dieser Aspekt ist im Rahmen der weiteren Kriterien zu berücksichtigen. Man wird im Regelfall davon ausgehen müssen, dass die antragstellende Partei es gerade darauf anlegt, den Rechtsverletzer namentlich zu identifizieren. Sofern es sich um eine juristische Person handelt, wird unweigerlich immer die Person des Geschäftsführers damit verbunden sein. Dieses Kriterium kann also für sich genommen nicht zum Ausschluss der Veröffentlichungsbefugnis führen. Vielmehr ist dies als Reflex in die insgesamt vorzunehmende Interessenabwägung miteinzubeziehen. Einer gesonderten Umsetzung durch den deutschen Gesetzgeber hat es insoweit nicht bedurft. Dazu genügt vielmehr die Öffnung des in Abs. 2 formulierten Kriterienkatalogs.[18]

C. Verfahren

I. Antrag

25 Die Befugnis zur Bekanntmachung des Urteils wird der obsiegenden Partei nur auf Antrag zugesprochen. Auch diese Regelung entspricht den parallelen Vorschriften etwa in § 140e PatG oder § 19c MarkenG. Das Antragserfordernis besagt indes nur, dass überhaupt die Befugnis zur Bekanntmachung ausgesprochen werden soll. Es ist nicht erforderlich, dass die obsiegende Partei ihrerseits im Antrag konkret die Art und Weise der Bekanntmachung spezifiziert. Da dem Gericht insoweit nach Abs. 1 Satz 2 ein Ermessen über Form und Umfang der öffentlichen Bekanntmachung eingeräumt ist, besteht anderenfalls das Risiko einer unnötigen Selbstbindung. Es genügt stattdessen, wenn in der **Begründung des Antrags** entsprechende Ausführungen zu der gewünschten Art der Bekanntmachung enthalten sind. Das schließt aber auch nicht aus, dass die betreffende Partei ganz konkrete Maßnahmen in den Antrag aufnimmt, wenn sie dazu auf jeden Fall eine Entscheidung wünscht. Dies können besondere Maßnahmen der öffentlichen Bekanntmachung sein, auf die die Partei besonderen Wert legt. Anzuraten ist insbesondere die konkrete Bezeichnung von bestimmten Medien, in denen die antragstellende Partei die Bekanntmachung wünscht oder auch Zeitpunkt und zeitlicher Umfang der entsprechenden Bekanntmachung.

II. Sonstige Verfahrensvoraussetzungen

26 Da über den Antrag auf Urteilsbekanntmachung im Rahmen der **Hauptsache** verhandelt und entschieden wird, gelten hierfür keine besonderen Verfahrensvoraussetzungen.

---

18 **A. A.** Harte-Bavendamm/Ohly/Kalbfus/*Harte-Bavendamm* § 21 GeschGehG Rn 24.

Der Gegenpartei ist rechtliches Gehör zu dem Antrag zu gewähren oder Gelegenheit zur Stellungnahme zu geben.

Die Voraussetzungen der Befugnis zur Urteilsbekanntmachung, insbesondere also das **berechtigte Interesse, sind von der antragstellenden Partei geltend** zu machen und ggf. zu beweisen. Für Einwendungen, die die Gegenpartei vorbringt, ist diese darlegungs- und beweispflichtig. Ob das Gericht indes in jedem Falle über die jeweiligen Behauptungen den vollen Beweis erheben muss, erscheint eher fraglich. Das Ermessen, das dem Gericht im Rahmen der Beurteilung und vor allem der Interessenabwägung eingeräumt worden ist, kann im Einzelfall auch Gesichtspunkte der Beweislage mitberücksichtigen. 27

III. Anordnung des Gerichts

1. Inhalt der Anordnung

a) Reichweite der Bekanntmachung. Gemäß Abs. 1 Satz 1 kann die Befugnis zur Bekanntmachung das Urteil oder Informationen über das Urteil umfassen. Auch dies eröffnet dem Gericht eine **erhebliche Spannbreite** für seine Bestimmung der Befugnis. Soweit das Urteil selbst genannt ist, betrifft dies Auszüge aus dem Urteil. In erster Linie sind davon das Rubrum und die Urteilsformel, ggf. auch die Kostenentscheidung erfasst, wobei wiederum die namentliche Nennung der Parteien in die Überlegungen einzubeziehen ist. Darin erschöpft sich die Befugnis indes nicht. Sie kann auch auf den Tatbestand und die Entscheidungsgründe ausgedehnt werden. Ebenso kann die Befugnis auf bloße Informationen über das Urteil beschränkt werden. In diesem Fall kann es sich um eine Zusammenfassung des Inhalts handeln, ohne dass im Detail der Tenor des Urteils wiedergegeben wird. 28

Die insoweit vom Gericht zu treffende Interessenabwägung hat sich wiederum an dem übergeordneten Ziel der Abschreckung weiterer Verletzungshandlungen in Bezug auf Geschäftsgeheimnisse einerseits und an dem berechtigten Informationsinteresse der Öffentlichkeit andererseits zu orientieren.[19] **Das Informationsinteresse bestimmt dabei maßgeblich die Reichweite der Bekanntmachungsbefugnis.** Nur eine solche Bekanntmachung ist zulässig, die unter Berücksichtigung aller Interessen geeignet und erforderlich ist. Man wird daher im Regelfall knappe zusammenfassende Bekanntmachungen eher als geeignet ansehen können als das Zitat langwieriger Passagen aus dem Urteil, zumal den Adressaten der Bekanntmachung in aller Regel der Prozessstoff insgesamt nicht bekannt ist.[20] 29

Fraglich mag sein, ob durch das Gericht auch die unterliegende Partei verpflichtet werden kann, **selbst die Bekanntmachung vorzunehmen**, etwa auf der eigenen Homepage. Eine derartige Selbstbezichtigung käme eher einer Strafmaßnahme gleich als einem Mittel zur Information. Man wird daher im Wege der Interessenabwägung eine solche Maßnahme im Regelfall als nicht erforderlich ablehnen müssen. Während die Richtlinie in Art. 15 Abs. 1 nur allgemein von geeigneten Maßnahmen zur Verbreitung von Informationen spricht, hat der Gesetzgeber in Übereinstimmung mit den schon erwähnten Regelungen in den übrigen Spezialgesetzen in § 21 lediglich eine Befugnis der obsiegenden Partei zur Bekanntmachung aufgenommen. Es handelt sich mithin nicht um einen echten Anspruch der obsiegenden Partei, der gegen die unterliegende Partei durchgesetzt werden 30

19 BGH 12.3.1992 GRUR **1992** 527, 529; Köhler/Bornkamm/Feddersen/*Köhler*/*Feddersen* § 12 UWG Rn. 4.13.
20 Dazu auch Harte-Bavendamm/Ohly/Kalbfus/*Harte-Bavendamm* § 21 GeschGehG Rn. 10f.

könnte und mit dem die unterliegende Partei zu einem eigenen Handeln gezwungen werden könnte.[21]

31 **b) Form der Bekanntmachung.** Gemäß Abs. 1 Satz 2 trifft das Gericht die Anordnung über Form und Umfang der öffentlichen Bekanntmachung. Dabei betrifft die Form der Bekanntmachung in erster Linie das Medium, in dem die Bekanntmachung erfolgen darf. Je nach den Umständen des Einzelfalles reicht das **Spektrum von Presseveröffentlichungen** in den einschlägigen allgemeinen Medien über Anzeigen in Fachzeitschriften bis hin zu Veröffentlichungen auf der Webseite des Inhabers des Geheimnisses oder in sozialen Medien. Auch bei der Bestimmung der Form sind die bereits zuvor diskutierten Aspekte der Interessenabwägung wiederum in die Entscheidung einzubeziehen. Abs. 2 verlangt ausdrücklich die Berücksichtigung dieser Gesichtspunkte nicht nur bei dem „Ob" der Bekanntmachung, sondern insbesondere auch dem „Wie".

32 **c) Umfang der Bekanntmachung.** Abs. 1 Satz 1 spricht ausdrücklich davon, dass das Urteil oder Informationen über das Urteil öffentlich bekannt gemacht werden können. Die Bekanntmachung einzelner Informationen kann sich beispielsweise darauf beschränken, dass die andere Partei den Prozess verloren hat. Sie kann aber auch **detaillierte Informationen** über die rechtsverletzende Handlung, die Personen der Täter und dergleichen umfassen. Eine vollständige Bekanntmachung des Urteils wird in der Praxis vielleicht eher selten in Betracht kommen. Denn das Informationsinteresse der Öffentlichkeit wird eher durch knappe Informationen befriedigt als durch das Lesen mehrseitiger Urteile, die zudem noch rechtlich komplexe Fragen abhandeln.

33 Mit dem Umfang der öffentlichen Bekanntmachung in Abs. 1 Satz 2 ist zum einen eine **rein quantitative Frage** betroffen. Das Gericht muss festlegen, über welchen Zeitraum hinweg, mit welcher Zahl von Wiederholungen, in welcher Größe und Aufmachung und dergleichen die Bekanntmachung erfolgen darf.

34 Damit eng verbunden ist auch die Frage, wie detailliert das Gericht seine Anordnungen treffen muss. Man wird kaum verlangen können, dass das Gericht konkret den Text einer Presseverlautbarung oder dergleichen vorschlägt. Das Gericht wird vielmehr einen **Rahmen setzen und die Mindestanforderungen ebenso wie die maximale Informationstiefe angeben**. Die Ausfüllung dieses Rahmens obliegt dann wiederum derjenigen Partei, die die Bekanntmachung vornehmen möchte. Etwaige Bedenken im Hinblick darauf, dass eine Veröffentlichung ihrerseits unrichtige Tatsachen oder zu weitgehende Bewertungen enthalten könnte, sind an dieser Stelle nicht zu berücksichtigen. Die bekanntmachende Partei muss sich selbst in dem ihr vom Gericht zur Verfügung gestellten Rahmen rechtskonform und insbesondere in Übereinstimmung mit den Regeln des lauteren Wettbewerbes verhalten. Anderenfalls setzt sie sich entsprechenden Gegenansprüchen der unterlegenen Partei aus. Das ist nicht Sache des die Befugnis zur Bekanntmachung zusprechenden Gerichts. Um allerdings derartige Schwierigkeiten zu vermeiden, empfiehlt es sich regelmäßig, beispielsweise für den Fall einer beabsichtigen Presseveröffentlichung den Text dieser Presseveröffentlichung dem Gericht vorab zur Kenntnis zu geben und zum Bestandteil des Antrags zu machen. Zumindest sollten dem Gericht diejenigen Eckpunkte mitgeteilt werden, die die antragstellende Partei zu veröffentlichen beabsichtigt.

35 **d) Ermessensausübung.** Nicht nur für das „Ob", sondern auch für das „Wie" der Bekanntmachung besitzt das erkennende Gericht einen eigenen Beurteilungsspielraum. Ge-

21 Ströbele/Hacker/Thiering/*Thiering* § 19c MarkenG Rn. 15.

mäß Abs. 1 Satz 2 sind dabei sowohl für Form als auch Umfang der öffentlichen Bekanntmachung wiederum die berechtigten Interessen der im Urteil genannten Personen zu berücksichtigen. Die Formulierung in Abs. 2 legt nahe, dass die dort genannten Kriterien bei der Abwägung nach Abs. 1 Satz 2 keine Berücksichtigung finden sollen. Dies erscheint indes schon deswegen ausgeschlossen, weil die Entscheidung darüber, ob das Urteil oder Informationen über das Urteil überhaupt bekannt gemacht werden, zwangsläufig auf die Art und Weise und den Umfang der Bekanntmachung ausstrahlen muss.

Einzubeziehen sind bei der Entscheidung über Form und Umfang der Bekanntmachung auch **berechtigte Interessen** aller im Urteil genannten Personen. 36

2. Urteilsformel. Sowohl die Befugnis zur Bekanntmachung an sich als auch Form und Umfang der Bekanntmachung sind nach Abs. 1 Satz 1 und 2 vom Gericht in die Urteilsformel aufzunehmen. Insoweit ist der **Urteilstenor** nach den allgemeinen Grundsätzen über die Bestimmtheit zu formulieren. Der Inhalt des Urteilstenors muss mithin so gefasst sein, dass über die Art und Weise sowie den Umfang der Befugnis zur Bekanntmachung für die Parteien und für die Allgemeinheit Klarheit besteht. 37

IV. Kosten

Abs. 1 Satz 1 regelt, dass die Bekanntmachung auf Kosten der unterliegenden Partei zu erfolgen hat. Insoweit besteht also ein **Anspruch der obsiegenden Partei auf Erstattung der Kosten**. Die Verpflichtung zur Kostentragung ist ebenfalls in der Urteilsformel auszusprechen. Es handelt sich dabei um festsetzungsfähige Kosten der Zwangsvollstreckung (§ 788 ZPO).[22] 38

Die Höhe der Kosten steht dabei nicht im Belieben der obsiegenden Partei. Vielmehr sind hier **nur angemessene Kosten** zu erstatten. Was angemessen ist, bemisst sich wiederum nach Form und Umfang der Bekanntmachung, wie sie vom Gericht in der Urteilsformel festgelegt worden ist. Unerheblich ist dabei, ob die unterliegende Partei möglicherweise eine kostengünstigere Art der Bekanntmachung hätte erreichen können. Es ist Sache der obsiegenden Partei, die Urteilsformel umzusetzen. Solange sie dabei die Grenzen der Angemessenheit einhält, ist die unterliegende Partei zur Erstattung dieser Kosten verpflichtet. 39

V. Rechtsbehelfe

Die Befugnis zur öffentlichen Bekanntmachung des Urteils ist **unabhängig von ihrer Rechtsnatur** und davon, ob man sie als bloße Gestaltungsbefugnis des Gerichts oder als materiell-rechtlichen Anspruch ansieht, Teil der Urteilsformel. Als Teil des Urteilstenors kann der Ausspruch des Gerichts nur mit demselben Rechtsmittel angefochten werden wie auch die Urteilsformel im Übrigen. Der insoweit unterliegenden Partei steht mithin gegen das erstinstanzliche Urteil des Landgerichts die Berufung offen. Dies gilt für beide Parteien, wenn der betreffende Antrag zurückgewiesen oder aber dem Antrag zu Lasten der anderen Partei stattgegeben wird.[23] Dies gilt auch für Art und Umfang der Befugnis, die durch das Gericht konkretisiert worden ist. 40

22 Ströbele/Hacker/Thiering/*Thiering* § 19c MarkenG Rn. 26.
23 Vgl. OLG Düsseldorf 14.3.2018 GRUR **2018** 814, 829.

41 Das Rechtsmittel kann auch auf den Ausspruch zur Befugnis der Bekanntmachung beschränkt werden. Eine **isolierte Anfechtung** dieses Ausspruchs außerhalb des jeweiligen Rechtsmittels (Berufung oder Revision) ist unzulässig.

42 Für den Fall der Berufungseinlegung durch die unterliegende Partei ergibt sich die Frage der **Abänderungsbefugnis** für das Berufungsgericht. Dazu wird vertreten, dass das Berufungsgericht selbst dann eine andere Art und/oder einen anderen Umfang der Veröffentlichung ausurteilen kann, wenn die obsiegende Partei keine Anschlussberufung eingelegt hat.[24] Auch vor dem Hintergrund, dass der Kläger dem Gericht nur Anregungen für die Befugnis zur Bekanntmachung geben kann und die eigentliche Entscheidung dem Gericht vorbehalten bleibt, erscheint dies nicht unproblematisch. Zumindest dürfte nach allgemeinen Grundsätzen des Berufungsverfahrens eine reformatio in peius ausscheiden (§ 528 ZPO). Sofern jedoch die obsiegende Partei im Berufungsverfahren an dem landgerichtlichen Urteilsausspruch festhalten möchte oder gar weitergehende Maßnahmen zur Diskussion stellt und auch beantragt, liegt darin eine konkludente Anschlussberufung, die dem Berufungsgericht weitreichendere Abänderungen gestattet.[25]

D. Zeitpunkt und Vollstreckung der Bekanntmachung

43 Gemäß Abs. 3 darf das Urteil grundsätzlich erst **nach Rechtskraft bekanntgemacht** werden. Dies bedeutet, dass derjenige Teil des Urteils, dessen Bekanntmachung das Gericht erlaubt hat, nicht mehr mit einem Rechtsmittel angreifbar sein darf. Diese Vorschrift unterscheidet sich von den Formulierungen, wie sie beispielsweise in § 140e PatG oder § 19c MarkenG verwendet werden. Dort ist lediglich die vorläufige Vollstreckbarkeit dieses Anspruchs ausgeschlossen. Im Ergebnis werden damit dieselben Folgen herbeigeführt. Auch im Rahmen von § 21 ist wegen der Anordnung in Abs. 3 die vorläufige Vollstreckbarkeit grundsätzlich ausgeschlossen. Sieht man in der Anordnung der Befugnis keinen vollstreckbaren Anspruch der obsiegenden Partei, beschränkt sich die Vollstreckbarkeit ohnehin nur auf die Kosten der Bekanntmachung.

44 Wird ein Urteil nur teilweise von der unterliegenden Partei angegriffen und hat das Gericht die Bekanntmachung des Urteils im Urteilstenor angeordnet, kommt eine **Bekanntmachung insoweit in Betracht, wie sie den nicht angefochtenen Teil des Urteils erfasst**. Ist die Klage beispielsweise auf die Verletzung von zwei Geschäftsgeheimnissen gestützt und wird sie abgewiesen, und legt der Kläger Berufung nur gegen die Abweisung hinsichtlich eines der Geschäftsgeheimnisse ein, so könnte die Bekanntmachung zumindest denjenigen Teil des Urteils erfassen, der nicht mehr Gegenstand des Berufungsverfahrens ist. Für eine solche Bekanntmachung kann trotz des dann noch laufenden Berufungsverfahrens für den insoweit obsiegenden Beklagten durchaus ein Interesse bestehen. Dies wird dadurch gestützt, dass der obsiegenden Partei auch die Befugnis zugesprochen werden kann, lediglich Informationen über das Urteil bekanntzumachen. Eine solche Information kann auch die Abweisung eines Teils der Klage darstellen. Dies gilt unabhängig davon, ob formal insoweit ein Teilurteil ergangen ist oder ob es sich um ein einheitliches Urteil handelt. Aus § 21 lässt sich nicht ableiten, dass die Befugnis zur Bekanntmachung immer nur das Urteil insgesamt erfassen darf.

---

24 OLG Frankfurt a.M 9.1.2014 GRUR **2014** 296.
25 *Kühnen* Kap. D Rn. 431.

Will die unterlegene Partei eine Bekanntmachung der Information während des noch **laufenden Berufungsverfahrens** verhindern, muss sie insoweit einen Antrag auf Einstellung der Zwangsvollstreckung stellen. 45

Eine Durchbrechung erfährt dieser Grundsatz nach Abs. 3 dadurch, dass das Gericht etwas anderes bestimmen kann. Unter Berücksichtigung der beiderseitigen Parteiinteressen und aller Umstände kann es erforderlich sein, trotz noch nicht eingetretener Rechtskraft vorab die Bekanntmachung des Urteils oder einzelner Informationen zu gestatten. Dies ist wegen der damit verbundenen Schaffung vollendeter Tatsachen freilich nur in ganz besonderen Ausnahmefällen denkbar. Dabei ist abermals die **Wirkung** zu berücksichtigen, die mit der Bekanntmachung des Urteils erzielt wird. Solange noch immer die Möglichkeit besteht, dass das Urteil im Rechtsmittelverfahren abgeändert wird, müssen ganz erheblich überwiegende Interessen der obsiegenden Partei vorliegen, damit eine vorläufige Bekanntmachung erfolgen kann. Die amtliche Begründung spricht nur allgemein davon, dass ein dringendes Bedürfnis für die Veröffentlichung vor der Rechtskraft besteht. Dies mag etwa dann der Fall sein, wenn ansonsten die Existenz der obsiegenden Partei gefährdet wäre. Ob etwa der Gedanke der Generalprävention, der immer wieder in der Gesetzesbegründung herausgestrichen wird, eine derartige vorläufige Bekanntmachung zu Lasten der unterlegenen Partei rechtfertigen würde, erscheint demgegenüber zweifelhaft. Immerhin enthalten alle anderen Regelungen (§ 140e PatG, § 19c MarkenG, § 47 DesignG) eine solche Ausnahmebestimmung nicht. Auch das spricht dafür, dieser Anordnungsmöglichkeit für das Gericht einen absoluten Ausnahmecharakter beizumessen. 46

Auf der anderen Seite enthalten die zitierten Regelungen in den parallelen Gesetzen eine zeitliche Begrenzung für die Bekanntmachung in der Weise, dass die Befugnis erlischt, wenn von ihr nicht innerhalb von drei Monaten nach Eintritt der Rechtskraft des Urteils Gebrauch gemacht worden ist. § 21 verzichtet auf eine derartige zeitliche Begrenzung. Auch die Richtlinie enthält dazu keine Vorgaben. Demzufolge ist in Geschäftsgeheimnisstreitsachen die Bekanntmachung des Urteils **auch noch nach längerer Zeit**, ggf. sogar geraumer Zeit, nicht ausgeschlossen. Auch hier mag der Gedanke der Generalprävention bei der Gesetzesformulierung eine wesentliche Rolle gespielt haben. Dennoch fragt sich, ob ein derartiger Unterschied zur Verletzung gewerblicher Schutzrechte gerechtfertigt ist. Gründe sind dafür umso weniger erkennbar, je mehr Zeit verstreicht, nachdem das Urteil Rechtskraft erlangt hat. Wenn die obsiegende Partei es innerhalb von drei Monaten nicht für notwendig befunden hat, von der Bekanntmachung Gebrauch zu machen, spricht schon der Anschein dafür, dass die Bekanntmachung nicht mehr von Bedeutung ist. Das öffentliche Informationsinteresse lässt mit zunehmendem Zeitablauf nach. Freilich sind auch Konstellationen denkbar, in denen es angemessen sein kann, eine bereits länger zurückliegende Verurteilung bekanntzumachen. So kann es etwa bei einer wiederholten Verletzung von Geschäftsgeheimnissen auch unter dem Gesichtspunkt der Generalprävention angemessen und geeignet sein, in diesem Zusammenhang auch über die zurückliegende Verurteilung zu informieren. 47

Vor diesem Hintergrund bleibt zu erwägen, dass das Gericht bei der Bestimmung von Form und Umfang der öffentlichen Bekanntmachung nach Abs. 1 Satz 2 auch eine **zeitliche Begrenzung für die Bekanntmachung festlegen** kann.[26] Eine solche Begrenzung ist durch die aktuelle Gesetzesfassung nicht ausgeschlossen. Sie steht im Gegenteil durchaus im Einklang mit Sinn und Zweck der Vorschrift. 48

---

26 Köhler/Bornkamm/Feddersen/*Alexander* § 21 GeschGehG Rn. 32.

§ 22
Streitwertbegünstigung

(1) Macht bei Geschäftsgeheimnisstreitsachen eine Partei glaubhaft, dass die Belastung mit den Prozesskosten nach dem vollen Streitwert ihre wirtschaftliche Lage erheblich gefährden würde, so kann das Gericht auf ihren Antrag anordnen, dass die Verpflichtung dieser Partei zur Zahlung von Gerichtskosten sich nach dem ihrer Wirtschaftslage angepassten Teil des Streitwerts bemisst.

(2) Die Anordnung nach Absatz 1 bewirkt auch, dass

1. die begünstigte Partei die Gebühren ihres Rechtsanwalts ebenfalls nur nach diesem Teil des Streitwerts zu entrichten hat,

2. die begünstigte Partei, soweit ihr Kosten des Rechtsstreits auferlegt werden oder soweit sie diese übernimmt, die von dem Gegner entrichteten Gerichtsgebühren und die Gebühren seines Rechtsanwalts nur nach diesem Teil des Streitwerts zu erstatten hat und

3. der Rechtsanwalt der begünstigten Partei seine Gebühren von dem Gegner nach dem für diesen geltenden Streitwert beitreiben kann, soweit die außergerichtlichen Kosten dem Gegner auferlegt oder von ihm übernommen werden.

(3) [1]Der Antrag nach Absatz 1 ist vor der Verhandlung zur Hauptsache zu stellen. Danach ist er nur zulässig, wenn der angenommene oder festgesetzte Streitwert durch das Gericht heraufgesetzt wird. [2]Der Antrag kann vor der Geschäftsstelle des Gerichts zur Niederschrift erklärt werden. [3]Vor der Entscheidung über den Antrag ist der Gegner zu hören.

Schrifttum

Ann Know-how – Stiefkind des Geistigen Eigentums? GRUR **2007** 39; *Ann* EU-Richtlinie zum Schutz vertraulichen Know-hows – Wann kommt das neue deutsche Recht, wie sieht es aus, was ist noch offen? GRUR-Prax **2016** 465; *Ann/Loschelder/Grosch* Praxishandbuch Know-how-Schutz, 2010; *Alexander* Gegenstand, Inhalt und Umfang des Schutzes von Geschäftsgeheimnissen nach der Richtlinie (EU) 2016/943, WRP **2017** 1034; *Apel* Der Gesetzgeber sollte zur Klarstellung zeitnah eine § 12 Abs. 2 UWG entsprechende Bestimmung ins GeschGehG aufnehmen – Anmerkung zum Beschluss des OLG München vom 8.8.2019, Az. 29 W 940/19, BB **2019** 2515; *Apel/Walling* Das neue Geschäftsgeheimnisgesetz: Überblick und erste Praxishinweise, DB **2019** 891; *Baranowski/Glaßl* Anforderungen an den Geheimnisschutz nach der neuen EU-Richtlinie, BB **2016** 2563; *Benkard* Patentgesetz, 11. Aufl. 2015; *Büscher* Gesetz gegen den unlauteren Wettbewerb, 2019; *Busse/Keukenschrijver* Patentgesetz, 8. Aufl. 2016; *Cepl/Voß* Prozesskommentar zum Gewerblichen Rechtsschutz, 2. Aufl. 2018; *Dann/Markgraf* Das neue Gesetz zum Schutz von Geschäftsgeheimnissen, NJW **2019** 1774; *Deichfuß* Die Entwendung von technischen Betriebsgeheimnissen, GRUR-Prax **2012** 449; *Dorn* Anforderungen an die Durchsetzung standardessentieller Patente, GRUR-Prax **2017** 497; *Druschel/Jauch* Der Schutz von Know-how im deutschen Zivilprozess: Der Status quo und die zu erwartenden Änderungen, Teil I: Der derzeitige und zukünftige prozessuale Geheimnisschutz im Know-how-Verletzungsverfahren, BB **2018** 1218; *Druschel/Jauch* Der Schutz von Know-how im deutschen Zivilprozess: Der Status quo und die zu erwartenden Änderungen, Teil 2: Der derzeitige und zukünftige Geheimnisschutz im vorgelagerten Besichtigungsverfahren, BB **2018** 1794; *Dumont* Happy End für ein Stiefkind? – Regierungsentwurf zur Umsetzung der Know-how-Richtlinie, BB **2018** 2441; *Falce* Trade Secrets – Looking for (Full) Harmonization in the Innovation Union, IIC **2015** 940; *Fitzner/Lutz/Bodewig* Beck'scher Online Kommentar Patentrecht, 17. Ed. Stand: 15.7.2020; *Fuhlrott/Hiéramente* Beck'scher Online Kommentar GeschGehG, 4. Ed. Stand: 15.6.2020; *Gärtner/Goßler* Trade secret litigation nun auch in Deutschland? – Gedanken zur Umsetzung der Know-how-Richtlinie, Mitt. **2018** 204; *Götz* Der Schutz von Betriebs- und Geschäftsgeheimnissen im Zivilverfahren, 2014; *Harte-Bavendamm/Henning-Bodewig* Gesetz gegen den unlauteren Wettbewerb (UWG), 4. Aufl. 2016; *Hauck* Geheimnisschutz im Zivilprozess – was bringt die neue EU-Richtlinie für das deutsche Recht? NJW **2016** 2218; *Hauck* Schutz von Unternehmensgeheimnissen bei der Bestimmung FRAND-konformer Lizenzbedingungen, GRUR-Prax **2017** 118; *Hauck* Was lange währt... – Das Gesetz zum Schutz von Geschäftsgeheimnissen (GeschGehG) ist in Kraft, GRUR-Prax **2019**

https://doi.org/10.1515/9783110631654-026

223; *Kalbfus* Die EU-Geschäftsgeheimnis-Richtlinie – Welcher Umsetzungsbedarf besteht in Deutschland, GRUR **2016** 1009; *Kalbfus* Rechtsdurchsetzung bei Geheimnisverletzungen – Welchen prozessualen Schutz gewährt das Geschäftsgeheimnisgesetz dem Kläger? WRP **2019** 692; *Kalbfus/Harte-Bavendamm* Protokoll der Sitzung des Fachausschusses für Wettbewerbs- und Markenrecht zum Richtlinienvorschlag über den Schutz von Geschäftsgeheimnis, GRUR **2014** 453; *Keller* Protokoll der Sitzung des GRUR-Fachausschusses für Wettbewerbs- und Markenrecht zum Referentenentwurf eines Gesetzes zum Schutz von Geschäftsgeheimnissen (GeschGehG) am 25.4.2018 in Berlin, GRUR **2018** 706; *Kersting* Der Schutz des Wirtschaftsgeheimnisses im Zivilprozess – Eine rechtsvergleichende Untersuchung anhand der Federal Rules of Civil Procedure und der ZPO, 1995; *Koós* Die europäische Geschäftsgeheimnis-Richtlinie – ein gelungener Wurf? – Schutz von Know-how und Geschäftsinformationen – Änderungen im deutschen Wettbewerbsrecht, MMR **2016** 224; *Krüger/Wiencke/Koch* Der Datenpool als Geschäftsgeheimnis, GRUR **2020** 578; *Kühnen* Handbuch der Patentverletzung, 12. Aufl. 2020; *Kühnen* Zivilprozessualer Geheimnisschutz in Patentstreitverfahren – Zugleich Entgegnung auf Zhu/Popp (GRUR **2020** 338), GRUR **2020** 576; *Kühnen* Die Besichtigung im Patentrecht – Eine Bestandsaufnahme zwei Jahre nach „Faxkarte", GRUR **2005** 185; *Kürschner* Parteiöffentlichkeit vor Geheimnisschutz im Zivilprozeß, NJW **1992** 1804; *Kuta* Die Besichtigungsanordnung nach dem „Düsseldorfer Modell" – Zur Rechtmäßigkeit des Düsseldorfer Besichtigungsverfahrens de lege lata, 2017; *Laoutoumai/Baumfalk* Probleme im vorprozessualen Verfahren bei der Rechtsverfolgung von Ansprüchen aus dem neuen GeschGehG, WRP **2018** 1300; *Lejeune* Die neue EU Richtlinie zum Schutz von Know-how und Geschäftsgeheimnissen – Wesentliche Inhalte und Anpassungsbedarf im deutschen Recht sowie ein Vergleich zur Rechtslage in den USA, CR **2016** 330; *Löffel* Kommentar zu OLG München, Beschl. v. 8.8.2019, Az. 29 W 940/19, WRP **2019** 1378; *McGuire* Der Schutz von Know-how im System des Immaterialgüterrechts – Perspektiven für die Umsetzung der Richtlinie über Geschäftsgeheimnisse, GRUR **2016** 1000; *McGuire* Know-how: Stiefkind, Störenfried oder Sorgenkind? – Lücken und Regelungsalternativen vor dem Hintergrund des RL-Vorschlags, GRUR **2015** 424; *McGuire* Neue Anforderungen an Geheimhaltungsvereinbarungen? WRP **2019** 679; *Mes* Patentgesetz Gebrauchsmustergesetz 5. Aufl. 2020; *Quodbach* Gesetzentwurf für ein Zweites Gesetz zur Vereinfachung und Modernisierung des Patentrechts, IP Kompakt **2020** 2; *Rauer/Eckert* Richtlinie zur Harmonisierung des Know-how-Schutzes in der EU, DB **2016** 1239; *Redeker/Pres/Gittinger* Einheitlicher Geheimnisschutz in Europa (Teil 1) – Die Entwürfe zur Know-how-Richtlinie, deren Konsequenzen für das innerbetriebliche Vertragsmanagement (Teil 1) und die erforderlichen Auswirkungen auf den Zivilprozess (Teil 2), WRP **2015** 681; *Redeker/Pres/Gittinger* Einheitlicher Geheimnisschutz in Europa (Teil 2) – Die Entwürfe zur Know-how-Richtlinie, deren Konsequenzen für das innerbetriebliche Vertragsmanagement (Teil 1) und die erforderlichen Auswirkungen auf den Zivilprozess (Teil 2), WRP **2015** 812; *Rehaag/Straszewski* Das neue Gesetz zum Schutz von Geschäftsgeheimnissen in der Praxis, Mitt. **2019** 249; *Rojahn* Das geheime Know-how: Wie geheim darf/muss das Zivilverfahren sein? Festschrift Loewenheim (2009) 251; *Schlingloff* Geheimnisschutz im Zivilprozess aufgrund der „Know-how-Schutz"-Richtlinie – Was muss sich im deutschen Prozessrecht ändern? WRP **2018** 666; *Schregle* Neue Maßnahmen zum Geheimnisschutz in Geschäftsgeheimnisstreitsachen – Wegbereiter für den effektiven Rechtsschutz? GRUR **2019** 912; *Semrau-Brandt* Patentstreit zwischen Qualcomm und Apple: Schwächen des Geschäftsgeheimnisschutzes im Zivilprozess, GRUR-Prax **2019** 127; *Stadler* Der Schutz von Unternehmensgeheimnissen im Zivilprozeß, NJW **1989** 1202; *Voigt/Herrmann/Grabenschröer* Das neue Geschäftsgeheimnisgesetz – praktische Hinweise zu Umsetzungsmaßnahmen für Unternehmen, BB **2019** 142; *Vorwerk/Wolf* Beck'scher Online Kommentar ZPO, 37. Ed. Stand: 1.7.2020; *Winzer* Der Schutz von Geschäftsgeheimnissen im Zivilprozess, 2018; *Würtenberger/Freischem* Stellungnahme zum Referentenentwurf des Bundesministeriums der Justiz und für Verbraucherschutz – Entwurf eines Gesetzes zur Umsetzung der RL 2016/943/EU zum Schutz von Geschäftsgeheimnissen vor rechtswidrigem Erwerb sowie rechtswidriger Nutzung und Offenlegung, GRUR **2018** 708; *Zhu/Popp* Zivilprozessualer Geheimnisschutz in Patentstreitverfahren – Mit (oder ohne) Türöffner-Antrag zum Confidentiality Club, GRUR **2020** 338; *Ziegelmayer* Geheimnisschutz ist eine große Nische – Zu den unterschätzten Auswirkungen des GeschGehG, CR **2018** 693.

Übersicht

A. Allgemeines

I. Entstehung und Hintergrund

1 § 22 übernimmt für Geschäftsgeheimnisstreitsachen eine Regelung, die in gleicher Weise seit langem in den Gesetzen des gewerblichen Rechtsschutzes und dem UWG etabliert ist (vgl. § 144 PatG, § 142 MarkenG, § 54 DesignG, § 12 Abs. 3 UWG). Sie führt zu einem Gleichlauf der verschiedenen gesetzlichen Regelungen. Eine Umsetzung von Vorgaben aus der Richtlinie war insoweit nicht erforderlich. Das System der **Abrechnung nach dem Streitwert** ist eine Besonderheit des deutschen Prozessrechts, die nur in wenigen anderen Ländern in ähnlicher Weise gehandhabt wird, z. B. in Österreich. Andere Rechtsordnungen bestimmen die Erstattung von Kosten der Rechtsverfolgung durch die unterliegende Partei nicht nach dem Streitwert und einer zugehörigen Gebührentabelle, sondern nach anderen Maßstäben.

II. Normzweck

2 Die Regelung zur Streitwertbegünstigung soll verhindern, dass die Bereitschaft einer **wirtschaftlich schwachen Partei** zur Rechtsdurchsetzung oder -verteidigung bei der Verletzung von Geschäftsgeheimnissen beeinträchtigt wird, da im Regelfall voraussichtlich eher hohe Streitwerte in derartigen Verfahren angemessen sind.[1] Dazu formuliert der im Zusammenhang mit der Einführung des GeschGehG ebenfalls ergänzte § 51 Abs. 2 GKG, dass in Verfahren nach dem GeschGehG, soweit nichts anderes bestimmt ist, der Streitwert nach der sich aus dem **Antrag des Klägers für ihn ergebenden Bedeutung der Sache nach Ermessen zu bestimmen** ist. Das **Kostenrisiko** einer Geschäftsgeheimnisstreitsache kann je nach Bedeutung des Falles recht schnell erhebliche Größenordnungen erreichen. Um dennoch einer wirtschaftlich schwachen Partei die Führung des Verfahrens und damit die Rechtsdurchsetzung oder die Verteidigung gegen einen Angriff zu ermöglichen, sieht das Gesetz die Streitwertbegünstigung vor.

3 Die Regelung steht neben anderen Möglichkeiten der **finanziellen Entlastung**. Für den Beklagten greift ergänzend die Regelung aus **§ 51 Abs. 3 GKG**. Ist die Bedeutung der Sache für den Beklagten erheblich geringer zu bewerten als der nach § 51 Abs. 2 GKG ermittelte Streitwert, ist dieser angemessen zu mindern. Allerdings darf diese Regelung nicht dazu führen, dass die Bedeutung der Sache nur noch nach dem Interesse des Beklagten bestimmt wird. Das gilt insbesondere dann, wenn sich die Ansprüche gegen eine Einzelperson richten, die möglicherweise nicht im eigenen Interesse, sondern im Interesse eines Dritten gehandelt hat. Ist demgegenüber nach dem beiderseitigen Interesse der Streitwert der Sache höher zu bewerten, bleibt die Möglichkeit der Streitwertbegünstigung nach § 22.

---

1 BTDrucks. 19/4724 S. 39.

Die Vorschriften über die Anordnung der Streitwertbegünstigung sind nach § 51 Abs. 5 GKG bei der Bemessung des Streitwerts anzuwenden.

Die Gewährung von **Prozesskostenhilfe** (§§ 114 ff. ZPO) wird durch die Streitwertbegünstigung nicht ausgeschlossen. Ebenso wenig berührt § 22 die Regelungen zur Kostenerstattung nach § 12a ArbGG für Fälle, in denen vor dem Arbeitsgericht über die Verletzung von Geschäftsgeheimnissen gestritten wird. 4

B. Sachliche Voraussetzungen der Streitwertbegünstigung

I. Betroffene Partei

Die Möglichkeit der Streitwertbegünstigung steht **jeder Partei** unabhängig von ihrer Rolle im Verfahren zu. Der Kläger kann ebenso eine Begünstigung beantragen wie der Beklagte. Gerade in den Fällen, in denen das objektive Interesse des Klägers höher zu bemessen ist, kann für ihn eine Streitwertbegünstigung in Betracht kommen. Die amtliche Begründung spricht davon, dass Abs. 1 im Sinne einer **Härtefallregelung** eine einseitige Streitwertbegünstigung der wirtschaftlich schwächeren Partei ermöglichen soll.[2] Dies ist insoweit missverständlich, als Abs. 1 nicht auf einen Vergleich der beiden Parteien zueinander abstellt, sondern auf die objektiven Verhältnisse für die betreffende Partei. Es ist daher auch denkbar, dass beide Parteien unabhängig voneinander einen Antrag auf Streitwertbegünstigung stellen. In der Praxis wird ein Gericht indes einer derartigen Situation eher dadurch Rechnung tragen, dass es von vornherein einen niedrigeren Streitwert festsetzt. 5

Die Vorschrift ist entsprechend auf **Nebenintervenienten** und **Streithelfer** anzuwenden.[3] 6

Die Regelung erfasst sowohl **natürliche** als auch **juristische** Personen oder sonstige Organisationen als Partei. 7

II. Erhebliche Gefährdung der wirtschaftlichen Lage

Wesentliches Kriterium für eine Streitwertbegünstigung ist die **erhebliche Gefährdung der wirtschaftlichen Lage** der Partei. Dabei ist ein Vergleich zwischen der Kostenbelastung nach dem vollen Streitwert und nach dem ermäßigten Streitwert anzustellen. Insbesondere ist zunächst zu prüfen, wie sich die volle Kostenbelastung auf die wirtschaftliche Lage der Partei auswirkt. Dabei sind die gesamten wirtschaftlichen Verhältnisse der betreffenden Partei zugrunde zu legen. 8

Bei der Beurteilung kann auf die Grundsätze zurückgegriffen werden, die die Rechtsprechung zu den bereits erwähnten parallelen Vorschriften in anderen Gesetzen entwickelt hat. Für eine Streitwertbegünstigung genügt **nicht schon jede Gefährdung** der wirtschaftlichen Lage. Vielmehr muss die **Gefährdung die Erheblichkeitsschwelle** überschreiten. Zu weit würde es allerdings gehen, wenn man eine Gefährdung erst ab einem ernsthaften Insolvenzrisiko für die Partei annehmen wollte.[4] Insgesamt wird man regel- 9

2 BTDrucks. 19/4724 S. 39.
3 Busse/Keukenschrijver/*Keukenschrijver* § 144 PatG Rn. 9.
4 Vgl. dazu *Köhler* NJW **2013** 3473, 3475.

mäßig einen weniger strengen Maßstab anlegen können als für die Prozesskostenhilfe nach § 114 ZPO.[5]

10 Die Gefährdung der wirtschaftlichen Lage ist von dem Kostenrisiko selbst zu unterscheiden. Kann das Kostenrisiko beispielsweise durch die Beschaffung finanzieller Mittel (Darlehen oder dergleichen) aufgefangen werden, ist für eine erhebliche Gefährdung der wirtschaftlichen Lage und damit eine Streitwertbegünstigung regelmäßig kein Raum. Gleiches gilt für die Unterstützung durch einen Prozessfinanzierer.[6]

11 Im zweiten Schritt ist zur **Ermittlung einer zumutbaren Kostenbelastung** auf ein angemessenes Verhältnis zu einem normalerweise üblichen Kostenrisiko und den Vermögensverhältnissen des Antragstellers abzustellen.[7]

C. Verfahren

I. Antrag

12 Eine Streitwertbegünstigung setzt einen Antrag der betreffenden Partei voraus. Dieser Antrag kann gemäß Abs. 3 Satz 3 auch vor der Geschäftsstelle des Gerichts zur Niederschrift erklärt werden. Ein Anwaltszwang besteht insoweit nicht (§ 78 Abs. 3 ZPO).

II. Zeitpunkt

13 Grundsätzlich ist der **Antrag** gemäß Abs. 3 Satz 1 **vor der Verhandlung zur Hauptsache** zu stellen. Eine **Ausnahme** sieht Abs. 3 Satz 2 nur für den Fall vor, dass der angenommene oder festgesetzte Streitwert im Laufe des Verfahrens durch das Gericht heraufgesetzt wird. Die Möglichkeit der Streitwertbegünstigung besteht unabhängig von einer etwaigen Streitwertbeschwerde (§ 68 GKG); die Partei kann nicht darauf verwiesen werden. In der Praxis wird eine Partei allerdings beide Rechtsbehelfe parallel ausschöpfen wollen.

14 Damit stellt sich die Frage, wie die Situation zu beurteilen ist, wenn die erhebliche Gefährdung der wirtschaftlichen Lage erst im Laufe des Rechtsstreits eintritt. Gemäß der Formulierung in Abs. 3 Satz 1 und Satz 2 wäre in dieser Fallkonstellation ein Antrag auf Streitwertbegünstigung nicht mehr möglich. Sinn und Zweck des Gesetzes gebieten es indes, auch hierfür eine entsprechende Ausnahme vorzusehen und analog anzuwenden. In diesem Falle muss der Antrag unverzüglich nach Eintritt der Gefährdung gestellt werden.[8]

III. Glaubhaftmachung

15 Die erhebliche Gefährdung der wirtschaftlichen Lage ist gemäß Abs. 1 glaubhaft zu machen. Dafür stehen der Partei sämtliche **Glaubhaftmachungsmittel nach § 294 ZPO**

5 OLG Düsseldorf 11.8.2004 InstGE **5** 70, Rn. 3 – Streitwertermäßigung.

6 BGH 3.9.2013 GRUR **2013** 1288 – Kostenbegünstigung III.

7 OLG Düsseldorf 11.8.2004 InstGE **5** 70, Rn. 3 – Streitwertermäßigung.

8 Mes/*Mes* § 144 PatG Rn. 12; Büscher/*McGuire* § 22 GeschGehG Rn. 18; Busse/Keukenschrijver/*Keukenschrijver* § 144 PatG Rn. 23 unter Verweis auf OLG Düsseldorf 19.9.1984 GRUR **1985** 219 und OLG München 30.1.1991 GRUR **1991** 561 (Ls.).

zur Verfügung. Die Glaubhaftmachung muss sich dabei insbesondere auf die Erheblichkeit der Gefährdung beziehen und für das Gericht eine ausreichende Entscheidungsgrundlage schaffen.

IV. Anhörung des Gegners

Abs. 3 Satz 4 verlangt die Anhörung des Gegners vor der Entscheidung über den Antrag. Der Gegner muss – ähnlich wie im PKH-Verfahren – Gelegenheit bekommen, zu dem Vortrag und der Glaubhaftmachung des Antragstellers Stellung zu nehmen. Dies ist schon deswegen erforderlich, weil mit einer positiven Entscheidung über die Streitwertbegünstigung auch für den Gegner erhebliche Folgen verbunden sind. In diesem Zusammenhang sind wegen der persönlichen Auskünfte des Antragstellers die Vorgaben aus § 117 Abs. 2 Satz 2 ZPO entsprechend anzuwenden.[9] 16

V. Entscheidung des Gerichts

Die Entscheidung des Gerichts erfolgt **nach pflichtgemäßem Ermessen** unter Berücksichtigung aller von dem Antragsteller und der Gegenseite vorgetragenen Umstände. Eine Prognose über die Erfolgsaussichten der Klage oder der Verteidigung ist dabei nicht zu treffen.[10] 17

Ausweislich der Gesetzesbegründung mag dabei auch das vorprozessuale Verhalten der betreffenden Partei gewürdigt werden. Die Möglichkeit der Streitwertbegünstigung soll kein leichtfertiges Prozessieren erleichtern oder fördern. Hierbei spielt der Gedanke der **mutwilligen Prozessführung** eine Rolle. Allein der Umstand, dass sich beispielsweise der Beklagte vor Einleitung des gerichtlichen Verfahrens nachhaltig geweigert hat, die Forderungen des Klägers zu erfüllen, kann für sich genommen nicht gegen ihn verwendet werden. Denn anderenfalls würde man auf diesem Wege doch eine Prüfung der Erfolgsaussichten der Verteidigung einführen. Es kann mithin nur darum gehen, ob die Führung des Verfahrens durch den Kläger oder die Verteidigung des Beklagten als rechtsmissbräuchlich erscheinen. 18

Die dem Antrag stattgebende Entscheidung des Gerichts lautet dahingehend, dass für die in § 22 vorgesehenen Kostenfolgen ein angepasster Teil des Streitwertes maßgeblich ist. Insoweit wird also ein Teilstreitwert festgesetzt.[11] Die Entscheidung ist vorab zu treffen, um den Parteien Gelegenheit zu geben, die Entscheidung des Gerichts zur Überprüfung zu stellen und ggf. ihr weiteres prozessuales Verhalten danach auszurichten. 19

VI. Rechtsbehelfe

Gegen die Entscheidung des Landgerichts steht den Parteien die **Streitwertbeschwerde nach § 68 GKG** offen. Beschwerdeberechtigt sind dabei sowohl die durch die 20

---

9 Ströbele/Hacker/Thiering/*Thiering* § 142 MarkenG Rn. 28; Köhler/Bornkamm/Feddersen/*Köhler/Feddersen* § 12 UWG Rn. 4.27.
10 BGH 26.4.1990 GRUR **1990** 1052, 1053 – Streitwertbemessung.
11 Vgl. zu der parallelen Vorschrift in § 12 Abs. 3 UWG Köhler/Bornkamm/Feddersen/*Köhler/Feddersen* § 12 UWG Rn. 4.27.

Entscheidung beschwerte Partei als auch aus eigenem Recht die Anwälte sowohl der begünstigten als auch der gegnerischen Partei.[12] Entscheidet das OLG über den Antrag auf Streitwertbegünstigung, ist dagegen keine Beschwerde möglich (§ 68 Abs. 1 Satz 5 in Verbindung mit § 66 Abs. 3 Satz 3 GKG).

D. Folgen der Streitwertbegünstigung

I. Begünstigte Partei

21 Sofern das Gericht einem Antrag auf Streitwertbegünstigung stattgibt, ist insoweit die Gebührenpflicht auf die Gebühren nach dem festgesetzte Teilstreitwert begrenzt. Dieser Teilstreitwert gilt indes nur für die begünstigte Partei. Für die andere Partei verbleibt es bei dem vollen Streitwert.

22 Dies hat zunächst **Auswirkungen auf die Gerichtskosten.** Die Verpflichtung zur Zahlung der Gerichtskosten bemisst sich für die begünstigte Partei in diesem Falle nur nach dem Teilstreitwert (Abs. 1). Auch die Gebühren des eigenen Rechtsanwalts sind nur nach dem Teilstreitwert zu entrichten (Abs. 2 Nr. 1).

23 Das Gleiche gilt für die **Erstattung von Gerichtsgebühren und Rechtsanwaltsgebühren** an die Gegenseite. Soweit der begünstigten Partei Kosten des Rechtsstreits auferlegt werden oder sie diese aus anderem Grunde übernimmt (z.B. im Vergleichswege), richtet sich auch die Erstattungspflicht nur nach dem Teilstreitwert (Abs. 2 Nr. 2).

II. Gegenpartei

24 Trifft die **Verpflichtung zur Kostentragung** die Gegenpartei, so bleibt die Festsetzung des Teilstreitwerts insoweit ohne Auswirkung. Insbesondere kann auch in diesem Falle der Rechtsanwalt der begünstigten Partei seine Gebühren von der Gegenseite nach dem für diese geltenden Streitwert, also dem allgemein festgesetzten Streitwert beitreiben (Abs. 2 Nr. 3).

25 Unberührt von der Streitwertbegünstigung bleiben alle weiteren Kosten, die streitwertunabhängig sind. Dies gilt beispielsweise für die Entschädigung von Sachverständigen oder Zeugen nach dem Justizvergütungs- und -entschädigungsgesetz (JVEG) oder für sonstige Auslagen.

---

12 OLG Koblenz 27.10.1995 GRUR **1996** 139 – Streitwert.

ABSCHNITT 4
Strafvorschriften

§ 23 Verletzung von Geschäftsgeheimnissen

(1) Mit Freiheitsstrafe bis zu drei Jahren oder mit Geldstrafe wird bestraft, wer zur Förderung des eigenen oder fremden Wettbewerbs, aus Eigennutz, zugunsten eines Dritten oder in der Absicht, dem Inhaber eines Unternehmens Schaden zuzufügen,
1. entgegen § 4 Absatz 1 Nummer 1 ein Geschäftsgeheimnis erlangt,
2. entgegen § 4 Absatz 2 Nummer 1 Buchstabe a ein Geschäftsgeheimnis nutzt oder offenlegt oder
3. entgegen § 4 Absatz 2 Nummer 3 als eine bei einem Unternehmen beschäftigte Person ein Geschäftsgeheimnis, das ihr im Rahmen des Beschäftigungsverhältnisses anvertraut worden oder zugänglich geworden ist, während der Geltungsdauer des Beschäftigungsverhältnisses offenlegt.

(2) Ebenso wird bestraft, wer zur Förderung des eigenen oder fremden Wettbewerbs, aus Eigennutz, zugunsten eines Dritten oder in der Absicht, dem Inhaber eines Unternehmens Schaden zuzufügen, ein Geschäftsgeheimnis nutzt oder offenlegt, das er durch eine fremde Handlung nach Absatz 1 Nummer 2 oder Nummer 3 erlangt hat.

(3) Mit Freiheitsstrafe bis zu zwei Jahren oder mit Geldstrafe wird bestraft, wer zur Förderung des eigenen oder fremden Wettbewerbs oder aus Eigennutz entgegen § 4 Absatz 2 Nummer 2 oder Nummer 3 ein Geschäftsgeheimnis, das eine ihm im geschäftlichen Verkehr anvertraute geheime Vorlage oder Vorschrift technischer Art ist, nutzt oder offenlegt.

(4) Mit Freiheitsstrafe bis zu fünf Jahren oder mit Geldstrafe wird bestraft, wer
1. in den Fällen des Absatzes 1 oder des Absatzes 2 gewerbsmäßig handelt,
2. in den Fällen des Absatzes 1 Nummer 2 oder Nummer 3 oder des Absatzes 2 bei der Offenlegung weiß, dass das Geschäftsgeheimnis im Ausland genutzt werden soll, oder
3. in den Fällen des Absatzes 1 Nummer 2 oder des Absatzes 2 das Geschäftsgeheimnis im Ausland nutzt.

(5) Der Versuch ist strafbar.

(6) Beihilfehandlungen einer in § 53 Absatz 1 Satz 1 Nummer 5 der Strafprozessordnung genannten Person sind nicht rechtswidrig, wenn sie sich auf die Entgegennahme, Auswertung oder Veröffentlichung des Geschäftsgeheimnisses beschränken.

(7) § 5 Nummer 7 des Strafgesetzbuches gilt entsprechend. Die §§ 30 und 31 des Strafgesetzbuches gelten entsprechend, wenn der Täter zur Förderung des eigenen oder fremden Wettbewerbs oder aus Eigennutz handelt.

(8) Die Tat wird nur auf Antrag verfolgt, es sei denn, dass die Strafverfolgungsbehörde wegen des besonderen öffentlichen Interesses an der Strafverfolgung ein Einschreiten von Amts wegen für geboten hält.

Schrifttum

Achenbach Aus der 2006/2007 veröffentlichten Rechtsprechung zum Wirtschaftsstrafrecht, NStZ **2007** 566; *Beulke/Swoboda* Strafprozessrecht, 14. Aufl. 2018; *Bott* „Grenzenloser" Geheimnisverrat: Der Auslandsbezug bei § 17 UWG, wistra **2015** 342; *ders.* Verrat und Verräter – der „größte politische Skandal unserer Zeit" und die Konsequenzen für das Wirtschaftsstrafrecht, Festschrift Jürgen Wessing (2015) 311 (zit. Verrat und

https://doi.org/10.1515/9783110631654-027

Verräter); *ders.* Der anwaltliche Zeugenbeistand, StraFo **2018** 410; *Bott/Hiéramente* Grenzen im Kampf um kluge Köpfe – strafrechtliche Risiken bei der Abwerbung von Mitarbeitern, CCZ **2017** 125; *Bott/Kohlhof* Kurz und klarstellend. Zur Nebenklagebefugnis von Unternehmen, StraFo **2019** 413; *Bott/Nussl* Koordination ist alles: Zur Wechselwirkung von Zivilrecht und Wirtschaftsstrafrecht, Dispute Resolution Magazine 2019 Nr. 3 S. 15 ff.; *Brammsen* Lauterkeitsstrafrecht (Sonderband MüKo Lauterkeitsrecht), 1. Aufl. 2020; *ders.* Die EU-Know-how-Richtlinie 943/2016, §§ 17 ff. UWG und das geplante Geschäftsgeheimnisstrafrecht, wistra **2018** 449; *Engländer/Zimmermann* Whistleblowing als strafbarer Verrat von Geschäfts- und Betriebsgeheimnissen? – Zur Bedeutung des juristisch-ökonomischen Vermögensbegriffs für den Schutz illegaler Geheimnisse bei § 17 UWG, NZWiSt **2012** 328; *Erbs/Kohlhaas* Strafrechtliche Nebengesetze, 230. EL Mai 2020; *Esser/Rübenstahl/Saliger/Tsambikakis* Wirtschaftsstrafrecht, 2017; *Graf/Jäger/Wittig* Wirtschafts- und Steuerstrafrecht, 2. Aufl. 2017; *Harte-Bavedamm* Wettbewerbsrechtliche Aspekte des Reverse-Engineering von Computerprogrammen, GRUR **1990** 657; *Hohmann* Gedanken zur Akzessorietät des Strafrechts, ZIS **2007** 38; *Hohmann/Schreiner* Das neue (Geschäfts-)Geheimnisschutzstrafrecht: ein Überblick, StraFo **2019** 441; *Joecks/Miebach* Münchener Kommentar zum StGB, Band 7 Nebenstrafrecht II, 3. Aufl. 2019; *Kiethe/Hohmann* Der Strafrechtliche Schutz von Geschäfts- und Betriebsgeheimnissen, NStZ **2006** 185; *Kohlhof* Die Legitimation einer originären Verbandsstrafe, 2019; *Maaßen* „Angemessene Geheimhaltungsmaßnahmen" für das Geschäftsgeheimnis, GRUR **2019** 352; *Mitsch* Wertungswidersprüche bei § 18 UWG n.F., GRUR **2004** 824; *ders.* Strafantragsdelikte, JA 2014 1; *Möller* Geistiges Eigentum: Richtlinie zum Schutz von Know-How und Geschäftsgeheimnissen, EuZW **2016** 445; *Naber/Peukert/Seeger* Arbeitsrechtliche Aspekte des Geschäftsgeheimnisgesetzes, NZA **2019** 583; *Richters/Wodtke* Schutz von Betriebsgeheimnissen aus Unternehmenssicht – „Verhinderung von Know-how Abfluss durch eigene Mitarbeiter", NZA-RR **2003** 281; *Strobel* Reverse Engineering im Spannungsfeld der Sonderschutzrechte, Diss. Münster 2020; *Többens* Die Straftaten nach dem Gesetz gegen den unlauteren Wettbewerb, WRP **2005** 552; *ders.* Wirtschaftsspionage und Konkurrenzausspähung in Deutschland, NStZ **2000** 505; *Trebeck/Schulte-Wissermann* Die Geheimnisschutzrichtlinie und deren Anwendbarkeit, NZA **2018** 1175; *Wabnitz/Janovsky/Schmitt* Handbuch Wirtschafts- und Steuerstrafrecht, 5. Aufl. 2020; *Wessels/Beulke/Satzger*, Strafrecht AT, 48. Aufl. 2018.

Übersicht

A. Allgemeines[1]

I. Hintergrund der Gesetzesreform

1 Am 26.4.2019 trat das „Gesetz zur Umsetzung der Richtlinie (EU) 2016/943 zum Schutz von Geschäftsgeheimnissen vor rechtswidrigem Erwerb sowie rechtswidriger Nutzung und Offenlegung“ (GeschGehG) in Kraft. Es **ersetzt** das bisherige Geheimnisschutzrecht aus dem Gesetz gegen den unlauteren Wettbewerb (UWG).[2]

2 Die neu eingeführte Strafvorschrift des § 23 soll nach Vorstellung des Gesetzgebers im Kern den zuvor in §§ 17 bis 19 UWG a. F. geregelten strafrechtlichen Schutz von Geschäftsgeheimnissen fortschreiben.[3] Die **bisherige Rechtsprechung** zu §§ 17ff. UWG a. F. bleibt daher in weiten Teilen anwend- oder zumindest übertragbar.

3 Dennoch gehen mit der Gesetzesreform weitgehende Veränderungen der Rechtslage einher. Das meint insbesondere einen **neuen Objektivierungsanspruch des Gesetzgebers** hinsichtlich der Anforderungen an einen effektiven Rechtsschutz (auch) durch das Strafrecht. Die Kommentierung befasst sich aus der Praxis für die Praxis mit den wesentlichen Neuerungen. Vor die Klammer gezogen lässt sich allerdings bereits jetzt sagen, dass die weitere Entwicklung der Gesetzesanwendung genau zu beobachten sein wird.

1 Ich danke bei der Bearbeitung der Unterstützung durch Dr. Maximilian Kohlhof sowie Nedret Madak und Leon Maags als wissenschaftliche Hilfskräfte von *Plan A – Kanzlei für Strafrecht*.
2 BTDrucks. 19/4724 S. 40; zur Historie vgl. die kompakte Darstellung bei MüKo StGB/*Joecks*/*Miebach* § 23 GeschGehG Rn. 6ff.
3 BTDrucks. 19/4724 S. 40.

4 Unternehmen und Unternehmer stehen klar in der Pflicht, sich insbesondere die Frage zu stellen, ob eigene **Compliance-Programme** den gesetzlichen Anforderungen (schon/noch) genügen und sowohl ein effektiver Rechtsschutz als auch eine effektive Rechtsverfolgung möglich sind.

II. Der neue Objektivierungsmaßstab des Gesetzgebers – (Geschäftsgeheimnis-) Compliance als Notwendigkeit

5 Mit Blick auf die straf- und sanktionsrechtliche Unternehmensvertretung kam die Reform am Vorabend des vor der Tür stehenden **„Unternehmensstrafrechts"** zur rechten Zeit. Zwar wichen und weichen die verschiedenen zwischenzeitlich vorgestellten Änderungsentwürfe inhaltlich teilweise deutlich voneinander ab. In einem sind sich allerdings alle Reformbemühungen einig: Die Forderung nach und Aufforderung zu Compliance bei Unternehmen soll und wird für Unternehmen künftig ein Schwerpunkt sein. Es ist zu erwarten, dass der Gesetzgeber einer **Grundsatzentscheidung des Bundesgerichtshofs** vom 9.5.2017 folgt, in der Compliance als entscheidendes Kriterium für die Bemessung sowohl einer Sanktion gegen das Unternehmen als auch einer individuellen Verfolgung der Unternehmensleitung benannt wird.[4]

6 Der aktuelle Gesetzesentwurf der Bundesregierung vom 16.6.2020 nimmt das etwa in § 15 Abs. 3 Satz 2 Nr. 7 VerSanG-E auf und benennt als **maßgeblichen Bemessungsfaktor einer Verbandsgeldsanktion** konkret *„getroffene Vorkehrungen zur Vermeidung und Aufdeckung von Verbandstaten"*.[5] Die Botschaft ist klar: Die Anforderungen an eine Objektivierung von rechtlich relevanten und in ihrer Nachhaltigkeit griffigen Maßnahmen seitens eines Unternehmens steigen. Entscheidend ist nicht mehr nur der gute Wille, sondern das in der Außenwelt Nachvollziehbare. Dabei werden Unternehmen und Unternehmer absolut in die Pflicht genommen.

7 Genau hier liegt der **Brückenschlag zur Reform des Geheimnisschutzrechts**. Der Gesetzgeber bestimmt in § 2 Nr. 1 b), dass eine Information (nur!) zum Geschäftsgeheimnis wird, wenn sie *„Gegenstand von den Umständen nach angemessenen Geheimhaltungsmaßnahmen durch ihren rechtmäßigen Inhaber ist"* (vgl. Kommentierung zu § 2 Rn. 16f.). Ähnlich wie bei der Compliance-Regelung des VerSanG-E reicht der nur subjektiv gute Wille desjenigen, der sich auf den Schutz berufen will, nicht mehr aus. Was zunächst als echter Gewinn wirkt, da Rechtswahrung und Rechtsfindung einfacher nachvollziehbar werden, artet, wie die sanktionsrechtliche Beratungspraxis zeigt, für Unternehmen in echten Stress aus. Vielfach sind hier die Versäumnisse der Vergangenheit nachzuholen.

8 Der Gesetzgeber erwischt mit seiner **Objektivierungswelle** viele auf dem falschen Fuß. Die Reform nicht nur des Gesetzes, sondern auch des Unternehmensaufbaus, Wissensmanagement inklusive, ist hier aber alternativlos. Andernfalls, ohne eine Umstrukturierung der Geschäftsgeheimnis-Compliance (denn über nichts anderes reden wir hier) kann sich der Geheimnisträger künftig nicht nur nicht mehr auf einen ernsthaften Geheimnisschutz berufen, sondern riskiert ein wehrlos hingenommenes Aushöhlen des Unternehmens von außen. Dieses Aushöhlen lässt, fehlt es an den durch den Gesetzgeber ausdrück-

---

4 BGH 9.5.2017 NZWiSt **2018** 379, 389.

5 https://www.bmjv.de/SharedDocs/Gesetzgebungsverfahren/Dokumente/RegE_Staerkung_Integritaet_Wirtschaft.pdf;jsessionid=5ECFE58366E55DD2497F5238AFA6779C.2_cid297?__blob=publicationFile&v=2, zuletzt abgerufen am 15. September 2020.

lich angemahnten Schutzmaßnahmen, hinsichtlich der Unternehmensleitung sogar an einen vermögensrelevanten Verantwortlichkeitsverstoß denken, der strafrechtlich gesprochen unter den Tatbestand der Untreue, § 266 Abs. 1 StGB, fallen könnte.[6]

III. Auswirkungen der Reform auf strafrechtliche Individualmandate

Aus strafrechtlicher Sicht gehen mit der Gesetzesreform hinsichtlich individueller Verfahren wesentliche Änderungen der Rechtslage einher. Besonders fällt der **neue Umgang mit Whistleblowern** auf. Nach § 17 Abs. 1 UWG a. F. konnte sich strafbar machen, wer Informationen über rechtswidrige Verhaltensweisen des Arbeitgebers offenlegte. Mit Einführung des § 5 Nr. 2 kann eine strafrechtliche Ahndung allerdings ausbleiben, wenn die Aufdeckung aus berechtigtem Interesse erfolgte.[7] 9

Auch hier ist der Impuls des Gesetzgebers nachvollziehbar: Angestrebt wird erkennbar die **„Gesamtlegalität“ eines Unternehmens**. Der Einzelne tritt demgegenüber in den Hintergrund, ist aber als Schnittstelle für die Ermittlungsbehörden unerlässlich für die Frage, wann wo und wie ein illegales Verhalten entstanden sein mag. Bislang befand sich der Beschäftigte dadurch allerdings nicht nur in einem Konflikt mit seiner individuellen Loyalität („*Verrate ich meinen Arbeitgeber? Was passiert bei Offenlegung mit dem Unternehmen, dem ich angehöre?*“), sondern hatte sich mit handfesten Sorgen hinsichtlich der ihm drohenden Konsequenzen zu befassen („*Was droht mir? Was passiert bei Offenlegung mit mir selbst?*“). 10

Bei der anzustellenden notstandsähnlichen **Interessenabwägung** war der individuell Betroffene bislang weitgehend allein und hatte damit eine doppelte Last zu tragen: Die des Wissens um illegale Umstände im Unternehmen, ebenso wie die der Frage, ob er diese melden kann/soll/muss. Ergänzt wurde das im Übrigen durch die Sorge, dass ein anderer Mitarbeiter mit der Offenlegung zuvorkommen und der in unserem Beispiel Betroffene dann als täternah gesehen werden könnte. 11

Jedenfalls aus Sicht der Strafverteidigung hat der Gesetzgeber mit § 5 Nr. 2 nun für erfreuliche Klarheit gesorgt. Insbesondere das „***Windhundrennen unter potentiellen Whistleblowern***“ bleibt hier allerdings als Risiko, wenn nicht, aus Sicht der Betroffenen, sogar als Ansporn. Immerhin der „Grunddruck“ auf den mit Negativwissen kontaminierten Mitarbeiter ist nun aber – endlich – reduziert. 12

IV. Verhältnis von Zivil- und Strafrecht – Strenge Akzessorietät als und aus Prinzip

Die Umsetzung der EU-Richtlinie stellte das bestehende Verhältnis zwischen zivil- und strafrechtlichem Schutz **auf den Kopf**. Ursprünglich konnten zivilrechtliche Ansprüche zwar auf festgestellte Normverletzungen der §§ 17 UWG a. F. aufbauen. Der Schutz erfolgte damit aber dennoch nur mittelbar.[8] 13

Verbindende Gemengelagen wie das strafprozessual mögliche Adhäsionsverfahren, § 403 StPO, kamen in der Rechtsrealität wenig bis gar nicht zur Anwendung. Dieses grundsätzliche Verhältnis der Rechtsgebiete änderte sich nun. Heute baut das Strafrecht unmit- 14

---

6 Vgl. dazu *Bott* Verrat und Verräter, 311, 318 ff.
7 Vgl. BTDrucks. 19/8300 S. 14; *Möller* EuZW **2016** 445, 445; *Naber/Peukert/Seeger* NZA **2019** 583, 584.
8 Vgl. Graf/Jäger/Wittig/*Krell* § 17 UWG Rn. 3.

telbar auf den Primärschutz zivilrechtlicher Vorschriften auf.[9] Gegen die Eigenständigkeit der §§ 17 bis 19 UWG a. F. wechselte der Gesetzgeber die Blankettnorm des § 23 ein.[10] Das ist nicht nur ein **fundamentaler Paradigmenwechsel**. Es stellt auch die Kooperation zwischen strafrechtlicher und zivilrechtlicher Beratung auf vollständig neue Füße. Die ohnehin schon enge Zusammenarbeit mit den zivilrechtlichen Kollegen kann (und muss) aus strafrechtlicher Sicht noch enger, noch verzahnter und noch effektiver werden.[11]

15 Die neue zivilrechtliche Akzessorietät des strafrechtlichen Geschäftsgeheimnisschutzes kommt etwa darin zum Ausdruck, dass nur ein Verstoß der in § 4 normierten, das Tatbestandsmerkmal des *„unbefugten Handelns"* aus § 17 UWG a. F. ablösenden, Handlungsgebote eine Strafbarkeit veranlasst.[12] Die Bindung des Strafrechts an das Zivilrecht fällt dabei nach den Maßgaben des Gesetzgebers **streng** aus: *„Nur eine auch zivilrechtlich rechtswidrige Handlung nach dem GeschGehG* [kann] *unter die Strafvorschrift fallen."*[13]

16 Abzuwarten ist noch, welche konkreten Auswirkungen die **neue Kernakzessorietät** auf die Rechtspraxis hat. Vieles spricht dafür, dass die bislang oft stiefmütterlich behandelte Möglichkeit einer Strafanzeige parallel zum zivilrechtlichen Verfahren der Vergangenheit angehört. Schon vor der Reform waren die Möglichkeiten der einfacheren „behördlichen" Beweisgewinnung, abgerundet durch eine Akteneinsicht nach §§ 406e Abs. 1 Satz 2, 395 Abs. 1 Nr. 6 StPO a. F. beachtlich. Die wirtschaftsstrafrechtliche Nebenklagebefugnis war (und ist) gerade unmittelbar auf Unternehmen zugeschnitten.[14]

17 Nun, nach der zivilrechtlichen Öffnung des Geheimnisschutzstrafrechts, drängt sich der Nutzen der gesetzgeberisch ohnehin vorgesehenen Mittel – man lese nur einmal § 395 Abs. 1 Nr. 6 StPO (sowohl a. F. als auch) n.F. – noch weiter auf. Die Strafanzeige neben der Klage wegen Verletzung eines Geschäftsgeheimnisses dürfte künftig zur ausgemachten ***best practice*** gehören, die zivilrechtliche *litigation* noch weiter mit dem strafrechtlichen Angriffsinstrumentarium verschmelzen.[15] Mit Blick auf die sinnvolle Beratung in Sachen Geschäftsgeheimnis-Compliance gilt das sowieso.

V. Das Compliance-Machtwort von Rechtsprechung und Literatur – und die Bedeutung für Unternehmen und Unternehmer

18 Am 9.5.2017 sprach der Bundesgerichtshof in einer anderweitig grundsätzlich unspektakulären Entscheidung im Rahmen eines *obiter dictums* einen aufsehenerregenden Hinweis aus. Dort heißt es: *„Für die Bemessung der Geldbuße ist zudem von Bedeutung, inwieweit die Nebenbeteiligte ihrer Pflicht, Rechtsverletzungen aus der Sphäre des Unternehmens zu unterbinden, genügt und ein effizientes Compliance-Management installiert hat, das auf die Vermeidung von Rechtsverstößen ausgelegt sein muss."*[16] Inhaltlich stehen diese Grundsätze schon lange fest. Bereits heute orientiert sich die Frage danach, ob und wie ein Unter-

---

9 Köhler/Bornkamm/Feddersen/*Alexander* § 23 GeschGehG Rn. 19.
10 Vgl. MüKo StGB/*Joecks/Miebach* § 23 GeschGehG Rn. 1; *Hohmann/Schreiner* StraFo **2019** 441, 441; zu „unechten" Blankettvorschriften *Hohmann* ZIS **2007** 38, 42.
11 Vgl. dazu auch *Bott/Nassi* Dispute Resolution Magazine **2019** Nr. 3 S. 15 ff.
12 BTDrucks. 19/4724 S. 40.
13 BTDrucks. 19/4724 S. 40.
14 Vgl. *Bott/Kohlhof* StraFo **2019** 413.
15 Vgl. *Bott/Nassi* Dispute Resolution Magazine **2019** Nr. 3 S. 15 ff.
16 BGH 9.5.2017 NZWiSt **2018** 379, 387.

nehmen ein Bußgeld erhält, eng daran, was es getan hat, um sich im **Compliance-Bereich** effektiv aufzustellen. Daran ändert im Übrigen auch das neu zu erwartende Unternehmensstrafrecht nichts. Dieses formalisiert die Compliance-Erfordernisse nur weiter und erhebt sie (noch) klarer zum Standard.

Compliance dient allerdings nicht nur dazu, Sanktionen zu vermeiden, sondern hat 19 auch den Zweck, Schaden von einem Unternehmen fernzuhalten. Insbesondere angesichts der enormen Bedeutung der Geschäftsgeheimnisse für die wirtschaftliche Identität des Unternehmens ist es unerlässlich, zu schützen und zu bewahren, was den eigentlichen Kern und Wert des Miteinanders ausmacht. Entscheidend ist es auch hier, Formalisierungen zu schaffen, die es ermöglichen, Geheimnisse zu bewahren, oder aber, falls es zu einem Angriff gegen das Unternehmen kommt, die **Nachverfolgung zu erleichtern**.

So können sich geheimnisschutzrechtliche Verfahren oft über mehrere Jahre hinweg 20 hinziehen. Selbst wenn am Ende Verurteilungen der Angeklagten erreicht werden können und der Schaden wiedergutgemacht ist, bleibt ein solches Verfahren sowohl für die Leitung als auch für die Mitarbeiter höchst belastend. Ein klares **Geheimnismanagement**, insbesondere strenge Hierarchien, wer wann worauf und auf welche Weise Zugriff hat, können solche Belastungen schon im Vorfeld verhindern. Das zeigt wie wichtig für Unternehmen eine nachhaltige und effektive Compliance-Aufstellung ist – und bleibt.

Unter Berücksichtigung einer Unternehmensgeldbuße sowie der Einführung eines 21 Verbandssanktionengesetzes können die Ermittlungsverfahren als Reflex des Individualstrafverfahrens umgekehrt auch gegen Unternehmen selbst geführt werden.[17] Im Hintergrund toben häufig Auseinandersetzungen im Markt, bestehend aus Konkurrenten, die sich zivilrechtlich beharken und schließlich als „Signal in den Markt" eine Strafanzeige formulieren. Auch das muss, leider, antizipiert und durch **Compliance-Abteilungen** eines Unternehmens aufgefangen werden. Entscheidend ist, auf Anfrage einer Behörde kurz, klar und effektiv darstellen zu können, dass und wie eigene Geheimnisse geschützt und fremde nicht verwertet werden. Ganz klar: Mit dem Erfordernis angemessener Geheimhaltungsmaßnahmen wird aktives Handeln zum Schutz von Geschäftsgeheimnissen notwendig.

VI. Rechtsgut

Der Schutz des § 23 umfasst das in Form der Geschäftsgeheimnisse des Trägers verkör- 22 perte **Vermögen** eines Unternehmens.[18] Um einen umfassenden Schutz zu gewährleisten, ist der Anwendungsbereich weit gefasst.[19] Anknüpfungspunkt sind die „Kronjuwelen" eines Unternehmens, das, worauf es seinen Erfolg und seine Identität aufbaut. Der nach innen gerichtete Wert des Geschäftsgeheimnisses liegt dabei häufig über dem eines nach außen wirkenden gewerblichen Schutzrechts.[20]

Auf den Punkt gebracht umfasst das Rechtsgut damit, entsprechend der wörtlichen 23 Übersetzung des englischen Begriffs, das ***Know-how*** des Unternehmens. Dieses meint allerdings nicht nur, wie man etwas macht, damit es funktioniert, sondern wie man etwas

17 Vgl. *Naber/Peukert/Seeger* NZA **2019** 583, 587.
18 Erbs/Kohlhaas/*Diemer* § 17 UWG Rn. 2; MüKo StGB/*Joecks/Miebach* § 23 GeschGehG Rn. 2; *Engländer/Zimmermann* NZWiSt **2012** 328, 333; *Hohmann/Schreiner* StraFo **2019** 441, 441.
19 Vgl. Erbs/Kohlhaas/*Diemer* § 17 UWG Rn. 2.
20 Vgl. BGH 16.10.1962 GRUR **1963** 207, 210; BGH 25.1.1955 NJW **1955** 628, 629.

macht, damit man damit Geld verdienen kann. Auch nach der Übertragung der §§ 17 bis 19 UWG a. F. bleibt dem Gesetz diese wettbewerbsrechtliche DNA erhalten.

24 Nicht unter den Rechtsschutz des § 23 fällt dagegen die Funktionsfähigkeit des Wettbewerbs selbst. Ein Universalrechtsgut des „Wettbewerbs als Institution" gibt es nicht.[21] Der Schutzbereich des GeschGehG kommt nun, nach der Reform, bereits im Namen zum Ausdruck. Die Abgrenzung ist hier nicht nur im Vergleich zum vorherigen Gesetz gegen den unlauteren Wettbewerb, sondern insbesondere zu der – tatsächlich wettbewerbsbezogenen – Kartellbekämpfung durch das Gesetz gegen Wettbewerbsbeschränkungen (GWB) erkennbar. Die **Individualbezogenheit des Rechtsschutzes** zeigt sich ferner an der Inhaberobliegenheitsklausel des § 2 Nr. 1 b). Ferner kommt sie in der Ausgestaltung als relatives Antragsdelikt zum Ausdruck, § 23 Abs. 8.

25 Nicht erfasst sind von § 23 dagegen Geheimnisse von **Kunden** eines Unternehmens. Das gilt auch dann, wenn das Verschweigen vertraglich zugesichert ist.[22] Beispielhaft (und besonders gut greifbar) fällt die Verletzung des Bankgeheimnisses nicht unter den Anwendungsbereich der Norm.[23]

VII. Deliktsnatur

26 Die in § 23 geregelten Straftatbestände sind **Verletzungsdelikte**. Entscheidend ist die eingetretene Vermögensbeeinträchtigung. Dogmatisch ergibt sich hier eine interessante Gemengelage: Die Verletzung tritt ein, wenn das Geheimnis die Geheimnisschutzsphäre verlässt. Ab diesem Zeitpunkt hat der Geheimnisinhaber keinen Zugriff mehr. Der Schaden ist greifbar – selbst, wenn er sich nicht manifestiert haben muss.

27 Daraus resultiert die strafrechtlich interessante Konstellation einer Verletzung (in Form eines manifestierten Handlungserfolgs) für deren wirtschaftliche Auswirkung eine Gefährdung genügt. Das zeigt sich beispielhaft deutlich an § 23 Abs. 1 Nr. 3. Hier handelt es sich um ein **Sonderdelikt**.[24] Verwirklicht ist die Tat bereits durch ein Offenlegen des Geheimnisses. Dieses (als in der Außenwelt manifestierter Erfolg) muss zwingend erfolgen. Auf welche Art der in dem Geheimnis verkörperte Vermögenswert danach gefährdet ist, bleibt für die Frage nach der grundsätzlichen Strafbarkeit außer Acht. Wichtig ist das dann (erst) bei der Zumessungsfrage.

VIII. Bedeutung (abstrakt) für die Kriminalpolitik und (konkret) für Unternehmen

28 Nach den Zahlen der Polizeilichen Kriminalstatistik (PKS) waren die Fälle des Verrats von Betriebs- und Geschäftsgeheimnissen zuletzt rückläufig.[25] Bemerkenswert ist allerdings die **Aufklärungsquote**. Bei Straftaten nach § 17 Abs. 1, 4 UWG a. F. lag diese nach PKS 2019 bei 96,8 %, bei Straftaten nach § 17 Abs. 2, 4 UWG a. F. sogar bei 98,9 % (!).[26]

---

21 Vgl. MüKo StGB/*Joecks/Miebach* § 23 GeschGehG Rn. 1 mit Darstellung der zu § 17 UWG a. F. vertretenen **a. A.**; stellvertretend dafür *Többens* WRP **2005** 552, 555.
22 Vgl. BGH 24.1.2006 NJW **2006** 830, 833.
23 Vgl. *Achenbach* NStZ **2007** 566, 588.
24 Vgl. MüKo StGB/*Joecks/Miebach* § 23 GeschGehG Rn. 2.
25 Vgl. BKA, PKS 2019, Tab. 01, Schlüsselzahl 715300 und 715400; abrufbar im Internet unter www.bka.de.
26 Vgl. BKA, PKS 2019, Tab. 01, Schlüsselzahl 715300 und 715400; abrufbar im Internet unter www.bka.de.

Beachtlich ist indes das (krasse) Missverhältnis zwischen Fallanzahl und erzeugtem Schaden. Trotz Fallzahlen im niedrigen dreistelligen Bereich beläuft sich der durch private und nachrichtendienstlich organisierte Wirtschaftsspionage allein in der Bunderepublik Deutschland verursachte **Schaden** nach Schätzung des Bundesverbandes der Deutschen Industrie (BDI) auf über € 50 Milliarden.[27] 29

Noch beeindruckender ist diese Zahl vor dem Hintergrund eines anzunehmenden enormen **Dunkelfeldes**. Tatsächlich zeigte die bisherige Praxis unter dem Regelungsregime der §§ 17 bis 19 UWG a. F., dass Unternehmen einen festgestellten Geheimnisverrat oft intern zu regeln geneigt waren. Die Gründe dafür lassen sich jedenfalls auf den ersten Blick oft nachvollziehen: Die Konkurrenz sollte nicht erfahren, dass Geheimnisse bei einem Unternehmen entwendet werden konnten. Die Kunden sollten nicht wissen, dass ihre Daten möglicherweise nicht hinreichend geschützt waren. Häufig war ein festgestellter Geheimnisschutzverstoß dem Unternehmen auch einfach nach innen wie nach außen peinlich. 30

Zudem kam nicht selten die Sorge auf, es könne sowieso nicht nachvollzogen werden, was wer wann wo wie und warum weggenommen haben mochte. Zwar war der Schaden greifbar. Auch standen häufig konkrete Verdachtsmomente im Raum. Indes fehlte nicht selten eine Tatsachengrundlage, anhand derer sich ein nach § 152 Abs. 2 StPO bestimmbarer Anfangsverdacht für eine strafrechtliche Ermittlung würde bestimmt haben lassen. Das ist nun nach der Reform des § 23 **grundlegend anders**. 31

Unternehmen sollen nun nicht mehr nur einen objektiv greifbaren Geheimnisschutz betreiben. Sie *müssen* es sogar. Damit einher geht eine komplett neue Geschäftsgeheimnis-Compliance dergestalt, dass ein Geheimnisbestand zu erstellen, zu verwalten und dann auch zu kontrollieren ist. Vereinfacht: Geheimnisse haben künftig nicht nur irgendwo zu sein, sondern an ganz bestimmten, dem Unternehmen bekannten und entsprechend gesicherten Stellen. Schmerz und Ärger über den Verlust sind nicht erst im Nachhinein wichtig („Das brauchen wir und wünschten, wir hätten das klarer gemacht"), sondern von vorn weg zu verhindern. Damit einher geht dann aber nicht nur eine diffuse Verfolgungs*möglichkeit*, sondern eine klare **Verfolgungs*notwendigkeit***. Das geht so weit, dass, auch hier, aufgrund der Vermögensrelevanz von Geschäftsgeheimnissen für den Vermögensbestand an eine Untreue gedacht werden kann (muss?), wenn keine zivilrechtliche und strafrechtliche Nachverfolgung erfolgt.[28] 32

Wenn *Joecks/Miebach* daher vermuten, es sei durch § 23 kein Beitrag zur Aufhellung des Dunkelfeldes zu erwarten,[29] ist das überraschend. Das Gegenteil dürfte der Fall sein. Die Fallzahlen dürften nicht nur steigen. Angesichts der **implizit formulierten Aufforderung des Gesetzgebers zur Objektivierung** der Rechtsfindung müssen sie es sogar. 33

B. Begriff des Geschäftsgeheimnisses

Tatobjekt der in § 23 normierten Straftaten ist das in § 2 Nr. 1 **legaldefinierte** Geschäftsgeheimnis. Umfasst ist, untechnisch gesprochen, das gesamte *Know-how* eines Unternehmens. Es besteht eine Kongruenz zum Begriff des Betriebsgeheimnisses im Sinne 34

27 https://www.wiwo.de/politik/deutschland/bdi-chef-kempf-55-milliarden-euro-schaden-pro-jahr-durch-wirtschaftsspionage/20714036.html, zuletzt aufgerufen im 01. September 2020.
28 Vgl. *Bott* Verrat und Verräter, 311, 318 ff.
29 Vgl. MüKo StGB/*Joecks/Miebach* § 23 GeschGehG Rn. 5.

des § 17 UWG a.F.[30] Die Qualifikation einer Information als Geschäftsgeheimnis setzt insbesondere voraus, dass sie weder allgemein bekannt noch ohne Weiteres jedermann zugänglich ist.[31] Aus der Kombination des materiellen Inhalts („Was kann ich damit anfangen?“) und des standardisierten Zurückhaltens („Nicht jeder kennt mein Geheimnis“) resultiert der durch den Gesetzgeber über das Bindewort *„daher“*, § 2 Nr. 1 a), verknüpfte wirtschaftliche Wert der Information. Die Gesetzesreform brachte insofern keine Veränderung (vgl. Kommentierung zu § 2 Rn. 5ff., 14ff.).

35 Eine wesentliche Neuerung liegt indes in der **objektivierten Schutzmaßnahmenanforderung** des § 2 Nr. 1 b), wonach der rechtmäßige Inhaber eines Geschäftsgeheimnisses nach den Umständen *„angemessene Geheimhaltungsmaßnahmen“* ergriffen haben muss. Der Gesetzgeber vollzieht damit eine Kehrtwende weg von einer subjektiven Ausrichtung zu objektiven Maßstäben. Welche Maßnahmen jeweils angemessen sind, ist eine Frage des Einzelfalls. Genau hier liegt in der anwaltlichen Rechtspraxis nicht nur das Beratungspotential. Aus Sicht des Unternehmens besteht schlichtweg eine Beratungsnotwendigkeit. Will sich die Geschäftsführung unter Compliance-Gesichtspunkten absichern und keinem Untreuerisiko aussetzen, verdichtet sich diese Notwendigkeit sogar zur Beratungs*pflicht* (vgl. Kommentierung zu § 2 Rn. 16f.).

36 Vor allzu großem Wehklagen ist allerdings Vorsicht geboten: Was der Gesetzgeber hier umgesetzt hat, entspricht, bei Licht betrachtet, den **Maßstäben der bisherigen Rechtspraxis**. Insbesondere in der gerichtlichen Auseinandersetzung hatten Unternehmen, etwa im Rahmen einer Nebenklage, § 395 Abs. 1 Nr. 6 StPO, auch in der Vergangenheit darzustellen, warum Informationen aus ihrer Sphäre nicht durch einen anderen weggenommen oder verwendet werden durften. Allein mit gutem (Geheimhaltungs-)Willen gelang das auch bislang kaum einmal. Stattdessen war allein im Rahmen der Wahrheitsfindung und Beweisführung im Verfahren (man denke an den Maßstab des §§ 261, 244 StPO) darzustellen, *warum* eigentlich eine Information geschützt gewesen sein sollte und, für den Vorsatz wichtig, wieso das auch dem Täter bewusst gewesen war.

37 Rein praktisch bleibt hier Vieles beim Alten. Die große Veränderung ist damit nicht die Frage, *ob* Geheimnisse schützenswert waren, sondern *wie* das erreicht wurde. Hier, im Bereich der Geschäftsgeheimnisschutzcompliance, besteht mit Blick auf Strafverfahren, die an § 23 anknüpfen, der ganz entscheidende **Optimierungsbedarf**. Für Unternehmen und Unternehmer kommt es darauf an, ihre Geschäftsgeheimnisse trennscharf, sauber und rechtssicher herauszuarbeiten. Wenn dem genügt wird, kann das Unternehmen (auch) mit den Mitteln des Strafrechts, vor allem den Beweiserhebungserleichterungen, realistisch darauf setzen, einen möglichen Geheimnisverrat wirksam aufarbeiten zu können.

38 Auch für die Strafverteidigung ergibt sich, quasi im Umkehrschluss, aus dem neu formalisierten Geheimnisbegriff einiges Potential. In der Verteidigerkonstellation wird es darauf ankommen, aufzuzeigen, warum dem Geheimnisinhaber der Schutz eigentlich nicht wirklich wichtig war. Es ist dabei zu erwarten, dass sich die Diskussion weg von der Frage bewegt, ob ein Geheimnis geschützt werden *sollte*, hin zu der Frage, ob es geschützt *war*. Schauplatz (und Schlachtfeld) dieser Debatte wird die Frage nach der **Angemessenheit der Schutzmaßnahmen** sein. Unternehmen werden sich hier, gleich ob als Nebenkläger oder, vertreten durch natürliche Personen, als Zeugen, oft sehr schwertun. Hauptverhandlungen sind öffentlich, § 169 Abs. 1 Satz 1 GVG. Unternehmen und Unternehmern wird es häufig schwerfallen, darzustellen, wie die eigenen Schutzkonzepte ausgeprägt sind. Es besteht hier die Gefahr, dass, etwa durch im Saal sitzende Interessierte, am Ende mehr offen ist, als anfangs zu befürchten

30 Vgl. BTDrucks. 19/4724 S. 24.
31 Vgl. BGH 4.9.2013 NStZ **2014** 325, 326; OLG Köln 30.7.1997 NJWE-WettbR **1998** 145, 147.

war. In der Praxis ist dem dringend durch die Begleitung eines Zeugenbeistandes zu begegnen. Dieser darf (und sollte) auch mehrere Mitarbeiter eines Unternehmens begleiten.[32]

C. Straftatbestände

I. Überblick

39

Handlungsverbot	**§ UWG a. F.**	**GeschGehG**
Betriebsspionage = Der Täter erlangt ein Geschäftsgeheimnis durch unbefugten Zugang, unbefugte Aneignung und unbefugtes Kopieren.	§ 17 Abs. 2 Nr. 1	§ 23 Abs. 1 Nr. 1 (iVm § 4 Abs. 1 Nr. 1)
Eigeneröffnete Geheimnishehlerei = Der Täter nutzt oder legt Geschäftsgeheimnisse offen, die er zuvor durch eine Betriebsspionage oder Geheimnisverrat erlangt hat.	§ 17 Abs. 2 Nr. 2, 1. Alt.	§ 23 Abs. 1 Nr. 2 (iVm § 4 Abs. 2 Nr. 1 lit. a))
Geheimnisverrat = Der Täter nutzt und legt während seines Beschäftigungsverhältnisses Geschäftsgeheimnisse offen, die ihm im Rahmen seines Beschäftigungsverhältnisses anvertraut oder zugänglich geworden sind.	§ 17 Abs. 1	§ 23 Abs. 1 Nr. 3 (iVm § 4 Abs. 2 Nr. 3)
Fremderöffnete Geheimnishehlerei = Der Täter nutzt oder legt Geschäftsgeheimnisse offen, die er zuvor durch die Betriebsspionage, die eigeneröffnete Geheimnishehlerei oder den Geheimnisverrat eines anderen erlangt hat.	§ 17 Abs. 2 Nr. 2, 2. Alt.	§ 23 Abs. 2
Vorlagenmissbrauch = Der Täter nutzt eine ihm im geschäftlichen Verkehr anvertraute geheime Vorlage oder geheime Vorschrift technischer Art.	§ 18	§ 23 Abs. 3
Verleiten und Erbieten zum Verrat	§ 19	§ 23 Abs. 7 Nr. 2 iVm § 30 StGB

II. Betriebsspionage, § 23 Abs. 1 Nr. 1

Die Strafbarkeit der Betriebsspionage nach § 23 Abs. 1 Nr. 1 i.V.m. § 4 Abs. 1 Nr. 1 erstreckt den strafrechtlichen Geheimnisschutz durch das Anknüpfen (nur) an das Erlangen eines Geheimnisses weit in das **Vorfeld der Rechtsgutsverletzung.**[33] Die Regelung ersetzt § 17 Abs. 2 Nr. 1 UWG a. F.[34] Das Tatbestandsmerkmal des „*Erlangens*" entspricht dem dortigen „*Verschaffen oder Sichern*".[35] Eine inhaltliche Änderung ist nicht vorgesehen.[36] Die bisherige Rechtsprechung ist übertragbar.[37] 40

32 Vgl. *Bott* StraFo **2018** 410.
33 Vgl. MüKo StGB/*Joecks*/*Miebach* § 23 GeschGehG Rn. 17.
34 BTDrucks. 19/4724 S. 40.
35 BTDrucks. 19/4724 S. 40.
36 BTDrucks. 19/4724 S. 40.
37 Vgl. Köhler/Bornkamm/Feddersen/*Alexander* § 23 GeschGehG Rn. 2.

41 **1. Täter.** Täter kann **jedermann** sein. Der Straftatbestand umfasst sowohl betriebsfremde als auch im Unternehmen beschäftigte Personen.[38] Allerdings werden die erfassten Vorbereitungshandlungen ganz überwiegend von (noch) im Unternehmen beschäftigten Personen begangen, die erleichterten Zugang zu dem internen Geheimnisbestand haben.[39] Das bestätigen auch die Erfahrungen aus der Praxis.

42 **2. Tatobjekt.** Tatobjekt ist ein Geschäftsgeheimnis i. S. d. § 2 Nr. 1.

43 **3. Tathandlung.** Ein Geschäftsgeheimnis ist erlangt, wenn der Täter die **tatsächliche Verfügungsgewalt** an dem Gegenstand innehat, in dem das Geheimnis verkörpert ist.[40] Nicht verkörperte Geschäftsgeheimnisse erlangt der Täter bei einer jederzeit reproduzierbaren Kenntnis.[41] Er muss in der Lage sein, sie nach Belieben selbst nutzen oder offenlegen zu können.[42] Inhaltlich braucht er das Geheimnis dagegen nicht zur Kenntnis zu nehmen.[43] Das tatbestandsmäßige Erlangen muss auch nicht heimlich erfolgen.[44]

44 Wer bereits Kenntnis von dem Geheimnis hat, wie etwa eine im Unternehmen beschäftigte Person, kann dieses **nicht (mehr) erneut** erlangen.[45] Für Mitarbeiter eines Unternehmens ist das so gut wie schlecht. Einerseits scheint die Strafbarkeit weit entfernt, wenn etwas sowieso schon vorhanden ist. Wie soll sich derjenige strafbar machen, der etwas unreflektiert einfach hat (und zur Ausübung seines Berufs auch haben muss)? Andererseits rufen Schulungen in diesem Bereich die immer wieder gestellte Rückfrage hervor, ob man als Mitarbeiter dann nicht sowieso schon „mit einem Bein im Gefängnis" stehe. Ganz unberechtigt ist diese Sorge angesichts der erstaunlichen Konturenlosigkeit der neuen Gesetzesfassung (jedenfalls zunächst) nicht, was auch daran liegt, dass nach der neuen Fassung des § 23 selbst ein passives oder auch ein nur zufällig-beiläufiges Zurkenntnisnehmen einer Information ein „Erlangen" sein kann. *Joecks/Miebach* gehen zu Recht noch weiter und weisen darauf hin, dass sogar eine *aufgedrängte Kenntnis* durch Dritte „erlangt" ist.[46]

45 Praxisrelevant ist das insbesondere bei der Offenlegung von Geschäftsgeheimnissen von Arbeitnehmern gegenüber der Arbeitnehmervertretung, dem Compliance Officer oder einer **Ombudsstelle**. Hier greifen allerdings regelmäßig die Tatbestandsausnahmen des § 5.[47] (vgl. Kommentierung zu § 5, insbes. Nr. 3 Rn. 98 ff.)

46 Eine **Explosion der Strafbarkeitsrisiken** ist angesichts des Verweisungsregulativs auf die nach § 4 Abs. 1 Nr. 1 bestimmten Tathandlungen (Zugang; Aneignung; Kopie) dennoch nicht zu befürchten. Die grundsätzliche Kommentierung erfolgt dazu bei § 4 (vgl. Kommentierung zu § 4). Die Ausführungen an dieser Stelle beschränken sich insofern auf für die strafrechtliche Praxis relevante Besonderheiten.

---

38 Vgl. Erbs/Kohlhaas/*Diemer* § 17 UWG Rn. 34.
39 Vgl. *Kiethe/Hohmann* NStZ **2006** 185, 189.
40 Vgl. BGH 27.4.2006 GRUR **2006** 1044; BAG 15.12.1987 NJW **1988**, 1686; Esser/Rübenstahl/Saliger/Tsambikakis/*Tsambikakis* § 17 UWG Rn. 19; MüKo StGB/*Joecks/Miebach* § 23 GeschGehG Rn. 43.
41 Vgl. *Hohmann/Schreiner* StraFo **2019** 441, 443.
42 Vgl. MüKo StGB/*Joecks/Miebach* § 23 GeschGehG Rn. 43.
43 Vgl. MüKo StGB/*Joecks/Miebach* § 23 GeschGehG Rn. 43; so auch Erbs/Kohlhaas/*Diemer* § 17 UWG Rn. 35 (zum Verschaffensbegriff).
44 Vgl. Erbs/*Kohlhaas/Diemer* § 17 UWG Rn. 35 (zum Verschaffensbegriff).
45 Vgl. MüKo StGB/*Joecks/Miebach* § 23 GeschGehG Rn. 44.
46 Vgl. MüKo StGB/*Joecks/Miebach* § 23 GeschGehG Rn. 44, 47 f.
47 Vgl. MüKo StGB/*Joecks/Miebach* § 23 GeschGehG Rn. 48, 121.

a) Zugang. Der Begriff des Zugangs ist denkbar weit. Hinreichend ist, dass ein Geheimnis ***irgendwie*** über einen Träger erreicht wird. Ein Überwinden von Schutzvorkehrungen ist nicht erforderlich.[48] Es genügt, dass das Geheimnis durch die Auswertung von zuvor legitimerweise (!) erstellten Unterlagen abrufbar ist.[49] Auch ob der Zugriff physisch oder online erfolgt, spielt keine Rolle.[50] 47

Ausreichend ist, dass ohne unmittelbaren Zugriff auf das Trägermedium der darin verkörperte Inhalt wahrgenommen werden kann.[51] Zusammengefasst ist die Zugangsvariante **äußerst weit**. Die Einschränkung erfolgt hier vor allem im Rahmen der Frage, ob die erlangte Kenntnis i.S.d. § 4 Abs. 1 Nr. 1 „unbefugt" ist. In diesem Zusammenhang ergeben sich sowohl für die Verteidigung als auch für die per Strafanzeige vorgehende Nebenklage erhebliche Argumentationspotentiale, aber auch -notwendigkeiten (vgl. Kommentierung zu § 4 Abs. 1 Rn. 24ff., 36ff.). 48

b) Aneignen. Die Aneignung rundet den Begriff des Zugangs aus strafrechtlicher Sicht ab. Liegt der Zugang vor, wenn Kenntnis besteht, setzt das Aneignen voraus, dass eine solche erst ermöglicht wird. Zusammengefasst handelt es sich damit um eine **Zugangsermöglichungsvariante**. Da mit dieser regelmäßig ein, gegenüber dem bloßen Kenntniszugang, stärkeres planerisches Element zugrunde liegen wird, ist die strafrechtliche Sensibilität im Vergleich zu der reinen Kenntnis deutlich ausgeprägter. 49

c) Kopieren. Eine Kopie meint eine weitere, tätergefertigte **Verkörperung** eines Geschäftsgeheimnisses. Die Art und Weise, physisch oder digital, spielt keine Rolle.[52] Besonders praxisrelevant ist die immer wieder vorkommende Weiterleitung von Unternehmensinformationen an einen privaten E-Mail-Account. 50

d) Unbefugt. Unbefugt handelt nach allgemeinen Maßstäben, wer gegen eine gesetzliche oder rechtsgeschäftliche Beschränkung verstößt und sich nicht auf eine Erlaubnis oder einen Rechtfertigungsgrund berufen kann.[53] Das ist klar erfüllt, wenn der Geheimniserlangung eine **strafbare Handlung** zugrunde liegt, etwa wenn geheime Unterlagen durch Diebstahl, Hausfriedensbruch, Unterschlagung oder Bestechung beschafft werden.[54] Ebenso ist ein Geheimnis unbefugt erlangt, wenn Unterlagen während eines früheren Dienstverhältnisses zusammengestellt und bei den privaten Unterlagen aufbewahrt werden.[55] 51

Auch hier gibt es in Form der Kopie einer Kundenliste, um sie für ein eigenes/anderes Unternehmen zu verwenden, einen echten Klassiker der strafrechtlichen Praxis.[56] Gelingt der Nachweis, dass das geschehen ist – der regelmäßige Ablauf ist der Versand einer E-Mail mit Kundenlistenanhang an ein privates Postfach – entbrennt automatisch eine heftige **„(Un-)Befugnisdebatte"**. Der Versender/Empfänger der E-Mail wird vortragen, dass er sich die E-Mail schicken durfte oder sogar sollte, um im Home-Office nachzuarbeiten, ein Argument übrigens, das in den Zeiten der Corona-Krise sogar noch an Gewicht gewonnen 52

48 Vgl. Fezer/Büscher/*Obergfell*/*Rengier* § 17 UWG Rn. 53.
49 Vgl. BGH 27.4.2006 NJW **2006** 3424, 3425.
50 Vgl. MüKo StGB/*Joecks*/*Miebach* § 23 GeschGehG Rn. 46.
51 Vgl. MüKo StGB/*Joecks*/*Miebach* § 23 GeschGehG Rn. 46.
52 Vgl. MüKo StGB/*Joecks*/*Miebach* § 23 GeschGehG Rn. 50.
53 Vgl. etwa *Brammsen* § 17 UWG Rn. 117; Wabnitz/Janovsky/*Schmitt*/*Möhrenschlager* 16. Kap. Rn. 25.
54 Vgl. Erbs/Kohlhaas/*Diemer* § 17 UWG Rn. 48.
55 Vgl. BGH 27.4.2006 NJW **2006** 3424, 3425; BGH 19.12.2002 GRUR **2003** 453, 454.
56 BGH 19.12.2002 GRUR **2003** 453, 454.

hat. Die Nebenklage dürfte entgegenhalten, dass ein privater E-Mail-Versand absolut verboten war und „das jeder wusste". Auch hier zeigt sich die Notwendigkeit stringenter Compliance: Ohne eine klare Richtlinie und nachweislich gehaltene Schulungen, wie mit E-Mails „nach draußen" umgegangen wird, dürfte das Unternehmen kaum in der Lage sein, eine Schädigung nachzuweisen.

53 **4. Subjektiver Tatbestand.** Bedingter Vorsatz genügt, vgl. § 15 StGB. Der Täter muss es zumindest für möglich halten, dass sich sein Vorgehen auf ein Geschäftsgeheimnis bezieht.[57] Ein **Irrtum** über dieses (oder ein anderes) objektive Tatbestandsmerkmal schließt den Vorsatz aus, vgl. § 16 Abs. 1 Satz 1 StGB. Eine Fahrlässigkeitsstrafbarkeit besteht nicht, vgl. § 16 Abs. 1 Satz 2 StGB.

54 Darüber hinaus verlangt § 23 Abs. 1 ein zielgerichtetes Verhalten. Zu verlangen ist eine **Absicht**, damit ein *dolus directus* ersten Grades.[58] Die Tat muss erfolgen zur Förderung des eigenen oder fremden Wettbewerbs, aus Eigennutz, zugunsten eines Dritten oder in der Absicht, dem Inhaber eines Unternehmens Schaden zuzufügen.

55 **a) Zur Förderung des eigenen oder fremden Wettbewerbs.** Entscheidend ist das Ziel, zugunsten des eigenen oder eines dritten Unternehmens den Absatz von Waren oder den Bezug von Dienstleistungen zu fördern.[59] Eine Beeinträchtigung fremder Unternehmensinteressen ist nicht zwingend erforderlich.[60] Ein Wettbewerb zwischen dem Inhaber und dem Empfänger des Geschäftsgeheimnisses muss (noch) nicht bestehen.[61] Das Handeln zur Förderung des eigenen oder fremden Wettbewerbs muss **nicht das einzige verfolgte Ziel** sein.[62] Ausgenommen sind Fälle des rein privaten Gebrauchs.[63] Auch journalistische Interessen sind nicht umfasst.[64]

56 **b) Aus Eigennutz.** Eigennützig handelt, wer für sich **materielle oder vergleichbare immaterielle Vorteile** anstrebt.[65] Erfasst ist etwa die Erwartung der Stärkung der eigenen Position im Unternehmen.[66] Auch hier muss der Eigennutz nicht der einzige Zweck sein, sofern das Motiv gegenüber anderen Absichten nicht völlig zurücktritt.[67] Eigennutz ist dagegen abzulehnen, wenn das Handlungsziel der Befriedigung einer intellektuellen Neugier oder wissenschaftlichem Interesse dient.[68] Ebenso soll kein Eigennutz vorliegen, wenn der Täter die Tat nur begeht, um prahlen oder sein Mitteilungsbedürfnis befriedigen zu können.[69]

57 **c) Zugunsten eines Dritten.** Hier reicht aus, dass der Täter irgendeinen Dritten besserstellen will.[70] Das umfasst zukünftige Arbeit- oder Auftraggeber, aber auch Medien und

---

57 Vgl. MüKo StGB/*Joecks/Miebach* § 23 GeschGehG Rn. 52.
58 Vgl. BGH 18.2.1977 GRUR **1977** 539, 540 f.; MüKo StGB/*Joecks/Miebach* § 23 GeschGehG Rn. 53.
59 Vgl. OLG Karlsruhe 29.1.2016 NStZ-RR **2016** 258, 259 f.
60 Vgl. BGH 16.11.2017 GRUR **2018** 541, 542.
61 Erbs/Kohlhaas/*Diemer* § 17 UWG Rn. 29.
62 Vgl. BGH 27.6.2002 GRUR **2002** 1093, 1094; vgl. BGH 6.12.2001 GRUR **2002** 987, 993.
63 MüKo StGB/*Joecks/Miebach* § 23 GeschGehG Rn. 55.
64 MüKo StGB/*Joecks/Miebach* § 23 GeschGehG Rn. 55.
65 AG Reutlingen 17.7.2014 NZWiSt **2015** 117, 118; Harte-Bavendamm/Henning-Bodewig/*Harte-Bavendamm* § 17 UWG Rn. 15; MüKo StGB/*Joecks/Miebach* § 23 GeschGehG Rn. 56.
66 Wabnitz/Janovsky/Schmitt/*Möhrenschlager* 16. Kap. Rn. 31.
67 MüKo StGB/*Joecks/Miebach* § 23 GeschGehG Rn. 56; Erbs/Kohlhaas/*Diemer* § 17 UWG Rn. 30.
68 MüKo StGB/*Joecks/Miebach* § 23 GeschGehG Rn. 56.
69 Vgl. AG Reutlingen 17.7.2014 NZWiSt **2015** 117, 118.
70 Vgl. MüKo StGB/*Joecks/Miebach* § 23 GeschGehG Rn. 57.

fremde Staaten.[71] Das Merkmal erlangt insbesondere dann eine eigenständige Bedeutung, wenn der Täter keine (zusätzlichen) wettbewerblichen Interessen hat.[72] Darunter fallen etwa ideologische Ziele wie die Förderung von **NGOs**, wie beispielsweise WikiLeaks.[73]

d) Schädigungsabsicht. Die mit Schädigungsabsicht verfolgte Beeinträchtigung kann sowohl materieller als auch immaterieller Art sein. Darunter fällt etwa die Herabsetzung der **Reputation** eines Unternehmens.[74] 58

III. Eigeneröffnete Geheimnishehlerei, § 23 Abs. 1 Nr. 2

Nach § 23 Abs. 1 Nr. 2 iVm § 4 Abs. 2 Nr. 1 a) steht das **Verwenden** eines eigenständig rechtswidrig erlangten Geschäftsgeheimnisses unter Strafe. Die Norm ersetzt sinngemäß die Vorgängerfassung des § 17 Abs. 2 Nr. 2 UWG a. F.[75] Die Tathandlungen des „Verwertens und Mitteilens" ersetzen in § 23 Abs. 1 Nr. 2 das „Nutzen und Offenlegen".[76] Die Norm hat besondere praktische Bedeutung für die Offenlegung durch **ausscheidende oder ausgeschiedene Arbeitnehmer.**[77] Sichern diese geheime Informationen auf einem eigenen Speichermedium, um sie in einem neuen Unternehmen zu nutzen, ist der Straftatbestand erfüllt.[78] 59

1. Täter. Täter des Sonderdelikts kann nur sein, wer das Geschäftsgeheimnis durch eine eigene Betriebsspionage erlangt hat.[79] Hat sich der Täter das Geheimnis per fremder Handlung erschlossen, ist § 23 Abs. 2 einschlägig.[80] 60

2. Tatobjekt. Tatobjekt ist ein Geschäftsgeheimnis i. S. d. § 2 Nr. 1. 61

3. Tathandlung. Tatbestandlich sind das Nutzen und das Offenlegen eines illegal selbst erlangten Geheimnisses. 62

a) Nutzen. Die Tatmodalität des Nutzens geht über den Begriff des Verwertens nach § 17 Abs. 2 Nr. 2, 1. Alt. UWG a. F. hinaus.[81] Zuvor musste der in dem Geschäftsgeheimnis verkörperte Wert ganz oder teilweise wirtschaftlich im geschäftlichen Verkehr nutzbar gemacht werden.[82] Nun ist ***jeder* Gebrauch** tatbestandsmäßig. Das umfasst, anders als zuvor, auch das Nutzen aus ideellen Gründen.[83] Der typische Anwendungsbereich bleibt allerdings die wirtschaftliche Verwertung. Ein Geschäftsgeheimnis nutzt dabei, wer des- 63

---

71 Vgl. Köhler/Bornkamm/Federsen/*Alexander* § 23 GeschGehG Rn. 45.
72 Erbs/Kohlhaas/*Diemer* § 17 UWG Rn. 31.
73 Vgl. MüKo StGB/*Joecks/Miebach* § 23 GeschGehG Rn. 57.
74 MüKo StGB/*Joecks/Miebach* § 23 GeschGehG Rn. 58.
75 Vgl. MüKo StGB/*Joecks/Miebach* § 23 GeschGehG Rn. 60.
76 BTDrucks. 19/4724 S. 40.
77 Harte-Bavendamm/Henning-Bodewig/*Harte-Bavendamm* § 17 UWG Rn. 27, 32.
78 Vgl. *Ohly* GRUR **2014** 1, 5.
79 Vgl. *Brammsen* wistra **2018** 449, 455.
80 Vgl. MüKo StGB/*Joecks/Miebach* § 23 GeschGehG Rn. 59.
81 Vgl. MüKo StGB/*Joecks/Miebach* § 23 GeschGehG Rn. 59.
82 Vgl. OLG Saarbrücken 24.7.2002 GRUR-RR **2002** 359; LG Freiburg (Breisgau) 9.5.2012 BeckRS **2012** 20114.
83 Vgl. MüKo StGB/*Joecks/Miebach* § 23 GeschGehG Rn. 65.

sen Inhalte für eigene Zwecke, beispielsweise Angebote oder Kundenansprachen, ausnutzt.[84]

64 An der Schnittstelle des illegalen „Erlangens" eines Geheimnisses (worauf § 23 Abs. 1 Nr. 2 unmittelbar aufsetzt) und der eigeneröffneten Geheimnishehlerei spielen sich in der strafrechtlichen Praxis die wildesten Schlachten ab. Grund dafür ist die Ansage der ständigen Rechtsprechung, dass die reine **Gedächtnisleistung nicht strafbar** sei.[85] Das ist natürlich richtig. So gern Unternehmen das hätten, wer den (ausscheidenden) Arbeitnehmern den Kopf abschraubt, findet sich auch schon wieder in strafrechtlichen Kalamitäten. Das sorgt vor Gericht für teilweise bizarren Szenen, wenn ein Vorsitzender Richter den Angeklagten dazu befragt, was dieser sich sonst merken könne (oder eben nicht) und dazu verschiedene Testannäherungen vorgenommen werden. Umgekehrt konnten hier auch schon wahre (beeindruckende) Gedächtniskünstler bestaunt werden, die sich durch das Rekapitulieren ganzer Zahlenkolonnen in den Freispruch retteten. Da eine Hauptverhandlung von allen Beteiligten, auch den Angeklagten, vorbereitet wird, bleibt fast schon aus der Natur der Sache offen, was er wann wirklich wusste oder zumindest gewusst haben könnte.

65 Unternehmen und Unternehmer können dieser Art des Theaters entgegentreten, indem Geschäftsgeheimnisse entweder verschlüsselt oder auf eine Weise kodiert sind, die ein „einfaches Auswendiglernen" verhindert. Im Zuge der **Objektivierungsklausel** des § 2 Nr. 1 b) ist davon auszugehen, dass sie das sogar so einrichten *müssen*.

66 **b) Offenlegen.** Offenlegen ist jede Form der Übermittlung eines Geschäftsgeheimnisses, mit dem dieses einem beliebigen Dritten zur Kenntnis gegeben wird.[86] Das kann mündlich oder in Textform geschehen und sich sowohl an natürliche Personen oder, etwa über eine Publikation, an die Öffentlichkeit richten.[87] Entscheidend ist, dass der Empfänger nicht selbst zu den Geheimnisträgern gehört.[88] Ob der Empfänger das Geheimnis nutzt, oder überhaupt nur etwas damit anfangen kann, ist unerheblich.[89] Das ergibt auch Sinn: Für den Geheimnisinhaber ist der Schaden bereits entstanden, wenn er die **Kontrolle** über das Geheimnis in seiner Zugriffssphäre verliert. Was danach damit geschieht, macht die Sache im Zweifel nur noch schlimmer. Art und Ausmaß der Schadens*vertiefung* sind dann aber Zumessungsfrage.

67 Auch das herbeigeführte, dann aber nur noch passiv ertragene **Dulden** einer Kenntnisnahme kann unter den Begriff des Offenlegens fallen, wenn etwa zugelassen wird, dass ein Dritter Konstruktionspläne fotografiert.[90] Selbst das reine Unterlassen kann im Sinne eines „Offen-liegen-lassens" tatbestandsmäßig sein, wenn eine Pflicht zur Verhinderung der Kenntnisnahme Dritter besteht.[91] Die dafür erforderliche Garantenstellung dürfte regelmäßig auf besonderen vertraglichen Verpflichtungen fußen.[92]

---

84 BGH 15.5.1997 NJW **1997** 3034, 3035; BGH 10.5.1995 NstZ **1995** 551, 552; vgl. BayObLG 20.7.1995 BayObLGSt **45** 110, 121; BayObLG 5.9.2000 BayObLGSt **50** 131, 133.
85 Vgl. BGH 27.4.2006 NJW **2006** 3424, 3425; BGH 14.1.1999 GRUR **1999** 934, 934 ff.; BGH 28.1.1993 NJW **1993** 1786, 1787.
86 Vgl. MüKo StGB/*Joecks/Miebach* § 23 GeschGehG Rn. 66.
87 Vgl. *Trebeck/Schulte-Wissermann* NZA **2018** 1175, 1178 f.; Graf/Jäger/Wittig/*Krell* § 17 UWG Rn. 30.
88 Vgl. Erbs/Kohlhaas/*Diemer* § 17 UWG Rn. 26.
89 Vgl. MüKo StGB/*Joecks/Miebach* § 23 GeschGehG Rn. 67.
90 Vgl. Erbs/Kohlhaas/*Diemer* § 17 UWG Rn. 22.
91 Vgl. Erbs/Kohlhaas/*Diemer* § 17 UWG Rn. 22.
92 Vgl. Erbs/Kohlhaas/*Diemer* § 17 UWG Rn. 22.

Streitig ist dagegen, ob die Mitteilung eines Geheimnisses an einen **Lockspitzel** des Betriebsinhabers unter den Straftatbestand fällt.[93] Denkbar ist das insbesondere im Fall einer im Rahmen einer Compliance-Bestandsaufnahme erfolgenden internen Untersuchung innerhalb des Unternehmens. Jedenfalls nach dem Wortlaut der Norm scheint hier keine Einschränkung geboten. Fraglich wird dann aber regelmäßig sein, ob es sich überhaupt um ein unbefugt erlangtes Geheimnis handelt. Darüber hinaus ist an einen Tatbestandsausschluss durch Einverständnis des Inhabers zu denken. 68

4. Subjektiver Tatbestand. Es gilt das zu § 23 Abs. 1 Nr. 1 Ausgeführte (vgl. Kommentierung zu § 23 Abs. 1 Nr. 1 Rn. 40 f.). 69

IV. Geheimnisverrat, § 23 Abs. 1 Nr. 3

Die Regelung des § 23 Abs. 1 Nr. 3 iVm § 4 Abs. 2 Nr. 3 tritt in die Fußstapfen der Illoyalitätsgrundnorm des § 17 Abs. 1 UWG a. F. Strafbar ist das rechtswidrige Offenlegen eines Geschäftsgeheimnisses, das dem Täter als einer bei einem Unternehmen beschäftigten Person im Rahmen des Beschäftigungsverhältnisses anvertraut oder zugänglich geworden ist, während die Beschäftigung noch fortdauert.[94] Normiert ist damit eine Art **Angestelltengeheimnisuntreue**. 70

1. Tatobjekt. Tatobjekt ist das in § 2 Nr. 1 legaldefinierte Geschäftsgeheimnis (vgl. Kommentierung zu § 2 Rn. 4 ff.). 71

2. Täter. Täter des **Sonderdelikts** kann nur eine bei einem Unternehmen beschäftigte Person sein.[95] Der Begriff des Beschäftigungsverhältnisses ersetzt das Dienstverhältnis aus § 17 Abs. 1 UWG a. F.[96] 72

Der Begriff des Beschäftigten ist **weit** zu verstehen.[97] Das leuchtet ein: Das Unternehmen soll umfassend und absolut geschützt werden, auch und gerade gegenüber solchen Personen, die „nur mal eben" Zugriff zu den „Kronjuwelen" haben. Die Beschäftigungsfrage ist daher unabhängig von Art, Stellung, Vergütung, Qualifikation und Tätigkeitsumfang des Betroffenen.[98] Das umfasst insbesondere Arbeitnehmer, aber auch Lehrlinge und Praktikanten.[99] Ebenso fallen darunter Vorstandsmitglieder einer Aktiengesellschaft, (faktische[100]) Geschäftsführer einer GmbH und Mitglieder des Aufsichtsrats.[101] 73

Der Maßstab ist in seiner Ausrichtung **normativ-wirtschaftlich**, in seiner Gültigkeit absolut: Auch ein Angestellter einer Tochtergesellschaft hat daher als Beschäftigter im Sinne des Geheimnisschutzes gegenüber der Muttergesellschaft zu gelten.[102] Wenn *Joecks/Miebach* darauf hinweisen, dass, anders als in § 17 Abs. 1 UWG a. F. nicht mehr ein arbeits- 74

---

93 So Erbs/Kohlhaas/*Diemer* § 17 UWG Rn. 26; *Többens* WRP **2005** 552, 557; **a. A.** Wabnitz/Janovsky/Schmitt/*Möhrenschlager* 16. Kap. Rn. 23; Fezer/Büscher/Obergfell/*Rengier* § 17 UWG Rn. 34.
94 BTDrucks. 19/4724 S. 40.
95 Vgl. BGH 26.2.2009 NJW **2009** 1420, 1420.
96 BTDrucks. 19/4724 S. 40.
97 Vgl. BGH 26.2.2009 NJW **2009** 1420, 1420; vgl. *Többens* NStZ **2000** 505, 507.
98 Vgl. Erbs/Kohlhaas/*Diemer* § 17 UWG Rn. 18.
99 Vgl. MüKo StGB/*Joecks/Miebach* § 23 GeschGehG Rn. 73.
100 BGH 10.5.2000 NJW **2000** 2285, 2285 f.; Graf/Jäger/Wittig/*Krell* § 17 UWG Rn. 24.
101 Vgl. Erbs/Kohlhaas/*Diemer* § 17 UWG Rn. 18; Graf/Jäger/Wittig/*Krell* § 17 UWG Rn. 24; Harte-Bavendamm/Henning-Bodewig/*Harte-Bavendamm* § 17 UWG Rn. 8; *Többens* NStZ **2000** 505, 507.
102 Vgl. MüKo StGB/*Joecks/Miebach* § 23 GeschGehG Rn. 73.

rechtliches (Dienst-), sondern ein sozialrechtliches (Beschäftigungs-)Verständnis entscheidend sei, ist das im Sinne der Ausweitung des Schutzbereichs des § 23 GeschGehG nachvollziehbar.[103] Tatsächlich dürfte der Schutz aber sogar noch weiter gehen: Wann immer eine vertrauensgeprägte gegenseitige Leistungsbeziehung in Rede steht, bei der eine Seite der anderen ein Geheimnis zugänglich macht und Einigkeit besteht, dass damit Unternehmenseinsichten einhergehen, liegt eine Beschäftigung vor, ganz gleich, ob der wirtschaftliche Wert in dieser (egal wie kurzfristigen) Leistungsbeziehung selbst eine Rolle spielt, oder nicht.

75 **Nichtbeschäftigte** können im Sinne der §§ 26, 27 StGB (nur) Teilnehmer sein.[104] Das umfasst insbesondere selbständige Gewerbetreibende.[105] Ebenso erfasst sind freiberuflich tätige Dienstleister wie Rechtsanwälte, Wirtschaftsprüfer, Unternehmensberater und Steuerberater.[106] Das präventiv angedrohte Strafbarkeitsrisiko zur Verhinderung eines Geheimnisverrates enthält hier § 203 Abs. 1 Nr. 3 StGB. Nicht beschäftigt in einem Unternehmen sind ferner der Geschäftsinhaber selbst, außerdem Gesellschafter, Aktionäre und Genossenschafter.[107] Eine Ausnahme gilt (selbstredend) bei einer gleichzeitigen Anstellung bei dem in Rede stehenden Unternehmen.[108]

76 **3. Während der Dauer des Beschäftigungsverhältnisses.** Zeitlich ist der Geschäftsgeheimnisschutz auf solche Geheimnisse beschränkt, die *„während der Dauer des Beschäftigungsverhältnisses"* erlangt wurden. Die neue Form setzt die alte Fassung des § 17 Abs. 1 UWG a. F. (*„im Rahmen des Dienstverhältnisses"*) nahtlos fort.[109] Entscheidend ist das (weite) rechtliche, nicht das (nur) **faktische Beschäftigungsverhältnis.**[110]

77 Eine **(nach-)vertragliche Geheimhaltungspflicht** ist insofern strafrechtlich ohne Belang.[111] Sie knüpft erst an das Ende der Beschäftigung an und ist dadurch zwar bedingt, weitet die Beschäftigung aber auch nicht aus. Auch darüber hinaus soll der Beschäftigte nicht sein Leben lang gehindert sein, gelernte Fertigkeiten umsetzen zu können. Nach dem endgültigen (auch rechtlichen) Ausscheiden aus dem Unternehmen ist er daher in der Verwendung der „im Kopf" mitgenommenen und „aus dem Kopf" gezogenen Kenntnisse frei.[112]

78 **4. Anvertraut oder zugänglich.** Anvertraut ist ein Geheimnis, wenn es unter Hinweis auf eine Geheimhaltungspflicht mitgeteilt wird.[113] Das ist zwar auch **konkludent** möglich.[114] Unternehmen und Unternehmer tun aber gut daran, durch ausdrückliche Verpflichtungserklärungen Klarheit zu schaffen. Da ein vernünftiges Geheimnismanagement zu den spätestens mit dem Erlass des GeschGehG selbstverständlichen Anforderungen an ein Unternehmen gilt, sind in diesem Rahmen Geheimnishierarchien zu erstellen, die den

---

103 Vgl. MüKo StGB/*Joecks/Miebach* § 23 GeschGehG Rn. 74.
104 Vgl. BayObLG 20.7.1995 NJW **1996** 268, 271 f.
105 Vgl. BGH 26.2.2009 NJW **2009** 1420, 1420.
106 MüKo StGB/*Joecks/Miebach* § 23 GeschGehG Rn. 74; Wabnitz/Janovsky/Schmitt/*Möhrenschlager* 16. Kap. Rn. 21; vgl. Erbs/Kohlhaas/*Diemer* § 17 UWG Rn. 18.
107 Köhler/Bornkamm/Federsen/*Alexander* § 23 GeschGehG Rn. 34.
108 Vgl. MüKo StGB/*Joecks/Miebach* § 23 GeschGehG Rn. 75.
109 BTDrucks. 19/4724 S. 40.
110 Vgl. BGH 16.11.1954 NJW **1955** 463, 464; *Kiethe/Hohmann* NStZ **2006** 185, 186.
111 Erbs/Kohlhaas/*Diemer* § 17 UWG Rn. 27 mwN.
112 Vgl. BGH 16.11.1954 NJW **1955** 463, 464; BAG 16.3.1982 NJW **1983** 134, 135; Erbs/Kohlhaas/*Diemer* § 17 UWG Rn. 26.
113 Köhler/Bornkamm/Feddersen/*Alexander* § 23 GeschGehG Rn. 37.
114 Vgl. Erbs/Kohlhaas/*Diemer* § 17 UWG Rn. 20.

Mitarbeitern mitsamt den damit einhergehenden Verpflichtungsmaßgaben offiziell mitzuteilen sind. Das genügt auch dem Maßstab des „Anvertrauens" und sichert das Unternehmen präventiv über den strafrechtlich verbürgten Schutz des § 23 Abs. 1 Nr. 3 ab.

Klarzustellen ist im Rahmen der Anvertrauensmitteilung, dass auch **Arbeitnehmererfindungen** unter den Geheimnisschutz fallen.[115] Das gilt selbst dann, wenn der Unternehmensinhaber das Geheimnis noch nicht kennt.[116] Nur das ist mit Blick auf einen umfänglichen Geheimnisschutz auch sinnvoll: Das Unternehmen bildet schließlich erst den Rahmen ab, innerhalb dessen ein Geheimnis entstehen kann. Dazu kommt, dass etwa eine Konzernstruktur zwar ein transparentes Wissensmanagement (zu betreiben) hat. Dennoch kann der Schutz eines Geheimnisses nicht mit einer positiven Kenntnis der zugrunde liegenden Tatsachen stehen oder fallen. Zu groß wäre hier die Verlockung für den Arbeitnehmer, „heimlich in die eigene Tasche zu forschen". 79

Zugänglich geworden ist ein Geschäftsgeheimnis, wenn es während des Beschäftigtenverhältnisses bekannt geworden ist. Die Art und Weise ist dabei egal.[117] Erfasst ist damit auch, dass sich der Beschäftigte das Geheimnis selbst zugänglich gemacht hat, etwa indem er andere zur Mitteilung veranlasst.[118] 80

5. Tathandlung. Tathandlung ist allein das Offenlegen. Die Auslegung orientiert sich an der des § 23 Abs. 1 Nr. 2. Nicht erfasst ist daher eine **Vorbereitung** der späteren Weitergabe oder die eigene Nutzung.[119] 81

6. Verstoß gegen Geheimhaltungspflicht. Die Verweisnorm des § 4 Abs. 2 Nr. 3 verlangt einen Verstoß gegen eine Verpflichtung, das Geschäftsgeheimnis nicht offenzulegen. Zur Absicherung des Unternehmens sollten diese Verpflichtungen dringend in Form von Vertraulichkeitsvereinbarungen manifestiert werden.[120] Auch unabhängig davon sind Beschäftigte aber zur **Loyalität** verpflichtet.[121] Sie sollte, muss aber nicht zwingend in den Anstellungsvertrag aufgenommen werden, der den Beschäftigten an das Unternehmen bindet (vgl. Kommentierung zu § 4 Abs. 2 Rn. 102ff.). 82

7. Subjektiver Tatbestand. Bedingter Vorsatz genügt. Es gilt insofern das zu § 23 Abs. 1 Nr. 1 Ausgeführte. 83

V. Fremderöffnete Geheimnishehlerei, § 23 Abs. 2

Unter Strafe gestellt ist durch § 23 Abs. 2 das Nutzen und Offenlegen eines Geschäftsgeheimnisses, welches der Täter nicht durch eine eigene, sondern durch eine fremde rechtswidrige Handlung erlangt hat. Die Strafbarkeit konzentriert sich damit auf Betriebsexterne. In Betracht kommen insbesondere Geschäftsführer oder Angestellte eines Wettbewerbers. Auch an **Wirtschaftsspione** ist hier zu denken. Darüber hinaus greift § 23 84

---

115 BGH 16.11.1954 NJW **1955** 463, 464; BGH 8.2.1977 NJW **1977** 1062.
116 Vgl. BGH 19.11.1982 GRUR **1983** 179, 180.
117 Köhler/Bornkamm/Feddersen/*Alexander* § 23 GeschGehG Rn. 38; vgl. Erbs/Kohlhaas/*Diemer* § 17 UWG Rn. 20.
118 Vgl. BGH 19.11.1982 NJW **1984** 239, 240; Wabnitz/Janovsky/Schmitt/*Möhrenschlager* 16. Kap. Rn. 22.
119 Vgl. BGH 19.11.1982 GRUR **1983** 179, 180; *Többens* NStZ **2000** 505, 507.
120 BTDrucks. 19/4724 S. 28.
121 BTDrucks. 19/4724 S. 28; vgl. BGH 19.11.1982 GRUR **1983** 179; *Maaßen* GRUR **2019** 352, 359; *Richters/Wodtke* NZA-RR **2003** 281, 288; MüKo StGB/*Joecks/Miebach* § 23 GeschGehG Rn. 73.

Abs. 2 bei betriebsintern Beschäftigten, die auf die fremde Handlung eines anderen Betriebsmitarbeiters aufbauen (§ 23 Abs. 1 Nr. 3).[122]

85 Das Geschäftsgeheimnis muss durch eine fremde Handlung nach § 23 Abs. 1 Nr. 2 (eigeneröffnete Geheimnishehlerei) oder § 23 Abs. 1 Nr. 3 (Geheimnisverrat) erlangt worden sein. Aufgrund der Kongruenz mit diesen Straftatbeständen und der **Baukastenhaftigkeit** des gesetzgeberischen Systems ist insofern auf die entsprechenden Kommentierungen zu verweisen.

VI. Vorlagenmissbrauch, § 23 Abs. 3

86 Der neue Straftatbestand des § 23 Abs. 3, von *Joecks/Miebach* liebenswert als „*Vorlagenfreibeuterei*"[123] bezeichnet, ersetzt § 18 UWG a. F. Ziel ist der Schutz vor einem Verrat von gegenüber Geschäftspartnern überlassenen vertraulichen, insbesondere technischen Arbeitsergebnissen.[124] Das Strafhöchstmaß ist gegenüber § 23 Abs. 1, Abs. 2 um ein Jahr (von maximal drei Jahren auf zwei Jahre) reduziert.[125]

87 **1. Täter.** Täter kann sein, wem eine als Geschäftsgeheimnis einzustufende geheime Vorlage oder Vorschrift technischer Art im geschäftlichen Verkehr anvertraut wurde. Es handelt sich um ein besonderes persönliches Merkmal im Sinne des § 28 Abs. 2 StGB.[126]

88 In geschäftlichem Verkehr steht, wer selbständig eigene oder fremde Geschäftszwecke fördert oder gewerbliche Beziehungen zu Unternehmen knüpft.[127] In Betracht kommen hier etwa Beschäftigte von Lizenznehmern.[128] Auch bei **freiberuflichen Beratern** besteht regelmäßig ein tatbestandsrelevantes Nähe- und Zugriffsmöglichkeitsverhältnis.[129]

89 Zu weit ginge es dagegen, auch **Kunden** eines Unternehmens unter den Täterbegriff zu fassen. Wie das Landgericht Frankfurt am Main im November 2012 entschied, ist eine Information, wenn eine unbestimmte Anzahl an Kunden bereits Zugriff auf sie hat, offenkundig und damit nicht anvertraut.[130] Anders hatte noch 1986 das Landgericht Karlsruhe entschieden, das in der Weitergabe von Bauzeichnungen mit Vertraulichkeitsvermerk durch den Kunden eines Bauunternehmens an dessen Wettbewerberin zur Erzielung eines billigeren Angebots eine unlautere, zum Schadensersatz verpflichtende Wettbewerbshandlung sah.[131]

90 **2. Tatobjekte.** § 23 Abs. 3 schützt geheime Vorlagen und Vorschriften technischer Art, wenn diese Geschäftsgeheimnisse im Sinne des § 2 Abs. 1 sind. Gegenüber § 18 UWG a. F. stellte der Gesetzgeber klar, dass das Anvertraute geheim sein muss. Da das dem vorheri-

---

122 Vgl. MüKo StGB/*Joecks/Miebach* § 23 GeschGehG Rn. 89.
123 Vgl. MüKo StGB/*Joecks/Miebach* § 23 GeschGehG Rn. 98.
124 Vgl. BGH 17.12.1981 NJW **1982** 937, 937.
125 Kritisch dazu *Brammsen* wistra **2018** 449, 456.
126 Vgl. MüKo StGB/*Joecks/Miebach* § 23 GeschGehG Rn. 99.
127 BGH 22.10.1997 NJW **1998** 390, 391; BGH 12.10.1993 BeckRS **1993** 31091063.
128 Vgl. BGH 18.3.1955 NJW **1955** 829, 829.
129 Vgl. MüKo StGB/*Joecks/Miebach* § 23 GeschGehG Rn. 101.
130 LG Frankfurt a. M. 8.11.2012 CR **2013** 286, 287.
131 OLG Karlsruhe 23.4.1986 WRP **1986** 623.

gen Auslegungsstandard entsprach, erfolgte hier allerdings lediglich eine **gesetzgeberische Klarstellung.**[132]

Vorlagen sind körperliche oder elektronisch gespeicherte Hilfsmittel, die bei der Anfertigung neuer Produkte und Waren oder bei der Entwicklung neuer Dienstleistungen als **Vorbild** dienen.[133] Darunter fallen Modelle, Zeichnungen, Schablonen oder Schnitte, sowie alle sonstigen als Grundlage oder Vorbild für die Herstellung von neuen Produkten dienenden Muster, Darstellungen und Beschreibungen.[134] **91**

Auf die Verkörperung eines technisch oder wirtschaftlich wertvollen Gedankens und die Eignung zur Verschaffung eines wirtschaftlichen Vorsprungs kommt es nicht an.[135] Die Abgrenzung, wann und wo ein **„Ideenklau"** vorliegt, ist (teils diffizile) Frage des Einzelfalls. Das zeigt sich beispielhaft an der Frage, wie ein Werbeslogan zu bewerten ist. Nach einer Entscheidung des Kammergerichts von 1987 soll jedenfalls die schriftliche Fixierung ausreichend sein, wenn der Slogan für Plakate oder Aufkleber zum Einsatz kommen soll.[136] Anders dagegen eine Entscheidung des Landgerichts Mannheim von 2009, die, mit bemerkenswerter Klarheit, „reinen Zweckmäßigkeitserwägungen" eine Absage erteilt und einen Werbeslogan mangels Entwicklung aus einem Vorbild nicht unter § 18 UWG a.F. fasst.[137] Das ist insbesondere mit Blick auf das Strafrecht bemerkenswert. Kommt es letztlich darauf an, was wer gedacht hat, als er eine Vorlage verwendete, wird den Beweiserhebungsmöglichkeiten des Strafrechts erhebliche Bedeutung zugesprochen, um den Sachverhalt aufzuklären. Mit anderen Worten: Ohne eine Strafanzeige droht der Schutz eines Unternehmens im Zweifel ins Leere zu gehen. **92**

Vorlagen sind nach der **Rechtsprechung** insbesondere: **93**
- Konstruktionszeichnungen und -pläne[138]
- Kostümentwürfe[139]
- Drehbücher und deren Exposés[140]
- Stickvorlagen (sog. Kartons)[141]
- Patentanmeldungen[142]
- Strickvorlagen[143]
- Architektenzeichnungen und -pläne[144]
- Computerprogramme[145]
- Werbeslogans[146]
- Zeichnungen zu Winkelbahnen[147]

---

132 Vgl. MüKo StGB/*Joecks/Miebach* § 23 GeschGehG Rn. 103.
133 Vgl. LG Mannheim 11.12.2009 ZUM **2010** 911, 912.
134 Köhler/Bornkamm/Feddersen/*Alexander* § 23 GeschGehG Rn. 62.
135 Wabnitz/Janovsky/Schmitt/*Möhrenschlager* 16. Kap. Rn. 42; **a. A.** Köhler/Bornkamm/Feddersen/*Alexander* § 23 GeschGehG Rn. 62.
136 Vgl. KG 9.6.1987 GRUR **1988** 702, 703.
137 Vgl. LG Mannheim 11.12.2009 ZUM **2010** 911, 912.
138 BGH 7.1.1958 GRUR **1958** 297, 298; OLG Hamm 2.7.1991 NJW-RR **1992** 552.
139 OLG Hamm 27.3.1990 NJW-RR **1990** 1380, 1381.
140 OLG München 15.3.1990 GRUR **1990** 674, 676.
141 BGH 22.11.1957 GRUR **1958** 346, 349.
142 BGH 17.12.1981 GRUR **1982** 225, 226.
143 BGH 17.5.1960 GRUR **1960** 554, 555.
144 OLG Karlsruhe 23.4.1986 WRP **1986** 623.
145 *Harte-Bavendamm* GRUR **1990** 657, 663.
146 KG 9.6.1987 GRUR **1988** 702, 703.
147 OLG Hamm 1.9.1992 BeckRS **1992** 1333 Rn. 32.

- Schriftliche oder grafische Konzepte einer ganzheitlichen Werbe- oder Imagekampagne[148]
- Spritzgießwerkzeuge[149]

94 Vorschriften technischer Art sind Anweisungen über einen technischen Vorgang, also Beschreibungen über Mittel und Verfahren.[150] Diese müssen weder technische Neuheiten sein, noch ist eine Patentfähigkeit oder ein urheberrechtlicher Schutz vorausgesetzt.[151]

95 Vorschriften technischer Art sind nach **Rechtsprechung** und Literatur insbesondere:
- Verfahrensanweisungen, z. B. für Mischvorgänge und Mischverhältnisse[152]
- Werkzeugzeichnungen[153]
- Testbeschreibungen und wissenschaftliche und künstlerische Arbeiten[154]
- Ärztliche Entwürfe für medizinische Geräte und dergleichen[155]

96 **3. Tathandlungen.** Die Tathandlungen „Nutzen“ und „Offenlegen“ sind entsprechend § 23 Abs. 1 Nr. 2 auszulegen. Daher genügt es für die Strafbarkeit, dass der von dem Täter tatsächlich benutzte Gedanke im Sinne einer **Teilverwertung** von dem in der Vorlage verkörperten technischen Gedanken Gebrauch macht, auch wenn er mit Abweichungen weiterentwickelt wird.[156]

97 **4. Subjektiver Tatbestand.** Es genügt bedingter Vorsatz, vgl. § 15 StGB. Die weiteren Absichten erklären sich wie in den Straftatbeständen des § 23 Abs. 1, Abs. 2.

VII. Qualifikationstatbestände, § 23 Abs. 4

98 Eine erhebliche Veränderung im Vergleich zur Vorgängernorm des UWG brachte § 23 Abs. 4. Ohne sonstige inhaltliche Änderung formte der Gesetzgeber die bisherigen Regelbeispiele des § 17 Abs. 4 UWG a. F. in Qualifikationstatbestände um. Diese müssen vom **Vorsatz** des Täters umfasst sein. Der ursprüngliche Strafrahmen bis zu einer Freiheitsstrafe von fünf Jahren bleibt unverändert.

99 Nach § 23 Abs. 4 Nr. 1 steht das gewerbsmäßige Handeln in den Fällen des § 23 Abs. 1 und Abs. 2 unter Strafe. Gewerbsmäßigkeit liegt vor, wenn der Täter in der Absicht handelt, sich durch wiederholte Tatbegehung eine nicht nur vorübergehende Einnahmequelle von einigem Umfang und einiger Dauer zu verschaffen.[157] Steht das **Gewinnstreben** fest, reicht es bereits aus, die erste der geplanten Taten anzugehen.[158] Die Gewinnerwartung muss sich dabei noch nicht einmal realisieren.[159] Da gewerbsmäßiges Handeln Eigennüt-

---

148 LG Köln 12.11.2008 BeckRS **2009** 87381.
149 LG Düsseldorf 13.6.2019 GRUR-RS **2019** 42895 Rn. 36 f.
150 Vgl. Köhler/Bornkamm/Feddersen/*Alexander* § 23 GeschGehG Rn. 48.
151 Vgl. MüKo/*Joecks*/*Miebach* § 23 GeschGehG Rn. 106.
152 OLG Hamburg 19.9.2002 NJW-RR **2003** 857.
153 BGH 10.7.1963 NJW **1963** 2120; BGH 7.1.1958 GRUR **1958** 297, 298.
154 Erbs/Kohlhaas/*Diemer* § 18 UWG Rn. 8.
155 Erbs/Kohlhaas/*Diemer* § 18 UWG Rn. 8.
156 BGH 17.5.1960 GRUR **1960** 554, 556.
157 BGH 17.6.2004 NJW **2004** 2840, 2842; BGH 11.10.1994 NStZ **1995** 85, 85; BGH 8.11.1951 NJW **1952** 113, 113.
158 BGH 11.9.2003 NStZ **2004** 265, 265; BGH 19.5.1995 NJW **1998** 2913, 2913; BGH 11.10.1994 NStZ **1995** 85, 85.
159 BGH 11.10.1994 NStZ **1995** 85, 85.

zigkeit verlangt, genügt es nicht, wenn eine fortdauernde Einnahmequelle allein für Dritte geschaffen werden soll.[160]

100 Nach § 23 Abs. 4 Nr. 2 wird härter bestraft, wer bei Fällen des § 23 Abs. 1 Nr. 2 oder Nr. 3 oder in solchen des § 23 Abs. 2 weiß, dass das Geschäftsgeheimnis im Ausland genutzt werden soll. Entscheidend ist der subjektive Horizont des Täters.[161] Dieser muss im Zeitpunkt der Tathandlung mit der Möglichkeit einer Nutzung im Ausland rechnen.[162] Es ist daher nicht notwendig, dass das Geschäftsgeheimnis auch tatsächlich im Ausland genutzt wird.[163] Eine Auslandsverwertung ist auch dann beabsichtigt, wenn die Verwertung in einem anderen **Mitgliedstaat der EU** erfolgen soll.[164] Unabhängig von sonstigen Regeln der Rechtsdurchsetzung und –verfolgung gilt hier auf den Punkt gebracht die schlichte Zusammenfassung: Ausland ist Ausland. Da die Verfolgbarkeit von Täter und Geheimnisnutzung jenseits der Grenzen immer mit Mehraufwand verbunden ist, kann tatsächlich auch nur das richtig sein.

101 Schließlich ist die Tat nach § 23 Abs. 4 Nr. 3 qualifiziert, wenn der Täter in den Fällen des § 23 Abs. 1 Nr. 2 und Abs. 2 selbst im Ausland das Geschäftsgeheimnis nutzt. Erforderlich ist, dass die Nutzung im Ausland tatsächlich erfolgt.[165] Die bloße Möglichkeit oder Absicht der Verwertung im Ausland reicht nicht aus.[166] Auch hier unterfallen **EU-Mitgliedsstaaten** dem Auslandsbegriff.[167]

D. Versuch und Vollendung

102 Die Versuchsstrafbarkeit regelt § 23 Abs. 5 i.V.m. § 23 Abs. 1 Alt. 2 StGB. Entscheidend ist im Sinne des § 22 StGB das Verhalten des Täters, welches zwar nicht selbst tatbestandsmäßig zu sein braucht, das nach dem **Gesamtplan** des Täters jedoch so eng mit der tatbestandlichen Ausführungshandlung verknüpft ist, dass es bei ungestörtem Fortgang unmittelbar zur Verwirklichung des gesamten Straftatbestandes führen soll, oder im unmittelbaren räumlichen und zeitlichen Zusammenhang mit ihr steht.[168] Entscheidend ist, dass der Täter subjektiv die Schwelle zum „Jetzt-geht's-los" überschritten und objektiv zur tatbestandsmäßigen Angriffshandlung angesetzt hat.[169] Das Geheimnis muss danach bereits konkret gefährdet sein.[170] Das ist auch dann der Fall, wenn eine andere als die für die Mitteilung vorgesehene Person Kenntnis über das Geschäftsgeheimnis erlangt hat.[171]

103 Strafbar ist außerdem der **untaugliche Versuch**, also etwa die Offenlegung eines Geheimnisses gegenüber jemandem, der bereits Kenntnis davon hat. Dasselbe gilt bei der Sicherung von Datenträgern, auf denen das Geschäftsgeheimnis vermutet wird, tatsächlich aber nicht abgelegt ist.[172]

---

160 BGH 19.5.1998 NJW **1998** 2913, 2914; BGH 11.10.1994 NStZ **1995** 85, 85.
161 *Bott* wistra **2015** 342, 344.
162 MüKo StGB/*Joecks/Miebach* § 23 GeschGehG Rn. 132.
163 MüKo StGB/*Joecks/Miebach* § 23 GeschGehG Rn. 132.
164 Vgl. OLG Düsseldorf 9.2.2007 BeckRS **2008** 05432; *Bott* wistra **2015** 342, 343f.
165 MüKo StGB/*Joecks/Miebach* § 23 GeschGehG Rn. 133.
166 MüKo StGB/*Joecks/Miebach* § 23 GeschGehG Rn. 133.
167 *Bott* wistra **2015** 342, 343f.
168 Vgl. *Wessels/Beulke/Satzger* § 17 Rn. 947.
169 Vgl. BGH 7.11.2007 NStZ **2008** 409, 410.
170 Vgl. Köhler/Bornkamm/Feddersen/*Alexander* § 23 GeschGehG Rn. 87.
171 Vgl. *Többens* NStZ **2000** 505, 508.
172 Vgl. Harte-Bavendamm/Henning-Bodewig/*Harte-Bavendamm* § 18 UWG Rn. 17, 37.

104 **Vollendet** ist die Tat, wenn alle Merkmale des Straftatbestandes erfüllt sind. Bei der Betriebsspionage, § 23 Abs. 1 Nr. 1, ist das der Fall, wenn der Täter das Geschäftsgeheimnis dergestalt erlangt hat, dass er es jederzeit selbst nutzen oder offenlegen kann.[173] Der Geheimnisverrat, § 23 Abs. 1 Nr. 2, ist mit Zugang des Geschäftsgeheimnisses an einen Dritten vollendet. Erforderlich ist dessen Möglichkeit zur Kenntnisnahme.[174] Die eigenverantwortliche Geheimnishehlerei, § 23 Abs. 1 Nr. 3, ist vollendet, wenn die Handlung auf die Nutzung oder Offenlegung des Geschäftsgeheimnisses gerichtet und nach dem Vorstellungsbild des Täters das geschützte Rechtsgut unmittelbar gefährdet ist.[175]

E. Vorbereitungshandlung, § 23 Abs. 7 Satz 2

105 Nach § 23 Abs. 7 Satz 2 gelten §§ 30, 31 StGB entsprechend, wenn der Täter zur Förderung des eigenen oder fremden Wettbewerbs oder aus Eigennutz handelt. Erfasst sind damit die Konstellationen einer versuchten Beteiligung in Form einer versuchten Anstiftung oder einer versuchten Anstiftung zur Anstiftung, § 30 Abs. 1 Satz 1 StGB. Nach § 30 Abs. 1 Satz 2 StGB ist die Strafe nach § 49 Abs. 1 StGB zu mildern. Strafbar ist zudem, wer sich bereit erklärt, wer das Erbieten eines anderen annimmt oder wer mit einem anderen verabredet, eine Straftat im Sinne des § 23 zu begehen, vgl. § 30 Abs. 2 StGB. Eine bloße Kundgabe, eine Straftat zu begehen, reicht nicht aus. Vielmehr bedarf es einer hinreichend **konkretisierten Erklärung**, sich zu einer Straftat verpflichten zu wollen.[176] Ein Erbieten nimmt an, wer ernst gemeint erklärt, eine Straftat im Sinne des § 23 begehen zu wollen.[177] Die Strafe knüpft dabei daran an, dass allein durch die **abstrakte Gefährlichkeit** der versuchten Anstiftung Kräfte in Richtung des angegriffenen Rechtsguts entfaltet werden, über die der Täter keine volle Herrschaft mehr behält.[178] Nach § 31 StGB ist daher ein Rücktritt vom Versuch der Beteiligung möglich.

106 Erforderlich ist die entsprechende Anwendung der **kernstrafrechtlichen Allgemeinvorschriften**, da diese grundsätzlich nur bei Verbrechen einschlägig sind, § 30 Abs. 1 Satz 1 StGB i. V. m. § 12 Abs. 1 StGB, es sich bei den in § 23 geregelten Straftatbeständen strafrahmenbedingt allerdings durchgehend um Vergehen im Sinne des § 12 Abs. 2 StGB handelt. Das gibt erheblich zu bedenken.

107 Einerseits legt der Gesetzgeber für das Kernstrafrecht fest, dass ein Vergehen nicht „beteiligungsversuchsfähig" sein soll. Andererseits hebelt er diesen Grundsatz ausgerechnet mit Blick auf den Geschäftsgeheimnisschutz aus. Das scheint nicht veranlasst. Sicher, der Schutz von Geschäftsgeheimnissen ist wichtig, aber das ist der des Eigentums (geschützt durch das Vergehen des Diebstahls, § 242 StGB) oder der körperlichen Integrität (geschützt durch das Vergehen der Körperverletzung, § 223 StGB) auch. Der Gesetzgeber bleibt auch bei § 23 Abs. 7 Satz 2 – wie zuvor bei § 19 UWG a. F. – die Erklärung schuldig, weshalb ein solcher **systemwidriger Aufwand** betrieben wird.

108 Angesichts der in der Praxis sehr geringen Fallzahlen wirkt das Festhalten an der Verknüpfung mit dem Versuch der Beteiligung nach den Regeln des Allgemeinen Teils des Strafgesetzbuches eher wie ein Grundkurs für abwegige Strafrechtsfragen, als ein pragma-

173 Vgl. MüKo StGB/*Joecks*/*Miebach* § 23 GeschGehG Rn. 148.
174 Vgl. *Többens* NStZ **2000** 505, 508.
175 Vgl. *Többens* NStZ **2000** 505, 509.
176 Vgl. BGH 17.12.2014 NJW **2015** 1032, 1033.
177 Vgl. BGH 23.3.2017 NJW **2017** 2134, 2135.
178 Vgl. BGH 5.2.2013 NJW **2013** 1106.

tischer Lösungsansatz für tatsächlich existierende Problemlagen. Es spricht daher viel dafür, die missglückte Regelung des § 23 Abs. 7 Satz 2 **ersatzlos zu streichen.**[179]

F. Rechtfertigungsgründe

Unbefugt handelt nach allgemeinen Maßstäben, wer gegen eine gesetzliche oder rechtsgeschäftliche Beschränkung verstößt und sich nicht auf eine Erlaubnis oder einen Rechtfertigungsgrund berufen kann.[180] **109**

I. Rechtfertigungsgründe des § 3

In § 3 nennt der Gesetzgeber mehrere Konstellationen, die – als Erlaubnistatbestände („erlaubte Handlungen") – rechtfertigend wirken. Geregelt ist hier insbesondere der zuvor lang schwelende Streit über die rechtliche Einordnung des *reverse engineering*.[181] Hier spricht § 3 Abs. 1 Nr. 2 das (angebrachte) **Machtwort der Rechtfertigung** (vgl. Kommentierung zu § 3 Abs. 1 Nr. 2 Rn. 30ff.). **110**

II. Handeln von Medienangehörigen

Nach § 23 Abs. 6 sind Beihilfehandlungen einer in § 53 Abs. 1 Nr. 5 StPO genannten Person nicht rechtswidrig, wenn sie sich auf die Entgegennahme, Auswertung oder Veröffentlichung eines Geschäftsgeheimnisses beschränken. Der Rechtfertigungsgrund erfasst typisch journalistisch-redaktionelle Tätigkeiten und orientiert sich an § 353b Abs. 3a StGB.[182] Die Übertragung der dortigen Wertung soll klarstellen, dass journalistisches Handeln keine Strafbarkeit wegen Beihilfe begründet.[183] Kern- und Nebenstrafrecht gehen damit **lückenlos** ineinander über.[184] Straflos ist allerdings nur der nachrangige (Veröffentlichungs-) Helfer. Die Strafbarkeit des Täters bleibt von § 23 Abs. 6 unberührt.[185] Aufgrund dieser engen Haupttatakzessorietät ist die Verknüpfung im Rahmen des § 23 systematisch auch sinnvoller als ein eigener Rechtfertigungsgrund in § 3. **111**

III. Einwilligung

Stimmt der tatbetroffene Geheimnisinhaber der Tathandlung zu, kann dadurch die Strafbarkeit entfallen. Zugrunde liegt hier der Gedanke eines **Verzichts auf Rechtsschutz.**[186] Ist Inhaber des Geheimnisses eine juristische Person, kommt es auf die Einwil- **112**

---

179 So auch MüKo StGB/*Joecks*/*Miebach* § 23 GeschGehG Rn. 136; *Mitsch* GRUR **2004** 824, 825.
180 Vgl. etwa *Brammsen* § 17 UWG Rn. 117; Wabnitz/Janovsky/*Schmitt*/*Möhrenschlager* 16. Kap. Rn. 25.
181 Vgl. dazu *Strobel* 28ff.
182 BTDrucks. 19/8300 S. 15; Köhler/Bornkamm/Feddersen/*Alexander* § 23 GeschGehG Rn. 89ff.
183 BTDrucks. 19/8300 S. 15.
184 BTDrucks. 19/8300 S. 15.
185 Köhler/Bornkamm/Feddersen/*Alexander* § 23 GeschGehG Rn. 92.
186 Vgl. *Wessels*/*Beulke*/*Satzger* Rn. 564.

ligung der vertretungsberechtigten Organmitglieder an.[187] Die Einwilligung muss dabei vor der Tat entweder ausdrücklich erklärt oder konkludent zum Ausdruck gebracht worden sein.[188]

113 Insbesondere mit Blick auf die (vermeintlich) konkludente Einwilligung spielen sich in Strafsachen regelmäßig wilde Szenen ab. Häufiger Anknüpfungspunkt ist die Behauptung, ein Arbeitnehmer sei ermächtigt oder sogar durch seinen Vorgesetzten ausdrücklich aufgefordert gewesen, sich Kundendaten per E-Mail an die Privatadresse zukommen zu lassen, um *„zu Hause weiter zu performen"*. Effektiv kann ein Unternehmen dem nur entgegentreten, wenn es sich – wie das auch das Normregime des § 2 Nr. 1 b) vorgibt – in seinem **Geheimnismanagement** absichert und klar aufstellt. Nur dann, wenn durch angemessene Sicherungsmaßnahmen, Richtlinien, Schulungen und praxistaugliche strafrechtliche Schulungen klar ist, dass und wie Geheimnisse übertragen/nicht übertragen werden können, besteht eine realistische Aussicht eigentlich klare Gesamtgemengelagen vor Gericht mit der angebrachten Leichtigkeit „durchzuentscheiden". Einmal mehr haben daher an dieser Stelle die zivilrechtlichen Unternehmensvertreter eng mit der strafrechtlichen Beratung zusammenzuarbeiten.

IV. Rechtfertigender Notstand

114 Eine Notstandsrechtfertigung kommt nach § 34 StGB in Betracht, wenn der Täter zum Schutz eines höherwertigen Rechtsguts handelt. Entscheidend ist eine Güter- und Interessenabwägung, § 34 Satz 1 StGB. Die Tat muss dabei ein angemessenes Mittel sein, um eine drohende Gefahr abzuwehren, § 34 Satz 2 StGB. Denkbar ist das im Zusammenhang mit einem Geschäftsgeheimnisverrat etwa, wenn die Offenlegung eines Geheimnisses erfolgt, um sich selbst gegen falsche strafrechtliche Vorwürfe zu verteidigen oder, ausnahmsweise, zur **Durchsetzung oder Abwehr von zivilrechtlichen Ansprüchen**.[189]

G. Sanktionsfragen

115 Die Delikte des § 23 sind Vergehen gem. § 12 Abs. 2 StGB. Individuell droht ein Strafrahmen von einer Freiheitsstrafe bis zu drei Jahren oder Geldstrafe.

116 Das Thema der **Konkurrenzen** ist für die Strafzumessung zwar äußerst wichtig, drohte angesichts der strafrechtlichen Ziselierungen und Kasuistik aber den Rahmen eines Praxiskommentars unter Wettbewerbsgesichtspunkten zu sprengen. Es genügt an dieser Stelle daher der Hinweis, dass, je nach Konstellation, in Fällen mit Bezug zu einer Geschäftsgeheimnisverletzung an eine Tateinheit bzw. Tatmehrheit (§§ 52, 53 StGB) mit folgenden Straftatbeständen zu denken ist:
- Verletzung von Privatgeheimnissen, § 203 StGB
- Verletzung der Geheimhaltungspflicht, § 404 AktG
- Verletzung der Geheimhaltungspflicht, § 85 GmbHG
- Verletzung der Geheimhaltungspflicht, § 333 HGB
- Diebstahl, § 242 StGB
- Unterschlagung, § 246 StGB

---

187 Vgl. MüKo StGB/*Joecks*/*Miebach* § 23 GeschGehG Rn. 164.
188 Vgl. OLG Frankfurt a.M. 19.5.2005 NStZ-RR **2005** 237, 237; *Wessels*/*Beulke*/*Satzger* Rn. 579.
189 Vgl. MüKo StGB/*Joecks*/*Miebach* § 23 GeschGehG Rn. 166.

- Betrug, § 263 StGB
- Computerbetrug, § 263a StGB
- Untreue, § 266 StGB
- Sachbeschädigung, § 303 StGB
- Bestechlichkeit und Bestechung im geschäftlichen Verkehr, § 299 StGB
- Korruptionsstraftaten mit Amtsträgerbezug, §§ 331 ff. StGB
- Nötigung, § 240 StGB
- Erpressung, § 253 StGB
- Strafbarkeit wegen Verstoßes gegen das Patentgesetz, § 142 PatG
- Strafbarkeit wegen Verstoßes gegen das Gebrauchsmustergesetz, § 142 GebrMG
- Strafbarkeit wegen Verstoßes gegen das Geschmacksmustergesetz, § 51 GeschmMG
- Unerlaubte Verwertung urheberrechtlich geschützter Werke, § 106 UrhG
- Strafbare Kennzeichenverletzung, § 143 MarkenG
- Strafbare Verletzung der Unionsmarke, § 143a MarkenG

Nach § 41 StGB sind Geld- und Freiheitsstrafe **kumulativ** möglich, wenn sich der Täter durch die Tat bereichert oder zu bereichern versucht hat und das auch unter Berücksichtigung der persönlichen und wirtschaftlichen Verhältnisse des Täters angebracht ist. Bei einer klassischen Wirtschaftsstraftat, wie der Verletzung von Geschäftsgeheimnissen nach § 23, ist das geradezu immer der Fall. 117

Doch nicht nur Unternehmern, auch **Unternehmen** droht Ungemach. Handelt eine Leitungsperson rechtswidrig und steht dabei eine Bereicherung für das Unternehmen in Rede – wie das bei § 23 regelmäßig der Fall sein wird – droht dem Unternehmen bei einer Anknüpfung an die Vorsatztaten des § 23 eine Geldbuße von bis zu € 10 Mio., vgl. § 30 Abs. 1, Abs. 2 Nr. 1 OWiG. Über die Abschöpfungskomponente der Unternehmensgeldbuße, normiert in den §§ 30 Abs. 3, 17 Abs. 2 OWiG und selbständig ergänzend dazu in § 29a OWiG, kommt der Grundsatz dazu, dass „Verbrechen sich nicht lohnen" sollen. Die Kombination aus Sanktions- und Abschöpfungselement ergeben bereits jetzt, auch vor einem originären Unternehmensstrafrecht, in der Praxis die medial sehr präsenten „Monstergeldbußen" wie etwa im Dieselskandal € 1 Mrd. gegen die Volkswagen AG.[190] 118

Liegt ein Aufsichtsverschulden einer Leitungsperson vor, genügt sogar ein rein fahrlässiges Handeln bzw. Unterlassen, § 130 Abs. 1 Satz 1 OWiG. In denen für § 23 relevanten Konstellationen kann es hier etwa darum gehen, dass in einer Vertriebsabteilung **systematisch** Geheimnisse eines Konkurrenzunternehmens verwertet werden. 119

Kommt, wie das zu erwarten ist, das neue **Unternehmenssanktionsrecht** (in welcher Form auch immer), verschärft sich die Lage noch einmal drastisch. Insbesondere der Sanktionsrahmen wird erheblich angehoben. Umso dringender ist bereits jetzt, spätestens aber dann, eine – idealerweise präventive – sanktionsrechtliche Beratung des Unternehmens, nicht nur, aber insbesondere auch im Bereich Compliance. 120

H. Ausgestaltung als relatives Antragsdelikt

Gem. § 23 Abs. 8 wird die Tat nur auf Antrag verfolgt, es sei denn, dass die Strafverfolgungsbehörde wegen des besonderen öffentlichen Interesses an der Strafverfolgung ein 121

190 Vgl. https://www.heise.de/newsticker/meldung/Diesel-Skandal-Die-VW-Milliarde-was-wurde-aus-dem-Bussgeld-4475931.html, zuletzt abgerufen am 10.5.2021.

Einschreiten von Amts wegen für geboten hält. Es handelt sich damit um ein **relatives Antragsdelikt.**[191]

122 Grundsätzlich ist in der Drei-Monats-Frist des § 77b Abs. 1 Satz 1 StGB ein Strafantrag erforderlich, § 77 StGB. Verletzt im Sinne des § 77 Abs. 1 StGB ist bei Straftaten nach § 23 Abs. 1 und Abs. 2 der Inhaber des Geschäftsgeheimnisses, in Fällen des § 23 Abs. 3 der über die Vorlagen bzw. technischen Vorschriften **Verfügungsberechtigte**. Antragsberechtigt kann dabei, durch ihre rechtlichen Vertreter, auch eine juristische Person sein.

123 Das öffentliche Interesse kann demgegenüber in der Regel bejaht werden, wenn der Rechtsfrieden über den Lebenskreis des Verletzten hinaus gestört ist und die Strafverfolgung ein gegenwärtiges Anliegen der Allgemeinheit darstellt.[192] Eine wichtige Orientierung geben in diesem Zusammenhang die **Richtlinien für das Strafverfahren und das Bußgeldverfahren** vom 1.1.1977. Zwar nennen diese bislang immer noch ausschließlich die Vorgängervorschriften des UWG a.F. Angesichts der insofern klaren Übertragungsbestrebungen des Gesetzgebers bei der Umsetzung der europäischen Richtlinie steht indes außer Frage, dass die Maßgaben der Strafrechtsrichtlinien unmittelbar übertragbar sind.

124 Nach Nr. 260a Abs. 1 RiStBV ist das öffentliche Interesse an der Strafverfolgung insbesondere anzunehmen, wenn der Täter wirtschaftsrechtlich vorbestraft ist, ein erheblicher Schaden droht oder eingetreten ist, die Tat Teil eines gegen mehrere Unternehmen gerichteten Plans zur Ausspähung von Geheimnissen ist oder die Tat den Verletzten in seiner wirtschaftlichen Existenz bedroht. In den besonders schweren Fällen des § 23 Abs. 4 kann das öffentliche Interesse **nur ausnahmsweise** verneint werden, Nr. 260a Abs. 2 Satz 1 RiStBV. Das gleiche gilt, wenn der Täter davon ausgeht, dass das Geheimnis im Sinne des § 23 Abs. 3 im Ausland verwertet werden soll, oder er es selbst im Ausland verwertet, Nr. 260a Abs. 2 Satz 2 RiStBV. Die Entscheidung der Staatsanwaltschaft ist gerichtlich nicht überprüfbar.[193]

125 Besonders wichtig ist in der Praxis die Maßgabe des Nr. 260b RiStBV. Nach Absatz 1 dieser Richtlinie sollen Geschäfts- oder Betriebsgeheimnisse in der Sachakte nur insoweit schriftlich festgehalten werden, als dies für das Verfahren unerlässlich ist, wenn der Verletzte um Geheimhaltung bittet oder keinen Strafantrag stellt. Hintergrund ist, dass die Verteidigung eines Beschuldigten nach § 147 Abs. 1 StPO nach Abschluss der Ermittlungen grundsätzlich ein unbeschränktes Akteneinsichtsrecht hat. Als Folge des Rechts auf eine effektive Verteidigung ist das so gut wie richtig, vgl. Art. 6 Abs. 3 a) EMRK. Stellte ein Unternehmen Strafanzeige gegen einen geheimnisuntreuen Mitarbeiter, wird es regelmäßig zum Beleg der begangenen Straftaten dargestellt haben, *welche* Art Geheimnis der Mitarbeiter *woher* genommen hat. Könnte das durch den Beschuldigten über seinen Verteidiger eingesehen werden, drohte das Unternehmen unter dem Strich durch die Offenlegung seiner eigenen verletzten Geheimnisse gegebenenfalls *noch mehr* preiszugeben, als der Täter ohnehin schon hat. Das kann nicht richtig sein. In der Praxis hat die Anzeigenerstattung daher genau darzustellen (und zu begründen), welche an die Strafverfolgungsbehörden übermittelten Informationen warum Geschäftsgeheimnisse des verletzten Unternehmens sind. Diese Geheimnisse sind in einem **Sonderband** zu erfassen und von der Akteneinsicht der Verteidigung auszunehmen.

---

191 *Mitsch* JA **2014** 1, 2.
192 *Beulke/Swoboda* § 32 Rn. 591.
193 Vgl. BGH 26.5.1961 NJW **1961** 2120, 2121.

Ist das geschehen, ist nach Art. 260b Abs. 2 Satz 1 RiStBV bei einer **Akteneinsicht** darauf hinzuweisen, dass die Akte Geschäfts- oder Betriebsgeheimnisse enthält; hierüber ist ein Vermerk zu den Akten zu nehmen. Nach Art. 260b Abs. 2 Satz 2 RiStBV gilt das sinngemäß auch bei sonstigen Mitteilungen aus den Akten. Es ist sogar nach Art. 260b Abs. 2 Satz 3 RiStBV ferner zu prüfen, ob nicht Gründe entgegenstehen, dem Verteidiger die Akten zur Einsichtnahme in seine Geschäftsräume oder in seine Wohnung mitzugeben (§ 147 Abs. 4 StPO). 126

Die Regelung des Art. 260b Abs. 3 RiStBV rundet den äußerst praxisrelevanten Schutz des Geheimnisinhabers weiter ab. Danach ist vor Gewährung von **Akteneinsicht an Dritte**, etwa im Rahmen einer Einsicht nach § 406e StPO oder § 475 StPO, besonders sorgfältig zu prüfen, ob nicht schutzwürdige Interessen des Verletzten entgegenstehen. Das gilt auch dann, wenn keine Sonderheft-Aussonderung im Sinne des Art. 260b Abs. 1 RiStBV erfolgt ist. 127

Die Bedeutung dieser Maßgaben kann kaum überschätzt werden. Nur eine strenge Einhaltung gewährleistet einen umfassenden Geheimnisschutz für das betroffene Unternehmen und verhindert einen drohenden (weiteren) Schaden. In der Rechtspraxis ist dazu ein konstruktiver Dialog mit den Strafverfolgungsbehörden zu finden. Zu beachten ist, dass, insbesondere außerhalb von Schwerpunktstaatsanwaltschaften, nicht jeder Strafverfolger mit den Feinheiten der RiStBV vertraut ist. Die strafrechtliche Vertretung wird hier eine gute Gesprächsbasis herzustellen und im Zweifel die richtige Herangehensweise im Umgang mit den Richtlinien für das Strafverfahren freundlich zu instruieren haben. Die bisherige Erfahrung zeigt, dass, trifft man den richtigen Ton, die **Staatsanwaltschaft** für eine vernünftige Handreichung auf dem Weg in dieses üblicherweise unbekannte Terrain sehr verbunden ist. 128

I. Verjährung

Die Verfolgungsverjährung tritt sowohl bei den Grundtatbeständen der § 23 Abs. 1, Abs. 2 und Abs. 3 als auch bei den Qualifikationen nach § 23 Abs. 4 **strafrahmenorientiert** nach fünf Jahren ein, vgl. § 78 Abs. 3 Nr. 4 StGB. 129

Für den Beginn der Verjährungsfrist kommt es auf die Beendigung der Tat an, § 78a Satz 1 StGB. Das ist bei § 23 Abs. 1 Nr. 1 der Fall, wenn das Geheimnis endgültig erlangt ist. Eine Straftat nach § 23 Abs. 1 Nr. 2 und Abs. 3 ist in der Alternative des Nutzens **beendet**, wenn der vom Täter erstrebte wirtschaftliche Nutzen eingetreten ist, in der Variante des Offenlegens, wenn ein Dritter über das Geschäftsgeheimnis verfügen kann. 130

Eine Tat nach § 23 Abs. 1 Nr. 3 ist beendet, wenn das Geschäftsgeheimnis offengelegt ist. Bei § 23 Abs. 3 tritt die Beendigung ein, wenn der Nutzen oder die Offenlegung als solche tatsächlich abgeschlossen ist. Jeweils muss **kumulativ** hinzutreten, dass die vom Täter verfolgte Absicht, jedenfalls aus dessen subjektiver Perspektive, verwirklicht ist.[194] 131

---

194 Vgl. zu all dem MüKo StGB/*Joecks*/*Miebach* § 23 GeschGehG Rn. 148.

J. Verfolgung von auslandsbezogenen Verstößen, § 23 Abs. 7 Satz 1

132 Ob eine Straftat im Inland oder im Ausland begangen ist, richtet sich nach § 9 StGB. Für **Inlandstaten** gegen ausländische Unternehmen gilt das deutsche Strafrecht uneingeschränkt. Es genügt, dass die Tat nur teilweise in der Bundesrepublik Deutschland verwirklicht worden ist.[195]

133 Nach § 23 Abs. 7 Satz 1 i.V.m. § 5 Nr. 7 StGB gilt das deutsche Strafrecht ferner, unabhängig vom Recht des Tatorts, für Taten, die im Ausland begangen werden, wenn es sich dabei um eine Verletzung von Geschäftsgeheimnissen eines in Deutschland liegenden Betriebs handelt, oder aber eines Unternehmens, das dort seinen Sitz hat, oder eines Unternehmens mit Sitz im Ausland, das von einem Unternehmen mit Sitz im räumlichen Geltungsbereich dieses Gesetzes abhängig ist und mit diesem einen Konzern (vgl. § 18 AktG) bildet. Im Vergleich zu der vorherigen Geltung der §§ 17 Abs. 6, 18 Abs. 4 und 19 Abs. 5 UWG a.F. traten insofern keine Veränderungen ein.[196]

195 Vgl. BGH 13.5.1986 NStZ **1986** 415, 415.
196 Vgl. BTDrucks. 19/4724 S. 41.

ANHANG

Übergangsregelungen

Schrifttum

Siehe die allgemeinen Schrifttumsangaben zu den Vorbemerkungen zu den §§ 15–22; *Schönke/Schröder* Strafgesetzbuch, 30. Aufl. 2019.

Übersicht

A. Problemstellung

Das GeschGehG ist am 26. April 2019 als Art. 1 des Gesetzes zur Umsetzung der Richtlinie zum Schutz von Geschäftsgeheimnissen in Kraft getreten. Die Richtlinie selbst datiert vom 8. Juni 2016 und sah in ihrem Art. 19 eine Umsetzung bis zum 9. Juni 2018 vor. Dieser Umsetzungspflicht ist der deutsche Gesetzgeber erst mit einer knapp einjährigen Verspätung nachgekommen. Während dieser Zeit bestand noch die alte Gesetzeslage, namentlich in Gestalt der §§ 17 bis 19 UWG. Diese Vorschriften sind durch Art. 5 des erwähnten Gesetzes zur Umsetzung der Richtlinie ebenfalls mit Wirkung vom 26. April 2019 aufgehoben worden. **1**

Das GeschGehG erfasst unzweifelhaft sämtliche Sachverhalte, die erst nach seinem Inkrafttreten überhaupt entstanden sind. Umgekehrt unterfallen sämtliche Vorgänge aus der Vergangenheit, die bis zum Inkrafttreten des GeschGehG abgeschlossen waren, der alten gesetzlichen Regelung nach dem UWG. Dennoch ergeben sich in der Praxis vielfältige Konstellationen, die den **Wechsel vom UWG zum GeschGehG** übergreifen und bei denen einzelne Elemente vor dem Inkrafttreten des GeschGehG liegen, während andere Elemente in die Zeit der Geltung des GeschGehG fallen. So ist es zunächst einmal denkbar, dass sich der (vermeintliche) Täter vor dem 26. April 2019 ein Geschäfts- oder Betriebsgeheimnis unbefugt verschafft oder gesichert hat und einem Dritten mitgeteilt hat, diese Tat aber erst nach dem Inkrafttreten des GeschGehG bekannt wird und auch die Schäden aus der weiteren Nutzung des Dritten erst nach dem 26. April 2019 eintreten. Eine andere mögliche Fallkonstellation betrifft den Fall, dass der Täter ein Geschäftsgeheimnis, das ihm noch vor dem 26. April 2019 unbefugt mitgeteilt worden ist, erst nach dem 26. April 2019 verwertet oder einem anderen Dritten mitteilt. In einem dritten Fall mag einer bei einem Unternehmen beschäftigten Person im Rahmen ihres Dienstverhältnisses ein Betriebsgeheimnis vor dem 26. April 2019 zugänglich geworden sein. Das Dienstverhältnis endet und die Weitergabe erfolgt nach Beendigung des Dienstverhältnisses sowohl vor als auch nach dem 26. April 2019. In einem vierten Beispielsfall ist ein Betriebsgeheimnis vor dem 26. April 2019 durch *reverse engineering* von einer Person erlangt worden. Sie verwertet dieses Betriebsgeheimnis nach dem 26. April 2019. **2**

In all diesen Fällen stellt sich die Frage, ob die jeweiligen Handlungen der betreffenden Person als eine Verletzung von Geschäftsgeheimnissen anzusehen sind und, wenn ja, **3**

https://doi.org/10.1515/9783110631654-028

welche Voraussetzungen dafür gelten und welche Rechtsfolgen sich daran knüpfen. Dies führt zu der Frage, ob auf die betreffenden Handlungen die §§ 17 bis 19 UWG a. F. oder das GeschGehG anwendbar sind.

4 Weder das GeschGehG selbst noch das Gesetz zur Umsetzung der Richtlinie enthalten **Übergangsvorschriften**, wie sie beispielsweise in dem umfangreichen Teil 10 des Markengesetzes (§§ 152–159 MarkenG) detailliert formuliert sind. Das Umsetzungsgesetz ordnet lediglich an, dass die Vorschriften der §§ 17 bis 19 UWG a. F. am 26. April 2019 außer Kraft treten und das GeschGehG am selben Tag in Kraft tritt. Für die Klärung der Frage nach dem anwendbaren Recht ist somit auf allgemeinere Überlegungen und Rechtsgrundsätze zurückzugreifen.

B. Lösungsansätze

5 Für mögliche Lösungsansätze ist zwischen strafrechtlichen Sanktionen und der Durchsetzung zivilrechtlicher Ansprüche zu differenzieren.

I. Reichweite der §§ 17 bis 19 UWG a. F.

6 Die besondere Problematik der §§ 17 bis 19 UWG besteht darin, dass sie Straftatbestände formulieren und damit **originäre Strafrechtsnormen** darstellen. Der zivilrechtliche Schutz von Geschäftsgeheimnissen vor Inkrafttreten des GeschGehG ergab sich nicht unmittelbar aus diesen Vorschriften, sondern erst aus einer kombinierten Anwendung mit dem allgemeinen Deliktsrecht. Sofern nicht besondere Tatbestände des UWG zugleich durch den Geheimnisverrat erfüllt waren, konnte zivilrechtlicher Schutz über den Rückgriff auf § 823 Abs. 1 und Abs. 2 erlangt werden. Die strafrechtlichen Bestimmungen der §§ 17 ff. UWG a. F. waren insoweit als Schutzgesetze im Sinne von § 823 Abs. 2 BGB anerkannt.[1]

7 Für die Strafbarkeit bedeutet dies zunächst, dass eine Tat dann nach den §§ 17 bis 19 UWG strafbar sein kann, wenn sie vollständig während der Geltungsdauer dieser Vorschriften abgeschlossen war (vgl. § 2 Abs. 1 StGB als Ausfluss aus dem Gesetzlichkeitsprinzip aus Art. 103 Abs. 2 GG). Gleichzeitig folgt aber aus § 2 Abs. 3 StGB, dass für eine vor dem 26. April 2019 begangene Tat ggf. § 23 anwendbar ist, sofern diese Regelung ein milderes Gesetz im Sinne dieser Vorschrift darstellt. Voraussetzung ist allerdings, dass insoweit eine Änderung des Gesetzes im Sinne von § 2 Abs. 3 StGB eingetreten ist. Das ist in der Regel dann der Fall, wenn ohne ausdrücklichen oder sonst erkennbaren gesetzlichen Vorbehalt ein Straftatbestand ersatzlos gestrichen oder ein bereits vorhandener Straftatbestand erweitert wird.[2] Ob es sich tatsächlich um eine Gesetzesänderung handelt und welche Gesetzesfassung das mildeste Gesetz darstellt, ist durch einen Gesamtvergleich im konkreten Fall vorzunehmen. Das darin angeordnete Meistbegünstigungsprinzip fordert, dass alle Umstände berücksichtigt und dann ein Vergleich zwischen den maßgeblichen Gesetzesfassungen angestellt wird.

8 Davon zu unterscheiden ist die **zivilrechtliche Haftung**. Wie schon erwähnt waren die §§ 17 bis 19 UWG als Schutzgesetze im Sinne von § 823 Abs. 2 BGB anerkannt. Soweit ein Vorgang in der Vergangenheit abgeschlossen war, kann daher zur Begründung der zivilrechtlichen Haftung auch auf diese Normen zurückgegriffen werden. Der Wegfall der

---

1 Köhler/Bornkamm/Feddersen/*Köhler* § 17 UWG Rn. 53
2 Schönke/Schröder/*Eser*/*Hecker* § 2 StGB Rn. 19; Lackner/Kühl/*Kühl* § 2 StGB Rn. 4.

Strafbarkeit durch die Aufhebung der Vorschriften wirkt sich insoweit nicht zwangsläufig auf die zivilrechtliche Haftungsgrundlage aus. Zum Zeitpunkt der Tat war die jeweilige Handlung, sofern sie von den Tatbeständen erfasst wurde, rechtswidrig und löste die zivilrechtliche Haftung aus. Für die Beurteilung der zivilrechtlichen Ansprüche für einen in der Vergangenheit liegenden abgeschlossenen Vorgang können daher diese Tatbestände auch weiterhin herangezogen werden. Etwaige zivilrechtliche Ansprüche sind für derartige Vorgänge dann danach zu beurteilen, ob die objektiven Tatbestandsmerkmale der §§ 17 bis 19 UWG a. F. und darüber hinaus die Voraussetzungen des § 823 Abs. 2 BGB erfüllt waren.

II. Geltung des GeschGehG für Altfälle

Auch das GeschGehG enthält neben überwiegend zivilrechtlichen Regelungen in § 23 eine **Strafvorschrift**. Daraus ergibt sich wiederum die Problematik, ob und inwieweit das Gesetz seit seinem Inkrafttreten auch auf (noch nicht abgeschlossene) Altfälle anwendbar ist. **9**

1. Verfassungsrechtliche Grundlagen. Das verfassungsrechtliche **Rückwirkungsverbot** aus Art. 103 Abs. 2 GG ist bereits angesprochen worden. Eine Tat kann demnach nur bestraft werden, wenn die Strafbarkeit gesetzlich bestimmt war, bevor die Tat begangen wurde (vgl. § 1 StGB). **10**

Für Altfälle, deren Begehung zwar noch unter Geltung der §§ 17, 18 UWG a. F. begonnen hatte, die aber bei Inkrafttreten des GeschGehG noch nicht abgeschlossen waren, schließt Art. 103 Abs. 2 GG die Anwendbarkeit von § 23 grundsätzlich aus, soweit das Rückwirkungsverbot greift. Das echte Rückwirkungsverbot bedeutet, dass grundsätzlich niemand aufgrund eines Gesetzes bestraft werden darf, das zur Zeit der Tat noch nicht in Kraft stand (Verbot rückwirkender Strafbegründung), und dass niemand schärfer bestraft werden darf, als zur Zeit der Tat vorgesehen (Verbot rückwirkender Strafverschärfung).[3] **11**

Daraus folgt zugleich, dass es nicht allein darauf ankommt, ob formell die betreffende Vorschrift bereits in Kraft stand. Auch die Verlagerung einer Strafbarkeit aus einem Gesetz (hier §§ 17, 18 UWG) in ein anderes Gesetz (§ 23) führt nicht notwendigerweise zu einer Strafbegründung im Sinne des Rückwirkungsverbotes. Insoweit ist vielmehr ein Vergleich der beiden Vorschriften vorzunehmen. Wenn der Unrechtsgehalt der Tat nach dem jeweiligen Strafgesetz materiell unverändert geblieben ist, liegt kein Fall des Rückwirkungsverbots vor. Ändert sich demgegenüber der Vorwurf der Strafbarkeit, ist das Rückwirkungsverbot zu beachten.[4] Insoweit muss ein inhaltlicher Vergleich zwischen den § 17–19 UWG a. F. und § 23 gezogen werden. Das OLG Oldenburg sieht insoweit insbesondere wegen der Regelungen in § 5 den § 23 gegenüber § 17 UWG a. F. als milderes Strafgesetz an, so dass demzufolge nach § 2 Abs. 2 StGB mit Blick auf die Strafbarkeit auf § 23 abzustellen ist.[5] **12**

2. Beschränkung auf zivilrechtliche Vorschriften. Aus Art. 103 Abs. 2 GG folgt kein allgemeines Verbot der belastenden Rückwirkung durch die staatliche Gewalt. Die dort normierte Regelung erfasst ausdrücklich nur Strafvorschriften. Andererseits kann eine Rückwirkung auch nicht grenzenlos gelten. Vielmehr ergeben sich verfassungsrechtliche Grenzen **13**

---

3 BVerfG 3.10.1957 BVerGE **7** 111, 119; BVerfG 26.2.1969 BVerfGE **25** 269, 285ff.
4 Schönke/Schröder/*Eser*/*Hecker* § 2 StGB Rn. 22.
5 OLG Oldenburg 21.5.2019 NZWiSt **2021** 30.

rückwirkender Gesetze außerhalb von Art. 103 Abs. 2 GG nach ständiger Rechtsprechung des BVerfG aus dem Rechtsstaatsprinzip bzw. den jeweils einschlägigen Grundrechten.[6]

14 Aus dem Fehlen von Übergangsregelungen ist der Wille des Gesetzgebers abzuleiten, dem GeschGehG jedenfalls in zivilrechtlicher Hinsicht **ab sofort Geltung** zu verschaffen und davon auch diejenigen Verletzungshandlungen zu erfassen, die bereits vor dem Inkrafttreten des Gesetzes begonnen haben, aber zu diesem Zeitpunkt noch nicht beendet waren. Dies erschließt sich unter anderem auch aus dem Umsetzungsgedanken und der Umsetzungspflicht, die der deutsche Gesetzgeber gegenüber den europarechtlichen Vorgaben hat. Diese Umsetzung und die Erfassung von Altfällen verletzt auch nicht etwa das Willkürverbot. Denn es geht nicht um die Neuschaffung eines bis dahin nicht bestehenden Schutzes, sondern um eine Neuordnung des bestehenden Schutzes im Sinne der EU-rechtlichen Vorgaben. Mit dem Inkrafttreten der Richtlinie hätte der deutsche Gesetzgeber bereits im Jahr 2016 entsprechende deutsche Regelungen treffen können. Dass das Gesetz nunmehr erst am 26. April 2019 in Kraft getreten ist, macht seine Anwendung auf die zurückliegenden Fälle insoweit nicht willkürlich. Zu berücksichtigen sind allerdings Verschiebungen, die sich aus den unterschiedlichen Schutzvoraussetzungen für ein Geschäftsgeheimnis nach altem und neuen Recht ergeben können. Auch das spricht nicht gegen eine Erfassung von unbeendeten Altfällen durch das GeschGehG auf zivilrechtlicher Ebene. Für derartige Fälle kann dann nicht mehr auf die Regelungen der §§ 17–19 UWG a. F. zurückgegriffen werden.

III. Volle Geltung des GeschGehG

15 Vorbehaltlich der strafrechtlichen Problematik ergibt sich mithin aus dem Fehlen von Übergangsvorschriften und insbesondere auch aus dem Fehlen einer Einschränkung der Geltung für Altfälle durch derartige Übergangsregelungen eine volle Anwendbarkeit der zivilrechtlichen Regelungen des GeschGehG auf sämtliche noch nicht abgeschlossenen Sachverhalte. Abgeschlossen ist ein Sachverhalt nur dann, wenn er vollständig vor dem Inkrafttreten des GeschGehG liegt und wenn die sich daraus ergebenden Ansprüche gerichtlich oder außergerichtlich vollständig erledigt sind. Auf alle anderen Sachverhalte ist das GeschGehG in seinem vollen Umfang anwendbar.

16 Das bedeutet zugleich, dass sich auch die Schutzvoraussetzungen für ein Geschäftsgeheimnis nach dem neuen GeschGehG richten. Insbesondere unter dem Gesichtspunkt der nach § 2 Nr. 1 lit. b) geforderten angemessenen Geheimhaltungsmaßnahmen können sich daraus insoweit Probleme ergeben, als derartige Maßnahmen nach altem Recht für die Begründung eines Geschäftsgeheimnisses nicht erforderlich waren. Im Einzelfall können Schutzlücken daraus resultieren, dass aufgrund des Fehlens derartiger Schutzmaßnahmen ein Geschäftsgeheimnis möglicherweise nach altem Recht geschützt war, diesen Schutz aber nach neuem Recht verliert. Auch das ist letztlich eine Konsequenz des wohl vom Gesetzgeber gewollten Fehlens von Übergangsvorschriften und der unbedingten Geltung des neuen Rechts.

17 Die in Abschnitt 3 niedergelegten Verfahrensregeln sind ohnehin auch für schwebende und neue Verfahren anzuwenden, selbst wenn der Erstverstoß noch an den § 17 ff. UWG a. F. zu messen sein sollte. Als prozessuale Vorschriften sind sie von den Gerichten seit dem Inkrafttreten des GeschGehG uneingeschränkt anzuwenden.[7]

6 Vgl. statt vieler BVerfG 12.2.2019 NVwZ **2019** 715 m. w. N.
7 OLG Stuttgart 19.11.2020 Tz. 79 f. GRUR-RS **2020** 35613.

IV. Parallele Anwendung von GeschGehG und §§ 17–19 UWG a.F.

Zivilrechtliche Ansprüche sind demgegenüber grundsätzlich nach dem geltenden GeschGehG zu beurteilen. Für die eingangs geschilderten Szenarien bedeutet dies z.B. auch unabhängig von der Problematik der unterschiedlichen Schutzvoraussetzungen, dass die Erlangung eines Geheimnisses durch das unter Geltung der §§ 17–19 UWG a.F. erfolgte *reverse engineering* nicht mehr als unerlaubte Verletzung von Geschäftsgeheimnissen anzusehen ist, sofern die entsprechenden Voraussetzungen von § 3 Abs. 1 erfüllt sind. Obwohl der Gesetzgeber immer wieder betont hat, dass das GeschGehG der Verbesserung des Schutzes dient und insoweit der Schutz nach den §§ 17–19 UWG a.F. nur unzureichend war, nimmt er damit gewisse Schutzlücken in Kauf. 18

Dabei dürfte auch zwischen den verschiedenen zivilrechtlichen Ansprüchen zu differenzieren sein. Der auf eine Unterlassung in die Zukunft gerichtete Anspruch kann nur gewährt werden, wenn das Verhalten einerseits zum Handlungszeitpunkt rechtswidrig war und auch zukünftig noch rechtswidrig nach den Bestimmungen des GeschGehG sein wird. Der Anspruch muss in der Vergangenheit begründet worden sein und auf der Grundlage der geltenden Rechtslage noch gegeben sein.[8] Eine parallele Geltung der alten und neuen Vorschriften gleichsam nach dem Prinzip der Meistbegünstigung des Geheimnisinhabers ist ohne eine gesetzliche – und hier fehlende – Anordnung nicht möglich. Die sich daraus ergebenden Schutzlücken sind somit hinzunehmen. In der Praxis dürfte die Problematik allerdings mit zunehmender Zeitdauer seit dem Inkrafttreten des GeschGehG schwinden. 19

Werden demgegenüber lediglich Ansprüche für die Vergangenheit geltend gemacht (insbesondere Schadensersatz und zu dessen Vorbereitung Auskunftserteilung und Rechnungslegung), so wird man jedenfalls für Handlungen vor dem Inkrafttreten des GeschGehG und die Beurteilung als unerlaubte Handlung allein auf die seinerzeitige Rechtslage abstellen müssen. 20

8 OLG Stuttgart 19.11.2020 GRUR-RS **2020** 35613; LAG Düsseldorf 3.6.2020 GRUR-RS **2020** 23408 unter Hinweis auf BGH 11.3.2010 GRUR **2010** 939 – Telefonwerbung nach Unternehmenswechsel; OLG Düsseldorf 21.11.2019 GRUR-RS **2019** 33225; *Hoppe/Oldekop* GRUR-Prax **2019** 324.

Muster einer Geheimhaltungsvereinbarung

Stand: 1. Januar 2020, Quelle: IHK Frankfurt

Vorwort

Der Unternehmer schließt im Laufe seiner Geschäftstätigkeit eine Vielzahl von Verträgen ab. Um eine Orientierungshilfe zu bieten, stellen die hessischen Kammern Musterverträge zur Verfügung.

Bei vertragsrechtlichen Einzelfragen sollte jedoch grundsätzlich fachkundiger Rat, sei es bei den Industrie- und Handelskammern oder Rechtsanwälten, eingeholt werden. Eine Liste der Industrie- und Handelskammern in Hessen ist im Anhang beigefügt.

Hinweis zur Benutzung des Mustervertrages:

Dieses Vertragsformular wurde mit größter Sorgfalt erstellt, erhebt aber keinen Anspruch auf Vollständigkeit und Richtigkeit. Es ist als Checkliste mit Formulierungshilfen zu verstehen und soll nur eine Anregung bieten, wie die typische Interessenlage zwischen den Parteien sachgerecht ausgeglichen werden kann. Dies entbindet den Verwender jedoch nicht von der sorgfältigen eigenverantwortlichen Prüfung. Der Mustervertrag ist nur ein Vorschlag für eine mögliche Regelung. Viele Festlegungen sind frei vereinbar. Der Verwender kann auch andere Formulierungen wählen. Vor einer Übernahme des unveränderten Inhaltes muss daher im eigenen Interesse genau überlegt werden, ob und in welchen Teilen gegebenenfalls eine Anpassung an die konkret zu regelnde Situation und die Rechtsentwicklung erforderlich ist. Auf diesen Vorgang hat die Industrie- und Handelskammer natürlich keinen Einfluss und kann daher naturgemäß für die Auswirkungen auf die Rechtsposition der Parteien keine Haftung übernehmen. Auch die Haftung für leichte Fahrlässigkeit ist grundsätzlich ausgeschlossen. Falls Sie einen maßgeschneiderten Vertrag benötigen, sollten Sie sich durch einen Rechtsanwalt Ihres Vertrauens beraten lassen.

Geheimhaltungsvereinbarung*)

zur neuen Entwicklung / technischen Idee / Erfindung

....

....

– im folgenden "Entwicklung" genannt –

zwischen dem Erfinder

....

....

– im folgenden "Erfinder" genannt –

und dem an einer Lizenz oder am Kauf interessierten Unternehmen

....

....

– im folgenden "Interessent" genannt –

(nachfolgend beide Parteien auch bezeichnet als „Partei“ oder „Parteien“)

§ 1

(1) *Die Parteien beabsichtigen, einen Vertrag (z. B. Know-How-Vertrag, Kaufvertrag, Lizenzvertrag etc.) über eine Zusammenarbeit auf folgendem Gebiet/ im Zusammenhang mit [ausführliche Projektbeschreibung] (nachfolgend „Zweck“)*

....

https://doi.org/10.1515/9783110631654-029

Anmerkung: Hier sollte der Zweck beschrieben werden, warum die vertraulichen Informationen an den Interessent übergeben werden, damit in Kombination mit der Beschreibung in § 2 (siehe dort) im Fall einer streitigen Auseinandersetzung nachgewiesen werden kann, welche Informationen genau von dieser Vertraulichkeitsvereinbarung geschützt sind.

zu schließen, bei der die Entwicklung / technische Idee / Erfindung genutzt werden soll.

(2) Der Erfinder beabsichtigt, für den vorstehend beschriebenen Zweck dem Interessenten Vertrauliche Informationen gemäß dem nachstehenden § 2 zur Verfügung zu stellen. Dem Interessenten ist bewusst, dass diese Vertraulichen Informationen bisher weder insgesamt noch in ihren Einzelheiten bekannt oder ohne weiteres zugänglich waren, deshalb von wirtschaftlichem Wert sind und seitens des Erfinders durch angemessene Geheimhaltungsmaßnahmen geschützt sind. Sofern eine Vertrauliche Information nach dieser Vertraulichkeitsvereinbarung (nachfolgend „Vereinbarung") nicht den Anforderungen eines Geschäftsgeheimnisses im Sinne des Geschäftsgeheimnisgesetzes genügt, unterfällt diese Information dennoch den Vertraulichkeitsverpflichtungen nach dieser Vereinbarung.

***) Bitte beachten Sie den Benutzerhinweis!**

Im Hinblick hierauf verpflichten die Parteien sich, die gegenseitig mitgeteilten geheimen Erkenntnisse und Informationen zur Entwicklung / technischen Idee / Erfindung, die insbesondere im Zusammenhang mit Neuentwicklungen, Vorführungen, Versuchen und Gesprächen stehen, geheim zu halten. Sie treffen alle erforderlichen Maßnahmen, um deren Kenntnisnahme und Verwertung durch Dritte zu verhindern. Mitarbeiter und Angestellte sind, soweit sie hierzu nicht bereits aufgrund ihres Arbeitsvertrages angehalten sind, zur Geheimhaltung zu verpflichten.

§ 2

(1) Vertrauliche Informationen im Sinne dieser Vereinbarung sind sämtliche Informationen (ob schriftlich, elektronisch, mündlich, digital verkörpert oder in anderer Form), die von dem Erfinder an den Interessenten oder einem mit dem Interessenten im Sinne der §§ 15ff. AktG verbundenen Unternehmen zum vorgenannten Zweck offenbart werden. Als Vertrauliche Informationen gelten insbesondere:

1. *Geschäftsgeheimnisse, Produkte, Herstellungsprozesse, Know-how, Erfindungen, geschäftliche Beziehungen, Geschäftsstrategien, Businesspläne, Finanzplanung, Personalangelegenheiten, digital verkörperte Informationen (Daten);*
2. *Jegliche Unterlagen und Informationen des Erfinders, die Gegenstand technischer und organisatorischer Geheimhaltungsmaßnahmen sind und als vertraulich gekennzeichnet oder nach der Art der Information oder den Umständen der Übermittlung als vertraulich anzusehen sind;*
3. *das Bestehen dieser Vereinbarung und ihr Inhalt.*

Eine detaillierte Beschreibung des Projektes und der Vertraulichen Informationen ist dieser Vereinbarung als Anlage beigefügt.

(2) Keine Vertrauliche Informationen sind solche Informationen,

1. *die der Öffentlichkeit vor der Mitteilung oder Übergabe durch den Erfinder bekannt oder allgemein zugänglich waren oder dies zu einem späteren Zeitpunkt ohne Verstoß gegen eine Geheimhaltungspflicht werden;*
2. *die dem Interessent bereits vor der Offenlegung durch den Erfinder und ohne Verstoß gegen eine Geheimhaltungspflicht nachweislich bekannt waren;*
3. *die von dem Interessenten ohne Nutzung oder Bezugnahme auf Vertrauliche Informationen von dem Erfinder selber gewonnen wurden; oder*
4. *die der Interessent von einem berechtigten Dritten ohne Verstoß gegen eine Geheimhaltungspflicht übergeben oder zugänglich gemacht werden.*

§ 3

(1) Der Interessent verpflichtet sich,

1. die gegenseitig mitgeteilten Informationen ohne ausdrückliche schriftliche Einwilligung durch den Erfinder nicht selbst zu verwerten;
2. die Vertraulichen Informationen streng vertraulich zu behandeln und nur im Zusammenhang mit dem Zweck zu verwenden;

3. die Vertraulichen Informationen nur gegenüber solchen Vertretern offen zu legen, die auf die Kenntnis dieser Informationen für den Zweck angewiesen sind, vorausgesetzt, dass der Interessent sicherstellt, dass ihre Vertreter diese Vereinbarung einhalten, als wären sie selbst durch diese Vereinbarung gebunden;

(2) die Vertraulichen Informationen ebenfalls durch angemessene Geheimhaltungsmaßnahmen gegen den unbefugten Zugriff durch Dritte zu sichern und bei der Verarbeitung der Vertraulichen Informationen die gesetzlichen und vertraglichen Vorschriften zum Datenschutz einzuhalten. Dies beinhaltet auch dem aktuellen Stand der Technik angepasste technische Sicherheitsmaßnahmen (Art. 32 DS-GVO) und die Verpflichtung der Mitarbeiter auf die Vertraulichkeit und die Beachtung des Datenschutzes (Art. 28 Abs. 3 lit. b) DS-GVO); Der Erfinder behält sich das alleinige und uneingeschränkte Recht zur Schutzrechtsanmeldung vor.

§ 4

(1) Die Parteien werden Unterlagen, die sie jeweils vom anderen im Zusammenhang mit der Entwicklung usw. erhalten haben, nach Bekanntwerden der Offenkundigkeit, Kündigung der Absichtserklärung gem. § 1 S. 1 oder Beendigung des Vertrages über die Zusammenarbeit unverzüglich dem jeweiligen Informationsgeber zurückgeben.

> *Anmerkung: Sofern die Vertraulichen Informationen auch personenbezogene Daten enthalten, sollte darauf geachtet werden, dass aufgrund der Vorgaben der DS-GVO, insbes. Art. 17, ggf. abweichende Regelungen zur Löschung angezeigt sind.*

(2) Auf Aufforderung des Erfinders sowie ohne Aufforderung spätestens nach Erreichung des in der Präambel beschriebenen Zwecks ist der Interessent verpflichtet, sämtliche Vertraulichen Informationen einschließlich der Kopien hiervon innerhalb von zehn (10) Arbeitstagen nach Zugang der Aufforderung bzw. nach Beendigung des Projektes zurückzugeben oder zu vernichten (einschließlich elektronisch gespeicherter Vertraulicher Informationen), sofern nicht mit dem Erfinder vereinbarte oder gesetzliche Aufbewahrungspflichten dem entgegenstehen.

(3) Die Vernichtung elektronisch gespeicherter Vertraulicher Informationen erfolgt durch die vollständige und unwiderrufliche Löschung der Dateien oder unwiederbringliche Zerstörung des Datenträgers. Vollständige und unwiderrufliche Löschung bedeutet bei elektronisch gespeicherten Vertraulichen Informationen, dass die Vertraulichen Informationen derart gelöscht werden, dass jeglicher Zugriff auf diese Informationen unmöglich wird, wobei spezielle Löschverfahren (z. B. mittels „Wiping") zu verwenden sind, welche den anerkannten Standards genügen (bspw. Standards des Bundesamts für Informationssicherheit).

(4) Ausgenommen hiervon sind – neben Vertraulichen Informationen, bzgl. derer eine Aufbewahrungspflicht i. S. d. Abs. 2 besteht – Vertrauliche Informationen, deren Vernichtung bzw. Rückgabe technisch nicht möglich ist, z. B. da sie aufgrund eines automatisierten elektronischen Backup-Systems zur Sicherung von elektronischen Daten in einer Sicherungsdatei gespeichert wurden; hierzu zählt auch das technisch notwendige Vorhalten von Stammdaten (z. B. Personal- oder Kundennummern), welches nötig ist, um eine Verknüpfung zu den archivierten Informationen herzustellen.

(5) Auf Verlangen des Erfinders hat der Interessent schriftlich zu versichern, dass er sämtliche Vertrauliche Informationen nach den Maßgaben der vorstehenden Ziffern und den Weisungen des Erfinders vollständig und unwiderruflich gelöscht hat.

§ 5

(1) Der Erfinder hat, unbeschadet der Rechte, die er nach dem Geschäftsgeheimnisgesetz hat, hinsichtlich der Vertraulichen Informationen alle Eigentums-, Nutzungs- und Verwertungsrechte. Der Erfinder behält sich das ausschließliche Recht zur Schutzrechtsanmeldung vor. Der Interessent erwirbt kein Eigentum oder – mit Ausnahme der Nutzung für den oben beschriebenen Zweck – sonstige Nutzungsrechte an den Vertraulichen Informationen (insbesondere an Know-how, darauf angemeldeten oder erteilten Patenten, Urheberrechten oder sonstigen Schutzrechten) aufgrund dieser Vereinbarung oder sonst wegen konkludenten Verhaltens.

(2) Der Interessent hat es zu unterlassen, die Vertraulichen Informationen außerhalb des Zwecks in irgendeiner Weise selbst wirtschaftlich zu verwerten oder nachzuahmen (insbesondere im Wege des sog. „Reverse Engineering") oder durch Dritte verwerten oder nachahmen zu lassen und ins-

besondere auf die Vertraulichen Informationen gewerbliche Schutzrechte – insbesondere Marken, Designs, Patente oder Gebrauchsmuster – anzumelden.

§ 6
Unabhängig von einem eventuellen Schadensersatzanspruch verpflichtet sich der Interessent, für jeden Fall des schuldhaften Verstoßes gegen diese Vereinbarung eine Vertragsstrafe in Höhe von EURO .... zu zahlen.

§ 7
Diese Vereinbarung tritt nach Unterzeichnung in Kraft und endet .... Jahre nach Beendigung des Informationsaustausches zum vorgenannten Zweck. Diese Verpflichtung zur Geheimhaltung gilt auch weiter, wenn der beabsichtigte Vertrag über die Zusammenarbeit (§ 1 Abs. 1) nicht zustande kommt oder beendet ist, außer die Entwicklung ist inzwischen offenkundig, wofür der Interessent die Beweislast trägt.

§ 8
(1) Auf den Vertrag ist deutsches Recht anzuwenden.
(2) Für Streitigkeiten aus diesem Vertrag ist das Gericht am Sitz des Erfinders örtlich zuständig, soweit der Interessent Kaufmann ist.

> *Anmerkung:*
> *An dieser Stelle kann auf Wunsch eine Schlichtungsvereinbarung und/oder Schiedsgerichtsvereinbarung getroffen werden. Zur Vereinbarung einer Schlichtungsklausel und/oder Schiedsklausel – siehe Erläuterung unten!*

§ 9
(1) Die vorliegende Vereinbarung stellt die gesamte zwischen den Parteien getroffene Vereinbarung dar und ersetzt alle früheren Vereinbarungen zum oben genannten Zweck. Mündliche Nebenabreden bestehen nicht. Änderungen und Ergänzungen dieser Vereinbarung sowie Kündigungen bedürfen der Schriftform, wobei die elektronische Schriftform nicht ausreicht. Dies gilt auch für eine Änderung bzw. Aufhebung dieser Klausel.
(2) Sollten eine oder mehrere Bestimmungen dieses Vertrags rechtsunwirksam sein oder werden, so soll dadurch die Gültigkeit der übrigen Bestimmungen nicht berührt werden. Die Parteien verpflichten sich, die unwirksame Bestimmung durch eine Regelung zu ersetzen, die dem mit ihr angestrebten wirtschaftlichen Zweck am nächsten kommt.

....	....
Ort, Datum	Unterschrift
....	....
Ort, Datum	Unterschrift

Anhang

*[Detaillierte Beschreibung des Projektes und der Vertraulichen Informationen]***Anmerkungen**

zu § 1:
Ebenso wichtig ist es, diese Geheimhaltungsmaßnahmen entsprechend zu dokumentieren, denn nach dem Geschäftsgeheimnisgesetz liegt ein Geschäftsgeheimnis erst dann vor, wenn angemessene Geheimhaltungsmaßnahmen vorgenommen wurden. Dies können bspw. technische Schutzmaßnahmen wie etwa die Kennzeichnung von Dokumenten, die Staffelung von Informationen nach bestimmten „Geheimhaltungsstufen“ bzw. eine durchgängige Datenklassifikation, Einführung eines entsprechenden Dokumentenmanagementsystems, ggf. gekoppelt mit DLP-Systemen, etc. sein. Empfehlenswert ist es auch, die Geheimhaltungsklauseln bzw. Wettbewerbsabreden in Arbeitsverträgen zu prüfen und ggf. spezifische Vertraulichkeitsverpflichtungen vorzusehen.

Zudem erscheint es geboten, in den Arbeitsverträgen ebenfalls – in den rechtlich möglichen Schranken – ein Verbot des Reverse Engineering aufzunehmen.

zu § 6:
Die Höhe der Vertragsstrafe kann von den vertragsschließenden Parteien frei ausgehandelt werden. In formularmäßig verwendeten Verträgen (AGB) ist zu berücksichtigen, dass die Gerichte eine Vertragsstrafe beanstanden und für nichtig halten könnten, die „wirtschaftlich vernünftige Grenzen" überschreitet. Eine in AGB vereinbarte Vertragsstrafe muss auch unter Berücksichtigung ihrer Druck- und Kompensationsfunktion in einem angemessenen Verhältnis zu dem Werklohn stehen, den der Auftraggeber durch seine Leistung verdient. (So hält der BGH eine Vertragsstrafe im Baubereich, die 5 % der Auftragssumme überschreitet, für nichtig).

zu § 8:
Muster für eine Schlichtungsklausel:

> Die Vertragsparteien verpflichten sich, bei Meinungsverschiedenheiten ein Schlichtungsverfahren mit dem Ziel durchzuführen, eine interessengerechte und faire Vereinbarung im Wege einer Mediation mit Unterstützung eines neutralen Schlichters unter Berücksichtigung der wirtschaftlichen, rechtlichen, persönlichen und sozialen Gegebenheiten zu erarbeiten. Alle Streitigkeiten, die sich im Zusammenhang mit diesem Vertrag oder über seine Gültigkeit ergeben, werden vor Einschaltung der Gerichte nach der Schlichtungsordnung der Institution der Industrie- und Handelskammer ....(z.B. XXXXX = Name der nächstgelegenen IHK mit Schlichtungsstelle) geschlichtet.

Zusätzlich zur Schlichtungsklausel könnte auch nachfolgende Schiedsgerichtsklausel vereinbart werden:

Möglich wäre auch die Vereinbarung nur einer Schiedsgerichtsklausel.
Wird eine Schiedsgerichtsklausel vereinbart, muss § 16 Satz 2 gestrichen werden.

Wichtig: Bei Beteiligung eines Nicht-Kaufmannes muss die Schiedsklausel in einer separaten Vereinbarung unterzeichnet werden.

Muster für eine Schiedsgerichtsklausel:

> Alle Streitigkeiten, die sich im Zusammenhang mit diesem Vertrag oder über seine Gültigkeit ergeben, werden nach der Schiedsgerichtsordnung der Industrie- und Handelskammer .... unter Ausschluss des ordentlichen Rechtsweges endgültig entschieden. Das gerichtliche Mahnverfahren bleibt aber zulässig.

Sachverzeichnis

https://doi.org/10.1515/9783110631654-030